반세기 최근미국소설연구 회고록

우연 偶然 자성 自省 결실 結實

고지문 지음

전남대학교출판문화원

역사의 격동기에
한때 유배지였던
제주도에서 태어나
큰 뜻을 가졌으나
좌절과 고난의 삶을
살다 타계하신 부모님
고창무(1905-1982)와
김이환(1909-1993)에게
그리고
삶의 반려자 차정원
두 딸 원렬 원실에게
깊이 감사하고 사랑하는
마음으로

CONTENTS

머리말

저자는 원래 최근미국소설연구 회고록을 집필할 계획을 세운 적이 없었지만, 요즈음 써야한다는 강박관념에 사로잡혀 있으므로 부득불 최근미국소설 연구목적, 방법, 그리고 성과를 약술하는 글을 적어본다. 회고록을 쓸 의도가 없었기 때문에 2002년에 정년퇴직하고 개인적인 자료들이 더 이상 필요할 것 같지 않아 대부분 폐기해버렸다. 별수 없이 이 회고록을 확실한 사실과 기록보다는 오히려 희미하고 불확실한 기억에 의존해서 집필한다. 이렇게 기억에 의존하면서까지 회고록을 집필하려는 까닭은 요즈음 우리나라 최근미국소설 연구풍토가 예술이론보다는 오히려 심리학이나 사회학이론에 치우쳐서 최근미국소설을 고찰하고 있다는 개인적인 인상 때문이다. 또 필자의 최근미국소설에 대한 고찰이 자기 일방적이고 자아도취적인 성향이 강해 독자들의 관심과 흥미를 끌지 못하는 것 같다는 아쉬움이 있고, 더욱이 독자들에게 최근미국소설에 대한 친근감과 독서욕구를 촉발하기보다는 오히려 왜곡된 의식과 지식으로 인한 무관심과 오해를 증폭시키고 있는 것 같다는 염려 때문이다.

저자는 착각일지도 모르는 이 인상, 아쉬움, 그리고 염려를 불식하는 하나의 방편으로 본인의 최근미국소설 연구목적을 밝혀보고자 한다. 저자는 외람스레 이 목적은 가능한 한 모든 독자가 함께 공감하고 수긍할 수 있는 최근미국소설의 예술적, 창의적, 실리적 이해와 수용을 전제로 이뤄져야한다고 주장한다. 이 주장을 구체화하고 객관화하기 위해 항시 소설론을 바탕으로, "나(한국인)는 누구인가"와 "한국사회는 무엇인가"를 탐구하면서 자신의 의식개혁으로 자아성찰과 성숙을 도모하고, 더 나아가 한국사회의 창조적인 변화방향을 모색해보려는데 최근미국소설 연구목적을 둔다. 다시 말하면, 최근미국소설 읽기와 연구는 우리가 한국인으로 세계 속에서 무엇을 위해 어떻게 실존해야하는가를 깊이 천착하면서, 스스로 가장 바람직하고 이상적인 실존목적과 방법을 모색하려는 의지와 실천 뿐 아니라 자기가능성과 잠재력을 극대화하는데 기여해야한다고 생각한다. 요컨대 최근미국소설 연구목적은 주체적 자아, 자유스런 삶, 그리고 열린사회를 창조하고 싶은 자신과 다른 사람들의 욕구실현, 그리고 이 실현이 현실화될 수 있는 사회변혁을 촉발하려는 의식개혁과 확장을 극대화해야한다는 깨달음과 깨우침에 있다고 역설한다.

저자는 이런 연구목적을 전제로 삶과 연구를 별개로 분리시키지 않고 하나로 통합하여, 일상생활에서 가능한 한 최근미국소설철학 – 자아탐구와 실현의지 그리고 공존의식확장 –을 실천하려고 고심한다. 이 실천이 주체적 자아, 자유스런 삶, 그리고 열린사회를 창조하는 첩경이라고 믿기 때문이다. 그러나 착각일지도 모르나 작금의 우리나라 최근미국소설 연구풍토가 저자의 연구목적과는 너무나 큰 거리감이 있는 것 같아, 비록 이 목적이 다른 학자들의 공감과 지지를 받지 못한다할지라도, 다시 한 번 이 목적을 환기시키고 강조하여 활발하고 격의 없는 대화와 토론의 장을 열고 싶어 회고록을 집필해보고자 한다. 한편 이 목적을 달성하려면 그 방법, 즉 표현과 표기법이 결정적인 역할을 함으로 저자는 초등학교 졸업생이면 읽을 수 있도록 글을 써서, 최근미국소설에 관한 해설과 논문을 대중화시켜야한다고 생각한다. 저자가 읽었던 논문들은 이런 취지를 소홀히 한 것 같다는 인상을 많이 받았다. 따라서 저자는 요즈음 우리나라 최근미국소설 연구풍토를 조금이나마 바꿔보고 싶다는 허망한 욕심으로 자신의 최근미국소설 연구목적과 방법으로 논문들을 집필했던 반세기를 회고하는 글을 써본다.

2020년 5월

고지문

I

최근미국소설 연구목적과 방법

저자의 최근미국소설 연구목적은 자신의 돈오를 전제로 주체적 자아, 자유스런 삶, 그리고 열린사회를 창조하는데 있으며, 그리고 그 방법은 이 목적 달성을 위한 가장 효과적인 방안을 모색하는데 있다. 다시 말하면, 이 목적은 "나(한국인)는 누구인가"와 "한국사회는 무엇인가"를 올바로 이해하고 탐구하면서 자아성찰과 성숙을 도모함으로써, 우리사회에 창조적인 변화를 촉발하려는 의식개혁과 확장에 있다. 최근미국소설 읽기와 연구목적은 연구자가 신이 나서 자발적으로 자아를 탐구하고 실현하려는 강한 의지와 실천으로 사회변혁에 긍정적, 적극적인 역할을 수행해야한다는 당위성을 깨닫고, 연후에 소통과 공감으로 다른 사람들을 깨우치는데 있다. 다시 좀 파격적으로 말하면 이 목적은 상구보리 하화중생(上求菩提 下化衆生)에 있다. 먼저 저자의 이 목적달성을 위한 연구방향과 목표설정 그리고 의식개혁에 결정적인 역할을 했던 인간, 소설, 그리고 실존의 정의를 기술한다.

저자가 실존에서 자아를 탐구하고 실현하려는 의지와 실천의 중요성과 당위성을 스스로 깨닫도록 뒷받침한 인간의 정의들을 열거한다. 먼저 자기를 알려는 강한 의지와 실천으로 독자적인 삶을 영위하면서 자기세계를 창조할 수 있다는 진리로 저자를 독립독행과 가능성의 세계로 이끌어준 인간의 정의를 기술한다. 인간은 "자기앎을 바탕으로 진실하게 살고 있다. 그러나 자기앎을 전제하지 않을 때 인간은 그저 어떤 역할만을 수행한다. 그 인간은 다른 사람들의 일상적인 행위를 답습하기에 급급하여, 한 인간으로서 자신의 창의적인 가능성을 전혀 의식하지 못한 채, 무조건 다른 사람의 권위에 굴복하면서 자신을 비하시킨다."[1] 또 인간은 "끈임 없이 자기 자신을 탐구하는 존재 – 삶의 매순간마다 자기존재의 조건을 검토하고 천착하지 않으면 안 되는 존재라고 일컬어진다. 인간생활의 진정한 가치는 이런 천착, 즉 인간생활에 대한 이런 비판적인 태도에 있다."[2] 또한 어떤 극한상황도 극복해야할 뿐 아니라 감내할 수 있다는 자신감과 용기를 불러일으키는 정의에 의하면, 인간은 결코 사회적 피해자나 피조물이 아니고 정신적, 주체적 존재로서 의기소침, 패배의식, 좌절, 그리고 절망을 극복할 수 있다. 인간은 "스스로 자신의 운명을 개척할 수 있는 유일무이한 존재이다. 가장 창조적인 인간은 자신의 미래 뿐 아니라 사회의 지향목표까지도 상상하고 설계할 수 있다. 그의 이런 상상과 설계는 [절대적인] 확신의 바탕에서가 아니라 정신의 의식적인 계발을 통해 창조되고 형성된다."[3] 더욱이 심리적 욕구를 전제로 내린 인간의 정의는 저자의 마음과 피부에 깊고 강렬하게 다가올 뿐 아니라 연구방향과 목표를 설정하여 구체화시키는데 큰 도움이 되었다. 인간의 기본적, 심리적 욕구는 "다른 사람들이 자기를 보고, 인정하고, 감사하고, 듣고, 좋아하고 그리고 성적으로 만족시켜주는 것을 필요로 한다. 인간은 자신의 길을 선택하고, 자신의 능력에 맞추어서 성장하고, 자신의 시행착오를 통해서 배우는 자유를 인정받지 않으면 안 된다. 인간은 자신과 다른 사람들을 포용하면서 또한 그들에 의하여 자기가 포용됨을 필요로 한다. 인간은 '나'일 뿐 아니라 '우리'이기를 희망한다. 인간은 있는 그대로의 개성적인 존재로 성장하려고 노력한다."[4] 요컨대 저자는 이런 인간의 정의들 덕택에 자신의 주체의식 확립 그리고 가능성과 잠재력계발에 가능한 한 많은 시간을 할애하면서 삶의 무의미와 무기력을 극복할 수 있었다.

다음은 이와 같은 인간의 정의와 함께 저자의 연구와 삶에 새로운 지평을 열어주었던 소설의 정의들을 열거한다. 소설은 "우리의 가능성과 자유의 개념을 확장하려는 시도"[5]이다. 저자는 소설에 대한 많은 정의들 중에서도 유독 이 정의를 선호해서 적극적으로 활용했다. 이 정의에 따르면 저자 뿐 아니라 모든 독자가 최근미국소설을 통독하면서 잠시나마 온갖 형태의 억압과 질곡에서 벗어나 자아를 성찰하고 자신의 가능성과 잠재력을 계발하여 발휘하려는 들뜬 마음에 흡족할 수 있다. 이런 마음과 흡족감은 최근미국소설가들이 말하듯이 "소설창작에서 존재는 이미 일어났던 사건이 아니고 인간의 가능성의 영역이다[는 의식과 주장에서 비롯된다]. 다시 말하면 인간이 될 수 있는 모든 것 또는 인간이 할 수 있는 모든 것이다. 소설가들은 인간의 이런 저런 가능성을 발견함으로써 존재의 좌표를 설계한다. 그러나 다시 한 번 말하지만, 존재함은 '사회 속에 있음'을 의미한다. 따라서 [소설의] 주인공과 그의 세계는 하나의 가능성으로 이해되지 않으면 안 된다."[6] 이렇게 최근미국소설가들이 가능성의 영역을 확장시키려고 창작하고 있는 소설은 독자를 일상생활의 제약과 한계 그리고 자아를 위축시키는 고착된 사고와 사회계층의식에서 허방시켜 자유분방, 개방, 무한, 성취, 그리고 상승의 세계로 유인한다. 부연하면 이런 소설은 독자가 결코 가려고 하지 않았던 곳으로 그를 유인하여 일상생활에서 목격하지 못했을 사실들을 볼 수 있게 할 뿐 아니라 상상할 수 없었던 일들을 성취할 수 있게 하는 위력을 발휘한다. 이런 위력으로 말미암아 저자가 최근미국소설을 읽으면서 만끽했던 해방감과 만족감은 실존을 메마르게 하는 갈등, 대립, 그리고 왜곡을 증폭시키기보다는 오히려 삶의 성취의욕, 생동감, 그리고 환희를 고조시키는 작품들을 그려내고 있는 소설가들의 창작철학에서 비롯되었다. 최근미국소설가가 자기앎을 전제로 창작한 소설은 이런 갈등, 대립, 그리고 왜곡을 해소하고 삶을 해방감, 생동감, 보람, 그리고 희열로 충만시킨다. 이런 위력을 발휘하는 소설창작철학에 의하면, "소설(예술)은 이제는 대립과 갈등을 표현하지 않고, 자아탐구와 실현을 반영한다. [그러므로] 모든 인간은 망상과 혼란에 사로잡히지 않은 채로 자기를 알 것이며, 자기앎을 바탕으로 건전하고 유익한 생활을 영위할 것이다. […] 오랫동안 인간정신을 왜곡시켰을 뿐 아니라 인간신체의 성장을 방해했던 요인들은 곧 제거될 것이다. 모든 인간은 들판의 나무처럼 성장할 것이다. 앞으로 삶의 낭비와 황폐는 없을 것이다. 삶의 고통, 더구나 삶의 위축도 없을 것이다. 이런 기적이 이 땅에 일어날 것이다. 곧 일어날 것이다."[7] 요컨대 자아탐구와 실현 그리고 인간의 가능성을 전제로 이처럼 정립한 소설철학을 바탕으로 창작된 최근미국소설이 불가사의한 위력을 발휘하여 지금까지 인간의 실존을 억압하고 왜곡시켰던 이원론으로 인한 갈등과 대립을 해소하려한다.

이와 같은 인간과 소설의 정의 못지않게 실존의 정의도 우리가 활력이 넘치는 자유스럽고 창조적인 삶을 살 수 있느냐 없느냐에 결정적인 역할을 한다. 실존을 어떤 위상에 두느냐, 다시 말하면 실존이 이념과 종교보다도 더 우선시되어야하느냐, 아니면 이념과 종교가 실존보다 더욱 중요시되어야하느냐에 따라 삶과 소설창작 목적도 확연하게 달라진다. 그런데 최근미국소설철학은 실존을 이념과 종교보다도 더욱더 중요하고 성스러운 실재로 우선하여,

실존이 이념과 종교에 의해 어떤 형태로든 절대로 훼손되어서는 안 된다고 갈파한다. *도망가라, 토끼야(Rabbit, Run)*의 등장인물, 스미스(Smith)할머니가 주인공, 해리 앵스트롬(Harry Angstrom)에게 삶이 가장 소중하고 성스러우며 절대적이라고 역설한다: "해리, 삶 — 그것이야말로 네가 가지고 있는 전부이다. 삶은 [조물주의] 신비스러운 선물이다. 나는 어떻게 우리가 이 선물을 활용해야하는지를 알지 못한다. 그러나 나는 삶이 우리가 [조물주로부터] 얻은 유일한 선물이라고 확신한다. 나는 또한 삶이 [가장] 좋은 선물이라고 굳게 믿는다."[8] 이 선물이 이념, 종교, 제도, 그리고 국가에 의해 왜곡되어서도, 훼손되어서도, 더욱이 파괴되어서는 절대로 안 된다. 따라서 삶이 가장 소중하고 절대적이라는 철학이 모든 사람의 적극적인 인정과 지지를 받아야한다. 또 이 소설철학은 신체와 그 고유한 기능을 최우선으로 강조하여 신체억압과 학대 그리고 도구화와 상품화를 금기시한다. 요컨대 온전한 삶과 신체보존이 최우선이라는 주장이 최근미국소설철학의 핵심이다.

지금까지 기술한 최근미국소설에 구현된 인간, 소설, 그리고 실존의 정의가 저자의 삶과 최근미국소설 연구방향과 목표설정에 왜 그리고 어떻게 결정적인 역할을 했는가를 밝히기 위해 어둡고 우울했던 소년기와 청년기 그리고 교수생활 초기, 그리고 그 다음과 정년퇴직 후의 삶을 서술하고자한다. 이 삶의 서술은 사실주의, 모던이즘, 포우스트모던이즘, 그리고 포우스트-포우스트모던이즘 소설주인공의 실존에 상응한다. 부연하면 저자는 사실주의소설주인공처럼 사회의 피해자로 삶을 시작하였고, 모던이즘소설주인공처럼 고독감과 소외감에 압도당하기도 했지만, 포우스트모던소설주인공이 지닌 고군분투정신을 본받아 역경을 극복하고 홀로 생존하면서 미진하지만 최근미국소설 연구로 자신의 가능성과 잠재력을 계발하여 발휘했으며, 지금은 포우스트-포우스트모던소설주인공을 귀감으로 삼아 가능한 한 매사를 있는 그대로 인정하고 수용하려는 의식 확장에 주력하고 있다.

저자는 일제 식민지 치하에서 출생하여, 1943년에 농촌 소재 초등학교에 입학하였지만 어린 나이에 허기를 면하고 공부보다도 노역에 시달리다가 3학년 때 해방을 맞았다. 모든 국민이 해방을 맞아 감격과 환희에 휩싸인 채 이제 독립국가를 건설하려고 염원했지만 미군과 소련군이 38선을 경계로 주둔한 바람에 직면한 조국분단과 군정통치로 인해 그 염원은 일장춘몽으로 끝났다. 조국분단과 군정통치는 우리가 자주적으로 일제식민지통치에 종지부를 찍지 못하고, 외세에 의한 해방의 비극적인 결과로 인한 불가항력적 결과였다. 모든 국민의 환희와 염원을 한순간에 비애, 좌절, 그리고 절망으로 돌변시킨 비극적인 조국분단과 군정통치는 19세기 말과 20세기 초에 조국과 국민보다도 자기명분과 실리를 더욱더 중요시했던 개화파와 척사파의 첨예한 대립과 반목으로 일제에 조국을 강탈당한 산물이었다. 그러므로 해방 후에 각계각층의 지도자들은 합심하여 하루빨리 이를 극복하고 국력을 배양하는 최선책을 고색하려고 최선을 다하면서 국민을 일치단결시켜야했다. 그러나 불행하게도 지도자들은 이 당위성을 무시하고 부정했다. 그들은 자아성찰, 국민의 생명과 재산보호, 그리고 국제정세파악에 최선을 다하려는 의지와 실천에는 관심이 없고 오로지 자기명분과 실리추구에만 열중했다. 그들은 무엇보다도 국제정세에 무지하여 조국분단과 군정통치에 슬기롭게 대처할 통찰력과 자구책이 없었다. 안타깝게도 그들은 무지와 통찰력 결여로 인해 일단 수용했어야하는 조국분단과 군정 그리고 신탁통치에 맹목적으로 반대만 하였고, 이를 평화적, 합리적으로 극복할 방안을 모색하려하지 않았다. 더욱이 그들은 무엇보다도 먼저 군정과 협력하여 문맹을 퇴치하고 향학열을 고조시키는 교육을 최우선과제로 삼고, 국력배양을 도모하면서 앞으로 건설할 국가의 백년대계를 세워야했지만 그렇게 하지 않았다.

소위 지도자라는 위인들은 국민의 안녕은 안중에 없고 오로지 자기명분과 실리추구에 따라 반탁과 찬탁 그리고 단독정부수립 여부로 양분되고 분열되어 해방정국을 만신창이로 돌변시켰다. 그들은 이렇게 민주주의 대 공산주의신봉자로 양분되어 반탁과 찬탁으로 서로를 적대시했다. 이 뿐만 아니라 그들은 이념대립으로 우리 고유의 가족, 마을, 그리고 지역공동체를 파괴하면서, 인간실존에 가장 소중하고 필수적인 사랑, 배려, 신뢰, 존경, 학문, 그리고 생명존중을 경시하고 부정했다. 게다가 그들은 이념의 포로가 되어 상대편을 제압하기 위해 인륜을 저버리는 만행을 용인하고 부추겨 부자가 대립하여 싸우게 하고, 학생이 스승을 폭행하게 부추겼다. 이런 살벌한 여건에서 우파지도자들은 함께 중지를 모아 국민과 국가의 밝은 미래를 설계하겠다고 약속하기보다는 단독정부수립 여부로 분열되어 이전투구하면서 반대진영인사들을 서슴없이 암살하고 살해했다. 반면에 좌파지도자들은 국민의 전폭적인 지지를 받지 못한 미군정을 타도의 대상으로 과소평가하고 선동과 폭동으로 제압하려다 뜻을 이루지 못하고 오히려 불법행위자와 파괴분자로 낙인찍혀 탄압을 받게 되자 지하로 잠적하여 폭력을 행사하거나 월북했다. 이처럼 첨예하게 대립한 양진영은 미국과 소련의 지원을 받아 남과 북에 완전히 다른 형태의 정부, 즉 민주주의 대 공산주의정부를 수립했다. 이렇게 남과 북에 정부를 수립한 지도자들은 정권을 유지하기 위해 불법체포와 구금, 고문과 고문치사, 그리고 살상행위를 자행했다. 이 지도자들은 자기노선을 따르지 않는다는 이유로 앞으로 사회와 국가발전에 지대한 공헌을 할 수 있는 매우 유능하고 탁월한 학자들을 비명횡사시켰다. 이보다도 우리에게 더욱더 비극적이고 불행한 일은, 북이 6·25전쟁을 일으켜 적화통일을 실현하겠다는 야욕을 드러냈고, 이에 대응하는 반격으로 통일을 이루겠다고 남은 꿈을 불태웠지만 양쪽 모두 외세의 개입으로 도저히 치유할 수 없는 막대한 인명과 재산피해 그리고 국토황폐화라는 상처만 남기고 무산된 사실이었다. 이처럼 분단된 조국의 양진영지도자들은 동족으로서 상대편을 배려하고 존중하면서 공존과 통일을 도모하려고 노심초사하기보다는 오히려 외세에 의존해서라도 상대편을 제거하려고 시도했다가 실패하자, 권력장악과 정권유지를 위해 국민을 대립, 분열, 그리고 적개심의 소용돌이 속으로 몰아넣었다. 이 뿐만 아니라 그들은 오로지 자기명분과 실리추구에 집착하여 인간실존에 필수적인 기본욕구와 염원 그리고 인권과 생명을 경시하고 부정하는 만행을 서슴없이 자행했다.

저자는 온 국민의 지지를 받지 못했던 미군정과 일부 우파지도자들이 반대편을 적대시하고 이전투구하면서 수립한 단독정부가 국민의 생명과 재산을 보호하려고하기보다도 오히려 무자비하게 자행한 인권탄압, 그리고 이념대립의 소용돌이를 겪었던 한편, 북한이 남침한 6·25전쟁의 고초와 시련을 겪는 와중에서 어둡고 울적한 소년기를 보냈다. 일제식민지시대에, 뿐만 아니라 해방 후에도 재미있고 즐겁고 아름다운 이야기들을 들은 적이 별로 없었고, 이념대립으로 가족, 친척, 그리고 지인들에게 불의에 일어난 청천벽력의 슬프고 마음 아픈 소식들을 더 많이 들었다. 이런 비보를 들으면서 세상을 비관적, 부정적, 소극적 시각에서 보는 성향이 굳어졌을 것이고, 이로 인해 자기세계는 심리적으로 더욱 위축되어 점점 더 작아졌을 것이다. 낙관적, 긍정적, 적극적 실존에 필수적인 저자의 진취적 기상, 개척정신, 그리고 정면 돌파의

지는 강인하지 않았다. 따라서 꿈과 포부를 갖기보다는 불안, 불안정, 그리고 빈곤에 시달렸다. 현실이 너무나 각박해서 미래를 생각할 여유가 없었으며, 이런 황무지 같은 세상에서 순간적이라도 해방되기 위해 책을 읽고 싶어도 도서관이 없었다. 가능성과 잠재력을 계발하여 자아를 성숙시키지도 못했다. 위정자들은 "국가정책의 궁극적 목적은 개개인이 자신의 천부능력을 최대한으로 계발할 균등한 기회의 보장과 확대에 있다"[9]는 철학을 몰랐고, 설령 알았다할지라도 이보다도 더욱더 시급하고 긴박한 국방과 경제과제가 그들을 압박했을 것이다. 이런 시대적 역경 가운데서 예민한 자의식으로 인한 큰 고민이나 고통 없이 다만 어떤 의미에서 사실주의소설주인공처럼 사회의 피해자이지만 무사히 성장할 수 있었음은 천만다행이었다. 이런 행운은 저자의 능력보다는 가족애, 우정, 그리고 다른 사람들의 도움, 사랑, 그리고 배려가 있었기 때문에 가능했다. 또 저자보다도 더 궁핍하고 비극적인 삶을 사는 학우들과 선후배들에 비해 더 안정된 실존에서도 언제나 공허감과 허무감을 느꼈다. 그것은 억압적이고 부패한 사회로 인하여 저자가 순진한 생각과 양심 속에서 소망하고 기대했던 세계와는 너무나 큰 괴리를 느낀 나머지 삶에서 자신감, 안정감, 그리고 성취감을 가질 수 없고 수시로 불안감, 무력감, 그리고 소외감에 압도당하기 때문이었다. 저자는 마치 모던이즘소설주인공처럼 사회에서 격심한 소외감과 고독감을 느끼면서도 그 주인공이 결행했던 현실도피와 자기보존을 도모할 수 있는 능력도 용기도 갖지 못했다. 그래서 1955년에 고등학교를 졸업하고 현실에 순응하여 거주지에 있는 국립대학에 진학했다.

6·25전쟁으로 서울에 집중되어 있던 대학들의 기능이 마비되었기 때문에 대학 분산의 필요성이 절실하여 지방에 국립대학이 설립되었다. 대학진학에서 가장 큰 고민은 취직난 사회에서 졸업 후에 혼자 힘으로 직장을 쉽게 구하려면 어느 대학을 선택해야 하는가하는 문제였다. 하루빨리 직장을 가져 궁핍에서 벗어나야할 뿐 아니라 자립해야한다는 강박관념에 압도당해 원래 하고 싶었던 분야는 뒷전으로 밀려났다. 독자적으로 직장을 구하는 최선책은 국가가 주관하는 시험에 합격하여 공공기관에 취업하는데 있다는 생각만 했다. 경솔하고 안이하게 고등고시(지금의 사법시험)에 합격하여 판사가 되겠다는 생각으로 법대에 진학했지만 곧 망상에 빠졌음을 깨달았다. 대학에서 수

강한 교양과목은 고등학교에서 배웠던 수준보다 낮았고, 처음 접한 형법과 민법은 흥미가 없어 환멸만 느끼면서 1년을 답답하고 지루하고 무의미하게 보냈다. 더욱이 만약 운 좋게 고등고시에 합격하여 판사가 된다하더라도 당당하고 고고한 원칙주의자로서 양심과 양식을 고수할만한 용기와 기백이 없음을 알고 대학선택을 잘못했음을 깨달았다. 이듬해에 새 학년 등록금도 마련할 수 없어 미련 없이 법대를 포기하고, 영어교사가 되려고 중고등학교 준교사자격시험(당시에 교사가 부족해서 고등학교졸업생이면 이 시험에 응시하여 합격하면 자격증을 얻어 교사가 될 수 있었던 시험)에 응시하려고 영어공부에 열중했다. 1차 시험에 합격했으나 면접에 낙방하여 영어공부를 계속하면서 낭인생활을 하고 있을 때, 한 독지가의 도움으로 1959년에 영어영문학과로 전과하여 다시 대학생활을 시작했다. 재학 중에 준교사시험에 합격하여 시골소재 중학교에 재직하다가 5·16군사정변 후에 군복무미필로 면직당하게 되어, 1962년에 대학을 졸업하고 별수 없이 대학원에 진학했다. 국가기관 직장만 알고 사설기관에 취업하려는 융통성도 유연성도 없는 고집불통이었지만, 다행스럽게도 이 고집불통 덕택에 1964년에 석사학위를 받고 대학에 직장을 갖는 행운을 누리게 되었다.

그러나 저자에게 직장인 대학은 무직자를 봉급생활자로 탈바꿈시켜주었을 뿐이고, 상상 외로 위선과 사익추구 사회의 축소판이었다. 학과교수들은 대학교육이 지향해야할 방향과 목표를 설정하고 실현하려고 노력하기보다는 자기명분과 실리를 추구하려고 규범을 무시하고 임기웅변으로 대처했다. 그들은 중요문제를 결정할 때마다 이해관계에 따라 이합 집산했으며, 교수모임에서 농담과 잡담이 교육과 연구에 대한 대화와 토론을 압도했다. 특히 원로교수는 교수를 신규 채용할 때 능력보다도 연고를 더 중요시하여 특정인이 채용되도록 영향력을 행사하려했다. 이러므로 저자는 교수사회에서 감내하기 어려운 소외감과 고독감을 느꼈으며, 이보다도 더욱더 저자를 초라하고 참담하게 하는 자아상실감과 무력감은 학생들이 타도를 외치는 독재정부로부터 생계비를 받기 때문에, 내심으로 바라는 그들의 민주화열정을 탄압하는 대책에 협조해야하는 자기부정과 기만에서 비롯되었다. 이런 여건에서 저자는 한때 자제력과 극기력을 잃고, 과음하면서 허송세월했다. 그러나 저자는 이렇게 자아를 질식시키고 실존을 위협하는 소외감, 자아상실감, 그리고 무력감을 극복할 수 있는 첩경을 실존에서 자아탐구, 가능성과 자유의 확장, 그리고 생명과 온전한 신체보존을 절대시하는 최근미국소설 읽기와 연구에서 찾았다. 저자는 사회의 피해자이면서, 사회에서 소외된 국외자(outsider)로서 최근미국소설을 읽으면서, 사회의 횡포와 억압을 극복하여, 자아를 탐구하고 실현하려고 혼신의 노력을 다하는 소설주인공으로부터 받은 깊은 감명으로 스스로 변신하여 주체적 자아를 고수할 수 있을 뿐 아니라 가능성과 잠재력을 계발하여 발휘할 수 있다는 용기와 자신감을 갖게 되었다. 이 용기와 자신감은 "스스로 자신의 운명을 개척할 수 있는 유일무이한 존재이다"는 인간의 정의, "우리의 가능성과 자유의 개념을 확장하려는 시도이다"는 소설의 정의, 그리고 "삶은 [조물주의] 신비스러운 선물이다"는 이념과 신념을 절대시하지 않는 실존의 정의에 의해 배가되었다. 이렇게 배가된 용기와 자신감이 저자가 실존에서 이전에 느끼지 못했던 생동감, 활력, 개척정신, 그리고 성취의욕을 불러일으키면서 최근미국소설연구의 활력소가 되었다. 저자는 가급적 과도한 음주를 자제하면서 오로지 연구에 열중하여 논문들을 발표하고 수합하여 저서를 출판했다. 요컨대 저자는 자기를 억압하고 질식시키는 현실을 극복하고, 자신의 가능성과 잠재력을 계발하여 발휘하려고 사회 속에서 홀로 존재하는 포우스트모던소설주인공으로 변신할 수 있었다.

이제 저자는 최근미국소설 읽기와 그 소설에 구현된 인간, 소설, 그리고 실존의 정의에 의존하여 억압적인 현실을 극복하고, 주체적 자아를 고수하면서 홀로 생존하려는 의식을 초월해야한다. 왜냐하면 심리적 욕구에 의하면 인간은 "자신과 다른 사람들을 포용하면서 동시에 그들에 의하여 자기가 포용되는 것을 요구한다. 인간은 '나'일 뿐 아니라 '우리'이기를 희망하기" 때문이다. 따라서 저자는 실존에서 혼자만 느끼고 감탄하는 생동감, 활력, 개척정신, 그리고 성취욕구의 세계를 다른 사람들과 공유하려면, 이미 "나는 누구인가"를 천착했으므로 "한국사회는 무엇인가"를 규명해야한다. 이 규명에 따르면, "우리사회는 지배계층의 일방적이고 과도한 사리사욕추구 때문에 우리의 본질적 자아, 즉 인간의 양심에 그 바탕을 둔 자아를 탐구하고 실현하려는 기백을 허용하지 않았다. 이러한 풍토가 나와 다른 사람들과의 관계를 맹종관계나 적대관계로 전락시켰다. 따라서 '나'는 항시 자기중심적으로만 존재하려고하기 때문에, 다른 사람들의 존재를 있는 그대로 인정하고 존중하려고하지 않았다. 우리는 조국이 위기에 처했을 때 민족 전체로서는 일체감을 갖기도 했으나, 일상생활에서 개개인으로서는 일체감을 갖지 못했다. 왜냐하면 우리사회의 지향목표는 개개인의 지향목표와 사상적으로 현실적으로도 합치되지 않았기 때문이다."[10] 한국사회를 이 규명보다 더욱 부정적인 시각에서 정의하면, 우리사회의 "기득권세력이 권력을 장악해서 사리사욕을 극대화하려고, 사회구성원들을 분열, 대립시키고 그들의 정신과 영혼을 타락시키는 현실 속에서 개개인이 양심과 주체성을 고수하면서 자신의 잠재력을 계발하여 발휘하고, 공동체의식을 확장시키기는 정말 지난했다. 기득권세력의 지나친 횡포로 인하여 개인의 주체성고수와 잠재력계발과 발휘 그리고 공동체의식의 확장이 어려웠던 것이 과거 한국사회와 한국인의 특징이었다."[11] 역사적으로 이런 부정적인 특징을 지닌 한국사회는 국민의 본능과 욕구를 무차별하게 억압하는 많은 금지와 규제조항들을 만들어 그들의 원대한 꿈과 포부를 좌절시키고 무산시켰을 뿐 아니라 유능한 인재를 양성하고 우대하여 활용하기보다는 오히려 시기하고 질시하여 허송세월하는 바보와 무능력자로 둔갑시켰다. 더욱이 한국사회는 과도한 사리사욕추구로 횡포가 심한 지배계층인사들을 성악설의 대상으로 통제하지 않고, 그 반대로 성선설의 대상으로 고려해야할 서민만 가혹하게 억압하고 구속했다. 이 부정적 요인은 지금도 우리사회에서 그 존재감을 기득권세력과 서민 사이에 뚜렷하게 드러낸다. 이렇게 대립과 갈등을 조장했던 한국사회를 창조적으로 변화시키는 최선책은 모든 구성원이 공감하여 수용할 수 있는 심리적 욕구 – "인간은 '나'일 뿐 아니라 '우리'이기를 희망한다" –를 현실화하려는 강한 의지와 실천에 있다. 모든 구성원이 이 욕구를 적극적으로 현실화하려고 혼신의 노력을 다한다면, 상호이해, 배려 그리고 존중의식을 확장할 수 있으므로 반항심과 적개심을 자제하면서 평화적으로 공존할 수 있다. 이 공존의식이 포우스트-포우스트모던소설주인공이 추구하는 실존이상이다. 이제 저자도 마음에 들지 않는 사회와 사람들까지도 긍정하면서 함께 사는 삶의 즐거움과 행복을 누리려는 포우스트-포우스트모던소설주인공을 실존 귀감으로 삼으려고 노력하고 있다. 저자는 이 귀감의 중요성과 필요성의 깨달음을 바탕으로 독자들의 최근미국소설과 그 철학의 이해력을 제고하여, 여기에 따른 그들의 의식개혁으로 삶의 생동감, 활력, 도전정신, 그리고 성취욕구를 극대화하는데 연구목적을 둔다. 요컨대 저자는 어떤 여건도 수용하는 긍정적 사고, 잠재력계발과 발휘, 포용정신, 그리고 공존의식을 절대시하는 포우스트-포우스트모던미국소설주인공을 본받아야하는 당위성과 중요성에 대한 상구보리, 그런 연후에 하화중생에 연구목적을 둔다고 재삼재사 강조한다.

이처럼 저자는 최근미국소설 연구목적을 상구보리 하화중생에 두기 때문에, 먼저 작품을 정독하고 얻은 영감, 즉 깨달음을 가장 중요시한다. 저자는 이 깨달음을 전제로 기술한 작품에 대한 고찰과 분석으로 독자들을 깨우치려고 시도한다. 연구에서 저자의 깨달음이 최우선이고, 깨우침은 부수적으로 얻으려는 성과이다. 그러나 내심으로는 이 깨달음이 독자들을 크게 깨우쳐서 폭발적인 반향을 불러일으키기를 고대한다. 저자는 이런 연구목적 때문인지는 몰라도, 소설제목 번역과 논문집필의 핵심주제와 내용이 다른 연구자들과 상당한 차이가 있음을 실감한다. 실례를 들어보면, 먼저 소설제목 번역에서 레슬리 마먼 실코우(Leslie Marmon Silko)의 소설, *Almanac of the Dead*를 저자는 "*망자들의 비망록*"으로 번역하는데 반해 다른 연구자들은 "*죽은 자(들)의 책력, 역서, 또는 연감*"으로 표기한다. 또 저자는 그녀의 소설, *의식(Ceremony)*의 주제를 논문집필의 핵심주제 – "소외감과 전쟁후유증 극복 그리고 재생" –로 고찰하고 분석했다. 반면에 다른 연구자들의 논문제목들을 열거하면, "비판적 혼종성의 가능성과 실코의 *의식*"(*새한영어영문학* 53.2(2011)), "미국원주민문학과 보편성문제 – 실코의 *의식*을 중심으로"(*영미문화* 14.2(2014)), "현대미국소설에 나타난 인종갈등과 문화민족주의: 미국원주민 작가 실코와 어드릭의 소수문화의 지형 그리기 – *의식, 인디언 대모와 영혼의 아름다움, 사랑의 묘약*을 중심으로"(*현대영미소설* 9.1(2002)), "지구화시대작가로서의 실코 – *의식*에 나타난 정치성 다시 읽기"(*미국소설* 17.3(2010)), "실코의 다양한 이야기들을 통해서 재현되는 현대 미국 원주민의 정체성"(*영어영문학* 56.5(2010)), "창조적인 전달자로서 문화 정체성 전망 – 레슬리 마몬 실코의 *의식*"(*문학과 환경* 7.2(2008)), "다인종사회에서의 매개의 가능성 탐색: 실코의 *의식* 연구"(*호손과 미국소설연구* 12.2(2005)), 그리고 "Homeland Security: Native American Rhetoric of the Cold War in Leslie Marmon Silko's *Ceremony*" *(미국소설 22.1(2015))* 등등이다. 저자의 소설제목번역과 논문집필의 핵심주제는 다른 연구자들과 상당히 다르다.

저자는 최근미국소설 연구방법은 연구목적 – 상구보리 하화중생 –을 가능한 한 가장 효과적으로 달성할 수 있는 방안모색에 있다고 강조한다. 이 방안모색은 먼저 저자가 최근미국소설 연구와 그 예술적 이해를 바탕으로 각성하여 자아를 성숙시키고, 다음에 이 성숙에 의거하여 소설의 진가와 본질을 독자들에게 감동적으로 납득시켜 그들의 의식을 개혁하고 확장하려는 의도에서 비롯된다. 따라서 저자는 작품을 정독하고, 예술적으로 이해하여, 가능한 한 모든 독자가 공감할 수 있는 논지로 해설하려고 고심한다. 논지는 반드시 객관성, 합리성, 타당성, 그리고 보편성을 전제로 표명되어야한다. 해설은 가급적이면 소통이 원활하게 용이하면서도 논리 정연해야한다. 그 표현은 혼란, 오해, 그리고 착각을 일으키지 않도록 분명하고 확실하고 정확해야한다. 저자는 이 해설과 표현으로 독자들의 사고와 의식전환을 시도하여 그들과 공감대를 이루려고 최선을 다해야할 뿐 아니라 반드시 이룰 수 있어야한다. 저자가 이 공감대를 이루려는 의도가 연구목적이고, 이 의도를 현실화하려는 수단 강구가 연구방법이다. 연구목적과 방법은 동전의 양면이다. 아무리 원대한 목적도 좋은 방법이 없으면 달성될 수 없고, 아무리 탁월한 방법도 이루고 싶은 목적이 없으면 무용지물이다. 이러므로 저자에게 최근미국소설 연구목적과 방법은 분리될 수 없는 하나의 융합체이다.

부연하면 최근미국소설 연구방법은 연구자의 소설이해와 수용이 논리적이면서 감동적인 표현으로 이루어져야하는데, 그는 이러한 표현으로 독자와 원활하게 의사소통하고 공감하는 이상적인 방안을 모색해야만 한다. 요컨대 이 연구방법은 그의 소설이해와 수용이 보편성과 전체성을 바탕으로 소설의 대중화에 기여해야한다. 그런데 저자는 이 보편성과 전체성 그리고 대중성의 표현과 표기에서 다른 연구자들과는 상당히 다르게 하고 있음과 그 사유를 밝히고자한다. 먼저 작품명과 용어의 번역에서 저자는 의사소통을 가장 중요시하는데 반해, 현실은 그렇지 않을 뿐 아니라 여전히 이해하고 납득하기 어려운, 즉 대중화에 역행하는 소통불능의 용어들을 선호하여 사용하고 있다. 실례를 들면 해방 후에 대다수 영문학교수와 학생이 노먼 메일러(Norman Mailer)의 *벌거벗은 자와 죽은 자들*(*The Naked and the Dead*, 1948)을 읽기도 전에, 이 소설이 영화로 우리나라에 수입되어 소개되었다. 따라서 소설제목, 즉 영화제목이 상업적 목적을 위해 재빨리 우리말로 번역되지 않으면 안 되었다.

이런 상황에서, 당시 최근미국소설 연구의 황무지에서 누군가가 어느 일본교수의 글자 그대로의 번역, *나자(裸者)*와 *사자(死者)*를 그대로 베낄 수밖에 없었다. 그런데 이 번역이 오역임에도 불구하고 우리 영문학계는 지금도 베껴 쓰고 있다. 우리 영문학계는 메일러가 제2차 세계대전 당시 태평양전투에 직접 참전해서 실감했던 전쟁체험을 소설화한 이 작품에서 벌거벗은 사람과 죽은 사람 사이에 어떤 타당한 논리적 관계가 성립될 수 있는가, 다시 말하면 어떤 의미 연결로 의사소통이 가능한가를 전혀 고려하지 않고 맹목적, 기계적으로 이 오역을 계속 표기하고 있다. 그러나 저자가 이해한 바에 의하면, 첫 단어를 중요시하는 미국소설(논문)의 취지에 따르면 "The Naked"는 벌거벗은 사람이 아니라 엄청난 희생과 대가를 치르더라도 혁혁한 전공을 세워 훈장을 받으려고 안달하는 편집병에 걸린 장성급 지휘관과 직업군인들이다. 그러므로 저자는 올바른 번역은 *편집병자와 전사자들*이라고 여긴다. 우리 영문학계가 지금도 그대로 베껴 쓰고 있는 오역의 또 하나의 실례를 들면, 한 일본교수가 죤 바스(John Barth)의 처녀작, *The Floating Opera*(1956, 개정판 1967)를 *선상악극단(船上樂劇團)*으로 번역했지만, 저자는 오퍼러는 유람선 명칭이므로 *떠도는 오퍼러호*로 옮긴다. 선상악극단과 유람선 사이에는 작품에 대한 인상, 의미, 그리고 상징에서 엄청난 차이가 있으므로 독자들의 작품 이해에 큰 오해와 차질을 빚을 수 있다. 또 다른 하나의 실례를 들면, 죤 혹스(John Hawkes)의 소설, *Second Skin*(1964)이 일본어로 *제2의 피부*로 직역되었는데, 국내에서 이 직역을 그대로 베껴 쓴 글이 있다. 저자의 무지일지도 모르지만 우리가 어떤 암시나 상징으로서 제2의 피부를 가지고 있다고 상상할 수 없다. 저자는 번역자가 소설의 핵심주제를 제대로 이해했다면, 이렇게 독자에게 혼란을 일으킬 오역을 하지 않았을 거라고 믿고 싶다. 저자는 소설주인공이 온갖 시련과 역경을 극복하면서 마음의 상처를 치유한 과정을 서술한 *Second Skin*을 *상처가 아문 피부*로 번역한다. 저자는 이런 오역 베끼기로 인해 작품이해에 일어나는 혼란, 오해, 그리고 차질은 본인의 열망인 최근미국소설의 대중화에 큰 장애가 된다고 믿기 때문에 오역문제를 제기하여 이를 바로잡으려고 고심한다.

다음에는 큰 혼란과 오해를 일으킬 오역은 아니지만, 작품과 그 핵심주제를 제대로 파악하지 못한 번역을 그대로 베껴 쓴 실례를 들어본다. 죤 업다익(John Updike)의 소설, *Rabbit, Run*(1960)이 *달려라, 토끼야*로 번역되었다. 이 번역은 소통에는 문제가 없지만 핵심주제의 표현과 전달에는 한계가 있다. 소설제목의 Run은 달려라가 아니라 도망가라로 번역됨이 더 타당하고 합리적이다. 소설주인공을 상징하는 토끼가 자기를 옭아매어 질식시키려는 비참한 현실에 직면해있다. 그는 지금 이 위기상황을 극복할 능력이 없으므로 아차 하는 순간에 낙오자로 전락할 곤경에 처해 있다. 그러므로 그는 현실을 도피하려고 도망가야 한다. 그래서 저자는 이 소설을 *도망가라, 토끼야*로 옮긴다. 또한 이. 엘. 닥터로우(E. L. Doctorow)의 소설, *The Book of Daniel*(1971)이 *다니엘서(書)*로 직역되었다. 이 직역은 독자들에게 성서에 있는 "다니엘서"를 연상시켜 소설의 진의와 주제를 왜곡시킬 수 있다. 작가가 성서를 염두에 두고 작품을 창작했는지는 알 수 없지만, 이 소설은 미국정부가 제2차 세계대전 후에 소련에 원자탄제조 비밀을 제공하려는 간첩행위를 음모했다고 조작하여 처형시킨 대학교육도 받지 못한 빈곤했던 로우전버그(Rosenburg)부부의 아들, 대녈의 청소년기를 사실보다도 상상력에 의존하여 창조하면서, 1960년대에 미국사회를 대혼란의 소용돌이 속으로 몰아넣었던 신좌파젊은이들을 재조명한다. 따라서 저자는 이 소설을 *대녈의 자서전*으로 번역한다. 성서와는 아무런 관계가 없는 *대녈의 자서전*은 "소설형태로 된 미국정치에 대한 고찰, 다시 말하면 세대차를 메우고 신좌파의 급진주의를 과거(구좌파)와 재연결시켜보려는 급진주의운동(의 필연적인 실패)에 대한 창조적 재해석의 시도이다."[12]

이번에는 일본어로 잘못 번역된 용어들을 그대로 베껴 쓰는 실례들을 들어본다. 먼저 "National Book Award"를 "전미도서상(全美圖書賞)"으로 베껴 쓰는데, 이 번역은 미국영어사전의 정의를 제대로 전달하지 못한다. 그 정의는 "any of several awards given annually … to an author whose book is judged the best in its category"이다. 이 상은 해마다 네 분야, 즉 소설, 시, 아동문학, 그리고 논픽션의 최고작가에게 수여된다. 만약 소설가가 이 상을 수상했다면 전미도서상보다는 최우수미국소설상의 수상자라고 표기하면 소통이 더 잘되지 않을까. 또 "intersubjective"를 "간주관적(間主觀的)"으로 베껴 쓰는데, "간주관적"은 무슨 의미이고 우리에게 무엇을 연상시키고 상기시키는가? "intersubjective"의 영어사전 정의는 "comprehensible to, relating to, or used by a number of persons, as a concept or language"이다. 이 정의에 따르면 "intersubjective"는 많은 사람들이 개념이나 언어를 사용하여 서로 이해하고 관계를 갖는다는 의미이다. 그러므로 "간주관적"보다는 "상호공감하는," "서로 관련이 있는," 혹은 "서로 소통하는"으로 번역되면 뜻이 더 잘 통하지 않을까. 게다가 "antinovel"를 반소설(反小說)로 번역되고 있지만, 이 번역보다는 포우스트모던소설(새로운 형태의소설[13])로 표기해야 이해가 더 쉽다. 포우스트모던소설로 통용되는 용어들은 metafiction, superfiction, parafiction, midfiction, experimental fiction, the absurd novel, 그리고 nouveau roman 등등이다. 끝으로 "antihero"를 반영웅(反英雄)으로 잘못 번역하여 사용하고 있다. "antihero"는 서구소설의 최하위 주인공, 즉 주인공답지 않은 허름한 인물이다. 서구소설의 최고주인공은 모든 인간과 극한상황을 뛰어넘는 초인격적 존재이다. 그 다음은 가공적(낭만적)인 이야기의 체력과 능력이 탁월한 주인공이다. 세 번째 주인공은 우리보다 탁월한 지도자이다. 네 번째 주인공은 우리와 같은 인물이다. 제일 못난 주인공이 식견과 능력에서 우리보다 아래인 antihero이다.[14] 이처럼 소통에 문제가 있는 용어들을 베껴 쓰면, 독자들의 공감을 촉발하는 의미를 창출하지 못하고 큰 혼란과 당혹감을 일으키는 역효과만 낸다고 저자는 주의를 환기시키고 싶다.

지금부터 우리가 독자적으로 한 번역에서 소통에 아쉬움이 있는 실례를 하나 들어본다. 팀 오우브라이언(Tim O'Brien)의 소설, *The Things They Carried*(1990)이 *그들이 가지고 다닌 것들*로 직역되었다. 이 직역은 그들(군인들)이 전쟁터에서 생존에 필수적인 군장비와 생필품만을 소지했다는 좁은 의미로 한정될 수 있다. 그러나 이 작품이 강조하는 주제는 그들의 의식 속에서 소용돌이치는 생존본능, 공포심, 절망감, 허무감, 의무와 책임감, 비통, 분노, 복수심, 연민, 참회, 그리고 사랑이 교차하는 의식세계이다. 그러므로 저자는 이 소설을 *그들이 짊어졌던 사물들*로 번역한다. 이 사물들에는 군장비와 생필품 뿐 아니라 그들이 전쟁터에서 직접 체험하고 감내했던 슬픔과 기쁨, 비겁과 용기, 복수심을 표출하는 만행, 동정심과 연민의 정에서 우러나온 자발적인 선행, 의무와 책임감, 참회, 이타주의, 희생정신, 그리고 사랑 등이 내포되어 있다. 그들의 이런 정신세계가 작품의 핵심이고, 그들이 짊어졌던 사물들이다.

다음에는 영어사전의 의미를 전적으로 무시하고 글자 그대로 직역하여 소통이 전혀 안 되는 실례를 들어본다. 돈 디릴로우(Don Delillo)의 소설, *White Noise*(1985)가 *백색(하얀)소음*으로 직역되어 통용되고 있다. 번역자는 영어사전도 찾아보지 않고 글자 그대로 백색소음으로 번역했기 때문에, 저자는 그가 독자와의 소통을 고려했을까 그리고 작품의 핵심주제를 천착했을까를 의심한다. 저자의 천학과 무지 때문일지도 모르지만 백색소음으로는 어떤 사물이나 정서를 연상도 할 수 없고, 소설의 핵심주제도 추론할 수 없기 때문이다. 저자가 찾아본 영어사전이 정의한 "white noise"는 1. 단조로운 소리: a steady, unvarying, unobtrusive sound, as an electronically produced drone or the sound of rain, used to mask or obliterate unwanted sounds, 그리고 2. 불규칙한 소리: random noise with a uniform frequency spectrum over a wide range of frequency이다. 저자의 개인적 판단으로는 소설제목, *White Noise*는 단조로운 소리보다는 불규칙한 소리 쪽에 더 가까운 요란한 잡음이다. 소설주인공을 비롯한 모든 등장인물이 사물과 실존의 정곡을 통찰하려하기보다는 허상에 지대한 관심을 갖고 요란함에 빠져 허우적거리는 세태를 작가는 풍자하고 있다고 저자는 판단하기 때문이다. 따라서 저자는 *White Noise*를 *요란한 잡음*으로 번역한다.

이 뿐만 아니라 저자가 소통에 문제가 있다고 생각하고 지적하고 싶은 용어의 사례를 들어보면, "intertextuality"가 "상호텍스트성"으로 번역되어 통용되고 있다. 텍스트성이라는 용어가 쉽게 이해되어 소통될 수 있을까. 이런 우려를 해소하는 한 방안으로 "작품들의 상호관련성"으로 번역하면 어떨까. 또 영문학자들은 "postcolonial"를 "탈식민주의의"로 번역하여 그들의 글에서 빈번하게 사용하고 있다. 그들은 "탈식민주의의"로 무엇을 의미하여 전달하려할까. 그들은 인접학문을 무시한 채 용어번역과 사용에서 독선적이고 폐쇄적이다. 국문학자들은 "탈식민주의의" 대신에 "해방공간"을 사용하기 때문이다. 그들은 해방 직후부터 1950년까지 출판된 소설을 한국소설사에서 "해방공간의 소설"로 분류했다. 이 해방공간은 "postcolonial"의 영어사전 정의 – "of or pertaining to the period following a state of colonialism" –와 일치한다. 게다가 해방공간은 영한사전에 있는 "postcolonial"에 대한 정의 – "식민지로부터 독립 후의" –와도 일치한다. 이러므로 "postcolonial"은 "독립 이후의"

또는 "식민지 이후의"로 번역되어야한다. 이처럼 독자의 동의와 공감을 촉발하는 의미를 창출하지 못하고 혼란과 당혹감을 일으키는 "간주관적"과 "탈식민주의의"가 내포되어 있는 글의 실례를 들어보면,

> 페미니즘 문학이론은 여타 모든 이론과의 연계나 병합이 가능한 이론으로, 예를 들면 생태주의에 여성주의가 결합된 생태주의 페미니즘이라든지, 탈식민주의에 접목한 탈식민주의 혹은 제3세계 페미니즘, 그 밖에 포[우]스트모더니즘, 다문화주의, 신역사주의와 많은 공통점을 갖고 있습니다. 이러한 접목은 문학연구의 다양성과 풍요성을 보여주고 있는데, 이것은 *간주관적 학문*으로서의 페미니즘이 여타 이론과의 연계가 무한하기 때문입니다. […]
> *메타이론*으로서의 페미니즘이론의 적용입니다. 텍스트 밖의 현실세계에서의 성차별을 [철폐하기] 위한 노력을 게을리 하지 않는 페미니즘은 진정한 의미에서라면, *텍스트에 함축된 콘텍스트에 대한 메타콘텍스트 이론이자 비평*이라 할 수 있지요. 이 같은 *메타성*은 우리의 여성현실을 읽게 하는 안목을 갖추게 할뿐 아니라 한국적 페미니즘은 어떤 것인가, 또한 외국문학의 연구자로서의 서구 페미니즘의 이론의 수용과 그 적실성등도 생각해보게 합니다.[15] (이탤릭체는 필자의 것)

이 글에는 의미파악과 소통을 어렵게 하는 용어들이 많다. 다시 말하면, 간주관적, 탈식민주의, 메타이론, 메타콘텍스트 이론과 비평, 그리고 메타성 등등은 구체적으로 무엇을 표현하여 설명하려고할까 그리고 궁극적으로 무엇을 의미하려할까를 이해하기가 매우 어렵다.

이처럼 최근미국소설연구자들은 글에서 소통과 공감에는 무관심하고, 쉽게 이해하여 수용하기 어려운 용어들을 사용한다. 왜 그들은 이럴까. 저자의 착각일지도 모르지만 그들의 연구에는 진지함과 성실함이 치열하고 지극하지 않는 것 같다. 그들은 우리 사고와 정서에 친숙하지 않아 이해하고 납득하기 어려운 최근미국소설의 핵심주제를 상징하는 제목과 그 철학과 기법을 기술하는 새로운 학술용어를 번역할 때, 독자와의 소통과 공감을 가장 중요시하려고 최선을 다하는 악전고투보다는 오히려 자기 안이함과 안일을 더 선호하는 것 같다. 그래서 그들은 소설제목과 용어를 번역할 때, 이해, 소통 그리고 공감에 치명적인 일본어 오역을 그대로 베껴 쓸 뿐 아니라 영어사전도 찾아보지 않고, 소통가능의 여부검토도 없이 글자 그대로 직역한다. 더욱 가

관은 한 연구자의 베껴 씀과 직역이 맹목적으로 답습되고 있다. 저자의 망상일지도 모르지만, 이 답습은 최근미국소설연구자들이 이 소설연구로 독자들과의 의사소통과 그 대중화에 진지함과 치열함이 매섭지 않기 때문인 것 같다. 그들은 자신들이 창작한 글이 독자에게 원활하게 의사소통이 되어 그의 공감을 받고 있는가의 여부에는 관심도 고민도 없는 것 같다. 그래서 그들은 맹목적으로 베껴 씀과 뜻이 통하지 않는 글자 그대로의 직역에 매달린다.

이렇게 그들은 어떤 소설창작철학을 바탕으로 작품과 그 핵심주제에 대한 독자적인 이해와 판단을 도외시하고 오로지 베껴 씀과 뜻이 통하지 않는 글자 그대로의 번역에 집착한다. 저자는 그들과는 달리 주체적 자아, 자유스런 삶, 그리고 열린사회의 창조를 바탕으로 최근미국소설 연구목적을 상구보리 하화중생에 두고, 그 방법으로 이 목적달성을 위한 가장 효과적인 방안을 모색한다. 연구목적을 요약하면, 저자는 먼저 작품의 정독과 이해로 자아를 탐구하고, 잠재력을 계발하고 발휘하여, 공동체의식을 확장하려는 자아를 창조할 수 있다고 깨닫는다. 이 깨달음으로 삶을 흥분, 생동감, 활력, 그리고 희열로 충만하게 하면서, 자아를 끊임없이 성숙시키려고 최선을 다한다. 이 충만과 성숙으로 독자들을 깨우쳐, 그들의 의식개혁에 동기를 유발해야한다. 그러기 위해 저자는 이 벅찬 감정과 성숙의지를 감동적, 구체적으로 표현하려는 각고의 노력을 기울인다. 이 표현으로 독자들과 원활하게 소통하여, 공감대와 일체감을 형성할 수 있어야하기 때문이다. 이렇게 할 수 있는 방안모색이 저자의 연구방법이다. 이 연구목적과 방법으로 우리 모두가 창조적 의식개혁과 사회변화에 자발적, 적극적으로 동참하려는 의지와 실천력을 제고할 수 있다고 저자는 가정한다. 만약 그럴 수 있다면, 이 목적과 방법은 큰 호응과 갈채를 받을 수 있을 거라고 저자는 믿는다.

2

1960년대
최근미국소설 입문

공직에 취업할 수도 없고 낭인생활도 하고 싶지 않아 1962년에 진학한 대학원공부는 평탄하지 않았다. 지방대학에서 스스로 자랑스럽게 익힌 영문법, 구문, 그리고 번역위주로 쌓은 영어실력으로 찰즈 램(Charles Lamb)의 수필에서 한 문장이 반쪽이나 되는 긴 글에서 본 주어와 동사를 중심으로 복잡하게 얽힌 구문을 정확하게 분석하여 번역할 수 있었다. 그러나 이런 방식과 실력은 첫 학기 대학원공부에 큰 도움이 되지 않았다. 특히 이 방식은 외국인 교수의 강의를 들을 때 백해무익했다. 강의를 번역하려고하다보면 많은 부분을 놓쳐 내용을 이해하기가 매우 어려웠다. 따라서 번역위주에서 빨리 탈피하여 강의와 교재의 요지를 파악하려고 노심초사했다. 이보다도 더욱더 큰 어려움, 당혹감, 그리고 절망감을 뼈저리게 느낀 강의와 교재는 제임즈 죠이스(James Joyce)의 *율리시즈*(*Ulysses*)였다. 대학 강의에서 주로 19세기영국소설을 배웠으므로 *율리시즈*를 들어본 적이 없었다. 대충 읽었던 일본영문학서적에서 *율리시즈*가 자주 언급되어 대단한 호기심과 읽고 싶은 욕구를 가지고 있었다. 그러나 호기심과 욕구는 곧 없어지고 어리둥절함, 난해, 그리고 절망감에 압도당했다. 지금까지 읽었던 몇 권의 영어소설의 주인공과 줄거리에 관한 지식으로는 도저히 이해할 수 없는 복잡다단한 소설이었다. 더욱이 영어책을 읽으면서 모르는 단어와 마주치면 언제나 사전에 의존해서 뜻을 파악했다. 그런데 *율리시즈*에는 모른 단어들이 무척 많은데다 사전의 도움을 별로 받지 못했다. 영문서적을 읽으려면 단어 뜻을 전부 알아야한다는 강박관념에 사로잡혀 있었기 때문이다. 처음에 *율리시즈*를 읽으려고 시도하자 영한사전에도 없는 모른 단어들이 너무 많아 절망감에 휩싸였다. 그러나 1년 동안 *율리시즈*를 배우고 공부하면서 죠지 레이너(George Rainer)교수로부터 몇 학생들과 함께 개인교습까지 받은 뒤에는 독파하고 이해할 수 있다는 자신감을 갖게 되었다.

이 단계에 이르자 *율리시즈*로 석사학위논문을 쓰고 싶었다. 타교출신이라 논문지도교수를 선정하기가 용이하지 않을 뿐 아니라 논문을 쓰는데 필요한 참고문헌을 구입할 경제력도 넉넉하지 않았는데, 레이너교수를 논문지도교수로 선정하면 참고문헌에 신경 쓸 필요가 없겠다는 생각이 들었다. 용기를 내어 레이너교수에게 *율리시즈*로 논문을 쓰고 싶다는 의사를 피력했다. 이 피력으로 석사논문을 쓸 수 있는 행운을 누리게 되었다. 지금도 저자의 능력보다도 레이너교수의 각별한 지도와 편달 덕택에 그런 행운이 따랐다고 믿는다. 논문제목 "James Joyce's *Ulysses*: A Microcosm(제임즈 죠이스의 *율리시즈*: 소우주")로 작품의 기법, 구성과 핵심주제, 그리고 주인공들을 분석하고 고찰했다. 죠이스는 *율리시즈*를 의식의 흐름기법에 의존해서 창작했다. 그는 이 기법으로 지금까지 작가와 독자들에게 소설창작의 주축이었던 외부세계 묘사와 객관적 진리를 부정하고, 주인공들의 복잡다단한 심리적 갈등과 의식세계를 참신하고 독창적으로 탐구하고 파악하여 시적으로 기술했다. 이 뿐만 아니라 그는 이 기법으로 과거와 미래를 현재로 통합하여 현순간의 깨달음을 가장 중요시했다. *율리시즈*는 두 주인공, 스티븐 디덜러스(Stephen Dedalus)와 리어포울드 블름(Leopold Bloom)의 하루 일과이야기들과 몰리(Molly)의 독백을 기술하는 18개의 이야기로 구성되어 있는데, 논문에서 이야기들을 간략하게 요약했다. 논문의 핵심주제로 부자간의 관계, 부부간의 관계, 신과 인간과의 관계, 그리고 아일런드(Ireland)와 영국과의 관계를 고찰했다. 부자간의 관계에서는 아버지는 아들을 부양하고 사랑할 의무가 있으며, 아들은 그의 상속자로서 그를 존경하고 보살펴야한다. 아버지가 의무와 책임을 등한하면, 아들은 반항함으로 두 사람 사이에 있어야하는 상호신뢰와 배려가 있을 수 없어 서로 불신하고 증오한다. 이런 비극적인 현실을 스티븐과 그의 아버지와의 관계에서 고찰했다. 부부간에는 삶의 생동감과 활력을 증폭시키는 정신적 연대감과 성적 만족감이 있어야하는데, 블름과 그의 부인은 이런 황홀경을 의식하지 못하는 외롭고 삭막한 삶을 살고 있다. 블름은 아들이 출생해서 11일 만에 사망해서 받은 충격으로 부인과 성관계를 가질 수 없다. 그러자 부인은 다른 남자와 불륜을 저지르면서 가정파탄을 일으킨다. 그러나 두 사람은 이런 비극을 극복하고 다시 원만하고 행복한 부부생활을 시작하려는 의지를 드러낸다. 신과 인간과의 관계에서 종교는 안도, 희망, 사랑, 그리고 영성으로 인간을 교화시켜야한다. 그런데 성직자들이 식민지통치의 하수인으로 전락하여 교인들을 박해하고 억압할 뿐 아니라 그들의 의식을 왜곡시켜, 그들을 식민지통치의 순응주의자와 복종자로 개종시키려고 노심초사한다. 이러므로 소설에는 신을 모독하는 장면들이 많은데, 역설적으로 이 모독은 종교의 부정이 아니고 갈구임을 강조한다. 아일런드와 영국과의 관계에서는 지배자의 박해, 탄압, 그리고 착취에는 피지배자의 반항과 저항이 따르기 마련이므로, 서로에게 백해무익한 증오와 파괴만이 난무한다. 그러므로 지배자와 피지배자는 서로 존중하고 화해하는 공존방안을 모색해야한다고 역설했다.

주인공들의 분석에서 먼저 사회와 종교의 제약, 자기한계, 그리고 미망을 극복하지 못한 피해자들을 고찰했다. 이들은 조국과 사회의 현실문제에 오불관언하면서 쾌락만 추구하려는 지식인, 선악을 구별하지 못하는 할머니, 빚 독촉과 빈곤에 시달리는 채무자이면서도 음주만 즐기려는 중년남자, 행동과 책임감 없이 고함만 지르는 맹목적인 국수주의자, 여성편력에 열중하는 돈 많은 악한, 일확천금을 노리며 경마에 미친 사람, 선량하고 자비심이 많지만 주정쟁이 부인 때문에 고생하는 남자, 식민지통치의 주구노릇을 하는 신부, 그리고 환상에 빠진 낭만적인 처녀 등등이다. 그 다음에 피해의식과 악몽을 극복한 세 명의 주요주인공, 스티븐, 블름, 그리고 몰리를 고찰했다. 스티븐은 어머니의 타계로 삶의 절대적 진리인 사랑을 상실했고, 아버지를 필요악으로 간주하는 자만심이 강하고 이기적이고 지적인 청년으로 자기를 스스로 소외시킨다. 삶의 예지가 없는 그의 현학적인 지식은 자기와 사회에 창조적인 역할을 할 수 없는 무용지물이다. 그는 천주교에 반발하여 어머니가 영면하면서 간청한 기도를 거부했다. 그는 지금 이 반항에 대한 죄의식에 꼼짝 못한다. 그러나 그는 블름의 보살핌을 받은 연후에 사랑의 필요성을 인정하고 영혼의 승리를 확신한다. 그래서 그는 가정과 사회공동체의 진가를 깨달은 자아를 새롭게 발견하고 평등주의자로 재생한다. 블름은 태어나서 11일만에 사망한 아들 때문에 행복한 결혼생활은 끝장났다. 게다가 유대인으로 사회에서 따돌림을 당하고, 오쟁이를 지는 창피와 수모를 당한다. 비록 38세의 소외되고 좌절된 가장이지만 그런 따돌림, 창피, 그리고 수모를 극복할 수 있는 사회생활의 예지와 인내력의 소유자이다. 그는 남자구실을 할 수 없으므로 주부노릇을 하여 매일 아침 아내의 침대로 식사를 가져간다. 이런 이상한 행위를 하고 있지만 그는 동정심이 강하고, 미래에 희망을 갖고 있으며, 자기발전을 도모하려고 전력하며, 아내를 보살피려는 의무와 책임감이 강하고, 매사에 깊이 생각하고 금주하며, 사회를 개선하려는 강한 의지를 피력한다. 또 그는 풍부한 상식의 소유자로서 모든 사람은 서로 사랑해야한다고 역설한다. 게다가 그는 삶은 유동적이고 변화무쌍하다고 주장하면서 실존을 있는 그대로 수용한다. 더욱이 그는 자기앎을 가장 중요시한다. 그는 스티븐을 만난 연후에 강건한 남자다운 남자로 재생하여 몰리에게 내일 아침에 자기 조반을 지으라고 말한다. 드디어 그는 남자로서 자기위상을 되찾는다. 몰리는 방탕한 생활을 즐겼던 자기잘못을 깨닫고, 앞으로 정숙한 아내가 되려고 결심한다. 더욱이 그녀는 신의 존재를 믿고, 자연을 사랑하며, 삶을 긍정한다.

이렇게 논문을 썼지만 작품을 읽으면서 큰 즐거움과 재미, 더욱이 자신의 내부와 삶에서 솟아나는 변화욕구, 생동감, 그리고 활력을 느끼지는 못했다. 다만 고고하고 현학적인 스티븐보다는 어떤 여건에서도 적응력과 인내력이 강한 세속적이고 팔방미인격인 블름에게 더 매료되었다. 그런데 *율리시즈*를 읽을 때는 문학적 감수성이 둔감해서인지는 몰라도 그렇게 깊은 감명과 감동을 받지 못했는데, 이상하게도 최근미국소설에 관한 한 연구서를 읽고 자신의 내부와 삶에서 변화욕구, 생동감, 그리고 활력을 뼈저리게 느꼈다. 석사논문을 제출하고 무료하게 시간을 보내고 있을 때, 우연히 이합 핫산(Ihab Hassan)의 최근미국소설연구서, *원시적 순진: 최근미국소설연구*(*Radical Innocence: Studies in the Contemporary American Novel*(Princeton: Princeton University Press, 1961))와 만났다. 이 연구서는 특이한 논지 – "반항자-피해자" –로 1910년 이후에 출생한 소설가들의 작품들을 개별 작가중심의 종전연구방법을 따르지 않고, 소설주인공들의 실존방식을 몇 개의 유형으로 분류하여 분석하고 고찰했다. 들어본 적이 없었던 소설가들과 그들의 작품들을 구해서 읽으려하지 않고 먼저 이 연구서를 통독했다. 이 책을 이해하기가 매우 어려웠지만, 몇 번이고 읽으면서 논의된 소설들의 핵심주제와 자아를 탐구하고 실현하려는 주인공들의 강한 의지와 실천으로 창조된 자기세계의 실상을 어슴푸레 파악할 수 있었다. 최근미국소설주인공들은 대체적으로 실존에 부정적으로 보였던 종전

소설주인공들과는 판이하게 다르다. 종전소설주인공들은 주로 편견, 독선, 그리고 아집으로 왜곡된 의식, 과도한 쾌락추구, 극단적인 이기주의와 축재욕망, 폭력, 정신적 또는 신체적 불구, 그리고 생명경시 끝에 살인과 자살을 저지르는 당사자들이거나, 아니면 피해자들로 비극적인 결말을 맞았다. 따라서 이들은 실존의 긍정보다는 부정, 낙관보다는 비관, 희망보다는 절망, 생동감보다는 무력감, 그리고 활력보다는 무기력에 더 가깝다는 인상을 많이 받았다. 이에 반해, 최근미국소설주인공들도 이런 실존위험요인들의 피해자들로 시련, 간난신고, 좌절, 절망, 그리고 위기상황에 직면하지만, 결코 패배하지도 자멸하지도 않는다. 왜냐하면 그들은 자기를 알고, 성숙시키고, 고수하고, 보존하면서 위기상황을 독자적으로 극복하려고 최선을 다하기 때문이다. 그들은 실존에서 자아고수, 긍정, 그리고 탐구의지와 실천, 가능성과 잠재력계발과 발휘욕구, 그리고 공동체의식 확장을 가장 중요시한다. 그들은 실존의 긍정, 낙관, 희망, 생동감, 그리고 활력의 상징이고 귀감이다.

저자는 이 상징과 귀감을 바탕으로 자신을 변화시킬 수 있다는 자신감을 갖게 되었으므로 삶의 무기력과 위축에서 다소 벗어날 수 있었다. 이 때문에 무미건조했던 생활에서 갑자기 변화욕구, 자아고수와 자기세계 창조욕망, 생동감, 그리고 활력을 뼈저리게 느낄 수 있었다. 그러나 이 느낌은 매우 부분적이고 한정적이었다. 왜냐하면 작품들을 입수하여 먼저 독자적으로 이해하고 음미하지도 않고, 연구서가 취사선택한 소설장면만을 읽고 최근미국소설세계에 입문하여 미국교수의 작품선택과 논평을 비판 없이 그대로 수용했기 때문이었다. 나중에 작품을 독자적인 시각에서 분석하고 고찰할 수 있었다할지라도, 연구대상 작가들과 그들의 작품들 선정에서는 미국교수의 식견과 판단을 받아드릴 수밖에 없었다. 그 많은 최근미국소설가들의 작품들을 전부 읽고, 연구할 걸작을 고를 능력이 없기 때문이다. 이러므로 처음에는 쓰고 싶은 주제들, 즉 자아, 도덕, 사랑, 자유, 그리고 정의를 논의한 작가와 자품을 선정할 때, 미국교수의 연구서, 논문, 그리고 개인적인 조언에 전적으로 의존했다. 후에 여자 그리고 포우스트모던 소설가들 중에서 작가와 작품을 선정할 때는 세 가지 기준을 적용했다. 이 기준들은 1. 작가와 작품에 관한 연구서의 유무, 2. *미국문학연구연감*(*American Literary Scholarship*)에 연구서와 논문에 대한 논평의 유무, 3. 대학구내서점과 일반서점에 작품의 진열 여부였다.

이렇게 자기가 좋아해서 고른 작품에 대한 논문을 쓰지 못하고, 외부조건에 부응하여 선정된 소설을 마지못해 연구했다. 요컨대 자의로 자기 발에 맞는 신발을 고르지 못하고, 타의로 신으라고 골라준 신발을 신는 격이었지만, 이것은 능력은 탁월하지 못하면서 최근미국소설을 연구하고 싶은 저자에게 불가피한 여건이기도 했다. 또 이런 여건은 저자 뿐 아니라 몇몇 다른 외국문학을 연구하는 학자들이 지닌 능력한계의 표출이라고 자위해본다.

유감스럽게도 제주대학에서 갓 시작한 교수생활 동안 *원시적 순진*을 읽으면서 뼈저리게 느꼈던 변화욕구, 생동감, 그리고 활력을 지속할 수가 없었다. 이미 연구서는 반환을 했고, 거기서 논의되었던 작품들을 어떻게 해서라도 구해 통독하려는 강한 의지와 실천력은 실종되었기 때문이었다. 더욱이 최근미국소설연구에 열중하려는 집중력도 갖지 못했다. 더욱 애석하게도 이렇게 연구를 등한시하는 저자를 꾸짖고 매질하는 선배교수도 만나지 못했다. 저자의 오판일지도 모르지만, 그 당시 영문학교수들은 자신들의 본업이 연구가 아니라 번역이라고 착각했다. 그들은 이런 착각 속에 영문학연구보다도 영어번역을 우선으로 했다. 그래서 그들은 영문학과라는 명칭을 사용하면서도 영문학연구에는 관심이 없었다. 그들의 대다수는 승진에 필요할 때만 논문을 썼지, 평생 연구에 심혈을 쏟지는 않았다. 이러므로 그들은 귀감으로 삼을 영문학연구목적도 방법도 정립하지 못했다. 그들은 자기보다 학식이 탁월한 실력자를 존경하거나, 그로부터 배우려고도 하지 않고, 그를 질투했다. 영문학과에는 연구를 전제로 하는 진지한 대화와 토론이 있을 수 없으므로 연구하는 분위기가 조성될 수 없었다. 저자도 이렇게 연구에 부정적인 여건을 독자적으로 극복하려고 최선을 다하지 않았다. 심지어 선친의 자중자애하고 연구에 정진하라는 훈계를 항시 명심하지 않는 불효를 저질렀다. 연구에 열중하라는 내면의 소리를 무시하고 안일과 무절제에 빠졌다, 이런 일탈로 저자가 맡았던 강의의 요체는 영어단편소설과 수필의 예술적 이해와 음미에 지대한 관심과 정성을 쏟아야함을 전제로 해야 함에도 불구하고, 오로지 정확하고 틀림없는 번역을 할 수 있다는 자신감에 도취되어 질의응답도 토론도 없는 일방적인 강의를 했다. 나중에야 자의가 아니라 대학당국에서 매년 한 편의 논문을 써야한다고 강요하는 바람에 그렇게 연구를 소홀히 하는 안일과 무절제 그리고 일방적인 강의방식에서 벗어났다. 이 강요로 말미암아 영문학과교수들은 안일한 번역위주의 교육에서 탈피하여 연구에 관심과 정성을 쏟을 수밖에 없게 되었다. 이렇게 영문학과의 교육에서 번역위주에서 연구로의 전환은 긴 시간이 걸렸고, 큰 진통도 따랐다. 저자는 이런 강요와 진통이 있기 전에는 하나의 작품과 그 작품에 대한 논문과 연구서들을 체계적으로 읽으려고 시도하지 않았다. 물론 자료들을 구하기도 쉽지 않았다. 그래서 손에 잡히고 눈에 뜨이는 책들을 난독했다. 이처럼 자아를 학문적으로 성숙시키려는 각고의 노력도, 척박한 학문풍토를 극복하려는 강한 의지력도, 그리고 그럴만한 여건도 부족한 와중에서 유일한 기대와 희망은 미국유학이었다. 이 희망은 동서센터(East-West Center)나 풀브라이트(Fulbright)장학금을 받아야 이뤄질 수 있었다. 이 장학금을 받으려고 두세 번 도전했지만 실패하고, 1969년 초에 제주대학을 떠났다. 요컨대 첫 발을 디뎠던 교수생활은 어떤 여건에서도 지녀야할 학문에 대한 열정, 강한 연구의욕, 그리고 혼신을 다한 실제적 노력이 부족하여 아무런 성과도 없이 초라하게 끝났다.

이처럼 첫 직장에서 자아를 학문적으로 성숙시키지 못했지만, 다행히 예술적 감각과 시각을 다각화하여 확장시킬 수 있었다. 이런 감각과 시각은 나중에 포우스트모던미국소설을 연구하는데 큰 도움이 되었다. 또 이 감각과 시각은 제주대학에 부임하기 전해 가을에 우연히 보았던 두 개의 그림과 한라산 그리고 바다와의 합침에서 비롯되어, 시간이 지나면서 그 폭과 차원이 더욱 넓고 깊고 높아졌다. 하나의 그림은 첫 눈에 순간적으로 강한 인상에 매료되었던 흰색과 검정색의 수묵화였다. 또 하나의 그림은 당시 매우 메마른 삶에 지쳐서 그러했는지 보는 순간 굉장히 삭막함을 느꼈던 *歲寒圖(세한도)*이다. 우람한 한라산정상이 여러 색, 특히 선명한 흰색과 검정색의 구름으로 뒤덮여 있으면, 꼭 수묵화를 보고 있다는 느낌에 빠졌다. 이 느낌으로 자연에서 한 폭의 아름다운 그림을 볼 수 있었다. 이 그림을 보고 있는 동안에 어느덧 구름이 한라산을 뒤덮어 수시로 모습을 바꾸어 기막히게 아름다운 그림을 그리면서 수려한 산세를 가린다. 이때 한라산이 눈에 보이지 않으므로 그 존재를 일시적으로 인정하지 않는 착각이 일어난다. 이 착각이 일상에서 무시될 수는 없다. 이런 착각은 바다에서 항해 중인 선박이 수평선 너머로 사라지면 배가 없다는 주장과 같다. 이 착각으로 일상에서 있음과 없음, 즉 객관적 사실과 주관적 판단을 구별하는 경계를 세우기가, 더욱이 어느 쪽이 더 중요하고 틀림없다고 주장하기가 어려운 경우가 있으므로 상호의존하고 보완해야 적확한 판단을 내릴 수 있다. 또 한라산과 그 정상은 계절에 따라 그 모습과 아름다움이 달리 보인다. 산과 정상은 원래 그대로 있지만, 거기에 일어나는 현상이 달라지기 때문이다. 형형색색의 황홀한 현상을 바라보고 있을 때는 산과 정상의 존재에 신경 쓰지 않는다(존재를 망각한다). 아름다운 현상이 사라지면 그 존재에 감탄한다. 이 경우에도 있음(현상)과 망각(존재)이 상호의존해야 그 진가가 최대한으로 드러난다. 한라산과 그 정상은 구름으로 덮였을 때는 한 폭의 아름다운 그림을 보여주고, 구름이 없을 때는 탄성을 자아낼 수려한 모습을 내비친다. 이처럼 한라산과 그 정상은 구름의 있음과 없음에 구애받지 않고 그 존재감을 유감없이 과시한다. 한라산은 구름이 있어도 좋고 없어도 좋으므로 있음과 없음을 구별하려하지 않는다. 자연의 변화무쌍으로 인해 한라산이 모습을 달리하는 것처럼 제주도의 무변대해도 달리 보인다. 하늘이 푸를 때는 바다도 먼 수평선을 경계로 푸르게 광활하게 보인다. 하늘이 잿빛일 때는 바다도 가깝게 보이는 수평선 안에 협소하게 잿빛을 띤다. 하늘과 바다는 다르면서도(둘이면서도) 빛깔은 언제나 같다(하나이다). 또 무변대해의 파도는 잔잔하다가 어떤 때는 노도로 변한다. 위협적이고 파괴적인 폭풍우와 같은 변화무쌍의 와중에서도 한라산과 무변대해는 항시 의젓하게 존재한다. 이런 의젓한 존재는 우리가 어떤 여건에서도 인간, 자연, 그리고 예술을 사랑하는 의식을 한결같이 고수하고 확장해야함의 중요성과 필요성의 암시이고 상징이다. 저자는 원근법을 무시한 *세한도*가 이 암시와 상징의 정수라고 믿는다. 한결같음을 상징하는 소나무와 잣나무 가운데에 원형이 있는 정면의 건물이 뒤쪽으로 점점 더 커지는 모습이 의식 확장을 암시한다고 생각하기 때문이다. 게다가 저자는 *세한도*가 서구예술보다 앞서 포우스트모던이즘의 예술창작철학과 기법을 활용했다고 주장한다. 무지의 소치일지는 몰라도.

3

1970년대

최근미국소설 연구 초기

저자가 5년 동안 제주도에서 보낸 삶은 내심으로 선망했던 *젊은 예술가의 초상*(*A Portrait of the Artist of a Young Man*)의 스티븐 디덜러스가 *율리시즈*에서는 소외, 자만, 그리고 무절제의 자아에 유폐되어 현실에 슬기롭게 대처하지 못하는 경우와 비슷했다고 한다면, 탁월한 재능과 능력도 없는 저자의 주제에 과언일까 싶다. 다시 말하면, 저자는 어떤 시련, 곤경, 그리고 위기도 융통성과 임기웅변으로써 현명하게 극복하면서 현실적, 사회적, 절제 있는 삶을 사는 리어포울드 블름과 같은 인간으로 성숙할 수 없었다. 왜냐하면 제주대학에서는 박봉이지만 경제적으로 안정되자, 학창시절에 그렇게 갈망했었고 이상적인 실존에 반드시 있어야하는 변화욕구를 절감할 수 없었기 때문이었다. 게다가 안일과 무절제에 빠져 최근미국소설작품들을 어떻게든 구해서 통독해야한다는 절박감을 갖지 못했기 때문이었다. 요컨대 실존에 생동감과 활력을 불어넣어줄 최근미국소설연구보다도 타성에 젖은 일상생활에 더 침잠했다. 이런 여건에서 다행스럽게 1969년 봄학기에 직장을 제주대학에서 전남대학교로 옮긴 후에 비로소 최근미국소설에 접하면서 각성과 자아성숙, 즉 의식개혁의 계기를 마련할 수 있었다. 5년 동안 무관심했던 최근미국소설이 광주에 오니 갑자기 눈에 띠자 과거에 뼈저리기 느꼈던 변화욕구에 대한 기억이 되살아나면서 가까이 다가왔다. 광주미국공보원(후에 문화원으로 개칭되었음)도서관에 소장되어 있는 비록 일부이지만 최근미국소설 그리고 그 연구서와 학술지를 손쉽게 이용할 수 있게 되었다. 먼저 미국흑인소설에 큰 관심을 가졌다. 노예로 끌려왔던 흑인들의 후손이 미국사회에서 어떻게 탁월한 소설가로 등장할 수 있었는가를 알고 싶었다. 미국사회와 교육이 일자무식의 노예흑인들의 후손에게 어떻게 글을 가르쳤기에, 이 후손이 세계적인 작가로 성공할 수 있었는가를 규명하고 싶었다. 이 규명으로써 우리사회와 교육도 세계적인 인물을 양성하는 첩경을 모색할 수 있을 거라고 생각했다. 그러나 이 생각을 곧 포기했다. 맞춤법을 무시하고 소리 나는 대로 표시한 문장들이 많이 있는 흑인소설을 이해하기가 너무 어려워 마음속에 품었던 큰 뜻을 접을 수밖에 없었다.

이 뜻을 접으면서 최근미국소설에 관한 첫 논문으로 "黑人小說(흑인소설)의 變貌(변모)"를 썼다. 이 논문에서 멸시와 학대에다 인권마저 유린당한 노예의 비참한 삶 그리고 그 울분과 반항의 기술로 시작했던 흑인소설이 변모하여 남부소설 그리고 유대인소설과 어깨를 겨루면서 미국주류소설로 급부상한 과정을 고찰해보았다. 이 급부상은 "실존과 인간 그리고 인간의 아름다움 … 그리고 활력을 부정"[1]하는 항의소설의 편협한 주제 – 해방, 분노, 좌절, 그리고 절망 –의 표현에서 탈피하여 오늘날 모든 사람의 지대한 관심사인 자아발견과 긍정 그리고 불가시성(不可視性)의 모색에서 비롯된다. 이 모색을 대변하는 진 투머(Jean Toomer, 1984-1967)의 *줄기*(*Cane*, 1923), 리처드 라이트(Richard Wright, 1908-1960)의 *토박이*(*Native Son*, 1940), 그리고 랠프 엘리선(Ralph Ellison, 1914-1994)의 *보이지 않는 인간*(*Invisible Man*, 1952) 등이 흑인소설의 편협성에서 벗어나 새 지평을 열었다. 투머는 지. 아이. 게르뒤에프(G. I. Gurdieff, 1866-1949)의 신비사상의 영향을 받아 소설창작에서 의식확장과 명상을 중요시한다. 그는 자신의 실험소설, *줄기*를 기존소설형식을 무시하고 시, 단편소설, 그리고 각본으로 구성한다. 그는 이 작품에서 물질문명발달에 따른 정신퇴폐로 인한 무기력한 도시삶의 표출보다도 농민의 원시적 삶의 예찬, 기계화로 무력한 자아의 존재로 전락한 인간의 비탄, 그리고 흙에 기반을 두었던 사람들의 따뜻하고 건전했던 생활에 대한 향수를 표출한다. *토박이*는 항의소설이지만, 흑인작가들의 전매특허인 분노, 좌절, 그리고 절망을 기술하지 않고, 흑백차별과 흑인들의 비참한 삶을 사회문제로 부각시켰으므로 이달의 책 클럽(Book of the Month Club)이 선정한 최초의 흑인소설이 되었다. 이 소설주인공, 비거 토머스(Bigger Thomas)는 극심한 흑백차별과 빈곤의 피해자로 자기존재를 부정하고, 자기를 증오의 대상으로 간주한다. 그는 정서적으로 매우 불안하고 난폭하기 때문에 다른 사람들의 호의를 받아들이지 않고, 의심과 공포의 눈초리로 응시한다. 그는 백만장자이고 흑인에게 우호적인 돌턴(Dalton)집의 운전기사로 일하다가 우발적으로 그의 만취한 딸을 과실치사한 후에 여자친구가 밀고할까봐 그녀를 살해한다. 그는 살인 후에 지금까지 자기를 분열시켰던 두 세계, 즉 사고와 감정, 의지와 지성, 그리고 열망과 만족을 하나로 통합하는 새로운 세계를 창조할 수 있다. 더욱이 그는 사회와 인간으로부터 극도로 소외된 자기를 적극 옹호하고 변호해준 자신의 변호사의 헌신에 깊은 감동을 받아 평생 처음으로 인간신뢰 그리고 긍정적인 실존의욕을 느낀다. 요컨대 토머스는 개개인의 편견, 아집, 그리고 이기심 때문에 의사소통할 수 없는 고독한 존재로 실존하는 "우리와 너무도 닮은"[2] 인물을 대표한다. 이런 주인공의 등장이 *토박이*의 생명력이고 위대성이다. 엘러선은 *보이지 않는 인간*에서 흑인들의 편협한 체험과 의식을 표출하는 항의의 한계를 초월하여 소설의 보편성과 예술성구현에 전력을 다했다. 그는 이 작품 덕택에 최우수미국소설상(National Book Award)을 받은 첫 흑인작가로 알려지면서 일약 유명 소설가로 급부상한다. 그는 소외와 고독의 근원을 불가시성에서 탐구한다. 이 소설의 이름 없는 주인공은 자신의 이기심과 야망 때문에 자기를 볼 수 없을 뿐 아니라 자아를 성찰하려하지 않는다. 한편 그보다 지위가 우월한 유력인사들은 오로지 그를 목적달성을 위한 도구로 이용하려할 뿐이고 인간으로 인정하기를 거부한다. 드디어 주인공은 자신과 유력인사들이 구축한 불가시성에서 깨어나 진실한 자아를 발견하고, 자신의 본분을 다하려고 결심한다. 엘러선은 주인공이 불가시성에 빠졌다가 깨어나는 과정을 "관현악으로 편곡"[3]한다. *보이지 않는 인간*은 흑인소설을 미국소설의 정상에 올려놓은 획기적인 작품으로 "제2차 세계대전 후에 [출판된] 가장 탁월한 미국소설이다"[4]는 절찬을 받는다. 지금까지 고찰한 *줄기*, *토박이*, 그리고 *보이지 않는 인간*은 분노와 항의 표출의 편협한 실존으로부터 소외, 고독, 그리고 불가시성을 극복할 수 있는 실존으로 발달하는 과정을 보여준다. 이런 발달 과정이 일어나려면 활력 있는 실존, 따뜻하고 건전한 삶, 자기뿐 아니라 다른 사람에 대한 신뢰, 그리고 진실한 자아를 탐구하는 자세로의 변모의 과정이 필요함을 고찰했다. 이 고찰을 통하여 "우리는 현대한국소설이 … 세계수준에 달하는 소설로 발전할 수 있는 길을 암시받을 수 있다고 생각한다. 그것은 한국적인 것을 소재로 우리의 절실한 문제이면서도 영구히 인류의 문제가 될 수 있는 주제를 완벽한 소설형태로 표현하는 것이 그 길이 아닐까."[5]

다음 논문은 카선 머컬러즈(Carson McCullers, 1917-1967)의 소설을 고찰한 "사랑의 倫理(윤리)"이다. 그녀의 소설에서 사랑하는 사람은 자신의 소외와 고독을 극복하려고 상대방에게 자기실존의 전부를 바치지만, 어떤 호의적 반응도 얻지 못해 오히려 더욱더 극심한 고통을 감수해야할 뿐 아니라 극단적인 경우에는 자멸한다. 이처럼 사랑하는 사람이 상대방으로부터 원하는 사랑과 감정의 결실을 맺지 못하는 사랑은 그 자체에 문제가 있다. 이런 문제를 지닌 사랑은 사랑하는 사람과 사랑받는 사람이 서로 다른 생각과 세계를 갖는데 있다. 머컬러즈의 주장에 따르면, "사랑이란 두 사람 사이의 공동체험이다. 그러나 사랑이 공동체험이라는 사실이 관계된 두 사람에게 동일한 체험을 의미하지는 않는다. 사랑하는 사람과 사랑받는 사람이 … 제각기 다른 세계를 갖고 있다. […] 사랑하는 사람은 마음속에서 그의 사랑이 외로운 것임을 느낀다. 그는 새롭고 기묘한 고독감을 알게 되고, 이 지식이 그에게 고통을 준다. […] 그는 자신을 위해서 전혀 새로운 내면세계를 … 창조해야한다. [이러므로] 사랑받는 사람은 사랑하는 사람을 두려워하고 증오한다"[6] 이렇게 제각기 다른 세계를 가진 사랑하는 사람과 사랑받는 사람이 자기중심적인 감정과 사고를 버리고 환골탈태하여 하나가 되어야함이 사랑의 윤리이다. 매우 유감스럽게도 머컬러즈는 사랑의 윤리를 갈망했지만, 실제생활에서 "영혼의 열망과 육체적 욕구의 궁핍"[7]으로 남자와 하나가 되는 사랑을 누릴 수 없었다. 그녀의 "마음은 언제나 외로웠고, 그 마음은 자신의 모든 것을 바칠 수 있는 남자들을 꾸준히 찾아 헤맸다."[8] 다시 말하면, 그녀는 사랑으로 두 사람이 하나가 되는 사랑하는 사람-사랑하는 사람의 모형(the pattern of lover-lover)을 갈망했지만, 현실적으로 하나가 될 수 없는 사랑하는 사람-사랑받는 사람의 모형(the pattern of lover-loved)의 질곡에서 벗어날 수 없었다. 이래서 그녀는 사랑하는 사람-사랑받는 사람의 모형에 얽매여 사랑의 윤리를 실천할 수 없는 주인공들을 *마음은 외로운 사냥꾼*(*The Heart Is a Lonely Hunter*, 1940)과 "슬픈 캐페이의 노래(The Ballad of the Sad Cafe", 1943)에서 창조했다.

*마음은 외로운 사냥꾼*의 주인공, 벙어리 죤 싱거(John Singer)는 슬기로운 미소를 머금고 심오한 눈빛을 가졌지만 믿을 수 없고 악습에 젖은 벙어리

친구 스피로스 앤토나풀로스(Spiros Antonapoulos)를 자기중심적, 일방적으로 사랑한다. 그는 싱거의 마음속에 오랫동안 "고요하게 간직되어온 모든 축적된 욕망에 대한 하나의 자극제"[9]이기 때문이다. 싱거는 그가 자기희열과 만족을 극대화시켜주는 이상적인 사랑의 대상이라는 강박관념에 사로잡혀 그에게 자기와 삶을 다 바친다. 싱거는 그가 어떤 반응도 내비치지 않아도 더욱더 지극정성으로 그를 사랑한다. 그러므로 싱거는 그의 어떤 요구도 무조건 다 들어주고, 더욱이 그가 저지른 절도, 공중도덕위반, 그리고 폭행으로 구속되지 않도록 벌금과 보석금을 내기 위해 은행예금을 전부 인출한다. 싱거는 어떤 대가와 희생을 치르더라도 그와 함께 있고 싶어하지만, 그의 친척은 그에 대한 책임을 지지 않으려고 그를 강제로 주립정신병원에 입원시킨다. 싱거는 삶에서 사랑의 유일한 대상을 빼앗기고 홀로 되자, 극도의 고독감과 공허감에 시달리면서 불안감에 휩싸여 숙면할 수 없다. 싱거가 기분전환을 위해 거처를 옮기자, 이제는 신세가 역전되어 네 사람 – 광적인 과격분자, 제익 블라운트(Jake Blount), 사회의식이 강하지만 좌절당한 흑인의사, 베네딕트 코우플런드(Benedict Copeland), 음악에 심취한 소녀, 미크 켈리(Mick Kelly), 그리고 냉철한 객관성을 갖고 세계를 바라보는 회의주의자, 비프 브래넌(Biff Brannon) – 의 사랑을 받는 사람이 된다. 이 네 사람도 "싱거가 앤토나풀로스에게 의지하는 것처럼, 그들은 싱거와 함께 있으면 현실세계에서 이룰 수 없는 완벽한 의사소통을 가상할 수 있으므로 싱거에게 의존한다. 그는 앤토나풀로스에게 보낸 편지에 썼듯이, 블라운트나 코우플런드가 말하는 것을 거의 이해하지 못한다. 그들은 자신들의 가상세계를 창조하는 하나의 수단으로 그를 이용하고 있을 뿐이다."[10] 예를 들면, 블라운트는 그의 눈이 자신의 실존철학 – "우리의 궁극적 목적은 자유"[11] –을 이해하고 있다는 환상을 품는다. 코우플런드도 그의 얼굴에서 "어떤 전형적인 백인의 절제와 금욕주의의 화신"을 본다는 환상에 사로잡힌다. 켈리는 자신이 본능적으로 좋아하는 음악과 싱거를 동일시하여 그를 "절실히 필요한 선생님과 친구"로 상상한다. 브래넌은 스스로 상상한 싱거의 "자제력과 상식을 매우 높게 평가한다."[12] 그들은 각자 자기만족과 합리화를 위해 신비의 대상으로 사랑한 싱거로부터 어떤 반응도 얻지 못한다. 그럼에도 그들은 그가 앤터나풀러스의 병사로 비통과 절망에 빠져 자살하자 비탄을 금할 수 없다. 싱거와 그들은 상대방을 사랑한다는 미명으로 자기만족과 환상에만 몰두하기 때문에 메아리를 일으킬 수 없는 사랑으로 자멸하거나 슬픔과 고통을 감수할 수밖에 없다. 요컨대 그들은 사랑 아닌 사랑을 사랑으로 오해하고, 그 사랑에 꼼짝 못해 비극을 자초하는 환상과 맹신의 노예들로 자기 자신을 성찰하려고도 성찰할 수도 없는 위인들이다.

"슬픈 캐페이의 노래"의 세 주인공, 어밀려 에번즈(Amelie Evans), 마빈 메이시(Marvin Macy), 그리고 곱사등이 라이먼(Lyman)의 관계에서 "사랑을 하는 경우 그 사람은 노예가 되고, 사랑을 받는 경우에 그 사람은 폭군이 된다."[13] 에번즈의 유일한 관심은 사람들을 사랑하는데 있지 않고, 그들로부터 돈을 벌어드리는데 있다. 메이시는 에번즈를 돈 때문이 아니라 오로지 사랑하기 때문에 그녀와 결혼하지만 첫날밤을 치를 수 없다. 그는 그녀와 잠자리를 같이 하려고 그녀에게 온갖 선물을 사주고, 자기의 전 재산을 양도한다. 이렇게 그가 그녀에게 지극한 정성과 열렬한 애정을 쏟으면, 그녀는 그를 더욱더 미워하여 집 밖으로 쫓아낸다. 그는 이루지 못하는 사랑의 노예 신세로부터 해방되자마자, 다른 마을로 가서 많은 비행과 범죄를 저지르더니 결국 교도소에 수감된다. 에번즈가 메이시의 수감 소식을 듣고 아주 좋아하고 있던 어느 날 한밤중에 곱사등이가 홀연히 그녀 집에 나타나 그녀와 친척이 된다고 우겨댄다. 그녀는 갑작스럽게 곱사등이에 반해 그를 사랑하는 사람으로 변신한다. 그녀는 이 변신으로 자기소유의 전부를 아낌없이 그에게 양도할 뿐 아니라 그의 심기를 편안하게 해주려고 최선을 다한다. 그러나 그녀는 그의 배신으로 자멸한다. 곱사등이는 범죄행위에 각별한 흥미를 가지고 있기 때문에 만기 출소하여 귀향한 메이시를 보는 순간 그에게 반해 그의 사랑을 받으려고 안달한다. 메이시는 곱사등이의 사랑을 받고 있음을 알아차리고, 에번즈에게 복수하려고 그를 이용한다. 이번에는 메이시가 집으로 들어와서 곱사등이를 부추겨 에번즈를 그녀의 침실에서 쫓아낸다. 그녀는 곱사등이에 대한 사랑을 포기할 수 없을 뿐 아니라 그가 없는 세계를 상상할 수 없으므로 메이시와 결투를 벌인다. 그녀가 승리를 거두려는 찰나에 곱사등이가 끼어들어 메이시를 돕는 바람에 결국 패배한다. 메이시와 곱사등이는 그녀의 물건들을 훔치고, 그녀의 가옥을 파괴하고 함께 마을을 떠난다. 그녀는 곱사등이의 배신으로 자기 집에 담을 치고 은둔생활을 한다. 이처럼 사랑하는 사람은 상대방의 노예는 되지만, 그의 무관심과 배신으로 고통당하거나 자멸한다. 이런 고통과 자멸은 머컬러즈 소설의 사랑하는 사람의 자업자득이다. 이 고통과 자멸은 그녀 소설의 현실일 뿐이지 결코 이상은 아니다. 그녀의 사랑철학은 쇠사슬에 매인 12명의 죄수가 따로따로가 아니고 함께 일하면서 노래를 부를 때 그들의 목소리가 복잡하게 뒤섞이면서 이루는 화성의 극치, 즉 모든 소리가 하나로 합쳐지는데 있다: "그리고 날마다 노래 소리가 난다. 어두운 목소리 하나로 1절이 시작되어 반쯤 계속된다. 모든 문제를 제기하는 것 같다. 그러면 잠시 후에 다른 목소리들이 합창하고, 곧 모두가 노래할 것이다."[14] 이 하나로의 합침은 그들의 합창으로 구현되며, 이렇게 구현되어야함이 머컬러즈의 사랑의 윤리이다. 이 윤리는 사랑하는 사람이 집착하는 자기만족과 환상을 버리고 상대방과 이심저심으로 하나가 되려는 연대의식확장과 공동목표실현에 전력을 다해야한다는 철학이다. (개작한 논문에 의거해서 쓴 내용임을 밝힌다.)

그처럼 간절히 바랐던 미국유학의 꿈이 드디어 실현되었다. 1969년이 저물어 갈 무렵, 동서센터장학생 후보가 되어 작은 희망을 갖고 최종결과를 매우 초조하게 기다리고 있던 중 장학생으로 선발되었다는 통보를 한미교육위원단으로부터 받았다. 돌이켜보면 저자의 미국유학은 연구나 학문이라는 염불과는 거리가 너무나 먼 잿밥에만 지대한 관심을 쏟는 당시 대학풍토에서 탈출하는 유일한 돌파구였다. 또 이 유학은 한때 유배지였던 제주도에서 태어나 큰 뜻을 품고 일본으로 건너가 고학으로 전문대학을 졸업하고 직장생활을 하다가 해방 후에 본의 아니게 실직자가 되어 좌절과 고난을 인고하는 삶을 20년 동안 살아야했던 아버지와 서울에서 신교육을 받고서도 장사로 어렵게 가계를 꾸렸던 어머니에게 드릴 수 있는 가장 큰 효도였고, 더욱이 부모님의 가장 벅찬 감격이고 희열의 극치였다. 게다가 이 유학은 경제적 여유가 없는 삶을 사는 형제자매에게도 가장 기쁜 소식이고 큰 자랑이었다. 그러나 1970년 8월에 예상했던 탈출에 대한 기대는 국방부의 출국허가를 받지 못해 일단 무산되었다. 가난 때문에 거주지를 자주 옮겨 이주신고를 등한시한 실수가 화근이었다. 나중에 이 실수를 법적으로 아무 문제가 없도록 정리하기 위해 책임과 의무를 다했다. 그러나 우리사회는 법보다도 위법행위가 아닌 과거의 과오를 제재하라는 대통령의 지시가 더욱 절대적이었다. 당시 국방부 공무원은 서른네 살의 나이에 미국정부의 지원으로 유학 가는 저자에게 큰 차원에서 편의와 도움을 주려고하기보다는 근시안적이고 편협한 시각으로 사무처리를 뒤탈 없이 합리화하기 위해 지나치게 무리한 서류제출을 요구했다. 결국 큰 고초를 겪고 출국허가를 받아 년말에 유학길에 오를 수 있게 되었다. 늦은 출국과 많은 고초로 인한 실망감, 좌절감, 그리고 무력감으로 마음이 무척 무겁고 괴로웠지만, 이때 뜻밖에도 인생에서 가장 큰 행운의 여신을 만나는 축복을 받았다. 출국 1개월 전에 극적이고 운명적으로 삶의 반려자가 될 여자를 소개받고 바로 백년가약을 맺었다. 5개월 후에 미국에서 함께 시작한 부부생활로 정신적 안정감을 얻었을 뿐 아니라 부인장학금(당시 유학생부인의 노동으로 얻은 돈을 의미하는 wife's scholarship)을 받아 학문과 견문을 깊고 크게 넓힐 수 있었다. 지금도 삶의 가장 소중한 반려자일 뿐 아니라 연구의 격려자이고 비판자로서의 큰 도움을 받고 있다. 요컨대 타의로 인해 지연된 출국이 저자의 삶에 일대전환을 일으키는 가장 큰 축복과 행운의 선물을 가져다준 것은 인생의 하나의 커다란 반어이다.

드디어 1970년 12월 31일 늦은 저녁에 김포공항에서 가족의 전송을 받고, 출국한다는 기쁨과 안도감을 느끼면서도 왠지 떨리는 마음으로 국제선비행기에 탑승했다. 비행기 안에는 미국으로 입양되는 많은 고아들이 이미 좌석에 앉아 있었다. 부모를 여의었거나, 아니면 부모와 나라의 가난 때문에 태어난 조국에서 살지 못하고 외국으로 떠나야하는 기구한 운명의 아이들을 보고 마음이 무척 아프고 괴로웠다. 국가는 국민을 보호해야하는 의무와 책임을 완수하려하지 않고 오히려 회피하고 있었다. 8시경에 이륙한 비행기는 일제식민지시대에 한국인들의 이루 말할 수 없는 비탄과 한을 삼켰던 현해탄을 2시간 만에 통과하여 하네다공항에 안착했다. 전송 나오신 부모님이 저자가 탑승한 비행기보다 먼저 출발한 광주행 야간열차에 승차하여 서대전역에 겨우 다다랐을 때 쯤, 우리 비행기가 동경에 도착했으니 그 빠른 속도에 감탄을 금할 수 없었다. 하네다공항에서 호놀룰루(Honalulu)행 비행기로 환승해야하는 시간이 겨우 30분이어서 매우 불안한 마음으로 직원에게 급한 사정을 말했다. 그는 걱정 말라고 말하면서 어딘가에 전화를 하자, 공항승용차가 와서 저자를 호놀룰루행 비행기탑승구까지 신속하게 태워다주었다. 승객 한 명을 환승시키기 위한 일본공항의 민첩한 대처를 보고 감탄하면서, 개인의 편의를 그렇게도 고려하지 않는 우리 현실을 생각하니 한숨이 나올 뿐이었다. 새해

이른 아침에 비행기는 호놀룰루국제공항에 안착했다. 입국수속을 마치고 밖으로 나와 대학동문 후배의 환영을 받고 동승한 승용차에서 거리를 바라보고 받은 첫 인상은 조용하고 깨끗하고 아름답고 평화스러웠다.

우리나라의 매섭게 추운 겨울에 비해 온화한 겨울철이 자아내는 이국적인 정취에 함빡 빠져서야 비로소 고국을 떠나 허와이(Hawaii)에 와 있음을 실감했다. 이 실감 속에서 그 동안 가슴을 짓눌렀던 불안감과 중압감에서 벗어났음을 알고 너무나 큰 안도감과 희열을 느끼는 찰라 아주 놀라운 현실과 마주쳤다. 악취에 친숙했던 변소가 아닌 수세식화장실을 사용하니 너무나 상쾌하여 마음이 깨끗해지는 것 같았다. 수퍼마킽에서 우리 빈약한 가게에서 볼 수 없었던 무수한 상품들이 진열되어 있음을 목격하고 너무 놀라 입이 벌어졌다. 이제 이 많은 상품들을 마음대로 살 수 있으니 마치 궁핍에서 해방되어 부자가 된 것 같았다. 게다가 어느 곳을 찾아가도 "도와 드릴까요"라는 말을 들을 때마다 마치 동화 속의 나라에 와 있는 것 같았다. 저자세로 어렵고 힘들게 사정하고 부탁해야하는 경우를 진절머리가 날 정도로 체험했던 저자에게는 정말로 딴 세계였다. 이 뿐만 아니라 대학도서관은 개가식이어서 책 구경하는 재미, 이 책 저책을 읽어야겠다는 마음, 그리고 쉽게 대출받는 기분은 최고였다. 수업시간에 교수와 학생은 토론에서 동등한 자격으로 자기견해와 의견을 자유스럽게 발표하는 장면을 보고 너무나 놀랐다. 교수는 어떤 권위의식도 우월감도 없이 오로지 여러 견해와 의견을 종합하고 정리하는 역할만 했다. 그는 결코 자기주장을 관철시키려하지 않는 교통 정리자였다. 많은 할머니학생들을 보고 너무나 의아했다. 우리나라 대학생들은 거의가 젊은이들로 공부하여 직장을 구하려하는데 반해, 할머니학생들은 그저 공부를 위한 공부를 하는 것 같아 쉽게 납득할 수 없었다. 더욱이 의자에 앉아 있으면 새들이 아무런 두려움 없이 가까이 와서 날아가지를 않아 아주 이상했다. 여기 새들은 왜 사람들을 무서워하지 않는가를 도저히 이해할 수 없었다. 또 집안에서 개와 함께 산다는 것은 상상할 수도 없는 일이었다. 더 더욱 놀라운 일은 와이키키(Waikiki)백사장에서 수영복을 입고 색안경을 쓰고 누워서 책을 읽는 장면이었다. 우리는 백사장에서 놀고 모래찜을 하지 책을 읽는 일은 염두도 못 냈다. 마지막으로 허와이 하원의회를 방청했을 때 달나라에 온 느낌이었다. 고성과 욕설에다 폭력이 난무하는 우리국회와는 아주 딴판이었다. 너무나 조용하고 예의 바른 의회였다. 이처럼 호널룰루생활은 의외, 경악, 그리고 불가사의로 시작되었다.

이렇게 호널룰루는 저자에게 전혀 다른 세계를 연상시켰을 뿐 아니라 의식변화를 일으켰다. 생각과 마음을 크게 바꾸고 유학생활을 동서센터 남자기숙사에서 시작했다. 운명의 여신이 배정한 와이키키해변 쪽을 향한 고층 방에서 조용한 새벽에 은은하게 들려오는 파도소리를 즐길 수 있는 행운을 누렸다. 이 파도소리로 그때 큰 위로와 안정을 얻었고, 나중에 최근미국소설연구의 토대를 이룰 수 있을 거라고 전혀 예상하지 못했다. 저자는 하늘보다도 바다, 특히 파도보기를 좋아하는 성격을 갖고 태어났다고 생각한다. 파도는 다른 사물들에 비해 태고의 원래 본성을 그대로 유지하고 있어서 영원성을 상징한다고 믿기 때문이다. 이런 상징에도 불구하고 파도는 시간과 장소에 따라 어떤 때는 잔잔하고 부드럽고 감미롭게, 또 다른 어떤 때는 강력하게 사납고 억세게 해안에 부딪치는 변화무쌍의 대명사이다. 또 파도는 크기, 높이, 그리고 강도를 여건에 따라 자유자재로 바꾸는 융통성과 임의성의 존재이다. 게다가 파도는 어떤 사물도 가리지 않고 무조건 수용하는 바다에서 전 세계를 마음대로 누비고 다니는 자유의 상징이다. 아마 파도에서 최근미국소설연구목적은 주체적 자아, 자유스런 삶, 그리고 열린사회의 창조에 바탕을 두고 있으며, 그리고 그 방법은 융통성과 자유자재를 바탕으로 하고 있다는 영감을 얻었는지도 모른다.

큰 꿈을 갖고 시작한 유학생활은 기대했던 것만큼 큰 성과를 거두지 못했다. 한국사람이 동서센터에서 영문학전공으로 장학금을 받기가 어렵다는 말을 듣고서, 그 당시에는 매우 생소했던 미국학(American Studies)을 선택했으므로 문학작품을 많이 읽지 못한 데도 그 이유가 있다. 그러나 더욱 결정적인 원인을 밝힌다면 처음 시작한 외국생활을 독자적으로 꾸려나갈 능력이 없어 미리 온 유학생들의 도움을 받을 수밖에 없었다. 그들은 연구보다는 박사학위취득과 귀국 후에 취업할 직장에 더욱 지대한 관심을 쏟았다. 그들은 이런 압박감에서 항시 일시적이라도 해방되고 싶었다. 그들은 그 해방감을 음주에서 찾았다. 그들과의 관계를 소홀히 하면서까지 혼자 공부하겠다는 의지가 약해 학문세계에 몰입할 수 없었다. 또 귀국하면 직장도 보장되어 있으니 반드시 박사학위를 취득해야한다는 절박감도 없으므로 안이한 생활을 해도 걱정이 없었다. 게다가 학문과 연구 분위기에 흠뻑 빠져본 적도 없이 성장하여 교수생활을 했기 때문에 무엇을 제일 먼저 해야 하는가를 알지 못했다. 그래서 몸은 미국에 있지만 마음은 언제나 한국에 있었다. 미국을 학문적으로 이해하기 위해 반드시 열독해야하는 *뉴욕 타임즈*(*New York Times*)와 주간지 *타임*(*Time*)을 내팽개치고, 도서관에서 한국신문과 책들을 열심히 읽었다. 특히 도서관에는 북한에서 출판된 도서들도 있었는데, 그 중에서도 문학개론서를 읽었다. 저자, 책명, 그리고 출판사를 기억할 수 없지만, 공산주의사상을 전제로 집필된 문학개론서에서 플레이토우(Plato)보다도 애리스토틀(Aristotle)을 더욱 중요시하는 이유를 충분히 이해할 수 있었다. 그런데 의외로 우리나라 문학개론서에서 읽은 적이 없어 전혀 알지 못했던 고려시대문인, 이규보(李奎報)가 기술되어 있음을 보고 놀랐지만, 왜 그가 논의되었는지 지금 기억할 수 없다. 그때 그 책을 복사해서 가지고 오고 싶었지만, 당시에는 그것의 소유가 반공법위반이었으므로 그렇게 하지 못했다.

봄과 여름 학기에는 강의를 수강할 수 없을 정도의 영어실력을 향상시키는 과정의 여러 교과목과 학부에서 미국사 I과 II를 수강하면서 편안하게 지냈다. 가을학기부터 본격적으로 전공과목을 수강했다. 수강과 함께 의외의 질문을 받고 무척 당황했다. 로이엘 엔. 데니(Reuel N. Denney) 교수가 한국에서 온 학생임을 알고 이런 질문을 했다: "한국궁전의 지붕과 처마의 곡선미가 중국과 일본의 것들에 비해 월등하게 아름답다. 그 이유를 설명할 수 있느냐?" 평생 처음 받는 엉뚱한 질문이었을 뿐 아니라 전혀 관심 밖의 문제였다. 아니나 다를까 도서관에서 세 나라의 궁전을 비교해보니, 우리나라 궁전의 지붕과 처마가 특이하게 아름답고 세련되게 보였다. 이렇게 아름답고 세련된 곡선미를 창조한 우리문화의 철학과 저력은 무엇일까. 지금도 모르면서 알아보려하지 않고 있다. 데니교수처럼 우리가 생각하려고도 하지 않고 무관심한 분야까지도 광범위하게 관찰하고 천착하려는 자세와 의지야말로 대단한 학자가 되는 첫걸음임을 알았으면서도, 그렇게 하지 않는 저자는 한심한 게으름쟁이이다. 데니교수는 공부하기 위해 태어난 학자 같았다. 그는 우리나라교수들과는 달리 정장차림을 하지 않고, 그 당시에 벌써 항상 운동화를 신고 등에 책가방을 메고 다녔다. 데니교수가 가방을 메고 교정을 걸어가는 모습을 볼 때마다 고개를 숙이면서, 진정한 학자의 모습을 마음속에 간직했다.

평생 처음으로 탁월한 교수의 강의다운 강의를 듣고 감탄을 금할 수 없었을 뿐 아니라 넋을 잃었다. 어떻게 이처럼 해박한 지식을 바탕으로 명강의를 할 수 있을까. 선망의 대상이 된 강의는 그렇게 많지 않았지만, 청강하면서 뼈저리게 느꼈던 아쉬움과 애로는 토론에 적극 참여할 수 없는 기본지식과 영어실력 그리고 글쓰기 능력의 부족이었다. 글쓰기를 해보지 않았기 때문에 그 방법을 알지 못했다. 그래서 논리적, 분석적으로 좋은 글을 쓸 수 없으므로 결과도 신통하지 않았다. 많은 시간이 흐른 다음에야 비로소 미국대학이 요구하는 글 쓰는 방법을 익힐 수 있었다. 먼저 글의 핵심주제의 천명과 전개방향을 기술하는 주제문장을 써야한다. 이 주제문장에서 핵심주제가 논의되어 전개되는 순서에 따라 문단은 핵심주제를 분석하여 상술하는 하나하나의 논제문장(topic sentence)으로 시작되고, 논제들의 기술이 전부 끝나면 결론을 내려야한다. 요컨대 이런 아쉬움과 애로로 모든 교과목을 수강했지만, 자랑스럽고 자신 있게 어느 과목에 특출했다고 기억할 수도 술회할 수도 없다. 다만 2년 동안 획기적으로 지식을 습득하면서 크게 깨닫고 자아를 성숙시킬 수 있었던 세 분야를 기술하고자한다.

첫째 미국인은 누구인가를 미국학자들의 견해에 따라 정의하면, 그는 자유를 갈망하고 향유하려고 안달하는 인간이다. 이 정의에 의하면 인간은 "자유스럽지 않으면 안 되고, 반드시 자유스러워야 하며, 그의 고결하고 불멸의 본성을 계발시켜 스스로 하나님의 아들임을 입증하기 위해 자유스러워야한다. 자유가 그의 운명이다. [억압적이고 압제적인 사회, 정치제도에 대응하는] 개선론은 폭력과 무력에 의존하려할 것이 아니라 지성과 감성에 호소하려해야한다."[15] 이 자유의 개념은 도피나 저항이 아니고 진실한 자아탐구와 실현이다. 이처럼 자유의 개념도 바뀌기 마련이므로 "지금까지 미국에서 자유는 모든 지배로부터 벗어남을 의미했다. 그러나 앞으로 진정한 자유는 미국인들이 *그것*을 발견하고, 곧바로 *그것*을 실현하려할 때만 싹틀 것이다. *그것*이란 인간의 가장 심오하고 완전한 자아, 총체적인 자아, 진심이다." 미국인은 자신의 "가장 진실한 자아가 갈망하는 본능적 욕구를 실현하려할 때만 자유스럽다."[16] 그러나 미국사회의 주류는 미국인(유색 인종들)의 이런 욕구실현의지를 격려하고 지원하기보다는 오히려 부정하고 억압하려했다. 이렇게 미국인의 자유갈망과 미국사회의 갈망억압을 주축으로 미국사를 서술할 때 두 개의 대립적인 역사관이 있다. 하나는 "갈등이론"역사학자들(Progressives)이고, 또 하나는 "합의이론"역사학자들(Counter-Progressives)이다. 전자에는 프레데릭 잭선 터너(Frederick Jackson Turner), 찰즈 비어드(Charles Beard), 버넌 루이스 패링턴(Vernon Louis Parrington), 그리고 라이어넬 트릴링(Lionel Trilling)이, 후자에는 루이스 하츠(Louis Hartz), 대녈 제이. 보스틴(Daniel J. Boorstin), 리처드 호프스태터(Richard Hofstadter), 헨리 내쉬 스미스(Henry Nash Smith), 리오우 막스(Leo Marx), 페리 밀러(Perry Miller), 클린턴 로시터(Clinton Rossiter), 그리고 데이비드 엠. 포터(David M. Potter) 등이 속한다. 두 대립적인 이론의 차이를 열거하면, "갈등이론역사학자는 정치적 노력의 효과를 확신하고 있으나, 합의이론역사학자는 정치적 기능을 대수롭지 않게 여긴다. […] 갈등이론역사학자의 주요 관심사는 정치와 경제였으며, 역사변화의 원인에 있어서 다소는 환경론자이기 때문에 유해하거나 퇴보적인 사상은 지배계층의 사리사욕의 반영으로서 역사발전을 저해한다고 주장했다. 동시에 유익하거나 진보적인 사상은 자생적인 것이어서 지배계층의 이해관계를 초월하기 때문에, 역사발전의 사상이야말로 '사회제도를 개조하는 지레로서' 작용할 수 있다고 강조했다. 합의이론역사학자는 '인간행위의 환경론적 설명을 기피하면서 역사발전의 원동력을 인간정신에서 탐색해내기' 때문에, 갈등이론역사학자가 가지는 경제나 정치에의 깊은 관심에 동조하지 않았다. 합의이론역사학자는 역사관을 경제나 정치에서가 아니라 심라학과 예술, 문학, 그리고 철학에서 추론했으며, '심상, 신화, 그리고 상징을 통해서 구체화하였고, 인간의 내적 충동을 포착하여 이 강렬한 충동을 외부로 발산하는 정신적 탐색에서 극적으로 표현되는 것과 같은 진리관'으로 시종일관했다. […] 갈등이론역사학자는 모든 인간은 경제적 동기에 의하여 지배되고 있다고 생각하는데 반해, 합의이론역사학자는 인간은 사회적 지위에 대한 욕구나 어떤 잃어버린 순수성을 회복하겠다는 갈망과 같은 정신적 탐구심을 갖고 지금 행동하고 있는 것처럼 행동하도록 되어있는 존재라고 확신했다: '갈등이론역사학자가 하부구조에 있는 핵심사물을 이해하기 위해 사상을 폭로하려고 했던데 반해, 합의이론역사학자는 하부구조에 있는 핵심사상을 파악하기 위해 사물을 탐색해보려고 했다."[17] 이렇게 대립적인 "갈등이론"과 "합의이론"역사학자들은 미국역사를 더욱 심오하게 연구하고 이해한다는 목표를 달성하기 위해 서로 인정하고 존중하면서 공존하고 있다. 이 역사학자들은 자기이론을 주장하면서 반대 의견에 개의치 않는다. 그들이 이렇게 공존하면서 상대를 존중하는 연구태도를 지닌 것을 보고서 저자는 반대를 용인하려하지 않는 우리사회에서는 도저히 상상할 수 없는 현실이기 때문에 너무나 놀랐다. 진정하고 대단한 학자가 되려면 자기신념과 이론을 관철하려하면서 반대의견과 이론도 포용할 수 있어야함을 절실하게 깨달았다.

둘째 문학비평의 지식과 영역을 확장할 수 있었다. 단편적이었던 비평지식과 티. 에스. 엘리엍(T. S. Eliot)의 신비평의 경계를 뛰어넘어, 서구문학비평을 플레이토우의 모방론으로부터 쟌 폴 사르트러(Jean-Paul Sartre)의 현상학적 비평까지 체계적으로 공부했다. 이 공부는 버너드 맬러머드(Bernard Malamud)가 말하는 작가의 다음과 같은 사명을 전제로 했다: "작가는 독자들이 [전인적인] 인간임을 잊지 않도록 격려하기 위해 비극을 창작한다. […] 그는 우리를 위해 매우 분명하고 의심의 여지가 없는 삶의 의미를 창조한다. 이 창조를 위해 그는 집필한다."[18] 그의 집필목적은 삶의 의미를 명확하게 밝히는 이런 진리구현에 있다: "타고르(Tagore)가 예술의 가장 확실한 주제로 간주한 완벽한 자아실현으로 이룬 인간의 정신적 해방이 인문학의 목적이고, 이 해방에 행복의 극치가 있다."[19] 그러나 유감스럽게도 서구문학은 자아실현과 정신적 해방을 핵심주제로 절대시할 수 없었다. 서구철학이 자아실현과 정신적 해방을 진리의 탐구대상으로 중요시하지 않았을 뿐 아니라 시대에 따라 진리의 개념을 바꿨기 때문에, 문학비평도 그 토대의 붕괴로 다른 이론을 활용할 수 밖에 없었다.

서구의 고대문학비평은 플레이토우의 진리가 아닌 현상, 애리스토틀의 우리보다 월등하게 탁월한 인간의 행동, 호리스(Horace)의 그리스 작가들, 론쟈이너스(Longinus)의 위대한 영혼의 반향인 장엄하고 숭고한 정신, 그리고 플로우타이너스(Plotinus)의 하나(The One)의 독창적인 창조행위를 모방한다는 모방설에서 시작되었다. 모방설 다음의 중세문학비평가들 — 로우디비코우 캐스틀베트로우(Lodovico Castelvetro), 필맆 시드니(Philip Sidney), 피아르 코르네여(Pierre Corneille), 죤 드라이든(John Dryden), 앨릭잰더 포웊(Alexander Pope), 그리고 새뮤얼 죤선(Samuell Johnson) —은 문학은 즐거움보다도 교훈을 주어야한다고 실용주의를 강조했다. 이 같은 강조에 반발한 18세기의 낭만주의비평은 작품과 독자와의 관계보다도 작가와 작품과의 관계를 더욱 중요시하여 작가의 독창성과 천부적 재능을 절대시하는 표현주의의 기치를 내걸었다. 윌리엄 워즈워스(William Wordsworth)는 시를 "강한 감정의 자발적인 흐름"[20]으로 정의했다. 새뮤얼 테일러 코울리쥐(Samuel Taylor Coleridge)는 인간은 창조자이고, 상상력이 인간의 창조행위의 원동력이라고 갈파했다. 죤 키츠(John Keats)의 주장에 의하면, 시인은 "사실과 이성을 초조하게 추구하지 않고 불확실성, 불가사의, 그리고 불신 속에 있을 수 있고, […] 더럽거나 깨끗하거나, 고귀하거나 비천하거나, 부유하거나 가난하거나, 침울하거나 유쾌하거나 즐겁게 살 수 있고, […] 이아고우(Iago, 음흉하고 간악한 인물)와 같은 인물을 생각할 때도 이머젠(Imogen, 정절의 귀감)형 인간을 사랑할 때와 똑같은 기쁨을 가질 수 있다."[21] 퍼시 비쉬 셸리(Percy Bysshe Shelley)는 시인은 입법자이고 예언자라고 주창했다. 19세기 후반에는 작가의 독창성과 천부적 재능에 반기를 든 문학비평이 문학의 공리성을 강조했다. 이포리트 아돌프 텐(Hippolyte Adolphe Taine)은 문학을 어느 시대와 사람들을 분석하기 위한 기록물로 간주했다. 또 그는 문학작품이 "단순한 개인적인 상상력의 발휘, 즉 활발한 뇌 작용의 고립된 변덕이 아니고 당시 풍습들의 등본, 즉 어떤 정신의 현시이고,"[22] 더욱이 한 위인의, 한 시대의, 그리고 한 민족의 심리를 내포하고 있다고 주장했다. 리오우 톨스토이(Leo Tolstoy)는 예술은 박애주의를 전파하는 도구라고 강조했다. 그는 사람들은 서로 사랑의 감정교류가 없으면 야만적이고 적개심에 불탈 것이라고 강조했다. 그래서 예술의 목적은 인류의 행복에 도움이 되지 못하는 감정들을 사람들의 결합을 위한 사랑을 증폭시키는데 더욱 필요한 감정들로 대체시키는데 있다. 리온 트로치키(Leon Trotsky)는 막스(Marx) 사상을 신봉하는 극단적인 유물론자로 예술은 공산주의를 선전하는 도구가 되어야한다고 역설했다. 그러면서 그는 러션 형식주의(Russian Formalism)가 말하는 – "형식이 내용을 결정한다"[23] –는 주장을 격렬하게 비난했다. 어빙 배빝(Irving Babbit)은 신인문주의(New Humanism)의 주창자로 문학에서 다른 사람들과 같이 갖고 있는 자아이면서도 자신의 자아에게 진실한 윤리적 자아(ethical self)를 강조했다. 이렇게 문학을 역사적, 인도주의적, 사회학적, 그리고 윤리적 견지에서 이해하고 옹호하여, 형식보다도 보편타당성이 없는 내용을 더욱 중요시하는 공리적 경향에 반기를 들어 신비평(New

Criticism)이 태동했다. 신비평은 문학은 목적을 갖지 않고, 그 자체에 목적이 있기 때문에 형식과 내용을 분리할 필요가 없으므로 작품의 외적 사실과 설명보다는 본질의 객관적 연구에 그 기치를 내걸었다. 베네데토 크로체(Benedetto Croce)는 형식이 직관이고 표현이라고 확신하고 갈파한다: "내용은 형식으로 틀림없이 전환될 수 있다. 그러나 이 전환이 일어나기 전에는 내용에 본질이 없다."[24] 티. 에스. 엘리엍의 주장에 따르면, "시는 감정의 표출이 아니고 억제이다. 시는 개성의 표현이 아니고 초월이다." 그러므로 시인의 사명은 "새로운 감정의 발견이 아니고 일상적인 감정의 활용이고, 이 감정을 시로 창작하는 과정에서 실제로 체험하지 않았던 감정을 표현한다. 그가 전혀 절감하지 않았던 감정도 일상적인 정서와 마찬가지로 그의 시 창작에 필요하다." 따라서 시인은 전통, 즉 문학의 핵심주제를 파악해야하고, "25년이 지나서도 시인의 명성을 계속 갖고 싶은 문인에게 절대적으로 필요한 역사의식"[25]을 가져야한다. 죤 크로우 랜섬(John Crowe Ransom)은 시는 지식의 형식이 아니고 표현의 형식이므로 비평은 그 의미를 설명하려하지 말고 그 본질을 음미해야한다고 역설했다. 클린스 브룩스(Cleanth Brooks)는 시의 의미는 내용이 아니고 그 형식적인 구성에 있으며, "구성은 … 완벽한 조화를 의미한다"[26]고 주창했다. 언스트 카시러르(Ernst Cassirer)의 주장에 의하면, 예술은 모방이 아니고 진리의 발견이다. 예술은 형식이 예술적 직관력의 요체이므로 그 형식원리에 따라 우리의 체험을 구성하여 체계화하면서, 주관과 객관의 구별을 없애려한다: "우리가 위대한 예술작품의 직관력에 열중해 있을 때 주관적 세계와 객관적 세계의 분리를 의식하지 못한다."[27]

현상학적 비평은 신비평의 추상적인 경향에 반기를 들었다. 이 비평은 문학작품을 대상이 아니고 작가의 의식과 독자의 의식이 하나로 통합되는 수단으로 간주한다. 이렇게 하나로 통합되려면 주관과 객관을 구별하는 이원론이 극복되어야한다. 지금까지 이상주의자와 경험주의자는 사고와 세계는 별개라고 고집했지만, 애드문트 후설(Edmund Husserl)은 의식이 주관과 객관을 결합시키는 행위라는 현상학을 주창했다. 후설의 현상학은 의식이 거기에 드러난 실체들을 인지하여 진리를 파악할 수 있다[28]는 철학이다. 현상학의 영향을 받은 실존주의소설가, 사르트러의 주장에 의하면 예술의 궁극적 목적은 "세계가 있는 그대로 보이게 함으로써 세계를 [참신하게] 발견하는데 있다.

그러나 마치 세계가 그 근원을 인간의 자유에 두고 있는 것처럼." 따라서 모든 작가는 "개인적인 서정을 이야기하든가, 아니면 사회문제를 고발하든가를 막론하고 오직 하나의 주제, 즉 자유를 가질 뿐이다."[29] 자유를 매개체로 하여 작가와 독자의 의식이 상호공감하여 "하나"가 된다. 다시 말하면, 자유가 두 사람을 결합시켜 주객일치를 실현시킨다. 우리 모두가 자유를 향유하려면 먼저 모든 굴레로부터 해방되어야하고, 다음에 진실한 자아를 탐구하고 실현하려고 최선을 다해야한다. 자유는 해방됨이라는 필요조건과 자아탐구와 실현이라는 충분조건이 충족되어야만 향유될 수 있다. 요컨대 서구문학비평은 가장 분명한 삶의 의미, 즉 모든 굴레로부터의 해방 그리고 자아탐구와 실현을 지향하고 있다는 잠정적인 결론을 내릴 수 있다. 또 이 결론이 현상학적 비평이 달성하려는 목표가 될 수도 있다.

셋째 서구문학비평이 지향하는 주객일치는 중국(동양)철학의 핵심이다. 우리말로 읽지 못했던 중국철학책들을 영역판으로 숙독했다. 특히 잘 몰랐던 노장철학과 여기에 관련된 시와 그림들에 관한 저서들을 열독했다. 이 열독이 나중에 비평서와 최근미국소설을 이해하는데 큰 도움이 되었다. 인간과 자연이 하나가 된다는 그 목적은 같으면서도 그 방법을 달리하는 유교와 도교의 정수를 요약해본다. 유교에 의하면 성실성이 인간과 자연을 하나로 융합시킨다: "성(誠)은 스스로 이루어짐이고, 도는 스스로 인도함이다. 성은 만물의 시작이고 끝이다. 성실하지 않으면 만물이 존재하지 않는다. 그러므로 군자는 성실하고자함을 귀중하게 여긴다. 성실함이란 스스로 자기를 이룩하게 할 뿐 아니라 만물을 이룩하게 하는 길이다."[30] 요컨대 성실성은 마음의 상터가 아니고 항시 만물을 변화시켜 완성시키면서 인간과 자연을 똑같은 흐름으로 끌어당기는 활동적인 힘이다. 유교가 도를 성실성으로 정의하는데 반해, 도교는 도가 공허하다고 주장한다. 이 주장에 의하면 도는 자연스럽고 영원하고 자발적이고 무명(無名)이고 기술할 수 없는 "하나"이다. 도는 만물의 근원이고, 모든 만물이 마땅히 가야할 자기 갈 길을 찾아가는 힘이다. 도는 낱낱의 사물에 의해 현현되고, 그 사물의 특질이나 덕이 된다. 한 개인의 이상적 생활, 한 사회의 이상적 질서, 그리고 한 정부의 이상적 형태는 모두 도에 바탕을 두고 있고, 도에 의해 다스려지고 있다. 삶의 길로서 도는 소박성, 자발성, 평온, 유약, 그리고 가장 중요하게 무위자연을 의미한다. 도교의 정수인 무위자연에 의존하여 인간은 우주와 일치될 수 있다. 저자는 유교보다도 도교를 선호한다.

저자는 습득한 지식보다는 1972년 여름학기에 개설된 과목, "미국사회와 문화연구여행(Social & Cultural Study Tour of the U. S. A)에 등록하여 6주 동안 본토를 여행하면서 넓힌 견문으로 사고와 체험의 차원을 가일층 높일 수 있었다. 이 연구여행은 부인장학금 덕택에 여행경비와 동행할 수 없는 아내의 생활비문제를 해결할 수 있었으므로 가능했다. 혼자만 매우 즐겁고 감명깊은 여행을 하면서 미안한 마음을 금할 수 없었다. 그래서 마음속으로 깊은 감명을 받았던 장소들을 언젠가는 함께 와서 다시 보아야한다는 굳은 결의를 다졌다. 이 결의가 헛되지 않아 함께 많은 장소를 방문했으며, 그 중 가장 대표적인 미술관은 쉬카고미술관(Art Institute of Chicago), 메트러폴리튼미술관(Metropolitan Museum of Art), 뉴욕현대미술관(MoMA), 그리고 미국국립박물관(Smithsonian Institute)이고, 역사적인 장소는 컬로우니얼 윌리엄스버그(Colonial Williamsburg), 필러델피어(Philadelphia), 마운트 버넌(Mount Vernon), 몬티첼로(Monticello), 그리고 앨러모(Alamo)이며, 명승지는 그랜드 캐년(Grand Canyon)과 나이애거러폭포(Niagara Falls)이다. 6주 동안에 굉장히 넓은 지역과 너무나 많은 장소를 돌아다니면서 많이 보고 깊은 감명과 감동을 받고 시야를 획기적으로 넓힐 수 있었다. 이 시야확장에 큰 도움과 힘이 되었던 장소들을 방문순서와 시간에 따르지 않고, 의식변화에 큰 역할을 했던 대학교, 미술관, 공연장, 자연경관, 역사와 유산보존, 그리고 독립과 자유정신의 고취를 중심으로 기술해본다.

연구여행의 첫 기착지인 샌 프런시스코(San Francisco)는 서구예술철학 – 절대진리와 이원론 –과 어둡고 억압적이며 위선적인 생활관습을 부정하고 개인의 진실성, 솔직함, 깨달음, 성적 황홀경, 한때는 무시당했던 블르즈와 재즈, 불교, 일본의 정형시 하이구(haiku), 그리고 중국시인 한산(寒山)을 예찬했던 행복추구운동(Beat Movement)의 진원지였다. 게다가 인근에 소재한 캘러포니어대학교, 버클리(University of California, Berkeley)교정에서 학생들이 1964년에 대규모 집회를 하며 장기간 동안 벌인 자유언론운동(Free Speech Movement)은 억압적인 학사행정에 반발하여 일으킨 시민적 저항이었다. 자유언론운동은 흑인차별철폐를 위한 시민권운동, 월남전반대운동, 그리고 여성해방운동을 선포하여 개인의 자유와 권리를 적극 주장하고 옹호했다. 이 운동의 역사적 현장을 답사하고 싶었지만, 여행일정에 없었는지 교정에는 들리지 않고 정문 앞만 지나면서 지저분한 거리만 보았다. 뉴 멕시코대학교(University of New Mexico)건물 외양은 황토로 집을 짓는 인디언(미국원주민)양식으로 지었지만, 내부는 최신식 설비를 갖추고 있어 매우 쾌적하고 편안했다. 이 건물을 보면서 우리가 궁핍에서 비롯한 열등의식 때문인지는 모르나 무조건 우리 주택의 외모를 혐오하여 우리 환경에 가장 잘 어울리는 초가집과 전통가옥을 부정하고 파괴하기에 혈안이 되었음을 깨달았다. 우리는 전통주거공간의 내부를 최신식으로 설비하면 안락한 생활을 멋지게 즐길 수 있다는 자신감과 확신을 갖지 못한 것 같다는 생각으로 마음이 무거웠다. 왜 우리는 외면에만 지나칠 정도로 많은 신경을 쓰면서, 내면의 충실에는 너무나 무심할까? 허와이대학교도 우리나라 대학교보다는 규모가 크다는 느낌을 받았는데, 쉬카고대학교(University of Chicago)의 거대한 석조건물들을 보고는 정말 놀랐다. 사회학을 한때 선도했다는 말을 들었던 쉬카고대학교의 멋진 고풍스러움에 마음이 끌렸다. 이런 대학에서 제대로 공부하여 박사학위를 받고 교수가 된다면 얼마나 좋을까를 많이 생각했다. 세계 최고라는 평판을 듣는 하버드대학교(Harvard University)교정에 들어섰을 때 현실 같지 않았다. 한국의 그렇게 크지도 않은 도시에서 궁핍하게 성장해서 명색만 교수이지 내세울 자질과 재능도 없는 사람이 이렇게 세계적인 명문대학을 방문하고 있는 현실은 하나의 기적이 일어났다고 상상할 수밖에 없었다. 만일 강의실 책상에 앉았다면 하버드대학교학생이 되었다는 착각에 황홀할 수 있었을 것이다. 게다가 한 건물 벽면인가, 아니면 기념관벽면인가 정확히 기억나진 않지만, 조국을 위해 생명을 바친 졸업생들의 이름을 새겨, 그들을 영원히 잊지 않고 존경하려는 정신에 무척 놀라면서도 경의를 표했다. 더욱이 윌리엄 메어리대학(College of William and Mary)의 한 건물 벽면에 박힌 동판에는 남북전쟁 때 정부에 반대하는 남부군으로 참전하여 전사한 교수와 학생들의 이름이 새겨져 있다. 그들은 어떤 의미에서는 미국의 부역자임에도 불구하고, 오늘도 당당하게 자기소신과 자존심을 천명하고 있다. 이것이 우리 생각으로는 틀림없는 부역자들인 사람들의 소신과 자존심을 인정하고 존중하는 미국인들의 아량이고 화해정신인가? 이 사실은 우리나라에서는 도저히 상상할 수 없는 현실이라 너무나 부러웠다.

겨우 한 시간 동안 로스 앤절러스(Los Angeles)미술관에서 평생 처음으로 말로만 들었던 명화들을 주마간산으로 보면서 마음을 빼앗겼지만 화가와 작품명들을 기억하지는 못한다. 그림들이 넋을 잃게 하는 위력을 실감했다. 이런 실감 속에서 그림들과 빠르게 친해질 수 있었다. 한때 흑인들이 온갖 굴레에서 해방되어 자유를 구가할 수 있다고 믿고 선망했던 도시가 쉬카고였다. 이런 선입관 때문인지는 몰라도 쉬카고미술관에 들어서서 그림을 볼 때 말로 도저히 표현할 수 없는 자기를 뛰어넘는 매우 이상한 감동을 받았다. 다시 방문해서 중앙전시실에 걸려있는 인상파화가들의 바다와 배 그림들을 보았다. 배로 멀리 탈출할 수 있다는 가능성에 깊은 감명을 받았음을 깨달았다. 또 미술관기념품매점에서 한국화가들의 화첩을 우연히 보았는데, 익히 알고 있었던 화가들 뿐 아니라 전혀 듣지 못했던 화가들의 그림도 수록되어 있었다. 무지의 소치이겠지만, 세계수준의 화가들도 국내에서는 기성저명화가들의 독점적 지위에 눌려 일반인들에게 알려지기가 힘든 여건에 있음을 알고서 씁쓸해졌다. 기득권세력의 탁월한 실력, 아니면 권위 때문인지는 몰라도 재능 있는 신인이 널리 인정받기가 힘든 우리현실이 안타까웠다. 더욱이 쉬카고필드자연사박물관(Field Museum of Natural History)에 전시되어 있는 엄청나게 많은 종류의 광석들을 보고 아연실색했다. 도대체 어떻게 이처럼 다양한 광석들을 수집할 수 있었을까. 게다가 교수가 학생들에게 광석들을 가리키면서 강의하는 모습을 보고 아무 말도 할 수 없었다. 미국인들은 미술관과 박물관들에서 스스로 많이 배우고 있음을 알고 무척 부러웠다. 한국사람으로서는 상상할 수 없을 정도로 거대한 메트러폴리튼미술관에는 고대부터 현대까지 전 세계의 미술품들이 전시되어 있다. 꼼꼼하게 작품 전부를 감상하려면 며칠이 소요될 거라는 생각이 들었다. 특히 인상에 남은 작품은 많은 고대 그리스화병들이었다. 죤 키츠가 시에서 예찬했던 화병임을 알고 무척 반가웠다. 비록 죤 키츠처럼 큰 영감도 황홀감도 얻지 못했지만, 직접 그 화병들을 보았다는 큰 자부심을 느꼈다. 또 작가를 기억하지 못하는 조각가의 특별전시전이 열리고 있었다. 작품들에 대한 인상은 생각나지 않지만, 칸막이방(booth)에 혼자 앉아서 티 비를 두세 번 보면서 들었던 말 중에서 생생하게 기억에 남는 조각가의 주장이 있다. 조각가는 조각이 무엇인지 모르고 재미가 있어 진흙으로 여러 모형을 계속 만들었는데, 이게 계기가 되어 조각가가 되었다. 그는 이렇게 겸손하게 말하지만 그의 작품들은 세계적으로 높은 평가와 인정을 받고 있으므로 이 유명한 미술관에서 특별전시전을 갖는 영광을 누리고 있을 거라고 생각했다. 이 조각가는 자신의 작품을 지식보다는 오히려 창조본능과 열정 그리고 타고난 재능으로 창작하고 있다는 느낌을 받았지만, 그의 작품에서 오래 기억에 남을 깊은 감명을 받지 못했다. 뉴욕현대미술관에서 피카소(Picasso)그림들을 보았는데, 글로만 읽었던 그의 화풍의 변화를 일목요연하게 간파할 수 있었다. 글로 읽었던 피카소그림 설명은 추상적이고 어지럽고 이해하기가 어려웠던데 반해, 직접 그림들을 보니 바로 직관적으로 가슴에 와 닿았다. 미국국립박물관은 여러 미술관과 박물관의 구성체인데, 그 중에서도 자연사박물관(National Museum of Natural History)이 우리나라와 전 세계에서 가장 잘 알려진 명소이다. 이 박물관에는 모든 사람이 보고 싶어하는 45 캐럴(carat)의 "희망 다이어먼드(Hope Diamond)"와 330 캐럴의 "에이저 새파이어의 별(Star of Asia Sapphire)"을 비롯해 많은 진귀한 보석들이 진열되어 있다. 결혼선물로 다이어먼드반지에 집착했던 사람들도 박물관을 방문한 뒤에는 마음을 바꿀 수도 있지 않았을까. 이 보석들은 방문자들에게 큰 그릇을 보고 배워서 큰 사람이 되면 작은 것을 쉽게 버릴 줄 알고, 더욱더 큰 뜻에 전념하라고 암시하고 있을 게다. 이 암시를 되새기면서 미술관관람을 끝냈다.

자연 앞에서 인간은 정말로 미미한 존재임을 실감했다. 하늘 높이 치솟은 후버댐(Hoover Dam)과 댐 아래 계곡의 암석에 꽂꽂하게 박혀 있는 그 많은 전봇대들, 그리고 전봇대들에 연결되어 있는 전선들을 보고, 인간의 능력은 이처럼 상상할 수 없을 정도로 대단하니 인간은 참으로 위대한 존재라고 생각할 수밖에 없었다. 그러나 이 생각은 그랜드 캐년을 보는 순간 아 하는 탄성과 함께 순식간에 사라져버렸다. 그랜드 캐년의 장엄함, 신비스러움, 그리고 아름다움에 도저히 말로 표현할 수 없는 깊은 감동을 받은 탓인지 바로 눈앞에 보이는 절경을 믿기 어려웠다. 어떻게 모든 사람을 매혹시켜버리는 이런 자연의 비경이 생성될 수 있었을까. 인간의 아무리 위대한 능력도 자연의 신비스러운 생성력에 비하면 티끌에 지나지 않았다. 그러므로 인간은 항시 자연에 경외심을 품고, 자기존재, 자기위상, 그리고 자기능력을 겸허하게 검토하면서 지나친 자신감과 우월감에 도취되어 불가능이 없다는 자만을 경계해야한다고 거듭거듭 생각했다. 마크 트웨인(Mark Twain)이 소년기를 보냈고, 그의 소설들과 그 창작의 원천이 된 미주리(Missouri)주의 강가의 작은 마을, 해너벌(Hannibal)에서 바라본 미서시피(Mississippi)강의 위용은 찬탄을 자아냈다. 도도하게 흘러가는 강물의 위압감에 압도당했다. *허컬베리 핀의 모험* (*The Adventures of Huckleberry Finn*)의 주인공, 핀이 잔인하고 위선적, 억압적인 문명사회의 굴레를 벗어나 도망친 흑인노예와 함께 뗏목을 타고 마음대로 이동하면서 자유를 만끽했던 강을 눈앞에서 보노라니 감개가 무량했다. 도도하고 거세게 흐르는 이 거대한 강이 그의 자유스런 삶과 자아성숙의 터전이고, 흑인노예를 인권을 향유하는 인간으로 인정할 수 있는 마음의 공간이었다. 한편 나이애거러폭포의 웅장한 힘에 매료되지 않을 수 없었다. 우리는 폭포는 으레 나무가 울창한 높은 산에서 떨어지는 물줄기로 생각하는데 반해 나이애거러폭포는 호수물이 낭떠러지 아래로 떨어지는 상상불허의 기현상을 연출한다. 그야말로 이 폭포는 자연의 신비이다. 과연 어느 예술가가 그랜드 캐년의 거대함과 장엄함, 미서시피강물의 도도한 흐름, 그리고 나이애거러폭포의 웅장한 힘을 자연 그대로 표현할 수 있을까. 거의 불가능하다고 생각했다.

미국 지역사회와 정부가 합심하여 자국민들에게 독립과 자유수호 그리고 역사와 유산보존정신을 고취하려는 의도와 그 실현에 놀라지 않을 수 없었다. 이 의도와 실현에 외국인도 깊은 감명을 받아 순간적이지만 그 정신에 고취되었다. 미국지역사회와 정부는 자국민들에게 언제 어디서나 과거에서 깨달음을 얻어 자기와 사회를 다시금 알고 자유를 수호하겠다는 의식을 확장시키려는 목적을 분명히 하고 있기에 그들의 역사와 유산을 가감 없이 보존하는 것 같았다. 그들의 이런 자세는 우리가 지나치게 주관적으로 부끄럽고 창피하다고 여기는 나머지 과거를 무조건 부정하고 청산하려는 조급한 태도와는 너무나 대조적이라고 생각했다. 텍서스(Texas)주의 샌 앤토우니오(San Antonio)시에 관광명소 앨러모가 있다. 앨러모는 자유를 지키기 위해 188명의 장교와 사병이 옥쇄한 요새였다. 스페인(Spain)에서 독립한 멕시코(Mexico)정부가 원래 스페인영토였던 텍서스를 탈환하기 위해 1836년에 텍서스공화국(Republic of Texas)의 앨러모를 공격했다. 188명의 군인이 생명보다도 자유를 더욱더 중요시하여 앨러모를 방어하기 위해 1,800명의 멕시코군인을 상대로 13일 동안 혈전을 벌였으나 중과부적으로 패배했다. 그러나 46일 후에 텍서스와 미국지원병들이 앨러모를 재탈환했다. 1845년에 텍서스공화국은 미국에 합병되었다. 앨러모박물관에는 188명의 전사자 이름이 새겨져 있을 뿐 아니라 그들의 유품들과 함께 향토사연구에 필수적인 사료들이 전시되고 비치되어 있다. 그들의 자유를 지키기 위한 헌신적이고 영웅적인 언행이 방문객들에게 자유수호의 의의와 가치를 상기시키면서 깊은 감명을 준다.

뉴 멕시코(New Mexico)주의 로스 앨러모스(Los Alamos)시에서 원자탄이 처음 제조되었다. 여기 있는 브래드버리과학박물관(Bradbury Science Museum) 한 쪽 벽에는 앨버트 아인스타인(Albert Einstein)이 1939년 8월에 프랭클린 디. 로우저벨트(Franklin D. Roosevelt)대통령에게 보낸 편지사본이 들어있는 액자가 걸려있다. 그는 이 편지에서 원자탄의 가공할 파괴력을 경고했다. 로우저벨트대통령이 1945년 4월에 급서하자, 그 직을 계승한 해리 에스. 트루먼(Harry S. Truman)대통령이 이 경고를 무시하고 제2차 세계대전을 빨리 종식하려고 8월에 히로시마(Hiroshima)와 나가사키(Nagasaki)에 원자탄을 투하하라는 명령을 내렸다. 이 박물관에는 상상불허의 엄청나고 참혹한 비극을 초래했던 원자탄의 모형물이 전시되어 있다. 이 모형물이 방문객들에게 이런 비극의 재발방지를 간곡하게 당부하고 있지 않을까. 또 일리노이(Illinois)주의 뉴 세일럼(New Salem)마을에는 자유와 평등을 생활과 정치철학으로 실천했던 에이브러햄 링컨(Abraham Lincoln)대통령이 20대에 빈곤하게 살았던 통나무집과 그 주변에도 통나무집들이 복원되어 있다. 그는 이렇게 열악한 환경에서도 큰 포부를 갖고 법을 공부하여 변호사가 되었다. 일리노이 주도, 스프링필드(Springfield)에는 그가 변호사를 개업했던 건물과 주거했던 주택이 보존되어 있다. 그가 16대 미국대통령에 당선되어 와싱턴(Washington)으로 가려고 기차를 탔던 정거장의 내부는 1861년 모습으로 복원되어 있다. 이렇게 정거장이 박물관으로 변형되어 방문객들을 맞이하여 자유와 평등을 가르치는 학습장이 되었다.

메서추시츠(Massachusetts)주의 플리머스(Plymouth)항구에서 처음으로 대서양을 바라보는 마음은 매우 착잡하고 무거웠다. 대서양은 자유를 만끽하기 위해 원시적인 미 대륙에 와서 자신의 원대한 꿈과 세계를 창조하려는 17세기 영국인과 유럽사람들에게는 행운과 축복의 선물이었지만, 백인들의 노예로 끌려온 흑인들에게는 탄식과 저주의 공간이었다. 이처럼 사람들에게 대서양은 한편으로는 자아를 긍정하고 실현하는 자신감과 행복감을 극대화하는 통로로 이용했고, 또 다른 한편으로는 자기를 혐오하고 부정하는 악역을 떠맡게 했던 통로가 되는 이율배반적인 존재가 되었다. 미국정착민들의 후손들은 대서양이 자유구가의 활로인가, 아니면 이익추구의 지름길인가의 견해차이로 양분되어, 남북전쟁을 일으켜 막대한 인명과 재산피해를 당하는 참으로 어이없는 바보짓을 했다. 먼저 자유를 향유하기 위해 필그림 파더즈(Pilgrim Fathers, 102명의 영국청교도단)가 1620년에 플리머스에 상륙했다. 그들이 타고 왔던 *메이플라우어(Mayflower)호*를 완벽하게 복원한 모조선박, 그들이 상륙하면서 밟았다는 플리머스 바위(Plymouth Rock), 그리고 그들이 거주했던 억새지붕 집들을 복원한 마을과 농경지가 방문객들에게 자유를 쟁취하기 위해 겪었던 극심한 시련과 수난 그리고 발휘했던 강한 용기, 감투정신, 인내심, 그리고 생존의지를 말없이 가르치고 있다. 다음에 보스턴(Boston)에 정착한 유럽사람들과 그 후손들은 영국의 가혹한 식민지정책에 저항하여 자유와 생존권을 지키기 위해 독립전쟁을 일으켰다. 이 전쟁에서 폴 리비어(Paul Revere)는 비록 은세공사이고 조각사였지만 영국군이 렉싱턴(Lexington)과 콩코드(Concord)로 진격하면, 이 사실을 직접 말을 타고 가서, 아니면 밤에는 불빛으로 독립군에 알려 대비책을 강구하게 함으로써 독립군의 전략수립에 중요한 역할을 한 애국자였다. 보스턴시가 그의 애국심을 기리기 위하여 도심지에 있는 그의 묘지를 이장하지 않고 있다는 말을 들었을 때 믿기가 어려웠다. 이 믿기 어려운 현실은 명분과 편의로 때로는 역사적 유물과 유산을 내팽개치다시피 하는 우리사회에서 상상할 수 없는 동화 속의 이야기였다. 또 독립전쟁 중에 임시 수도였던 필러델피어에는 모든 인간은 평등하게 태어났고, 어느 누구에게도 유린당해서는 안 되는 생명과 자유 그리고 행복추구의 권리를 가졌음을 명기한 독립선언문이 공표되었던 독립기념관(Independence Hall)을 비롯하여 많은 역사적 건물들이 원형 그대로 보존되어 있다. 이 건물들은 방문객들에게 독립과 자유정신을 고취시키고 있다. 1863년에 북부군이 대승을 거뒀던 남북전쟁의 격전지, 게티즈버그(Gettysburg)는 격전이 있었다는 사실을 전혀 알 수 없을 정도로 너무나 평화스럽게 보이는 공원이다. 대서양이 인간의 의도와 목적에 따라 희망과 축복의, 아니면 저주와 탄식의 바다가 되는 것처럼, 게티즈버그도 한때는 격전지였지만 지금은 공원이다. 링컨대통령은 전몰장병을 추모하는 게티즈버그연설에서 모든 사람의 자유와 평등을 구현하려는 정치와 전쟁에서 남부의 분리를 결코 용납하지 않고 남부와의 통합을 지상목표로 달성하려고 헌신했다. 그는 “국민의, 국민에 의한, 국민을 위한 정부는 지상에서 결코 멸망하지 않을 것이다”고 역설하면서, 전사자들의 희생을 극구 칭송했다.

버지니어(Virginia)주의 관광명소, 컬로우니얼 윌리엄즈버그(Colonial Williamsburg)시는 한때 미 대륙에서 영국의 가장 큰 식민지 수도였다. 여기가 영국의 식민지배 시절의 행정, 교육, 그리고 문화의 중심지였다. 그래서 윌리엄 메어리 대학이 왕립으로 미 대륙에서 두 번째 대학으로 설립되었다. 미국의 3대 대통령 토머스 제퍼선(Thomas Jefferson)을 비롯하여 많은 미국지도자들이 이 대학출신이었다. 그러나 이들이 미국독립운동에 가담하여 식민지정부에 반기를 들었다. 미국이 독립한 후에 활력을 잃었던 역사적 중심지를 1920년대에 “미래는 과거에서 배울 수 있다”는 기치를 내걸고 몇 개인과 단체가 18세기 모습으로 건물들을 복원하고 재건축하여 오늘의 관광명소가 되었다. 어떻게 생각하면 과거의 치부를 드러냄은 미국인들의 실존에서 자유와 평등정신을 끊임없이 고취하고 있다는 자긍심의 표출이 아닐까. 식민지배의 상징이었던 재건축된 총통관저, 법원, 그리고 유명했다는 주점을 보면서 그들의 이런 자부심이 부러웠다. 또 카터즈 그로우브 농장(Carter's Grove Plantation)에는 버지니어식민지의 가장 영향력 있는 인사이고 거부들 중의 한 사람이고, 천명의 노예를 소유했다는 로버트 카터(Robert Carter)의 손자가 1755년에 완공했다는 큰 벽돌건물이 있다. 이 건물은 초호화 주택으로 18세기에 이처럼 아름다운 내부장식에다 이렇게 고급스러운 가구들이 있었다는 사실을 믿기 어려웠다. 어떤 의미에서는 노예들의 노동력 착취로 건축된 초호화주택 그리고 비치된 고급가구들을 보고 방문객들은 아무런 반감과 저항감 없이 찬탄을 자아낸다. 그들의 이런 긍정과 찬탄을 어떻게 해석해야할까.

“미국사회와 문화연구여행”의 종착지, 와싱턴, 디. 시(Washington, D. C.)에서는 더욱더 놀라운 사실들을 목격하고 크게 깨달은 바가 있었다. 먼저 알링턴국립묘지(Arlington National Cemetery)가 관광지라는 사실에 놀랐다. 우리는 무덤을 멀리하는데 반해 미국인들은 묘지를 가까이 하면서 우리가 도저히 상상할 수 없었던 역사와 생활철학을 배우고 있음을 알고 충격을 받았다.

죤 에프. 케네디(John F. Kennedy)대통령의 묘지 앞에서 타오르고 있는 횃불은 미국인들에게 큰 희망과 기대를 불러일으켰던 신개척자 정신(New Frontier)을 영원히 고취시킬 것 같았다. 또 그의 동생 로버트 에프. 케네디상원의원 묘지 옆에 세워진 벽 밑으로 자유와 평등을 향한 행진은 중단과 정지가 있을 수 없음을 상징하는 물이 흐르고 있었고, 벽에는 그의 유명한 연설문의 일부가 새겨져 있다: "어떤 정치지도자들과 학자들은 사실들(부정, 억압, 인권유린, 반항, 그리고 폭동 등등)을 있는 그대로 보고 '왜'냐고 묻는다. 나는 결코 실현되지 않았던 사실들(개혁, 평등, 기회균등, 그리고 정의 등등)을 꿈꾸면서, '왜 실현되지 않았느냐'고 자문한다." 또한 유해를 찾지 못한 전사자들을 기념하는 무명용사탑을 지키는 보초병을 보고, 호국영령들의 넋을 기리는 정신에 깊은 감명을 받았다. 국립묘지가 미국인들에게는 애국심을 고취시키는 가장 이상적인 교실임을 알지 못했기 때문에 왠 관광지이냐고 놀란 것은 무지의 소치이었다. 또 백악관(White House)의 역대 대통령부부의 사진이 전시되어 있는 방에서 죤 에프. 케네디대통령 사진을 보고 인생은 무상하다는 생각을 떨쳐버릴 수 없었다. 그는 한때 세계정상급 지도자였을 뿐 아니라 굉장한 미인의 부군으로서 모든 사람의 선망의 대상이었다. 그러나 그의 사후에 부인은 한국인의 정서로는 이해하기가 매우 어려운 결단을 내리고 외국 남자와 재혼했다. 케네디대통령은 사진전시실에서도, 영혼세계에서도 홀로라는 애잔한 마음을 진정시키기 어려운 것은 저자가 한국인이어서 유독 그럴까. 게다가 의회도서관(Library of Congress)이 뽐내는 거대한 건물과 드높은 천장에 많은 벽화와 조각품들로 장식되어있는 내부를 보고 감탄하지 않을 수 없었다. 더욱이 도서관이 1,500만권의 장서를 소장하고 있다는 말을 듣고 귀를 의심했다. 색인목록에서 한국에 관한 책이 있는가를 찾다가 북한에서 출판된 책들도 소장하고 있음을 알고 깜짝 놀랐다. 정말로 "아는 것이 힘이" 되려면, 지식탐구에 이념, 종교, 또는 체제에 따른 어떤 제약도 한정도 있어서는 안된다. 왜냐면 지식은 학문의 자유를 전제로 탐구되어야 모든 사람의 공감을 촉발하는 위력을 발휘할 수 있기 때문이다. 의회도서관은 이런 지식탐구를 전폭적으로 지원하고 있으며, 이 지원이 미국의 국력을 신장하는 원동력이다. 이런 지원을 마음껏 받을 수 있는 미국인들이 너무나 부러웠다.

마지막으로 링컨기념관(Lincoln Memorial)을 보고 심기일전하는 새로운 희망과 용기가 솟아남을 보고 크게 놀랐다. 링컨대통령은 교육도 제대로 받을 수 없었던 열악한 환경에서 성장했지만, 독학으로 변호사가 되어 오로지 투철한 봉사정신 덕택에 크게 성공했다. 그는 모든 인간의 자유와 평등을 믿는 생활 및 정치철학으로 무명 정치인에서 일약 대통령으로 당선되었다. 그는 이 철학 때문에 야기될 남북분열방지에 심혈을 기울였지만 무위로 끝나 남북전쟁이 일어났다. 그는 남부가 미국에서 이탈하여 독립국가가 되지 못하도록 남북전쟁을 마다하지 않고, 그 시련과 상처를 극복하고 남북이 하나가 되게끔 미합중국을 수호하는데 가장 위대한 업적을 남겼다. 또 그는 관용과 인간애의 화신이었다. 기념관의 벽에 새겨진 그의 두 번째 대통령취임사의 마지막 부분은 매우 감동적이다: "누구에게도 원한을 품지 말고, 모든 사람을 사랑하고, 하나님이 우리에게 정의를 깨닫게 한 대로 정의에 대한 신념을 갖고, 우리가 당면한 과업완수, 즉 나라의 상처치유, 전쟁부상자와 미망인 그리고 고아들의 보살핌, 그리고 우리자신과 세계 모든 국가와의 영원한 평화공존과 유지에 모두 매진합시다." 링컨대통령의 위대함, 즉 역경 가운데서의 자립과 성숙의지, 변호사로서의 투철한 봉사정신, 자유와 평등의 정치철학과 그 실천력, 이 철학과 실천으로 발발한 남북전쟁의 시련과 그 극복으로 이룩한 미합중국, 그리고 반대진영까지 포용하는 인간애 등을 귀감으로 삼겠다고 마음속으로 굳게 다짐했다. 이 다짐을 하면서 남을 탓하고 나태하고 편협하고 이기적인 자아를 질책했다. 이 질책과 함께 어떤 역경도 감내하면서 극복하고, 나아가 어떤 여건에서도 자아를 성숙시키면서 원대한 꿈을 실현시키려고 최선을 다하겠다고 결심했다. 요약하자면 동서센터의 여행경비지원과 부인장학금으로 "미국사회와 문화연구여행"을 혼자서만 마음껏 즐기면서 생각 밖의 넓은 세계를 보면서 우물 안의 개구리에서 벗어나 크게 깨달았다. 이 깨달음이 틀림없이 앞으로 삶과 연구에 큰 도움이 될 것이라고 굳게 믿었다.

1973년 초에 2년 동안 학문적, 예술적으로 얼마큼은 성숙하여 연구에 정진하겠다는 결의를 하고 귀국했지만, 막상 교수로서 자신의 능력에 대한 신뢰와 자긍심을 갖고 최근미국소설연구에 정진하려는 자세와 열의는 별로 대단하지 않았다. 이렇게 된 가장 큰 이유는 스스로 뛰어난 능력과 자질이 없다고 자신을 과소평가하면서 열등감과 무력감에 빠져 연구열의가 부족한데다,

유신독재로 정신적인 중압감에 시달렸고, 대학에는 개인연구실이 없어서 서너 명의 교수가 함께 있는 사랑방에서 강의가 없으면 잡담으로 시간을 보냈기 때문이었다. 변명의 여지없이 교수로서 연구라는 염불보다는 잡담, 잡기, 그리고 음주라는 잿밥에 집착하는 나약한 의지 그리고 의무와 책임감의 포기 때문이었지, 외부상황을 탓할 일은 결코 아니었다. 이렇게 연구에 태만하고 있는 저자에게 갑자기 구세주가 나타났다. 1976년 가을학기에 풀브라이트(Fulbright)교환교수로 영문학과에 온 데니스 알. 딘(Dennis R. Dean)교수가 저자의 태만한 삶에 한 줄기의 희망과 새로운 의욕을 불러일으켰다. 딘교수는 부인이 직장관계로 가을학기만 체류하고 귀국하여 홀로 되자, 매일 저자와 미국소설에 관한 격의 없는 대화를 나누면서 많은 시간을 보냈다. 그가 많은 이야기를 하면 저자는 짧고 겸손한 의견을 피력했다. 그는 저자의 최근미국소설에 대한 이해력과 판단력 그리고 깊은 사고력을 높이 평가한다는 속마음을 털어놓으면서, 저자에게 미국에 다시 한 번 와서 공부하라고 충고하고, 최대한 도와주겠다는 언약을 남기고 1977년 6월에 귀국했다. 저자는 그로 인해 지금까지 전혀 몰랐던 자신의 능력과 자질을 새롭게 발견하고 삶을 일신할 수 있었다. 이 발견과 일신으로 자중자애하면서 최근미국소설연구에 박차를 가할 수 있었다. 그가 떠난 뒤에 "Saul Bellow's Conception of Freedom(솔 벨로우의 자유의 개념)"을 탈고하여, *영어영문학* 64(1977 겨울)에 게재하고, 그에게 학회지를 우송했다. 그는 논문을 논평하면서, 소설 외적인 개념설명을 간략하게 하고 작품을 더 심도 있고 집중적으로 논의하고 길게 인용하지 말라는 조언을 빠트리지 않았다. 다음 논문을 쓸 때 이 조언을 유념했지만, 작품을 이해하는 능력의 한계 때문에 실천할 수 없었다.

"솔 벨로우의 자유의 개념"이 저자의 본격적인 최근미국소설연구의 시작일 뿐 아니라 저서를 출판하고 싶은 욕망의 시원이 되었다. 이 욕망은 저자가 1978년 1월에 한국영어영문학회로부터 이 논문을 우리말로 번역해달라는 부탁을 받았을 때부터 싹트기 시작했다. 학회는 이 논문을 포함해 현대미국소설가들에 대한 11편의 논문을 수합하여 "영미어문학연구총서"의 하나로 *현대미국소설연구*를 출판하려고 계획했다. 학회가 영어를 읽을 수 없는 독자라도 미국소설의 중요한 주제들을 인지할 수 있도록 지원하기 위해 시도했던 *현대미국소설연구*는 1979년에 민음사에서 출판되었다. 저자는 저서를 출판하기 위한 논문을 집필하려고 우리 실존에 큰 영향력을 발휘하는 사랑, 자유, 도덕, 자아, 정의, 존재, 그리고 인간정신의 회복을 핵심주제로 논의할 작가들 – 카선 머컬러즈, 솔 벨로우, 랠프 엘러선, 제이. 디. 샐린져(J. D. Salinger), 그리고 버너드 맬러머드 –을 먼저 *원시적 순진*에서 선정했다. 이 책에 도덕과 정의를 주제로 논의한 작가가 없어 죤 가드너(John Gardner)와 이. 엘. 닥터로우(E. L. Doctorow)를, 그리고 "사랑하는 사람 – 사랑하는 사람의 모형"을 고찰하기 위해 레놀즈 프라이스(Reynolds Price)를 추가했다. 죠우저프 헬러(Joseph Heller)는 한국영어영문학회의 부탁을 받고 뜻밖에 포함되었다.

저자는 논문집필에서 자아, 사랑, 자유, 도덕, 정의, 그리고 존재의 새로운 정의가 최근미국소설의 핵심주제로 작품 속에 어떻게 구현되어 있는가를 밝히려고 전력했다. 이 밝힘이 저자의 삶과 의식개혁에, 나아가 우리사회와 연구풍토에 어떻게 긍정적인 역할을 할 수 있을까를 규명해보고 싶었다. 그래서 논문을 집필할 때 몇 개의 목적을 염두에 두었다. 먼저 우리가 직면한 사회의 급격한 변화는 그 방향과 목표를 우리 과거 전통과 고유체제를 무조건 부정하는 경제적 실리나 사회적 편의보다는 현실과 미래를 긍정하는 예술적 공감에 두어야한다고 생각한다. 최근미국소설철학은 "실존은 예술이다"고 주장한다. 예술철학은 인간의 가장 기본적인 욕구는 자아실현에 있다고 역설한다. 이러므로 사회변화는 가능한 한 모든 사람의 자아실현의지를 가장 중요시함을 방향과 목표로 삼아야한다. 이런 사회변화는 대다수 사람의 자발적인 수긍과 합의를 도출할 수 있으므로 반대와 반발을 최소화할 수 있다. 다음으로 최근미국소설 이해방법을 재고할 필요가 있다. 우리는 최근미국소설을 국외자로서 미국교수들과 같은 수준으로 이해할 수 없다는 사실을 인정하고 무력하다는 강박관념으로부터 해방되어야한다. 그 해방의 길은 최근미국소설을 우리자신의 실존적인 입장에서 이해하고 해석하려는 독자적인 방법을 모색하는데 있다. 다시 말하면, 그 길은 우리가 최근미국소설을 미국식방법을 추종하여 파악하려고하기보다는 예술철학과 보편성을 전제로 우리의 역사적, 철학적, 사회적 견지에서 음미하려는 시도와 노력에 달려있다. 이 시도와 노력으로 우리가 최근미국소설을 읽으면서, 우리 나름대로 다양한 의미들을 발견할 수 있다면 많은 흥미를 느낄 뿐 아니라 자신감도 갖게 된다. 요컨대 좀 거창하게 말한다면, 최근미국소설을 예술철학과 보편성이 모든 사람에게 불러일으키는 공감을 전제로 한국인의 입장에서 이해하고 연구하려는 의지와 실천력을 갖춘다면, 우리는 국외자로서의 한계와 무력감을 넘어 연구의 자신감과 성취감을 키울 수 있다고 믿는다. 또 최근미국소설연구는 작품분석을 전제로 수행되어야한다. 우리가 소설분석에 많은 관심과 주의를 쏟으면 쏟을수록 그 소설을 더욱 깊이 있게 이해하고, 작품의 구성묘미와 주인공의 성숙과정을 음미하면서 더욱더 큰 즐거움을 느낄 수 있다. 이런 분석적인 방법으로 작품을 읽는 습관을 기른다면, 제멋대로 읽는 "일반적인 비평가"의 경지를 넘어 논리적인 독서능력이 향상됨으로써 비판적이고 전문적인 비평가가 될 수 있다. 이렇게 향상된 독서능력을 바탕으로 작품을 읽으면, 소설이해와 연구에 더욱더 크고 강한 자신감에 고취된다. 끝으로 앞으로 우리가 논문을 쓸 때 본받아야 할 귀감을 제시한다. 논문은 그 첫 문단에 글의 주제문장을 반드시 기술해야한다. 이 기술이 미국식 논문작성법의 골격을 이룬다. 또 이 기술이 독자들에게 논문의 요지를 전달하는데 있어서, 그리고 우리 논문을 세계에 손색없이 소개하는데 가장 효과적인 수단이다.

학회지에 게재된 "Saul Bellow's Conception of Freedom"은 그 당시 저자의 능력과 자료수집의 한계에서 집필된 매우 빈약한 내용의 논문이다. 이 글을 대폭 개작하여 솔 벨로우(1915-2005)의 소설에 구현된 자유의 개념을 규명한다. 개작하면서 딘교수의 조언이 다시 떠올랐지만, 부득이하게도 벨로우의 자유의 개념과 그 의의를 설명하려면 서구에서 자유의 의미와 역할의 변천 그리고 인간의 정의를 언급하지 않을 수 없다. 우리는 자유하면 흔히 정치적 자유만을 연상하기 쉽다. 그러나 자유는 처음에 정치적 견지에서, 다음에는 경제적 관점에서, 그리고 최근에는 심리적 측면에서 논의될 수 있다. 벨로우는 소설에서 심리적 자유를 탐구한다. 우리에게 낯설고 이색적인 심리적 자유는 "개개인이 자신의 내면세계를 알고 표현할 수 있도록 해줄 뿐 아니라 '자기를 알고' '있는 그대로의 자기가 되는' 두 개의 목적달성을 조력한다."[31] 심리적 자유는 우리가 별로 관심을 갖지 않는 이와 같은 인간의 새로운 정의를 필요로 한다: "인간은 끊임없이 자신을 탐구하는 존재 — 삶의 매순간마다 자기존재의 조건을 검토하고 천착해야하는 존재라고 일컬어진다. 인간생활의 진정한 가치는 이런 천착, 즉 인간생활에 대한 이런 비판적인 태도에 있다"[32] 이처럼 심리적 자유가 강조하는 인간의 자아탐구와 표현, 즉 개체성과 창조성이 벨로우의 자유개념의 핵심이다. 벨로우는 개체성과 창조성을 실현하는 이상적인 수단은 자치(自治)라고 주장하면서, 자유를 자치로 정의한다: "인간 정신. 어쨌든, 우리가 지배해야하는 자아. 우연이 자아를 지배해서는 안 되며, 사건이 자아를 지배해서도 안 된다. 우리가 자신의 자아에 책임을 지는 것이 우리의 인간성, 존엄, 그리고 자유이다."[33] 이렇게 자유에 필수적인 자치(능력)는 인간이 끊임없이 자기를 알려는 정진으로 경지에 오른 순수한 자아가 "우주와 합일을 이룰 수 있을"[34] 때 최대한으로 발휘된다. 우주와의 합일을 실현하려는 벨로우의 자유개념은 "사랑하는 사람 – 사랑하는 사람의 모형"과 일맥상통한다. 이 모형의 사랑은 "원형질적인 '우리' 체험에 바탕을 두고 있기 때문에 우리를 새로운 의식의 차원으로 밀어붙인다."[35] 따라서 벨로우의 소설 주인공들은 사랑을 바탕으로 심리적 자유를 탐구하고 신장하려한다. 그들이 탐구하려는 "자유는 그들의 탐구의 예비적 목표이다. 그러나 자유는 그들에게 기대하지 않았던 자기앎을 강요한다. 그리고 자기앎은 그들에게 오직 사랑을 바탕으로만 알 수 있는 세계를 노출시킨다. 사랑의 개념은 벨로우가 잇달아 발표한 각 작품에서 더욱 예리하게 밝히고 있는 개념이다."[36]

벨로우는 처녀작, *허공에 매달린 사나이*(*Dangling Man*, 1944)에서 자치의지가 없는 사람들의 사회조직, 횡포, 사리사욕, 그리고 악의로 현실세계에서는 자유와 사랑을 포기하지만, 내면적으로는 자유를 염원하는 주인공, 죠우저프(Joseph)를 창조했다. 주인공은 가족과 사회의 몰이해와 강요로 자유와 사랑의지를 실천할 수 없다. 그는 한때 인간은 어떻게 살아야하며, 무엇을 해야 하는가를 탐구하려고 전력했지만, 가족과 친구들의 호응과 지지를 받지 못했다. 그는 직장을 그만두고 징집에 응했다가 당국의 서류미비로 귀가조치 당한 실업자이며 빈번한 의견충돌로 더 이상 사랑할 수 없는 아내의 수입에 의존하는 생활무능력자이다. 또 그는 실직자라 사회에서 차별당하고, 친척의 무시와 멸시를 감수해야한다. 그는 이런 수모를 당하다가 군에 입대하여 무능력자, 차별, 무시, 그리고 멸시에서 해방되자, 자신의 자유박탈에 쾌재를 부른다. 그러나 그는 내면적으로 자기존재의 "궁극적 목적은 순수한 자유의 열망"[37]이라고 확신한다. 죠우저프가 자치에 무관심한 사람들의 몰이해와 횡포의 피해자임에 반해 *오기 마취의 모험*(*The Adventures of Augie March*, 1953)의 주인공, 오기는 이런 사람들에게 반항하여 자아를 고수하는 젊은이이다. 오기도 이들이 그에게 추종하라고 강요하는 일방적이고 독선적인 철학의 영향을 받고 있다: "모든 영향력들이 나를 기다리며 줄을 지어 서 있었다. 내가 태어나던 순간부터 이것들은 나라는 인간을 형성하려했다."[38] 그러나 오기는 자기를 알고, 있는 그대로의 자기가 되려고, 자신의 독립성을 위협하는 독선적인 진리를 가르치려는 사람들의 영향력을 초월하려고 전력을 다한다. 그는 스스로 이런 진리, 즉 "삶의 신조는 사변에 있지 않고 행동에 있으므로, 이성 있는 삶이 탐구되어야지 결코 어떤 목적이나 궁극적인 만족감, 혹은 동기가 실존에서 추구되어서는 안 된다"[39]고 믿기 때문이다. 그는 이 진리를 다른 사람들과 공유하려고, 그들을 깨우치면서 자기도 깨달으려고 최선을 다한다. 그의 공유의지는 그들의 존재를 있는 그대로 믿는 사랑에 의해 더욱 확고해진다. 사랑은 "인간의 가능성 가운데서 가장 큰 행복을 약속하는데, 오기는 그런 행복의 약속에 매우 민감하기"[40] 때문이다.

비의 왕 헨더선(*Henderson the Rain King*, 1959)은 벨로우의 자유의 논의에서 하나의 전환점을 이룬다. 벨로우는 자기방어는 자치의 필요조건일 뿐이고 충분조건은 아니라고 갈파한다. 이 충분조건은 강한 자아탐구와 실현의지 그리고 이 의지로 이루려는 다른 사람과 우주와의 합일이다. 소설주인공 헨더선은 자신의 최대관심을 이기주의로부터 이타주의로 전환시켰으므로 이제 사랑의 중요성을 더욱 민감하게 느낄 수 있다. 그는 자기를 대변하는 "소외된 개인과 우주 사이에 조화의 감정"[41]을 촉발할 진리를 탐구하려고 전심하기 때문이다. 그는 자기를 질식시키는 소외에서 벗어나려고 여행 갔던 애프리커(Africa)에서 만난 다푸(Dahfu)왕이 역설하는 인간의 모든 행동을 유발하고 통제하는 상상력의 신비스러운 위력의 설명을 경청한다: "숭고한 자기이해가 무엇보다도 중요하다. 인간은 자기가 이해한대로 그 모습을 드러낸다. 다른 말로 표현한다면, 당신의 영혼의 모습이 있는 그대로 당신의 육체에 나타난다. […] 상상력은 자연의 힘이다. 이것이 인간의 마음을 황홀경으로 가득 채우는데 충분하지 않습니까? 상상력! 상상력! 상상력! 이것이 현실로 바뀝니다."[42] 헨더선은 왕의 설명을 듣고 현실위주의 이기심을 버리고, 상상력으로 자기와 만물을 합일시키는 사랑의 중요성과 필요성을 깨닫고 귀국한다. 벨로우 소설에서 자유는 두 개의 필수조건을 전제하는데, 하나는 인간이 억압적인 사회에 대항하여 자아를 고수함이고, 또 하나는 자아를 탐구하고 실현하

려는 부단한 노력이다. 이 부단한 노력이 벨로우가 가장 중요시하여 철저히 규명하려는 심리적 자유이다. *허조그*(*Herzog*, 1964)의 주인공, 허조그는 망상과 자아도취에 빠져 자치능력을 상실했다가, 각성하여 적극적으로 자아를 탐구하여 다시 자유를 향유하여 만끽하는 지식인이다. 그는 대단한 매력과 뛰어난 지성을 가진 미모의 여성, 매들린(Madeleine)에게 매혹되어, 자기앎을 탐구할 능력을 상실하고 자아도취에 빠진다. 게다가 그는 그녀를 사랑하는데도 강요로 이혼당해 극심한 정신분열증과 소외감에 시달린다. 이 시달림으로 가끔 이상한 행동을 할 뿐 아니라 자주 횡설수설함으로써 미친 사람으로 오인받는다. 그는 이런 혼돈과 시련의 와중에서 러모우너(Ramona)의 사랑을 받고, 자유스러운 생활을 하고 싶은 강렬한 욕구를 느낀다. 그는 이 욕구로 매들린의 마력으로부터 해방되어 자유스러운 삶을 되찾고 환호한다: "어쩌면 처음으로 그는 매들린이란 굴레를 벗는 것이 어떻다는 것을 알았다. 환희! 그의 노예생활에 종지부를 찍었고, 그의 마음은 소름끼치는 중압감과 속박에서 해방된 것이다. 그녀가 그의 마음으로부터 사라져 여기 없다는 사실만으로도 이미 그의 정신이 상쾌해지고 즐거워진다." 이제 그는 자아도취의 굴레에서 벗어나 "자유의 몸이 되어 다른 사람을 사랑하고, 삶을 완전무결하게 하며, 맑은 의식으로 죽음을 기다릴 수 있도록"[43] 해주는 의식상태에서 실존하려고 노력한다. 이 의식상태가 허조그가 자아를 탐구하여 되찾은 자유이다.

샘러의 혹성(*Mr. Sammler's Planet*, 1970)의 주인공, 샘러는 극단적인 이기주의와 개인주의가 분출하는 혼란, 광란, 그리고 무질서의 와중에서도 친절한 마음, 공평무사한 사랑, 그리고 상상력의 위력을 믿고 영원한 진리("하나됨") 탐구에 깊은 관심을 갖는다. 그는 자치를 실존의 유일한 목적으로 받아들임이 진리탐구의 지름길이라고 주장한다: "우리가 이 세상에서 마주치는 사물들은 시공간에서의 우리의 인식과 사고방식에 밀접하게 관련되어 있다. 우리는 우리 앞의 현재와 사물을 본다. 영원한 진리는 현재와 사물이라는 형식을 통해 자체의 일시적 모습을 드러낸다. 이런 형식의 구속과 개인적인 심상의 굴레로부터 해방되는 유일한 길, 즉 영원한 진리와의 유일한 만남은 자유를 통해서만 가능하다."[44] 그의 영원한 진리탐구 의지와 실천이 자치로 정의되는 자유를 실현시키는 원동력이다. *험보울트의 선물*(*Humboldt's Gift*, 1975)의 주인공, 챨리 시트린(Charlie Sitrine)은 샘러의 궁극적인 탐구대상, 즉 "하나됨"

이 무엇인가를 더욱 심오하게 천착한다. 그는 "하나됨"은 육체와 정신의 구별을 없애려는 의식이고, 우리 모두가 이 의식을 보편적 진리로 공유해야하며, 공유하려면 깊이 사색해야한다고 주장한다: "진리란 우리 모두가 공유하는 것이다. 나에게 둘 더하기 둘인 것은 누구에게나 둘 더하기 둘이고, 나의 자아와는 아무런 관계가 없다. [···] 사고, 즉 생각하고 아는 힘이 자유의 원천이다. 사색은 정신이 있음을 분명하게 밝힌다. 물질적 육체는 정신의 대리인이며, 정신의 거울이다. 육체는 정신의 반영이고, 발동기이다." 그는 더욱 심오하게 사색함으로써 자기와 우주가 하나임을 깨닫는다: "자연 자체는 그저 거기에 있는 게 아니고, 객관세계는 영원히 주체와 절연되어 있지도 않으며, 외적인 모든 것은 내적인 어떤 것과 뚜렷하게 합쳐지고, 이 두 세계는 동일한 것으로서 상호교체될 수 있으며, 자연은 나 자신의 무의식적 존재라는 이상한 예감을 가졌다. 지적 노력과 과학적 연구 그리고 깊은 사색을 통해 나는 이것을 알 수 있었다. 자연의 모든 사물은 나 자신의 영혼 속에 있는 어떤 것의 상징이었다."[45] 벨로우는 주객일치를 자유로 실현하려는데 반해, 동양철학은 성실성이나 무위자연으로 도를 닦아 이루려고 한다. 벨로우와 동양철학은 실존목적 – 주객일치 –은 같으나 그 달성방법을 달리한다. 서구에서 모든 작가는 자아탐구와 실현의지 그리고 그 실천으로 주객일치를 이루는 "오직 하나의 주제 – 자유"[46]를 바탕으로 작품을 창작해야한다는 주장이 있다. 우리는 이 주장을 적극적으로 긍정하고 수용해야한다. 죤 가드너는 "진정한 예술은 어떤 사회가 퇴폐하지 않고 건강할 수 있는 신화를 창조하는데, 우리사회는 지금 그런 신화를 분명히 필요로 한다"[47]고 천명한다. 의심할 여지없이 벨로우의 자유의 개념, 즉 주객일치철학은 바로 그런 신화이다.

죤 가드너(1933-1982)는 처녀작, *부활*(*The Resurrection*, 1966)에서 실존에 긍정적이고 창조적인 역할을 할 수 있는 도덕을 "미적 일체감(aesthetic wholeness)"[48]으로 정의한다. 이처럼 실존에 결정적인 역할을 하는 도덕의 개념들은 서구사회에서 매우 다양하고 상이해서 서로 각축전을 벌였다: "철학연구의 벽두부터 최고선, 즉 도덕의 토대에 관한 문제는 사변철학의 핵심으로 간주되었기 때문에, 가장 타고난 학자들은 이 문제를 연구하면서 여러 학파로 분열되어 상호간에 치열한 싸움을 해왔다."[49] 이 치열한 싸움은 두 개의 전혀 상이한 개념의 도덕이 공존함으로써 일어났다. 하나는 우리에게 매우 친숙한 남녀칠세부동석과 같은 인간의 본능을 억압하는 강요의 도덕(morality of compulsion)이고, 또 하나는 생소하지만 실존에 활력과 환희를 불러일으키는 감응의 도덕(morality which has the effect of an appeal)이다. 강요의 도덕은 우리의 사고와 감정을 분리할 뿐 아니라 자아탐구와 실현의지를 억압하여 삶에서 활력, 자발성, 생동감, 역동성, 그리고 환희를 빼앗는다. 더욱이 강요의 도덕은 우리를 자아창조자가 아니라 이런 억압과 박탈을 조장하는 성문화된 도덕규범 그리고 사회관습과 제도의 산물로 탈바꿈시킨다. 강요의 도덕으로 인해 이런 산물로 전락한 사람들은 자아와 실존목적을 상실하고 혼돈, 고독, 무기력, 그리고 무력감의 소용돌이 가운데서 긍정적이고 건설적인 행위보다는 오히려 해악과 파괴에 열중한다: "우리 기술의 목적은 생활향상 그리고 성장과 번영의 촉진에 있지 않고, 힘의 악용 그리고 광범위한 영역의 자연환경과 인간생활을 더욱 엄격하고 조직적으로 통제하려는데 있다."[50] 또 그들의 "전통적인 종교와 도덕의 강조는 대립을 일으켜, 우리의 문제를 해결하기보다는 오히려 악화시킨다. 요컨대 이것이 우리 시대의 본질적 모순이다: 우리의 종교, 도덕, 그리고 건전한 경제력, 정치적 이론은 자기들이 달성하려는 목적을 무산시키는 경향이 있다."[51] 이처럼 강요의 도덕은 우리의 본능 그리고 자아탐구와 실현의지를 우선시하지 않아 실존에 부정적인 역할을 한다.

그러므로 우리는 하루 빨리 강요의 도덕으로 인한 삶의 무의미, 좌절, 절망, 무기력, 그리고 무력감을 극복해야한다. 우리는 "시대의 불확실성에 대항할 수 있는 길을 발견하고, 자신 안에서 힘의 원천을 찾으며, 그리고 스스로 확신할 만한 것이 거의 없는 시대에 가능한 한 의지할 수 있는 가치와 목적을 달성하는 방법을"[52] 모색해야하기 때문이다. 우리는 이 극복과 모색방안을 감응의 도덕에서 찾을 수 있다. 감응의 도덕은 자기를 알고, 있는 그대로의 자기가 되어, 자유를 신장하려는 인간의 욕구를 충족시킬 수 있기 때문이다. 또 감응의 도덕은 사고와 감정을 융합시킨다. 나아가 감응의 도덕은 인간의 자율성을 절대시하기 때문에 우리는 자아창조자일 뿐 아니라 사회의 영향을 받아 형성되면서도 사회를 창조한다. 더욱이 감응의 도덕은 "의식하는 인간에게 존재는 변화이고, 변화는 성숙이고, 성숙은 끊임없는 자아창조의 계속이라는 진리"[53]를 전제한다. 가드너는 실존에 이렇게 위력적인 역할을 할 수 있는 감응의 도덕을 "미적 일체감"으로 정의한다.

*부활*의 주인공, 제임즈 챈들러(James Chandler)교수가 도덕을 미적 일체감으로 파악하고 죽음을 초월하는 인간으로 변신하는 과정을 고찰한다. 그는 부교수로 승진하고, 논문과 저서들은 학계에서 큰 주목을 받기 시작하여 매우 행복한 결혼생활을 즐기고 있을 때 청천벽력 같이 백혈병으로 곧 죽게 될 거라는 사실을 인지한다. 그는 의식적으로는 죽음을 초월하려하지만, 현실적으로 공포심, 절망, 그리고 악몽에 시달린다. 그러나 그는 자신의 특이한 실존방식과 학구열로 죽음을 초월한다. 그는 이런 실존철학 – "존재는 변화이고, 변화는 성숙이고, 성숙은 끊임없는 자아창조의 연속이다" –을 실천하려고 최선을 다한다. 그는 자기 삶을 있는 그대로 수용하면서 창조에 몰두한다. 그의 독서와 연구목적은 명성을 얻으려는데 있지 않고, 오로지 자아탐구와 실현 그리고 그에 따른 성취감과 만족감을 극대화하려는데 있다. 그러므로 그는 분석철학 전성기에 형이상학에 열중한다. 그는 연구과제가 있음에 안도감과 행복감을 느끼면서, 자아성숙을 꾀하며, 완성된 연구과제가 만족스럽지 않다할지라도 전혀 개의치 않는다. 또 연구를 시작할 새로운 과제를 찾을 수 있다고 믿기 때문이다. 그의 유일한 관심은 연구과제의 성공여부보다는 오히려 연구활동을 통해 실현하려는 자아성숙에 있다. 요컨대 그는 자아탐구와 연구에 전념하는 성실한 인간이다.

그는 이렇게 진중하고 탁월한 인격자이지만 죽음에 직면한 공포심과 절망감에 압도당하자, 갑자기 가족을 데리고 20년 만에 고향으로 돌아간다. 그동안에 고향에 일어난 기형적인 변화와 그 볼꼴 사나운 모습들을 목격하고 크게 실망하면서도, 이런 시 구절을 기억하고 안도한다: "무리한 질서는 무질서이다; 엄청난 무질서는 질서이다. 이 두 가지 사실들은 하나이다"(167). 기형적인 대혼란과 무질서 속에서도 안정과 질서를 찾을 수 있기 때문이다. 그는 파괴 뒤에는 필연적으로 재생이 있다고 굳게 믿는다. *오래된 물방앗간*(*The Old Mill*)그림을 보고, 갑작스러운 해방감, 다시 말하면 뜻밖의 희열을 느낀 그는 이 순간 "완전한 미학이론이 성립되는 직관력을 의식한다"(166). 그가 직관력으로 파악한 미학이론에 의하면, "미적 충동은 도덕적 감응으로 이해될 수 있다. 자연, 혹은 삶은 … 예술의 목적이다. 우리는 이런 주장으로 인간이 이를 수 있는 최고의 경지는 미적 일체감임을 의미한다. [⋯] 미적 진화의 목적인 일체감은 종교적 진화의 목적인 거룩함과 … 유사하다. 그리고 일체감은 또한 지적 진화의 목적인 과학적 지식과도 유사하다. 그러나 거룩함이 과학적 지식보다도 더 숭고하듯이, 미적 일체감은 거룩함보다도 더욱 숭고하다. […] 미적 일체감은 무아경의 경지에서 있는 그대로의 실재에 … 대한 인간의 보편적 관심을 긍정한다. 그런 다음 예술이 그 길을 가르쳐주는 아름다운 삶을 긍정한다"(202-3). 이렇게 그는 도덕의 개념은 미적 일체감이라고 터득하고, 강요의 도덕의 원천으로 인간의 삶을 억압하는 관념과 감정의 분리를 극복한다. 또 그는 이 깨달음으로 자기와 우주를 합일시킨다: "요즈음 아침마다 그는 순식간에 … 많은 사물들과 친해져서 이들과 하나됨을 느꼈다. […] 그는 나중에 (하나됨을) 언어로 우주와 자기와의 상호침투라고 설명할 수 있음을 강렬하게 체험했다"(133). 그는 자기와 우주와의 상호침투로 "다시 태어나 전혀 새로운 인간이 된 것처럼 느낀다. 이런 일이 일어날 수 있었다는 생각이 그를 깜짝 놀라게 했고, 그는 이 생각에 꼭 매달렸다."[54] 그는 이런 상호침투로 삶과 죽음은 하나임을 깨닫는다.

이처럼 미적 일체감은 도덕의 새로운 개념으로 챈들러교수가 죽음을 초월하는 힘의 원천이다. 미적 일체감의 이런 위력은 관념과 감정을 융합하여 인간의 창조적 본능과 열망을 활성화시키는 "강한 감정의 자발적인 흐름"[55]에서 솟아나온다. 또 미적 일체감은 이런 주장 — "도덕의 문제는 우리 내부에서 이루어지는 변화와 연관되어야한다"[56] — 의 적극적 지지를 받는다. 게다가 미적 일체감은 우리의 본능과 유대관계가 있으므로 감응이 강하다. 요컨대 미적 일체감은 자유스럽게 우리가 자신을 알고, 있는 그대로의 자기가 되라는 규범이지만, 강요나 억압이 없기 때문에 우리 실존에 활력과 생동감을 불어넣는 원동력이다. 이러므로 우리는 도덕의 한 분야로 죤 가드너가 논의하여 역설한 감응의 도덕, 즉 미적 일체감에 깊은 관심을 쏟아야한다.

랠프 엘러선은 불가시성(不可視性)을 핵심주제로 *보이지 않는 인간*을 창작했다. 불가시성은 사람들이 자아를 성찰하고 성숙시키려는 관심과 의지가 없는 거짓자아에서 비롯된다. 모든 인간은 두 개의 상이한 자아, 즉 진실한 자아와 거짓자아가 각축전을 벌이고 있는 와중에서 실존한다. 인간은 선천적으로 진실한 자아를 탐구하고 고수하고 싶어한다. 그는 이 탐구와 고수가 자기존재의 힘의 원천일 뿐 아니라 창조와 사랑의 근원임을 잘 알기 때문이다. 그러나 그는 이 탐구와 고수에 필연적으로 따르기 마련인 부단한 노력과 그 간난을 포기하고 싶은 유혹에 쉽게 빠진다. 그는 입신양명, 안일, 쾌락, 그리고 사리사욕을 추구하기 위해 자기존재의 전부인 진실한 자아를 버리고, 흔쾌히 자기를 부정하는 거짓자아와 피동적 존재로 전락한다. 사람들이 진실한 자아를 방기하고 거짓자아의 함정에 빠지는 경위를 살펴보면, "당신이 하늘을 날도록 만들어주는 그 힘은 우리 인류의 위대한 재산이다. 모든 사람이 이런 재산을 가지고 있다. 이 재산은 삶의 힘의 근원에 연결되어 있는 감정이다. 그러나 사람들은 곧 이 감정을 두려워하게 된다. 이 재산은 아주 위험스러운 것이다! 이것이 대부분의 사람들이 그들의 날개를 떨어뜨리고 걷기를 선호하며, 법에 복종하려고하는 이유이다."[57] 이렇게 자아탐구와 성숙의지를 상실하고 거짓자아의 지배와 통제를 받고 싶어하는 사람들은 자기를 알 수 없을 뿐 아니라 다른 사람을 인간으로 볼 수 없으므로, 그를 자기들의 개인적 목적달성을 위한 하나의 도구로 이용하려고 안달한다.

*보이지 않는 인간*의 이름 없는 흑인주인공은 입신양명에 집착하기 때문에 자기를 볼 수 없을 뿐 아니라 거짓자아에 압도당한 지배계층인사들의 요구와 명령에 맹목적으로 복종한다. 이렇게 그는 스스로 자기를 알려고 전력하지 않는 불가시성 그리고 다른 사람들이 그를 인간으로 보지 않으려는 불가시성에 구속되었다가 해방되어 자기를 알고 자기세계를 창조한다. 그는 이 구속에서 비롯된 실존방식과 거짓철학을 바탕으로는 도저히 생존할 수 없음을 인지한다. 그가 다른 사람들의 의견을 무조건 받아들이려고 할 때마다, 자기 목을 졸라 숨을 못 쉬게 되기 때문에 눈알이 튀어나오고 혓바닥도 늘어져 나온다. 또 그가 다른 사람들을 행복하게 만들기 위해 자신이 무조건적인 "예"라고 할 때마다, 스스로 매우 역겹고 도저히 참을 수 없을 정도로 고통스럽다. 마침내 그는 안전과 평온을 찾기 위한 삶의 목적은 진실하고 주체적인 자아탐구 그리고 그 과정에서 자기를 알고 창조하는 세계에 있어야한다는 진리를 깨닫는다. 그가 깨달은 바에 의하면, "삶의 진리란 진실한 자아를 찾고자하는 자발성, 다시 말하면 적어도 당분간이나마 현실에 도전하여 스스로 내리는 자기정의에 좌우된다."[58] 요컨대 흑인주인공은 세속적인 성공을 거두려고 다른 사람들의 주장을 무조건 받아들이면서도, 스스로 무조건 "예"하는

사람이 되어감에 반항하여, 자유인이 되기 위해 진실한 자아를 탐구하려고 전력한다.

엘러선은 자신의 소설, *보이지 않는 인간*이 "순진성과 인간의 실수, 즉 환상으로부터 깨어나 현실을 인식하려는 고심에 관한 소설"[59]이라고 자평한다. 이 자평에 걸맞게 흑인청년주인공은 처음에 환상에 빠져 순진하게 고위층인사들의 의견과 주장을 무조건 받아들인다. 그는 남부도시에 소재한 "교육은 하지 않고 편견을 주입"[60]함을 목적으로 설립된 흑인주립대학에 재학하면서 제2의 부커 티. 와싱턴(Booker T. Washington, 1825-1915, 흑인선각자 겸 교육자)이 될 것을 꿈꾼다. 그는 꿈을 실현하기 위해 흑인학장 블레드소우(Bledsoe)박사와 백인이사 노튼(Norton)의 말에 무조건 맹종한다. 그리하여 그는 자신의 목적달성을 위해 자아를 부정하고 자기를 "기계에 붙은 하나의 톱니바퀴"로 비하하면서, 다른 사람들의 권위에 추종하면 톱니바퀴는 고장 나지 않고 잘 돌아간다고 확신한다. 그러나 그는 노튼의 요구 — 딸과 근친상간한 흑인남자 집에 가자 —에 순종했다가, 백인에게 거짓말하는 법을 몰랐다는 이유로 정학당한다. 그는 삶의 힘의 원천이었던 대학에서 추방당해, 블레드소우학장의 거짓소개장을 가지고 일자리를 구하려고 뉴욕으로 간다. 아직도 그는 돈도 모으고 몸에는 뉴욕문화가 가득 배이게 한 채 돌아가서 가을학기에 복학하여 학생지도자가 된다는 희망에 부풀어 있다. 그는 이런 희망과 환상 때문에 이런 충고를 경청하려하지 않는다: "사물의 이면을 보는 법을 배우게. […] 젊은이, 안개 속에서 나오란 말야." 그는 학장의 소개장을 받은 자본가 에머선(Emerson)의 아들을 만난다. 아들은 다른 사람들에게 농락당하고 있는 주인공의 미몽을 깨우쳐주려고, 그에게 소개장을 보여주고 읽어보라고 말한다. 그는 "그를 계속 달리게 하라"는 소개장을 읽고 반응한다: "그가 나에게 편지를 건네주고 내가 그 내용을 파악하는 사이에 25년이란 세월이 흘러가버린 것 같았다. 나는 그 내용을 도저히 믿을 수 없어서 다시 편지를 읽어보려고 했다. 믿을 수 없었으나 모든 일은 이미 일어나버렸다는 느낌이었다. 눈을 비볐다. 그러자 눈은 갑자기 눈물이 전부 말라버린 것처럼 까칠까칠해져 있었다."[61]

흑인주인공은 페인트회사에 취직하여 노동조합에 적극 반대하는 흑인상사 밑에서 일한다. 흑인상사는 그가 실수로 노동자들의 비밀집회에 갔음에도 불구하고, 그를 반역자 그리고 배신자라고 질책한다. 그래서 두 사람이 싸움에 정신이 팔려 압력계의 계기판점검을 하지 않는 바람에 보일러가 폭발해버린다. 주인공은 의식을 회복하여 자기가 공장부속병원 의사들의 치료를 받고 있음을 인지한다. 의사들은 전기충격으로 그를 자기이름을 기억할 수 없는 인간, 다시 말하면 반항하지 않는 기계인간으로 개조하여 퇴원시킨다. 그는 병자가 되어 할렘(Harlem)에서 메어리 램보우(Mary Rambo)의 보살핌을 받는다. 그녀는 그가 출중한 자질과 역량을 가지고 있다고 믿고, 큰일을 하라고 그를 일깨운다. 그는 이 일깨움에 부응하지 못하고 격심한 불안과 정신적 혼란의 와중에서 거리를 헤매다가 군고구마를 사서 먹는다. 그는 군고구마로 인하여 대단한 향수와 뜻밖의 강렬한 해방감을 느끼면서, 자기가 다른 사람들에게 사기당했음을 인지한다. 그는 새롭게 발견한 자아에 감응하여, 어느 흑인노부부의 강제퇴거를 목격하자 의분을 억제할 수 없다. 그는 감동적인 연설로 군중의 힘을 뭉쳐 강제퇴거를 중단시킨다. 그는 이렇게 순간적으로 자아를 인식하자, 메어리에게 진 빚에 대한 죄의식 그리고 가난의 상징인 양배추 끓이는 냄새에 대한 혐오로 인해 형제애단체(The Brotherhood, 공산당단체)의 할렘지역구 총책임자 잭(Jack)의 고용 제의를 받아들인다. 잭은 앵무새 역할만을 하는 대변인으로 고용한 주인공을 제2의 부커 티. 와싱턴으로 만들어 "형제애단체에 유리하도록 다른 흑인들을 지배하는데"[62] 이용하려한다. 주인공은 대변인 역할을 수행하기 시작하면서 다시 자아를 상실하고 세속적인 성공을 거두려는 망상에 빠진다: "그들(블레드소우학장과 노튼이사)은 나를 어둠 속으로 걷어차 넣음으로써 내가 꿈꾸던 것보다도 더 위대하고 더욱 중요한 일을 해낼 수 있다는 가능성을 발견하게 해주었다. […] 나는 어둠 속에 누워서 생전 처음으로 … 어떤 존재가 될 수 있는 가능성을 일별할 수 있었다. 그것은 꿈이 아니었고 가능성이었다. 최고지위에 오르기 위해 오로지 일하고, 배우고, 살아남기만 하면 되었다"(307-8).

그러나 주인공은 잭과 언쟁을 벌인 뒤에 자기가 생각하지는 말고 명령만을 수행해야하는 꼭두각시로 고용되었다는 사실을 인지하고, 자신의 미몽에서 깨어난다. 그가 새로운 인간으로 재생하는 찰나에 폭발한 흑인폭동에 말려들지 않으려고 땅굴로 들어간다. 그는 거기서 비로소 자신의 불가시성에서 벗어나 진실한 자아를 발견한다: "나는 기억할 수 없을 만큼 오래 전부터 이

리저리 끌려 다녔다. 그리고 나의 문제는 내 방식대로가 아니라 늘 다른 사람들의 방식을 따르려고 했다는 맹목이었다. […] 그래서 여러 해 동안 다른 사람들의 의견에 따르려고 애쓰다가 나는 결국 반항하게 되었다. 나는 보이지 않는 인간이다. 그처럼 나는 먼 길을 걸어오다가 내가 원래 도달하기를 갈망했던 사회 속의 위치로부터 다시 먼 원위치(본래의 나)로 돌아간다"(496). 게다가 그는 주체적 인간이 되려고 이런 주장을 경청한다: "*젊은 예술가의 초상*의 주인공, 스티븐 디덜러스의 문제는 … 아직 창조되지 않은 자기민족의 양심을 창조하려는 문제가 아니라 *아직 창조되지 않은 자신의 용모*를 창조하려는 문제였습니다. 우리의 과제는 우리 자신을 개체적 인간으로 성숙시키는 일입니다. […] 우리는 우리 자신을 창조함으로써 민족을 창조하고, 그 다음에 놀랍게도 훨씬 더 중요한 어떤 것을 창조하게 될 것입니다: 우리는 문화를 창조하게 될 것입니다"(307). 이제야 그는 이런 충고를 이해할 수 있다: "젊은 친구, 자신의 아버지가 되도록 하게. 그리고 잊지 말게. 그걸 발견하기만 한다면, 세상은 가능성의 세계야"(139). 주인공은 진실한 자아를 발견하고 주체적 인간으로 변신하였으므로 "'미리 통제되지 않은 가능성의 세계에 문과 창문을 활짝 열고서 미완성의 세계'를 탐구하고 그 세계에 확고한 신념을 갖는다."[63] 그는 이렇게 성숙했으므로 불가시성을 밝히기 위해 지하실에 1,369개의 전등을 켜놓고 루이스 암스트롱(Louis Armstrong)의 음반을 듣고 있는데, 그 노래의 후렴은 "내 무얼 했 길래 / 그처럼 검은 / 우수에 젖었나?"로 끝난다. 그는 혹독한 억압 속에서도 독립된 삶을 살고 싶다는 의사표시로 불르즈를 즐겁게 듣는다. 음악은 "그 내용이 아무리 비극적이라고 할지라도, 인간체험의 혼돈에 질서와 형식을 부여하고 있다는 측면에서 삶의 긍정이요, 불굴의 인간정신의 예찬이기"[64] 때문이다.

"죠우져프 헬러(1923-1999)의 비인간화에의 도전"은 저자가 한국영어영문학회가 미국문화원의 후원을 받아 1979년 9월 20일부터 11월 15일까지 매주 목요일에 주최한 "미국인의 다양한 의견: 현대미국문학강연 시리즈"의 연사로 저자가 선정되어 발표한 내용을 대폭 수정한 논문이다. 전혀 예상 밖의 청탁을 받고 저자에게 아주 생소한 소설가일 뿐 아니라 처음 접하는 부조리소설(10여년 후에야 포우스트모던소설의 또 하나의 다른 명칭임을 알았다),

꼼짝부득(*不得*)(*Catch-22*, 1961)을 만족스럽게 이해하고 강연하기에는 개인적으로 이미 확정된 일정과 계획을 포기한다하더라도 남은 시간이 너무 촉박했다. 그래서 *꼼짝부득*과 *무엇인가 일어났다*(*Something Happened*, 1974)를 소설로 충분히 음미하지 못하고, 미국학자들의 논문 그리고 정신분석학과 사회학에 의존하여 글을 쓸 수밖에 없었다. 정신분석학자 빌헬름 라이크(Wilhelm Reich)의 개인과 사회와의 관계론에 의하면, 첫째 사회는 교묘한 압력을 행사하여 현존하는 사회질서에 순응하는 심리적 조직의 편제 속으로 개인을 밀어 넣는다. 둘째 개인의 성격형성은 한 시대의 사회학적 작용의 구체화이다. 셋째 개인은 타고난 천성 때문에 외부세계와 자신의 무의식적 충동에 대비한다.[65] 사회가 인간을 가혹하게 속박하는 경직된 조직체가 되면, 그 사회는 화석화(化石化)된 세계, 다시 말하면 "비인간화된 세계이다."[66] 인간은 비인간화된 세계에서는 진실한 자아와 주체의식의 창조자가 될 수 없고, 인권, 자유, 그리고 실존활력을 박탈당한 피조물로 전락할 처지에 있다. 이런 피조물로 전락당하지 않으려고 *꼼짝부득*의 주인공, 야싸리안(Yossarian)공군대위는 자신의 인권과 생명을 박탈하려는 "도저히 제어할 수 없는 힘"[67]을 무가내하로 내휘두르는 비인간화된 세계에 온갖 수단과 방법을 총동원하여 용감하고 슬기롭게 도전한다. 그는 이 도전으로 자기를 보전하는데 성공한다. 야싸리안대위와는 대조적으로 *무엇인가 일어났다*의 주인공, 밥 슬로우컴(Bob Slocum)은 비인간화된 세계에 도전하려는 의지와 용기가 없을 뿐 아니라 자아탐구, 자기보전, 그리고 이타주의에 조금도 관심이 없는 나약하고 자기중심적인 사람이다. 그는 자기도 모르게 점차 자신감과 희망을 상실한, 더욱이 빼앗기고 있다는 무기력한 피해자 겸 패배자로 실존하는 와중에 아들의 베푸는 행복을 보고 크게 깨닫는다. 드디어 그는 다른 사람을 배려하는 사람으로 변신하여 용기와 자신감을 되찾고, 훌륭한 가장이고 유능한 직장인으로 존경과 환영을 받는다.

*꼼짝부득*은 무자비하게 개인의 인권과 생명을 박탈하려는 비인간화된 세계와 어떻게 해서라도 자기를 보전하려는 개인과의 치열한 싸움에서 개인의 승리를 구가한 소설이다. 이 싸움에는 개인의 의도와 행동 그리고 그 결과를 예측할 수 있는 논리가 있을 수 없다. 이처럼 논리가 없으므로 싸움의 기술에는 기존소설이 가장 중요시했던 명료함과 정연함이, 그리고 그 전개에는

인과관계, 연관성, 일관성, 그리고 연속성이 없기 마련이다. 오히려 언어구사에는 동문서답식의 애매모호성 그리고 의미전달과 의사소통의 단절과 차질이, 그리고 이야기전개에는 예상 밖의 전환과 돌출이 있을 뿐이다. *꼼짝부득*의 배경은 비인간화된 세계를 대표하는 전쟁터, 즉 캐스커트(Cathcart)대령의 비행중대이다. 이 중대의 지휘관들은 "우리(장교와 사병들)가 제지할 수 없는 어떤 일도 할 수 있는 권리를 가지고 있다." 이러므로 캐스커트대령은 조종사를 잃을 때마다 조종사들이 귀국휴가를 얻기 위해 완수해야하는 출격횟수를 계속 늘린다. 야싸리안대위는 자기에게 할당된 책임비행목표를 달성할 때쯤이면, 일방적으로 출격횟수를 계속 증가시키는 캐스커트대령의 횡포에 속수무책이다. 그는 대령의 횡포는 공군사령부에서 결정된 횟수와 다르다고 불평하지만, 그는 무조건 직속상관의 명령에 복종해야한다는 군의관친구의 조언을 들을 수 있을 뿐이다. 그 친구는 말한다: "꼼짝부득에 의하면 자네는 언제나 사령관의 명령에 따라야한다고 되어 있어. […] 군복무규정은 자네가 모든 명령에 복종해야한다고 명기하고 있어. 이것이 바로 꼼짝부득이야. 캐스커트대령이 자네로 하여금 더 많은 횟수의 적진출격을 하도록 하여, 제27공군사령부의 명령에 불복하고 있다하더라도, 자네는 더 많은 횟수의 적진출격을 완수해야해. 그렇지 않으면 자네는 그의 명령에 불복했다는 죄를 범하는 거야. 그렇게 되면 제27공군사령부는 자네를 가차 없이 처벌할 것이네."**68**

야싸리안대위는 친구의 조언을 듣고 어떤 대가를 치르더라도 자기를 보전하려고 결심하고 비인간화된 세계에 도전한다. 그는 자기보전을 위해 모든 수단을 강구한다. 그는 수돗물에 비누를 담가 넣거나, 전투지도를 바꿔버리거나, 비행기를 고의로 고장 나게 하고, 억지로 병원에 입원하기도 한다. 그러나 그는 이런 수단으로 자기가 절대가치로 가장 중요시하는 생명을 보전할 수 없다는 사실을 간파하고 탈영하기로 결심한다. 댄비(Danby)소령이 탈영은 도피주의자의 소행이라고 비난하자, 그는 웃으면서 댄비소령의 비난을 반박한다: "나는 나의 책임으로부터 달아나려는 게 아니오. 나는 나의 책임을 향해 달려가려는 거요. 생명을 보전하기 위해 탈영하는데 부정적인 요인이 없소. 댄비소령, 당신은 누가 도피주의자들인가를 알지요? 나는 … 아니오"(440). 그의 반박을 듣고서, 댄비소형이 "뛰어라"하고 외치자, "야싸리안대위는 뛰었다"(443). 그가 뛰어간 곳, 스위든(Sweden)은 "하나의 장소라기보다는 그의 행위에 동기를 마련해준 자유를 향한 진보적인 꿈, 즉 사회가 자아를 속박하는 모든 굴레를 초월하려는 경지로 향한 열망이다. 어떤 의미에서 이런 꿈과 열망은 자아의 절대적인 자율에 대한 꿈이다."[69]

*무엇인가 일어났다*의 주인공, 슬로우컴은 삶에서 "자신감과 용기를 빼앗는 무엇인가가 일어났다"는 망상에 빠져, 어떤 처지에 있어도 그리고 아무리 노력해도 아무런 성과도 거둘 수 없다는 불안감, 무력감, 그리고 공포감으로 극심한 고통에 시달린다: "나는 닫혀있는 문을 보아도 겁이 난다. 일을 아주 잘 하고 있는 지금도, 일을 하면서[도 겁이 난다]. 닫혀있는 문을 보면, 그 뒤에서 무시무시한 무엇인가가 일어나고 있다는 공포감에 사로잡혀 있다." 이러므로 그는 자아를 성찰하고 탐구하려하지 않고 오로지 자기를 비하하고 부정한다. 그의 이런 자기비하와 부정은 그가 비인간화된 인간이 될 거라는 두려움에서 비롯된다: "나는 비인간화되고 거세당한 것처럼 느낄 것이다. 해야 할 일들도 없어져버릴 것이다. 내 가슴속에서 쿵하는 일격이 있을 테고, 내 심장은 멈출 것이다. 나는 불운을 느낄 것이다. […] 나는 삶의 충동을 잃고 무감각하게 될 것이다."[70]

그의 무기력한 인간으로의 전락은 정의내리기가 불가능한 환경적, 심리적 요인들에 의해 결정론적으로 형성되는 반응들의[71] 산물이다. 그는 자기를 알고 주체적 자아를 의식하기 전에 외부사건들로 인해 매사에 자신감과 용기를 갖지 못할 뿐 아니라 공포감, 불안감, 그리고 무력감에 압도당한다. 예를 들면, 그는 열이 나고 목이 아파서 학교에서 일찍 집에 돌아와 아버지와 어머니가 함께 잠자리에 누워있음을 보게 된다. 그날 이후로 문을 열 때마다 공포심을 갖는다. 잠겨 있지 않은 화장실문을 열자 발가벗고 선 채 몸을 닦고 있던 누나가 지르는 고함소리에 이루 말할 수 없는 겁에 질린다. 무더운 여름날 석탄저장창고에 들어갔다가, 형이 한 소녀와 바닥에 누워 있다가 석탄조각을 던지면서 빨리 나가라고 고함치는 성난 목소리를 듣는다. 고등학교를 졸업하고 취직한 자동차사고보험회사에서 오만한 여자상사가 매일 직원들을 파면시키겠다는 으름장을 듣고, 더 열악한 직장으로 일자리를 옮긴다. 한 번도 파면당한 적이 없지만 언제나 해고당하지 않을까하는 공포심에 사로잡혀버린다. 이렇게 그는 자기가 도저히 제어할 수 없는 외부사건들에 끌려간다.

그는 주체적 자아를 완전히 상실하고, 비인간화된 세계의 피조물로 전락하여 자기중심적인 사고와 행동만 한다. 그는 가정과 직장의 누구와도 의사소통을 할 수 없을 뿐 아니라 유대관계도 가질 수 없다. 그는 오로지 이기적인 자기세계에 빠져 자기를 가능한 한 노출시키려하지 않는다. 이러므로 그는 가정비극을 자초하는 가장이고, 직장에서는 상호배려와 협조보다도 돈이 최고라고 맹신하는 냉혈한이다. 그는 아들이 자기가 못마땅해 하는 표정을 보면서도, 의도적으로 5전짜리 동전을 다른 아이에게 주는 천진난만한 행동을 본다. 그런 다음 아들은 그에게 자백한다: "아빠를 골리기 위해서, 그리고 나는 베풀면 행복해진다는 걸 알았어요. 나는 행복감을 느꼈기 때문에 동전을 주고 싶었어요"(165). 그는 아들의 행동을 본데다 자백을 듣고 갑작스럽게 이기주의에서 벗어나 다른 사람들을 배려하고 행복을 공유하겠다고 결심한다. 그는 베풀고 싶어하는 아들을 통해 진실한 자아를 발견하고, 가족을 굳게 결합시키는 애정이 절대적으로 필요하다는 사실을 깨닫는다: "나의 이 천사와 같은 아이가 … 우리는 누구인가, 그리고 우리는 서로에 대해 무엇을 알고 있는가를 우리에게 상기시켜줌으로써 … 우리 각자가 내면 깊이 감추어 두었던 애정에 대한 절대적 필요성과 능력을 상기시켜 되살아나게 함으로써 다시금 [우리를 결합시킨다]"(303). 그는 이 깨달음으로 가정에서는 좋은 가장이라는, 그리고 직장에서는 "슬로우컴, 당신은 참으로 훌륭한 관리자요"(568)라는 칭찬을 듣는다. 드디어 그는 비인간화된 세계의 자기중심적인 피조물에서 자아탐구자 겸 이타주의자로 변신하여, 우리에게 어떤 극한상황에서도 그 극복의 힘은 진실한 자아탐구와 실현의지와 실천에 있다는 진리를 깨우치는 소설주인공이다.

"제이 디. 샐린져(1919-2010)의 인간존재의 문제"라는 저자의 영어논문에서 첫 문단의 첫 문장은 "영국소설가 이. 엠. 포스터(E. M. Foster)는 소설주인공들을 두 유형, 즉 평면과 입체인간으로 분류했다"였다. 그런데 이 문장이 논문의 주제문장 역할을 하기 에는 미흡한 것 같아, 한글로 옮기면서 첫 문장을 "이 논문의 목적은 영국소설가 이. 엠. 포스터(1879-1970)가 소설주인공들을 분류한 두 유형, 즉 평면과 입체인간을 바탕으로 제이. 디. 샐린져의 소설주인공들을 고찰하는데 있다"로 보완하였다. 소설에서 평면인간은 "생존을 넘어서지만 자아완성에는 미달하는 사람"[72]으로 외부적 그리고 내부적 실재에 일차원적으로 반응하기 때문에 환경에 쉽사리 휩쓸려 압도당한다. 또 평면인간은 본질적인 인간문제규명보다는 오히려 실제적, 세속적인 이익추구에 더욱 깊은 관심을 쏟는다. 반면에 입체인간은 생존을 넘어서 자아탐구와 실현에 전념하기 때문에 외부압력에 쉽게 압도당하지 않고, 적극적, 긍정적 삶의 찬미자 겸 진리탐구자이다. 입체인간이 달성하려는 인간존재의 궁극적 목표는 "실존적 자아실현, 다시 말하면 자유와 자기정의의 탐구이다. 인간이 추구하여 발견하고 보전하고자하는 욕구는 자기의 내면세계에서 선언하여 실현할 수 있는 자기주장이다. 사회가 그의 상황의식을 조정할 수는 있으나, 그의 생활태도를 결정하는 핵심은 오직 그의 존재양식이다."[73]

이렇게 두 개의 상이한 인간유형의 정의에 입각해서 평면인간이 주인공인 "버내너고기의 완벽한 하루(A Perfect Day for Bananafish," 1948)와 "에즈미를 위하여 – 사랑과 비열로서(For Esme – With Love and Squalor," 1950) 그리고 입체인간을 주인공으로 한 *호밀밭의 파수꾼*(*The Catcher in the Rye*, 1951)과 *프래니*(*Franny*, 1955)를 고찰한다. "버내너고기의 완벽한 하루"의 주인공, 시모 글래스(Seymour Glass)는 제2차 세계대전 참전으로 발병한 신경쇠약을 육군병원에서 완전히 치료받지 못한 채로 퇴원당한 관료주의의 희생양이다. 그는 자치능력이 없어 위태로운 삶을 살고 있다. 이럼에도 불구하고 그의 장인과 장모는 그를 보살피려하지 않고, 딸의 장래를 염려하기 때문에 그와 딸을 별거시키려고 안달하는 이기주의자들이다. 그의 아내는 그가 추천한 책은 읽지 않고, 세속적인 일들에만 관심을 쏟는다. 그는 사리사욕추구에 극성을 부리는 사람들에게 철저히 소외당한다. 마침내 그는 "외부세계와 의사소통을 하지 못하고, 그 세계의 조건에 맞추어서 그 세계와 더불어 살지 못한다는 자신의 무능에 대한 … 강박관념"[74]을 극복할 수 없으므로 자살로 생을 마감한 비운의 주인공이다. "에즈미를 위하여 – 사랑과 비열로서"의 주인공, 엑스육군하사관(Sergeant X)도 제2차 세계대전의 피해자이고, 몰염치한 이기주의자들의 무리한 요구에 극도로 시달린다. 그러나 그는 독서도 하고, 관광명소도 찾아다니며, 자신을 단편작가라고 생각하면서 자아성숙을 도모한다. 게다가 그는 영국에서 특수침공훈련을 받을 때 교회에서 사귄 어린이 성가대원 애즈미와 서신을 주고받는다. 그는 무리한 부탁에 시달릴 때면, 자기가 "한 줄로 쭉 연결된 전구들 중 하나라도 꺼지게 되면 전부가 꺼져버리게 되는 성탄절 장식나무와 같은" 존재라고 생각한다. 이런 생각에서 해방되려고 눈을 감았다가 떴을 때, 아직 뜯어보지 않은 에즈미의 소포를 발견한다. 그는 그녀가 "행운의 부적"으로 보낸 손목시계를 들고 앉아 있으니 이상스럽게도 마음이 안정됨을 느낀다: "그때 갑작스럽게 그리고 거의 황홀하게 졸음이 왔다. 에즈미, 당신은 참으로 졸고 있는 남자를 붙잡았고, 그는 다시 건강한 남자가 될 가망성을 언제나 갖습니다."[75] 주인공은 자신의 "절망의 암흑이 사랑에 의해 해소되고, 자신과 세계 사이에 의사소통이 다시 트이는"[76] 순간에 비열의 세계를 초월한다.

*호밀밭의 파수꾼*의 주인공, 열일곱 살의 성적불량과 학구열부족으로 명문사립고등학교에서 퇴교당한 호울던 콜필드(Holden Caulfield)는 자신의 진실한 자아가 소망하여 실현하려는 세계와는 너무나 거리가 먼 현실과 극심한 갈등을 빚는다. 그는 자기를 좌절시키고 억압하는 허위의식, 위선, 그리고 비열에 끈질기게 반항하여 자아를 고수한다. 우선 그는 사회적, 경제적 성공을 최우선으로 중요시하는 아버지, 신경질적이고 너무나 이기적인 어머니, 그리고 돈벌이를 위해 글재주를 파는 형에 크게 실망한다. 그는 일류라는 명성을 자랑하는 사립고등학교의 선생이 자기에게 가르치는 세속적인 성공법을 본능적으로 수용할 수 없다: "삶은 규칙에 따라야하는 경기이다. […] 네가 대성공을 거두는 사람들 편에 있다면, 그것은 틀림없이 경기이다 … 그러나 네가 다른 편, 즉 어떤 대성공도 거두지 못하는 사람들 편에 있다면, 무슨 경기가 있단 말이냐? 아무것도 없다. 경기란 없다."[77] 게다가 학교에서 퇴교당하는 그는 위로의 말 대신에 어이없는 부탁을 받는다. 그의 기숙사 한방 친구는 경기규칙을 약삭빠르게 잘 알기 때문에 그에게 이틀 후에 제출해야하는 작문숙제를 써달라고 간청한다. 고등학교는 그에게 "가치와 전망이 너무나도 왜곡되어버렸기 때문에, 인간존재의 끊임없는 변화 속에서 질서를 유지하거나, 그런 변화를 일관된 심미적 투시도의 양상으로 만들어보려는 예민한 개인이 설 자리가 있다하더라고 거의 없는 것처럼 보이는 세계"[78]를 대변한다. 그러므로 그는 부모와 학교에 반항하면서 혼자 명작소설들을 읽고 독자적으로 자아성숙을 도모한다. 그는 부모 모르게 밤늦게 집에 가서 누이동생에게 이제 위선세계를 거부하고 호밀밭의 파수꾼, 즉 어린이들이 낭떠러지 밑으로 떨어지지 않도록 보호하는 일을 하고 싶다고 말한다. 위선세계는 그를 "강압하고 있는

집단적인 관례에 순종하기를 강요함으로써, 자아에 있는 진실성을 짓누르며, 인간의 개체성을 옹호하여 확대시키기보다는 오히려 그 개체성을 말살시키고 있기 때문이다."[79] 따라서 그는 자신의 개체성을 고수하기 위해 멀리 떠나 숲속에서 혼자 자아를 성찰하고 성숙시켜 깨달음을 얻으려고 결심한다.

*프래니*의 여자주인공, 프래니는 샐린져의 소설주인공들 중에서 입체인간의 전형이다. 그녀는 진실한 자아를 탐구하려는 오빠들로부터 선불교 — "자아성찰을 강조하며, 궁극적인 문제들에 대한 해답을 각자의 마음속에서 찾아야한다"[80] —를 배우면서 성장한다. 그녀의 교육은 지식추구가 아닌 "비지식"의 탐구로 시작된다. 서구사회의 지식추구는 인간의 본능을 억압하는 구별 — 남자와 여자, 주체와 객체, 성스러움과 세속적임, 그리고 삶과 예술 —을 전제한다. 이원론을 전제로 추구되는 지식은 삶을 실망, 좌절, 절망, 그리고 무기력의 소용돌이 속으로 몰아넣는다. 이런 지식은 실존에 필수적인 자아성찰과 성숙 그리고 깨달음을 최우선으로 중요시하지 않기 때문에 비극을 초래하는 자기중심적인 자아와 의식을 고착시킨다. 프래니는 선불교의 교육을 받았으므로 서로 이해하고 사랑하는 감정과 힘을 촉발하지 못하는 남자친구의 자기중심적인 자아와 사고에 환멸을 느낀다: "자기중심적인 자아에 난 딱 싫증이 났어. 나의 자기중심적인 자아이건 다른 사람들의 자기중심적인 자아이건 말이야. 무슨 지위를 얻겠다든지, 무슨 현저한 일을 하겠다든지, 그리고 다른 사람의 관심을 끌겠다고 기를 쓰고 있는 사람들은 싫단 말이야. 그런 사람들에게는 구역질이 난단 말이야."[81] 프래니는 환멸을 극복하기 위해 독자적으로 선불교를 더욱더 깊이 공부하여 깨달음을 얻으려고 전념하는 입체인간이다. 샐린져의 존재철학에 의하면, 우리는 "자기발전을 끊임없이 도모하여 우리 자신을 정신적으로 해방시키려고 최선을 다해야한다. 우리는 깨달음을 통해서 모든 속박으로부터 우리 자신을 해방시킬 수 있는 능력을 가지고 있기"[82] 때문이다. 우리는 자기발전 도모여부에 따라 어떤 억압적인 사회에서도 스스로 평면인간, 아니면 입체인근으로 존재하느냐를 결정한다: "인간과 사회 그리고 우주는 그 본질에 있어서 고정된 것이 아니고, 인간이 실존적 선택을 할 때마다 언제나 끊임없이 바뀔 수 있다는 가능성의 입장에서 파악되어지는 명제들이다. 인간은 이런 가능성을 축소시키겠다고 위협하는 강력한 외부의 힘에도 불구하고, 이 가능성을 확대시키려고 노력하지 않으면

안 된다. 인간의 존재목적은 자유이고, 그의 무기는 선택이며, 그의 싸움터는 자신의 독특한 가능성의 확대이냐 아니면 쇠퇴이냐를 좌우하는 자기 자신이다."[83] 요컨대 우리는 어떤 실존여건에서도 입체인간으로 성숙하려고 전력해야한다.

지금까지 여섯 명의 최근미국소설가가 각자의 작품에서 천착하여 구현한 사랑, 자유, 도덕, 자아, 비인간화, 그리고 존재의 개념을 고찰해보았다. 이 개념이 저자의 사고, 감정, 그리고 체험과는 너무나 상이하고 이질적이어서 이해하기가 매우 어려웠지만, 매우 신선하고 함축적인 내용이었다. 이 개념으로 구태의연하고 고착된 의식에서 벗어나 자아를 고수하고 삶과 사물을 새롭고 다양한 시각에서 보고 생각하려는 의지를 갖게 되었다. 이 의지가 삶에 적게나마 변화를 일으키면서 생기와 활력을 불러일으켰다. 그러므로 이 개념이 저자에게는 큰 축복이었다. 반면에 우리사회는 "나"는 누구인가를 규명하려는 자아의식과 개인의사를 중요시하지 않기 때문에, 개인보다는 집단을, 자유보다는 강요를, 허용보다는 금지를, 다양성보다는 획일화를, 반항보다는 순종을, 그리고 자율보다는 타율을 우선시했다. 따라서 우리사회는 이 개념을 적극적으로 수용하려하기보다는 무시하거나 거부하려하는 편에 섰다. 이 개념에 비우호적인 사회구성원을 효과적으로 설득하는 방법은 일개 지방대학교수가 개인적으로 이해한 견해를 밝히려는 시도보다는 미국소설가와 교수의 주장을 그대로 인용하여 구성원이 스스로 믿도록 하는데 있다고 생각했다. 그래서 논문에는 인용문이 많을 수밖에 없었다. 이런 여건에서 난해한 개념을 함께 논의할 동료교수를 찾기가 어려웠고, 또 우리말로 그것을 표현하기가 결코 쉽지 않았다. 불가피하게 논문을 영어로 써야하니, 미국교수와 대화할, 더욱이 그의 지도를 받아야할 필요성을 절감했다.

그래서 1979년에 앞에서 이미 기술한 6편의 논문에다 레널즈 프라이스(Reynolds Price), 이. 엘. 닥터로우, 그리고 버너드 맬러머드에 관한 논문을 써서 저서를 출판하겠다는 연구계획서로 미국학술단체연합회(American Council of Learned Societies)에 연구비를 신청하여, 면접을 치르려고 연합회 연구책임자를 만났다. 면접은 그가 저자를 꼭 보고 싶었다는 말로 부드럽게 시작되었다. 그는 미국교수가 쓴 추천서들 중에서 이렇게 극찬하는 경우는 처음 보았다고 언급했다. 이때 딘교수가 저자에게 미국에 다시 한 번 와서 공부하라고 조언하면서 최대한 도와주겠다는 언질을 했던 진의를 알게 되었다. 연구계획서와 딘교수의 추천서 덕택에 연구비를 받을 것 같다는 예감을 가졌다. 그가 마지막으로 어느 대학에 가서 연구할거냐고 물었다. 갑자기 매주 읽던 주간지 *타임*(*Time*)에서 그해 입학경쟁률이 가장 높았던 대학이 브라운대학교(Brown University)였다는 기사가 떠올랐다. 한국인의 사고방식으로 경쟁률이 높은 대학이 무조건 좋다는 생각으로 브라운대학교에 가겠다고 대답했다. 거기에는 저자를 지도해줄 교수가 없다고 되돌아온 말은 연구비신청은 헛수고로 끝났음을 예고했다.

이렇게 낙방의 고배를 마시고, 가장 시급하게 해결해야할 문제는 지도교수를 찾는 일이었다. 저자를 최근미국소설에 친숙하게 입문시켜준 비평서, *원시적 순진: 최근미국소설연구*의 저자, 이합 핫산교수에게 계획과 의도를 밝히는 편지를 1980년 3월에 보냈더니, 흔쾌히 받아주겠다는 답장을 받았다. 저자는 핫산교수에게 편지를 쓸 때, 1979년 가을학기에 영문학과에 풀브라이트 교환교수로 왔던 로버트 오우버스트리트(Robert Overstreet) 박사의 많은 도움을 받았다. 그 구체적인 예를 들어본다. 앞에서 카선 머컬러즈에 대한 글에서 언급하였듯이, 사랑하는 사람－사랑받는 사람이라는 모형의 사랑이 두 사람을 굳게 결합시키지 못함으로써 그들 사이에 소외, 고독, 그리고 비극을 초래했다. 이런 비극을 극복할 수 있는 사랑이 사랑하는 사람－사랑하는 사람의 모형이다. 저자가 이 모형을 구현시킨 소설가를 찾으려고 고심할 때, 그가 레널즈 프라이스를 추천해주었다. 그도 가장 이상적인 사랑의 정의는 사랑하는 사람－사랑하는 사람의 모형이라고 동의했다. 게다가 오우버스트리트교수는 저자와 아주 사이좋은 술친구가 되어, 저자에게 풀브라이트연구비도 신청해보라고 충고하면서 추천서까지 써주었다. 그의 격려와 도움에 힘입어 저자는 1980년에 핫산교수의 편지가 첨부된 연구계획서로 미국학술단체연합회와 풀브라이트에 연구비를 신청하여, 전자의 연구비수령자로 선정되었다는 희소식을 듣고서 송년했고, 1981년을 후자의 연구비를 받는 행운으로 맞이했다.

4

1980년대

최근미국소설 연구 결실

저자는 학문을 연마하고 세상을 알려고 노력하지 않아 무지하면, 마음껏 배울 수 있는 절호의 기회와 누릴 수 있는 혜택을 상실함을 넘어 빼앗긴다는 교훈을 연구비를 받고 위스콘선대학교 - 밀와키(University of Wisconsin - Milwaukee)로 가는 도중에 그리고 체재하면서 직접 체험했다. 1981년 6월에 미국학술단체연합회의 회계연도가 7월 1일부터 시작되니 그 전에 미국에 오려면 자비로 항공권을 구입하고 영수증을 가져오면 후불해주겠다는 편지를 받았다. 그래서 5월말까지 법정 수업시간을 끝내자, 5·18광주민주화운동의 여파로 마음이 너무 지쳐 광주를 하루라도 빨리 떠나고 싶어 6월 중순에 호너룰루행 비행기에 탑승했다. 7월 1일까지 여분의 시간을 얻게 된 터라 우선 30대 중반에 새로운 학문세계에 들어서서 나름대로 열정을 쏟았던 곳인 허와이대학교와 주변의 인상 깊었던 아름다운 경치도 보고, 마음속으로 항시 존경했던 로이얼 데니교수도 뵙고 싶었다. 평생 학문을 벗으로 삼아 사신다고 믿었던 데니교수는 여전히 학문연구에 관심이 많아 저자의 연구계획을 경청하고 격려와 조언도 아끼지 않으셨다. 더욱이 인편으로 이스트·웨스트센터에서 소규모의 문학간담회가 있으니 참석해보라는 연락도 해주셨다. 경제논리로 밀려 알라 모아나 쇼핑센터(Ala Moana Shopping Center)의 넓은 옥상에 있던 물이 흐르는 정원을 철거하고 가게들을 만든 것을 보고, 한때 마음의 휴식처였던 명소가 없어져서 마음이 아팠다. 미국 본토로 가려고 샌 프런시스코행 비행기탑승수속을 할 때, 담배를 피우지 않는다고 대답하고 배정받은 좌석이 일등실에 있음을 알고 너무 황당하고 어리둥절했을 뿐 아니라 매우 의아해서 불안하기까지 했다. 이렇게 경황이 없는 처지에 저자보다 연상으로 보이는 여승무원의 식사접대를 받았다. 처음부터 여승무원이 기절초풍할 만한 언행만 골라 했으니, 이런 엉터리 일등석승객을 처음 보았다고 속으로 비웃으면서 경멸하지 않았을까? 평소에는 막걸리, 소주, 정종, 그리고 맥주를 주로 마시다가 어쩌다 가끔 스카치위스키를 맛보았다. 그래서 비행기에서 처음부터 위스키를 주문하고, 가져다주는 음식을 습관대로 남기지 않고 다 먹었으니, 나중에 나오는 좋은 음식은 손도 대지 못했고, 더욱이 후식과 브랜디를 사양했다. 영락없이 시골사람이 서울에 가서 촌놈티를 유감없이 드러낸 꼬락서니였다.

로버트 오우버스트리트교수와 재회와 담소의 기쁨을 나누기 위해 앨러버머(Alabama)주의 오번(Auburn)에 들려 며칠을 그의 큰 저택에서 보내고, 저자의 친척을 만나려고 노스 캐럴라이너(North Carolina)주의 헨더선(Henderson)으로 갔다. 그 곳에 며칠 체류할 때, 친척이 저자가 레널즈 프라이스의 소설에 대한 논문을 쓰고 있다는 말을 듣고, 프라이스에게 저자를 풀브라이트교환교수라고 소개하여 그와의 만남을 주선해주었다. 듀크대학교(Duke University)에서 16세기영문학을 강의하면서 소설을 창작하는 프라이스교수는 국제적으로 저명한 작가이고, 우리에게는 생소했지만 그의 처녀작, *행복한 장수*(*A Long and Happy Life*, 1957)는 일본에서 이미 번역되었다. 연구실은 냉방이 잘되지 않는다고 하여 대학도서관에서 만나서, *고결한 사나이*(*A Generous Man*, 1966)에 대한 논문을 사랑하는 사람 – 사랑하는 사람의 모형에 입각해서 쓰고 있다고 말했더니, 프라이스교수는 소설을 집필하면서 그런 생각을 해본 적이 없다고 너무 의외의 반응을 보였다. 저자는 *고결한 사나이*를 하나의 소설로 깊이 음미하려하지 않고, 사랑의 정의라는 목적의식을 갖고 논의하려고하니까 의사소통이 잘 되지 않는다고 생각했다. 저명한 작가이자 교수를 만났지만, 저자의 무지로 더 이상 대화를 나눌 화제가 없었다. 영문학과 창작에 대해 배울 수 있는 좋은 기회였지만, 십분 이용하지 못했다. 다만 그의 소설에 대한 논문과 비평서를 구하지 못해 논문 쓰기가 어렵다고 실토했더니, 프라이스교수는 토머스 머코믹(Thomas McCormack)이 편집한 *소설가들이 자평한 자기작품들*(*Novelists on Their Novels*, 1969)을 추천해주었다. 이 책의 도움으로 작품을 더 깊이 있게 이해할 수 있었으므로 논문을 쉽게 끝냈다. 작가와의 만남으로 의외의 큰 성과를 거두었다.

드디어 7월 초에 뉴욕에 들려 미국학술단체연합회 사무실에서 연구비를 수령하고 밀와키행 비행기에 탑승했을 때, 숙소가 미정이었으므로 불안하고 초조했다. 그러나 1955년에 창립된 위스콘선대학교 - 밀와키 영문학과는 처음 맞는 풀브라이트교환교수의 숙소와 연구실을 이미 마련해 두었다. 이런 과분한 환대, 그곳 영문학과의 학문적 기풍, 그리고 개인적인 안정과 평온에 힘입어 논문집필과 개작에 몰두하여 기대 이상의 성과를 거둘 수 있었다. 대학원담당 부학과장, 제임즈 엠. 키스트(James M. Kuist)교수가 외유 중인 학과장을 대신해서 저자를 마중하러 공항에 나와 기다리고 있다가 숙소로 그리고 다음날에는 연구실로 안내해주었다. 학과장의 외유가 저자에게는 큰 행운이 되었다. 이 만남이 인연이 되어, 키스트교수는 18세기영문학전공자이면서도 저자의 논문들을 읽고 영어를 고쳐주었으며, 11개월 동안 다른 약속이 없으면 점심을 함께하는 친구가 되어주었다. 키스트교수가 저자를 깜짝 놀라게 하는 말을 두 번 했다. 저자는 처음에 그가 사람을 놀리려고 이런 말을 하는가하고 오해하고 속으로 몹시 화를 냈다. 한 번은 그가 귀국을 1년 연장해서 여기서 영어를 가르치라는 도저히 상상할 수 없는 말을 했다. 너무 놀라 귀를 의심했고, 스스로 수긍할 수 없었다. 그런데 그해 말에 고등학교교사로 재직 중에 평화봉사단(Peace Corps)원으로 영어를 가르치려고 전남대학교에 왔다가 저자와 친분이 두터운 영문학과출신 여자와 결혼하고 귀국했던 친구의 초대를 받았다. 그에게 키스트교수가 했던 말을 어이없다는 뜻으로 이야기하자, 그가 정색을 하고 신입생 영어작문을 가르칠 수 있다고 적극 주장해서 오해를 풀었다. 또 한 번은 저자의 논문들을 고쳐주면서, 미완성의 원고를 가지고 함께 메더선(Madison)에 가서 위스콘선대학교출판부와 상의하자는 말을 듣고 경악했다. 그러나 결국 나중에 저서, *Major Themes in the Contemporary American Novel*의 서평이 *현대소설연구*(*Modern Fiction Studies*) 31.2(1985, 433-34쪽)에 실렸다. 또 의회도서관(Library of Congress)은 저서에 도서정리번호(call number, PS 221. K63)를 부여했다. 이 두 개의 사실을 보면, 키스트교수는 이 책이 위스콘선대학교출판부에서 간행될 수 있다고 예견했던 것 같다. 또 저자가 체류를 1년 연장하면 탈고할 수 있을 거라고 믿었던 것 같다. 이런데도 저자는 위축된 실존과 닫힌 학문세계에서 비롯된 자신감, 도전정신, 그리고 판단력부족으로 좋은 기회를 포착하지 못했다. 지금도 생각하면 너무나 안타깝고 아쉬운 마음을 금할 수 없다. 또 최근미국소설전공교수, 프랭크 제이. 캠페니(Frank J. Campenni)도 저자와 친구가 되어 논문들을 읽고서 많은 대화를 나누고 의견을 개진하면서, 키스트교수와 함께 능력이 있으니까 많은 인용문을 저자의 영어로 풀어쓰고 고치라고 키스트교수와 같은 조언을 했다. 그들에게 한국사회에 너무 생소하고 이질적일 뿐 아니라 거부감을 일으킬 수 있는 주제들을 일개 지방대학교수가 개인적인 의견과 견해로 밝히기가 어렵고 힘들다고 말했다. 하지만 그들은 문화와 학문풍토의 현격한 차이 때문에 저자의 뜻을 납득할 수 없었다. 저자는 지금도 이 주제들이 우리나라 미국소설연구자와 독자들의 깊은 이해 그리고 적극적인 관심과 수용의 대상이 되지 못하고 있는 것 같다고 생각한다.

핫산교수의 초대를 받아 댁으로 찾아가서 인사를 드리는 첫 대면을 했다. 첫 인상은 매우 예리하고 지적이면서도 인자하시다는 느낌이었다. 그는 저자에게 사모님과 함께 백포도주를 마시면서 이야기를 나누라는 말을 남기고, 밖으로 나가 무더운 여름날인데도 손수 고기를 구우셨다. 그를 따라 밖으로 나갔더니 안으로 들어가라고 야단치셨다. 교수가 학생을 위해 저녁식사를 준비한다는 현실이 지금까지의 저자의 삶에서는 도저히 상상할 수 없는 일이라 좌불안석이었다. 다시 밖으로 나가 제가 굽겠다고 말씀 드릴 수도 없고, 가만히 앉아 술을 마시자니 더욱 죄송하고, 어떻게 해야 할지 몰라 매우 난감했다. 이런 난감한 마음은 식사가 시작되어서야 가라앉았다. 핫산교수가 먼저 적포도주를 시음하시고, 각자의 잔에 따른 술을 마시면서 식사했다. 식사가 끝나자, 저자를 먼저 서재로 안내해서 최근미국소설에 대한 비평서들을 살펴보게 한 다음에 지하실로 데려가서 여러 선반에 눕혀 있는 많은 포도주병들을 보여주었다. 끝으로 평생 처음으로 하이너켄(Heineken)맥주를 마셨다. 첫 대면은 저자를 아주 생소하고 신기한 여유 있게 즐기는 삶과 여기에 걸맞는 술의 분위기로 안내했다. 그의 대접으로, 위축된 실존을 잠시나마 잊으려고 마시는 술일지라도 폭음과 만취를 위해서가 아니라 가능한 한 여유, 안락, 그리고 평온 속에서 음미와 즐김으로 마셔야한다는 사실을 깨달았다. 핫산교수와 사모님의 각별한 배려와 애정은 너무나 뜻밖의 감격적인 체험이었을 뿐 아니라 앞으로 학생을 상대하는 새로운 좌표로 삼을 모형이 되었다.

핫산교수와의 만남으로 말미암아 천재의 존재, 미국대학의 천재에 대한 깊은 존경과 배려, 그리고 학문하는 올바른 자세를 직접 실감할 수 있었다. 그는 최근미국소설연구와 그 방법에 새로운 지평을 열어, 그 성과가 바로 *원시적 순진*이며, 이 저서로 미국 굴지의 학자가 되었다. 이쥡트(Egypt)이민 2세대나 3세대로 알고 있었는데, 그게 아님을 알고 너무나 놀랐다. 그는 1925년 카이로(Cairo)태생으로 1946년에 카이로대학교(University of Cairo)에서 공학사를 취득하고, 미국에 유학하여 펜설베이니어대학교(University of Pennsylvania)에서 1948년에 공학석사, 영문학으로 전공을 바꿔 1950년에 영문학석사 그리고 1953년에 영문학박사가 되어, 8년 뒤인 1961년에 *원시적 순진* 같은 역저를 그리고 1973년에 최근미국문학연구의 필독서, *최근미국문학입문: 1945-1972*(*Contemporary American Literature 1945-1972: An Introduction*)을 출판했다. 더욱이 45세가 되던 1970년에는 위스콘선대학교-밀와키 영문학과와 비교문학과의 바일러스연구교수(Vilas Research Professor)로 초빙받았다. 천재가 아니고서야 어떻게 그 짧은 기간에 이렇게 출중하고 탁월한 학자가 될 수 있었을까하고 생각하니 어안이 벙벙했다. 교수 명 앞에 바일러스와 같은 인명이 있는 교수는 그야말로 교수 중의 교수이다. 그래서 핫산교수는 학생들보다도 교수들과 더 많은 시간을 보내면서 그들의 연구를 도와주는 스승으로 특별대우를 받아 격년으로 한 학기에 한 과목만 강의하면서 연구에 전념했다. 그의 탁월한 업적과 학자적 특권은 스스로 자신에게 가장 정직하고 엄격하려는 양심과 인격에서 비롯된 것임을 알고 감탄할 수밖에 없었다. 밀와키는 12월에 오후 5시만 되면 아주 깜깜해졌다. 핫산교수는 오후에 강의를 끝내고 바로 학생면담을 시작하는데, 깜깜한 7시에 어느 연구실에도 교수는 없지만, 자기가 명기한 면담시간표에 학생이 오지 않는다할지라도 시간이 끝날 때까지 연구실에 머물렀다. 저자가 우연히 연구실에 들렀을 때, 핫산교수는 주위 연구실들의 문 앞에 붙어있는 면담시간표에 면담 시간이라고 표기되었음에도 교수들이 없음을 보고, 있지 않으려면 시간표를 당연히 바꿔야하는데도 그렇지 않은 교수들을 가르치면서, 저런 친구들이 교수로 행세하고 있다고 개탄했다. 매사에 언행일치와 학행일치를 도모하려는 핫산교수의 학자적 양심에 고개를 숙이면서 깊이 자성했다.

핫산교수는 그때 태동되었던 새로운 예술철학, 포우스트모던이즘 연구와 전파에 열중했다. 너무나 생소한 용어를 듣고 어리둥절했다. 9월에 그가 주관하는 제2회 국제학술회의가, "서구문화의 혁신과 재생(Innovation and Renovation in Western Culture)"이라는 주제로 개최되었다. 그가 개막식 날 만찬에 저자를 초대해서, 별수 없이 참석하기는 했지만 세계적인 석학 그리고 작가들과 말 한마디 하지 못하고 어색하게 앉아 있다가 씁쓸하게 돌아왔다. 무지한 탓에 그들과 담소와 대화를 격의 없이 나눌 수 있는 절호의 기회를 놓쳐버렸다. 게다가 모든 학술발표를 들었지만, 그 내용을 전혀 이해할 수 없으니 내내 귀머거리고 벙어리였다. 혼자 부끄러워하는 귀머거리와 벙어리는 내면문제라 그래도 괜찮았는데, 미국사람한테서 큰 창피를 당하는 일이 터졌다. 연구실 옆의 20세기학문연구소(Center for Twentieth Century Studies)의 연구간사가 저자가 한국인인줄 알고 갑자기 자기가 우상시하는 백남준(Paik Nam June)을 아느냐고 묻기에, 모른다고 말했더니 믿을 수 없다는 표정으로 고개를 저었다. 당시 우리나라에서는 알려지지 않아서, 그렇게 미국인을 매혹시킨 예술가인데도 우리가 인정하지 못한 자랑스러운 한국인, 백남준을 알지 못한 한국교수로 당한 창피를 감당하기 어려웠다. 그 연구간사는 스스로 우상시하는 백남준 비디오예술의 진수에 관한 설명을 무식한 저자에게 하려고 하지 않았다. 오늘날 우리나라에도 많이 설치된 그의 비디오예술의 핵심에 대한 만족스러운 해설을 그때까지는 읽지도 듣지도 못했다. 그 창피를 잊으려면 백남준 예술을 조금이나마 이해해야하는데, 아직도 무지에서 깨어나지 못하고 있다.

레널즈 프라이스에 대한 글을 끝내고 버너드 맬러머드에 관한 논문을 쓰기 시작했을 때, 핫산교수가 저자에게 일체의 경비를 지원할 테니 이 작가와 대담하라고 권유했다. 처음에 논의할 주제가 별로 없어 쾌히 응하고 싶지 않았지만, 논문집필이 끝나자 만나고 싶은 욕심이 생겼다. 핫산교수에게 소개장을 부탁드렸더니, 반응은 소개장보다 풀브라이트교환교수의 편지가 더 효과적일 거라는 응답을 들었다. 핫산교수의 예측대로, 논문 "버너드 맬러머드의 인간정신회복(Bernard Malamud's Renewal of the Human Spirit)"을 동봉한 편지를 보냈더니, 바로 대담이 성사되었다. 대담을 녹음하기로 결정하고, 질문들을 만들었다. 뼈대만 엉성한 질문들에 작가들과 대담을 많이 했던 캠페니교수가 살을 붙여 매끈하게 다듬고 몇 개의 질문을 추가했다. 그때 멜러머드는 행동과학연구소(Center for Advanced Studies in the Behavioral Sciences)의

1981-82년도 연구원이었다. 대담은 1982년 2월 2일 스탠퍼드대학교(Stanford University)전경이 환히 내려다보이는 맬러머드연구실에서 진행되면서 녹음되었다. 녹음을 문자화하는데 캠페니교수가 결정적인 역할을 했다. "버너드 맬러머드와의 대담(A Talk with Bernard Malamud)"이 *Major Themes in the Contemporary American Novel*의 부록에 게재되었고, 또 로런스 래쉬(Lawrence Lasher)가 편집하여 1991년에 출판된 *버너드 맬러머드와의 대담들*(*Conversations with Bernard Malamud*)에 수록되었다. 대담이 끝나고 맬러머드가 *신의 은총*(*God's Grace*)이 곧 출간되는데 교정본이라도 있으면 주고 싶은데 없어서 유감이라고 하는 말을 듣고, 말 대접으로 간단한 서평을 쓰겠다고 약속했다. 광주미국문화원장에게 이런 약속을 했다는 말을 하고 부탁하여 미국문화원보다 먼저 작품을 소장한 미8군도서관에서 대출받았다. 가벼운 마음으로 짤막한 글, "*다른 사람의 욕구 인정: 신의 은총*"을 써서 전남대학교 영자신문에 게재했다. 나중에 리터 엔. 코서프스키(Rita N. Kosofsky)의 *버너드 맬러머드: 기술서지학*(*Bernard Malamud: A Descriptive Bibliography*) (Westport: Greenwood, 1991)의 *신의 은총* 서평란에 M-20 Koh, Ji-Moon. "Recognition of Another's Needs: *God's Grace*." *Chonnam Tribune* (South Korea), December 1, 1982. 2. 3 그리고 두 문장이 수록되어 있는 것을 보고 깜짝 놀랐다. 스스로 대단한 글이 아니라고 생각했는데, 이런 하찮은 서평까지 수합하는 미국학문세계의 저력에 새삼 감탄했다.

대담에서 맬러머드는 "예술은 도덕을 지향한다"는 주장을 지금도 확신한다고 피력했다. 그의 주장에 의하면, "예술은 삶을 중대시한다. [⋯] 도덕은 자기 삶의 존엄성을 깨닫는 것으로부터 시작된다. 또 도덕은 다른 사람들의 삶의 존엄성을 ⋯ 깨닫는 것으로부터 시작된다. 예술은 본질적으로 삶을 찬미하면서 우리에게 판단의 척도를 마련해준다."[1] 그는 예술과 도덕이 자신의 삶 뿐 아니라 다른 사람의 삶을 중요시해야한다는 확신을 전제로 예술의 기능을 강조한다. 그의 강조에 따르면, "예술의 기능 가운데 위대하고 아름다운 것 중의 하나는 예술이 우리에게 삶과 삶의 가치가 무엇인지, 다른 사람의 가치가 무엇인지, 예술 자체의 가치가 무엇인지, 그리고 상상의 가치가 무엇인지 가르쳐주고 있다는 사실이다. 나는 예술이 금방 알아볼 수 있는 어떤 방식으로 세상을 변화시키고 있음을 알지는 못하나, 나에게는 예술이 인간을 변화시키고 있으며 궁극적으로는 그런 힘을 가져야만 한다고 믿는데, 예술은 매우 천천히 그리고 보이지 않게 세상을 변화시키고 있는 것처럼 보인다. [⋯] 만약 예술이 없다면 우리의 생활은 퇴폐하고 핍박해질 것이다." 그는 예술의 힘으로 우리 모두 먼저 자신의 삶을 긍정하고 예찬해야하며, 궁극적으로는 이 긍정과 예찬이 다른 사람의 삶을 있는 그대로 인정하고 존중해야한다는 철학을 역설한다. 그는 자신의 소설주인공들이 고난을 감수하면서 다른 사람을 도와주고 보호하려는 이타주의를 구현하려고한다고 하면서, 그들의 "자유의 목적은 다른 사람을 위해 자유를 신장하려는 의지와 실천이다"[2]고 주장한다. 이처럼 그의 도덕과 자유의 개념은 동일한 사상 — 다른 사람들의 인정과 존중 —이다. 이런 개념의 유사성은 다른 최근미국소설가들의 작품에 구현된 자유, 사랑, 도덕, 그리고 정의에서도 확인될 수 있다. 그는 왜 이와 같은 현상이 일어나게 되었는가의 질문에 대답한다: "나는 여러 개념들의 유사성은 우리 작가의 대부분이 민주적인 교육을 받았으며, 똑같은 책들을 읽고 있기 때문에 일어나고 있다고 생각한다. 내 견해로는 솔 벨로우, 노먼 메일러, 그리고 죤 엎다익이 그들의 정치적인 사고와 행동에서는 의견을 달리하고 있을지라도 매우 중요한 가치들, 즉 우리가 지금 이야기하고 있는 도덕과 자유를 이해하는 데는 서로 상통하고 있다. 당신이 이런 이해를 긍정한다면, 그 이해는 성립되고 인정된다. 당신이 이런 이해를 긍정한다면, 그 이해는 당신에게 소중한 것이다."[3] 이처럼 최근미국소설가들은 소설창작에서 구현하려는 동일한 목적을 갖고 있지만, 다만 그 달성방법, 즉 주제들을 달리 표현하고 있을 뿐이다. 저자가 미국대학교의 영문학과들이 교재로 어떤 작품들을 채택하고 있는가를 전부 알 수는 없지만, 몇 대학의 구내서점에서 본 바에 의하면 동일 작품들이 많았다. 영문학과교수들이 동일 작품들을 교재로 사용함은 암묵적으로 미국사회의 지향목표에 대체적으로 동감하고, 그 목표달성에 동참하고 있다는 의미가 아닐까. 미국인들이 자유민주주의를 수호하고 실현하려는 목적에는 동감하면서도, 그 달성방법에서는 서로 첨예하게 대립한다. 반면에 우리는 서로 다른 정치와 경제이념 때문에 실존목적에서부터 사분오열하여 대립하고 적대하여 상대를 인정하고 존중하려하지 않고 부정하고 타도하려한다. 우리나라 대학교수들은 합심하여 한국사회의 지향목표를 설정할 수 없으므로 교재로 쓰는 작품들은 제각각이다. 이러므로 우리는 상호교감할 수 있는 의식, 감정, 체험, 그리고 실존목적을 공유하기가 어렵다. 우리는 언제 서로 동감하는 실존목적을 공유하고, 그 달성방법에 대한 상호존중하는 진지하고 격의 없는 토론을 할 수 있을까. 너무나 먼 기대이고 소망일까.

맬러머드와 대담할 수 있었던 기회는 일석이조가 아니라 일석삼조였다. 또 하나의 일조는 스탠퍼드대학교의 에이전어학과(Department of Asian Languages)의 제임즈 제이. 와이. 리우(James J. Y. Liu)교수와의 만남이었다. 그 당시 리우교수는 자타가 공인하는 중국문학연구의 대가였다. 그곳에 가는 기회에 한 번 만나고 싶다는 편지에 "도교와 현상학적 비평: 동서문학의 차이와 만남(Taoism and Phenomenological Criticism: The Difference between East and West and the Meeting in Literature," *영어영문학* 57(1976)이라는 논문을 동봉했다. 국내에서는 별 반응을 받지 못한 것 같았는데, 그 논문을 높이 평가했는지 꼭 만나고 싶다는 답장을 받았다. 리우교수는 이민 2세나 3세의 중국계미국인으로 생각했는데, 홍콩(Hong Kong)에서 교수생활을 하다가 바로 미국으로 왔다는 말을 듣고 깜짝 놀랐다. 열악한 학문여건 가운데서도 독자적으로 개척하여 중국문학연구의 선구자 겸 대가가 되었음을 알고 놀랄 수밖에 없었고, 내 자신이 너무 초라해서 부끄러웠다. 그와의 대담에서 가장 시급하게 알고 싶었던 문제는 중국고전에 "자유"라는 용어의 존재여부였다. "자유"는 서양에서 동양사회로 유입된 용어임을 확인했다. 인간의 모든 가치의 원천인 자유의 개념이 우리사회에 도입되기 이전의 정치적, 경제적, 사회적 상황과 이후에 우리 의식과 사회는 어떤 개혁과 변화를 촉발했는가에 대한 연구가 반드시 있어야한다는 소신을 갖고 있었기 때문에, 이 확인이 가장 중요한 문제였다. 게다가 더욱더 놀랐던 일은 리우교수가 중국어로 번역된 자신의 저서를 읽으면서, 번역이 얼마나 탁월했든지 자기가 중국어로 이렇게 쓸 수 있을까하고 스스로 반문했다는 실토였다. 중국에도 이렇게 훌륭하고 성실한 학자가 있다는 사실이 저자에게는 큰 충격이고 채찍질이었다.

또 다른 하나의 일조는 스탠퍼드대학교의 엄청나게 큰 구내서점이었다. 이처럼 큰 구내서점을 처음 보았다. 1층에는 다양한 종류의 교재와 책들이, 그리고 2층에는 각 대학출판사들이 발간한 전문서적들이 진열되어 있었다. 3권의 책, 죤 롤즈(John Rawls)의 *정의론*(*A Theory of Justice*, 1971), 제이. 알. 루커스(J. R. Lucas)의 *정의에 관하여*(*On Justice*, 1980), 그리고 필립 페티트

(Philip Pettit)의 *정의를 판단한다: 현대정치철학 입문서*(*Judging Justice: An Introduction to Contemporary Political Philosophy*, 1980)를 구입했다. 이 3권의 책이 이. 엘. 닥터로우의 소설이해와 논문집필에 결정적인 역할을 했다. 대형서점에 들렀던 우연으로 너무나도 큰 실리를 챙겼다.

저자가 학문세계에서 또다시 도약할 기회를 가질 수 있도록 미국으로 유인했던 딘교수와도 가까이 지낼 수 있었다. 그는 밀와키에서 그리 멀지 않은 커노쉬(Kenosha)에 소재한 위스콘선대학교-파크사이드(Parkside)에 재직하면서, 쉬카고 근처의 에번스턴(Evanston)에 거주했다. 그는 밀와키 레퍼토리극장의 정기회원으로 연극을 보러 오면 저자에게 동행을 권유했다. 그 때문에 몇 번에 불과하지만 연극을 보러 다니는 문화인이 되었고, 중동양고기와 독일소고기 요리를 시식하는 기회도 가졌다. 더욱이 부인이 사설도서관 뉴베리도서관(Newberry Library)의 고위직 사서였으므로 일반인의 접근이 제한된 희귀장서 서고에서 유럽 귀족가문에서 사용했던 성서를 보았다. 이 성서의 겉면을 비스듬하게 하면 요술처럼 그림이 나타났다가 반듯이 하면 그림은 사라졌다. 정말로 불가사의한 기술이고 예술이었다.

이번에는 허와이대학교에서 소홀히 보냈던 시간과 공부의 전철을 밟지 않기 위해 11개월 동안 굳은 각오로 소설 읽기와 쓰기에 전념해서 3편의 논문을 완성하고, 5편의 글을 개작했다. 이 8편의 논문을 핫산교수와 사모님, 키스트교수, 그리고 캠페니교수가 읽고 완벽하게 고쳐주었다. 1982년 6월에 귀국하여 "솔 벨로우의 자유의 개념"을 개작하고, 서론과 결론 그리고 부록으로 "최근미국소설의 주제수용에 관한 고찰(A Korean's View of Main Themes in the Contemporary American Novel)"을 썼다. 이 글들을 딘교수가 읽고 교정했다. 그의 헌신적인 도움 덕택에 1984년에 *Major Themes in the Contemporary American Novel*을 출판할 수 있었다. 그런데 상당히 긴 고찰을 쓴 이유는 9명의 최근미국소설가의 주제들이 구현하려는 주객일치철학을 한국사회의 과거와 현재에 입각해서 수용해야하는 기본철학으로 천명하고 싶었기 때문이다. 이 기본철학에 의하면, 우리가 진실한 자아를 탐구하여 주체적 인간이 되는 조건은 "많은 가능성에 개방되어 있음이고 … 이 많은 가능성 가운데서 어떤 것을 선택하도록 운명 지어진 처지이고, 이런 선택의 결과를 감내하는 정신이다 … 이런 선택의 자유와, 역설적으로는 이 자유가 짊어지우는 한계성을 자각함이다."[4] 한국사회는 우리가 갈망하는 이 조건을 충족시키려하지 않고 인위적인 관습과 제도 속에 우리를 구속시켰다. 이 구속으로 우리는 진실한 자아를 탐구할 수 없었을 뿐 아니라 주체적 인간이 될 수도 없었다. 따라서 우리는 원대한 실존목적을 상상할 수도 가질 수도 없었으므로 우리의 삶은 혼란, 방종, 퇴폐, 자포자기, 좌절, 그리고 절망의 신음이었다. 우리가 이 신음을 극복하려면 이 조건을 충족시키는 기본철학을 탐구하고 실천해야한다. 이 기본철학이 바로 주객일치사상이다. 그러므로 우리는 우리의 찬란한 문화창조에 결정적인 역할을 했으나 최근에 와서 무시되고 잊혀져버린 주객일치정신을 재발견하고 소생시키려고 노력해야한다. 우리의 노력은 틀림없이 진실한 자아를 탐구하고 주체적 인간이 될 수 있는 힘의 원천이 될 것이다. 우리의 "이런 노력은 다른 사람들의 존재를 있는 그대로 인정하려는 새로운 의식을 조성하고 확대시킬 수 있는 견인차가 될 것이다. 이런 새로운 의식은 사회적이고 창조적인 활동에서 우리와 다른 사람들과의 관계를 더 평등하고 더욱 화목하게하며 더욱더 협조적인 관계로 만들어줄 씨앗이다."[5]

다시 저서의 "레널즈 프라이스(1933-2011)의 사랑의 정의"로 돌아가서, 그의 사랑의 개념과 그 의의를 고찰한다. 그는 자신의 소설주인공을 통해 사랑을 "두 사람은 하나가 되고, 그렇게 됨으로써 더욱 행복해진다"[6]고 정의했다. 또 그의 사랑의 정의에 의하면, "사랑이란 우주의 모든 것, 즉 자연의 무생물과 인간의 영혼을 융합시키는 창조의 원동력이다. 선험적인 이해는 사랑의 생명으로부터 기인한다." 이 사랑의 정의를 전제로 우리에게 고독이 "엄연한 현실이며, 사랑은 필수품"[7]이라는 주장을 논의하고 사랑의 위력을 과시한다. 우리의 고독은 우리가 "사랑과 자아는 하나이며, 사랑과 자아 중 하나의 발견은 두 가지의 실현"이라는 철학을 모르고 실천하지 않는데서 기인한다. 다시 말하면, "자아탐구의 확장은 사랑의 성숙을 가져온다."[8] 우리는 이 철학을 무시하고, 자기를 알려고 노력하지 않고 정치권력, 사회적 명예, 그리고 경제적 이익 추구에만 열중한다. 이 열중으로 우리는 이기적이고 독선적인 자아에 유폐되어 다른 사람들과 친밀하고 우호적인 유대관계를 맺을 수 없다. 이 유폐가 우리의 고독, 공허감, 허무감, 그리고 자아상실의 근원이다. 우리는 이 자아유폐로 "모두가 어떻게든 붙잡혀있다. […] 그리고 아마도 우리는 멋대로 살면서 파멸하고자한다. 그러나 우리가 무엇을 하든 우리는 여전히 붙잡혀 있다. 나는 나이고, 당신은 당신이고, 그는 그이다. 우리는 각자가 어떻게든 스스로에게 붙잡혀 있다."[9] 따라서 우리는 이 자아유폐로 인한 고독과 공허감에서 벗어나려고 상대를 조금도 이해하고 배려하지 않으면서 사랑한다고 달려든다. 이런 사랑은 두 사람이 하나가 될 수 없으므로 조급한 사랑하는 사람의 고독을 더욱 증폭시킬 뿐 아니라 그를 파멸로 치닫게 한다. 왜냐하면 그의 자기중심적이고 일방적인 사랑은 상대의 반응과 사랑을 불러일으킬 수 없기 때문이다. 이렇게 우리가 자아성찰, 상대인정과 존중, 그리고 사랑의 이해를 도모하려하지 않고, 자아도취나 의무감 때문에 일방적으로 다른 사람들 — 여자, 부인, 자식, 그리고 형제 —을 사랑했다가 고독감, 허무감, 그리고 자멸을 초래한 사랑이 사랑하는 사람–사랑받는 사람의 모형이다. 이 모형이 지금까지 너무나 당연시되었으나 두 사람이 하나가 될 수 없다는 한계 때문에 더 이상 수용될 수 없다. 그러므로 프라이스는 두 사람이 하나가 되는 새로운 사랑의 모형, 즉 사랑하는 사람–사랑하는 사람의 모형을 *고결한 사나이*에 구현했다.

무엇보다도 이 모형은 이런 인간의 정의가 필요하다: "인간은 끊임없이 성숙하지 않으면 안 된다. 그렇지 않으면 그는 엄청난 대가를 치러야한다."[10] 이 모형은 자아성숙을 전제하기 때문에 그 위력을 발휘할 수 있다. 자아성숙에 기반을 둔 사랑은 "인간 내부에 있는 활동적인 힘이[기 때문이다]. 사랑은 인간을 그 동료들로부터 격리시키는 벽을 파괴하는 힘이며, 그를 그들과 결합시키는 힘이다. 사랑은 그로 하여금 고독과 소외의 감정을 극복하도록 해주면서 동시에 그 자신의 본질적 자아에 충실한 인간이 되게 함으로써 그 본래의 자아를 보지할 수 있도록 도와준다. 사랑으로 두 사람이 하나가 되면서도 동시에 둘 그대로 있다는 역설이 일어난다." 이처럼 이 모형의 두 사람은 함께 자아성숙에 전념해야하기 때문에, 이 전념에서 하나가 된다. 또 그들은 자아성숙의 공동목표를 함께 추구해야하기 때문에, 그 추구에서 하나가 된다. 그들이 전념과 추구에서 하나됨도 의미가 크지만, 자아와 순수의식의 탐구에서 하나됨이 가장 중요하다. 그들은 이 탐구를 함께 하면서도 때로는 각자가 독자적으로 하면서 상대를 협동하고 상부상조하는 정신으로 이끌어주어야 한다. 그러므로 그들의 사랑은 그들이 "가장 핵심적인 실존문제에서 의사소통이 가능할 때, 그리하여 그들 각자가 자신의 핵심적인 실존문제로부터 자기 자신을 체험할 때만 가능하다. 바로 이 '핵심적인 체험' 가운데 인간의 실재가 있으며, 오직 여기에 삶의 생동감이 있으며, 오직 여기에 사랑의 근원이 있다. 이렇게 체험한 사랑은 부단한 도전이다. 이런 사랑은 휴식처가 아니라, 함께 움직임, 성장함, 그리고 노력함이다."[11] 더욱이 그들이 상대를 각자의 독자적인 탐구세계로 이끌려면, 서로 상대의 세계를 인정하고 공감해야한다. 이 인정과 공감을 전제로 사랑을 정의하면, "우리는 사랑을 다른 사람의 존재로부터 느끼는 환희, 그의 가치와 성숙을 마치 우리 자신의 것처럼 긍정함으로 정의한다. 따라서 사랑에는 언제나 두 요소 – 다른 사람의 가치와 미덕 그리고 그와의 관계에서 우리가 느끼는 환희와 행복 –가 있다."[12]

지금까지 논의한 사랑하는 사람–사랑하는 사람의 모형에 입각해서 *고결한 사나이*의 남자주인공, 열다섯 살의 마일로우 머스티안(Milo Mustian)과 여자주인공, 열여섯 살의 로우이스 프로우보우(Lois Provo)와의 사랑을 고찰한다. 마일로우는 함께 장터에 갔던 어른을 잃고 홀로 되자, 순진한 로우이스를 만나 같이 장터를 돌아다니다가 갑자기 사랑에 빠진다. 그의 첫사랑은 삶에 육체적, 정신적으로 엄청난 변화를 일으킨다. 그는 육체적으로 일찍이 느껴보지 못했던 사나이다움을 갑작스럽게 의식한다. 그는 마음이 활력과 황홀감으로 가득 차서 학교나 교회에서 노래를 결코 불러본 적이 없었지만, 지금 마음속으로 노래를 부르고 있다. 그는 첫사랑으로 지금까지 전혀 몰랐던 기쁨과 감정을 체험하고, 그녀와 함께 자기가 원하는 독자적인 방식으로 삶을 살겠다고 굳게 결심한다. 그는 이 변화와 결심으로 진실한 자아를 탐구하면서, 그녀의 의식을 변화시켜 그녀와 하나가 되기 위해 전력하려한다. 사랑은 "본질적으로 감정적인 힘이 아니고 존재론적인 힘이[기 때문이다]. 사랑은 삶 자체의 실재, 즉 분리된 것의 동적인 재통합이다."[13] 그는 첫사랑으로 변화된 자신의 사나이다운 삶에 많은 의미와 가치 그리고 활력과 생동감을 불어넣을 뿐 아니라 로우이스와 관계에서도 이심전심의 이해와 애정을 불러일으킨다. 나아가 그는 사랑으로 그녀를 더 성숙한 여인으로 성장시키려고 도모한다: "나는 내가 사나이다운 남자라는 사실을 알고 있고, 그녀가 여성다운 여자가 아니라는 사실도 알고 있는데, 나의 이런 앎이 그녀를 여성다운 여자로 만들어가고 있다."[14] 그는 진실한 존재로부터 솟아나오는 사랑으로 그녀의 순수한 마음을 감동시켜, 그녀가 자기를 사랑할 수 있는 힘을 갖도록 노력한다.

그가 그녀를 사랑함으로써 생기는 희열과 행복감은 세속적인 체험에 물들지 않은 그녀의 삶과 의식에 의해 더욱 확장된다. 그녀가 사랑을 받고 적극적으로 반응하는 행위는 그의 마음을 호탕, 대담, 용기 그리고 호기심으로 충만시킨다. 또 그녀의 행위는 그가 고독감과 소외감을 극복하는데 결정적인 역할을 한다. 그런데 그가 그녀의 사랑을 받으면서 자신의 "이기적인 자아의 좁고 답답한 벽을 허물고 초월하려면"[15] 어머니의 독선적인 통제에서 벗어나야한다. 어머니는 아들에게 말한다: "마일로우야, 오늘은 너에게 신나는 날이구나. […] 너의 수고로 배운 것도 없었다면, 새벽 4시까지 잠도 자지 않으면서 그 보잘 것 없는 소녀와 함께 어떻게 장터를 돌아다녔느냐? […] 네가 알다시피 그녀가 너보다 연상이다"(64). 그가 어른들의 이런 편협하고 이기적이고 독선적인 의식을 극복하려면, 지금까지 들었던 "오라," "가라," "멈추라," 또는 "시작하라"는 명령에 맹목적으로 따르는 행위를 그만두고 독자적으로 사고하고 행동해야한다. 그러기 위해 그는 마음속의 소리를 경청한다: "자연스럽게 행동하라. […] 기운을 내라. 네 자신이 되어라. 자기발전을 도모하라"(139). 그는 자신의 독자적인 사고와 행동 그리고 자아탐구와 실현 의지로 로우이스와의 사랑에서 직면하는 시련과 난관을 극복하려고 전력한다.

그는 이 전력으로 그녀의 실존방식과 의식에 큰 변화를 일으켜, 그녀를 여성답고 인간다운 여자로 성숙시킨다. 그녀는 자기가 얻을 수 있는 세속적인 이익보다도 마일로우를 원한다고 결연하게 말한다. 그녀는 오로지 그의 생명과 성장에 더욱 지대한 관심을 갖기 때문이다. 드디어 마일로우와 로우이스는 서로 이해하고 보살피려고 최선을 다하는 연인이 된다: "처음에는 마일로우가 앞장서 걸었고, 로우이스는 그의 발 앞에 불빛을 비쳐주는 손전등을 들고 있었다. 그러나 그녀는 재빨리 그의 허약함 – 그의 휘청거리는 무릎과 곧 넘어질 것 같은 맨발을 보았다. 그래서 그녀는 그의 옆을 지나 앞으로 나가, 그 이유를 설명하지 않고 그보다 약간 더 앞장서 갔다. 그는 그녀의 이런 행위를 허용하고, 뒤에서 걸음을 약간 늦추고 천천히 걸어간다"(71-72). 이렇게 두 사람은 서로 깊은 배려와 이해로 돈독하고 호혜적 관계를 유지한다. 그들은 이렇게 상대에게 무엇이든 더 많이 주려고 신경을 쓰면서도 상대의 호의를 흔쾌히 받으려는 마음의 문을 연다. 따라서 그들은 사랑에서 서로 주고받음의 새로운 진리를 깨닫는다: “주는 사람과 받는 사람은 따로따로 떨어질 필요가 없이, 두 개의 꼭 포개져 움직이는 손이 될 수 있다. 그래서 한 손은 잠시 다른 손이 될 수도 있다”(199). 더욱이 그들은 사랑에서 각자의 개체성을 보존하면서도 공동관심과 목적을 달성하기 위해 일심동체가 된다. 그의 이런 주장 — “이 세상에서 가장 비극적인 일은 누군가를 사랑하는데, 사랑을 돌려받지 못하는 것이라고 들은 적이 있다”(214) —을 듣고, 그녀도 또한 그런 말을 들은 적이 있다고 대꾸한다. 이 순간에 그들은 일심동체가 된다. 요컨대 그들이 순수한 사랑으로 함께 실현하려는 깊은 상호이해와 배려, 새롭게 깨달은 주고받음의 진리, 그리고 달성하려는 공동목적이 사랑하는 사람-사랑하는 사람의 모형의 기본철학이다. 이 기본철학, 다시 말하면 가장 보편타당한 사랑의 개념이 “인간 실존문제에 대한 단 하나의 건전하고 만족한 해답”[16]이다. 우리는 실존에 긍정적인 역할을 할 수 있을 뿐 아니라 활력을 불러일으킬 수 있는 사랑의 가장 이상적인 정의로 사랑하는 사람-사랑하는 사람의 모형을 인정하고 적극적으로 수용해야하지 않을까.

이. 엘. 닥터로우(1931-2015)가 *래그타임*(*Ragtime*, 1975)에 구현한 정의의 존재론적 개념을 고찰해본다. 그가 서술하려는 정의는 “개인을 사회집단과 결합시키는 기능,”[17] 다시 말하면 사람들을 결합시키는 공동체의식이고 힘의 원천이다. 그의 이런 개념은 지금까지 많은 학자들이 철학적, 정치학적, 법학적, 경제학적 견지에서 논의했던 정의의 관념과는 전적으로 상이하다. 그들이 공리주의, 자유지상주의, 사회계약설, 평등주의, 그리고 공정한 분배를 전제로 규명한 정의는 사람들을 결합시키려하기보다는 서로 분열시켜 반목과 대립의 소용돌이 속으로 몰아넣었다. 닥터로우가 실존에 절대로 있어서는 안 될 반목과 대립을 극복하려고 모색한 방안이 *래그타임*에 구현한 정의의 존재론적 개념이다. 이 개념에 의하면, 정의는 “사회의 결합력이다. … 정의가 없다면 개개인들의 단결과 결합이 있을 수 없었다. 대부분의 학자들은 정의의 개념을 개개인들의 단결과 결합의 측면에서가 아니라 규칙들이나 유용성 또는 평등의 측면에서 검토했다. […] 이 때문에 정의의 개념은 크게 왜곡되었고, 실제로는 대단히 무시되었다. 이런 현상으로 말미암아, 우리 사회는 더욱더 분열되었으며, 그 구성원들은 이런 사회의 권위로부터 점점 소외되었다. […] 우리는 잘못된 정치적 목적들 – 생산성, 효율성, 그리고 평등 –을 추구하면서, 정의라는 정치적 기본도덕을 무시했다. 자유와 더불어 정의는 나와 다른 사람들이 사회와 일체감을 가지며, 사회의 목적과 자신의 목적이 일치하며, 사회의 결정을 자신의 결정으로 받아들일 수 있는 존재의 조건이다." 이렇게 이상적인 정의는 "개인이 사회와 일체감을 가질 수 있고, 모든 사람이 사이좋게 살 수 있게 지원하는 평화의 계약이다."[18]

닥터로우는 자신의 이상 – 개인과 사회가 공유해야하는 일체감 –과 현실의 괴리를 인정하면서도, 모든 사람의 결합을 강조한다. 정의사회는 구성원들이 상호관계에서 그들을 결합시켜주는 어떤 행동규칙들의 인정과 준수를 요구하면서 그들의 개체성과 자립의지를 얼마큼 용인하는 결합체이다.[19] 그런데 *래그타임*의 20세기 초 미국사회는 흑인들을 사회구성원으로 인정하려 하지 않았다. 따라서 이 소설이 래그타임박자에 맞추어 주인공들을 이야기할 때, 한 편에는 분열, 대립, 슬픔, 그리고 절망의 곡을 연주하면서, 다른 한편에는 결합, 평화, 환희, 그리고 희망을 노래한다. 절망의 곡과 희망의 노래는 주인공들이 결합의 중요성과 필요성을 인정하고 수용하느냐의 여부에 의해 결정된다. *래그타임*의 화자이고 주인공인 소년은 결합을 부정하는 사람들과 그리고 적극적으로 긍정하고 수용하는 사람들을 이야기한다. 그의 이야기는 인과관계, 연관성, 일관성, 그리고 연속성을 무시하고 전개된다. 저자는 *래그타임*이 포우스트모던소설인데도, 그런 줄도 모르고 기존소설과는 매우 다르다고만 느꼈다. 먼저 아집과 독선으로 결합의 중요성과 필요성을 인지하지 못해 비극을 자초하는 주인공들을 기술한 다음에 정의의 존재론적 개념을 바탕으로 결합하여 평화와 환희를 만끽하는 주인공들을 고찰한다. 이 주인공들은 평등하지 않은 세 가정 – 할아버지-아버지-어머니-아들(소설의 화자)의 백인앵글로우-색선신교도(White Anglo-Saxon Protestant)가정, 타터(Tateh)-마메(Mameh)-딸의 이민 온 유대인가정, 그리고 코울하우스 와커(Coalhouse Walker)-세러(Sarah)-갓난아이의 흑인가정 –의 구성원들이다.

어머니는 정원에서 들려오는 갓난아이의 울음소리를 듣고 나가 꽃밭에 묻혀있는 흑인갓난아이를 발견한다. 이러고 한 시간도 지나지 않아 건너편 집의 지하실에 숨어있는 세러가 발각된다. 어머니는 백인들의 격렬한 반대와 항의를 무릅쓰고 두 흑인을 보살피겠다고 선언한다. 얼마 지나 일요일에 래그타임피아노연주자, 코울하우스가 신형포드승용차를 타고 와서 한때 버렸던 여자인 세러의 완강한 고집을 누그러뜨리고 구혼에 성공한다. 어머니는 아버지의 반대에도 흑인을 응접실로 초대해서 차를 대접한다. 아들(소년)은 흑인이 응접실분위기에 조금도 위압당하지 않고 당당하게 자기가 유명한 관현악단에서 피아노를 연주한다고 자랑하는 말을 듣는다. 소년은 흑인이 조율이 엉망인 피아노로 연주하는 래그타임음악을 "그 응접실 전체가 음악의 광휘로 빛나서 환하게 될 때까지 공간의 여러 곳에 쏟아지면서 여러 겹으로 쌓이는 빛으로 이해한다."[20] 이렇게 그는 흑인의 재능에 감탄한다. 그러나 의용소방대의 백인단장은 코울하우스의 고급의복과 승용차를 질시하여, 강제로 정차시켜 통행료를 지불하라는 억지요구를 하면서 승용차를 파손한다. 코울하우스는 승용차가 원상 복구될 때까지 결혼할 수 없다고 일방적으로 주장하여 세러의 가슴에 못질한다. 그는 자기가 받은 멸시와 수모 그리고 여기에 따른 분노에만 매달려, 그녀의 행복감에 도취된 마음을 이해하고 존중하려하지 않을 뿐 아니라 그녀의 결혼식을 올리고 싶은 간절한 소원을 들어주려하지 않는다. 그녀는 그의 주장이 관철되게끔 도우려다 검은 손이 권총으로 오인되어 사살당한다. 그러자 그는 극심한 울분과 슬픔을 극복할 수 없어서 한 무리의 추종자들을 모아 엽총과 소총으로 무장시켜 가공할 무력행사를 하다가 자기도 사살당한다. 그는 자기아집과 독선으로 결합의 중요성과 필요성을 절감하지 못해 자신과 다른 사람들을 파멸시킨다. 그렇지만 너무 억울하게도 그는 자아탐구와 실현에 최선을 다해 괄목하게 성숙하였지만, 흑인이기 때문에 악전고투하며 계발한 잠재력과 가능성을 발휘할 수 없었던 미국사회의 인종차별의 희생자이다. 미국사회는 모든 사람이 수긍하여 공유해야하는 정의의 존재론적 개념을 갖지 않았기 때문에 그를 국가발전에 획기적으로 공헌할 수 있는 유능한 구성원으로 인정하려하지 않았다.

아버지는 외아들로 열네 살 때 어머니가 병으로 타계했고, 선친의 투자실패로 하버드대학교를 2학년 때 중퇴하였으나, 몇 달러를 현명하게 투자하여 자수성가한 존경받는 사업가가 된다. 하지만 자기를 과신하고, 자기만족추구에 여념이 없다. 그는 자신의 독선과 편견에 유폐되어 아내의 욕구를 이해하고 충족시키려하지 않고 오로지 육체만을 탐한다. 따라서 그는 사업이 번창함에도 불구하고 다른 사람들과 돈독한 관계를 유지할 수 없으므로 항시 불안감, 불만, 그리고 불행에 압도당한 삶을 산다. 그는 1915년에 아일런드(Ireland)해안에서 독일군의 어뢰공격으로 침몰한 여객선에 승선했다가 사망한다. 반면에 어머니는 모든 인간을 존경하고 사랑하려하며 자기희생을 감수한다. 또 그녀는 부군과 함께 자아성숙을 도모하여 지적이고 이성적인 삶을 살면서 새로운 미래창조의 꿈을 실현하고 싶어한다. 그러나 그녀는 부군과 공감대를 이룰 수 없어 꿈을 실현하지 못하고, 그와 사별하고 1년 후에 자아성숙에 혼신의 힘을 쏟는 정열적이고 격정적인 타터와 재혼한다. 그녀는 그가 언제나 기회를 포착하려고 긴장하면서도 여유와 희열을 만끽하는 열광적인 삶을 사는 모습에 깊이 공감하면서 매료된다.

타터는 자기보다도 다른 사람들과 사회에 더욱더 깊은 관심을 쏟는다. 그는 자신의 이런 실존철학과 재능으로 빈민굴의 가난을 극복하고 부와 성공의 정상에 오른 실루에트(silhouette)예술가이다. 그는 미국으로 이민 와서 처음에 영어로 말할 수 없어 행상인과 노동자로 극빈한 삶을 살 수밖에 없었다. 아내가 자기와 딸이 굶지 않도록 돕기 위해 매춘한 사실을 알고, 그녀를 집에서 쫓아냈지만 애통한 마음을 금할 수 없다. 그는 기회균등과 분배의 정의를 묵살하는 미국사회에 격분하면서도, 결코 반항하지 않고 평화적으로 생존방안을 모색한다. 그는 120개의 실루에트로 만든 책자를 파는데 성공하여, 예술가의 풍요한 삶을 즐기기 시작한다. 드디어 영화제작에서 대성공을 거두고, 부인의 사망을 확인하고 어머니와 재혼한다. 그는 반목과 분열의 악몽을 잊고 새로운 화합과 희망의 삶을 살기 위해 캘러포니어주로 이주하여, 인종에 관계없이 모든 사람을 결합시키는 영화, "우리의 일당" – 자기 딸, 어머니 아들, 그리고 코울하우스와 세러의 아이 – 제작에 전념한다. 타터와 어머니는 정의의 존재론적 개념의 바탕을 이루는 "연민이나 자비처럼 본질적으로 다른 사람들을 존중하는 미덕"[21]으로 일체감을 갖고, 황홀한 삶을 만끽한다: "그들 각자는 상대방 성격의 특징을 환영했다. […] 그들은 행복했다. 비록 자기들의 어린애는 없었지만, 그들의 결합은 지극한 행복이다"(368). 요컨대 닥터로우의 정의의 존재론적 개념은 소유나 공리 또는 계약이 아니고 단결과 결합을 가장 중요시한다. 다시 말하면, 정의사회는 "사람들의 권리를 보장하고 그들의 실리를 극대화하고, 그들의 고상한 기호를 충족시키려하기"[22]보다는 오히려 상호이해, 배려, 그리고 존중을 바탕으로 그들을 단결시키고 결합시켜야한다.

버너드 맬러머드(1914-1986)의 천명에 의하면, "작가의 목적은 문명세계가 스스로 자멸하지 않도록 하는데 있다. 그러나 설교로 하지 않는다. 예술가는 성직자가 아니다. 예술가가 자기주장을 설교로 표현하면 예술성을 드러내지 못한다. 나는 우리가 서로 살상하지 않을 거라고 믿는다. […] 또 나는 우리가 더 나은 삶을 갈구하기 때문에, 실존에서 더 좋아지고 있지 않아도 삶을 개선하려고 시도한다. 나의 전제는 인도주의를 옹호하면서 허무주의를 배격한다. 나는 이런 취지를 작품세계에 구현하려고 최선을 다한다."[23] 그의 소설창작철학 – 고난감수, 자기초월, 그리고 도덕과 자유의 개념 –이 어떤 역경에서도 삶을 적극적으로 긍정하고 향상시키려는 소설주인공들의 창조에 결정적인 역할을 한다. 그는 실존에서 자신 뿐 아니라 다른 사람을 위해 감수해야하는 고난의 필요성을 강조하기 위해 *점원*(*The Assistant*, 1957)의 주인공, 모리스 보우버(Morris Bober)의 입을 빌려 피력한다: "나는 자네 때문에 고난을 겪고 있네. […] 자네가 나 때문에 고난을 겪고 있다는 뜻이지."[24] 우리가 자발적으로 고난을 감수하려면 먼저 자기중심적이고 이기적인 의식에서 벗어나 다른 사람을 존중하고 사랑하려는 마음이 있어야한다. 다시 말하면, 현재의 세속적인 자기를 초월해야한다. 또 우리가 실존목적을 자아탐구와 실현에 두고, 목적달성에 전념하면 필연적으로 있기 마련인 고난을 겪어야한다. 그러므로 자기초월이 "버너드 맬러머드의 모든 소설의 핵심주제이다. 자기초월은 그의 모든 소설주인공의 자기발전과 성숙을 촉발하는 위대한 이상이다."[25] 아울러 맬러머드는 자신의 소설은 도덕을 지향하면서 삶을 긍정하고 예찬한다고 설파한다. 따라서 그는 "도덕의 기반은 서로서로의 욕구를 인정하면서 협력하는 정신이다"[26]고 주장한다. 더욱이 그는 실존과 실존목적달성에서 다른 사람의 존중과 도움을 각별히 강조하기 위해, "자유의 목적은 다른 사람들을 위해 자유를 신장하려는 의지와 실천이다"[27]고 주창한다. 요컨대 그는 우리가 자아탐구와 실현 그리고 상상력의 확장에 최선을 다하면서, 동시에 성숙한 자아를 적극적으로 활용하여 다른 사람들의 의식개혁과 확장을 지원해야한다고 역설한다.

맬러머드는 우리가 삶에 지표가 되는 자신의 소설창작철학을 실천하는 이상적인 방법은 순간을 포착하려고 전력하는데 있다고 역설한다. 그의 "순간을 포착하라"의 의미는 우리가 언제 어디서나 자아탐구와 실현에 전념해야한다는 주장이다. 우리 삶은 무상하기 때문에 우리 운명은 미리 예측하여 제어할 수 없는 사건들로 꼼짝없이 결정되어버린다. 그러므로 우리는 삶이 바람직하지 않는 방향으로 우리 자신을 변화시켜버리기 전에 스스로 항시 자기 삶을 창조적으로 변화시키려고 노력해야한다. 그의 "순간을 포착하라"의 또 하나의 의미는 우리는 실패나 절망의 의기소침으로부터 벗어나서 언제나 성공할 수 있다는 자신감과 희망을 가지라는 조언이다. 우리가 과거에 아무리 많은 과오, 실수, 그리고 비행을 저질렀다할지라도, 양심의 가책으로 이것들에 압도당해서는 안 된다. 우리는 언제나 새 출발을 해서 새로운 인간으로 재생할 수 있다. 그러므로 우리는 가능한 한 빨리 과거의 악몽으로부터 해방되어 올바르고 정직하고 진실한 삶을 살려고 전력투구해야한다. 요컨대 우리 삶의 가치, 보람, 그리고 최선은 과거의 후회와 회한보다는 현재의 창조와 성취감에 있다.

이제 맬러머드의 소설창작철학과 "순간을 포착하라"를 바탕으로 *점원*, *새로운 삶*(*A New Life*, 1961), 그리고 *두빈의 생애*(*Dubin's Lives*, 1979)를 고찰한다. *점원*의 주인공, 프랭크 앨파인(Frank Alpine)은 고아로 성장하여 분별력과 자제력을 잃고 온갖 실수와 비행을 저질렀지만, 모리스의 지도를 받아 자기초월과 이타주의 때문에 겪어야만 하는 고난과 그것의 감수의 필요성과 당위성을 깨닫는다. 모리스는 미국으로 이민 와서 슬기롭게 순간을 포착하지 못한 실패자로 평생 자신을 초라한 식료품가게에 매장시켰을 뿐 아니라 딸 헬런(Helen)이 갈망한 대학교육의 꿈을 무산시켰다. 모리스는 정직, 관용, 그리고 동정심을 상징하는 선량한 인물이지만, 그의 생계터전인 가게는 그에게 "슬픔, 고난, 그리고 좌절의 원천이다." 그러나 그는 잠잘 곳이 없는 프랭크에게 거처를 마련해주고, 그를 한산한 가게에서 점원으로 일하게 한다. 이렇게 하여 그는 프랭크를 "도덕적으로 타락한 인간으로부터 책임감, 동정심, 그리고 싹트기 시작한 사랑에 헌신하기 위해 다른 사람의 고난을 짊어지려는 선량한 사람으로 일변시킨다."[28] 프랭크도 그의 지도와 감화를 받아 과거의 무지와 악몽의 굴레에서 벗어나 새로운 의식과 시선으로 삶과 세계를 바라본다: "자제라는 개념과 함께 그 단어가 아름답게 느껴지지 시작했다. 자기가 원하는 대로 행동하고 또 원하기만 하면 선행도 마음대로 할 수 있는 인간의 아름다움을 이해할 수 있었다"(157). 이렇게 변신하여 프랭크는 헬런과 대화를 나누고 함께 산책하다가 사랑에 빠진다. 그는 사랑은 "당신에 대한 나의 책임이다"[29]는 철학을 듣고, 그녀를 사랑하기 위해 자기를 극기하고 자제할 수 있는 인간으로 성숙시킬 뿐 아니라 그녀가 읽었다는 *매덤 보우버리*(*Madame Bovary*), *애너 카레니너*(*Anna Karenina*), 그리고 *죄와 벌*(*Crime and Punishment*)을 읽다가 너무 어려워 포기하기를 몇 번 거듭하다가 고통을 무릅쓰고 독파한다. 또한 그녀의 청원을 경청한다: "나는 나 자신을 규율 있게 다스리고 싶고, 또 내가 부탁하면 당신도 같은 절제를 해주셔야죠. 내가 이런 부탁을 드리는 이유는, 언젠가 당신을 추호의 거리낌도 없이 마음껏 사랑하고 싶어서 그러는 거예요"(140). 그러나 그녀의 뜻을 존중하여 자중자애하려고 노력하던 중에 갑자기 성폭행당할 위기에 빠진 그녀를 구원하고 난 뒤 자신이 자제력을 상실하여 그녀의 간청을 묵살하는 비행을 저지른다. 그는 아름다운 꽃처럼 보였던 헬런을 멀리서 볼 때마다, 상실, 수치, 회한, 그리고 자신에 대한 혐오감의 고통에 휩싸인다. 그는 어떤 고난을 겪더라도 스스로 속죄하고 재생하기 위해, 그녀가 그처럼 갈망했던 대학진학의 꿈을 실현시키려고 사생결단으로 혼신의 힘을 쏟는다. 그는 24시간 영업하는 간이식당에서 밤을 새우고, 아침 6시에 가게를 여는 강행군을 계속한다. 드디어 그는 고난을 삶의 규범으로 받아들인다: "삶이 고난이라면, 삶은 적어도 무엇을 이루기 위한 고난이다. 프랭크 앨파인은 고난과 그 중요성의 함의를 더욱 예리하게 의식한다. 그는 이 의식으로 자신의 인생관을 바꿔 … 다른 사람들을 위한 행동지침이 되는 도덕관을 수용하여 실천한다."[30] 어느 날 밤에 우연히 헬런은 프랭크가 간이식당에서 꾸벅꾸벅 졸고 있는 장면을 목격한다. 그녀는 비로소 그가 자기와 어머니를 보살피려고 자진해서 고난을 감수하는 희생정신에 깊은 감명을 받는다. 그녀는 곧바로 그가 새로운 인간으로 재생했음을 느낀다: "그녀는 그의 인간됨이 달라졌음을 알았다. 틀림없이 그는 옛날의 그런 못된 짓을 하던 사람이 아니라고 그녀는 자신에게 말했다. 진작 알았어야 했는데"(243). 그녀는 그를 사랑하고 싶다는 감정을 억제할 수 없다. 프랭크는 성경을 읽으면서 헬런을 다시 사랑할 수 있다는 마음에 들뜬다. 그는 "당신에 대한 나의 책임"인 사랑으로 말미암아 자기중심적이고 이기적인 자아유폐에서 벗어나 자기초월과 "순간을 포착하라"에 지대한 관심을 쏟는 인간으로 성숙한다.

*새로운 삶*의 주인공, 에스. 레빈(S. Levin)도 과거에 방종하고 무절제한 삶을 살다가 절망하여 자살까지 시도했다. 어느 날 아침 그가 눈을 떠서 걸상 위에 있는 신발에 비치는 햇빛에서 삶은 성스러우며, 또 실존에서 사랑은 필수임을 깨닫는다. 그의 깨달음에 의하면, 그는 이상적인 실존은 고난을 감수하면서 개인적인 욕망과 기대를 억제하는 자제력을 향상시키려는 의지와 실천에 있음을 깨닫는다. 이 의지가 고난을 참고 견디는 인내심을 강화시킨다. 또 이 의지가 사랑할 수 있는 능력을 향상시킨다.[31] 그는 각고의 노력으로 영문학을 전공한 결실로 미국서부에 있는 대학에 직장을 구한 행운아로 재생한다. 그는 "과거의 좌절, 절망, 그리고 패배의 장소로부터 멀리 떨어진 곳에서 새로운 삶을 시작함으로써 자아를 실현하려는 꿈과 기대에 부푼다."[32] 그러나 그는 대학이 교양과목을 경시하는 직업학교임을 알고 크게 실망한다. 그는 영문학을 전공한 교양인으로서 주장한다: "삶의 목적은 전반적인 위험, 불안, 자유의 계속적인 배신, 그리고 인간의 억압에도 불구하고, 인간의 운명을 구원하려는 과업에 있다. 그는 교육자로서 민주주의와 인도주의의 명분으로 선생님이 가르쳤던 것보다도 더욱더 많은 것을 배울 수 있는 몇 명의 탁월한 재능을 가진 학생들의 자질과 잠재력의 계발을 지원하기 위해, 자신의 능력을 최대한으로 발휘하려고 분투노력한다." 그러기 위해 그는 학과장선거에 출마하지만 낙선한다. 게다가 그는 숲속으로 산책 갔다가 본의 아니게 문학에 흥미를 상실한 제럴드 길리(Gerald Gilley)교수부인, 폴린(Pauline)과 불미한 관계를 갖는다. 그는 그녀와의 육체관계로 길리교수의 인권을 침해했다는 죄의식으로 괴로워 그녀와 관계를 끊으려고 결심한다. 그러나 그는 그녀가 더 이상 남자로 사랑할 수 없는 남편과 불행한 생활을 계속하고 싶지 않다고 울먹이면서, 그와 함께 행복하고 보람 있는 삶을 살고 싶다는 하소연을 듣는다. 그는 그녀를 한때 사랑했다는 책임감으로 자기가 실현하려고 간직했던 꿈과 기대를 버리고 그녀와 결혼하기로 작정한다. 그는 길리교수를 찾아가서 입양한 두 아이의 후견인 권리를 폴린에게 양도하라고 요구한다. 길리교수는 그 권리를 양도하는 조건으로 그가 앞으로 대학교수직을 갖지 않겠다는 약속을 강요한다. 그가 이 강요를 수용하자, 길리교수는 이런 질문을 한다: "당신보다도 연상이고 신뢰할 수도 없는 여자인데다, 두 아이까지 가지고 있으며, 당신이 스스로 선택도 하지 않은 여자 때문에 직장도 잃었으며 직장을 가질 전

망도 없고, 다른 많은 골칫거리들만 생긴다. 왜 스스로 이런 무거운 짐을 지려고 하느냐?" 레빈은 그녀를 위해 고난을 감수하기로 결심했으므로 "내가 그런 짐을 질 수 있기 때문에 그런다"[33]고 대답한다. 그는 임신 중인 폴린과 그녀의 두 양자와 함께 새로운 삶을 찾아 나선다. 그는 "자신의 자유에 스스로 초래한 제약에도 불구하고, 새로운 가능성과 더 나은 운명을 개척하는데 정신적으로 매우 적극적이고 열성적이다 — 자유의 길을 향해 나아가고 있다."[34]

*두빈의 생애*의 주인공, 윌리엄(William) 두빈은 쉰여섯 살의 큰 성공을 거둔 전기작가로 "유일하고 진정한 자유는 자아유폐로부터 해방이다"[35]는 믿음을 전제로 언제나 자유스런 새로운 자아로 새롭고 더 나은 삶을 추구한다. 그러기 위해 그는 자기에게 영향력을 발휘하여 자기를 통제하려는 외부세력의 이해와 제어에 최선을 다한다. 또 그는 자기를 알려고 노력하면서 자기 삶이 원하지 않는 방향으로 자신을 변화시키기 전에 스스로 삶을 개선하려고 전력한다. 따라서 그는 진실한 주체적 자아를 탐구하기 위해 아버지의 뜻을 거역하는 불효를 저지른다. 그는 생계를 위해 필요할 때는 거짓말도 해야 하는 변호사직업을 포기하여 아버지의 기대에 부응하지 못했다. 게다가 그는 결혼은 자기 삶을 향상시키는데 창조적인 역할을 해야 한다고 믿고, 어린 애까지 딸린 이교도과부를 배우자로 선택하여 아버지를 크게 실망시켰다. 그는 다른 사람들의 삶으로부터 자신의 실존을 통합적이고 전체적인 시각에서 검토하여 향상시키는 방법을 배울 수 있다는 철학을 터득하여 전기작가가 되기로 결심한다: "그는 자신의 천직, 즉 다른 사람들의 삶의 기술에는 끝이 없음을 발견하고 확인했음을 깨달았다. 그는 [집필한] 전기들과 자기 삶과의 관계는 자기가 과거에 생각했던 것보다 더욱더 밀접하고 상보적이라는 사실을 알았다. 그는 자신의 보잘 것 없었던 단편적인 삶들이 하나의 통합체로 융합될 수 있음을 느꼈다. 그는 삶을 더욱 잘 이해하고, 미리 [잘못하지 말라는] 경고를 받을 것이다. 그는 자신의 삶을 철저히 검토하고 확장했다고 깨닫고서 전기작가 두빈이 되었다." 게다가 그는 자연을 예리하고 세심하게 관찰함으로써, 자기가 "더욱더 성숙되어가고 있음을 느꼈다: 아름다움을 간취한 사람은 그 아름다움을 내연시킨다. 인간은 자연의 불가사의한 창조와 무질서 속의 조화에 깊은 감명을 받는다. 두빈은 자연이 자기에게 무엇인가를 가르쳐주기

를 원했는데 … 아마 자기가 탐구했던 진실한 자아실현을 가르쳐주기를 … 자연은 그가 일전에 그처럼 잘 느끼지 못했던 것, 즉 '형상화하는 힘'을 깨닫도록 해주었다." 더욱이 그는 지금 인생을 헛되게 살았다고 비통해하면서, 정신적, 육체적으로 삶의 충만을 체험해보고 싶은 마음이 간절하다. 따라서 그는 자기를 더욱더 심오한 삶으로 이끌어가면서 삶의 신비를 밝혀보고 싶어, *디. 에이취. 로런스의 열정: 전기*의 집필에 착수하려고 결심한다. 그의 아내와 딸은 그와 전적으로 상이한 인간에 대한 전기를 쓰려는 결정에 염려와 당혹감을 표출하지만, 그는 스스로 로런스를 선택하지 않고, 로런스가 자기에게 무엇인가를 가르쳐주려고 자기를 선택했다고 주장하면서 그들을 안도시킨다. 그의 주장에 따르면, "두빈의 본심에는 로런스 특유의 육체 그리고 육체의 예지와 힘에 대한 동경이 잠재되어 있다. […] 두빈은 로런스를 이해하려고 몸부림치면서, 자기를 알려고 노심초사한다."[36] 그는 아내가 가정부로 고용한 스물두 살 난 대학중퇴자이고 불교수도원에서 도망친 패니 빅(Fenny Bick)이 서재에 들어와서 옷과 팬티를 벗고 유혹하지만 자제심을 잃지 않는다. 그는 유혹을 단호히 뿌리치면서, 그녀에게 자중자애하라고 충고한다. 그녀는 노령인 그에게 불같은 욕정을 일으켜놓고 가정부 일을 그만둔다. 그는 스스로 욕정의 노예가 되어 삶을 제대로 볼 수도 살 수도 없다. 그는 집요하게 일어나는 육체적 욕정과 회춘하고 싶은 욕망으로 삶이 어둡고 우울하고, 또 영혼이 몽롱하다고 느낀다. 그는 지금 순결한 사랑의 따스한 빛과 욕정의 안개를 구별할 수 없다. 그는 이 욕정과 욕망을 실존에 부정적인 역할을 하는 해악으로 생각하기 때문에 로런스의 전기집필이 잘 되지 않는다. 이때 그는 패니를 다시 만나 그녀와 열렬한 열애를 즐긴다. 그녀와의 황홀한 정사가 "그의 남성적인 자부심에 이로운 것처럼 그의 로런스 전기집필에도 대단한 도움이"[37] 된다. 그는 이 황홀한 정사로 일전에 한 번도 느껴보지 못했던 이루 말할 수 없는 관능적인 만족감을 체험하고 로런스를 더욱더 철저히 파악한다: "그는 로런스와 그의 성의 종교, 즉 지성보다도 더욱 현명한 실재로 혈기와 육체에 대한 신앙을 더 완벽하게 이해했다"(233). 그는 로런스에 대한 심오한 이해로 *로런스의 열정: 전기*를 완성한다. 그는 전기의 완성과 아내의 도움으로 영혼과 육체를 합일하는 인간으로 성숙한다. 또 그는 자기와 자연을 하나로 통합한다: "지금 두빈은 대체로 변덕스러운 기분으로 자연을 보고 있었는데, 자연도 달라지는 모습을 갖고 그를 바라보았다"(35). 지금까지 고찰한 맬러머드 소설의 "핵심사상은 인간의 정신적인 성숙의 가능성 – 인간은 진정한 자아를 탐구하지 않았기 때문에 자초한 무질서하고 파괴적인 자아를 초월하여 더욱 새롭고 긍정적이며 창조적인 자아를 탐구하여 실현할 수 있다는 가능성 –을 표현하여 제시한데 있다."[38]

앞에서 논의한 최근미국소설가들이 각자의 작품들에서 구현한 주제들 – 비인간화에의 도전, 존재의 문제, 진실한 자아추구, 사랑의 윤리, 사랑의 정의, 자유의 개념, 새로운 도덕관, 정의의 개념, 그리고 인간정신의 회복 – 이 우리 지배계층의 억압과 횡포 그리고 명분과 실리의 첨예한 대립으로 35년 동안 나라를 빼앗겼던 어두운 과거로 인하여, 그리고 실존목적과 사회변화의 지향목표에 대체적인 합의를 도출해 낼 수 없으므로 인하여 혼란스럽게 된 현재를 극복하는데 일조할 수 있을 것이라고 저자는 믿는다. 우리는 이 주제들의 힘을 빌려 주체적 자아, 자유스런 삶, 그리고 열린사회를 창조하는 방안을 모색할 수 있기 때문이다. 최근미국소설가들은 모든 사람이 언제 어디서나 국적, 종교, 이념, 그리고 체제에 관계없이 공감하는 인간의 기본적인 욕구를 전제로 각자의 주제를 천착하여 구현했다. 이 기본적인 욕구는 "다른 사람들이 자기를 보고, 인정하고, 감사하고, 듣고, 좋아하고, 그리고 성적으로 만족시켜줌을 필요로 한다. 인간은 자신의 길을 선택하고, 자신의 능력에 맞추어서 성장하고, 자신의 시행착오를 통해서 배우는 자유를 인정받지 않으면 안 된다. 인간은 자신과 다른 사람들을 포용하면서 또한 그들에 의하여 자기가 포용되어짐을 필요로 한다. 인간은 '나'일 뿐 아니라 '우리'이기를 희망한다. 인간은 자기가 있는 그대로의 개성적인 존재로 성장하려고 노력한다."[39] 또 그들은 이런 인간의 정의를 절대시한다: "인간은 끊임없이 자기 자신을 탐구하는 존재 – 삶의 매순간마다 자기존재의 조건을 검토하고 천착하지 않으면 안 되는 존재라고 일컬어지고 있다. 인간생활의 진정한 가치는 이런 천착, 즉 인간생활에 대한 이런 비판적인 태도에 있다."[40] 우리는 이 욕구와 정의를 바탕으로 진실한 자아를 탐구하여, 자치(自治)할 수 있는 입체인간으로 변신하여 비인간화된 사회를 초월할 수 있다. 이 뿐만 아니라 타인을 배려하고 존중하는 이타적 인간으로 성숙하여 이상적인 사랑 – 사랑하는 사람–사랑하는 사람의 모형 —을 현실화할 수 있으므로 다른 사람과, 나아가 자연과 하나가 될 수 있다. 이 하나됨이 최근미국소설가들의 사랑, 자유, 도덕, 정의, 그리고 인간정신회복의 새로운 개념이다. 또 자신의 가능성과 잠재력을 계발하고 발휘하면서, 이를 극대화하기 위해서는 반드시 다른 사람들의 능력향상과 기회균등이 필수조건임을 알기 때문에 여기에 적극 협조할 수 있다. 우리는 "자유의 목적은 다른 사람들을 위해 자유를 신장하려는 의지와 실천이다"는 진리를 파악할 수 있기 때문이다. 우리의 이런 능력은 우리가 자아의식, 자기존재, 자아탐구와 실현, 타인존중과 배려, 그리고 아집과 이기심으로부터의 해방의 절대적 중요성을 깨닫는 데서 솟아오른다. 우리는 이 깨달음으로 자기와 사회 그리고 우주와의 관계를 다원론, 변화무쌍, 유동성, 그리고 융통성의 시각에서 이해할 수 있다: "인간, 사회, 그리고 우주는 그 본질에서 고정되어 있지 않고, 인간이 실존적 선택을 할 때마다 언제나 끊임없이 바뀌는 가능성의 입장에서 파악되어지는 명제들이다. 인간은 이런 가능성을 축소시키겠다고 위협하는 강력한 외부 힘에도 불구하고, 이 가능성을 확대하려고 노력하지 않으면 안 된다. 인간의 존재목적은 자유이고, 그의 무기는 선택이며, 그의 싸움터는 자기의 독특한 가능성의 확대이냐 아니면 쇠퇴이냐를 좌우하는 자기 자신이다."[41] 요컨대 아홉 명의 최근미국소설가들이 구현한 핵심주제는 주체적 자아, 자유스런 삶, 그리고 열린사회를 창조하려고 고군분투하는 집요한 주인공의 적극적인 지지이고 예찬이다.

*Major Themes in the Contemporary American Novel*를 1984년에 출판하고, 바로 한글로 번역하기 시작했다. 원서보다도 자기가 쓴 영어를 번역하기가 더 어려워 당황했다. 저서를 영어로 집필했지만 작품과 비평서들의 불충분한 이해와 표현미숙 속에서 쓴 글이기 때문이었다. 국어실력도 모자란 데다 우리에게 생소한 용어를 번역하기가 쉽지 않았다. 게다가 영어의 학술어 못지않게 인명, 그리고 지명을 원음으로 표기하기가 무척 어려웠고, 잘못 표기가 많았다. 하여튼 번역이 끝나 *사랑 자유 정의: 최근미국소설의 주제연구*가 1988년에 출간되었다. 그 후 여러 사람의 도움과 조언을 받아 더 읽기 편하게 고쳐 개정판, *최근미국소설의 핵심주제: 사랑 자유 정의*를 2001년에 출간했다. 지금도 한글표현이 명확하지 않아 이해하기 어려운 문장들을 읽을 때는 창피한 마음을 금할 수 없다. 정확하지 않은 표현은 영어문장을 제대로 이해

하지 못한 데서 비롯되었음을 알고 난감할 때가 많다.

우리나라에 10대 어린이를 주인공으로 등장시킨 소설이 별로 많지 않다는 생각에 최근미국소설의 10대주인공들을 고찰한 논문이 "억눌린 삶과 자아를 탐구하는 삶"이다. 이 논문에서 부모의 책임과 의무는 어린이를 독립인간으로 사랑하고 보살펴야한다는 당위성을 강조했다. "어린애는 인간의 아버지"[42]라는 시구는 "세 살 버릇이 여든까지 간다"는 우리 속담과 같은 뜻으로 어렸을 때의 삶이 장차 어떤 인간이 되는가에 결정적인 영향력을 발휘하기 때문이다. 우리는 어렸을 때 배우고 체험한 생활방식과 철학으로 사고하고 행동한다: "우리의 선악구별능력의 토대는 어린 시절에 첫 단계로는 생리적인 기능을, 다음 단계로는 더 복잡한 행동문제들을 바탕으로 형성된다. 어린이는 선악구별방법을 이론적으로 배우기 전에 그런 구별의 느낌을 갖는다. 어린이의 가치 판단력은 그의 삶에서 가장 가까운 사람들의 친절, 불친절한 반응들의 결과로써 길러진다. 어린이가 어른들의 보살핌과 사랑에 완전히 의존함을 고려하면, 어머니 얼굴에 나타나는 만족과 불만의 표정이 어린이에게 선악의 차이를 '가르치는' 충분조건이라는 사실은 놀랄만한 일이 아니다."[43]

그러므로 부모는 어린이가 외부적인 권위에 맹목적으로 순종하기보다는 오히려 자기의지에 따라 성숙할 수 있도록 보살펴야한다. 부모는 어린이가 독립적으로 정직하고 진실한 자아를 탐구하면서, 잠재력과 가능성을 계발할 수 있도록 적극 지원해야한다. 그래야 어린이는 어른이 되어 개인적으로 다른 사람들과 함께 행복한 삶을 살 수 있고, 사회구성원으로 개혁과 변혁에 창조적인 역할을 할 수 있다. 그러나 부모의 이런 의무와 책임은 현실에서는 이상론에 불과하다. 많은 어린이들이 부모의 무관심, 무시, 그리고 억압을 받아 사회에 적응하지 못하거나 반항하는 피해자로 전락하기 때문이다: "어른들은 우리[어린이들]에게 말은 하지 않고 지시만 한다. 어른들은 [친절하게] 가르쳐주지 않으면서 명령만 내린다. 우리가 여행을 가다가 넘어지면, 어른들은 우리를 노려본다. […] 어른들은 우리에게 이렇게 묻는다. 너희들 모두가 아프면, 너희들은 어떻게 누가 어떤 도움을 주리라고 기대하느냐? 우리는 이런 물음에 어떤 대답도 할 수 없다. 우리의 아픔은 경멸의 대상이 될 뿐이다."[44] 이럴 때 어린이는 스스로 꿈과 의지로 존재하지 못하고, 어른들의 명령과 억압으로 고통, 저주, 좌절, 실의, 그리고 파멸의 삶을 살 수밖에 없다. 최근미국소설에 등장하는 10대주인공들의 이런 비극적인 삶은 네 유형으로 분류될 수 있다: (1) 부모의 사랑과 이해부족 때문에 좌절과 실의에 빠져 극도의 피해자가 된 *색칠당한 새*(*The Painted Bird*, 1965), *가장 파란 눈동자*(*The Bluest Eye*, 1970), *비틀크릭 마을*(*Beetlecreek*, 1950), 그리고 *결혼식장의 외로운 소녀*(*The Member of the Wedding*, 1946)의 주인공, (2) 부모의 빈곤과 애정결핍 가운데서 자라나 어른이 되어서도 비극적인 삶을 살고 있는 *그녀가 좋았을 때*(*When She Was Good*, 1967), *보스턴에서의 삶*(*Boston Adventure*, 1944), 그리고 *행운의 이주자*(*The Fortunate Pilgrim*, 1965)의 주인공, (3) 부모의 억압과 박해 속에서 자랐기 때문에 어른이 되어서도 계속 안정된 삶을 살지 못하다가 뒤늦게 삶의 참된 의미를 찾게 된 *무엇인가 일어났다* 그리고 *끝없는 사랑*(*Endless Love*, 1979)의 주인공, (4) 어렸을 때의 많은 역경과 좌절을 극복하고 진실한 자아를 탐구함으로써, 독자에게 자신감, 희망, 그리고 용기를 불러일으킬 뿐 아니라 실존목적을 제시하는 *잠꼬대라고 할까요*(*Call It Sleep*, 1934), *고결한 사나이, 산 위에 올라가서 말하라*(*Go Tell It on the Mountain*, 1953), *흑인 소년*(*Black Boy*, 1945), *호밀밭의 파수꾼*, *만자라 수용소여, 안녕*(*Farewell to Manzana*, 1973), *오기 마취의 모험*, 그리고 *보이지 않는 인간*의 주인공이다.

어른은 어린이를 무시하고 억압하여 고통, 소외, 고독, 실의, 좌절, 그리고 절망의 삶을 살게 해서는 안 된다. 또 어른은 다음같이 어린이의 경멸과 증오의 대상이 되어서도 안 된다: "[어린이는] 아버지를 경멸했다. 왜냐하면 그의 아버지는 아버지로서 당연히 기대되는 그런 인물이 아니기 때문이었다. 아마 아버지는 그의 아버지를 증오했을 것이고, 그의 아들은 그를 증오할 것이다."[45] 어른이 어린이를 억압하여 결국은 비난받는 행위는 그의 무지에서 비롯된다. 무지는 우선 그가 삶의 목적은 타고난 진심(natural piety)을 바탕으로 자기를 알고 그 자신이 되는데 있다는 가장 중요한 진리를 깨닫지 못하는데서 비롯된다. 또한 무지는 그가 인간의 행복과 진가는 비록 어린이일지라도 다른 사람들과 순수하고 화목한 관계를 유지하는데 있다는 기본상식을 모르는 데서도 비롯된다.

어른이 무지에서 벗어나려면 "인간의 존재목적은 그 자신이 되는 것이고, 이런 목적을 달성하는 조건은 인간은 스스로 존재한다는 신념"[46]을 고수해야한다. 어른은 이 신념으로 어린이를 보살피고 교육시켜 그 신봉자로 성숙시켜야한다. 어른과 어린이가 함께 이 신념으로 성숙하여 깨달아야하는 진리에 의하면, “인간의 본래면목은 … 인간이 자기 자신이 되기 위해 자신을 이해하려는 탐구의, 또 진실한 개인적 존재의 전형탐구의 철두철미한 본분이다. 그 본래면목은 의미 있는 개인적 삶의 방향을, 인간이 모든 상황에서 직면하는 문제에 대한 정신적 반응을, 그리고 자신의 입장을 고수하면서 그 입장에 바탕을 둔 태도로 사회와 대응함을 의미한다. 인간은 진실한 삶을 탐구하지 않으면서는 살 수 없다. […] 나는 무엇이 진실한 인간적인 생존인지와 특히 나에게 진실한 삶은 무엇인지 밝히는 일에 지대한 관심을 쏟아야한다.”[47] 어른이 본래면목탐구에 솔선수범하면서 어린이를 동등한 자격으로 인도해야 한다.

그러려면 어른은 개인적인 아집과 편견에서 벗어나 모든 사물을 객관적으로 보고, 받아들이려고 최선을 다하지 않으면 안 된다. 어른은 이런 의식으로 어린이를 인격체로 인정해야 올바르게 성숙시킬 수 있다. 또 어른은 어린이에게 명령하거나 강요하려하지 않아야 그와 돈독하고 화목한 관계를 유지할 수 있다. 더욱이 어른이 이 관계를 원만하게 지속하려면 어린이의 자유, 책임감, 개체성, 그리고 주체의식을 인정하고 존중해야한다. 개체성과 주체의식은 “자아의 깊은 세계로부터, 또 이 세상에서 독특한 존재로 단련되어 구체화되는 우리 각자에게 존재하는 창의력과 재능으로부터 솟아나온다. 사회는 이런 창의력과 재능을 인정하고 장려하여 긍정해야한다. 자아는 자유와 선택 그리고 책임이 없다면, 각자가 자신의 감각들을 체험하고 실존에서 적극적인 활력소가 되지 못한다면 성숙될 수 없다. […] 가장 순수한 형태의 개체성은 어느 누구와도 다른 독특성의 특징이다. 그런 개체성은 특이한 지각으로부터 솟아나오는 삶이며, 스스로 깨달음에 이르는 자아의 표현이고, 자기갈망과 가치 있거나 무의미하다는 판단의 지실이다. 개체성은 … 각자가 낮이나 밤이나 탐구하는 선이다.”[48]

이처럼 어른이 어린이의 자유와 개체성을 존중하려하게 되면, 그들은 한편으로는 무관심과 억압에서 그리고 다른 한편으로는 경멸과 증오에서 비롯된 대립과 충돌의 적대관계에서 벗어난다. 그러면 그들은 자유와 개체성을 전제로 자아를 탐구하는 목적을 공유하면서, 그 달성에 상호협조하는 사랑의 관계로 바뀐다. 그들은 이 사랑으로 함께 "행복을 추구하는 길을 발견할"[49] 수 있다. 그들이 함께 이 길을 발견하려는 의지와 실천이 삶의 목적이다. 어른이 이 목적을 절대시하면, 어린이는 고통, 저주, 억압, 좌절, 그리고 실의의 피해자로 전락되지 않는다. 어린이가 피해자가 아니라 자유와 개체성을 마음껏 구가하는 사회구성원으로 성숙할 수 있는 방안모색이 이 글의 요지이다.

"포우스트모던소설의 수용과 그 의의"는 1987년에 한국영어영문학회로부터 가을총회에서 metafiction에 관한 강연을 해달라는 부탁을 받고, 발표한 내용을 정리한 글, "Metafiction의 수용과 그 의의"를 *영어영문학* 34.4(1988: 685-703)에 게재했다. 오늘날 metafiction보다는 포우스트모던소설이 더 자주 일반적으로 사용되고 있으므로, 논문을 수정하면서 용어를 바꿨다. 포우스트모던소설의 또 다른 명칭들은 surfiction, superfiction, parafiction, midfiction, experimental fiction, the absurd novel, the anti-novel, 그리고 nouveau roman 등등이 있다. 1980년대에 들어서서 서구에서도 큰 관심, 주목, 그리고 인기를 끌었던 metafiction이 우리에게는 포우스트모던이즘(postmodernism)처럼 매우 생소한 용어였다. 그러나 우리도 metafiction을 이해하고 수용해야하는 필요성이 점증되었다. 한국영어영문학회가 이런 시대적 요구에 부응하여 저자에게 강연을 청탁한 것 같았다. 청탁을 거절할 수 없어 부득이 받아들였지만, 아는 바가 별로 많지 않았다. 그때 머리를 짜내고 짜내어 강연원고를 집필했고 그 원고가 글의 골격이 되었다.

포우스트모던소설은 인간은 자율적이고 사회적인 존재임을 전재로 사실주의와 모던이즘소설주인공의 실존한계를 극복한 소설이다. 18세기와 19세기에 그 전성기를 구가했던 사실주의소설은 사회조직과 고정불변의 객관적 진리를 우선하여 개인의 자유와 본능을 부정하기 때문에 능동적이고 도전적으로 실존할 수 없는 주인공을 창조했다. 20세기 초에 큰 각광을 받았던 모던이즘소설은 억압적인 사회조직과 고정불변의 객관적 진리에 반항하지만, 이를 극복하지 못하고 유아론적 진리에 유폐된 고독하고 반사회적이고 독존적인 의기소침한 주인공을 창조했다. 이 두 소설의 특징을 요약하면, "18세기와 19세기소설에서 개인은 언제나 궁극적으로는 사회조직(보통 가족관계, 결혼, 출생 또는 죽음) 속으로 흡수되어버린다. 모던이즘소설에서 개인의 자율성을 위한 투쟁은 기존의 사회제도와 관습에 반항함으로써만 지속될 수 있다. 이런 투쟁은 필연적으로 개인의 소외를 초래하여, 빈번히 정신분열로 끝난다."[50] 요컨대 포우스트모던소설은 개인의 창의력을 억압하는 고정불변의 객관적 진리와 고독감과 소외감을 유발하는 유아론적 진리를 부정한다. 이러므로 포우스트모던소설은 사회 속에 존재하면서 자유구가와 실존긍정에서 비롯된 활력과 창의력이 넘치는 주인공을 창조할 수 있다.

포우스트모던소설의 이런 주인공창조는 소설창작에서 사실주의와 모던이즘소설이 강조했던 진리의 반영과 모방을 부정하고, 진리는 허구이다와 아무것도 없음에서 언어로 창작한다는 철학을 절대시하기 때문에 가능하다. 소설이 "진리를 반영한다거나 진실을 이야기한다는 것을 더 이상 기대할 수 없다. 왜냐하면 '진리'와 '진실'은 그것들 자체가 허구의 추상적 개념들이며, 더군다나 이 개념들의 타당성이 20세기에 들어서면서 점점 더 의심스러워졌기 때문이다."[51] 또 포우스트모던소설가는 "모방하지 않고 창작한다. 이 주장은 플로베르(Flaubert)의 오랜 야심이었다. 그 야심이란 아무것도 없는 것으로부터 무엇인가를 창작하는 일이었다. 그 무엇인가는 그 작품 이외의 어떤 것에도 의존하지 않고 스스로 지탱할 수 있는 것이다. 오늘날 대체로 이렇게 하는 것이 소설의 사명이다."[52] 이 아무것도 없는 것으로부터 창작은 포우스트모던소설가가 어떤 계획도 없이 임의로 단어들을 선택하여 나열하는 행위이다. 이제는 소설창작이 진리의 반영도 모방도 아니고 오로지 언어구사로 무(無)에서 창조하는 진리이고 인물이라고 갈파하는 실례를 들어보면, "사실주의소설은 연대기적 시간을 플롵이 있는 이야기의 매체로, 불변의 독자적 영혼을 성격묘사의 주제로, 그리고 무엇보다도 사물들의 궁극적이고 구체적인 실체를 기술의 대상과 이론적 근거로 전제했다. 그러나 포우스트모던소설세계에서는 이런 절대적 전제들 전부가 완전히 불확실해졌다. 오늘날의 작가 – 자신이 그 일부를 이루는 세상과 밀접하게 접촉하고 있는 작가 –는 무로 시작해야함을 강요당한다. 왜냐하면 진리도, 시간도, 성격도 존재하지 않기 때문이다. […] 시간은 더 이상 목적적이지 않으므로 이제 필연은 없고 단지 우연만 있다."[53]

이처럼 사실주의소설에서 그 위력을 발휘했던 절대성이 오늘날 용납될 수 없음은 아이적 뉴튼(Isaac Newton)고전물리학의 고정불변, 확실성, 인과율,

그리고 객관성이 앨버트 아인스타인의 현대물리학에 의해 와해되었기 때문이다. 또 공간은 어디서나 변화되지도 않고 움직이지도 않는다는 절대공간의 개념과 시간은 언제나 일정한 속도로 흐른다는 절대시간의 개념을 전제로 했을 때 공간과 시간은 분리되어 있었다. 그런데 현대물리학연구의 시발점은 관찰자와 관찰대상 사이에 있는 복잡한 관계에 그 기반을 두고 있다. 따라서 공간도 시간도 관찰자에 따라 다르게 보이고 느끼기 때문에 절대적이지 않고 상대적이다. 이러므로 포우스트모던소설가는 고정불변, 확실성, 인과율, 그리고 객관성을 도외시하고, 여기에 반대되는 변화성, 애매모호성, 우연성, 그리고 주관성을 바탕으로 자기와 세계를 관조한다. 게다가 과학과 기술의 눈부신 발달로 우리는 매우 빠른 변화의 소용돌이 가운데서 과거에 상상할 수 없었던 안락, 편리, 풍요, 환희, 그리고 열광에 도취되어 존재하기 때문에 덩달아 우리의 사고와 의식도 변화무쌍함의 영향을 받으면서 그 와중에 있을 수밖에 없다. 우리는 이런 여건에서 외부세계보다는 내면세계, 즉 본능, 욕구, 자유, 그리고 자아탐구와 실현에 더욱더 깊은 관심을 쏟는다. 우리는 이런 의식의 급격한 변화에 부응할 수 있는 소설을 필요로 한다. 이 필요에 따라 포우스트모던소설이 태동했다: "빠른 속도의 새로운 소설(포우스트모던소설)만이 우리 현대생활의 속도, 리듬, 응축성, 추상성, 축소화, 우리 비밀들의 엑스레이 투시, 그리고 외부사건들의 주관적 기준에 대처할 수 있다. 이런 새로운 소설은 프로이트(Freud), 아인스타인, 재즈, 그리고 과학으로부터 태생할 수 있었다."[54]

포우스트모던소설은 사실주의소설과는 달리 인간은 자율적이고 사회적인 존재라는 전제, 무의식, 상대성, 즉흥적 열광과 극치의 행복감, 그리고 생활의 안락과 편의를 초래한 과학과 기술을 가장 중요시한다. 이러므로 두 소설의 창작철학에는 현격한 차이가 있다. 그 실례를 몇 개 들어보면, 사실주의소설은 삶과 예술은 다르다고 주장한다: "인간의 창작행위는 언제나 형식을 창조하는 행위이다. 그 창작행위가 만들어내는 형식은 그처럼 무질서한 삶 가운데서는 도저히 향유될 수 없는 질서에의 갈망을 충족시켜준다. 여하튼 이 관점에서 예술과 삶은 전적으로 다르다."[55] 이 질서에의 갈망을 충족시켜주는 힘은 소설주인공의 행위와 사건들과의 연대기적이고 직선적인 인과관계를 지속시키는 질서정연한 소설의 플롯에 있다. 이에 반해 포우스트모던소설은 삶과 예술은 본질적으로 구별될 수 없으며, 삶이 예술보다도 더욱더 재미있다고 역설한다: "삶과 소설이 더 이상 상호구별되지 않고 보완되지 않는다면, 또 우리가 삶이 결코 직선적이지 않고, 삶은 결코 연대기적인 일직선상에서 체험될 수 없기 때문에 혼돈이라는 사실에 동의한다면, 직선적이고 질서정연한 서술은 이제 불가능하다. […] 플롯이 이미 그 기능을 상실했는데, 소설의 사건들이 (시간과 공간에서) 논리적으로 연속되는 모형을 따름은 더 이상 필요하지 않다." 또 사실주의소설은 이미 존재하고 있는 의미의 표현과 진리의 반영을 지상목표로 달성하려했음에 반해, 포우스트모던소설은 이런 의미와 진리를 부정한다. 요컨대 포우스트모던소설은 작가의 사명은 기존의미와 진리의 모방과 재현에 있지 않고, 독자적으로 의미와 진리를 창조하는데 있다고 주장한다: "소설창작은 의미의 창출이지 재현이 아니다. 소설창작은 전진이지 [언어가 그 기능을 발휘하도록 하는 작업이지], 단어들에 미리 부여되어 있을 의미에 (습관이나 반사능력에 따른) 종속되지 않는다. […] 소설창작은 [기존] 진리를 폐기하는 … 과정이다."[56] 포우스트모던소설은 소설창작이 바로 진리파악이고, 이 진리는 영구적이지 않고 일시적이라고 역설한다.

게다가 사실주의소설이 특정한 성격과 철학을 대변하는 주인공을 창조하는데 반해, 포우스트모던소설은 우리가 쉽게 어떤 인간이라고 단정할 수 없는 인물들을 등장시킨다: "소설의 등장인물들, 즉 이 허구적 존재들은 더 이상 훌륭한 인격자들로서 스스로 분명한 정체, 일련의 뚜렷한 사회적, 심리적 특성들 – 이름, 지위, 직업, 그리고 신분 등등 –을 지니지 않을 것이다. 포우스트모던소설의 등장인물들은 자신들을 묘사해가는 기술처럼 변화무쌍하고, 불안정하며, 환상적이며, 무명이고, 이름 붙여질 수도 없으며, 거짓투성이에다, 예언도 불가능할 것이다. 그러나 이런 주장은 그들이 꼭두각시임을 뜻하지는 않는다. 이와는 반대로 그들이 단순히 어떤 무엇인가로 보이기보다는 그들은 있는 그대로의 존재, 즉 단어의 창조물인 까닭으로 그들의 존재는 더욱 순수하고 더욱 복잡스러우며, 또 실제로 더욱 삶에 진실할 것이다."[57] 더욱이 포우스트모던소설은 사실주의소설의 핵심을 이루는 이원론 – 주체와 객체, 현상과 실재, 존재와 생성, 감성과 이성, 육체와 정신, 내용과 형식, 선과 악, 그리고 현실주의와 이상주의 –을 초월한다. 이 소설에는 의식과 무의식, 현재와 과거, 그리고 진리와 허위의 구별이 없기 때문이다.

왜 우리는 지금까지 논의한 포우스트모던소설을 적극적으로 수용해야할까. 무엇보다도 이 소설은 우리가 이미 존재하는 절대적 진리의 노예가 되어서는 안 되고 스스로 자아와 진리의 창조자가 되어야한다고, 또 이원론을 극복해야한다고 강조한다. 우리는 이 강조에 따라 우리 실존과 의식을 지배하면서 이분화시킨 이념에서 해방되어 자아를 성찰할 필요가 있다. 우리가 삶과 이념을 구별하고, 실존과 생명보다도 이념을 절대시하여 동족끼리 살육행위를 자행했다. 이런 비극과 비행이 재발하지 않으려면 이념보다도 실존과 생명을 우선해야할 뿐 아니라 실존과 이념은 하나라는 철학을 실천하는 자아와 사회를 창조해야한다. 또 육체와 정신을 구별하는 왜곡된 개념으로 본능과 욕구를 억압하는 사회규범의 노예가 되어 삶에 반드시 있어야하는 활력과 황홀감을 불어넣을 수 없었다. 이 노예에서 해방되려면 육체와 정신의 이원론을 하루빨리 극복해야한다. 더욱이 주객일치철학을 학문적으로는 숭앙하면서도 인간관계에서는 부정하여, 상대방(특히 여자, 어린이, 그리고 아랫사람)을 인정하고 존중하려하지 않았다. 이런 불평등한 현실을 개선하려면 "당신과 나는 하나라"는 사랑의 정의를 먼저 수용하고, 이 정의에 걸맞는 사고와 행동을 해야 한다. 이런 창조, 극복, 그리고 사고와 행동의 길과 힘을 포우스트모던소설의 수용과 열독에서 찾고 얻을 수 있을 것이라고 저자는 믿는다.

*Major Themes in the Contemporary American Novel*에서 논의했던 소설가들 중에서 수집한 자료가 많은 다섯 작가 – 버너드 맬러머드, 죤 가드너, 랠프 엘러선, 이. 엘. 닥터로우, 그리고 솔 벨로우 –에 대한 논문을 한 편씩 더 쓰기로 작정했다. 먼저 "Bernard Malamud의 소설론과 작품세계"를 그의 소설론과 작품, *수선공*(*The Fixer*, 1966)이 우리에게 어떤 의의가 있는가의 관점에서 집필해서 *영어영문학* 31.3(1985)에 게재했다. 이 논문을 *최근미국소설론과 작품세계: 삶 예술 자아실현*에 수록하면서 제목을 "버너드 맬러머드: 예술은 도덕을 지향한다"로 바꿨다. 이 글에서 맬러머드가 천명한 예술의 정의들을 규명하고, 이 예술론이 *수선공*에 어떻게 구현되어 있는가를 고찰했다. 그의 정의에 따르면, "예술은 우리가 삶을 이해하고 삶에 대한 생각을 충분히 검토해보는 최상의 수단이다. 우리가 예술을 창조하고 있으나, 예술은 또한 우리

삶을 성숙시키면서 이끌어준다."[58] 그는 우리가 예술로 삶을 이해하고 성숙시키는 길을 더욱 구체적으로 제시하려고 또 하나의 정의를 내린다: "예술은 도덕을 지향한다. [⋯] 도덕은 자기 삶의 존엄성을 깨닫는 것으로부터 시작된다. 따라서 도덕은 다른 사람들의 존엄성까지도 – 우선 첫째로 히틀러(Hitler)의 삶의 존엄성마저도 – 깨닫는 것으로부터 시작된다."[59] 이렇게 그는 도덕을 강조하지만 기존도덕은 매우 혼란스럽고 억압적이어서 부정적인 역할을 수행하기도 했다. 그러므로 맬러머드는 도덕을 두 개의 개념으로 명확하게 정의하여 혼란과 오해의 소지를 없게 했다. 하나의 개념은 자아를 탐구하고 실현하려는 의지와 실천이고, 또 하나의 개념은 다른 사람을 존중하고 도와주려는 의식 확장이다. 그는 이 개념을 현실화하는 주인공을 변화무쌍하고 유동적인 관점에서 창조하면서 갈파한다: "자아는 인식의 끊임없는 변화이기 때문에, 진정한 자아는 실제로 실존하는 것이지 관념적으로 표현될 수 없다. 우리의 진정한 삶은 가장 직접적인 의식의 변화무쌍한 흐름 가운데서 탐구되어야한다."[60] 맬러머드가 *수선공*에서 창조한 주인공, 야코프 셰프소비치 복(Yakov Shepsovitch Bok)이 그가 정의한 도덕을 실천하고, 진정한 삶을 살려고 최선을 다하는 대표적 인물이다.

야코프는 유대인을 국가정책으로 배척하는 러셔(Russia)제국에서 유대인으로 태어나는 순간부터 운명의 저주를 받지만, 마침내 그것을 구속 상태에서 정신적으로 극복한다. 그는 어머니가 자기를 분만하고 10분 후에 눈을 감았고, 아버지는 두 명의 만취한 군인이 난사한 총탄을 맞고 비명횡사했으므로 갑자기 고아가 되어 고아원에서 굶주리면서 자란다. 그는 이런 역경 가운데서도 혼자 공부하여 책을 열심히 읽는다. 그는 서른 살이 넘도록 열심히 일하고 공부하면서 생활향상을 시도했지만, 아무 소용이 없고 절망적인 현실에 질식당할 것 같다. 그래서 그는 희망이 없는 감옥 같은 유대인마을을 떠나 큰 도시 키에프(Kiev)로 가기로 결심한다. 더욱이 그는 결혼하고 5년 반이 되어도 부인이 그렇게 갖고 싶은 애를 임신하지 못하자, 체념하고 잠자리를 같이 하지 않았다. 그러자 부인은 바람을 피우더니 다른 남자와 눈이 맞아 도망쳤다. 그는 원망하고 증오하는 부인도, 일감도, 성취감도 없는 마을에서 창피하고 고통스럽게 살고 싶지 않다. 그는 키에프에서도 유대인거주 지역에는 일감이 없어, 유대인거주 금지구역에 갔다가 의식을 잃고 눈길에 쓰러져 있는 남자가 반유대주의자임을 알고도 일으켜서 그를 집까지 데려간다. 그 반유대주의자는 야코프가 직장이 없는 수선공임을 알고 보은의 마음으로 네 개의 방 수리를 부탁한다. 그는 수선공의 훌륭한 솜씨와 정직한 태도를 보고, 자기 소유의 벽돌공장 감독자가 되어 달라고 야코프에게 간청한다. 야코프는 생활비 걱정을 하다가 큰 액수의 보수에 솔깃하여 간청을 받아들여, 가명으로 유대인거주 금지구역에서 감독자임무를 수행한다. 그는 자기신분을 속여 일을 하고 있어서 항시 불안하다. 그는 불안감을 달래려고 독서에 열중한다. 그는 체계적인 독서로 종전과는 판이하게 다른 자신, 다시 말하면 사색하고 있는 자신을 의식한다. 이렇게 그가 깊은 사색에 몰두하고 있을 때, 그에게 누명을 씌우는 불행한 사건이 일어난다. 벽돌공장 근처의 산골짜기 동굴에서 열두 살 소년의 시신이 발견된다. 살인범은 이 소년의 어머니인데도, 키에프 해부학연구소는 유대인이 유월절 빵 제조에 필요한 피를 얻으려고 소년을 살해했다는 소견을 공표한다. 야코프는 유대인신분이 탄로되어 유대인거주 금지구역에 가명으로 거주했다는 죄목으로 체포되어 구속당한다. 그루베쇼프(Grubeshov)검사는 입신출세를 위해 야코프가 살인범이 아님을 뻔히 알면서도, 정부가 사회적 불안을 해소하기 위해 속죄양을 필요로 요구하기 때문에 그를 살인범으로 기소하려고 모든 수단과 방법을 총동원한다.

야코프는 2년 반 동안 지긋지긋한 감금생활을 하면서 죄수들의 무자비한 구타, 혹독한 추위와 기아, 독방의 쓰라린 고독, 그리고 손발이 쇠사슬로 묶인 학대를 감내해야한다. 그는 단지 유대인으로 태어났다는 이유만으로 이처럼 혹독한 정신적, 육체적 고통을 당해야하는 현실을 도저히 납득할 수 없다. 그래서 그는 무고한 국민으로 국가에 항의한다: "이성은 어디 있는가? 정의는 어디 있는가? 스피노우저(Spinoza)는 이렇게 말하지 않았던가? – 국가의 목적은 개개인이 생업을 이어갈 수 있도록 그의 평화와 안전을 도모하는 것이라고. 개개인이 그의 짧은 인생을 역경, 병마, 그리고 우주의 공포와 맞서서 살아갈 수 있도록 도와주는 것이라고. […] 그러나 러셔제국은 야코프 복에게 가장 기본적인 정의마저 부정하면서, 인류에 대한 공포심과 멸시감을 드러내기 위해 그를 짐승마냥 벽에다 쇠사슬로 묶었다."[61] 그루베쇼프검사는 이런 극심한 고통과 불안 때문에 극도의 절망감에 휩싸인 야코프에게 유대인 종교단체의 사주를 받아 본의 아니게 소년을 살해했다고 자백하면, 당장 석방시켜 외국으로 보내주겠다고 유혹한다. 그러나 야코프는 자신의 거짓자백으로 유대인 전체에게 책임을 물으려는 검사의 속셈을 간파하고, 단호하게 유혹을 뿌리친다. 그는 유대인으로 태어났음을 저주했으나, 지금은 전체 유대인을 보호하기 위해 자기희생을 감수하려고 결심한다. 그의 유혹거절은 "어리석은 짓이기도 하지만 매우 훌륭한 결단이다. 왜냐하면 그의 거절은 개인적 존엄성과 도덕적 성실성의 긍정이기 때문이다."[62]

그는 이 결심으로 자기가 감금당해 신체적 자유를 누릴 수 없지만, 사고의 자유를 만끽할 수 있다. 그는 자기를 극도로 억압하는 감옥에 있으면서도 결코 압도당하지 않는다. 정부가 자기신체를 구속할 수는 있으나 사고의 자유를 억압할 수는 없다. 그는 구속당해 극도의 실의와 절망에 빠져 있지만, 구속을 상상적으로 초월하려는 의식을 가지려고 최선을 다하기 때문이다. 자유를 원한다면 어떤 환경에서도 마음속으로 자유를 구가할 수 있어야한다고 생각한다. 그러므로 그는 구속 상태에서 정신적으로 이렇게 자유자재한 삶을 즐길 수 있다: "감방이 당신의 숲이고 하늘이다"(176). 더욱이 그는 사고하는 자유의 중요성과 필요성을 스피노우저로부터 배운다. 그는 스피노우저가 심오한 사색으로 자신을 자유인으로 성숙시키려고 부단하게 노력했다는 사실을 마음속에 깊이 새긴다. 그가 알기로 스피노우저는 가장 자유자재한 사람이다. 드디어 그는 스스로 자유자재한 사람이 될 수 없는 자기중심적인 사고에 갇혀 있음을 깨닫는다. 실존에서 자기와 스피노우저의 차이는 바로 자기중심적이고 일변도적인 의식에서 벗어날 수 있었느냐 없었느냐에 있음을 인식한다. 지금까지 자아를 성찰한 적도, 다른 사람을 위해 고난을 감수해본 적도 없었을 뿐 아니라 그런 마음도 갖지 않았다는 사실을 절감한다. 그는 이 절감으로 자기를 반성할 수 있으므로 자신의 어리석은 야망과 자기기만을 후회한다: "혹시나 기회를 포착할 수 있을까 해서, 어리석게도 있는 그대로의 자기가 아닌 대단한 사람인 척했는데 그런 게 아니라는 것, 즉 엉뚱한 기회가 생길 뿐이라는 것을 깨닫게 되었고, 지금은 이 깨달음의 대가를 치르고 있는 것이다"(64). 또 자기중심적이고 일변도적인 사고를 했음을 뉘우치면서, 자기가 살았던 농촌을 감옥이라고 노상 여겨왔으나 "지금 생각해보니까 살기가 그처럼 고약한 곳은 아니었다"(65)는 것을 깨닫는다. 더욱이 아내가 자기를 버리고 도망쳤다할지라도 농촌에 계속 살았다면 이렇게 혹독한 감금생활을 당하지 않고 있을 거라고 생각한다.

또한 그가 다른 사람을 위해 고난을 감수하려는 의지는 수사책임자, 비비코프(Bibikov)의 이타주의와 철학적 탁견의 감화를 받아 더욱더 확고해진다. 비비코프는 입신출세를 위해 야코프 사건을 날조하려는 그의 상사, 그루베쇼프검사에 도전해서, 이루 말할 수 없는 시련과 신변의 위험을 무릅쓰면서도 진실을 밝히려고 혼신의 힘을 쏟는다. 우선 그는 신체구속에다 미래의 불확실성 때문에 극도의 실의와 절망에 빠져 생존 의지마저 상실한 야코프에게 결코 버림받은 외로운 존재가 아니라는 사실을 강조한다. 그러면서 그는 야코프에게 살아야한다는 용기와 희망을 불어넣으려한다. 그리하여 그는 야코프에게 말한다: "당신 삶이 가치가 없다면 나의 삶도 가치가 없소. 법이 당신을 보호해주지 못한다면 결국에는 나도 보호해주지 못할 것이오. 그러므로 나는 결코 당신을 저버리지 않을 것이오. 내가 결코 당신을 저버려서는 안 된다는 양심이 나를 불안하게 하고 있소"(145). 더욱이 야코프는 그의 철학적 탁견 — "자유의 목적은 다른 사람을 위해 자유를 신장하려는 의지와 실천이다" —를 듣자마자 바로 고함지른다: "나 자신에게 있는 무엇인가가 변했다. 나는 이제 과거의 내가 결코 아니다"(259).

이제 야코프는 다른 사람을 이해하고 도와주려는 온화하고 선량한 사람으로 성숙한다. 그는 임신하지 못하는 아내를 일방적으로 원망하면서, 남편으로서 사내구실을 제대로 하지 않았다. 그래서 아내는 바람을 피우고 도망쳤다. 그는 아내만 탓하면서 딸 대신에 용서를 비는 장인에게 윽박질렀고 아내를 따뜻하게 위로하면서 그녀의 고충을 헤아리려는 마음은 조금도 없는 편협하고 이기적인 남자였다. 그러나 지금 그는 아내가 생각했던 비정하고 협량한 남편에서 자애롭고 이해심이 많은 남자로 변신했다. 따라서 그는 감옥으로 면회하러 온 아내에게 사과한다: "우리 생활을 처음부터 끝까지 생각해보았는데, 나 자신보다도 당신을 더 많이 탓할 수는 없소. 당신이 조금 베풀면 당신은 그보다도 덜 받는 법이오. 내가 받을 자격이 있는 것보다도 더 많이 받는 일도 경우에 따라 있기도 했지만. 또 나는 더디 배우는 사람이오. 어떤 사람들은 똑같은 잘못을 일곱 번이나 저지르고 나서야 비로소 잘못했다는 것을 깨달으오. 내가 바로 그런 사람이니 미안하오. 나는 또한 당신과 잠자리를 같이 하지 않았던 것을 사과하오. 나 자신을 경멸하려고 그처럼 안달했던 나는 그만치 당신을 욕되게 했소. 그러니 어느 누가 내 곁에 있을 수 있었겠소? 그러나 나는 이 감옥에서 고생을 하고 났더니 지금은 과거의 그런 내가 결코 아니오"(234). 그의 사과를 듣고, 아내는 자기가 1년 반 된 사생아 아들을 가지고 있는데, 그 아이의 호적상의 아버지가 되어달라고 그에게 간청한다. 그는 아내를 더 이상 저버리지 않으려고 흔쾌히 그 아이의 아버지가 된다. 그는 자필 서명한 종이쪽지를 아내에게 건넨다: "나는 아내 라이슬 복(Raisl Bok)의 어린애 차이믈(Chaiml)의 아버지임을 공언한다"(237). 드디어 그는 이런 진리를 깨닫는다: "당신은 다른 사람 없이는 인간이 될 수 없다. [⋯] 자유를 위한 투쟁이 없는 곳에 자유는 없다"(271). 이러므로 야코프는 자기가 진정한 삶을 사는 인간으로 존재하려고 전체 유대인을 위해 자기를 희생하려고 결심한다. 요컨대 야코프는 맬러머드 소설론의 근간을 이루는 도덕, 다시 말하면 부단한 자아성숙과 다른 사람을 위한 숭고한 자기희생을 구현한 이상적인 소설주인공일 뿐 아니라 우리 실존의 귀감이다.

죤 가드너의 소설창작철학, "미적 일체감," 다시 말하면 "도덕은 지성과 감성의 융합체"라는 관점에 입각해서 *햇빛과의 대화*(*The Sunlight Dialogues*, 1972)를 고찰해본다. 그도 버너드 맬러머드처럼 소설철학을 도덕을 근간으로 정립하지만, 맬러머드의 도덕개념 – 부단한 자아성숙과 다른 사람을 위한 자기희생 –과는 달리 도덕을 미적 일체감으로 정의한다. 우리가 그의 소설창작철학에서 핵심적인 역할을 하는 미적 일체감을 정확하게 이해하려면 그의 인간의 정의, 예술가의 사명, 그리고 예술과 도덕과의 관계를 파악해야한다. 그의 인간 정의에 의하면, "인간은 자연의 일부이고, 필연적인 죽음과 사회의 몰락을 초래하는 변화의 와중에 자신이 있다는 엄연한 사실을 긍정하고 수용할 수 있어야한다. 그러나 인간은 서로 정신적, 정서적 유대를 형성할 수 있는 능력을 소유하고 있는 유일한 존재이다. 이런 능력은 삶에서처럼 예술에서도 긍정되어 신장되지 않으면 안 된다."[63] 또 그는 미학이론을 전제로 갈파한다: "예술가는 불가사의한 새로운 가능성을 창조해야한다. [⋯] 미학은 절대로 추상적이어서는 안 된다. 미학이론은 사람들의 느낌과 삶의 구체적 표현을 그 바탕으로 해야 한다. 그 이론을 검토하기 위해 소설가는 등장인물들을 창조하고 묘사한다."[64] 예술가의 탁월한 자질은 인간과 사회를 심오하게 이해하는 것 못지않게 오묘하게 느끼는 것에 있다. 가드너는 예술창작에서 느낌의 절대적 중요성과 필요성을 강조하려고, "진정한 예술은 육체와 영혼, 다시 말하면 구체적 감정과 느낌이 없는 추상적 개념을 결합시키는 도관(導管)이다"[65]고 역설한다. 더욱이 그는 예술과 도덕은 하나라고 주장한다: "어떤 다른 가치보다도 내가 심혈을 기울여 탐구하고 있는 궁극적인 도덕적 가치는 진실성, 즉 사물을 있는 그대로 보는 것, 다시 말하면 예술창조의 과정이다. 예술은 절대적 도덕이다. [...] 이 궁극적인 도덕적 가치와 관련된 사상들은 많이 있는데, 그 중의 하나가 삶의 긍정이다."[66] 요컨대 가드너의 예술과 도덕은 사상과 감정의 융합체로 삶을 긍정한다. 그는 자신의 소설론을 바탕으로 등장인물의 변화무쌍한 사고와 감정을 묘사한다. 그는 이런 묘사로 "영혼의 개방, 즉 다른 사람과 의사소통하고 싶은 욕구"[67]를 충족시켜 미적 일체감을 불러일으킨다.

*햇빛과의 대화*의 주인공, 빛을 밝혀주는 사람(The Sunlight Man, 본명은 태거트 헤지(Taggert Hodge)이 다른 주인공, 프레드 클럼리(Fred Clumly)경찰서장의 영혼을 각성시켜, 그를 미적 일체감을 느낄 수 있는 인간으로 변신시키는 과정을 고찰한다. 이 두 사람은 서로 상반된 인생관의 실천가들이다. 클럼리는 법과 질서의 철저한 수호자인데 반해, 빛을 밝혀주는 사람은 무정부주의자로 고속도로 진입로 한가운데에 하얀 페인트로 커다랗게 "사랑"을 낙서한 행위로 경찰서에 구속된다. 가드너는 이 소설에서 "'극단적인 분열' 사이의 균형, 즉 목가시와 캘빈주의자/마니교도의 (이원론적) 통속극 사이에 완벽하게 다듬어진 균형을 이룬다. 이 균형이 가장 위대한 미국문학의 진수이다."[68] 이 균형은 오로지 법과 질서의 수호가 삶의 전부였던 클럼리의 내면에서 일어난 변화로 생긴 새로운 의식이다. 이 의식은 그가 다른 사람들의 행동을 모방한 결과가 아니고, 그들의 변화무쌍한 사고와 감정의 영향을 받은 결과이다. 그는 사회질서를 냉소하고 부정하는 허무주의자였으나, "더욱 숭고하고 광대한 상상력과 도덕관을 지닌 낭만적인 무정부주의자"[69]인 빛을 밝혀주는 사람의 인생철학을 이해하고 수용하여 자신의 의식에 변화를 일으켜, 그와 정신적이고 정서적인 유대를 맺을 수 있게 된다.

먼저 두 사람의 대조적인 우주관과 진리관을 살펴보면, 클럼리는 우주에는 질서가 있다고 확신한다. 우주에 있는 모든 인간과 사물은 서로 밀접한 관계를 맺고 있다. 모든 인간과 사물은 홀로 존재하지 않고, 인과관계로 변화하면서 이상적인 결합을 추구한다. 모든 인간과 사물을 통합하는 절대적인 힘의 인지와 보지가 진리파악의 왕도이다. 이성이 그의 진리파악에 가장 중요한 역할을 한다. 반면에 빛을 밝혀주는 사람은 모든 인간과 사물의 상호관계를 부정한다. 그는 이런 상관관계는 사회조직을 전제하는데, 사회조직은 개인의 자유를 침해한다고 믿기 때문이다. 그는 "인간의 자유를 억압하는 질서의 성문화된 규칙들이 없는 상상의 자유세계를 갈망한다."[70] 그는 모든 인간과 사물의 변화에서도 인과관계를 무시하고, 개인의 자유를 제약하지 않는 우연을 강조한다. 직관이 그의 진리파악의 최상의 수단이다. 마침내 클럼리도 진리파악에 직관의 중요성과 필요성을 인정하여, "직관적 진리를 긍정한다. 직관이 그의 진리파악의 최상의 수단이 된다."[71] 또 두 사람의 상반된 생활태도를 보면, 클럼리는 완고한 원칙론자, 질서의 고루한 수호자, 법의 고지식한 집행자이다. 그의 생활에는 아량, 관대함, 그리고 융통성이 없다. 반면에 빛을 밝혀주는 사람은 사회의 반항자이고, 법과 질서의 파괴자이다. 그의 생활에는 침착, 인정, 그리고 평화가 없다. 두 사람의 대립은 "질서와 무질서의 단순한 충돌 이상이다. 이 대립은 무질서를 갈망하는 질서와 질서를 추구하는 무질서의 충돌이다." 드디어 클럼리는 이 대립을 통해 "자신의 법과 질서에 대한 고지식한 수호정신의 불합리성 뿐 아니라 융통성과 관용의 필요성을 절감했다."[72]

더욱이 클럼리는 해군복무 중에 일시적인 충동을 억누르지 못해 장님소녀와 결혼한 후에 눈먼 아기를 갖을까 두려워 자식 갖기를 포기하고 불행한 가정생활을 해왔다. 그는 즐겁게 사는 삶의 재미를 포기하고 오로지 경찰서장으로서 법과 질서를 법규대로 유지하려고 최선을 다한다. 클럼리는 평화스럽던 마을에 갑작스럽게 불어닥친 변화에 놀라움과 당혹감을 드러낸다. 그는 범죄의 폭발적인 증가와 여기에 대응하기 위한 엄청난 수의 경찰관증원과 고가의 경찰장비구입에 그저 놀라워하면서 그 대처에 어려움을 겪는다. 이러므로 그는 변화와 그 대응, 현실과 이상, 그리고 의도와 결과 사이에 조화와 균형을 이루어 내지 못한다. 인간과 사회에 언제나 급격한 변화가 일어날 수 있다는 엄연한 사실을 인정하고 수용하지 못하기 때문이다. 그는 급격한 변화에 기민하게 대응할 의지와 능력이 없기 때문에 현상유지에만 급급하여 개혁과 진보에는 관심이 없다. 따라서 그의 삶에는 이상적인 목적과 그 달성의 즐거움은 없고, 임무와 그 수행의 고심만 있다. 그는 완고한 책임감과 의무감에만 매달리기 때문에 원칙만 지키려하지, 상대적이고 융통적인 일 처리의 중요성과 필요성을 전혀 이해하지 못한다. 클럼리처럼 어느 한 쪽에 지나치게 편향되어 조화와 균형을 상실한 삶은 비도덕적이다. 클럼리 자신은 삶에서 한 쪽으로 치우치고 있으므로 비도덕적인 인간이다. 디. 에이취. 로런스(D. H. Lawrence)의 주장에 따르면, "소설의 도덕성은 흔들리는 불안정 상태의 균형이다."[73] 만약 소설가가 이런 균형을 깨고 자신이 편호한 쪽으로 조금이라도 잡아당기면 이런 행동이 바로 비도덕적이다.

클럼리의 비도덕적인 삶에 미적 일체감을 불러일으키는데 결정적인 역할을 한 조언자가 바로 빛을 밝혀주는 사람이다. 그런데 빛을 밝혀주는 사람은 미적 일체감을 이해하고 실천하는 인격자가 아니다. 그의 원대한 이상과 순수한 사랑을 실현하려는 의지는 이원론을 맹신하는 사악하고 위선적이고 이기적인 사람들에 의해 좌절되었다. 그는 이 좌절로 "풍요 속의 굶주림, 경이적인 과학과 기술의 발전에 걸맞지 않은 야만적인 사고, 그리고 교육이 자초하는 무지"[74]의 피해자로, 인생의 패배자로, 그리고 사회의 반항자로 전락했다. 그는 이 전락에서 벗어나려고 절규하면서, 클럼리의 편협하고 일변도적인 의식을 자신이 실현하고 싶어하는 미적 일체감으로 변화시키려한다. 그는 그렇게 변화시키기 위해 클럼리에게 기독교와 상반되는 베벨로우니어사람들(Babylonians)의 실존철학을 역설한다. 그들의 철학의 요체는 물질과 정신의 융합에 있다: "물질세계와 정신세계가 있으며, 이 두 세계의 결합은 전적으로 불가사의한 것, 다시 말하면 성스러운 것이었다." 이 철학의 또 하나의 요체는 영혼과 육체는 분리되어서는 안 되는 상호의존적인 실재이므로, 어느 쪽이 더 중요시되거나 편애되어서는 안 된다는 주장이다. 또 그들의 "개인적 책임은 인간의 행동자유를 완강하게 고수하는데 있다." 그들은 행운이 우주와 조화를 이루면서 살아가는 자유에 있다고 믿었다. 게다가 그들은 죽음을 수용하고 불멸을 믿지 않았다: "인간이 불멸을 동경하는 것은 광기의 목표이다. 죽음은 필연적인 사실이다. 개인적인 영광을 얻으려는 악전고투도 잘못된 생각이다."[75] 그들은 삶의 가치는 실제로 행동함에 있다고 확신했다. 그들은 "인간이 행동하지 못하면 행동하는 자유와 능력을 상실하게 되어, 결국은 절대적 자유를 상실한다는 사상에 집착했다."[76]

클럼리는 자신의 인생관에 상반되는 이런 주장들을 이해하고 긍정하여 수용한다. 그는 이제 법과 질서의 논리에만 집착하지 않고, 상상력과 통찰력을 활용하는 융통성 있는 사람으로 변신한다. 그래서 그는 법과 질서를 고지식하게 집행하려고 안달하지 않고, 법과 질서는 무엇 때문에 있어야하는가를 심사숙고한다. 그는 법의 목적은 생명과 재산보호에 있으며, 생명보호가 더욱더 중요하다고 확신한다. 그는 이 확신을 전제로 법을 집행했다가 경찰서장직에서 면직당한다. 게다가 빛을 밝혀주는 사람은 정신감정을 받으러 간 병원에서 경찰감시를 따돌리고 도망쳤으므로 경찰의 추적을 받고 있다. 그는 경찰서장직에서 면직당한 클럼리에게 "당신의 임무는 이제 내가 도망칠 수 있도록 도와주는 일이다"(633)고 요구한다. 클럼리는 이 요구에 대응한다: "당신은 이제 자유의 몸이오. 나는 어떤 사건에도 개입할 수도, 참견할 수도 없는 처지요"(634). 이렇게 "과거에 사회의 파수꾼이었던 클럼리가 질서의 무정부적인 파괴자와 한 패가 된다. 무질서와 질서의 융합이 이루어진다."[77] 요컨대 클럼리는 빛을 밝혀주는 사람의 주장들을 수용함으로써 편협하고 즐거움이 없는 일변도적이고 비도덕적인 삶을 극복한다. 이제 그는 미적 일체감, 즉 중용철학을 실천하는 새로운 인간으로 변신한다. 이런 주장들이 "클럼리를 변화시켜, 그로 하여금 그가 이전에 안이하게 가졌던 법과 질서의 개념을 버리도록 했다. 빛을 밝혀주는 사람이 그를 정신적인 여행으로 안내했다. 가드너에게 클럼리와 같은 인물은 가장 찬양할 만한 주인공이다. 그는 평범한 인간이며, 인생이 허송되었고, 결혼은 실패했고, 직장생활은 무의미했다는 쓰라린 후회와 불안한 감정을 가진 결점투성이의 인물이었다. 그러나 그는 자신의 평범한 – 어색하고, 침울하고, 겸허한 – 방식으로 자신의 가치관들을 검토해볼 만큼 용감했고, 그 단점들을 시인할 만큼 정직했으며, 절망을 극복하고 대신 새로운 인생관을 받아들일 만큼 강인했다."[78] 클럼리는 가드너가 자신의 소설창작목적을 달성한 이상적인 소설주인공이다. 가드너의 주장에 따르면, "어떤 소설에서나 내가 표현해보려고 전력한 것은 공평하려는, 정직하려는, 그리고 지나치게 편파적으로 되어버린 어떤 것을 극적 방식으로 원상회복시키려는 시도이다. 이런 시도 때문에 그 소설은 균형을 되찾은 상상력으로 끝나고 있다."[79] 요컨대 클럼리는 중용철학을 긍정하고 수용하여 일변도적인 고정관념에서 해방되어 균형을 되찾은 인물로 우리 실존의 귀감이 되어야한다.

저지 코우신스키(Jerzy Kosinski, 1933-1991)는 공산주의국가 포울런드(Poland)에서 유대인으로 출생하여, 1957년에 미국으로 망명하여 1965년에 미국시민권을 획득한 소설가이다. 그의 소설론은 전체주의국가에서 감내해야 했던 억압과 획일화체제에서 자기방어에 성공한 실존과 성숙 그리고 민주주의국가에서 마음껏 열중할 수 있었던 소설창작활동을 바탕으로 정립되었다. 그의 소설론의 핵심은 개인과 사회와의 관계에서 비롯된 인간의 정의, 사회와 국가가 개인의 인권을 유린하는 억압과 폭력의 고발, 그리고 개인이 어떤 난관과 시련도 극복하고 자유를 구가할 수 있다는 확신이다. 모든 인간은 우연히 이 세상에 태어난 존재이다. 모든 인간은 사회와 다른 사람들의 보호와 보살핌을 받아야하는 존재임에도 불구하고, 대다수 사람들은 사회제도와 기득권자들의 무자비한 박해와 억압에 시달리는 삶을 살아야한다. 그들이 감수해야하는 박해와 억압의 주범은 기득권자들이 함부로 사용하는 무시와 비난의 언어, 육체와 정신을 분리하는 이원론적 도덕과 종교, 권위적이고 독선적인 가부장과 개인의 자유를 유린하는 독재정부, 그리고 주체적 자아를 탄압하고 말살하려는 보도매체와 향락산업이다. 그러나 사람들은 이런 박해와 억압을 극복하면서 생존하여 자유를 향유할 수 있는 꿈, 창조력, 그리고 이성을 가지고 있다. 그들이 자유를 향유하는 유일한 수단과 방법은 주체적 자아를 탐구하여 실현하려고 최선을 다하는데 있다. 요컨대 코우신스키 소설론은 인간은 우연과 억압의 비인간적 세계 극복에, 그리고 주체적 자아탐구와 실현에 매진하여 자유를 구가할 수 있다는 확고부동한 철학이다.

코우신스키는 자신의 소설론을 전제로 실존하면서도, 소설창작에서는 자기실존철학을 분명하게 표현하여 전달하려하지 않는다. 그는 아무리 보편타당한 진리도 일단 고착되어 응고되면 개인의 창조력과 자유를 억압하는 부정적인 역할을 할 뿐이라고 믿기 때문이다. 그래서 그의 소설창작목적은 자신의 소설 속으로 독자들을 유인하여 그들의 왜곡된 의식을 개혁시켜, 그들을 자아를 탐구하고 실현하려고 최선을 다하는 인간으로 성숙시키려는데 있다. 그러기 위해 그는 자신의 소설론을 극도로 절제된 최소의 언어구사로 구현하려한다. 그의 이런 언어구사목적은 "그의 독자들을 그들의 습관적인 독서행위와 시각으로부터 해방시켜, 그들의 주체적 자아탐구정신을 진작시키려는데 있다."[80] 그는 최소의 언어구사로 창작한 소설 속에 어떤 분명한 진리를 표현하려하지 않기 때문에, 독자들 스스로 소설의 의미를 찾아내야한다. 그들은 그가 최소의 언어구사로 표현하지 못했던 의미들을 창출하는 자칭 작가가 되어 주체적으로 자기세계를 창조해야한다. 게다가 코우신스키는 이런 자기세계를 창조하는 현재를 가장 중요시한다. 이 현재가 항시 하나의 사건이기 때문이다. 또 이 사건은 삶의 극적 순간이다. 그는 소설창작에서 이 극적순간을 절대시하기 때문에 플롵을 배제한다. 그는 플롵이 순간의 중요성을 부정한다고 믿기 때문이다: "하나의 사건은 그 일이 일어남에 따라 우리가 인지하는 삶의 연극 중의 한 순간에 불과하다. 내 견해로는 이런 앎과 그 강도가 우리 삶이 겨우 이해된 존재에 불과한가, 아니면 의미 있는 삶인가를 결정한다. 삶을 활력으로 가득 채우기 위해, 우리는 하나의 순간을 연극으로 가득 찬 사건으로 또한 무엇보다도 자신을 그 사건의 주된 주인공으로 인정해야한다. 그 순간을 도외시함이나 그 순간을 회색의 일상생활에서 희석시킴은 곧 삶의 가장 존귀한 요인, 즉 살아있다는 의식을 마비시킴이다. 이것이 내가 나의 소설에서 말하자면 플롵을 강조하는 대중문화와는 반대로 하나의 사건을 강조하는 이유이다. 플롵은 보통 삶의 각 순간의 중요성을 무시하고 부정하는 이미 결정된 '운명'을 인위적으로 강요하는 관념이다. 그러나 그런 순간이 우리 삶의 본질을 내포한다."[81]그의 소설창작법이 구현된 *색칠당한 새*(*The Painted Bird*, 1965)와 *계단들*(*Steps*, 1968)을 "삶의 유일한 목적은 자아탐구"의 논지로 고찰해본다. 이 두 소설을 깊이 이해하는 첩경은 코우신스키가 빈번하게 사용하는 두 개의 은유 – 새와 새장 그리고 색칠당한 새 –를 파악하는데 있다. 새장은 사람들이 실존에서 직면하는 우연과 억압의 비인간적 세계 – 돌발사고와 재앙, 그리고 개인의 무지, 편견, 잔인성, 증오심, 그리고 이기심 뿐 아니라 사회의 횡포와 국가의 독재 –를 표상한다. 새는 이런 세계를 극복하고 자유스럽게 실존하려는 인간의 강한 의지를 상징한다. 색칠당한 새는 새들(사람들) 가운데서 용모가 유별나서 큰 관심, 흥미, 시샘, 그리고 공격의 대상이 되어 비극적으로 생을 마감함을 의미한다. 또 색칠당한 새는 기득권자와 독재자, 사회, 그리고 국가가 결코 용납하지 않고 탄압하고 제거하려는 반항자와 반대세력을 시사한다.

*색칠당한 새*의 여섯 살 난 이름 없는 주인공은 1939년 가을에 제2차 세계대전이 발발하자, 나치(Nazi)반대운동을 해왔기 때문에 지하로 잠적해야하는 부모와 헤어질 수밖에 없어 졸지에 고아로 전락한다. 그가 굶주림과 추위에 시달리면서 생존하기 위해 이 마을 저 마을로 떠돌아다니면서 만나는 사람들은 피부색이 희고, 금발머리에 눈은 파랗거나 희색이고 지방사투리를 사용한다. 그런데 그의 피부는 올리브색에 머리와 눈은 검고 도시의 세련된 언어를 구사한다. 따라서 색칠당한 새인 그는 6년 동안 온갖 학대, 박해, 그리고 억압을 당하면서 독자적으로 생존책을 강구하여 살아남은 불사조이다. 그가 부모와 헤어진 후의 첫 보호자와 거처는 자신의 언어로 의사소통이 불가능한 할망구와 그녀의 더러운 오두막이다. 그는 그녀가 눈을 마주치면 얼른 침을 세 번 뱉고 성호를 그으라는 강요를 받지 않으려고 눈을 감고 돌아다니다가 가구에 부닥쳐 넘어지고, 물통을 뒤엎는다. 그는 그녀가 급서한지도 모르고, 어두워지자 넘어뜨린 기름등잔에 불을 켜려다가 성냥을 떨어트려 화재를 일으킨다. 그는 불이 난 것을 보고 마을사람들이 달려오는 소리를 듣고 무서워 숲속으로 도망친다. 그러나 춥고 배가고파 다시 마을로 내려오자, 마을사람들의 가학행위의 대상이 된다. 그들이 재미삼아 그를 갈퀴로 찌르고, 쇠스랑으로 쑤실 때마다, 그가 비명을 지르면서 극심한 고통의 표정을 짓자 그들의 잔학행위의 열기는 더욱더 뜨거워진다. 더욱이 그가 성체절에 성당 제단의 한 쪽에 놓여 있는 미사전서와 나무받침대를 다른 쪽으로 옮기다가 그 무게를 감당할 수 없어 넘어지자, 책과 받침대가 층계 아래로 굴러 떨어진다. 농부들은 축제일에 갑작스런 미사 중단은 악운이 닥칠 징조라고 믿고, 그를 집시흡혈귀로 간주하고 바로 커다란 똥통으로 끌고 간다. 그들은 그를 앞뒤로 흔들다가 똥통 한가운데로 던져버린다. 그는 그들의 이런 무자비한 잔혹행위로 말할 수 있는 능력을 상실하고 졸지에 벙어리가 된다. 그러나 그는 엄청난 우연과 억압의 극심한 피해자이지만 결코 패배자는 아니다. 그가 우연과 억압을 극복할 수 있었던 결정적 요인은 부모를 다시 만나 그들의 보살핌과 사랑을 받을 수 있다는 꿈을 포기하지 않은데 있다: "나는 오늘이나 내일, 아니면 몇 시간 후에라도 부모가 나를 데리러 오기를 기다리면서 할망구의 오두막에서 살았다." 그는 이런 꿈으로 자신을 "자아실현과 생명보존의 강한 욕망의

절대적 화신"[82]으로 변신시킨다. 약육강식의 자연에서 그가 "홀로 생존하는데 반드시 지녀야하는 필수품"[83]이 "살별"(한쪽 끝에 철사 줄을 달고 옆에는 많은 구멍을 뚫어 불을 피워 두는 깡통)이라는 사실을 인지한다. 살별은 그가 불을 두려워하는 짐승과 사람들로부터 자신을 보호하고 취사하며 난방하는데 가장 효과적인 도구이다. 그는 살별에 의존하여 동굴에 들어가 감자와 사탕무우를 구워 먹으면서 혹한의 겨울을 이겨낸다. 이제 그는 자신의 지대한 관심을 생명보존보다도 지적 호기심에 더욱더 많이 쏟는다. 그는 독일사람들은 위력적인 무기를 발명하고 제조하는 탁월한 능력과 재능을 갖고 있는데, 왜 농부들은 갖지 못하는가를 자문해본다. 그러면서 자기도 무엇인가를 발명할 수 있다는 자신감에 도취된다. 또 그는 열한 살이 되던 1944년 가을에 소우비엘(Soviet)통신연대의 정치장교와 명사수저격병의 보호를 받는다. 그는 정치장교의 도움을 받아 책읽기와 글쓰기를 배우게 되어, 처음 읽은 책이 *어린 시절*(*Childhood*)이다. 그는 이 소설을 읽고 매우 깊은 감동을 받아 원대한 포부를 품는다: "이 책의 주인공은 나와 같은 소년인데 첫 쪽에서 그의 아버지를 잃었다. 나는 이 소설을 몇 번이나 읽었으며, 나의 마음은 희망으로 벅찼다. 그 주인공도 평탄하게 살지는 못했다. 어머니마저 작고하자 그는 혼자 온갖 고난과 시련을 겪었으면서도 … 커서 위대한 인물이 되었다. 그는 러셔(Russia)의 가장 위대한 작가들 중의 한 사람인 맥심 고르키(Maxim Gorky)였다." 자기도 고르키 처럼 세계적으로 유명한 작가가 되겠다는 꿈과 야망을 품는다. 그는 정치장교의 집단주의철학보다도 저격병의 주체적 자아를 더 선호하여 이런 생각을 품는다: "인간은 스스로 시작해서 승리하거나 패배하는 자신의 개인적인 전쟁을 마음속에 지니고 다니며, 오직 자신만이 혼자서 이룩해야하는 정의도 간직하고 있다. […] 어느 개인이 아무리 인기가 좋고 존경을 받고 있다하더라도, 그는 우선 자신 때문에 살아간다." 그는 "자신이 따르고 가르침을 받을 사람들을 스스로 선택할 수 있어야한다"고 생각한다. 그래서 인간의 자부심, 자존심, 그리고 존엄성을 지고한 가치라고 믿는 저격병을 흠모한다. 드디어 주인공은 열두 살 때 부모를 만난다. 이제 그는 그들의 보살핌과 사랑을 받을 수 있다. 그 동안 발육이 매우 부진했으므로 산에서 요양하면서 운동을 많이 해야 한다는 의사의 진찰소견에 따라 그는 산악대피소에서 생활하다가 사고를 당해 병원에 입원한다. 그가 혼자 병실에 있는데, 전화벨이 너무 오래 울리므로 별수 없이 수화기를 귀에 대고 누군가의 짜증스런 목소리를 듣다가, 말을 하고 싶은 강한 욕망을 느껴 입을 벌리고 힘을 쓰자 말이 터져 나온다. 그는 벙어리에서 말을 할 수 있는 인간으로 재생한다. 마침내 그는 참혹한 우연과 억압을 극복하고 기적적으로 성숙하여 "인간은 이 세상에서 오직 자기 혼자뿐이다"[84]는 진리를 터득한 불사조라는 찬사를 받을 만하다.

"가장 복잡하고 가장 실험적인 소설"[85]인 *계단들*의 이름 없는 청년 주인공의 "이상은 언제나 탐구와 실현과정에 있는 자아"[86]에 있지만, 그의 생존상황은 이런 이상을 용납하지 않는다. 그러나 그는 자신을 속박하는 공산주의와 자본주의라는 새장 안에서 가장 안전하게 날개를 펴는 지혜를 발휘했기 때문에 주체적 자아를 탐구하고 실현하면서 살아남은 불사조이다. 그는 실존에서 오로지 "두 가지 목적을 가지고 있는데, 그 하나는 그(자기)는 누구이고 그(자기)의 자아는 무엇인가를 이해함이고, 다른 하나는 자아가 어떤 더욱 큰 전체 속에서 상실되거나 희석됨을 방지함이다."[87] 주인공의 이런 목적달성을 최소한의 언어구사로 서술한 *계단들*의 "핵심주제는 일대변신이다."[88] 그러므로 *계단들*의 "구성은 플롯을 부정하고, [더욱이] 소설의 모형, 역사, 혹은 사회에서 자아의 감옥을 구조화하는 행동, 주인공, 그리고 시간순서의 축적을 와해시키려는 코우신스키의 시도이다. [⋯] 계단들은 *어딘가*로 가도록 이끄는 운명이다. 따라서 다른 사람들의 틀에서 벗어나 매순간마다 새로운 삶을 추구하는 은유적 욕망이 스스로 하나의 모형, 즉 피할 수 없는 순환이 될 때 의미는 저절로 솟아나온다."[89] *계단들*의 구성은 4장을 골격으로 주인공의 사고와 행위 그리고 그 시간과 장소에 어떤 인과관계도 없는 48개의 이야기들로 구성되어 있으며, 14개의 이탤릭체로 쓰여 진 이야기들은 주인공과 젊은 여자 사이의 사랑의 대화이다. 또 그 이야기들 중에서 22개는 주인공이 공산주의국가에서 생존할 때 일어났던 사건들이고, 26개는 그가 서방세계로 탈출한 연후에 체험했던 일들이다. 그는 항시 새로운 자아를 탐구하여 실현하려고 최선을 다하기 때문에, 진리는 오직 현재의 순간에만 있다고 굳게 믿는다. 그리하여 그는 자신과 이런 믿음을 억압하는 사람들을 반드시 보복하고 응징한다.

주인공이 소년이었을 때, 풀을 먹이고 있던 암소가 갑자기 이웃집 밭으로 들어가서 농작물을 짓밟아버린다. 그는 이웃사람의 불평을 들은 주인의 혹독한 매를 맞는다. 그는 보복으로 낚시조각과 유리가루를 넣은 빵조각을 주인의 어린 딸에게 주어 삼키게 한다. 주인이 숨을 헐떡거리다가 죽는 딸을 보고 당하는 고통과 공포를 목격하고 쾌재를 부른다: "이제 나는 더 이상 그들의 피해자가 아니고 그들의 재판관과 집행자가 되었다." 또 그가 대학생이었을 때 자기를 몹시 학대하고 적대시하는 농촌출신학생을 응징한다. 그는 이 학생이 대학무기고를 경비하는 보초부대의 부대장으로 근무할 때, 시수비대의 당직장교라고 사칭하여 부대장에게 부대원들을 집합시켜 시무기고를 기습하는 예행연습을 하라는 명령을 하달한다. 결국 부대장과 부대원 모두 반란군으로 체포되어 무장반란죄로 군사재판을 받는다. 한편 그는 집회참석, 자기비판, 그리고 타인평가에 적극적인 열의가 부족하다는 학생연맹의 비난과 견책을 받고, 매우 먼 곳에 새로 건설한 집단농장의 보조강연자로 4개월 동안 근무해야만 했다. 그는 전체주의국가에서 감내해야했던 박해와 억압의 삶이 무의미했음을 깨닫고, 새로운 삶을 살기 위해 자유세계로 탈출한다. 그는 미지의 자유세계에 불안감을 느껴 비행기 안에 "과거와 미래 사이에 영원히 매달린 채"[90] 있고 싶었지만, 비행기는 그의 심정을 아랑곳하지 않고 미국에 착륙한다.

그는 돈도 없고 영어도 구사할 수 없어 궁핍하고 고통스러운 삶을 살면서도, 자신들을 자유스럽게 의식하면서 실존하는 미국사람들을 부러워한다. 그가 취업한 첫 직장은 선박에 새로 페인트를 칠하기 위해 낡은 페인트와 녹을 벗기는 작업장이다. 그는 정박 중인 선박의 둥근 창으로 안을 들여다보고, 거기에 아무도 없음을 알고 환상에 잠긴다: "나는 안에 아무도 없는 선박의 유일한 승객이 되어, 강철 선체의 보호를 받으면서 먼 바다로 나가 잠자고 깨어나며, 과거의 나를 깡그리 없애고 나의 목적지는 확정되지 않기를 갈망했다"(112). 이처럼 그는 자유스러운 자아를 갈구하지만, 자유주의국가의 현실도 그의 갈구를 용인하지 않는다. 자유국가의 기득권세력이 이익과 쾌락추구를 극대화하기 위해 조장하는 허위의식이 그의 주체적 자아탐구를 좌절시키고 억압한다. 그는 급부가 있으면 자신의 본의와는 관계없이 반드시 반대급부가 있어야한다는 냉혹한 현실을 인지한다. 그는 이런 현실에서도 자아를 탐구하려고 혼신의 힘을 다한다: "나는 당신이 나에게 알도록 한 비뚤어진 자아를 버리고 진실하고 순수한 자신을 더 심오하게 탐구할 의무를 가지고 있다고 생각했다"(44). 또 그는 다른 사람과 이상적인 관계를 맺어야 자아를 더욱더 심오하게 탐구할 수 있다는 철학을 깨닫는다: "우리가 할 수 있었던 최선의 일은 서로를 위해 오직 자아를 일깨우고 일깨워주는 사람으로 살아가는 삶이다"(24). 더욱이 그는 이 철학을 실천하는 현재 순간을 포착하기 위해 혼자 "더 남쪽으로 여행하고 있다"(3). 그는 결코 유아독존적이고 폐쇄적인 사람이 아니고, 오로지 자아탐구와 유대관계 공고화의 최선책을 강구하기 위한 필요 때문에 혼자 있을 뿐이다. 요컨대 그는 전체주의국가의 박해와 억압 그리고 자유주의국가의 허위의식을 극복하고 자아탐구와 실현에 전념하기 위해 홀로 현재 순간을 가장 창조적으로 활용하는 모범적인 소설주인공이다.

5

1990년대

최근미국소설 연구 전성기

행운의 여신의 가호를 받아 1990년 9월부터 교육부의 국비해외파견 연구교수로 사우스 캐럴라이너대학교(University of South Carolina) 영문학과에서 연구할 수 있었다. 이 연구비수령은 전혀 기대하지 않았던 뜻밖의 큰 횡재이고 축복이었다. 게다가 "무지는 축복이다"는 속담과 같은 경우의 또 다른 행운도 따랐다. 고3 딸을 대동하면서, 9월에 그곳 고등학교에 편입시켜 이듬해 5월이나 6월에 대입시험을 볼 것이라고 우리나라 대학입시방식으로 생각했다. 하지만 딸이 1년 동안 공부하여 큰 성과를 거두기를 기대할 수 없었다. 그래서 딸이 SAT(Scholastic Aptitude Test, 대학진학적성검사)의 낮은 점수로 입학할 수 있는 주립대학교들 중 하나가 사우스 캐럴라이너대학교였다. 그러나 미국의 대학입학제도는 우리 생각과는 달리 고3 학생이 미리 몇 번이고 본 SAT 점수를 갖고 몇 개의 대학에 지원하여 합격통지를 받으면, 자기가 다니고 싶은 대학을 결정하는 방식이었다. 이러므로 딸을 미국대학에 진학시키려면 고등학교 2학년으로 편입시켜야하기 때문에 1년 더 체제할 수밖에 없었다. 다행히 딸은 2년 동안 열심히 공부한 보람이 있어 SAT에서 높은 점수를 얻어 택서스대학교 오스턴(University of Texas at Austin) 컴퓨터학과에 입학했다. 저자의 이 1년이 학과교수들에게 좀 더 부담을 안겨 매우 미안했지만, 개인적으로는 연구에 전념할 수 있는 절호의 기회였다. 이때 최근미국소설, 그 연구서, 그리고 비평서 읽기와 이해능력을 놀랄 정도로 향상시킬 수 있었다. 이 향상으로 이전에 느끼지 못했던 연구의 재미를 즐겼을 뿐 아니라 교수로서 긍지를 가졌다. 2년 동안 여섯 작가의 소설들과 그 방대한 연구 자료를 읽고 6편의 논문을 집필했다. 더욱이 최근미국소설연구의 대가, 도늘드 제이.

그라이너(Donald J. Greiner)교수와 만남은 운명적이었다. 이 만남으로 연구의 큰 이정표를 세우고, 새 지평을 열 수 있었다. 원래 계획은 저자 나름의 최근 미국소설의 핵심주제의 고찰에 의존하여 우리 의식개혁과 사회변화가 지향해야할 목표를 염두에 두고 7명의 소설가 – 죠우저프 헬러, 랠프 엘러선, 솔 벨로우, 이. 엘. 닥터로우, 노먼 메일러, 잭 케러왝(Jack Kerouac), 그리고 죠이스 캐럴 오우츠(Joyce Carol Oates)에 대해 쓸 논문에다 이미 집필이 끝난 버너드 맬러머드, 죤 가드너, 그리고 져지 코우신스키에 관한 논문을 수합한 저서의 출판이었다. 그런데 그라이너교수로부터 필맆 로스(Philip Roth)와 죤 엎다익(John Updike)이 빠진 최근미국소설논의는 무의미하다는 의견을 들었다. 그의 의견을 받아들이기 위해 죠우저프 헬러와 죠이스 캐럴 오우츠를 제외시킬 수밖에 없었다. 이렇게 하고보니, 10명의 소설가 중에는 요즈음 그 위상과 중요성이 새롭고 크게 부각되고 있는 여자소설가가 한 명도 포함되지 않았다. 그래서 연구에 더욱 분발하여 여자소설가들을 논의한 저서를 출판하려고 작심했다. 사실 필맆 로스와 죤 엎다익의 작품들은 진즉 읽어보고 싶었지만 그러지 못하고 있다가 필요 때문에 부득불 연구하게 되었다. 특히 후자의 소설론과 작품의 큰 감화와 영향을 받아 실존인식과 소설이해의 폭을 크게 넓힐 수 있었다. 이로 인해 연구와 논문집필의 차원을 가일층 높였다고 생각한다.

1990년대에 집필한 첫 논문은 "E. L. Doctorow의 소설론과 작품세계"(*용봉논총* 20집(1991, 65-117쪽))이고, 나중에 제목을 "이. 엘. 닥터로우: 역사는 과거가 아닌 현재"로 바꿨다. 이. 엘. 닥터로우는 역사는 과거가 아니라 현재라고 정의한다: "역사는 싸움터이다. 과거가 현재를 지배하고 있기 때문에 역사는 과거와 현재가 벌이고 있는 끊임없는 쟁탈전이다. 역사는 현재이다. 역사는 현재이기 때문에 매 세대는 역사를 새롭게 다시 쓰고 있다. 그러나 대부분 사람들의 역사정의는 과거에 고착되어 응고된 역사관에 바탕을 둔다. 그러므로 이런 역사관을 무시하고 … 이 비뚤어진 역사관을 교정하는 첩경은 바로 이런 역사관을 부정하는 모험행위에 있을 뿐이다."[1] 따라서 그의 역사소설은 과거의 객관적 사실의 기술이 아니고, 역사적 사건을 현재 우리 실존과 그 철학에 입각해서 사실과 상상력의 융합을 바탕으로 재해석하여 창조하는 이야기이다. 다시 말하면 그의 역사소설은 특정한 실례를 들면 실제로 일어났던 로우전버그(Rosenberg)부부 사건의 기술이 아니고, 오늘날 우리 양심과 인생철학에 입각해서 그 사건은 일어나서도, 또 그렇게 처리되어서도 안 된다는 당위성과 정당성의 표현이고 역설이며, 또 자아를 탐구하여 실현하는 방안모색이다. 그의 이런 역사소설창작의 밑바탕은 그의 인생관, 객관적 진리의 부정, 신념과 그 회의, 그리고 특이한 언어구사에 있다. 그는 자신의 인생관 – 세계는 부단한 변화의 와중에 있다는 철학 –을 전제로 과거의 역사적 사건은 그 자체만으로는 우리에게 아무런 의의와 가치가 없고, 오늘날 우리 삶에 어떤 의미를 부여할 수 있는 상징으로 작용할 때만 그 진가와 위력을 발휘할 수 있다고 갈파한다. 또 그의 인생관은 객관적 진리를 부정할 수밖에 없으므로 그는 우리가 매순간 진리를 창조해야한다고 강조한다: "우리 삶의 기반은 객관적 진리가 아니고 우리 스스로 창조력으로 구상하여 완성시키고 있는 세계이다. […] 진리란 당신이 탐구하여 창조하는 것이다. 물론 그 창조는 우리의 역사적 자아인식에 크게 좌우된다."[2] 게다가 그는 누구나 자신의 천부적 능력과 재능을 계발하고 발휘할 수 있는 균등한 기회를 가져야한다는 정의(正義)철학과 그 실천에 혼신의 힘을 쏟는 소설가이다. 그는 정의와 그 구현에 확고한 신념을 갖고 있으면서도, 또한 그 신념에 회의를 품고 있다: "우리가 확신하고 있는 모든 것 가운데서, 우리는 어떤 것 하나도 제대로 파악할 수 없다. 우리는 하나님도, 급진적인 도덕관도, 정의도, 그리고 인간성도 제대로 파악하기가 매우 어렵다."[3] 이 뿐만 아니라 그는 두 개의 상이한 언어구사가 있다고 주장하면서, 그 하나는 우리 눈앞에 보이는 사실세계를 기술하는 권위의 힘이다. 또 다른 하나는 사실과 상상력이 융합된 세계를 묘사하는 자유의 위력이다. 사실세계는 인위적이고 결정론적이고 고정불변이지만, 사실과 상상력이 융합된 세계는 언제나 가변적이고 변화무쌍하고 자유분방하다. 이러므로 그는 소설창작에서 자유의 위력을 선호하여 마음껏 활용한다. 더욱이 그는 자신의 역사소설창작은 일종의 탐험행위라고 천명한다: "소설창작의 전제는 작가가 다른 사람들을 대변할 수 있고, 작품을 통해 작가가 경험하지 않았던 삶을 살 수 있다는 … 믿음이다. 소설창작은 하나의 탐험이다. 작가는 백지상태에서 시작하여 창작하는 과정에서 배운다."[4]

지금까지의 논의를 토대로 "제2차 세계대전 이후 출판된 가장 탁월한 미국소설들 중의 한권"[5]이라는 절찬을 받았던 *대녈의 자서전*(*The Book of*

Daniel, 1971)을 "역사는 과거가 아닌 현재"의 논지로 고찰해본다. 닥터로우는 1960년대 후반 미국사회를 미증유의 변화와 혼란의 소용돌이 속으로 몰아넣었던 격렬한 월남전반대데모, 젊은이들의 기존가치와 체제의 부정, 서민들의 불평불만 고조, 충동적인 로큰롤, 그리고 히피들의 창궐을 보고 깊은 사색에 잠겼다. 그는 이런 과격한 현상들을 신좌파의 무모한 반항행위로 단정했다. 그는 신좌파도 맹목적인 사고와 저돌적인 행동 때문에 구좌파의 전철을 밟아 스스로 자멸할 것이라는 신념을 전제로 사실과 상상력을 융합하여 로우전버그부부의 간첩행위와 처형 그리고 두 아들의 비극적인 삶을 소재로 하면서도 등장인물들을 가명으로 그리고 두 아들을 딸과 아들로 달리하여 *대녈의 자서전*을 집필했다. *대녈의 자서전*은 "소설형태로 된 미국정치에 대한 고찰, 다시 말하면 세대차를 메우고 신좌파의 급진주의를 과거와 재연결시켜보려는 급진주의운동에 대한 창조적 재해석의 시도이다."[6] 그는 이 소설에서 로우전버그 부부, 딸, 그리고 아들의 사고와 행동을 자멸을 초래하는 왜곡된 의식과 그 극복의 시각에서 재조명했다. 그의 견해에 의하면, 그들의 왜곡된 의식 그리고 미국사회의 혼란과 무질서는 국가통치자들 그리고 구좌파와 신좌파급진주의자들의 인식과 판단의 잘못에서 비롯되었다. 인식과 판단을 가장 잘못한 대표적인 인물들, 즉 통치자들은 "국가정책의 궁극적 목적은 개개인이 자신의 천부능력을 최대한으로 계발할 균등한 기회의 보장과 확대에 있다"[7]는 이상을 실현시키려하기보다는 권력장악과 사리사욕추구에 더욱 열중했다. 또 구좌파와 신좌파급진주의자들은 이런 통치자들의 정부를 자기들 마음대로 쉽게 전복시킬 수 있다는 망상에 빠져 폭력혁명을 시도했다가 무위로 끝나 자멸했다. 이렇게 두 집단이 첨예하게 대립하는 사회에서 가난했기 때문에 공산주의자가 되어 "공산주의는 20세기 미국의 이상"(194)이라고 확신했다가 형장의 이슬로 사라진 부모 그리고 그들의 죽음을 순교로 미화시키려는 집념에 불타 가장 과격한 신좌파급진주의자로 젊은 나이에 생을 마감한 누이동생, 수전(Susan)의 인식과 판단의 잘못을 극복하는 길을 자아성찰과 성숙에서 찾은 대녈의 삶의 이야기가 *대녈의 자서전*이다. 닥터로우는 "박해로 얼룩진 시대에 희망을 주는 신념의 횃불"(6)을 밝히는 대녈로 하여금 고통, 격정, 분노, 증오, 연민, 그리고 깨달음으로 가득한 이야기를 마음대로 3인칭시점과 1인칭시점을 오가면서 과거의 회상수법(flashback), 의식의 흐름수법, 순서를 무시한

연대기(nonlinear chronology), 그리고 독백으로 쓰게 한다. 대녈은 이야기를 박사학위논문으로 시작해서 신문기사, 시적고백, 기록물, 여행기, 그리고 정치논문으로 바꿔가면서 써 간다. 그가 먼저 일단 긍정하고 부정하는 이야기를 쓰는 탐험행위가 스스로 인식과 판단의 잘못을 극복하면서, 비극적인 과거로부터 해방되어 자아를 성찰하고 실현하는 과정이다.

그의 이야기는 부모가 형장의 이슬로 사라진지 14년째가 되는 1967년 5월의 마지막 월요일, 죽음을 상징하는 "전몰장병을 추모하는 현충일"에 시작되어, "마귀를 쫒는다는 모든 성인의 날 전야"와 "불가사리"(과거에는 우주의 평온과 조화를 상징하는 길조였으나 현재는 죽음의 전조)로 이어지다가, "재생을 상징하는 성탄절"에 끝난다. 이 이야기는 대녈이 가난한 유대인가정에서 태어나 어린 나이에 아무것도 모르고 엄청난 시련과 고난을 겪고, 보스턴대학교(Boston University) 법학교수 로버트 루인(Robert Lewin)의 양자로 입양되어, 컬럼비어대학교(Columbia University) 대학원학생으로 역사학박사학위논문을 쓰다가 현충일 이른 아침에 우스터(Worcester)주립정신병원을 찾아가는 장면으로 시작된다. "과거와 단절한 역사의 낙오자,"[8] 수전은 전날 밤 동지들이 부모의 순교와 그 기념사업을 무시함으로 인해 삶의 목적과 의욕을 상실하여 자살을 시도한다. 그러나 그는 그 시도가 무위로 끝났다는 연락을 받고 그녀를 면회하러 간다. 그는 면회실에서 그녀의 울부짖음 – "무엇을 위해서 부모는 순교했는가?"(82) –을 듣고, 그녀가 급진주의사상의 맹목적인 추종자에 불과하다고 걱정한다. 반면에 그녀는 "오빠가 부모를 순교자로 간주하지 않는다면, 오빠는 이 세상에 살아 있을 필요가 없다"(77)고 신랄하게 공격한다. 사실 남매는 양부모가 과거의 악몽들을 잊어주기를 원함으로 과거를 잊으려고 결심하여 노력했지만, 자신들을 옭아매는 과거사들에서 해방될 수 없다. 대녈은 수전이 자기보다 훨씬 더 외곬으로 치달아 고집불통이 되었다고 생각한다. 그는 수전의 과격한 사고와 행동은 자멸을 초래할 것이라는 양부모의 염려가 현실이 되었음을 비로소 인지한다. 이제야 그는 양부모가 삶에서 예절을 가장 중요시하는 까닭을 터득한다: "루인 부부에게 예의바름은 인간답게 사는 삶의 본질이다. 예의바름 때문에 의사소통이 가능하다"(27). 이때 그의 뇌리에 갑자기 부모를 석방하라고 외치는 군중집회에 수전과 자기가 끌려갔던 일이 떠오른다. 연단 위에서 군중이 지르는 함성을 듣고 갑자기

현기증이 나서 수전의 손을 꽉 쥔다. 그는 이 군중집회가 부모를 위해서가 아니고 다른 사람들의 목적을 위해 열렸음을 알고 배신감을 느낀다. 또 그는 부모를 헌신적으로 변호하다가 건강이 악화되어 급서한 아셔(Ascher)변호사 부인이 그들을 비난하는 말을 경청한다: "나는 너의 부모를 기억하고 싶지 않다. 그들은 공산주의자들로서 그들이 관여한 모든 일을 망쳤다. […] 그들은 그들 자신이 이용당했을 뿐 아니라 그들의 광신적인 신념을 위해 다른 사람들을 이용했으므로 순수하지 않았다. […] 그들은 매우 고집불통이었다. […] 내 남편은 그들을 위해 무엇인가를 해주려고 안달했으나, 그들은 묵묵부답이었다"(216). 게다가 그는 신좌파급진주의자가 구좌파공산주의자들을 타도의 대상으로 매도하는 비난을 들었다. 또한 아버지가 체포당하자 하루가 지나기도 전에 공산당이 부모의 이름을 명단에서 삭제해버리는 기만행위를 저지르는 것을 목격한다. 대녈은 이런 사실들을 무조건 반박하고 부정하려하지 않고, 급진주의학생으로 발견적(heuristic) 견지에서 분석하여 이해하려고 노력한다. 그러므로 그는 양자택일의 획일주의가 기승을 부리는 사회에서 좌파사상의 비판적이고 융통성 있는 신봉자로 누이동생의 자멸만을 자초하는 절대적 신념과 관념적 경직성 뿐 아니라 공산주의자로서 비극을 감수한 부모의 편집병적인 보상심리, 환상적인 자만, 그리고 무지와 맹목에서 비롯된 자기기만을 배제한다.

"마귀를 쫓는다는 모든 성인의 날 전야"에서 대녈은 무더운 여름철에 매일 아침 아들을 안고 아내의 팔을 끼고 컬럼비어대학교도서관 입구까지 걸어간다. 그는 거기서 그들과 헤어진 다음에 도서관에서 박사학위논문집필에 전념한다. 그는 갑자기 과거 사실들을 회상한다. 1949년에 소련이 원자탄을 보유하고, 중공이 장개석정부를 몰아내고 본토를 장악한다. 1950년 한국전쟁이 일어나고, 전쟁에서 미군이 불리해질 때마다 신문들은 일제히 원자탄의 가공할 파괴력을 대서특필한다. 많은 미국인들이 공산주의를 위험, 공포, 증오, 그리고 궤멸의 대상으로 믿기 때문에, 정치가들은 공산주의에 강경하게 대처하려는 방안모색에서 서로 경쟁한다. 미국정부도 주요 공공 그리고 사설기관들에서 누명을 씌운 공산주의자들을 색출하여 제거하려고 온갖 불법과 만행을 자행한다. 많은 유명한 지식인들이 과거 언행 때문에 불안에 떨고, 직장에서 쫓겨나고, 심지어 구속당한다. 이렇게 정치가들과 미국정부가 사회를 혼란,

비이성, 무질서, 무법, 그리고 불법의 소용돌이 속으로 몰아넣고 있어서 미국인들은 삶에서 안정, 상식, 합리, 그리고 이성을 찾을 수 없다. 사회가 혼란하고 불안하여 비이성적인 이 때, 대녈이 위선자이고 기회주의자라고 싫어하는 부모의 공산당선배이고 친구, 셀리그 민디쉬(Selig Mindish)가 연방수사국에 구속당한다. 그런 다음에 아버지가 구속당하자, 대녈은 교실에서 다른 학생들과 떨어져 창가의 외진 자리에 앉거나, 혹은 빈 교실이나 도서관에서 혼자 하루를 보내야하는 처벌 아닌 처벌을 받는다. 더욱이 어머니가 아버지를 위해 대배심(大陪審)에서 증언하고 온다는 말을 남기고 갔다가 구속당해 돌아오지 않자, 대녈은 몇 분마다 컴컴한 현관으로 가서 현관문을 열어보면서 누이동생과 함께 어머니를 기다린다. 대녈과 수전은 간첩의 아들과 딸이기 때문에 누구도 어린 그들을 보살펴주려 하지 않으므로 아동보호소에 수용된다. 이때 대녈은 한때는 수전의 동지였지만 공산주의자들을 타도와 청산의 대상으로 매도하여, 그녀의 자살을 방조했던 가장 과격한 신좌파급진주의자를 떠올린다. 그는 "국가통치권을 과소평가하고 개인의 혁명능력을 과대평가"[9]하는 황당무계한 주장 – "나는 혁명이다"(137) 그리고 "미국정부를 구호와 선전으로 전복시킬 수 있다"(140) –을 회상한다. 드디어 대녈은 급진주의자들의 맹목, 과신, 그리고 환상으로 인한 한계와 제약 그리고 필연적인 몰락을 지실한다. 그의 지실에 의하면, 급진주의자들은 억압적인 현실을 분석하여 규명하는데 성공한다. 그러나 그들은 현실부정에만 급급하여 합리적이고 평화적인 현실개선책을 제시하지 못한다. 그러므로 반대파사람들은 곧 그들을 반격하는 이론적 토대를 구축하여 파멸시킨다. 또 대녈은 좌파변호사들도 연방수사국이 기소한 사건들을 수임하려하지 않는 시대상황에서도 위험과 위협을 무릅쓰고 아버지를 헌신적으로 변호한 아셔변호사의 실존철학을 파악한다. 그의 파악에 따르면, 아셔변호사는 법과 유대교를 동일시하고, 생활과 신앙을 일치시키려고 최선을 다하는 고매한 인격자로 다른 사람을 위해 봉사하면서 자신의 손익에 집착하지 않는다. 대녈은 모든 사람이 투철한 책임의식을 가질 때만 개인의 삶 뿐 아니라 사회가 안정될 수 있다는 양아버지, 법학교수의 주장을 비로소 이해한다. 이런 생각과 함께 그의 아픈 기억 – 연방수사국이 아버지를 원자탄제조 비밀을 소련에 제공하려한 간첩단의 우두머리로 날조했으며, 한 개인을 파멸시킨 날조행위를 완벽하게 꾸며나갔다 –이 되살아난다. 그의 기억으로 이 가공할 날조행위에는 "처음에 확실한 8막이 있었다. 그리고 조금도 차질 없게 만드는 9막이 있었다. 그런 다음에 완벽하게 끝마치는 10막이 있었다"(157). 그는 신문에서 아버지가 간첩단의 우두머리이고 민디쉬는 아버지의 명령을 수행한 하수인이라는 기사를 읽는다. 더욱이 그는 많은 간첩들을 검거했다는 당국의 발표가 있을 때마다 아버지가 신문에 대서특필되는 기사를 읽는다.

죽음의 전조를 상징하는 "불가사리"에서 아버지가 감방 안에서 거북하게 왔다가다하면서, 정치적 이유로 억울하게 처형당했던 사람들을 생각하고 있다. 그는 통치세력이 자행하는 법의 악용에는 속수무책임을 이미 알았다. 그는 통치세력이 미리 자기를 유죄로 판결하기 위해 자기와 아내의 공소장에서 통상적인 증거주의를 묵살했음을 간파한다. 통치세력은 그들의 간첩행위를 입증할 증거가 없으므로 그들이 그 행위를 했다는 것이 아니고 음모하려했다고 기소했다. 더욱이 통치세력은 그들의 이런 음모를 입증할 증거도 없으므로 그들의 공산당선배이고 친구, 셀리그 민디쉬의 위증을 증거로 채택했다. 여기에 입신출세를 위해 양심을 버린 판사와 검사가 동조했다. 판사와 검사는 그들을 반역자로 매도하는 여론의 지원을 받아 합심하여 정치재판으로 만들어서, 소련에 원자탄제조 비밀을 제공하려는 음모를 유죄로 인정하여 사형을 선고한다. 이 로우전버그부부 사건은 통치세력의 야욕과 개인의 양심 사이의 갈등이 빚어낸 있어서는 안 될 비극이었다. 로우전버그부부는 통치세력의 희생양이 되어 형장의 이슬로 사라졌다. 그들은 통치세력의 속성과 사회현실을 무시한 채 관념적인 이상을 과신하여 실현하려다가 화를 자초했다. 대녈의 부모평가에 의하면, "그들은 패배자의, 가난한 유대인의, 그들 현실의 한계성을 벗어나거나 초월하지 못한 우둔하고 무능한 그리고 다른 사람들에게 이용당하고 그들을 악용한 죄를 범한 사람들이다."[10] 수전은 부모의 재판결과에 큰 충격을 받고 정신이상자가 되어 정신병원에서 치료를 받고 있다. 그러나 대녈은 누이동생이 죽은 거나 다름없다고 생각한다. 그는 부모처럼 누이동생도 곧 유명을 달리할 것을 알기 때문에 비통한 마음을 금할 수 없다. 대녈은 부모가 처형당한 10년 후에 그들의 재판이 엉터리였다는 잡지기사를 읽는다. 기사에 의하면, "그것은 그야말로 형편없는 저질 재판이었다. [⋯] 정부가 가졌던 모든 것은 ⋯ 당신이 한 레이디오우수선공이 가장 정교한 종류의 복잡한 설계도들을 그릴 만큼 훈련과 교육을 받아 치과용 엑스레이필름에 맞도록 그것들을 축소하는 것이 가능함을 믿어야 한다는, 공범자 민디쉬 진술이었다. […] 그것은 너무나 터무니없는 일이었다. […] 소련사람들은 [원자탄제조에] 필요했던 모든 것을 이미 가지고 있었다"(211). 대녈은 통치세력이 이런 엉터리 재판으로 부모를 희생양 삼아 처형시킨 의도와 목적은 냉전과 반공정책을 합리화하려는데 있었다고 추론한다. 냉전은 통치권자들이 일방적으로 저지른 가장 크게 잘못된 인식과 판단의 비극적 산물이다. 그들은 제2차 세계대전 후에 소련과의 공존을 진지하게 고려하지도 시도하지도 않았다. 그들은 전후 경제의 침체를 가장 우려하면서, 그 예방의 최선책은 미국상품의 해외시장확보에 있다고 맹신했다. 그들은 해외시장확보에 가장 큰 반대세력이 소련이라고 가상했다. 게다가 그들은 미국이 세계의 일등국가라는 자만심에 도취되어, 이 자만심에 가장 큰 위협은 소련이라고 단정했다. 따라서 그들은 일방적, 맹목적, 독선적으로 미국인들과 미국사회를 반공주의로 치닫게 선동했다. 이렇게 통치권자와 국민이 국가정책의 합의점을 도출하지 못할 때, 개개인은 어느 편에 속할 것인가 하는 선택의 기로에 선다. 대녈도 통치권자 편이냐, 아니면 그 반대편이냐의 이원론적 사고에 빠져 그 반대편에 서기로 결심한다. 그래서 그는 신좌파급진주의자들과 함께 월남전반대집회에 참석하여, 손에 손을 잡고 국방부를 향해 저돌적으로 행진하다가 경찰과 충돌한다. 경찰은 무자비하게 그들을 구타하고 연행하여 그 행진을 저지시킨다. 대녈도 심한 타박상을 입고 구속당했다가 벌금을 내고 유치장에서 나온다. 그는 온몸에 멍이 들어 숨도 제대로 쉴 수 없지만 저돌적인 도전세력과 고집불통인 집권세력간의 무모한 힘의 대결로 인한 비극적 결과에 대해 심사숙고해본다. 그는 아내에게 자기생각을 피력한다: "그런 무모한 과격행위는 실제보다 더 나쁘게 보인다. 그것은 백해무익한 행위였다. 오늘날 혁명투사가 되는 것은 옛날보다 훨씬 더 쉽다"(257).

마지막 장 "성탄절"에서 대녈은 12월 초에 박사학위논문집필을 끝내고 나서, 1959년에 자유인이 된 셀리그 민디쉬가 캘러포니어주에서 살고 있다는 말을 들은 적이 있었으므로 이제 그를 만나러 간다. 그는 민디쉬 가족이 부모를 파멸시킨 위증의 대가로 보상금을 받아 살아왔을 거라고 의심했는데, 그 의심이 잘못이었음을 확인한다. 또 그는 왜 민디쉬가 자백했는가에 의문을 갖고 있다. 민디쉬가 개인적인 이익을 위해서, 아니면 공산당을 위해서 자백했는가를 알아보고 싶다. 그러나 노쇠해서 판단력을 상실한 민디쉬에게 아무것도 물어볼 수 없다. 그는 이 만남으로 회의적 진리를 터득한다: "우리가 확신하고 있는 모든 것 가운데서, 우리는 어떤 것 하나도 제대로 파악할 수 없다. 우리는 하나님도, 급진적인 도덕관도, 정의도, 그리고 인간성도 제대로 파악하기가 매우 어렵다." 드디어 대녈은 부모의 신념으로 인한 현실인식 능력 부족과 이상주의 과신에서 비롯된 고통, 연민, 그리고 깨달음의 이야기쓰기를 끝마침으로써 자신을 해방시킨다. 이 해방은 그가 언제나 저질렀던 인식과 판단의 잘못, 다시 말하면 이원론적 사고에서 어느 편에 서느냐의 강박관념 그리고 삶과 사회를 부정하려는 비뚤어진 의식으로부터 벗어남이다. 요컨대 *대녈의 자서전*의 핵심주제는 그의 해방이 우리 삶의 지표가 되어야한다는 조언이다.

노먼 메일러(1923-2007)의 실존철학에 의하면, "인간은 끊임없이 성숙하지 않으면 안 된다. 그렇지 않으면 인간은 엄청난 대가를 치러야한다."[11] 그런데 우리는 그의 성숙의 진의에 각별히 주의해야한다. 이 성숙은 제2차 세계대전 중에 히틀러의 유대인학살과 트루먼대통령의 원자탄참사에 적극적으로 관여했던 통치권자들, 묵시적으로 동조했던 지식인들, 그리고 그저 방관했던 일반인들의 인간성회복을 전제하기 때문이다. 메일러의 견해에 따르면, 이들은 무조건 육체를 부정하고 정신만을 절대시하는 일차원적 관념의 노예가 되어 다른 사람들의 생명을 무시하는 정신마비자이고 인격파산자들이었다. 또 이들은 자기민족, 종교, 그리고 이념과는 다른 사람들을 존중과 사랑의 대상이 아닌 공격과 타도의 적으로 간주했다. 메일러는 이들의 인간성을 회복하는 첩경은 모든 사람이 상호공감하는 이성과 감성을 전제로 하나가 되는 사랑과 성적 황홀경의 긍정과 증폭에 있다고 갈파한다. 그는 이런 긍정과 증폭에 적극적인 사람이 힢스터(hipster), 즉 하얀 검둥이(White Negro)라고 주장한다. 그의 주장을 부연하면, 힢스터는 사람들의 간절한 소망과 욕구를 경시하여 부정하는 공허한 관념을 배척하고 피부의 따뜻한 느낌을 바탕으로 자아를 탐구하려는 실존주의자이다. 그는 영혼과 육체를 분리한 도덕과 종교를 초월하여 "성행위와 하나님, 다시 말하면 성적 체험과 종교적 체험을 굳게 결합시켜 하나의 통합체로 만든다." 그에게 성행위는 "정신적 활력을 증폭하는 은유이다."[12] 또 그는 "사회보다도 오히려 자아를 강조한다."[13] 따라서 메일러는 종교와 이념보다도 느낌과 주체성을 바탕으로 구체화하려는 자아탐구, 다른 사람과 사회의 이해, 그리고 사랑을 가장 중요시하는 힙스터를 자신의 소설에서 주인공으로 창조한다. 그의 이런 소설주인공의 창조목적은 힙스터가 우리 삶의 귀감이 되어야함 뿐 아니라 사회의 전폭적인 지지를 받아야함을 역설하려는데 있다. 더욱이 그의 힙스터창조는 그가 소설을 창작하는 목적 – "나는 사람들을 감동시키고 싶고, 그렇게 함으로써 조금이나마 오늘의 역사를 올바르게 하고 싶기 때문에 소설을 쓴다"[14] –을 달성하는 지름길이다.

그의 이런 소설창작목적이 *사형집행자의 노래*(*The Executioner's Song*, 1979)에 얼마나 탁월하게 구현되어 있는가를, 다시 말하면 그 주인공이 얼마나 깊이 사람들을 감동시키는가를 "인간의 책임은 이해와 사랑"의 논지로 고찰해본다. 메일러는 소설주인공, 개리 길모아(Gary Gilmore)가 1976년 중죄인만을 수감하는 일리노이(Illinois)주 매리언(Marion)교도소에서 가출옥해서 그 이듬해 1월에 처형당할 때까지의 9개월을 중심으로 35년 동안의 삶에서 18년을 교도소에서 보내야했던 사연을 사실과 상상력을 융합하여 창작했다. 이 소설은 제1편 서부의 소리와 제2편 동부의 소리로 구성되어 있다. 사실위주로 기술한 서부의 소리는 주인공이 자멸로 치닫는 이야기들이다. 동부의 소리는 개인을 지배하고 통제하여 파멸시키는 사회폭력을 사실위주로 기술한 설명과 이 폭력에 도전하여 죽음 앞에서도 당당하게 드러나는 주인공의 진면목을 상상력위주로 창조한 의미의 통합체이다. 주인공은 태어나는 순간부터 성장에 필수적인 사람들과 사회의 보살핌, 사랑, 그리고 이해를 받지 못한다. 그리하여 그는 자아성숙에 정성을 쏟지 않으면서 비행과 불법을 자행하다가, 자제력을 잃고 저지른 살인행위로 법의 선처를 받지 못하여 형장의 이슬로 사라진다. 그가 자발적으로 흔쾌히 죽음을 받아들이는 이유는 자기가 세상에서 버림받았을 뿐 아니라 자신의 개체성과 창의력을 억압적인 사회에서 발휘할 수 없기 때문에 비행과 범행을 저지를 업보를 타고났으므로 비열한 삶을 살 수밖에 없다고 체념하기 때문이다. 그는 현세의 비참한 삶을 깨끗이 포기하고 내세에서 자아를 올바르게 성숙시킬 수 있다고 믿고, 스스로 죽음을 택해 새로운 인간으로 환생하려고 결심한다. 그의 체념과 결심은 그가 사회의 무시와 억압에 반항하면서 범행을 자행하는 비열한 자기와 진실한 자아를 탐구하고 잠재력을 발휘하고 싶은 고귀한 자아와의 극심한 갈등과 대립의 소용돌이 가운데서 독자적으로 자기와 사회를 극복하고 순수하고 주체적, 창조적 자아를 실현하겠다는 강한 의지의 표명이다. 메일러는 사실과 상상력을 융합하여 길모아를 창조하여 스스로 정의하는 소설가의 임무 – "소설가는 자신이 보고 있는 사회의 현실로부터 창조적 의미를 탐구하여 창출할 뿐 아니라 그 사회의 현재와 미래의 가능성에 대해 만인을 설득시킬 수 있는 탁견을 제시함으로써 그 현실을 개선시킬 책임을 지고 있다"[15] –를 완수하려고 최선을 다한다.

길모아는 가출옥하여 처음 며칠 동안은 견실한 생활을 했지만, 주변 사람들이 자기를 이해하고, 힙스터로 성숙시키려하기보다는 자신들의 독선적인 인생철학으로 옭아매려함으로 또다시 비행과 불법을 멋대로 저지른다. 그래서 그는 자신의 가출옥후원자 겸 보증인인 누이동생으로부터 "오빠는 내가 지금까지 알았던 가장 무감각하고 몰염치한 인간"이라는 신랄한 비난을 받는다. 이때 그는 자기처럼 불행하고 비참한 삶을 살아 열아홉 살 나이에 네 번이나 결혼하고 두 아이의 어머니이고 사회에서 멸시와 천대를 받는 소수민족 출신의 니콜 베이커(Nicole Baker)를 만난다. 이 두 사람은 만나는 순간부터 업보와 환생을 믿는 마음이 일치하여 서로 열렬히 사랑한다. 더욱이 두 사람은 성생활을 만끽한다. 그녀는 어느 날 한밤중에 공원에서 그의 옆에 앉아 있다가 알몸으로 춤춘다. 그날 밤 그들은 매우 황홀한 잠자리를 갖는다: "그는 밀어를 속삭이면서 자신의 거칠거칠한 손을 그녀의 은밀한 곳으로 넣었다. 그러면서 그는 자신을 그녀의 영혼 속으로 불어넣었다. 그러자 그녀는 그와 함께 다시 태어났다. 그녀는 정말 처음으로 다시 태어났다." 사랑은 "하나님의 정신적인 힘을 어떤 인간에게나 불러일으킬 수 있는 유일한 수단"이기 때문에, 두 사람은 본래의 자아를 회복한다. 그러나 매우 불행하게도 그들의 사랑은 한 달여 만에 본의 아니게 파탄을 맞고, 그들은 자멸로 치닫는다. 길모아는 밖에서 불쾌한 언쟁을 벌이고 돌아온 날, 그녀와 만족스러운 성관계를 갖지 못한다. 그는 그녀의 미칠 지경의 마음을 전혀 헤아리지 않고, 심지어 그녀를 구타한다. 그녀는 여전히 그를 사랑하지만, 그가 무섭기 때문에 잠적한다. 그는 자제력의 결여로 "자기가 보고 감동을 받았던 가장 아름다운 존재"인 니콜의 사랑을 상실하고, 그 고통을 뼈저리게 느낀다: “내가 당신을 상실했다고 생각할 때 … 나는 마치 자기 몸에서 살점이 떨어져나가는 고통을 겪는 사람 같았소. 나는 지금까지 이런 고통을 당해본 적이 없었소.” 그는 이런 극심한 상실감 때문에 두 사람을 살해한다. 마침내 그는 재판에서 사형선고를 받고 깊이 자성하면서, 자기를 “존재해서는 안 되는 사람들 가운데에 끼는 한 사람”[16]으로 정의하고, 아무 미련 없이 형장의 이슬로 사라지려고 결심한다.

길모아가 자기를 존재해서는 안 될 사람으로 비하하고 매도하고 있지만 실은 비범한 인물이다. 그는 예술창조의 특출한 재능이 있고, 그림을 아주 예리하고 주관적으로 감상할 수 있는 해박한 지식과 탁월한 감식안의 소유자이다. 그는 독학했지만 독자적인 미술평을 할 수 있고 주체성이 강한 감상가일 뿐 아니라 매우 깊은 문학적 소양이 있고, 자기사고를 논리정연하게 표현할 수 있는 탁월한 능력을 가지고 있다. 또 그는 난해한 소설들과 선불교학자, 앨런 와츠(Alan Watts)의 저서들도 독파했다. 그를 살인죄로 기소한 검사도 그가 독학했지만 자기보다 “더욱더 값진 교육을 받았음을 너무나 잘 알았기” 때문에 그에게 사형이 선고되자, “제도가 이 탁월한 인간을 참으로 안타깝게 파멸시켰다”(447)고 혼자 중얼거린다. 게다가 그는 자기 동의 없이 국선변호인이 항소하자, 법정에서 판사와 변호사의 의견과 주장을 완전히 이해하고 사형이 예정된 날짜에 집행되기를 바란다는 소신을 피력한다. 그러나 유타(Utah)주 대법원은 그의 항소포기의사를 전적으로 무시하고, 국선변호인의 항소장을 접수하여 심의하기 위해 그의 사형집행 일자를 일방적으로 연기한다. 그는 자신을 멋대로 농락하는 일방적 연기에 크게 반발한다. 그가 죽음을 택하는 이유는 자기행위에 대한 책임감, 그저 시간을 보내야하는 무의미하고 고통스러운 교도소생활의 혐오감, 그리고 내세의 믿음 때문이다. 게다가 여기에 두 개의 이유가 더 있다. 그 하나는 “가장 용감한 사람은 가장 큰 두려움을 이겨내는 사람이다”(474)는 신념인데, 그는 이 신념을 행동으로 보이고 싶다. 또 다른 하나는 그의 실존철학이다: “당신은 당신으로부터 도피할 수 없다. 당신은 자신과 마주치지 않으면 안 된다”(526). 이제 그는 죽음을 초월한 새로운 인간으로 변신한다. 교도소상주목사는 그의 이런 변신으로부터 너무나 깊은 감명을 받고, 지금 영적 세계에서 그를 바라보고 있다. 따라서 목사는 그가 살인자였다고, 아니 살인을 저지를 사람이라고 도저히 믿을 수 없다. 목사는 그에게 자기가 그를 영적 인간으로 숭배하고 있음을 주지시키려고 안간힘을 쓴다.

길모아는 니콜을 사랑하기 때문에 자기가 어떤 삶을 사느냐는 전적으로 그녀에게 달려 있다고 믿는다. 더욱이 그는 그녀를 하나님 이상으로 사랑하기 때문에 어떤 일이 있어도 이 사랑을 포기할 수 없다. 그는 그녀를 사랑하는 심정을 토로한다: “아마 어떤 남자도 내가 당신을 사랑하는 것 이상으로 한 여자를 사랑하지는 못했을 것이오. 나는 내가 존재하고 있는 그대로의 내 전부를 당신에게 바쳐 당신을 사랑하오. 그리고 당신은 내가 존재하고 있는 그대로보다 더욱더 높은 곳으로 나를 이끌어주고 있소”(571). 그녀는 한때 그의 폭력이 두려워 그를 피했지만, 지금은 그의 사랑을 절감하고 그의 존재 속으로 끌려들어간다: “그의 사랑은 너무나 열렬했기 때문에 그녀는 자석에 끌리듯 그에게로 빠져 들어갔다”(346). 게다가 그녀는 그의 사랑의 위력을 뼈저리게 실감한다: “그는 매우 탁월하다. 그는 나보다도 훨씬 더 탁월하다. 그러기 때문에 그는 언제나 나에게 삶의 활력을 불어넣어줌으로써, 나로 하여금 더욱더 생동감을 느끼도록 이끌어준다”(586). 그녀는 이런 생동감을 계속 실감하고 싶어 죽음을 앞둔 그에게 “내 영혼을 당신의 진리로 가득 채워주시오(699)라고 간곡하게 간청한다. 이렇게 그들의 사랑은 죽음을 초월하여 영생한다.

길모아는 “내가 언제나 원했던 전부는 조그만 한 사랑이다”(944)는 말을 남긴 채 1977년 1월 아침에 소원대로 당당하고 떳떳하게 형장의 이슬로 사라진다. 그는 사람들과 사회의 이해와 사랑의 결여로 수를 누리지도 자신의 창의력도 제대로 발휘하지 못하고 생을 마감했지만, 우리에게 “우리가 우리 자신을, 사회를, 그리고 제도를 더욱더 바르게 볼 수 있는”(989) 철학적 유산을 남겼다. 우리가 고등교육을 받지 못해도 독자적이고 주체적으로 열심히 깊이, 넓게, 그리고 바르게 사색하려고 최선을 다한다면 어떤 여건에서도 자아를 성숙시켜 무한한 창조력을 발휘할 수 있으며 모든 사람에게 사랑을 쏟을 수 있다. 우리는 따뜻한 이해와 사랑을 바탕으로 엄격하면서도 온화하고 올바른 가르침이 어린이를 곧게 성숙시킬 수 있다는 아동교육관을 항시 명심해야한다. 우리는 사랑을 받을 때보다도 줄 때 희열, 황홀, 축복, 그리고 은총을 불러일으키는 위력을 발휘할 수 있다. 우리는 인간을 성악설보다는 오히려 성선설에 입각해서 이해하고 사랑하려는 마음을 가져야한다. 무엇보다도 우리는 이익추구의 삶의 굴레, 더욱이 이런 삶에서 빚어지는 왜곡, 편견, 아집, 증오, 몰상식, 그리고 비양심의 굴레에서 해방되어 몸과 마음, 즉 피부의 느낌과 순수한 의식이 하나로 통합될 수 있는 사랑을 실존철학으로 사색하고 행동해야 한다. 요컨대 메일러는 자신의 이상적인 소설주인공으로 길모아를 창조하여 이해와 사랑이 실존철학의 기반이 되어야한다고 주장한다. 그는 이 주장으로 우리가 힢스터로 실존하는데 필수적인 의식과 사회의 지향목표를 설득력 있게 제시할 뿐 아니라 소설가의 임무도 완수한다.

죤 엎다익은 소설을 "우리의 가능성과 자유의 개념을 확장하려는 시도"[17]로 정의한다. 그는 이 가능성과 자유의 확장을 도모하려면 삶이 최고이므로 특정 종교, 도덕, 그리고 이념의 지배와 통제를 받아 파멸되어서는 안 된다는 신념을 고수한다. 그는 이 신념을 전제로 실존에서 "육체와 영혼, 성과 종교는 하나가 될 수 있다"[18]고 믿는 힢스터형 소설주인공으로, 간음을 자행한 토머스 마쉬필드(Thomas Marshfield)목사의 자아탐구와 실현을 구현한 소설, *일요일만 있는 한 달*(*A Month of Sundays*, 1975)을 창작했다. 그가 목사의 간음을 소재로 창작한 소설은 우리를 경악시킬 뿐 아니라 혼란시킨다. 그럼에도 불구하고 그가 이 작품을 창작한 의도는 목사를 공격하고 종교를 비방하려함이 아니고 오로지 우리를 경악시켜 우리의 생명과 육체를 무시하는 고질적인 의식을 급격하게 개혁하려는 충격요법이다. 따라서 그는 지금까지 종교에서 무시되었던 육체의 중요성을 새롭게 강조하고 예찬한다: "진실한 신앙은 정열적인 행위이기 때문에 육체가 진실한 신앙심에서 비롯되는 모든 행위의 근원이 된다."[19] 게다가 그는 지금까지 언급이나 논의가 금기시되었던 "성적 욕망과 신앙심은 바로 실존 활력의 표출양식이다"[20]고 주장한다. 그의 이런 강조와 예찬 그리고 주장은 소설의 두 가지 기능을 전제한다. 소설의 하나의 기능은 우리를 전혀 기대하고 예상하지 못했던 기상천외의 세계로 끌고 가서, 우리가 도저히 상상할 수 없었던 현실을 목격하고 매우 이색적인 체험을 하게하는 위력이다. 마거리트 앨우드(Magaret Atwood)의 주장에 의하면, "당신이 소설을 계속 읽어 가면, 소설은 당신이 결코 가려하지 않았던 곳으로 당신을 데려갈 것이다. 더욱이 소설은 당신이 소설을 읽지 않았으면 결코 목격하지 못했을 사실들을 당신에게 보여준다."[21] 소설의 또 하나의 기능은 허구성이므로, 우리는 소설에 표현된 사실과 주장들을 허구로 받아들여야지, 그대로 인식하여 거부하거나 반항할 필요가 없다: "소설은 [독자를 크게 깨우쳐] 사실을 새롭게 인식하도록 해주는 문자로 표현된 거짓말의 연속이다."[22]

그는 소설의 두 가지 기능을 전제로 우리가 간음과 같은 비행을 저지르고 거기에 대처할 때, 생명과 종교(그 교리) 중에서 어느 쪽을 더욱 중요시해야하느냐의 관점에서 *일요일만 있는 한 달*을 집필했다. 따라서 그의 소설철학을 바탕으로 이 소설을 "영혼과 육체는 하나"의 논지로 고찰해본다. 요컨대 이 소설은 *주홍글자*(*The Scarlet Letter*, 1850)의 주인공, "아서 딤즈데일(Arthur Dimmesdale)목사가 저지른 간음의 비극에 대한 반응"[23]이다. 이 반응은 딤즈데일목사의 비극은 청교도들이 실존에서 갈등과 대립을 부추기는 이원론 – 영혼과 육체, 정신과 물질, 이성과 감정, 선과 악, 그리고 광명과 암흑 –과 육체와 성을 죄악시하는 교리에서 비롯되었다는 주장이다. 그는 매우 매력적인 젊은 여신도, 헤스터 프린(Hester Prynne)과 간음을 저지른다. 그는 종교를 삶보다도 더 우위에 두고, 종교가 금하는 죄를 짓고, 이 비행에서 연유하는 종교적 양심의 가책과 죄의식 그리고 그 고통에 압도당해 자멸한다. 이렇게 그는 이원론과 간음, 즉 절대적으로 범해서는 안 될 무서운 죄를 절대개념으로 받아들이기 때문에 파멸했다. 이에 반해 마쉬필드목사는 영혼과 교리보다도 육체와 본능을 더욱더 중요시하여 딤즈데일목사의 본능과 삶을 억압하여 파멸시킨 과거의 잘못된 철학과 교리를 극복하는 새로운 성과 육체 그리고 그 기능과 역할의 상대개념을 제시하려한다. 그는 이 개념으로 자신이 저지른 간음으로 자멸하지 않고 오히려 실존가능성의 영역을 확장한다. 이 확장은 그가 딤즈데일목사의 청교도교리와 전적으로 다른 시각으로 육체, 성, 그리고 성행위를 보기 때문에 가능하다. 그는 "하나님 뿐 아니라 육체의 정신적 가치를 믿음"[24]으로 육체가 타락과 죄악의 근원이라는 통념을 깨면서 그 중요성을 역설한다. 또 그의 성에 관한 견해에 의하면, "성은 우리에게 종교처럼 절대적으로 필요하다. 성은 예술처럼 풍부한 의미를 나타내면서도 예술보다 더욱더 창조적이다. 성은 우리가 그 일부분인 우주의 활력에 그대로 합류되는 인간의 창조력이다."[25] 게다가 그는 성행위를 그저 본능충족을 위한 발작적인 쾌락추구로 간주하지 않고, 두 영혼이 갈망하는 성스러운 결합[26]으로 승화시킨다.

이처럼 마쉬필드목사는 육체와 성을 과거의 억압, 부정, 그리고 금기의 대상으로부터 해방시켜 자아성숙, 활력, 그리고 창조력의 원천으로 긍정하고 예찬한다. 그는 이 긍정과 예찬의식 때문에 간음을 저지르고도 양심의 가책과 죄의식으로 고통당해 자멸하지 않고 오히려 자신의 가능성과 자유개념의 확장, 즉 자아탐구와 실현에 전력한다. 이제 이렇게 그가 전력하는 과정을 고찰해본다. 그는 마흔한 살로 20년 동안 결혼생활을 했지만 정신적, 육체적으로 만족감을 조금도 느끼지 못한다. 그는 하나님은 믿지 않고 이원론적인 윤리만을 고집하는 부인, 제인(Jane)과 대화를 나눌 수 없다. 이러므로 그는 그녀와 함께 지적으로 성숙할 수 없다. 게다가 그녀는 성관계에서 언제나 타인으로 존재한다. 따라서 그는 자신의 삶이 하나의 재난이라고 고백한다. 그는 아내에게 줄곧 성실하지만 어느 날 교회의 오건연주자, 얼리쉬 크릭(Alicia Crick)이라는 갓 서른의 이혼녀의 성적 매력에 끌린다. 그가 그녀와 즐기는 성관계는 부인과 1주일에 한 번 하는 일상적인 의식과는 전혀 다르다. 그가 부인과 치르는 "성행위는 신성하고 … 의례적이고 조용해서 지루했다"(44). 반면에 그가 이혼녀와 갖는 성관계는 즉흥적으로 애정과 사랑이 넘쳐흘러 정신없이 서로 자석처럼 달라붙는다. 그는 서로 즐기는 성관계에서 황홀감을 만끽한다. 종교적 양심을 상실하지만, 이런 황홀한 성행위가 그에게는 하나의 계시이다. 그는 이 계시로 삶의 생동감과 활력을 되찾는다. 그러나 그는 곧 이혼녀에게도 만족할 수 없다. 그가 부인과 이혼녀에게 크게 실망한 이유는 "제인은 하나님을 믿지 않고 윤리만을 믿는다. 얼리쉬는 하나님을 더욱더 믿지 않는다. 그녀는 음악과 남자만을 좋아한다"(182). 이제 그는 신앙심이 강한 여자를 동경한다. 그가 동경의 대상으로 만난 이상적인 여자가 장로회의의장의 부인으로 공허감과 허탈감에 빠져 간음할 남자를 찾고 있는 미모의 프랭키 할로우(Frankie Harlow)이다. 그가 그녀의 신앙심에 매료되어 그녀와 성관계를 갖고 싶어도 발기가 되지 않는다. 아무리 기를 써도 그녀와 성관계를 가질 수 없으므로 몹시 당황하고 절망하여 하나님에게 기도한다: "나는 하나님에게 그녀와 성행위를 할 수 있는 힘을 주시라고 기도했다. 나는 하나님에게 나의 간음의 공범자가 되어주시라고 빌었다"(237). 이런 간절한 기도의 효험도 없자, 그는 그녀를 가볍게 때리면서 그녀에게 하나님을 믿지 않는다고 공언하라고 요구한다. 그녀가 그의 요구를 거절하자, 그는 성적 무능력자로서 그녀로부터, 더욱이 자기 자신으로부터 도망치고 싶다. 그는 두 사람의 자발적인 상호공감 없이는 성관계를 가질 수 없음을 인지하기 때문이다. 게다가 그는 "청교도교리와 신앙을 상징하는"[27] 프랭키의 육체를 더럽힐 수 없기 때문이다.

그는 이런 여신도들과의 불미스러운 관계가 탄로되어, 목사직에서 면직당한다. 또 그는 비위성직자들을 수용하는 사막에 있는 요양소에 신경쇠약환자로 입소하여, 한 달 동안 매일 일기를 써서 거북이같이 생긴 밉살스런 얼굴에다가 아주 볼품없는 몸매를 가진 요양소관리인, 프린에게 제출해야한다. 그가 매일 쓴 일기가 *일요일만 있는 한 달인데*, 엎다익이 일기형식으로 이 작품을 쓴 까닭은 "소설이 인간이 지금까지 창안해 낸 자아성찰과 그 표현에 가장 정교한 수단이다"[28]고 믿기 때문이다. 그의 일기 씀은 오메거형 요양소건물과 밀접한 상관관계가 있다. 이 오메거형건물이 일기의 핵심 주제 — 성, 종교, 그리고 예술 —를 통합시키기 때문이다: "이 오메거형은 엎다익이 세 개의 매우 신비스러운 일들 사이의 상호관계를 다루고 있음을 잘 특징짓고 있다. 예를 들면 우리가 종교적 주제는 오메거의 한쪽 끝에 그리고 성의 주제는 그 반대쪽 끝에 놓여있는 것으로 구체화한다면, 사람들은 '자의식적' 예술기법이, 말하자면 하나의 쐐기처럼 이 상치되는 주제들을 통합시킬 뿐 아니라 양극의 긴장감 가운데서 보지시키는 역할을 하고 있음을 인지한다."[29] 주인공이 성, 종교, 그리고 예술을 통합해야하는 필요성을 절감하고, 이 절감을 구현하는 과정이 자아성찰이고 그 표현이다. 그는 자아성찰로 생명을 부정하는 절대진리를 배격하고, 종교, 성, 그리고 생명을 같이 존중하고 예찬하는 상대진리를 강조하는 설교를 한다. 그는 경청자가 한 사람도 없는 설교에서 간음은 누구나 범할 수 있는 죄이기 때문에 형벌과 죄의식의 대상이 될 수 없다고 주장하면서, 그 실례와 증거로 예수님이 간음한 여자를 용서해주었다는 사실을 상기시킨다. 더욱이 그는 자아탐구와 실현에 전혀 관심이 없는 사람들이 절대진리에 의존하여 삶을 왜곡하고 파멸시킨 아주 잘못된 대표적 실례의 하나가 간음의 혹평이고 혹독한 처벌이었다고 지적한다. 따라서 그는 간음의 보편타당한 이해가 삶의 왜곡과 비극을 예방하는 첩경일 뿐 아니라 사회질서와 안정을 유지하는 최선책이라고 강조한다. 그의 강조에 따르면, "우리는 간음의 세대에 살고 있다. [⋯] 간음을 저지르는 남자와 여자는 사회가 그들에게 입혔던 모든 거짓 제복들을 벗어버리고 … 사랑 속에서, 사랑을 위해, 그리고 사랑을 가지고 만나, 이 세상의 지혜에 의해 오염되지 않는 대만족으로 전율한다"(56-58). 이처럼 그는 다른 사람들의 비행을 비방하고 처벌하려고 안달하기보다는 오히려 자아탐구와 실현에 전념하라고 조언한다.

그는 두 번째 설교에서 예수님이 행한 기적들을 열거하면서, 이 기적들을 하나님이 존재한다는 증거로 받아들여야한다고 주장한다. 질병이 만연하고 있었을 때, "예수님이 그 질병을 치료한 목적은 자비를 베풀기 위해서가 아니라 하나님의 존재를 입증하기 위한 것이었다."[30] 그는 하나님의 존재와 예수님을 믿음으로써 어떤 역경과 비극도 극복할 수 있다는 자신감을 갖는다. 그러므로 그는 간음을 저지르고 요양소에 수용되어 있지만 낙관적이다. 그는 자아를 성찰하는 삶이 실존의 전부라고 확신하기 때문이다. 그래서 그는 세 번째 설교에서 비위성직자들을 격려한다: "힘차게 사시오. 형제들이여 당신들의 생애가 치욕과 실패로 얼룩졌다할지라도 힘차게 사시오. 생활터전을 잃어버린 당신들에게, 나는 꼬마올빼미도 선인장 잎에 집을 짓는다고 말하고 싶소. […] 스스로 신앙을 상실해버린 사람들에게, 나는 어떤 씨앗도 새순이 싹틀 수 없을 정도로 말라버릴 수는 없다고 말하고 싶소"(196). 더욱이 그는 우리 모두가 옴짝달싹할 수 없는 곳에 와 있지만, 큰 도마뱀이 아주 비좁은 곳에서도 자기 몸을 키울 수 있는 것처럼 스스로 성숙하자고 호소한다.

마지막 설교에서 그는 "육체와 영혼을 하나로 통합시키려면,"[31] 육체의 부활을 믿어야한다고 주장한다. 그러나 그는 많은 사람들이 육체의 부활은 불가능하다고 믿고 있다는 사실을 알고 몹시 개탄한다. 그는 삶의 불가능 가운데도 언제나 가능성이 있다고 확신하기 때문이다. 우리가 실존에서 가능성을 부정함은 가장 큰 죄악이라고 강조한다. 따라서 그는 우리가 불가능을 가능으로 전환시키기 위해서는 절대진리를 버리고 우리 삶과 의식의 변화무쌍과 신비의 위력을 깨달아야한다고 역설한다. 그리고 우리가 육체가 부활한다고 믿는다면 육체와 영혼은 같다고 인정하기 때문에, 삶과 죽음을 구분할 수 없으므로 낙원에서 살고 싶어할 필요가 없다고 갈파한다. 그는 우리가 지금 여기서 열심히 살면 지상이 낙원이 될 뿐 아니라 세속적이라고 무시했던 육체도 성스러워진다고 설교한다: "우리의 육체가 우리, 우리이다. 우리의 불사에 대한 갈망은 … 상상을 초월하는 삶으로의 변형에 대한 갈구가 아니라 우리의 일상적인 삶 … 세속적인 생활에 대한 열망이다. 우리가 상상할 수 있는 유일한 낙원은 이 지상이다"(243). 이렇게 그는 자아성찰과 그 표현(소설)으로 성과 종교 그리고 육체와 영혼을 하나로 통합한다. 더욱이 그는 자신의 마지막 설교(일기) 끝에다 프린이 쓴 논평을 읽는다: "그렇습니다. 설교다운 설교가 되었습니다"(251). 그는 그녀가 자기일기의 성실한 독자였음을 알고 나자, 처음 볼 때는 밉살스런 얼굴에다가 아주 볼품없는 몸매를 가진 여자였지만, 30일을 홀로 지낸 지금은 그녀를 "쓰다듬을 수 있고, 꼭 껴안을 수 있으며, 애무할 수도, 그리고 입 맞출 수도 있는"(255) 매우 매력적인 대상으로 상대하고 싶다.

따라서 그는 그녀와 성관계를 갖고 싶어 안달한다. 그는 그녀가 자기일기를 격찬한 논평을 읽고, 또 사막답사여행을 갔다가 그녀가 술 취한 인디언을 지극한 정성으로 보살피는 장면을 목격하고 깊은 감명을 받았다. 그는 이 감명으로 그녀와 정신적으로 공감대를 이뤘다고 생각한다. 그래서 그는 "자기와 프린과의 정신적인 결합을 육체적으로 확인해보고 싶다."[32] 게다가 그는 사랑은 "하나의 감정도, 독단적인 표출도 아니고 감정의 전이, 즉 자발적인 공감임을 깨닫는다"(217). 더욱이 그는 성행위를 "정신적 아름다움의 외적 표현"(258)으로 이해한다. 그는 이 깨달음과 이해를 직접 체험해보고 싶어 그녀에게 "나에게 당신의 육체를 주시오"(261)라고 사정한다. 그가 그녀와 성행위를 할 때, 그들 사이에는 자아탐구와 육체를 신성시하는 정신이 자연스럽게 전이되어 자발적인 공감이 일어나 확산된다. 이런 공감확산이 그들을 지극한 황홀경으로 빠져들게 하여 하나의 공동체로 굳게 결합시킨다. 이 황홀경과 결합이 소설의 끝이다.

*일요일만 있는 한 달*의 요체는 미국의 종교적 전통이 악의 근원이라고 부정했던 육체의 중요성을 강조했을 뿐 아니라 육체와 영혼 그리고 성과 종교를 구분할 수 없다는 주장이다. 엎다익이 이 주장을 지지하는 발언에 의하면, "종교적 열정과 성적 욕구 사이에는 깊은 관련성이 있다. 종교적 열정과 성적 욕구는 우리의 육체적 한계성을 극복하면서 우리 삶을 영원하게 지탱하는 원동력이다."[33] 또 이 소설은 너와 내가 자아탐구를 삶의 목적으로 삼을 때, 우리 둘은 자발적인 공감으로 하나가 될 수 있음을 각별히 강조한다. 게다가 이 소설은 "너와 나는 또한 작가와 독자인 나와 너임을 의미한다."[34] 더

욱이 이 소설은 영혼과 육체 그리고 종교와 성의 분리에서 비롯되는 대립과 갈등이 빚는 비극을 표현하지 않고, 모든 사람이 자아탐구와 실현에 전력한다면 이룰 수 있는 공동체의식을 예찬한다.

잭 케러왝(1922-1969)은 행복을 추구한 세대(Beat Generation)를 창시한 문인들 중에서 대표적 소설가이다. 무엇보다도 먼저 최근 그리고 포우스트모던미국소설의 창작철학과 기법에 결정적인 영향력을 발휘한 행복을 추구한 세대의 기본철학을 케러왝의 인생관과 시대적 배경을 바탕으로 약술해본다. 케러왝의 인생관은 그 전제를 모든 인간은 지극한 행복을 누릴 수 있다는 믿음과 이 믿음을 구체화하는 방안모색에 두고 있다. 그는 모든 인간이 자발적인 삶을 살면서, 사람과 만물을 사랑하고, 순수하고 정직한 주체적 자아를 탐구하고 실현하려할 때 행복하다고 갈파한다. 따라서 그는 아버지가 염원하는 입신출세를 거부하고 문학작품을 탐독하며, 정신과 육체를 구별하는 이원론과 육체부정에서 탈피하여 만물은 다 같다는 선불교에 귀의한다. 그는 선불교에서 인류애와 자비정신을 터득한다. 또 그는 예술의 주관적이고 즉흥적인 이해, 감상, 그리고 판단을 무시하는 객관적이고 권위적인 평가와 해설에 도전하여, 옹졸한 시골뜨기시인에 불과하다는 학계의 혹평을 받은 왈트 휘트먼(Walt Whitman)을 자신의 문학적 이상으로 뿐 아니라 우주의 시인으로 흠모한다. 게다가 그는 대부분의 미국인들이 재즈를 속되고 천한 음악이라고 경멸하지만, 자신의 심금을 울린 블루즈에 심취한다. 더욱이 그는 개인적인 실존차원을 넘어 사회문제에 지대한 관심을 쏟는다. 먼저 그는 서구의 몰락이라는 염세주의와 비관론에 빠져 있는 많은 미국인들의 패배의식을 낙천주의와 낙관론으로 개혁시킬 삶의 긍정철학을 탐구한다. 이 긍정철학이 인간의 도전과 창조정신의 옹호이고 고취일 뿐 아니라 인간의 새로운 정의이다: "인간은 결코 사회적 동물, 피해자, 피조물만은 아닌 근본적으로 정신적 존재이다."[35] 그는 도전과 창조정신을 옹호하고 고취하기 위해 인간의 자유, 존엄성, 솔직성, 개체성, 그리고 참여의식을 억압하고 말살시키는 관료주의의 무모한 반동정책, 산업사회의 획일주의, 그리고 중산층의 물질만능주의와 억압적인 도덕관에 반항한다. 그의 집요한 하나의 반항은 상아탑문학의 권위주의에 도전하면서 삶의 현장감, 즉흥성, 자발성, 그리고 민감성을 적나라하게 표현하는 길거리문학을 예찬함으로써 삶과 예술의 구별을 없애려는 문학운동이다. 또 하나의 반항은 본능, 욕구, 의지, 그리고 자아를 고수하려는 새로운 인간의 창조이다. 새로운 인간은 제2차 세계대전 중에 미증유의 살상행위를 자행한 통치권자들의 정신과 육체의 분리에서 비롯된 생명경시, 정신마비, 그리고 인격파산의 치유방안을 영혼과 육체의 통합, 육체와 성의 신성시, 그리고 전인적 자아탐구에서 찾은 힙스터, 즉 노먼 메일러가 명명한 "하얀 검둥이"이다. 더욱이 케러왝은 자신의 소설창작기법으로 삶을 있는 그대로 열광적이고 자발적으로 거침없이 표현한다. 그는 자발적인 표현기법으로 모든 사람의 개체성, 주체성, 독창성, 황홀감, 탐구와 창조정신, 그리고 공동체의식을 강화하고 확장함으로써 그들의 실존을 위축시키는 염세주의와 비관론을 극복하려한다. 따라서 그는 무엇을 쓰겠다는 계획을 세우기보다는 마음에서 우러나오는 생각을 즉흥적으로 쓰라고 역설한다.

지금부터 이 논의에 의존하여 *떠돌이 삶*(*On the Road*, 1957)과 *진리탐구자들*(*The Dharma Bums*, 1958)을 "삶의 활력은 깨달음과 자유"의 논지로 고찰해본다. 캐러왝은 *떠돌이 삶*을 "로큰롤에 맞추어 움직이는 힙스터소설"이라고 일컬으면서, 이 소설은 "틀림없이 미국사회에 새로운 의식을 불러일으킬 것"[36]이라고 호언했다. 소설주인공, 샐 패러다이스(Sal Paradise)는 결혼생활의 파탄, 병마에 시달림, 친구들의 염세주의와 비관론, 그리고 삶의 무기력에서 비롯된 좌절감과 절망감에 빠져 작품을 쓸 수 없는 소설가이다. 이때 그는 딘 모리아티(Dean Moriarty)를 만나 지금까지 암울했던 뉴욕생활을 버리고 미국 전역을 돌아다니는 떠돌이 삶으로 실현한 자아성숙과정의 고백이 *떠돌이 삶*이다. 그가 "길에서 떠돌아다니는 것은 개인적인 낙천주의의 표명이며, 불가능한 일을 시도해보는 불굴의 의지와 어떤 제약도 초월할 수 있다는 신념의 천명이다."[37] 그런데 그에게 떠돌이 삶의 계기를 마련하고 삶의 활력을 불어넣은 딘은 공개적인 언급이 금기시되었던 성행위를 "삶에서 유일하게 성스럽고 중요한 일"[38]이라고 공언하지만, 개인생활에서는 오로지 자기만족에 탐닉하는 무책임하고 이기적인 인간이다. 요컨대 캐러왝은 *떠돌이 삶*을 "하나의 탐구나 순례로 생각했다. 딘이 아닌 샐이 모든 여행에서 통찰력의 순간을 체험하는 인간이다. 딘은 때로는 안내자, 때로는 목표, 그리고 때로는 방해물로서 샐에게 그의 탐구대상을 제시하면서 소설에다 많은 활력을 불어넣는다."[39]

게다가 기존종교교리와 사회통념에 반발하는 딘과 주인공은 "사회와 그 규범들을 부정하고 파괴하려하기보다는 사회의 굴레에서 벗어나려할 뿐이다. 그들이 일단 그 굴레를 벗어나면 진리를 탐구하기 시작한다. 그런데 이 진리는 개개인의 육체와 영혼, 특히 심장이 긍정하고 공감하는 진리이다."[40]

주인공은 이 진리를 탐구하려고 1947년 7월에 덴버(Denver)로 딘을 찾아가는 서부여행을 결행한다. 그는 이 여행에서 의타심으로 자기실존문제를 해결할 수 없음을 깨닫는다. 먼저 그는 자신을 망각하는 순간을 체험한다: "나는 태양이 빨갛게 타오르고 있을 때 눈을 떴다. 그 순간은 나의 삶 중 하나의 희귀한 체험이었고, 가장 이상스러운 순간이었는데, 나는 내가 누구인지 알지 못했다"(17). 이렇게 그가 과거의 악몽을 지우려할 때 큰 웃음소리를 듣고 절망감에서 벗어나 삶의 활력과 생명력을 느낀다. 그는 천진한 웃음소리를 듣고, 자기가 세속적이고 이기적인 욕심에 얽매인 거짓자아로 실존하면서 희열, 활력, 그리고 황홀감을 상실했음을 인지한다. 따라서 그는 솔직하고 이타적인 의식을 확장함으로써 진실한 자아를 회복하려한다. 그는 덴버에서 부인과 갈라서려고 이혼서류를 작성하고 있는 딘을 만나, 그의 삶이 광기로 가득 차 있음을 목격한다. 그는 딘과 친구들에게 의존하려했던 기대가 빗나갔음을 알고, 다른 친구를 찾아 샌 프런시스코와 텍서스주로 간다. 그러나 그는 동부의 속박으로부터 벗어나 삶의 새로운 활력을 다른 사람들에 의존하여 찾으러 결행한 서부여행이 부질없는 행위였음을 깨닫는다. 그는 이 의타심 때문에 자신의 자발적이고 주체적인 삶을 살 수 없다. 그는 피츠버그(Pittsburg)를 경유하여 뉴욕으로 돌아오면서, 지금까지 서부에만 미개척지들이 있다고 생각했는데, 동부에도 무수한 황무지가 있음을 지실하고, 자기사고와 행위가 오류투성이이었음을 깊이 자성한다.

그는 서부여행에서 돌아와 1년 동안 두문불출하여 소설집필을 끝내고, 1948년 성탄절을 시골 동생 집에서 친척들과 함께 조용히 보내려고 작정한다. 이때 갑자기 딘이 친구들과 함께 그를 찾아왔으므로 그의 계획은 차질을 빚는다. 그러나 그는 딘이 신비주의자가 되었음을 알고 놀란다. 그는 딘이 믿는 불가사의한 철학과 "그것"을 경청한다: "물론 지금 누구도 우리에게 신이 없다고 주장할 수 없다. […] 만물은 다 좋고 아름답다. 신은 존재한다. […] 너는 모든 것을 기하학과 기하학적 사고방식으로 이해할 수 없다"(120). 딘은

주인공에게 말한다: "롤로우 그렙(Rollo Greb)은 모든 사람 중에서 가장 위대하고 신비스러운 사람이다. 이 사실이 내가 너에게 말하려했던 것이고, 내가 되고 싶어하는 것이다. 나도 그 사람처럼 되고 싶다. 그는 결코 어떤 일에도 구애받지 않고, 사통팔달하였으며, 진리를 깨달아 영원을 알고, 자유자재로 움직인다. 그 사람이야말로 우리가 되고자하는 목표이다. 네가 언제나 그 사람처럼 살려고 하면, 너는 드디어 그것을 얻게 될 수 있음을 깨달을 것이다"(127). "그것"은 인간이 스스로 황홀한 경지에 이르러 만물과 하나가 되는 무아경의 순간을 의미한다. 주인공이 탐구하려는 진리가 바로 "그것"이다. 그 진리는 모든 사람이 시공을 초월하여 하나가 되어 자발적이고 즉흥적으로 공감하여 수용하는 철학, 예술, 종교, 그리고 도덕이다.

그는 딘의 철학과 "그것"을 경청한 후에 독자적이고 이타적인 삶을 살면서, 딘을 보살펴주려고 결심한다. 그는 이 결심으로 딘이 자기만족에 탐닉하여 가정파탄을 자초한 책임과 비난으로부터 도피하려고 뉴욕으로 함께 가자는 요구를 흔쾌히 수용한다. 이 수용은 그가 딘을 보호해야한다는 의무감과 자기는 딘과 하나의 공동체라는 인식에서 연유한다. 이제 그는 딘과 교감할 수 있으므로 큰 희열과 벅찬 감격을 느낀다: "나는 그를 쳐다보았다. 내 눈은 당혹감과 눈물로 젖어 있었다. 그는 조용히 나를 응시했다"(189). 그는 딘이 자기에게 "축복의 근원이며 화신"(195)이라고 확신한다. 게다가 그는 딘과 함께 들으러 간 재즈독창회에서 재즈가수가 스스로 자신의 노래에 황홀해하더니 곧 무아경에 빠져 완전히 자기를 망각한다. 딘도 망연자실한 상태에 완전히 빠져 황홀경을 만끽하면서, 재즈는 인간에게 하나의 신비스러운 해방감을 가져다준다고 역설한다. 딘은 재즈가수에 감탄한다: "그 테너가수는 '그것'에 이르렀다 – 일단 그가 그 경지에 이르자 계속 무아경에 빠져 있었다. 나는 지금까지 그렇게 오랫동안 무아경에 젖어들 수 있었던 사람을 본 적이 없었다"(206). 주인공도 무아경의 경지에 이르러 만물과 하나가 되는 "그것"의 절대적 중요성을 깨닫는다. 이제 그는 실존에서 영원과 절대의 강박관념으로부터 해방되어 자발적이고 주체적으로 감지하는 순간의 전율과 직관력을 삶의 좌표와 예지로 활용하려한다. 드디어 떠돌이 삶을 끝내고 정착하면서 그는 모든 사람의 삶이 사회적인 억압과 자유, 탄압과 반항, 개인적인 절망과 희망, 비관과 낙관, 그리고 비탄과 희열의 갈등과 대립의 연속선상에 있음을 인지했다. 그들이 이 갈등에 어떻게 대처하느냐에 따라 그들 실존의 안정, 활력, 그리고 생동감의 정도와 진폭이 결정된다는 사실을 깨달았다. 그는 이 깨달음으로 자발적이고 주체적인 대처가 가장 이상적이라고 각성한다: "미국에서 … 어린이는 자신의 아버지가 되지 않으면 안 된다. 이렇게 하는 것이 그의 자유이며 궁극적 책임이다. 아버지는 '결코 발견되어지지 않으며' 아마 자아도 발견되어지지는 않을 것이다."[41] 이 각성이 *떠돌이 삶*의 요지이다. 이 각성은 사회를 부정하고 붕괴시키려하지 않고, 모든 사람이 자발적이고 주체적으로 자아탐구와 실현에 전념해야한다는 실존철학이다.

*진리탐구자들*의 두 주인공, 레이 스미스(Ray Smith)와 재피 라이더(Jaffe Ryder)는 *떠돌이 삶*의 무작정 방랑하는 무모하고 불안정한 주인공들과는 달리 모든 굴레, 특히 사고의 굴레에서 해방되어 깨달음과 자유를 얻기 위해 학문을 연마하고 사색하는 활력이 넘치는 젊은이들이다. 레이는 한때 자신이 강요받았던 물질만능주의 때문에 냉소주의와 위선에 빠진 적도 있었지만, 지금은 자신이 실존목적을 득도에 전념하면서 자유스럽고 독립적이며 자비심이 충만한 자아탐구에 둔다. 그가 자아탐구를 위해 사색과 명상에 집중할 때, 재피 라이더, "미국문화의 위대한 새 주인공"의 지대한 영향과 지도를 받는다. 재피는 자연 속에서 소박하게 성장했던 체험을 자신의 학문연구의 기반으로 활용한다. 그는 자연과 학문의 융합체이므로 전인적인 인간이다. 그러므로 그의 학문은 동서고금을 망라하기 때문에 편협하지 않고 광범위하고 포괄적이다. 그의 학문적 관심은 죤 뮤(John Muir), 한산(Han Shan), 시태(Shih-te), 리 포우(Li Po), 죤 버로우즈(John Burroughs), 폴 번년(Paul Bunyan), 크로포트킨(Kropotkin), 사회주의, 무정부주의, 음악, 길거리문학, 그리고 선불교에 있다. 그는 선불교에서 서구문학과 종교의 가장 큰 병폐인 이원론 – 영혼과 육체의 분리, 생시에는 천사와 악마의 싸움, 그리고 사후에는 천국과 지옥의 구별 –으로부터 해방될 수 있는 길을 발견한다. 또 그는 만물은 변화무쌍하기 때문에 이 세상과 삶에서 영원불변은 있을 수 없다는 진리를 터득한다. 게다가 그는 삶과 예술을 구별하는 논리보다는 진리를 깨닫는 순간의 직관력을 더욱 중요시한다. 그는 레이와 함께 마터혼(Matterhorn)산에 오르면서 하이쿠를 설명한다. 그의 설명에 의하면, 하이쿠는 매우 짧으나 이질적인 소재를 결합시켜 조화시키기 때문에, 사물의 정곡을 찔러 마음의 눈을 뜨게 해준다. 예

를 들면, "참새가 툇마루 위에서 뛰어다닌다. 젖은 발로." 그는 젖은 발자국이 자기 마음속에 상상력을 불러일으켜, 내렸던 비를 다시 보게 해줄 뿐 아니라 젖은 솔잎 냄새를 맡게 해준다. 또 그는 산은 자기에게 부처님이라고 예찬한다: "수만 년 동안 그처럼 완벽한 침묵에 빠진 채, 그 침묵 속에서 모든 중생을 위한 기도를 할 뿐 아니라 우리가 번뇌와 허황됨에서 벗어나기를 기다리면서 앉아있는 그 인내를 생각해봐라." 게다가 그는 부언하기를, "산을 오르는 비결은 선(禪)과 같다. 생각을 멈추고 춤을 추듯이 올라가라. 산을 오르는 것이 이 세상에서 가장 쉬운 일이며, 단조로운 평지를 걷는 것보다 훨씬 더 쉽다." 이때 레이의 마음에 유명한 선문구가 떠오른다. "네가 산꼭대기에 이르면, 계속 올라가라."[42]

이제 레이도 불교와 기독교 그리고 동양과 서양을 구별하는 사상의 굴레로부터 해방될 수 있다면, 새로운 인간, 즉 무위자연의 인간으로 재생할 수 있다고 확신한다. 그는 재생하기 위해 명상하기 시작한다. 그는 명상으로 만물은 다 똑같으며, 모두가 허무라고 믿는다. 그는 이 믿음으로 더욱더 자유스러워진 자신에게 이런 진리를 가르친다: "나는 허무(있으면서 없는 존재)이다. 나는 허무와 다를 바 없는데 허무도 나와 다르지 않다. 정말로 허무가 나이다"(144). 그는 이 진리로 깨닫는다: "빗방울이 황홀경이다. 빗방울은 황홀경과 마찬가지이다. 황홀경도 빗방울과 같다. […] 모든 것은 허무이다. […] 우리는 허무한 이 모습, 저 모습으로 이 세상에 영원히 있기 마련이다"(139-147). 그는 다시 재피를 만나러 가는 도중에 텍서스주의 사막에서 하루 밤을 야영한다. 그는 밤에 사막의 정적 속에 혼자 있으므로 조용히 자신의 마음의 소리를 들을 수 있다. 이 소리는 "일상생활의 긴장 때문에 잊어진 듯 보이는 어떤 것을 상기시켜주는 대단한 쉬이쉬이(Shhhh) 소리인 침묵 자체의 신비스러운 외침이다"(157). 그는 재피에게 이 소리를 설명하고 싶다.

재피는 그의 깨달음의 설명을 듣고 반응한다: "아 그것은 바로 많은 말들이다. 나는 네가 겨울 내내 명상했던 말들의 언어표현을 듣고 싶지 않다. 나는 행동으로 깨닫고 싶은 사람이다. […] 나의 불교는 행동이다"(169-173). 이렇게 재피는 그에게 진정한 깨달음은 추상적 사고나 논리가 아니고 느낌에 바탕을 둔 직관이라고 설파한다: "진정한 깨달음은 이성적 사고가 아닌 직관력, 즉 신비한 통찰력을 통해 일어난다. […] 깨달음은 강렬하고 감정적인 해방을 거쳐 통합과 전체를 지각하는 황홀한 경지에 이르는 결과이다."[43] 드디어 레이는 깨달음은 사고에 있지 않고 지각에 있음을 직접 체험한다.

그가 산불감시원으로 안내자와 함께 데설레이션(Desolation)산 정상에 올랐을 때 안개 때문에 앞을 볼 수 없다. 그가 안내자에게 여기서 어떻게 산을 볼 수 있느냐고 묻자, 안내자는 이삼일 지나면 온 사방으로 100마일까지 볼 수 있다고 대답한다. 그는 이 말을 도저히 믿을 수 없다. 그러나 그는 어느 날 밤에 잠에서 깨었을 때, 창 밖에 거대한 검은 괴물이 서 있는 것을 보고 혼비백산한다. 이 괴물이 안개가 걷혀 별들이 반짝이는 밤하늘에 비친 캐너더(Canada)의 호우조우민(Hozomeen)산이다. 다음날 아침에 저 멀리 눈에 덮여 수백 마일 뻗친 산등성이와 많은 호수들 그리고 울창한 산림을 볼 수 있다. 그는 산 정상의 변화무쌍한 날씨 속에서 혼자 서 있으면서 마음의 소리를 듣는다: "오 레이야, 네 일생은 영원히 깨어 있는 거대한 바다에 떨어지는 하나의 빗방울과 같다"(241). 그는 산 위에 떨어지는 눈처럼 자신도 영원 속의 한 점에 지나지 않음을 깨닫는다. 이처럼 자신이 허무임을 깨달으면 깨달을수록 더욱더 자유스러워짐을 절감하고 재피에게 감사한다: "데설레이션산이여, 나는 너에게 너무나 큰 은혜를 입었기에, 내가 모든 것을 배웠던 곳으로 나를 안내해준 재피에게 영원히 감사한다"(244). 드디어 그는 깨달음이 모든 사람의 자아탐구와 실현의 궁극적인 목적, 지극한 행복, 그리고 자유임을 확신한다. 요컨대 깨달음이 *진리탐구자들*의 요지일 뿐 아니라 케러왝 소설이 구현하려는 핵심주제이다.

필립 로스(1933-2018)는 소설을 읽고 쓰는 목적을 천명한다: "나는 나를 질식시키고 있는 삶의 편협한 사고로부터 해방되기 위해서, 그리고 내가 아닌 다른 사람이 완벽하게 전개하여 확장시켜 놓은 이야기 시점에 상상적 공감을 체험하기 위해 소설을 읽는다. 이와 똑같은 이유 때문에 소설을 쓴다."[44] 또 그의 주장에 따르면, "인간은 자기는 누구인가와 자기는 무엇 때문에 존재하는가를 묻는 자유인이다. 그러므로 인간은 오로지 자아를 탐구하면서 창조하려는 욕구실현을 위해 실존에서 끊임없이 변신과 성숙을 도모해야하는 존재이다. 더욱이 인간은 삶에서 불확실성과 역설을 받아들이지 않으면 안 되는 존재이다. 인간은 어떤 목적을 위해서나 어떤 목적을 실현하기 위한 삶을 살아서는 안 되는 존재이다. 인간은 완성된 존재가 아니고, 항상 자아를 탐구하는 존재이다. 인간의 희망과 자유는 이렇게 자아를 탐구하고 있는 바로 그 과정에 있다."[45] 인간은 이런 희망과 자유를 억압하는 현실과 항시 대립과 갈등을 빚으면서 존재한다. 인간의 꿈과 자유를 유린하는 주범은 부모의 편협한 사고와 이해력 부족, 종교의 일방적인 교리와 그 교육, 정치권력의 남용이 빚어내는 사회적이고 인간적인 비극들, 사람들의 인종적 편견, 그리고 어처구니없는 오늘의 현실이다. 인간은 이런 횡포와 탄압을 받는 삶을 살면서도 소설 때문에 패배자가 아닌 승리자가 될 수 있다. 인간은 자신의 삶이 어떤 사상이나 교리, 편견, 혹은 제도에 얽매여버리기 전에 스스로 소설을 읽으면서 삶을 변화시키려고 최선을 다하기 때문이다. 그런데 소설은 실존에서 모든 문제의 확답을 찾으려하기보다는 불확실성을 제기할 때 삶을 변화시킬 수 있다: "소설가는 독자에게 세계를 하나의 문제로 파악하라고 가르친다. 이 가르침에는 예지와 관용이 있다. 신성불가침의 확실성을 중요시하는 사회에서 소설의 의의는 상실된다. 전체주의국가는 공산주의나 회교 혹은 다른 어떤 철학을 기반으로 건국되었던 간에 질문보다는 오히려 답의 세계이다. 그런 사회에서 소설은 그 역할을 제대로 하지 못한다. 어쨌든 오늘날 세계 도처의 사람들은 이해보다는 판정 내리기를, 질문보다는 대답하기를 선호하는 것처럼 보이는데, 사람들이 찾는 이 확실성의 어리석음 때문에 소설의 예지가 파악되지 못한다."[46] 구체적 사례로 로스의 소설주인공도 횡포와 억압에 시달리는 삶을 살면서도 피해자로 전락하지 않고, 오히려 그런 삶으로부터 많은 교훈을 배우면서 그 삶을 극복한다. 그의 극복저력은 어떤 환경과 삶의 여건 가운데서도 자아탐구와 자신의 잠재력과 가능성을 계발하고 발휘해야한다는 철학에서 비롯된다. 로스가 이 철학을 탁월하게 구현한 *책임있는 주커만: 삼부작과 끝맺는글*(*Zuckerman Bound: A Trilogy and Epilogue*, 1985)을 "예술은 삶의 원동력"의 논지로 고찰해본다. 이 작품은 삼부작 – *대필작가*(*The Ghost Writer*, 1979), *해방된 주커만*(*Zuckerman Unbound*, 1981), 그리고 *해부학수업*(*The Anatomy Lesson*, 1984) –에다 중편소설, *프라그의 야단법석*(*The Prague Orgy*)을 끝맺는글로 첨가한 소설이다.

*대필 작가*에서 주인공 네이선은 스물세 살의 문학청년으로서 "나"의 이야기로 부모의 편협한 사고에 대처하는 삶의 포부를 천명한다. 그는 유대가

정의 자손이라는 긍지를 가지고 실존하면서, 우수한 대학성적과 창작활동으로 부모의 아낌없는 칭찬과 사랑을 받았다. 그러나 그가 단편소설, "고등교육(Higher Education)"을 발표한 후에는 부모의 욕설, 증오, 그리고 저주의 대상으로 전락했다. 그러나 그는 이 단편소설에서 유대미망인이 시동생과 벌인 시아버지의 유산상속소송에서 패소했지만, 혼자 악착같이 일해서 두 아들을 의과대학에 보내 졸업시킨다. 그는 그녀의 이런 불굴의 집념과 어떤 희생도 감수하는 모성애를 찬미한다. 그런데 이 단편소설이 그의 아버지에게 극도의 분노와 착란을 일으켰다. 그는 예술세계와 실제 삶을 구별할 능력이 없기 때문에, 이렇게 추잡한 유대인의 모습은 필연적으로 유대인배척주의를 조장할 뿐 아니라 유대인 생존을 위협한다고 믿기 때문이었다. 따라서 그는 아들을 비난한다: "사람들이 네 단편소설의 등장인물들을 어떻게 판단하여 어떤 결론을 내릴 거라고 생각하느냐? 너는 이런 문제를 한 번이라도 생각해 보았느냐?" 게다가 아버지는 자신의 정신적 지도자, 리어포울드 와프터(Leopold Wapter)판사에게 아들을 올바로 가르쳐 달라고 간청한다. 그러자 판사도 유대소년으로서 감내해야했던 극빈 그리고 차별과 불평등을 극복하고 입신출세하여 자신, 가족, 그리고 유대인들에게 심은 꿈과 자긍심에 도취되어 일방적으로 네이선을 몰아세운다: "전국적으로 보급되어 판매되는 잡지에 이 단편소설을 발표함으로써 얻는 너만의 경제적 이득 외에 너는 네 가정, 네 지역사회, 유대종교, 그리고 유대인들의 행복과 번영에 어떤 도움과 이익을 초래할 거라고 생각하느냐?"[47] 이처럼 네이선은 이 단편소설 때문에 아버지와 판사의 집중적인 공격을 받았다.

네이선은 부모와 빚는 극심한 갈등에다 지역유지의 힐난까지 받아 극도의 실의와 절망에 빠져 삶의 의미와 활력을 상실한다. 그러나 그는 사랑하는 부모와 존경하는 판사의 비난에 자제하면서 반항하려하지 않고 현명하게 대처한다. 그는 자신의 독창적인 예술세계를 이해하고 옹호해줄 정신적 아버지로 모시고 싶은 유대소설의 대가일 뿐 아니라 허먼 멜빌(Herman Melville)과 너새니얼 호손(Nathaniel Hawthorne) 이후 미국의 가장 탁월한 소설가로 평가받는 이. 엘. 로너프(E. L. Lonoff)를 찾아간다. 로너프는 오로지 소설가로서 자신의 정체성을 고수하기 위해 세속적인 욕망과 인연을 끊고, 56년 생애의 25년을 시골에서 상상적인 소설창작에 몰두하는 특이한 작가이다. 네이선은 그로부터 소설창작지도와 격려의 말을 듣고, 갈등, 대립, 그리고 반항에 관심을 쏟기보다는 오히려 자신의 독창적인 소설을 창작하려한다. 그는 이 대가의 원고에서 "너는 네 삶을 변화시키지 않으면 안 된다"(27)는 문장을 읽고 깊은 감명을 받는다. 또 대가의 부인이 남편에게 했던 말을 전적으로 긍정하고 싶다: "당신의 자아는 반드시 존재합니다. 당신의 자아는 존재할 절대적 권리를 가지고 있습니다"(41). 더욱이 그는 대가의 소설집필철학과 방법을 경청한다. 대가는 자기작품 속에 지금까지 소설에서 논의되었던 도덕관, 사상, 종교, 예술, 그리고 사회변화에 대한 자신의 철학을 주장하지도 표현하지도 않는다. 그의 소설은 오로지 그가 쓰고 다듬은 문장들의 결합체이다. 그의 언급에 의하면, "나는 문장들을 추고한다. 이것이 나의 삶이다. 나는 한 문장을 쓰고는 그 문장을 추고한다. 그리고 그 문장을 다시 읽고 또 추고한다. [···] 이번에는 두 문장을 정독하고 추고한다. [···] 하루 종일 이처럼 판에 박힌 일을 하고 있으면, 권태와 쓸데없는 일을 하고 있다는 생각에 미칠 지경이다"(17-18). 그는 대가의 말을 경청하고 갈등과 대립 그리고 비난을 극복하는 유일한 길은 상상력에 의존한 소설창작에 있다고 확신한다. 더욱이 그는 대가로부터 지금과는 매우 다른 소설을 쓸 수 있을 거라는 고무적인 예언을 듣고, 그와 작별한다.

*해방된 주커만*에서 이야기되는 객체인 주인공은 자기가 성장했던 작으며 따뜻하고 정다운 가정과 지역의 굴레에서 벗어나면 자유스럽게 사고하고 행동할 수 있을 거라고 믿었지만, 또다시 편협하고 독선적인 인사들의 울타리 안에서 살아야하는 현실에 직면한다. 게다가 그는 30대 중반에 "고등교육"과는 전혀 다른 소설이며 성의 해방을 주창하는 *카노프스키*(*Carnovsky*)를 출판하여 사람들의 비난과 주목의 대상이 되었으므로 자신의 자유를 만끽할 수 없다. 이 소설에서 지금까지 금기시되었던 성문제를 매우 대담하고 노골적으로 표현하려고, 유대인등장인물들의 간음, 자위행위, 동성연애, 성욕도착, 그리고 매춘을 있는 사실 그대로 묘사한다. 그는 이 소설로 하루아침에 전국적인 저명인사이자 백만장자가 된다. 그는 이 소설을 인간의 성적 본능을 극도로 자극하기 위해서 그리고 유대인을 모독하기 위해서 쓰지 않고, 오로지 자신의 철학 – 성은 인간이 아직까지는 어떤 생존여건에서도 향유할 수 있는 유일한 자유이다 –을 천명하려고 했을 뿐이다. 그는 *프라그의 야단법석*의

여자주인공, 올가(Olga)의 이런 주장에 전적으로 동감한다: "성이 이 나라(체커슬러바키어(Czechoslovakia))에 남은 유일한 자유이다. 성행위는 우리가 마음껏 누릴 수 있으나 그들(당국자들)이 도저히 유린할 수 없는 [우리의] 전부이다"(771). 더욱이 그는 *카노프스키*가 절찬과 격렬한 비난을 동시에 받고 있기 때문에 제정신을 가질 수 없다. 그는 "우리의 마셀 프루스트(Marcel Proust)와 같은 대소설가"(193) 그리고 "미국 뿐 아니라 전 세계의 가장 중요한 생존 작가들 중의 한 사람(251)이라는 찬사와 함께 *카노프스키*는 "해학, 연민, 우리의 가장 깊은 욕망의 이해, 그리고 … 인간희극"(192)이라는 절찬을 받는다. 반면에 그는 "유대인의 적(238)이라는 협박을 받는다. 한 젊은 여자는 이 소설을 읽고 그를 힐난한다: "당신에게는 사랑이 필요하다. 당신은 언제나 사랑을 필요로 한다. 나는 당신을 몹시 동정한다"(189).

주인공은 가족과 멀리 떨어져서 살고 있으므로 그들과 유대관계가 끊겼다고 망상하고 있지만 그렇지 않다. 결국 그는 망상은 자기기만이었음을 깨닫는다. 그는 마이애미(Miami)에서 옹색하지 않는 은퇴생활을 즐기다가 타계한 아버지의 장례식에 참석한다. 아버지는 뇌졸중으로 두 번이나 쓰러지셨는데, 자기가 전혀 생각하지 않았던 두 사건, 즉 자신의 두 번 이혼과 *카노프스키*의 출판이 큰 충격이었다는 사실을 장례식이 끝난 다음에야 그는 인지한다. 또 어머니의 마음 아픈 하소연을 들어야한다. 어머니는 아들에게 자기가 만나는 여자들이 자기를 바로 그 소설주인공의 어머니와 같은 못된 여자로 쳐다보니 창피해서 못살겠다고 불평한다. 그녀는 아들의 말대로 그 소설은 하나의 이야기이고 그 여자는 등장인물에 불과하다고 열심히 설명하지만, 여자들은 무턱대고 그것이 사실이 아니라면 어떻게 아들이 그런 이야기를 쓸 수 있느냐고 야무지게 반박한다고 울먹이며 하소연한다. 게다가 그는 치과의사로 유복하고 단란한 가정의 가장으로 부모에게 효심이 깊은 동생의 신랄한 비난을 받는다. 그는 형에게 삶의 성실성, 책임감, 그리고 자제심은 무엇이냐고 물으면서, 유대도덕, 지혜, 그리고 인내심은 하나의 장난감에 불과하냐고 공격한다. 그러면서 그는 형에게 소설에 묘사된 등장인물들이 가족과 이웃사람들에게 큰 충격, 상처, 그리고 실망을 줄 거라고 생각해보지 않았느냐고 따진다. 그는 가족의 마음을 아프게 한 소설을 쓴 형을 힐난한다: "나는 아들이 있고, 아들을 사랑하는 것이 무엇인가를 알고 있소. 그런데 형 같은 지독한 이기주의자는 사랑이 무엇인지 알지 못하며, 아마 영원히 알지 못할 것이오"(399). 그는 동생의 힐난을 듣고 자기를 정의한다: "나는 이제 어떤 남자의 아들도, 어떤 여자의 남편도, 어떤 동생의 형도 아니다"(404-5). 이처럼 그는 정신을 잃고 자신의 존재좌표를 알 수 없다. 요컨대 그는 주체적으로 자아를 탐구하려는 정신을 마비시키려는 사람들과 현실에 포위당해 있으므로 제정신을 가질 수 없는 곤경에 처해 있다. 그의 이런 곤경이 *해방된 주커만*의 끝이다.

*해부학 수업*에서도 여전히 이야기되는 객체로 다른 사람들의 영향에 크게 좌우되는 주커만은 소설과 사실을 구별할 수 없는 사람들로부터 받아야하는 정신적 고통과 억압에다 팔, 어깨, 그리고 목의 통증을 참아야한다. 그는 통증을 치료하려면 의사들에게 의존하면서 그들에게 자기 몸을 다른 사람들에게 맡겨야한다. 그는 의사들이 자기 아픔과 고통의 근원을 찾지 못하기 때문에 이 의사 저 의사를 찾아다녀야한다. 그는 여러 전공분야의사들의 진료를 받았지만 효과가 없자, 진정제를 먹거나 술을 폭음하면서 자기를 보살펴주는 네 여자와 성을 즐긴다. 그러나 그들은 그와의 성관계에서 자기만족을 만끽하지 못하면 그를 버리고 가버린다. 그들은 오로지 자기욕망의 굴레에 사로잡힌 삶을 살기 때문에 그를 환자로 보살피기보다는 이용한다. 그는 통증과 다른 사람들의 횡포에 시달려 삶의 의욕과 자신감을 상실한다.

더욱 애석하게도 그는 이제 실의와 좌절감으로 소설을 집필할 수 없는데, 소재마저도 없어져버렸다. 그의 아름다웠던 출생지, 뉴억(Newark)시는 1969년에 인종폭동으로 파괴되어버렸고, 그를 지탱해주었던 부모, 친척, 그리고 친구들도 유명을 달리했다. 이렇게 그가 뿌리를 상실하자, 삶에서 탐구하여 창조할 어떤 소재, 긴장, 그리고 희열도 찾을 수 없다. 설상가상으로 그의 처녀작, *고등교육*을 극찬했던 저명한 비평가가 자기가 *카노프스키*로 대성공을 거둔 뒤부터 그의 작품들을 싸잡아 혹평하므로 극도의 분노와 환멸을 느낀다. 그는 자기소설을 제대로 이해하여 평가해줄 거라고 믿었던 대비평가로부터 당한 배신감으로 지금까지 겪었던 정신적, 육체적 고통보다도 훨씬 더 큰 아픔과 환멸에 압도당해 생존의욕을 완전히 상실한다. 이처럼 그는 타율적 존재가 되어 자기를 고수하고 창조하려고 전력하지 않기 때문에 실존위기를 자초한다. 그는 이런 자기존립의 위기상황에서 자기를 보살펴주었던 한 여자로부터 이런 격려의 말을 듣는다: "나는 여배우도, 시인도, 훌륭한 선생도 될 수 있다. […] 나는 이렇게 패기가 넘치며, 힘차고 적극적이면서, 재기발랄하게 성장하고 있다"(541). 또 그는 다른 여자로부터 유대인들이 등장하지 않는 또 하나의 소설을 창작하라는 조언을 듣는다. 게다가 그는 우연히 은행에서 동화 속의 도사와 같은 고령의 의사를 만난다. 이 의사는 정신과 육체 사이에는 유기적 관계가 있다는 확신을 바탕으로 병을 치료했다. 의사는 목대를 목에 감고 있는 주인공에게 자기가 과학적으로 고안한 베개를 사용해보라고 권유한다. 그 베개를 사용했더니 등의 통증이 일시적으로 사라짐을 느낀다. 그는 40세의 나이에 의사가 되기로 결심하고, 대학시절의 가장 막역한 친구였고 지금은 마취학교수, 보비 프리태그(Bobby Freytag)를 찾아가서 자신의 뜻을 밝힌다: "나는 이곳에 치료를 받기 위해 온 것이 아니라 다른 사람들을 치료해주는 비법을 배우러 왔네. 나는 … 내가 몰입할 수 있는 새로운 세계를 창조하기 위해서 …"(602). 더욱이 그는 자기가 의사가 되려는 목적을 천명한다: "나는 기억을 회상하면서 과거에 의존하는 삶에 싫증이 났다. […] 나는 삶과의 적극적인 관계를 원한다. 나는 또한 나 자신과의 적극적인 관계를 원한다. […] 나는 자신의 삶의 굴레 속에 오래 매어 있었으나, 이제는 무진장하게 많은 다른 이유들을 가지고 삶을 살고 싶다"(610) 이때 그는 비로소 "육체와 소설창작의 궁극적 한계를 직시한다. 아마 이제 그는 자신의 삶을 변화시킬 대책을 세울 수 있다."[48] 드디어 그는 다른 사람들의 막강한 영향력과 대결하면서 생존하기 위해 자아를 고수하고 탐구하기 시작한다.

*프라그의 야단법석*에서 주커만은 이야기하는 주체로 공산주의국가에서 있었다고 들은 말과 자기가 거기서 체험했던 사건들을 기술한다. 이 말과 사건들은 그가 자기를 억압하고 질식시켰다는 편협한 사고와 독선과는 유가 아니게 탄압적이고 비인간적이다. 그는 1976년 1월 11일에 뉴욕에서 만났던 30대의 프라그 망명 작가, 즈데넥 시소프스키(Zdenek Sisovsky)가 *카노프스키*는 자기 삶에 가장 큰 영향력을 발휘했던 대여섯 권 소설 중의 하나라고 격찬하는 말을 듣는다. 그는 이 격찬을 아첨이라고 생각하고, 망명 작가의 여자친구, 에바 칼리노바(Eva Kalinova)에게 자기생각을 주지시킨다. 그러나 그는 이 작가를 통해 성과 정치는 매우 밀접한 관계가 있다는 새로운 사실을 발견한다: "자유스러운 정치활동이 금지된 프라그의 전체주의사회에서 성행위는 사실상 정치적 표현임을 주커만은 깨닫는다. 정치가 성행위로 탈바꿈했다."[49] 전

제주의국가 주민들이 유일하게 만끽할 수 있는 자유는 성행위에 있을 뿐이다. 또 주커만은 이 작가로부터 그의 공산주의 증오가 큰 화근과 재난이 되었다는 말을 듣는다. 그의 말에 의하면, 소련의 침공 후에 그는 소설을 발표할 수 없게 되었고, 주민들은 자유를 유린당해 주체성을 상실했다. 그가 체커슬러바키어사람으로 살고 있으면 소설을 쓸 수 없고, 서구세계로 망명하여 소설을 쓸 수 있으면 조국이 없다. 게다가 에바는 체커슬러바키어사람들이 가장 사랑하는 출중한 여배우였다. 그런데 그녀가 유대남자와 사랑에 빠져 인민훈장화가인 남편을 버렸다. 그러자 그녀는 유대창녀라는 빗발 같은 비난과 항의를 받고 국립극장무대에서 쫓겨났다. 소련정부의 압력을 받은 정부당국도 그녀의 무대추방에 앞장섰다. 더욱이 나치당국에 의해 살해당한 이 작가의 선친은 이디쉬어(Yiddish)로 200여 편의 단편소설을 썼다. 선친은 이 단편들을 발표하고 싶었지만 그럴 수 없었다. 이 작가는 이 단편들이 매우 우수하므로 미국에서 출판되기를 고대한다고 주인공에게 말한다. 그는 자기 때문에 술주정뱅이가 된 전 아내 올가가 이 단편들을 보관하고 있거나, 아니면 그것들이 어디에 있는지를 알 것이라고 부언한다.

주커만은 1976년 2월 5일 아침에 프라그에서 전화벨소리에 잠이 깬다. 올가는 그의 간곡한 만류도 아랑곳하지 않고 기어코 방으로 찾아오더니, 그와 결혼하고 싶다고 우긴다. 주인공은 그녀에게 뉴욕에서 시소프스키를 만났다고 말하면서, 그의 선친의 단편소설들을 자기에게 줄 수 없느냐고 정중하게 묻는다. 그러자 그녀는 그 못된 남자가 아버지 덕으로 돈을 벌어 그 망할 여자에게 보석을 사주려한다고 심한 욕설을 퍼붓는다. 그러면서도 그녀는 그에게 그 단편들이 들어있는 상자를 건넨다. 그가 상자를 들고 호텔방으로 돌아온 지 15분도 안 되어, 그를 찾아온 두 사복경찰관에게 그 상자를 압수당한다. 이 뿐만 아니라 그는 강제추방당한다. 주커만은 공산주의국가주민들이 자유를 유린당한 데다 상식, 이성, 그리고 합리가 없는 여건에서 진실한 자아를 고수할 수도 탐구할 수도 없는 삶을 살아야하는 비극을 직접 목격했다. 그가 스스로 당했다고 생각하는 억압을 이 비극에 견주어보면, 그는 자아를 탐구할 수 있는 자유를 누리는 행운아이다. 요컨대 주커만은 주체적 자아를 탐구하려하지만, 그런 탐구정신을 억압하는 현실이 엄존함을 인지한다. 그는 이런 현실인정을 바탕으로 삶에 변화를 촉발하면서 자아탐구에 헌신한다. 그의 자아탐구는 실존에서 확답을 찾지 않고, 끊임없이 문제를 제기하는 의문과 회의를 기반으로 자기를 알려는 과정이다. 그의 이런 자아탐구가 필립 로스 소설의 핵심주제일 뿐 아니라 실존의 원동력이다.

*보이지 않는 인간*은 흑인소설가 랠프 엘러선의 유일한 소설이다. 앞에서 이 소설을 "진실한 자아 추구"의 논지로 고찰했음에도 불구하고, 이번에는 "인간은 주체적 존재"의 논지로 논의해본다. *보이지 않는 인간*은 20세기미국소설의 금자탑일 뿐 아니라 모든 독자의 필독서라고 믿고 있기에, 본 논의에서 앞 논문과 중복되는 부분이 있다할지라고 시각을 달리하여 고찰할 가치와 필요성이 충분히 있다고 확신하기 때문이다. 엘러선이 흑인으로서 이렇게 탁월한 소설을 창작할 수 있었던 요인과 배경은 백인들이 흑인들을 학대하고 억압하는 비참한 현실을 부정하고 무모하게 폭력적으로 반항하기보다는 오히려 일단 수용하면서 개선책을 강구하려는 헌신적인 노력에 있다. 그의 개선책은 민주주의의 이상을 바탕으로 흑백이 평등하고 평화적으로 공존할 수 있는 방안모색이다. 그는 민주주의제도가 "개개인이 과거의 어떤 속박에도 구애받지 않고 그의 잠재력을 계발하여 발휘할 수 있는 열린사회를 건설하여 구습의 질곡을 극복하는" 가장 합리적인 방법이라고 확신한다. 또한 그는 흑인이 비록 미국사회와 역사로부터 소외되고 단절되었다할지라도, 인간은 사회적 동물이므로 사회와 역사로부터 분리되어서는 안 된다고 확신한다. 아울러 흑인은 사회 속에서 자신의 존재의의는 잠재능력을 계발하는데 있다고 믿고, 원대한 이상을 추구하고 실현하려고 매진해야함을 천명한다: "인간의 천부적 능력 가운데는 자신과 사회를 더욱 원대한 이상으로 이끌어갈 잠재력이 있다. 그의 가장 중대한 책임과 의무는 그런 이상으로 치닫는 행위이다."[50] 그러므로 흑인의 비극은 외부환경에 있지만, 또한 자신의 사고와 행동에도 있다. 그는 흑인이 비극적인 실존환경보다는 자신의 독선적인 사고와 저돌적인 행동 때문에 더욱 엄청난 비극을 자초한다: "흑인들이 백인들과 정치적, 사회적 현실에서 아무리 엄격하게 분리되어 차별을 받고 있다할지라도, 그들이 상상세계에서 자유를 향유하여 확장하는 능력은 오직 그들 자신의 개인적인 포부, 직관력, 활력, 그리고 의지에 의해서만 제약을 받는다. 리쳐드 라이트는 자신이 상상력과 자유를 향유하려는 의지를 가지고 있었으므로 [가장 억압적

인] 미서시피주에서도 자유를 향유할 수 있었다. 그것은 자신의 고통스러웠던 체험들 뿐 아니라 독서의 소산이었다."[51] 그러므로 흑인은 스스로 "인간은 자신의 진리창조자"[52]임을 깨닫고 믿어야하며, 흑인이 믿어야하는 진리는 "개개인이 억압적이고 비극적인 환경 속에서도 진실한(주체적) 자아를 발견하려는 의지, 다시 말하면 자신을 [알고] 정의하려는 의지"[53]라고 엘러선은 역설한다.

엘러선은 자신의 참신하고 독창적인 진리탐구의 가장 효과적이고 보편타당한 수단과 방법은 소설창작과 읽기에 있다고 주장한다. 그는 우리가 다른 사람들이 주창한 진리를 맹목적으로 수용하여 신봉하는 정신자세는 우리 자신의 독특한 개인적인 체험과 주체적 자아를 부정하는 행위라고 강조한다. 따라서 그는 자신의 독창성과 주체성을 구현하는 소설을 창작하기 위해 언제나 이런 문제들을 천착하려고 최선을 다한다: "나는 누구인가, 나는 무엇 때문에 존재하는가, 나는 어떻게 존재해 왔는가, 나는 내 주변의 삶에 어떻게 대응하여 행동할 것인가, 다시 말하면 무엇을 예찬하고, 무엇을 배격하며, 피할 수 없는 선과 악의 대결에 어떻게 직면할 것인가? 나 자신의 독자적인 시각에서 볼 때와 과거체험을 토대로 회상해볼 때, 그리고 현재의 복잡성을 바탕으로 직시할 때, 미국사회는 나에게 무엇을 의미하는가? 바꿔 말하면 나는 나 자신과 나의 다원적 세계관을 어떻게 생각해야하는가? 나는 인간비극에 대한 나의 직관을 어떻게 표현해야하는가 …?"[54] 이처럼 그는 진리탐구에서 인간의 본질적 자아와 보편적 문제를 가장 중요시한다. 그러므로 그는 소설창작에서 흑인들이 당하는 멸시와 억압에 반응하는 분노와 항의의 기술보다는 그들의 삶을 개선하고 향상시키는 전체적인 방안을 모색하려한다. 그러기 위해, 그는 소설을 "체험을 상징적 행동양식으로 표현하려할 때 상상력의 통합적이고 분석적인 활동의 산물"로, 상상력을 "통합적 활동, 다시 말하면 부분들을 상징적 전체로 만드는 활동"[55]으로, 그리고 소설창작기법을 주체적 자아를 창조하는 방법으로 정의한다. 이 기법은 소설가가 "보고, 느끼고, 듣고, 깨닫고, 기억의 심상들을 환기하고 평가함을 배워 상상력을 활성화하여 표현하는 과정이다." 그가 이와 같은 정의를 바탕으로 창작한 소설이 *보이지 않는 인간*이다. 이 소설의 이름 없는 흑인주인공은 자기는 누구이며 무엇 때문에 존재하는가의 문제를 줄기차게 탐구하면서 성숙한다. 그러나 한때 주인공은 자신의 이기적인 야망과 환상적인 이상 때문에 자기를 바르게 보지도 알지도 못하는 주체적 자아가 없는 인간이었다. 따라서 그는 자신의 이기적인 야망과 이상을 성취하기 위해, 다른 사람들의 요구와 명령대로 생각하고 행동한다. 그들은 그를 인간으로 보지 않고 자기들의 편의대로 마음껏 조종하고 지배할 수 있는 도구로 간주한다. 그러므로 지금 그에게 가장 중요하고 시급한 문제는 그는 자기를 보는, 또 그들에게는 보이는 인간이 되기 위해, 자신과 사물의 본질을 통찰할 수 있는 자아성찰과 성숙이다. 드디어 그는 주체적 자아탐구에 매진하여 성숙한다. 그의 성숙은 "암흑에서 광명으로, 다시 말하면 무지에서 계발로, 그리고 보이지 않는 것에서 보이는 것으로 지향하는 길이다. 그는 남부를 떠나 북부로 간다. 그의 북부행은 당신이 흑인노예들의 구비문학을 읽으면 곧 알게 되는 것처럼, 언제나 자유에로의 길, 다시 말하면 생존조건을 향상시키려는 의지의 표현이다. 그가 지하 동굴에서 바깥세상으로 나올 때도 마찬가지이다."[56]

주인공은 흑인들을 멸시하고 억압하는 백인우위사회를 당연시하고, 개인적으로 열심히 노력하여 사회적으로 성공한 부커 티. 와싱턴처럼 백인들에게 절대적으로 필요한 존재가 되려고 광분한다. 그는 오로지 제2의 부커 티. 와싱턴이 되겠다는 야망을 성취하기 위해, 주체적 자아를 버리고 백인들의 일방적인 요구와 명령에 무조건 복종하는 삶을 살려고 안달한다. 먼저 그는 고등학교졸업식에서 백인의 앞잡이노릇을 할 매우 유능한 젊은이라는 학교장의 칭찬과 함께 주립흑인대학에 진학할 수 있는 장학증서를 받는다. 그는 백인의 지시대로 흑인들을 선도할 지도자가 되는 야망에 도취되었기 때문에, 대학의 요구를 언제나 충실히 수행하는데 최선을 다하는 대학당국의 총아이다. 그는 3학년 과정이 끝날 무렵에 대학의 가장 출중한 이사이며 후원자인 노튼의 자동차운전사로 선발되어, 1주일 동안 그를 모시고 다닌다. 노튼은 주인공의 존재는 자신의 삶에 하나의 톱니바퀴로서 중요성을 갖는다고 강조한다. 그러나 주인공은 오로지 입신출세에만 관심을 갖기 때문에, 노튼이 자기를 주체적 인간이 아닌 하나의 부품으로 간주해도 아무런 분노도 경악도 없이 그의 강조를 그대로 수용한다. 오히려 그는 노튼이 딸과 근친상간한 흑인남자 집에 가자는 명령에 복종한 실수 때문에 퇴학당하지 않을까하는 두려움에 벌벌 떤다. 따라서 그는 학생신분만 고수할 수 있다면, 노튼의 어떤 의견과 요구도 그대로 수용하려한다. 그는 노튼이 블레드소우학장을 만나고 싶다는 뜻을 전하려고 학장실로 간다. 그는 학장을 자기가 앞으로 입신출세하고 싶은 인물의 귀감으로 삼고 선망한다: "그는 … 흑인 지도자이고, 두 대나 되는 캐딜랙승용차를 소유한 사람이며, 엄청난 액수의 봉급을 받고, 상냥하고 아름다운 크림 빛 얼굴의 부인을 가진 남자이다. […] 그는 권력과 권위를 획득한 인물이다. […] 백인들은 그를 비웃을 수 있지만, 그를 무시할 수는 없다." 주인공은 거짓말하는 법을 모르고 노튼의 명령에 무조건 복종했다는 이유로 여름학기동안 정학처분을 당한다. 학장은 그에게 이 처벌은 그의 판단력부족과 그 부족이 초래할 수 있을 자멸에 대한 경고라고 훈계한다. 학장은 그에게 가을학기에는 복학할 수 있으니, 여름에 뉴욕에 가서 일자리를 가지라고 권유하면서 소개장을 써준다. 주인공은 대학생활에서 백인에게 무조건 복종하면서 절대적 필요존재가 되려하는 자신의 삶의 철학에 투철했음에도 불구하고, 정학처분을 당해 일시적으로 실의와 좌절감에 빠진다. 그러나 그는 다시 학교로 돌아온다는 기대감과 야망에 도취되어 학장의 처벌은 당연하다고 수긍한다: "아무튼 규칙을 어겼으므로 처벌받음이 마땅하다고 자신을 승복시켰다. 나는 블레드소우박사가 옳다, 그가 옳다고 거듭 자신을 타일렀다. 학교와 학교가 대변하는 것은 수호되어야한다. 다른 방도란 없다. 아무리 많은 고통을 당하더라도, 나는 가능한 한 빨리 부채를 갚고, 입신출세의 길로 달려가고 싶다."[57]

이제 주인공은 뉴욕에서 학장이 거짓약속을 하여 자기를 속였다는 사실을 인지한다. 이제 그는 자신과 사회를 몰랐기 때문에 희망과 기대에 부풀었던 환상과 꿈의 세계에서 부지불식간에 밀려난다. 그는 스스로 꿈을 갖고 행동하는 능동적인 인간에서 다른 사람들의 통제와 지배를 받는 피동적인 사람으로 전락한다. 그는 페인트회사에 취업하여 백인상사 밑에서 일하는데, 그의 상사는 그에게 명령받은 일만 하고, 그 일에 대해 생각해보려고 애쓰지 말라고 엄명한다. 그는 큰 실수를 저질렀기 때문에 태업했다는 질책을 받고 쫓겨난다. 다행히 그는 "우리는 기계 속에 있는 기계들이다(165)는 소신을 가진 지하 기계실의 책임자, 늙은 흑인상사 밑에서 근무한다. 흑인상사는 그에게 스스로 열심히 일하면서 부지런히 배웠기 때문에 지금은 자기가 백인사장의 절대적 필요존재가 되었다고 자랑한다. 흑인상사는 자신이 회사에서 누리고 있는 권위주의적인 신분에 대단히 만족하고 있기 때문에, 자기에게 도전하여 자기신분을 격하시키려하는 노동조합을 몹시 증오한다. 흑인상사는 주인공이 점심시간에 도시락을 챙기러 가다가 본의 아니게 실수로 노동조합의 비밀집회장소에 들어간 사실을 알고, 그를 반역자이고 배신자라고 질책한다. 두 사람은 서로 싸우는데 정신이 팔려, 압력계의 계기검침을 방심했으므로 보일러가 폭파한다. 얼마 후 주인공은 의식을 회복하고 자기가 공장부속병원에 있다는 사실을 인지한다. 이때 의사들은, 그가 자신의 주체적 사고와 감정능력을 상실하여, 항시 다른 사람들의 눈을 통해서 자기와 사회를 인식하고, 그들의 욕구와 명령에 따라 움직이는 기계적 인간이 되도록, 그를 시술한다. 그러면 사회가 이 환자(주인공)로 인한 외상성장애를 겪지 않는다고 한 의사가 주장한다. 그는 의사들의 치료를 받고 있을 때, 자기정신이 몸에서 떨어져 나가버린 것 같은 이런 이상한 느낌을 체험한다: “나는 다른 차원 속에 완전히 혼자 존재하고 있는 것 같았다”(181).

주인공은 병원에서 퇴원하여 할럼에 와서 기력이 없어 졸도한다. 그는 다른 사람의 보살핌을 받는 피보호자로 낭인생활을 해야 함으로 극도의 실의와 좌절에 빠져 격심한 초조함 그리고 극심한 정신적 혼란과 갈등에 시달린다. 이런 그가 어느 날 눈과 얼음으로 꽁꽁 얼어붙은 거리에서 군고구마를 사서 먹으면서 불현듯 강렬하게 폭발한 해방감으로 인해 자아를 성찰한다. 그는 이 성찰로 자기가 다녔던 흑인대학에 속았고, 자신의 자발적인 욕구와 생각에 따르려하지 않고, 다른 사람들의 요구와 명령에 복종하면서 주체적 자아를 포기했음을 깨닫는다. 그는 다시 주체적 자아를 되찾았으므로 이제는 “스스로 노튼, 블레드소우, 그리고 의사들이 [자기에게] 강요하는 역할만을 수행하는 인간이 될 수 없다”[58]고 작심한다. 그는 이처럼 새롭게 발견한 자아에 감응해서, 자기가 목격하고 있는 흑인노부부의 강제퇴거에 의분을 느낀다. 그는 자진해서 거기 모여 있는 군중에게 감동과 종교적 표현으로 가득한 연설을 하여 강제퇴거를 중단시킨다. 애석하게도 그는 이 연설로 형제애단체의 할럼지역 총책임자, 잭(Jack) 동지에게 돈 때문에 고용되고, 또다시 주체적 자아를 상실하고 가면을 쓴 역할수행자로 전락한다. 그는 명령대로 움직이는 인간으로 전락하여, 청중 앞에서 첫 연설을 시작한다: “우리는 빼앗긴 눈을 찾읍시다. 우리 시력의 반환을 요구합시다. 단결해서 우리의 시야를 넓힙시다. […] 나는 오늘밤 이 곳, 이 낡은 경기장에서 새로운 것이 탄생되고 있음을 그리고 중대한 과거가 부활되고 있음을 절실히 느낍니다. 여러분 한 사람 한사람의 마음속에서, 내 마음속에서, 우리 모두의 마음속에서"(260-63). 그는 우리 모두의 마음속에서 새로운 인간다운 느낌이 되살아나고 있다고 주장한다. 그의 연설은 우레와 같은 박수를 받는다. 잭 동지는 이 연설로 "청중들의 마음은 드디어 움직이기 시작했다"(263)고 그를 칭찬한다. 그러나 다른 회원들은 이 연설이 과학적 접근방법에 배치되었다고 주장하면서, 그가 형제애단체의 최고이론가, 함브로(Hambro) 밑에서 과학적으로 연설할 수 있는 훈련을 받아야한다고 고집을 부린다. 그는 다른 사람의 지도와 통제를 받는 훈련을 조금도 개의치 않는다. 오로지 그는 형제애단체를 위한 헌신적 봉사를 함으로써, 회원으로서의 최고지위까지 승진해서 위대한 지도자가 되겠다는 꿈에 부풀어 있다. 그는 자신의 원대한 꿈을 실현시킬 수 있다는 망상에 도취된다: "나는 최고지위에 오르기 위해 일하고 배우고 살아남기만 하면 된다. 꼭 함브로 밑에서 공부하면서, 그의 가르침과 그보다 더 많은 것도 배울 테다. 내일이여 오라. 내가 함브로 밑에서 학습을 빨리 마치면 마칠수록, 그만큼 더 빨리 자신의 일에 착수할 수 있다"(268). 그는 4개월 동안 훈련을 받은 다음 할렘지구의 수석대표로 활동을 시작한다. 그는 집행위원회의 엄격한 규율의 지배를 받아야하며, 규율을 경시해서는 안 된다는 엄중한 경고를 받는다. 그는 규율의 지배를 아무런 이의 없이 받아들인다: "삶이란 전적으로 한 모형이고 규율이다. 규율의 아름다움은 그 규율이 효과를 내고 있을 때이다. 그리고 규율이 아주 뛰어난 효과를 발휘하고 있는 중이다"(288). 그는 형제애단체의 사상에 이미 세뇌되었을 뿐 아니라 최고지위에 오른다는 꿈에 도취되었기 때문에 흑인민족주의자 겸 훈계자, 래스(Ras)의 훈계를 듣지만 이해하지 못한다: "넌 나의 형제이다. 형제는 피부색이 같다. 왜 넌 저 백인놈들을 동지라고 불러? […] 왜 넌 우리를 노예로 만드는 놈들의 편이 돼? 그렇게 되는 것은 도대체 어떤 교육이냐? 자신의 어머니를 배신하는 너는 어떻게 된 흑인이냐?"(280). 그러나 그는 형제애단체의 조직을 통해 자신이 국가적 지도자가 되겠다는 꿈을 실현하고 있다고 흡족해한다.

주인공이 형제애단체의 할렘지구 수석대표로 과시한 눈부신 활동으로 말미암아 자신이 거국적 인물로 크고 있다고 득의양양할 때, 이런 익명의 편

지를 받는다: "이것은 그대를 빈틈없이 지켜보고 있는 친구로부터의 충고요. 너무 나대지 마시오. […] 그대가 *너무 위대하게* 되면 그들이 그대를 넘어뜨리고 말 거라는 사실을 잊지 마시오"(289). 그는 지금까지 간직했던 삶의 목적에 대한 확신이 힘없이 무너짐을 느낀다. 그렇지만 그는 곧 자신감을 갖고 형제애단체의 과업을 수행한다. 왜냐하면 그는 자아를 성찰하려하지 않고, 편지를 형제애단체의 빛나는 목표와 전진을 저지하려는 사람의 소행으로 무시해버리기 때문이다. 그러나 그의 의지와는 반대로 형제애단체는 그의 원대한 꿈을 실망과 절망으로 탈바꿈시킨다. 그는 형제애단체의 운동을 자신의 명예와 권력을 추구하는데 이용한 기회주의자, 개인주의자, 그리고 독재자라는 어처구니없는 고발을 당한다. 결국 그는 집행위원회의 결정에 따라 "미국의 여성문제"를 관장하는 새 직책을 맡는다. 아직도 그는 형제애단체가 자기실존의 전부라고 느끼기 때문이다: "형제애단체는 사람들이 자신을 송두리째 내바칠 수 있는 어떤 것이었다. 그것이 이 단체의 힘이자 나의 힘이었고, 이 단체가 역사의 진로를 바꾸리라고 보장할 수 있는 전체의식이었다. 나는 이 단체를 나의 전존재로 믿었다"(306). 그러나 그는 맹목적인 믿음을 상실한다. 이럼에도 불구하고 그는 삶의 유일한 목적이 형제애단체를 위한 어떤 활동에서 두각을 나타내는데 있다고 믿고, 위원회의 결정을 받아들이면서 스스로 자위한다: "위원회가 나에게 새 직책을 맡긴 것은 나에 대한 호의의 증거라고 나는 자신에게 타일렀다. […] 위원들이 나에 대한 고발을 조사해야하면서도, 나의 새 직책임명은 그들의 나에 대한 신뢰가 여전하다는 객관적이고 냉정한 [증거의] 확인이다"(307-8). 그는 여성의 권리를 옹호하는 강연초록을 쓰고 있던 어느 날 한밤중에 본부의 긴급회의에 참석하라는 명령을 받는다. 그는 토드 클립턴(Tod Clifton)회원이 아무 말 없이 이탈해서 임무를 수행하지 않았기 때문에 할렘지구가 위기에 처해 있는데 반해, 래스의 민족주의세력이 매우 빠르게 확장되고 있다는 비보를 듣는다. 잭 동지는 그에게 모든 지원을 하겠으니 즉시 할렘으로 돌아가 세력회복을 휘한 조치를 강구하라고 명령한다. 먼저 그는 "래스는 흑인으로서 여기 살면서 흑인의 자유를 쟁취하기 위해 투쟁할거다"(283)는 설교를 듣고 깊은 감명을 받는다. 게다가 그는 클립턴이 백인조직원들에 의해 조종당했다는 사실을 알고 스스로 조직을 이탈했음을 드디어 인지한다. 이런데도 주인공은 여전히 형제애단체가 그의 삶을 가치

있게 만들어주고 있다고 굳게 믿고, 그 할렘지부에 생기를 다시 불어넣으려고 몸부림친다. 그러나 이제 그는 과거의 동지들 뿐 아니라 본부로부터도 소외당하고 있음을 뼈저리게 느낀다. 그는 스스로 활동방향을 확정할 수 없어 본부에 상의하러 갔다가, 자기를 배제하고 간부회의가 열리고 있음을 목격한다. 드디어 그는 자기와 흑인회원들이 백인간부들에 의해 조종당한 노리개였음을 간파할 수 있다. 게다가 그는 "클립턴이 역사 밖으로 뛰쳐나가는 길을 선택한"(337) 이유를 이해할 수 있다. 더욱이 그는 잭 동지로부터 이런 말을 듣는다: "당신은 생각하라고 고용되지는 않았소. […] 우리 모두를 대신해서 위원회가 생각을 하고 있소. 우리 모두를 대신해서 말이오. 그리고 당신은 말을 하라고 고용됐소"(355). 이제야 비로소 주인공은 자기가 주체적 인간으로서가 아니고 다른 사람들의 목적달성을 위한 도구로 생존했다는 사실을 뼈저리게 느낀다. 그는 자기가 보이지 않는 인간, 즉 주체적 자아가 없는 인간이었다는 사실을 깨닫는다. 그는 지금까지의 실존에서 자기가 주체성, 독자성, 그리고 개체성을 고수하려는 자립인간이 아니고 기계 속에 있는 하나의 톱니바퀴, 즉 생각하지는 말고 명령받은 임무를 수행하기 위해 고용된 꼭두각시에 불과했음을 지실한다. 그가 주체적 인간이 되지 못한 까닭은, 스스로 자발적으로 삶의 무한한 가능성의 세계를 체험하려고, 자신의 역사의 경계선 밖으로 뛰쳐나오려고, 세계를 새로운 개척지로 보려고, 삶 자체를 찬미의 대상으로 보려고 노력하지 않았기 때문이다.[59]

그러나 주인공은 이제 주체성, 자율성, 융통성, 다원성, 그리고 변화무쌍을 바탕으로 자아를 탐구하면서, 가능성과 잠재력을 계발하여 발휘하려는 새로운 인간으로 재생한다. 그가 새로운 인간으로 재생하는 의식은 스스로 석탄지하저장소의 맨홀 속으로 빠졌을 때 거행된다. 래스는 훈계자에서 파괴자로 변신하여 할렘지구에서 모든 백인을 추방하기 위해 폭동을 일으킨다. 주인공은 래스에 의해 백인의 앞잡이로 낙인이 찍혀 그의 부하들에게 자기가 추격당하고 있음을 알고, 그들을 따돌렸을 때, 폭동을 기화로 할렘지역에 약탈하러 온 두 백인깡패에게 쫓긴다. 그는 그들을 피하기 위해 뚜껑이 열려 있는 맨홀 속으로 뛰어든다. 그는 그 속에서 오로지 입신출세하기 위해 다른 사람들의 요구와 명령에 무조건 복종했던 과거를 상징하는 고등학교졸업장과 형제애단체신분증을 소각한다. 그는 이 소각으로 고집불통의 역할수행자였던 과거를 청산하고, 언제나 자아를 성찰하고 성숙시키는 자신의 진리를 창조하는 주체적 존재로 실존하려고 결심한다. 요컨대 엘러선은 우리 모두를 대변하는 이름 없는 주인공을 창조하여, 우리는 어떤 실존여건에서도 자아탐구와 실현을 가장 중요시하는 주체적 인간이 되어야한다는 철학을 각별히 강조한다.

"솔 벨로우의 자유의 개념"에서 벨로우가 인간의 모든 가치, 즉 사랑, 정직, 그리고 용기의 원천이라고 믿는 자유를 고찰한다. 그는 자유를 두 개의 상이한 개념에 입각해서 탐구했는데, 전기작품들에서는 억압, 지배, 그리고 통제에 반항하여 자아를 고수하려는 의지를 정치적 자유로 정의했고, 후기작품들에서는 자아를 탐구하고 실현하려는 부단한 노력을 더욱 차원 높은 심리적 자유로 찬미했다. 그의 정치적 자유와 심리적 자유의 구별은 이런 주장 – "자신을 자유롭게 하는 것 그리고 그렇게 자유로워진 자아의 소유권을 주장하는 것은 전혀 별개의 문제이다"[60] –을 뒷받침한다. 다시 말하면, 자신을 자유롭게 하려는 의지와 이렇게 자유로워진 자아의 성찰과 탐구는 전혀 다른 차원의 문제이다. 벨로우의 심리적 자유의 강조와 찬미는 억압과 지배로부터 해방됨을 자유로 생각하고 믿는 대다수 사람들의 잘못된 개념과 판단을 바로 잡는데 결정적인 역할을 할 수 있다. 그러므로 그가 *비의 왕 헨더슨*, *허조그*, 그리고 *험보울트의 선물*에 구현한 심리적 자유를 "자유는 주객일치철학"의 논지로 고찰해본다. 벨로우의 심리적 자유는 디. 에이취. 로런스에 의해 이미 주장되었다: "지금까지 미국에서 자유는 모든 지배로부터 벗어남을 의미했다. [그러나 앞으로] 진정한 자유는 미국인들이 *그것*을 발견하고, 곧바로 *그것*을 실현하려할 때만 싹틀 것이다. *그것*이란 인간의 가장 심오하고 완전한 자아, 총체적인 자아, 진심이다." 더욱이 로런스는 인간이 자신의 "가장 진실한 자아가 갈망하는 것을 하고 있을 때만 자유스럽다"[61]고 갈파했다. 이처럼 우리 실존에 필수적인 벨로우의 심리적 자유를 신장하고 실현하는 하나의 첩경은 삶에서 자기와 모든 사람의 심리적 욕구를 가장 중요시하는데 있다. 심리적 욕구는 "다른 사람들이 자기를 보고, 인정하고, 감사하고, 듣고, 좋아하고, 그리고 성적으로 만족시켜줌을 필요로 한다. 인간은 자신의 길을 선택하고, 자신의 능력에 맞추어서 성장하고, 자신의 시행착오를 통해서 배우는 자유를 인정받지 않으면 안 된다. 인간은 자신과 다른 사람들을 포용하면서 또

한 그들에 의하여 자기가 포용되어짐을 필요로 한다. 인간은 '나'일 뿐 아니라 '우리'이기를 희망한다. 인간은 자기가 있는 그대로의 개성적인 존재로 성장하려고 노력한다."[62] 또 하나의 첩경은 "자유는 가능성이다"[63]는 철학을 확신하는데 있다. 가능성으로서의 자유는 "인간정신과 창의력의 원천이다. 자유는 모든 인간으로 하여금 전적으로 새로운 삶, 다시 말하면 자신이 살고 있는 사회와 전 세계를 위해 전적으로 새로운 삶을 살 수 있도록 해주는 원동력이다."[64] 요컨대 벨로우는 심리적 자유로써 소설주인공들을 권태, 불만, 속박, 그리고 무기력의 극심한 고통에 시달리는 삶의 원인인 이기심, 자아도취, 그리고 유아론으로부터 해방시킨다. 그들은 이 해방으로 자아탐구에 전념하여 주객일치를 이루는 진리를 깨닫는다. 이 해방과 진리의 깨달음이 벨로우 소설이 구현하려는 궁극적 목적이다.

*비의 왕 헨더슨*의 주인공, 유진 헨더슨은 미국명문가의 후손, 엄청난 자산가, 명문사립대학교출신, 여러 개의 무공훈장을 받은 전쟁영웅, 그리고 첫 번째 결혼은 비록 이혼으로 끝났지만 곧바로 아름답고 활달한 릴리(Lily)와 재혼했으므로 겉으로 보기에는 매우 다복한 사람이다. 그러나 그는 결코 행복한 사람이 아니고, "자주 자살을 해야겠다는 생각을 할 정도로 절망에 빠져 있다."[65] 그는 자아를 탐구하려하지 않은 사람들에게 둘러싸여 그들의 억지소리 뿐 아니라, 악이 아니라 선을 위해 살아야한다는 부인의 설교를 들어야하기 때문이다. 또 그는 다른 사람들을 볼 수도 들을 수도 사랑할 수도 없는 이기주의의 포로가 되어 "나는 원한다"는 절규에 꼼짝 못하기 때문이다. 그는 이렇게 자신을 억압하는 일방적인 주장과 이기심으로부터 해방시켜 진정한 자아를 찾으려고 애프리커로 여행을 떠난다. 그는 자신의 정신적 영면을 깨뜨리는 두 번의 의미심장한 만남 – 하나는 유순하나 불운한 아너비(Arnevi)족과의 그리고 다른 하나는 호전적이지만 행복한 바리리(Wariri)족과의 상면 –을 갖는다. 그는 이 상면으로 "나는 원한다"는 절규에서 해방되어 "그녀는 원한다, 그는 원한다, 그들은 원한다"는 자신의 진정한 목소리를 듣고, 이기주의자로부터 이타주의자로 변신하여 사랑의 중요성을 깨닫는다. 그는 아너비족은 소를 기르고 있지만, 소를 가축이 아니라 친척으로 생각한다는 사실을 알고 놀란다. 또 그는 베이루트(Beirut)에서 서구식교육을 받았다는 아이텔로(Itelo)왕자와 첫 대면의식으로 씨름을 한다. 이때 그는 진리를 일격이 가해지

는 충격 속에서만 깨달을 수 있음을 터득하고, "내 영혼의 잠을 깨뜨리는 이 순간을 영원히 잊지 않게 해 달라"고 기도한다. 그는 영혼의 잠에서 깨어난 다음에 윌라테얼(Willatale)여왕을 배알한다. 그가 보기에 여왕은 우주와 조화를 이루는 신비스러운 능력의 소유자이다. 그는 여왕의 초인적인 능력에 깊은 감명을 받은 데다, 이런 말까지 듣는다: "당신은 살고 싶어한다. 그런-투-몰라니(Grun-tu-Molani(열광적인 생활의욕)). 인간은 살고 싶다."[66] 그리하여 모든 사람이 전인적인 인간으로서 살고 싶은 그들의 가장 큰 욕망을 의미하는 그런-투-몰라니의 매우 값진 개념을 터득한다. 그는 이 개념을 "우리는 삶을 보존해야할 뿐 아니라 삶에다 초월적인 의미를 부여하지 않으면 안 된다는 뜻"[67]으로 받아들인다.

그는 바리리족의 다프왕의 정신요법을 받아 깨닫는다: "열광적인 생활의 욕만으로는 충분하지 못하다. 인간은 또한 그의 *생성*에 종지부를 찍고 *존재*의 영역, 즉 사랑이 가능한 유일한 영역 안으로 들어가야 한다."[68] 따라서 그는 왕에게 자기처지와 결단을 고백한다: "폐하, 저는 생성에 흥미를 가지고 있는 사람입니다. 이제 당신은 당신의 입장이 제 입장과는 다르다는 사실을 아실 겁니다. 당신은 존재에 관심이 깊은 인간입니다. 저도 생성에 흥미를 느끼는 것을 바로 그만 두었습니다"(162). 그는 지금까지 자기이익을 극대화하기 위해 생성에 깊은 관심을 가졌다. 그러나 그는 지금부터 존재를 중요시하려고 결심하고 다프왕의 가르침을 경청한다: "인간은 만물의 왕이니까 의당 적응의 명수입니다. 말하자면 암시의 예술가입니다. 자신이 최고의 예술작품일 뿐 아니라 육체를 갖춘 생동하는 예술품입니다. 이 무슨 기적! 이 무슨 승리!"(199-200). 드디어 그는 다프왕이 강조하는 현순간과 주객일치의 중요성과 필요성을 깨닫고 이기주의와 유아론의 자아유폐에서 벗어나 이타주의, 사랑, 그리고 가능성을 바탕으로 새로운 진리와 삶을 창조한다: "세계는 하나의 마음이다. 여행은 마음의 여행이다. 나는 항시 이것을 의심해 왔다. 우리가 진리라고 일컫는 것은 현학에 불과하다. […] 사실의 세계야말로 진실이며 번복될 수 없다. 물질적인 세계 전체가 거기 있는데, 그것은 과학의 영역이다. 그러나 직관의 영역도 있다. 우리가 창조에다 창조를 더해가는 곳이 바로 이 영역이다. […] 오, 얼마나 큰 계시인가! 나는 삶의 예지를 터득했다"(142). 요컨대 헨더슨은 사랑, 공동체의식, 그리고 상상력의 위력을 가장 중요시하고 찬미할 수 있는 인간으로 재생한다. 그는 이런 새로운 자아의 무한한 가능성을 축복하려고 춤을 춘다.

*허조그*의 주인공, 모우지즈 허조그도 자아도취와 상실에서 비롯된 삶의 혼돈과 위기를 사랑으로 극복하고, 주체적 자아를 다시 발견하여 회복한다. 허조그는 안정과 창의력이 넘치는 교수생활을 즐겼다. 그는 몇 편의 우수한 논문을 발표했고, 과거를 현재와 관련시키는 역사연구방법으로 집필한 저서도 출판하여, 학계에서 주목의 대상이었다. 그런데 이렇게 출중한 학자, 허조그가 가정생활에서 안정, 조화, 질서, 그리고 절제를 최우선으로 하는 부인에게 일시적으로 권태를 느껴, 그녀와 이혼한다. 그는 나중에 미모에다 대단한 매력과 지성을 가진 매들린과 재혼하더니, 그녀에게 매혹되어 자아를 완전히 상실한다. 그래서 그는 그녀의 무리한 요구 – 대학교수직사임과 시골의 고옥매입 –에 무조건 응한다. 그녀는 시골에서 1년 살더니, 자기가 시골에 묻혀버리기에는 너무나 지적이고 사교적이며 젊다고 생각하고 다시 쉬카고로 돌아가자고 우긴다. 허조그는 자기 뿐 아니라 그녀의 정부이자 자신의 과거 친구의 직장까지 구해야한다. 이처럼 그가 그녀의 모든 변덕맞은 요구를 들어줄 때마다, 그녀는 그에 대한 혐오감을 더욱더 증폭시키더니 더 이상 억제할 수 없게 되어서 그리고 그녀의 정부와 열애를 즐기기 위해 그를 집에서 쫓아낸다. 더욱 안타깝게도 그는 여전히 그녀를 사랑하고 있음에도 불구하고 그녀로부터 이혼을 강요당한다. 그는 이혼에다 그녀와 친구의 배신으로 너무나 큰 충격을 받아 당장 졸도할 것 같다. 그는 자신의 최대관심을 자아탐구에 두지 않고 자아도취에 빠져 결국 파멸로 치닫는다.

그러나 다행히 그는 다른 사람에게 의존하지 않고 파멸 일보직전에 결코 우송하지 않는 많은 편지를 씀으로써 자아를 고수한다. 그는 편지를 쓰면서 자기도 모르게 자아도취와 유아론에서 벗어나 관심을 사회문제에 쏟는다. 그는 이런 변신으로 자기를 알고 자제하여 스스로 회복한다: "내가 정녕 미친 것이라면 그것도 무방한 일이겠지 하고 모우지즈 허조그는 속으로 생각하였다. 어떤 사람들은 그가 돌았다고 생각하였으며, 그 자신도 한 때는 자기가 돌지 않았나하고 의심하기도 했다. 그러나 지금에 와서는 이따금 수상쩍은 행동이 아주 없는 것은 아니지만, 그래도 그는 자신감이 생겼고, 기분은 상쾌하고 명철하게 느껴졌으며, 원기가 샘솟듯 솟아올랐다." 그의 원기왕성은 그가 자기앎으로 자아유폐에서 해방되어 자유스러워짐에서 연유한다. 그가 자유스러워지면 그의 삶의 활력, 생동감, 그리고 환희는 더욱더 충만해진다. 드디어 그는 다른 사람을 자기만족과 이용의 대상으로 보려하지 않고 상호존중하고 대화를 나눌 수 있는 입장에서, 있는 그대로 인정함으로써 자신의 자유를 더 신장한다. 따라서 그는 다른 사람을 대화의 상대로 존경하려할 때만 서로 영혼을 이해하고 사랑할 수 있다고 갈파한다: “나는 당신이 부버(Buber)의 철학을 잘 알고 있으리라고 확신합니다. 한 인간(주체)을 하나의 물건(객체)으로 전락시켜서는 안 된다는 것이 그의 주장입니다. 영혼의 대화를 통하여 나-그것의 관계가 나-당신의 관계로 승화된다는 사상입니다. 하나님은 인간의 영혼 안으로 드나들고, 사람들은 서로서로의 영혼 속을 드나듭니다.” 게다가 그는 다른 사람과의 유대를 “인간정신의 가장 고상한 능력의 하나”인 사랑으로 강화할 수 있다는 철학을 터득한다. 더욱이 그는 러모우너(Ramona)의 헌신적인 사랑을 받고, 안정된 삶의 첫째 필요조건은 자유스럽고 자주적인 생활을 하겠다는 열렬한 욕구에 있다는 진리를 깨닫는다. 그는 이런 진리의 깨달음으로 매들린의 마력으로부터 해방되어 삶의 환희를 만끽한다: “어쩌면 처음으로 그는 매들린이라는 굴레를 벗는 것이 어떻다는 것을 알았다. 환희! 그의 노예생활에 종지부를 찍었고, 그의 마음은 소름끼치는 중압감과 속박에서 해방된 것이다. […] 그는 자기 살 속에 박혔던 매들린이 빠져 나간 것이 마치 어깻죽지나 사타구니에 꽂혔던 단도가 빠진 것처럼, 또는 그의 팔과 목을 빠근하게 억누르던 것이 없어진 것처럼 시원한 기쁨을 맛보았다.”[69] 그는 이런 삶의 환희를 만끽하기 위해 자아탐구와 실현에 매진하려고 결심한다.

*험보울트의 선물*의 주인공, 찰리 시트린은 한때 대단한 성공을 거두었던 전기작가 겸 극작가였는데, 죽음에 대한 공포와 유아론에 빠져 창의력감퇴와 경제적 궁핍으로 실존위기에 직면했다가 이를 극복한다. 그의 성공과 위기극복은 전적으로 그의 은사, 폰 험보울트 플라이셔의 가르침과 선물 덕택이다. 험보울트는 1930년대와 1940년대에 천재적인 일류시인이었다. 그는 매우 저명한 시인이고 아주 탁월한 학자가 되자, 명성과 재물을 탐내다가 몰락하여 여인숙에서 심장마비로 사망했다. 시트린은 자기를 혁혁한 성공의 길로 이끌어준 은사가 몰락했을 때, 죽음에 대한 공포 때문에 그를 유기했다. 시트린은 그의 사망기사를 읽고, 그의 지도를 받아 유명하고 거부가 된 자기가 거리에

서 허약하고 초라한 은사를 보고 죽음이 두려워 자동차 뒤로 숨었다는 양심의 가책과 슬픔에 꼼짝 못한다. 시트린은 죽음에 대한 공포와 죄책감에 압도당해 창작에 필수적인 이런 철학을 수용하여 활용할 수 없다: "'인간의 존재를 있는 그대로 믿는 것이 사랑이다.' […] 우리가 다른 사람들을 보살피려하거나 그들의 존재가치를 믿는다면, 그때 우리는 문학작품을 쓸 필요가 생긴다."[70] 그는 인간의 존재를 있는 그대로 믿을 수 없음에서 비롯된 창의력감퇴로 글을 쓸 수 없으므로 정서적으로 불안하고 허전하다. 그는 이런 불안감과 허무감에서 벗어나려고, 미모와 매력에 자아 도취된 여배우의 큰 도움을 기대하고 결혼했다가 이혼소송을 당했을 뿐 아니라 막대한 금전적 손실을 감수해야했다. 더욱 안타깝게도 그는 젊고 관능적인 여인으로부터 위안을 얻기 위해, 그녀의 무리한 요구를 거절할 수 없어 고급승용차구입에 엄청난 액수의 금액을 지불했다.

그가 이처럼 진퇴양난에 빠져 있을 때 전혀 뜻밖에 험보울트의 도움을 받는다. 그는 은사가 자기에게 남겨준 유산을 우연히 챙기는데, 이 유산은 자기와 험보울트와 함께 썼던 영화각본과 그의 위안편지이다. 그는 이 각본을 가지고 국제적으로 성공한 영화를 제작한 사람에게 소송을 제기하여 엄청난 금액을 받아 경제적 위기에서 헤어난다. 또 그는 위안편지에서 이런 충고를 읽는다: "이 세상은 상상과 환상의 세계이다. […] 네 탐욕을 극복하라. […] 마지막으로 잊지 말아라: 우리는 자연적인 존재가 아니고 초자연적인 존재이다." 게다가 그는 루돌프 스타이너어(Rudolph Steiner)의 인지학설에 심취한다. 이 학설은 과학적인 세계관을 배척하고, 힌두교의 영혼재래설과 인과응보를 강조하면서, 인간의 영혼은 깊은 명상을 통해서만 체험될 수 있으며, 또한 인간은 언제나 높은 차원의 의식을 확장함으로써 학문의 매우 높은 경지에 다다를 수 있다. 그는 스타이너어의 철학을 바탕으로 현상세계와 정신세계를 하나로 통합할 수 있는 의식의 경지에 이름으로써, 창의력과 자치능력의 원동력인 자아탐구를 위축시키는 자아도취와 관능세계를 초월할 수 있다. 더욱이 그는 이 철학자의 학설에 의존하여 자기의식을 천착한다: "진정한 자유란 순수한 의식 속에 있었다. 개개인은 우주로부터 절연되었다. 인간은 주체와 객체의 자의적인 구분 때문에 모든 것을 잃었다. 무(無)의 자아는 변화를 추구했다. 그 자아는 배우가 되었다. 이것이 내가 풀이하는 의식[을 확장할 수 있는] 영혼의 상황이었다." 그는 비로소 자기의식이 주체와 객체로 구분되어 있었다는 사실을 깨닫는다. 지금 그는 이 깨달음으로 자신의 도움을 필요로 했던 험보울트를 보살피는 사랑을 포기했던 자기를 힐난한다: "그날 나는 부끄러운 행동을 했다. 나는 무척 나쁜 행동을 했다. 나는 그에게로 갔어야했다. 나는 그의 손을 잡았어야했다." 그는 앞으로 은사에게 깊이 보답하고 그를 극진히 존경할 수 있는 내세를 굳게 믿는다. 그는 이 믿음으로 죽음의 공포에서 해방되었음을 선언한다: "나는 최근에 스타이너어의 영향을 받았으므로 옛날처럼 죽음을 끔찍하게 생각하지 않는다. 요즈음 나는 숨 막히는 무덤을 체험하거나 영원한 권태를 두려워하지 않는다."[71]

이렇게 시트린은 자아도취, 관능세계, 그리고 죽음의 공포를 극복하고 창의력을 회복한다. 그는 되찾은 창의력으로 정신과 육체 그리고 인간과 자연을 하나로 통합되었음을 선언한다: "자연 그 자체는 그저 거기에 있는 것도 아니며 그리고 객관세계는 영원히 주체와 절연되어 있지도 않으며, 외적인 모든 것은 내적인 어떤 것과 뚜렷하게 합치되는 것이며, 이 두 세계는 동일한 것으로서 상호교체될 수 있으며, 그리고 자연은 나 자신의 무의식적인 존재라는 이상한 예감을 나는 갖고 있었다. 나는 그것을 지적인 노력과 과학적인 연구 그리고 깊은 사색을 통해서 알게 되었다. 자연에 있는 모든 사실은 나 자신의 영혼 속에 있는 어떤 것의 상징이다"(356-57). 이제 그는 자신의 실존목적을 창의력의 원천인 주객일치철학을 실천하려는데 둔다. 그가 주객일치철학을 실천하기 위해 끊임없이 자아를 탐구하고 실현하려는 의지와 실천이 벨로우의 심리적 자유의 개념이다. 그는 심리적 자유를 우리에게 가시화시키면서, 몸소 구현하는 독창적인 자유인으로 성숙했다. 요컨대 벨로우는 우리에게 시의 적절하게 가장 타당한 자유의 개념을 매우 설득력 있게 밝혀준 작가이다.

지금까지 논의한 10편의 논문을 수합한 저서, *최근미국소설론과 작품세계: 한국적인 주제 접근과 연구*를 1994년에 출판했다. 논문을 쓸 때, 항시 "한국인은 누구이며 어떤 삶을 살아야하는가"와 "한국사회는 무엇이고 어떻게 변혁되어야하는가"를 염두에 두었다. 저자는 상상적으로 최근미국소설의 핵심주제에 힘입어 한국인의 의식개혁과 우리사회의 변혁을 일으키고 싶은 기대와 희망을 갖고 10편의 논문을 집필했다. 이런 기대와 희망의 강박관념에 사로잡혀 부제를 한국적인 주제접근과 연구로 정했다. 나중에 이 부제가 최근미국소설을 지엽적인 시각에서 연구했다는 오해의 소지가 있음을 인지했다. 또 이 부제가 최근미국소설을 협의로 해석했다는 오해를 받을 수도 있다고 생각했다. 이런 오해를 받지 않기 위해 2000년에 개정판을 내면서, 두 의도를 갖고 부제를 삶 예술 자아실현으로 바꿨다. 첫 번째 의도는 최근미국소설이 삶과 예술을 하나로 간주하고 있음과 삶과 예술의 궁극적 목적을 자아실현에 두고 있음을 강조하려함이다. 두 번째 의도는 자아실현의 의미가 깨달음에 더하여 가능성과 잠재력계발과 발휘도 함축하고 있음을 주지시키려함이다. 이런 염두와 의도를 갖고 두 번째 저서, *최근미국소설론과 작품세계: 삶 예술 자아실현*을 출간했다.

이미 앞에서 언급했지만 *최근미국소설론과 작품세계: 삶 예술 자아실현*에서 여자소설가, 죠이스 캐럴 오우츠를 논의하고 싶었다. 그러나 필립 로스와 죤 업다익이 빠진 최근미국소설연구는 무의미하다는 조언을 듣고, 오우츠를 저서에서 제외시킬 수밖에 없었다. 이때 최근미국여자소설가들을 연구하고 싶은 생각이 떠올랐다. 그 당시 우리나라대학교 영어영문학과 소설담당교수들은 여자소설가들보다도 남자소설가들에 더욱 치우쳐서 논문들을 쓰고 있다는 인상을 받았다. 왜 이럴까하는 강한 의아심을 갖고, 그들의 관심 밖에 있는 여자소설가들에 관한 연구와 논문집필도 큰 의미가 있을 거라고 확신하고 작가들을 선정했다. 이 선정은 매우 자의적이었다. 대표적인 여자소설가들의 작품을 전부 읽고, 우리의 의식개혁과 사회변혁에 기여할 수 있는 일관된 주제를 확정한 후에 연구 작품들을 선정하지 않고, 미국교수들의 연구서들에서 자주 언급되었던 작가들 중에서 임의로 골랐다. 이렇게 선정한 7명의 소설가가 오우츠를 비롯하여 토우니 모러선(Toni Morrison), 앨리스 워커(Alice Walker), 신시어 오우직(Cynthia Ozick), 죠운 디디언(Joan Didion), 메어리 고든(Mary Gordon), 그리고 게일 가듼(Gail Godwin)이었다. 그 후에 미국 고등학교와 대학에서 루이즈 어드릭(Louise Erdrich)이 많이 논의되고 있음을 알고, 이 작가를 추가했다.

여자소설가들을 논의하기에 앞서, 이들이 미국문학사에서 차지하는 최근미국소설(Contemporary American Fiction)의 문학적 특징을 밝힐 필요가 있다. 우리나라 영문학계는 엄연히 구별해야하는 현대미국소설(Modern American Fiction)과 최근미국소설을 다 현대미국소설로 번역하여 큰 혼란을 일으키고 있다. 이 혼동을 방지해볼 요량으로 논문, "최근미국소설의 주제고찰과 그 의의"를 써서, 두 소설의 뚜렷한 차이를 부각시켰다. 우선 미국문학사에서 대표적인 현대미국소설가들은 윌러 캐서(Willa Cather), 셔우드 앤더선(Sherwood Anderson), 진 투머, 리쳐드 라이트, 에프. 스코트 피츠제럴드(F. Scott Fitzgerald), 죤 더스 패서스(John Dos Passos), 윌리엄 포크너(William Faulkner), 어니스트 헤밍웨이(Ernest Hemingway), 그리고 죤 스타인벡(John Steinbeck) 등등이다. 이들은 인간의 정의, 소설의 정의, 소설과 삶과의 관계, 그리그 역사관에서 최근미국소설가들과는 매우 대조적이다. 이 대조는 그들의 세대 차이에서 연유되었다. 현대미국소설가들은 "길을 잃어버린 세대(Lost Generation)"에 속한다. 그들은 민주주의를 수호한다는 원대한 이상을 갖고 제1차 세계대전에 참전했지만, 전쟁체험으로 치유불능의 정신적 상처를 입었다. 이 상처 때문에 그들의 삶은 방향과 목표상실, 절망감, 허무감, 그리고 자포자기로 병들었다. 그들은 뼈저린 소외감과 고독감에다가 서구의 몰락이라는 위기감에 완전히 압도당해 방황하는 염세주의자, 비관론자, 혹은 부정주의자로 전락했다. 반면에 최근미국소설가들의 일부가 "행복을 추구한 세대"임을 선언하자, 그 선언의 취지는 적극적인 지지를 받았다. 그들은 어떤 비극적이고 부정적인 실존상황에서도 삶을 적극적으로 긍정하고 예찬한다.

현대와 최근미국소설의 가장 대조적인 특징은 정반대되는 인간의 정의에서 비롯된다. 인간은 타율적 아니면 자율적, 그리고 유한한 아니면 무한한 존재로 정의된다. 현대미국소설은 인간을 신화와 전통에 절대적으로 의존해야하는 타율적일 뿐 아니라 유한한 존재로 정의한다: "인간은 더 이상 완전한 존재를 지향하는 위대한 상징이 아니었다. 비록 그가 매우 엄격한 자기훈련으로 품성을 어느 정도까지 고상하게 할 수 있다 할지라도."[72] 반면에 최근미국소설은 인간을 자율적이고 무한한 가능성의 존재로 정의한다: "인간은 스스로 자신의 운명을 개척할 수 있는 유일무이한 존재이다. 가장 창조적인 인간은 자신의 미래 뿐 아니라 사회의 지향목표까지도 상상하고 설계할 수 있다. 그의 이런 상상과 설계는 [절대적인] 확신의 바탕에서가 아니라 정신의 의식적인 계발로 창조되고 형성된다."[73] 더욱이 인간이 삶의 목적을 자아탐구에 둔다면, 자신이 처한 숙명적인 한계상황도 초월할 수 있을 뿐 아니라 스스로에게 절대적 존재가 될 수 있다: "인간은 숙명적인 한계상황 가운데서 살도록 운명 지워져 있다. 그러나 이런 운명 가운데서도 그는 자신에게 절대적 존재이며, 자기세계의 중심이고, 자기행위의 책임자이면서, 자기정체와 목적의 창조자이다. 진리는 자기 안에 있으며, 가치는 그 진리 속에 있다."[74] 또 소설과 삶과의 관계에서 얾다익의 이런 철학 – 삶이 최고이므로 절대적으로 우위에 있어야하며 삶은 예술이다 –은 현대미국소설가의 예술이 삶보다는 우위라는 주장과는 매우 대조적이다. 현대미국소설가의 주장에 따르면, "인간의 창작행위는 언제나 형식을 창조하는 행위이다. 그 창작행위가 만들어내는 형식은 그처럼 무질서한 삶 가운데서는 도저히 향유될 수 없는 질서에의 갈망을 충족시켜준다. 여하튼 이 점에서 예술과 삶은 전적으로 다르다."[75]

소설의 정의에서도 현대와 최근미국소설가 사이에는 뚜렷한 대조가 있다. 윌리엄 포크너는 소설은 확신을 바탕으로 믿을 수 있는 인간과 현실을 창조한다고 역설한다: "작가는 자기가 할 수 있는 가장 감동적인 방식으로 믿을 수 있는 감동적인 상황 가운데 있는 믿을 수 있는 사람들을 창조하려한다."[76] 또 어니스트 헤밍웨이도 소설은 현실에 바탕을 둔 진실과 진리의 창조라는 자신의 소설철학을 천명한다: "일어났던 사건들, 있는 그대로의 사건들, 당신이 알고 있는 사건들, 그리고 당신이 알 수 없는 모든 사건들로부터, 당신은 설명이 아니고 진실하고 생생한 어떤 것보다도 더 진실한 아주 새로운 것인 당신의 창의력을 가지고 실재를 창조한다. 당신은 그 실재를 생생하게 창조한다. 만약 당신이 그 실재를 매우 탁월하게 창조한다면, 당신은 그 실재를 불멸화시킨다. 이것이 당신이 소설을 창작하는 동기이다."[77] 이처럼 포크너와 헤밍웨이의 소설창작목적은 진실한 인간과 영원불멸의 진리창조이다. 이들은 이런 인간과 진리가 독자를 교화시킬 수 있을 뿐 아니라 사회를 발전시킬 수 있다고 확신한다. 반면에 최근미국소설가 얾다익은 소설은 "우리의 가능성과 자유의 개념을 확장하려는 시도이다"고 정의한다. 게다가 그는 우리가 소설에서 가능성의 세계를 창조할 수 있는 힘은 거짓말에서 솟아나온다고 주장한다: "소설은 [독자를 크게 깨우쳐] 사실을 새롭게 인식하도록 해주는 문자로 표현된 거짓말의 연속이다." 이처럼 거짓말의 연속인 소설은 허구적이면서도 독자를 기상천외한 세계로 끌고 가는 위력을 발휘한다. 이처럼 현대와 최근미국소설가는 소설의 정의에서도 정반대의 입장을 고수한다. 소설이 상상력에 의존하는 낱말들의 결합체인 허구세계이냐 아니면 신념을 바탕으로 진실한 인간과 고정불변의 영원한 진리의 창조이냐로 양분된다.

끝으로 현대와 최근미국소설의 역사관과 역사소설의 차이점을 밝혀본다. 두 소설의 가장 두드러진 차이와 특징은 역사를 과거로, 아니면 현재로 보느냐의 관점과 이 관점에 따른 역사소설의 창작방법과 그 형태에 있다. 현대미국소설가는 역사는 과거이고, 현재를 과거의 산물일 뿐 아니라 연속으로 파악하기 때문에 스스로 역사의 객관적 진리와 질서의 수호자이며 전달자라는 신념으로 소설을 창작한다. 그는 과거를 중요시하기 때문에 역사와 소설을 엄격하게 구별함으로, 그의 소설소재는 객관적으로 입증될 수 있는 역사적 사실들이다. 그의 소설주인공들은 실제로 역사를 창조한 인물들이기 때문에 역사가 바로 그의 소설의 플롵이다. 그러므로 그의 소설의 가장 중요한 구성요소는 과거의 객관적 사실의 부단한 발굴, 객관적 진리의 탐구, 그리고 그 사실과 진리의 정확한 기술이다. 반면에 최근미국소설가는 역사는 과거가 아니고 현재라고 정의한다. 따라서 그의 역사소설은 현재에 입각한 과거의 창조적 재해석이다. 다시 말하면, 그의 역사소설은 과거의 역사적 사건의 충실한 재현에 있지 않고, 상상력을 바탕으로 역사적 사건을 재해석하여 삶의 창조적 진리를 탐구하려한다. 그는 역사를 기술하지 않고 창조함으로 역사와 소설을 구별하지 않는다. 그는 역사와 소설은 다만 성격이 다른 이야기일 뿐이라고 주장한다: "역사는 우리가 살아가면서 그렇게 살고 싶은 하나의 소설이다. 소설은 일종의 사색하도록 하는 역사, 다시 말하면 사고력을 증폭하는 역사이다. 소설가가 역사에 입각해서 창작할 때 활용하는 자료들은 그 시작부터 역사학자가 상상하는 것보다 더 소중하고 다양하다."[78] 앞에서 현대와 최근미국소설은 소설철학을 뒷받침하는 인간, 소설, 그리고 역사의 정의에서 뿐 아니라 실존과 소설과의 관계에서 뚜렷한 차이를 드러내고 있음을 살펴보았다.

"죠이스 캐럴 오우츠의 소설론과 작품세계: 좌절, 무력감 그러나 생명력 그리고 자립인간"이 1994년도 한국학술진흥재단의 자유공모과제 연구비지원을 받아 쓴 최근미국여자소설가의 첫 연구논문이다. 오우츠(1938-)는 "미국의 가장 탁월한 소설가들 중의 한 사람이라"[79]는 절찬을 받는다. 이 절찬은 그녀가 자기는 여자문제들을 대변하는 여성작가가 아니라는 주장에서, 그녀의 소설이 묘사하는 여자주인공들의 절망과 그 극복에서, 그리고 이 극복의 원동력이 되는 그녀의 인간과 예술의 정의에서 연유한다. 오우츠는 미국사회에 만연한 여성차별, 학대, 그리고 인권유린을 폭로하고 고발하는 용감한 지성인이고 여권옹호자이다. 그러나 그녀는 자신의 소설에서 여성해방 그리고 여권옹호와 신장을 주장하지 않는다. 그녀는 이런 주장을 하는 작품은 편협하고 한정된 세계를 가질 수밖에 없으므로 예술의 상호체험이 불가능해 위력을 발휘할 수 없다고 믿기 때문이다. 따라서 그녀는 소설집필 중에는 자기가 여자라는 의식을 전혀 느끼지 않는다고 천명한다: "소설가가 언어를 가지고, 언어로만 예술을 창조하는 도전적인 방법에 의존할 때, 그녀는 자신을 '여자'로 한정시키지 않는다."[80] 이 뿐만 아니라 그녀는 "소설창작행위가 삶의 승리이며 긍정행위이다"[81]고 강조한다. 더욱이 그녀는 예술은 폭로, 고발, 그리고 항의의 표출수단이 아니고 의사소통이라고 강조한다: "예술가인 당신 혼자서만 체험하더라도, 예술은 언제나 의사소통이다. 예술은 자아가 더욱 심오한 자기와 의사소통하려는 노고의 산물이다. 예술은 숭고하고 신성하다. 왜냐하면 예술은 비범한 사람들이 그들의 환상, 회의, 확신까지도 외적 구성으로 질서화하는 각고의 노력을 기록하는 행위인데, 이 외적 구성이 생명력, 삶의 활력, 그리고 어떤 사람이 예술을 창조하고 있다는 분명한 사실, 특히 독자인 당신이 예술을 공유하고 있다는 사실을 예찬하기 때문이다."[82] 또 가부장사회에서 남자는 정치적, 사회적, 경제적 실권을 장악하여 여자의 아름다운 꿈, 본능, 욕구, 기대, 의사, 인격, 그리고 권익을 부정하고 억압하여 주체성과 독립성이 없는 허수아비로 탈바꿈시키려고 모든 수단과 방법을 동원한다. 그래서 남자는 우월적 지위와 경제력을 이용하여 자기 마음대로 여자를 조종하고 농락하여 자기의 필요도구나 관능적 쾌락충족의 수단으로 업신여긴다. 이런 남자들의 피해자로 전락한 오우츠 소설의 여자주인공들은 극도의 좌절감, 절망감, 그리고 무력감에 빠져있다. 그러나 오우츠는 이 주인공들을 무기력한 피해자로부터 적극적이고 진취적인 자립인간으로 변모시킨다. 그녀가 이런 기적적인 변신을 일으킬 수 있는 원동력은 그녀의 새로운 인간의 정의에 있다: "인간은 스스로 자신의 운명을 개척할 수 있는 유일무이한 존재이다. 가장 창조적인 인간은 자신의 미래 뿐 아니라 사회의 지향목표까지도 상상하여 설계할 수 있다. 그의 이런 상상과 설계는 [절대적인] 확신의 바탕에서가 아니라 정신의 의식적인 계발을 통해 창조되어 형성된다." 게다가 오우츠는 인간을 아름다운 꿈을 창조하는 "신비스럽고 기적적인 존재"[83]로 정의한다. 인간은 꿈속에서 어떤 욕구나 소망도 성취시키는 초인적 존재가 될 수 있으므로 아무리 힘든 고난과 역경도 극복한다. 더욱이 오우츠는 자기소설의 여자주인공들이 절망을 극복하는 원동력, 즉 예술은 꿈과 관련이 있다고 주장한다: "예술은 꿈이 성취하려는 소원들을 실현한다. 예술은 꿈에 대한 우리의 [지속적인] 동경과 갈망을 충족시켜준다. 대부분의 [우리의] 삶은 절망으로 가득 차 있다. 그러기 때문에 우리는 예술을 창조한다."[84] 그녀의 주장에 의하면, 꿈을 실현하는 위력을 발휘하는 예술의 근원은 삶에 있는데, "삶은 활력이고, 이 활력은 바로 창조력이다."[85] 또 이 창조력은 생명력이다. 예술은 창조력과 생명력을 형상화하여, 우리 모두에게 신비스러운 체험을 안겨주는 표현이자 감응수단이다. 예술은 삶의 신비와 기적을 최대한으로 자극하고 유발하여 활성화할 수 있다. 예술이 있으므로 인간은 어떤 여건과 상황 가운데서도 무한한 가능성과 미지의 세계를 창조하여, 삶의 새로운 이정표를 상상하여 설계할 수 있다. 예술의 이런 위력의 근원은 꿈속에 있다. 요컨대 오우츠 소설의 절망적인 여자주인공들이 생명력을 회복하여 자립인간이 되는 저력은 그녀가 새로운 시각에서 정의하는 인간, 예술, 그리고 꿈의 상호관련성에서 연유한다.

지금까지 논의한 인간과 예술의 정의를 바탕으로 *그들*(*Them*, 1969), *당신이 하고자하는 일을 나와 함께 합시다*(*Do with Me What You Will*, 1973), *부정한 사랑*(*Unholy Loves*, 1979), 그리고 *마르여: 자서전*(*Marya: A Life*, 1986)을 "좌절, 무력감 그러나 생명력 그리고 자립인간"의 논지로 고찰해본다. *그들*은 여자주인공, 열여섯 살의 건강하고 매력적인 소녀, 러레터 보츠퍼드(Loretta Botsford)가 아름다운 꿈과 기대감으로 잔뜩 부풀어있는 장면으로 시작된다. 그녀의 마음은 쾌감, 흥분, 희열, 그리고 활력으로 소용돌이치고 있다. 그녀는 이런 생명력, 행복감, 그리고 독립성으로 충만한 미지의 세계를 꿈꾸는 황홀감을 만끽한다. 그러나 유감스럽게도 그녀의 생명력, 황홀감, 그리고 독립성은 남자들에 의해 유린당한다. 그녀는 삶의 의미와 가치, 자아탐구, 그리고 여자의 이해와 보호에는 무관심한 채 오로지 관능적 쾌락충족과 충동적 행위에 열중하는 아버지와 오빠의 피해자이다. 따라서 그녀는 본의 아니게 좌절과 무기력한 삶을 살아야한다. 그녀는 이런 비참한 삶의 와중에 한때 불량배들과 어울렸던 남자에게 성폭행을 당해 임신하자, 별수 없이 결혼하여 아버지와 오빠로부터 해방된다. 그러지만 그녀는 남편이 자기에게 무관심하고 무감각한 데다 상상력과 개척정신이 없기 때문에 자기가 꿈꿨던 세계를 가질 수 없다. 더욱이 그녀는 제2차 세계대전이 발발하여 남편이 전쟁터로 떠나자, 생활능력이 없으므로 아들 쥴즈(Jules)와 두 딸 모린(Maureen)과 베티(Betty)와 함께 시어머니 집에서 살 수밖에 없으므로 그녀의 독선과 횡포를 감내해야한다. 그녀는 시어머니의 예속과 질곡에서 벗어나려고 애들을 데리고 디트로이트(Detroit)에 정착하지만, 자립생활에 어려움을 겪는다. 그녀는 무사 귀환한 남편이 직장에서 불의의 사고로 타계하자, 직장생활을 시작하여 경제적 자립을 시도한다. 또 그녀는 재혼하지만, 이 남자도 그녀에게 환멸, 고독감, 그리고 비극만을 안겨준다. 그녀는 비극적인 결혼생활로 자신감과 가능성을 느낄 수 없으므로 스스로 자기를 피해자로 전락시킨다. 게다가 그녀는 이런 억압적인 현실을 숙명으로 받아들이고 극복하려하지 않는다. 그녀는 자기가 남성지배사회의 피해자임을 자인하면서도, 때로는 자신도 불멸의 존재임을 느낄 때도 있다: "이 세상에 태어난 모든 인간은 하나의 개체적 존재 – 자아를 소유한 유일한 존재 –이고, 이 자아의 개체적, 인간적, 불가사의적 핵심이 파괴되거나 [사회로부터] 절연될 수 없다는 쓸쓸한 의식이, 이따금 울적하고 나른한 쾌감으로 솟아오름을 느낀다." 이처럼 그녀는 피해자이면서도 강인한 생명력과 소박한 꿈만은 버리지 않는다. 그녀는 이 생명력과 꿈을 고수함으로 자기와 다른 사람들에게 희망과 용기를 불어넣을 수 있다. 1967년 7월에 디트로이트에 폭동이 일어나 그녀의 집과 가구가 전부 불타버린다. 그녀는 이재민수용소에서 자기보다도 다른 사람들에게 더 깊은 관심과 애정을 쏟으면서, 살아있음에 감사한다: "그녀는 자기소망을 이룰 수 있도록 살아있게 해준 하나님에게 감사드렸다."[86] 요컨대 러레터는 이런 인간의 실존이상 – "나는 의도한다, 원한다, 요구한다, 사고한다, [그러므로] 존재한다"[87] –을 실현하려는 몸부림에서 조금이나마 성공한 오우츠 소설의 첫 여자주인공이다.

모린은 어머니와 비슷한 생존여건에서도 미흡하지만 자신의 꿈을 이루는 자아와 세계를 창조한다. 모린과 어머니는 억압적인 현실의 상상적 도피와 극복, 자아성숙, 그리고 사랑에 쏟는 관심에서 큰 차이점을 드러낸다. 다시 말하면, 두 사람의 차이는 의지적인 극복자와 수동적인 피해자, 현실극복의지와 숙명적인 현실수용, 그리고 사랑의 위력과 사랑의 무지에 있다. 모린은 어머니보다 강한 상상력, 창의력, 그리고 자립의지를 갖고 있다. 모린도 자신의 미래를 개척하려고 헌신하지만, 가족 중 어느 누구도 그녀를 돕기는커녕 괴롭히고 억압할 뿐이다. 그녀는 수녀원장실로 호출당해 걸핏하면 싸움질하는 동생을 돌보지 않는다는 꾸지람을 듣는다. 계부가 만취하면 어머니는 친구 집에서, 그녀는 동생과 오빠와 함께 아파트옥상에서 밤을 지낸다. 집안에는 오로지 소란, 야단법석, 그리고 싸움이 있을 뿐이다. 이렇게 모린은 자신의 아름다운 꿈과 큰 뜻은 무참히 짓밟힌 채, 무자비한 질곡과 억압에 시달린다. 그러나 그녀는 이 질곡과 억압을 상상세계에서 극복한다: "강 위에는 소리 없이 천천히 움직이는 크고 작은 거룻배들이 있었다. 그녀는 자유를 느꼈다. […] 그녀는 자유스러웠다. 모든 구속을 벗어났다"(185). 또 그녀는 질곡과 억압에서 벗어나는 적극적인 수단으로 소란한 집을 피해 도서관으로 간다. 그녀는 자신의 해방은 도서관에서 일어날 수 있을 거라고 믿는다: "그녀의 생각으로 성숙과 집으로부터 독립은 어쨌든 도서관 – 야간의 도서관, 그 조용함과 열려 있음 –과 관련돼 있었다. 어떤 일이 일어날 것이다"(165). 그녀는 소설을 읽음으로써 다른 사람들의 역경과 그 극복을 알고 배우는 지식으로 삶에 대한 호기심을 더욱 자극하여 확장한다. 그녀는 이 자극과 확장 덕택에 아이의 세계에서 어른의 세계로 입문하는 방법을 터득한다. 그녀는 아직 고등학교 3학년으로 미성년자이지만 집을 나가 모험을 감행하고 싶다. 그러려면 돈이 필요하다. 그녀는 돈을 갖고 싶은 조급한 욕심 때문에 이성과 판단력을 상실하고, 우연히 길에서 만난 30대 중반 남자의 일방적 요구를 무조건 수용한다. 그런 다음 그녀는 그에게 돈을 달라고 아우성친다. 그녀는 계속 그와 관계를 가지면서 큰 돈을 모은다. 불운하게도 그녀는 그와 동승한 차가 신호대기 중일 때, 계부에게 목격당한다. 또 계부는 그녀가 *새로운 세계의 시인들*(*Poets of the New World*)에 숨겨둔 많은 고액지폐들을 발견한다. 그는 만취한 데다 화가 치밀어 그녀를 무자비하게 구타하여 실신시킨다. 그녀는 의식불명이 되어 긴장증으로 1년여 동안 병상생활을 한다. 그녀의 의식상실은 두 가지 일을 상징한다. 하나는 질곡과 억압으로부터 해방이고, 다른 하나는 어리석고 비양심적, 비도덕적 행위의 뉘우침과 새로운 삶의 시작이다. 그녀는 건강을 회복하자, 독립생활을 영위하기 위해 집을 나가, 직장생활을 하면서 야간전문대학에 등록한다. 그녀는 이제 스물여섯 살로 과거의 악몽에서 벗어나 스스로 운명을 개척하는 삶을 살려면 사랑할 수 있는 남자를 찾아야한다고 자기를 설득한다. 드디어 그녀는 사랑을 위해 자신을 바칠 수 있는 남자를 발견하고, 이 남자와의 사랑을 위해 살기로 결심한다. 그녀는 그의 실존철학에 매료되었기 때문이다: "모든 사물의 이면에는 사랑, 갈망, 그리고 신비가 있었다. 그도 사랑에 빠져 있었다. 가족을, 어떤 의미로는 한 가정의 가장으로서의 자신을, 또 자신의 이런 역할을 사랑했다. 이 역할을 수행하지 않는 자신을 상상할 수 없었다. 왜냐하면 자신에게 그런 역할을 부정하는 자아는 존재하지 않았고, 존재 가능성도 없었기 때문이다"(391)." 요컨대 그녀는 사랑의 결실로 결혼하여 자신의 독립성, 생명력, 그리고 황홀감을 만끽한다.

쥴즈는 이 소설 뿐 아니라 다음 소설들의 여자주인공들이 남성지배사회의 굴레에서 벗어나 자유인이 될 수 있는 필수적인 기질과 성격을 소유한 가장 중요한 주인공이다. 그는 어머니와 누이동생의 타율적 삶과 그 한계성을 극복하는 특출한 인간이다. 그의 이런 능력은 특이한 상상력, 강한 독립심, 그리고 투철한 이타주의에서 솟아나온다. 그의 가장 특출한 기질과 성격은 비참한 삶과 현실을 극복하고 개혁하려는 확고한 의지와 반항정신 그리고 새로운 삶과 사회를 창조하려는 상상력과 열정에 드러난다: "반항정신을 무기로 삼아 – 육체적, 심리적, 그리고 정신적으로 – 자신을 해방시키기 때문에, 그는 패배를 단호히 거부하고, 새로운 삶의 전기를 마련하려는 미국문화의 반어적 주인공으로서 [삶과 사회의] 전진과 발전을 시도한다."[88] 그의 특이한 기질과 성격의 실례를 들어보면, 그는 초등학생일 때 뛰어난 상상력을 발휘하여, 아버지가 참전 중임을 알고 군대의 진격이나 후퇴를 상상해본다. 또 그는 독립심과 이타주의에 투철하다: "그 삶은 가족의 부양, 그리고는 그들로부터 독립이었다. 가장 먼저 그는 가족이 지금과는 다른 사람들이 되도록 부양할 것이다. 그런 후에 그들로부터 해방될 것이다. *결국 나는 내 삶을 변화시켜, 향상시키겠다*고 그는 다짐했다"(94). 그의 이타주의는 자신의 실존목적을 "우리 모두는 인간이라는 한 가족의 구성원들이다"(473)는 철학에 두기 때문에 더욱더 진솔하다. 그는 개인적으로 이 목적을 달성하는 길은 자신의 이타주의적 행위에 있을 뿐이라고 깨닫는다: "불은 그저 탈 뿐입니다. [⋯] 불은 탑니다. 그럼으로써 자기본분을 다하고 있습니다. 다른 사물들도 그들 나름의 책무를 다하고 있습니다"(95). 더욱이 그의 주장에 따르면, 우리 모두가 이 목적을 이루는 첩경은 의식개혁 — 비참했던 과거의 악몽으로부터 해방, 억압적인 현실의 긍정적 수용, 이타주의신봉과 실천, 그리고 자아탐구와 실현 —의 강한 의지와 실천에 달려 있다. 우리 모두가 이런 의식개혁에 동참할 때 "미국 전체가 소생한다"(473)고 갈파한다. 그의 이런 자신감과 확신은 고정관념, 편견, 독선, 그리고 타인의 무시와 부정에서가 아니고, 독립성, 융통성, 자아성숙, 그리고 사랑을 전제하는 데서 비롯된다. 특히 그는 사랑이 자기존재의 전부라고 믿기 때문에, 여자를 사랑할 때 자신의 관능적 욕구충족보다는 오히려 그녀의 의사와 인격존중을 우선시한다. 그는 사랑이란 "통합을 향한 인력, 이 지극한 융합"(373)이라고 확신하기 때문이다. 그는 가족 간의 사랑의 중요성을 각별히 강조한다. 요컨대 쥴즈는 "자신의 선천적으로 특이한 기질과 자질의 도움으로 자기에게 닥치는 어떤 사건이나 상황에도 의연하게 대처할 각오를 다지는 능동적이고 독립적이며 자신만만한 인간이다."[89] 따라서 그의 모험심과 독립심은 *당신이 하고자하는 일을 나와 함께 합시다*에서, 자아창조의지와 독립심은 *부정한 사랑*에서, 그리고 독립심과 자립의지는 *마르여: 자서전*에서 각각 여자주인공의 삶의 변화와 생존의지에 결정적인 역할을 한다.

*당신이 하고자하는 일을 나와 함께 합시다*의 여자주인공, 엘러너 하우(Elena Howe)가 인형에서 독립적인 여자로 변신하는 과정을 고찰해본다. 그녀는 다섯 살 때 부모의 이혼으로 아버지의 무관심과 방치 그리고 어머니의 이기심과 독선의 피해자이다. 어머니는 어린 딸을 보살피려고 헌신하기보다도 광고의 모델로 팔아 자신의 생계를 꾸미려한다. 그래서 그녀는 딸에게 자연스러운 모습과 표정보다는 다른 사람들이 만들어주는 표정과 자세가 최고임을 주입시키면서 딸을 인형으로 만들려고 안달한다. 게다가 그녀는 고등학교 3학년이 된 딸의 상상력과 독립성을 무시한다: "너는 지나치게 많은 상상력을 가지고 있다. 그런 상상력은 너에게 해롭다. [⋯] 너는 결코 그런 상상력에 계속 매달릴 수 없다. 너에게는 통제가 필요하다. 그렇지 않니?" 더욱이 그녀는 딸에게 자신의 잘못된 남성관을 주입시켜, 성적 관심과 결혼관을 왜곡시키려고 남자를 이상하게 정의한다: "남자는 기계와 같다. 마치 그 기능

순서에 따라 작동하는 자동세탁기와 같다. 그 순서는 이미 다 알려져 있어서 지루하다. 상상력이 없는. 다시 말하면, 삶과 관계된 더 좋은 일들을 생각할 수 없는 여자들에게는 지루하다."[90] 그녀는 자신의 경제적 이익을 챙기기 위해 딸을 수백만장자이고 축재에 유능하며 사회적으로 저명한 변호사, 마빈 하우(Marvin Howe)와 결혼시킨다. 엘러너는 어머니의 농간으로 고등학교도 졸업하지 못하고 스물네 살이나 연상이고 세 명의 자녀를 가진 이혼한 남자와 결혼할 수밖에 없다.

하우는 극빈가정출신이지만 변호사로 크게 성공한 천재이고 기인이다. 그는 엘러너와 결혼하면서 45개 조항의 계약서를 작성하는데, 어느 조항에도 사랑에 대한 언급은 없지만 아이를 갖지 않는다는 조항은 있다. 그는 법은 "지배력, 확실성, 그리고 우리를 구속하는 권력"[91]이라는 철학의 철저한 신봉자로 결혼을 두 사람의 관계가 아니고, 두 사람과 법과의 관계로 규정한다. 그는 엘러너의 미모에 도취되어 "그녀의 육체적, 정신적 실재를 부정하기"[92] 때문이다. 더욱이 그는 자기능력과 성취욕에 과대 망상적으로 도취되어 있으므로, 만사에 오로지 자기만 있을 뿐이고 다른 사람들과 그들의 사정을 고려할 수도 없고, 고려해서도 안 된다는 편집병에 걸려있다. 따라서 그의 생활방식도 아주 특이하다. 그는 일단 소송사건들의 처리에 착수하면 하루에 열여섯 시간 동안 며칠이고 몰두하다가, 갑자기 그만두고 엘러너에게 일언반구도 하지 않고 위험을 즐기기 위해 산이나 바다로 간다. 그는 집에 돌아오면 또 정신없이 일에 몰두하면서 부인에게 "당신은 내가 괴물이라고 생각하느냐?"(115)고 묻는다. 그에게 엘러너는 젊은 육체와 본능을 가진 여자가 아니라 하나의 동상이나 인형에 불과하다. 그녀는 외관상 매우 호화스럽고 안락한 결혼생활을 하고 있지만, 삶은 메마르고 공허할 뿐 아니라 남편과의 관계에서 성적 쾌감을 전혀 느끼지 못한다.

그러나 엘러너는 인형생활에 종지부를 찍고, 주체성이 없었던 과거의 삶을 깨끗이 청산하고, 자기를 알고 독립성을 갖는 새로운 삶을 시작하려한다. 이때 그녀는 권위적이고 지배적인 성격의 남편과는 너무나 다른 이타주의적, 개혁적인 흑인변호사, 잭 모리씨(Jack Morrissey)를 만난다. 이 변호사는 "법은 사회적 변화의 수단"[93]이라고 확신하고, 흑인들의 사회적 권익과 지위향상을 위해 헌신한다. 그는 자신의 생활철학으로 투철한 봉사정신, 강렬한 변화와 개혁욕구, 그리고 가능성과 잠재력계발을 실천한다. 그러므로 그는 엘러너를 인형에서 독립성과 황홀경을 만끽할 수 있는 여인으로 변신시킨다. 이 변신은 그녀가 그와 관계를 가질 때 능동적으로 자신의 육체를 그에게 밀착시켜, 두 사람이 하나가 되려고 미친 듯이 날뛰면서 일어난다. 그녀는 그와의 사랑으로 자신의 타율적, 수동적 삶으로부터 해방된다. 그녀는 "그와 관계를 갖기 시작하여 한참 후에 성적 황홀경을 체험하고, 비로소 자신의 독립적인 삶을 의식한다."[94] 드디어 그녀는 자신의 독립성의 의미를 깨닫고, 11여년의 예속적 결혼생활의 굴레로부터 해방되려고 남편에게 이혼의사를 일방적으로 단호하게 피력한다. 그녀는 강렬한 해방욕구에 휩싸여 자신의 삶과 미래를 심사숙고하지 않고 모험을 감행한다. 그녀는 남편에게 오로지 이혼만을 원할 뿐 생계비 또는 어떤 것도 요구하지 않는다고 공언한다. 그녀는 남편이 이 공언을 법률적으로 확실시하기 위해 1달러 98센트를 받고 이혼한다는 각서에 서명하라는 요구에 주저 없이 응한다. 그러고 그녀는 비가 억수로 쏟아지는 한밤중에 어느 누구도 그 시간에 그녀를 기다리고 있지 않다는 사실을 알면서도 집을 뛰쳐나온다. 그녀는 예속적 결혼생활의 굴레에서 해방되어 쾌재를 부르며 과거의 악몽을 잊는다. 요컨대 그녀는 상상적으로나마 주체적, 독립적 자아를 회복하여 삶의 자유를 쟁취한다.

*부정한 사랑*의 여자주인공, 브리쥐트 스톹(Brigit Stott)은 *그들*과 *당신이 하고자하는 일을 나와 함께 합시다*의 여자주인공들과는 아주 다른 인물이다. 브리쥐트는 삶의 숭고한 철학과 이상실현을 위해 고군분투하는 서른여덟 살의 이혼녀로 영문학교수이고 소설가이다. 따라서 그녀의 좌절과 무력감은 부모의 무능과 이기심 그리고 사회적 차별과 억압에서가 아니고 자기철학과 이상실현이 불가능한 자기무능과 환경에서 비롯된다. 또 이 좌절과 무력감은 그녀의 철학과 이상을 이해하고 긍정하여 고무해줄 수 있는 남자와의 바람직한 관계설정이 불가능함에서 야기된다. 그녀의 생활철학에 의하면, "삶은 언어의 계획적 활용에 의존한 예술적 창조의 문제이다. 그러므로 그녀는 매순간마다 '자신을 자기가 상상하여 창조한 삶 속으로 이끌어 가야한다'고 주장한다."[95] 그녀는 이런 철학의 이상과 현실적 삶과의 큰 괴리에서 엄청난 갈등을 겪으면서, 이를 극복하려고 상상적으로 모험을 감행한다. 그녀가 겪는 이상의 좌절과 삶의 무력감은 결혼의 실패와 동료교수들의 속물근성 때문에 유

발되며 증폭된다. 그녀는 열렬한 연애결혼으로 도취되었던 행복감이 자기가 간파하지 못했던 남편의 아집, 이기주의, 변태적 성격, 그리고 폭력 때문에 저주와 실망으로 뒤바뀌게 되어 결국 이혼한다. 게다가 그녀는 소설창작과 문학연구를 자기철학과 이상실현의 수단으로 간주하여 창작과 연구에 매우 진지하고 열성적이다. 그러나 동료교수들은 연구와 업적을 세속적 명예와 이익 추구의 최선책으로 생각하기 때문에, 그녀는 그들과 대화와 토론을 할 수 없으므로 소외감과 무력감에 빠질 수밖에 없다. 영문학과가 금세기에 윌리엄 버틀러 예이츠(William Butler Yeats)에게만 뒤질 뿐이라는 위대한 영국시인, 앨버트 세인트 데니스(Albert St. Dennis)를 시 분야 석학교수로 초빙하자, 그들은 그의 시창작의 정수 – "삶 그 자체가 시인이 직면하는 '번역이 불가능한 언어이다'"[96] –를 바탕으로 창작된 시들을 음미하여 감상하려하지 않고, 단편적인 주장들만을 무조건 수용하려할 뿐 아니라 그에 관한 지엽적인 인상과 일화들을 기억했다가 출판하려한다.

그러나 다행스럽게도 그녀는 세인트 데니스의 도움을 받아 무기력과 의기소침에서 벗어난다. 그녀는 그의 시인의 정의에서 큰 힘과 희망을 얻는다: "시인은 사람들 가운데서 홀로 자신을 창조한다. 예이츠가 알고 있었듯이, 자신의 열성적인 예술창조를 통해, 자신의 예술창조라는 가혹하고 마음 아픈 과정을 통해, 시인은 자신의 영혼을 창조하기 위해 절망, 정신이상, 그리고 삶의 안락과 안일의 포기를 각오하며 실존한다. 사람들 가운데서 홀로"(7). 그녀는 그의 공개강의에서 듣기를, "시는 하나의 부조리이지만 아주 멋진 부조리이다. 문명, 사랑, 그리고 삶 그 자체의 모험처럼 [시는] 우리가 감행하지 않으면 안 되는 모험이다. 우리가 살아 숨 쉬는 한 몇 번이고 감행해야하는 모험인 것이다"(115). 그녀는 이런 시의 정의로 깊은 감동을 받았으므로 홀로 자기철학과 이상실현을 위해 모험을 감행할 수 있다는 자신감과 용기를 갖는다. 더욱이 이 자신감과 용기는 그녀의 상상력으로 배가된다: "브리쥐트는 … 그(세인트 데니스)를 사랑하며, 그들은 결혼할 것이고, 그렇다면 소설가로서의 자신의 미완성 삶과 실패의 부담은 덜어질 거라고 몽상했다."[97] 지금 그녀는 그와의 지극히 행복한 결혼생활의 환상에 빠진다. 그녀의 행복감은 숭고한 자기희생과 헌신적인 봉사에서 연유한다. 더욱이 그녀는 그와의 결합으로 소설은 언어 활용의 산물이라고 직관한다. 소설은 어떠한 언어구사가 이뤄졌는가에 따라 이상적 자아창조의 성패가 결정된다. 이상적 자아창조는 독자의 부정적, 퇴폐적 의식을 긍정적, 건설적으로 변화시킬 수 있는 위력을 발휘한다. 그러므로 브리쥐트는 소설창작에서 언어 활용에 각고의 노력을 기울인다.

이렇게 브리지트는 이상적 자아창조에 심혈을 기울이고 있는데, 세인트 데니스가 갑작스럽게 타계하자 큰 충격을 받아 엄청난 절망감과 고독감에 휩싸인다. 그녀는 이런 실존위기에서 세인트 데니스의 시에 곡을 붙이는데 열중하는 음악의 천재, 엘렉시스 캐슬러(Alexis Kessler)교수와 열애에 빠진다. 그녀는 이 세상에서 유일하게 활기차고 열정적이고 매력적인 남자와 함께 있다는 자아도취에 빠진다: "그녀는 정신을 잃고 무아경에 이르는 것 같았다. 그녀의 중심은 자기를 벗어나 이 낯선 남자를 그리워하며, 그를 향해 돌진하는 것 같았다"(115). 캐슬러와의 사랑이 그녀를 "절망감, 영혼의 무서운 공허감"(25)으로부터 구원해준다. 지금 그녀의 삶은 활력, 희열, 열정, 그리고 희망의 보고이다. 그러나 불행하게도 그녀는 그의 비열한 성격과 이기주의 때문에 그와 헤어지는 마음 아픔을 감내해야한다. 그녀는 자신의 삶을 이런 남자에게 의존할 수 없다고 단정한다. 그녀는 자아탐구의지와 이타주의가 없는 남자에게 감정적으로 매달림은 자신의 삶을 부정하고 억압할 뿐이라고 깨닫는다. 이제 그녀는 홀로 자기를 창조하려고 결심한다. 그녀의 이런 단호한 결단은 "*당신이 하고자하는 일을 나와 함께 합시다*의 엘러너가 해방되어 흔쾌히 모험을 감행하는 용기를 상기시킨다."**98**

*마르여: 자서전*은 *그들*의 모린과 쥴즈 그리고 *부정한 사랑*의 브리쥐트의 한계성을 극복한 성장소설이다. 이 소설주인공, 마르여 나우어(Knauer)는 엄청난 역경들을 극복한 측면에서는 모린과 쥴즈와 비슷하지만, 지식인과 전문인이 되기 위해 한결같이 자아를 성찰하고 성숙하려한 입장에서는 아주 상이하다. 또 그녀는 대학교수와 저술가가 된 처지에서는 브리쥐트와 흡사하지만, 그녀처럼 고독감에 휩싸여 남자와의 결합을 시도하지는 않는다. 마르여는 어렸을 때 술집에서 말다툼하다가 살해당한 아버지의 시신을 확인하려고 어머니를 따라 영안실에 간다. 어머니는 거기서 그녀를 버리고 도망가면서 타이른다: "울기 시작하지 마라. 일단 울기 시작하면 멈출 수 없다." 그녀와 두 남동생은 천더기 신세로 숙부 집에서 기거한다. 사촌오빠는 그녀에게 "네 어머니는 너와 두 동생을 증오하는 사람들에게 맡기기보다는 차라리 물에 빠뜨

려 살해하는 게 더 좋았을 텐데"[99]라고 말하면서, 그녀를 성폭행한다. 그녀는 누구에게도 말 못할 분노, 저주, 그리고 악몽 속에서 살고 있다. 그런데 그녀가 어머니에게 대한 혹독한 욕설과 자기에 대한 멸시와 증오심으로 가득한 억압적이고 냉혹한 분위기를 극복하고 생존할 수 있는 힘이 상상적으로 현실을 도피하는 데서 솟아나온다. 그녀는 신랄한 비난과 욕설을 들으면서도 듣지 않는 법을 터득한다. 다시 말하면, 귀에는 들리지만 정신적으로는 듣지 않는다. 더욱이 그녀는 자기에게 가해지는 어떤 학대나 부당행위를 용납하지 않는다. 그녀는 자기에게 짓궂은 행동을 하는 남학생들과 발길질을 하면서 싸운다. 요컨대 그녀는 탄압과 불의에 용감무쌍하게 도전하는 강한 의지와 용기, 독립심, 창의력, 판단력, 개척정신, 그리고 경쟁의식이 유달리 강하다.

그녀의 창의력과 개척정신은 중학교 2학년 때 만난 훌륭한 스승, 브랜던 피. 슈월크(Brandon P. Schwilk)의 도움으로 획기적으로 개발된다. 그녀는 이 개발로 삶의 한계성을 극복하고 자신을 새롭게 발견한다. 스승은 그녀를 윌리엄 블레이크(William Blake), 에멀리 디킨선(Emily Dickinson), 그리고 윌리엄 제임즈(William James)의 시와 사상의 세계로 이끌어가, 그녀에게 자유, 필연성, 결정론, 숙명의 초월, 자유의지의 신념, 부언하자면 자신의 미래를 창조하는 신념을 일깨워준다. 더욱이 그는 그녀의 언어와 문학적 표현의 특출한 재질을 인정하고 격려한다: "너는 매우 열광적인 상상력을 가지고 있다"(59). 그녀의 또 한 분의 스승, 클리퍼드 쉬어링(Clifford Shearing)신부는 용모 때문에 비관하는 그녀에게 하나님의 은총은 용모가 아닌 영혼에 있다는 진리를 깨우쳐 희망과 의욕을 심어준다: "그녀는 하나님이 조금도 외모를 좋아하지 않았음이 마음에 들었다. 하나님은 곧바로 마음, 즉 영혼을 꿰뚫어보았다"(74). 또 신부는 그녀에게 탁월한 논리적 표현법의 음미, 이 음미를 통한 어휘들의 구사능력과 강력하게 자기주장을 펼 수 있는 문장력의 향상방법을 가르친다.

그녀는 열일곱 살에 고등학교를 수석으로 졸업하여 주립대학 공훈장학금을 받는다. 이 장학금규정에 의하면, 성적평점이 2학기 이상 B학점 이하로 떨어지면 장학금지급이 중지된다. 그녀는 대학생활에 실패하여 귀향하게 된다면 자살한다는 비장한 각오로 과거의 악몽을 털고, 두 스승의 가르침을 바탕으로 새로운 자아창조를 굳게 결심한다. 그녀는 대학생활에서 생활비 마련으로 사교시간이 없는 현실에 집착하여 비관하기보다는 상상적인 창조적 삶에 심취하여 독자적인 자아를 탐구하려고 전력한다. 그녀는 아무것에도 얽매임 없는 자유스럽고 고독한 지금의 자기를 가질 수 있음에 감사한다. 고독함 덕분에 광범위한 독서로 상상세계에서 불만스러운 현실적 자기로부터 해방되어 창조적인 자유인이 될 수 있다. 그녀는 자유인이 되어 진리를 깨닫는다: "작가의 진정한 자아는 그가 창작한 글에 있지, 그의 실제적 삶에 있지는 않다고 그녀는 생각했다. 참으로 진실한 것은 절실하게 체험한 상상력의 넓은 시계와 전망이었다. 피상적인 삶은 껍질이고, 배우의 연기이며, 결국은 무가치한 것이다"(135). 그러므로 그녀는 자아탐구에 열성적이고 헌신적이다. 이제 그녀는 우리가 시간 속에 존재하기 때문에 우리 삶은 시간의 활용에 따라 결정됨을 인지하고 확신한다: "시간은 우리의 존재요소이다. 우리는 시간에 의해 지탱되거나 아니면 시간 속에 함몰되어버린다"(154). 그녀는 이런 진리와 확신을 바탕으로 두 편의 단편소설을 창작했는데, 한 편은 전국공모에서 일등, 또 다른 한 편은 출판의 영예를 얻는다. 그녀는 이 영예를 안고 대학생활을 성공적으로 끝마친다.

그녀는 대학원에 진학하여 학문적 두각을 나타내면서 연구에 전념하는 여자로 더욱더 지적으로 성숙한다. 그녀는 대학원에 입학했을 때, "이곳의 한 이방인이라며 자기존재를 부정적으로 보았고, 다른 사람들 특히 남자들의 시각으로는 작전상의 큰 실수였다"(191). 그러나 그녀는 학문 성취를 위해서는 지식과 학문세계에 성별이 없듯이, 스스로 여자임을 의식할 필요가 없다고 단호하게 결심한다. 그녀의 이런 결연한 의지와 대학에서 열심히 습득했던 많은 지식은 곧바로 국제적으로 저명한 비교문학과 언어학대가, 맥시밀런 파인(Maximilian Fein)교수에게 간파된다. 이 교수가 15년에 걸쳐 집대성한 중세정신의 연구는 이 분야의 학문풍토와 연구방법을 영원히 바꿔버릴 만한 경지에 있다. 그녀는 남학생들과의 경쟁에서 이겨 이 교수의 연구조교가 되어 헌신적으로 그의 연구를 도왔으므로, 그는 자기논문의 끝 부분에 그녀의 도움이 지대했음을 명기한다. 게다가 그녀가 그의 세미나에서 발표했던 논문이 최고권위의 학술지에 게재된다. 그녀는 스물다섯 살에 박사학위를 취득했는데, 학위논문이 매우 우수하여 예일대학교(Yale University)출판부에서 출판된다. 그녀는 학위를 받고 명성 높은 소규모 대학의 영문학과 조교수로 채용된다. 이 대학은 3, 4년 전까지만 해도 여자를 조교수로 채용하지 않았고, 대학 설립 이후 230년 동안 여자를 조교수 이상의 직급으로 승진시키거나 정년보장교수로 임명하지 않았다. 이랬음에도 불구하고 그녀는 큰 호평을 받은 저서와 전공분야의 여러 편 논문과 서평들 덕분에 부교수로 승진하면서 정년보장을 받는다. 그녀는 오랫동안 공부에만 열중했던 탓에 동료들과 함께 많은 시간을 보내지 못했지만, 지금은 곧잘 그들과 잘 어울리는 사교적인 교수로 인기가 높다. 그러하지만 그녀는 연구에 매우 열성적이고 헌신적이어서, 매우 이색적이고 도전적인 연구대상을 선정한다: "그녀는 19세기소설의 '불가사의한' 이야기들 … 일종의 계시적인 로우맨스를 연구하고 싶었다. […] 그녀는 지금까지 무시된 작가들, 특히 알려지지 않은 여자작가들에게 많은 관심을 쏟고 싶었다. 그들의 작품들 가운데서 전통소설에는 없는 급진적이고 혁명적인 주제들이 발견될 수 있을 거라고 [그녀는 생각했다]"(241). 그녀는 서른네 살 때 교수직을 사임하고, 뉴욕으로 이사하여 넓은 세계에서 자기만의 특이하고 평화스러운 삶을 살아보려고 작심한다. 이렇게 그녀는 자립인간이 되어 비참했던 과거를 용서와 화해로 수용하고, 도전과 개척정신으로 미지의 미래에 대응하려한다. 그래서 그녀는 28년 전 자기와 두 동생을 버리고 도망쳤던 어머니를 찾으려고 동분서주한다. 또 그녀는 어린 시절에 심한 구박과 학대를 받았을 때, 그렇게도 죽어버리기를 바랐던 숙모와 담소를 나눈다. 요컨대 그녀는 "어머니의 세계에서 자신의 낙관적인 탐구정신을 재발견한다. 그 세계는 한 여자의 미완성 작품에서 제기된 시련과 역경으로 가득 차 있지만, 호전 가능성이 있기에 의욕을 자극하는 도전에 활짝 열려 있다."[100]

토우니 모러선(1931-2019)이 1993년에 미국흑인소설가로서는 처음으로 수상한 노벨문학상은 개인적 명예와 승리의 상징일 뿐 아니라 미국흑인소설의 탁월한 예술성, 그리고 흑인여자소설가로서의 주장과 표현의 타당성을 입증한다.[101] 모러선 소설의 탁월한 예술성 그리고 주장과 표현의 타당성은 그녀의 평범한 소설집필동기, 사실보다는 상상력에 의존, 임의적인 과거 해석, 언어와 그 기능에 집착하는 신념, 이야기가 지니는 불가사의한 효과의 확신, 그리고 예술과 정치를 동일시함에서 기인한다. 그녀는 자신의 극심한 소외감과 고독감을 극복하면서 삶을 슬기롭게 이해하기 위한 수단으로 소설을 쓴다

고 고백한다: “나는 결코 소설가가 되려고 계획한 적이 없었다. 나는 대화다운 대화를 나눌 수 있는 상대자가 없는 외로운 처지에 놓인 때가 있었다. 그때 내 자신이 매우 불행하고 비참했다고 생각한다. 나는 이런 이유로 소설을 썼다. 그리고 [처녀작의] 출판 후 소설창작은 내가 참으로 필수적임을 깨달은 삶을 알고 생각하는 방법이 되었기에, 일종의 의무가 되었다.”[102] 그녀는 소설창작으로 자신의 삶의 위기를 극복하고, 자아를 성찰하고 성숙시킨다. 그녀는 자아성찰로 불행했던 삶을 안정과 활력이 넘치는 실존으로 둔갑시키면서, 성숙을 탐색한다. 이러므로 그녀에게 “소설창작은 활력적이면서 균형이 잡히고, 유동적이면서도 잔잔하다. 게다가 소설창작에는 언제나 성장의 가능성이 있다.”[103] 모러선이 소설창작으로 자신을 변신시킬 수 있는 근원은 사실보다도 상상력에 의존하여 작품을 집필하는 데서 연유한다: “나의 삶은 파란만장하지 않다. 소설창작은 상상력에 깊이 의존하라고 요구한다. 상상력은 아무리 미미하게 여겨지더라도 불가능을 가능하게, 또 상상불허한 일을 사색하게 하는 위력을 지니고 있기 때문이다.”[104] 이처럼 그녀는 소설창작에서 사실보다는 상상력에 전적으로 의존하기 때문에 과거를 있는 그대로 인식하여 수용하지 않는다. 그녀는 자아와 실존을 긍정하여 창조하려면 흑인노예들의 비참하고 처절했던 삶의 발굴과 표현보다도 이런 쓰라린 과거를 상상력에 의존하여 자유자재로 변형시켜야한다고 주장한다: “과거는 변경되고 수정되어야한다. 모든 인간의 사물인식방법은 바뀌지 않으면 안 된다. 지금 많은 사람들이 그 방법을 바꾸려고 … 열망한다.”[105] 또 그녀는 소설창작에서 탁월한 예술성을 구현하려고 상상력 못지않게 언어와 그 기능을 가장 중요시한다. 그녀는 스스로 자기소설의 특징과 우수성은 정확하면서도 서정적인 언어구사와 그 기능에 있을 거라고 천명한다: “언어, 오로지 언어선택과 구사. 그 선택과 구사는 신중하면서도, 또한 힘든 노력을 기울인 흔적이 없어야한다. 게다가 몹시 고생했다는 낌새가 없으면서도, 호기심을 자극하는 많은 암시가 있어야한다. […] 더욱이 일종의 애정이며 열정이다. 그 기능은 성직자의 설교와 같아서 당신을 좌석에서 벌떡 일어서게 한다. 당신이 스스로 자신을 망각하도록 그리고 자신의 양심의 소리를 듣도록 만든다.”[106] 모러선은 소설창작에서 모든 인간이 자신의 양심의 소리를 들을 수 있도록 언어를 구사하려고 고심한다. 그녀는 이렇게 창작한 소설만이 신비스럽고 불가사의한 매력과 위력을 가지

고 있다고 믿는다. 그래서 그녀는 모든 사람은 소설을 사랑하여 읽으면서, 삶과 세상을 배운다고 주장한다: “사람들은 이야기를 갈망한다. [⋯] 그들은 이야기를 사랑한다. 그러면서 그들은 세상을 배운다. 그러하여 그들은 자신들의 인문학적 지식, 즉 동화와 신화들을 체계화한다. 모두가 이야기이다. 이런 사실 때문에 소설이 그렇게도 중요하다.”[107] 더욱이 모러선은 흑인소설을 논의할 때 자주 거론되었던 항의로서의 소설과 예술로서의 소설이라는 이분법을 부정하고, 정치와 예술을 동일시한다. 그녀는 예술은 정치적이며, 정치적 주장과 그 표현은 또한 예술적이어야 한다고 역설한다: “나는 모든 훌륭한 예술은 언제나 정치적이었다고 생각한다. 가장 우수한 문학작품들과 가장 탁월한 사상들 중에 정치적이지 않았던 작품과 사상은 하나도 없었다. 나는 어떤 진실한 예술가들이 전혀 정치적이지 않았다고는 믿지 않는다. 그들이 이처럼 처참한 상태나 정치에 무감각했을지라도, 모든 예술가는 정치가이기 때문에 정치적이었다.”[108] 그녀는 정치적 항의나 주장도 소설화되었을 때 최대의 효과를 거둘 수 있으며, 또 소설은 인간의 삶에 결정적인 역할을 하고 있는 정치를 도외시해서는 안 된다고 갈파한다.

모러선이 지금까지 논의한 소설창작철학과 기법으로 탁월한 예술성 그리고 주장과 표현의 타당성을 구현한 *빌러비드*(*Beloved*, 1987)를 “굴레에서 자유로”의 논지로 고찰해본다. 이 소설의 소재는 1851년 신문에서 오려낸 조각에 있는 마거리트 가너(Margaret Garner)에 관한 기사이다. 그녀는 지극히 사랑하는 딸이 자기가 몸소 살았던 노예생활을 살기보다는 차라리 죽는 편이 더 좋다고 확신하고 손수 두 살도 안 된 딸을 살해했다는 사건기사이다. 그녀는 딸이 극심하게 고통당하는 비극을 보고 싶지 않았다. 모러선은 *빌러비드*의 배경을 이 사건기사에 두고 있으면서도, 사건의 사실적 해명과 기술을 하지 않고, 자신의 소설철학을 구현할 뿐이다. “소설창작은 결국 언어구사 행위이며, 그 행위의 결실이다. 그러나 무엇보다도 먼저 소설창작은 발견하려는 의지의 산물이다. [⋯] 언어가 나의 창의력을 유발하여 증폭시킨다.”[109] 또 그녀의 가장 두드러진 언어구사의 특징은 독자들의 예상과 기대를 깨뜨릴 수 있는 위력에 있다. 그녀는 자기와 우리가 가장 비극적이고 절망적인 극한상황 가운데서도 큰 희망과 기대를 갖고 서로 사랑하면서, 진실한 자아를 탐구할 수 있다는 가능성과 그런 자아추구결실의 청사진으로 자기와 우리를 고무시킨다. 그녀가 발견하려는 의지의 산물은 흑인들이 노예에서 해방됨이 자유가 아니고, 해방된 흑인이 자유인으로서 자기를 알려고 전력하면서 다른 사람을 존중하려할 때 비로소 자유를 향유한다는 철학이다. "굴레에서 자유의"의 논지도 현실적 억압과 인권유린의 굴레보다도 스스로 아집, 편견, 독선, 그리고 오만의 자아유폐의 감옥에서 나와야함을 강조한다. 다시 말하면, 신체적, 사회적 억압과 질곡에서 자유로워진 사람은 자아성찰과 탐구에 전념할 때 비로소 자유를 만끽할 수 있다는 주창이다.

이 논지로 *빌러비드*의 여자주인공, 쎄더(Sethe)가 자기를 신체적으로 억압했던 노예생활의 굴레로부터 해방되지만, 이런 생활의 한계와 제약에서 필연적으로 파생되었던 무지, 편협, 독선, 그리고 오만에 둘러싸인 자아에 유폐되었다가, 진정한 자유를 향유하는 간난신고의 과정을 고찰해본다. 이 과정은 그녀가 노예적 자아에서 해방되어 주체적, 사회적 자아탐구자로 변신하기까지의 파란만장한 이야기이다. 그녀는 노예제도의 신체적 굴레, 즉 외부적인 멸시, 학대, 착취, 그리고 억압으로부터 해방되려고 본능적으로 반항한다. 그녀가 일단 이 굴레에서 해방되어 자유롭게 되자, 자유로워진 자기가 무엇이며 어떻게 존재해야하는가에 대해 전혀 알지 못한다. 이 무지 때문에 그녀는 노예생활에서 비롯된 타인의 생명과 존재를 부정하는 오만과 "죽음이 자유이다"**110**는 허위의식의 노예로 전락한다. 이 허위의식 때문에 그녀는 자식을 살해하는 극악한 범죄를 저지른다. 그녀는 이 범죄가 자초한 극심한 고독과 소외감에 시달린 다음에야, 오만과 허위의식의 굴레에서 벗어난다. 그녀가 해방되는 힘과 길은 깊은 죄의식과 그에 따른 극심한 고통과 시련의 극복의지, 자아성찰과 탐구, 다른 사람들의 헌신적인 도움과 지도, 그리고 사랑에 있다. 그녀의 과거가 아무리 많은 좌절, 실의, 절망, 고통, 무지, 그리고 악몽으로 점철되었다할지라도, 그녀는 스스로 그리고 다른 사람들의 도움으로 비참했던 과거를 극복하고 새로운 인간으로 재생한다. 요컨대 그녀의 자아는 과거에는 무기력하고 소극적, 부정적, 독선적이었지만, 지금은 긍정적, 사회적, 창조적 활력으로 가득 차 있다.

이 소설은 1873년 오우하이오(Ohio)주의 신시내티(Cincinnati)시의 변두리 블루스토운(Bluestone)가(街) 124번지에 소재한 한 아기의 원한이 사무친 2층 집에서 시작된다. 쎄더는 자기가 두 살도 되기 전에 살해했던 딸이 원한을 가지고 빌러비드라는 유령으로 나타나기 때문에 죄의식과 악몽에 시달린다. 그녀는 열여덟 살 된 딸 덴버(Denver)와 함께 이웃흑인들의 따돌림을 당함으로 고독, 소외, 그리고 저주의 삶과 싸우고 있다. 그녀가 이렇게 힘들게 살고 있는데, 자기자식들 그리고 다른 노예들과 함께 농장에서 마지막으로 팔려갔던 폴 디(Paul D)가 자기 집 현관 앞에 앉아 있는 것을 목격한다. 그녀는 18년 만에 만난 폴이 자신의 외롭고 슬픈 삶에 새로운 희망과 용기를 불어넣어줄 수 있을 거라고 믿고 그를 반긴다. 그는 "일생동안 한 번도 여자를 학대하지 않았던" 남자이다. 그는 자신의 고결한 성품을 흠모하는 쎄더의 삶과 의식에 일대전환을 일으키는 결정적인 역할을 한다. *빌러비드*는 쎄더, 덴버, 그리고 폴 디의 비극적인 삶과 그 극복 그리고 그들과 밀접한 관계를 가졌던 사람들의 비참하고 참혹했던 삶의 이야기이다. 쎄더와 폴의 비극은 농장주인이 바뀌면서 시작된다. 그들은 인자한 농장주인, 가너(Garner)와 서로 신뢰하고 존중하면서 즐겁고 평화스러운 삶을 살았다: "그들과 가너 사이에는 진정한 유대가 있었다. 그는 그들을 믿고 신뢰했다. 특히 그는 그들의 말을 경청했다." 불행하게도 그의 타계 후의 농장주인은 비정하고 잔인한 독재자로 노예들을 인격과 존엄성을 가진 인간이 아니고 오로지 상품가치를 지닌 물건이나 동물로 간주한다. 이러므로 그들은 농장주의 극심한 피해자가 된다. 쎄더는 임신 6개월 때, 두 백인소년이 그녀를 강제로 붙잡아 눕혀 부풀은 유방의 젖을 빨면서 장난을 친다. 그녀는 항의했다가 등에 가혹한 매질을 당한다. 그녀의 등에는 장식공이 혼신의 노력을 기울여 세공한 듯한 뿌리, 넓은 줄기, 세세한 가지, 그리고 잎들을 지닌 나무모양의 큰 흉터가 있다. 그녀의 남편 핼리(Halle)는 이 장면을 목격하고 큰 충격을 받아 정신이상자가 된다. 폴도 손에 쇠고랑이 묶인 채 자기는 닭만도 못한 존재라고 한탄한다: "장 닭은 자기로 사는 삶이 허용되는데, 나는 그러지 못하고 … 나는 햇볕을 쬐며 물통에 앉아 있는 닭만도 못한 존재로 전락해버린 거야." 그도 다른 주인에게 팔려, 팔목과 발목이 철사로 수레에 꽁꽁 묶여진 채 노예들과 함께 끌려간다. 폴은 이런 학대보다도 더욱더 극심한 고통은 배설할 자유가 허용되지 않으므로 겪는 참으로 참기 어려운 통증이다. 이처럼 노예들은 멸시, 모욕, 위협, 억압, 학대, 그리고 구속의 굴레 속에 살면서도 언제나 자유를 갈망한다. 그들은 자유를 향유하기 위해 도망치거나, 아니면 일정 금액을 지불한다. 쎄더의 시어머니,

베이비 석즈(Baby Suggs)는 60년 동안 노예생활을 하면서 타의로 여덟 명의 애들을 출산했는데, 일곱 명의 애들은 팔려가서 도망치거나 죽었다. 그녀는 오직 막내아들 핼리와 함께 20년을 살 수 있었다. 핼리는 혹독한 노예생활로 "걸을 때 세 발 강아지처럼 절뚝이는" 어머니의 자유를 사려고, 농장주의 동의를 얻고 몸값 지불을 위해 5년 동안 일요일에도 쉬지 않고 일한다. 그녀는 아들의 헌신적인 노력 덕택에다 농장주의 특별한 호의로 양쪽 젖가슴 사이에 자유인 증명서를 집어넣고, 그와 함께 오우하이오 강을 건너 열렬한 노예제도폐지론자 집을 찾아간다. 이 폐지론자는 탈출한 노예들을 성심성의를 다해 보호하고 지원하는데 앞장선다. 그는 베이비 석즈에게 124번지에 소재한 2층집을 거처로 제공한다. 이제야 그녀는 자신에게 엄습한 엄청난 변화를 의식하고 비로소 "이 손은 내 손이다"[111]고 생각한다. 쎄더도 결혼생활 6년 동안에 두 아들과 딸을 가졌다. 그녀는 세 아이들을 먼저 자유의 땅으로 보낸 다음, 자기도 임신 6개월의 무거워진 몸으로 농장을 탈출한다. 다행스럽게도 그녀는 이런 극한상황에서 백인여자의 도움을 받아 조산의 사경을 헤매면서 무사히 딸을 강가에서 분만한다. 또 그녀는 행운의 여신의 가호로 흑인남자의 도움을 받아 강을 건넌다. 이러자 젊은 흑인여자가 그녀와 아이를 베이비 석즈가 살고 있는 2층집으로 데려간다. 이제 쎄더는 자유인이 되어 시어머니와 세 아이들을 만나는 기쁨을 만끽할 수 있다. 더욱이 그녀는 과거의 악몽과 아픔을 잊고, 가슴속의 진실한 이야기를 나누며 친구들을 사귀는 안락하고 행복한 나날을 보낸다. 그녀는 새벽에 깨어나 그날 무엇을 할까에 대한 독자적인 결정의 의미를 터득할 뿐 아니라 사람들과 어울리면서 자기주장도 해본다.

그러나 쎄더는 그처럼 갈망했던 자유를 향유하지만, 자유만끽에 필수적인 자아탐구와 다른 사람의 인격존중의지와 능력결핍으로 비극을 자초한다. 그녀는 자유인이 된 후에도 노예제도의 굴레에서 생존했던 의식의 지배를 받고 있다. 그녀는 신체적 자유를 만끽하면서도, 타인의 인격과 존재를 무시하고 부정하는 편견과 오만의 정신적 굴레의 노예이다. 그녀는 편견과 오만으로 자식들을 독립적이고 주체적인 인격자가 아닌 자신의 소유물로 간주한다. 또 그녀는 자식의 성장과 성숙을 전적으로 부정하고, 자식은 언제나 아기일 뿐이라고 억지를 부린다: "나는 그 애(덴버)가 열여덟 살이 되었음을 조금도 개의치 않아요. 어른이 되었다는 건 엄마에게는 전혀 무의미하지요. 자식은 자식일 뿐이에요. 애들이 크고 나이가 많아지니까 어른이 된다고요? 그런 사실이 무슨 의미가 있나요? 내 마음 속에서 그런 것은 아무런 의미도 없어요?"(45). 또 그녀는 사랑을 감정의 전이가 아니라 소유로 착각하는 잘못을 저지른다: "[농장에서] 그들(자식들)은 내 것이 아니었기 때문에, 그들을 마음대로 사랑할 수 없었어요"(162). 이런 사연 때문에 그녀는 지금 자유인으로서 자식을 도저히 빼앗길 수 없는 소유물로 간주한다. 그녀는 자기 집이 백인노예사냥꾼들로 이미 포위되었으므로 도저히 탈출할 수 없음을 알고 자식을 살해하는 극악한 범죄를 저지른다. 그녀는 덴버와 함께 그녀의 살인행위 때문에 가공할 고독과 소외 뿐 아니라 다른 흑인들의 격렬한 거부반응으로 시달린다. 이웃흑인들은 그녀의 독선과 오만이 스스로 극복하기 어려운 더욱더 극심한 곤경과 시련을 자초하기를 은근히 고대한다. 게다가 그녀가 저지른 살인사건은 덴버의 삶에도 치명적인 비극을 초래한다. 딸은 어머니에게 극심한 고독과 소외에서 뿜어내는 좌절감을 푸념한다: "난 여기서 살 수 없어요. 어디로 가야할지, 혹은 무엇을 해야 할지는 모르겠지만, 난 여기서는 살 수 없어요. 누구도 우리에게 말을 걸지 않아요. 누구도 우리를 찾아오지 않아요. 남자아이들도 나를 좋아하지 않아요. 여자아이들도 그래요"(14) 더욱이 그녀는 어느 날 남자친구로부터 질문을 받는다: "네 어머니는 살인해서 구속당하지 않았니? 그때 너도 어머니와 함께 감옥에 있지 않았니?"(104). 그녀는 이 질문에 너무 경악하고 너무나도 큰 충격을 받아서 더 이상 공부하는 모임에 가지 않는다. 요컨대 쎄더는 자신을 신체적 굴레에서 벗어나게 하는 데는 일단 성공했지만, 노예생활로 겪은 제약과 한계성으로 말미암아 자유로워진 자아를 주체적으로 창조할 수 없으므로 자신과 딸의 삶에 엄청난 비극을 초래한다.

그러하지만 쎄더가 이런 비극의 극복, 다시 말하면 자아혁신 – 편견과 오만으로 타인을 부정하는 유아독존적 자아로부터 해방되어 화해와 사랑으로 다른 사람을 긍정하는 사회적 자아창조 –이 *빌러비드*의 핵심주제이다. 그녀는 자아를 혁신하기 위해 먼저 자기를 알고 사랑해야하며, 사랑이 자유의 근원임을 인식해야한다.[112] 그녀의 변신은 이런 사랑의 정의를 이해하여 수용한다면 가능하기 때문이다: "어느 인간의 삶, 행복, 성숙, 그리고 자유의 긍정은 바로 그 사람의 사랑하는 능력, 즉 다른 사람에 대한 관심, 존경, 책임,

그리고 앎에 그 뿌리를 두고 있다."[113] 그녀의 자아탐구와 사랑의 가능성과 잠재력은 18년 전에 살해했던 딸이 빌러비드라는 이름을 가지고 환생한 유령과의 관계, 폴 디의 헌신적인 보살핌과 사랑, 그리고 이웃주민들의 도움으로 계발되고 발휘된다. 그녀는 노예생활의 후유증으로 자기를 알고 사랑할 수 없기 때문에 비극을 자초했던 정신적 멍에에 극도로 시달린 연후에 드디어 거기서 해방된다. 그녀의 이처럼 매우 지난하지만 필수적인 변신은 그녀가 저지른 "죄의 육체를 가진 모습으로 구체화된 상징(유령)"[114]인 빌러비드의 도움으로 촉발된다. 그녀는 빌러비드와 밀접한 관계를 유지하면서 "삶의 잠재력을 더욱더 적극적으로 계발"[115]할 수 있다. 그녀의 계발은 빌러비드가 복수로 가하는 응징의 고통과 가학으로 촉발되어 지속된다. 이 응징의 고통과 가학은 그녀의 계발과 성숙에 두 가지 중요한 역할을 한다. 한 역할은 그녀의 죄에 대한 가혹한 양심의 가책임과 동시에 자아탐구와 사랑의 무지와 무능에 대한 혹독한 형벌이다. 이 가책과 형벌이 그녀를 왜소하게 만든다: "쎄더 위로 몸을 구부린 빌러비드는 어머니처럼 보이고, 쎄더는 이갈이 하는 어린애처럼 보인다. 빌러비드가 그녀를 필요로 할 때 말고는, 그녀는 귀퉁이에 있는 의자에 꼼짝 않고 앉아 있기 때문이다. 빌러비드가 점점 더 커 가면, 쎄더는 더욱더 작아진다"(250). 또 하나의 역할은 자아탐구와 사랑에 반드시 따르기 마련인 끝없는 고난과 시련이다. 이런 고난과 시련은 크고 혹독할수록 더욱더 좋다. 상상을 초월하는 지독한 고난과 시련은 이런 비유와 같다: "아플수록 더 좋다. 고통 없이는 아무것도 치료할 수 없다"(78).

또 그녀는 폴 디의 도움과 보살핌을 받으면서 실존에서 무엇보다도 자아탐구와 사랑의 중요성과 필요성을 실감한다. 먼저 그녀는 그가 "집에 들어오던 날 유령을 쫓아버렸고, 그 후로 유령이 사라졌"(96)음을 알고 한결 마음이 가벼워져서 안정과 평화스러움을 느낀다. 게다가 그녀가 보기에, 그는 자기를 알고 중요시하는 남자이다: "폴 디는 사람들의 이야기를 듣고, 처음으로 자신의 가치를 인식한다. 그는 일꾼으로서의 그리고 농장에 이익을 창출할 수 있는 노동자로서의 자신의 가치를 항상 알고 있었거나, 알고 있었다고 믿는다. 그러나 이제야 그는 자신의 몸값, 다시 말하면 자신의 체중, 체력, 심장, 두뇌, 성기, 그리고 돈의 값어치로 계산하는 자신의 미래 몸값을 알았다"(226). 따라서 그녀는 이런 "남자와 함께 자신의 더 새롭고 더욱 활기찬 삶을 시작하고 싶다”(99). 이런 삶을 살기 위해 그녀는 스스로 자식의 생명과 인격을 부정하는 편견과 오만 때문에 저지른 자식 살해에 대한 그의 따가운 질책을 겸허하게 수용한다. 그는 그녀가 자식을 극진히 사랑하기 때문에 자식의 노예생활을 용납할 수 없어 살해했다는 억지를 반박한다. 그는 그녀의 억지와 사랑의 잘못된 개념이 실제로 가정 파탄의 비극을 야기했음을 그녀에게 똑바로 지적하여 주지시킨다. 그러면서 그는 사랑은 인간에 대한 긍정행위이고 그 결실이라고 역설한다. 드디어 그녀는 그의 이런 가르침을 적극적으로 받아들인다. 게다가 그녀는 그의 말을 경청한다: “쎄더, 나와 당신은 어느 누구보다도 더욱 비참한 과거를 가졌다. 그래서 우리는 새로운 미래를 가져야해. [⋯] 당신은 정말 최고야, 쎄더. 당신은 그야말로 최고야”(273). 그녀는 이 말을 듣고 자기를 재발견하고, 자기가 정말로 최고냐고 반문하면서 감탄을 금치 못한다. 더욱이 그녀는 그의 헌신적인 봉사와 사랑이 넘치는 언질을 받는다: “쎄더, 만일 내가 당신과 덴버와 함께 여기 있게 된다면, 당신은 당신이 원하는 곳어디든지 갈 수 있소. 원한다면 뛰어넘어요. 내가 당신을 붙잡아줄 테니까. 당신이 넘어지기 전에 내가 당신을 붙들 거요”(46). 이 언질 때문에 그녀는 이제 삶의 희열과 황홀감을 느낄 수 있다. 그녀는 그를 사랑의 대상으로 받아들여, 그와 함께 삶의 황홀감을 공유할 수 있는 여인으로 변신한다.

게다가 쎄더는 이웃흑인들의 따뜻한 보살핌과 도움을 받고 노예생활의 악습으로 타인을 부정하는 독선적인 자아로부터 벗어난다. 그녀는 자신의 욕구, 인격, 그리고 존재를 부정하고 무조건 순종만을 강요하는 백인우위사회에서 실존하면서, 부지불식간에 이런 백인의 악습에 빠져들었다. 그녀도 이런 악습으로 말미암아 자식을 선천적인 욕구와 인격을 가진 사람으로 존중하지 않고 자신의 소유물로 간주하여, 자기 마음대로 처분할 수 있다는 독선과 허위의식에 이미 사로잡혔다. 다시 말하면, 자식의 생명과 인격을 부정하는 정신적인 굴레에 얽매여있다. 이 때문에 그녀가 저지른 자식살해는 흑인공동체의 극렬한 반감과 증오심을 유발했다. 그녀는 이웃흑인들의 혐오와 증오의 대상이며 기피인물이다. 그러나 그들은 그녀를 멸시하고 증오하면서도, 정신적인 굴레에서 해방시키려한다. 그들은 사랑으로 그녀를 변신시킨다: “사랑이 창의력이 넘치는 성숙한 인간의 능력이라면, 어떤 특정한 문화권에서 살고 있는 한 개인의 사랑능력은 당연히 그 문화가 사람들의 성격형성에 작용하는 영향에 의해 좌우된다."[116] 그들은 자기들의 공동체가 그녀의 생활안정, 성숙, 자유, 그리고 사랑의 개념정립에 결정적인 역할을 할 수 있다고 믿는다. 그래서 그들은 쎄더가 실직하여 가족이 기아지경에 있음을 알고 식료품을 가져다준다. 그들은 그녀가 빌러비드의 유령 때문에 극도로 시달린다는 소문을 듣고, 그녀를 구출하기 위해 블루스토운가 124번지로 몰려가 뜰에서 기도하고 노래 부른다. 그들의 노래 소리를 듣고, 쎄더는 빌러비드와 함께 현관으로 나와 서 있다. 그때 그녀와 시어머니에게 이 거처를 마련해주었던 노예제도 폐지론자, 백인 에드워드 바뒨이 덴버를 마차로 직장까지 태워다주려고 다가온다. 그녀는 그를 노예사냥꾼으로 오인하고, 얼음 쪼개는 기구를 그에게 마구 휘두르자, 빌러비드가 사라진다. 그녀는 "이번에는 자기자식 대신에 백인 남자를 공격한다. 이 공격은 그녀를 해방시키고 빌러비드를 사라지게 하여, 124번지 건물에 평화를 가져오는 행위이다."[117] 드디어 그녀는 정신적 굴레에서 해방되는 자아혁신에 성공한다. 이제 그녀는 신체적 굴레에서 해방되어 타인의 인격과 존재를 부정했던 독선적 자아를 버리고, 타인을 긍정하고 사랑하는 사회적 자아를 애지중지하는 자아탐구자로 성숙한다.

쎄더는 이렇게 자립적, 사회적 자아를 탐구하는 여인으로 변신하여 비로소 빌러비드의 소중함을 절감한다. 그녀는 빌러비드가 자신의 분신임을 알고 외친다: "내가 너에게 너는 내 것이라고 말할 때, 나는 또한 내가 네 것임을 의미한다. [⋯] 내 딸아, 네가 나에게 돌아오다니 너는 내 것이다"(203-4). 그녀가 빌러비드와 하나가 되는 열렬하고 헌신적인 사랑은 공감과 일체감을 불러일으킨다. 빌러비드는 그 반응으로 어머니를 이해와 용서로 응답한다: "태양이 내 눈을 감겨준다. 눈을 뜨자, 나는 내가 잃어버렸던 얼굴을 본다. 나를 떠났던 얼굴은 바로 쎄더의 얼굴이다. 쎄더와 나는 서로 마주본다. [⋯] 그녀는 나를 보고 미소 짓는 나의 얼굴이다. 그녀가 마침내 웃는다. 즐거운 일이다. 이제 우리는 하나일 수 있다. 신나는 일이다"(213). 쎄더가 빌러비드와 일심동체가 되어 만끽하는 황홀경이 신체적, 정신적 굴레에서 벗어난 진정한 자유의 개념이다. 요컨대 쎄더는 신체적 억압과 구속에서 해방됨은 자유의 필요조건일 뿐이고, 편견과 오만에서 벗어나 자아를 탐구하면서 다른 사람을 존중하고 사랑하려는 의지와 실천이 바로 자유라는 철학을 깨달았다. 그녀의 깨달음이 "굴레에서 자유로"의 논지로 밝히고 싶었던 자유의 개념이다.

앨리스 워커(1944-)는 "미국의 가장 탁월한 소설가들 중의 한 사람"[118]이라는 절찬을 받는 흑인여자소설가이다. 이 절찬은 그녀가 자신의 소설창작목적을 성공적으로 달성한 데서 연유하며, 그 목적이란 자기와 모든 독자가 어떻게 하면 자기앎, 자아탐구와 성숙을 가장 효과적으로 확장할 수 있을까 그리고 투철한 역사의식과 공고한 공동체의식을 최대한으로 고취시킬 수 있을까하는 방안을 모색하는데 있다. 이 목적의식은 그녀의 출신배경, 현실인식, 그리고 자아성찰과 성숙의지에서 태동되었다. 그녀는 죠저(Georgia)주의 시골구석에서 소작인의 8남매 중 막내로 태어나, 작가나 과학자가 되는 꿈의 실현은 불가능하다는 현실에서 자랐다. 어느 누구도 그녀가 열심히 노력하면 큰 인물이 될 수 있다는 자신감을 심어주지 않았다. 대학진학을 위해 애틀랜터(Atlanta)로 가는 버스 안에서 흑인이므로 앞좌석에 앉을 수 없다는 수모를 직접 체험함으로써, 흑인여자들은 가장 가혹한 억압을 받았다는 역사적 사실을 직시했다. 그녀는 이 체험과 직시로 인해 한 여자로서 하나의 신념을 굳게 고수하려고 결심한다: "모든 여자는 자신만의 자유스럽고 창조적인 생활과 자기를 사랑하고 자기 삶에 생동감을 충만시켜주는 남자를 갈망한다."[119] 그녀는 소설창작으로 이 신념을 구현하려고, 자기를 대변하는 흑인여자주인공들이 억압적이고 궁핍한 생존여건 가운데서도 스스로 삶의 변화와 자아성숙을 도모하고 성취할 수 있음을 제시한다. 소설창작은 그녀에게 자신의 삶을 끊임없이 변화시키면서 자아를 성숙시키는 꿈과 의지의 실현과정이다. 따라서 그녀는 다른 사람들을 위한 소설이 아니고 자기가 읽고 싶은 소설을 쓴다. 그녀가 소설을 쓰고 있으면, 여러 극한상황들 가운데서도 갖가지 역할들을 수행하면서 상상불허의 능력을 발휘하는 자신을 스스로 발견할 수 있기 때문이다: "나에게 소설창작은 독자에 대한 이야기가 아니다. 소설창작은 삶에 관한 이야기이다. 소설창작은 가능한 한 내 자신을 확장시키면서, 가능한 한 많은 역할과 상황들 가운데서 나 자신을 체험하고 이해하는 이야기이다. […] 소설창작은 내가 지금 나 이상의 존재가 되도록 해준다."[120]

워커가 소설창작 중에 현재의 자기 이상의 인간으로 변신할 수 있는 위력은 실존목적을 자기앎에 두는 데서 연유한다. 그녀는 삶의 본질은 오직 자기앎에 있다고 주장한다: "인간만이 자기앎을 바탕으로 진실하게 산다. 그러나 자기앎을 전제하지 않을 때, 인간은 그저 어떤 역할만을 수행한다. 다른 사람들의 일상적인 행위를 답습하기에 급급하여, 한 인간으로서 자신의 창의적인 가능성을 전혀 의식하지 못한 채, 무조건 다른 사람의 권위에 굴복하면서 자신을 비하시킨다." 그러므로 워커는 자기앎이 삶의 전부라고 믿는다. 그녀는 자기앎으로 지금의 자기와 어제의 자기가 어떻게 다른가를 알 수 있기 때문이다: "나의 삶의 의무는 오늘의 나와 어제의 나의 차이를 알아보는 일이다. 이 의무는 나 자신을 지적으로, 경제적으로 성찰해보는 일이다. [...] 이 의무는 내가 세계 공동체의 일부임을, 내가 어느 쪽에 가담했는가를 *예의주시함*을, 그 쪽이 나에게 적합하지 않으면 어떻게 다른 쪽으로 옮겨가느냐를 알아야함을 의미한다. 앎이 삶이고, 삶은 [사람과 일에] 열중함이고, 돌아다님이며, 세상을 내 자신의 눈으로 직접 확인함이다. 적어도 이것이 나를 깨우쳐 주었던 민권운동의 교훈이다." 또 그녀가 소설창작 중에 자기능력 이상의 무한한 잠재력을 발휘할 수 있는 인간으로 변신을 가능하게 하는 위력은 그녀의 소설주제에 있다. 그 주제는 역사적 사건과 인물, 유심론과 유물론과 같은 이원론적 관념론, 정치적 목적달성을 위한 혁명의 당위성역설, 과학과 기술예찬, 인종적 편견과 억압 그리고 그에 대한 격렬한 항의와 반발, 사회계층간의 극심한 갈등과 반목조장, 종교논쟁, 혹은 집단이기주의를 위한 강경투쟁선동 등등에 관한 서술이 아니고, 오로지 자아탐구에 대한 기술이다. 지금까지 자아탐구에 관한 소설이 드물었기 때문에 대다수의 사람들에게는 생소하게 느껴질 수 있지만, 워커에게는 스스로 읽고 싶은 소설 중의 소설이다. 그녀는 자아탐구소설을 읽음으로써 삶의 예지를 배울 뿐 아니라 올바른 방향과 새로운 지평을 제시할 수 있는 능력과 자질을 향상시킨다. 요컨대 그녀는 자아탐구소설을 창작함으로써, "전인적인 여인, 완벽한 인간, 자기앎에 몰두하여 득의만면의 홍조를 띄는 흑인여자"[121]가 되려고 최선을 다한다.

워커가 "전인적인 여인"이 되려고 전력하는 까닭은 독자들의 의식이 지나치게 이분화되어 있음을 개탄하기 때문이다. 그녀는 개탄의 심정을 토로한다: "내 주위의 모든 사물은 이분화되어 있는데, 고의로 그렇게 되어 있다." 지배계층인사들이 기득권을 향유하려고 역사, 문학, 그리고 심지어 사람들까지도 이분화했다. 이런 인위적인 이분화가 엄청난 역사적 비극을 야기했으며, 지금도 그러하고 있다. 이 이분화의 피해자가 흑인이고, 특히 여자흑인이다. 그래서 그녀는 작가로서의 사명을 천명한다: "어떤 문제에 대한 진실은 이야기의 모든 부분들이 통합되고, 이 모든 부분들의 상이한 의미들이 그 이야기를 새롭게 해석할 때만 밝혀진다고 나는 확신한다. 각 작가는 다른 작가의 작품들 안에 빠진 부분들을 써넣는다. [이렇게 하여 만들어지는] 전체적인 이야기가 바로 내가 완성하려는 소설이다." 그녀가 이렇게 쓰려는 전체적인 이야기가 삶의 변화와 자아성숙에 절대로 필요한 시각이다: "예술이나 삶의 인식에서 언제나 필요한 철학은 넓은 통찰력이다. 관련성이 전혀 없는 상황들 가운데서 관계가 정립되거나 적어도 있을 수 있는가는 검토되어야한다. 다양한 세계를 한눈으로 간파해서 공통맥락, 끝없는 변화 속의 전체적 주제, 그리고 사적, 공적 세계를 확장시키는 대담무쌍한 성숙, 탐구, 그리고 확인과정을 통합해야한다. 이럼에도 불구하고, 우리의 특이한 사회에서는 한정적이고 제한된 인생관이 맹위를 떨치고 있다." 또 그녀의 전체적인 이야기를 쓰는 바탕은 "우리가 알고 있는 것, 우리가 느끼고 있는 것, 우리가 삶에 대해 생각하고 있는 것에 [있어야한다]. 우리 자신의 체험과 삶을 신뢰하면서 어두운 자아와 밝은 자아를 의식하여 조화시키지 '않으면 안 된다'."[122] 게다가 그녀는 전체적인 이야기를 쓰기 위해서는, 이 바탕을 아는 것 못지않게 언제나 자신의 삶과 사회를 변화시키겠다는 확고한 의지와 그 실천이 더욱 중요하다고 강조한다. 삶의 변화를 갈구하여 촉발시키려고 최선을 다하는 사람만이 다른 사람의 의식개혁과 사회변혁에 창조적인 역할을 할 수 있다. 변화에 무관심한 인간은 꼭두각시나 노예에 불과하다.

워커가 추구하는 삶의 변화와 자아성숙은 오로지 자기앎에 의존한다. 그녀의 자기앎의 근원은 투철한 역사의식과 공고한 공동체의식에 있다. 그녀는 자기앎과 소설창작은 역사 속에 그 뿌리를 두고 있다고 천명한다: "소설가로서의 나의 전체적인 계획과 목표는 내가 지금 어디에 있는가를 알기 위해 역사를 배우는 일이다. […] 나는 역사에 강한 집착과 애정 그리고 언제나 역사를 상기시킬 필요성을 느끼고 있다. 가장 가공하고 경계해야할 사실들 중의 하나는 얼마나 많은 과거, 특히 우리(흑인들)의 얼마나 많은 과거가 망각되어가고 있는가를 외면하는 현실이다."[123] 그녀는 항시 자신의 삶 속에서 선인들의 삶의 체취를 느끼려 함으로써, 강한 연대의식에서 솟아나오는 기쁨과 활력을 실감하고 중요시한다. 요컨대 워커의 소설창작목적은 이 철학 – "인간이 실현할 수 있는 가장 위대한 가치는 만물과 하나가 되는 완전한 인간성이다"[124] —의 구현이고, 핵심주제는 "개인의 자주성, 자립, 그리고 자아실현"[125]이다.

지금까지의 논의를 바탕으로 사실주의소설 창작기법으로 창작된 처녀작, *그레인쥐 코우플런드의 제3의 인생*(*The Third Life of Grange Copeland*, 1970)과 포우스트모던소설 창작기법으로 구성한 *머리디언 아가씨*(*Meridian*, 1976)를 "삶은 변화와 성숙의 터전"의 논지로 고찰해본다. 처녀작은 주로 흑인여자들이 당했던 인종과 성 차별의 가혹한 억압과 질곡의 실상들, 이런 극한상황으로부터 해방되려는 반항정신과 개혁의지 그리고 그 실천운동의 양상들을 기술한다. *머리디언 아가씨*는 자아탐구와 그로 인해 재생한 자립정신이 강한 여자주인공을 예찬한다. 여자주인공의 이런 변신은 고의로 이분화된 문학과 역사의 극복, 자아탐구, 전인적인 여자로 재생, 그리고 이 재생에 필수적인 투철한 역사의식과 공고한 공동체의식 덕택이다. 이 변신의 성공적인 구현이 워커의 탁월한 업적이다.

워커는 *그레인쥐 코우플런드의 제3의 인생*에서 3대에 걸친 세 흑인여자주인공의 삶 — 마거리트(Margaret) 코우플런드의 숙명에 순응하는 비극적인 삶, 며느리 멤(Mem)의 큰 포부가 좌절과 절망으로 끝나는 비참한 삶, 그리고 손녀 루스(Ruth)의 반항정신과 변화욕구로 충만한 삶 —을 이야기하면서, 흑인여자들(우리)의 이상과 현실의 극단적인 괴리를 묘사한다. 이 소설은 표면상으로는 그레인쥐 코우플런드와 그의 아들 브라운필드(Brownfield)에 관한 이야기이지만, 본질적으로는 그들과 가장 밀접하게 관련된 여자들과 그들의 운명을 다루고 있다.[126] 워커는 흑인여자들도 자신만의 자유스럽고 창조적인 생활 그리고 자기 삶에 사랑과 생동감을 충만시켜주는 남자를 갈망하는 선천적인 이상을 품고 있다고 천명한다. 그러나 그녀들의 현실은 이런 이상과는 너무나도 대조적이다: "흑인여자들은 사회와 가정이 가차 없이 짓누르는 엄청나게 무거운 짐들을 지고 있는 '노새들'이다. 그들은 인종적 그리고 성적 억압의 피해자들이다."[127] 워커는 이 소설에서 여자주인공들이 여성이기 때문에 겪어야했던 억압과 좌절의 양상들을 묘사하고, 비록 여자이지만 이로부터 해방되어 자유스럽고 창조적인 삶을 살 수 있는 길을 제시한다.

이런 억압의 가장 대표적인 피해자가 그레인쥐의 부인 마거리트이다. 그녀가 이런 피해자가 될 수밖에 없는 가장 큰 요인은 자기와 자기 삶을 독자적으로 탐구해보려는 관심과 의지를 갖지 못하기 때문이다. 그녀는 언제나 남편에게 순종하는, 마치 그의 강아지와 같은 존재이다. 이런데도 그녀는 그레인쥐의 사랑과 보호를 받지 못한다. 그녀의 삶은 남편이 소작인으로서 자신과 가족의 운명을 개척하기 위해 최선을 다하지만 인종차별과 경제적 착취라는 불가항력으로 삶의 무능력자가 됨으로써, 더욱 메마르고 비참하다. 그는 부인과 아들을 사랑과 경제적 자립으로 보살피는 가장의 역할을 할 수 없으므로, 그들을 학대하고 억압하는 폭군으로 군림한다. 그는 백인사회의 횡포 때문에 자기가 가장 사랑해야 할 부인과 아들을 학대함으로써, 삶의 희열과 의미를 찾는 짐승 같은 인간으로 자기도 모르게 돌변한다. 더욱이 그는 그녀에게 남편역할을 제대로 할 수 없는 가혹한 현실을 솔직하게 일러줄 용기도 없다: "그녀의 결혼생활은 황홀경이 아닌 불안감으로, 자유가 아닌 굴레로, 영원한 사랑이 아닌 절망으로 [치닫고 있다]."[128] 그는 극도의 좌절감과 절망감에 빠져, 오로지 관능적 쾌락추구에 열중할 뿐이다. 그의 이런 자기중심적, 이기적 행위가 가정에 헌신적이었던 부인을 부정한 여자로 타락시켰고, 많은 남자들의 농락대상으로 비하시켰다. 남편이 더 이상 감당할 수 없는 부채 때문에 자기와 아들을 버리고 도망가자, 그녀는 "그가 이번에는 정말로 떠나버렸음을 알아차린다. 그녀는 그가 없는 삶을 상상할 수 없으므로 먼저 불륜관계에서 생긴 아들을 살해하고 자살한다. 그녀는 그레인쥐를 극진히 사랑했으므로 그가 없는 삶을 살 수 없으며, 또한 자기가 저지른 불륜을 도저히 용서할 수 없기 때문이다."[129] 요컨대 인종적, 성적 억압 때문에 마거리트의 순박하고 진실하며 헌신적인 삶은 비극으로 끝난다.

억압과 좌절의 또 다른 대표적 피해자, 마거리트의 며느리, 멤은 비극적인 실존상황으로부터 벗어나 새로운 삶을 살려고 고군분투한다. 그러나 그녀의 이런 숭고한 의지는 남편, 브라운필드의 무능, 아집, 비정, 그리고 비열함 때문에 무산되어버린다. 브라운필드는 열여섯 살 때 아버지에게 버림받고, 어머니마저 자살하자 하루아침에 고아 아닌 고아가 된다. 그래서 그는 거처를 큰 도시로 옮겨 새로운 삶을 살려고 결심하지만, 강한 의지와 실천력이 없으므로 자신의 독자적인 삶을 개척할 수 없다. 그는 이렇게 무기력한 삶을 살고 있을 때, 교사 멤을 만나 결혼한다. 그는 결혼했지만 벌이가 없어 부득불 백인의 소작인이 되면서도, 꿈에 부풀어 황홀한 눈빛으로 미소 짓는 신부에게

굳게 약속한다: "여보, 우리는 여기서 오래 살게 되지는 않을 거요. 걱정하지 말아요"(71). 그러나 멤의 비극적인 삶의 씨앗은 농토에서 싹튼다. 남편은 열심히 농사를 짓지만, 부채는 계속 눈덩이처럼 늘어난다. 그는 호구책으로 다섯 살 딸에게 목화 따는 법을 가르쳐야하고, 자기도 또한 아버지의 노예적인 삶을 되풀이하고 있음을 알아차린다. 그는 어린 딸이 목화를 따다가 작은 다리에는 피멍이 들고, 독기로 눈이 충혈되며, 옷은 땀에 흠뻑 젖고, 해질 녘에는 완전히 지쳐 있는 모습을 보면, 너무나 괴로워 죽고 싶은 마음뿐이다. 그렇지만 그는 멤이 곁에 있기에 온갖 고난을 참고 견딜 수 있다. 그녀는 그의 쓰라린 삶에 용기와 활력을 불어넣는 유일한 원천이다. 그러나 그녀는 점차 사회제도와 경제적 착취에서 비롯된 남편의 무력감 때문에, 그의 열렬한 사랑의 대상에서 비난, 학대, 그리고 저주의 천덕꾸러기로 뒤바뀐다. 그는 백인의 소작인으로서 감내해야하는 빈곤과 부채의 무거운 압력에 짓눌려, 더 이상 가장의 역할을 할 수 없는 무능과 무력감을 개탄한다: "그는 말로 다 할 수 없는 하찮음과 끝없는 무력감, 그리고 거인들의 세계에서 난쟁이가 겪는 좌절감을 느낀다"(311). 그는 이처럼 상처받은 자존심과 분열된 자아로 말미암아 관능적 쾌락추구자로 돌변한다. 이제는 술과 여자가 그의 삶의 전부이다. 그는 만취의 기세로 멤을 격렬하게 비난하고 구타한다. 그는 이런 만행으로 겨우 스스로 좌절감과 무력감에 빠진 무의미한 삶을 지탱할 수 있다.

멤의 극심한 아픔과 고통은 이런 저주와 구타가 아니고, 아름다운 꿈과 그 실현을 방해하고 저지하는 백인농장주의 횡포와 남편의 아집이 초래하는 실의와 좌절에 있다. 그녀는 농장주의 변덕과 횡포에 어쩔 수 없이 아무런 준비와 대책 없이 이사해야한다. 그럴 때마다 동물의 배설물로 가득 찼던 폐가를 사람이 거처할 수 있는 집과 꽃밭으로 아름답게 가꾸는데 쏟은 그녀의 노력은 물거품으로 변해버린다. 그녀는 절망감으로 상식과 이성을 잃고, 증오심에 불타는 비정한 여인이 될 수밖에 없다. 그녀는 이런 횡포에 맞서 자기 집을 가지려고 최선을 다한다. 그러나 그녀가 월급에서 가능한 한 최대한도를 저축하면, 남편은 술에 취해 그 돈을 훔쳐가 낭비해버린다. 그는 좋은 집에서 가족과 함께 행복하고 윤택한 생활을 하고 싶은 마음이 추호도 없다. 그렇지만 그녀가 그의 극렬한 반대를 무릅쓰고 편리하고 안락한 도시 집으로 이사하지만, 그의 비열한 음모 때문에 오래 살지 못한다. 그는 자기의사를 무시한 이사에 앙심을 품고, 그녀를 계속 임신시킨다. 그녀는 악화된 건강 때문에 실직당해, 건물임대료를 낼 수 없어 결국 쫓겨난다. 그녀는 남편의 비열한 복수심 때문에 꿈이 무산되어버리자, 극심한 좌절의 고통에 휩싸인다. 그녀는 꿈을 실현시키려고 몸부림쳤지만 무위로 끝나고 말아, 극도의 실의와 좌절에 빠진 채 술 취한 남편이 발사한 총탄을 맞고 숨을 거둔다.

마거리트와 멤은 현모양처가 되기 위해 어떤 고난과 희생도 감수했다. 그들은 가장 많은 사랑, 존경, 그리고 찬양을 받아야할 여인들이었다. 이런 당위성에도 불구하고, 그들은 가장 혹독한 억압과 좌절의 피해자로 전락했다. 그들은 자기를 알고 탐구하려는 의지가 없기 때문에 주체적 자아를 가질 수 없었기 때문이다. 따라서 그들은 전적으로 남자에게 의존한 삶을 살 수밖에 없었다. 그들은 남성위주사회가 자신들에게 강요하는 침묵, 순종, 고난의 감수, 그리고 인내에 무조건 맹종하려하기 때문에 자기와 현실을 직시할 수 없었다. 그들은 비극적인 삶과 현실을 비판적으로 인식하여 개선하려하지 않고, 자기잘못으로 간주하거나 운명으로 체념해버렸다. 게다가 그들은 인종차별의 피해자인 남편의 울분과 분노의 폭발대상이므로 더욱더 혹독한 억압과 학대를 받았다. 더욱이 그들은 자아의식과 가능성의 확장에 전혀 관심이 없는 남자들의 편협과 옹고집 때문에 극도의 실망과 좌절의 늪에 빠졌다.

이런 악조건 가운데서도 워커는 흑인여자들이 자아탐구와 사랑 그리고 다른 사람들의 도움을 바탕으로 남성우월주의와 인종차별을 극복할 수 있다고 확신한다. 그녀는 이 확신의 실례로 마거리트와 멤의 비극적인 삶을 극복하는 멤의 딸, 루스를 창조한다. 루스는 마거리트와 멤의 부정적인 삶과 어두운 과거를 극복하고, *머리디언 아가씨*의 여자주인공, 머리디언 힐(Hill)의 긍정적, 전인적인 삶과 밝은 미래로 지향하는 교량역할을 한다.[130] 그녀가 이런 역할을 할 수 있는 원동력은 자아탐구의지와 할아버지 그레인쥐의 고귀한 사명과 교육에 있다. 이제 그레인쥐는 빈곤과 억압에 짓눌려 술주정과 행패를 부리고, 사랑과 자립을 모르며, 의기소침하여 자기주장을 못하고, 무책임하며, 관능적 쾌락추구에 탐닉했던 인간이 아니다. 그는 뉴욕에서 횡재하여 고향으로 돌아와 농장주인이 되어, 자기과거를 깊이 반성하면서 "다시 태어난 인간으로"(223) 자신의 영혼, 책임의식, 사랑, 자립, 그리고 변화를 가장 중요시한다. 그는 변화의 필연성을 주장한다: "모든 사물은 변화한다. […] 내가 아는 한 사람들도 변화한다. 그러므로 나는 그들에게 희망을 갖는다"(274). 따라서 그는 자신의 삶의 목적을 루스를 주체적 여인으로 성숙시키는데 둔다: "그의 가장 큰 의무는 어떤 위대하고 거대한 과업, 정정당당하고 줄기찬 투쟁, 그리고 어둡고 가혹한 현실에 현명하게 대응할 수 있는 루스의 능력 계발과 향상이다"(279).

이러므로 루스의 삶의 가장 두드러진 특징은 극심한 억압과 좌절의 고통이 없는 희망과 가능성의 세계, 그리고 그 세계의 지속적인 확장에 있다. 그녀의 삶의 변화와 자아성숙은 할아버지의 인생철학의 도움을 받아 좋은 결실을 거둔다: "생존이 전부는 아니다. 그는 살아남는데 성공했다. 그러나 전인적인 생존이 그가 루스에게 바라는 욕심이자 희망이다"(298). 그는 그녀의 전인적인 생존이 가능하도록, 그녀에게 따듯한 보살핌과 사랑을 베풀면서 훌륭한 교육을 전수한다. 그는 지식의 중요성을 절실히 깨달았음으로 그녀의 대학학자금을 미리 마련해둔다. 또 그는 그녀에게 자동차운전을 가르쳐, 그녀가 혼자 도시에 가서 직접 물건을 구입하면서 백인들과의 마주침을 통한 자립심과 모험심을 키우게 한다. 더욱이 그는 그녀에게 춤을 가르치면서 흑인역사를 일깨운다. 그는 그녀가 지금까지 어디서도 들어본 적이 없는 노래를 부르면서 함께 춤을 춘다. 그 노래는 그녀가 과거의 사물들에 친근감을 느끼도록 해주면서, 그녀를 깊이 감동시킨다. 또 춤은 그녀에게 흑인들의 삶의 뿌리와 유산 그리고 가치를 일깨워주면서, 흑인의 고향 애프리커와 그 곳의 북소리를 들려준다. 게다가 춤은 그녀가 자신의 육체를 강하게 의식할 수 있도록 해줄 뿐 아니라 흑인공동체의식을 확장시킨다.

루스는 흑인공동체의식을 넘어 백인들과도 연대의식을 공유하려한다. 한때 그녀도 그들을 증오하고 배척했다. 그녀가 초등학교 6학년 때 백인학교에서 가져온 역사교과서에 한 백인학생이 세계의 여러 인종들을 상술하면서, 흑인을 "검둥이"라고 써 놓은 것에 극도로 분개하여 교실을 뛰쳐나와 등교를 거부했다. 그러나 나중에 그녀는 생각을 바꿔 긍정적인 세계관을 갖는다: "그녀는 세계가 자기가 가끔 몽상했던 것만큼 그렇게 아름답지도, 받아들이려고 준비했던 것만큼 그렇게 견딜 수 없지도 않다는 사실을 발견했다. 그녀는 사회가 매우 매혹적인 연구대상, 열광적인 주제, 그리고 감동적인 학교임을 깨달았다." 그래서 그녀는 백인들과 함께 적극적, 진취적인 삶을 살고 싶다는

의지를 표명한다: "나는 은둔자가 되고 싶지 않다. 언젠가 나는 이곳을 떠나 … 뉴욕, 대도시의 125가, 무수한 나이트클럽들, 그리고 공공연히 악담하면서 서성거리고 있는 사람들을 보려한다"(319). 더구나 그녀는 백인위주였던 미국 사회도 영혼의 성스러움을 바탕으로 변혁되지 않을 수 없으므로 필연적으로 흑인들의 생활, 지위, 그리고 인권도 향상된다는 낙관론자이다. 그녀는 백인들이 인종차별의식과 제도를 철폐하고, 모든 인간은 평등하다는 진리를 수용하여, 더 이상 불법과 비행을 저지르지 않는다면 그들의 과거 만행들을 용서하고 잊어야한다고 주장하면서, 화해정신의 중요성과 필요성을 강조한다. 그녀는 또한 민권운동과 흑백통합문제에 긍정적으로 대응하면서, 그 당위성을 역설한다. 그녀는 티 비에서만 보았던 민권운동데모를 자기마을에서 직접 목격한다. 많은 흑백 젊은 남녀들이 "흑인과 백인들이 다 함께"(272)라는 깃발을 들고 행진한다. 그녀는 그들의 표정에서 반목, 증오심, 그리고 적대감 대신 상호이해와 우정, 친근감, 그리고 공동목표를 읽을 수 있다. 그녀는 흑백과 남녀사이의 상호이해와 존중 그리고 평등을 현실화시키려는 많은 젊은이들의 열정과 활동에 여태껏 느껴보지 못한 깊은 감명을 받는다. 그러나 한편에는 이 젊은이들을 이해하지 못하고 증오하는 백인들 뿐 아니라 흑인들이 있음을 잘 알고 있다. 그러므로 그녀는 이런 흑인들을 깨우치는 과업에 매진하겠다고 선언한다: "나는 일어설 각오가 되었지만 그들은 그렇지 않으므로, 내가 먼저 일어나 그들이 나를 따르도록 해야 할 것 같아요"(275-76). 그녀의 이런 과업과 그 매진 그리고 마거리트와 멤의 세대에서는 상상조차 할 수 없었던 자기정의의 정립이[131] *그레인쥐 코우플런드의 제3의 인생*의 핵심주제이다.

*머리디언 아가씨*의 여자주인공, 머리디언 힐은 *그레인쥐 코우플런드의 제3의 인생*의 세 여자주인공, 마거리트, 멤, 그리고 루스의 실존한계를 극복하면서, 자아탐구와 성숙을 극대화할 수 있는 독자적인 철학과 세계를 창조한다. 그녀의 철학은 "개인의 자주성, 자립, 그리고 자아실현"을 전제로 한다. 그녀는 전적으로 이 철학에 의존하여 끊임없이 자아성숙을 도모하여, "자신의 영혼을 성스럽게 하는 여자"[132]이다. 그녀는 인종과 성 차별과 억압, 개인의 성스러운 영혼과 숭고한 의지를 말살시키려는 집단과 개인의 편견과 강요, 남편과 애인의 배신, 그리고 어머니로서의 의무와 책임포기의 자책감으로 인한 극심한 고통으로 만신창이의 삶을 살았다. 그러나 지금 그녀는 자기앎, 정

의, 그리고 책임을 바탕으로 주체적, 공동체적인 삶을 살려고 최선을 다하면서, 자신의 이런 삶이 다른 사람들의 의식개혁과 사회변화에 창조적인 역할을 할 수 있기를 기대한다. 이 소설은 머리디언이 흑인학생들을 이끌고 흑백분리주의에 항의하는 비폭력시위를 벌이고 있는 죠져주의 작은 도시에 트루먼 헬드(Truman Held)가 찾아오면서 시작되고, 그에게 자신의 후계자역할을 맡기고 떠나면서 끝난다.

머리디언은 고등학교 재학 중에 임신하여, 퇴학당하고 결혼하여 어머니가 된다. 그러나 그녀는 아들과 함께 버림받는다. 그녀는 배신당한 아픔을 달래려고 거리를 거닐다가, 우연히 티 비에서 흑인들의 투표자등록운동이 어느 집에서 시작된다는 뉴스화면을 본다. 그녀는 미국사회의 큰 변화를 실감했지만, 흑인들의 참정권을 결사반대하는 백인들이 그 집을 폭파한다. 그녀는 이 사건을 목격하고 자발적으로 민권운동에 동참하여 북부에서 온 트루먼을 만난다. 그녀는 병원의 흑백분리시설에 항의하는 심야 촛불행진에 참가했다가 무자비한 폭행과 구타를 당한다. 그녀는 백인과격분자들이 흑인들의 정당한 요구와 권리 그리고 인권을 탄압함에 못지않게, 백인위주의 미국정부도 그들의 억압에 앞장서고 있음을 실감한다. 게다가 그녀의 삶의 고통과 좌절은 인종주의자들과 미국정부의 탄압보다는 흑인집단과 개인의 편견과 편협에서 비롯되는 일방적인 강요 때문에 배가된다. 그녀는 삶과 사회의 창조적, 건설적인 변화를 초래하는 이상적인 방법은 교육으로 개인의 의식개혁, 성숙, 그리고 자기 앎과 정의의 확장에 있을 뿐이라고 주장한다.[133] 반면에 그녀의 혁명동지들은 흑인들의 삶과 인권 향상이라는 미명하에 자기들의 일방적인 목적달성에만 열중한다. 그들은 폭력적인 미국정부에 과격하게 대응하려고, 그녀에게 혁명을 위해 살인도 불사함을 맹세하는 선서를 강요한다. 그러나 그녀는 자신의 인간성과 개체성을 부정하고 억압하는 이런 강요를 용납할 수 없다. 더욱이 그녀는 하나님을 믿는다고 말하라는 어머니의 강권을 거역했다가 어머니의 사랑을 잃는다: "그녀는 어머니의 손을 붙잡아 자기 손으로 감쌌다가 자기 입술로 가져오려했다. 그러나 어머니는 분노와 슬픔의 눈물로 얼굴을 적시면서 손을 뿌리쳤다. 어머니의 사랑은 사라져버렸다. 그 사랑이 돌아오기 위해서는 충족되어야할 조건들이 있었다. 머리디언은 그 조건들을 결코 충족시킬 수 없었다."[134] 그녀의 순수한 영혼은 어머니의 억압과 증오의 대상이 될 뿐이었다.

더군다나 그녀는 이런 억압의 극심한 고통에다 연인의 배신이 남긴 쓰라린 상처와 아픔을 참아야한다. 남편의 버림을 받았던 머리디언은 여대생으로서 자신의 이상적인 남자 트루먼을 열렬히 사랑한다. 그녀에게 그는 경탄, 존경, 그리고 매혹의 대상이다. 그녀는 그와 함께 있을 때, 자기도 모르게 솟아나온 어떤 활력이 육체에 요동치면서 전신으로 퍼져나감을 실감한다. 마치 자기 몸의 중심이 무너지기 시작함을, 또 자신의 육체가 그의 흡인력에 끌려가고 있음을 의식한다. 그러나 그는 그녀가 자신의 삶에 활력과 목적의식을 충만시켜준다고 고백하면서도, 순결을 상실했다며 임신한 그녀를 버린다. 그는 더 아름답고 지적으로 보이는 백인여자와 결혼한다.

머리디언은 자신의 억압적, 비극적인 삶을 극복하려고, 어머니의 비참하고 노예적인 삶 – "그녀(어머니)가 흑인여자들에게 은밀한 기쁨을 준다고 상상했던 신비스러운 정신적인 삶이란 자식들을 위해 살고 있을 뿐 자기들은 이미 죽은 존재임을 완벽하게 앎에 지나지 않았다"(51) –을 답습하지 않으려고 몸부림친다. 그녀는 임신하여 고등학교에서 퇴학당했지만, 현저히 높은 지능지수 때문에 색슨(Saxon)대학에 진학할 수 있는 장학금을 받는다. 그녀는 "괴물"(89)이라는 어머니의 힐난을 들으면서도, 대학진학을 위해 아버지의 버림을 받았던 아들을 유기한다. 그러나 그녀는 곧 아들에 대한 악몽과 "그녀의 삶 – 전 세대에서 당연히 준수되었던 모성애의 기준에 순응할 수 없는 삶을 저주하는 양심의 소리"(91) 때문에 극심한 고통을 당한다. 가혹한 자책감 때문에 한 달 동안 식사도 할 수 없어 극도로 쇠약해진 몸으로 허둥거리고, 가끔은 기진맥진해서 혼수상태에 빠진다. 드디어 그녀는 어머니로부터 받을 수 없었던 "나는 너를 용서한다"(125)는 언질을 윈터(Winter)교수로부터 받는다. 그녀는 학교 당국의 미움을 사면서도 고집스럽게 재즈, 블루즈, 그리고 흑인영가를 가르치는 교수이다. 그녀가 자책감으로 말미암아 혼수상태에 빠졌다가 용서를 받은 일은 그녀의 성숙에 결정적인 역할을 한다. 혼수상태는 비극적인 과거의 망각을, 그리고 용서는 다시 공동체의 일원으로 받아들여져 재생함을 상징하기 때문이다. 이것은 공동체의 존재목적은 전체의 보존에 있음을, 그러므로 삶과 사회의 변화도 가능한 한 공동체의 사분오열을 막는 철학을 바탕으로 비롯되어야함을 절대시한다. 따라서 그녀는 자신에게 배신의 뼈저린 아픔을 주었던 트루먼과 그의 백인부인을 다시 동지와 친구로 받아들여, 비폭력민권운동의 동조자로 변신시킨다. 이제 그녀는 트루먼에 대해 이런 감정을 가질 수 있다: "그것은 소유욕이나 경멸이 조금도 없는 사랑이었다. 그것은 그녀의 정확한 기억에서 나오는 모든 악감정을 정화시키는 사랑이었다. 그것은 바로 용서였다"(173). 이 용서는 그를 남성우월주의자에서 남녀평등권자로 변신시킨다. 더구나 그는 주체적인 삶을 살려고 최선을 다하는 여자의 가르침에 흔쾌히 따르는 남자로 재생한다. 또 그녀는 그의 백인부인에게 솔직한 심정을 토로한다: "나는 당신을 증오하지 않으려고 무척 애썼다. 그래서 당신을 미워하지 않았다고 자신 있게 말한다"(175).

머리디언은 이런 성숙으로 자신의 고정관념과 편견에서 벗어나, 자기와 사회를 객관적으로 새롭게 보고, 새로운 책임과 역할을 정확하게 파악하여 수행할 수 있다. 과거에는 교회를 싫어하고, 교인들을 멸시했지만, 이제는 여러 종파의 교회에 가서 설교를 듣는다. 그녀가 들은 설교에 의하면, 청년들은 월남전에 참전해서는 안 되며, 처녀들은 세속적으로 바람직한 남편감을 찾으려하기보다는 창조적, 이타적인 일에 전념하려고 노력해야하고, 노인들은 마땅히 전개했어야할 민권운동의 무거운 짐을 젊은이들에게 떠넘긴 무책임과 나태를 부끄러워해야하며, 흑인교사들은 학생들의 능력을 불신하여 교육에 나태함을 깊이 반성해야한다. 그녀는 지금까지 언어로 표현할 수 없었던 수백만 명 흑인들의 뜻이 그 설교에 담겨 있음에[135] 깜작 놀란다. 또 그녀는 비폭력민권운동으로 성취하려는 흑인들과의 일체감과 공동체의식을 확장시키는 설교를 하는 목사에 경탄을 금치 못한다. 그녀는 이 경탄으로 말미암아 지금까지 가슴을 묶고 있던 밧줄이 풀린 것처럼 자유스럽고 시원하게 숨을 쉴 수 있다. 이 상쾌함은 경탄의 근원이 "공동체정신, 단합, 그리고 도덕적으로 정당한 합의"(199)에 있기 때문이다. 그녀는 삶과 사회의 변화에 필수적인 그런 정신의 고취와 합의의 도출을 직접 목격하고, 앞으로 그 변화가 일어날 수 있는 무한한 가능성을 확인한다. 그녀는 삶과 사회의 전체성을 깨뜨리지 않는 그런 고취와 도출의 극대화는 부단한 자아탐구와 성숙으로 가능하다고 확신한다. 그녀는 자아탐구와 성숙이 삶과 사회의 변화에 가장 이상적이고 타당한 철학이고 방법이라는 믿음으로 흑인들의 의식개혁에 일익을 맡으려한다. 그러기 위해 그녀는 자신의 가장 중요한 사명과 역할은 흑인들의 자아탐구와 성숙의지, 투철한 역사의식, 그리고 공동체의식을 고취시킬 수 있는 노래를 불러주는 과업임을 깨닫고, 그렇게 행동하기로 굳게 결심한다. 그녀의 노래가 흑인들의 삶을 긍정적, 창조적으로 변화시키는 위력이 될 것이다. 그래서 그녀는 트루먼을 자기역할의 계승자와 주체적 자아탐구자로 변신시켜 그에게 자기임무를 맡긴다. 그녀가 다른 곳에 가서 다른 사람들에게 노래를 불러주기 위해 그곳을 떠나면서 소설은 끝난다. 요컨대 머리디언은 자신의 실존목적을 "개인의 자주성, 자립, 그리고 자아실현"으로 "만물과 하나가 되는" 데에 두고, 그 달성에 최선을 다하려한다.

죠운 디디언(1934-)은 "1970년에 두 번째 소설, *건 만큼 승부를 겨룬다* (*Play It As It Lays*)를 출판하여 미국소설가들 중 일약 저명한 작가로 부상했다."[136] 그녀의 이런 부상은 독창적인 소설창작철학, 목적, 그리고 방법 뿐 아니라 부단한 자아탐구, 삶이 절대적 가치라고 믿는 신념, 그리고 너와 나를 굳게 결합시키는 도덕관 때문에 가능했다. 그녀는 자신과 삶의 예지를 탐구하려고 소설을 창작한다고 주장한다: "나는 오로지 내가 생각하고 있는 것, 응시하고 있는 것, 보고 있는 것과 그것의 의미, 갈망하고 있는 것, 그리고 두려워하고 있는 것을 이해하기 위해 소설을 쓴다." 그녀는 소설창작은 자기가 소설가로서 자아탐구와 삶의 천착으로 깨달은 진리를 독자들에게 성공적으로 전파하는 책임과 의무의 이행이라고 강조한다. 그녀는 소설창작으로 자신의 인생관과 세계관으로 독자들을 깨우쳐, 그들의 의식을 개혁하여 확장하려 한다. 따라서 그녀의 소설창작은 공격적, 심지어 적대적 행위이다. 그러나 그녀의 이런 공격행위는 직접적, 직선적, 독선적이지 않고, 간접적이고 암시적이다. 그녀는 소설창작을 부단한 자아탐구와 삶의 천착에 의존하면서도, 삶의 신비성 때문에 탐구와 천착에 언제나 회의적이기 때문이다. 그러므로 그녀의 소설창작은 외부적, 지시적, 강제적인 설교가 아니라 내면적, 함축적, 생략적인 간결한 표현이다. 그녀는 소설창작에서 확고한 사회적, 정치적, 경제적, 종교적 신념을 표현하지 않고, 종이쪽지에 자아탐구와 삶의 천착으로 번뜩 떠오르는 단어들을 배열한다: "단어들의 배열이 가장 중요하다. 당신이 성취하고자하는 배열은 당신의 뇌리 속에 간직되어 있는 심상에서 발견될 수 있다. 심상이 배열을 지시한다. 심상이 그 문장을 절들로 구성 또는 … 길거나 짧은 능동이나 피동문장으로 쓸 것인가를 결정한다. 심상이 당신에게 단어들의 배열방법을 지시한다. 단어들의 배열은 당신 또는 나에게 심상에서 무엇이 일어나고 있는가를 알려준다."[137] 그녀는 이렇게 단어들을 배열함으로써 자기정체를 탐구하여 확립한다. 그녀는 소설을 집필하면서 자기는 누구인가, 자기는 어디 있는가, 그리고 자기 영혼 속에서 무엇이 창조되고 있는가를 끊임없이 반문하면서 천착한다. 요컨대 그녀의 소설창작은 "정체탐구, 다시 말하면 삶의 무질서에 예술적 질서를 부여하는 소설의 등장인물들의 창조이다. 그녀가 단어들을 배열함에서 성취하려는 목적은 우리 대부분이 완벽하지는 못하지만 심사숙고한 언어표현으로 실현하려는 대상, 즉 자기앎이다." 게다가 그녀는 "자기앎은 기억보다도 상상력에 더욱더 의존해야한다고 암시한다."[138]

디디언이 자기앎과 상상력에 전적으로 의존하여 창작한 소설은 추상적인 관념의 표현이 아니라 등장인물들과 그들의 현실적, 구체적인 실존상황을 이해하고 규명하는 과정이다. 그녀는 소설은 관념의 대변인이 되어서는 안된다고 주장한다. 소설은 등장인물들과 그들의 삶을 어떻게 변화시키고 있는가를 구체적으로 표현해야한다. 등장인물들은 어떤 철학과 이념의 맹목적인 노예나 대변자가 되어서는 안 되고, 그 철학과 이념을 철저히 이해하고 규명하여 자기들의 삶에 실리적이고 효과적으로 활용할 수 있어야한다. 소설은 그들이 어떻게 그 철학과 이념의 실질적인 활용자와 지배자가 되어, 자기들의 삶을 얼마나 주체적이고 창조적으로 변화시키고 있는가를 구현해야한다. 그러므로 디디언은 소설창작에서 인간과 삶을 가장 중요한 주제이고 가치라고 확신하므로, "소설은 모든 면에서 관념에 적대적이다"[139]고 역설한다. 그녀는 이렇게 소설은 관념에 적대적이라고 주장하면서도, 작가는 모든 인간을 하나의 공동체의식으로 굳게 결합시킬 수 있는 진리, 즉 도덕관을 제시해야한다고 설파한다. 그녀의 철학에 따르면, 인간이 가장 인간답게 살기 위해 고안하여 성취한 가장 위대한 업적은 가정, 사회, 그리고 국가의 공동체형성이다. 인간의 가장 중요한 책임과 의무는 이 공동체의 굳건한 유지와 지속적인 발전이다. 이 유지와 발전을 극대화하기 위해, 인간은 공동체가 각자에게 요구하는 행동규범을 준수해야한다. 이 행동규범이 바로 그녀의 도덕관이다. 그런데 이 도덕관은 자신의 선악관 그리고 사회와 국가의 정당성 주장의 강요가 아니고, 모든 인간이 주체적인 존재로 생존하기 위해 "자발적으로 우주의

합리적 질서의 일부로서 고수하여 수용"[140]하려는 실천철학이다. 그녀는 이 도덕관의 기반은 자아탐구와 성숙 그리고 타인존중과 배려에 있음을 각별히 강조한다. 이 도덕관은 모든 사람이 자아탐구와 타인존중에 심혈을 쏟을 때 그 위력을 발휘하여 공동체를 화기애애하고 안전하게 유지하면서 크게 발전시킬 수 있다.

그러나 매우 유감스럽게도 오늘날 사람들은 이 도덕관을 인정하고 수용하여, 화기애애한 공동체를 유지하고 발전시킬 수 없다. 그들의 대부분이 자아탐구와 타인존중에 전념하기보다는 자기만족과 도취에 더욱 탐닉하기 때문이다. 이런 논의를 전제로 디디언이 자신의 소설창작철학과 기법을 탁월하게 구현시킨 *건 만큼 승부를 겨룬다*를 "소설창작과 자아탐구"의 논지로 고찰해본다. 그녀의 실토에 의하면, 이 소설은 등장인물, 플롯, 그리고 사건들에 대한 어떤 사전계획이나 의도 없이 집필되었다. 그녀는 오로지 백지 위에다 단어들을 배열하여, 매우 생략적이고 간결하지만 진행속도가 대단히 빠른 소설을 창작하려는 의도만을 갖고 있었다. 게다가 그녀는 독자들이 소설을 다 읽었음을 알아차리기 전에 끝나는 소설을 쓰고 싶었다. 그녀의 이런 소설창작동기는 남자들의 횡포와 거기에 순종해야하는 여자들의 노예적, 예속적인 운명에 대한 거부이고 항의이다. 이 소설의 착상은 그녀가 새벽 1시에 호텔에 불려나온 안면이 있는 2류 여배우를 목격했을 때 떠올랐다. 이런 시간에 그녀를 불러낸 사람은 누구일까? 그녀는 왜 잠도 못자면서 별수 없이 나와야하는가? 그녀는 왜 그런 무리한 요구를 거절할 수 없었을까? 이런 의문들이 그녀에게 하나의 이야기를 말해주었다. 그녀는 이런 소설창작 철학, 방법, 그리고 동기로 *건 만큼 승부를 겨룬다*의 여자주인공, 머리어 와이어스(Maria Wyeth)가 자아탐구와 공동체의식과는 거리가 먼 자기만족에만 탐닉했던 자기와 남자친구들의 비극적인 삶에 대한 회고와 반성을 서술한다. 머리어는 허영심과 안일에 빠져 자기와 삶을 천착하지 않았으므로 관능적 쾌락을 추구하는 남자들의 횡포와 억압의 피해자로 전락했다가, 자아탐구와 공동체의식을 바탕으로 자기와 삶을 새롭게 인식하는 여인으로 재생한다. 요컨대 이 소설은 너와 내가 함께 공존하는 공동체의 기본철학을 무시하고 오로지 자기만족만을 극대화하려는 등장인물들의 비극적인 삶을 고발하고, 자의와 타의로 이런 삶의 피해자로 전락했다가 자아탐구로 그 기본철학을 실천하는 여자주인공을 예찬한다. 요컨대 디디언은 이 소설에서 오늘날 미국인들의 허위의식을 고발하면서 개혁할 수 있다는 통찰력을 발휘한다: "[디디언이 보는] 현대 미국인들은 얇은 화려한 도자기처럼 깨지기 쉬운 환상 속에서, 깨진 꿈의 파편에 집착하는 [부정적인 삶을 살고 있지만] 사랑과 헌신의 무한한 가능성에 의해 언제나 구원받을 수 있다."[141]

먼저 서른한 살의 이혼녀, 머리어가 자아탐구로 공동체의식을 확장하려는 데는 관심이 없고 오로지 관능적 쾌락추구에 급급한 남자들의 피해자로 전락하여 신경정신병원에 입원하기까지의 과정을 고찰한다. 그녀는 어렸을 때 도박꾼 아버지로부터 두 가지 교훈을 배웠는데, 하나는 "삶 자체는 주사위 던지기였고," 또 하나는 "바위를 뒤엎으면 방울뱀(미국산 독사)이 나오기 쉽다"였다. 그녀는 이처럼 삶은 전적으로 우연에 좌우된다고 배웠으므로 자기 앎 그리고 삶의 이해와 변화를 시도하지 않을 뿐 아니라 삶의 계획도 세우지 않았으며, 그 계획의 필요성과 중요성도 알지 못했다. 또 그녀는 어머니로부터 미모와 편두통을 물려받았는데, 편두통은 그녀의 무모하고 무계획한 삶이 한동안 고통으로 휩싸일 것을 예시한다. 그녀는 고등학교를 졸업하고 배우수업을 받기 위해 뉴욕으로 간다. 그녀가 배우로 성공하면, 딸 덕을 볼 거라는 큰 기대감에 부푼 부모는 무조건 딸의 의사와 계획을 적극 지지한다. 그녀는 뉴욕에 도착하여 바로 미모와 재능 덕분에 모델로 큰돈을 번다. 그래서 그녀는 배우로 성공하려는 노력은 하지 않고, 부잣집 아들들과 어울려 밤낮을 즐겁게 보낸다. 겉으로 보기에는 행복한 것 같지만, 곧 큰 환멸과 비애의 고통을 감수해야한다. 불행하게도 그녀의 첫 애인, 아이번 코스텔로(Ivan Costello)는 지나치게 독선적이고 이기적이어서, 그녀가 결혼해서 아이를 갖고 싶다는 소망을 무산시켜버린다. 그는 자기에게는 돈이 필요할 뿐이고 아이는 절대로 필요 없다고 공언하면서, 그녀가 돈을 벌면 쓰기만 하겠다고 뻔뻔스럽게 말한다. 그녀는 그의 이런 억지와 횡포에 속수무책이어서 그저 따를 수밖에 없다. 더욱 안타깝게도 그녀는 사랑하기 때문이 아니라 오로지 많은 사람들의 주목과 선망의 대상이 되는 저명인사의 부인이 되려고, 야심적인 영화감독 카터 랭(Carter Lang)과 결혼한다. 그러나 카터는 자기중심적인 쾌락주의자로서 처음부터 그녀를 인격을 가진 여자로 보지 않고, 자신의 쾌락을 충족시켜주는 하나의 물건으로 간주한다. 그러므로 그들은 첫날밤부터 영혼과 육체가 굳게 결합되는 사랑의 찬미자가 아니라 물과 기름 같은 아주 이질적인 두 물질의 혼합체이다. 그들은 "상대방을 심심풀이로 시간을 보낼 사람 그리고 삶의 파괴자라고 믿었다." 그들은 서로 따뜻하고 정다운 의사소통과 감정의 교감을 느낄 수 없고, 오직 각자의 아집과 고집만 부린다. 카터는 이처럼 머리어를 인간으로 존중하지 않으면서도 그녀를 주연여배우로 등장시키는 두 편의 영화를 제작한다. 그는 영화에서 그녀를 스스로 독자적인 삶을 살 수 없는 꼭두각시로 만들 계획을 세운다. 따라서 그는 그녀의 모델생활에 대한 기록영화인 첫 영화의 끝 장면에서, 그녀를 무기력하게 노출시킴으로써 부정적인 인상을 부각시켰다. 두 번째 영화, *천사의 해변*(*Angel Beach*)에서 그녀는 폭주족들에게 성폭행당하는 소녀 역을 맡는다. 여자주인공은 남자들의 폭력에 힘껏 대항하지도 못하고 피해자로 비참하게 쓰러진다. 한편 머리어의 딸, 케이트(Kate)는 출산 때부터 뇌에 손상을 입어 정상적인 아이가 아니었다. 카터는 정신장애아인 딸을 보살피려하지 않고 강제로 병원에 입원시켜, 머리어의 의사와 모성애를 무자비하게 짓밟는다. 그녀는 이런 남편과 함께 살 수 없어 별거하면서, 다른 남자와 불륜의 사랑을 즐기다 임신한다. 카터는 케이트의 양육권을 빼앗겠다고 협박하여 그처럼 애를 갖고 싶어하는 머리어의 의지와 꿈을 무산시켜버린다. 그는 낙태수술이 불법임을 알면서도, 그녀에게 의사를 소개하면서 인공유산을 강요한다. 그녀는 케이트와 함께 살려고 무조건 그의 강요에 순종한다. 그녀는 마지못해 낙태수술을 받고 나서, 정신적, 육체적으로 극심한 고통에 휩싸인다. 그 날 "그녀는 자정까지 출혈이 너무 심하여 15분 동안에 세 뭉치의 솜을 피로 적셨다. 침대, 방바닥, 욕실바닥이 온통 피투성이이었다."[142] 게다가 도덕적, 심리적 죄의식과 악몽에 시달려 잠을 잘 수 없다. 더욱이 그녀는 수술로 인해 지금까지의 삶의 목적과 판단능력을 상실하고 어처구니없는 삶을 살기로 작정한다: "그녀는 스스로에게 어떤 시간보다도 더 또는 덜 중요한 시간도 없으며, 모든 시간은 다 똑같고, 어느 시기가 다른 시기를 뒤따르거나 돌이켜보지 않으며, 어느 시기도 그 자체를 초월하는 결과를 초래하지 않는다고 설득한다. 또한 스스로에게 … 결국 아무것도 중요하지 않다고 설득한다."[143] 그녀가 남편의 강요로 받은 수술은 여자로서 자신의 주체성과 독립성을 빼앗겨 그의 농락과 횡포의 대상이 되었음과 거기서 벗어날 수 없음을 상징한다. 반면에 그녀는 남편의 정신적 학대를 이유로 이혼소송을 제기하여 승소하는데, 이혼은 그녀의 자아탐구의지와 딸과의 굳은 결합을 예시한다.

머리어의 비극적인 삶의 고통과 좌절은 비정하고 잔인한 남편이 전부가 아니다. 그녀는 많은 남자들의 학대를 끊임없이 받는다. 그들은 공허하고 지루한 삶에서 벗어나려고 음주, 마약, 그리고 성관계에서 분출되는 관능적 쾌락만을 추구한다. 그들은 오로지 자신들의 성적 쾌감을 극대화하려고 안달할 뿐 그녀의 기분과 감정에는 전혀 관심을 쏟지 않는다. 더욱 놀랍게도 그녀는 변태성욕자들의 성적 충동의 자극제역할까지 해야 한다. 카터의 영화를 제작하는 거부, 비지(BZ)는 자신이 동성연애자라는 사실을 은폐하기 위해 헐린(Helene)에게 거금을 주고 부부로 함께 살고 있다. 그들은 가학피학성 변태성욕자들로서 머리어가 파티에서 과음하여 의식을 잃자, 그녀를 자기 집으로 데려가, 옷을 벗기고 변태성욕의 자극제로 이용한다. 그녀는 뜻밖의 이상한 장면을 보고 크게 놀란다: "그녀가 새벽이 되기 전에 헐린의 침실에서 눈을 떴을 때, 누군가가 자신의 옷을 벗기고 목욕을 시킨 다음에 몸에 크림을 발라주었음을 알았다. 처음에 그녀는 침실에 혼자 있다고 생각했는데, 곧 긴 의자에 손발을 보기 흉하게 쭉 뻗고 누워있는 비지와 헐린을 보았다"(161). 그런데 비지는 손에 혁대를 잡고 있었고, 헐린의 두 눈은 부었고 왼쪽 얼굴에는 타박상을 입었다. 그 후에 헐린이 카터와 성적 황홀경을 만끽하고 있을 때, 비지는 자살하려고 마음먹고 머리어를 집으로 찾아온다. 왜 자기 집에 왔느냐는 머리어의 질문에, 그는 지금까지 가장 지대한 관심을 쏟았던 축재와 쾌락추구에 지쳐 엉뚱하게 대답하기를, "너와 나, 우리는 무엇인가를 알기 때문에. 우리는 무(無)가 존재하는 곳에 있었던 적이 있기 때문에. 나는 네가 왜를 알기를 원하기 때문에"(211). 그는 그녀에게 함께 자살하자고 유혹하지만 거절당한다. 그녀는 스스로 자살을 거부하면서도 그의 자살을 만류하지 않는다. 그의 자살은 남자들이 오로지 사리사욕과 관능적 쾌락을 추구하려고 자아, 타인 특히 여자, 가족공동체, 그리고 사회의 전통가치를 부정하면서, 아집, 오만, 독선, 그리고 횡포에 더 이상 사로잡혀서는 안 된다는 당위성을 상징한다. 또 그녀의 자살거부는 여자들이 자아탐구와 성숙으로 주체적 인간으로 재생할 수 있음을 암시한다. 비지는 많은 양의 최면제를 먹고 침대에 눕더니, 그녀에게 자기 손을 꼭 잡아 달라고 간청하고 영원히 잠든다. 머리어가 잠에서 깨자, 카터는 자기를 흔들고 있고, 헐린은 비명을 지르고 있다. 그녀는 이로 인한 엄청난 충격으로 발병한 극심한 신경쇠약으로 신경정신병원에 입원한다.

드디어 머리어는 자신의 허영심 그리고 남자들의 횡포와 독재에서 비롯된 예속적, 비극적인 삶의 무질서와 무기력을 극복하려고, 무엇보다도 먼저 자아를 성찰한다: "그녀는 끊임없이 자신의 신체는 어디에 존재하고 있는가를 … 공간과 시간에서 머리어와 다른 사람들과 구별을 짓는 장소를 생각하고 있었다. 그녀는 만약 자기가 이런 생각을 이해하고 극히 짧은 순간이라도 그 이해를 기억하여 유념할 수 있다면, 자기가 이해했던 철학을 실천할 수 있을 거라고 확신했다"(169-70). 또 그녀는 카터와 이혼하고 자유인이 되어, 예속적인 삶의 무기력과 무질서를 극복한다. 그녀는 스포츠카로 고속도로를 마음대로 질주하면서 자유와 해방감을 만끽한다. 그녀는 자유와 해방감으로 삶의 생기를 회복한다. 그녀가 "복잡한 차선을 바꾸는 행위는 무질서한 삶에 질서를 회복할 수 있는 유일한 의식이다."[144] 이제 그녀는 밤에 악몽에 시달리지 않아 깊은 잠을 잘 수 있다. 게다가 그녀는 후버댐(Hoover Dam)을 보면서, 자신의 삶의 무질서와 무기력을 극복할 수 있는 힘을 느낀다: "댐은 인간의 필수적인 천연자원이고 정신적 재생의 상징인 물의 관리를 상징한다. 머리어는 댐의 위압적인 힘에 압도당했으므로 잠시 자신의 무기력과 고독감을 잊을 수 있다. 댐은 또한 전형적인 질서와 통제의 상징적인 역할을 하면서, 삶을 우연의 맹목적인 유희로 간주하는 철학을 견제한다."[145] 그녀는 댐에 가득 찬 물의 압력과 힘을 보고, 전신에 파도처럼 밀려오는 힘찬 활력을 짜릿하게 느낀다. 이렇게 머리어는 자신의 예속적, 비극적인 삶의 무질서와 무기력을 극복하고, 아름답고 단란한 가정생활을 꿈꾼다. 이런 가정생활이 그녀의 삶의 목적이다. 그 가정생활은 가족구성원들의 공고한 유대관계에 그 뿌리를 두고, 그들은 서로에게 지극한 애정을 쏟으며 상호협동한다. 이런 가정에는 사랑이 넘쳐흐른다. 머리어는 이런 가정의 아내와 어머니역할을 하고 싶어한다. 그녀는 지금 남편은 없지만, 딸 케이트와의 단란한 생활을 몹시 갈망한다. 드디어 그녀는 자아탐구와 공동체의식을 바탕으로 삶의 무질서, 무기력, 그리고 무목적을 극복하고, 현재의 자기와 자신의 사명을 정의한다: "나는 카터, 헐린, 또는 당신이 아마도 결코 깨닫지 못했던 가장 중요한 진리를 이해하고 있다. 나는 '무'가 무엇인가를 이해하고 … 있다"(213). 머리어는 오늘날 대부분의 사람들이 삶의 본질을 도외시하는 데서 필연적으로 파생되는 삶의 허무와 무의미를 적나라하게 표현하여 극복한 위대한 여자주인공이다. 그녀는 실존목적은 반드시 자아탐구와 공동체의식에 있어야한다는 철학을 몸소 실천했으므로 이런 격찬을 받아야하는 여인이다: "머리어 와이어스는 … 오늘날의 가장 이상적이고 탁월한 여자주인공이다. 그녀는 오직 권력, 성공, 외모, 그리고 관능적 쾌락만을 가장 중요시하는 사람들로 붐비는 헐리우드(Hollywood)와 베벌리 힐즈(Beverly Hills)에 거주하고 활동하면서도 가족공동체의 은밀한 꿈을 간직하고 실현시키려하기 때문이다."[146] 디디언은 *건 만큼 승부를 겨룬다*를 자평하기를, "이 소설은 어머니와 딸들에 관한 이야기가 아니라, 나 자신에 대한 이야기의 일부이다. 나는 이 소설을 독자를 위한 이야기로 여기지 않는다."[147] 요컨대 디디언은 소설창작을 자아탐구의 이상적인 방법으로 활용하기 때문에, 머리어 와이어스는 그녀의 분신으로 간주될 수 있다.

백인아버지와 인디언어머니의 딸, 루이즈 어드릭(1954-)과 인디언아버지와 백인여자의 아들, 마이클 도리스(Michael Dorris, 1945-1997)는 대학에서 사제의 인연으로 만나 1981년에 결혼한 부부작가이다. 어드릭이 남편과 합작하여 1984년에 출판한 *사랑의 묘약*(*Love Medicine*)은 그녀의 "'탁월한 시적 재능'과 '그녀의 산문이 지니는 두드러진 감각과 힘'을 격찬하는"[148] 비평가들의 찬사를 받았고, 아울러 미국서평가협회상(National Book Critics Circle Award)을 수상했다. 그녀는 1993년에 원래 14개의 이야기에 새로 4개를 추가하여 *사랑의 묘약* 확대판을 발간했다. 이 부부는 미국소설가들 중 가장 중요할 뿐 아니라 인디언작가들 중 가장 탁월하다는 명성을 얻었으며, 광범위한 독자층의 열렬한 환호와 찬사를 받고 있다. 어드릭은 *쉬카고 매거진*(*Chicago Magazine*)에서 주최하는 5,000달러 넬슨 올그런(Nelson Algren) 단편소설상에 응모하기 위해, 남편의 권유와 도움에 힘입어 마감 2주 전에 단편, "세계의 가장 탁월한 낚시꾼들(The World's Greatest Fishermen)"을 쓰기 시작했다. 이 단편은 응모작 2,000편에서 뽑혀 당선되었다. 이 당선작이 *사랑의 묘약*의 첫 번째 이야기이고 모태이다. 도리스는 이 작품도 어드릭이 이미 발표한 두 단편, "빨간 컨버터블 승용차(The Red Convertable)" 그리고 "저울(Scales)"과 비슷한 세계의 소설화임을 인지한다. 부부는 세 단편을 바탕으로 하나의 장편소설을 창작하기 위해 많은 대화와 진지한 토의를 시작했다. 그들은 플롯, 등장인물들, 의복, 그리고 행동을 전제로 창조된 성격과 그 묘사, 주제, 그리고 배열 순서를 결정했다. 이 결정을 토대로 어드릭이 초고를 쓰면, 도리스가 읽고 개작했다. 이렇게 *사랑의 묘약*이 창작되었다.

그들의 이런 합작은 출생과 성장배경 그리고 소설창작철학이 매우 비슷하기에 가능하다. 특히 그들의 부부로서의 "결합은 통합과 합일로 치닫는 예술이고 삶이다."[149] 그들은 혼혈아로 태어났으므로 자주 정부지정 인디언거주지역에 살고 있는 친척들을 방문했다. 그들은 대가족의 공고한 유대관계 가운데서 자라면서 많은 사랑과 혜택을 체험했다. 그들은 가정의 어려운 경제여건에도 불구하고, 부모와 친척들의 성원과 도움에 힘입어 대학교육을 받고 천부적 재능을 발휘할 수 있었다. 또한 그들은 공동체의식이 강한 분위기 가운데서 성장했다. 특히 그들이 혼혈아 태생으로 공고한 가족관계와 공동체의식 가운데서 성장한 것이 그들의 소설창작철학에 결정적인 역할을 했다. 그들은 혼혈아로 자기정체와 그 파악에 가장 깊은 관심을 쏟았으므로, 자연히 그들의 소설주제는 언제나 공동체 안에서 "나는 누구인가"와 "나는 어디서 왔는가"의 문제에 귀착되었다. 더욱이 어드릭은 자신과 다른 작가들을 차별화시키는 가장 두드러진 특징은 "나는 누구인가"를 어느 누구보다도 더욱 집요하게 탐구했음에 있다고 토로한다: "나는 항상 자신들의 참된 정체를 탐구하려고 전력하는 수많은 등장인물들을 창조한다. […] 혼혈인의 가장 특이한 특징은 정체탐구이다. […] 우리의 모든 탐구는 우리가 어디서 왔느냐를 발견하려는 진지한 노력이다."[150] 그녀의 "나는 누구인가"의 탐구는 자기정의에서 시작된다: "나는 이중의식을 가진 인간이다. 이런 사람, 아니 저런 사람이 되었으면 하고 바라는 때가 나에게는 많다. 그러나 나는 혼혈인이다. […] 나의 의식은 너무나 다양한 요소들로 이루어진 복합체인 까닭에, 나는 내가 그런 존재가 아니었기를 갈망한다고 고백한다."[151] 그녀가 이런 자기정의를 바탕으로 창작하는 소설은 자신의 삶에 있었던 실패와 양심의 가책들로부터의 탈출이고 해방이다. 따라서 그녀의 소설은 삶의 무질서와 암흑 속에도 반드시 질서와 광명이 존재함을 확인하는 이야기이다. 더욱이 삶의 상처가 아무리 크다 할지라도, 그 상처는 정치가 아닌 예술로 얼마든지 치유될 수 있다는 이야기이다. 그 실례로 *사랑의 묘약*은 인디언들의 비참한 삶과 현실을 묘사하고 있지만, 궁극적으로 등장인물들이 자기들은 누구인가를 탐구하면서 가난하고 고달픈 삶을 극복하며 살아가는 이야기, 즉 그들의 현명한 생존에 관한 이야기이다.

어드릭이 그들의 생존에 관한 이야기를 쓰는 목적은 모든 인간의 자유와 책임감을 확장하려는 시도이며 그 실현의지이다.[152] 다시 말하면, 모든 인간에게 의식개혁과 확장의 절대적 필요성과 중요성을 통감시키려는데 있다. 그녀는 소설의 기능은 독자가 이런 통감을 직접 체험할 수 있도록 도와주면서, 그런 체험을 가능한 한 극대화하는 역할수행이라고 확신한다. 따라서 그녀는 독자가 *사랑의 묘약*을 읽음으로써, 고착된 시각에서 벗어나 의식을 개혁하고 확장할 수 있기를 기대한다; "나는 우리 작품이 어떤 위대한 소설처럼 문학 전체에 기여하고 있다고 생각했다. 당신은 이 작품과 함께 그 통찰력이 없었다면 결코 이해하고 수용할 수 없었을 어떤 사람의 삶을 검토하고 있다."[153] 그녀는 모든 인간의 이해, 자유, 그리고 책임감을 확장시키는 가장 이상적인 방법은 그들의 독선, 편견, 오만, 비정, 잔인성, 그리고 이기심으로 만연된 의식을 공평무사, 아량, 애정, 이타정신, 그리고 사랑으로 가득한 의식으로 개혁하여 확장하는데 있다고 역설한다. 그녀는 또한 이런 의식개혁과 확장은 하나만의 시각이 아닌 여러 시각에서 모든 사물을 볼 수 있을 때만 가능하다고 믿는다. 그러므로 그녀는 가능한 한 많이 그리고 효과적으로 독자들의 시각변화를 유발하여 증폭시키기 위해, *사랑의 묘약*에서 여러 명의 화자가 여러 이야기들을 말하게 하는 수법을 구사한다. 여러 사람이 1인칭시점으로 자신들의, 그리고 다른 사람들의 삶에 대한 상반된 견해를 이야기하도록 하다가도, 그들의 이야기가 너무 제약적, 한정적이라는 판단이 내려지면 시점이 3인칭으로 바뀐다. 더욱이 그녀는 독자들의 시각을 더욱더 다각화하고 다양화할 목적으로 *사랑의 묘약* 확대판에 4개의 이야기를 추가했다. 그녀는 이렇게 여러 사람이 여러 이야기를 말하게 하는 수법, 즉 독자들의 시각변화와 의식개혁에 매우 효과적인 창작기법을 인디언의 설화문학에서 익혔다. 그녀는 어렸을 때부터 설화문학을 즐기면서, 이 문학의 지대한 영향을 받았다. 그녀는 *사랑의 묘약*을 그 설화문학의 이야기전개수법에 의존하여 창작했다고 실토한다: "이 소설의 이야기수법은 전통적인 치퍼와(이야기)수법과 핵심사상을 반영한다. 그 수법과 사상은 가장 중요한 신화적인 인물(문화를 대변하는 인물)

과 관계되는 이야기들의 반복이다. 그 수법은 이 출중한 인물의 생애에 있었던 한 사건의 이야기가 다른 사건의 이야기로, 그리고 또 다른 사건의 이야기로 계속 이어지게 한다. 밤마다 또는 날마다 그 수법은 이야기의 반복을 통해 사람들이 말하고자하는 내용을 스스로 알게 해주는 방법이다."[154] *사랑의 묘약*은 1981년에 시작되지만, 그 사건의 잉태는 1934년에 있었다. 과거회상수법으로 1934년부터 여러 이야기들이 말해지면서 뒤엉켜지다가 1984년에 끝난다. 이 50년 동안 중요한 등장인물들 그리고 그들과 관계된 사건들의 이야기를 "사랑은 이타정신과 생존의 근원"의 논지로 고찰해본다.

*사랑의 묘약*은 치퍼와인디언 중년여자를 묘사하는 장면으로 시작된다: "부활절 전날 토요일 아침에 쥰 카슈파(June Kashpaw)는 … 정오 버스가 올 때까지의 지루한 시간을 보내기 위해, 노스 더코우터(North Dakota)주의 유전개발로 신흥도시가 된 윌리스턴(Williston)의 혼잡한 중심가를 내려가고 있었다." 그때 그녀는 자기를 유혹하는 남자의 요구에 응해 술집으로 들어갔는데, 언제 마지막으로 식사했는지를 기억할 수 없을 정도로 허기졌으므로, 그가 껍질을 벗겨주는 대로 형형색색의 부활절 달걀을 계속 먹는다. 그녀는 정부지정 인디언거주지역의 집에는 이혼한 전 남편이 있을 뿐, 자기를 반겨줄 친척들도 없기 때문에 그와 어울려 밤늦게까지 술을 마신다. 그녀는 만취하여 그의 차로 야외로 나가 따뜻한 승용차 안에서 그와 관계를 가진 뒤에, 거세게 몰아치는 40년 만의 폭설을 무릅쓰고 집으로 가다가 동사한다. 그때가 1981년 부활절의 새벽이었다. 자립성, 진취성, 이해심, 그리고 동정심이 매우 강한 혼혈인 그녀의 조카, 앨버틴 죤슨(Albertine Johnson)은 외숙모가 과음과 눈보라 때문에 동사했을 거라는 어머니의 주장을 믿지 않고, 외숙모가 스스로 죽음을 택했다고 단정한다. 그녀는 외숙모는 아무리 거센 눈보라 속에서도 쓰러질 여자가 아니라고 믿기 때문이다: "쥰은 평원에서 자랐다. 아무리 만취했다할지라도 그녀는 폭풍우가 오고 있음을 알 수 있는 여인이다. 심지어 공기의 음산함과 구름의 냄새까지 아는 여장부이다." 그러나 그녀는 외숙모가 아무리 강인할지라도 비정한 현실을 극복하기에는 역부족이었을 거라고 확신한다. 외숙모가 직접적인 관계를 맺고 있는 사람들은 극도의 이기주의자와 관능적 쾌락추구, 그리고 이로 인한 양심의 마비로 소외, 혼란, 그리고 무질서에 얽매어 있다. 그들은 타인에게 애정, 희생정신, 그리고 이타주의를 표현하

지도 발휘하지도 못한다. 특히 남자들은 배신, 무책임, 그리고 폭력을 휘두르는 비겁자이고 무법자들이다. 그러므로 외할아버지가 "미스 인디언 어메리커"라고 부를 정도로 미모인 외숙모는 아들 킹(King)까지 낳았지만, 일방적인 외삼촌과의 관계가 원만하지 못해 아들까지 버리고 도시로 갔다. 거기서 미용사, 비서, 그리고 식당종업원으로 새로운 삶을 개척하려고 최선을 다했으나 실패했다. 이렇게 그녀는 비정한 현실세계에서 크게 실망하고 실패했지만, 변신과 탈출의 명수, 게리 나나푸쉬(Gerry Nanapush)와 불륜관계를 갖고 사생아, 사랑의 화신, 립샤 모리씨(Lipsha Morrissey)를 출산하여 위대한 유산을 남겼다. 따라서 앨버틴은 외숙모가 묻힌 세계에 무도장이 있다면, 쥰은 지금 춤을 추고 있을 거라고 생각한다. 그녀는 외숙모의 죽음은 "패배 그러나 그녀의 무모한 승리"[155]라고 결론짓는다. 립샤가 "사랑은 이타정신과 생존의 근원"임을 립샤가 구현하고 있기 때문에, 쥰은 지하에서라도 승리를 구가할 수 있다.

이제 앨버틴의 외할아버지, 넥터(Nector) 카슈파가 1934년에 머리 래저러(Marie Lazarre)를 만나 결혼하여 대가족을 이루면서 뒤엉킨 사건들을 이야기한다. 머리는 "연민, 용서, 그리고 사랑의 숭고한 미덕의 화신이다."[156] 그녀의 이런 고귀한 성품은 자아성숙을 도모하려는 진취적 기질과 다른 사람들을 이해하고 용서하면서 정성껏 보살펴주려는 이타정신의 결정체이다. 그녀는 술꾼 집안의 딸로 태어나 비참한 삶에서 벗어나기 위해 수녀가 되려했으나, 영혼 속에 있는 악마를 쫓는다고 쇠갈고리로 가혹행위를 자행하는 수녀 때문에 수녀원에서 나와 넥터를 만난다. 그는 이미 룰루 래머틴(Lulu Lamartine)과 열애 중에 있었다: "그녀를 보는 순간 나는 처음으로 내가 원하는 것을 정확히 알았다. 우리는 서로 불꽃을 튕겼다. 우리는 무도장 뒤에서 만나 키스했다. 나는 그녀의 입 안에 있는 달콤한 것을 더 많이 원하고 있음을 알았다. 나는 이 기적이었다"(125) 이런데도 그는 머리가 가혹행위로 부상당한 손을 보고, 마음이 아파 자기 손 안에 감싼다. 그는 지금 갈등에 빠져있다: "나는 그녀(머리)를 진심으로 원하지 않으면서도, 그녀를 일시적 충동으로 원함으로 그대로 보낼 수 없다"(67). 결국 그는 머리와 결혼한다. 앞으로 이야기 전개에서 핵심역할을 하는 머리와 룰루는 매우 대조적인 인물이다. 머리는 상상불허의 자기희생, 인내심, 그리고 자제력으로 비참한 삶과 공동체를 그대로 유지하려고 최선을 다하는데 반해, 룰루는 그런 삶과 공동체를 타파하고 새로운 세계를 창조하려한다. 그들의 성격과 역할의 두드러진 차이는 비극적인 실존상황을 극복하는 가장 대표적인 주인공, 립샤를 대하는 태도에서 잘 드러난다. 머리는 자기희생을 바탕으로 립샤에게 헌신적인 보살핌과 사랑을 쏟는데 반해, 룰루는 누구도 말하지 못하는 부모의 정체를 그에게 밝혀줌으로써, 그가 누구인가를 아는 계기를 마련해준다.

넥터와 머리의 4대가 함께 사는 집안에는 혼란과 무질서가 소용돌이치고 있다. 가족구성원들은 이기심, 독선, 그리고 아집에 사로잡혀 자기 주장만 고집하면서 상대를 이해하려하기보다는 시기하고 비난하려하기 때문이다. 이런 여건에서도 머리는 부정적이기보다는 긍정적이고, 멋대로의 자유분방한 삶보다는 보수적, 규범적 삶을 살려고 전력하면서 가족들을 보살핀다. 그녀는 양심의 마비에서 비롯된 극도의 이기주의와 관능적 쾌락추구에서 파생된 비참하고 비인간적인 삶을 부정하지 않고, 사랑으로 극복하려한다. 그녀는 사랑의 위력을 굳게 믿기 때문이다: "사랑은 … 무책임과 무질서의 상처를 치유하고 책임과 질서를 회복시키는 힘이다. 사랑은 궁극적으로 인간의 삶에 질서와 평온을 소생시킨다."[157] 그녀의 사랑은 자기희생, 이타주의, 자아성숙, 자립정신, 그리고 용서와 화해에서 용솟음쳐 나온다. 그녀가 자식들을 위한 식량과 옷가지 그리고 잠자리도 마련할 수 없는 극빈한 삶을 살고 있을 때, 동생이 어린 딸 쥰을 숲속에 남겨둔 채 눈을 감는다. 어떤 술 취한 사람이 숲속에서 혼자 소나무 수액을 빨아먹으면서 연명하는 쥰을 발견해 머리에게 데려온다. 머리는 쥰까지 맡아 키울 수 없는 형편이었으므로 처음에는 완강히 거절하다가 결국에는 보살펴준다. 더욱이 머리는 쥰의 사생아, 립샤도 맡아 정성껏 보살핀다. 그녀의 이런 보살핌은 자기희생과 이타정신의 귀감이다. 게다가 그녀는 남편이 수재임을 믿고, 그를 사회적 저명인사로 입신출세시키려고 최선을 다한다. 남편이 술과 도박에 미쳐 귀가하지 않으면, 그녀는 그를 술집에서 끌고 와서 술을 못 마시도록 튼튼한 밧줄로 침대에 묶기도 하고, 밤을 지새우면서 감시도 하며, 그의 호주머니에 있는 돈을 전부 빼앗아버린다. 그녀는 이런 각고 끝에 드디어 남편을 인디언부족 대표자로 출세시키는데 성공한다. 이제 그는 주지사를 만나고, 상원위원을 만나려고 와싱턴에도 간다. 남편은 이렇게 사회적 지위와 경제적 안정을 누리자 머리를 버리고 첫사랑의 연인, 룰루와 열애한다. 그는 1957년 머리에게 편지를 쓴다: "나는 틀림없이 한때 당신을 사랑했지만, 요즘에 룰루를 만나고 있소. 이제 그녀가 자기를 택하라고 나에게 강요하니, 나도 결단을 내리고 가야할 때가 되었소. 용서를 비오. 나는 룰루와 진실한 사랑을 찾았소"(139-40). 머리는 이 편지를 읽고 반응한다: "사람들은 머리 카슈파가 완전히 버림받은 여자라고 말할 것이다. [⋯] 나는 룰루 래머틴이 치퍼와부족의 대표자 부인으로 일생을 마쳐도 개의치 않을 것이다. 나는 여전히 머리이다. 머리. 바다의 별. 나는 그들이 밀랍을 벗겼을 때 빛날 것이다"(165). 그녀의 이런 자존심과 자립심이 최악의 상태에 빠져 허우적거리는 남편을 구원한다. 더욱이 머리는 남편이 1982년에 타계하자, 그 이듬해에 한때 원수였던 룰루를 용서하고 따뜻하게 보살핀다. 룰루가 눈을 수술하여 간호를 절실히 필요로 하자, 머리는 자진해서 그녀를 간호한다. 룰루는 그녀의 사랑의 손길을 느낀다: "그녀는 내 눈을 따뜻한 수건으로 닦았다. 나는 눈을 깜빡였다. 시력이 흐렸지만 나는 이미 볼 수 있었다. 그녀가 희미한 산처럼 보였다. 거대하면서 흐리게 보였다. 마치 어머니가 갓 태어난 아이를 바라보는 것처럼"(297). 요컨대 머리는 용서와 화해의 귀감이고, 성자와 같은 여인이다.

룰루는 넥터의 배신으로 첫 사랑이 파탄으로 끝나자, 다니기 싫던 학교를 그만두고 숲속으로 들어간다. 그녀는 실연의 깊은 상처를 아물게 하려고 섬에서 혼자 은둔생활을 즐기는 연로한 도사, 모우지즈 필리져(Moses Pillager)를 찾아가 그와 관계를 갖고 비범한 아들, 게리를 출산한다. 그녀는 "어떤 백인도 고우지즈 필리져의 아들을 구금할 수 있는 감옥을 만들지 못했다"(285)고 호언장담한다. 그녀는 사람들의 양심의 마비에서 비롯된 무감각, 무기력, 무능력, 그리고 고정관념의 벽과 틀을 파괴하여 초월하는 역할을 한다. 그녀는 어떤 두려움과 주저도 없이 멋대로 자유분방한 삶을 살면서, 다른 사람들의 처지와 공동체의 조직을 고려해야할 필요성을 조금도 느끼지 않으므로 여러 남자들과 관계하여 성이 다른 자식들을 갖는다. 그녀는 인간이 만든 여러 제도들을 철저히 불신하여 부정하는데, 그런 제도들이 인간을 탄압한다고 믿기 때문이다. 그녀의 이런 독선적이고 방종한 삶은 신랄한 비난과 혹평을 받는다. 그러나 그녀는 오히려 이런 비난과 혹평을 반박한다: "나는 전 세계를 사랑하며, 더욱이 비가 많이 내리는 지역들에서 살고 있는 모든 생물을 사랑한다. 가끔 나는 창밖으로 내 집 정원을 내다보면서 파란 잎들의 산뜻함을 느낀다. […] 나는 멀리서 들리는 폭포소리와 같은 갑자기 불어 지나가는 바람 소리를 듣는다. 그러면서 나는 입, 귀, 그리고 마음을 활짝 열어, 이런 모두를 내 몸과 마음속으로 끌어 들인다"(276). 요컨대 그녀는 인위적인 사물들을 배격하면서, 자연을 사랑하는 전인적인 여인이다. 더욱이 그녀는 1984년에 립샤에게 어느 누구도 하지 못했던 역할, 즉 그의 친부모가 누구인가를 알려준다. 립샤는 그녀를 마녀로 간주하고 무서워한다. 그는 그녀가 갑자기 자기를 강제로 붙잡고 부모가 누구인가를 알려주려 하자, 듣지 않겠다고 발버둥이 친다. 그는 생모가 자기를 고구마 자루에 넣어서 늪지에 던져버리려 했다는 사람들의 말을 무조건 믿었기 때문이다. 진실이 엄청난 충격과 풍파를 일으킬 것이므로 사람들이 거짓말하고 있다는 사실을 그만 모르고 있다. 그는 자신의 이런 맹목적인 믿음에서 벗어날 수 없으므로 어머니를 증오하고 부정한다. 드디어 그는 자기가 태어난 자초지종의 이야기를 룰루로부터 듣는다. 그러나 그는 이 이야기가 새빨간 거짓말이라고 잡아떼다가, 룰루의 얼굴 모습, 특히 코가 자기 코와 비슷함을 확인하고, 비로소 그녀가 할머니임을 인정한다. 이제야 그는 룰루 할머니의 말을 듣고 친부모가 누구인가를 알았다.

이제 가족공동체를 가장 중요시하는 두 남자주인공, 게리 나나푸쉬와 립샤 모리씨를 논의한다. 그들은 남자들의 극도의 이기주의와 관능적 쾌락추구에서 비롯된 혼란과 무질서 뿐 아니라 여자들의 인격과 본능을 무시하는 독선과 오만을 극복한 인물들이다. 게리는 보존과 파괴를 상징하는 머리와 룰루의 통합체이다. 머리와 룰루는 양심의 마비로 수라장이 되어버린 삶을 긍정과 부정으로 극복하려하지만, 공고한 가족공동체를 구성할 수 없으므로 실패한다. 그 실패의 주요인은 머리의 경우에는 그 상대에게, 그리고 룰루는 그 자신에게 있다. 따라서 이 소설의 구성에서 머리와 룰루를 초월하는 주인공을 필요로 하는데, 그 주인공이 바로 게리이다. 그는 그런 삶을 부정하여 파괴하려하지 않고, 긍정하여 보존하면서 개선하려하기 때문이다. 그는 반항적 기질, 따뜻한 마음, 그리고 탁월한 능력의 소유자이므로 개선을 시도하여 성공한다. 그러나 그도 청년기에는 본의 아니게 제도의 피해자가 되어 아들을 버리는 과오를 범했지만, 나중에는 가족에 대한 책임과 의무를 다하려한다. 그의 비극의 씨앗은 "그가 정의만을 믿고 법을 존중하지"(201) 않는데 있었다. 그는 한 목동으로부터 "인디언은 검둥이"라는 모욕적인 말을 듣고, 몹시 분개하여 인디언 결투규칙에 따라 그의 사타구니를 찬다. 이 규칙과 그에 따른 행위가 인디언들에게는 정당하지만 백인사회에서는 위법이므로, 그는 재판에서 3년 징역형 선고를 받아 교도소에 수감된다. 이때부터 탈옥과 재수감의 악순환이 거듭되면서 형기가 계속 길어져, 그는 35년 일생의 거의 절반을 교도소에서 보낸다. 그는 탈옥의 천부적 재능을 가지고 있으므로 어떤 형태의 교도소도 자기를 구금할 수 없다고 큰 소리 친다: "그는 강철이나 콘크리트로 건축된 교도소도 치페와인디언을 구금할 수 없으며, 자기는 거대한 체구에도 불구하고 뱀장어 같은 속성을 지니고 있다고 자랑했다. 일단 라드기름을 바르기만 하면, 그는 180cm 두께의 교도소 담 속으로 꿈틀거리며 들어가 사라졌다"(199-200). 게다가 그는 여자의 인격, 욕구, 그리고 권리를 존중한다. 그는 이런 존중으로 숲속에서 살아 거칠고 남자 같던 쥰을 이런 여인으로 변신시킨다: "그녀는 정돈을 좋아했다. … 그녀는 언제나 방을 깔끔하게 정돈했다"(363). 이러므로 그는 여자의 진실한 사랑, 깊은 애정, 그리고 많은 존경을 받는 유일한 남자주인공이다. 더욱이 그가 교도소에 수감되어 있을 때, 그를 사랑하는 도트(Dot)가 면회하러 왔다가 불가사의하게 임신한다: "도트는 감시용 티 비의 유효거리에서 벗어난 모퉁이에서 게리의 무릎에 걸터앉아 있었다. 그녀의 팬티스타킹과 그의 죄수복의 찢어진 구멍을 통해 그들이 용케 관계를 가졌는데, 기적적으로 그녀가 임신했다"(199). 그가 교도소에 재수감되었을 때 그녀는 딸을 분만한다. 그는 다시 탈옥에 성공하여 국경까지 함께 온 립샤와 헤어져 캐너더(Canada)로 건너가 이미 거기 가 있는 도트와 딸을 만나 가장으로서 자기책임과 의무를 다하려한다. 요컨대 그는 "현재와 과거를 통합할 수 있을 뿐 아니라 여자의 존재의의를 인정할 수 있기 때문에 영혼과 육체를 하나로 융합시키는 삶을 산다. 그는 아버지 노인장 필리져(마술사, 은둔자, 도사)와 어머니 룰루 래머틴의 전통과 마술에다 현대적인 정치감각을 가미한 장본인이다."[158]

이 소설에서 가장 중요한 주인공, 립샤는 가족들을 짓누르는 삶의 혼돈과 무질서를 극복하여 초월한다. 그의 극복과 초월은 독선적인 시각에서 벗어나 부모의 정체를 알고, 이 앎을 바탕으로 자기를 버렸던 어머니를 용서하며, 가족공동체의식을 확장하려는 굳은 의지 때문에 가능하다. 그의 이런 의지는 사랑은 "당신에 대한 나의 책임"[159]이라는 깨달음으로 더욱 강해진다.

또 그의 깨달음은 학교교육이 아닌 자기앎에 의존한 스스로의 능력과 자질을 계발하려는 노력과 이타정신으로 더욱더 심오해진다. 소설이 시작된 이듬해인 1982년에 립샤가 학교를 그만두고 집에서 빈둥거리고 있던 어느 날, 머리 할머니가 눈물을 글썽이면서 비탄에 잠겨 있음을 목격한다. 할머니는 할아버지를 극진히 사랑하는데도 할아버지가 늙어서도 룰루를 자주 만나 사랑을 속삭이기 때문이다. 그는 할머니를 위해 옛날부터 치퍼와인디언 도사들에 의해 비전되어 온다는 사랑의 묘약을 구해보려 한다. 그때 그는 하늘을 날고 있는 기러기 한 쌍을 본다. 그는 평생 동안 짝을 지어 산다는 기러기심장이 그 묘약이 될 거라고 믿고, 그 새 한 쌍을 잡으러 습지로 간다. 그는 계획이 실패로 끝나자, 기러기심장보다는 할아버지의 할머니사랑을 되돌릴 수 있다는 신념이 더욱 효과적일 거라고 확신한다. 그는 이 신념만 있다면 칠면조심장도 특효할 거라고 믿고, 칠면조를 사서 심장만 꺼내어 깨끗하게 씻어 할머니에게 가져다 드린다. 할아버지는 할머니의 강요로 먹고 싶지 않은 이 심장을 삼키려다 질식사한다. 불행하게도 립샤의 좋은 의도는 가장 큰 비극을 초래한다. 그러나 이 사랑의 묘약이 할머니에게는 특효하다. 할아버지의 장례식을 치르고 일주일 후에 할머니는 중얼거린다: "그 사랑의 묘약은 우리 생각보다도 효능이 훨씬 더 좋았다. 그는 눈을 감은 뒤에도 나를 데려가려고 다시 왔다. […] 그는 오더니 침대에서 내 옆에 누워, 나를 어루만졌다"(255-56). 이 중얼거림을 듣고, 립샤는 양심의 가책을 느껴 그 사랑의 묘약은 칠면조심장이었다고 고백한다. 그는 할머니에게 자기소견을 말한다: "할머니, 사랑의 묘약이 할아버지를 할머니에게 데려오지 않았습니다. 절대로 아닙니다. 사랑의 묘약은 그렇게 못합니다. 할아버지는 시공을 초월해 할머니를 사랑했습니다. 할아버지는 너무 빨리 눈을 감으면서, 할머니를 얼마나 사랑하고 … 이해하는지 말할 기회를 놓쳤습니다. 사랑은 진실한 감정이지 요술이 아닙니다"(257). 이렇게 립샤는 사랑은 진실성과 영원성이 있는 감정임을 터득한다. 그는 진실한 자아를 탐구하여 자기정체를 알 때, 비로소 다른 사람을 진심으로 사랑할 수 있다는 진리를 깨닫는다.

립샤는 룰루 할머니로부터 게리가 아버지라는 말을 듣고, 그가 "유명한 정치적인 영웅, 위험스러운 무장범죄자, 유도선수, 탈출의 명수, 그리고 어메리컨 인디언민권운동의 권위적이고 매력적인 지도자"(341)임을 알고, 그의 아들임을 자랑스럽게 여긴다. 그는 아버지가 곧 탈옥할 것 같다는 예감을 갖고, 그를 만날 요량으로 이복형 킹(King)의 아파트에서 카드놀이를 하고 있을 때, 티 비에서 연방범죄자 게리 나나푸쉬가 이감 중에 탈출했다는 뉴스를 듣는다. 뉴스가 끝나고 조금 후에 게리는 부엌 유리창을 깨고 들어와 과거 감방친구였다가 배신한 킹의 가슴을 서늘하게 한다. 그는 아들에게 이름을 묻고 립샤 모리씨라는 대답을 듣자, 환히 웃으며 아들임을 안다는 내색을 한다. 아들도 그의 코를 보고 그가 아버지임을 금방 알아차린다. 세 사람은 카드놀이를 시작하면서, 킹이 쥰의 사망보험금으로 구입한 스포츠카를 내기로 건다. 부자가 짜고 속임수를 써서 그 차를 얻는 순간에, 게리를 체포하려고 경찰관들이 아파트를 덮친다. 그는 아들의 눈앞에서 도망친다: "그는 사라졌다. 그는 의자로부터 공중으로 올려졌다. 내 아버지가 앉아있었던 곳에는 공기밖에 없었다. [⋯] 지금까지도 나는 그가 손가락을 코언저리에 대고 환기통 위로 날아갔다고 생각한다. 그것만이 유일하게 가능한 방법이다"(341). 립샤가 스포츠카를 타고 집으로 한참 가고 있을 때, 차 뒤에서 요란하게 두드리는 소리를 듣는다. 그가 내려서 트렁크를 여니, 아버지가 그 안에서 나온다. 그는 아버지를 차 안에 태웠지만, 너무 놀라 말을 잊고 캐너더 국경까지 온다. 아버지는 국경에서 아들에게 말한다: "나는 마누라와 어린 딸을 캐너더로 보냈다. 나는 그들을 만나러 간다"(362). 그는 아버지가 가족사랑의 책임과 의무를 다하려 함을 알아차린다. 그는 헤어지기 전에 아버지가 자기 어깨를 쓰다듬을 때 깨닫는다: "이 세상의 무수한 사건들이 이미 일어났었다. 그러나 그 사건들이 결코 일어나지 않았던 것 같다. 어떤 사람에게 일어나는 새로운 사건은 모두가 처음 있는 일이다. 아버지의 아들이 되는 것이 그와 같았다. 그날 밤에 나는 세계가 급속히 확장되어 마치 눈으로 알아볼 수 있는 것보다 더 빠르게 확대되는 것처럼 거대함을 느꼈다. 나는 또한 지구가 조각나기를 그치지 않는 것처럼 왜소함도 느꼈다"(366). 그는 이 깨달음으로 가족공동체의 일원으로서 자기가 누구인가를 알고, 어머니를 용서할 수 있는 새로운 인간으로 재생하여, 극도의 이기주의와 관능적 쾌락추구에서 비롯된 무책임과 무질서의 삶의 현장으로 되돌아가, 그 삶을 개선하는 사도가 되려고 결심한다. 요컨대 그는 자신과 세계를 자기앎을 바탕으로 융통성과 가능성의 시각, 투철한 공동체의식, 이타정신, 용서와 화해, 그리고 "당신에 대한 나의 책임"이라고 정의할 수 있는 사랑으로 이해하려하는데, 그 이해가 그의 실존철학이다.

어드릭이 이 소설의 창작철학을 피력하기를, "최근미국인디언소설가들은 … 다른 작가들과는 전혀 다른 사명감을 가져야한다. 지금까지의 엄청난 손실을 고려한다면, 인디언소설가들은 백인들이 인디언문화를 퇴페시키고 파괴시킨 와중에서도 남아 숨 쉬고 있는 문화의 정수를 보호하고 예찬하면서 오늘을 살고 있는 인디언들의 이야기를 써야한다."[160] 따라서 그녀는 이 소설에서 인디언들의 비참한 삶의 실상, 애환, 욕구, 희망, 그리고 기대를 적나라하고 탁월하게 묘사했다. 그녀의 이런 묘사가 "인디언들의 삶과 비극의 보편성을 백인과 다른 나라의 독자들에게 쉽게 접목시킨다."[161] 더욱이 그녀는 자신의 "심오한 이해와 지식을 바탕으로 전혀 상이한 두 문화(백인과 인디언문화)를 논의하므로, 두 세계의 독자들을 동시에 만족시킬 수 있다."[162] 그녀의 탁월한 업적과 공헌은 전혀 상이하고 이질적인 두 문화권의 독자들을 상호이해시키면서, 각 문화의 존재의의를 상호인정하여 존중한데에 있다. 다시 말하면, 어드릭은 *사랑의 묘약*에서 지엽적이었던 인디언문화와 이야기수법을 보편화시켰으며, 이 보편성으로 그 문화와 수법을 재조명하는 큰 성과를 거두었다.

신시어 오우직(1928-)은 "매우 중요한 미국작가라는 찬사 뿐 아니라 도전하는 소설가, 자기철학과 소신이 뚜렷한 지성인, 그리고 우아한 문장을 구사하는 명문가라는 칭찬"[163]을 받는 유대여자소설가이다. 이런 찬사와 칭찬은 그녀의 특이한 생활철학, 독창적인 소설의 정의, 소설창작방법, 소설의 기능과 역할, 그리고 비극적인 역사사건의 기억의 중요성과 필요성의 역설에서 연유한다. 그녀는 생활신념으로 유대교를 철두철미하게 신봉하면서도, 유대교에만 집착하거나 유대교를 소설의 유일한 주제로 단정하지 않음을 생활철학으로 고수한다. 그녀의 주장에 따르면, "유대교는 위대한 보편적 철학으로 서구문명의 도덕적, 지적 원천이다. 이런 유대철학의 부정은 야만성의 시인이다."[164] 따라서 그녀는 유대교를 자신의 삶의 이해와 목적의 안내자이고 이정표로 간주하고 적극 찬미한다. 그런데 나치정부는 그녀 실존의 안내자 겸 이정표인 유대교를 부정하고 파괴하였으며, 그 신도들을 무자비하게 학살하는 비인간적인 만행을 저질렀다. 나치정부의 유대인대학살은 그 규모나 방법이 전대미문일 뿐 아니라 그 구성성격이 매우 특이하다. 이 대학살에는 가해자와 600만 명의 피해자 이외에 침묵한 방관자들이 있었다. 따라서 그녀는 이 끔찍한 만행의 전모, 특히 그 원인이 철저히 규명되어야한다고 절규한다. 그러나 이 절규는 그녀의 소설창작에 어떤 영향도 끼치지 않으며, 더욱이 어떤 중요한 역할도 하지 않는다. 그녀의 소설철학에 의하면, 소설가는 어떤 철학이나 종교의 하수인이 되어, 그 철학과 종교를 절대시하여 미화시키려는 야심과 강박관념에서 해방되어야하기 때문이다. 소설가의 지대한 관심과 흥미는 반드시 독자의 지적 그리고 정서적 호기심, 경탄, 그리고 공감의 자발적 촉발을 전제해야한다. 독자의 경탄과 공감은 철학과 종교보다는 오히려 언어의 힘으로부터 솟아나온다. 그러므로 소설가는 "글을 쓰기 위해 자기 일변도적인 야심을 버리지 않으면 안 된다. 그렇지 않으면 소설창작 이외의 어떤 것이 목적이 된다. 다시 말하면, 언어의 힘을 벗어나는 어떤 형태의 힘이 그 목적이 된다. … 언어의 힘만이 소설가가 부여받은 유일한 형태의 힘이다." 게다가 소설창작은 오로지 상상력에 의존하여 "상상불허의 삶과 인생철학을 창조하는 작업이다." 이 작업은 "상상력이 자유이고 자율"[165]이기 때문에 가능하다. 이러므로 오우직은 소설을 창작할 때 어떤 철학이나 종교의 영향과 지배 그리고 유대인대학살의 악몽에서 벗어난다. 다시 말하면, 그녀는 이때 유대교를 신봉하는 유대인이 아니고 자유인이며, 특히 자신을 자유자재로 어떤 인간으로도 변신시킬 수 있다. 이렇게 그녀가 자신의 생활신념과 소설창작철학이 전적으로 무관함과 상반됨을 전제로 창작하는 소설은 자유스럽게 구사한 언어의 세계이고 꿈의 세계이다. 모든 예술은 상상력의 산물로 꿈의 세계이다. 그러므로 작가의 의무와 책임은 "오직 언어와 꿈에 대한 심오한 통찰과 적절한 활용이다." 이런 예술과 소설은 관객과 청중 그리고 독자를 새로운 발견과 깨달음으로 이끌어간다. 그녀가 자신의 소설창작철학과 기법으로 집필한 소설은 이런 특징을 드러낸다: "독자는 소설을 읽으면서 문장의 끝에 무엇이 있는지를 추측할 수 없다. 더구나 어떤 더욱 원대한 목적이나 절정 혹은 대단원을 추측할 수 없다. 그러나 대단원은 언제나 스스로를 그리고 그 주위의 모든 것을 구성하여 통합시키면서 기적적으로 추출된다. 소설은 바로 새로운 발견이고 깨달음이다."[166]

이런 새로운 발견과 깨달음이 우리의 해방이다. 이런 해방이 우리 실존의 유동성이고 가능성이다. 따라서 이 해방은 우리가 상상력과 은유를 바탕으로 창작된 소설을 읽음으로써 자신의 의식개혁에 최선을 다할 때 비로소 실현될 수 있다. 우리는 그 실현을 위해 고착된 사고와 부정적인 시각에서 벗어나 자신을 긍정적으로 창조할 수 있다는 자신감을 필요로 한다. 우리는 이 자신감을 바탕으로 지금까지와는 전혀 다르고 새로운 자아를 창조해야한다. 그러므로 우리는 소설가가 작품 속에 탁월하게 창조한 이런 자아에 경탄하고 열광한다. 그 까닭은 작가가 "무능력자, 겁쟁이, 그리고 소외자들의 소심한 정신상태를 동정하여 [긍정적인] 수용법을 제시하[기 때문이다]. 요컨대 소설가는 의학에서는 '감정이입'으로, 예술에서는 통찰력으로 통용되는 연정과 연민으로 충만한 정서적 감염을 확산한다." 소설가의 이런 제시와 확산의 가장 효과적인 방법은 은유의 활용이다. 은유는 "이상하고 생소한 느낌을 친근하고 다정한 감정으로 일변시킨다." 따라서 상상력과 은유를 가장 효과적으로 활용한 소설은 독자를 새로운 인간으로 변신시킬 수 있다. 특히 "은유에 의해, 과거는 우리를 그리고 우리는 과거를 상상할 수 있다. […] 중심에 있는 사람들은 권외에 있음이 무엇인지를 상상할 수 있다. 강자들은 약자들을 상상할 수 있다. 밝은 삶의 사람들이 어두운 삶의 사람들을 상상할 수 있다. 황혼기에 있는 시인들은 반짝이는 별의 가장자리를 상상할 수 있다. 우리 이방인들이 이방인들의 친밀한 마음을 상상할 수 있다."[167] 게다가 은유가 더욱 효과적으로 활용되어 독자를 더욱 놀랍게 일신시키기 위해서는 기억과 역사의 뒷받침을 받아야한다. 기억은 역사를 보존할 뿐 아니라 판단한다. 기억은 과거의 비인간적 만행들을 계속 상기시키면서, 정확하고 객관적인 평가와 분석의 대상물로 등장시켜 우리를 가르치고 깨우친다. 그러므로 오우직은 "역사와 기억은 새롭고 진정한 문학의 필수품이다"[168]고 주장한다. 그녀는 소설창작에서 역사와 기억의 중요성을, 그리고 이것들과 은유와의 불가피한 관계를 역설한다: "기억과 역사의 은유 없이, 우리는 가난하고 억압과 학대받는 사람들의 처참한 삶을 상상할 수 없다. 우리는 지금과 다른 사람이 된다는 것이 무엇인지를 상상할 수 없다. 은유는 인간의 상호관계를 강화하는 활력소이고 보편화하는 원동력이다. 은유는 이방인의 마음을 상상하여 이해할 수 있는 능력을 배가시킨다."[169] 이처럼 그녀는 은유의 중요성을 유난히 강조한다.

지금까지의 논의를 전제로 숄(*Shawl*, 1989)을 "비인간적 만행과 그 후유증 극복"의 논지로 고찰해본다. 숄은 생활신념과 소설창작이 전혀 별개의 문제라는 오우직의 철학이 잘 반영되어 있는 작품이다. 오우직은 유대인으로서 뿐 아니라 여자소설가로서 나치정부의 유대인대학살의 만행에 격분하고 전율한다. 그녀는 이 격분과 전율의 족쇄에 단단히 묶여 있으므로 그 만행에 대한 글을 쓰지 않을 수 없다. 더욱이 그녀는 무고한 600만 명의 유대인이 나치정부의 제물이 되어버린 동기가, 그 만행의 후유증이 무수한 사람들에게 남긴 극심한 정신적 고통이, 그리고 이 끔찍한 만행 자체가 망각되지 않도록 유념하기 위해, 계속 글을 써야하는 책임과 의무감에서 벗어날 수 없다. 그녀의 책임과 의무는 비명횡사한 유대인들의 명복을 비는 의식이며, 세계 도처에서 시시각각 비명횡사하고 있는 사람들에 대한 안타까움과 연민의 표현이고, 나아가 그런 만행을 저지른 괴물들에 대한 격렬한 항의이고 고발이다. 그녀는 이처럼 고귀하고 숭고한 사명감으로 소설을 쓰면서도 언제나 두려움과 망설임에 압도당한다: "나는 유대인대학살이 소설로 왜곡되어지는 데에, 또 소설이 일반적으로 역사를 [정확하게 기록하여 전달하지 못하고] 왜곡한다는 엄청난 불안감에 휩싸인다."[170] 그녀는 이 대학살의 소설화가 그 현장의 끔찍함, 처참함, 처절함, 그리고 애절함을 있었던 그대로 생생하게 묘사하지 못하고, 어디서나 있었던 만행처럼 평범화시켜버린다는 고뇌와 죄책감에 시달린다. 그녀는 이런 사명감과 두려움 때문에, "숄"과 *로우저*(*Rosa*)를 1977년에 탈고하고 출판하지 않다가, 주간지 *뉴요커*(*New Yorker*)에 "숄"은 1980년에 그리고 *로우저*는 1983년에 발표하고, 두 작품을 합본한 단행본 *숄*을 1989년에 출판했다. 그녀가 두 작품을 발표하고 몇 년 뒤에야 *숄*을 출판하겠다는 단안을 내린 결심은 "유대인대학살의 표현문제로 겪어야했던 그녀의 갈등과 그 궁극적인 해결을 반영한다."[171] 그녀는 사명감과 두려움의 갈등 가운데서 유대인학살을 소재로 소설을 창작하면서, 그 만행의 고발과 항의로 독자의 분노와 증오심을 촉발하려하기보다는 개인의 짓밟힌 삶과 그 후유증의 고통 그리고 그 고통의 극복에 더욱더 깊은 관심을 쏟는다. 그러면서 그녀는 사람들의 상호관계, 특히 지배자와 피지배자, 강자와 약자, 그리고 부자와 빈곤자의 관계에서 개개인의 생명과 인권존중을 전제로, 원만한 호혜적인 의사소통의 중요성을 적극적으로 강조한다. 그녀는 부득이한 사정으로 그런 존중과 의사소통이 부정되는 극한상황 가운데서도 개개인은 긍정적, 공동체적, 창조적 삶을 살기 위해 최선을 다해야한다고 역설한다. 그녀의 이 강조와 역설이 *숄*의 핵심주제일 뿐 아니라 그녀가 독자를 새로운 발견과 깨달음으로 이끌어가는 원동력이다. 그러므로 "'숄'과 *로우저*는 극악과 그 행패가 저지른 극심한 고통을 폭로하여 고발하면서도, 또한 그 극악의 장본인인 악마를 퇴치하려는 혼신의 노력에서 인간이 발휘한 용기를 찬양한다."[172]

"숄"은 "나치정부의 집단처형장에서 [생후 15개월] 딸의 생명을 보존하려고 온갖 노력을 다했지만 결국 실패하는 어머니[를 소재로 집필한] 유대인 대학살 이야기이다."[173] 다시 말하면, 극한상황에서 모성애와 자기보존에 최선을 다한 여자의 심정과 행위에 관한 이야기이다. 오우직은 이 단편에서 나치정부의 무자비한 인권유린과 그 때문에 고통당하면서 신음하는 유대인들의 처참한 실존, 그리고 그런 극한상황 가운데서도 반드시 발휘되지 않으면 안 되는 이타정신과 자기보존욕구를 기술한다. 그러므로 "숄"은 탄압 그리고 그것에서 비롯되는 비정과 잔인성의 상징인 추위와 굶주림의 실존위기에서 속수무책으로 집단처형장으로 끌려가 구금당한 세 여자, 주인공 로우저와 딸 매그더(Magda) 그리고 열네 살의 스텔러(Stella)의 지치고 비참한 모습에서 시작되고 있지만, 전적으로 로우저에 대한 이야기이다. 게다가 "숄"은 "외부세계의 묘사, 장면, 배경, 또 이야기가 없으므로 그 자체가 줄거리이다. 남아있는(읽어가는) 모든 문장들이 이야기를 구성한다."[174] 더욱이 "숄"의 특징과 힘은 대조적인 은유와 직유 그리고 죽음에 직면한 실존 가운데서도 아름다운 자연을 회상할 수 있는 감수성에서 드러난다. 굶주림으로 인한 부정적인 은유로서, 로우저의 말라빠진 젖꼭지는 "송수관에서 물이 새는 틈이 막혀버림, 사화산, 안 보이는(멀어버린) 눈, 차가운 구멍"에, 그리고 스텔러의 앙상한 무릎은 "막대기에서 튀어나온 돌기들이며, 더욱이 그녀의 팔꿈치는 병아리 뼈"에 비유된다. 어머니의 젖이 없으므로 "매그더는 이따금 공기를 들어 마시고 앙앙 울었다." 이렇게 살벌한 은유와는 대조적으로 숄 안에 숨겨진 매그더를 "둥주리 안에 있는 다람쥐"라고 한다. 또 매그더의 굶주린 입 안에서 반짝이는 이는 "하얀 대리석의 꼬마 요정 같은 묘비"와 같고, 전류가 흐르고 있는 철조망에 내던져진 매그더는 "은색의 포도나무에 접근하고 있는 나비처럼 보였다"고 표현한다. 더욱이 처형된 유대인들을 화장하는 곳에서 나오는 악취를 맡으면서도, 로우저는 이런 감상에 빠진다: "철조망 밖 저 너머엔 민들레와 짙은 재비꽃들이 만발한 푸른 초원이 있었다. 그리고 더욱더 멀리에는 청순한 참나리들이 적황색의 꽃 봉우리를 높게 들어올렸다.” 이런 파격적인 대조가 독자를 암흑, 비정, 그리고 무자비의 세계로부터 광명, 애정, 그리고 생명력으로 충만한 세계로 이끌어가 생명의 존엄성, 이타정신의 중요성과 필요성, 그리고 자기보존의 절대성을 새롭게 깨우쳐준다. 이 뿐만 아니라 로우저의 모성애의 위대함과 거룩함은 축복이 아닌 저주 속에서 태어난 딸을 버리거나 증오하지 않고, 자신의 죽음을 무릅쓰면서도 끝까지 필사적으로 딸을 보살피고 사랑한데에 있다. 로우저가 처형장으로 끌려가면서 무수한 독일병사들에게 성폭행을 당해 임신하여 출산한 매그더는 원수들의 아이였다. 그럼에도 불구하고 그녀는 딸을 살릴 수만 있다면, 총살을 무릅쓰면서도 잠깐 대열을 이탈하여 매그더를 어느 마을에 버리거나, 아니면 길가의 어느 여자에게 맡기려고 했다. 더욱 안타깝게도 매그더는 얼굴 생김새, 눈동자 색, 그리고 머리 색깔이 유대인들과 다르기 때문에 누구나 곧 그녀가 유대인이 아님을 알아차린다. 따라서 살벌하고 살기등등한 분위기 속에서 스텔러가 매그더는 유대인이 아니라고 말할 때마다, “로우저에게는 그 말이 스텔러가 정말로 ‘우리, 그 애를 처치해버립시다’고 말하는 것처럼 들렸다.” 그러므로 로우저는 밤마다 자기 몸으로 딸을 보호했으며, 언제나 딸의 “애기이고 애완동물이며 어린 동생”인 숄을 지키면서, 스텔러가 숄을 만지는 것을 엄금했다. 이렇게 헌신적으로 딸을 보호하고 숄을 감시했음에도 불구하고, 추위의 고통을 견디지 못한 스텔러가 매그더로부터 숄을 훔쳐감으로써 그녀를 죽음으로 치닫게 한다. 스텔러의 이기주의가 굶으면서도 자기 몫의 음식을 딸에게 주면서 딸을 살리겠다는 로우저의 살신성인 정신을 헛되게 해버린다. 매그더는 잃어버린 숄을 찾으려고 “마아마”라고 울부짖으면서, 건물에서 나와 운동장 쪽으로 아장아장 걸어가더니 곧 독일군에게 발각된다. 그 군인은 매그더를 붙잡아, 바로 전류가 흐르고 있는 철조망에 내던져 감전사시켜버린다. 로우저는 딸의 죽음을 목격하면서도 자신의 생명을 보존하기 위해 딸에게 뛰어가지도, 더욱이 소리 내어 울지도 못한다. 그녀는 그저 가만히 서서, 숄을 입에 악물고 터져 나오는 비명을 참으려고 무진장 애를 쓸 뿐이다. 부연하면, 그녀가 “달려나가면 그들(독일병사들)은 그녀를 사살할 것이다. 그녀가 매그더의 양다리를 잡아당기려하면 그들은 그녀를 사살할 것이다. 그녀가 지금 앙상한 체구의 목으로부터 올라오고 있는 늑대의 외마디 소리를 지르기 시작한다면 그들은 그녀를 사살할 것이다. 그러므로 그녀는 매그더의 숄을 입안으로 넣고 넣어 입을 막고, 또 막았다. 비로소 그녀는 늑대의 외마디 소리를 삼키고, [숄에 배어있는] 매그더의 계피와 아먼드 맛의 침을 빨았다. 로우저는 매그더의 숄이 다 마를 때가지 빨아 마셨다."[175] 매그더의 생명을 보존시켜주었던 숄이 추위로부터 스텔러의 생명을 구하더니, 이번에는 로우저의 생명의 은인이 된다. 그래서 오우직은 이 숄을 "불가사의한 숄"이라고 일컫는다. 그렇지만 이 숄은 생명력의 강인함과 끈질김을, 그리고 이타정신과 자기보존욕구의 위력을 상징한다고 해석해야하지 않을까. "숄"은 극한상황 가운데서 "그 반대의 삶을 상상할 수 있는 힘, 즉 생존하려는 온갖 노력을 극구 예찬한다"[176]고 긍정적으로 평가되고 있기 때문이다.

오우직은 중편소설, *로우저*의 여자주인공, 로우저를 "미친 여자 그리고 잃어버린 것을 찾는 여자"(14)로 정의하고 이야기를 쓴다. *로우저*는 삶과 죽음의 갈림길에서 용케 살아남아 35년이 경과한 여름에 마이애미(Miami)휴양지의 매우 무덥고 캄캄한 호텔방에서 "스스로 지옥에 있다고 느끼면서"(37) 극도로 소외된 삶을 사는 주인공이 과거의 악몽과 아집으로부터 깨어나 공동체의식을 회복하는 소설이다. 그녀는 지금 미국생활에서 과거에 그처럼 강인하고 왕성했던 생명력, 이타정신, 그리고 자기보존욕구를 가질 수 없다. 로우저가 미친 여자와 잃어버린 것을 찾는 여인이라는 정의는 상관관계가 있을 뿐 아니라 그녀의 생명력과 자기보존욕구의 현저한 쇠퇴와도 깊은 관련성을 갖는다. 그녀는 나치정부가 자행한 무자비한 인권유린의 후유증으로 말미암은 두 가지 원인으로 정신이상자가 되었다. 하나의 원인은 외부요인이고, 또 하나의 원인은 그녀 자신의 자학적, 독선적인 자기인식과 과대망상적인 과거미화와 집착의식이다. 지금 그녀는 나치정부에 빼앗겨버렸던 자기과거와 세탁하다가 잃어버린 속옷을 찾고 있다. 더욱이 두 개의 외부요인이 로우저를 정신 이상자로 만들고 있다. 하나는 절대로 망각되어서는 안 되는 역사적 비극에 대한 사람들의 지나친 무관심이고, 또 하나는 일방적인 자기의견과 주장의 집요한 강요에 속수무책이다. 그녀는 종전 후에 뉴욕에서 유대인대학살의 진상을 널리 알리려고 골동품상점을 운영하지만, 그녀의 기대는 크게 어긋난다. 그녀는 많은 고객들이 나치정부의 만행을 모르고 있거나 기억하지 못하고 있음을 알고 경악한다. 그녀는 결코 재발되어서는 안 되는 역사적 비극을 마치 귀머거리들에게 외치고 있음을 깨닫고, 손수 상점을 박살내고 지금은 마이애미해변에서 홀로 외로운 삶을 살고 있다. 그녀의 유대인대학살에 대한 강박관념 그리고 이 비극이 절대로 망각되어서는 안 된다는 외로운 외침이 그녀를 극도로 소외시켜 정신이상자로 전락시킨다. 게다가 로우저는 극한상황에서 스스로 감내했던 비참하고 처절했던 체험과 강인했던 자기보존 욕구를 전적으로 부정하는 임상사회심리학교수 때문에 정신이상자가 될 수밖에 없다. 이 교수는 그녀의 인격과 의사를 무시하고, 자신의 현학적인 주장을 일방적으로 강요하는 자기아집의 무례한 사람이다. 그는 사회병리학자로서 유대인대학살에서 살아남은 생존자들의 불가사의한 생명력과 저력에 관한 연구를 수행하고 있다. 그의 연구는 이 생명력을 의학적 또는 심리학적 견지에서가 아닌 "억압 속에서의 생명력의 '형이상학적인' 측면"에서 검토하려는 시도이다. 그는 일방적으로 연구결론을 미리 내린다: "집단수용소에 구금되어 있는 사람들은 점차 불교의 교리를 받아들였다. 그들은 욕구를 버리고 무욕의 세계로 빠져들기 시작했다. […] 팔성도(八聖道)에 정진하면 무욕의 경지에 이르는데, 그 최고경지는 인간욕망이 부재한 상태이며, 완전한 무관심의 가장 고상한 황홀경이라고 일컬어질 수 있다"(38). 그는 자기연구를 위해 로우저에게 대담에 응해주기를 집요하게 강요하면서, 그녀를 지긋지긋하게 괴롭힌다. 그녀는 이런 궤변과 강요 때문에 미칠 지경이다.

더욱이 로우저는 자학적, 독선적인 자기인식으로 스스로 정신이상자가 된다. 그녀는 오래 전에 나치정부가 자기 삶을 빼앗아버렸기 때문에 지금 자기에게는 삶이 없다고 극언한다. 이 극언의 배경은 그녀의 독선적인 삶의 분류법이다. 그녀는 자기 삶을 3기로, 즉 "그 이전의 삶, 그 동안의 삶, 그리고 그 이후의 삶"으로 나눈다. 그 이전의 삶은 나치정부가 그녀를 탄압하기 전에 꿈과 행복에 부풀었던 시절이고, 그 동안의 삶은 집단처형장에 강제 수용되어 극한상황을 감내해야하는 가장 비참했던 때이고, 그 이후의 삶은 극적으로 살아남아 미국에 정착한 후의 외로운 삶이다. 그녀는 미국생활을 "삶이라고 하는 것은 거짓말이다"(58)는 부정적인 속단에 얽매인다. 이 속단은 그녀를 극도로 소외시키면서 과대망상적인 과거 미화와 집착의 포로로, 그리고 백해무익한 자만심의 노예로 전락시킨다. 따라서 그녀는 지금 자신의 상상력과 창의력을 과거에 대한 그리움, 아쉬움, 그리고 망상의 재현에 소진한다. 그녀는 이전의 삶에 대한 그리움과 아쉬움에 완전히 빠져있다. 그녀는 이전의 삶에서 고등학생이었을 때 제2의 머리 큐리(Marie Curie)를 꿈꾸는 야망에 찬 물리학도였다. 열심히 시를 읽었고, 뛰어난 작문실력과 아름다운 문체 때문에 많은 칭찬을 받았다. 게다가 지적이고 예술적인 가정분위기 가운데서 자랐다. 서재에는 아버지가 보유한 엄청난 권수의 여러 나라 말의 장서와 어머니가 구독하는 문학잡지들, 그리고 그리스의 화병들을 비롯하여 많은 골동품들이 있었다. 집은 다양한 건축양식을 자랑하는 저택들로 둘러싸인 아름다운 거리에 있었다. 이런 과거에 대한 향수가 언제나 그녀의 뇌리에 뿌리를 굳게 박고 있다. 요컨대 그녀는 과거지향적인 의식에서 벗어날 수 없는 인간이다. 이 뿐만 아니라 그녀는 딸, 매그더가 살아 있다면 하는 아쉬움 그리고 딸이 갖추었을 몸매와 성취했을 명성에 대한 망상에 사로잡혀 있다. 그녀는 이런 아쉬움과 망상을 토로하면서 딸을 미화시키는 편지를 쓴다: "너는 커서 암사자와 같은 여장부가 되었다. 네 몸은 황갈색이다. 너는 털로 뒤덮인 발가락을 힘껏 늘린다. 너를 기만하고 학대하는 사람은 누가 되었던 자신의 죽음만을 재촉한다"(15). 또 그녀는 딸이 아름다운 여의사가 되어 남자의사와 결혼하여 부부가 한 건물에서 개업하고 있거나, 아니면 명문대학교의 그리스철학교수가 되었을 거라는 망상에 잠긴다. 더욱이 그녀는 나비처럼 아름다운 딸이 자기가 고등학생이었을 때 입었던 옷을 입고 방 안에 있다는 환상에 황홀해진다. 이렇게 지금도 로우저는 35년 전에 죽은 딸의 환영에 얽매여 꼼짝 못한다.

그러나 그녀는 공용세탁소에서 우연히 만난 사이먼 퍼스키(Simon Persky)의 도움을 받아 이런 독선적인 자기인식과 망상으로부터 해방된다. 처음에 그녀는 그가 워소(Warsaw)출신임을 알고 반기면서도, 자기가 살았던 부유한 주택가의 워소와 그가 거주했던 워소는 확연히 다른 공간이었으므로 그를 멸시한다. 그러면서도 그녀는 그에게 궤변을 털어놓는다. 그녀는 자기는 집단처형장의 생존자이며, 함께 있다가 살아남은 질녀, 스텔러의 도움을 받으면서 몹시 소외된 삶을 살고 있지만, 이미 삶을 빼앗겨버렸기 때문에 지금은 삶이 없다고 말한다. 그러자 그는 "당신은 과거 속에서 살 수 없다"(23)고 그녀를 설득한다. 또 그는 삶을 긍정적, 낙관적인 시각에서 본다면, "당신은 … 더욱 더 행복하고 보람 있는 삶을 살 수 있다"(56)고 그녀를 확신시킨다. 게다가 그는 그녀에게 이미 잃어버린 삶을 찾기 위해서는 과거를 망각하는 것도 좋다

고 조언한다: "그것(과거)은 끝났소. 당신은 [비극적인] 과거를 [훌륭하게] 감내했소. [⋯] 당신이 삶에서 중요한 것을 얻고 싶으면 이따금 약간의 망각이 필요합니다. [⋯] 당신은 [지금] 처형장에 있지 않소. 처형장생활은 끝났소. 오래전에 그 생활은 끝났소. 주위를 살펴보시오. 당신은 사람들을 볼 것이오"(58). 그녀는 퍼스키의 조언을 경청한 후에 잃어버린 속옷을 찾으면서 독선적인 자기인식의 잘못을 깨닫고, 그 인식에서 해방된다. 그녀는 방에서 세탁물을 정리하다가 속옷이 없어졌음을 알아차리고, 퍼스키가 그 속옷을 훔쳐갔다고 의심하면서, 그를 추잡한 남자로 단정한다. 그러나 다음날 아침에 수건 속에서 그 속옷을 발견한다. 마침 그때 끊어졌던 전화선이 다시 연결되어, 그녀는 스텔러와 통화하면서 외부세계와 관계를 복원한다. 또 그때 퍼스키가 찾아왔는데, 그가 그녀 방으로 갈 것인지, 아니면 그녀가 내려올 것인지를 묻는 호텔직원의 전화를 받는다. 그녀는 그를 자기 방으로 오게 해달라고 대답할 때, "매그더가 방에 없음"(70)을 깨닫는다. 그녀가 "퍼스키를 자기 방으로 받아들임은 이제 그 이후의 삶(생존자로서의 실존)의 새로운 가능성을 인정함"[177]을 암시한다. 그녀의 이런 가능성의 인정은 오로지 그녀가 깨달음으로 내린 결단이다. 드디어 그녀는 이 결단으로 악몽의 과거로부터 해방되어 현재를 긍정하고 창조하는 여인으로 변신한다. 요컨대 *숄*은 오우직의 소설철학 ― 유대인대학살이 결코 망각되어서는 안 된다는 확고한 신념을 피력하면서도, 소설은 독자를 새로운 발견과 깨달음으로 이끌어가야 한다 ―을 탁월하게 구현한 작품이라는 절찬을 받아야한다.

데어리 고든(1949-)은 1978년에 처녀작, *최종 지불*(*Final Payments*)을 출판한 후 곧바로 "그녀 세대의 가장 유능한 작가들 중의 한 사람"[178]이라는 격찬을 받았다. 또 영국여자소설가, 마거리트 드래블(Margaret Drabble, 1939)은 그녀의 세 번째 소설, *남자와 천사들*(*Men and Angels*, 1985)을 "전체의식, 배제보다는 오히려 함유의 가능성, 그리고 존재의 상이한 추이를 연결시키는 방법"[179]을 모색한 작품이라고 절찬을 아끼지 않았다. 이런 격찬과 절찬은 고든이 여자도 창의적인 직업과 활동에 헌신할 수 있다는 자신감을 바탕으로 "자유로운 자아탐구"에 전념한 데서 연유한다. 그녀는 자아탐구를 관념적인 철학이나 종교에서가 아니라 실존에서 탐구한다. 그녀는 모든 인간의 실존목적이 자아탐구와 실현임에도 불구하고, 특히 여자들에게는 이 탐구가 허용되지 않았음을 개탄하면서, 그들도 전문인이 될 수 있음을 전제로 그 탐구와 실현 가능성을 모색한다. 더욱이 그녀는 여자들이 자아를 탐구하고 실현함으로써 지금까지 자기들에게 부정되었던 여성의 이중역할의 가능성을 *남자와 천사들*에서 제시한다. 그녀는 이 제시를 위해 자아탐구와 실현이 허용되지 않았던 여자들의 비극적인 삶과 그 극복의 이상적인 방법을 모색한다. 여자들은 자아탐구와 실현, 자신들의 창의적인 세계의 창조와 향유, 그리고 육체적 쾌락추구가 엄격하게 금지된 운명 속에서 살아야했다. 더욱이 여자들은 개인의 자유를 절대시하는 미국사회에서도 남녀차별이 극심하여 이런 운명의 피해자들이었다. 그러므로 고든은 여자와 미국사회는 이율배반적이라고 주장한다: "미국사회가 실현시키려는 자유와 자율은 운명의 전제적 권위로부터 해방되어 자기를 정의하려는 시도이다. 운명은 미국신화의 용어로 자기가 스스로 제어할 수 없는 상황, 다시 말하면 개인의 자유를 최대한으로 제한함을 의미한다. 운명은 미국인의 꿈의 장애물이다."[180] 또 그녀는 여자들을 이처럼 가혹한 운명의 피해자로 전락시킨 가장 큰 주범은 이원론이라고 갈파한다. 이원론은 인간의 육체를 부정하고, 자연세계를 악의 근원으로 단정했다. 특히 기독교는 여자의 육체를 죄악시하여, 여자의 성직 취임을 허용하지 않았다. 따라서 여자들은 성직을 비롯하여 어떤 사회활동에도 자유스럽고 적극적인 참여나 종사가 금지되어, 오로지 가사에만 전념해야하는 멍에를 쓰게 되었다. 그러므로 그들은 자아탐구와 실현을 전제로 자기정의와 정체를 확립할 수 없었다.

이런 여건에서 고든이 소설가로서 대성할 수 있었던 가장 큰 요인은 자기가 여자라는 확고한 의식을 지님에 있었다고 술회한다.[181] 그녀는 이 의식을 바탕으로 자아탐구와 실현의지와 권리를 박탈당한 채 살아야했던 여자들의 운명을 극복하는 소설을 창작하려고 전력한다. 그러기 위해 그녀는 여자 소설가로서 자신의 사명감을 천명한다: "나에게 가장 중요한 책임 — 이 책임이 나의 소명이라고 생각한다 —은 여자들의 삶의 핵심적인 문제들에 관한 글을 아름답고 우아한 문체로 쓰는 과업이다. […] 나는 내 자신이 여권운동 덕분으로 [모든 굴레로부터] 어떻게 해방되었는가를 너무나 잘 안다. 나는 새로운 의식이 나에게 *깨우쳐주었던* 문제들을 위대한 전통의 문체로 기술하지 않으면 안 된다는 소명의식을 통감한다."[182] 그녀는 이런 소명의식 때문에 지금까지 별로 창작되지 않았던 소설, 즉 여자들의 본능과 욕구를 바탕으로 자아탐구와 실현에 전념하는 강인한 여자주인공 창조에 몰두한다. 그녀는 이런 소설을 쓰기 위해 전통적인 소설창작법을 무시하고 소설의 "언어와 구성에 플롯과 주인공들에 못지않은"[183] 깊은 관심을 쏟는다. 그녀는 굳을 대로 굳어진 가장 잘못된 의식, 즉 남녀차별, 여자들의 책임과 의무는 오로지 가사에 종사함, 그리고 여자들은 피동적이고 무감각한 존재의 완고한 틀을 깨뜨리려고 고심하기 때문이다. 그녀는 이런 잘못된 의식에서 파생된 부조리한 언어를 완강히 거부하고, 참신하고 경이로운 언어를 구사하려한다: "그녀는 마치 자기삶이 그 삶의 전체를 구성하는 모순되는 요소들의 와중에서 어떤 관련을 찾아냄에 의존하고 있는 것처럼 언어를 사용한다. [···] 다시 말하면, 우리는 지금 어디에 있느냐 그리고 다른 사람들 — 우리 뿐 아니라 우리 앞과 뒤 세대의 사람들 —이 어디에 있으며, 있었고, 있을 것인가를 [깊이 사고하면서 이해하는 공동의 장의 제시이고 마련이다]."[184] 또 고든은 비록 여자들이 가혹한 운명의 피해자들이지만, 그 운명을 초월할 수 있다고 주장한다. 그녀는 이 초월은 무엇보다도 먼저 그 운명의 언어로부터 해방되는데 있다고 천명한다. 그녀는 여자들을 무시하는 언어를 멀리하고, 그들의 육체 그리고 자아탐구와 실현의지를 찬미하는 언어를 최대한으로 사용하자고 역설한다. 더욱이 그녀는 여자들이 자신들의 책임과 의무로 이행하는 일들에는 완벽이 있을 수 없고, 오직 최선이 있을 뿐이라고 갈파한다. 그러므로 그녀는 그들이 책임과 의무이행에 헌신적인 노력을 하지만 으레 있기 마련인 미완성과 미비를 전제로 소설을 쓴다. 그녀는 한편으로는 자아탐구와 실현에 전념하는 여자주인공들을 창조하면서, 또 한편으로는 그들의 미완성과 미비를 보완하려한다. 그녀가 이런 의도를 가지고 집필한 *남자와 천사들*은 "여자들의 삶 뿐 아니라 그녀 자신의 삶의 이해와 깊이 관련되어 있다."[185] 이 소설의 여자주인공, 앤 포스터(Anne Forster)는 남성우위사회에서 아내, 어머니, 그리고 미술사전문가로서 어느 역할에서도 완벽하지 못하고 불만족스럽지만 나름대로 최선을 다한다. 더욱이 그녀는 여자가 어머니와 전문가의 이중역할을 할 수 없다는 사회적 통념을 깨뜨리려고 자신의 책임, 의무, 그리고 활동에 매우 적극적이고 열성적이다. 그녀는 어떤 악조건 가운데서도 자아탐구와 실현에 전력한다. 그녀는 소설화된 고든의 분신이라고 말할 수 있다.

지금까지의 논의를 바탕으로 "여자의 삶의 새로운 영역에 탐구의 장을 개척한"[186] *남자와 천사들*을 "여성의 이중역할의 가능"의 논지로 고찰해본다. 고든이 이 소설에서 이룬 위대한 문학적 업적은 여자들의 가혹한 운명 속에서도 이중역할의 삶을 성공적으로 살려고 최선을 다하는 가장 이상적인 여인, 앤 포스터의 창조이다. 앤은 인간의 기본욕구이고 실존목적인 자아탐구와 실현이 여자들에게는 허용되지 않는 풍토, 그들이 당하는 무시와 불평등의 현실, 그들의 성적욕구 표현과 발산의 억압, 그리고 그들의 특유한 아집과 편견에서 파생되는 부정적인 의식에 결코 굴복하지 않는다. 또 그녀는 어떤 실존 여건에서도 삶과 가정을 부정하지 않는다. 그녀는 삶, 책임과 의무, 그리고 자아탐구를 삼위일체로 강조하는 균형과 중용의 생활철학을 절대시한다. 다시 말하면, 그녀는 실존에서 모성애가 유난히 강한 어머니, 남자와 동등하게 성적 욕구를 표현하면서 성생활을 만끽하려는 아내, 그리고 자아탐구와 실현에 전념하는 미술사전문가가 되려고 최선을 다하면서, 그 중 어느 역할도 소홀히 하지 않는다. 요컨대 그녀는 여자의 이중역할이 가능한 삶에 대한 새로운 창조적 인식과 이상의 귀감이다.

앤은 서른여덟 살로 하버드대학교에서 미술사박사학위를 취득하고, 매서추시츠(Messachusetts)주 시골에 소재한 셀비대학(Salby College) 불문학교수, 마이클(Michael)과의 16년 결혼생활에서 아홉 살 아들 피터(Peter)와 여섯 살 딸 세러(Sarah)를 얻었고, 지금은 대학미술관의 부관장으로 재직 중이다. 그녀는 남편이 안식년휴가를 얻어 두 학기 동안 프랑스에서 미국문학을 가르치고 있으므로, 그와 잠시 떨어진 것 말고는 매우 행복한 여인처럼 보인다. 그러나 그녀의 실제 삶은 남자들의 횡포에 대항하는 싸움이다: "셀비대학촌에 거주하는 여자가 스스로 성실한 삶을 살고 있음을 실감함은 하나의 투쟁이었다. 남성의 권위와 독선이 대학촌을 지배했다. 대학은 200년 전에 설립되었다. [⋯] 여자들은 아주 최근에야 입학이 허용되었고, 학장은 매년 어색하게도 아직도 정교수 중에 여자가 없다는 말을 되풀이했다. 대학은 여학생과 여교수들에게 무엇을 어떻게 해주어야할지를 몰랐으며, 교수부인들에게는 더욱 그랬다." 그렇지만 앤은 다행스럽게도 이곳에 온 지 4년 만에 대학미술관의 부관장이 되었다. 실은 그녀가 관장 직에 응모했는데, 학장은 남자문외한을 관장으로 임명하고, 전문가인 앤을 부관장으로 채용했다. 학장은 그녀가 전문지식을 활용하는 창의적인 삶을 살기 위해서가 아니라 사교적인 목적으로 직장을 원한다고 오해했다. 학장은 자기오해를 당연시하여, 그녀가 부관장직에도 아주 만족할 거라고 생각했다. 이처럼 여자의 의사와 진의는 전적으로 무시당한 채, 오로지 남자의 독선적인 결정이 전부라는 분위기가 대학촌에 팽배했다. 게다가 이런 풍토가 대학촌의 지배문화였다. 이 뿐만 아니라 앤은 일부 지적 수준과 사회적 위상이 높은 여자들의 특이한 편견과 아집 때문에 질식할 것 같다. 프랑스 여자문학교수, 헐린(Helene)은 마이클의 막역한 학문친구들 중의 한 사람으로 그를 대단한 학자로 존경하여, 미국교수들에게는 접근이 어려운 프랑스학문세계에 그를 소개하여 입문시켜준다. 그녀는 마이클에게는 이렇게 친절하면서도, 이상하게 앤의 능력과 자질을 무시할 뿐 아니라 그녀를 혹평한다: "그녀는 자신의 미모에 현혹되어 자기를 계발하여 성숙시키려하지 않았다. […] 그것은 애석한 일이다. 그녀는 남편을 결코 이해하지 못함으로 그의 진실한 동반자가 될 수 없다."[187]

앤이 이런 무시와 혹평에 시달려 매우 고통스럽고 암울한 삶을 살고 있을 때, 캐럴라인 왇슨(Caroline Watson)[188]의 유품전시회를 위한 작품해설집 제작청탁을 받는다. 그녀는 이 작업을 추진하기 위해 자주 뉴욕에 가야함으로 집에서 아들과 딸을 돌봐줄 가정부가 필요하다. 그녀는 남편이 외국에 가 있는 지금 모성애와 자아실현의 두 가지 일의 갈림길에 서 있으면서, 여자의 가혹한 운명을 극복할 자아탐구와 실현을 위해 가정부를 물색하기 시작한다. 그녀는 어쩐지 마음이 불안하여 내키지 않지만, 어쩔 수 없이 남편의 불문학과목을 대강하려는 헐린이 미국으로 오는 비행기 안에서 만났다는 로러 포우스트(Laura Post)를 가정부로 고용한다. 그런데 불행하게도 앤은 부모의 사랑을 조금도 받지 못했던 로러가 가족 간의 사랑의 절대적 중요성과 필요성을 부정하는 궤변을 들어야한다. 게다가 그녀는 사랑결핍증의 극심한 피해자에서 광적인 기독교 신자로 변신하여 육체를 부정하는 로러의 아집과 편견을 감수해야한다. 더욱이 그녀는 로러가 성경 읽는데 열중하여 얇은 얼음의 호수에 애들을 방치하여, 그들이 익사할 위험에 처해있다는 이웃주민의 전갈을 받고 간담이 서늘해진다. 앤은 자신을 질식시키는 남성의 횡포와 비정상적인 여자들의 편견으로부터 해방되기 위해 캐럴라인의 삶과 예술연구에 전념하여 새로운 "자신의 세계의 확장을 반영하는 자아를 발견하려"[189]한다. 그녀는 이 연구를 새로운 자아탐구와 실현의 이상적인 수단으로 확신하고, 괄목할만한 업적을 남긴 여자들의 삶을 이야기하는 전통적인 서술방법과 언어구사를 기피한다. 그 전통적 방법은 여자가 특출한 업적을 남겼다면, 으레 제도와 관습에 반항한 멋대로의 삶을 살았음을 전제한다. 이런 전제에 따른 기술은 객관적, 역사적, 창조적 맥락과 평가에 의존하기보다는 독자들의 흥미와 호기심을 충족시키려는데 급급하여 반항적이고 비도덕적인 사생활에 치우치기 마련이다. 따라서 그 언어도 다분히 냉소적이고 부정적이어서 강한 분노와 울분을 자아내기 쉽다. 이런 언어구사는 오히려 인간정신을 허무감으로 퇴폐시킨다.

그러므로 앤은 새로운 "자아를 발견하기" 위한 캐럴라인 연구에서 이렇게 부정적 요소가 많은 전통적인 연구방법과 언어구사를 답습하지 않는다. 그녀의 연구목적은 자아탐구와 실현을 극대화하는 수단과 방법의 모색에 있기 때문이다. 그녀는 이 연구로 이루려는 자아탐구와 실현의 성패는 "자신의 창조적 욕구와 남편과 애들에 대한 책임을 어떻게 화해시킬 것인가를 이해하고,"[190] 그 이해력을 어떻게 확장시킬 것인가에 달려 있다고 믿는다. 따라서 그녀는 이 이해력을 증폭시키기 위해 캐럴라인 연구에서 활용하는 방법은 "자기가 사랑하는 여인을 위한 건물(연구자료와 그 이용방법)의 완공이다. [···] 완공한 건물이 없다면, 자기는 사랑하지만 45년 전에 타계한 후에 누구에게도 알려지지 않은 이 여인은 소생하지 않는다"(49). 앤이 캐럴라인을 소생시켜, 그녀가 어떤 성격과 꿈의 소유자로 어떤 삶을 살면서 자아를 탐구하고 실현했는가를 검토하고 비판하려한다. 그녀는 이 검토와 비판으로 자기를 알고 성숙시키려한다. 앤의 인지에 의하면, 캐럴라인은 어떤 실존상황에서도 불굴의 감투정신을 발휘하면서 좌절, 절망, 그리고 패배를 모르는 걸출한 여인이다. 그녀는 탁월한 재능의 소유자로 논쟁을 즐기며, 정직하고 대담하며 매혹적이고 열정적이다. 반면에 그녀는 비정, 오만, 그리고 자아도취의 전형이다. 그녀는 이런 양극단적인 성격에도 불구하고 사랑과 존경을 받았으며, 작품들도 격찬을 받은 성공적인 화가였다. 이런 사랑, 존경, 그리고 격찬의 바탕은 자아성숙과 실현을 위해 억압적인 현실에 도전하는 그녀의 강철 같은 정신과 유행에 따르지 않는 독창적인 예술창조에 있다. 그녀는 자신의 예술적 재능과 욕구를 질식시키는 펜실베이니어(Pennsylvania) 주의 진부하고 폐쇄적인 미술학원의 교육에 적응할 수 없어, 2년 동안 독재적이고 실리적인 아버지와의 끈질긴 싸움 끝에 스무 살에 프랑스로 떠난다. 그녀는 유럽에 와서야 자유스럽고 창조적인 삶을 살 수 있었다고 실토한다: "나는 이제야 비로소 삶다운 삶을 살기 시작했다. […] 내가 앤트워프(Antwerp)에서 배에서 내리는 순간부터 만사가 나를 황홀하게 한다. […] 배에서 내려 바로 성당 천장의 루번즈(Rubens)의 그림을 보았다. […] 도저히 말로 표현될 수 없는 강렬한 푸르고 빨간색으로 그려진 그런 그림을 지금까지 본 적이 없다"(49). 그녀는 자신의 예술창조의 원천과 활력은 유럽에 와서 얻게 된 영감에다가 "여성다운 예술적 감수성"(43)에 있음을 알고, 언제나 이 감수성에 충실하게 의존하여 그림을 그렸다. 따라서 그녀가 작품창작에서 가장 좋아하는 대상은 여자, 어린이, 꽃, 그리고 풍경이다. 그녀는 1938년에 임종할 때까지 자신에게 가장 정직한 그림만을 그렸기 때문에 유행을 모른다는 오해도 받았다: "그녀는 … 시대에 걸맞지 않는 그림을 그리는 화가들 중의 한 사람이었다. 입체파가 크게 유행하다가 초현실주의가 바로 뒤따랐던 1920년대 후반에, 그녀는 어두운 야수파적 수법으로 여자와 어린이들을 그렸다"(22). 그녀는 자신과 예술창조에 가장 순수하고 솔직한 화가였고, 이 순수성과 솔직성을 지탱하기 위해 고군분투한 용기 있는 여인이었다. 그녀는 이런 기질과 자질 때문에 자신의 예술세계를 "인상파에서 모던이즘으로, 미국의 테두리를 벗어나 국제적 규모로"(98) 변형시키면서 확장했다. 그러나 그녀가 타계한 후에 작품들은 경시되고 망각되었다. 이런 작품들에 대한 인식과 평가를 새롭게 내리기 위해 그녀의 며느리, 제인(Jane)은 작품전시회를 개최하려한다. 앤은 이 전시회의 성공적 개최에 필수적인 작품해설집 제작을 위촉받는다.

앤은 해설집을 만들려고 그림들을 보면서, 자신의 내면세계에서 갑자기 생동하는 어떤 변화와 욕구를 의식한다. 그녀는 캐럴라인이 스무 살의 나이에 자아탐구와 실현을 위해 억압적인 아버지와 학원에 도전했던 불굴의 저항의지와 그 실천 그리고 자신과 예술창조에 가장 정직했던 용기를 깊이 반추한다. 그녀는 서른여덟 살까지 "자신의 삶을 특징짓는 연약함에 싫증을 느끼면서(25)," 또 한편으로는 캐럴라인의 삶과 예술에 완전히 매료되어 자신이 그녀와 일심동체가 되었다는 생각에 빠진다. 그래서 그녀는 자신의 심정 — "내가 알면서도 전혀 알지 못하는 이 여자가 내 애들처럼 내 삶의 일부이다"(45) —을 토로한다. 이제 그녀는 자아탐구와 실현을 도모하기 위해 캐럴라인의 삶과 예술연구에 매진하려한다. 그런데 그녀는 이 연구에 몰두하면서, 이상하게도 가족과 멀어지고 있다는 불안감을 느낀다. 그녀는 여자가 자아를 탐구하고 실현하려는 시도가 가정과 양립할 수 없다는 불안과 갈등에 빠지기 때문이다. 그러면서도 그녀는 가정과 연구 중 어느 하나도 포기할 수 없다는 강박관념에 사로잡힌다. 그녀가 연구를 포기한다 해도 앞으로 자기와 가족과의 관계는 결코 예전 같을 수 없음을 알기 때문이다. 그러므로 그녀는 어떤 일이 있어도 이 연구를 끝내야한다고 굳게 다짐하면서, 이런 자신에 놀란다. 그녀는 그림은 보는 사람의 시각에 따라 달라진다는 철학을 전제로 작품을 연구한다. 그녀는 그림을 언제나 다르게 보면서 감상했다. 따라서 그녀의 작품연구방법에 따르면, "그녀는 작품의 역사를 추정할 수 있었다. 그림은 거미의 거미줄처럼 그 자체에서 선이 나와 앞뒤로 뻗어갔다. […] 그녀의 연구방법은 [자신이] 먼저 그 작품이 이 세상의 유일한 그림인 것처럼 작품을 면밀하게 응시한 다음 선들을 앞뒤로 추적하는 작업이었다. 이렇게 할 때만 그녀는 화필을 붙잡고 체험을 떠올리면서 이렇게 저렇게 표현해가는 여인(화가)을 상상할 수 있었다"(94). 그녀가 이런 방법을 활용하여 캐럴라인의 작품연구에서 거둔 성과에 의하면, 캐럴라인은 1905년 독일여행 중에 그뤼너발트(Grünerwald)의 그림들을 보고 깊은 감명을 받았다. 그녀는 "이 작품들을 보았던 체험이 생애에서 가장 중요한 사건들 중의 하나였다고 실토했다"(54). 그런데 지금까지 누구도 그녀가 그뤼너발트의 영향을 받았음을 언급하지 않았다. 그러나 앤은 이 중요한 사실을 간파하고, 작품들에 대한 자기소감을 피력한다: "캐럴라인이 꽃 파는 절름발이 여인을 그린 연작들을 보면서, 나는 이런 생각을 갖게 되었다. […] 그녀는 이 그림들에서 색채를 새롭게 사용하여, 인물과 형체를 일그러지게 하면서, 세부에 참신한 주의를 기울였다. 나는 그녀가 슬픈 자세를 그리는 그뤼너발트의 예술혼에 깊은 감명을 받았다고 나는 추측했다. 아마 나는 그녀가 1906년부터 그 감명에 의존해서 그림을 그리기 시작해서, 계속 그렇게 그렸다고 나는 느꼈다"(53).

그녀의 또 하나의 연구성과는 캐럴라인의 삶과 작품창작 사이에는 어떤 상관관계도 없었음의 입증이다. 캐럴라인은 서른여섯 살에 사생아를 낳았다. 그녀는 자신이 증오하는 아버지의 경제적 지원을 받기 위해, 그의 요구대로 아들을 미국으로 보냈다. 그녀는 아들 때문에 매년 여름 자신의 예술활동의 본거지인 파리를 떠나 귀국해야했다. 그녀는 그때의 절망적인 심정을 일기에 쓰기를, "나는 네 살인 아들을 사랑할 수 없다. 그림을 그릴 수 없다. […] 아들의 존재가 매사를 엉망으로 만들어버린다. 나는 아들이 우둔하고 불행하므로 그를 경멸한다. […] 그는 비참하게 거기(내 방문 밖에) 앉아, 내가 그에게 베풀 수 없는 사랑스러운 말과 쓰다듬어주기를 기다리고 있다. […] 나는 그의 보모가 … 놀이도 하고 이야기도 듣자고 타이르는 소리를 듣는다. 그는 꼼짝도 하지 않는다"(122). 그녀는 아들에게 조금의 관심과 애정도 쏟지 않으면서 자기중심적인 삶을 살았다. 그러면서도 그녀의 마음은 불쌍한 아들 때문에 서글프고 비참했다. 그러나 그녀가 이때 그린 그림들에는 어둡고 비참한 형체가 전혀 없었다. 앤은 "캐럴라인이 그림들에서 빠르고 대담한 선을 습작하고 있었음을 인지할 수 있었다. 그녀는 나무 가지들의 그림에서, 수평선을 그리는 두꺼운 선에서, 그리고 문과 창문들을 상징하는 필치에서 그런 선을 감상할 수 있었다"(123). 앤이 그녀의 비참한 삶과 작품창작 사이에는 아무런 상관관계가 없었다고 지적했는데, 이 지적은 여자의 삶과 예술창조에는 인과관계가 없으므로, 여자의 가혹한 운명을 극복하는데 필수적인 용기와 활력이 되는 작품들이 얼마든지 창작될 수 있음을 암시한다. 이런 암시는 여자소설가들의 상상적인 언어구사에 의해 확장될 수 있다. 이 확장에 그들의 언어구사의 중요성과 막중한 책임이 있다. 마침내 앤의 연구성과는 대단한 찬사와 주목을 받는다. 캐럴라인의 작품전시회를 계획하는 화랑지배인, 해리어트 브레바드(Harriet Breward)는 앤의 성과를 극찬한다: "당신은 매우 놀랄만한 작품해설집을 제작했습니다. 당신은 축하를 받아야합니다. 나는 무수한 전시회를 개최했고, 매우 많은 사람들을 고용해 보았습니다. 당신은 내가 지금까지 읽었던 작품해설집들 중에서 가장 훌륭한 책자를 만들었습니다"(188). 더욱이 앤의 탁월한 능력에 탄복한 해리어트는 그녀를 연구원으로 고용하려한다. 해리어트는 그녀에게 연봉은 작지만 1주일에 3일 화랑에 나와, 앞으로 개최할 전시회들을 연구하여 작품해설집을 제작하는 책임자가 되어주기를 부탁한다. 이제 앤은 마음껏 자기능력을 발휘할 수 있는 미술평론전문인이 되었으므로 자아실현을 극대화할 수 있다. 드디어 그녀는 주부이면서 자아탐구와 실현에 매진하여 탁월한 성과를 거두는데 성공했다.

앤과 캐럴라인은 암울하고 억압적인 실존상황에서도 자아를 탐구하여 실현한 여자들이지만, 그 방법과 인생철학은 매우 대조적이다. 앤은 여자, 가정, 그리고 자아실현을 삼위일체로 통합하는 삶을 살려고 최선을 다한다. 그녀는 자아탐구와 실현은 자기가 가정에 가장 충실할 때 극대화될 수 있다고 확신하기 때문이다. 그녀는 남편과 애들을 극진히 사랑하며, 그들에게 헌신적으로 봉사하면서 그들을 위해 어떤 희생도 감수하려한다. 반면에 캐럴라인은 오로지 자기중심적인 삶을 살면서 자아실현에만 몰두한 가정포기자이다. 그녀는 자식사랑을 할 수 없는 여인이었으므로 그녀의 인간관계는 매우 비정상적이다. 그녀는 아들보다는 며느리에게 더욱 많은 관심과 애정을 쏟아, 아들을 요절시킨 비정한 어머니이다. 그러므로 앤은 캐럴라인을 가혹한 여자의 운명을 극복한 선구자로 존경하면서도, 자식사랑의 방기자로 힐난한다. 그러면서 앤은 그녀의 이런 전철을 밟지 않겠다고 굳게 결심한다. 따라서 그녀는 자신의 가장 중요한 책임과 의무는 애들을 안전하게 보살피는데 있다고 확신하면서, 또 애들이 자기 삶의 활력소라고 믿고 그들의 존재의의를 강조한다: "애들이 집에 돌아오면 집안분위기는 더욱더 생기가 넘치면서 고조되었다. […] 너희들은 나의 삶에 가장 심오하고 순수한 기쁨을 주었다"(16). 이러므로 그녀는 애들이 옆에 있으면 지극한 행복감을 느낀다. 그녀는 남편의 절대적 이해와 협조를 받으면서, 최선의 창조라고 스스로 간주하는 모성애와 삶의 예지를 탐구하여 실천하려한다. 그녀는 이 탐구와 실천의지와 함께 자신의 육체를 악의 근원으로 죄악시하지 않고, 성적 욕구와 쾌감의 원천으로 찬미한다. 그녀는 언제나 남편의 동의와 협력을 받으면서 성적 쾌락을 추구하려 함으로, 그의 존재를 자기 삶의 활력과 황홀경의 원천으로 받아들인다: "그의 육체의 아름다움이 그녀에게는 자연스럽게 솟아나오는 즐거움이었다. 그녀는 마치 그 아름다움이 자연현상인 햇빛이나 향기로운 공기인 것처럼 자신을 그 속에 잠기게 했다"(133). 그리하여 남편과 성생활을 마음껏 즐긴다: "그들은 서로의 욕구를 조화시켰다. 때로는 자기가 남편을 황홀경 속으로 이끌어갔고, 어떤 때는 그가 자기를 그렇게 해주었다"(138). 그녀는 부부의 성적 쾌락추구에서 가장 중요한 관건은 여자가 남자를 어떻게 상대하느냐에 달려 있다고 믿는다. 그래서 그녀는 언제나 적극적으로 남편의 아름답고 상냥하며 요염한 애인이 되려고 최선을 다한다. 요컨대 앤은 여자들에게는 오로지 가사만 있을 뿐, 자아탐구와 실현, 그리고 성적 쾌락추구가 허용되지 않았던 실존여건에서 여성의 이중역할의 가능성을 현실화시켰을 뿐 아니라 성적 황홀경을 만끽한 출중한 여인이다. 다시 말하면, 그녀는 가정에 충실한 주부이면서도 탁월한 전문인이 될 수 있음을 입증한 증인이다. 또 그녀는 "남자는 정신/문화이고, 여자는 육체/자연"[191]이라는 서구의 이원론의 부당성을 통박한다. 그녀는 여자의 육체는 악의 원천이 아니라 삶의 활력소라고 주장한다. 여자의 육체는 성적 욕구와 쾌감의 진원지이며, 성적 쾌락과 황홀경은 삶의 생동이고 활력이라고 역설한다. 앤은 여성에 대한 부당한 편견의 불식과 이원론의 악폐제거에 공헌한 이상적이고 창조적인 여인이라는 찬사를 받아야한다.

게일 가뒨(1937-)은 20여년의 작가생활로 "가장 탁월한 천부의 재능을 갖고, 가장 왕성한 창작활동을 하는, 가장 인기 있는 20세기후기 남부소설가들 중의 한 사람"[192]이라는 절찬을 받는 여자소설가이다. 이 절찬은 그녀의 "삶과 소설은 하나라"[193]는 소설철학에서 연유한다. 이 소설철학에 의하면, 모든 인간의 영혼이 부단히 탐구하는 진리는 주체적이며 진실한 자아와 삶을 창조해야한다. 그런데 소설창작이 이 진리를 가장 완벽하게 표현하여 전파할 수 있으며, 또 이 진리가 개개인의 삶의 변화와 사회개혁의 이정표와 원동력이 되어야한다. 가뒨은 이 소설철학에 의존하여 자기가 남성우위사회에서 살 수밖에 없었던 비극적인 삶을 극복하는 자서전적인 소설을 창작한다. 그녀는 소설을 창작함으로써 자신의 존재와 주장이 무시되어 좌절과 절망으로 암울했던 삶을 감내하고, 영혼이 열망하는 진리, 주체적인 자아, 그리고 활력이 넘치는 삶을 창조한다. 그녀는 자신의 소설창작과 비극적인 삶의 극복, 자아성숙, 그리고 삶에 대한 새로운 시각과 확장 사이에는 깊은 상관관계가 있다고 주장한다: "내가 더 많은 소설을 창작하면서 더욱 많은 주인공들을 창조하면 창조할수록, 나는 스스로 자신을 성숙시켜 확장시키고 있음을 더욱더 절실하게 의식한다."[194] 이렇게 그녀는 소설창작으로 자신 뿐 아니라 여자들이 남성우위사회에서 필연적으로 살아야하는 예속적, 비극적인 삶을 독립적, 창조적인 생활로 탈바꿈시킬 수 있는 건설적인 방법을 모색하여 제시한다. 또 그녀는 삶과 소설은 하나라고 믿기 때문에 소설창작에서 사실과 소설을 구별하지 않는다: "사실과 소설: 소설과 사실. 사실과 소설이 어디에 구별되어 있으며, 사실 혹은 소설의 얼마만큼이 표현되어 있느냐? 다시 기억한 자신의 과거가 어디에서 예술로 구체화되는 기억으로 전환되느냐? 당신은 과거를 있는 그대로 혹은 있었던 그대로 이야기함을 언제 중단해야하는가를 어떻게 아는가? 당신은 어떻게 과거를 이야기다운 이야기로 만드는가? 다시 말하면, 무엇이 더욱더 좋은 이야기를 꾸미는가?"[195] 더욱이 그녀는 "소설이 삶에 형체를 부여하는 것처럼 삶이 소설을 구체화시킨다"[196]는 믿음을 전제로 소설을 창작한다. 그녀는 남성우위사회에서 여자들이 감내해야했던 억압적, 절망적이었던 삶을 소설에 구체화시켜 평화적으로 변화시키려한다. 그녀는 여자들의 삶에 강요되었던 의무, 인종, 예속, 그리고 억압과 그에 따른 실의, 좌절, 그리고 무력감을 통찰한 연후에, 이런 삶을 평화적, 건설적으로 극복할 수 있는 의식을 남녀 모두에게 고취시키는 이야기를 쓰려고 최선을 다한다. 그녀는 여자들의 삶에 대한 이야기가 있어야만 그들의 어두운 과거와 현재가 더욱더 잘 이해될 수 있고, 더욱 밝은 현재와 미래가 창조될 수 있다고 확신하기 때문이다. 여자들은 자기들의 삶에 대한 이야기를 읽음으로써 자신과 사회 그리고 남녀관계를 더 깊게 이해하고, 더욱이 자신들의 무한한 잠재력과 가능성을 인지하여 발휘하며, 활력이 넘치는 자립적인 삶을 예찬하면서 영위할 수 있다. 가뒨이 여자들의 주체적 자아와 삶을 예찬하기 위해 영혼이 열망하는 진리를 바탕으로 창작하는 소설의 여자주인공들은 가부장사회에서 비극적 운명을 속수무책으로 감수하지도, 또 맹목적으로 저주하지도 않고, 오히려 자립성과 주체성의 결여에서 파생되는 삶의 무력감을 극복하려고 진실한 자아탐구와 실현에 깊은 관심을 쏟는다. 그들은 자신들의 비극적 운명을 무조건 거부하고 부정하지 않고, 오로지 자기를 알려고 최선을 다한다. 이러기 때문에 그들은 비극적 운명이나 남자들의 권위와 강요의 피해자가 되지 않고, 어떤 역경 가운데서도 스스로 자아와 자기세계를 창조하려한다. 그러기 위해 그들은 긍정적, 창의적 의식을 확장하면서 반항과 부정보다는 영혼의 진리를 탐구하려고 전력한다. 그들은 실존목적은 오로지 자아탐구와 실현에 있다고 확신하기 때문이다. 가뒨은 이런 소설주인공들을 창조하기 위해 삶과 소설을 일원화시킨다. 그녀는 그들이 꿈꾸는 삶과 이런 삶을 창조한 소설, 다시 말하면 그들의 주체적 자아창조욕구와 그 실현을 현실화하는 소설이 여권을 획기적으로 신장시킬 뿐 아니라 남녀평등사회를 신속하고 평화적으로 건설할 수 있는 원동력이라고 믿는다. 요컨대 그녀는 삶과 소설은 하나라는 철학과 그 실천으로 모든 사람의 실존이상과 목적 그리고 그 실현과 달성을 위한 의식개혁과 사회변화의 이정표를 세우려고 소설을 창작한다.

가된이 "삶과 소설은 하나라"는 철학을 탁월하게 구현한 세 번째 소설, *독신여성*(*The Old Woman*, 1974)을 고찰해본다. 소설주인공, 제인 클리퍼드(Jane Clifford)는 영문학박사학위를 취득했으나 안정된 직장을 구하지 못해 중부의 저명한 대학교 영문학과에서 2년 고용계약으로 영국문학을 강의하고 있는 서른두 살의 남부출신 미혼여교수이다. 그녀의 계약기간은 다가오는 봄학기에 끝남으로 삶과 직장은 불안정하고 불확실하다. 그녀는 자기를 "우유부단하고 불확정하며 결단력 없는 자아"의 소유자로 정의하고 자조하면서도, "나는 누구인가"와 "나는 왜 여기 존재하는가"를 끊임없이 물으면서 가장 이상적인 자아와 삶의 목적탐구에 전념한다. 그녀는 이 탐구로 자신의 부정적인 자아가 억압적인 외부현실과 자기중심적인 의식에 의해 형성됨을 인지하고, 이런 자아를 소설탐독으로 극복하려한다. 그녀는 자기 삶을 소설이라고 믿고, 자기를 여주인공으로 등장시킨 소설을 쓰면서 변화시키려한다. 그녀는 삶과 소설이 하나이므로 삶은 소설에 의해 이상적으로 창조될 수 있다고 확신한다. 따라서 그녀는 언어와 문학이 삶에 상상불허의 변화를 촉발할 수 있는 마술적인 힘을 발휘할 수 있다는 신념의 옹호자이다. 그녀는 직업이 언어와 문학연구이고, 이 연구로 자기 삶을 변화시키고 싶다. 그래서 단어들의 위력을 찬탄한다: "그녀는 단어들의 위력을 확신했다. 그 단어들은 [우리를] 자극하고 위로하고 파멸시키거나, 해방시켜 구원할 수 있었다. […] 좋은 말이나 나쁜 말은 개개인의 삶과 인류의 역사를 바꿀 수 있었다. 그녀는 자기를 지배하고 싶었다." 그녀는 자기를 지배하기 위해 자아를 유폐시키는 부정적, 소극적인 사고와 생활방식을 탈피해야한다. 그녀는 그 돌파구를 동료교수의 문학정의에서 찾는다: "나는 자신의 유아론으로부터 해방되기 위한 수단으로 문학을 읽는다. 문학작품을 읽으면서 내 의식을 다른 사람들의 의식과 일치시키려한다. 이런 노력이 나의 의식과 세계를 더욱더 광대하게 변화시켜 확장시킨다."[197] 그녀가 유아론에서 해방되어 남녀관계에 내재한 불평등, 적대, 그리고 증오를 극복하고, 평등과 상호이해를 전제로 자신과 상대방의 가능성과 잠재력을 최대한으로 계발하여 확장할 수 있는 자아를 창조하려한다. 이런 자아창조가 그녀의 삶의 목적이다.

그녀가 자아를 창조하는 이야기는 1월 중순의 목요일 새벽 2시에 잠에서 깨어 극심한 불면증에 시달리는 장면으로 시작된다. 그녀가 어지럽고 혼란스러운 불면증을 극복하는 과정의 이야기가 *독신여성*이다. 그녀는 자신의 삶에서 "하나의 큰 상징"(37)이었던 외할머니가 임종하셨다는 어머니 전화를 아침 7시에 받고 큰 상실감과 공허감에 휩싸인다. 이 소설은 그녀가 남부로 내려가 외할머니의 장례식을 치르고, 뉴욕과 쉬카고를 경유하여 수요일에 돌아오기까지 1주 동안의 회고와 상상 속의 대화로 전개되는 이야기이다. 그녀의 불면증은 영혼의 진리와 자아탐구를 부정하는 억압적인 현실과 독선적인 의식에서 비롯된다. 그녀는 지금도 남부의 가부장사회의 굴레에 얽매여 있다. 그녀의 삶과 의식은 남편과 사별하고 수절하는 외할머니, 에디스(Edith)와 젊은 전쟁미망인 어머니, 키티(Kitty)에 의해 형성되었다. 외할머니는 자립적인 삶을 살려는 의지는 추호도 없고, 남자의 보살핌과 보호를 가장 중요시함으로 가부장사회가 여자에게 강요하는 순종, 정숙, 욕구억압, 그리고 자기부정의 노예로 스스로 전락하여, "결혼에서 사랑이 전부는 아니다"(104)고 강변했다. 게다가 그녀는 가부장사회의 여권부정, 질곡, 그리고 억압에 조금도 반항하려 하지 않았고, 오히려 이런 반항을 비난하고 저지했다. 더욱이 그녀는 여자의 "존재이유는 남편을 언제나 사랑하고 존경하면서 그의 뜻을 받들어 이따금 즐겁게 해주는데 있다"[198]고 주장했다. 그녀는 언제나 여자의 이런 본분을 다하려고 최선을 다한 전형적인 남부 여인이었다. 제인은 어머니가 가족의 생계를 꾸려 나가려고 밖에서 일했으므로, 집에서 어머니 역할을 대신하는 외할머니의 보살핌을 받으면서 자랐다. 더군다나 외할머니의 격렬한 반대와 분노를 무시하고 어머니가 재혼하여 열세 살 아래의 이복동생을 출산하자, 거처를 홀로 사는 외할머니 집으로 옮겨왔으므로 그녀의 "정신세계는 거기서 형성되었다"(91). 그러나 키티는 순종, 정숙, 금욕주의, 그리고 자기부정을 강요하는 에디스에게 반항했다. 그녀는 실리를 추구하는 여인이므로 경제적 여건과 입장에서는 사회에 순응하면서도, 자신의 감정, 욕구, 그리고 욕망을 무조건 억압하려하지 않았다. 그녀는 가장역할을 수행하기 위해 지방대학교수 겸 주간지에 사랑이야기를 쓰는 작가로 활동했다. 에디스가 그녀와 열두 살 연하의 제자, 레이 스팍스(Ray Sparks)와의 재혼을 격렬하게 반대하자, 그녀는 어머니에게 사납게 대들었다: "어머니는 제 일생을 망치려 작정하고 있어요.

제발 저를 가만 놔두세요. 저는 제 자신의 삶을 살아야 해요"(94). 그녀는 레이와 성생활을 즐기기 위해 가부장사회의 전통적 인습들 중의 하나, 즉 "수절"에 과감하게 반항했다. 그녀는 그의 보살핌과 보호를 받으면서 성적 욕구도 충족시키고, 물질적 안락과 풍요를 만끽할 수 있었으나, 동시에 그의 굴레에 얽매이게 되었다. 남편은 오로지 세속적 성공과 부의 축적에만 관심을 쏟으면서, 그녀의 인격과 자유를 무시하고, 그녀를 사랑과 존경의 대상이 아니라 자기지배의 소유물로 단정하기 때문이었다. 게다가 그녀는 그의 지배를 아무 불평불만 없이 그대로 수용했다. 제인은 어머니의 이런 삶을 보고, 남녀가 사회적 평등과 상호존중을 전제로 서로의 삶을 활력과 성취감으로 충만시킬 수 있는 사랑이 있느냐고 그녀에게 질문했다. 키티는 딸의 질문에 답변한다: "나도 네가 갈망하여 추구하는 모든 대상들을 하나도 놓치지 않고, 그렇게 해보려했던 때도 있었다. 나도 전부를 원했다. 사랑, 전문직, 그리고 영원히 아름답고 완벽한 모두를 갈구했다. 부모님이 체험해보지 못했던 결혼, 즉 열정과 존중이 가득한 결혼도 갈망했다. […] 그러나 아무것도 성취되지 않았다"(169). 그녀의 남녀평등과 자립적 실존을 현실화시키고 싶은 이상은 개인의 성스러운 영혼과 자아탐구를 중요시하지 않는 남부의 가부장사회에서는 실현될 수 없었다. 따라서 제인의 의식은 어머니의 좌절된 삶의 영향을 받으면서 고착되었다. 그녀의 왜곡된 의식에서 비롯된 불면증은 남부의 가부장사회의 산물이었다.

그러나 제인은 외할머니와 어머니와는 달리 가부장사회의 질곡과 억압에서 해방되기 위해, 자기를 알고 주체적 자아를 고수하려고 최선을 다한다. 그녀는 외할머니의 장례식에 참석하려고 남부로 돌아와 비행기에서 내리면서, 자기를 기다리고 있는 어머니, 계부, 그리고 이복동생을 보고 그들의 마음을 재빨리 간파한다: "그들은 그녀가 하늘로부터 그들의 가정, 지역, 그리고 사회적 신분의 그물 속으로 … 그들의 독선적인 선입관 안으로 들어올 수밖에 없음을 추호도 의심하지 않으면서 그녀의 귀환을 기다리고 있다"(83). 그렇지만 그녀는 앞으로 "가족이 자신에게 강요하는 꼭두각시가 되지 않고, 자기가 누구인가를 알려고 최선을 다하겠다"[199]고 결심한다. 그녀는 자기정체를 독립자존과 자유자재의지로 탐구하려한다. 그녀는 이 의지로 자아, 실존, 그리고 세계를 이해하여 정의하려한다. 그녀는 자신을 어떤 인간, 지위, 신분,

이념, 그리고 종교의 노예로 전락시키지 않는다. 그녀는 자기가 한 번 어떤 틀 속으로 빠져버리면 다시 나오기가 어려울 뿐 아니라 삶의 생기와 활력을 상실하게 됨을 잘 알기 때문이다. 그녀는 자아를 탐구하기 위해 먼저 다른 사람들의 전기와 그들이 창작한 이야기를 탐독한다. 그녀의 독서는 자아탐구와 실존에 어디까지나 참고에 불과할 뿐이다. 그녀는 어떤 인간, 이야기, 그리고 철학에 의존하지 않고 독자적으로 자아를 창조하면서, 그 창조에 대한 이야기를 쓴다. 그녀는 이야기를 쓰면서 새로운 자아와 삶을 창조한다. 그녀가 자아를 창조하는 이야기는 자신의 약혼과 파혼, 가장 절친한 친구 게어더(Gerda), 그리고 기혼남자 게이브리얼(Gabriel)과의 관계를 말한다.

제인은 대학을 졸업하고 외할머니 덕분에 유럽 여행을 떠날 수 있었다. 영국에서 여행의 즐거움을 만끽하고 있을 때 우연히 제임즈 브루턴(James Bruton)을 만났다. 그는 옥스퍼드(Oxford)대학을 졸업하고 합동법률사무소에 근무하면서 변호사시험을 준비하고 있는 좋은 가문출신의 장래가 촉망되는 유능한 청년이었다. 두 사람은 바로 사랑에 빠져, 주말에는 그의 부모와 함께 전원생활을 즐겼다. 그들은 지극한 행복감에 젖어 약혼하고 결혼날짜를 기다리고 있었다. 그러나 불행하게도 그들의 밀월관계는 파탄으로 끝났다. 그녀가 제임즈와 약혼하자, 그의 어머니는 제인의 인격과 의사를 전적으로 무시하고 그녀를 좌지우지하려했다. 그의 어머니는 아직 태어나지도 않은 손자나 손녀의 영국시민권을 확보하기 위해, 제인에게 미국시민권포기를 강요했다. 그러지만 제인은 아이들의 시민권은 자기와 제임즈가 결정할 문제이지 직계존속이 참견할 일이 아니라고 확신하고 이 강요를 완강히 거절했다. 두 여자가 이렇게 치열하게 싸우고 있을 때, 제임즈는 어머니 편을 들었다. 그녀는 그의 이런 편파적인 사고와 행동을 목격하고, 그와 가장 이상적인 남녀관계의 결정체인 "하나"로 합일할 수 없음을 깨달았다. 그녀는 이제 자기와 제임즈가 서로의 사랑과 잠재력을 확장할 수 없음을 인지했다. 그래서 그녀는 파혼할 수밖에 없었다. 그녀에게 사랑이 없는 남자의 보살핌과 보호, 경제적 능력, 그리고 사회적 신분은 아무런 의미나 매력이 없었다. 그녀는 곧바로 귀국하여 영문학을 전공하려고 대학원에 진학했다.

제인과 게어더는 정반대되는 인생철학과 기질을 가졌음에도 불구하고, 서로 영혼에 깊은 관심을 쏟으므로 대학 4학년 때부터 지금까지 10여년 동안 가장 막역한 친구들이다. 게어더는 가부장사회를 신랄하게 비판하는 과격한 여권주의자이고 이혼녀로 "결혼은 경제적 상품이다"(370)고 공언한다. 그녀는 사내답고 재기발랄한 다리 장애자, 보비 멀베이니(Bobby Mulvaney)가 장래에 큰 인물이 될 거라고 믿고 결혼하여, 그를 위해 헌신적으로 봉사하겠다고 굳게 다짐하고도 5개월 후에 이혼했다. 그 후에 그녀는 그가 최연소 주 하원의원으로 당선되었다는 소식을 듣고, 제인에게 자기가 매우 어리석은 짓을 했다고 울부짖었다. 드디어 그녀는 여권운동의 기수로 변신하여 "사랑을 포기했다"(36)고 공언하면서, 남녀의 이상적인 결합과 사랑을 부정한다. 이처럼 그녀는 제인이 가장 중요시하는 남녀 간의 상호이해와 존중 그리고 사랑을 무시한다. 이렇게 대조적인 사고와 기질에도 불구하고, 두 여자의 돈독한 우정의 바탕은 모든 인간은 영혼이 갈망하는 삶을 살아야한다는 확신에 있다. 제인은 친구가 이 확신을 바탕으로 "끊임없이 자아를 재창조하는 능력"(36)에 감탄을 금치 못한다. 그녀는 친구의 이런 탁월한 능력에 항시 매혹당함으로 그들의 우정은 더욱더 공고해진다. 이런 우정에도 불구하고 제인은 남자와의 이상적인 결합과 사랑을 희구한다. 그러므로 지금 그녀는 진실한 자아를 탐구하지 않았던 자기와 세속적인 대학풍토와 싸우고 있다. 그녀의 교수와 동료들은 학문과 진리를 진지하게 천착하지 않고, 왜곡시키고 과소평가한다. 그들의 이런 천박한 태도와 분위기가 대학을 지배하고 있다. 그녀도 한때 이 분위기에 휩싸였던 자신의 속물적인 삶과 학문태도를 참회하고, 외부와 단절한 채 박사학위논문집필에 전념하면서 진실한 자아를 찾고 있다. 그러기 위해 그녀는 자기세계 속으로 빠져들어 영혼의 진리탐구에 몰두한다. 그녀가 이렇게 혼자 노심초사하면서 논문집필과 진리탐구에 전념할 때, 현대어문학회(Modern Language Association)총회의 한 분과에서 논문, "래피얼 이전의 화가협회(Pre-Raphaelite Brotherhood)"를 발표하는 미술사교수, 게이브리얼 윅스(Weeks)를 만난다. 사회자가 색상을 가장 뚜렷하게 표현할 수 있는 사진술의 출현으로 세부묘사에 지나치게 집착한 이 화풍은 곧 쇠퇴했다고 반박한다. 그러자 게이브리얼은 자신의 의견을 개진하여 재반박한다: "사진이 그 색상이 아무리 선명하다할지라도, 우리는 사진으로 실물을 이차적으로 본다고 나는 믿는다. 그림은 … 일차적으로 우리에게 사물들을 제시한다"(213). 제인은 그의 당당한 태도와 예리한 통찰력에 매료되어 곧 그를 존경한다: "그녀는 게

이브리얼을 성실성과 가치의 위대한 수호자로 사모한다. 그는 냉소적, 풍자적 부정정신으로 학문을 매도하고 비방하는 유행을 단호히 거부한다. […] 그는 그녀가 진리라고 믿고 싶은 소망을 뒷받침해주는 원동력이다."[200] 따라서 그녀는 그가 자신의 창조적 삶에 절대적으로 필요한 자극제이고 활력소라고 확신한다. 서로 떨어져 있을 때 그는 그녀를 볼 수 없지만, 그녀는 그를 보고 듣고 만질 수 있다. 그녀는 그와 함께 있을 때 지극한 행복감을 느낀다. 게다가 그녀는 그가 결혼했지만 고독한 삶을 살고 있음을 감지하고, 언제 그의 아내가 될 수 있을까를 상상해본다. 그녀는 그가 연구비를 받아 영국에 간다면, 그를 따라가 어떻게 시간을 활용할 수 있을까를 설계해본다. 그녀는 죠지 엘리엇(George Eliot)이 기혼남자와 독일로 사랑의 도피를 감행함으로써 그녀의 잠재력을 최대한으로 계발하여 위대한 소설가로 대성했음을 알기 때문이다. 엘리엇은 죠지 헨리 루이스(Henry Lewes)의 이해, 격려, 그리고 사랑에 힘입어 그녀의 천부적 재능을 발휘할 수 있었다고 제인은 믿는다. 제인은 자신의 능력과 가능성이 엘리엇에는 뒤떨어지지만, 게이브리얼과의 완벽한 결합으로 자신의 잠재력을 발휘하고 싶다. 그녀는 그의 따뜻한 이해와 지원을 받는다면, 자기도 탁월한 여인으로 변신할 수 있다는 꿈과 기대에 부풀어있다.

그러나 그녀의 이런 꿈은 무산되어버린다. 그녀는 장례식을 치르고, 월요일에 뉴욕에서 게이브리얼을 만난 뒤에 "자기가 그로부터 기대하는 소망은 자신의 삶의 탐구에 도움이 되기보다는 오히려 결정적인 장애물임을 깨닫는다."[201] 그녀는 그에게 "두 개의 자아가 영원한 관계를 유지할 수 있느냐"고 묻는다. 그는 대답한다: "예술은 영원할 수 있지만 인간관계는 그럴 수 없다. 인간관계는 본래 영원할 수 없다. 왜냐하면 그 관계는 사람들 사이에서 이루어지는데, 사람들은 언제나 변하기 때문이다"(277). 그녀는 그와의 관계가 끝났음을 깨닫고, 그로부터 완전히 독립하여 자아를 탐구하여 창조하려한다. 그녀는 자신의 주체적 자아탐구와 창조가 모든 인간의 영혼이 열망하여 실현하려는 보편적 진리임을 드디어 터득했기 때문이다. 게다가 그녀는 자아탐구와 창조가 모든 사람의 공감을 불러일으킬 수 있는 절대진리라고 확신한다. 이제 그녀는 "자아탐구와 실현이 모든 인간의 의무이다"(395)는 보편적 진리를 수용하고, 그 탐구와 실현의 이상적 방법을 모색하려한다. 그러기 위해 그녀는 자아를 정의한다: "자아는 절대로 파괴될 수 없는 우리의 본질적 속성이다. […] 자아는 인간이 만사를 깨닫는 원동력이다. 만사는 자아 속에 존재한다. 자아는 전 우주 그리고 천국과 지옥을 탐구한다. 자아의 본질은 이런 탐구능력이다. 자아는 우리가 들어가서 필요로 하는 어떤 물건이라도 가져올 수 있는 창고, 혹은 모든 장서와 사상들을 보존하고 있는 완벽한 도서관과 같다"(276). 그녀는 이 정의로 자신을 실재로서가 아니라 변화무쌍한 의식의 한 과정으로 파악하려한다. 또 그녀는 이 정의로 왜곡된 의식의 산물, 즉 불면증으로부터 해방되어 순간의 절대적 중요성을 인식하고, 순간을 포착하려한다. 요컨대 그녀는 순간의 포착으로 자아를 탐구하고 창조하려고 전력한다.

이렇게 제인은 새로운 자아를 탐구하여 창조할 수 있는 여인으로 변신하여 수요일에 자기거주지로 돌아온다. 그녀는 곧바로 영문학과와의 고용계약기간이 1년 더 연장될 거라는 반가운 소식을 듣는다. 그녀는 봄학기에 "여성과 문학"의 첫 교재로 죠지 기싱(Gissing)의 소설, *독신여성*을 강의하려한다. 제인은 이 소설가가 여자주인공들을 아무런 편견 없이 묘사했으며 "남녀주인공들이 함께 사고하도록 유도한다"(55)고 믿고 흐뭇해하기 때문이다. 이제 그녀는 과거에는 들리지 않았던 피아노소리를 듣고, "그녀의 심장고동은 감상적인 공포로부터 서서히 평소의 불면증의 맥박으로 돌아왔다. 뒤에 있는 작은 벽돌집으로부터 간신히 들을 수 있는 피아노소리가 들려왔다. 그 소리는 고독, 겨울, 그리고 긴 밤을 영원한 형체와 아름다움의 실재로 변형시키려했다"(419). 이 구절이 소설의 끝이다. 드디어 그녀는 "자신의 삶을 '창조하고,' '구체화시켜,' '미화시키고' 싶은 부단한 갈망을 증폭시킨다."[202] 그녀의 이런 갈망이 그녀의 소설철학이고, 그 언어적 표현이 소설창작이다. 소설창작은 이런 갈망을 충족시켜주는 가장 완벽한 방법이므로, 삶의 가장 이상적인 길잡이이다. 소설은 진실한 자아탐구와 창조의 원동력으로서 삶을 생동감, 활력, 그리고 창의력으로 충만시킬 수 있다. 그러므로 삶과 소설은 하나이다. 부연하면 제인이 쓴 소설이 바로 자신이 갈망하는 가장 이상적인 삶이다고 가뒨은 역설한다. 그녀의 소설철학에 의하면, 소설은 여자들의 비극적인 삶의 기술과 반영이 아니고 그들의 주체적인 삶의 창조이다. 게다가 소설은 여자들의 삶을 변화시켜 그들의 의식과 인식의 새로운 지평을 확장시킬 수 있다. 더욱이 소설은 남녀 모두가 주체적 자아탐구와 실현 그리고 잠재력과 창의력의 계발에 전념한다면, 큰 갈등과 충돌 없이 평등사회를 건설할 수 있는 이상적인 방안을 제시한다.

1990년대 초 우리 영문학계에서는 최근미국여자소설가들에 대한 관심과 연구가 왜 이렇게 미미할까하는 의아심을 가졌다. 이런 연구풍토에 도전하고 싶어 1994년부터 본격적으로 연구를 시작하여 1998년까지 여덟 명의 여자소설가 – 토우니 모리선, 앨리스 워커, 루이즈 어드릭, 신시어 오우직, 죠이스 캐럴 오우츠, 죠운 디디언, 메어리 고든, 그리고 게일 가딘 –에 관한 논문을 썼다. 5년 동안에 8편의 논문을 집필할 수 있었던 결정적인 요인은 1996년 9월부터 1997년 8월까지 안식년 1년을 텍서스대학교-오스틴에서 매우 효율적으로 활용한데에 있다. 그렇지만 작품의 깊은 이해 없이, 더욱이 천착도 퇴고도 하지 않고 급하게 논문을 썼던 것 같다. 다시 논문을 읽어보니 중복기술이 많아 논리를 조리 있게 전개하지 못했음을 이제야 인지했다. 게다가 최근미국여자소설가들이 창조한 여자주인공들이 감내해야했던 학대, 차별, 빈곤, 실의, 좌절, 절망, 무기력, 그리고 울분은 저자의 삶의 판박이다. 그러나 저자는 최근미국여자소설가들을 연구하면서 크게 깨달아 자아와 삶의 새로운 이정표를 세울 수 있었다. 최근미국여자소설가들은 남성우위사회에서 짓밟힐대로 짓밟혀 극도의 실의, 절망, 그리고 무력감에 빠진 여자주인공들을 삶의 낙오자와 패배자로 기술하여 반영하지 않고, 오히려 실존제약과 한계의 극복자와 승리자로 변신시켜 예찬하기 때문이다. 그들은 비록 상상력과 언어구사에 의존하지만 여자주인공들이 비극적인 삶과 현실을 도피, 비관, 부정, 그리고 반항의 대상으로 적대하지 않고, 긍정적, 창조적으로 수용하여 극복하는 소설을 창작한다. 그들은 어떤 생존여건에서도 실존철학으로 독립자존, 자유자재, 그리고 사랑을 가장 중요시하고, 그 목적으로 자아를 탐구하고 실현하려는 여자주인공들을 창조한다. 요컨대 이런 여자주인공들이 이루려는 사랑 그리고 자아탐구와 실현이 바로 삶의 활력, 생동감, 그리고 행복일 뿐 아니라 자유의 구가이고 여권신장이다. 끝으로 저자는 8편의 논문에다 부록으로 "최근미국소설의 주제고찰과 그 의의"와 "최근미국소설 연구와 강의의 새로운 방법과 그 의의"를 추가하여 *최근미국여성소설론과 작품세계: 굴레에서 자유로*를 1999년에 출간했다.

6

2000년대

포우스트모던미국소설 연구

최근미국여자소설가들의 연구에서 축적한 가장 귀중한 재산은 앞으로 적극 활용해야할 실존철학 – 자아와 삶을 항시 어떤 경우에도 긍정하고 예찬해야할 뿐 아니라 상상적 세계에서라도 독립자존과 자유자재의 자아와 삶을 창조해야한다 –이다. 이 실존철학에 의존한다면, 자아와 삶을 억누르는 고통스럽고 후회하는 과거 그리고 생동감과 성취감을 느끼지 못하는 현재에 압도당하고 있는 나 자신과 내 삶의 의기소침과 무기력을 극복할 수 있다고 믿는다. 그럴 수 있다면, 나와 내 삶에 여유, 기쁨, 즐거움, 활력, 자신감, 그리고 성취욕구를 불러일으킬 수 있다. 이 뿐만 아니라 나와 내 삶을 멍에와 틀에서 해방시켜 독립자존과 자유자재의 세계로 이끌어갈 수 있다. 현실적으로 여러 제약과 한계 그리고 다른 사람들과의 복잡하고 미묘한 관계 때문에 나와 내 삶을 이렇게 탈바꿈시킬 수 없지만, 상상세계에서는 혼자 마음 내키는 대로 그렇게 할 수 있다. 현실세계에서도 마음속으로 그렇게 하려는 의지와 포부를 가질 수 있다. 그런 의지가 독립자존과 자유자재의 자아와 삶의 예찬과 창조에 절대적으로 중요하고 필요하다. 그러므로 언제나 이 의지를 강화하고 실천하려고 전력해야한다. 이 전력을 다하려할 때 포우스트모던미국소설 연구가 큰 도움이 될 거라고 생각했다. 포우스트모던미국소설은 기존소설철학과 창작기법을 반박하며 자아와 삶의 새로운 귀감이 될 수 있는 소설주인공을 창조하기 때문이다. 다시 말하면, 독립자존과 자유자재의 실존에 부정적인 역할을 했던 과거의 소설이론과 실천을 부정하고, 긍정적, 창조적인 역할을 할 수 있는 새로운 소설철학과 기법을 활용하여 어떤 실존여건에서도 삶을 긍정하고 예찬하는 소설주인공을 창조하기 때문이다. 포우스트모던미국소설주인공들은 기존소설주인공들이 의식과 실존의 제약과 한계를 극복하지 못하고 필연적으로 직면했던 패배와 비극을 초월한다. 그들은 비록 혼자일지라도 어떤 극한상황도 극복하여 생존할 수 있는 독립자존과 자유자재의 자아를 창조한다. 이런 주인공들에게 매료되었기 때문에 생소하여 이해하기가 매우 어려운 포우스트모던미국소설을 연구해보고 싶었다. 이 연구로 과거의 멍에에서 벗어나서 홀로 독립자존과 자유자재의 자아를 그리면서 의식과 삶을 획기적으로 변화시키고 싶었다. 또 이 연구로 곧 정년퇴직도 하니 외부세계를 의식하지 않고, 나만의 독자적인 학문세계에 몰두하려했다. 이런 의도로 포우스트모던미국소설을 연구하기 시작했다.

이렇게 연구에 착수하여 첫 논문으로 쓴 포우스트모던미국소설가가 윌리엄 에위취, 개스(William H, Gass, 1924-2017)이다. 그는 전통소설의 창작철학과 기법 – 진리의 표현 그리고 삶과 현실의 반영과 기술 –을 전적으로 반박한다. 경악스럽게도 그는 소설은 언어라고 주장한다: "문학은 언어이다. 이야기들 그리고 그 안에 있는 장소와 인물들은 의자들이 매끄러운 나무 조각들, 가끔은 직물이나 철물로 제작되는 것처럼 단지 단어들에 의해서 창작된다." 부연하면, "소설의 심미적 목적은 언어세계의 창조, 혹은 언어세계의 실재의 질서와 배열을 통해 활력이 넘치는 그런 세계의 핵심부분을 창조함이다. 작가가 이런 세계의 창조를 의도하지 않더라도 – 소설가들은 많은 목적들을 의도한다 – 너무나 무질서하여 하나의 세계가 될 수 없더라도, 혹은 너무나 기계적이어서 생명력이 없더라고, 어떤 형태로든 대상의 창조가 완성된다. 이야기는 말해져야하는데, 소설가가 언어의 모든 가능성으로부터 우연히 혹은 신중하게 선택한 단어들의 기록이 그 이야기의 말함이다." 이렇게 그가 소설을 언어로 정의하는 이유는 전통소설의 창작철학과 기법으로는 자신의 소설가의 사명과 소설의 기능을 설파할 수 없기 때문이다. 그의 독창적인 철학에 의하면, "예술가의 목적은 지금까지 존재하지 않는 대상들, 그리고 사랑할 가치가 있는 대상들을 창조해야함에 있다." 또 예술의 기능과 중요성은 어떤 이념, 종교, 그리고 진리의 표현에 있지 않고, 그 자체의 가치와 구성에 있다: "예술작품들은 … 무엇보다도 그 자체의 진리를 역설하기 때문에, 그리고 그 작품들이 존재하는 절대적 방식 때문에" 사회적으로 중요하다. 그가 독창적으로 작가의 목적과 소설의 사회적 중요성을 강조하는 까닭은 소설이 독자들의 구태의연한 의식을 개혁하여 새로운 의식을 창조할 수 있다고 확신하기 때문이다. 따라서 그는 소설의 목적은 의식개혁에 있다고 역설한다: "문학작품의 목적은 필연적으로 당신의 의식을 개혁시켜 상상력을 바탕으로 감수성을 창조하는데 있다. 그러므로 소설을 읽고 있을 때, 당신은 작가가 창조해낸 개념들이 허용하는 작은 연못이나 큰 폭포 속에 휩싸인다. 처음에는 당신 삶의 풍요로움이 무의미한 소음들, 추상적인 의미들, 그리고 보잘 것 없는 세상사들로 뒤바뀌어버린 듯 보일지라도, 훌륭한 소설과 좋은 시가 당신에게 심어주어야 하는 새로운 자아는 마음만큼이나 활짝 열려 음악적인 심오한 감정으로 충만되어 있다." 이렇게 기적적으로 독자들의 의식을 개혁시킬 수 있는 소설의 위력은 단어들로 창작되는 소설주인공들의 삶의 진가에 있다. 그 위력은 이 주인공들이 어떤 전형을 구현시킨 전통소설주인공들이나 우리와는 달리 "존재목적의 굴레로부터 해방되어 정수처럼 밝게 빛나면서 순수하게 존재할 수 있음에서"[1] 솟아나온다.

개스는 삶과 소설창작에서 의식과 상상력을 유달리 강조한다. 그의 이런 강조는 유년기의 비극적인 삶과 비참했던 생활환경을 극복하려는 강한 의지와 새로운 자아창조정신에서 기인한다. 그의 소설창작철학은 인간이 자신의 운명과 환경의 필연적인 피해자이고 산물이면서도 자신과 자기세계에서 주체적인 창조자가 될 수 있다는 확신에 그 바탕을 두고 있다. 관절염으로 절름발이가 된 아버지는 완고한 가장이고, 어머니는 심한 앨커홀중독자여서 그의 가정 분위기는 매우 어둡고 비참했다. 개스는 이런 비극적인 현실을 극복하는 길을 상상력과 의식에서 찾았다. 그는 오직 의식에서 상상력으로 새로운 자아를 창조하여 현실을 초월하려했다. 따라서 그는 의식의 중요성을 강조한다: "확실히 의식은 신비스럽고 기적적으로 무섭게 변형될 수 있다. 결국 의식은 우리가 그 안에서 살고 있는 꿈이고, 꿈처럼 무엇이든지 마음속에 간직할 수 있다. 우리가 육체적, 정신적 건강의 변화들에 주의하면서 그 원인과 상태들을 세심하게 기록했다할지라도, 의식 상태를 충분히 기술하거나 그 상태의 특성을 평가할 방법이나 수단이 지금까지는 없었다. 그럼에도 불구하고 의식은 언제라도 존재하는 우리의 전부이다. 어느 때고 의식이 감동적이면 우리도 감동된다. 또 의식이 아름다움으로 가득 차 있으면 우리도 아름다워진다. 의식은 우리가 살고 있다는 유일한 증거이다." 그러므로 개스는 우리의 존재를 경이, 활력, 그리고 황홀로 가득 채울 수 있는 의식을 확장하는 소설을 창작하려한다. 그는 이런 의식을 확장하기 위해 탁월하게 구사된 언어로 어떤 대상을 창조한다. 이렇게 언어로 최초로 창조되는 대상은 기존진리와 그 세계와 무관해야한다. 만약 그 대상이 진리와 같은 어떤 개념 또는 그 개념의 세계와 관련되어 있다면, 스스로 제한적, 한정적인 제약과 굴레를 자초해버리기 때문이다. 더욱이 소설가는 어떤 철학이나 진리를 주장하여 표현하면, 자기를 그 세계의 함정 속으로 매몰시킨다. 이런 매몰이 전통소설의 한계이고 제약이었다. 따라서 인간의 의식과 존재를 가능한 한 무한하게 확장하려는 포우스트모던소설가는 독자들에게 어떤 철학을 제시해서는 안 되고, 그들을 철학적으로 보편타당한 자신의 언어구사의 세계 속으로 이끌어가야 한다. 유능한 포우스트모던소설가는 "우리를 자연스럽게 자신의 언어 속에 가두어 둔다 – 정말 그 이상은 없다."[2]

포우스트모던소설가가 독자들을 아무런 갈등이나 충돌 없이 자연스럽게 자신의 언어구사의 세계 속으로 이끌어갈 수 있는 위력은 획기적인 언어구사 방법에 있다. 언어구사에는 두 개의 상충되는 방법이 있다. 하나의 방법은 의사를 전달하고, 의사전달의 매개체를 수단으로 간주함이다. 또 하나의 방법은 매개체의 소재들로 무엇이든 만들고, 매개체를 목적으로 간주함이다. 전통소설은 언어로 어떤 시기, 사건, 인물, 사상, 종교, 그리고 진리를 지시하려하고, 언어는 이런 목적을 달성하는데 필요한 수단일 뿐이다. 반면에 포우스트모던소설은 오로지 언어를 세련되고 맵시 있게 구사하는데 그 목적이 있다. "인간"이라는 단어를 들어 설명해보면, 전통소설은 그저 지시를 목적으로 펜으로 글자를 쓸 뿐이다. 그러나 포우스트모던소설은 잘 다듬어진 언어구사를 통해 마치 훌륭한 서예가가 혼신의 힘을 다해 "인간"이라고 쓰듯이 지시에 예술적 정감과 활력을 더하여줌과 같은 역할을 한다. 이처럼 잘 다듬은 언어구사가 만들어내는 세계와 그 힘이 바로 소설이다. 언어가 바로 대상이 되며, 기호들은 사물들과 혼연일체가 된다. 언어는 진지한 목적을 추구하여 달성하려하지 않고, 오로지 장난과 놀이만을 한다. 실제로 개스가 소설창작에서 어떤 특정 시기, 사건, 인물, 그리고 진리를 창조하려하지 않고, 오로지 매우 세련된 언어구사로 생성되는 세계를 창조하려했음을 입증하는 좋은 실례가 있다. 그는 *오우먼세터의 행운*(*Omensetter's Luck*, 1966)의 초고를 출판사에 보내기 직전에 도난당했다. 그는 기억을 더듬어가며 두 번째 원고를 쓰고 난 뒤에 개작원고가 초고보다는 좋지만 만족스럽지 않다고 생각했다. 그는 그때 갑자기 등장인물로 제스로우 퍼버(Jethro Furber)목사가 뇌리에 떠올랐다고 실토한다: "퍼버가 떠오르기 시작했던 때가 바로 그 순간이었다. 새로 쓰기 시작한 소설이 내가 처음부터 집필하고 있어야할 작품이 되기 시작했다. 이제 많은 사람들이 퍼버 장이 이 소설의 백미임을 안다. 나에게도 퍼버 장이 이 작품의 핵심이고 꽃이다."[3] 여담으로 전통소설과는 그 철학과 기법이 전적으로 상반되는 포우스트모던소설이 1960년대에 출판사 편집인들에게도 생소했으므로 *오우먼세터의 중용*은 열두 번이나 출판을 거절당하고 열세 번째 출판사에서 발간되었다.

지금까지의 논의를 바탕으로 *오우먼세터의 중용*을 "소설은 언어로 만들어지는 세계"의 논지로 고찰해본다. 고찰에 앞서 이 소설을 제대로 이해하기 위해, 소설제목의 인물과 단어의 진의를 정확하게 파악할 필요가 있다. 전통소설에서는 소설제목의 인물이 으레 소설주인공이지만, 개스가 독자들에게 경고한 것처럼 이 소설의 주인공은 오우먼세터가 아니고 제스로우 퍼버목사이다.[4] 오우먼세터는 자신의 언어가 없기 때문에 다른 사람들에게 자신에 관해 말할 수도 없고, 자신에 관한 사실들을 기록할 수도 없으며, 자신을 새롭게 창조할 수도 없다. 그는 다만 "자연과 조화를 이루는 인간"[5]이기 때문에 자신의 언어를 가진 사람들의 의식에 대단한 혼란과 변화를 촉발하여 그들을 어떤 행동과 의식으로 이끌어가는 촉매역할을 할 수 있을 뿐이다. 그를 숭배했던 헨리 핌버(Henry Pimber)는 자살하고, 그를 극렬하게 비난하고 모함했던 퍼버목사는 개심한다. 이즈러베스티스 토트(Israbestis Tott)는 이 자살과 개심을 이야기한다. 또 소설제목, *Omensetter's Luck*에 있는 luck의 의미는 사전적 의미, "운수, 행운, 요행"을 뜻하지 않고, "심미적, 존재론적 의미의 심층으로 확장된다. 이 단어는 순진과 체험, 동물과 인간, 사랑과 증오, 무아경의 행복과 힘든 자기인식, 생과 사, 그리고 낙원과 하나님으로부터의 추방 사이의 중경(中景)이다. 이 단어는 오우먼세터의 영향력과 퍼버목사의 저항력 사이의 전쟁터이다. 이 단어는 이런 의미에서 반대되는 것들의 통합이 아니고 연결이며, 혹은 개스가 퍼버로 하여금 설명하도록 한 것처럼, 세이턴(Satan)이 하늘로부터 떨어짐을 막아주는 탄력성 있는 실이다. 브래키트 오우먼세터의 중용은 예술의 기본적인 은유의 핵심이고, 실로 지구라는 위성에 살아있음이 함축하고 있는 전부이다. 오우먼세터의 중용은 있음과 없음 사이의 길이다."[6]

이 소설은 나뭇가지에 목을 매어 자살한 펌버의 부인 가구들을 경매하려는 장면으로 시작된다. 이 경매주관자는 오랜 투병 끝에 건강을 회복하여 겨우 비틀거리기 시작한 토트 노인이다. 이 노인이 흐리멍덩한 기억력과 판단력에 의존하여 자신의 청년기였던 1890년대에 오우먼세터가 사람들과 더불어 살기 위해 가족과 함께 강변의 작은 마을, 길린(Gilean)에 온 후에 일어났던 사건들 그리고 자신들의 언어를 가진 펌버와 퍼버목사가 했던 이야기들을 마치 자기 이야기처럼 말함이 *오우먼세터의 중용*이다. 그는 자기가 재능이 없는 사람이라고 자인하면서, 자기 이야기는 "이야기가 아니라 병이었다"[7]고 주장한다. 그는 재능이 없는데다 높은 수준의 교육을 받지 못했으므로, 그의 언어는 매우 한정적이다. 그렇다 하더라도 그의 이야기에 의하면, "소설의 주요 주인공들 – 이즈러베스티스, 헨리 펌버, 그리고 제스로우 퍼버 – 이 언어창조의 책임자들이다. 그들 각자의 인식이 소설의 각 장을 구성하는데, 가장 긴장은 그들 중에서 가장 세련되고 전문적인 독백자, 퍼버의 장이다. 이 세 사람은 체험의 순수한 인식, 자유스러운 태도, 그리고 세상을 추상화하지 않으면서 살 수 있는 능력의 소유자(오우먼세터)의 출현에 직면하여, 그와 싸우지 않으면 안 된다. 그의 인식, 태도, 그리고 능력이 동시에 그들의 질투와 경악을 유발시킨다. 왜냐하면 오우먼세터는 어떻게 해서라도 그들의 강박관념에 빠진 생활방식을 시시하고 천박하다고 폭로하기 때문이다."[8] 토트가 자기 이야기는 "이야기가 아니라 병이었다"는 주장은 지금까지의 자신감과 안정감이 넘치고 질서정연했던 세 사람의 삶이 오우먼세터의 출현으로 말미암아 극도의 회의, 불안, 그리고 무질서의 소용돌이에 휩싸이게 되었음을 상징한다.

오우먼세터는 임신한 부인과 두 딸과 함께 숲속에서 살고 있으면서, 갑자기 태어날 아이가 틀림없이 아들이라는 예감을 갖고, 두 딸과 아들에게 장래가 있는 삶을 마련해주려면 많은 사람들과 함께 살아야한다고 믿고, 길린으로 이주한다. 그는 우기에 이주하면서도 이 날만은 비가 오지 않을 거라고 확신하고, 가구를 가득 실은 마차에 덮개도 씌우지 않고 마을로 온다. 그가 비가 오지 않는 날을 택해 마을로 들어오자, 언어구사에 한정적인 토트노인은 그를 "유유(悠悠)하고 무사태평한 사람"(9)이라고 말한다. 또 핌버는 그를 자연과 조화를 이루는 초인적인 인간으로 숭배한다: "브래키트 오우먼세터는 깊이 쌓인 눈 속에서도 보통 호각소리와 같은 휘파람으로 신호할 수 있었으며 … 하늘에서 즐겁게 지저귀는 종달새도 될 수 있었다. 그는 땅을 알았다"(31). 핌버가 보기에 오우먼세터는 어떤 일을 하던 너무나 수월하게 했으므로 그의 행위는 하나의 기적 같았다. 또 그는 턱의 근육에 큰 경련이 일어나 입을 벌리지 못하고 있는 난치병을 사탕무우로 만든 찜질 약으로 치료해준 오우먼세터의 신비스러운 비법에 감탄을 금치 못한다. 의사도 이 병을 고쳐주지 못했다. 따라서 그는 자신의 매우 메마르고 비극적인 삶에 오우먼세터가 하나의 큰 전환점을 만들어줄 거라는 큰 기대와 믿음을 갖는다. 그러나 그의 이런 기대감과 믿음은 무산되어버린다. 그는 스스로 정의한 자신의 삶 – "줄곧 나의 삶은 죽음과 매장 그리고 나 자신이 사방이 막힌 채 굳어버린 깊은 공간, 다시 말하면 구멍과 벽 그리고 암흑이었다"(70) –에서 벗어날 수 없기 때문이다. 게다가 그의 더욱 큰 실망과 절망은 오우먼세터에 대한 맹목적, 절대적 믿음에 대한 회의에서 비롯된다. 이제 그는 오우먼세터가 초인적인 인간이 아님을 알았기 때문이다. 그는 자기가 오우먼세터에 의해 구원받을 수 없음을 알고, 맹신과 미몽에서 깨어나 숲속에서 나뭇가지에 목을 매어 자살한다.

핌버는 자신의 언어가 창조한 오우먼세터에 대한 맹목적, 절대적 신뢰와 숭배 그리고 큰 기대와 믿음을 갖고 그에게 의존했지만, 결국 자아와 삶의 제약과 한계를 극복하지 못하고 비극적인 종말을 자초했다. 그렇지만 그는 소설의 핵심주제, 즉 퍼버목사의 의식개혁과 개심의 단초를 제공하는 오우버세터와 퍼버목사와의 갈등과 대결을 예고하는 두 사람의 정반대의 성격을 정확하게 인지하고 있다. 퍼버목사는 이 갈등과 대결로 자신의 언어한계를 극복하고 개심하여 더욱 선량하고 전인적인 인간으로 변신한다. 핌버는 스스로 초인적인 인간이라고 맹신했던 오우버세터와 성직자이면서도 "자연, 인간, 그리고 하나님을 저주하는"(10) 퍼버목사를 대비하여 평가한다: "그들은 아주 정반대의 사람들이었다. 퍼버의 신체는 그가 그 안에서 살고 있는 하나의 상자였다. 그의 팔과 다리는 지체장애자의 목발과 장님의 지팡이 같은 역할을 할 뿐이었다. 이에 반해 오우먼세터의 양손은 그의 얼굴과 똑같은 표정을 갖고, 당신에게 과일을 선물하는 것처럼 그의 본심을 들어냈으며, 양손이 만졌던 것들을 양손에다 쌓고 쌓아서, 마치 여러 강들이 합쳐져서 그 흐름이 커지는 것처럼 양손을 더욱더 크게 만들었다"(44-45). 퍼버와 오우먼세터 사이의 치열한 갈등과 대결은 전자가 후자의 삶의 진가와 그 의의를 결코 그대로 인정하여 수용하려하지 않기 때문에 일어난다. 오우먼세터는 퍼버에게 낙원을 상기시켜주는 위대한 인물이다. 퍼버도 그의 탁월하고 출중한 자질을 시인한다: "오우먼세터는 어떤 일을 하던 일반적인 의미의 기대와 욕심 없이 그저 신이 나서 함으로, 나로 하여금 언제나 이든(Eden)을 상상하도록 하는 매우 심오한 무심의 표정을 띠고 일을 한다"(155). 이러면서도 그는 자연과 조화를 이루면서 유유한 삶을 사는 "비범한 마법사"(94) 오우먼세터를 매도하고 공격한다: "저 인간은 … 의자에서 잠을 자고 있는 고양이처럼 살고 있다. … 고양이는 철저한 이기주의자, 게으른 동물, 그리고 쾌락의 노예이다"(44).

퍼버의 이런 매도와 공격은 그가 사랑을 모른 채 극심한 억압을 받으면서 성장했던 체험에서 비롯된 표리부동한 성격 때문에, 욕구와 충족사이의 그리고 의지와 실천능력 사이의 괴리 때문에 더욱 거세어지다가, 스스로 개심하면서 끝난다. 그는 자신이 사랑의 결핍증을 가질 수밖에 없었던 비극적인 체험을 고백한다: "내가 어린 나이에 글자 A, B, C를 배우기 시작할 때, 누구도 나에게 love를 가르쳐주지 않아서 나는 love를 철자할 수 없어 언제나 O나 V를 빠뜨렸다"(298). 이처럼 그는 애초부터 사랑을 모르고 사랑할 능력이 없었으므로 하나님과 기독교를 제대로 이해할 수 없었고, 다른 사람들과 공고한 유대관계를 맺을 수 없어 소외되고 고립된 채 자신이 자의적으로 창조하는 언어세계에서 실존했다. 게다가 그의 부모는 오로지 자기들 기준으로 아들을 교육시키기 위해 그의 자연에 대한 호기심, 모험심, 그리고 탐구심 뿐 아니라 자연과 독서에서 느끼는 즐거움과 활력을 그로부터 빼앗아버렸다. 그들은 그에게 마음대로 밖에서 뛰어다니면서 놀 수도, 집에서 성경 이외의 다른 책들을 읽을 수도 없음을 주지시키고 강요했다. 그들은 언제나 그의 공포의 대상이었다. 따라서 그는 겉으로는 그들에게 순종하는 척하면서도 마음속으로는 반항했다. 이처럼 퍼버는 스스로 하고 싶은 일 그리고 강요받아해야 하는 하고 싶지 않은 일과 그 불만 사이에서 엄청난 시련을 겪으면서 성장했다. 그의 이런 성장이 그를 표리부동한 성격의 이중인격자로 전락시켰다. 더욱이 그는 부모의 과잉보호 때문에 매우 내성적인 인간으로 변신했다. 그는 사람들과 깊은 관계를 유지하면서 뜨거운 감정을 교감할 수 있는 능력도, 또한 여자들에게 자신의 성적 욕망을 직설적으로 대담하게 발로하여 전이할 수 있는 담력도 계발할 수 없었다. 따라서 그는 성적 욕구를 직접 여자와 관계를 갖지 않고, 여자의 은밀한 곳을 상상하면서 충족시킨다. 그의 성적 욕망과 감정은 여자와의 깊은 애정과 관계에서 촉발되지 않고, 오로지 언어세계에서 일어난다. 그는 언어세계에서 성적 욕구를 충족시키기 위해 여자신도들에게 설교하면서, "신중한[동작을 요구하는] 동사들, 경쾌한[감정을 유발하는] 명사들, 우아한[세련미를 구성하는] 접촉사들을 가지고 [그들과] 성교했다"(202). 더욱이 퍼버의 환상의 극치는 "그가 길린으로 오는 기차 안에서 자기 옆에 앉아 있는 처녀와 자신의 그림자가 성교하는 [장면에서] 일어난다. [이 장면은] '사랑의 슬픈 선물'이라고 정확하게 명명되는 사건임과 동시에 퍼버가 자신의 인식과 언어의 권위에 얼마나 철저하게 유폐되어 통제당하고 있는가의 분명한 표시이다."[9]

퍼버는 성직자로서 비행을 저지르고 부득불 길린에 와서도 자신의 언어세계에 여전히 매몰되어, 마을사람들의 희로애락에는 오불관언하면서 자기 거처에 파묻혀 완전히 격리된 삶을 산다. 그는 이런 생존여건 가운데서도 "자신을 피리를 불고 있는 뱀처럼 수사학으로 매혹시켜"(88) 신도들에게 열심히 설교한다. 그의 설교는 이원론 – "나와 다른 사람, 영혼과 육체, 긍정과 부정, A와 B, 궤변과 싸우는 진리, A는 언제나 승리하지만 B는 … "(255) –의 함정에 빠져 있다. 그러므로 그는 자신의 설교가 신도들의 이상, 현실욕구, 그리고 실생활과 너무나 동떨어져 있어 아주 무용하고 무가치함을 너무나 잘 알고 있다. 이 앎 때문에 "그의 몸은 떨리기 시작했다"(84). 이때 오우먼세터가 퍼버목사를 신도들의 의식과 현실세계에서 완전히 유리된 그의 언어세계로부터 이탈시켜, 육체적 활력, 생동감, 그리고 황홀로 가득한 삶의 세계로 유인하려한다. 처음에 목사는 이런 괴상망측한 행동을 하는 "오우먼세터를 영혼과 싸우는 육체의 사악한 옹호자로 간주한다."[10] 오우먼세터가 목사의 초청에 응해 교회에 왔을 때, 목사는 "오우먼세터가 앉았던 의자 안에 악마가 머무르고 있으므로 악마를 퇴치시킬 결의를 했다"(141)고 확신한다. 그러나 목사는 자신의 영혼으로부터 오우먼세터를 쫓아버릴 수 없음을 알아차린다. 오히려 목사는 자기가 오우먼세터에게 완전히 매료당했다고 부르짖는다: "아아, 나는 그에게 홀려버린다"(143). 게다가 오우먼세터는 신도들에게 목사의 설교에 배치되는 행동을 하면서, 그 파장을 확장시키고 있다. 이제 오우먼세터는 목사에게 매우 위협적인 존재이다. 그러므로 목사는 자신의 생존을 위해 스스로 "비범한 마법사"로 인정한 오우먼세터를 저주해야할 "가장 나쁜 인간"(156)이라고 모함하고 비난한다. 더욱이 목사는 핌버가 마을에서 사라진 사실을 알고, 오우먼세터에게 핌버 살인자라는 누명을 씌우려고 새빨간 거짓말을 하여 오우먼세터에 대한 적대감과 증오심을 유발하여 증폭시킨다: "나는 마을에 거짓말을 퍼뜨려 마을이 그에게 반발하도록 했다. 그의 부인과 딸들도 나의 거짓말 때문에 그에게 등을 돌렸다. [⋯] 나는 나의 거짓말로 하나님까지도 그에게 적대시하도록 했다"(299). 이렇게 목사가 오우먼세터를 증오하는 까닭은 "자의식은 강하지 않으면서, 건강한 성적 욕구와 감정을 가지고 삶에 관한 이야기를 말하기보다는 오히려 삶을 실제로 살려는 기질을 소유한 오우먼세터는, 퍼버목사가 겸비하고 있지 않지만 내심 바라는 모든 것을 아주 분명하게 상징하기 때문이다."[11]

그러나 오우먼세터는 자신에게 악랄한 모함과 극렬한 비난을 퍼붓고 있는 목사를 친구라고 믿고, 나무에 매달려 있는 핌버의 시신을 발견하고, 이 사실을 목사에게 제일 먼저 알려 도움을 받으려고 달려온다. 그의 사악한 목사에 대한 순수한 인간적인 신뢰가 목사를 극도로 경악시켜 감동시킨다. 목사는 정신을 잃을 정도의 경악과 감동을 받고 개심하여 순수하고 솔직한 인간이 되어 부르짖는다. "바보, 안심하고 나에게 오다니? 천치, 내가 안전하냐? [⋯] 이거 야단났는데. 친구라고. 나는 당신에 대한 거짓말을 퍼뜨리면서 지금까지 살았는데, 친구라고? 친구, 친구 —"(240). 게다가 오우먼세터가 목사에게 "중요한 일은 당신이 나를 믿는 것이오"라고 중얼거리는 말을 듣고, 퍼버는 처음으로 따뜻하고 공고한 인간관계의 필요성과 중요성을 깨닫고 참회한다: "나는 얼마나 타락한 영혼을 가지고 있는가. ⋯ 나는 얼마나 몹쓸 천치인가?"(242). 그의 이런 참회는 오우먼세터가 그의 지대한 관심을 언어세계로부터 인간과 삶의 사랑으로 전환시켜주기 때문에 가능하다. 이 사랑은 목사가 "완전한 신뢰를 바탕으로 삶과 자기 주위의 사람들을 수용할 수 있고, 공리공론의 설교보다는 오히려 인간에게 더욱 깊은 관심을 쏟을 수 있는 능력이다.

오우먼세터는 [목사에게] 무조건적 사랑을 주고 있으므로, 퍼버는 그 사랑의 영향을 흠뻑 받고 있다."[12] 목사는 이 사랑 때문에 "적나라한 영혼이 적나라한 육체임을 깨닫고, 이제는 한눈에 영혼과 육체는 하나라고 생각했다"(202). 또 그는 육체의 절대적 중요성을 깨닫는다: "하늘에 계신 우리 아버지, 당신은 우리의 영혼이 우리의 전부라고 말하실지 모르나, 우리의 육체가 우리의 사랑입니다"(272). 목사는 이렇게 깨닫자, "그의 몸은 도저히 억제할 수 없는 웃음의 발작으로 전율했고, 입은 크게 벌어졌으며, 가슴도 벅차 부풀었다 …"(302). 목사는 오우먼세터와의 대립과 갈등으로 자신의 의식을 언어세계의 유폐로부터 해방시킨 다음에 스스로 육체와 사랑에 지대한 관심을 쏟음으로써 새로운 인간으로 재생한다.

이처럼 오우먼세터는 자신의 비법으로 퍼버목사를 개심시키는데 탁월한 능력을 발휘할 수 있었지만, 그 비법을 과신하기 때문에 가정에선 비극을 초래한다. 그는 자신의 희망인 아들이 디프테리아에 걸려 사경을 헤매고 있는데도, 비법만을 맹신하고 아들을 의사에게 데려가지 않는다. 그는 부인의 애타는 하소연에 꿈쩍도 하지 않는다: "사람들은 아기가 아프면 무엇을 합니까? 그게 내가 원하는 거요 — 누구나가 원하는 거요 — 한때는 당신도 원했던 거요 … 바로 평범하고 — 으레 하는 — 인간다운 일이오"(261). 게다가 그는 퍼버목사의 충고와 힐난에도 마이동풍이다: "당신은 의사 오커트(Orcutt)를 부르러 가야한다. 아기가 당신이 우왕좌왕하는 사이에 거의 죽어가고 있다. 당신은 부인의 하소연을 결코 듣지 않으려한다. … 나는 당신이 극악무도한 사람이라고 생각한다"(264). 그는 부인에게 오로지 자신의 비법만을 믿으라고 고집 부리더니, 결국 아들을 영원히 잠들게 해버린다. 그는 아들을 잃은 슬픔을 안고, 부인에게는 한을 품게 한 채 길린을 떠난다. 또 퍼버목사도 폐렴과 정신이상의 증세를 보이더니 마을을 등진다. 이렇게 치명적인 의식의 병에 걸려 건강한 삶을 살 수 없는 두 대표적인 인물이 퍼버목사와 오우먼세터이다. 토트노인이 자신의 이야기를 "이야기가 아니라 병이었다"고 주장하는 이유는 두 사람의 병을 진단해보려고 시도하기 때문이다. 퍼버목사는 실존, 인간, 육체, 그리고 사랑으로부터 유리된 철학이 근저를 이루는 언어세계에 유폐되어 있다. 그는 이 유폐로 다른 사람들과 공고한 인간관계와 공동체의식을 유지하고 형성할 수 없으므로 삶에 관한 공허하고 추상적인 이야기는 말할 수 있으나, 육체적 활력, 성적 만족감, 그리고 공동목적추구와 달성의 황홀감으로 가득한 삶을 살 수 없다. 그의 삶은 비극을 초래하는 위선과 기만의 온상이다. 반면에 오우먼세터는 사랑과 인간 신뢰로부터 솟아나오는 활력이 넘치는 삶을 살고 있지만, 실존에 절대적으로 필요한 지식의 근원인 언어세계를 창조할 수 없을 뿐 아니라 수용하려하지 않는다. 이런 무능력과 부정적 의식 때문에 아들을 잃어버리는 비극을 자초한다. 이 두 사람을 실례로 들어 개스는 "영혼과 육체를, 이성과 감정을, 체험과 순진을, 그리고 언어와 행동을 분리하는 어떤 철학도 실존에 치명타임을 시사한다."[13] 개스는 소설의 대미에서 자신의 이런 시사와 그 성과를 구체화시키려고, 퍼버목사와 오우먼세터의 비극적인 삶의 근원인 일차원적 의식을 극복하는 주인공, 허플리(Huffley)목사를 창조한다. 허플리목사는 퍼버와 오우먼세터의 대립적 의식을 조화시키려하며, 영혼과 육체를 하나로 간주하여 수용하려한다. 더욱이 그는 퍼버목사와는 달리 자신의 의식과 세계에 집착하려하기보다는 오히려 마을사람들의 공동체의식을 창출하려고 최선을 다한다.[14]

개스는 "문학은 언어이다"고 주장한다. 또 그는 소설언어가 긍정적인, 아니면 부정적인 역할을 한다고 역설한다. 다시 말하면, 그 언어가 우리를 해방시킬 수도, 혹은 감금할 수도 있다.[15] 전통소설은 고정불변의 진리, 이념, 그리고 종교세계를 창조하여, 이 세계로 우리를 감금하여 지배하려한다. 우리가 일단 이 세계에 지배당하면, 우리 삶과 의식은 그 세계의 포로로 전락한다. 그렇게 되면 우리는 그 세계의 지배를 받는 피동적인 삶을 살아야하기 때문에 주체성과 공동체의식을 확장할 수 없다. 이런 삶을 살았던 대표적인 인물이 *오우먼세터의 중용*의 퍼버목사이다. 이에 반해 개스는 우리를 해방시키는 소설을 어떤 선입관에도 의지하지 않고, 오로지 언어로 창작한다. 그가 언어구사로 창작하는 소설, 즉 포우스트모던소설은 고정불변의 세계가 아니고 언어세계를 창조한다. 이 언어세계는 우리를 기존의식과 현실세계와는 전혀 상이한 상상세계로 유인하여, 우리 의식을 개혁하여 확장시킨다. 또 이 언어세계는 "있었음"과 "있음"보다는 "있을 수 있음"을 더욱더 중요시한다. 게다가 이 언어세계는 개스의 주장 – "문학작품의 목적은 필연적으로 당신의 의식을 개혁시켜 상상력을 바탕으로 감수성을 창조하는데 있다" –을 적극 지지하고 옹호한다.

레이먼드 페더만(Raymond Federman, 1928-2009)은 오로지 유대인출신이라는 사실 하나 때문에 제2차 세계대전 중에 악몽, 저주, 시련, 그리고 절망의 소년기를 보내야했다. 1942년 7월 16일 새벽에 프랑스군과 나치비밀경찰들이 아파트 3층에 살고 있는 그의 가족을 체포하러 왔을 때, 어머니가 내복만 입은 채 아직 잠이 덜 깬 그를 층계의 벽장 안으로 밀어넣었다. 그가 열네살 때 자기만 살아남고 부모, 누나, 그리고 누이동생은 아우쉬비츠(Auschwitz)로 끌려가 처형당했다. 그는 이런 비극적인 삶과 정신적 충격의 악몽을 성공적으로 극복했을 뿐 아니라 실험적인 수법으로 소설화한 포우스트모던소설가이다. 그는 자신의 비극적인 삶과 그 체험을 소재로 창작된 소설과의 상관관계를 천명한다: "나의 삶은 모순과 단절의 와중에서 시작되었으므로, 나의 작품도 의심할 여지없이 이런 모순과 단절로 점철되었다. 아마 이 때문에 내 작품은 포우스트모던소설로 명명되었을"[16] 것이다. 그는 포우스트모던소설을 창작하고 이론화한 선구자들 중에서 "가장 용의주도하고 정력적인"[17] 작가이다. 그는 "소설과 언어의 가능성들을 탐구하려는, 그리고 이 탐구과정에서 이런 가능성들로 무엇인가를 배우려하면서, 그 가능성들을 철저하게 시험해보려는"[18] 처녀작, *둘 아니면 무용지물*(*Double or Nothing*)을 1966년부터 집필하기 시작하여 1970년에 탈고했다. *둘 아니면 무용지물*은 저명한 저자, 비평가 겸 편집자인 리처드 코스터라니츠(Richard Kostelanetz)의 적극적인 지원을 받았지만, 그 표현과 수법의 대담성과 참신성 때문에 출판에 어려움이 많았다. 이 소설은 여러 출판사들이 출판을 거절하는 수모를 당한 뒤에 전위적인 문학편집자의 용단으로 빛을 보았다. 이런 간난신고 끝에 출판된 *둘 아니면 무용지물*은 페더만에게 두 개의 상 — 프란시스 스텔로프(Francis Steloff)소설상과 퍼내쉬(Panache)실험소설상 —을 받는 영광을 안겨주었다.

페더만은 구사일생하여 프랑스남부로 피신해서 노동력이 없는 노인 농부를 거들어주는 고된 육체노동을 하면서 3년 동안 살았다. 프랑스가 나치점령으로부터 해방되자, 그는 가족이 집에서 자기를 기다리고 있을 거라는 기대와 희망을 갖고 1945년 5월에 파리로 돌아왔지만, 가족이 아우쉬비츠에서 처형당했다는 비보만 들었다. 열일곱 살인 페더만은 비통과 절망 가운데서도 복학해서 공부하고 싶었지만, 그런 여건이 되지 않아 야간노동자로 일하면서 자립생계를 꾸려나갔다. 그가 희망과 장래가 없는 암울한 삶을 살고 있을 때,

고모부가 미국으로 이민초청을 해줘서 1947년 8월에 미국행 수송선에 승선했다. 그는 “많은 기회의 나라,”[19] 미국에 도착해서 불어를 전혀 못하는 고모부를 만나 말을 할 수 없어 매우 당황했다. 그는 지하철열차 안에서 너무나 많은 흑인들을 보고, 파리에서 보았던 미국영화들과는 너무나 다른 현실에 놀라, 나라를 잘못 오지 않았나하고 착각했다. 고모부의 근무지인 디트로이트(Detroit)로 가서 자동차공장의 야간노동자로 일하면서 영어를 전혀 모르기 때문에, 파리에서의 생활과 별로 다를 바 없는 메마르고 보람 없는 미국생활을 시작했다. 그러나 2, 3주 후에 거리를 걸어가다가 우연히 고등학교 건물을 보고 교장을 찾아가서 그에게 전쟁으로 중단되었던 공부를 다시 하고 싶다는 의사를 피력했다. 그의 허가를 받아 열아홉 살의 나이에 미국고등학교에 입학해서 2년 후에 졸업했다. 고등학교 재학 중에 앞으로 자신의 삶의 큰 활력과 희열의 원천이 되는 재즈음악과 친밀해졌으며, 색서포운 부는 법을 배우고 익혀 연주자의 경지에 이르렀다. 1950년에 거처를 뉴욕으로 옮겼지만, 직장을 쉽게 구할 수 없어 누들(noodle)로 연명하면서도 뉴욕시립대학(City College of New York)에서 야간강좌를 청강했다. 드디어 직장을 구하고 많은 친구들을 사귀어 재미있고 안정된 삶을 즐기게 되었지만, 이런 삶도 잠시였다. 신청한 미국시민권을 얻자, 바로 1951년 3월에 군에 징집당했다.

페더만은 이런 삶의 이력 때문에, 자신의 소설창작에서 핵심주제와 최대관심은 자기는 벽장 안으로 들어가 살아남았음, 자기만이 덤으로 사는 삶, 이런 삶의 정신적 충격과 그 극복, 그리고 한 인간에게 이렇게 엄청난 충격과 시련을 일으킨 만행의 규명, 그리고 그 치유책의 강구에 있다. 그러기 위해 그는 유대인들을 집단 처형했던 고정관념의 와해, 자기생존의 궁극적인 의의 탐구, 그리고 자신의 비극적인 삶의 허구적 재생에 전력한다. 그는 핵심주제를 가장 완벽하게 표현하여 전파하기 위해 전통소설에 도전하는 자신의 소설창작철학을 천명한다: “나의 소설창작은 어떤 인물과 진리의 모방과 복사가 아니고, 일찍이 존재하지 않았던 인물과 진리를 창조하려는 의지이다.”[20] 그는 이런 철학으로 창작한 소설은 사실과 허구를 구별하지 않는다고 주장한다. 그는 사실과 허구와의 상관관계를 언급한다: “내가 나의 성장배경과 청년시절을 말할 때, 나는 정말로 사실들을 진술하고 있는지, 아니면 일어났었다고 생각하는 사건들과 내가 어떤 존재였음을 허구적으로 창조하고 있는지 결코 확신하지 못한다." 다시 말하면, 그의 삶에서 실제로 일어났던 사건들과 실제로는 일어나지 않았지만 마음속으로 일어나기를 바랐던 욕망 때문에 오로지 상상력에 의존하여 창조된 사건들을 구별할 수 없다. 그래서 페더만은 "나의 삶은 한 편의 소설이다"고 실토했다. 그가 이 실토에 따른 "소설창작은 언어의 발광과 정신착란을 야기하여, 언어를 그 사회적, 심리적, 지적 속박으로부터 해방시킴이다. 이렇게 함으로써 당신은 세상과 자신의 진면목을 더욱더 분명하게 보고 깨닫는다. 당신은 당신 자신을 창작하라. 자신에 대한 창작을 하지 말고, 자신을 창작하라."[21] 페더만이 이렇게 창작한 *둘 아니면 무용지물*은 "소설의 가능성을 탐구하려는 소설, 또 소설을 지배하는 전통에 도전하는 소설, 더욱이 끊임없이 인간의 상상력에 대한 우리의 신념을 새롭게 하는 소설이다."[22]

그런데 그의 이런 소설론은 두 개의 철학 – "언어는 미리 의미를 내포하지 않는다"[23] 그리고 "언어가 소설이다"[24] –을 전제한다. 그는 소설창작에서 어떤 고정불변의 의미를 표현하려하지 않고, 가능한 한 전혀 예상 밖의 변화무궁하고 다양한 의미들을 창출하기 위해 언어를 구사한다. 또 그는 언어가 우리를 해방시킬 수도, 혹은 구속할 수도 있다고 주장한다: "언어가 당신이 가고 싶은 곳에 이를 수 있도록 당신을 도와주기도 하고, 동시에 거기에 이르지 못하도록 당신을 훼방하기도 한다."[25] 그는 소설창작이 자신과 사회의 어떤 목적을 달성하기 위한 진리와 현실의 표현이 아니고, 아무런 목적 없이 언어를 구사할 때 멋대로 창출되는 의미들의 총체라고 확신한다. 게다가 그는 소설창작이 자신과 삶을 속박하는 고정불변의 진리, 이념, 종교, 도덕, 그리고 인습을 부정하고, 자유자재하고 주체적인 자아창조라고 역설한다. 요컨대 그의 확신과 역설에 따르면, 소설창작과 읽기는 하나의 해방임과 동시에 세계를 전혀 다른 시각에서 보고 재창조함이다. 이 해방과 재창조는 오로지 언어로 실현되어야한다.[26] 이 뿐만 아니라 페더만은 이 해방과 재창조를 더욱 효과적으로 현실화하기 위해 독서방법과 인쇄방식을 지양해야한다고 주장한다. 우리가 너무나 당연시하는 독서는 1쪽에서 시작하여 연속하여 왼쪽에서 오른쪽으로 그리고 위쪽에서 아래쪽으로 읽는 행위이다. 이런 습관적인 행위는 권태롭고 한정적이므로 우리 의식과 행동을 구속하기 마련이다. 그러므로 현재 독서방식과는 반대로 아래쪽에서 위쪽으로 또는 오른쪽에서 왼쪽으로 읽는 방식도 필요하다. 또 그의 인쇄방식에 대한 사견에 따르면, "인쇄와 편집의 모든 규칙과 원칙들은 독자에게 창작/독서 과정에 자발적으로 참여한다는 의식과 책임감을 고취시키기 위해, 더욱이 독자에게 그 이야기의 의미의 설명과 발견 순서에서 선택권을 양도하기 위해, 이야기의 창작에서 변화가 일어났으므로 반드시 개정되지 않으면 안 된다. 따라서 구문의 개념도 바뀌지 않으면 안 됨으로 단어, 문장, 문단, 장, 그리고 구두점도 작품을 읽는 새로운 방법들이 고안될 수 있도록 재고되어 변경되어야한다."[27] 무엇보다도 페더만이 자신의 소설창작의 핵심주제와 최대관심은 우리의 맹목적인 삶의 위험성을 경고하는데 있다: "우리는 진리라고 확신하는 것에 끊임없이 이의를 제기하고, 도전하며, 반항하지 않는다면 언제나 허위의식, 왜곡된 사실들, 그리고 미화된 환상들에 휩싸인 채 삶을 살 것이다." 따라서 그는 우리를 각성시키기 위해 설파한다: "모든 인간이 스스로 자문해야하는 문제는 … 나는 실존에서 지금 도대체 무엇을 하고 있느냐? 이런 자문이 삶과 소설창작의 핵심사상이다. 나의 소설창작도 언제나 이 자문을 바탕으로 한다."[28]

지금까지의 논의를 바탕으로 페더만이 자기를 소설화한 작품, *둘 아니면 무용지물*을 "삶은 소설이다"는 논지로 고찰해본다. 페더만은 *둘 아니면 무용지물*을 집필하면서 자서전이 아닌 소설을 창작하기 위해, 소재가 되는 자기와 거리를 두려고 최선을 다했다. 그러려고 그는 이야기를 여러 인물들을 동원하여 각자 다른 역할을 하도록 한다. 그들이 자기분신인 열아홉 살의 유대인 소설주인공 보리스(Boris), 그의 비극적인 삶을 이야기하는 서술자, 그리고 이야기를 필사하는 기록자이다. 서술자는 오로지 자신의 상상력에 의존하여 주인공의 삶을 창조한다. 기록자는 서술자의 창작내용을 그대로 기술한다. 주인공은 서술자와 기록자의 행위와 그 결과에 큰 불만을 갖는다. 그는 자신의 운명을 개척할 강한 의지와 실천력을 가지고 있다는 확신에도 불구하고, 이 확신은 무시당한 채 자기는 서술자의 상상력에 의해 창조되고, 그 내용은 그대로 기록자에 의해 필사되고 있기 때문이다. 그는 서술자가 자기를 창조할 때까지 기다려야하고, 그의 작업이 끝나야 자기가 어떻게 구현되었는가를 알 수 있다. 페더만은 주인공의 불만 그리고 서술자와 기록자의 활동의 한계를 극복하고, 그들 사이의 불편한 관계를 해소하기 위해 제4의 인물, 작가를 불러들인다. 이 작가는 주인공과 서술자 사이의 논쟁을 조정하는 역할을 한다.

이렇게 페더만은 우리에게 매우 이상하고 생소하게 보이는 창작수법으로 자신의 삶을 소설화하기 위해 주인공, 서술자, 기록자, 그리고 작가의 각각 다른 역할을 활용한다. 그렇지만 페더만이 자신의 삶을 소설화해감에 따라, 네 사람은 각각 "처음에 가졌던 자기정의와 역할을 상실하기 시작함으로써, 서술구조에서 그들의 각각 다른 역할은 하나로 단일화되어 의사(疑似) 자서전적 인물로 통합된다.[29] 그가 이처럼 네 사람의 역할을 활용하다가 통합하는 까닭은 자기를 소설화하면서도 자신에 대한 이야기를 쓰지 않고, 과거의 굴레로부터 벗어나려는 허구적인 인물과 그의 자아탐구와 실현에 전력하는 허구적인 이야기를 쓰고 싶기 때문이다. 또 그가 자기를 소재로 소설을 창작하는 목적은 자신의 과거악몽과 절망으로부터 해방되어 자유스러운 자아를 창조하여 가능성과 잠재력을 계발할 수 있다는 자신감을 가지려는데 있다.

*둘 아니면 무용지물*의 주인공, 보리스가 과거의 비극적인 삶과 악몽으로부터 해방되어 자아탐구와 실현에 전력하려는 의지와 실천이 소설의 핵심주제이다. 그의 탐구와 실현의 이상적인 방법은 이 문장 – "만약 당신이 구멍 속으로 굴러 떨어지면 스스로 붙잡아야하므로 꽉 붙잡고 기어오른다"(24) – 에 잘 표현되어 있다. 페더만은 당신이 떨어졌을 때 기어오름의 절대적 중요성과 필요성을 각별히 강조하기 위해, 인쇄상의 특이한 기교와 파격적인 단어배열로 구성된 문장을 이렇게 만든다.

다
른
만약 당신이 오
구멍 어
속으로 기
떨어지면 당신은
당신은 스스로 붙잡아야하므로
꽉 붙잡고

그는 이 문장으로 누구나 생존에서 구멍이 상징하는 불의의 돌발사나 위험에 언제나 노출되어 있으므로, 그런 경우에 용의주도하게 대비하면서 어떤 시련과 역경도 극복하려는 강한 의지와 실천의 중요성과 필요성을 역설한다. 또 그는 누구나 성공적으로 기어오르려면 일단 떨어졌던 과거와 단절하고, 그 아픔과 악몽을 가능한 한 빨리 초월하고, 오로지 자아탐구와 실현에 매진해야한다고 설파한다. 이 역설과 설파를 성공적으로 구현한 대표적 인물이 보리스이다. 그의 떨어짐은 자신의 과오와 실수에서가 아니라 그가 유대인출신이라는 사실과 나치정권의 편집병적인 유대인 배척주의에서 연유한다. 그는 벽장 안으로 밀려들어갔다가 구사일생하여, 우여곡절 끝에 남부로 가는 화물열차에 승차했다. 그는 며칠을 굶어 몹시 배고팠으므로 거기에 실려 있는 날고구마를 과식해서 배탈이 나서 혼났다. 달리는 열차에서 뛰어내렸는데 다행히 들판의 도랑으로 떨어졌다. 그는 자기를 구해준 노인농부를 거들면서 3년 동안 살았다. 그의 이런 비극적인 삶을 요약하면 이와 같다.

그렇다 그러나 날고구마들
기차에 실렸던 날고구마들을 기억하느냐? 어떤 이야기:
강제수용소들로 가는 중에
강제수용소들 ××××

이곳에 올 수 없다 … [미국으로 오는] 배를 타기전의 보잘 것 없는 삶
굉장히 좋은 이야기! 에서 고구마들을 훔칠 수 있었다. … 다음에 …
기차
쥐들
노인
농장
강제수용소
고구마들 … 야아! (11.1)

이제 그는 자기를 구멍 속으로 떨어지게 했던 전쟁이 끝났지만, 가족도 친구도 돈도 직장도 없다. 그는 불가항력으로 중단되었던 학업을 계속하고 싶은 마음은 간절하나, 독자적으로 이런 절실한 욕구를 충족시킬 능력이 없다. 따라서 그는 극도의 실의, 좌절, 그리고 절망감으로 말미암아 이따금 자살하거나 죽고 싶은 충동에 사로잡힌다.

그가 이렇게 절망적일 때 유대인 특유의 친족애와 이타주의가 유달리 강한 고모부의 미국이민초청장을 받는다. 그는 이민 수속이 끝나 1947년에 미국으로 가면서 과거의 악몽을 잊으려한다: "결국 이 몇 년은 그가 앞으로 우리와 더 이상 논의하지 않을 기차, 강제수용소, 그리고 농장 [때문에 극심한 고통을 당했지만] 잊어버렸어야할 중요한 시기, 그렇다 중요한 시기였다. 그렇지, 과거는 아무것도 아니다. 과거와의 단호한 단절. 상징적으로 과거와의 단절이다. [프랑스] 해안이 시야에서 사라지자, 그는 눈길을 해안으로부터 대양 쪽으로 돌린다. 미국 쪽으로"(97). 그는 고모부가 교외에 아름다운 큰 저택을 소유하고 있어, 2층에 자기 방을 마련해주고, 자기를 학교에 보내줄 거라는 희망과 기대에 부푼다. 게다가 그는 수송선에서 만난 미국여대생으로부터 들은 낙관적인 이야기로 가일층 미국생활의 꿈을 키우면서 위축된 자아를 극복한다. 그녀는 그에게 무엇보다도 먼저 영어를 배워야한다고 주장하면서 미국을 정의한다: "미국은 위대한 국가이므로 누구에게나 많은 기회를 주고 미래를 보장한다. 따라서 누구나 열심히 배우고 노력하면 유명해지고 부자가 될 수 있다. 그녀는 계속 말하기를, 고모부가 당신을 잘 보살펴주면서, 미국은 교육을 가장 중요시함으로 학교에 보내줄 것이다. 그러므로 당신의 미국에서의 삶은 지금까지의 저주와 악몽의 삶과는 전적으로 달라질 것이므로 매우 보람 있고 행복할 것이다"(21). 그는 자신에게 이런 큰 위안과 격려를 아끼지 않는 그녀와 관계를 가진 후에 자신에게서 용솟음쳐 나오는 강한 자발적인 감정, 생동감, 활력, 그리고 자신감을 느낀다. 그는 이 느낌으로 다시 태어나 과거의 비극적인 삶과 악몽에서 벗어나는 계기를 갖는다. 더욱이 그는 흑인들로 가득한 지하철열차에서 이상야릇한 미소를 짓고 있는 키 큰 미모의 젊은 흑인여자를 보고, 자신의 신체가 동요하기 시작하더니 동요가 점차 그 부위로 옮겨가자 그것을 숨기려고 두 손을 무릎 위로 가져간다. 그는 그녀가 앉은 자세를 바꿔 다리를 약간 더 벌리자 그녀의 은밀한 곳, 다시 말하면 삼각

형의 꼭짓점을 응시한다. 그때 그녀가 움직이려고 다리를 더 벌리자, 그는 더 자세히 그 곳을 살피니, 도저히 자제가 되지 않아 자기 것이 격발해버린다. 이렇게 그녀가 그에게 빼앗겨서 잃어버렸던 "젊음, 아름다움 … 그리고 성행위"(223)를 그에게 상기시켜주기 때문에, 그는 과거의 악몽으로부터 해방되어 자신의 욕망, 청춘, 그리고 생명력을 회복한다.

그가 과거의 비극적인 삶과 악몽으로부터 해방되어 청춘과 분출되는 생명력을 회복하지만, 가장 절실하게 이루고 싶은 향학열의 꿈은 실현되지 않는다. 그는 야간노동자로 시작한 미국생활에서 절감하는 "고통, 공포, 주저, 고독감, 불안감, 향수, 그리고 소외감"(200) 때문에 실존의의, 희망, 그리고 미래를 갖지 못한다. 그러나 그는 이런 절망적인 여건 가운데서도 자기를 정의하고, 자아탐구를 위해 문제들을 제기한다: "열아홉 살의 젊은이 혈혈단신이다. 프랑스사람. 유대인. 그의 현재신분은 홀로인 젊은 유대계프랑스이민자이다. 그의 다섯 기본요소들: 고독, 젊음, 인종, 국적, 그리고 신분. 당신은 도대체 어떻게 그처럼 복잡한 배경을 가진 자신의 정체성을 인지하는가? 당신은 어떻게 다른 사람들과 유대관계를 맺는가? 당신은 어떻게 다른 사람들과 의견일치를 이루는가? 이런 질문들은 어려운 문제들이다"(222). 그는 자기가 "떨어진 구멍으로부터 기어오르는 유일한 방법은 더욱더 많은 문제들을 제기하고, 그런 문제들의 목록을 작성하는데 있다"(216)고 믿고 문제제기에 열중한다. 이처럼 그는 항시 자아탐구와 실현에 전념하려함으로 열아홉 살의 나이에 미국고등학교에 입학하여 2년 후에 졸업한다. 특히 그는 색서포운연주자로 탁월한 실력을 발휘할 수 있어 재즈악단의 단원이 된다. 보리스는 여러 사람들의 깊은 배려와 호의에다 자신의 현명한 판단과 처신, 그리고 적극적인 향학열로 말미암아 과거의 굴레로부터 해방되어 자아탐구와 실현의지를 지닌 새로운 인간으로 재생한다: "그는 5년 후에 거울 앞에 서서 자기를 바라보고 있을 때, 도저히 믿을 수 없다. 자기가 다시 태어난 것 같았다. 재생"(192). 요컨대 그는 극한상황을 극복하고 자신의 가능성과 잠재력의 계발과 발휘에 성공한 우리 실존의 귀감이다.

이처럼 *둘 아니면 무용지물*은 페더만이 자기를 과거의 악몽으로부터 해방시켜 자유스러운 자아탐구자로 성숙시킨 자신의 삶을 소설화한 작품이다. 그는 이 소설에서 과거의 비극적인 삶에 관한 이야기를 말하지 않고, 언어로 악몽의 피해자에서 극복자로 변신하는 자아를 창조한다. 그런데 그는 언어로 창작한 허구적인 이야기로 "과거와 현재, 더욱이 … 미래의 역사까지도 포착할 수 있는"[30] 자아를 창조한다. 따라서 그가 언어로 창조한 자아는 비록 상상세계에서이지만 실제로 이루고 싶은 꿈과 뜻을 실현할 수 있다. 이런 자아창조가 우리 실존의 이정표이고 목표이다. 요컨대 페더만은 자신의 소설론으로 실존위기를 극복하면서 자아탐구와 실현에 전념하는 소설주인공과, 그의 잠재력계발과 발휘가 가능한 세계를 창조할 수 있는 이상적인 모형을 제시한 탁월한 작가라는 찬사를 받아야한다.

로늘드 수케닉(Ronald Sukenick, 1932-2004)은 전심전력을 다하여 포우스트모던소설을 창작하고 이론화한 선구자로서, "미국소설 그리고 그 창작과 풍토를 일변시키는데 지대한 공헌을 했던 소설가들 중에서 가장 대표적인 작가이다."[31] 그는 상상력으로 "자서전적 그리고 허구적 사실들을 융합하여" 창작한 처녀작, *위로*(*Up*, 1968)의 집필을 끝내고 심정을 토로한다: "내가 이 소설을 출판하려면 출판사와 몇 년 동안 싸워야할 것이라고 생각했다. 또 나는 기성문단의 적대적인 냉담에 직면해야할 것이라고 상상했다."[32] 그러나 그는 출판계에 막강한 영향력을 행사하는 저작권대리인 겸 편집자, 린 네스비트(Lynn Nesbit)가 *위로*의 원고를 읽고 의외로 좋아했기 때문에 상상 외로 작품을 쉽게 출판할 수 있었다. 이 소설은 혹평과 찬사를 동시에 받았다. 기성문단의 비평가는 수케닉이 탁월한 문학적 재능, 감수성, 그리고 지식을 가지고 있을 뿐 아니라 열정적으로 창작철학과 기법을 학습했음에도 불구하고, "훌륭한 소설을 창작하지 않고 엉뚱한 작품창작에 전념했다"[33]고 혹평했다. 반면에 이 소설을 긍정하고 높이 평가하는 서평은, "로늘드 수케닉의 *위로*는 소설로 분류될 필요만은 있는 작품인 것처럼 보인다. 이 소설은 전개되면서 그 형식을 구성해 가는데 완전히 복잡해진다. 따라서 이 소설은 색깔, 활력, 그리고 생명력으로 가득하게 될 뿐 아니라 언어로 그려지는 행위미술(action painting)로서 이따금 여기저기에 문장을 나열한다. 또 *위로*는 단편적, 과장적, 풍자적 표현들로 가득 차 있다. 그렇지만 이 소설이 끝나면, 그 자체의 통일성이 형성된다. 더욱이 이 소설은 그 자체의 세계를 표현하고 있을 뿐이지, 어떤 다른 대상을 기술하지 않는다."[34]

먼저 이 서평에서 *위로*는 단편적, 풍자적 표현들로 가득 차 있다는 언급은 수케닉이 작품을 전통소설론을 부정하고 포우스트모던소설철학으로 창작했음을 시사한다. 수케닉의 소설철학에 의하면, "소설은 세상을 바라보는 방법을 모색하여 제시한다. […] 사실주의소설은 연대기적 시간을 플롯이 있는 이야기의 매체로, 불변의 독자적 영혼을 성격묘사의 주제로, 그리고 무엇보다도 사물들의 궁극적이고 구체적인 실재를 기술의 대상과 이론적 근거로 전제했다. […] 시간은 더 이상 목적적이지 않으므로, 이제 필연은 없고 우연만 있다. 진리는 다만 우리의 체험이고, 객관성은 환영에 불과하다. 성격도 난처한 자의식의 단계를 체험한 뒤에는 우리 체험의 최소한도의 궤적으로 둔갑했다. 시간, 진리, 객관성, 그리고 성격이 없어졌음을 고려하면 …"[35] 또 *위로*는 활력과 생명력으로 가득하다는 주장은 수케닉이 새로운 시각과 철학으로 정립한 참신한 삶, 성, 소설, 그리고 작가의 정의에서 연유한다. 그의 삶의 정의에 따르면, "삶은 놀라움의 연속이다. 삶에서 언제나 놀라움을 유발할 수 있는 유일한 원천은 자발적이고 즉흥적인 행위를 하는데 있다."[36] 이처럼 그가 개인적인 차원에서 정의하는 "삶은 우리에게 강요된 실재가 아니고 우리가 창조적으로 열중하는 성숙의 과정이다."[37] 그는 이런 삶을 살려는 사람들에게 성이 결정적인 역할을 한다고 강조한다: "성은 즐거움의 원천이고 열망의 대상이기 때문에 모든 인간사 중에서 최고이다. 성이 그처럼 강력한 힘을 발휘할 수 있는 [성에서 유발된] 감정이 다양한 감정들로 그렇게 쉽게 전이될 수 있기 때문이다."[38] 더욱이 그는 성이 우리의 주체적 자아와 삶을 창조하는 원동력이라고 확신함으로, 소설을 "성적 욕구를 충족시켜주는 이야기"[39]로 정의한다. 그의 또 다른 정의에 의하면, "소설은 넘치는 활력을 내포하며 감정, 활력, 그리고 흥분을 전도하면서, 새로운 체험들을 촉발하기 시작한다."[40] 따라서 그는 소설의 기능은 우리를 추상적, 유아론적인 고정관념으로부터 해방시켜, 주체적 자아창조 의지와 실천, 상상력과 창의력확장, 성적 욕구충족에 있다고 역설한다. 게다가 *위로*를 독파하고 나면 통일성이 형성된다는 서평자의 통찰은 수케닉이 소설가로서 주창하는 작가의 사명감과 역할론을 지지하고 옹호한다. 수케닉은 스스로 먼저 깨닫고, 독자들을 깨우치려한다: "소설가들은 … 자기의식을 어떻게 개혁시킬 방법을 알고 있다. 체험을 바탕으로 한다. 그들은 독자들의 의식을 어떻게 개혁시킬 방법도 알고 있다."[41] 그는 자신의 실존과 소설창작에서 일방적, 예속적, 맹목적인 삶을 자기에게 강요하는 정치적, 사회적, 경제적, 문화적 풍토를 통렬하게 매도하고, 주체적 자아와 삶, 상상력과 창의력확장, 그리고 성적 황홀경만끽을 열렬히 예찬하면서 실현시키려고 최선을 다한다. 또 그는 다른 사람들에게 이 예찬과 실현의 가치와 의의를 일깨워주려고 전력한다.

지금까지의 논의를 전제로 *위로*를 "새로운 자아와 삶의 창조"의 논지로 고찰해본다. 수케닉은 *위로*에 자신의 실존철학 – "삶은 우리에게 강요된 실재가 아니고 우리가 창조적으로 열중하는 성숙의 과정이다" –을 탁월하게 구현했다. 그는 *위로* 창작을 강요와 허위의식으로부터 해방되는 자아일신, 성 찬미, 그리고 깨달음의 계기로 활용한다. 다시 말하면, 그는 소설창작으로 자신을 억압했던 살기 싫은 삶을 극복하고 놀라움, 즐거움, 자발성, 그리고 즉흥성을 유발하는 신이 나게 살고 싶은 실존을 창조한다. 그는 새로운 자아와 삶을 창조하는 *위로*를 창작하기 위해 상상력, 창의력, 그리고 언어구사에 의존하여 사실과 허구를 교묘하게 융합하는 뒤죽박죽의 단편적인 이야기들을 나열한다. 따라서 이 소설에는 이야기전개 순서를 말하는 목차가 없이 1쪽에서 이야기가 시작되어 계속 문단으로 연결되고 있는데, 가끔 큰 짙은 활자의 이야기제목들과 문단 간격을 더 넓게 하여 이야기가 시작되었다가 끝났음을 시사한다. 이렇게 기발한 소설형태가 독자들을 경악시킨다. 그러므로 *위로*에는 등장인물들을 상호결합시키는 플롯, 전형적인 주인공, 연대기적인 시간, 사건들의 인과관계, 그리고 절대진리가 없다. 이런 나열과 절대진리가 없음은 수케닉이 "소설은 신념의 관념론적 공식화가 아니고 [삶의] 진리와 하나가 됨의 천명이다"[42]는 확신에서 비롯된다.

지금부터 *위로*의 주인공, 로늘드 수케닉이 상상력과 깨달음에 의존하여 어떻게 강요와 억압의 실존을 극복하고 주체적 자아를 탐구하는가를 고찰한다. 강요와 억압의 삶은 인간의 본능과 인권을 무시하는 지배계층인사들이 실존에서 절대시되어야하는 놀라움, 즐거움, 활력, 자발성, 그리고 즉흥성을 전적으로 부정하고, 자신들의 일방적, 독선적인 주장과 신념에 무조건 추종해야하는 생활을 의미한다. 그들은 자신들의 왜곡된 의식으로 다른 사람들의 삶을 무력화시키려고 안달한다. 이런 실존여건에서 주인공은 소설을 창작함으로써 자유스러운 자아창조에 열중하여 허위의식을 극복한다. 먼저 주인공은 개인의 자유스러운 의사표시와 행위를 무자비하게 탄압하는 공권력의 만행을 인간실존의 가장 처참하고 가공한 실재로 단정하고, 우리가 이 실재에 어떻게 대처하느냐에 따라 부정적, 반항적, 아니면 긍정적, 창의적 삶을 사느냐가 결정된다고 시사한다. 따라서 *위로*는 공권력이 개인의 인권과 존엄성을 유린했던 만행에 주인공이 창의적으로 대응하는 이야기로 시작된다. 그가 정치집회장으로 가려고 버스에서 내리자마자, 경찰관들이 그를 강제로 경찰차에 태워 연행한다. 경찰관들은 연행당한 사람들에게 소지품들을 상자에 넣고 옷을 전부 벗으라고, 더욱이 두 젊은 여자에게도 남자들 앞에서 옷을 다 벗으라고 명령한다. 경찰관들은 그들이 지급받은 옷을 입자, 한 사람씩 난방이 전혀 안 된 영하의 지하실 독방에 감금한다. 주인공은 멀리서 들려오는 비명소리를 듣지만, 너무 추워서 몸을 덜덜 떨 뿐 어떤 사고와 행동도 할 수 없다. 게다가 그는 생전 처음으로 극심한 공포감과 모욕감을 뼈저리게 느낀다. 그러면서도 그는 사회의 반항자나 파괴자로 전락하지 않고, 이런 비이성적, 억압적인 현실을 긍정적, 창의적으로 직시하고 대처한다. 그는 이런 직시와 대처로 자기는 누구이고 무엇 때문에 존재하는가를 탐구하면서 소설창작에 몰두한다. 그에게 "소설창작은 삶의 긍정이고 승리"[43]이기 때문이다.

또 주인공은 대학에서 작문강사로 재직 중에 제도적, 권위적 억압에 직면하자, 자신의 창조적, 실용주의적인 교육철학을 당당하게 주창함으로써 그 억압으로부터 해방된다. 그는 자기를 좌지우지하여 질식시키려하는 속물근성의 권위적, 폐쇄적인 학과장과 싸운다. 학과장은 주인공을 무시하고, 더욱이 그에게 압력을 가하기 위해 강의평가를 규정횟수 이상으로 하면서, 그의 강의방식에 부정적인 평가도 있음을 내비친다. 이 뿐만 아니라 학과장은 작문숙제에서 다른 사람의 글을 그대로 베낀 학생을 실격시키자는 자신의 의견에 따르지 않는 주인공을 면직시킨다. 주인공은 면직을 감수하면서 그 학생을 옹호한다. 그의 실용주의적인 교육철학에 따르면, 학생은 비록 부정행위를 했을지라도 표절을 하면서 많은 지식을 얻을 수도 있다. 적의하게 표절하는 학생이 주입식교육을 받은 학생보다 더 현명할 수 있다. 교육은 정통적인 관행과 기계적인 답습문제가 아니고 교육자와 피교육자의 의식개혁과 확장문제이다. 또 교육은 무엇을 어떻게 가르칠 것인가의 철학적 문제이므로 획일화되어서도, 더욱이 현실과 무관한 견강부회적인 공리공론이 되어서도 안 되고,

실용주의적이고 진리 창조적이어야 한다. 따라서 주인공은 비록 실직자가 되지만 자신의 개방적인 교육철학을 수용하려하지 않는 학과장과 결별할 수 있어 오히려 흐뭇하다: "우리는 사이좋게 헤어졌다. 그는 정중했고 나는 미소를 머금었다. 그래서 당신은 그가 나를 정년보장교수로 천거했다고 생각할 수도 있었다. 사실 나는 해고당하고 싶다."[44]

게다가 주인공은 소년기에 자신의 본능과 욕구를 최대한 억눌러야하는 엄청난 심리적 억압을 받으면서 성장했다. 미국이민 1세대 유대인들은 극빈의 고난을 감내하면서 생존했기 때문에 "자유는 바로 은행에 저축된 돈이다"(244)고 확신했다. 따라서 그들의 실존목적은 오로지 축재와 이에 따른 안정되고 안락한 생활에 있었다. 그들은 자녀들의 본능, 욕구, 가능성, 잠재력, 그리고 자질을 전적으로 무시하고, 그들을 축재가 보장되는 대학에 진학시키려고 발버둥이 쳤다. 그러므로 그들은 이런 왜곡된 인생관 때문에 자녀들을 자기 꿈과 세계를 가진 개체적 존재로 이해하여 수용할 수 없으므로 그들과 삶의 즐거움, 여유, 그리고 궁극적인 목적에 관한 대화를 나눌 수 없다. 그들의 배금주의 편집병이 자녀들의 삶을 왜곡시키면서 메마르게 하여 그들을 이상성격자로 성장시킨다. 주인공의 고등학교친구들은 전 과목 A학점을 취득하여 하버드대학교 의과대학 진학이 삶의 전부이다. 그들은 오로지 일차원적 삶의 목적달성에 신명을 바치므로 자아를 상실하여 위선자, 변태성욕자, 그리고 방관자로 전락한다. 주인공도 위선 때문에 여자친구와 성에 관한 대화를 솔직하게 나눌 용기와 의지를 갖지 못해 엉뚱한 이야기만 말한다: "우리는 앞으로 진학할 대학에 대한, 함께 보았던 영화에 대한 … 이야기를 나누었다. 우리는 결코 성에 관한 이야기는 하지 않았다. [그러나] 성이 정말로 우리 마음속에 간직하고 있는 유일한 화제였다"(85). 또 그의 친구는 변태성욕자로 "동물학대를 좋아하며, 여자들을 동물과 다를 바 없다고 생각하고, 캄캄한 밤거리에서 여자들을 … 깜짝 놀라게 겁주기를 좋아한다"(101). 이 뿐만 아니라 주인공이 목격한 바에 의하면, 10대 불량배들이 지하철역 광장에서 칼로 소녀를 위협하여 옷을 다 벗게 한 연후에 "책상 위에 눕히고 [그녀에게] 상스러운 말들을 하라고 강요하면서 좋아했다"(32). 이런데도 모든 사람이 하나같이 방관한다. 드디어 주인공은 편집병자들의 행패를 실감한다. 그는 이 실감으로 허위의식의 포로로 살았던 과거로부터 해방되어 다시 태어난 자기와 앞으로 살려는 진실한 삶을 새롭게 정의한다: "나는 스스로 아직 태어나지 않은 사람들 중의 한 사람임을 알았다. 나는 나의 진실한 삶은 내가 겨우 상상하기 시작했던 철학, 다시 말하면 내가 브르클린(Brooklyn)에서 보냈던 어린 시절의 성장을 방해했던 유령세계로부터 완전히 해방된 뒤에만 요람기를 맞이할 철학을 바탕으로 하고 있음을 확신했다"(60). 그가 재생하려면 무엇보다도 먼저 자신의 본능과 욕구를 적극적으로 긍정하고 충족시키는 철학을 탐구해야한다. 이 철학은 자유는 은행에 저축된 돈이 아니고, "당신의 욕구와 소원을 성취할 수 있는 힘이다"(244)고 주장한다. 또 이 철학은 강압적인 도덕의 부정적인 기능과 그 폐해 그리고 성의 긍정적인 역할과 그 위력을 강조한다: "청교도기질은 바로 파괴적 억압의 사회적 형태이고, 성은 대변혁을 촉발하는 원동력이다"(88). 그가 이 철학에 의존하여 실현하는 의식개혁과 새로운 자아창조가 바로 재생이다. 그의 의식개혁과 자아창조 그리고 재생은 사회적 변화를 촉발한다: "먼저 개인의 의식개혁과 재생 없이는 진정한 사회적 변혁이 일어날 수 없다. 그 개혁과 재생의 비결은 디. 에이취. 로런스, 헨리 밀러(Henry Miller), 프로이트(Freud), 니체(Nietzsche), 노먼 오우. 브라운(Norman O. Brown), 그리고 허버트 마쿠저(Herbert Marcuse)가 탐구하기 시작했던 삶의 심오한 정신분석적-성적 근원에 있다. 우리는 인간의 심오한 본성에 의거해서 세계에 대한 예언자적 상상도를 파악하려고 전력해야한다"(250). 요컨대 주인공은 의식개혁과 자아창조 그리고 재생으로 편집병자들의 굴레로부터 해방되는 사회적 변혁을 촉발하면서 그들의 인간성을 회복시키려한다.

더욱이 주인공의 자아창조의 바탕은 성적 황홀경에 있다. 그는 여자친구에게 고백하기를, "내가 너에게 정말로 마음에서 우러나오는 키스를 할 수 있다면 … 나는 다시 진실한 자아를 창조할 수 있을 것이다"(170). 그는 그녀와 가졌던 성관계에서 촉발된 황홀경으로 계시를 얻었다고 실토한다: "우리는 긴 의자에서 서로의 몸을 손으로 더듬으면서 길게 몸부림쳤는데 … 내가 그녀의 육체를 탐닉하는 것만큼 그녀도 나의 육체를 탐닉했다. 참으로 큰 계시이다. 평생 처음으로 내 신체의 관능적인 반사작용이 완전히 걷잡을 수 없이 계속 증폭되었다. 나는 다음에 무엇이 일어나고 있는지 전혀 모르고 있다가, 나를 황홀의 극치로 이끌어가는 경련으로 드디어 압도당했다"(145). 그는 이 계시로 얻은 득도에다 상상력의 도움을 받아 새로운 자아를 창조한다. 그는 성적 황홀경으로 왜곡된 인생철학에서 초래된 무기력한 삶에 활력과 생동감을 불어넣으면서, 실존목적은 득도에 있다고 깨닫는다. 그는 이 깨달음으로 자신을 편집병자들의 독선과 아집의 굴레로부터 해방시킨다. 또 그는 상상력으로 자기가 극심한 억압과 강요 때문에 살고 싶지 않았던 삶을 긍정적, 창의적으로 수용하면서, 자유스러운 삶을 창조하려한다. 더욱이 상상력은 사실과 허구를 융합할 수 있으므로 그의 강압적인 삶의 악몽을 완화시키기도 하고, 자유스러운 삶이 현실적으로 불가능하면 허구적으로라도 가능하게 하면서, 그가 억압적인 현실에 긍정적, 창의적으로 대처할 수 있는 방안을 제시한다. 이 대처방안이 소설창작이다: "예술은 자아창조과정이다. 예술은 정말로 당신을 소생시킨다"(217). 따라서 주인공은 소설창작으로 자아를 창조할 뿐 아니라 그 창조방법을 터득한다: "그것(소설창작)은 상상력의 통합과 구체화 능력 때문에 … 가치, 관심, 혹은 인간애가 없어 자아의 중요하고 소중한 욕구에 아주 둔감한 편집병자들의 진리를 부정할 수 있는 방법이다. 소설창작은 자아의 가치를 확증하고, 세계가 그 가치에 갑자기 반응하여 그 가치로 충만함을 발견할 수 있는 진리 속으로 자아를 투사하는 방법이다"(307-8).

그러므로 주인공은 편집병자들과의 그리고 억압적인 사회와의 적대관계를 창조적으로 개선하기 위해, 포우스트모던소설철학과 기법으로 *스트롭 버낼리의 모험*(*The Adventure of Strop Banally*)을 집필한다. 그는 왜곡된 고정관념을 더욱 고착시키는데 일익을 담당하고 있다고 믿는 전통소설의 틀과 벽을 깨뜨리기 위해 이 작품을 창작한다. 이 작품이 바로 *위로*이다. 소설주인공, 버낼리는 변화무쌍한 성격의 소유자로 "사기꾼들 중의 사기꾼이고, 순진한 사람을 농락하는 명수, 인상적이고 태평스러우며, 천국에 있거나 지옥에 있어도 마음이 편안한 사람이다"(4). 이처럼 일관성이 없는 주인공이 등장하는 *스트롭 버낼리의 모험*은 전통소설을 좋아하는 매우 완고한 친구의 반발을 유발한다. 친구는 이 작품은 소설이 아니고 뒤죽박죽의 단편적인 이야기들의 결합체에 불과하다고 비난한다. 또 친구는 이 소설에는 주인공이 편집병자들과 억압적인 사회와 빚는 갈등과 대립으로 증폭되는 적대관계의 인과성과 필연성도 없고, 더욱이 사건전개의 연대기적 시간개념도 없다고 혹평한다. 주인공은 이 혹평에 대응하여 자신의 소설창작목적은 자기와 독자가 왜곡된 의식으로부터 해방되어 진실한 자아창조에, 그리고 이 창조에 결정적인 역할을 하는 성적 황홀경의 강조에, 더욱이 이 창조와 강조로 억압적인 사회를 변혁시키는데 있다고 주장한다. 그는 이 목적달성을 위해 단어들을 연결시키는 수법으로 *스트롬 버낼리의 모험*을 창작한다. 그는 이 작품을 쓰는 자기와 읽는 독자들이 새로운 자아창조에 필수적인 회의적 사고, 깨달음, 그리고 상상력의 중요성과 필요성을 절감할 수 있기를 기대한다. 그가 자아를 창조하는 이야기를 요약하면, "실존하라, 생존하라, 반항하라, 이것이 전부이다. 이것이 줄거리, 부차적 줄거리, 쓸모없는 줄거리이다. 빨리 조용히 끝내자"(329). 주인공이 이런 요지로 소설집필을 끝내려는 행위는 억압적인 삶과 사회 속에서도 새로운 자아를 창조할 수 있다는 자신감의 표시이고 삶의 긍정과 예찬이다. 요컨대 *위로*는 주인공이 억압적인 사회로부터 도피하지도 소외되지도 않으면서, 자신의 본능과 욕구충족, 성적 황홀감, 깨달음, 그리고 상상력을 바탕으로 새로운 자아를 창조한 과정이 탁월하게 구현된 작품이라는 높은 평가를 받아야한다.

지금까지 아홉 명의 포우스트모던미국소설가에 관한 논문을 집필했지만 그 생소함, 난해함, 그리고 연구 성과에 대한 회의를 떨쳐버릴 수 없었다. 그래서 포우스트모던미국소설의 창작철학과 기법 그리고 핵심주제를 미국문학사의 위상에서 고찰해보려고 "최근미국소설의 핵심주제 그리고 그 구현과 확장: 자아실현, 자유, 사랑, 그리고 포우스트모던소설"을 썼다. 이 논문은 최근미국소설, 특히 포우스트모던미국소설의 핵심주제는 자아실현(self-actualization), 즉 "창의성, 독립성, 자발성, 그리고 현실세계의 이해를 바탕으로 인간의 모든 가능성을 실현함"[45]에 있다를 전제했다. 자아실현은 미국문학사에서 포우스트모던소설 창작철학과 목적으로 확고부동한 위상을 확보했다. 자아실현에 필수적 요소는 자아탐구와 성숙이다. 자아탐구와 성숙은 자유와 사랑의 새로운 개념에 힘입어 구현된다. 포우스트모던미국소설은 그 창작철학과 사실과 상상력을 융합한 기법으로 자아탐구와 성숙, 더욱이 실현을 극대화할 수 있다. 그러므로 포우스트모던미국소설은 우리 모두의 실존목적 – 자아탐구와 성숙 그리고 실현 – 달성에 크게 기여할 수 있다. 따라서 우리는 실존목적에 입각해서 포우스트모던미국소설을 이해하고 연구할 필요가 있다. 이 필요 때문에 쓴 "최근미국소설의 핵심주제 그리고 그 구현과 확장"이 우리 삶과 사회의 가장 바람직한 변화와 개혁의 새로운 이정표 역할을 할 수 있기를 필자는 기대한다.

먼저 자아실현이 왜 최근미국소설의 핵심주제로 급부상했으며, 어떻게 확장되었는가를 논의하기 전에, 미국문학사에서 자아실현을 기술해본다. 자아실현은 19세기 중기 초절주의(Transcendentalism)문학에서 배태되었다. 자아실현에 필수적인 자아성숙, 자유, 그리고 사랑의 개념이 초절주의문학에 이미 정립되었다. 마거리트 풀러(Margaret Fuller, 1810-1850)는 천명한다: "나는 매우 일찍이 삶의 유일한 목적은 자아성숙임을 알았다." 또 샘프선 리드(Sampson Reed, 1800-1880)는 청교도들이 육체를 죄악의 근원으로 간주하여 철저하게 부정하는 사회에서 대담하게 자아성숙에는 육체의 성숙도 있어야 한다고 주장한다: "육체와 영혼은 함께 성숙하지 않으면 안 된다. [···] 인간은 육체가 영혼이 파지한 것을 실행할 때만 참으로 현명하다. 이러므로 살과 피는 고상한 인간의 예지 역할을 하도록 되어 있다."[46] 더욱이 자아성숙은 혼자 힘으로 실현될 수 없으므로 다른 사람과의 관계를 전제한다: "자아성숙은 우리와 다른 사람과의 관계에 그 바탕을 두고, 그 관계에 의해 정당화되기 때문에 다른 사람에게서 그리고 다른 사람을 위해 그 결실을 확인한다."[47] 요컨대 자아실현이 극대화되려면 삶의 목적이 영혼과 육체가 함께 하는 자아성숙에 있어야 하고, 자아는 혼자보다는 다른 사람들과 협동할 때 더욱 훌륭하게 성숙한다는 철학이 초절주의문학에서 이미 논의되었다. 또 자아실현의 극대화 여부는 자유와 사랑의 가장 보편타당한 개념에 달려있다. 그러므로 오레즈티즈 에이. 브로운선(Orestes A. Brownson, 1803-1876)은 자유의 절대적 필요성을 주장하면서 그 이상적인 신장 방법을 제시한다: "인간은 자유스럽지 않으면 안 되고, 반드시 자유스러워야 하며, 그의 고결하고 불멸의 본성을 계발시켜 스스로 하나님의 아들임을 입증하기 위해 자유스러워야한다. 자유가 그의 운명이다. [···] [억압적이고 압제적인 사회, 정치제도에 대응하는] 개선론은 폭력과 무력에 의존하려할 것이 아니라 지성과 감성에 호소하려해야한다."[48] 19세기 중기 미국문학에서 이렇게 정신적 측면에서 정의된 자유의 개념은 영국소설가, 디. 에이취. 로런스(1885-1930)에 의해 진실한 자아일 뿐 아니라 그 자아의 욕구충족으로 확장된다. 그는 자유는 억압과 지배로부터의 도피나 해방이 아니고 자아탐구의지와 실천이라고 설파한다: "지금까지 미국에서 자유는 모든 지배로부터 벗어남을 의미했다. 진정한 자유는 미국인들이 *그것*을 발견하고, 곧바로 *그것*을 실현하려할 때만 싹틀 것이다. *그것*이란 인간의 가장 심오하고 완전한 자아, 총체적인 자아, 진심이다." 더욱이 인간은 자신의 "가장 진실한 자아가 갈망하는 것을 하고 있을 때만 자유스럽다."[49] 그의 자유는 도피, 해방, 그리고 저항이 아니고 자아탐구라는 주장이 포우스트모던미국소설에서 논의되는 자유의 요체이고 정곡이다. 한편 에이머스 브론선 올커트(Amos Bronson Alcott, 1799-1888)의 사랑의 정의에 의하면, "사랑은 신성해서 만물을 잉태시키고 창조하여 완성시킨다. […] 삶은 유아기에서는 통합적이어서 감정, 사고, 그리고 행동이 분리될 수 없는 하나이다. 사랑은 감정, 사고, 그리고 행동이 하나임의 명시이다."[50] 지금까지 논의를 요약하면, 초절주의문학의 궁극적 목적은 자아실현에 있다. 초절주의문학자들은 자아를 실현하기 위해 삶의 목적을 자아성숙에 두고, 자아를 성숙시키려고 다른 사람들과 협동한다. 또 그들은 자아실현을 위해 자유는 도피나 저항이 아니고 자아탐구이고, 사랑은 감정, 사고, 그리고 행동의 통합체라는 철학을 실천한다. 게다가 그들은 주체성, 자발성, 창의력, 그리고 상상력을 바탕으로 자아를 탐구하면서, 다른 사람들 그리고 자연과 하나가 되려고 전력한다. 그러므로 그들은 다른 사람들을 깊이 감동시키면서 깨우쳐 더욱더 높은 차원의 사고와 행동으로 인도할 수 있다. 요컨대 그들이 바로 포우스트모던미국소설의 이상적인 주인공형 인물들이다.

그러나 매우 안타깝게도 초절주의문학에서 잉태되어 구현되었던 자아실현의 주제가 그 다음 세대의 미국문학에서 매몰되어버렸다. 그 가장 큰 이유는 미국사회가 남북전쟁 이후 산업사회로 급변하면서 농업사회에서 태동하여 초절주의문학의 지주였고, 또 모든 인간의 염원인 개인의 존엄성, 주체성, 가능성, 무한한 상상력과 열망, 그리고 공동체의식을 부정했기 때문이다. 이제 미국사회의 지향목표와 기업가들의 지상과제는 오로지 이윤창출과 그 극대화였다. 따라서 생산성향상, 소비촉진, 자유방임주의, 그리고 적자생존이 주축을 이루는 사회철학과 기풍이 약육강식, 탐욕, 부정부패, 위선, 그리고 빈부격차를 극도로 조장했다. 이런 사회철학과 기풍을 반영하고 기술하는 사실주의와 자연주의소설은 그 주제로 권력과 기업의 비인간성과 횡포, 상류사회의 부정과 비리의 폭로와 고발, 사회계층간의 극심한 갈등, 그리고 서민들의 처참하고 비통한 삶을 부각시켰다. 사실주의와 자연주의소설가들을 뒤따르는 제1차 세계대전세대 소설가들은 "서구의 몰락"이라는 총체적 붕괴의식과 전쟁을 끝낸다는 원대한 목적과 이상의 좌절로 개인적인 환멸에 사로잡혔다. 그들은 삶의 목적을 상실하고 방황하면서 절망감, 허무감, 그리고 소외감에 압도당해버렸다. 그들의 삶과 세계는 황무지였다. 이렇게 황무지에서 "길을 잃어버린 세대(Lost Generation)" 다음의 제2차 세계대전세대 소설가들은 위정자들의 독선과 아집 그리고 관료주의와 비인간화된 사회의 횡포로 모든 인간이 생명과 삶의 터전을 순식간에 어이없이 박탈당하는 극한상황 가운데서 살고 있음을 실감했다. 그렇지만 그들과 다음 세대작가들은 이 극한상황 뿐 아니라 본성을 억압하는 청교도교리의 이원론을 슬기롭게 극복하는 새로운 소설창작철학과 기법을 탐구한다. 그 철학과 기법의 탐구는 자기는 누구이고 어떻게 살아야하는가를 알려하지 않고 맹목적으로 살았던 주인공, 다시 말하면 자아를 상실했던 주인공의 자아발견 각오로 시작된다. 요컨대 이 탐구는 주인공의 실존목적이 자아실현에 있어야하는 철학과 그 목적을 현실적, 상상적으로 달성하는 방법의 모색에서 시작된다.

그들의 새로운 소설창작철학의 모색은 인간은 하나님(절대진리)에 의존해야하는 타율적이고 유한한 존재라는 종래의 인간관을 거부하고, 무한한 가능성과 잠재력을 발휘할 수 있는 자율적, 주체적 존재로서 어떤 극한상황 가운데서도 자아를 탐구하고 실현할 수 있다는 참신한 인간관의 적극적인 지지와 수용이 시원이다. 그러므로 그들은 "인간은 결코 사회적 동물, 피해자, 피조물만은 아닌 근본적으로 정신적 존재이다"[51]고 확신한다. 또 그들은 인간은 어떤 여건에서도 스스로에게 절대적 존재라고 강조한다: "인간은 숙명적인 한계상황 속에서 살도록 운명 지워져 있다. 그러나 이런 운명 가운데서도 그는 자신에게 절대적 존재이며, 자기세계의 중심이고, 자기행위의 책임자이면서, 자기정체와 목적의 창조자이다. 진리는 자기 안에 있으며, 가치는 그 진리 속에 있다."[52] 그들이 이런 인간의 정의를 바탕으로 창작한 소설은 전통소설에서 핵심적인 역할을 했던 "대립과 갈등을 표현하지 않고 자아탐구와 실현을 반영한다."[53] 그들이 창조한 소설주인공은 오로지 자신과 다른 사람들의 가능성, 잠재력, 주체성, 자발성, 독창성, 황홀감, 그리고 공동체의식의 계발과 확장에 지대한 관심을 쏟는다. 또 그들은 자아탐구와 실현을 극대화하려는 이야기에서 삶을 주체적으로 살아야함으로 어떤 이념이나 제도에 매달려 왜곡시키고 파멸시켜서는 절대로 안 된다고 역설한다. 그들은 소설은 "우리의 가능성과 자유의 개념을 확장하려는 시도이다"[54]는 정의를 적극 지지하고 옹호한다. 요컨대 이 소설정의가 그들의 창작철학이고, 이 철학의 궁극적 목적은 자아실현에 있으며, 더욱이 자아실현을 극대화할 수 있는 이상적인 소설창작철학과 기법모색 그리고 그 구현이 포우스트모던미국소설의 진수이다.

자아실현의 극대화 여부는 자유와 사랑의 개념에 달려있다. 자유는 생명과 인권을 유린하는 억압에 반항하여 쟁취하는 해방이 아니고, 자아를 탐구하여 실현하려는 의지와 실천이다. 또 자유는 주체적으로 사고하고 행동하는 능력이다. 포우스트모던미국소설의 주인공들은 항시 이 능력함양에 매진함으로써 어떤 실존여건에서도 개체성과 독립성을 고수할 수 있을 뿐 아니라 자기이해, 상상력, 그리고 창의력을 확장할 수 있다. 이 고수와 확장은 그들이 언제나 자기를 알고 신뢰하기 때문에 가능하다: "인간과 그가 살고 있는 사회 그리고 우주는 그 본질에 있어서 고정된 것이 아니라 자기 자신의 실존적 선택을 할 때마다 언제나 끊임없이 바뀔 수 있다는 가능성의 입장에서 파악되어지는 명제들이다. 인간은 이런 가능성을 위축시키려는 강력한 외부의 힘에도 불구하고, 이 가능성을 확대시키려고 노력하지 않으면 안 된다. 인간의 존재목적은 자유이고, 그의 무기는 선택이며, 그의 싸움터는 자기의 독특한 가능성이 확대되느냐 아니면 쇠퇴하느냐를 좌우하는 바로 자기 자신이기"[55] 때문이다. 게다가 그들은 자기앎과 공동체의식으로 자유는 인간과 자연을 하나로 결합시켜주는 원동력이고 주객일치사상이라고 깨닫고 수용한다. 그 실례를 들면, "진정한 자유란 순수의식 속에 있었다. 개인은 우주로부터 절연되었다. 인간은 주체와 객체의 자의적인 구분 때문에 모든 것을 잃었다. [⋯] 자연 자체는 그저 거기에 있는 것도 아니며 그리고 객관세계는 영원히 주체와 절연되어 있지도 않으며, 외적인 모든 것은 내적인 어떤 것과 뚜렷하게 합치되는 것이다. 이 두 세계는 동일한 것으로서 상호교체될 수 있으며, 그리고 자연은 나 자신의 무의식적인 존재라는 이상한 예감을 나는 갖고 있었다. 나는 그것을 지적인 노력과 과학적인 연구 그리고 깊은 사색을 통해서 알 수 있게 되었다. 자연에 있는 모든 사물은 나 자신의 영혼 속에 있는 어떤 것의 상징이었다."[56] 그들은 주객일치의식은 자아탐구능력을 함양하려하면할수록 확장될 수 있음을 깨닫고, "자유는 가능성이다"[57]는 주장을 적극적으로 수용한다.

게다가 자아실현에 필수적인 사랑의 새로운 정의가, 자유는 "그저 압박과 억압으로부터 해방되는 자기방어가 아니고, 창의력을 활성화하여 극대화하는 활동이다"[58]는 개념을 가일층 확장시킬 수 있다. 그 정의는 실존에 가장 큰 활력과 황홀감을 불러일으킬 수 있는 "사랑하는 사람과 사랑하는 사람의 모형(the pattern of lover-lover)"이다. 이 모형은 고독감과 절망감만을 증폭시키는 "사랑하는 사람과 사랑받는 사람의 모형(the pattern of lover-beloved)"과는 아주 상이하고 대조적이다. "사랑하는 사람과 사랑받는 사람의 모형"에서 대체적으로 사랑하는 사람은 부모와 스승, 그리고 윗사람이고, 사랑받는 사람은 자식, 제자, 그리고 아랫사람이다. 이 모형은 지금까지 어디서나 아주 당연한 사랑의 정의로 수용되었지만, 그 자체 안에 엄청난 비극적인 한계와 결함을 내포하고 있다. 이 모형은 사랑의 이런 위력을 발휘할 수 없기 때문이다: "사랑은 인간 내부에 있는 활동적인 힘이다. 사랑은 인간을 그 동료들로부터 격리시키는 벽을 파괴하는 힘이며, 그를 그들과 결합시키는 힘이다. 사랑은 인간으로 하여금 고독과 소외의 감정을 극복하도록 해주면서 동시에 그 자신의 본질적 자아에 충실한 인간이 되게 함으로써 그 본래의 자아를 보지할 수 있도록 해준다. 사랑으로 두 사람이 하나가 되면서도 동시에 둘 그대로 있다는 역설이 일어난다."[59] 이 모형의 두 사람은 상호이해, 존중, 그리고 협동을 증진하려고도, 더욱이 삶의 공동목표를 설정하여 달성하려고 고심하지 않는다. 이 모형의 사랑하는 사람은 독선적, 일방적인 주장을 관철시켜 자기만족을 극대화하려고 안달한다. 그러므로 두 사람은 서로 이해하여 소통할 수 없으므로 쓰라린 고독감과 소외감에 휩싸인다. 사랑의 이런 부정적인 개념을 교정하려는 시도와 그 성과가 "사랑하는 사람과 사랑하는 사람의 모형"이다. 이 모형은 서로 사랑하는 두 사람이 상호평등과 존중 그리고 자아탐구와 실현에 지대한 관심을 쏟으면서, 함께 삶의 공동목표를 설정하여 달성하도록, 또 성적 황홀경을 만끽할 수 있도록 해주는 원동력이다. 더욱이 이 모형은 이런 사랑의 정의와 일치한다: "우리는 사랑을 다른 사람의 존재로부터 느끼는 환희로 그리고 그의 가치와 성숙을 마치 우리 자신의 것처럼 긍정함으로 정의한다. 이처럼 사랑에는 두 요소 — 다른 사람의 가치와 미덕의 요소 그리고 그와의 관계에서 우리 자신이 느끼는 환희와 행복의 요소 —가 있다."[60] 이

모형에서 두 사람의 사랑은 자아탐구와 실현의 공동노력 그리고 정신적, 육체적 합일과 그 황홀경에서 우러나오는 감정의 전이이며, 이런 전이를 통해 일어나는 자발적인 공감이다. 그들의 이런 공감확산이 그들을 더욱더 지극한 황홀의 경지로 빠져들게 하여 하나의 공동체로 굳게 결합시키면서, 그들의 가능성과 잠재력을 최대한으로 발휘할 수 있도록 돕는다.

"사랑하는 사람과 사랑하는 사람의 모형"의 두 사람이 정신적, 육체적 합일과 그 황홀경으로 자신들의 가능성과 잠재력을 발휘하는 실례를 들어본다. 두 사람은 함께 영혼의 재생과 내세를 믿고, 육체적 결합과 성적 황홀경을 중요시한다. 그들은 매우 황홀한 잠자리를 갖더니 그녀가 먼저 다시 태어난다: "그는 밀어를 속삭이면서 자신의 거칠거칠한 손을 그녀의 은밀한 곳으로 넣었다. 그러면서 그는 자신을 그녀의 영혼 속으로 불어넣었다. 그러자 그녀는 그와 함께 다시 태어났다. 그녀는 정말 처음으로 다시 태어났다." 그녀는 재생하여 그의 사랑의 위력을 뼈저리게 실감한다: "그는 매우 탁월하다. 그는 나보다도 훨씬 더 탁월하다. 그러기 때문에 그는 언제나 나에게 삶의 활력을 불어넣어줌으로써, 나로 하여금 더욱더 생동감을 느끼도록 해준다." 그녀는 이렇게 괄목할만하게 성숙하였으면서도 그에게 더 간청하기를, "내 영혼을 당신의 진리로 가득 채워주시오." 그녀의 이런 변신이 그녀를 갑자기 시인으로 둔갑시킨다. 그녀는 시를 쓰고, 또 쓴다. 이제 시 창작이 그녀 삶의 전부이다. 더욱 놀랍게도 그녀의 변신이 그를 성숙시킨다. 그는 그녀에게 실토한다: "아마 어떤 남자도 내가 당신을 사랑하는 것 이상으로 어느 여자를 사랑하지는 못했을 것이오. 나는 내가 존재하고 있는 그대로의 내 전부를 당신에게 바쳐 당신을 사랑하오. 그리고 당신은 줄기차게 나를 내가 생각한 나보다도 더 이상의 존재로 끌어올리고 있소. […] 우리는 사랑 때문에 … 지금의 우리와 현실을 변화시킬 수 있을 뿐 아니라 초월할 수 있다."[61] 이처럼 두 사람이 공동관심과 목표로 정신적, 육체적 합일을 이루는 황홀경에서 솟아나는 힘으로 자신들의 가능성과 잠재력발휘가 새로운 이상적인 사랑의 개념이다. 그런데 이 개념을 오로지 자아탐구와 실현에 전념하는 사람들만이 구현할 수 있다.

이처럼 자아탐구와 실현에 필수적인 두 요소, 즉 자유와 사랑의 새로운 개념으로 "자유는 가능성이다"를 믿고, 사랑하는 사람과 사랑하는 사람의 사랑을 하려면, 우리는 사회보다는 자기를, 이념보다는 느낌을, 종교보다는 본능을, 불가능보다는 가능성을, 이기주의보다는 이타주의를, 그리고 개인주의보다는 공동체의식을 더욱 중요시해야한다. 그런데 이 중요시가 우리 실존의 이상이지만, 우리는 현실에서 자기, 느낌, 본능, 가능성, 이타주의, 그리고 공동체의식을 최우선으로 강조하는 사회적 지도자, 성직자, 그리고 지식인을 보기도 찾기도 쉽지 않다. 다시 말하면 전통소설가는 소설창작에서 가장 중요한 역할을 하는 모방의 대상으로 자아실현에 전념하는 인물을 묘사할 수 없다. 이런 인물이 존재하지 않기 때문이다. 그러므로 우리 실존의 귀감과 이상이 되는 전인적, 이타적인 인물, 즉 어떤 극한상황에서도 긍정적, 주체적으로 대응하면서 다른 사람과 사회와 하나가 되려는 위인은 모방될 수 없고, 오로지 상상력에 의존하여 언어로 창조될 수 있을 뿐이다. 우리는 어떤 실존여건에서도 심리적, 정신적으로 동경, 선망, 그리고 희구의 대상으로 자아탐구와 실현에 전념하는 출중한 인물을 필요로 함으로 포우스트모던미국소설이 태동되었다. 이 소설의 창작철학과 핵심주제는 자아실현이고 그 기법은 사실과 상상력을 융합하여 자아탐구와 실현에 열중하는 주인공을 언어로 창조하는 수단이다. 포우스트모던미국소설의 선구자, 레이먼드 페더만이 천명한 소설창작철학에 의하면, "나의 소설창작은 어떤 인물과 사물의 모방과 복사가 아니라 일찍이 존재하지 않았던 인물과 사물을 창조하려는 의지이다." 그의 소설창작은 진리와 현실의 표현과 반영이 아니고, 언어구사로 창출되는 의미들의 총체이다. 따라서 그는 "언어가 소설이다"고 주창한다. 그는 자신과 삶을 속박하는 고정불변의 진리, 이념, 종교, 그리고 관습을 타파하기 위해, 그리고 마음껏 자아탐구와 실현에 전념하기 위해 포우스트모던소설철학과 기법을 활용한다. 지금까지의 논의에 의하면, 포우스트모던미국소설가들은 그 철학과 핵심주제, 즉 자아실현을 초절주의문학으로부터 계승하면서도, 그 기법은 모방과 반영을 부정하고 사실과 상상력의 융합을 바탕으로 언어로 "없음"에서 "있음"을 창조하는 특이한 수단이다. 요컨대 미국문학사에서 포우스트모던미국소설의 위상은 그 철학은 자아실현의 계승이고, 그 기법은 새로운 창안이다.

포우스트모던소설의 창작철학은 자아탐구와 실현이고, 그 기법은 상상력에 의존하여 어떤 극한상황에서도 이 탐구와 실현이 가능하다는 확신을 바탕으로 그 가능성을 어떻게든 표출시키는 독특한 수단이다. 이 철학과 기법이 20세기 후기 서구예술의 전유물이 아니고 추사 김정희(1786-1856)의 *歲寒圖*(*세한도*)에도 구현되어 있음과 실존에 미증유의 변혁을 일으키고 있는 디지털시대에 적응할 수 있는 의식개혁과 사회변화에 절대적으로 필요함을 살펴보려고 논문, "포우스트모던소설, *歲寒圖*, 그리고 디지털시대의 삶"을 썼다. 포우스트모던미국소설가들이 이 철학과 기법으로 창조한 소설주인공은 실존의 한계상황을 불굴의 도전과 개척정신으로 극복하고, 자신의 가능성과 잠재력을 최대한으로 발휘하면서, 삶을 인내력, 지구력, 성취감, 생동감, 그리고 활력으로 충만시킨다. 이 극복, 발휘, 그리고 충만이 그들의 작품 소재로 탁월하게 구현되어 있다. 그들은 자아탐구와 실현에 열중하는 소설주인공과 그의 세계를 하나의 가능성으로 이해하고,[62] 그 가능성을 창조하기 때문이다. 따라서 그들의 소설주인공의 삶에는 실존위기에 따른 시련과 고난, 그 극복과 성취감의 희열, 그리고 깨달음의 황홀감이 넘친다.

지금부터 소설주제에서 벗어나 김정희가 19세기에 자신의 예술론, 다시 말하면 포우스트모던미국소설의 창작철학과 기법으로 한계상황을 극복하고 가능성의 세계를 창조한 *歲寒圖*를 그렸다는 사견을 피력해본다. 그의 예술론의 바탕은 없음에도 불구하고 힘차게 분출하는 힘, 즉 그림에는 문자향(文字香) 그리고 책에는 서권기(書卷氣)에 있다. 난을 그렸으면 그림에서 꽃향기가 스미어 나와야하고, 그 그림을 보는 사람은 향기를 맡아야한다. 예술의 이런 위력은 불가능에서 가능성을, 더욱이 없음에서 있을 수 있음을 느끼도록 하는데 있다. 김정희는 "경술문장 해동제일(經術文章 海東第一)"이라는 찬탄을 받았지만, 권력과 출세 지향적인 사대부들의 권력쟁탈전의 희생양이 되어 원악지, 절해고도인 제주도로 유배당한다. 이제 그는 학문과 예술활동의 웅지를 펼 수 없고, 더욱이 거주이전도 마음대로 할 수 없는 신세로 전락한다. 그는 지금까지 누렸던 양반가문의 특권과 혜택 그리고 사치스러운 생활을 박탈당하고, 풍다와 박토의 땅 제주도에서 관가의 괄시와 속박 그리고 모진 바람과 궁핍의 시련을 겪는다. 또 가족 그리고 지기들과 대화도 나눌 수 없는 외로움을 감내해야한다. 그가 이렇게 실의, 좌절, 그리고 절망만이 엄습하는 극한상황에서 사랑하는 부인과 사별하는 비극마저 감수해야한다. 부인의 장례마저 치러줄 수 없는 비운도 받아들여야한다. 그러나 그는 이런 악조건 가운데서도 자멸하지 않고 생존하여, 우리나라 서예의 독보적 필법인 추사체를 완성한다. 추사체의 작품은 문자향을 매우 향기롭고 진하게 발산하는 역작이라는 절찬을 받는다. 이때 그의 최고 걸작이라는 *歲寒圖*가 탄생된다. 그의 제자, 이상적(李尙迪, 1804-1865)은 사제의 정으로 연경에서 중국고서들을 구해다가 외롭고 쓸쓸한 삶을 살고 있는 스승에게 보내드린다. 김정희가 극한상황 가운데서 5년 째 유배생활을 하고 있을 때, 원악지로 유배당한 중죄인이 되기 전이나 후나 한결같이 대하는 제자의 항심에 감격하여, 그에게 고마움으로 주려고 *歲寒圖*를 그렸다. 그는 학문했다는 사대부들이 권력과 출세의 노예가 되어 인륜, 문자향, 그리고 서권기를 너무나 경시하는 세태를 개탄하면서, 자기가 스스로 살고 싶고 살아야하는 삶 뿐 아니라 스스로 실현해서 세상에 전파하고 싶은 삶의 목적을 그림 속에 암시하려한다. 그러기 위해 그는 그림의 전통수법을 타파하는 파격적 기법으로 역원근법을 활용한다. 추운 시절을 그린 *歲寒圖*는 화면 오른쪽 위쪽에 화제(畫題) 그리고 받을 사람과 그린 사람의 이름을 바짝 붙여 썼기 때문에 여백은 더욱 휑하게 보이는데, 이런 여백의 화면이 이루 말할 수 없는 삭막감과 황량감을 자아내며, 중앙에 허름한 집 한 채, 집 바로 오른쪽에 두 그루의 소나무와 왼쪽으로 조금 떨어져서 두 그루의 잣나무를 그리고 왼쪽에는 작품을 그리게 된 연유를 말하는 화발(畫跋)을 썼다. *歲寒圖*의 요체는 화가의 실존철학을 상징하는 집과 네그루의 사철나무에 있는데, 그것은 사생하지 않고 상상력을 바탕으로 그려졌다. 집에는 마땅히 있어야 할 출입문과 창문은 없고, 정면에 있는 원이 안으로 뚫려있다. 김정희는 이 원을 통해 시종이 없음, 순환성, 상호연결성, 그리고 연기성에다 자아실현의지를 시사한다. 집의 벽이 뒤로 가면서 높고 커지는 것은 자아를 더욱더 실현해야함과 실현하고 있는 중임을 상징한다. 네그루의 사철나무는 자아실현을 위해 한결같이 정진해야함을 표상한다. 요컨대 *歲寒圖*는 김정희가 삭막하고 황량한 실존여건 가운데서도 오로지 학문과 예술창작에 매진하려는 창의적 자아창조에, 유배생활의 극한상황 가운데서도 자아를 보존하고 실현하려는 도전적 자아창조에, 인륜을 경시하는 세태에서도 인간관계를 가장 중요시하려는 사회적 자아창조에, 그리고 비참한 현실을 수용하여 극복하면서 이상을 실현하려는 상상적 자아창조에 전념하려는 강한 의지와 실천을 상징한다. 김정희의 이런 자아창조의 집념이 그의 예술혼이고, 이 예술혼이 *歲寒圖*의 문자향이다. 따라서 *歲寒圖*는 포우스트모던미국소설의 창작철학과 기법을 이미 탁월하게 구현했다는 새로운 평가를 받아야한다.

마지막으로 포우스트모던미국소설의 창작철학과 기법이 우리의 디지털 시대의 삶과 어떤 상관성이 있는가를 고찰해본다. 우리는 하나의 티 비에서 과거에는 한 장면만 보았지만, 오늘날에는 서너 장면을 동시에 시청할 수 있다. 요컨대 우리는 절대를 용인하려하지 않고, 상이하고 다양한 의견과 주장들을 수용해야하는 시대에 살고 있다. 이 절대를 부정하는 철학이 "모든 학문, 자기표현의 행동과 사고방식, 그리고 사회구조에 혁명적인 변화를 촉발하는 기폭제이다."[63] 이 변화촉발이 포우스트모던미국소설이 구현하려는 목표이다. 또 이 변화촉발을 열망하는 Net(인터넽)세대 청소년들은 무엇보다도 먼저 몇 사람이 지배하는 보도매체를 부정하려한다. 그들은 이런 매체에서 그저 읽고 듣고 보는 피동적인 존재가 되고 싶지 않기 때문이다. 그들은 매사에 몇 사람의 일방적, 획일적, 권위적 주장에 동조하려하지 않는다. 그러므로 그들은 인터넽에서는 매사에 주체적으로 참여하여 자신들의 의견을 개진하려한다. 또 그들은 매사에 자신들의 독자적인 사고와 판단에 따라 행동하려한다. 더욱이 그들은 인터넽에서 모든 사람이 평등하게 서로를 인정하고 존중하면서 정보와 지식을 공유하려한다. 그들은 이런 정보와 지식에다 각자의 상상력과 도전정신을 가미하여 주체적 자아와 자기세계를 창조한다. 그들은 이런 창조정신으로 기존보도매체의 통제, 획일화, 그리고 허위의식에 도전하면서 자신들의 독립성, 주체성, 진실성, 그리고 공동체의식을 확장하려고 전력한다. 또 그들은 교육에서도 일방적으로 지식을 전수하는 교사중심의 주입식교수법에 반항한다. 그들은 이 교수법이 자기들로부터 "발견의 즐거움과 이점을 빼앗아버린다"[64]고 믿기 때문이다. 따라서 그들은 교사중심이 아니라 학습자중심의 교수법을 선호한다. 그들은 이 학습법으로 독자적으로 새로운 지식과 정보를 축적하고 체계화하여 활용할 수 있을 뿐 아니라 실존목적으로 자아를 탐구하고 실현할 수 있다고 확신한다. 이처럼 그들은 기존보도매체와 학습법에 반항하면서, 독자적인 학습, 사고, 비판, 그리고 판단능력을 함양하기 위해 강한 독립심과 자율성을 고수하려하면서도 상대를 인정하고 존중하는 아량과 포용력도 키우려한다. 요컨대 그들의 이런 주체성고수와 상대존중의식이 바로 포우스트모던미국소설이 구현하려는 목표이고 이상이다.

윌리엄 에스. 버로우즈(William S. Burroughs, 1914-1997)는 행복을 추구한 세대의 대표적인 소설이론가이며, 포우스트모던이즘이 학자와 비평가들의 관심과 주목의 대상이 되기 20여년 전에 독창적인 포우스트모던소설철학을 주창하고, 이 철학을 구현하는 특이한 언어구사방법을 활용하여[65] 두 번째 소설, *뚜껑이 열려있는 도시락*(*Naked Lunch*)을 1959년에 프랑스에서 그리고 1962년에 미국에서 출판했다. 이 소설은 "1960년대 후반 서방세계 전체를 격변의 소용돌이 속으로 치닫게 한 사회적, 지적, 정치적 항의의 표시이다."[66] 그러므로 이 소설은 출판 직후부터 계속 격찬과 혹평을 받고 있다는 사실이 입증하듯이 "미국문학에서 가장 혁신적이고 논쟁적인 작품들"[67] 중의 한 권이다. 혹평은 그가 사회적으로 서구사회를 지배하는 허위의식 – 권력, 금전, 종교, 이념, 마약, 그리고 성에의 지나친 탐닉, 이로 인한 자아탐구와 실현의지의 상실로 빚어지는 노예적 삶, 변태적 성행위, 그리고 무자비한 탄압자행, 그리고 이런 비정상적, 병적인 욕구충족에서 얻어지는 득의만면과 기고만장 –에 강한 혐오감과 반항심을 도저히 억제할 수 없어 의식개혁운동에 앞장선데 있다. 또 문학적으로 이런 허위의식을 크게 조장했던 과거 서구예술의 창작철학과 기법을 부정한데 있다. 반면에 격찬은 그가 "실존은 연대의식이다"[68]고 확신하면서, 개인보다 조직이 우선시되어 매몰시켜버린 인간의 정의감, 자유, 독립성, 자발성, 솔직성, 인간애, 그리고 이타주의를 소생시켜 확장한데 있다. 또 "실존은 연대의식이다"는 철학을 실천할 수 있는 새로운 소설철학과 기법을 창안한데 있다. 그는 삶과 예술을 분리하여 예술을 더 중요시했던 모던이즘소설을 무시하고, 삶과 예술은 하나라는 포우스트모던소설철학을 옹호하면서 예술보다 삶을 우선시한다. 그는 *뚜껑이 열려있는 도시락*의 출판 이래 "행복을 추구한 세대의 전설적인 거물로서 그리고 포우스트모던소설의 중요한 작가로서 유명해졌다. [...] 버로우즈는 포우스트모던소설가로서 예술의 개념을 확장하고, 행복을 추구한 세대의 작가로서 삶과 예술의 경계를 지우려는 선각자의 역할을 한다."[69] 요컨대 버로우즈는 인간의 창의력, 솔직성, 육체, 그리고 성을 부정하는 허위의식의 진원지인 기존서구예술의 창작철학과 기법을 무시하고, 실존목적으로 자아탐구와 실현 그리고 연대의식을 확장할 수 있는 새로운 포우스트모던소설론과 작품창작으로 의식개혁을 선도한 선각자이다.

버로우즈의 포우스트모던미국소설론은 애리스토틀(Aristotle)의 양자택일철학과 동일성원리의 부정에서 연유한다. 그가 서구예술론의 핵심을 부정하는 까닭은 코르집스키(Korzybski)의 일반의미론 강의를 수강하고 크게 깨달았기 때문이다. 코르집스키는 이 강의에서 "애리스토틀의 양자택일철학을 매도했다. 그런 구분은 불가능하다고 설명했다. 주관적/객관적 그리고 지적/본능적인 두 요소는 언제나 같이 있기 때문에, 누구도 두 가지를 완벽하게 구별할 수 없다."[70] 서구사회를 지배했던 양자택일철학을 뒷받침하는 이원론은 인간과 사물을 양분하여 대립과 적대관계로 귀결시킨다. 이원론은 인간을 두 부류로, 즉 남자와 여자로, 지배자와 피지배자로, 그리고 유산계급과 무산계급으로 구별한다. 이 두 부류는 전자가 후자와 사이좋게 공존하려하지 않고, 자기이익을 극대화하려고 후자를 무시하고 억압하기 때문에 항시 대립과 적대관계에 있다. 또 전자는 후자가 천부의 잠재력과 가능성을 계발하여 발휘하려는 꿈을 무산시키는 악행을 자행하여, 후자에게 엄청난 실망, 좌절감, 그리고 심적 갈등을 증폭시킨다. 게다가 이원론은 영혼과 육체를 구분하여 인간에게 무조건 전자를 정화하라고 강요한다. 이 강요에 응해야함으로 인간은 자신의 본능과 욕구를 억압해야하는 고통과 갈등을 극복하거나, 아니면 육체의 쾌락을 은밀하게 즐기고 양심의 가책에 시달려야한다. 더욱이 이원론은 선과 악을 대립시켜 인간에게 선을 행하고 악을 퇴치시키라고 권장한다. 따라서 인간은 선과 악의 싸움에서 선을 승자로 악을 패자로 가시화해야한다. 이처럼 애리스토틀의 양자택일철학을 전제하는 전통소설론은 대립과 적대 그리고 해소로 귀결되는 창작기법을 활용한다. 이 기법은 대립과 적대가 싹트는 시작, 그 절정으로 치닫는 중간, 그리고 해소로 귀착하는 끝으로 구성되는 플롯을 절대시한다. 또 기법은 대립과 적대를 부각시키는 등장인물들의 성격과 행동의 일관성, 행동과 거기에 따른 사건들의 연속성, 그리고 해소로 영혼을 정화하고 선을 찬송하는 절대진리를 중요시한다. 더욱이 이 절대진리는 동일성원리에 의해 고정관념으로 더욱 고착된다. 동일성원리 "이다"는 단어와 사물, 단어와 개념은 일치한다는 철학이다. 이 철학에 따르면, 단어는 어떤 사물을 지시하고, 어떤 개념을 표현한다. 이 지시와 표현은 분명하고 확실하다. 그러므로 단어는 고정불변의 지시와 의미를 내포한다. 따라서 모든 사람은 사회에서 객관적, 추상적으로 통용되는 영혼, 육체, 선, 그리고 악에 대한 고정관념을 절대진리로 인정하고 수용해야한다. 이처럼 동일성원리는 모든 사람에게 단어에 대한 개인적인 이해와 판단을 무시하고, 사회의 객관적, 추상적 개념을 무조건 절대진리로 수용하라고 강요한다.

이런 강요에 반항하려고 버로우즈는 이원론, 절대진리, 그리고 동일성원리를 부정한다. 그가 이러는 까닭은 이원론은 모든 사람의 공존과 전인적 실존을 불가능하게 하며, 절대진리는 허위의식이고, 동일성원리는 창조의 원동력이 되는 개인의 주관적인 이해와 판단을 도외시한다고 믿기 때문이다. 이원론에서 남자, 부자, 그리고 지배자는 자기 이익추구에만 급급하여 "실존은 연대의식이다"는 철학을 무시하고 여자, 빈자, 그리고 피지배자의 인권을 유린한다. 또 영혼과 육체의 분리는 인간의 본능과 욕구를 억압하여 많은 사람들을 정신분열증, 변태성욕, 그리고 자기기만의 나락으로 떨어지게 하여, 그들의 전인적 실존을 불가능하게 한다. 그러므로 버로우즈는 영혼과 육체 그리고 지성과 감성은 유기적으로 통합되어 상호작용하고 있다고 주장한다: "정신적 체험들도 인간이 그 체험들을 육체적 감각들을 통해 체험하고 있어야만 지각된다. 사람들은 유령들을 보거나 듣고 다양한 모습의 출현과 존재를 감지한다." 이처럼 그는 이원론을 통합하여, 소설주인공이 성적 황홀경을 만끽하면서 돈오에 정진하는 행복을 추구한 세대 소설의 이론적 토대를 구축한다. 또 그는 실존은 항시 변화의 소용돌이 속에 있으므로 고정불변을 전제하는 절대진리는 있을 수 없다고 주창한다. 그럼에도 절대진리를 확신함은 허위의식이라고 매도한다. 실존은 변화무쌍하고 세상은 재행무상하기 때문에 모든 사람의 자신과 주위에는 확실성, 지속성, 그리고 영구성이 있을 수 없다. 이런 여건에서 그들이 절대진리를 믿고 거기에 의존하려함은 자기기만행위이다. 그들이 자기기만으로 자아를 탐구하려하지 않을 때 허위의식에 유폐된다. 그들이 일단 유폐되면 주체성과 독립성을 상실하고 피동적 존재로 전락한다. 그러므로 버로우즈는 절대진리를 확신해서는 안 된다고 갈파한다: "아무것도 진리가 아니라고 말할 때 모든 것이 허용되고 용납된다. [⋯] 우리가 어떤 것이 사실이고 진리라고 주장하면, 곧바로 많은 사상과 사실들은 허용되고 용납되지 않는다." 그의 주장에 따르면, 모든 사람이 허위의식에서 해방되려면 자기들을 지배하는 "구태의연한 언어쓰레기를 버려야한다: 하나님이 말한다, [⋯] 국가가 말한다, [그들은] ⋯ 종교, 국가 없이 독자적으로 실존하는 방법을 배우지 않으면 안 된다. … 선입관 없이 실존에 있는 그대로를 보고 수용하는 방법을 배워야한다." 이처럼 그는 주체적 자아를 탐구하는 소설 주인공 창조를 가장 중요시한다. 게다가 버로우즈는 동일성원리가 개개인의 이해와 판단을 전적으로 부정하고 사회의 객관적, 추상적 개념을 무조건 수용하라는 강요에는 모든 사람을 이런 개념에 유폐시켜 일방적으로 통제하려는 불온한 저의가 있다고 단정한다. 모든 사람이 일단 이런 개념에 유폐되면 독자적인 판단능력과 자유의지를 상실하고 그 개념의 하수인 겸 노예로 전락하여, 아무런 생각과 감정 없이 무자비한 만행을 자행한다. 예를 들면, 그들은 갑자기 민주주의와 공산주의의 하수인으로 전락하여 서로 좌고우면 없이 무자비하게 싸우면서 죽음도 불사한다. 지배계층인사들은 이렇게 모든 사람을 우롱하면서 자신들의 이익과 목적을 위해 그들에게 실존에 아무런 도움이 되지 않는 추상적인 공허한 개념과 구호들을 무조건 지지하라고 강요한다. 그러나 버로우즈는 이런 강요에 반발하여, 그들은 이런 "강요된 의식으로부터 해방되어 천부적 자아"[71]를 탐구해야한다고 역설한다. 그러기 위해 그들은 단어 이해와 구사에서 개개인이 자발적으로 느끼는 뜻을 가장 중요시하고, 일반적으로 통용되는 추상적인 의미를 무시해야한다. 따라서 그는 집단의 견해와 강요보다도 개인의 독자적 이해와 판단을 더욱더 중요시하는 소설철학을 주창한다. 요컨대 버로우즈는 소설창작에서 전통소설론에 반기를 들어, 이원론을 통합하는 영혼과 육체의 합일 그리고 이로 인한 성적 황홀경의 만끽을, 절대진리를 부정하는 주체적 자아탐구와 실현을, 그리고 동일성원리를 반박하는 개인의 독자적 이해와 판단을 절대시하는 소설철학을 정립했다.

게다가 버로우즈는 소설가가 전통소설론에서 현실의 반영자 또는 진리의 표현자였지만, 자신의 소설창작은 모방이 아니고 새로운 세계의 창조라고 공언한다: "나는 소설을 창작할 때 지도제작자, 정신세계의 탐구자 … 영혼세계의 비행사 역할을 하고 있다."[72] 또 그가 천명한 바에 의하면, 자신의 소설 창작목적은 기존사실과 사상의 기술로 독자들의 의식을 제약하여 그들을 통제하려는데 있지 않고, 상상세계의 창조로 그들의 소망과 자유를 실현시킬 수 있다는 기대감과 가능성을 제시하는데 있다. 그들은 비록 상상세계에서라도 자아탐구와 실현에 정진하면서, 성적 황홀경을 만끽하고 돈오의 경지에 다다를 수 있어야한다. 그들은 이런 상상적 체험을 바탕으로 자신들의 의식을 최대한으로 개혁하고 확장하여, 본래면목을 찾으려고 최선을 다해야한다. 따라서 그는 소설창작에서 제약적인 현실보다는 자유스러운 상상세계를 창조하여, 독자들의 의식을 둔감에서 예민함으로, 비관에서 낙관으로, 부정에서 긍정으로, 폐쇄에서 개방으로, 현학적인 사고에서 직관력으로, 그리고 굴레에서 자유로 급변시키려한다. 그는 이런 소설을 창작하기 위한 기법을 그리고 시간과 공간을 통합하는 우주시대에 타당한 소설창작기법을 모색했다. 그의 모색이 잘라내기기법(cut-up)과 끼워넣기기법(fold-in)의 활용이다. 그의 주장에 따르면, "러셔(Russia) 과학자가 언급하기를, 우리는 공간 뿐 아니라 시간에서 여행할 것이다. 공간에서 여행함은 시간에서 여행함이다. 소설가들이 공간-시간에서 여행하면서 우주시대에 개방된 영역을 탐구하려면, 나(버로우즈)는 그들이 우주여행의 물리적 기술처럼 아주 새롭고 정확한 기법들을 계발해야한다고 생각한다. 나는 미국화가 브리온 기신(Brion Gysin)이 … 50년 전에 미술에서 사용되었던 컬라즈(collage)기법을 소설가들이 마음대로 활용할 수 있는 잘라내기기법으로 이용했다. 작품의 쪽수들이 절단되어, 단어와 심상을 자유롭게 결합하기 위해 다시 배열된다. 다시 말하면 한 쪽이 가위로 보통 네 부분으로 절단되어 순서가 다시 정해진다. […] 끼워넣기수법은 소설창작에서 영화에서 사용되었던 플래쉬백(flashback)기법을 원용한 것이다. 소설가는 이 기법으로 자신의 시간궤도에서 앞뒤로 이동할 수 있다."[73] 그의 잘라내기기법과 끼워넣기기법은 단어, 구절, 문장, 그리고 이야기들을 수평관계로 병렬하여 결합시킨다. 이 두 가지 기법은 언어구사에서 선택, 종속, 그리고 수직관계를 절대시한 전통소설론을 부정하면서 극복한다.[74] 이처럼 그는 소설창작에서 언어구사를 가장 중요시하기 때문에 "소설가들은 화가들이 색채로 그림을 그리는 것처럼 단어와 음성들로 소설을 창작한다"[75]고 갈파한다. 그는 이런 소설창작으로 인간의 개체성, 독립성, 자발성, 민감성, 가능성, 그리고 잠재력을 부정했던 이원론, 절대진리, 그리고 동일성원리를 극복하려한다. 또 그는 이런 소설창작으로 사람들이 자아를 탐구하고 실현하면서 다른 사람, 종교, 문화, 그리고 국가를 존중하고 수용하려는 의식을 확장하려한다. 요컨대 버로우즈의 이런 새로운 소설창작철학과 기법이 포우스트모던미국소설론으로 계승된다.

지금까지의 논의를 바탕으로 *뚜껑이 열려있는 도시락*을 "의식개혁과 확장"의 논지로 고찰해본다. 버로우즈는 자신의 소설창작목적은 독자들의 의식개혁과 확장에 있다고 역설한다. 그의 의식개혁과 확장은 독자들이 모든 형태의 억압으로부터 해방되어 자아탐구와 실현에 전념할 수 있다는 자신감의 고취일 뿐 아니라 그러려는 의지와 실천이다. 따라서 그는 *뚜껑이 열려있는 도시락*에서 극심한 억압을 받고 있는 양상들을 기술하고, 이로부터의 해방을 모색한다. 그는 특이하게도 이 해방의 길을 마약으로 무아경에 빠졌거나 그 후유증에 시달릴 때 그리고 마약중독치료를 받고 완치된 후에 썼던 수기들에서 찾는다. 그래서 *뚜껑이 열려있는 도시락*은 "소설이라기보다는 오히려 일련의 수필들, 환상문들, 산문시들, 극적 단편들, 가시 돋친 논쟁들, 농담들, 말장난들, 경구들"[76]의 혼성체이다. 요컨대 이 소설은 어떤 계획과 의도의 산물이 아니고 그가 수기들을 썼던 결과이고 부산물이다. 그렇지만 버로우즈는 앨런 긴즈버그(Allen Ginsberg)가 이런 수기들을 모아 200쪽이 넘는 *뚜껑이 열려있는 도시락*의 초고를 만들어주자, 소설을 4개의 장, 즉 남미, 미국, 다문화 공존지역(Tangier), 그리고 마음속의 자유국가로 구성하고, 그 주제를 탐닉으로 확정한다. 그러나 이 소설은 1957년에는 출판을 거절당한다: "그것은 너무나 엉망인 원고였지요! 원고를 글로 도저히 읽을 수 없었지요. 눈에 비친 것은 괴상함과 현혹스러움 그 자체였어요. … '들으시오, 전부를 새로 써야겠소' 라고 촌평했지요."[77] 그는 2년 후에 동료 브리온 기신과 출판사편집자가 원고를 새롭게 만들어준 덕택에 *뚜껑이 열려있는 도시락*을 출판할 수 있었다. 이처럼 이 소설은 혼신의 힘을 쏟아 글을 쓰는 전통소설가들의 창작태도와 방식과는 전혀 다르게 창작되었다. 그래서 이 작품에는 "이야기의 연속성과 시점의 일관성이 없는 소설로 독립된 이야기들이 전혀 상호관련 없이, 호소력의 개별적인 영역에서 공존하고 있다."[78] 더욱이 그는 잘라내기기법과 끼워넣기기법을 활용하여 연속성과 일관성이 없는 단어, 구절, 문장들을 병치하여, 완전한 문장을 이루지 않는 단어와 구절들을 매우 무질서하고 혼란스럽게 나열했다. 그의 병치기법은 독자들의 인습적, 독선적, 수동적 의식을 개혁하려는 예술적 수단이다. 그는 이 기법이 그런 의식을 탈바꿈시켜 회의, 불확실성, 경이, 이타주의, 활력, 그리고 환희로 가득하게 하여, 그들의 자아탐구와 실현에 큰 역할과 기여를 할 수 있다고 믿는다.

버로우즈가 자신의 독창적인 소설철학과 기법으로 창작한 *뚜껑이 열려*

*있는 도시락*은 "등장인물들이나 행동이 아니라 의식 속에서 들리는 감언이설, 유혹, 그리고 경고로 가득 찬 목소리의 소설"[79]이다. 그는 이 목소리로 인간을 마음대로 지배하고 억압하려는 주체들과 그들의 수법들을 폭로하고 고발하면서, 우리가 그들로부터 해방되려면 우선 의식개혁과 확장에 전념해야 한다고 역설한다. 그는 소설의 화자 겸 주인공, 윌리엄 리(William Lee)로 변신하여 이야기를 쓰고 있다. 주인공도 그처럼 한때 마약중독자였다가 치료를 받고 완치된다. 이 소설에서 "버로우즈는 자기 삶의 경상(鏡像)과 그 삶을 억압하는 주체들을 기술하면서, 화자가 암시하는 저자 겸 주인공의 새로운 자아로 하여금 그 경상이 산산조각 나도록 한다. 독자가 자신의 방식으로 그 파편들을 재배열할 수 있음은 그 경상이 대변하는 어떤 억압적인 주체들로부터도 해방될 수 있다는 저자의 당연한 결론"[80]이다. 버로우즈와 주인공이 한때 탐닉했던 마약은 이 소설에서 매우 중요한 역할을 하는 상징물이다. 마약은 "사회적 통제의 모형"[81]이므로 마약중독은 "인간을 지배하는 수단이고 지배의 결과이다. 그 중독은 인간을 타락시키고 기만하는 역할을 한다. 또 그 중독은 … 오로지 인간을 퇴폐시켜 파멸시키는 결과를 초래"[82]한다. 마약중독자였던 두 사람은 현실에서 이루 말할 수 없는 수모감과 모멸감을 느끼며, 타인에게서 피해를 입고 억압당하는 고통을 겪는다. 그들은 자신의 인격, 존엄성, 그리고 주체성을 포기해야하고, 자기와 다른 사람을 깊이 배려하고 사랑할 수도 없으며, 자아탐구와 실현의지도 상실한 채 마약의 노예로 전락하여 창조적, 독자적인 삶도 살 수 없다. 이처럼 그들은 스스로 탐닉했던 마약에 종속되어 피지배적이다. 마약은 점차 그들의 삶에 절대적 존재로 군림하면서, 그들을 제멋대로 농락하고 파멸시킨다. 버로우즈는 이 소설에서 자신이 탐닉했던 마약의 비극적인 체험을 통해, 스스로 혹은 유혹이나 권유에 의해 마약, 권력, 성, 금전, 종교, 그리고 이념에 탐닉하는 것이 인간 비극의 근원임을 경고한다. 그는 우리가 스스로 빠진 탐닉이 처음에는 별문제가 없으나 결국에는 우리를 타락시킴으로써 우리는 독선, 오만, 아집, 무자비, 그리고 잔인성에 빠지게 되고, 결국 인간성 상실로 귀결됨을 실증한다. 우리는 이 탐닉으로 실존을 지배와 피지배의 대립관계로 첨예화하고, 지배욕구를 극대화하면서 피지배계층을 가혹하게 탄압하려한다. 그러므로 우리는 이 탐닉으로 욕구를 충족시키기 위해 인간임을 망각하거나 포기한 채, 자신도 모르게 자기와 다른

사람을 기만하고 탄압하는 비인간적인 존재나 동물로 둔갑한다.

우리가 이렇게 둔갑하는 까닭은 마약이 아주 특이한 실체이므로 그것에 탐닉하지 않는 사람들에게는 무용지물이지만, 상용자들에게는 생존을 좌우하는 필수품으로서 절대적 위력을 발휘하기 때문이다. 상용자들이 마약에 탐닉하여 중독되면 중독될수록 마약 없이는 생존하기가 매우 어렵다. 그들은 일상생활과 활동에서 마약의 지배를 받으면서 생존할 수밖에 없다. 마약이 그들의 생활필수품이 되었으므로, 그들은 어떤 대가를 치르더라도 자신들의 생존필수품을 구하려고 발버둥이를 친다: “마약은 이상적인 상품 … 최고상품이다. 판매에 말이 필요 없다. 고객은 하수구 밑으로 기어가서라도 자청해서 산다. […] 마약상인은 상품을 고객에게 팔지 않고, 고객을 상품에 판다. 상인은 상품의 질과 판매방식을 개선하지 않는다. 그는 고객을 타락시켜 바보로 만든다.” 상용자들은 스스로 마약의 포로가 되었으므로 상인의 이런 농락과 횡포를 감수해야한다. 그들의 이런 감수는 그들이 마약욕구를 충족시키고 싶은 욕망을 자기의지로 자제할 수 없으므로 불가피하다. 그들의 중독 증세가 심해지면 심해질수록 마약은 “물과 같은 생물학적 욕구가 되어서” 그들의 욕구를 더욱 증폭시킨다. 그리하여 마약은 이런 욕구를 충족하고 싶어 안달하는 상용자들을 더욱더 옭아맨다. 마약은 이렇게 안달하는 상용자들을 욕망의 노예로 전락시켜 지배하면서, 그들의 충족욕구를 극대화하여 그들이 마약을 위해 그 어떤 파렴치한 행위도 불사하지 않도록 만든다: “마약은 ‘나쁜’ 세균의 기본공식인 *욕구의 대수학*을 정립한다. […] 마약상용자는 마약을 절대적으로 필요로 하는 사람이다. 욕구는 횟수를 무시하고 한계나 통제를 전혀 의식하지 않는다. 절대적 욕구를 말로 표현한다면: 당신은 하고 싶지 않습니까? 물론 당신은 하고 싶다. 당신은 거짓말하고, 남을 속이고, 친구를 밀고하고, 도둑질하고, 절대적 욕구를 충족시키기 위해 무슨 짓이라도 하고 싶다. 당신은 절대적 열망과 절대적 황홀상태에 있고 싶을 뿐, 이와 다른 방식으로 행동하는 입장에 서고 싶어하지 않기 때문이다.”[83] 이렇게 마약상용자들은 자기, 다른 사람, 그리고 사회에 엄청나게 비인간적이고 파괴적인 행위를 자행하면서 스스로 자멸하는 와중에 있다.

그래서 버로우즈는 마약과 그 중독을 지배자의 전횡과 피지배자의 속수무책의 상징으로 활용한다. 마약중독자들이 마약의 횡포와 지배로부터 도저히 벗어날 수 없는 것처럼, 권력, 성, 금전, 종교, 그리고 이념의 탐닉자들은 독재, 쾌락, 자만, 독선, 그리고 아집 심리에 꼼짝 못한다. 그들은 사람들을 자기 멋대로 조종하고 지배하여 억압하려는 욕구충족과 그 성취감에 현혹되어 자신, 다른 사람, 그리고 사회를 올바로 볼 수 없다. 그들은 자아도취 그리고 다른 사람의 지배와 탄압에 기고만장한다. 버로우즈는 이런 비인간적이고 잔인한 지배자와 탄압자들을 지지하고 옹호하는 통제조직을 고발하여 해체하기 위해, 자기 분신인 *뚜껑이 열려있는 도시락*의 화자 겸 주인공 윌리엄 리를 등장시켜, 그로 하여금 정치적, 사회적 항의를 하도록 한다. 리는 스스로 마약에 탐닉하여 자신의 인격과 독립성을 상실한 채 마약의 포로로 전락하여 매우 비참한 노예적인 삶을 살 수밖에 없었다. 이런 비극적인 삶을 체험했던 리는 자기는 마약중독으로 인해, 그리고 대중들은 권력, 지식, 성, 종교, 그리고 이념 탐닉자들의 지배욕구로 인해 주체성, 존엄성, 그리고 활력을 송두리째 빼앗긴 비인간적인 삶을 살아야하는 현실을 개탄한다. 그는 주장한다: "지배는 어떤 실용적인 목적의 수단이 될 수 없다. […] 지배는 더욱더 강압적인 지배 말고 어떤 과업의 수단이 될 수 없다. […] 마치 마약처럼"(164). 그리하여 그는 지배욕구와 그 충족에서 삶의 희열과 의의를 느끼는 이런 탐닉자들의 횡포와 범죄행위 그리고 그 폐해를 폭로하고 고발하여 정치적, 사회적 항의를 시도한다. 나아가 그는 이런 지배와 억압으로부터 해방되는 이상적인 방법은 항의의 수준을 넘어서 개인의 의식개혁과 확장을 도모하는데 있다고 역설한다.

리는 마약상용자로 경찰을 피해 다니다가, 지금은 자유국가 아넥시아(Annexia)에서 이중인격자이고 기만가인 벤웨이(Benway)가 사람들을 탄압하는 횡위를 지원해야하는 역설적인 처지에 있다. 그는 벤웨이가 지배욕에 도취되어 주민들을 마음대로 조종하고 통제하는 명수임을 간파하여 폭로한다. 그의 폭로에 의하면, 벤웨이는 "조정자, 기호체계들을 동등하게 하는 술수가, 모든 단계의 심문과 세뇌 그리고 통제의 전문가"(21)이다. 복지국가인 아넥시아는 "한 주민이라도 많은 양의 골분식사로부터 성 상대자까지 그 어떤 것이든 필요로 하면, 어느 부서에서든 바로 효과적인 지원을 제공하려하였다"(186). 벤웨이는 최고지도자로서 주민들을 어리둥절하게 하여 총체적 혼란상태에 빠뜨리는 임무를 수행하고 있다. 그는 주민들의 불평과 불만을 최소화하기 위해 충분한 생필품공급과 성적 욕구충족에 최선을 다한다. 또 그는 지금까지 악명 높았던 집단수용소를 폐쇄하고, 대규모 체포와 특별한 경우가 아니면 반항심을 조장하는 고문도 금지시킨다. 그는 이렇게 표면적으로는 주민들의 호감을 살 수 있는 선심정책들을 쓰면서도, 내심으로는 그들이 집단적으로 반항하지 못하는 순종자나 주체적 자아탐구에 관심이 없는 무조건적 모방자가 되도록 유인하기 위해 전력을 다한다. 그는 기묘한 징계방법들을 고안하여 주민들에게 육체적 폭력을 가하지 않고 교묘하게 지능적으로 학대함으로써 그들이 항시 불안감과 죄의식에 빠지게 한다. 또 그는 주민들로 하여금 신분증을 포함한 모든 서류가 다 들어있는 손가방을 항시 휴대하도록 하여, 그들이 오직 이 서류들을 챙기는 일에 열중하도록 함으로써 자아탐구와 실현 그리고 "실존은 연대의식이다"와 같은 문제에 관심을 쏟을 수 없게 한다. 그는 주민들이 이런 사소한 외적 일들에 전념하도록 하여, 그들을 아무 생각도 못하는 바보로 만드는 술수 부림에서 자기만족과 성취감을 만끽한다. 그는 "관료주의는 암 만큼 해로운 세균으로 인류 진화방향을 무한한 잠재력과 … 독립적이고 자발적인 행위로부터 세균의 완전한 기생상태로 선회하게끔 조종한다"(134)는 사실을 너무나 잘 알고 있다. 그는 오로지 자신의 지배욕구충족을 극대화하기 위해 관료주의를 교묘하게 활용하는 권력탐닉자이다. 게다가 벤웨이는 도덕성과 책임감이 전혀 없는 의사이고 지식을 위한 지식을 탐구하는 자칭 과학자로 인체의 기능을 조작할 수 있다는 망상에 빠져 마음대로 개인을 통제하고 지배할 수 있다는 아집의 포로로 전락한다. 그는 동료의사에게 "우리는 코와 입을 봉합하고도 위를 음식물로 가득 채우고, 통기공을 바로 폐로 통하게 할 수 있다"(131)고 말할 정도로 인체에서 고유역할을 하고 있는 코와 입과 같은 기관의 기능을 소멸시키거나 달리 전환시킬 수 있다고 믿는다. 또 그는 인체를 마음대로 조작할 수 있다고 실례를 들어 설명한다: "그는 아침에 입 전체가 올챙이 꼬리와 같은 투명한 젤리로 덮인 채 깨어나기 시작했다. 이 젤리는 과학자들이 말하는 분화되지 않은 세포조직으로 인체의 어느 부위에서도 자랄 수 있다. 그가 입에서 젤리를 떼어다가 조각들을 손에 붙이면 … 거기서도 자란다"(133). 이처럼 그는 인체기관의 기능과 인체의 돌연변이 조작으로 개인의 정체성과 주체성을 박탈할 수 있으므로 개인을 마음대로 지배하고 억압할 수 있다는 독선과 아집에 집착하는 망상가이고 정신이상자이다.

더욱이 벤웨이는 자기 마음대로 개인을 통제하는 사적인 차원을 넘어 공적으로 탄압하려는 더욱더 큰 지배욕에 도취된다. 그래서 그는 정당과 국가의 최고지도자로서 주민들을 더욱 교묘하게 옭아매어 탄압하기 위해 조직을 이용한 술책을 유감없이 활용한다. 윌리엄 리가 이 활용을 고발한 바에 의하면, 벤웨이는 지배 탐닉자가 되어 주민들을 가장 교활하고 효과적으로 통제하기 의해 세 가지 유형의 정당을 휘하에 두고 자기 멋대로 좌지우지한다. 그 정당들은 주민들이 정체성, 주체성, 그리고 반항심을 상실한 채 그저 순종하는 삶을 살도록 하는 같은 목적을 가지고 있으면서 그 목적에 이르는 수단만 달리한다. 먼저 용해당(Liquefaction Party)당수는 전체 당원을 자신과 하나가 되도록 만들기 위해 그들을 용해하려한다. 이 당수는 당원들을 "단백질 분열과 여러 사람의 원형질에 흡수되는 액체로의 변형"(82)을 도모함으로써 당원 간의 상이점과 차이점을 제거하여 똑같은 기질과 성격의 소유자로 변신시키려한다. 그 결과 당원들은 "온갖 변태성욕, 특히 가학피학성 변태성욕"(162)에 탐닉하게 된다. 이를 두고, 리는 "용해당이 한 사람을 제외하면 완전히 얼간이들로 조직되어 있음이 곧 밝혀질 것이지만, 누가 누구의 얼간이인지는 마지각 용해가 일어날 때까지 분명하지 않다"(164)고 언급한다. 또 분할당(Divisionist Party)당수는 모든 사람을 자신을 복제한 인간으로 만들어 일인독재를 하면서, 이성(異性)을 용납하지 않고, 오직 하나의 성(남성 아니면 여성)으로만 존재하도록 하여, 동성연애자로 탈바꿈시킨다. 분할당 당원들은 오로지 획일적인 사회를 건설하려한다: "그들은 살을 잘게 잘라내어 태아 젤리에서 자신들의 복제품으로 성장시킨다. 분할 과정이 중지되지 않는다면 결국 이 세상에는 하나의 성의 복제만이 있을 것 같다. 다시 말하면 이 세상에는 그의 살이 분리되어 몇 백만 명의 인간으로 탄생시킨 한 사람이 있다"(163). 이처럼 용해당과 분할당은 자기당의 강령과의 상이, 이견, 그리고 그것에 대한 반대를 결코 용납하지 않으면서 주민들을 억압하여 지배하려고 전력한다. 더욱이 송신당(Sender Party)당수는 자신의 심법으로 모든 사람을 지배하려는 유아독존적 독재자이다. 그는 생체 전파신호를 이용하여 인간의 신체동작, 정신작용, 그리고 정서반응을 통제하려한다. 그러기 위해 그는 인간이 태어나면 바로 뇌에 신호수신 기구를 설치하는 시술을 할 수 있을 것이라는 어이없는 생각을 한다. 그는 자기주장만 하고 다른 사람을 존중하려하지 않는 괴물이다: "자신의 심법만을 전파하려는 사람은 언제나 송신하지 않으면 안 된다. 그는 결코 수신할 수 없다. 왜냐하면 그가 일단 수신함은 자신의 심법을 개득한 다른 사람이 자신의 연속된 대본을 망가뜨릴 수 있음을 의미하기 때문이다. 그는 언제나 송신하지 않으면 안 되면서도, 다른 사람들과의 접촉을 통해 자신을 재충전할 수 없다. 조만간 그는 감정이 고갈되어 송신할 알맹이가 없을 것이다. […] 그는 거대한 지네로 탈바꿈하였다." 요컨대 그는 인간이 아니라 인류를 파멸시키고 있는 인간세균이다. 이런 인간세균은 모든 사람을 비극적 실존상황 – "빈곤, 증오, 범죄, 관료주의, 정신이상"(168-69) –의 소용돌이 속으로 밀어넣음으로써 인간의 생존을 위협하는 독소이다.

벤웨이와 세 정당당수는 오로지 지배와 독재에 탐닉하여 주민들을 통제하는데 정치적, 사회적 장치에다 그들의 인격과 주체성의 부정, 자아탐구와 실현의지 박탈, 그리고 사랑욕구 억제까지 시도하지만, 이에 만족할 수 없어 그들의 성을 억압할 뿐 아니라 언어를 타락시켜 마비시킨다. 왜냐하면 성은 "자기정체성의 재확인과 지탱의 요소"로서 "무아의 경지에서 사람들을 결합시키는 이상적인 수단"[84]이 되기 때문이다. 그러므로 지배자와 독재자는 주민들의 성을 억압함으로써 그들을 변태성욕자로 타락시켜, 그들이 자아, 이성, 그리고 성의 본질을 제대로 이해할 수 없도록 하여 의식을 왜곡시킨다. 지배자와 독재자는 이렇게 함으로써 주민들을 효과적으로 통제하고 탄압할 수 있다. 또 지배자와 독재자가 사용하는 언어는 "지배의 가장 강력한 수단들 중의 하나"[85]이다. 이들의 언어는 언어 본래의 건전하고 유용한 핵심기능이 상실된 채 주민들의 영혼을 타락시키고 마비시키는 기생물역할을 수행한다: "언어는 이제 세균이다. 풀루 세균은 한때 유익한 폐 세포였지만, 지금은 폐를 침범해서 손상시키는 기생생물이다. 언어도 한때 유익한 신경세포였지만, 지금은 중추신경계를 침범해서 마비시키는 기생유기체이다."[86] 이런 언어는 무시무시한 파괴적 역할을 감행한다: "언어는 표범 같은 인간의 쇠 발톱으로 당신에게 달려들어, 참게처럼 기회를 노리다가 손가락과 발가락들을 절단할 것이다. 또 언어는 약삭빠른 개처럼 당신에게 매달려 정액을 붙잡을 것이다. 게다가 언어는 중·남미의 독사처럼 당신의 넓적다리를 휘감고 작은 잔 분량의 썩은 냄새가 나는 외형질을 다리 속으로 주입할 것이다"(230). 이처럼 지배자와 독재자는 오로지 지배목적을 달성하려고 언어남용도 마다하지 않는다.

이제 리는 스스로 폭로하고 고발한 권력과 지배 탐닉자들의 억압과 탄압에 반항하는 세 유형을 제시한다. 첫 번째 유형은 그가 부정적인 시각에서 보는 젊은이들의 충동적이고 즉흥적인 반항이다. 그들은 기존사회가치, 규범, 그리고 제도를 무조건 거부하고 부정하려한다. 두 번째 유형은 많은 사람들의 집단적 반항이다. 리도 당원인 사실존중당(Factualist Party)은 용해당의 동질성, 분할당의 획일성, 그리고 송신당의 유아독존을 폭로하고 고발하면서 광정하려한다. 그 당원들은 이질성, 다양성, 겸양, 복잡성, 그리고 변화무쌍을 선호한다. 또 그들은 "인간세균을 분리하여 치료할 수 있다"(169)고 확신하고, 사회를 개혁하여 주민들을 지배자와 독재자의 조종, 통제, 지배, 그리고 억압으로부터 해방시키려고 전력한다. 그래서 그들은 고함지른다: "치료는 언제나 가능하다. 도망가라! 뛰어넘어라!"(222). 더욱이 그들은 개인의 개체성과 독립성을 존중하고 옹호하려한다. 세 번째 유형은 개인의 주체적 반항, 자아탐구, 그리고 의식개혁과 확장이다. 이 유형이 버로우즈가 선호하는 가장 이상적인 반항수단이다. 리가 호텔방에서 손수 마약주사를 놓으려할 때, 마약수사관 두 명이 갑자기 돌입하여 그를 체포하고 그의 모든 책, 편지, 그리고 원고를 압수하려한다. 그러자 그는 그들을 사살하고 원고를 챙겨 도피한다. 그의 사살행위가 "사실존중당 당원이 쟁취하고 향유하려는 해방의 은유이다." 그는 도피생활을 하면서 *뚜껑이 열려있는 도시락*을 집필한다. 그는 이 소설을 창작함으로써 "악[마약, 지배, 성, 그리고 이념에의 탐닉]을 극복한다."[87] 그러므로 그는 이 소설에 대한 자부심이 대단하다: "*뚜껑이 열려있는 도시락*은 하나의 청사진이자 하나의 입문서이다. […] 긴 방의 끝에 있는 문을 엶으로써 체험의 여러 단계들을 확장하는 방법에 관한 책이다. … 오직 침묵에서만 열리는 문들. […] 그래서 *뚜껑이 열려있는 도시락*은 독자에게 침묵을 요구한다. 그렇지 않으면 그는 자신의 의식에 유폐되어버린다"(224). 그러므로 버로우즈는 지배와 억압으로부터 해방은 충동적, 집단적 반항이 아니라 오직 의식개혁과 확장에 달려있다고 주장한다. 또 그는 우리가 부질없는 탐닉으로부터 해방되려고 최선을 다할 때 의식개혁과 확장을 극대화할 수 있다고 역설한다. 게다가 그는 이 해방의 길은 우리가 "실존은 연대의식이다"는 철학을 전제로 전념하려는 자아탐구와 실현, 타인존중과 사랑, 그리고 가능성과 잠재력계발과 발휘에 있다고 갈파한다. 요컨대 버로우즈의 지적 항의의 대상은 이원론이고 그 목적은 극복이다. 그의 정치적 항의의 대상은 지배와 탄압이고 사회적 항의의 대상은 성의 억압이며, 그 목적은 해방이다. 그는 이 극복과 해방의 길을 의식개혁과 확장에서 찾았다. 또 그는 이 개혁과 확장의 극대화방법은 이런 철학 – "아무것도 진리가 아니라고 말할 때 모든 것이 허용되고 용납된다" –에 있다고 주창했다. 그가 이 철학을 실천하고 구현하려고 집필한 소설이 바로 *뚜껑이 열려있는 도시락*이다.

죤 혹스(John Hawkes, 1925-1998)는 "죤 바스(John Barth)와 토머스 핀천(Thomas Pynchon)과 더불어 제2차 세계대전 후에 미국에서 세 명의 가장 중요한 포우스트모던소설가 중의 한 사람으로 큰 각광을 받고 있다. 이 세 소설가는 의도적으로 소설의 기존철학과 기법을 부정한다. 이들 중에서도 혹스가 가장 과격하다."[88] 그의 독창적인 소설론은 "미국소설에 새로운 상상력과 창작기법을 도입하여 … 소설쓰기와 읽기의 방법을 획기적으로 바꿨다."[89] 그는 소설이 현실의 반영 그리고 진리의 표현이라는 기존소설철학을 수용하지 않는다. 그는 소설창작목적이 과거의 재현이나 현재의 기술에 있지 않고 미래의 창조에 있다고 믿기 때문이다. 그가 소설을 쓰고 읽는 목적은 삶에서 연민, 열정, 환희, 위안, 흥분, 경이감, 그리고 신비감을 만끽하면서, 또 도전, 개척, 그리고 탐구정신을 고취시키면서 자기가능성과 잠재력을 확장하려는데 있다. 그는 자신의 전인적인 성숙과 창조적인 삶에 큰 영향력을 발휘할 수 있는 소설쓰기와 읽기를 시도한다. 그가 이런 시도를 전제로 내린 소설의 정의가 소설은 "인간의 창조물"이다. 그는 "인간의 창조물"로 정의되는 소설은 절대로 객관적 철학과 구성원리에 의존하여 창작되어서는 안 되기 때문에, 그 자체의 철학, 전개논리, 매력, 그리고 희열을 내재해야한다고 역설한다: "소설은 창조물 – 인간의 창조물이다. 소설은 그 자체의 매력들, 구성들, 환희들을 내재하고 있다. 소설의 유일한 효용은 우리를 즐겁게 해주는, 또 우리의 전인적인 성숙과 관계를 맺는 기능이다. 나는 우리가 소설 없이 어떻게 살 수 있을까를 알지 못한다. 실존행위는 더 이상 변경할 수 없는 방식으로 상상력을 발휘하여 활용하는 행위에 지나지 않는다고 언급해도 무방하다. 소설읽기는 특별한 방식으로 삶의 가능성들을 탐구하는 행위일 뿐이라고 주장해도 괜찮다.

내 생각에 소설과 삶은 전혀 별개이면서도, 소설과 삶은 상호관계를 맺지 않고 홀로 존립할 수 없다."[90] 그는 미래를 창조하는 소설의 창작 바탕은 "있었음"과 "있음"에 있지 않고, "없음"에서 무엇인가의 창조에 있다고 확신한다. 따라서 그는 소설창작에서 상상력의 중요성을 강조한다: "상상력의 절대적 위력은 없음에서 어떤 것과 모든 것을 창조하는 힘이다."[91] 이처럼 그는 소설창작에서 반영, 기술, 또는 표현에는 전혀 관심이 없고, 오로지 상상세계의 창조에 몰두하려한다. 그의 상상세계의 창조는 정신적 탐구이다. 다시 말하면, "소설창작은 정신적 탐구의 착수이다."[92] 요컨대 그의 소설창작은 상상력을 바탕으로 창조된 상상세계에서 행해지는 정신적 탐구이다.

그는 소설창작을 상상세계에서의 정신적 탐구로 정의하기 때문에, 과거에 소설창작에서 가장 중요시되었던 플롯, 주인공, 배경, 그리고 주제를 전적으로 부정한다. 그는 미래를 창조하는 소설에서 상상력으로 지금까지 창조되지 않았던 삶의 긍정, 자아성숙, 그리고 가능성과 잠재력의 발휘가 가능한 새로운 세계를 창조하려한다. 그는 이런 세계창조는 기존 소설창작철학과 기법으로는 불가능하다고 주창한다: "나는 소설의 진정한 적들은 플롯, 주인공, 배경, 그리고 주제였다는 가정을 전제로 소설을 창작하기 시작했다. 소설에 대한 이런 인습적인 사고방식을 방기해버리자, 상상력, 다시 말하면 구성의 전체성이 실제로 현존해 있는 전부였다. 구성, 즉 언어적 그리고 심리적 일관성이 여전히 소설가로서 나의 최대관심사이다." 따라서 그는 소설창작은 사전에 계획된 의도와 구성에 따른 결과가 아니고, 상상력이 창조하는 세계라고 갈파한다: "나는 소설집필을 시작하기 전에 결코 소설의 개요를 구상하지 않았다. 소설집필을 시작하고서도, 가장 일반적인 용어 말고는 나는 내가 창작하려는 이야기를 알지 못했다. 나의 소설들의 시작은 언제나 상상력에서의 깜박거림에 지나지 않았지만, 이 깜박거림이 하나하나 한동안 꿈틀거렸던 정서적 반응과 그 파장에 의해 매우 뚜렷하게 구체화되었다."[93] 요컨대 혹스의 소설창작은 사전에 계획된 의도와 목적 그리고 기대에 의존하지 않고, 상상력과 언어구사로 자연스럽게 형성되어 구현되는, 지금까지 창작되지도 존재하지도 않았던 특이한 세계, 다시 말하면 어떤 극한상황에서도 삶의 긍정과 자아성숙이 가능한 세계창조이다.

혹스는 삶의 긍정과 자아성숙이 가능한 세계를 창조하기 위해 사실주의와 모던이즘소설의 전통적 창작철학과 기법 그리고 기능과 역할의 한계성을 극복해야한다. 그래야 그는 관습, 구태, 그리고 일상성에서 벗어나 도전과 개척정신으로 자기를 새롭게 보고, 알고, 느껴서 자신을 변신시키면서 독자를 성숙시킬 수 있다고 강조한다: "나는 내 소설이 인습적인 도덕관과 인생관 폐기에 일조할 수 있기를 원한다. 내 소설의 목적은 우리가 자신을 더욱더 잘 알 수 있도록, 더욱더 많은 연민의 정을 느끼면서 살 수 있도록 지원하기 위해, 가능한 한 모든 방법으로 우리 자신을 각성시켜 성숙시켜서 실현시키는데 있다."[94] 요컨대 그의 소설창작의 궁극적 목적은 자기와 우리 모두의 전인적인 성숙 그리고 가능성과 잠재력의 발휘를 극대화하는데 있다. 그래서 그는 이런 목적달성 수단과 원동력을 삶의 정의와 언어관에서 찾는다. 그는 삶을 낙관적 혹은 비관적, 긍정적 혹은 부정적, 희망적 혹은 절망적과 같이 이분법적으로 정의하려하지 않고, 아름다우면서도 더럽다는 양면적 입장에서 수용하려한다: "삶은 언제나 무서운 신비이면서도 아름답고 예언할 수 없으며 박리되지만 불가사의한 현상이다."[95] 그는 삶을 양면적 입장에서 성찰하여 수용함으로써 극한상황에서도 그 극복이 가능함을 예시하려한다. 그는 이 극복이 사실주의와 모던이즘소설의 "있었음"과 "있음"에서는 불가능하지만, 포우스트모던소설의 "있을 수 있음"에서는 얼마든지 가능하다고 확신한다. 이 확신의 바탕은 그의 언어관에 있다. 그는 언어의 위력을 역설한다: "우리는 여러 형태의 행위로 결코 완성할 수 없는 일들을 언어로 실현시킬 수 있다."[96] 언어는 "없음에서 어떤 것과 모든 것을 창조하는 힘"인 상상력과 밀접한 관계를 가질 때 이런 위력을 발휘할 수 있다. 또 그는 상상력이 언어에서만 그 존재를 현시할 수 있다고 주장한다: "우리는 상상력을 소재들, 행위들, 혹은 사건들에서가 아니라 오로지 언어에서 인지할 수 있다."[97] 이처럼 언어는 현실적으로 도저히 있을 수 없는 사건과 행위 그리고 실존할 수 없는 인간을 창조할 수 있다. 그러므로 혹스는 극한상황에서도 삶의 긍정과 자아성숙이 가능한 소설을 쓰기 위해 상상력과 언어에 전적으로 의존한다. 그가 이렇게 상상력과 언어에 의존하여 창작한 소설이 *상처가 아문 피부*(*Second Skin*, 1964)이다. 그는 이 소설창작에서 상상력 — "내 생각으로 소설가의 상상력은 본래 주인공의 불모의 삶을 활력이 넘치는 실존으로 괄목하게 반전시키는 역할을 가시화한다"[98] —을 마음껏 활용한다. 게다가 언어를 "있을 수 있음"의 개연적, 창조적 견지에서 십분 구사한다. 이렇게 창작된 *상처가 아문 피부*는 그의 "가장 유명한 소설이고 20세기 미국의 위대한 소설들 중의 한 권"[99]이다.

지금까지의 논의를 바탕으로 *상처가 아문 피부*를 "삶의 긍정과 자아성숙"의 논지로 고찰해본다. 이 고찰은 소설의 구성은 "언어적 그리고 심리적 일관성이다"는 혹스의 주장을 전제한다. 이 일관성은 소설주인공, 59세의 해군중위 전역자 스키퍼(Skipper)가 자신의 언어 그리고 삶과 죽음에 대한 심리를 토대로 실존에서 극한상황에 빠져 허우적거렸던 비극적 과거와 상상세계에서, 이를 극복하고 행복한 삶을 구가하고 있는 낙관적 현재를 마치 음악에서 얼레그로우(allegro)와 어다죠우(adagio)가 되풀이되는 것처럼 반복적으로 기술함이다. 그의 절망적, 비극적 과거는 자신의 의지와는 전혀 무관한 가족들의 잇따른 죽음 – 아버지의 자살, 어머니의 돌연사, 부인과 딸의 자살, 그리고 사위의 피살 – 의 뼈아픈 상처로 만신창이었다. 그러나 그의 현재는 그가 이런 비극적 역경을 독자적으로 슬기롭게 극복한 연후에 만끽하고 있는 행복감의 절정, 삶의 긍정, 그리고 자아성숙이다. 그런데 그의 이런 긍정과 성숙은 현실이 아니고, 그가 비극적 과거를 극복하기 위해 창작하고 있는 소설의 주인공으로 변신한 자신의 상상적 실현이다. 이런 상상적 실현은 "스키퍼가 그 자신이 주인공인 소설을 창작하는 1인칭 화자의 역할을 하고 있는 소설의 주인공이기"[100] 때문에 가능하다. 혹스의 주장대로 "소설과 삶은 상호관계를 맺지 않고 홀로 존립할 수 없으므로," 스키퍼가 자기를 주인공으로 등장시킨 소설창작이 비극적 과거를 극복하고 거둔 삶의 긍정이고 자아성숙이다. 그가 기존소설창작의 핵심요소인 플롯을 부정하면서, 상상 속의 섬에서 자기를 소설주인공으로 등장시킨 소설을 창작하는 목적은 자신의 실존에 대한 이야기를 하면서 사건들이 일어났던 인과관계와 연대기적 순서에 따르지 않고, 스스로 신나게 이야기하고 싶은 욕구, 즉 극한상황을 성공적으로 극복하고 생존자가 되었음을 자랑하고 싶은 욕구를 충족시키려는데 있다. 거의 모든 사람이 쓰러져버릴 위기상황에서도 그는 오뚝이처럼 틀림없이 일어난다. 그는 생존에 성공하여 삶을 긍정하고 자아를 성숙시킨 이야기를 언어적 그리고 심리적 일관성으로 말하기 위해, 자기실존에서 일어났던 사건들의 순서를 무시하고 뒤섞는다. 그는 이렇게 뒤섞은 "자신의 이야기하기 기법을 '벌새의 상궤를 벗어난 비상'으로 비유한다."[101] 그가 이렇게 뒤섞은 12 개장에서 삶을 긍정하고 자아를 성숙시키고 있는 현재는 1, 4, 7, 10, 그리고 12장에서 언급되며, 그의 악몽의 과거는 2, 3, 5, 6, 8, 9, 그리고 11장에서 회고된다. 이처럼 이 소설은 주인공의 밝은 현재의 진술과 어두운 과거의 회고를 여러 번 반복하는 혼성곡이다.

주인공은 소설의 첫 문장에서 스스로 자기가 벌새들, 화려한 바늘 뜨게 레이스, 양산들, 소형군함, 흑인사동 서니(Sonny), 그리고 부인과 딸을 사랑하는 사람이라고 공언한다. 그는 자신의 인간과 사물의 깊은 사랑과 그 능력을 자랑한다: "나의 아버지는 손수 머리에 총을 쏘아 자살함으로써 내가 도저히 견디기 어려운 엄청나게 큰 정신적 충격을 받도록 했다고 과신했다. 그러나 불쌍한 아버지, 그는 나의 사랑능력을 망각하여 무시했다." 더욱이 그는 이런 사랑능력에 못지않은 용기 있는 사람, 다시 말하면 호랑이라고 으스댄다: "피를 흘리지만 피를 흘리면서도 결코 죽지 않는다는 확신이 나의 운명이었을 것이다."[102] 그러나 그는 그의 사랑으로 어떤 위력도 발휘할 수 없었다. 그래서 그는 부인과 딸의 자살을 예방하지 못했다. 그렇지만 그는 자기가 창작하는 소설에서 죽음 앞에서도 그리고 극한상황에서도 이를 극복하고 생존하려는 의지와 용기를 반복적으로 표현한다. 그의 소설 구성과 주제는 "삶과 죽음은 하나라"[103]는 진리의 반복이고 역설이다. 그는 아버지가 장의사 운영자였으므로 어렸을 때부터 죽음과 어우러져 자랐다. 그의 죽음의 직접적 체험은 그가 어린 나이에 몸소 목격했던 아버지의 총기자살이었다. 그의 이런 비극적 충격은 더욱더 증폭되었다. 아버지의 자살이 어머니의 죽음을 불러일으켰다. 어머니는 돌연 집을 나가더니 몇 주 후에 시신으로 발견되어 장례식도 없이 매장되었다. 그는 부모님의 비극적 죽음을 필두로 자신의 과거사를 정리하여 기록할 필요성을 느꼈으므로 두서없이 이야기하기 시작한다. 이 이야기하기가 바로 그의 소설창작이다.

2장에서 스키퍼는 태평양 연안의 어느 도시에서 해군헌병으로서의 근무를 끝내고, 삶의 의욕을 송두리째 상실해버린 25세의 딸, 커샌드러(Cassandra)에게 강한 생활욕과 생명력을 고취시키기 위해 모든 방안과 대책을 강구하려고 최선을 다했다. 그녀는 남편이 다른 여자를 사랑함으로 자기와 딸을 버렸다고 믿고 의기소침했다. 그는 딸을 위로하기 위해 자기와 아내, 거트루드(Gertrude)와의 불행하고 비극적이었던 관계를 실토했다. 그는 아내를 "서로 만나기 전에 생기를 잃은 잎들 사이에서 이미 시들어버린 꽃"(2)으로 간주했다. 그러자 그녀는 그가 자신의 성적 욕구를 충족시켜주지 않자 자기를 증오한다고 착각하고, 그의 동료들과 불미한 관계를 즐겼다. 그래도 그는 그녀에게 더욱 많은 애정을 쏟았다: "그녀가 타락하면 타락할수록 나는 그녀를 더욱 더 정성껏 보살폈다"(131). 그녀는 그의 이런 정성과 아량에 전혀 관심이 없었고, 더욱이 감사하는 마음을 조금도 내색하지 않았다. 이렇게 그에게 마음의 깊은 상처와 고통만을 안겨준 아내였지만, 그는 아내의 자살로 비로소 자기와 아내는 하나임을, 그리고 가족의 소중함을 깨달았다. 이런 실토도 딸에게 아무 소용이 없자, 그녀가 그의 가슴에다 남편의 이름, 퍼낸디즈(Fernandez)를 초록색으로 문신을 새기라는 강압적인 요구를 큰 고통을 참으면서 들어주었다. 그는 문신을 새기는 통증과 고통으로 자신의 소형군함 지휘에 치명타를 가해서 자기를 파멸시키려했던 선상반란주동자, 트렘로우(Tremlow)에 대한 증오심이 가열되자, 그 당시의 절망감과 그 대처를 회상했다: "나의 눈가에는 눈물이 선명하게 빤짝였다. 그러나 눈물은 결코 떨어지지 않았다. 지금은 대머리지만 한때 미남이었던 남자의 눈에서 눈물은 결코 떨어지지 않았다. 피해자, 용감한 피해자"(19). 그는 악마 같은 인간의 간계와 음모의 일시적 피해자였지, 그 이상은 결코 아니었다. 그는 그 피해를 극복하고 생존했다. 3장에서 스키퍼가 딸을 구원하기 위해 동부로 떠남은 그의 비극적 "과거의 황무지로부터 … 그리고 바로 그가 [소형군함의] 함장으로 참전했던 태평양전쟁으로부터 해방되는 항해의 시작을 상징한다."[104] 그의 항해는 미 대륙을 횡단하여 바다를 건너 온화한 섬을 경유하여 상상속의 떠돌아다니는 섬에서 끝난다.

지금 스키퍼는 상상 속의 섬, 즉 "공간과 시간상에 위치하지 않는 떠돌아다니는 섬"(46)에서 과거의 불모로부터 해방된 새로운 인간으로 재생하여 행복하고 창조적인 현재를 만끽하고 있다. 딸이 7년 전에 온화한 섬에서 자살했을 때, 그는 성 불구자로 매우 외롭고 불행한 삶을 살았다. 그러나 그는 죽음을 초월한 인간으로 변신해 있다: "지금까지 묘지가 나의 싸움터였다. 그러나 이제는 그렇지 않다. 아마 나의 작고한 장의사였던 아버지까지도 나를 자랑하고 싶을 것이다"(47). 이제 그는 생명을 창조하는 삶을 즐긴다. 그는 암소들에 인공수정하여 많은 송아지들을 출산시킨다. 더욱이 그는 극적으로 성교가 능자가 되고, 소설을 창작하려한다. 그는 흑인여자 캐틀리너 케이트(Catalina

Kate)를 사랑하여 임신시킨다. 그는 자기가 드디어 아빠가 될 것이고, 아빠 됨으로 탁월한 창조력을 발휘할 수 있을 거라고 장담한다: "6개월 후에 그리고 모든 성인의 날(All Saints' Day) 밤에 케이트는 그녀의 아기, 즉 우리 아기를 분만할 것이다. 그리고 나는 나의 소설을 완성할 것이다. … 나는 이 소설이 나의 승리의 고백이 되게 할 것이며, 또 이 소설이 인공수정하는 사람의 일기가 되게 할 것이다. 케이트가 아기를 분만하는 순간에 나의 지지부진했던 창작은 화려하게 대미를 장식할 것이다. 나는 아주 만족할 것이다. 나는 59세가 될 것이고, 무한한 생명력이 가득한 꿈들과 역경들을 극복한 기억들의 아버지가 될 것이다"(49). 요컨대 그는 상상세계에서 의식의 획기적 전환으로 자기실존에서 생동감과 활력을 되찾아 자신의 사랑능력 그리고 가능성과 잠재력을 최대한으로 발휘할 수 있다. 그는 이런 발휘로 말미암아 큰 황홀경과 성취감을 만끽한다.

5장과 6장에서 스키퍼는 굴욕과 위해를 당하면서도 속수무책이었던 과거를 기술한다. 그는 딸의 생명을 보존하기 위해 정착한 "온화한 섬"에서 죽음을 예감했다. 그는 딸과 손녀와 함께 독일병사들의 군가를 좋아하고 저돌적이며 색욕이 강한 과부, 미랜더(Miranda)의 집에 기숙했다. 이 집은 제대로 된 문짝 하나 없어서 폐가나 다름없는 황량한 거처였다. 더욱 안타깝게 그는 사리판단력이 없어 아버지로서 딸을 보호할 의지와 책임의식도 갖지 못했다. 그는 미랜더의 강한 색욕의 피해자가 되었던 홀아비 레드(Red)대위와 그의 한손이 불구인 아들, 죠우모우(Jomo)가 딸을 성적으로 농락할 것이라는 사실을 인지했다할지라도 제지할 수 없었다고 실토한다: "나는 너무나 자존심이 강하고 순진하여 다른 사람을 조금도 불신하지 않으므로 그들의 농락을 그대로 방임했었을 것이다"(57). 게다가 그는 음흉한 미랜더가 자기를 무시하여 해군제복을 훼손하여도 아무런 항의도 하지 못했고, 자기를 개인비서로 간주하여 내리는 명령 – "접시에 화약을 조금 놓고 태워라"(66) –에 순종할 수밖에 없었다. 6장에서 그는 고등학교체육관에서 열린 무도회에 딸, 레드대위, 그리고 그의 두 아들이 참가하자, 딸을 보호하기 위해 따라갔다. 미랜더는 그의 의도를 간파하고 그를 이 섬에서는 연인들의 밀회장소인 묘지로 유인하기 위해 만나고 싶다는 전갈을 보냈다. 그는 묘지로 갔으나 그녀를 만나지 못하고, 그녀의 매복한 똘마니들이 자기를 향해 세차게 던지는 눈덩이를 얻어맞고 부상당했다. 그는 이런 위기상황에서 트렘로우가 생각나자, “트렘로우! 나와라 싸우자”(88)고 고함쳤다. 이러면서도 그는 딸을 보호하겠다는 일념으로 추운 겨울의 한밤중에 혼자 걸어 집에 당도하자, 어둠 속에서 그를 기다리고 있던 미랜더가 말한다: “스키퍼, 집안으로 들어가지 말라. 그들은 젊다. 그들을 내버려두자”(93). 그러나 그는 그녀의 성적 유혹을 뿌리치고 들어가 딸에게 네 남편은 죽었다고 알려주었다. 그는 이 섬에 오기 전에 해군헌병으로서의 마지막 임무를 수행하다가 사위가 살해당해 있는 값싼 호텔방의 현장을 목격했다. 7장에서 스피커는 다시 현재로 돌아와 떠돌아다니는 섬에서 소에게 인공수정하는 일이 매우 신나고, 자기 아기가 케이트의 뱃속에서 자라고 있어 대단히 흐뭇하며, 서니와 죠우지(Josie)수녀와 함께 행복한 삶을 즐기고 있다. 더욱이 그는 이런 희망에 부풀어있다: “우리 아기가 태어나면 나는 프랑스포도주 병마개를 열 것이다. 아기가 모든 성인의 날 밤에 태어나면 프랑스포도주 한 병을 다 마실 것이다. 그리고 나는 이제 나 자신을 먼 과거 일들로 채찍질할 것이다. 미랜더여, 유유히 기다려라! 아버지, 거트루드, 그리고 퍼낸디즈 편히 잠드십시오! 트렘로우 너는 앞으로 경계하라!”(110)

8장과 9장에서 스키퍼는 다시 과거로 돌아가 자기가정의 비극, 자신의 해상생활에 종지부를 찍게 한 트렘로우의 선상반란, 사위가 살해당함, 그리고 아버지의 자살을 회고한다. 그는 딸이 퍼낸디즈와 결혼하자, 사위에게 딸을 극진히 사랑해서 백년해로하라고 간곡히 당부했다. 그러나 사위는 커샌드러가 딸을 7개월 만에 조산하고 장모가 자살하자, 딸을 조산한 여자의 아버지이고 자살한 여자의 남편인 스키퍼와의 관계를 끊겠다고 선언했다. 그래서 사위와 장인은 남남이 되었다. 9장에서 스키퍼는 함장으로서 임무를 충실히 수행하려하기보다는 신약성서의 정독과 종교적 명상에 열중했다. 그는 이런 열정으로 함정에 이상 징후가 있다는 서니의 경고를 무시했다. 결국 악마인 트렘로우가 주동자가 되어 선상반란을 일으키고 구명정을 타고 도망갔다. 이때 그는 반란주동자와 추종자들을 제압하려하지 않고 생각만 했다: “나는 3인치포들 중 하나에 발포준비를 하여 그들을 사살하라는 명령을 내려야했다. 이런 명령은 쉬운 일이었다. 그들은 마땅히 사살당해야 했다. […] 나는 그들이 도망가도록 내버려두었다. […] 아마 그들은 결코 붙잡히지 않을 것이라고 생각했다”(148). 또 그는 해군헌병으로서의 마지막 임무를 끝낼 무렵에 해군들이 창녀들에게 말썽부리고 있다는 값싼 호텔에 갔다가, 사위가 발가벗겨져 온 몸이 피투성이가 된 채 살해당해 있는 현장을 목격했다. 또 그는 권총으로 자살하려고 화장실 안으로 급히 들어간 아버지에게 울면서 하소연했다: “그러나 아버지, 제발 제발 어머니는 어떻게 됩니까? 저는 어떻게 됩니까?”(158). 하소연도 소용이 없자, 그는 아버지의 생각을 바꿔보려고 브람즈(Brahams)의 첼로우곡을 연주해보았지만 허사였다. 지금 그가 할 수 있는 유일한 일은 기도와 염원이다: “나는 아버지, 어머니, 거트루드, 퍼낸디즈, 그리고 커샌드러에게 편히 잠드십시오, 잠드십시오, 잠드십시오하는 말 말고 무슨 말을 할 수 있는가?”(161). 10장에서 그는 “과거의 악몽에서 벗어나는 이야기”(162)를 쓰기 위해 다시 떠돌아다니는 섬으로 돌아온다. 그는 과거의 우유부단하고 피동적인 성격과 피해의식으로부터 해방되어 적극적, 창조적 인간으로 변신한다. 게다가 그는 인공수정으로 암소들을 수태시키는데 성공하여 자신의 자질과 능력을 새롭게 인식한다. 그는 이 인식으로 서니, 케이트, 그리고 죠우지수녀의 삶을 성숙시킬 수 있을 뿐 아니라 그들이 자기를 믿고 따르는 선량한 사람들이라고 확신하기 때문에 그들과 함께 즐겁고 행복한 현재를 만끽한다. 이제 그는 자기 일에 대한 자신감과 성취감에다가 생동감과 활력이 넘치는 협동적인 분위기 그리고 4주 후에 아버지가 될 거라는 기대감 때문에 과거의 모든 피해의식과 굴레에서 벗어나 자유스러운 현재를 즐길 수 있다: “어제는 목가였고 내일은 출산이다. 불과 4주 후면 나는 내 두 손으로 아기를 붙들고 프랑스포도주 병마개를 열 것이다. 또 우리 가족이 묘지를 다녀온 후에 나는 드디어 소설창작의 대미를 장식할 것이다. 4주 동안에 내가 잊어버려야 할 많은 기억들이 있으며, 커샌드러의 무덤이 있는 대서양의 흐릿해지는 추운 섬에 갈 기회를 갖는다. 그리고 더 이상 없다, 아무것도 없다, 자유스럽다, 오직 영원 가운데의 이 순간에는 아무것도 생각하고 싶지 않는 마음이다”(173). 요컨대 그는 과거의 자기실존에서 당하기만 했던 억울함과 피해 그리고 거기에 속수무책이었던 자기 무능을 극복하고 그 상처를 치유하여, 이제 긍정적 현재를 즐길 수 있으므로 매사에 초연하여 무아의 경지에 빠지고 싶어한다.

11장에서 스키퍼는 또다시 과거로 돌아가 딸의 자살을 회고한다. 그는 딸을 농락하려는 미랜더 그리고 레드대위와 그의 두 아들, 죠우모우와 법(Bub)의 계략에 속아 레드의 어선에 승선했으며, 법과 자동차 경주를 했다.

그가 딸과 함께 섬 구경을 하려고 승선한 어선에서 레드대위와 두 아들은 커샌드러를 마음대로 농락하려했다. 그가 자기들의 계략에 장애가 되자, 법은 스키퍼를 실신시키려고 쇠막대기로 두 번이나 때렸다. 이때 그는 이런 생각을 했다: "나는 법의 목을 졸라 그 쇠막대기를 잡아채서 레드에게 내던졌어야 했다. 나는 레드를 때려눕혀 어선의 조타기를 빼앗아 회항했어야했다"(185). 그러나 그는 그렇게 행동하지 않았다. 결국 그는 레드와 딸과의 정사를 묵인하여, 딸이 임신하는 불상사를 유발하여 딸의 자살을 방조하는 셈이 되었다. 또 미랜더는 죠우모우와 커샌드러가 고장으로 그 기능을 못하는 깜깜한 등대에서 함께 시간을 보낼 수 있도록 해주기 위해, 스키퍼와 법이 밤에 해안에서 자동차경주를 하도록 음모를 꾸몄다. 스키퍼는 그녀의 음모를 알아채고 최대한 빨리 등대로 달려가 쇠 계단을 따라 꼭대기까지 올라갔다. 딸도 죠우모우도 없었다. 그는 딸이 이미 투신자살했음을 알고 혼자 속삭였다: "커샌드러, 세상을 떠났느냐? 그렇게 빨리 세상을 떠났느냐? … 그러나 커샌드러, 너는 그래서는 안 되는데. 너는 나를 생각했어야하는데"(198). 그는 딸의 묘지를 다녀와서 온화한 섬을 떠났다. 그는 섬을 떠나면서 자성했다: "말하자면, 나의 유명을 달리한 가족들은 분노의 파도가 지나갔을 때 일어난 사고들에 지나지 않았다. 그러나 어떻게 나는 내 실존의 과거에 있었던 비극적 사건들을 잊을 수 있을까?"(204). 이 소설의 마지막 장인 12장에서 스키퍼는 또다시 현재로 돌아와 떠돌아다니는 섬에서 갓 태어난 아기의 아빠가 된다. 그는 모든 성인의 날 밤에 아기의 탄생축하의식을 거행하기 위해, 케이트와 서니와 함께 아기를 공동묘지로 데리고 간다. 케이트가 아기를 보살피고 있는 동안에, 그는 서니와 함께 이름도, 출생과 사망일자도 없는 무덤에 촛불을 켜놓는다. 무덤이 불빛으로 갑자기 환해지자, "신원을 알 수 없는 죽은 사람의 영혼이 서니, 나, 그리고 케이트의 미소를 밝게 하며, 또 케이트의 눈과 이마에 솟은 작은 땀방울에서 빤짝였다"(209). 그들 세 사람과 아기는 의식을 거행하려고 눈부신 무덤 아래 앉는다. 이 의식으로 "태어난 아기와 망각되었던 죽은 사람이 영적으로 결합된다."[105] 이 결합이 스키퍼에게 "삶과 죽음은 하나라"는 진리를 깨닫게 하는데 일조한다. 그는 이 깨달음으로 비극적 과거를 극복하고 그 상처를 치유하기 위해, 이 과거를 소재로 삶을 긍정하고 자아를 성숙시키려고 전력하는 자기를 주인공으로 소설을 창작한다. 그는 소설을 끝내면서 다

시 깨닫는다: "나는 지금 59세이고, 59세가 될 것을 알았으며, 더욱이 이제는 석양에 해가, 새벽에 달이, 말이 없는 표현이 있음을 알았다. 바로 그것이다. 석양의 해. 새벽의 달. 말이 없는 표현"(210). 이것이 소설의 끝이며, 스키퍼의 깨달음은 "그의 과거의 파편적인 실존을 극복한 현재의 시공을 초월한 의식"[106]으로 확장된다. 요컨대 스키퍼는 현실적인 실존위기를 극복하기 위해 상상세계에서 상상력과 언어구사로 삶을 긍정하고 자아를 성숙시킬 수 있는 인간으로 변신할 수 있다. 혹스는 소설창작에서 이 변신이 가능함을 구현하기 위해, 그의 비극적 과거와 긍정적 현재를 몇 번이고 반복적으로 표현하는 언어적 그리고 심리적 일관성을 가장 중요시한다. 그러기 위해 혹스는 이 일관성을 제약하는 전통소설론의 플롵, 주인공, 배경, 그리고 주제를 도외시했을 뿐이다.

커트 바너거트(Kurt Vonnegut, 1922-2007)는 "그의 시대의 가장 많은 대중적인 인기가 있고 큰 공감을 자아내는 소설가들 중의 한 사람"[107]이라는 격찬을 받았다. 그의 여섯 번째 소설, *5 도살장*(*Slaughterhouse-Five*, 1969)은 "상대성이론이 절대공간과 시간의 개념을 와해시켰던 것과 거의 같은 방식으로 [기존 소설창작철학과 기법을 부정하는] 새로운 소설론"[108]으로 창작되었다. 그는 이 소설을 자기가 직접 체험했던 믿을 수도 상상할 수도 없는 전쟁참화를 현실과 환상을 복잡다단하게 뒤섞은 포우스트모던소설 창작기법으로 집필했다. 따라서 "이 소설[의 특징]은 [이야기의] 연속이 아니라 단절이다. [또 다른 특징은 소설에] 핵심역할을 하는 주인공들은 없고 중심인물들만 있으므로, [이야기는] 연대기적 순서가 아니라 심리적 연상들로 전개되며, 더욱이 인과관계로 의미를 창출하는 플롵에 의존하기보다는 오히려 부조리를 상징하는 병치들을 계속 나열한다."[109] 그런데 바너거트는 다른 포우스트모던소설가들이 자기들의 독창적인 소설철학과 기법으로 소설을 창작하는데 반해, 독학으로 습득한 창작기법으로 소설을 쓰면서 자기소설에는 두 개의 큰 주제가 있다고 천명한다: "나는 실용적으로 만사(인간의 의식, 정치, 경제, 종교, 사회, 군사, 그리고 문화의 이상과 역할)에서 배설물(왜곡되고 견강부회한 일방적, 폐쇄적, 한정적, 퇴보적 개념과 주장)을 제거(정화)하여 [모든 사람의 삶에서 가능한 한] 고통을 없애려한다."[110] 그는 정부고위당국자와 지도층인사들의 왜곡된 의식, 주장, 그리고 행동과 이를 견고하게 지탱하는 정치적, 경제적, 사회적 제도가 사람들을 좌절시키고 절망시켜 그들의 생활의욕과 창의력을 감퇴시킨다고 개탄한다. 그는 이런 왜곡된 의식과 억압적인 제도의 개선책강구가 소설가의 사명이라고 갈파한다. 그는 이 개선책강구에 전력하는 소설가들을 "변화의 기수들이고 … 사회에 새로운 사상을 도입하는 선구자들이며, 또 삶에 상징적으로 반응하는 전위대"로 높이 평가한다. 그는 소설가들이 사회에 창조적 변화를 촉발하려고, 새로운 진리를 탐구하려고, 삶을 자유스럽고 활력이 넘치게 살려고 최선을 다하면서 사회에 봉사해야한다고 주장한다. 더욱이 그는 그들의 책무는 사회가 혼란에 빠져 있을 때, 경고를 하고 그 극복방안을 제시하는데 있다고 강조한다: "사회가 큰 위기에 처해 있을 때, 우리(소설가들)는 경종을 울릴 수 있다. 나는 커네리(canary)새가 탄광에서 하는 역할에 상응하는 예술론을 믿는다. 채탄부들이 쓰러지기 전에 석탄개스를 탐지하기 위해 새들을 데리고 탄광 안으로 들어갔다는 사실을 당신은 안다. 소설가들은 월남전에 반대해서 새들의 역할을 했다. 그들은 경종을 울리고 졸도했다. 그러나 어떤 반향도 불러일으키지 못했다. [정부의] 고위당국자들은 냉담했다. 그러나 나는 소설가들, 더욱이 모든 예술가는 경보조직과 [그 요원으로] … 존중되어야한다고 확신한다."[111] 또 그는 사회개혁에 크게 기여할 수 있는 자신의 소설창작법을 천명한다: "나는 소설의 개요를 구체적으로 확정하지 않으므로 미리 소설의 구성을 계획하지 않는다. 소설은 닫힌 세계가 되어서는 안 된다. 소설은 탐구이기 때문이다."[112] 이처럼 그가 자유스럽게 멋대로 탐구하여 열린 세계를 창조하는데 결정적인 역할을 하는 소설 그리고 그 창작이 포우스트모던소설의 본질이다. 그가 이런 탐구와 소설창작으로 미국사회와 월남전에 대한 경고로 자신이 제2차 세계대전 중에 직접 체험했던 전쟁참화를 포우스트모던소설철학과 기법으로 소설화했다. 이렇게 창작된 소설이 *5 도살장*이다. 바너거트는 코넬대학교(Connell University) 학부에서 화학을 전공하던 중 제2차 세계대전 발발로 미 육군에 징집당해, 1944년 보병으로 유럽으로 파견되어 대대 척후병으로 활약하다가, 12월 벌즈(Bulge)전투에서 낙오되어 헤매다가 독일군에게 붙잡혔다. 그는 사병 포로로 엘버(Elbe)강의 파리(Paris)라고 일컬어지는 매우 아름다운 도시로 동상들과 동물원들이 도처에 있는 드레즈던(Dresden)으로 이송되어, 도시 중앙에 있는 도살장에 구금당해 있으면서, 엿기름당밀을 만드는 사병노역에 동원당했다. 드래즈던에는 군수공장이 없어 공습이 있으리라고 누구도 예상하지 못했으므로 방공호들을 만들지 않았다. 독일의 패전이 거의 확실시되어 제2차 세계대전이 곧 끝날 것이라는 기대심리가 팽배해 있던 1945년 2월 13일 바너거트가 노역에 종사하고 있는데 공습경보가 울렸다. 대부분의 주민들은 다른 도시를 공습하러 가는 공군기들이라고 생각했다. 그는 도살장 지하 2층에 있는 고기저장고로 내려가 있다가 나와 보니, 도시는 전소되어버렸고, 모든 사람은 죽어 있었다. 그가 몇 마일 걸어갔지만 생존자를 만나지 못했다. 그는 인간으로서 도저히 상상할 수 없는 전쟁참화를 회고하고 비난하면서 자신의 각오를 밝힌다: "나는 유럽역사에서 가장 무자비한 대량학살의 현장에 있었다. 그 학살은 공군기들이 소이탄폭격으로 드레즈던을 전소시키면서 자행되었다. … 미영공군기들은 2시간 동안에 135,000명을 몰살했다. 이런 몰살은 세계적 기록이다. […] 그러나 나는 거기에 있었고, 미국보도매체들은 이 몰살에 침묵했다. 이런 침묵이 나를 너무나 당황하게 했다. 나는 그 현장에 있었으므로 이 몰살에 대해 뭔가를 말해야한다."[113] 그는 20여년 동안 그처럼 끔찍한 참화와 악몽을 다룬 소설을 쓰려고 고심참담했다. 그가 그렇게 고심참담했지만 소설은 쉽게 창작되지 않았다. 그는 이 참화를 소재로 쉽게 소설을 쓸 수 있을 거라고 자신했지만, 막상 소설을 집필하려하니까, 미영공군기들의 드레즈던 폭격의 가공할 파괴력과 스스로 체험했던 생지옥을 구체적으로 기억할 수 없었다. 그래서 그는 생존 전우들의 도움을 받아보려 했지만, 그들도 기억하지 못했다: "그들은 그 참화를 말하고 싶어하지 않았다. 그들은 그 참화가 어떠했는가를 완전히 망각하려했다. 그 참화에 대한 온갖 종류의 기록들이 있었지만, 내 기억에 따르면 핵심은 다 빠져 있었다. 나는 하나도 회상해낼 수 없었고, 내 전우들도 마찬가지였다."[114] 그러므로 그는 *5 도살장* 창작을 사실보다도 오히려 상상력에 의존할 수밖에 없었다. 이렇게 창작된 *5 도살장*은 "일부는 소설이고, 또 다른 일부는 그의 고심참담에서 나온 울부짖음이다."[115] 이 울부짖음이 바너거트가 소설가의 사명으로서 토해내는 미국사회와 월남전에 대한 경고이다. 그의 가장 큰 경고대상은 월남전을 적극 지지하는 지도층인사들의 허위의식 — 정화되어야할 배설물 —과 이에 반발하는 젊은이들의 파괴적 언행들에다 인종문제, 빈부격차, 물질만능주의, 타락과 퇴폐, 무절제한 소비와 환경

파괴, 더욱이 이런 문제들을 감내해야하는 미국인들의 정신적 고통, 좌절감, 그리고 무력감이다.

지금까지의 논의를 바탕으로 *5 도살장*을 "소설은 사회개혁의 원동력"의 논지로 고찰해본다. 이 소설은 10장으로 구성되어 있는데, 바너거트는 1장과 10장에서 1인칭시점의 화자로 직접 등장하여 창작동기, 성과, 그리고 의의를 직접 밝힌다. 그는 자기가 소설가이기 때문에 미영공군기들이 드레즈던을 전소시킨 만행과 그 참상에 대한 소설을 써야하고, 소설쓰기는 쉽게 끝날 것이고, 이 소설로 일약 유명해지고 큰돈을 벌거라고 예상했다. 그는 소설창작이 예상과는 달리 매우 어려웠다고 실토한다: "그러나 드레즈던에 대한 많은 단어들이 내 기억으로부터 쏟아져 나오지 않았다. 어떻든 한 권의 소설이 될 만큼의 단어들이 쏟아지지는 않았다." 그는 드레즈던의 비극을 소재로 소설을 창작하려는 동기, 예상, 그리고 그 시도와 결과 사이에 엄청난 괴리와 난관이 있음을 실감했다. 그래서 그는 기억위주보다도 상상력에 의존하여 자기 분신인 빌리 필그림(Billy Pilgrim)을 주인공으로 내세운 *5 도살장*을 창작했다. 그리고 그는 이 소설을 자평한다: "샘(Sam), 이 책은 너무 짧고 뒤범벅이며 역겹소. 왜냐하면 대량학살에 대해 이해가 가능하게 할 말이 없기 때문이오. 모든 사람은 다시는 아무것도 말하려하지 않고, 아무것도 원하지 않으므로 죽은 거나 다름없소. 대량학살 후에는 모든 것이 매우 조용하게 되어 있소. 새들만 빼고 언제나 그렇게 되어 있소. 그러면 새들은 무엇을 말할까? 새들이 할 수 있는 말이란 '*푸-티-위트*'가 아닐까?" 그는 자신이 도저히 언어로 표현할 수 없는 전쟁의 참혹한 광경, 즉 도시는 전소되었고 주민들은 몰살당한 현장의 적막 속에서 숨을 쉬고 있는 생존자로서 사고, 판단, 그리고 표현을 유보하고 싶었다. 그는 오로지 침묵하고 싶었다. 그러나 인간이 무차별적으로 파괴한 자연에는 다른 생명력이 움트고 있었다. 그는 이 소설이 실패작이라고 말하면서도, 인간의 어리석음에는 절망하지만 자연의 신비에는 감탄하여 선언한다: "소설은 이렇게 시작한다: 들으시오, 빌리 필그림은 시간개념의 궤도에서 일탈했다. 소설은 이렇게 끝난다: *푸-티-위트*?"[116] 소설의 이런 시작은 이야기가 무질서하여 연대기적 순서와 인과관계가 없어 단절, 심리적 연상, 병치, 그리고 반복이 많음을 상징한다. 소설이 새들의 지저귐으로 끝남은 "생명력이 계속됨을 단언하기"[117] 때문에 통치자와 독재자들이 전쟁광이 되어 저지르는 만행과 그 은폐는 결코 성공할 수 없음을 암시한다. 누구도 자연의 변화를 거역할 수 없는 것처럼 어떤 통치자와 독재자들도 인간의 생명력과 변화욕구를 자기들 마음대로 억압하고 유린할 수 없다.

필그림의 시간개념의 궤도에서의 일탈은, 그가 1944년 독일군과의 전투에서 척후병으로 활약하다가 미군이 패배하여 후퇴하던 중에 낙오되어 일어났다. 그는 독일군 후방에서 12월의 혹한과 싸우면서 방황하다가 3명의 미군 낙오병을 만나 함께 미군부대를 찾아가려한다. 그들은 먹을 것이 없어 눈으로 연명한다. 그는 춥고 배고파 점차 걸을 수 없게 되자 삶을 포기하고 죽고 싶다. 그는 자기를 버리고 가라고 그들에게 애원하지만, 그들은 그를 계속 걷도록 하여 살리기 위해 온갖 욕설을 퍼붓고, 때리고, 발로 찬다. 이제 그는 지칠 대로 지치고 맞을 대로 맞아 걷고 있는지 서 있는지 알 수 없고, 더욱이 자고 있는지 깨어 있는지 분간할 수 없다. 이런 극한상황에서 그는 숲속에서 쉬고 있을 때 "눈을 감은 채 나무에 기댔다. 그의 머리는 뒤로 기울어졌고, 콧구멍은 벌렁거렸다. […] 이때 빌리는 처음으로 시간개념의 궤도에서 일탈했다"(43). 이처럼 그가 정신착란을 일으키기 때문에 3명의 낙오병에게는 귀찮고 위험한 존재이다. 그래서 그들 중 한 명이 그를 살해하려는 일보 직전에 그들 모두 독일군에게 붙잡혀 드레즈덴으로 이송된다. 그가 전쟁터의 극한상황으로부터 받은 정신적 충격으로 시간개념의 궤도에서 일탈하기 전까지는 이런 진리를 알고 있었다: "하나님은 나에게 내가 변화시킬 수 없는 사물들을 수용하는 평온을, 내가 변화시킬 수 있는 사물들을 변화시키는 용기를, 그리고 언제나 그 차이를 구별하는 지혜를 주신다." 그런데 그에게 진리를 알고 있으면서도 실천할 수 없는 큰 불상사가 일어난다: "빌리 필그림이 변화시킬 수 없었던 사물들 가운데는 과거, 현재, 그리고 미래가 있었다"(60). 그는 자신의 과거를 바탕으로 미래의 원대한 목적을 달성하기 위해 현재를 창조하려고 최선을 다해야함에도 불구하고, 그렇게 하려고조차도 할 수도 없는 아주 게으르고 무능력한 인간으로 전락했다. 이 전락은 전쟁의 너무나 크고 엄청난 상처와 충격의 후유증이다. 그러지만 그는 생존해서 귀국하여 검안대학에 복학했고, 4학년이 되던 해에 대학창립자이고 소유자의 아주 뚱뚱하고 못생긴 볼품없는 딸과 약혼했다. 그는 대학을 졸업하고 검안사가 되어 내키지 않는 결혼을 했지만, 장인의 도움을 받아 안경점을 개업하여 자수성가한 거부가 되어 지방유지가 되었다. 또 그는 아내의 지극한 사랑과 존경을 받는 가장으로 1남 1녀를 두었다. 아들은 불량배들과 어울리는 문제아였지만, 미 육군의 정예부대에 입대하더니 개과천선하여 자랑스러운 자식이 되었다. 그러나 딸은 대단한 수다쟁이로 이해심과 생각이 깊지 못해, 아버지의 언행이 마음에 들지 않으면 그를 심하게 공박했다.

필그림은 이렇게 안정된 실존여건에서도 1948년 봄에 3년 전 드래즈던의 전소에서 받았던 정신적 충격의 여파로 신경쇠약에 걸려 보훈병원에 입원한다. 누구도 그가 정신이 이상하여 기이한 언행을 하고 있다고 의심하지 않는다. 그러나 보훈병원의사들은 일방적으로 그를 정신이상자로 간주하고, 그의 병근은 전쟁의 상처에 있지 않고 그가 어렸을 때 부모로부터 받았던 공포와 전율에서 기인한다고 단정한다. 그가 이런 일방적, 독선적 분위기에 억압당하고 있을 때, 자기방 환자, 보병대위였고 과학소설애독자 엘리엇 로우즈와터(Eliot Rosewater)가 그를 위로하고 고무하기 위해 킬고 트라우트(Kilgoe Trout)의 과학소설 독서를 적극 권유한다. 그는 트라우트의 주장을 신봉하기 때문이다. 트라우트는 *4차원의 미치광이들*(*Maniacs in the Fourth Dimension*)에서 3차원 세계의 사고를 하는 의사들은 4차원 세계에 그 원인들이 있는 정신질환을 알 수 없기 때문에 치료할 수 없다고 단언한다. 모든 질병의 근원은 시간에 있는데, 시간을 모르는 3차원 세계의 의사는 질병의 근원을 찾을 수 없다. 그러므로 로우즈와터는 전쟁악몽과 독선적인 주장으로부터 해방되는데 "과학소설이 큰 도움이 될"(101) 것이라고 믿는다. 그는 철학, 종교, 그리고 정치는 독선적 진리, 교리, 그리고 이념으로 자기를 제약하고 구속하는데 반해, 과학소설은 잠재력과 "가능성의 영역을 확장시키면서"[118] 자신을 자유자재로 사고하고 행동하는 존재로 용인한다고 확신한다. 그러나 그가 보기에 많은 사람들이 과학소설가의 철학과 주장에는 아주 무관심하고, 자신들의 삶을 짓밟고 억압하는 통치자와 독재자들에게는 관심을 쏟으면서, 스스로 그들의 포로가 되어 무기력하고 무능한 존재로 전락하고 있다. 그들은 이런 무기력과 무능 때문에 주체적으로 현재를 변화시킬 수 없어 과거에 얽매인 삶을 살 수밖에 없다. 필그림도 과거에 구속된 대표적 인물이다. 그는 자기가 탑승한 비행기가 곧 추락할 거라고 예감하고 눈을 감은 채 무의식적으로 회상에 빠진다: "1944년으로 되돌아가 있었다. 그는 세 명의 낙오병과 함께 럭슴버그

(Lusemburg) 숲속에 있었다. 로울런드 위리(Roland Weary)가 그의 몸을 흔들어 머리를 나무에 세차게 밀어 붙였다. '당신들은 나를 버리고 가라'고 빌리 필그림은 말했다"(156). 다른 탑승객들은 전원 사망했는데, 그는 머리에 큰 부상을 입었지만 다행히 생존하여 뇌수술을 3시간동안 받는다. 그는 수술 후 2일 동안 의식이 없었다. 그는 무의식에서 무수한 사건들을 꿈꾸었는데, 두 개의 사건은 사실이었다. 그는 1945년 2월 독일군포로로 엿기름당밀을 만드는 사병노역에 종사할 때 작업 중에 당밀을 먹어서는 절대로 안 된다는 엄명을 받았지만, 굶주린 신체의 생리적 욕구를 도저히 자제할 수 없어 기회가 생기면 몰래 훔쳐 먹었다. 필그림은 몰래 당밀을 입 안으로 삼켰을 때 발작적인 반응을 체험했다: "순간적으로 빌리 신체의 모든 세포들이 열광적인 갈채와 감사로 그를 뒤흔들었다"(160). 또 하나의 사건은 드레즈던이 소이탄폭력을 받은 뒤의 참혹한 광경이었다: "드레즈던은 하나의 큰 불꽃이었다. 이 불꽃이 모든 유기체, 즉 탈 수 있는 모든 것을 삼켜버렸다. […] 모든 사람은 몰살당했다"(178). 이처럼 필그림은 전쟁참화로부터 받은 정신적 충격에 꼼짝 못하는 삶을 산다.

필그림은 정신적 충격에다 비행기 추락사고로 입은 머리부상 그리고 이 사고가 유발한 부인의 사고사를 당한 뒤부터 1967년 환상에서 자기가 트랄파마도르(Tralfamadore)유성으로 납치당해 체험했던 일들을 딸의 격렬한 반대에도 불구하고 말하기 시작한다. 이 유성은 그가 삶의 의미와 보람을 실감할 수 있도록 자기와 세계를 재창조하기 위한 상상력의 산물로 "완벽한 허구세계"[119]이다. 그가 허구세계에서 상상적으로 체험했던 일들을 말하는 의도와 목적은 자신 뿐 아니라 많은 사람들의 삶을 비극으로 귀결시키는 전쟁의 재발을 방지하려는데 있다. 그는 자신의 원대한 목적을 달성하려면 먼저 전쟁을 일으켜 살상행위를 자행하는 "지구인들을 위한 교정렌즈를 처방해야한다고 생각했다. 그들 중 많은 사람들이 트랄파마도로유성에 살고 있는 체구가 작은 미숙한 친구들만큼 사물을 잘 볼 수 없기 때문에 길을 잃고 비참해졌다고 빌리는 믿었다"(29). 유성인들은 전쟁 없이 매우 평화스럽게 살며 아주 친절하다. 그래서 그는 전쟁재발 방지용 교정렌즈를 처방하기 위해 그들의 죽음과 시간의 철학을 배운다. 유성인들은 죽음이 삶의 끝이라고 단정하지 않고, 그 순간 나쁜 상태에 있을 뿐이라고 생각한다. 또 그들은 시간의 연속인 과거, 현재, 그리고 미래를 구별하지 않고, 이 세 개념이 동시에 존재한다고 믿는다. 필그림은 이 배움으로 그들의 특이한 소설론을 개득한다. 그들은 죽음이 삶의 끝이 아니고, 또 과거, 현재, 그리고 미래의 연속성이 없다고 믿기 때문에, 그들의 소설에는 시작과 중간 그리고 끝이 없다. 이처럼 시작과 중간 그리고 끝이 없으므로 인과관계가 없고, 인과관계가 없는 소설에는 발단, 전개, 절정, 그리고 대단원도 없다. 그들의 소설창작과 독서에서 가장 중요시하는 핵심은 모든 아름답고 경이로운 순간 전부를 동시에 가장 절실하고 실감나게 표현함이고, 이 표현이 창출하는 오묘함의 느낌이다. 요컨대 그들의 소설철학은 부분들에 치중하지 않고, 부분들을 전부 통합하는 전체성의 표현과 수용을 강조한다.

필그림은 유성에서 전쟁재발 방지용 교정렌즈를 처방하는데 큰 도움이 되는 유성인들의 죽음과 시간의 철학 그리고 소설론을 배웠지만, 자신의 실존에서 대단한 충만감을 느끼지 못한다. 유성인들이 사물을 4차원적, 전체적 철학으로 인지하고 수용한다고 자랑하지만, 그들의 철학은 타율적, 결정론적임을 그가 알았기 때문이다. 그들은 자유의지 뿐 아니라 모든 이해와 탐구의 근원인 "왜"를 부정한다. 따라서 그들은 매사에 진취적, 도전적, 탐구적 기질과 정신이 없다. 결국 필그림은 전쟁의 정신적 충격으로 파생된 삶의 무기력과 무능을 자기와 현실의 주체적 이해 그리고 목적달성을 위한 변화와 성숙의지 없이 다른 사람들의 감언과 구호에 의존하여 극복하려다가 자신을 타율적 존재로 전락시켰다: "빌리는 위안과 안전의 환각에 빠지기 위해 자기존엄성과 성실성을 포기하고 스스로 기계가 되었다."[120] 그렇지만 그는 가능한 한 자신의 실존에서 비참했던 일들을 잊고, 행복했던 순간들을 더듬어 찾아 삶에 활력을 불러일으키려한다. 또 모든 일을 긍정적으로 수용하면서 의무와 책임을 다하려한다: "모든 것은 다 좋다. 모든 사람은 바로 자기가 해야 할 일을 하지 않으면 안 된다"(198). 그러나 그는 이런 새로운 각오와 결심으로 평화스럽고 창의적인 삶을 살려하지만, 쉽게 뜻을 이루지 못한다. 그는 자신의 각오와 결심을 부정하려는 상위계층인사들의 무시와 억압의 대상이 되기 때문이다. 그가 비행기 추락사고의 부상으로 병원에 입원했을 때, 1인실이 없어 함께 있었던 환자는 예비역 공군준장으로 하버드대학교 역사학교수 겸 미공군의 제2차 세계대전 전쟁사집필위원이었다. 그는 필그림이 가끔 혼자 "당신들은 나를 버리고 가라"(184)고 중얼거리는 것이 귀찮아 "왜 그들은 그가 죽도록 내버려두지 않느냐?"(190)고 부인에게 묻는다. 또 그는 병원직원들에게 "약한 사람들은 죽어야한다"고 매정하게 주장하자, 그들은 "약한 사람들은 가능한 한 많은 도움을 받아야하며, 모든 사람의 생명은 존중되어야한다"(193)고 대응한다. 더욱이 그는 드레즈덴 폭격을 은폐하려는 미국정부를 적극 도우면서, 경우에 따라서는 합리화하는데 앞장선다: "폭격은 감행될 수밖에 없었다. … 그것이 전쟁이다"(198). 이처럼 사이비 학자의 독선적 주장과 아집이 전쟁을 일으킨 통치자와 독재자들을 비호하고 지지한다. 바너거트는 10장에 다시 화자로 등장하여 이런 지지 세력이 있기 때문에 통치자와 독재자들은 계속 만행을 저지르고 있다고 개탄하면서 고함지른다. 작가의 개탄과 고함에 힘입어 필그림은 독자적으로 정신적 충격을 극복하고 삶의 활력을 되찾아 재생한다. 그는 봄에 드레즈덴으로 가서 재생을 실감한다: "한 새가 빌리 필그림에게 '*푸-티-위트?*'라고 지저귀었다"(215). 이렇게 소설은 생명력의 소생과 찬미로 끝난다. 요컨대 필그림은 통치자와 독재자들의 허위의식이 일으킨 전쟁의 배설물, 즉 자신의 정신적 충격을 정화(극복)하려는 부단한 노력으로 진실한 자아와 생명력을 회복함으로써, 모든 사람에게 허위의식에 도전하는 백절불굴의 용기와 정신을 고취시키는 선구자로 앞장선다.

도늘드 바텔미(Donald Barthelme, 1931-1989)는 죤 바스, 죤 혹스, 그리고 토머스 핀천과 비견할 만한 작가로서 "그의 시대에 가장 중요하고 영향력 있는 소설가"[121]라는 높은 평가와 찬사를 받았다. 그의 포우스트모던소설들은 "지배적인 의견과 주장들을 반박하고, 상식을 뒤집으면서"[122] 미국인들의 의식개혁을 선도하는 새로운 실존철학을 탐구하여 제시했기 때문이다. 그도 기존소설창작에서 가장 중요시되었던 시작과 중간 그리고 끝의 결정체인 플롵을 부정한다: "끝은 오리무중이고, 중간은 어디서도 확인되지 않으며, 더욱이나 최악은 시작, 시작, 시작만 있을 뿐이다." 그는 소설창작에서 플롵을 도외시하고 컬라즈기법을 활용한다. 그의 컬라즈기법은 아무런 인과관계와 연속관계를 전혀 고려하지 않고 마음대로 배열한 단어, 문장, 그리고 문단들의 특이한 결합이다. 그가 컬라즈기법으로 창작한 소설들에는 과거에 절대시되었든 플롵, 주인공, 배경, 그리고 주제를 통합하는 일관성, 연속성, 그리고 도덕성보다는 멋대로 결합시킨 불연속적이고 단편적인 단어와 문장들로 독자들의 예상과 기대를 뒤엎는 우발성, 우연성, 비논리성, 비상식성, 그리고 무질서의 비중이 크다. 그의 소설창작에서 핵심역할을 하는 컬라즈기법의 바탕은 예술의 새로운 정의에 있다. 그의 예술정의에 의하면, "예술은 언제나 외부세계의 묘사 … 보다는 오히려 외부세계에 대한 명상이다. 예술은 사고와 의식흐름의 진솔한 기록이다." 훗설(Husserl)의 설명에 따르면, 의식은 항시 어떤 것에 대한 의식이기 때문에 예술은 언제나 외부세계를 탐구하고, 탐구할 수밖에 없으며, 아무리 도피하고 싶었지만 외부세계로부터 도피할 수 없었다. 그가 이렇게 소설창작에서 과거에 절대시되었던 삶과 외부세계의 묘사와 반영을 부정하고 사고와 의식을 가장 중요시하는 까닭은 상상력과 비현실을 전제하는 포우스트모던소설이 사회를 더욱 이상적으로 개혁할 수 있는 실천철학을 제시할 수 있다고 확신하는데 있다. 그의 확신에 의하면, 삶과 외부세계를 묘사하여 반영하는 소설은 다분히 권위적이고 독선적이어서 작가와 독자를 고정관념에 유폐시켜 삶과 사회를 적극적으로 변화시킬 수 없는 무능력자로 전락시킨다. 반면에 포우스트모던소설은 의식의 변화무쌍과 임기응변으로 작가와 독자를 모든 굴레로부터 해방시켜 개혁의 기수로 둔갑시킨다. 그는 포우스트모던소설이 인간의 삶과 환경을 더욱 효과적으로 개선할 수 있다는, 반드시 그렇게 해야 한다는 예술효용론을 강조한다: "예술의 지향목표는 본질적으로 개선에 있다. 사회에 대해 명상하는 목적은 궁극적으로 사회를 변화시켜 개혁하려는데 있다. 문학의 개선 성향이 그 윤리규범을 규정한다."[123] 요컨대 그는 소설을 바탕으로 삶과 사회를 개선하려는 이상주의자이다.

바털미는 삶과 사회를 획기적으로 개혁할 수 있는 포우스트모던소설을 창작하기 위해, 삶과 사회의 참신한 인식 그리고 이 인식을 구체화하는 이상적인 수단으로 컬라즈기법과 새로운 언어구사기법을 창안하여 활용하려고 전력한다. 그러기 위해 그는 무엇에 관한 표현이었다는 과거 소설론을 부정하고, 그 무엇 자체를 구현하려한다. 따라서 그는 소설가의 책무를 갈파한다: "예술가의 노력은 언제 어디서나 인식의 참신한 방법을 모색하려는 몸부림이다. 동시에 그는 자신에게 진부하거나 그릇된 사실들을 기술하라고 강요하는 방법과 수단으로부터 해방되려고 몸부림친다." 그의 삶과 사회의 참신한 인식 바탕은 황당하고 엉뚱한 소설가의 정의에 있다: "소설가는 작품을 창작하고 있으면서도 자기가 지금 무엇을 하고 있는가를 전혀 의식하지 않는 사람이다.” 그는 소설창작에서 “의식하지 않음(not-knowing)”을 가장 중요시한다. 그의 주장에 의하면, “의식하지 않음이 예술창조의 원동력으로 그 창조에 결정적인 역할을 한다. 의식하지 않음에 의해 유발된 정사(精査)과정이 없다면 그리고 의식이 전혀 예기치 않는 방향으로 흐를 가능성이 없다면, 예술창조는 불가능할 것이다.”[124] 이 “의식하지 않음”이 기존예술창조에서 절대시되었던 등장인물과 사건들의 인과관계에 따른 사필귀정, 연속성, 일관성, 그리고 도덕성을 부정한다. “의식하지 않음”은 소설창작이 인위적으로 계획된 구성에 따르지 않고, 마음대로 배열하는 단어, 문장, 그리고 문단들의 결합체, 즉 컬라즈기법으로 자연스럽고 무의식적으로 완성되어야함을 의미하기 때문이다. 또 그가 시작만 있는 포우스트모던소설에 집착하는 까닭은 오늘날 모든 사람의 꿈과 삶이 인도주의, 자유민주주의, 그리고 시장경제에 의해 존중되고 향상되기보다는 오히려 우발성, 우연성, 요행성, 그리고 비논리성에 크게 좌우되고 있다는 현실인식에 있다. 그는 이런 현실은 지배계층인사들의 비양심적 권력장악, 목적달성을 위한 비이성적 수단과 방법동원, 보도매체의 독선과 횡포, 그리고 이익을 극대화하려는 허위의식과 고정관념에 의해 더욱더 고착되고 응고되고 있다고 생각한다. 따라서 그는 사람들이 본의 아니게 자아를 상실한 채 고독과 소외의 삶을 살고 있음을 개탄한다. 그는 그들이 주체적 자아와 삶을 회복할 수 있도록 돕기 위해 포우스트모던소설 창작에 전념한다. 그는 이런 소설이 허위의식과 고정관념을 와해시키는 최선책이라고 믿기 때문이다. 그러므로 그의 소설은 지금까지 으레 있었던 독자들의 일상적인 기대와 예상을 뒤엎어, 끝과 확실성은 없고 시작과 불확실성의 소용돌이로 가득 차 있다. 특히 그는 자신의 이와 같은 소설창작에 핵심역할을 하는 컬라즈기법을 적극 예찬하면서 활용한다: “컬라즈기법의 요체는 새로운 진리를 창조하기 위해 최상의 조건과 상황에서 상이한 사실과 사상들을 융합하는 방법이다. 이 새로운 진리는 최상의 경우에 그 자체의 근원이 다른 실재에 대한 비판이거나 비판을 함축할 수 있으며, 또한 다른 견해일 수도 있다. 만약 이 새로운 진리가 유익하다면, 그 진리는 오로지 그 자체이다.”[125]

바털미의 시작만 있는 소설은 컬라즈기법에다가 특이한 언어구사로 창작된다. 그는 소설창작에서 주제보다도 오히려 언어구사의 중요성을 강조한

다: "소설가들이 발휘할 수 있는 장기는 훌륭한 창작, 즉 탁월한 언어구사이다. 우리는 원하는 무엇이든지 말하는 수천만 방법들을 제시해주는 아주 신기한 언어를 가지고 있다. 그러므로 소설가의 책무는 단어, 문장, 그리고 문단들을 절묘하게 구성하는 작업이다."[126] 그가 언어구사를 이처럼 강조하는 까닭은 "문체가 우리의 의사표현과 상상력의 원동력"[127]이라고 믿기 때문이다. 그는 이 원동력이 독자들을 허위의식과 고정관념으로부터 해방시키는 견인차라고 확신한다. 그의 언어구사의 이런 위력은 그가 "언어를 사물의 지시로 사용하지 않고 그 자체의 수행 의미로 활용하는"[128] 언어관에 있다. 그의 언어관에 의하면, 어떤 단어와 문장은 오로지 그 자체를 상징할 뿐이다. 이처럼 엄연한 사실을 부정하는 기이한 현상이 지배적이었다. 다시 말하면, 어떤 단어와 문장이 그 자체로서 수용되지 않고, 의도와 목적에 따라 개인이 납득하여 수용하기 어려운 자의적, 독선적, 고정적 의미로 인식되지 않으면 안 되었다. 이런 강요적 의미수용이 언어 오염이고, 이 오염이 독자들의 사고와 의식을 왜곡시켰다. 바털미는 독자들이 이런 왜곡으로부터 해방되는 첩경은 어떤 단어와 문장을 선입관과 고정된 의미로 파악하려하지 않고, 단어와 문장을 있는 그대로 이해하고 수용하려는데 있다고 주장한다. 따라서 그는 멋대로 황당하고 엉뚱한 단어와 문장들을 결합시켜 배열하는 언어구사가 독자들의 독선적, 자의적, 고정적 의미창출의 악습을 고쳐, 그들이 단어와 문장을 있는 그대로 인식하여 수용함으로써 왜곡된 의식으로부터 해방될 수 있는 지름길이라고 갈파한다.

지금까지의 논의를 바탕으로 바털미의 처녀작, *백설공주*(*Snow White*, 1967)를 "고정관념의 와해"의 논지로 고찰해본다. 이 소설의 구성은 3부로 되어 있는데 각 부의 제목이 없으며, 더욱이 장의 표시와 제목도 없이 계속 문단들로만 이어진다. 게다가 문장들의 중간에 백설공주 이야기와 별로 관계가 없는 문학적, 철학적 사실과 주장을 강조하는 문단들이 굵은 활자체로 삽입되어있다. 이 문단들은 인과관계, 연속성, 그리고 일관성을 전적으로 무시하고, 오로지 언어가 과거 사실과 상상을 바탕으로 창조한 허구적 사실들을 컬라즈기법으로 혼성하여 결합한다. 이렇게 황당하고 무질서하게 결합된 혼성곡이 *백설공주*의 구성이다. 또 이 소설에는 공주, 일곱 난쟁이, 왕자, 그리고 왕비에 관한 이야기를 일관성 있게 말하는 시점, 즉 이야기꾼이 없다. 다시 말하면, 3인칭이나 1인칭의 일관성 있는 시점이 *백설공주*를 구성하는 컬라즈 문단들을 이야기하지 않는다. 어떤 문단들은 3인칭이나 1인칭 시점에 의해, 또 다른 문단들은 등장인물들에 의해 이야기된다. 그런데 이상하게도 일곱 난쟁이가 이야기하는 경우에 화자의 정체가 드러나지 않으며, 이따금 한 사람의 이야기가 일곱 사람 우리 이야기로 둔갑한다. 이렇게 특이한 구성과 시점을 기반으로 창작된 *백설공주*는 그림(Grimm)형제의 동화와 디즈니(Disney)만화영화의 번안품이다. 바털미는 무조건 맹목적으로 미화하여 수용되고 있는 동화와 만화영화의 세계 – 지배계층의 특권향유와 보장 –를 개혁하기 위해 이런 구성과 시점을 활용했다. 그는 실존에 있어서는 안 될 특권과 우월의식 그리고 이에 따라 형성된 위계질서를 부정하고, 모든 사람의 평등권, 주체성, 그리고 공동체의식의 중요성을 역설하려한다. 그런데 그의 역설 실현에 가장 큰 장애물은 모든 사람이 함께 특권 고수에 집착하는 지배계층과 특권보장에서 파생되는 불평등에 시달리는 피지배계층 사이의 첨예한 대립과 불평등관계를 해결하려는 적극적인 의지와 실천력의 부족이다. 따라서 그들은 자기중심적, 일차원적, 획일적 의식의 포로가 되어 불평등관계를 개선하려하기보다는 오히려 악화시킨다. 바털미는 그림형제의 동화와 디즈니만화영화가 이런 일차원적, 획일적 의식을 더욱더 고착시키는 대표작이라고 믿고, 백해무익한 고정관념을 와해시키려고 *백설공주*의 특이한 구성과 시점을 활용한다. 그래서 이 소설에는 공주를 구하기 위해 기사도 정신을 발휘하는 왕자도, 공주를 성심껏 보살피는 일곱 난쟁이도, 공주를 극한상황에 처하게 하는 왕비도 없으므로 모든 사람의 동정과 연민 그리고 선망의 대상이 되는 공주도 없다. 다만 왕자와 왕비 그리고 일곱 난쟁이에 해당하는 폴(Paul), 제인(Jane), 그리고 빌(Bill), 케빈(Kevin), 에드워드(Edward), 휴버트(Hubert), 헨리(Henry), 클렘(Clem), 댄(Dan), 그리고 또 한 명의 등장인물 하그오우(Hogo)가 있다. 바털미는 사람들의 독선적, 유아론적 의식이 각자의 비극과 자멸 뿐 아니라 모두의 공멸을 초래한다고 믿고, *백설공주*에 언어와 상상력으로 창조한 등장인물들이 본의 아니게 이런 의식의 포로가 되어 몸부림을 치다가 자멸 직전에 해방되는 과정을 상술한다.

백설공주는 숲속에서 굶주려 정신을 잃고 헤매다가 자기를 성심껏 섬기지 않을 일곱 난쟁이에 해당하는 젊은이들을 만나, 그들 집에서 싫증나는 주부역할을 하면서 함께 살고 있다. 그녀는 스물두 살의 "머리는 흑단처럼 검고, 피부는 눈처럼 흰"[129] 미인일 뿐 아니라 "여성해방운동의 화신"[130]으로 겉보기에는 진보주의자이지만 내면적으로는 주체성을 상실해버린 순응주의자이다. 더욱이 그녀는 사고와 행동, 즉 행동과 윤리가 일치하지 않는 표리부동한 인간이다. 그녀의 이런 표리부동한 실존은 어렸을 때 체험했던 악몽들과 대학교육에서 비롯되었다. 그녀의 뇌리에는 사냥꾼, 숲, 그리고 칼에다가 버림받았다는 악몽이 깊이 박혀 있다. 또 그녀는 대학에서 영국낭만주의시인들, 그들 중에서도 셸리(Shelley), 바이런(Byron), 그리고 키츠(Keats)를 공부했는데, 이들의 부정적인 영향을 받았다: "그들은 문제들의 해답을 사회 안에서가 아니라 사회와 절연된 여러 형태들, 즉 영웅적 행위, 예술, 그리고 정신적 초월에서 찾았다"(30). 게다가 그녀의 의식은 종교와 인습에 의해 더욱더 왜곡되었다. 따라서 그녀는 실존에서 만족, 희열, 그리고 충만을 만끽할 수 없어 지루함과 단조로움에 시달린다. 그녀는 시달림에서 벗어나고 싶은 소망을 피력한다: "나는 언제나 듣는 낱말들이 아닌 생소하고 신선한 낱말들이 있으면 좋겠다"(12). 또 그녀는 시달림이 극에 달해 파멸의 위기감을 한탄한다: "나에게 가장 강한 악의와 저주를 품은 적까지도 나에게 원하지 않을 만큼 극도로 지루한 실존에서, 나의 타고난 풍만한 육체는 스물두 살의 청춘인데 메말라 버리는가?"(108). 그녀는 이런 소망성취와 한탄극복을 위한 어떤 사고도 행동도 취하지 않는다. 그녀는 헨리로부터 일찍이 들어보지 못했던 낱말 – "파괴하고 창조하라"(12) –을 듣고 감탄한다. 그녀는 매일 일곱 난쟁이들과 성관계를 즐기면서도 그들을 사랑과 존경의 대상으로 간주하기보다는 오히려 무시한다. 그녀가 그들을 무시하는 근원은 유아론적 교육과 왜곡된 의식 때문에 현재의 실존보다도 자기비하와 없음에 지나친 관심을 쏟는데 있다. 그녀는 지루한 삶을 의존적으로 극복하고 싶어 이런 백일몽 – "언젠가 나의 왕자가 올 것이다"(76) –을 믿고 있다. 그렇지만 그녀는 그 부정적 결과도 잘 알고 있다: "왕자를 기다리고 있음 – 기다리고 있고, 당신이 기다리고 있는 사람이 품위 있는 왕자임을 알고 있음 –은 가공할 일이다. 그러나 기다리고 있으며, 존재 양식으로 기다림은 … 암울한 방법이다"(83). 이처럼 그녀의 실존은 현재와 현실을 부정하는 착각과 환상에 빠져 꼼짝 못한다. 비록 그녀는 의존적, 일차원적으로 실존하고 있지만 거기에 완전히 압도당하지 않는다. 그녀는 자신의 한계도 잘 인식하고 있다. 그녀는 일곱 남자의 질문 – "왜 당신은 우리와 함께 살고 있느냐?" –을 받고 대답한다: "내 생각에 함께 살고 있음은 상상력의 부족 때문임이 틀림없다. 나는 더 좋은 어떤 것도 상상할 수 없다"(65). 드디어 그녀는 스스로 왕족의 후손이라고 믿고 기다렸던 폴이 실존철학은 없고 그저 "자기만족에만 급급한 속물"(163)임을 간파한다. 따라서 그녀는 삶에서 큰 실수를 저질렀다고 실토한다: "나는 폴을 과대평가했거나, 아니면 역사를 과대평가했다. […] 나는 크게 실망했으며, 틀림없이 앞으로도 실망할 것이다"(175). 이제야 그녀는 의존적 실존의식의 폐해와 아픔을 뼈저리게 실감한다. 그녀는 이 실감으로 "나는 나다"(176)는 독립성을 회복하고, 육체와 정신은 결코 분리될 수 없다는 진리를 깨닫는다. 그녀는 이 회복과 깨달음으로 "자아를 탐구하고 실현하여 더욱더 자유스러운 삶을 상상하여"[131] 창조하려한다. 그러기 위해 그녀는 앞으로 일곱 남자와 오로지 쾌락을 위한 쾌락을 추구하기 위해 즐겼던 성관계를 갖지 않으며, 그 쾌락을 만끽하는 대가로 노예처럼 의당 해야 했던 주부역할을 그만두기로 결심한다. 그녀는 이 결심으로 드디어 일차원적 의식에서 해방되어 삶과 세계를 다각도로 볼 수 있는 인간으로 변신한다. 그녀는 자신의 변신을 시로 표현하려고, "파괴하고 창조하라"는 철학을 바탕으로 시를 창작한다. 파괴의 대상은 일차원적, 독선적, 폐쇄적 의식이고, 창조철학은 모택동이 한때 주창했던 백화제방(百花齊放)이다. 그녀가 혼신을 다하여 쓴 "4쪽이나 되는 불순하나 심오한 장시"(16)의 형식은 자유시이고, 주제는 상실이다. 그녀가 일차원적 의식을 상실함은 가장 큰 축복임에 반해, 진실한 자아를 상실했음은 가장 큰 비극이었다. 그녀가 독선적 의식을 가능한 한 빨리 불식시키려면 "백화제방" 철학을 수용해야한다. 그녀는 이 철학의 수용으로 자아와 세계를 다차원적으로 볼 수 있을 뿐 아니라 진실한 자아와 거짓자아를 판별할 수 있다. 그래서 그녀 시의 요체는 거짓자아와 일차원적 의식의 전복과 퇴치이다. 그녀의 불순하나 심오한 시의 시작은 이런 구절 – "붕대를 감았으며 상처를 입은" –이고, "붕대가 상처보다 앞에 있어"(165) 상처에 붕대를 감는다는 상식이 전도된다. 이렇게 그녀는 어순과 상식의 전도로 일차원적 의식을 전복하여 개혁하면서 시의 주제, 상실을 강조한다. 상실해버림은 다차원적 의식을 지향하는 백화제방을 전제한다. 더욱이 그녀는 거짓자아를 상실해버림으로써 성숙하면서, 다른 사람들의 삶을 변화시킨다.

백설공주는 일곱 남자의 삶에 큰 변화를 일으킨다. 그들은 그녀를 만나기 전에는 평온하고 안정된 삶을 즐겼지만, 만난 후에는 그런 삶을 살 수 없다. 그들은 깊은 사고와 목적의식이 없는 만족과 쾌락추구자로부터 깊은 사고와 통찰로 큰 불안과 혼란을 의식하는 인간으로 변신한다. 그들의 이런 변신은 일차원적 삶과 사고의 탈피에서 시작된다. 백설공주의 나체가 그들의 탈피에 결정적인 역할을 한다. 그들은 빨간 수건에 감싸인 그녀의 나체를 어떤 시각과 방향에서 보느냐에 따라 자기들의 이해가 달라짐을 직접 체험한다. 처음에 그들은 그녀의 두 유방이 빨간 수건에 감싸인 채 자기들 쪽으로 다가오고 있다고 느끼다가, 다른 방향에서 보니까 눈처럼 하얀 엉덩이가 빨간 수건에 감싸인 채 자기들로부터 멀어져 가고 있다고 감지한다. 이제 그들은 사물을 단일한 고정시각으로만 볼 수 없고, 그 외모가 아닌 본질 그리고 개인의 직관력의 중요성을 이해할 수 있게 되었다.

일곱 남자가 집단적 삶과 사고에서 벗어나기 위해, 각자의 실존상황에서 어떻게 행동하며, 어떤 철학을 주장하는가를 고찰한다. 그들의 지도자, 빌은 백설공주가 자기들과 매일 성관계를 즐기고 있지만, 만족하지 못해 창밖으로 그녀의 흑단처럼 검은 머리카락을 내려뜨려 새 애인을 찾고 있음을 간파한다. 그래서 그는 그녀와 관계를 끊을 뿐 아니라 다른 사람들과의 피부 접촉을 기피하면서 자기를 소외시킨다. 그는 자신의 잠재력과 가능성을 확장하려했지만 다른 사람들의 도움을 받을 수 없어 좌절한다: "나는 위대한 인간이 되고 싶었다. 그러나 그때 나의 하늘에는 그런 달이 없었다"(157). 결국 그는 지도자의 책임과 역할을 수행할 수 없는 무능력 죄로, 공금을 분실한 큰 죄로, 사람들이 타고 있는 자동차에 맥주병들을 난폭하게 던진 폭거 죄로 재판에서 사형선고를 받고 교수형을 당한다. 그런데 빌이 의사소통을 원활하게 할 수 없음은 그의 무능 때문이 아니라, 언어가 의사소통의 본래 기능을 상실해버렸기 때문이다. 언어는 실존에 긍정적, 아니면 부정적 역할을 한다. 빌은 언어의 찌꺼기 특성, 즉 부정적인 영향을 많이 받았으므로 꿈을 실현할 수 없었다. 인간이 언어의 찌꺼기특성에 압도당하는 현상은 생활쓰레기양의 증가와 밀접한 관계가 있다. 하루 쓰레기양이 1%에서 100%로 증가했을 때, 인간 의식에 어떤 영향과 변화를 유발하는가는 이런 주장 – "'쓰레기' 처리문제로부터 쓰레기 감상문제”(103)로 바뀐다 —에 있다. 쓰레기가 도처에 가득 차게 되면, 인간은 그것을 도저히 치울 수 없기 때문에 그대로 두고 보아야한다. 이처럼 언어구사에서도 쓰레기가 가득 차면, 그 본래기능인 의사소통은 제대로 이루어질 수 없고, 인간 의식을 혼란시키는 찌꺼기특성이 맹위를 떨친다. 그러므로 빌을 계승하여 새 지도자가 되는 댄은 언어의 찌꺼기특성이 의식을 파편화시키는 부정적 실존상황을 이해하는 방법을 알아야한다고 주장한다: “쓰레기가 전부이기 때문에 그것을 ‘처리할’ 문제는 더 이상 논의해도 해결될 수 없다. 우리는 그저 이 문제를 어떻게 이해해야하는가를 배워야할 것이다”(103). 그는 부정적 실존상황에 대한 새로운 접근과 이해를 바탕으로 그 극복의지와 대책을 강구하려한다. 그러므로 댄은 백설공주와 성관계를 가지려고 안달하는 헨리의 마음을 알 수 없어 그와 동문서답을 하면서도, 스스로 자성하면서 상대방을 이해하려고 노력한다. 또 클렘은 백설공주가 싫어서가 아니라 집단성행위가 개인의 인격과 독립성을 부정함으로 반발해서 큰 도시로 가서 창녀와 관계를 갖는다. 그러나 그는 결코 개인주의자가 아니고 어려움에 있는 사람들을 이해하고 격려하려는 왕자다운 인물이 없는 미국사회의 구조적 모순과 그 해결책을 제시한다: “우리 국민은 어떤 의미에서도 평등하지 않다. […] 우리는 가난한 사람들을 빈곤으로부터 해방시켜 그들의 삶에 활력을 불어 넣어주어야 할 것이다”(147). 휴버트는 백설공주에게 은밀하게 접근해보려는 매우 소심한 인간으로 “하나님은 잔인했다”(47)는 선입견에 꼼짝 못한다. 그의 동거인들은 그에게 사물을 아전인수 시각으로만 보려하지 말고 있는 그대로 인지하여 수용하라고 충고한다. 에드워드는 주부가 억압받고 혹사당했다는 일방적 주장을 수용하려하지 않고, 오히려 “주부가 없다면 문명생활의 전체 구조가 무너질 것이다”(105)고 주장하면서 주부를 극구 찬양한다. 그러면서 그는 사고와 행동의 중용을 강조한다. 케빈은 다혈질이라 사고와 행동이 시시각각으로 급변한다. 그는 자신의 이런 성격 때문에 다른 사람들을 터무니없이 비난한다: “개인은 자신의 지각력을 확신하고 멋대로 방황한다”(135). 이처럼 일곱 남자는 각자 자신이 처한 실존상황에서 이런 철학 — “세상을 저주함은 세상에 대한 타당한 반응이 아니다”(184) —을 실천하려고 최선을 다한다. 요컨대 백설공주와 일곱 남자는 자신들의 왜곡된 의식, 다른 사람들과의 불편한 관계, 그리고 혼란스러운 현실 때문에 좌절, 절망, 그리고 무기력의 소용돌이 가운데서 생존하면서도, 자성하면서 자아를 성숙시키려고 아무튼 노력한다.

이들과는 대조적으로 폴, 제인, 그리고 하그오우는 현실도피, 악의, 그리고 음모를 도모하는 부정적 삶을 살려고 발버둥이 친다. 폴은 왕족의 혈통을 이어받았다는 자만심 – "나는 왕자이다"(33) –에 도취되어 있지만, 가문의 명예에 걸맞는 의무와 책임을 다하려하지 않는 나약하고 비열한 인간이다. 그는 백설공주가 자기에 의해 주부의 노예적 삶으로부터 구원되기를, 또 자신의 사랑을 받기를 학수고대하고 있음을 잘 알고 있으면서도 행동하지 않는다. 그는 그 구원과 사랑에 따른 책임과 희생을 감수하고 싶지 않기 때문이다. 이러면서도 그는 백설공주의 나체를 몰래 보고 혼자 즐긴다. 또 그는 권력자의 부당한 횡포에 대항하라는 시민들의 요구를 궤변으로 묵살해버린다. 제인은 악행을 마다하지 않는 사악한 인간이다. 그녀는 상대방을 인정하여 존중하려하지 않고, 자기주장과 철학으로 제압하려고 안달한다. 그녀는 한때 가장 아름다운 미녀였으며, 무수한 남자들이 그녀의 미모의 노예가 되기 위해 멀리서도 왔다. 그러나 그 미모가 시들해져서 남자들의 관심과 사랑의 대상이 되지 못하자, 악의를 품기에 바쁘다. 그녀가 역겨움을 잔뜩 자아내는 하그오우의 사랑마저 받지 못하자, 일곱 남자와 성관계를 즐기고 있는 백설공주를 살해하기로 결심한다. 그녀는 독약이 들어있는 술을 백설공주에게 마시라고 강요하지만, 공주는 왠지 마음이 내키지 않아 냉큼 마시지 않는다. 두 여자가 이렇게 옥신각신하고 있을 때, 폴이 이 술을 마시고 즉사한다. 요컨대 제인은 자기만족과 이익을 극대화하기 위해 상대방을 지배하고 탄압하기에 급급한 독재자의 권위와 악의의 화신이다. 하그오우는 비열한 인간이지만 제인처럼 다른 사람들을 억압하려하기보다는 오히려 이해하고 격려하려한다. 그는 일곱 남자에게 거금을 우송하고, 국세청에다 그들이 탈세했다고 밀고하여 보상금을 받는다. 또 그는 한때 사랑했던 제인을 배신하고 백설공주를 사랑한다. 이처럼 그는 일차원적 의식으로 비열한 행위를 하면서도, 거기에 따르기 마련인 고통과 시련을 잘 알기 때문에 역설한다: "당신들은 다양성을 명심하고, 유일성을 망각해야한다. 지구는 광대하고 평평하고 깊고 높다"(81).

하구오우는 지도자 빌을 잃고 어려움을 겪고 있는 여섯 남자에게 큰 도움이 된다. 그들은 댄을 새 지도자로 선출하고, "싫은 인간이지만 유능한 싫은 인간,"(186) 하그오우를 동거인으로 맞이하여 삶의 안정과 질서를 회복한다. 그러나 백설공주는 폴을 연모하여 그의 무덤에 국화꽃을 쉴 새 없이 던지고 있다. 그녀는 왕족이라는 신분 때문에 폴을 무조건 맹목적으로 사랑했고, 마음은 쏠리지만 하층계급출신이라는 명분 때문에 하그오우의 사랑을 거절했다. 그녀는 고정관념과 허영심 때문에 지금 비탄에 빠져있다. 그렇지만 백설공주는 이 비탄의 근원이 자신의 독선적, 폐쇄적 사고와 행동에 있음을 인식하고 있다. 그녀는 자신 뿐 아니라 모든 사람의 불행과 비극이 왜곡된 의식에서 비롯되고 있음을 잘 알기 때문에, 그런 의식으로부터 하루빨리 해방되어야한다고 역설한다. 그녀와 남자들은 그 해방의 길이 백화제방철학에 있다고 믿고, 이 철학을 실천하려고 최선을 다함으로써 소설은 낙관적으로 끝난다: "백설공주의 엉덩이 실패함 백설공주 다시 처녀가 됨 백설공주 이상적인 주인공으로 변신함 백설공주 하늘로 올라간다 남자들은 새로운 철학을 탐구하러 떠난다 아아"(187). 이 끝남은 대단원의 막이 아니라 또 하나의 시작이다. 이 시작은 독자가 스스로 삶에서 다양성, 개방성, 주체성, 창의성, 그리고 연대의식을 최대한으로 확장하기 위해 집필해야할 소설의 단초이다. 이렇게 바털미는 실존에 백해무익한 고정관념을 와해시키려고 백설공주 동화와 만화영화를 뛰어넘는 소설을 창작하여 독자의 기대와 예상을 뒤엎고 있다.

로버트 쿠버(Robert Coover, 1932-)는 "죤 바스, 윌리엄 개더스(William Gaddis), 윌리엄 개스, 그리고 토머스 핀천과 더불어 우리의 가장 중요하고 대담한 소설가들 중의 한 사람, 즉 포우스트모던소설의 대가"[132]이다. 그래서 그는 "최근미국소설을 획기적으로 변화시킨 가장 탁월한 작가들 중의 한 사람"[133]이라는 대단한 평가와 격찬을 받는다. 그가 이렇게 미국소설을 변화시킨 까닭은 사실주의와 모던이즘소설의 창작철학 – 절대개념, 고정불변, 그리고 객관성 –이 우리의 이상적인 실존을 위한 변화욕구와 기대에 부응할 수 없다고 믿기 때문이다. 오늘날 우리의 실존철학은 상대개념, 변화무쌍, 불확실성, 애매모호성, 그리고 주관성을 가장 중요시한다. 이러므로 쿠버의 소설철학에 의하면, 세계는 절대개념이 지배하는 고정불변이 아니고 제행무상(諸行無常)이고, 역사는 객관적 사실의 발굴과 기술이 아니라 상상적 창조이며, 성은 환락, 농락, 억압, 학대, 혹은 경멸의 대상이 아닌 자기앎과 일신의 원동력이다. 변화가 우주와 실존에서 항시 일어나고 있다. 이 변화 때문에 세계는 언제나 유동적이어서 변화무쌍하고 애매모호하며 불확실하고 불안정하다. 또 이 변화 때문에 사람들이 세계를 보는 시각, 인식, 그리고 욕구도 절대적일 수 없다. 이런 시각, 인식, 그리고 욕구의 급격하고 획기적 변화에 부응하려고 포우스트모던소설이 태동되었다. 나아가 그는 소설가의 사명은 역사적 인물과 사건의 사실적 기술에 있지 않고, 그 인물과 사건을 상상적으로 재해석하여 전혀 새로운 의미의 창출에 있다고 역설한다. 그는 역사는 소설화되어야 하기 대문에 역사는 소설이라고 갈파한다. 더욱이 그는 성과 그 역할의 중요성과 가능성을 강조한다. 그는 누구나 왜곡된 성 개념에서 벗어나 성의 순수하고 성스러운 경지에 이르면 자기, 타인, 그리고 만물을 올바르게 이해할 수 있다고 주장한다. 그는 성은 "정신적 활력을 증폭하는 은유"[134]로서 미국인들의 의식과 사회개혁에 창조적 역할을 할 수 있으므로, 성 개념에 대한 올바른 인식이 절대적으로 필요하다고 역설한다. 이런 소설철학을 바탕으로 창작된 *공개화형*(*The Public Burning*, 1977)을 "역사의 상상적 창조"의 논지로 고찰해 본다.

쿠버가 자신의 이런 소설철학에 의존하여 10년 동안 집필한 *공개화형*은 "양심과 상상력의 위대한 성취"[135]라는 절찬을 받았다. *공개화형*은 원자탄제조 비밀을 소련(Soviet Union)에 넘겨주었다는 간첩죄로 사형당한 로우전버그(Rosenberg)부부와 이 사형을 주도했던 미국정부고위당국자들에 관한 "사실과 허구를 융합한" 소설이다. 이 소설은 반공과 기독교를 절대개념으로 맹신했던 미국정부고위당국자들이 자행한 개인의 인권유린과 생명박탈, 이 박탈에 동조한 시민들의 환호, 인권과 생명존중 철학, 그리고 이 실천에 필수적인 회의적 사고와 성적 욕구충족에 대한 상상적 이야기이다. 그의 *공개화형* 집필 "목적은 로우전버그부부가 무죄이냐 유죄이냐를 단정하려는데 있지 않고 미국의 영혼, 즉 미국의 정신, 도덕, 그리고 사법조직의 문제를 탐구하려는데 있다."[136] 그의 탐구에 따르면, 1950년에 한국전쟁이 불의에 발발하자, 미국정부고위당국자들은 공산주의에 대한 엄청난 공포심 때문에 자국민과 우방국들에게 생존의 절대개념으로 반공과 기독교를 강요하면서 서슴없이 로우전버그부부를 처형했다. 또 그들은 인간과 사회를 오로지 이원론에 입각해서 보기 때문에, 반공과 기독교에 동조하지 않는 사람과 국가들을 무조건 적으로 간주하여 제거하려고 전력했다. 그들의 이런 허위의식에 철저히 세뇌당한 미국인들은 로우전버그부부 처형을 환호했다. 그러므로 쿠버는 절대개념이 야기한 비극과 그 재발을 방지하는 첩경을 *공개화형*에서 모색하여 제시한다. 그의 이 모색과 제시를 위한 소설구성은 매우 특이하고 이색적이다. 그는 아이전호우어(Eisenhower)대통령의 재가로 1953년 6월 17일과 그 다음날 밤에 타임즈 광장(Times Square)에서 공개로 처형된 로우전버그부부의 비극을 다양한 문학형식들, 보도자료, 오퍼러, 컬라즈, 영화, 그리고 만화를 총동원하여 반공정책으로부터 잉태되었음을 크게 부각시킨다. 그가 이 비극을 부각시키는 *공개화형*은 그 집행을 기술한 시작하는글과 4부를 이루는 28장 그리고 끝맺는글로 구성되어 있다. 1부는 이 부부가 처형되기 전날인 목요일이고, 2부는 처형되는 날인 금요일 아침, 3부는 오후, 4부는 밤이다. 그리고 1부와 2부, 2부와 3부, 그리고 3부와 4부 사이에 막간극이 있다. 홀수 장과 끝맺는글은 닉선(Nixon)부통령이 화자와 주인공이 되어 주관적 심정을 토로하며, 시작하는글과 짝수 장은 3인칭 화자가 객관적 사건들을 언급한다. 더 구체적으로 소설구성의 특징을 말하면, 3인칭 화자가 인간의 주체성과 성적 본능을 부정하는 허무맹랑한 절대개념이 1인칭 화자의 상대개념, 불확실성, 애매모호성, 그리고 주관성에 의해 와해됨을 시사한다. 게다가 첫 막간극은 아이전호우어대통령의 기독교신앙의 강조이고, 둘째 막간극은 에설(Ethal) 로우전버그가 사면을 호소하기 위해 대통령과 나누는 대화이고, 셋째 막간극은 로우전버그부부, 미연방교도국장, 그리고 교도소장의 4중창 오퍼러이다.

쿠버는 반공의 절대개념과 공존의 상대개념과의 대립을 첨예화시키기 위해, 자유, 민주주의, 자본주의, 그리고 기독교를 상징하는 엉클 샘(Uncle Sam)과 공산주의, 계획경제, 그리고 무신론을 대변하는 팬텀(Phantom)을 대결시킨다. 엉클 샘과 팬텀과의 극한대결이 불가피함은 엉클 샘이 지난 30년 동안 공산주의에 대한 편집병적 공포심 그리고 미국사회의 끊임없는 물질적 번영과 미국이 최강대국이라는 절대적 확신으로 자신에게 도전하는 어떤 인간, 사상, 그리고 제도를 결코 용인하려하지 않기 때문이다. 그러므로 엉클 샘은 1940년대 말과 1950년대 초에 팬텀이 미국과 우방국들에 강하게 도전하여 그 영향력과 세력을 확장하자, 바로 이에 대한 응전으로 로우전버그부부를 처형시키라는 압력을 미국정부고위당국자들에게 행사한다. 또 엉클 샘은 자신이 최고지도자가 되기를 꿈꾸는 닉선부통령에게 막강한 영향력을 발휘하여 처음에 그를 반공의 앞잡이로 맹활약하도록 유도하여 로우전버그부부 처형에 앞장서게 했다가 나중에 그를 절대개념으로부터 해방된 인간으로 변신시킨다. 닉선의 이런 변신이 미국인들에게 자기와 사회를 새롭게 볼 수 있는 시각을 창조하는 첫걸음이다. 다시 말하면, 이 변신이 그들에게 자기와 세계 이해의 기반을 절대개념, 고정불변, 그리고 객관성에서 상대개념, 변화무쌍, 불확실성, 불확정성, 애매모호성, 그리고 주관성으로 바꾸는 계기가 된다.

먼저 닉선이 완고한 반공주의자로 맹활약했을 때의 미국과 국제정세를 고찰한다. 제2차 세계대전 직후의 냉전시기에 공산주의는 그 세력과 영향력을 세계 각처로 확산시켰다. 이로 인해 미국인들이 불안감과 공포심으로 의기소침하고 있을 때, 미국정부가 물심양면으로 지원한 장개석정부가 패배하여 대만으로 쫓겨가고, 중국본토는 공산화되었다. 더욱이 소련이 1949년에 첫 원자탄폭발에 성공했다. 국제정세의 이런 급변 때문에 미국의 최강대국 위상도 추락한다: "미국은 세계의 희망"이라는 찬사와 선망의 대상으로부터 "세계의 바보, 세계의 살인자, 세계의 약탈자, 세계의 사기꾼, 그리고 세계의 증오자"[137]라는 비난과 저주의 꼴불견으로 전락한다. 이처럼 사태가 악화되자, 미국정부고위당국자들과 언론은 소련에 원자탄제조 비밀을 누설한 반역자를 색출해야한다고 함성을 지른다. 이 함성에 즉각 응한 닉선이 대단한 야심을 가진 정치가로서 자신의 출세를 위해, 생존철학으로 맹신하는 반공정신을 유감없이 발휘한다. 그는 미국정부의 반공정책보다 앞서 로우전버그부부를 더욱 신랄하게 비난할 뿐 아니라 그들을 빨리 처형하자고 극구 주장한다. 그는 그들이 소련에 원자탄제조 비밀을 알려줌으로써 미국 국익에 엄청난 손실을 초래했을 뿐 아니라 "한국전쟁을 발발시켰다"(115)고 확신하기 때문이다. 게다가 닉선은 미국의 이런 국익손실과 위축에 비례한 공산주의의 기세등등은 그들의 반역죄 뿐 아니라 투철한 반공정신이 결여한 지도자들의 무능력, 무소신, 그리고 무기력에 그 원인이 있다고 역설한다. 따라서 그는 반공정책을 더욱더 강력하게 추진해야한다고 열변을 토하면서 공산주의에 대한 경각심을 일깨운다: "공산주의는 변하지 않고 있다! 공산주의는 잠자지 않고 있다! 공산주의는 언제나 음모를 꾸미고 비명을 지르고 활동하고 투쟁하고 있다!"(474). 이런 위기감이 팽배해 있는 상황에서 타임즈 광장에서 수백만 명이 주시하는 가운데 집행되는 로우전버그부부의 공개처형은 공산주의의 기선제압과 타도에 결정적인 역할을 할 수 있다고 닉선은 고함지른다. 게다가 미국정부도 로우전버그부부 때문에 국내외적으로 정부에 제기되는 탄원의 부담감과 압박감에서 해방되려고 그들의 처형을 빨리 끝내려한다. 또 미국정부가 그들의 처형을 빨리 강행하려는 이유는 그들이 공산주의자 겸 무신론자로서 미국독립과 건국의 근간인 기독교를 부정하기 때문이다.

아이전호우어대통령과 정부고위당국자들은 삶과 세계는 제행무상임을 모르고 생존의의와 수단은 오로지 기독교와 반공에 있다는 절대개념의 철저한 신봉자들이다. 그들은 이 신봉 때문에 자기들만이 절대적으로 선하고 바르며 옳다고 맹신한다. 그들은 이 선함, 바름, 그리고 옳음을 전제로 결정된 사항, 즉 로우전버그부부 사형집행에 항의하는 어떤 행위 뿐 아니라 청원하는 어떤 호소도 용납하려하지 않는다. 따라서 그들은 두 아들의 어머니, 에설의 이런 호소를 경청하지 않는다: "우리는 무고한 사람이다. [⋯] 우리는 순교자도 영웅도 아니다. 우리는 순교자도 영웅도 되고 싶지 않다. [⋯] 우리는 죽고 싶지 않다. 우리는 죽기에는 젊고, 너무 젊다. [⋯] 우리는 살고 싶다"(248). 그들은 그녀의 살고 싶다는 간절한 소망을 비정하게 묵살한다. 그들의 이런 비인간적 행위는 맹신에서 비롯되었다. 그들의 맹신에 따르면, "로우전버그부부 때문에 한국에서 24,214명의 미군이 전사했다. 미국의 원자비밀이 누설되지 않았다면, 공산주의자들은 극동에서 감히 전쟁을 도발하지는 않았을 것이다. 소련이 미국에 기습적인 원자탄공격을 감행하여 수십만 명의 인명을 살상하고 군사력을 파괴할 가능성이 있다. 로우전버그부부는 1억 5천만 미국인들에게 가장 적대적인 엄청난 중죄를 범했다"(390).

그러므로 그들은 "재생의 축제와 오랜 연고가 있는 미국의 성스러운 장소"(4)인 타임즈 광장에서 로우전버그부부의 처형을 집행한다. 그들의 처형은 대통령과 정부고위관리, 상하원의원, 주지사, 각계각층의 저명인사, 그리고 유명 연예인들이 귀빈석을 가득 메우고, 수백만 명의 군중이 운집한 가운데 온갖 노래와 연예가 흥을 돋우는 축제분위기 속에서 집행된다. 그들은 흥이 나는 연예를 공연하여 청중들을 흥분과 환호의 도가니에 빠져들게 한다. 그들은 기독교와 반공을 절대시하여 야기한 미국인들의 불안감, 불만, 좌절감, 반감, 증오심, 그리고 적개심을 완화시키기 위해, 공권력을 남용하여 무고한

로우전버그부부를 공개로 희생시킨다. 그들의 공개사형집행은 이런 의도와 목적에 있다: "로우전버그부부는 국가의 폭력과 분노를 무마시키고 실패와 무능의 배후를 은폐하기 위한 희생양이다. 그들의 꺼져가는 빛은 … 실제적으로 그리고 상징적으로 공산주의세력을 몰락시키면서 미국의 청교도전통에 활력을 불어넣을 것이다. 그들을 희생양으로 제거시킴은 무질서, 죽음, 그리고 권태의 끝남을 약속할 것이다."[138] 그들의 이런 음흉한 의도와 목적 때문에 쥴리어스(Julius) 로우전버그는 결혼 14주년 기념일 밤에 처형당한다. 그는 극빈가정출신으로 광적인 공산주의자가 되어 농민과 노동자들의 인권이 보장되는 사회를 건설하기 위해 투쟁했다. 그는 너무나 순진하게 정치권력이 개인에게 있고, 자기가 지배계급의 권력에 반항할 수 있으며, 이성이 지배계급의 광기를 압도할 수 있다고 믿었다. 그러나 그는 지배계급인사들의 권력장악과 향유에 대한 강한 집념 그리고 이 권력도전에 대한 무자비한 탄압과 처벌의 가혹성의 무지 때문에 반공정책의 제물이 되어 형장의 이슬로 사라진다. 에설 로우전버그는 여성교도관을 좌우에 대동하고 당당하게 사형장으로 들어온다. 그녀는 자기를 처형시키려고 온갖 음모를 꾸민 대통령과 정부고위관리들 그리고 판검사들을 한 사람씩 노려보면서, 그들에게 자기를 똑똑히 보라는 몸짓을 한다. 그녀는 이런 당당하고 도발적인 행동으로 그들을 크게 깨우쳐 망상과 아집에서 벗어나는 동기를 부여하려한다. 그녀는 그들이 기독교와 반공의 절대개념으로부터 해방된다면, 비극적으로 생을 마감하면서도 "세계를 전복시키고 싶지 않고, 세계를 사랑하고 싶은"(315) 웅지를 내세에서 펼 수 있기 때문이다. 그녀는 남편의 감미로운 속삭임을 들으면서, 타의에 의해 강제로 젊은 나이에 삶을 마감해야한다: "에설, 당신은 나의 아내이고 애인이오. 그 무엇도 이 사실을 바꿔버릴 수는 없소. 당신이 내 옆에 있었기 때문에 나의 삶은 큰 보람으로 가득 찼다고 말할 수 있소. […] 나는 당신을 꼭 껴안고 내 모든 사랑을 바치오. 나는 당신이 내 삶을 보람 있게 해주었기 때문에 행복하오"(515). 이렇게 로우전버그부부의 생명, 꿈, 그리고 사랑은 지배계급인사들의 기독교와 반공의 절대개념에 의해 박탈당하고 무산되고 애절하게 끝났다.

지금부터 닉선부통령이 절대개념으로부터 해방되어, 쿠버의 소설철학 — 세계는 제행무상이고, 역사는 소설이며, 성은 자기앎과 일신의 원동력이다 —

을 실천하는 인간으로 어떻게 변신하는가를 논의해본다. 그는 다른 정부고위 관리들과는 달리 성격적으로 깊이 사색하기를 좋아하기 때문에 세계는 제행무상임을 깨닫는다: "삶은 언제나 새롭고 변화하고 있다"(273). 그는 이 깨달음으로 시골의 빈곤한 가정에서 태어났지만, 입신출세할 수 있다는 꿈을 실현시킨다. 그는 사회생활을 무명의 변호사로 시작했지만, 하원과 상원의원을 거쳐 부통령이 됨으로써 일단 정치가로 입신출세한다. 그는 입신출세를 위해 사랑, 신의, 그리고 자비를 부정하라는 엉클 샘의 교육을 받는다: "국가 간에는 친구도 적들도 없고 오로지 이해관계만이 있는 것처럼 정치에도 개인적인 이기심충족과 이익극대화를 위한 관계와 결속이 중요하지 지속적인 신의와 충성심은 없다"(60). 또 그가 권모술수에 능한 엉클 샘의 교육과 영향을 받으면서 인지한 출세를 위한 생존철학은 "정치는 추잡하고 전투적이며 위험한 경기"이기 때문에 "부정직이 흔히 최선책이다"(33)는 허위의식이다. 그는 자신의 실존에서 입신출세를 가장 중요시하기 때문에 스스로 허위의식의 노예가 되었음도 알지 못한다. 그의 가장 치명적인 허위의식은 절대적, 자아도취적, 일변도적 반공이다. 따라서 그는 미국인들과 우방국들에게 생존의 절대개념으로 반공을 적극 강요할 뿐 아니라 반공에 반대하거나 적대하는 사람과 제도 그리고 국가들을 결코 용납하려하지 않는다. 그러므로 그는 로우전버그 부부의 조속한 사형집행에 앞장섰다.

그런데 이제는 뜻밖에 엉클 샘이 그를 반공의 절대개념으로부터 해방시킨다. 엉클 샘은 그의 로우전버그부부 재판의 공정성의 확신에 회의를 일으킨다: "모든 과거에 대한 법정증언은 … 뻔뻔스러운 거짓말이다. 그렇지 않은가! 헛소리이다! 속임수이다! […] 실리적인 정치는 사실들의 무시에 있다. 의견이 궁극적으로 세계를 지배한다"(86). 닉선은 엉클 샘의 이런 주장을 듣고 절대개념과 틀림없다는 사실의 굴레로부터 해방되자, 로우전버그부부는 무고함에도 반공정책이 날조한 거짓말이 그들의 생명을 빼앗지 않았나하는 회의가 가시지 않는다. 드디어 그는 회의 때문에 사물을 회의론적 시각과 상대개념으로 볼 수 있는 인간으로 성숙한다. 그래서 그는 객관적 사실은 확인될 수도 없고 있을 수도 없음을 깨닫는다. 그는 이 깨달음으로 자신만만하게 사고와 의식의 유연성을 자랑한다: "아이젠호우어대통령과 쥴리어스 로우전버그는 결코 서로를 이해하려하지 않았지만, 나는 두 사람을 이해하고 용납할 수 있었다"(373). 또 그는 역사는 과거의 객관적 사실의 기술이 아니라 소설이라고 주장한다. 따라서 그는 역사는 상상적으로 창조될 수 있다고 믿기 때문에, 기독교와 반공의 시각에서 로우전버그부부를 재단했던 틀에서 벗어나 허구적으로 상상해본다. 그는 이 상상으로 쥴리어스에서 자신의 경상(鏡像)을 발견한다: "우리는 서로 경상은 같았지만 다정한 상반자들이었다. 좌-우, 유신론자-무신론자, 도시-시골, 피고인-고발자, [공산주의] 신봉자-타도자, 내가 교량들을 건설하면, 그는 폭파했다. […] 내가 중앙으로 갈 때 그는 변두리로 갔다"(137). 더욱이 그는 자기도 "1936년 그날 밤에 … 국제선원노동조합 무도회에 가서 에설을 만났다면 … 공산주의자가 되어 역사의 진로를 바꾸려했을지도"(138-39) 모른다고 실토한다. 이렇게 그는 로우전버그부부에 관한 또 다른 이야기를 창조한다. 그들에 관한 이야기도 하나의 확정판으로 끝나지 않고 계속 만들어지는 것처럼, 역사도 하나의 서술로 모든 독자를 만족시킬 수 없으므로 계속 새롭고 다각적으로 창조되어야한다. 그러므로 역사는 소설이다.

드디어 닉선은 성이 자기앎과 일신의 원동력임을 실감한다. 그는 평생 처음으로 본능적 애욕을 만끽함으로써 절대개념으로부터 완전히 해방된 새로운 인간으로 재생한다. 그는 오직 입신출세에만 관심을 쏟음으로 여자에게 다정다감한 감정을 표출할 수 없어 부인과도 격정적이고 황홀한 관계를 가져본 적이 없었다. 이런 사람이 부통령이 되어 싱싱(Sing Sing)교도소를 찾아가 사형수감방에 수감되어 있는 "에설에게서 자신의 삶에는 없었던 정열, 이상적인 [성감], 그리고 욕정을 발견한다." 그래서 그는 "자기가 할 수 있다고 항시 상상했던 열정적인 연인의 역할을 하기"[139] 위해, 먼저 마음을 여는 분위기를 조성하려고 그녀에게 밀어를 속삭인다: "당신은 평생 사랑을 꿈꿔왔다! 당신은 지금도 사랑을 꿈꾸고 있다! 나도 또한 사랑을 꿈꾸고 있기 때문에 안다! 에설, 당신은 예술가이고 시인이다! 당신은 사랑이 무엇이고, 사랑이 무엇일까를 안다. […] 우리 둘이 가지고 있는 전부는 세계를 공유하기 위해 만들고 있는 이 순간이다. 우리가 정말로 가지고 있는 전부는 지금 여기 살아있다는 실존이다. 에설, 이 순간을 놓치지 마시오"(435-36). 이렇게 그는 그녀에게 이 순간을 포착하라고 권유하면서, 그녀 양어깨를 붙잡고 얼굴을 자기 쪽으로 돌린다. 자기를 쳐다보는 그녀의 눈에서 눈물이 솟아나고 입술이 벌어지는 것을 보고 키스한다. 그녀가 이 갑작스런 키스에 놀라 크게 소리치려하자, 자기 입으로 그녀의 입을 막는다. 그녀가 거칠게 반항하자, 그녀를 더 세게 붙잡고 자기 혀를 그녀 입술과 이 사이로 밀어 넣는다. 그녀의 입은 서서히 열리고, 반항은 약해진다. 그녀의 혀가 내 혀에 닿자, 그녀는 손으로 내 어깨를 잡더니 곧 목을 껴안고 몸을 내 몸에 밀착시키면서 혀를 내 입안으로 깊숙이 밀어넣는다. 그녀의 입은 더 크게 열리면서 입안으로부터 기묘하고 이국적인 맛이 흘러나온다. 그는 이 맛을 마음껏 음미하면서 혀로 그녀 입안의 곳곳을 애무하면서 지금까지 느껴보지 못했던 희열을 만끽한다. 그녀도 혀로 내 입안을 뒤지면서 한손으로 내 목을 꽉 잡고 다른 손으로 내 속옷을 잡아당긴다. 나는 그녀의 등, 가슴, 엉덩이를 정성스럽게 애무하면서 그녀 옷을 벗긴다. 나는 숨이 너무 차서 숨을 길게 들어 마시려고 약간 떨어지자, 이번에는 그녀가 나에게 달라붙어 혀를 내 입안으로 거세게 밀어넣고, 입술로 내 입술을 핥는다. 그녀의 엉덩이를 쓰다듬다가 은밀한 곳에 손을 대자, 그녀는 신음하면서 "당신은 너무나 강하고 너무나 정력적이다"(439)고 중얼거린다. 그가 너무 황홀하여 눈을 감자, 마음이 무한히 넓어지는 것 같다. 그녀의 한손이 그의 마음을 정화시키고, 다른 손은 마음을 확장시킨다. 그러자 그는 자유인으로 재생하여 쾌재를 부른다: "나는 드디어 나 자신이 되었다! 나는 너무 기뻐 고함치고 싶었다!"(442).

닉선은 에설과 급히 관계를 가지려고 조급하게 서두르다 팬티가 발목에 걸렸지만 크게 신경 쓰지 않았다. 에설은 교도관에게 끌려 사형집행장으로 이미 갔고, 그는 시간에 쫓겨 발목에 팬티를 걸치고 귀빈석으로 돌아왔다. 부통령으로서 이런 꼬락서니에 엄청난 위기의식을 느끼면서도, 절대개념으로부터 해방되어 거듭난 자아를 고수하려한다. 그는 위기를 정면으로 돌파해야하며, 또 거듭난 자아를 지도층인사들과 군중에게 주지시켜야한다. 위기돌파와 새로운 자아탄생을 알리기 위해 크게 외친 구호가 "하나님과 조국을 위해 팬티를 벗자"(482)이다. 이 구호는 미국인들에게 자신들을 파멸시키고 있는 절대개념으로부터 하루빨리 해방되라는 요구이고 부탁이다. 그는 지도층인사들이 자기요구와 부탁에 응해주고 있음을 목격한다. 그래서 그는 더욱 큰 소리로 고함지른다: "우리는 결코 미국인의 꿈을 망각하지 않을 것이다. 그리고 망각하지 않으려는 정신력으로 우리는 그 꿈을 실현시킬 것이다! 나는 오늘밤 여러분들에게 그 꿈을 실현시킬 것이라고 약속한다"(483). 그러자 "팬티를 벗자! 팬티를 벗자! 팬티를 벗자"(485)는 함성이 타임즈 광장에 우렁차게 울려퍼진다. 이처럼 닉선이 먼저 자기를 절대개념으로부터 해방시킨 연후에 미국인들을 자유인으로 재생시키려면 엄청난 고난과 고행을 감내해야한다. 이 고행은 그가 갑자기 엉클 샘에게 당하는 성폭행의 극심한 통증 그리고 그 인내와 극복이다. 그가 엉클 샘의 성폭행을 당할 때, 너무 고통스러워 "당신은 나를 갈기갈기 찢고 있다"(532)고 비명을 지른다: "이것(성폭행)은 나의 사형집행이었다. 그가 나를 통째 먹었다. […] 나는 심장이 터지고 눈알이 갑자기 튀어나온다고 생각했다. 나는 비명을 지르면서 무섭게 울부짖고 있었다. 그러나 누구도 나를 구조하러 오지 않았다"(533). 결국 그는 의식을 잃고 쓰러졌다. 엉클 샘은 일을 끝내고, 그에게 "고생 없이 소득은 없으며 … 너는 이제 [다른 사람을] 사랑할 수 있으므로 … 나의 전부이다"(532-34)는 말을 남기고 떠난다. 드디어 닉선은 쿠버의 소설철학 — 세계는 제행무상이고, 역사는 소설이며, 성은 자기앎과 일신의 원동력이다 —을 실존목적으로 수용한다. 또 그는 이 철학을 스스로 실천하려면, 그리고 다른 사람들에게 깨우치려면 엄청난 고난과 고행을 감내해야한다고 깨닫는다. 요컨대 닉선은 쿠버가 *공개화형*에서 창조한 이상적인 주인공일 뿐 아니라 우리가 본받아야할 실존 귀감이다.

2000년대 초에 본격적으로 연구를 시작하여 집필한 8편의 논문에다 이미 발표했던 "포우스트모던소설의 수용과 그 의의," "져지 코우신스키: 삶의 유일한 목적은 자아탐구," "이. 엘. 닥터로우: 역사는 과거가 아닌 현재," "노먼 메일러: 인간의 책임은 이해와 사랑," 그리고 "토우니 모러선: 굴레에서 자유로"를 추가하여 *포우스트모던미국소설론과 작품세계: 언어 상상력 자아 창조*를 출간했다. 진즉 지대한 관심을 쏟았어야할 포우스트모던소설 연구에 지각생으로 늦게나마 연구결실을 거두었으므로 매우 기쁘고 흐뭇했다. 포우스트모던소설이 개인의 소망과 본능을 과소평가하여 억압하는 기존사상과 제도를 근본적으로 부정하고, 인간의 본능, 주체성, 그리고 연대의식을 가장 중요시하여 파격적으로 표현한다는 요체를 오직 지식으로 인지했다. 그래서 포우스트모던소설이 난해하다는 말의 중압감과 공포감에 짓눌려 삶과 그 변화욕구에 절실하게 필요하다고 생각하면서도, 이 소설연구에 착수하고 싶은 의도도 용기도 갖지 못했다. 그러나 정년이 다가오면서 신진대사를 거부하는 구태의연하고 폐쇄적인 대학풍토에서도 홀로 더 자유스럽게 연구하고 행동할 수 있다는 자립의지가 점점 강해졌다. 그래서 포우스트모던소설을 읽고 연구하면서 난해하다는 중압감과 공포감에서 벗어날 수 있었을 뿐 아니라 스스로 옭아맸던 자기구속에서 해방되어 조금이나마 자아를 긍정적, 정서적으로 변신시키는 재미를 즐길 수 있었다. 또 불만스럽고 암울하고 억압적인 현실의 한계와 제약으로 위축된 소극적이고 무기력하고 쉽게 체념하는 자아를 버릴 수 있었으므로 사회를 더욱 긍정적, 적극적, 진취적으로 보는 실존의식을 확장하는 자신감과 만족감을 느낄 수 있었다. 포우스트모던소설이 상상적이지만 자유구가, 자아유폐로부터 해방, 진실하고 솔직한 자아고수, 자기잠재력발휘, 그리고 타인존중에는 적격이다. 그러나 지금 포우스트모던소설이 개인적으로 가장 지대한 관심사이지만, 영문학계에서는 큰 관심과 주목의 대상이 아닌 것 같았다. 또 포우스트모던소설이 우리 실존에 19세기 그리고 20세기 초기 소설보다도 더욱 창조적인 역할과 영향력을 발휘할 수 있다고 믿었지만, 영문학계는 그렇게 판단하지 않는 것 같았다. 학문연구에서 연구자의 신념, 기호, 그리고 취미보다는 보람 있고 활력이 넘치는 실존과 창조적인 사회변화에 필수적인 이론과 실천이 더욱더 중요시되어야한다는 주장도 별로 반응을 일으키지 못하는 것 같았다. 그렇지만 이 저서가 포우스트모던소설이 활발하게 연구되고 논의되는 계기가 되기를 바라는 마음은 간절했다. 이 간절함 때문에 1940년 이전에 출생한 리처드 브로티건(Richard Brautigan), 이쉬미얼 리드(Ishmael Reed), 스탠리 엘킨(Stanley Elkin), 왈터 애비쉬(Walter Abish), 윌리엄 케니디(William Kennedy), 그리고 돈 디릴로우(Don DeLillo)의 작품을 고찰한 6편의 논문에다 가장 출중하고 가장 영향력 있는 포우스트모던소설가라는데 이론의 여지가 없는 죤 바스와 토머스 핀천의 세 작품씩을 논의한 6개의 글을 수합하여 또 하나의 책을 출판하기로 작정했다. 그러면 윌리엄 개더스와 길버트 소런티노우(Gilbert Sorrentino)는 빠졌지만, 저서에서 논의했던 12명 그리고 앞으로 연구할 8명이 1940년 이전에 출생한 대표적인 포우스트모던소설가들이라고 언급해도 무리는 아닐 것이라고 생각했다.

죤 바스(1930-)는 "포우스트모던미국소설가들 중에서 가장 탁월하고 가장 유능한 인재"[140]라는 격찬을 받는다. 그도 죤 혹스, 레이먼드 페더만, 윌리엄 개스, 스탠리 엘킨, 커트 바너가트, 토머스 핀쳔, 로버트 쿠버, 도늘드 바털미, 그리고 이쉬미얼 리드처럼 사실주의와 모던이즘소설의 창작철학과 기법을 부정하면서도, 기법에서 그들과 상당한 이견을 드러낸다. 그는 그들이 천덕꾸러기로 내팽개친 전통소설을 쓸모없게 된 작품으로 간주하면서도, "이 소설을 상상력과 창의력이 넘치는 일련의 이야기들로 꾸며 소생시켰다."[141] 그는 사회의 경이적인 변화와 발전에 따른 인간 의식의 급격한 변화와 확장에 부응하지 못하는 전통소설을 부정하지 않고 보완하여 현대인의 구미와 욕구를 충족시킬 수 있는 방안모색에 전념한다. 그가 이 방안을 모색하기 위한 창작철학과 기법의 바탕은 소설가로서의 자기정의에 있다; "나는 직업이 소설가이기 때문에, 나 자신의 진리관을 [시사하면] 기질적으로 플레이터니스트(Platonist)이기보다는 훨씬 더 애리스터틸리언(Aristotelian)이고, 더욱이 인간 그리고 그의 행위와 창조의 견지를 피력하면 실재론자라기보다는 오히려 유명론자(唯名論者)이다."[142] 그가 유명론자의 입장에서 소설을 정의하면, "소설은 본질적으로 [작가의] 우주관이 아니고 우주 그 자체이다." 소설은 "우주 그 자체이다"는 정의는 어느 작가도 세계를 자신의 선입관의 제약과 한정에 갇혀 인식하려 해서는 안 되고, 무아의 경지에서 있는 그대로 응시하여 수용하려고 최선을 다해야한다는 창작철학의 강조이다. 그러므로 "소설가는 궁극적으로 관찰자, 모방자, 혹은 영혼의 정화자가 아니고 우주의 창조자, 즉 조물주이다." 다시 말하면, 소설가의 사명은 우주에 대한 이해, 설명, 통제, 그리고 지배에 있지 않고, "우주를 하나님이 창조한 세계보다도 더욱더 질서정연하고 의미심장하며 아름답고 재미있게 만드는"[143] 데 있다. 이런 우주창조는 전통소설이 시도했던 무엇에 관한 이야기의 완결로 이루어지지 않는다. 그러므로 소설가는 어떤 의도도 목적도 없이 오로지 상상력과 언어구사로 이야기를 하려는 시도와 과정에서 우주를 창조해야한다. 왜냐하면 "이야기 말하기는 하나님이 그것을 있는 그대로 있게 하라!고 명하는 말씀을 하신 방식과 유사한 방법으로 우주를 창조하기"[144] 때문이다. 요컨대 바스의 소설창작철학은 "소설은 우주 그 자체이다"는 정의에 그 바탕을 두고 있으며, 기법은 우주창조를 다양한 이야기로 교묘하게 말하는 여러 방법들에 의존한다.

바스의 주장 – 소설은 우주이고, 소설창작은 우주창조이다 –은 쉽게 동의되어 수용되지 않는다. 우주 이해와 창조방법에 대한 의견은 첨예하게 대립되고 양분되기 때문이다. 전통소설의 우주이해는 전적으로 고전물리학의 요체인 고정불변, 확실성, 객관성, 그리고 절대성에 크게 의존한다. 따라서 전통소설의 우주창조는 이 요체를 뒷받침하는 인과관계, 일관성, 연속성, 그리고 닫힌 귀결로 완성된다. 반면에 포우스트모던소설은 현대물리학의 정수인 변화성, 애매모호성, 주관성, 그리고 상대성을 우주이해의 근간으로 절대시한다. 그러므로 포우스트모던소설의 우주창조는 우연, 우발적 행동, 비논리적 관계, 전위, 단절, 회의론, 변화무쌍, 그리고 열린 세계를 전제로 이루어진다. 오늘날 우리는 현대물리학의 절대적 영향을 받으면서 생존하기 때문에, 우리 실존은 확실한 의식과 단정보다는 오히려 무의식세계의 본능과 욕구, 자유, 개체성, 그리고 독립성에 그 바탕을 두어야한다. 게다가 우리는 부지불식간에 직면할지도 모르는 파멸에 대한 불안, 공포, 그리고 혼란과 무질서의 와중에서도 본능적 욕구충족, 자립의지, 잠재력발휘, 그리고 황홀경을 갈망한다. 그런데 사실주의와 모던이즘소설은 우리의 이런 욕망을 상상할 수도, 표현할 수도 없었다. 마치 등잔불이 오늘날 우리 생활에서 무용지물인 것처럼 전통소설도 우리 실존에 거의 쓸모없게 되었다. 따라서 바스는 전통소설의 한계를 절감하고 우리 실존에 가장 타당하고 적절한 소설, 즉 포우스트모던소설의 창작철학과 기법을 동료작가들과 함께 창안하여 구현한다. 바스의 창안과 구현은 애리스터틸리언이고 유명론자라는 자기정의와 "소설은 우주 그 자체이다"는 소설론을 전제한다. 그의 창안과 구현에 따르면, "예술창조의 형식과 방법은 역사적으로 존재하기 때문에 적어도 특정한 시기와 장소의 많은 예술가들의 창작활동에서도 쓸모없게 되기 마련이다. 다시 말하면, 기존예술형식들은 폐기되고 … 변형되어야하며, 더욱이 새롭고 활력이 넘치는 작품을 창조하기 위해 그 형식 자체들을 부정하는 활동을 전개해야한다."[145] 따라서 바스는 어떤 목적도 전제도 없이 전적으로 상상력과 창의력에 의존한 소설창작만이 자신의 사명이라고 확신하기 때문에, 무엇에 관한 이야기를 말하는 전통소설을 폐기하여 전복시켜야한다고 주창한다.

그러나 그는 그 부정의 방법에 있어서 동료작가들과 상당한 이견을 드러낸다. 그의 부정은 보완을 의미하지만, 그들의 부정은 글자 그대로 폐기와 전복을 함축한다. 예를 들면, 바스와 죤 혹스의 창작철학과 기법은 매우 대조적이다. 혹스의 주장에 따르면, "나는 소설의 진정한 적들은 플롯, 주인공, 배경, 그리고 주제였다는 가정을 전제로 소설을 창작하기 시작했다. 소설에 대한 이런 인습적인 사고방식을 방기해버리자 상상력, 다시 말하면, 구성의 전체성이 실제로 현존하는 전부였다. 구성, 즉 언어적 그리고 심리적 일관성이 여전히 소설가로서 나의 최대관심사이다." 반면에 바스는 플롯을 가장 중요시한다: "나는 어느 작가가 소설이 어떻게 끝나게 되는가를 알지 못한 채로 소설 집필을 어떻게 시작하는가를 도저히 이해하지 못한다. 나는 보통 세밀한 개요, 즉 이 소설은 얼마나 많은 장들로 구성될 것인가를 구성한다."[146] 이처럼 바스는 전통소설의 기법들을 무시하여 폐기하지 않고 현대인의 구미와 욕구에 알맞게 보완하여 새롭게 활용한다. 또 혹스는 소설의 주제도 강하게 부정하지만 바스는 그 반대이다. 바스는 주제로 우리 삶과 그 표현기법의 중요성을 강조한다: "문학의 주제는 '인간의 삶 그리고 그 행복과 불행이다'는 애리스토틀의 주장에 나도 공감한다. […] 그러나 우리의 간절한 욕구는 열정을 쏟은 기교이다. 이 작품들이 감동적이지 않다면 그 시도는 실패로 끝나므로, 그 저자는 도깨비 집에서 길을 잃어버린다."[147] 그의 표현기법의 정수는 독자의 마음을 제약하고 닫게 하는 어떤 특정인물의 삶에 관한 일변도적 기술에 있지 않고, 여러 등장인물들의 삶을 있는 그대로 묘사하는데 있다. 이런 묘사는 독자의 의식을 왜곡시키지 않으면서, 시야를 넓히고, 안목을 높이며, 의식을 개혁하여 확장시키는데 일조한다. 요컨대 바스는 자신의 소설창작에서 주제로 우리 삶 그리고 그 표현기법을 절대시한다. 게다가 바스는 레이먼드 페더만의 "언어가 소설이다"는 정의에 동조한다. 그러나 그들은 언어와 의미(삶) 중에서 어느 쪽을 더 우위에 두느냐의 문제에서는 서로 의견을 달리한다. 페더만은 언어는 미리 의미를 내포하지 않고, 말이나 문자로 사용되고 있을 때 비로소 의미를 창출한다고 역설한다. 이에 반해 바스는 의미(삶)가 언어보다 먼저 있다고 주장한다: "문학은 '다만' 언어일 '뿐'이다. […] 우리 삶의 체험은 본질적으로 언어체험을 내포한다."[148] 이처럼 바스는 동료작가들과 동일한 소설철학을 공유하면서, 창작기법에서는 상당한 이견을 피력한다. 그의 동료작가들은 전통소설을 부정하면서 언어와 형식을 극도로 중요시하지만, 바스는 전통소설을 부정하지 않고 보완한다. 더욱이 그는 언어, 형식, 기법, 그리고 내용을 똑같이 중요시하면서 소설창작에 전념한다: "대수학은 기법,

즉 문학작품의 기술적, 형식적 양상들을 표현하게 하라. 불은 작가의 열정, 즉 그나 그녀가 감동적으로 전달되게 하려는 사물들을 대변하게 하라. 내 창작의 단 하나의 부담은 예를 들면 훌륭한 문학작품은 대수학과 불을 다 필요로 한다는데 있다. 요컨대 내 창작은 열렬한 예술가의 자질을 필요로 한다. 우리가 주로 대수학에 대한 대화를 나눈다면, 대수학이 논의의 아주 좋은 주제이기 때문이다. 불은 스스로 타지 않으면 안 된다."[149] 이렇게 그가 소설창작에서 언어, 형식, 기법, 그리고 내용을 똑같이 중요시하는 까닭은 중용철학을 실천하려고 최선을 다하기 때문이다.

지금까지의 논의를 바탕으로 세 작품, *떠도는 오퍼러호*(號)(*The Floating Opera*, 1956, 개정판 1967)를 "예측불허의 자아를 넘어서," *연초 무역상*(*The Sot-Weed Factor*, 1960, 개정판 1967)을 "순진과 고집불통의 자아를 넘어서," 그리고 *염소 소년 자일즈*(*Giles Goat-Boy*, 1966)를 "편견과 아집의 자아를 넘어서"의 논지로 고찰해본다. 그는 처녀작, *떠도는 오퍼러호*를 비교적 사실주의소설[150]로 집필했다고 공언하면서도, 그 진수인 인간관계, 일관성, 연속성, 그리고 절대진리를 무시하는 포우스트모던소설 창작기법으로 창작했다. 그가 이 소설에서 창조한 등장인물들은 실존에서 당위적으로 인정되고 수용되었던 생활규범과 철학을 부정하는 돌발행위를 서슴없이 하는 예측불허의 변덕쟁이들이다. 이 소설은 주인공 겸 화자, 토드 앤드루즈(Todd Andrews)변호사가 서른일곱 살 때(1937년) 어느 순간 극도의 좌절감에 빠져, 자살을 시도했다가 포기한 6월 21일이나 22일 하루 동안의 사건들 그리고 그때까지 자신의 변신에 하나의 큰 계기가 되었던 중대사들을 쉰네 살에 회상하여 소설화한 작품이다. 그는 진실한 자아탐구 그리고 다른 사람의 존중과 사랑에 무관심한 데서 비롯된 예측불허의 행위들로 실존위기를 자초했던 자아를 초월하려고 최선을 다한다. 또 그는 자신의 무관심에다 예측불허의 자아에 유폐된 친구와 이웃들에 의해 더욱더 왜곡된 의식을 극복하려고 전력한다. 그의 자아초월과 왜곡극복과정을 고찰해본다. 그는 "사람들을 지극하게, 아니 적어도 진지하게 사랑할 수 없는"[151] 인간이다. 그가 이런 인간이 된 까닭은 일곱 살 때 어머니는 작고했고, 아버지는 사업에만 열중했으므로 어린 시절에 부모의 따뜻한 사랑과 보살핌을 받지 못했기 때문이다. 따라서 그는 대인관계에서 상호이해와 공감을 도모하려하기보다는 오히려 일방적이었다. 그는 이런 성장배경 때문에 소송사건들에서 어떤 방법과 수단을 이용해서라도 승소하려는 승부욕과 성취욕에 지나치게 집착한다. 그는 변호사로서 무수한 소장들과 함께 1930년에 스스로 목숨을 끊은 아버지의 자살동기를 규명하는 글들을 계속 썼지만, 소설창작은 처음 시도한다. 그는 창작방법을 잘 모르고 자신감도 없기 때문에, 자주 옆길로 빗나가는 이야기를 쓰기 시작한다. 그의 이야기쓰기는 특이한 소설정의를 전제한다: "소설은 왜곡의 표현이지, 삶의 표현이 아니다. 소설은 삶의 표현의 표현이다. [···] 결국 소설은 인위적이다."[152] 그러므로 그의 소설창작은 삶과 절대진리의 표현도 현실의 반영도 아니고, 자신의 실존과 현실의 왜곡된 주관적 인식의 천명이다. 그는 이 천명을 자신의 실존철학의 기저를 이루는 상대성, 주관성, 변화무쌍, 그리고 애매모호성으로 가득한 유아론적 삶의 실토에 전적으로 의존한다.

그런데 더욱 놀랍게도 토드의 실존철학은 우리가 쉽게 수긍할 수 없는 일방적, 부정적, 독선적, 염세적 주장을 전제한다: "1, 아무것도 본질적 가치를 가지고 있지 않다. 2. 사람들이 사물에 가치가 있다고 생각하는 이유는 항시 근본적으로 불합리하다. 3. 그러므로 어떤 것을 매우 높게 평가할 확정적인 이유가 없다. 4. 생존은 행동이다. 행동할 결정적인 이유가 없다. 5. 생존할 궁극적인 이유가 없다"(225, 228, 250). 이처럼 그는 자신의 실존과 언행은 심사숙고, 계획, 그리고 통찰력에 의존하여 실천궁행하려하기보다는 오히려 우발적인 사건들에 의해 좌지우지되었다고 실토한다: "내 삶에 일어났던 주요한 의식변화들은 나 자신의 계획적, 창조적 사고의 결과이기보다는 오히려 순전한 우연들, 즉 강제적으로 내 주의력을 빼앗은 외부 사건들 − 나는 후에 이 사건들을 새로운 가면들로 합리화했다 −의 산물이었다"(22). 이렇게 그는 강한 주체의식, 자제력, 그리고 사리판단력이 없으므로 그때그때 상황에 따라 행동하는 예측불허의 변덕쟁이이다. 그는 자신이 과거에 본의 아니게 저질렀던 예측불허의 행위들을 이야기하기 위해 *떠도는 오페라호*를 집필한다. 그는 마주친 상황을 정면으로 돌파하려하지 않고 편의적으로 가면을 쓰고 생존했으면서도, 집필철학만은 앞으로 삶에서 가장 중요시해야할 상대성, 융통성, 변화두쌍, 그리고 탐구정신에 의존함을 전제한다. 그는 하나의 사물, 의미, 그리고 진리를 이해하려면, 그 하나만을 파악하려해서는 안 되고 다른 대상들과의 관계에서 인식하려고 최선을 다해야한다고 주장한다: "내 생각으로는 아무리 사소한 사물일지라도 한 사물의 완벽한 이해는 세상의 다른 모든 사물의 파악을 필요로 한다"(6-7). 그는 자신과 다른 사람들이 하나의 이해에만 너무 집착하거나 하나의 진리만을 맹신하지 않도록 지원하기 위해, "넓고 편평한 열린 갑판이 있는 연예선을 건조하여, 그 갑판 위에서 가극을 계속 공연하려한다"(7). 그가 공연을 목적으로 집필하는 가극은 "호기심, 음악극, 장관, 교훈, 그리고 오락으로 가득 차 있다. 그러나 가극은 싫든 좋든 간에 나의 변덕스러운 산문의 조류에 따라 떠돈다. 당신은 그 조류를 포착하기도, 놓치기도, 다시 찾아내기도 할 것이다. 이 가극이 플롯은 보이다가 안 보이게 된 채로 공연될 때, 당신이 플롯을 놓치지 않고 따라가기 위해 … 인내심을 갖고 주의력과 상상력을 최대한 발휘하기를 요구할 것이다"(7-8). 요컨대 그는 자신의 가극이 독자의 최대협력과 호응을 받아야만 그 진가를 발휘할 수 있다고 암시한다.

토드가 집필하는 소설은 수입이 아주 좋은 유능한 변호사이지만 독신임으로 1930년부터 장기투숙객으로 머무르고 있는 호텔에서 시작된다. 그는 전날 밤에 "아무것도 본질적인 가치를 가지고 있지 않다"고 극도의 절망감에 빠져 잠을 설친다. 그러나 습관대로 6시에 일어나 위스키 한 잔을 마시고, 사무실로 출근할 옷차림을 하다가 갑자기 자살을 결심한다. 그는 1919년부터 자신이 직면한 위기상황을 정면으로 돌파하려하지 않고, 가면으로 위장했던 삶이 한계에 부닥쳤음을 실감하고 자살로 이런 삶에 종지부를 찍을 수 있다는 가벼운 마음에 들뜬다. 이렇게 들뜬 마음으로 두 노인 장기투숙객, 굴채취선 선장 오즈번 죠운즈(Osborn Jones, 83세) 그리고 고등학교교장 미스터 헤커(Mister Hacker, 79세)와 매일 아침 6시 15분부터 30분 동안 차 마시는 모임에 참석한다. 그는 선원들의 직업병인 급성 정맥두염의 극심한 통증을 완화시키는 위스키 반잔을 오즈번선장에게 출근 전에 그에게 꼭 가져간다. 그런데 오즈번선장이 오늘따라 극심한 통증으로 위스키를 더 필요로 한다. 그가 위스키를 가지러 발끝으로 방에 들어갔더니 제인 맥(Jane Mack)이 졸린 목소리로 벌써 8시가 되었느냐고 그에게 묻는다. 그녀는 토드를 극도의 절망감에 빠뜨린 장본인이다. 그녀는 침대 위에서 그의 손가락 끝이 굵은 손을 잡고 그에게 무심코 질문한다: "토드, 당신의 손가락들에 대해 마빈(Marvin) 의사와 상의했느냐? 아이고, 손가락들이 너무 보기 흉하다"(224). 그의 손가락들이 이렇게 꼴사납게 된 연유는 급성과 만성 중간의 심장내막염에 있다. 그는 1919년에 군에서 제대하기 전의 신체검사에서 자기가 이 질병환자임을 알았다. 게다가 이 질병은 어느 순간에 심근경색을 유발할 수 있으므로 그는 어느 때고 급사할 수 있다는 사실을 인지한다. 그는 이 가공할 순간에 직면해 있다는 사실을 은폐하기 위해 방탕자의 가면을 쓰고 살기 시작한다. 더욱이 뒤에 전립선 만성염에 감염되었음을 인지한 후에는 성자처럼 행세하려한다. 아버지가 1930년에 자살한 뒤부터는 자기, 다른 사람들, 그리고 세상을 냉소적으로 바라본다. 이처럼 그는 공포의 심장병을 인지한 1919년부터 1937년까지 자신의 정체를 계속 변형시켰다고 실토한다: "나는 나의 수수께끼 같은 심장을 은폐하기 위해 방탕아, 가짜성자, 그리고 냉소주의자가 되었다"(223). 그러나 지금 그는 이런 가면들이 더 이상 그 역할을 수행할 수 없음을 깨닫고 극도의 절망감에 빠져 있는 찰나에, 제인의 무심한 질문을 받고 예측불허의 행위, 즉 자살을 결심한다.

그의 자살 결심을 촉발한 장본인, 제인은 그의 가장 친한 친구, 해러선 맥(Harrison Mack)의 부인이면서 1932년부터 1937년 6월 21일이나 22일까지 그의 연인이 되어 소원한 적도 있었지만 673번이나 그와 관계를 즐겼다. 토드가 1925년에 만나 막역한 지기가 된 해러선은 큰 회사사장의 아들이지만 열성 공산당원이 된다. 더욱이 그는 아버지로부터 자신의 상속권을 박탈당하고, 토드와 이별하는 고통을 감수하면서 1926년에 디트로이트(Detroit)로 가서 당 기관지편집보조원으로 활동한다. 이런 열성당원이 1932년에 느닷없이 토드 변호사사무실에 술병을 들고 나타나 함께 술을 마시면서 공산주의를 신랄하게 비판한다: "가장 중요한 문제는 '전인적 인간'의 '내적 조화'였다. 진정한 혁명은 개인의 영혼에서 일어나야했다. 공동소유열광은 오로지 인간을 영혼의 더 큰 혼란 속으로 빠져들게 하였다. 막스주의는 사람들의 아편이다"(23-24). 그러면서 그는 1926년에 약혼녀가 "모든 남자는 다 남편이라고 생각하기"(23) 때문에 그녀와 헤어졌다고 부언한다. 그는 이념과 이상 일변도적 실존을 버리고 현실과 본능을 더 중요시하는 인간으로 변신하여 미모의 제인과 결혼했다. 토드는 제인이 지금까지 보았던 여자들 중에서 가장 아름다운 여자일 거라고 생각한다. 해러선은 개인의 사상과 행동의 자유를 적극 강조하기 때문에, 그녀와 토드가 서로 좋아하여 관계를 가져도 괜찮다고 용납한다.

토드는 제인을 보는 순간 관계를 갖고 싶은 강한 욕망을 느끼지만, 친구부인과 간음할 의사는 추호도 없다. 이런 그에게 제인이 주도하는 예측불허의 큰 불상사가 일어난다. 그는 해러선의 강요로 그의 아버지 해안가별장에서 주말을 보낸다. 오전에 셋이 수영하고, 오후에 해러선이 많은 양의 얼음을 사러 마트에 가자, 토드는 피곤하여 낮잠을 자다가 자기 몸이 어루만져지고 있다는 느낌으로 깨어나, 침대 가에 발가벗고 앉아있는 제인을 껴안는다. 그는 관계를 갖고 싶은 욕망으로 질식할 것 같지만, 전립선질병으로 인한 발기불능 때문에 뜻을 이룰 수 없어 격노한다. 그러자 그녀가 그를 성심껏 애무하면서 발기시킬 수 있다고 위로하자, 그는 그럴 수 없다고 신음한다. 그렇지만 드디어 그들은 환호하면서 간음을 마음껏 즐긴다. 그러고 나서 토드는 해러선이 아내의 부정을 알고, 자신에게 권총을 난사하지 않을까 공포에 떤다. 그런데 뜻밖에도 해러선은 두 사람의 관계를 승인했다고 말한다: "우리는 질투나 인습에 얽매일 정도로 어리석지 않다. [⋯] 우리 둘은 성관계를 즐긴다. 내가 어느 여자에게 매혹당했다면 제인은 내가 그 여자와 잠자리를 같이 하는 일에 적극 반대할 바보가 아니다. 제인은 거기에 어떤 사랑도 개재하지 않는다는 사실을 알고 있기 때문이다"(31-32). 더욱이 그는 토드에게 자기 집으로 이사해서 함께 살자고 권유한다. 이렇게 해러선이 기존도덕과 부부개념을 완전히 붕괴시켜버린 삼각관계로, 제인은 자연스럽게 토드의 연인이 되어 매주 화요일과 금요일 밤에 그의 거처로 가서 마음껏 황홀한 성교를 즐긴다.

토드는 위스키 한잔을 오즈번선장에게 드리고, 프런트로 가서 직원에게 하루숙박비 1달러 50센트를 지불한다. 그는 심장병 때문에 1930년에 처음 투숙할 때부터 매일 아침 하루 분을 지불하고 숙박한다. 그는 사무실로 출근하기 전에 매일 아침 한 시간씩 배를 만들고 있는 작업장으로 간다. 그에게 배를 건조하는 작업은 "무조건적 창조욕구로 거의 성스러운 행위"(58)이다. 그는 지금까지 두 개의 배를 만들려고 했는데, 열두 살 때 처음 온갖 심혈을 쏟았던 건조계획은 무위무책으로 끝났다. 그의 건조욕망은 자신의 계산착오와 아버지의 무성의로 무산되었다. 따라서 그는 자신의 욕구와 실현의지에 부응하지 못하는 능력에 항시 불만스러웠다. 그의 불만을 유발하는 욕망과 실현 사이의 큰 괴리는 능력부족보다는 오히려 성취욕결핍에 기인했다. 그는 자신의 이런 고질병을 치유해주었을 뿐 아니라 동물성을 드러냈던 전투체험을 회상한다. 그는 1917년에 충동적으로 입대하여 제1차 세계대전에 참전했다. 그는 아곤(Argonne, 프랑스의 동북 산림지역) 전투에서 대오를 이탈하여, 혼자 정적이 감도는 깜깜한 밤에 진창 구덩이에서 공포에 완전히 압도당한다. 그는 이렇게 공포에 사로잡힌 자기를 침을 흘리고 있는 동물이라고 생각한다. 지금 그는 이런 공포에서 벗어날 동안 자기친구가 되어줄 사람이 나타나기를 학수고대한다. 이런 찰나에 한 남자가 그의 구덩이 속으로 뛰어 들어오자, 그는 본능적으로 침입자에게 달려들어 그를 힘차게 껴안는다. 돌입자인 독일군 상사는 공격을 받고 있다고 착각하고 빠져나가 총을 들려하자, 그는 재빨리 그를 제압하여 탈진시킨 후에 그도 깜짝 놀란 동물이라고 생각한다. 토드는 그를 안심시키기 위해 자신의 무기를 옆으로 밀어놓고 힘껏 껴안아 수염이 덥수룩한 더러운 얼굴에 키스를 퍼붓는다. 이제 두 사람은 공포에서 벗어나 서로 이해하고 웃으면서 각자 가지고 있는 군용 빵을 나눠 먹는다. 토드는 평생 처음 체험한다: "나는 남자나 여자든 어느 동료 인간과도 독일군상사와 황홀하게 향유했던 그 진한 친밀감과 그처럼 분명한 의사소통을 내 삶에서 느껴본 적이 없다"(66). 그는 이 체험으로 자기를 성숙시킬 수 있었으므로 자기중심적 사고를 극복한다. 더욱이 그는 1919년에 제대하여 대학에 진학한 후에 명료하게 사고하기에 심혈을 쏟았다. 특히 그가 지금 건조하고 있는 배는 그의 삶을 향상시키는 두 개의 역할을 상징한다. 하나의 역할은 그의 부단한 자아성숙의 기반 확장이다. 그는 배로 여기라는 제약과 한계를 넘어 망망대해로 갈 수 있다. 게다가 배로 자기중심적인 사고에 얽매인 질곡과 유폐를 극복하고 사랑과 공생의 세계, 다시 말하면 "자기를 다른 사람들로부터 고립시켜 자신만의 세계를 창조하는 자기합리화로부터 자기를 다른 사람들과 결합시켜 너할 나위 없는 상생의 공동체를 창조하는 감동성"[153]으로 지향할 수 있다. 또 하나의 역할은 그가 집필하고 있는 소설의 창작과정이고 실존철학이다. 배 건조는 이야기 말하기와 삶 살기의 비유이다. 건조의 미완성은 이야기는 끝없이 말해져야 하고, 실존도 하나의 목적달성으로 끝나지 않고 자아탐구와 실현은 중단 없이 계속되어야 함을 암시한다. 그러므로 그의 소형선 진수날짜는 언제나 미정이다.

토드는 사무실에 와서 신체검사를 받아보라고 간청하는 제인의 쪽지를 읽고, 절친한 의사 마빈에게 부탁하여 11시 15분에 검진을 예약한다. 그는 병원으로 가는 도중에 장례식장 앞에 주차한 영구차 옆에서 교미하고 있는 개들을 목격하고 죽음 앞에 생명력이 있음을 실감한다: "죽음과 삶이 동시에 공존하는 자연은 비정한 상징자일 수 있다"(109). 그는 개들의 교미를 보고 열일곱 살 때 영리하고 세속적인 동급생, 베티 준 건터(Betty June Gunter)와의 첫 경험을 회상한다. 그녀는 이웃청년을 짝사랑하여 갖은 무시와 수모를 당하면서도, 자신의 그에 대한 열애를 인정받고 싶어 안달한다. 그녀는 그가 비밀리에 일 년 전에 결혼한 여자와 살 수 없어 육군에 지원했기 때문에 이제 더 이상 그를 볼 수 없다고 울부짖으면서, 미친 듯이 토드의 집안으로 달려온다. 그녀가 2층으로 데려가 달라고 그에게 간청한다. 그는 나체로 자기 앞에서 있는 그녀를 보고 졸도할 것 같다. 그녀는 경험이 있으므로 이 돌발적 상황에 망연자실한 초보자를 잘 응대해준다. 그는 그녀 덕택에 첫 경험을 만족스럽게 한 연후에 자신의 욕정과 감격을 토로한다: "열일곱 살 소년은 만족에 끝이 없다. 그의 성욕은 제초기로 계속 잘려도 다시 파랗고 곧게 돋아나는 긴 잡초와 같다. […] 나는 어린애처럼 울었고, 염소처럼 매매 울었으며, 사자처럼 포효했다"(123). 그는 유감없이 성행위를 끝내고 무심결에 침대 옆 커다란 옷장 거울에 비친 자기와 그녀의 모습을 바라본다. 그녀는 얼굴을 베개에 대고 작은 앙상한 엉덩이를 위로 올리고 있다. 그는 이런 모습을 보고 그녀와 자기가 재미있게 교미하고 있는 동물이라고 생각하니까, 터져 나오는 폭소를 억누를 수 없다. 그의 이런 돌출행위가 그녀에게 이루 말할 수 없는 당혹감과 모욕감을 일으킨다.

토드가 베티를 우연히 재회한 1924년에 마빈으로부터 받은 진단과 치료가 그의 실존에 하나의 큰 전환기가 된다. 그는 제대 전에 어느 때고 심근경색으로 급사할 수 있다는 군의관의 말을 듣고 초조하고 무거운 마음으로 귀향한다. 그는 자신의 무사귀가를 그렇게 반기는 아버지에게 차마 자기 심장병을 말할 수 없다. 더구나 그는 아버지 앞에서도 급사할 수 있다는 강박관념 때문에 자기의지보다는 아버지의 소원에 따라 대학을 졸업하고 법학전문대학원에 진학한다. 토드와 마빈은 대학 재학 중에 남학생사교클럽회원으로 만나 절친한 친구가 되어 함께 술, 여자, 싸움, 그리고 날 새기 공부로 광란의 대학생활을 무사히 끝낸다. 그는 대학원생이 되어서도 마빈과 그의 친구들과 자주 어울린다. 그는 년말에 이 친구들과 폭음하고 창녀 집에 가서 운명의 장난으로 7년 전에 첫 경험을 만끽했던 베티를 만난다. 그는 자기를 냉소적으로 대하는 베티 방에서 갑작스런 극심한 복부통증으로 쓰러진다. 그녀는 그를 정성껏 간호한다. 그녀는 짝사랑했던 남자가 전사했다는 비보를 듣고도 전혀 동요하지 않았는데, 그가 통증이 사라지면 관계를 갖고 이번에는 폭소를 터뜨리지 않겠다고 말하자, 돌변하여 그에게 달려든다. 두 사람은 피를 흘리면서 격투를 벌인다. 주인은 격투가 끝나자 그를 집 밖으로 쫓아낸다. 그는 폭음한데다 극심한 통증으로 거의 의식을 잃고 피를 흘리면서 마빈이 근무하는 대학병원 외래환자진료실로 간다. 마빈은 진단과 몇 가지 검사 후에 전립선염에 감염되었으므로 입원치료를 받아야한다고 말한다. 그는 자신의 실존에 하나의 큰 전환점을 긋고 퇴원한다: "한 달 후에 병원에서 퇴원하자 나는 전혀 다른 사람이 되었다. 나는 만취한 동물로 비틀거리며 들어왔다가 성자처럼 행세해야하는 인간으로 걸어 나왔다"(126).

토드는 방탕아, 가짜성자, 그리고 냉소주의자의 가면이 자기에게 더 이상 그 역할을 수행할 수 없다는 절박감에 사로잡혀 자살하려고 결심했으면서도, 마빈에게 신체검사를 받는다. 그는 마빈에게 정밀신체검사를 하고, 내일까지는 그 결과를 알리지 말라고 당부한다. 그는 지니(Jeannine, 그의 딸임)가 제인과 함께 3시에 사무실에 올 거라는 말을 들었으므로 낮잠을 자려고 방에 있는데, 헤커가 그를 찾아와서 인생철학을 역설한다: "너는 혼자 사색하는 삶이 최고이고, 결국 너는 혼자임을 확실하게 알아야한다. [⋯] 실존은 어떤 상황에서도 가치를 가지고 있다. 인간 삶에는 부정되지 않을 절대가치가 있다"(167-69). 그러나 그는 헤커의 철학을 부정한다: "나는 평생 동안 어떤 특유한 사물도 본질적 가치를 가지고 있지 않다고 단정했다. 돈, 정직, 힘, 사랑, 정보, 지혜, 더욱이 삶도 ⋯ 어떤 목적과 관련되어 가치가 있을 뿐이지 그 자체에는 없다. [⋯] 본질적 가치를 가지고 있는 사물은 하나도 없다. 모든 사물의 가치는 사람들에 의해 외부적으로 그 사물에 규정되어 부여된다"(170-71). 그는 과거에 인간의 본능, 욕구, 개체성, 그리고 주체성을 부정하고 인위적으로 강요한 절대가치, 예를 들면 하나님, 순결, 정신적 사랑, 애국심, 그리고 이념이 실존에 결정적인 역할을 하는 자신감, 안정감, 그리고 신념을 증폭시켰다고 인정한다. 그런데 그는 지금 이런 가치를 부정함으로써 삶의 지주였던 절대성을 상실하고 절망감에 빠져 자살하려한다. 그러면서도 그는 개개인이 자발적으로 인정하여 수용하는 상대가치를 중요시한다.

토드는 사무실에 먼저 들어온 네 살인 지니를 반기고, 뒤따라온 제인에게 신체검사를 받았으며 마빈이 오늘 밤에 그 결과를 알려줄 거라고 말한다. 그는 지니 손을 잡고 연예선, *떠도는 오퍼러호*를 구경하러 간다. 토드는 제인의 차를 타기 전에 사무실 동료들과 여직원에게 마음속으로 마지막 작별인사를 하고, 사무실을 나선다. 그는 제인으로부터 자기와 해러선이 가을에 이틀리(Italy)여행을 계획하고 있다는 말을 듣고 깜짝 놀란다. 그녀는 이 계획이 해러선의 발상이지만 자기가 미칠 지경으로 더 좋아한다고 말한다. 게다가 그녀는 거기서 살 수 있다면 그러고 싶다고 부언한다. 그녀는 그의 반응을 알아보기 위해 그를 계속 유심히 살펴본다. 토드는 그들의 여행은 자기와의 결별임을 알아차린다. 더욱이 해러선은 처음에 그와 함께 셋이 가려고 결정했는데, 제인이 둘 만의 여행을 고집하여서 자기들만 간다고 그에게 양해를 구한다. 그는 부부에게 잘 이해한다고 단호하게 말하지만, 그들은 그가 납득하지 못한다고 안절부절못한다. 따라서 토드는 전혀 의외의 감정돌발로 자살계획을 포기한다: "나의 자살결심이 갑자기 흔들렸다. 나는 자살하고 싶지 않다는 마음으로 몹시 동요되었다. 아주 단순한 두 가지 이유 때문이었다. 나의 자살이 해러선과 제인에 의해 그들의 여행이 나를 절망시켰다는 증거로 해석될 것이다. 그들이 나를 유기하자 나는 삶을 견딜 수 없었다. 이런 해석이 그들을 애처롭고 으스대는 동정심으로 충만시킬 것이다"(213). 결국 그는 제정신을 찾는다.

그는 자살결심이 갑자기 흔들리자, 지금까지 수집하여 정리한 자료들로 아버지의 자살동기를 규명하려한다. 그는 이 규명에서 "인간행동의 어떤 동기만큼 그렇게 파악하기 어려운 환영도 없다"(218)는 사실을 실감한다. 그는 아버지의 주식손실과 부채 그리고 채권자들과의 관계에다 당시 사회적, 경제적 상황들을 아무리 면밀하게 검토해도 자살동기를 밝힐 수 없다. 따라서 그는 그 동기를 외부 요인보다는 아버지의 정신과 심리문제, 특히 아버지와 자신과의 관계에서 탐구하려한다. 그가 탐구 끝에 얻은 결론은 자신의 불찰과 기만이 빚은 두 사람 사이의 불완전한 의사소통이 자살원인이다. 그는 두 사람 사이에 사랑을 전제한 실존철학에 대한 소통과 대화가 전혀 없었음을 깊이 참회한다. 그의 참회와 아버지의 자살동기규명에 대한 집착은 다른 사람들을 깊이 이해하고 존중하지 않았던 자의식과 실존에 대한 성찰이다. 그는 사랑이 아니라 자기중심으로 살았던 실존에서 비롯된 메마르고 부정적인 정서를 체험했던 심정을 토로하면서 실존을 천착한다: "나는 평생 동안 오로지 다섯 번의 기회에 매우 강렬한 감정을 체험했는데, 매번 감정이 달랐다. 나는 내 침실에서 베티 쥰을 상대하여 환락을 체험했다. 아곤에서 나 자신과의 싸움에서 공포를 체험했다. 우리 집 지하실에서 아버지로부터 좌절을 절감했다. 해러선 아버지의 해안가여름별장에서 제인한테서 경악을 실감했다. 전날 밤에 내 방에서 심장 때문에 … 절망감에 완전히 압도당했다"(224). 그는 이 천착으로 "아무것도 본질적 가치를 가지고 있지 않다"고 깨닫고, "생존할 궁극적인 이유가 없다"는 결론을 내린다. 그는 이 결론으로 일단 아버지의 자살동기규명을 끝낸다.

그는 이렇게 규명의 마무리를 짓고 오즈번선장과 함께 *애덤의 독창적이고 무비(無比)의 떠도는 오페로호 쇼우*를 구경하러 간다. 그는 앞좌석에 앉아있는 해러선, 제인, 지니, 그리고 많은 지인들을 본다. 무대에서 한참 쇼우가 절정을 이루고 있을 때, 그는 예측불허의 방화를 하여 관객들을 살상시키려고 식당으로 가서 개스통의 밸브를 열어, 개스가 새어나오게 하고 버너들에 불을 붙인다. 그는 곧 화재가 나면 해러선과 제인이 도저히 피할 수 없는 참상을 가상한다: "나는 태연스레 해러선과 제인을 생각했다. 가슴과 넓적다리가 완전히 타서 숯이 되고, 부드럽고 윤기가 있는 머리카락은 파삭 타서 재가 된 험상스런 광경을 상상했다. […] 나는 나 자신과 제인의 멋진 육체에서 떨어진 일부 살점이 쪼개져 꺼멓게 되어 연기를 내뿜고 있다고 생각했다"(243). 그러나 다행히 개스가 폭발하지 않아 화재가 나지 않는다. 토드는 누구도 예측할 수 없었던 자신의 무자비한 살상음모가 어떻게 미수로 끝났는가를 알 수 없다. 다만 그는 이런 음모에도 불구하고 많은 관객들과 자기가 아직도 살아있다는 기적에 크게 주목한다. 이 기적이 그에게 큰 암시가 된다. 그는 이 기적을 보고 의도적 행위가 반드시 소기의 성과를 거둔다는 법은 없다고 생각하면서 방으로 돌아온다. 그는 헤커가 자살하기 위해 다량의 수면제를 복용하고 쓰러져 있는 현장을 목격하고 신속하게 구급차를 부른다. 그는 헤커의 사고와 행동의 괴리, 다시 말하면 삶의 절대가치를 역설하던 사람의 자살행위를 도저히 납득할 수 없다. 그는 창문으로 하늘을 쳐다보다가 날씨가 변덕을 부리는 것처럼 다시 마음을 바꿔 자살할 궁극적인 이유가 없다는 결론을 내린다. 그는 심장병을 은폐하기 위한 방탕아, 가짜성자, 그리고 냉소주의자의 가면이 반드시 그 역할을 수행하지 않으면 안 된다는 법도 없을 뿐 아니라 그 역할 수행불능도 자기실존에 하등의 영향이 없다는 사실을 지실했기 때문이다. 드디어 그는 실존에서 반드시 의존해야하는 절대가치들도 없고, 더욱이 가치들의 완벽한 실현은 있을 수 없다는 인생철학을 터득한다. 이제 그는 심장병을 은폐하기 위해 자기를 기만하는 생활방식들을 버리고, 어느 때고 급사를 겸허하게 수용하는 독자적이고 정직한 삶을 살려고 결심한다. 그는 이 결심으로 예측불허의 변덕쟁이에서 실존의 안정과 평온을 즐길 수 있는 인간으로 변신한다: "나는 … 옷을 벗고, 마음을 진정시켜주는 고독감에 빠진 채 잠자리에 들어, 잠시 후에 사방에 억수로 쏟아질 이변의 뇌우(雷雨)에도 불구하고 아주 잘 잤다"(252). 또 그는 이 결심으로 자신을 옭아매었던 절대성에서 비롯된 정신적 혼란과 무질서를 극복하는 수단으로 실존의 진정한 의미를 상대성과 변화무쌍을 전제로 탐구하는 소설을 창작한다. 이렇게 그는 예측불허의 자아를 넘어서는 소설을 창작함으로써 "개인적 그리고 사회적 부조리에 맞서는 보루를 건설할 수 있다."[154]

다음은 *연초 무역상*을 "순진과 고집불통의 자아를 넘어서"의 논지로 고찰해본다. 바스는 *연초 무역상* 창작에서 미국 건국 전의 메릴런드(Maryland)의 시인, 에버니저 쿡(Ebenezer Cooke)이 1708년 런던(London)에서 발표했던 풍자시, "연초 무역상"을 소설 제목으로, 그리고 시인을 소설주인공으로 활용한다. 그는 *연초 무역상*을 "비교적 환상적으로 또는 비사실적으로"[155] 창작했다고 공언한 것처럼, 이 소설은 "사실주의소설과의 단호한 결별로 그의 다음 소설들의 새로운 이정표가 되었다."[156] 그는 *연초 무역상* 집필에서 오늘날 독자들의 기대와 욕구변화로 그들에게 외면당한 사실주의소설들에 다시 생명력을 불어넣기 위해 종전소설을 조롱하면서 모방하고 개작한다(parody). 따라서 *연초 무역상*도 "18세기영국소설, 다시 말하면 터바이어스 죠지 소몰리트(Tobias George Smollett), 대녈 디포우(Daniel Defoe), 그리고 헨리 필딩(Henry Fielding) 소설을 모방하여 개작한 작품이다. 또 식민지화의 참혹스런 역사의 와중에서도 유행했던 쿡의 기발한 시의 억지스러운 순결고수를 조롱한다."[157] 바스는 이런 모방과 개작이 독자들에게 소설의 참신성과 경이감을 다시 촉발한다고 믿기 때문에, 동료작가들과는 달리 사실주의소설의 보완을 유독 강조한다. 그는 이 보완을 위해 17세기 말에 메릴런드와 런던에서 생존했던 시인, 에버니저 쿡을 주인공으로 역사소설을 창작하면서, 역사적 사실과 사건들보다도 상상력에 더 의존한다. 그는 "문학의 주제는 역사의 사건들이나 어떤 장소의 특징들이 아니고, 인간이 실존에서 느끼기 마련인 행복과 불행의 체험"이라고 믿기 때문이다. 따라서 그가 역사소설창작에서 역사기록에 있는 사실과 사건들에 충실하게 의존하면 "예술적 진리가 파지되지 않기"[158] 때문에 역사창조의 필요성을 역설한다: "우리 모두는 실존하면서 변덕과 관심의 명령에 따라 우리의 과거를 다소간 날조한다. 과거의 사건들은 오늘날 우리 다수가 원하든 또는 원하지 않든 조작해야할 찰흙이다. [⋯] 더구나 역사의 여신(클라이오우, Clio)은 작가가 그녀를 발견했을 때 이미 흉터 있는 교활한 매춘부였다."[159] 그래서 그는 에버니저 쿡이 자신의 실존에 매우 "위험하고 실로 비난받아야할"(vi) 순진과 고집불통의 자아를 넘어서도록 묘사하기 위해, 에버니저의 안정된 실존과 일관성 있는 사고 그리고 사실기술의 정확성과 객관성보다도 그의 의식과 세계의 변화무쌍과 애매모호성을 더 선호해서 활용한다. 그는 에버니저가 고착된 사고와 고정불변의 세계에 얽매여 있게 하려고하기보다는 오히려 변신과 성숙의 가능성과 잠재력을 변화무쌍하고 애매모호한 세계와 직면하면서 계발하여 발휘하게하려는 편에 더 큰 비중을 두기 때문이다. 따라서 그는 변화가 에버니저의 판단의 척도이고, 그의 세계는 항시 변화와 유동의 소용돌이 속에 있어야한다고 주장한다. 또 그는 다른 주인공, 헨리 버린게임 3세(Henry Burlingame III)를 통해 천명한다: "우리의 예리하지 못한 시력이 사물들의 변화를 간파할 수 없다면, 우리가 어떻게 사물들을 설명할 수 있는가? 헤러클라이터스(Heraclitus)가 단언했던 것처럼 세계는 실로 유동적이다. 우주 자체가 바로 변화와 움직임이다"(125-26). 이 주장과 천명이 *연초 무역상*의 창작철학과 기법에 핵심역할을 한다. 에버니저는 변화무쌍하고 애매모호한 세계를 계속 체험하고 수용하면서, 절대성과 확실성을 상징한 순진과 고집불통의 의식에서 점차 벗어난다. 이렇게 벗어남과 그 과정이 소설의 핵심주제이고 창작이다.

소설주인공, 에버니저는 누나가 있는 이란성 쌍생아로 결단코 동정을 고수하려는 순진과 고집불통의 자아에 유폐된 "플레이토우류의 절대주의자" 겸 시인이다. 그는 이런 일차원적 자아 때문에 자주 위기와 극한상황에서 허우적거린다. 그가 이렇게 허우적거릴 때마다 그를 구원해주는 인물이 그의 과거 가정교사였던 헨리 버린게임 3세이다. 그는 변장, 조종, 그리고 조작의 명수로 필요한 경우에 따라 다양한 역할을 수행한다: "버린제임은 애리스토틀류의 경험주의자일 뿐 아니라 프랜시스 베이컨(Francis Bacon)류의 실용주의자 겸 실험주의자이고, 더욱이 학자-모험가이다."[160] 그는 에버니저와 함께 영국과 메릴런드의 체서픽만(Chesapeake Bay)을 무대로 파란만장한 모험을 벌이면서, 점차 에버니저를 고착된 자아의 유폐로부터 해방시킨다. 에버니저의 해방으로 귀결되는 모험담이 바로 *연초 무역상*이다. 이 모험담에 헨리 버린게임 3세의 정체가 밝혀지는데 결정적인 역할을 하는 이야기들에 또 다른 이야기가 더해지면서 플롯은 더욱 복잡해지고, 관심과 흥미는 배가 된다. 또 에버니저가 "사랑의 여신으로 … 신격화하는"[161] 창녀, 죠운 토우스트(Joan Toast)와 누나 앤어(Anna)도 그를 순진과 고집불통의 자아를 넘어서는 인물로 변신시키는데 중요한 역할을 한다.

에버니저의 순진과 고집불통의 자아유폐는 그의 출생과 성장배경, 독자적 생존과 현실대응에 우유부단한 성격, 그리고 절대성에 의존하는 자기정체의 규명에서 비롯되었다. 그가 누나를 둔 이란성 쌍생아로 태어나는 순간 어머니는 극심한 산고로 유명을 달리했고, 아버지 앤드루(Andrew)는 메릴런드에서 영국제조업자의 중개인을 하면서 큰돈을 모아 촙탱크강(Choptank River) 유역의 광활한 토지, 쿡 포인트(Cooke's Point)를 매입하고, 몰던(Malden)에 큰 저택을 신축하여 행복한 신혼생활을 하다가 부인이 타계하자 영국에 정착했다. 남매는 함께 놀 친구들이 없기 때문에 오로지 둘이 단짝으로 놀고, 고전부터 최근소설까지 전부 읽는 독서광이다. 앤드루의 재력이 남매에게 한 명의 가정교사를 둘 형편이었으므로 그들은 10살 때부터 8년 동안 헨리의 개인교육을 받았다. 헨리는 열정적인 20대 초반의 미남으로 학사학위는 없지만 학문의 범위와 깊이에서 "애리스토틀에 약간 뒤질"(6) 뿐이었다. 그는 부모가 누구인지, 자신의 출생지가 어디인지도 모르는 고아로 온갖 역경과 싸우면서, 시간과 기회만 있으면 독서와 학문에 전념함으로써 이렇게 높은 수준의 학자 반열에 오를 수 있었다. 그의 교육은 현실보다는 감성위주였다. 에버니저는 이런 교육을 받고 상상력과 감성의 세계에 더욱더 깊이 빠졌으므로 "제비의 급강하를 보고 감동해 전율할 수 있었다"(8). 선생과 남매는 상상력과 감성을 매개로 서로 사랑하고 더할 나위없는 친구가 되었지만, 아버지는 헨리의 이런 교육이 매우 못마땅했다. 또 앤드루는 그가 앤어에게 흑심을 품고 있다고 오해하고 그를 공갈 협박하여 쫓아냈다. 아버지의 편견과 오해 때문에 졸지에 선생을 잃은 남매는 극도로 실망한다.

다행히 에버니저는 매그덜린대학(Magdalene College)에 입학하지만 대학생활은 실패로 끝난다. 그는 비사교적이라 친구도 사귀려하지 않고, 학술과 운동모임에도 참여하지 않는다. 그는 유물론을 반박하는 강의에 싫증이 나서 공책에다 "미덕, 진리, 그리고 만물의 원천은 각각의 본성의 빛이다"(10)는 시구를 짓는다. 그는 3학년 말에 여러 과목에 낙제해서 대학을 중퇴해야함으로 자포자기에 빠져 식음을 전폐한다. 그가 이렇게 절체절명의 위기에 처해 있을 때, 헨리가 앤어로부터 이런 소식을 듣고 갑자기 나타나 그를 구원한다. 헨리는 그에게 극도의 좌절과 절망의 와중에도 희망이 있다고 강조한다. 그는 고착의식에 유폐되어 있다고 믿는 에버니저에게 런던에 가서 함께 지내자고 타이른다. 에버니저는 가정교사노릇을 하면서 그의 소개로 주점에서 빈둥거리는 시인들을 만난다. 에버니저는 그의 적극반대에도 불구하고 앤어와 함께 집으로 돌아간다. 아들의 대학중퇴와 행방묘연 때문에 의기소침하여 병약해진 아버지는 앞으로 매사에 당신 뜻을 따르겠다는 아들과 딸에게 자신의 소중하고 자랑스러운 땅 쿡 포인트와 몰던 저택의 소유권을 양도하면서 부언한다: "메럴런드가 네 케임브리쥐(Cambridge)대학이고, 연초농장이 네 도서관이 될 것이다"(39). 아버지는 아들에게 런던으로 가서 피터 패건(Peter Paggon) 상인 밑에서 식민지무역의 세부사항을 배우라고 조언한다. 에버니저는 피터 밑에서 무료한 도제생활을 하면서 시인들과 어울리다가 창녀 죠운을 만난다. 그는 그녀가 매춘하려고 갖자는 관계를 단호히 거부하는 이유를 설명한다: "나의 순결은 나를 삶, 시간, 죽음, 그리고 역사로부터 지켜준다. 나는 순결을 잃으면 인간의 마지막 숨을 거둬야한다"(59). 그는 이렇게 순결을 강조하면서도 그녀를 자신의 절대가치인 순결을 상실시킬만한 자격이 있는 애인으로 사랑한다고 고백한다. 그는 그녀를 진정으로 사랑하기 때문에 비로소 남자가, 더욱이 시인이 되었다고 실토한다. 그는 그녀가 자신의 사랑을 받아준다면 획기적으로 성숙하여 영국의 계관시인이 될 것이라고 공언한다. 그의 간절한 염원과 호소에도 불구하고 어디까지나 창녀인 죠운은 화대를 받기 위해 그녀의 애인 겸 포주, 죤 멕커보이(John McVoy)를 동원한다. 그는 포주의 화대 지불요구를 단호히 거절하면서 그 이유를 강변한다: "어떤 남자도 자기가 사랑하는 여자를 매춘부로 놔두지 않는다. 나는 어떤 남자가 여자를 사랑했던 것보다 훨씬 더 열렬하게 죠운 토우스트를 사랑한다. [···] 그녀가 당신에게는 창녀이지만 나에게는 실존의 이상이고 본질이다"(61-64). 그는 순진과 고집불통의 자아에 완전히 유폐되어 있기 때문에 멕커보이가 그의 사랑의 대상은 실재하는 여자가 아니고 환영이라는 지적에도 전혀 개의치 않는다. 게다가 그는 멕커보이의 충고도 무시한다: "당신의 엉뚱한 공상이 당신을 속이고, 당신 머리를 하찮은 그림들로 가득 채우고 있다. 여보시오, 사물들은 당신이 보고 있는 대로 존재하지 않는다"(62). 더욱이 포주는 그가 화대를 지불하지 않으면 앤드루에게 그의 근황을 알리겠다는 협박을 해도 마이동풍이다.

이렇게 에버니저가 화대문제로 옥신각신하고 있을 때 *포우사이든(Poseidon)호*를 타고 메럴런드로 가서 몰던재산을 관리하라는 아버지의 편지를 읽고 매우 당황한다. 그는 반항도 자립도 할 수 없는 자신의 무능을 한탄할 뿐이다. 그는 이 한탄의 와중에서 책상 옆 바닥에서 계관시인, 신사 에버니저 쿡이라고 적혀 있는 종이쪽지를 발견하고 생기와 활력을 되찾는다. 그는 메럴런드총독 챨즈 캘버트, 볼터모남작3세(Charles Calvert, the third Lord Baltimore, 변장한 헨리 버린게임)를 런던 자택으로 찾아가서, 총독에게 "모든 서사시를 능가하는 서사시"(75), 더욱이 볼터모가를 찬송하고 식민지를 미화하는 서사시, "메럴런디애드(Marylandiad)"를 창작할 메럴런드식민지(Province of Maryland)의 계관시인으로 임명해 달라고 간청한다. 헨리는 순진하고 무지하여 식민지를 낙원으로 착각하는 에버니저에게 음모, 간계, 권모술수, 중상모략, 그리고 살인으로 얼룩진 짧은 기간의 식민지역사를 간략하게 설명하고, 그를 환상과 환영의 굴레에서 벗어나게 하려한다. 그러면서 헨리는 에버니저를 "메럴런드주민들의 친절함과 우아함, 그들의 훌륭한 예의범절과 주거환경, 그리고 메럴런드법의 위엄과 여관의 안락함을 구가할 서사시를 창작할"(93) 계관시인으로 임명하고, 그에게 임명장을 수여한다. 그런데 에버니저가 독불장군으로 고착된 자아를 고수하려는 의지와 집념은 실존에 으레 있어야하는 변신과 성숙의 불가피성 때문에 도전을 받을 수밖에 없다. 이런 도전은 그가 식민지행 *포우사이든호*에 승선하기 위해 플리머스(Plymouth)항구로 가는 마차에서 피터 세이어(Colonel Peter Sayer)대령으로 변장한 헨리와 마주치면서 시작된다. 그는 헨리가 7년 동안에 너무나 많이 변한 모습을 보고 놀라자, 과거 가정교사는 그에게 변신의 중요성과 필요성을 강조한다: "에번, 세상은 인간을 완전히 변화시킬 수 있다. 그렇지 않아도 인간은 스스로 변신할 수 있으며, 더욱이 자신을 철두철미하게 변신시킬 수 있다"(125). 게다가 헨리는 그에게 변신과 성숙을 도모하기 위해 배우려면, 어떤 대상도 호부에 좌우되지 말고 있는 그대로 수용해야한다는 진리를 설파한다: "배움을 열망하는 사람은 가장 사악한 행동에서도 교훈을 얻는다"(141). 더욱이 헨리는 그에게 세상은 각자의 의지와 의식에 따라 낙원, 아니면 지옥이 될 수 있다는 철학을 강조한다. 헨리는 플리머스에 도착하자 자기는 생존하기 위해 여러 인물로 변장한 삶을 살았다고 그에게 언급하면서, 앞으로 자기방어에 필수적이므로 출항할 때까지 자기를 어떤 이름으로도 부르지 말라는 말을 남기고 사라진다.

헨리와 에버니저는 어느 배를 타고 식민지로 가느냐에 의견이 엇갈리자, 몰던에서 만나기로 약속하고 헤어진다. 에버니저는 *포우세이든호*에 승선할 때 이름을 묻는 항해사에게 "나는 에버니저 쿡이고, 메럴런드식민지의 계관시인이다"(191)고 대답했다가, 사기꾼으로 오인되어 바다로 던져질 위기에 봉착한다. 그 순간에 그는 자신의 정직과 신분은 부정당하고 무지, 사기, 협잡, 그리고 불법이 난무하는 현실세계를 실감하고, 거기서 생존하는 임시방편으로 항해사에게 간절히 간청한다: "당신을 속이려고 했다고 자백합니다. […] 나는 계관시인의 시종이오"(192). 그가 선장실에서 만난 가짜 에버니저 쿡은 어이없게도 그의 시종, 버트런드 버튼(Bertrand Burton)이다. 그의 극도에 달한 분노를 누그러뜨리려고 시종은 주인이 체포당했다는 소문을 듣고 필사해 두었던 그의 계관시인 임명장을 항해사에게 제시하고 승선하여 그 행세를 하고 있다고 변명한다. 게다가 시종은 주인을 제거하려는 볼터모남작의 정적, 죤 쿠드(John Coode)의 하수인들이 있을 수 있으니, 만일의 경우에 주인 대신에 자기가 공격대상이 되어 희생하려하므로 계속 시인 행세를 하고 싶다고 말한다. 에버니저는 생존하기 위해 순진과 고집불통의 자아가 도저히 용납할 수 없는 현실을 감내한다. 더욱이 그는 자기가 맹신하는 실존의 본질인 순결을 조롱하는 선원들이 자신을 성폭행하려는 찰나에 해적선의 출현으로 위기를 모면한다. 그와 시종은 해적에게 납치된다. 그는 *포우사이든 호*선장이 한 통속인 해적선에 와서 선장에게 계관시인을 어떻게 처치하라는 명령을 받지 못했고, 죤 스미스(John Smith)의 *체서픽만 상류항해의 비밀역사(Secret Historie of the Voyage Up the Bay of Chesapeake*, 죤 바스의 창작서)의 일부를 어렵게 구해 가져왔다는 말을 엿듣는다. 해적선이 망망대해를 떠다니다가 일년에 한두 번 창녀들을 수송하는 *시프리언(Cyprian)호*를 발견하고 제압하면, 여자에 굶주렸던 해적들은 광적으로 창녀들을 강간하기 시작한다. 에버니저는 이 호기에 선장실에 잠입하여 *비밀역사*를 가지고 나와 선실에서 탐독한다. 그는 이 책에 등장하는 저자와 동행했다는 헨리 버린게임이 자신의 과거 가정교사와 어떤 관계가 있을까를 생각하고 전율한다. 그는 책을 선실에 비장하고 갑판으로 올라와 아직도 겁탈이 계속되고 있는 현장을 목격한다. 그도 욕정에 압도되어 자신의 순결관이 변질되고 있음을 실감한다: "그의 순결 가치가 … 도덕적 가치가 아니라는 생각이 그에게 아주 분명해졌다. 그가 순결의 근원으로 간주했던 신비적, 존재론적 가치는 예전보다 설득력이 덜한 것 같았다"(261). 따라서 그는 욕정을 억제할 수 없어 자신의 사랑의 여신인 죠운 토우스트와 아주 닮았으며 뒤 돛대에 매달려 있는 여자를 강간하려고 기어 올라간다. 그가 여자를 붙잡으려할 찰나에 일등항해사의 내려오라는 외침을 듣는다. 그가 순결을 스스로 포기하려다가 타의로 고수할 수 있었다. 해적선은 다른 배와 상봉하더니 선장이 시인과 시종을 갑판으로 불러 진짜 계관시인은 세인트 메어리즈 시티(St. Mary's City)에 있다고 말하면서, 두 사람에게 바다로 뛰어내리라고 명령한다. 에버니저는 또 한 명의 사기꾼이 있음에 놀란다.

선장은 시인과 시종이 익사하도록 했지만 두 사람은 용케 해안에 상륙한다. 그들은 해안을 따라가다가 모래 위에 손발이 밧줄로 묶인 채 생사의 기로에 있는 체격이 큰 흑인남자, 드레익 페커(Drake Pecker)를 구해준다. 흑인이 사냥하러 간 사이에 시인과 시종은 무릎을 부상당해 동굴에 피신해 있는 애너코스틴(Annacostin) 왕, 콰사펠라(Quasapelagh)의 두 아들의 포로가 되었다가 흑인에 의해 구원된다. 흑인이 왕의 무릎을 치료하자 두 아들이 시인과 시종을 영국인거주지로 데려간다. 시인은 백인들의 영어를 듣고, "당신들은 영국인이다"(293)고 미친 듯이 환호한다. 더욱이 그는 지금 섬이 아니고 메릴런드의 강가에 있음을 인지한다. 그는 자기와 시종의 더러운 모습과 초라한 옷차림을 보고 비웃는 연초경작자들에게 호소한다: "비록 조잡하고 초라하게 보이지만 나는 총독으로부터 메럴런드식민지의 계관시인으로 임명받은 에버니저 쿡이오. 나와 내 시종은 해적들에게 납치당해 감금당하는 고난을 감수했고, 가까스로 수장의 위기를 모면했소. […] 나는 촵탱크강 연안에 있는 농장, 몰던으로 바로 가야하오. 나는 배와 안내자가 필요하오"(295). 그러나 그들은 그의 이런 호소에 아무런 반응도 보이지 않는다. 어느 뱃사공이 두 사람을 강을 건너 주었지만 그들을 더 궁지에 빠지게 한다. 결국 시인과 시종은 식민지가 친절하고 품위 있고 예의 바르고 고상하고 부유한 사람들이 사는 낙원이 아님을 절감한다. 두 사람은 뱃사공이 자기들을 인적이 없는 숲속에 버렸음을 깨닫는다.

그때 그들은 정체를 알 수 없는 짐승들의 소리를 듣고 질겁하여 전력을 다해 강으로 도망가다가, 빨리 나오라는 돼지 떼를 모는 여자의 목소리를 듣는다. 에버니저가 죠운과 너무 닮은 수전 와런(Susan Warren)이라는 그 여자에게 자기를 계관시인이라고 소개하며 오늘밤을 지낼 숙소가 필요하다고 말하자, 수전은 너무 놀라 숨이 막혀 외면한다. 두 사람은 그녀가 악마와 다름없는 미쳘(Captain Mitchell)선장의 농락으로 아편중독자로 전락하여, 그 밑에서 매일 밤 혹독한 매질을 당하는 비참한 노예적인 삶을 살고 있다는 슬픈 이야기를 들으면서 그녀의 거처로 간다. 그녀는 그들에게 자신의 탈출계획을 설명하고, 거기에 필요한 경비를 보조해 달라고 간청한다. 에버니저가 돈은 없고 유일한 소지품은 콰사펠라왕과 작별할 때 왕이 앞으로 매우 긴요할 거라고 선물로 준 물고기 뼈 반지라고 말한다. 그는 내키지 않지만 그녀가 요구하는 반지를 그녀에게 주자, 그녀는 그 대가로 자기와 관계를 갖자고 그에게 조른다. 그러나 그는 "여자와의 성관계는 나의 맹세에 반한다"(299)고 말하면서, 자신의 순결고수의지를 강하게 피력한다. 게다가 그가 순결은 자기존재의 절대가치라고 언급하자, 그녀는 그의 맹세가 진심인가를 알아보려고 이를 반박한다: "만약 내가 그렇게 많은 채찍질상처도 없고, 돼지악취도 풍기지 않고, 죠운 토우스트처럼 젊고 풍만하다면, 당신은 더욱 강한 정욕에 불탔을 걸요." 시인은 그녀의 말에 즉각 반응하여 "오 하나님 당신이 죠운 토우스트를 말한 것 같은데?"(310-11)하고 외친다. 그녀는 죠운이 자기를 대신하여 주인의 새 여인이 되지만 런던에서 창녀였다고 멸시한다. 그러자 시인은 그녀를 창녀로 비하하지 말라고 당부하면서 실토한다: "나는 죠운 토우스트를 매우 존경하오. 그녀는 나의 신비하고 심오한 안식처요"(311). 미쳘선장의 지시에 따라 수전이 안내한 침실에서 시인은 죠운은 어디 있느냐고 묻는다. 그러자 그녀는 그에게 죠운이 사랑을 위해 시인을 찾아 메럴런드로 왔고, 죠운이 강을 건너게 하려고 그로부터 받은 물고기 뼈 반지를 그녀에게 주었다고 말한다. 그는 이 말을 듣고 너무 감격한데다 타오르는 욕정에 불타 자신의 순결을 그녀에게 바치겠다고 선언한다: "당신은 내가 사랑하는 여자를 구하기 위해 당신의 자존심을 희생했소. 그러면 좋소. 나도 당신의 자존심을 보상하기 위해 내 본질을 희생할 것이오"(319). 그러나 수전이 자기는 절정에 이르면 요란한 괴성을 지르므로 여기서는 할 수 없으니, 30분 후에 돼지들이 있는 헛간으로 오라고 말하면서, 잽싸게 나가버림으로 그는 순결을 이번에도 타의로 고수할 수 있었다.

에버니저는 자기가 헛간으로 가면, 자신과 죠운을 기만하는 결과가 초래될 수 있다는 극심한 갈등과 싸우다가 결국 헛간으로 간다. 그는 깜깜한 어둠속에서 수전이라고 믿고 힘껏 껴안은 사람이 뜻밖에도 선장의 아들, 티머시(Timothy)이다. 두 사람은 격투를 벌이다가 티머시는 그가 계관시인이라고 말하자, 꽉 붙잡은 상대를 놓아준다. 그가 호롱불의 가리개를 치우자, 시인은 자기 가정교사였을 때의 헨리 모습을 간파한다. 시인은 헨리의 모습이 때에 따라 너무 다변적이어서 자기가 두세 번 속은 거냐고 큰 소리로 외치자, 헨리는 실존에서 변화, 임기웅변, 그리고 융통성의 중요성과 필요성을 강조한다: "너의 진정하고 일관된 버린게임은 세계의 명백한 질서가 그런 것처럼 네 환상속에서만 존재한다. 사실 너는 헤러클라이티언 변화무쌍(Heraclitean flux)을 보고 있다. 우리 자신이 이동하고 변하고 약해지고 있는지, 아니면 네 렌즈가 색깔, 시야, 그리고 초점을 바꾸고 있는지, 아니면 두 가지 다인지, 결과는 똑같다. 문제는 네가 그것을 수용하느냐 또는 거부하느냐의 선택이다"(330). 헨리는 시인에게 죤 쿠드로 변장하여 선장을 속여 메럴런드에 와서, 시인이 해적에게 납치당했다는 소식을 듣고 시인 행세도 했다. 지금은 쿠드의 가장 중요한 대리인들 가운데 한 사람인 미쳘선장의 아들로 변장하여 아들 행세를 하고 있다. 또 그는 자기가 볼터모남작으로 변장하여 에버니저에게 계관시인

임명장을 주었다고 실토한다. 시인은 그의 이야기를 전부 듣고 그에게 자기가 겪었던 사건들을 대충 요약하고, *비밀역사*의 일부를 보여준다. 헨리가 *비밀역사*가 바닷물에 너무 젖었기 때문에 그것을 읽을 수 없으므로, 시인은 죤 스미스가 버린게임경과 함께 체서픽만 상류로 항해했다는 부분을 소상하게 설명한다. 시인은 다음날 아침에 헨리가 방에 가져다 놓은 회계장부에 자기가 써 두었던 시들을 새삼 감명 깊게 읽는다. 더욱이 그는 아침식탁에서 헨리가 부탁한 대로 바람난 아내를 둔 에드워드 쿡(Edward Cooke)으로 둔갑하여, 티머시와 함께 도망친 수전을 잡으러 가겠다고 자청하여 미첼선장의 승낙을 받는다. 시인은 집을 나서자 헨리가 몰던으로 가지 않고, 과거에 일부를 읽었던 *헨리 버린게임경의 개인 일기*(*The Privie Journall of Sir Henry Burlingame*)의 또 다른 일부를 소장하고 있는 톰 스미스(Tom Smith)신부의 거주지, 톨벝(Talbct)으로 간다는 말을 듣고 크게 실망한다. 그러나 헨리는 *개인 일기*를 서둘러 찾아야하는 이유를 설명한다: "왜 너는 순결과 시작을 그렇게 중요시하고, 나는 아버지 찾음과 쿠드와의 싸움을 그처럼 중시하는가? 인간은 자신의 영혼을 창조하고 이해하여 고수해야한다. 아니면 모퉁이에서 계속 쓸데없는 말을 해야 한다"(345). 다시 말하면 인간은 양자택일의 결정적인 순간에 어느 한쪽을 신속하게 선택해야한다. 헨리는 스미스신부를 협박하여 *개인 일기*의 일부를 읽고 나서, "나는 헨리경이 나의 선조임을 더욱 확신한다"(373)는 심정을 토로한다. 이제 헨리는 윌리엄 스미스가 보관하고 있는 *개인 일기*의 일부만 읽으면 자기가 누구인가를 알 수 있다는 기대감과 희망에 벅찬다. 두 사람은 케임브리쥐에 가서 윌리엄 스미스의 행방을 탐문한 뒤에 몰던으로 가려한다. 헨리는 가는 도중에 시인에게 "순진은 무지이다"(387)고 강조하면서, 음모와 술수를 꾸미는 사람들을 단순하게 피상적으로 보고 판단하지 말라고 경고한다.

시인은 밤에 야외에서 개정하는 케임브리쥐법원의 재판을 구경한다. 그는 원고가 윌리엄 스미스라서 놀랐고, 합당한 노역대금을 받지 못했다는 진술을 듣고 불쌍한 사람이라고 동정한다. 또 그가 더욱 경악하게도, 피고 벤 스퍼던스(Ben Spurdance)의 증인으로 출석한 수전이 아버지를 파렴치한 인간으로 매도하면서, 자기는 아버지를 피해 미첼선장의 보호를 받고 있지만, 아버지는 스미스에게 빚진 게 없다고 증언한다. 그러자 판사는 원고가 거짓말과 게으름의 죄가 있다고 선고한다. 시인은 이 선고에 불만을 품고 파랗게 질린 헨리의 제지에도 불구하고 항의한다: "저는 방금 전 판결에 격렬하게 반대합니다. 이 판결은 정의를 조롱할 뿐 아니라 메럴런드법의 공정한 집행에도 오점이 될 것이기 때문입니다"(395). 시인은 자기가 이 사건의 판결과 선고를 내리는 대가로 연초 135kg을 내놓겠으며, 정의만을 원하기 때문에 원고와 피고에게 어떤 처벌도 바라지 않는다고 선언한다. 그는 이 선언으로 자기를 환호 속에서 맞이하는 주점에서 몰던농장이 간악한 스미스에게 양도된다는 사실도 모르고서 스미스가 준비한 서류에 서명한다. 더욱이 그는 스퍼던스 같은 선량한 사람을 못살게 하고, 스미스 같은 악마를 살찌게 하는 자기과오와 실수도 인지하지 못한 채 서명한다. 그는 술에서 깨자 경거망동으로 재산을 날린 자신에 대한 혐오감과 수치심 때문에 죽고 싶은 심정으로 헨리에게 울먹이며 말한다: "아 어마나 헨리, 내가 무슨 일을 저질렀지요? 당신의 경고에도 불구하고!"(399). 이에 반응하여 헨리는 그를 위로도 비난도 하면서 자기가 재산을 되찾는 어떤 대책을 강구할 것이라고 호언한다. 또 시인은 외투, 모자, 그리고 바지를 도적맞아서 긴 양말과 속바지만 입은 채 혼자 옥수수 창고에서 잤으므로 추위에 떨고 있는 처량한 자신을 발견한다. 그가 도움을 요청하는 큰 소리를 듣고 그곳을 지나가던 창녀, 메어리 멍거머리(Mary Mungummory)가 그에게 수사슴 가죽바지와 상의 그리고 인디언가죽신을 가져다준다. 그는 그녀의 한때 연인이었던 찰리 매터신(Charley Mattasin)에 대한 이야기를 경청한다. 매터신은 타약 쉬카멕(Tayac Chicamec) 아하취홉스(Ahatchhoaps)인디언 왕의 아들로 콰사펠라왕에게 사절로 가다가 돌풍으로 배가 난파하여 목적지에 가지 못하고, 자기가 가장 증오하는 영국인거주 지역에 떠밀려 왔음을 알고 백인을 살해하고 말을 빼앗으려했다. 그는 그곳을 지나가는 나를 붙잡고 살해하려다가 먼저 강간하기로 마음을 바꿨다. 그는 남자를 20,000번이나 상대했던 나를 완전히 새로운 무아의 경지로 빠져들게 만든 비범한 남자였고, 나도 그에게 되갚음을 했다. 그래서 그도 자기임무를 잊고 나의 연인이 되었다. 그는 여자가 만날 수 있는 가장 탁월한 연인이었으므로 나는 매춘을 포기하고 그와 성을 마음껏 즐겼다. 게다가 그는 재능이 비상하여 한 달도 안 되어 영어를 배우고 책들을 보는 대로 다 읽었다. 그러나 불행하게도 그는 나의 동생과의 치정관계로 동생을 살해했고, 나의 고발로 단두대에서 생을 마감했다. 나는 지금도 그를 잊지 못하고 꿈에서 만나고 있다. 시인은 그녀의 이야기를 듣고 인디언 챨리와 영국인 헨리가 닮은 데가 너무 많아 놀란다: "당신의 챨리와 내 친구는 각자 자신의 방식대로 우리가 알고 있는 세계에 뿌리 없이 왔다. 두 사람 다 세상을 파악하는 비상한 재주를 가지고 있고 … 사람들을 인형처럼 조종한다"(422). 시인은 두 사람 사이에 어떤 관계가 있을 것 같다는 강한 느낌을 갖는다.

에버니저는 창녀와 헤어져 주점으로 가서 "이제부터는 경계를 소홀히 하지 말게"(425)로 끝나는 헨리의 모욕적인 시를 읽고, 자살충동을 억제하기가 어렵다. 게다가 그는 윌리엄 스미스의 변호사, 리쳐드 소우터(Richard Sowter)로부터 따뜻한 위로를 받지만, 살고 싶은 용기는 솟아나지 않는다. 그는 용무상 몰던으로 가는 소우터의 개인용 배에 동승하면서, 자기유산이었던 농장을 한 번 보고 생을 마감하려고 작정한다. 그러나 그가 막상 몰던의 웅장한 저택을 보고 앤어가 제일 먼저 떠오르자 탄식한다: "나는 우리의 옛 집을 잃어버렸다! 하나님은 그런 순진을 저주한다"(438). 그는 순진이 무지이고 저주임을 깨닫고, 족쇄를 차고 동승한 중년 남자의 암시대로 스스로 스미스의 하인이 되면 재산을 환수할 수 있을 거라는 희망에 부푼다. 그는 현관에서 스미스가 자기 딸이라고 소개하는 수전 와런을 보고 현기증으로 쓰러질 위기에 봉착한다. 그는 그녀의 부축을 받아 방으로 가면서 죠운 토우스트는 어디 있느냐고 묻는다. 그가 죠운이 여기 오지 않았다는 말을 듣고 역정을 내자 그녀는 이런 말을 남기고 방을 나간다: "아마 당신은 언젠가는 이해하게 될 거요. 나는 당신이 이미 상처를 입었던 것보다 더욱 큰 상처를 당신에게 주고 싶지 않아요"(440). 시인이 스미스에게 자기를 하인으로 고용해 달라고 하소연하자, 그는 이를 묵살하면서 이런 대안 – 수전과 오늘밤 결혼한다고 계약하면 반 년간 몰던에서 무료숙식과 간병을 받을 수 있다 –을 제시한다. 스미스가 그에게 이미 작성한 두 장의 계약서에 서명을 요구하자 시인은 정신착란 상태에서 첫 계약서에 서명하고, 여기에 어떤 함정이 있지 않을까하는 의구심에서 두 번째 계약서에 반쯤 서명하고 망설일 때 수전이 서명하지 말라고 외치면서 달려온다. 스미스는 그녀가 오기 전에 계약서를 챙기면서 그녀에게 소우터목사(변호사 겸 목사)가 너희들을 결혼시킬 거라고 선언한다. 사람들이 모두 나가자 헨리는 시인에게 빨리 말한다: "스미스는 평범한 통수선공이 아니고 쿠드의 심복인 미철선장의 공작원이다. 메릴런드식민지를 매독과 아편으로 파멸시키고, 더 나아가 이 식민지를 전복시키려는 놀랄만한 사악한 음모가 진행 중이다. […] 우리는 수전의 증언을 이용하여 그 사악한 인간을 결정적으로 파멸시킬 수 있었는데, 네 판결이 우리의 계획을 좌절시켰다. […] 네 건강이 회복되면 우리는 스미스를 파멸시킬 방법을 찾을 수 있다. […] 우리는 올해가 가기 전에 네가 이 집 주인이 되는 것을 볼 거라고 나는 단언한다"(450-52).

시인은 결혼하고 3주 동안 혼수상태에 빠졌다가 의식을 회복한다. 그는 헨리가 보낸 회계장부를 받고 시들을 창작 반대순서로 읽는다. 그가 마지막으로 정독한 시는 볼터모남작을 만난 직후에 창작한 메릴런드 식민지를 찬미한 "메릴런디애드"이다. 그는 앞으로 찬미의 시 대신 "마치 매춘부가 공개석상에서 채찍질을 당하는 것처럼 식민지를 익살스럽고 풍자적으로 매도하고, 식민지의 모든 사악을 열거하며, 신뢰하고 경계하지 않는 순진한 사람들에게 식민지가 놓은 모든 덫을 폭로하는"(458) 시를 창작하려고 작정한다. 그래서 그는 이 시에 식민지에 사업하러 온 무역상이 순진하게 사람들을 믿었다가 재산을 전부 날리는 시련들을 알맞게 구성하여 표현한다. 그는 시를 탈고하고 머리말을 쓴다: "*연초 무역상*. 혹은 메릴런드로의 항해. 풍자시. 이 시에는 식민지의 법률, 정부, 법정, 그리고 정체가 기술된다. 또한 건물들, 축제들, 사교모임들, 그리고 항구거주자들의 오락과 술자리 농담들이 묘사된다"(462). 요컨대 *연초 무역상*은 "지독한 인간 불신과 혐오로 가득 찬 익살스런 풍자시"[162]이다. 그는 말미에 메릴런드식민지의 계관시인, 신사 에버니저 쿡이라고 자신의 칭호를 첨부한다. 그가 *연초 무역상* 탈고를 수전, 스미스, 소우터, 그리고 두 창녀와 자축하고 있을 때, 런던에서 신사가 도착했다는 말을 듣고 직감적으로 앤드루 쿡일 거라고 믿고, 재산을 전부 날린 자식으로 아버지를 대면할 수 없다는 강박관념 때문에 자살하려고 자기 방으로 달려간다. 아내가 뒤따라 와서 남편에게 자살하려하지 말고 런던으로 도망가서 새로운 삶을 시작하자고 간청한다. 그러나 그는 아내의 간청을 들어줄 수 없는 두 가지 이유로, 하나는 "사람들은 살고 있는 동안 기억과 양심의 노예"(467)이므로 런던에 가더라도 아버지와 앤어의 생각으로 양심의 가책에 시달릴 것이기 때문이며, 또 하나는 그는 사랑을 맹세하고 순결을 바치려했던 죠운 토우스트가 자기 애인을 버리고 여기로 왔다는 말을 들은 적이 있기 때문에, 그녀가 지금 여기서 어떻게 지내고 있는지도 모르고 런던으로 도망갈 수 없기 때문이다. 그러자 아내는 남편에게 죠운은 식민지로 올 배 운임이 없어 *시프리언호*를 타고 오다가 해적들의 강간을 피하려고 뒤 돛대로 피신했지만, 결국 강간당해 매독에 감염되고 임신까지 해서 별 수 없이 자기를 미첼선장에게 팔고, 고통에서 잠시나마 벗어나려고 아편에 중독되어 꼴불견이 되자 자살하고, 흉측한 수전 와런으로 당신 앞에 서 있다고 말한다. 시인은 아내의 마음 아픈 이야기를 듣고 너무 감격하여 사랑의 징표로 그녀에게 무엇을 해야할까하고 반문한다. 그러자 아내가 그에게 물고기 뼈 반지를 돌려주면서 그의 손가락에 있는 어머니의 유품이고 앤어의 선물인 은반지를 달라고 요구한다. 그녀는 남편에게서 받은 은반지를 끼고, 그에게 죠운의 남편이라고 맹세하라고 강요하고 나서 몸을 팔러 나간다.

에버니저는 아내로부터 받은 6파운드를 손에 꼭 쥔 채 말을 타고 케임브리쥐부두를 향해 12월의 차가운 광야 속을 돌진한다. 이 돌진은 그가 남편과 연인으로서 반드시 사랑해야할 아내와 애인을 방기하는 배신행위이다. 그의 이런 무책임의 근원은 순진에 있다. 순진은 "책임을 회피하는 맹목적인 이기주의"[163]이기 때문이다. 그가 죠운이 자기를 추격해 따라올지도 모른다는 두려움에서 벗어나자마자, 부두에서 자신의 순진한 판결과 선고로 크게 불이익을 당한 피고 벤 스퍼던스의 위협적인 공격을 받아 위기에 봉착한다. 이때 니컬러스 로우(Nicholos Lowe)로 변장한 헨리가 칼로 스퍼던스를 위협하여 그를 구원한다. 그러고 헨리는 그에게 소형 배에 빨리 승선하여 앤어를 만나러 세인트 데어리즈 시티로 가야한다고 재촉한다. 더욱이 헨리가 그에게 역설한다: "나는 네가 추측했던 것처럼 세계의 어느 부분을 사랑하지 않고 극단과 모순들이 뒤섞인 얼룩덜룩한 세계의 전부를 사랑한다. 지금 나는 쿠드와 볼터모가 무엇을 대표하고 표방한다할지라도 두 사람에게 똑같이 매료된다. [⋯] 나는 전체의 구애자, 모순의 포용자, 모든 창조의 후원자, 우주의 연인이기 때문이다"(490-97). 이런 역설의 저의는 에버니저의 의식을 편협, 폐쇄, 그리고 자기중심으로부터 아량, 개방, 그리고 타인존중으로 확장하려는데, 특히 정반대 또는 첨예하게 대립되는 둘이 하나로 융합되어야하는 절대적 중요성을 암시하려는데 있다. 이 역설을 경청한 후에 에버니저는 헨리에게 "*연초 무*

역상” 원고를 보여준다. 헨리는 시를 몇 번이고 정독하더니 런던에 보내자고 우긴다.

두 사람은 세인트 메어리즈 시티에서 앤어를 찾기 위해 서로 헤어진다. 에버니저는 주점에서 만난 버트런드로부터 앤어가 자기를 간병하려고 몰던으로 갔다는 말을 듣는다. 그는 앤어가 거기서 악마의 수중에 떨어져 아편과 매춘으로 파멸하지 않을까 너무 두려워, 버트런드에게 빨리 몰던으로 갈 배를 구할 수 있는지 알아보라고 명령한다. 그들은 다행히 배를 구해 몰던으로 가다가 폭풍우로 배가 떠밀려간 해안에서 인디언과 흑인들에게 붙잡힌다. 에버니저는 끌려간 감옥에서 이미 갇혀 있었던 멕커보이와 해후하여, 두 사람은 죽음 앞에서 서로 품었던 원망과 원한을 고백하고 용서한다. 그들은 세 왕의 재판으로 처형되는데 먼저 판결을 받으러 오두막으로 끌려간 멕커보이는 흑인왕 딕 파커(Dick Parker, 드레익 페커임)에 의해 구원된다. 에버니저와 버트런드는 건강을 회복한 콰사펠라왕과 흑인왕으로 변신한 드레익 페커에 의해 형 집행이 유예된다. 콰사펠라왕은 에버니저에게 근엄하게 선언한다: “나는 당신을 석방시키고 당신의 용서를 빈다. 나는 나의 생명을 구해준 사람에게 어떤 위해도 가하지 않는다”(547). 에버니저는 자기 때문에 이런 극한상황에 빠진 선장도 구해야한다고 우기지만, 멕커보이와 버트런드는 그 때문에 자신들의 안전을 희생할 수 없다고 강하게 반발한다. 그렇지만 그들의 생명은 타약 쉬카멕왕의 결정에 좌우된다. 선장은 여전히 말뚝에 묶여있고, 세 사람은 쉬카멕왕 거처로 갔더니 드레익 페커가 영어로 세 사람은 처형되고 에버니저만 석방된다고 선언한다. 이에 반발하여 에버니저는 고함친다: “우리 네 명이 풀려나거나, 우리 네 명이 죽거나 양자택일이오! […] 나는 세 사람을 버리고 나 혼자만 살아남을 수는 없소.” 시인은 헨리 버린게임이라면 쉬카멕왕을 설득시킬 수 있을 거라고 푸념한다: “당신들이 내 친구 헨리 버린게임을 만나지 못한 것이 참으로 유감이오”(554). 의외로 쉬카멕왕은 헨리 버린게임 이름을 듣고 태도가 돌변하여 그에 대해 더 자세하게 묻는다. 에버니저는 그가 스스로를 헨리 버린게임 3세라고 호칭하지만 부모를 찾아 헤매는 고아이고, 자기 가정교사였고, 나이는 40세 정도이고, 그의 출생 년 월과 장소 그리고 부모에 대해서는 전혀 모른다고 언급한다. 그러자 왕은 두 명의 호위병에게 상자 하나를 가져오게 하여 에버니저에게 상자 뚜껑을 열라고 명령한다.

그는 그 안에서 *비밀 역사*의 일부를 발견하고 크게 놀랐지만 읽어본다. 이제 죤 스미스 선장일행은 떠나고 그는 헨리 버린게임이 인디언왕이 된 사유를 개득한다. 그리고 그는 쉬카멕왕으로부터 더욱 경악스러운 이야기를 듣게 된다. 헨리 버린게임 1세는 자기를 헨리 버린게임 2세로 작명했지만 인디언이름 쉬카멕으로 불렀다. 그는 눈을 감으면서 왕에게 영국인을 보면 무조건 살해해야하며, 만에 하나라도 하얀 피부의 자식을 가지면 그 자식도 죽여야한다는 유언을 남겼다. 왕은 혼혈여인과 결혼하여 매우 총명하고 용감한 인디언피부를 가진 큰 아들 매터신과 둘째 아들 코우헌코우프리츠(Cohunkowprets)를 가졌지만, 두 아들은 영국여자와 결혼하여 나이 많은 왕을 배신했다. 왕은 셋째 아들이 하얀 피부를 갖고 태어났지만 손수 아들을 살해할 수 없어, 가슴에 황토색으로 헨리 버린게임 III을 쓰고 나룻배에 태워 체서픽만으로 떠내려 보냈다. 왕은 에버니저에게 근처에 있는 모든 백인을 섬멸하려하니 네 가정교사와 그의 아이들이 있으면 빨리 도망가라는 말을 전해달라고 부탁한다.

에버니저는 왕에게 한 달 안에 헨리 버린게임 3세나 코우헌코우프리츠를 데려온다고 약속하고, 멕커보이와 함께 떠나도 좋다는 허락을 받는다. 두 사람은 도싵(Dorset)에서 하선하여 무작정 케임브리쥐를 향해 걸어가다가 천우신조로 멍거머리를 만나 그녀의 마차에 편승한다. 그녀는 일박할 하비 러섹스(Harvey Russecks)의 오두막으로 가는 도중에 그에게 몰던 소식 – 마음의 깊은 상처에다 매독과 아편으로 거의 사경에 이른 죠운 토우스트, 매우 냉혹하고 비열한 앤드루 쿡의 체류, 그리고 티머시 미쳘의 갑작스런 잠적으로 인해 야기된 당혹감과 대혼란 –을 알려준다. 그는 그 소식을 듣고 매우 부끄러워하면서도, 모든 백인의 생명을 보호하기 위해 빨리 코우헌코우프리츠를 만나 그의 귀가설득이 최우선이라고 생각한다. 다행히 그는 왕자가 영국에 귀화하려고 자기 이름을 빌리 럼블리(Billy Rumbly)로 개명하고, 2주 전에 쳐취크릭(Church Creak)에 온 영국여자와 결혼하려고 동거하고 있다는 풍문을 듣는다. 그가 주점에서 멍거머리와 맥주를 마시고 있을 때, 럼블리가 그들 가까이 오자 그녀는 극도로 흥분하여, 그가 무덤에서 나온 매터신이라고 크게 외치는 바람에 모든 손님은 놀란다. 럼블리는 그녀의 외침을 듣고 오더니 양해를 구하고 그들 옆에 앉는다. 그는 이렇게 우연히 만난 왕자에게 쉬카멕왕의 전언을 전하기 위해 여기 왔다고 말한다. 그는 왕자가 시큰둥한 반응을 보이자, "이 식민지의 모든 남자, 여자, 그리고 어린이의 생명이 당신 손 안에 있다"(644)고 그를 설득해본다. 그는 왕자의 무반응에 대응하여 당신 동생 헨리와의 내 우정이 전쟁방지에 큰 도움이 되기를 희망한다고 중얼거린다. 왕자가 동생의 이용이 아버지의 전략이냐고 반문하자, 그는 그것은 나의 전략이고 자기가 콰사펠라왕과 드레익 페커의 생명을 구했으며, 당신 부인도 나와 가장 깊은 관계가 있는 여인이라고 믿을만한 이유가 있다고 역공한다. 그러자 왕자는 그를 불신했다고 용서를 구하고, 아내 때문에 걱정과 고민이 매우 크다고 실토하면서 그를 손님으로 자기 집에 초대한다. 그는 왕자에게 헨리의 영국에서의 삶을 요약하고, *개인 일기*와 *비밀 역사*를 읽고 톰 스미스신부로부터 들은 이야기에 의하면, 왕자 할아버지와 인디언여자와의 관계에서 쉬카멕왕이 탄생했고, 왕이 혼혈여자와 결혼하여 인디언핏줄의 두 왕자와 영국핏줄의 헨리를 가졌다고 설명한다. 왕자는 자신과 동생의 출생수수께끼가 풀린 것에 대단히 만족하면서, 은반지를 끼고 있는 아내가 자기의사에 반해 야만인으로 실존하려함으로 걱정과 마음고생이 심하다고 하소연한다. 에버니저는 지금까지 그 영국여자가 죠운일 거라고 추론하다가, 이제는 틀림없는 자기아내라고 믿고 어떻게 상면할까 두려움에 휩싸인다. 이런 와중에서도 그는 왕자의 이런 제안과 약속 — 우리 두 사람은 여자의 선택에 따른다 —에 기꺼이 동의한다.

에버니저는 야만인으로 변신한 여자의 더러운 모습에 현기증을 느끼면서도, 달려가 그녀의 발밑에 몸을 던지면서 "죠운 토우스트! 아 하나님, 나는 당신을 얼마나 괴롭히고 모욕했는지"(651)라며 울부짖는다. 그러나 그가 희미한 불빛에서 본 여자는 죠운이 아니고 누나 앤어이다. 왕자는 아내가 그의 쌍둥이 누나임을 알고, 지금까지 말문을 닫았던 아내의 입을 열게 해주어서 고맙다는 인사를 하고 자리를 피한다. 그러면서 왕자는 내일 아침 우리가 모든 사람의 생명을 보호하기 위해 어떤 일을 할 수 있을까를 생각해봅시다는 여운을 남긴다. 그는 누나에게 죠운을 나쁘게 생각하지 말라고 당부하면서 그 이유를 설명한다. 그녀는 비록 창녀였지만 사랑을 찾아 여기까지 오다가 매독에 감염되고 아편의 노예가 되었다. 내가 그녀와 결혼하지 않아 그녀의 간병을 받지 않았다면 풍토병으로 죽었을 거다. 그녀는 헌신적으로 간호하면서도 나에게 아무것도 요구하지 않았다. 그런데도 나는 천사 같은 여자를 버리고 도망쳐 배신했다. 그러자 누나는 그가 죠운을 버리지 않았어야한다고 강조한다. 그러면서 그녀가 그간의 사정을 말한다. 모험을 무릅쓰고 온 메럴런드식민지에서 부모를 찾기 전에는 결혼할 수 없다는 헨리를 도저히 찾을 수 없었고, 케임브리쥐부두에서 네가 영국으로 돌아갔다는 벤 스퍼던스의 말을 들은 데다, 내가 앤어라고 말하자 반지를 던져버리는 죠운의 돌출행위 때문에 기절했고, 너는 재산을 날렸고, 아버지는 몰던에 도착했으며 그곳이 악덕의 소굴이라는 말을 들었고, 별수 없이 쳐취 크릭에 와서 헨리와 너무 닮은 럼블리의 유혹을 뿌리칠 수 없어 함께 살게 되었다. 그녀는 남동생을 보고도 럼블리와 갈라설 의사는 추호도 없고, 그가 원하는 경우에만 헤어진다고 단언한다. 그러나 그녀의 이런 강한 의지도 남자의 변심 앞에서는 아무런 힘도 발휘하지 못한다.

에버니저는 누나와 이야기를 끝내고 자기사명의 긴박성을 깨닫자, 럼블리와 대화하고 싶다는 뜻을 피력한다. 왕자는 그에게 아내를 문명인으로 회복시켜주었다고 사의를 표한다. 그는 왕자의 우호적인 태도로 보아 대화가 좋은 결과를 가져올 거라고 기대했지만 예상 외로 파탄으로 끝난다. 왕자는 앤어가 그들의 이야기에 끼어들어 무심코 내뱉은 말 – "헨리 버린게임도 빌리처럼 [가지의 마술적인 치료법의] 효과에 대해 아무것도 모른다" –을 듣고 태도를 갑자기 돌변하기 때문이다. 그가 왕자는 한 달 안에 왕궁으로 돌아가야 한다는 간절한 호소에 대응한다: "나는 더 이상 아하취훕스가 아니오. 내가 아버지 왕위를 계승하기를 원했다면 그를 버리지 않았다"(661). 갑자기 왕자는 이런 주장을 뒤집는 폭탄선언을 발표한다: "나는 영국인이 아님을 깨달았소. 나는 며칠 안에 [아버지가 계신] 블러드스워스(Bloodsworth)섬으로 돌아갈 거요"(663). 왕자는 인디언복장을 입고 남매와 헤어지면서 에버니저에게 말한다: "당신이 인질들을 살리고 싶으면 당신 친구를 나에게 보내시오"(664). 왕자는 앤어의 작별인사도 받지 않는다. 버트런드가 살아서 돌아와 "전쟁이 코우헌코우프리츠 지휘 하에 곧 일어날 것 같다"(680)고 말한다.

에버니저는 처음 만났을 때는 전혀 몰랐다가 나중에 알아본 어렸을 때 유모, 록센(Roxanne)이 폭군 해리 러섹스와 결혼하여 딸과 함께 매우 비참하게 하루하루를 살고 있는데, 해리가 돌발사고로 타계했다. 그는 모든 마을사람이 그의 사고사를 환호할 정도로 무자비하고 가혹한 착취자였다. 에버니저는 쳐취 크릭을 떠나려고 악몽을 잊고 다른 곳으로 이주하는 록샌과 딸, 앤어, 멕커보이, 그리고 버트런드와 함께 배에 승선하자마자, 이미 배를 장악하고 있던 해적들에 의해 창고에 감금당한다. 배가 출항하여 다른 해적선과 합류하자, 해적들은 서로 배를 바꿔 탄다. 해적선장 롱 벤 에이버리(Long Ben Avery)는 자기부하로 부릴 수 없는 세 남자에게 바다로 뛰어 내리라고 명령한다. 에버니저는 선장에게 "저 숙녀들의 안전을 책임진다는 당신의 약속을 받았다고 믿어도 됩니까?"(689)하고 외치면서 뛰어내린다. 세 사람이 12월의 찬 바람 그리고 높은 파도와 악전고투하다가 다다른 해안이 몰던이다. 에버니저는 어머니의 비문 – "앤 보우여 쿡 출생 1645 - 사망 1666 주님이 여기까지 우리를 도왔다" –을 읽고 무덤에 엎드린 채 일어나려 하지 않는다. 그는 자신의 탄생을 저주하기 때문이다: "내가 태어나지 않았더라면 어머니는 지금 살아계실 것이고, 누나도 어머니와 함께 있을 것이며, 아버지는 향사(鄕士) 겸 연초경작자로 유복하게 살고계실 거다. 세 사람은 저 집에서 행복하게 살고 있을 것이다"(694). 두 사람은 꼼짝달싹도 않고 엎드려있는 그를 강제로 일으켜 불빛이 비치는 건물로 끌고 간다.

에버니저는 절뚝거리는 죠운 토우스트의 시중을 받으면서 카드놀이를 하고 있는 아버지, 니컬러스 로우로 변장한 헨리 버린게임, 윌리엄 스미스, 그리고 소우터변호사를 보고 졸도한다. 그는 나흘 동안 혼수상태에 있다가 깨어나 앤어의 간병을 받고 있는 자신을 알고 놀란다. 그녀의 설명에 의하면, 에이버리선장이 록샌의 첫사랑 애인이어서 여자들을 풀어주면서 앤 애런들 행정도시(Anne Arundel Town)까지 잘 모셔다 드리라고 선장에게 명령하면서, 자신의 해적선으로 옮겨 탔다. 우리는 새벽이었지만 프랜시스 니컬선(Francs Nicholson)총독을 깨워 블러드스워스 섬에서 진행되고 있는 전쟁음모와 몰던이 아편과 창녀의 소굴이라고 보고했다. 총독이 자신의 대리인을 먼저 이곳으로 파견하면서, 우리도 그를 따르게 해서 세 여자가 지금 여기 있다. 이제 그는 누나에게 문둥병에 걸린 것처럼 더럽지만 "성자이고 순교자 같은 가없은 여자"(701), 내 아내 죠운은 어떠하냐고 묻는다. 의사가 그녀는 죽은 거나 다름없다고 진단했다는 앤어의 말을 듣고, 그는 당장 그녀를 만나러 가려다가 현기증으로 쓰러진다. 그러나 그는 참회하는 마음으로 그녀에게 용서를 빌고, 아내를 버려서 얼마나 비참했는가를 적나라하게 말하고 싶어 안달한다.

또 그는 헨리가 왕손임을 알고 매우 흥분했고, 하루빨리 블러드스워스섬으로 가서 *비밀 역사*를 읽고 아버지와 형님을 만나 그들의 전쟁계획을 저지하고 싶어 안달하고 있다는 말을 듣는다.

헨리는 니컬러스 로우로 변장하여 니컬선총독의 심복이 되어 에버니저에게 몰던농장을 되찾아주는데 결정적인 역할을 한다. 그는 총독에게 드레익 페커와 콰사펠라왕이 북부의 추장들과 연락하면서 전쟁을 획책하고 있으므로 식민지에 닥칠 위험은 생각보다 훨씬 더 심각할 수 있다고 보고한다. 총독은 그가 메럴런드식민지를 구한 영웅이라고 칭찬한다. 그래서 총독은 그에 대한 호감을 갖고 몰던농장의 복잡하게 얽힌 소유권 문제를 해결하려는 임시 법정을 거실에 차리고서, 니컬러스 로우에서 본래로 돌아간 헨리 버린게임 3세를 서기로 임명하여 개회한다. 헨리는 재판이 진행되면서 에버니저에게 불리하게 되어가고 있음을 간파하고, 총독에게 귀엣말을 하여 재판을 중단시키는 기지를 발휘한다. 총독은 소우터변호사와 윌리엄 스미스를 불법공모, 치안방해, 그리고 반역혐의로 체포하여 앤 애런들 행정도시로 이송하려한다. 이런 상황에서 헨리가 윌리엄 스미스에게 몰던농장에 대한 모든 권리를 포기할 뿐 아니라 소장하고 있는 *개인 일기*의 일부를 내놓는다면, 두 사람은 안전하게 메럴런드식민지 밖으로 나가는 총독의 제가를 받을 수 있다고 제의한다. 결국 두 사람은 이 제의를 수용한다. 모든 사람이 그들의 수용에 환호성을 올리면서 헨리의 전략을 칭찬한다. 총독이 몰던의 양도건과 두 사람의 이송문제를 논의하는 동안, 헨리와 에버니저는 *개인 일기*를 함께 읽다가 빠진 부분이 있음을 간파한다. 헨리는 그 부분이 가지의 마술적인 치료법에 대한 기술이고, 그 치료법이 풍전등화의 식민지를 구할 수 있다고 믿고 외친다: "만약 내가 그 치료법만 손에 넣는다면 나는 일주일 안에 아하취훜스왕이 될 것이다"(735). 그러나 그 부분은 인디언왕이 붙잡은 스미스선장의 생명을 보장하는 조건으로 제시한 책무, 다시 말하면 스미스선장이 어느 인디언남자도 성공하지 못한 공주 포우커혼터(Pocahontas)의 순결을 빼앗는 능력이다. 선장은 자신의 성기에 가지를 붙여 성공했다는 이야기이다. 헨리가 윌리엄 스미스를 아무리 추궁해도 속수무책일 때, 죠운 토우스트가 그 부분을 훔쳐 가지고 있다고 공언한다. 그녀는 그 부분을 내놓는 대가로 몰던농장을 요구한다. 총독은 앤드루의 강력한 반대에도 불구하고 식민지정부로 귀속된 몰던소유권을 그녀에게 양도한다. 그녀는 계약서를 받고 웃옷 안에서 단단하게 접힌 종이를 꺼내 건넨다. 소우터변호사가 죠운이 농장주인이 되는 광경을 보고 또다시 무일푼이 되는 에버니저를 비웃자, 그녀가 즉각 대응한다: "소우터변호사, 당신은 오해하고 있어요. [···] 저는 생존할 날이 얼마 안 남았어요. 아내가 죽으면 그녀 재산은 남편에게 귀속되지요"(738). 죠운은 자기 사후에 에버니저가 몰던농장의 소유권을 가지려면, 먼저 두 사람의 결합이 선행되어야 한다고 주장한다. 모든 사람이 이 주장을 듣고 그녀가 성병환자임을 알고 격렬하게 반대함에도 불구하고, 에버니저는 그녀에게 자신의 순결을 바치려는 강한 의지와 이유를 피력한다: "헨리, 그것(성병)은 중요하지 않아요. 그녀가 무엇을 가지고 있든, 그녀는 나 때문에, 다시 말하면 우리의 불운한 사랑 때문에 갖게 된 거요. 나는 지금 유산을 획득해야한다는 의미 말고는 유산에 전혀 관심이 없어요. 나는 속죄를 갈망합니다. 죠운, 아버지, 앤어, 그리고 헨리, 당신에게 지은 죄를 속죄하고 싶어요"(739).

앤어가 그의 참회를 듣고 그에게 무슨 죄를 지었느냐고 반문한다. 그녀는 그가 "순진의 정수이다"고 믿기 때문이다. 그러나 그는 순진은 범죄라고 역설한다: "순진은 내가 고발되어야 할 범죄이다. 순진의 범죄. 이 범죄를 인지한 사람은 무거운 짐을 져야한다. 우리는 영혼의 원죄를 지고 태어난다. 애덤(Adam)이 바로 자기가 순진했다고 알았다가 아니고 반드시 알아야했다는 원죄를 지었으므로"(739). 드디어 에버니저는 순진이 무지이고 저주이며 범죄임을 깨닫는다. 그는 순진해야한다는 절대적 신념 때문에 세상을 너무 몰라 자신과 누나의 재산을 날리고, 간악한 사람을 더 부유하게 하고 정직한 사람을 더욱 고통 받게 하는 저주스러운 행동을 했으며, 아내를 기만하고 방기하는 파렴치한 범죄를 저질렀음을 통감한다. 더욱이 그는 순결이 실존의 본질이라는 고집불통에 얽매여, 사랑과 결혼의 대전제인 두 사람이 하나됨을 거부하는 반인륜적 행위를 자행했음을 절감한다. 그는 삶에서 순진과 순결을 절대가치로 맹신했던 고착된 자아가 비극적 실존을 자초했음을 깨닫고, 고집불통에서 해방된다: "순진과 순결고수가 다른 사람들과의 완벽한 상호의존과 연대의식 그리고 삶의 현장과 체험에 으레 있기 마련인 무질서, 혼란, 그리고 역설의 지식을 확장시키지 못했기 때문에, 그의 범죄는 자신의 실존과 본성을 조화시키려는 욕구와 의지의 부정이었다. 그러나 에버니저는 죠운 토우스트를 세계의 '징후와 상징'으로 인정하여 수용하기 때문에, 그녀와의 결혼과 합방(合邦)은 변화무쌍한 세계에서 실존책임과 의무를 다하고 있음을 시사한다."[164] 드디어 그는 단순하고 사변적이고 메마른 일차원적 의식에 함몰될 순진과 고집불통의 자아에서 벗어나 "복잡하고 정서적이고 성감(性感)이 강하며 인간의 공감과 연대의식의 가치를 강조하는 인간"[165]으로 성숙하였다. 요컨대 에버니저가 일차원적 의식에서 비롯된 고정불변, 절대성, 그리고 확실성에서 스스로 점차 해방되면서 변화무쌍, 상대성, 그리고 애매모호성을 적극 긍정하는 인생관과 세계관을 바탕으로 자아를 성숙시켜 순진과 고집불통의 자아를 초월하려는 의지와 실천이 *연초 무역상*의 핵심주제이다.

끝으로 *염소-소년 쟈일즈*를 "편견과 아집의 자아를 넘어서"의 논지로 고찰해본다. 이 소설은 "미국소설가가 지금까지 창작한 최고 걸작으로 *백경*(*Moby-Dick*)과 비견할 만하다"[166]는 격찬을 받았다. 이 격찬은 바스가 소설을 작가의 "우주관이 아니고 우주 그 자체이고, 또 삶의 표현의 표현"으로 정의하고, 이에 따른 창작에서 비롯된다. 바스는 이 소설의 창작의도에 대해, "나의 냉전시기의 사회적 분열에 대한 관심, 더 자세히 말하면 내가 소설 *쟈일즈*를 구상하고 있었던 1950년대 중반과 집필하고 있었던 1960년대 초반의 정치적, 사회적 분열이 나의 소설에 대한 관심의 핵심이기보다는 오히려 우화처럼 오로지 이야기하는 방식 또는 [그런] 분위기 안에서 이야기하고, 그에 대해 언급하는 환경이다"[167]고 천명했다. 그가 소설을 구상하여 집필할 때, 미국과 그 동맹국들 그리고 적대국들의 지도층인사들은 민주주의 대 공산주의, 개인 대 집단, 그리고 선 대 악과 같은 대립개념의 포로들이었다. 그들은 국제사회를 분열시키는 주도적 역할을 했을 뿐 아니라 국내의 반체제인사들의 인권을 무자비하게 유린하는데 앞장섰다. 또 그들은 상대방을 대화할 수 있는 친구로 인정하여 상호공존하려하지 않고, 철두철미하게 적대시하는 아집으로 대립을 생존과 번영의 수단으로 절대시했다. 이처럼 특정한 정치관, 경제관, 그리고 종교관은 실존에 매우 바람직하지 않은 아집과 대립의 자아를 조장한다. 이런 자아는 편견과 독선에 사로잡혀 인간과 우주를 공평무사하게 있는 그대로 직시하고 이해하여 수용할 수 없다. 이럼에도 불구하고, 실존에 부정적인 아집과 대립의 자아를 조장하는 우주관을 바탕으로 사실주의와 모던이즘소설이 창작되었다. 그런데 오늘날 이런 소설들은 우리에게 쓸모없게 되었다. 우리는 "순간적인 신비스러운 깨달음을 얻기 위해" 소설을 읽는데, 이 소설들은 우리의 이런 기대에 부응하지 못하기 때문이다. 따라서 바스는 우리의 신비스러운 깨달음에 대한 욕구와 기대에 부응할 수 있는 소설은 자신의 우주관이 아니고 우주 그 자체라고 역설한다. 또 그는 이 욕구와 기대를 더욱더 많이 그리고 크게 충족시키기 위해, "우주는 [무엇을] 의미해서는 안 되고, [있는 그대로] 존재해야한다"고 설파한다. 이 역설과 설파가 *염소-소년 쟈일즈*의 창작철학이고, "소설가의 역할을 모방한 작가가 소설의 형식을 모방하려"[168]함이 창작기법이다. 그의 실토에 의하면, "*연초 무역상* 집필 후에 내가 정말로 창작하고 싶었던 작품은 새로운 구약성서, 즉 풍자적인 구약성서였다. 나는 이 신작, *염소-소년 쟈일즈*가 바로 그런 구약성서라고 생각한다. 더욱 극적인 성경, 그 부제는 *우리의 절대 구세주, 죠지 쟈일즈의 개역 신성서이다.*"[169] 바스는 쟈일즈의 아들, 스토우커(Stoker)로부터 *개역 신성서* 원고를 받는다. 그는 아버지의 수강생들이 필기한 내용들이 서로 상충하는 글들을 서 캠퍼스 자동컴퓨터(West Campus Automatic Computer, 약자는 WESCAC이고 서구정신을 상징함)에 입력했다. 그러자 컴퓨터는 이 글들과 테잎에 저장된 강의록과 제자들과의 대화록원본을 자동적으로 "수합해서 교정하고 편집하여 … 모든 입증할 수 있는 자료들을 개찬하고, 전체를 구세주의 관점에서 일관된 이야기로 재구성하여"[170] 출력한다. 스토우커는 이 출력본을 교정보고 잘못된 쪽수들을 고쳐 원고, 즉 죠지 쟈일즈의 생애와 설교들을 기술한 자서전을 완성한다. 그는 원고를 바스에게 가지고 와서, 그가 출판해주기를 원한다. 바스는 강한 매력이 표출되지 않는 자서전을 개작하여 독자의 지대한 관심과 흥미를 촉발시킨 소설을 창작한다. *염소-소년 쟈일즈*는 쟈일즈의 삶에 관한 이야기가 아니고, 그 이야기에 대한 소설, 다시 말하면 이야기의 이야기이다. 그러므로 이 소설은 현실과는 무관한 하나의 가상세계, 즉 뉴 태머니 대학(New Tammany College, 미국을 상징함)이지만, 그 플롯은 매우 치밀하고 정교하다. 또 이 소설은 1권과 2권으로 구성되어 있지만 컴퓨터에서 출력되었기 때문에 각 권에는 장이 없고 3개의 릴(reel)이 있으며, 각 릴에는 7개의 이야기가 있다. 이처럼 이 소설은 구성에서 절묘한 조화와 균형을 이루고 있다.

소설주인공, 죠지 쟈일즈(구세주적 이상, 실험실의 우생학적 재료: Grand-Tutorial Ideal, Laboratory Eugenical Specimen의 머리글자로 된 이름)는 인간이면서도 14년 동안 대학농장에서 염소로 생존했다. 그는 태어나자마자 "완전급제(구원, 천당) 완전낙제(파멸, 지옥)(Pass All Fail All)"[171]라고 적혀 있는 출생 전 적성검사표와 같이 보자기에 싸여서 캠퍼스 자동컴퓨터(초기 대형컴퓨터)의 동체(胴體) 안에 유기되었다. 그가 거기서 사경을 헤매고 있을 때 도서관 말단흑인직원, 죠지 헤롤드(George Herrold)가 그를 구해 염소사육책임자, 맥스 스필먼(Max Spielman)에게 데려왔다. 스필먼이 그의 보호자 겸 양부가 되어 그를 염소이름 빌리 복스퍼스(Billy Bocksfuss)로 작명하고, 염소의 젖을 빨게 하면서 염소들 사이에서 순진무구하게 자라게 했다. 그런데 어느 날 갑자기 크림헤어여사(Lady Creamhair, 그의 생모임)가 나타나서 그에게 느닷없이 말한다: "나는 네가 인간이 되기를 원하고, 스필먼박사는 네가 염소로 살기를 원하므로 너는 진퇴양난에 처해있다. […] 스필먼과 나는 제 결정에 따라야한다." 이 말을 듣고, 그는 즉각 "나는 인간이 되고 싶다"(24)라고 선언한다. 그러나 독일계유대인으로 가장 탁월한 과학자 겸 심리항문학자(Psyche Proctologist), 스필먼은 그가 인간이 되려고 하는데 적극 반대한다. 그가 반대하는 까닭은 지배계층인사들의 본성과 의식에 대한 불신과 환멸 때문이다. 그는 이런 현실 – "염소가 사람보다 더 인간적이고, 사람이 염소보다 더 동물적이다"(7) –을 직접 체험했을 뿐 아니라 권력자의 횡포 때문에 인간과 사회를 등지고 염소들과 함께 자연 속에서 살고 있다. 그는 주인공에게 자신이 직접 독격하고 당했던 권력자들의 잔학무도, 인권유린, 그리고 생명경시의 사례를 열거한다. 미국대통령과 정부고위관리들은 원자탄의 살상력으로 일본의 무고한 백성이 당할 가장 큰 피해를 알면서도, 그 폭탄을 투하하는 만행을 저질렀다. 뉴태머니대학은 스필먼이 원자탄을 연구 개발하여 종전을 앞당기는데 크게 공헌했음을 인정하면서도, 그가 한때 공산주의에 동조했을 뿐 아니라 민즈주의의 적은 공산주의가 아니라 지도자들의 무지와 편협이라고 주장했다고 1년 후에 정년퇴직할 그의 교수직과 모든 특권을 박탈하고 해고했다. 또 그의 가설과 부언에 의하면, 주인공의 출생은 대학고위층의 어떤 사람에게 큰 위협이고 골칫거리였다. 그래서 그는 자신의 체면이나 이해관계 때문에 고의층인사의 특별허가를 받은 관계자만이 접근할 수 있는 컴퓨터의 동체 안에 주인공을 유기하여 자연스럽게 숨을 거두게 하려고 획책했다. 그러나 대학당국은 영아유기 및 살인음모를 저지른 범인을 색출하려는 어떤 조치도 취하지 않았다.

게다가 스필먼의 지배계층인사들에 대한 환멸과 좌절은 그들이 이원론의 포로로 전락하여 선을 절대시하고, 악을 부정하는 편견과 아집의 자아에 유폐되어 타자를 인정하지 않으려는 외고집에서 연유한다. 또 그의 환멸과 좌절은 자신의 철학과 이상이 그들의 사상과 대립되어 적대시되는 데서, 그리고 자신의 이상을 실현할 수 없다는 허탈감과 절망감에서 비롯된다. 그의 철학은 "질문하라 그러면 당신은 계속 질문할 것이다"에 바탕을 두고, 실존에서 부단한 회의와 탐구, 미결정과 불확실성, 그리고 개연성과 가능성을 강조한다. 반면에 그들은 "질문하라 그러면 당신은 답을 얻을 것이다"(29)를 전제로 항시 확답을 구하고, 거기에 절대적으로 의존하는 삶을 예찬한다. 이 뿐만 아니라 그들의 이념과 대립적인 그의 철학은 "개인탄생은 우주창조를 반복한다"인데, 이는 탄생과 발달 그리고 창조와 진화는 그 과정이 동일함으로 개인과 우주는 같다는 주장이다. 그의 또 하나의 철학은 "항문검사는 성인전을 복창한다"(7)인데, 이는 "항문을 통해 보이는 [직장] 작용의 연구는 성인들의 생애연구와 똑같다"[172]는 주장이다. 왜냐하면 "항문이 배설물의 출구이지만 의심의 여지없이 사랑과 창조의 원천이 그곳에 있기 때문이다."[173] 요컨대 스필먼의 철학은 영혼과 육체 그리고 선과 악을 구분하는 기독교와 서양철학의 이원론의 통합이다. 더욱이 그가 강조하는 순환법칙(law of cyclology)에 의하면, 인간실존의 명암은 직선적 시간개념처럼 고정되어 있지 않고 종교와 예술의 융성과 쇠퇴처럼, 국가의 흥망성쇠처럼, 그리고 사계절처럼 순환한다. 이렇게 스필먼은 지배계층인사들을 불신하기 때문에 주인공이 인간임을 알면서도 염소로 키웠으며, 계속 염소로 살아가기를 소망한다. 그렇지만 주인공은 지금까지 인간인 줄 모르고 생존했다는 사실을 인지하고, 이제 인간으로 실존하려고 염소이름, 빌리 복스퍼스를 버리고 매우 힘들지만 똑바로 서서 걷는다. 그러면서 그는 스필먼에게 간청한다: "나는 모든 것을 배우려한다. 나는 당신이 나에게 내가 알아야할 전부를 가르쳐주기를 원한다. 나는 뉴태머니대학 신입생이 되려한다"(71). 스필먼은 그의 간청을 들어주려고 결심한다. "이 아이는 이제 염소가 아니고 인간이다. 시련이 그를 현명하게 가르치도록 하라. 이것이 내가 바라는 전부이다. […] 너는 완전급제 완전낙제해야한다"(73).

이제 주인공은 인간으로 어떻게 실존해야하는가를 모른 채 완전급제 완전낙제해야하는 길을 모색하려고 결심한다. 그는 7년 동안의 모색에서 스필먼의 조언과 지도를 받는다. 그는 주인공에게 현실인식과 자기앎의 이상적인 방법을 지도한다: "모든 문은 열려있다. 너는 한꺼번에 모든 문을 통과할 수 없다. 그렇지만 네 스스로 문들을 닫지 않는다면, 그것들은 언제나 열려 있다"(88). 또 그는 주인공에게 이런 인식과 자기앎을 도모하기 위해 시야확장의 필요성과 중요성을 강조한다. 그러자 주인공은 스필먼에게 자기는 구세주(의식개혁을 선도하는 사람)가 되려한다고 선언한다. 주인공이 구세주가 되기 위해 뉴태머니대학에 입학하려고 길을 모르면서도 새벽에 농장을 나서자, 앞으로 계속 그를 지도하려는 스필먼과 죠지 헤롤드도 따라간다. 세 사람은 석양에 강가에 도착하였으나 다리 중간이 소실되었음을 알고 난감해하고 있을 때, 건너편에서 헐렁한 옷을 입은 여자가 크로우커(Croaker)라고 외치는 소리를 듣는다. 이때 헤롤드가 성급하게 강을 건너다가 급류에 휩쓸려 익사한다. 주인공과 스필먼이 망연자실한 채 어둠 속에 앉아 있을 때, 흑인 크로우커가 누구도 모르게 주인공의 뒤로 와서 그를 등에 업고 강을 건너 젊은 여자 옆으로 간다. 흑인은 그를 내려놓더니 바로 여자를 성폭행한다. 얼마 후 그가 여자에게 폭행을 제지하지 못해서 미안하다고 사과하자, 그녀는 별로 놀란 기색도 없이 어찌할 수 없다면서 크로우커는 정부지원의 교환학생으로 뉴 태머니대학에 왔기 때문에 이 대학은 그의 어떤 불법행위도 처벌할 수 없다는 말을 덧붙인다. 그런데 그에 대한 처벌불능은 어떤 종교와 제도도 인간의 탐구와 성 본능을 억압할 수 없을 뿐 아니라 성 행위는 금기사항이 아님을 암시한다. 이런 맥락에서 탐구본능과 성생활이 분출하는 삶의 활력을 상실해버린 헤롤드의 익사는 주인공의 염소로서의 죽음과 인간으로서의 재생을 상징한다.

주인공이 만난 미모의 여성은 스필먼과 함께 그가 구세주가 되는데 결정적인 역할을 한다. 그녀도 새 구세주의 출현에 지대한 관심을 갖고 있으며, 스스로 희생정신, 긍정적 사고, 이타주의, 아량, 그리고 포용력을 생활화하려는 훌륭한 인물이다. 대학고위층인사들이 크로우커의 지나친 공격적인 성격을 치료하는 방법으로 강경책을 선호하는데 반해, 그녀는 본능을 충족시키는 치유책을 적극 주장한다. 그녀는 주인공에게 이름은 애너스터이저 스토우커(Anastasia Stoker)이고, 직업은 정신병원간호사이며, 남편 모리스(Maurice) 스토우커는 대학발전소소장이라고 자기를 소개한다. 학장 렉스포드(Rexford)는 새 구세주가 대학으로 오고 있거나 근처에 있다고 믿고 큰 고민에 빠져있다고 그녀는 부언한다. 그러자 그는 그녀에게 구세주의 이름을 알고 있는가와 스님들과 함께 있었던 큰 스님이 구세주이냐고 묻는다. 그녀는 큰 스님은 공산화된 중국에서 왔으며, 학장의 초청을 받아 대학에 체류하고 있는 난민 스님들에게 강연하러 왔다고 대답한다. 게다가 그녀는 주인공에게 자기 과거이름은 스테이시 헥터(Stacey Hector)였고, 버쥐니어(Virginia) 헥터의 딸[174]이라고 재차 자기를 소개한다. 더욱이 그녀는 스필먼이 자기 남편에게 악감을 품고 있지만 주인공의 사물인식에 큰 도움을 줄 거라고 언급한다. 더욱이 그녀는 큰 스님의 부탁에 응해 "보이다가 사라지는 잉크"(133)가 들어있다고 그로부터 들었던 작은 유리병을 주인공에게 건넨다. 주인공은 그 병이 빈 것 같아 대수롭지 않게 생각하지만, 스필먼은 그 병을 주인공이 구세주가 될 거라는 예언으로 받아들이겠다고 선언한다. 그런데도 주인공은 큰 스님이 헤롤드가 익사하고, 애너스테이저가 성폭행당하는 현장을 목격하고도 어떤 도움도 주지 않았으므로 너무 괘씸하여 "보이다가 사라지는 잉크"병을 비웃으면서 던져버린다. 그러자 그녀는 자기보다 훨씬 더 현명하다고 믿었던 주인공의 옹졸함과 경솔함에 극도로 실망한다. 그러면서도 그녀는 그가 마음을 다시 가다듬을 때까지 자기가 병을 보관하겠다고 말한다. 스필먼도 그가 병을 던지기 전에 더욱 깊고 다각적으로 생각해보는 시간을 갖는 것이 좋았다고 조언한다. 그러나 지금 주인공은 편협과 무지의 수렁에 빠져 나중에 의식전환에 상징적 역할을 할 뿐 아니라 서 캠퍼스 자동컴퓨터의 동체 안으로 들어갈 때 필수적인 신분증서명에 긴요한 "보이다가 사라지는 잉크"의 진가를 전혀 예측하지 못한다. 그렇지만 그는 허위의식에서 파생된 대립과 적대관계를 해소하기 위해 의식개혁을 선도하려고 전력한다.

본의 아니게 주인공과 스필먼은 모리스 스토우커의 절대권위와 통제 밑에 있는 발전소에 도착한다. 주인공은 공포와 위협 가운데서도 애너스테이저를 자신의 첫 제자로 만들고 싶어 그녀를 사랑한다고 천명한다. 그러자 스토우커는 구세주가 되겠다는 주인공을 비웃으면서 자신의 절대권력을 과시하

기 위해 자랑한다: "이 교정에 부여된 모든 통치력은 여기서 나온다. 대학을 통치하는 권력! 여기가 통제실이다"(174). 대학을 통치하는 서 캠퍼스 자동컴퓨터도 발전소로부터 전력을 공급받아야 그 기능을 발휘할 수 있기 때문이다. 또 그는 주인공을 강철 차단벽으로 데려가서 "이 차단벽이 동서의 경계선이고"(175), 경계선 저쪽에 생존하는 공산주의자들의 생활방식은 우리와 매우 상이하다고 설명하면서, 자기가 동서캠퍼스 자동컴퓨터에 전력을 공급한다고 뽐낸다. 게다가 그는 감성과 지성은 확연히 다르다고 역설하는 극단적인 이원론자로서 주인공의 통합의지에 적극 반발한다. 그러자 스필먼은 스토우커가 극단적인 무신론자라고 원색적으로 비난한다. 주인공은 그의 평소 언행과는 너무 어울리지 않는 과격한 발언에 경악하고, 자기는 거기에 동감할 수 없다고 생각한다. 주인공은 발전소에서 나와 자신의 첫 제자가 되는 자수성가한 백만장자, 피터 그린(Peter Green)을 만난다. 그는 초인적인 체력의 소유자로 굉장히 빨리 달리는 크로우커의 등에 업히고, 스필먼은 그린의 모우터사이클에 동승했으므로 늦은 오후에 뉴태머니대학에 도착한다. 그린이 주인공에게 실토한 과거 삶 이야기는 그가 구세주의 제자로 재생할 수 있는 자기반성과 타인배려 의지와 실천을 잘 반영한다. 그는 열네 살 때 부모와의 반목과 빈곤 때문에 가출하여 온갖 비양심적이고 비인간적인 수단과 방법으로 축재하여 백만장자가 되어 미모의 여인과 결혼했다. 그는 이렇게 외형적으로 성공하자 방탕과 낭비생활을 만끽하다가, 삶의 충만감과 자신감을 상실했을 뿐 아니라 부인을 극심한 허탈감과 공허감의 소용돌이 속으로 빠뜨렸다. 그는 파산과 이혼에 직면하자 자살을 시도했다가 실패하고 다시 재기하여 큰 자산가가 되어 부인과 재결합했다. 그는 재결합으로 "오랜만에 … 일하고 싶었다. 또 얼마 만에 … 성관계를 가졌다. 그의 개심이 그녀를 감동시켰음에 틀림없다. 왜냐하면 그들은 열렬하게 포옹하면서 사랑을 맹세하고 서로의 증오를 참회하고, 과거를 애도하면서 앞으로 더욱 열심히 성실하게 생활하자고 약속했기 때문이다"(238). 그러므로 주인공은 그린의 부인에 대한 사랑과 애정이 유래를 찾을 수 없을 만큼 헌신적이고 숭고하다고 느낀다.

주인공은 밤에 대학극장에서 연극을 관람하기 전에 스필먼의 조언을 경청한다. 그가 경청한 바에 따르면, 동서 캠퍼스의 대결로 세계대전이 다시 발발할 개연성이 있으며, 양 캠퍼스가 동시에 원자탄을 사용하면 인류가 멸망할 것이다. 이런 위기상황에서 주인공이 구세주로서 급히 수행해야할 임무는 서 캠퍼스 자동컴퓨터의 동체 안으로 들어가서 컴퓨터가 자동으로 조작하는 원자탄테잎을 제거하고, 자동작업구조를 니컬레이대학(Nikolay College, 소련을 상징함)과의 평화와 공존과정으로 전환시킴이다. 이 임무를 수행하려면 "내일 아침 6시 4분까지는 어떤 일이 있어도, 또 어느 누가 방해하더라도 십자형회전식문과 스크레잎고우트(Scrapegoat) 창살문에 가서 두 문을 통과해야 한다"(257). 그런데 이 두 문을 통과하기는 매우 어렵고 위험한 모험이다. 스필먼은 주인공에게 계속 말한다: "사람은 자신이 대단한 위험에 처해 있음을 알면 … 지금까지 상상하지 못했던 자신을 구할 비상한 재능을 발견한다. [⋯] 네가 창살문을 통과하면 나의 도움 없이 네 길을 찾을 것이다"(258). 주인공은 조언을 다 듣고, 스필먼 그리고 그린의 주치의였던 케나드 시어(Kennard Sear)와 함께 극장에 들어간다. 그는 의자 밑에 있는 신문에서 큰 스님이 명상의 황홀경에 빠져 있는 사진을 본다. 또 그는 시어가 구세주가 존재한다고 믿고 있으며, "텔러페드 디캐너스(Teliped Decanus)가 가장 훌륭한 실례이다"(264)고 주장하는 말을 듣는다. 이 주장에 의하면, 텔러페드가 광명(눈을 뜨고)에서 아버지를 살해하고 어머니와 결혼했던 어이없는 만행은 암흑이었고, 자기잘못을 깨닫고 스스로 맹인이 된 암흑은 자기를 아는 광명이다. 텔러페드는 우리에게 자아를 부단하게 탐구하고 실현해야하는 중요성과 필요성을 설파하는 구세주이다. 그의 광명이 암흑이고 암흑이 광명임은 완전급제는 완전낙제임을 예시하는 전주곡이다.

연극이 절정에 다다르고 있을 때, 갑자기 관객들을 경악시키는 두 특보가 방송된다. 첫 특보는 나치정권이 자행했던 유대인 집단학살현장책임자, 허먼 허먼(Herman Hermann)의 시신이 뉴태머니대학 산림에서 발견되었고, 렉스포드학장의 요구에 따라 범인을 색출 중이라는 소식이다. 둘째 특보는 서 캠퍼스 자동컴퓨터가 새 구세주가 뉴태머니대학에 곧 출현 할 것이라는 매우 반가운 소식을 출력했다는 내용이다. 이 특보를 듣고 스필먼은 주인공을 힘껏 껴안는다. 그러나 연극이 끝나자 황당무계한 일이 일어난다. 스필먼은 허먼 살인범으로 경찰에 체포되고, 해럴드 브레이(Harold Bray)는 자기가 구세주라고 외치면서 무대에 등장한다. 주인공이 갈피를 못 잡고 당황할 때 그린과 시어는 감쪽같이 사라진다. 더욱이 그가 어디서 숙박할 것이며, 어떻게 등록할 것인가의 걱정으로 마음이 심란하다. 크로우커가 이런 주인공을 등에 업고 데려간 곳은 아이어코프(Eierkopf)와 동숙하고 있는 천문대이다. 두 사람은 흑인과 백인, 젊은이와 늙은이, 대학생과 박사, 아둔하지만 체력이 비상한 운동선수와 신체불구로 거동이 불편하지만 재능이 탁월한 지식인으로 선명한 대조를 이룬다. 그러면서도 그들은 남녀공동기숙사의 여학생의 나체와 성행위를 멀리서 볼 수 있는 망원경을 함께 사용하면서 평화스럽게 공존하고 있다. 주인공이 보기에는, 스필먼이 괴물이라고 극렬하게 비난했던 아이어코프가 "확실히 사고는 관대하고 창의력이 풍부하며, 유능하고 예의바르며, 논리적, 체계적 판단력이 탁월하고, 그의 견해가 항시 공감을 일으키지는 않지만 관심을 끈다"(324). 더욱 놀랍게도 그는 주인공의 출생과 관련 있는 사건을 언급한다. 그가 한때 서 캠퍼스 자동컴퓨터로 우생학적으로 최고의 정자, 쟈일즈를 만드는 연구에 참여하고 있을 때, 쟈일즈가 없어졌다. 그런데 학장딸 버쥐니어가 누구와 관계했는지 아무도 모르는데 임신했다. 그녀가 쟈일즈로 수태했다면 남자아이, 즉 미래의 구세주를 출산해야하는데 그러지 않고 여아 스테이시, 지금의 애너스테이저 스토우커를 낳았다. 레져널드(Reginald) 헥터학장은 딸의 불가사의한 임신으로 인한 수치심과 당혹감으로 이 연구를 중단시켰다. 주인공은 이 언급을 듣고 자신의 출생수수께끼가 한순간에 풀리는 것 같았다. 또 주인공의 확인에 의하면, 아이어코프는 스필먼을 가장 탁월한 과학자로 존경하면서도, 그의 미소 공존사상과 평화주의에는 적극 반대한다. 더욱이 주인공도 독선적으로 해럴드 브레이를 사이비 구세주로 단정하고, 아이어코프에게 "누가 믿든, 믿지 않든 내가 구세주이다"고 선언한다. 그러고 그는 브레이가 자기에게 도전하는 거짓구세주, 즉 사기꾼임을 폭로하고 입증하려고 작심한다. 그러자 아이어코프도 "나는 네가 쟈일즈이기를 바란다"(331)고 호의적으로 반응한다.

주인공은 브레이가 서 캠퍼스 자동콤퓨터 동체 안으로 들어가 자동작업구조를 변경시킬 것이라는 특보가 발표되었다는 아이어코프의 고함을 들으면서 천문대를 나와, 등록하기 위해 새벽에 십자형회전식문을 향해 걸어가다가 그린을 만난다. 그는 문을 통과하는데 필요한 신분증이 없지만, 그린이 위조한 가짜신분증으로 위험을 무릅쓰고 가까스로 함께 통과한다. 또 그는 입학허가서를 받으려면 시어의사의 건강증명서가 있어야한다는 말을 듣는다.

그는 시어와 그의 부인을 다시 보고, 그들이 자아를 탐구하고 실현하려는 의지가 없을 뿐 아니라 서로 사랑하고 배려하는 애정도 없고, 공동관심과 목표도 없는 변태성욕자들임을 간파한다. 따라서 그는 시어를 합리적인 판단과 결정을 내릴 수 없는 인격이 분열된 지식인으로 간주한다. 그러면서도 그는 시어에게 일방적으로 브레이는 가짜구세주라고 주장한다. 그러자 시어는 이 주장을 반박한다: "가짜든 가짜가 아니든, 브레이는 매우 유력한 위치에 있으며 굉장히 명철하다. 자기를 부정하는 사람들의 긍정이 그의 자세의 일면이다"(358). 그러고 주인공은 렉스포드학장의 신입생환영사를 듣는다. 학장은 서 캠퍼스가 실현하려는 궁극적인 목표는 학문의 자유, 개인의 인권, 그리고 모든 학생의 잠재력확장과 발휘에 있다고 강조한다. 이 목표는 동 캠퍼스의 도전과 부정의 대상이 되고 있으므로 동서캠퍼스는 서로 적대시하는 냉전상태에 있다. 그러므로 우리의 가장 절박한 문제는 동서가 서로 화해하고 공존하는 협정체결과 그 준수이다. 그런데도 동서는 서로 상대방을 제압하기 위해 협정을 위반하고 있다. 불법과 부정한 수단으로 쟁취한 승리는 진정한 승리가 아니다. 학장은 "우리가 패배할지라도 승리할 것이라고"(372) 자신의 철학을 천명한다. 더욱이 학장은 양진영의 적대관계해소에 큰 도움을 줄 세 명의 구세주, 즉 브레이, 큰 스님, 그리고 주인공이 대학에 출현했다고 공언한다. 학장의 환영사가 끝난 다음에 주인공은 신분증이 없으므로 입학할 수 없는 난감한 처지에 있을 때, "신분증이 없는 사람은 졸업후보자이다"(375)는 안내방송을 듣고 후보자들이 퇴장하는 출구 쪽으로 간다. 그는 갑작스러운 정전으로 암흑 속에서 직원의 안내를 받아 출구로 나가 2인용 걸상에 앉아 있는 브레이와 애너스테이저와 마주친다. 주인공은 "봄, 새벽, 질서, 생식력, 활력, 그리고 젊음에 부합되는데 반해 브레이는 겨울, 암흑, 생식불능, 혼란, 무력한 삶, 그리고 늙음과 관련되어"[175] 있으므로 두 사람은 대조적이다. 이런데도 브레이의 추종자로 돌변한 애너스테이저가 놀란 주인공에게 말한다: "죠지, 당황하지 마라. 브레이박사는 조금도 질투하지 않는다. 그는 너를 위한 과제를 확정했고, 네가 창살문을 통과하도록 도와줄 것이다." 그는 그녀의 언급과 변절에 화를 내면서, "애너스테이저, 당신은 변덕스럽다"고 대응한다. 또 그는 브레이에게 "당신은 사기꾼이다"(379)고 고함친다. 이런 모욕을 당하고도 브레이는 태연하게 주인공을 타이른다: "나는 너에게 나를 믿으라고 요구하지 않는다. 네가 하고 싶으면 나를 사기꾼으로 매도하라. 우리는 네가 진정한 구세주, 어떻든 진정한 구세주 … 라고 생각하자"(380). 요컨대 주인공은 무지 때문에 자기가 편견과 아집의 포로임을 모르고 자칭 구세주라고 선언한다. 이 선언은 애너스테이저와 브레이의 도움과 깨우침을 받아 현실화된다.

이제 주인공이 진짜구세주로 변신하는 과정을 고찰한다. 애너스테이저는 그가 이원론을 극복하는데 결정적인 역할을 할 지갑을 그에게 주면서 언급한다: "이것은 어머니의 낡은 지갑이다. 너는 캠퍼스에 관한 모든 것을 거기에 넣을 수 있다. 큰 스님이 너에게 선물한 작은 병도 그 안에 있다"(381). 이제 그는 스크레잎고우트 창살문으로 가서, 문을 세게 두드리자 쇠창살들이 구멍에서 빠져 문을 통과한다. 그가 문간을 지날 때 큰 접시 크기의 원형의 종이 한 장이 기둥에서 갑자기 떨어진다. 종이 앞면에는 "완전급제 완전낙제"가 검정 대문자 글자로 쓰여 있고, 뒷면에는 주인공이 당장 이행해야할 7개의 과제가 적혀있다: "1. 시계를 수리하라, 2. 경계선분쟁을 종결하라, 3. 네 병을 치료하라, 4 네 여성관을 재고하라, 5. 성경을 고유한 서가에 꽂아라, 6. 최종 시험에 합격하라, 7. 정식으로 서명된 네 신분증을 관계당국에 제시하라"(381-83). 그는 이 과제들을 이행함으로써 편견과 아집에서 해방되고, 이원론을 극복한다. 그의 해방과 극복은 실존을 왜곡하여 황폐화하는 대립과 적대관계의 해소이고, 무기력과 변태성욕의 원천인 이원론의 부정이며, 둘이면서 하나가 되는 사랑의 결실이다.

그는 이 모호하고 난해한 과제들을 이행하기 위해 제일 먼저 스필먼의 조언을 들으려고 구치소로 그를 찾아간다. 그는 인류애의 화신으로 존경했던 스필먼에게 "당신은 영생을 얻었기 때문에 어떤 사람도 살해할 수 없었다"(416)고 확신한다고 말하자, 그의 양부는 나치의 증오자이기 때문에 허먼을 처치해버렸다고 실토한다. 그러나 그는 이 실토를 도저히 수긍할 수 없다고 확신한다. 또 그는 가장 탁월한 인생지도자로 신뢰했던 스필먼으로부터 자신의 과제이행에 관한 어떤 조언도 들을 수 없다. 다만 그는 스스로 수용할 수 없는 스필먼의 주장 — "낙제는 급제이고, 급제는 낙제이다"(420) —을 듣고, 자신의 구별의식을 의심한다. 이러므로 그는 자기 확신을 회의한다. 더욱이 그는 브레이를 사기꾼으로 매도하지만, 브레이는 자기를 구세주로 간주하는 사실에 놀란다. 따라서 그는 과제를 회의와 경악을 바탕으로 이행하려한다.

그렇지만 그의 과제이행은 처음에 이원론을 바탕으로 시작됨으로 만족스러운 성과를 거두지 못한다. 그는 "시계를 수리하라"는 과제를 이행하기 위해 본부건물의 종각 대형시계를 관리하는 아이어코프를 만나 고장난 시계를 수리하겠다고 말한다. 그러자 그는 시계는 고장나지 않았다고 대응하면서, 주인공에게 "수리하라"는 "즉시 완성하라(바로 깨달아라)"(433)를 의미한다고 설명한다. 또 그는 자기관심은 오로지 과거와 미래 사이의 순간적인 현재를 포착하려는데, 다시 말하면 지나가버린 톡(tock)과 다가오는 틱(tick)에서 틱이 톡이 되는 정확한 순간을 측정하려는데 있다고 언급한다. 그는 창조적 실존에 필수적인 시간의 순환을 무시하고 시간을 과거와 미래로 구분한다. 주인공은 이렇게 시간구분의 영향을 받았으므로 둘째 과제 ―"경계선분쟁을 종결하라" ―의 이행에서 이원론적 신념을 과격하게 표출한다. 그는 제2차 세계대전이 끝난 직후에 동서캠퍼스 자동컴퓨터의 공동작업으로 캠퍼스경계선이 그어졌고, 경계선을 따라 고압선 전주들이 서 있다는 말을 들은 적이 있었다. 따라서 그는 렉스포드학장에게 자신의 견해를 피력한다: "나는 정반대되는 사물은 가능한 한 구별되고 달라야한다고 주장한다. […] 내 생각에 분명한 구별이 졸업(구원)의 첫 단계이므로 급제자와 낙제자가 혼동되어서는 안 된다. […] 당신은 미소정상회담을 연기하고, 고압선전주들 사이의 거리를 두 배로 넓혀, 동서캠퍼스 자동컴퓨터의 회로를 완전히 분리시켜야한다"(444-49). 미소지도자들은 이원론 때문에 상대방을 무조건 제압하려고 발광하고 있다. 그들의 발광 뿐 아니라 종교적, 인종적 이원론 때문에 사람들은 언제 어디서나 갈등, 충돌, 그리고 폭력의 불안감과 공포감 속에서 생존하고 있다. 주인공은 이미 마무리한 두 과제보다는 쉽다고 느껴지는 셋째 과제 ― "네 병을 치료하라" ―를 이행하려고 시어의사를 찾아가 그의 자문을 구한다. 의사는 주인공이 병을 표면적으로 파악한 건강, 신체불구, 그리고 성격결함과 같은 외적 현상으로 파악하는데 반해, "의식적인 비열행위"(468)로 진단한다. 그의 진단에 의하면, 남자가 강제적으로 과도하게 성욕을 억압당하면 무의식적 욕정에 압도당할 뿐 아니라 여자에게 비정상적인 성행위와 무리한 요구를 강요한다. 다시 말하면, 서슴없이 여자에게 비열한 행위를 자행한다. 그가 이런 비열행위를 자행하지 않는 첩경은 그의 넷째 과제 ― "네 여성관을 재고하라" ―의 이행에 있다. 이 이해방법은 의사의 조언 ― "네 영혼에 있는 여성요소를 이해하라”(469) －의 실천에 있다. 그가 이 조언을 실천하려면 “한 인간의 심금을 가장 강하게 울리는 위업”(470)을 완수해야한다고 깨닫는다. 그가 다섯째 과제 － “성경을 고유한 서가에 꽂아라” －를 이행하기 위해, 애너스테이저에게 함께 도서관에 가서 소문에 없어졌다는 성경을 찾자고 말한다. 도서관사서직원은 기독교유적지에서 발굴되어 기증받은 성경을 종교, 철학, 문학, 고고학, 또는 역사서가 중 어디에 꽂아야하는가를 결정할 수 없었다. 그래서 직원은 성경을 서 캠퍼스 자동컴퓨터에 자동분류처리를 위임했더니, 성경이 몇 시간 동안 자동분류서가에 들어가 있다가 분류불가로 나왔다. 그 동안 희귀가치가 큰 성경이 없어졌다는 소동이 일어났다. 이처럼 성경은 기존방법에 따르면 분류가 불가능하므로 주인공은 성경을 새로운 방법으로 분류해야한다고 생각한다. 그의 이런 생각은 사람들이 기존논리와 방법만 답습하려한다면 새로운 상황에 대처할 수 없음을 시사한다. 애너스테이저는 그에게 자기어머니가 도서관 도서분류 책임자이므로 성경을 제자리에 꽂을 권한과 책임을 가지고 있다고 말한다. 그가 복도에서 만난 책임자가 자기에게 인간이 되기를 원한다고 말했던 크림헤어여사임을 알고 너무 경악하여 졸도할 것 같다. 그래서 그는 애너스테이저에게 그녀가 틀림없는 버쥐니어 헥터이냐고 다그쳐묻는다. 그녀가 그렇다고 대답하자, 그는 쓰러지지 않으려고 옆에 있는 상자에 의지하면서, 그녀와 자기는 쌍둥이일 거라고 생각한다. 그는 어머니가 사무실에 혼자 들어온 딸에게 실토하는 고백을 엿듣는다. 그녀는 남자와의 관계로써가 아니고 서 캠퍼스 자동컴퓨터의 유혹을 받아 쟈일즈로 임신했다. 그녀의 아버지, 헥터학장은 딸이 사생아를 출산하자 창피하다는 생각으로 아이를 컴퓨터 동체 안에 유기했다. 그러나 구세주로 태어난 아이는 죽지 않았다. 주인공은 자기가 구세주로 태어났음을 확인했으므로 이름을 죠지에서 쟈일즈로 바꾼다. 이제 그는 구세주만이 방사능에 오염되지 않고 살아서 나올 수 있는 서 캠퍼스 자동컴퓨터 동체 안으로 들어가 생존함으로써, 최종시험에 합격해서 가짜구세주 브레이를 추방하고, 사람들을 올바르게 인도하려고 결심한다.

이렇게 결심한 쟈일즈는 “동시에 두 구세주가 존재할 수 없다”(502)는 맹신과 아집 때문에 자기만 살아서 나올 수 있다고 확신한다. 그리하여 그는 “자기는 최종시험에 합격했으므로 서 캠퍼스 자동컴퓨터의 자동작업구조를 변경시킬 수 있는 구세주로서 컴퓨터가 확인해주기를 희망하면서,"[176] 브레이와 함께 동체 안으로 들어간다. 그는 브레이와 함께 카드에 쓰여 있는 세 문장을 읽는다: "쟈일즈는 잠재력이 있는 진짜구세주이다; 서 캠퍼스 자동컴퓨터는 주사(scan)하자마자 그를 식별할 수 있다; 동체 안으로 들어온 구세주가 아닌 사람은 바로 방사능에 오염되어 숨을 거둔다"(508). 브레이는 다 읽고 난 다음 그에게 말한다: "네가 일단 최종시험에 합격할 수 있다면 네가 이미 구세주이기 때문이다. 이 사실은 네가 최종시험에 실패할 수 없다는 증거이다"(509). 그는 브레이가 보이지 않자 방사능에 오염되어 죽은 것인지 의아해하고 있는 중에 갑자기 질문 — "너는 남자이냐 여자이냐" —을 받는다. 그는 남자는 "예"라고 여자는 "아니요"라고 대답해야함으로 "네" 버튼을 누른다. 다음 질문 — "너는 네 과제를 즉시 이행했느냐" —에도, 그 다음 질문 — "너는 급제하기를 원하느냐"(501) —에도 "예" 버튼을 누른다. 이제 그는 브레이가 보이지 않음을 확인했고, 질문들에 긍정적으로 반응하여 큰 성취를 이루었다고 확신하고 동체 밖으로 나가 자신의 강경한 반공정책에 대한 권유와 지지에 반발하고 있는 학생들을 진정시키고 싶다. 그러나 그의 성취감과 기대감은 금방 무산되고, 맹신과 아집은 무너진다. 그가 죽었을 거라고 믿었던 가짜구세주 브레이가 살아 나와서, 기다리고 있다가 그에게 급제했냐고 묻기 때문이다. 그는 최종시험에 실패했다는 직감에서 그리고 자신의 고정관념의 와해에서 기인하는 낭패감과 무기력감에 압도당한다. 더욱이 주인공 쟈일즈는 인간의 잔인한 본성과 허위의식을 실감한다. 그는 외조부, 레져널드 헥터 전 학장을 찾아가 자신의 신원을 밝힌다. 그러자 외조부는 실토한다. 딸이 사생아를 임신하여 창피했고, 딸이 유대인 스필먼 아니면 나치주의자 아이어코프에게 성폭행당해 임신했다고 오해했기 때문에 딸이 사산하기를 바랐다. 딸이 순산하자 그 아이를 유기했는데, 나중에 그 아이가 구조되었다는 사실을 알고, 딸의 사생아임신으로 인한 수치심보다는 영아살해를 음모한 비인간적 행위로 인한 고통이 훨씬 더 컸다. 이제야 쟈일즈는 스필먼이 언급했던 격언 — "염소가 사람보다 더 인간적이고, 사람이 염소보다 더 동물적이다" —을 피부로 느낀다.

이처럼 주인공은 자신의 아집과 맹신의 허상을 실감하고, 더욱이 지배계층인사들의 본성과 의식을 불신하게 되었으므로 지금까지 실존을 지탱했던 자기신뢰와 확신을 상실한다. 이때 그는 대립과 적대를 우선시하는 정치와 사회체제에 격렬하게 반항하는 학생들의 과격한 언행을 목격한다. 따라서 그는 판단을 중지한다: "나는 지금 브레이가 구세주인지 혹은 아닌지를 판단하지 못한다. 그는 비범하다. 그러나 나는 평범하다고 스스로 깨닫는다. 나는 완전 실패자이다. […] 나는 무엇을 말해야하는지도 알지 못한다. […] 나는 매사를 잘못 이해하고 판단했기 때문이다"(539-53). 마침내 그는 자아를 성찰한다. 그는 자아성찰로 자신의 오판과 혼란의 근원이 자기와 자연, 인간과 동물, 그리고 선과 악의 구별에 있었음을 깨닫는다.[177] 이제 그는 이원론에 입각한 양자택일만이 최선이라고 믿으면서 지금까지 부정했던 "낙제는 급제이고, 급제는 낙제이다"는 역설을 수용한다.

그의 역설수용은 사랑과 증오, 선과 악, 그리고 생과 사를 구별하는 이원론에서 해방됨이다. 따라서 그는 헤롤드가 익사하고 애너스테이저가 성폭행당해도 방관만 한다고 이성적으로 비난했던 큰 스님을 이해하고 수용한다. 그는 얼어붙을 것 같은 날씨에도 느릅나무 아래서 돈오에 정진하고 있는 큰 스님에게 먼저 사과하고, 오래전에 자기가 서 캠퍼스 자동컴퓨터 동체 안으로 들어갈 때 반드시 소지해야하는 신분증에 서명하는데 요긴하게 사용했던 "보이다가 사라지는 잉크"를 줘서 고맙다고 인사한다. 그리고 그는 큰 스님에게 고백하고 간청한다: "저는 구세주가 아닙니다. 저는 서 캠퍼스 자동컴퓨터에 지나치게 의존했기 때문에 제 과제이행에 실패했습니다. 그래서 당신이 저를 용서한다면 저는 과제이행에 대해 당신과 의논하고 싶습니다"(554). 나아가 그는 차별심과 분별심을 없애라는 큰 스님의 가르침을 따르려고 결심한다. 이제 그는 가시와 구별을 초월하여 영감과 신비체험이 가능한 무의식세계를 인정하고 수용한다. "시계를 수리하라"는 과제에 대한 큰 스님의 제자들의 해석에 따르면, "수리하라"는 파손된 시계를 고치는 것이 아니고, 주인공이 과제를 이행하는 순간에 몰입으로 시간을 의식하지 않음을 의미한다. 따라서 그는 시간을 구별하는 의식에서 벗어난다. 이제 그는 렉스포드학장에게 "경계선분쟁을 종결하라"에 대한 자기의견을 피력한다: "동서캠퍼스 사이에는 어떤 경계선도 없습니다. […] 저는 동서캠퍼스, 염소와 구세주, 그리고 급제와 낙제는 분리될 수 없고, 궁극적으로 구별될 수 없다고 이해하게 되었습니다"(594). 나아가 그는 학장이 자기에게 동서캠퍼스의 적대행위에 대한 대책을 묻자, 포용이 최선책이라고 역설한다. 게다가 그는 시어의사의 일언 – "내가 암으로 죽어가고 있다면, 암은 나 때문에 살아가고 있다"(609) –을 듣고, 생사의 상호관련성과 동일성을 깨닫는다. 그는 이 깨달음으로 "네 병을 치료하라"의 의미를 비로소 이해한다. 지금까지 그는 사물들을 전체의 일부로 이해하려하지 않고 개개로 분리하고 구별하여 파악하려했다. 이제 그는 "네 병을 치료하라"는 자기에게 분별심과 차별심을 극복하고 합일성과 전일성을 실존철학으로 수용하라는 권유임을 인지한다. 더욱이 지금까지 그는 분별심과 차별심 때문에 자기와 성행위를 하고 있는 상대까지도 거리가 있는 대상으로 간주했다.[178] 그래서 그는 다른 사람을 정서적으로 이해하고 그와 공감하고 결합할 수 없다. 이제 그는 애너스테이저에게 사랑이 무엇을 의미하는가를 몰랐다고 고백한다. 그녀는 이렇게 무지하고 무감각한 주인공을 깨우쳐주려고 "당신의 여성관 제고과제는 당신이 나를 가장 심오하게 이해하고 우리가 하나됨을 의미한다고 나는 생각한다"(617)고 역설한다. 그는 그녀의 철학을 경청하고, 지금까지의 남녀의 고착된 관계와 역할을 초월하여 남자는 여자가 되고 여자는 남자가 될 수 있을 뿐 아니라 그녀가 자기 선생이 되고 자기는 그녀 학생이 될 수도 있다고 깨닫는다. 이 뿐만 아니라 그는 "성경을 고유한 서가에 꽂아라"는 성경이 있어야하는 자리문제가 아니고 진리를 실천하고 실현하라는 가르침임을 지각한다.[179] 그는 불교를 바탕으로 다섯 과제의 정확한 의미를 터득했으므로 과제들을 새로운 시각에서 다시 이행하려고 전력한다.

이제 주인공은 이원론에서 해방되었으므로 브레이에게 자기편견과 아집을 버렸다고 선언한다: "브레이박사, 당신이 아시다시피 나는 당신이 저주받는 사기꾼이라고 항시 믿었다. 그러나 나는 당신이 저주받는 인간이라고 이젠 믿지 않는다"(635). 주인공은 그를 더 이상 경쟁상대자로 생각하지 않으므로 둘이 함께 사이좋게 서 캠퍼스 자동컴퓨터 동체 안으로 들어간다. 주인공이 안으로 들어갈 때 브레이가 "우리는 신분증을 제시해야하는가"라고 묻자, 그는 대담하게 유아독존적으로 대답한다: "나는 죠지로 태어나지 않았다. 나는 어떤 대상으로 태어나지 않았다. 나는 내 이름을 선택했던 것처럼 나 자신을 창조했다. 그래서 나는 최종시험에 합격했을 때 내 신분증을 나 자신에게 제출했다." 그는 부언하여, "나는 컴퓨터를 파괴하려한다. 플러그는 어디 있느냐? 나는 플러그를 뽑겠다"(636). 그는 자신감에 들떠서 "너는 남자이냐 여자이냐"의 질문을 받고, 지난번 "예"라는 대답이 틀렸음을 고려하고, 또 자신의 새로운 철학으로 컴퓨터의 권위를 부정해야하므로 "아니요" 버튼을 누른다. 그리고 "너는 네 과제를 즉시 이행했느냐"는 질문에는 영원과 무한의 세계에서는 완성이 있을 수 없다고 믿고 "아니요" 버튼을 누른다. 그는 마지막 질문, "너는 급제하기를 원하느냐"에도 눈을 감고 마음을 조이면서 "아니요"라고 대답한다. 그는 이처럼 자신 있게 대답했지만 이번에도 자신의 기대가 무산되었음을 인지한다. 그가 동체 밖으로 나와서 브레이의 이 같은 공지사항을 듣기 때문이다: "우리의 모든 악의 근원이고 화신인 염소소년 죠지 쟈일즈. 네가 인간세계에 오고 싶어하는 소원과 희망은 좌절되었다. 근신도, 복권도, 자비도 허용되지 않는다. 너는 바로 염소농장으로 추방된다"(640). 그는 또 최종시험에 실패하여 구세주가 되지 못한다.

주인공은 "예"나 "아니요"와 같은 양자택일을 전제하는 이원론과 차별을 부정하는 불교에 의존하여 구세주가 되려다가 실패했다. 그는 자신의 실패원인이 이성적인 구별과 차별 부정에 있었음을 인지하고, 구별과 부정을 지양하려한다. 그래서 그는 대립적인 선악 그리고 대조적인 아침저녁의 구별을 인정해야하면서도, 선악과 아침저녁은 서로 적대와 타도의 대상이 아니고 상호의존하는 정반대개념과 현상으로 반드시 함께 있어야한다고 생각한다. 그는 이원론이 용납하지 않는 정반대개념의 양립이 가능함을 발견한다: "시작도 끝도 없이 어디나 똑같은 내 과제가 적혀있는 둥근 종이쪽지가 … 내 이성을 확신으로부터 멀어지게 했다. 급제는 낙제였고, 낙제는 급제였다. 그러나 급제는 급제였고, 낙제는 낙제였다! 이 주장은 틀림없는 사실이지만, 어느 쪽도 정답은 아니었다. 급제와 낙제는 다르지도 않지만 같지도 않았다. 진실과 허우 그리고 같음과 다름. 이루 말할 수도 없고! 명칭을 붙일 수도 없고! 상상할 수도 없다! 확실히 마음이 매우 산란하였다." 그는 이렇게 실존에서 급제와 낙제는 동시에 다르면서도 같다는 역설적 진리를 터득하고,[180] 정반대개념이 양립하는 불가사의한 의식을 수용한다. 마침내 그는 자기만이 독자적 행위자이고 창조자라는 유아론적 의식에서 벗어나, 대상이 자기행위와 의식에 결정적인 역할을 한다는 사실을 인지하고, "내가 집중하고 있지 않았고, 오히려 대상이 나를 엄습해서 … 산고의 경련처럼 질식시켰다"(650)고 말한다. 그는 자기실존이 혼자서가 아니라 인간 그리고 자연과의 상호관계에서 전인적으로 성숙한다는 이치를 깨닫는다. 이처럼 그는 양자택일의 이원론과 차별을 부정하는 불교의 영향을 받고 이타주의와 전체성의 중요성을 깨닫는다. 드디어 그는 유부녀이면서도 자기를 사랑한다고 고백하는 애너스테이저와 함께서 캠퍼스 자동컴퓨터 동체 안으로 들어간다. 그녀는 자기를 무시하고 모욕하는 남편과 갈등을 빚지 않으면서, 주인공을 구세주로 열렬히 사랑하려한다. 그래서 그가 그녀에게 "네 자신을 주장하라"고 요구하지만, 그녀는 "그러고 싶지 않다"(672)고 대응한다. 그는 깜깜한 동체 안에서 그녀의 팔약근 가까이 얼굴을 대고 자기의견을 개진한다: "그런데 애너스테이저, 여기 어디에 수수께끼가 있다. 본질적인 문제이다"(671). 그는 자기에게 깊은 배려와 관심을 쏟는 그녀와의 성스러운 관계에서 "인간의 본성을 완전히 이해하도록 해주는 사랑의 창조력을 이해한다. […] 이 관계는 전체와 완벽달성을 상징하고 재생을 조성하는 정반대[남녀]의 융합이다."[181] 이제 그는 외친다: "기적이다. 어두운데다 내 눈은 지갑으로 가려져 있지만, 나는 애너스테이저에게서 전체적이고 완전한 세계를 발견했다"(672). 컴퓨터가 "너는 남자이냐 여자이냐고 묻는다"는 그녀의 속삭임을 듣고, 두 사람은 함께 일어나 서로 붙잡고 "예"와 "아니오" 버튼을 동시에 누른다.

그러고 그는 애너스테이저, 어머니, 아니면 자기 목소리로 "너는 네 과제를 즉시 이행했느냐"는 질문을 받는 순간, 자기의식에는 "동도 서도 없고 오직 하나의 무한 세계가 있었다. […] 여기는 저기와 연결되어 있었고, 틱소리는 톡소리와 합쳐졌고 … 나와 그녀는 하나였다"(672-73). 그는 이처럼 대립을 통합하고, 사랑과 성행위에서 애너스테이저와 완전히 하나가 되는 결합을 이룬 의식으로 자기를 새롭게 정의한다: "나는 하나님이었다. 나는 서 캠퍼스 자동컴퓨터였다. 나는 아니었다. 나는 "예"와 "아니요"를 [대변하는] 두 버튼을 동시에 꽉 잡았다. 나는 내 자신을 충족시켰다." 그가 이렇게 자신의 변신을 이룩했을 때, "너는 급제하기를 원하느냐"는 질문을 받고 이렇게 대답한다: "나는 급제자, 그녀는 급제, 우리는 함께 급제해서, '오 기적이다'고 같이 외쳤다. 예 그리고 아니요. 어둠 속에서 눈을 어지럽히는 밝은 빛[이 강하게 빤짝였다]. 세상의 종말! 졸업식!"(673). 주인공은 "실존에서 대립과 차이가 완전히 통합된 지극히 행복한 순간을 만끽한다."[182] 이제 실존에 팽배한 아집과 편견에서 기인하는 대립, 분열, 그리고 차이를 통합한 그의 의식이 서 캠퍼스 자동컴퓨터의 자동작업구조를 변경시킨다. 다시 말하면 서구정신을 변화시킨다. 드디어 주인공은 모든 사람의 허위의식을 개혁하는 구세주가 되었다. 요컨대 바스는 *염소-소년 쟈일즈*에서 우리의 편견과 아집에서 기인한 갈등과 대립으로 왜곡된 의식을 깊은 배려와 사랑으로 개혁하고, 분열된 세계를 통합할 수 있는 주인공을 창조하여, 우리에게 하나의 귀감이 되는 이상적인 인간과 실존철학을 제시했다.

리쳐드 브로티건(1935-1984)은 "우리시대의 가장 독창적인 작가들 중의 한 사람"[183]이라는 격찬을 받았던 서부출신소설가이고 시인이다. 그는 부모가 어린 그와 누이동생을 유기했으므로 비참한 실존여건에서 반항아로 성장했다. 고등학교 재학 중에 돌을 던져 경찰서 유리창을 깨뜨렸다가 체포당해, 정신병원에 강제 수용되어 편집성정신분열증 전기충격치료를 받았다. 이 치료 때문에 마음을 닫은 폐쇄적 인간으로 돌변했다. 정신병원에서 풀려나자 곧바로 와싱톤(Washington)주를 떠나 샌 프런시스코에 정착했다. 대학에서 정식으로 문학공부를 하지 않았지만 시를 습작하면서 1956년에는 비트시낭송회에 자주 참석했다. 이 참석을 계기로 비트시인들 — 잭 스파이서(Jack Spicer), 마이컬 머클루(Michael McClure), 필립 화렌(Philip Whalen), 로버트 덩컨(Rovert Duncan), 그리고 로런스 퍼링게티(Lawrence Ferlinghetti) —과 친구가 되었다. 따라서 그는 자연히 행복을 추구한 세대의 소설창작철학과 기법의 영향을 받아 집필한 두 번째 소설, *미국에서 송어낚기*(*Trout Fishing in America*, 1967)로 큰 각광을 받아 일약 유명작가로 급부상했다. 이 소설이 그렇게 크고 많은 갈채를 받은 까닭은 당시 미국사람들의 의식개혁욕구와 열기에 시의 적절하게 잘 부응했기 때문이다. 이 욕구와 열기는 그들의 의식을 왜곡시키는 산업사회의 획일성, 물질주의, 타인부정, 자연파괴, 관능적 쾌락추구, 이원론, 그리고 성의 억압으로부터 해방이고, 더욱이 자아탐구와 실현, 주체성, 공동체의식, 자유, 그리고 사랑에 대한 열망이다. 브로티건은 이 욕구와 열망을 구현하는 가장 이상적인 방법으로 윌리엄 에스. 버로우즈의 소설창작기법, 즉 포우스트모던소설 창작기법을 활용한다. 그가 미국사람들의 왜곡된 의식을 개혁하기 위해 이런 철학과 기법 그리고 최소한의 언어구사로 창작한

*미국에서 송어낚기*는 47개의 인과관계, 일관성, 그리고 연속성이 없는 짧고 긴 이야기의 혼합체이다. 이처럼 그는 "'기존소설을 조롱하고 전복하는 작업'을 수행하면서, '이야기 전체의 기본 요소들 - 플롯, 주인공, 그리고 구성 - 의 부분적 해체를 생략, 단절, 중복, 모사, 그리고 구문 파괴를 통해 시도한다.'"[184] 이렇게 이 소설은 표면적으로 소설의 구성을 전적으로 무시한 무질서의 난무처럼 보이지만, 내면적으로는 독자들의 각성과 의식개혁을 촉발하려는 일관된 주제가 있다. 그 주제는 지배계층인사들의 이기주의와 이원론이 자연을 파괴했을 뿐 아니라 사람들의 주체성과 창의력을 억압했음을 폭로하여 고발하면서, 이에 대응하는 가장 이상적인 방법 - 자아탐구와 실현, 공동체의식 확장, 그리고 사회개혁 -의 제시이다.

지금부터 *미국에서 송어낚기*를 "각성과 의식개혁 강조"의 논지로 고찰해본다. 이 소설의 핵심주제는 화자가 어렸을 때 송어를 낚으러 갔다가 무위로 끝나 쓰라리게 느꼈던 실망과 환멸, 그 현실적인 원인규명, 그리고 상상적인 극복과정이다. 그는 봄날 오후에 길모퉁이를 걸어가다가 자기도 모르게 언덕으로부터 비탈져 내려온 언덕에 다다른다. 들판은 파란 풀로 덮여 있고 언덕꼭대기는 큰 나무들의 숲이다. 그는 멀리서 폭포수가 언덕으로부터 힘차게 떨어지는 장엄한 광경을 본다. 또 그는 길고 하얗게 보이는 폭포의 차가운 물보라를 느낄 수 있다. 그는 낚시질하려면 아침 일찍 가는 것이 좋다는 말을 들었기 때문에, 다음날 아침 일찍 일어나 미끼로 쓸 흰 빵조각을 챙긴다. 들판의 아름다움을 만끽하면서 언덕으로부터 떨어지는 폭포수가 흐르는 작은 강으로 간다. 송어를 낚을 수 있을 거라고 믿었던 강에 가까이 가서야 폭포는 숲속에 있는 집으로 올라가는 하얀 나무계단임을 비로소 안다. 그는 자신의 눈을 의심하면서 계속 나무계단을 쳐다본다. 이처럼 그의 첫 송어낚시질은 착각 때문에 허사로 끝난다. 그는 이 때문에 큰 실망과 환멸을 쓰라리게 체험한다. 이 쓰라린 체험은 그의 앞으로의 삶이 고통, 암담함, 비정상, 왜곡, 그리고 좌절로 가득할 것임을 예시한다. 그는 성인이 되어 낚시도구를 메고, 송어를 낚으러 많은 강을 누비고 다닌다. 그는 너무나 비정하게 변한 세태에 놀란다. 그는 어떤 강에서는 낚시질을 못하게 하는 경고문을 읽고, 강가에 있던 오두막이 폐가로 버려져 있으며, 강물이 흘러 들어가는 저수지는 오염되어 있다. 더욱이 그는 잔인한 광경을 보고, 또 경고문을 읽고 경악한다. 그는 큰 송어를 잡은 사람이 물고기를 자연스럽게 죽게 하지 않고, 적포도주를 입 속으로 넣어 죽이는 현장을 목격한다: "송어는 경련을 일으켰다. 몸뚱이는 지진이 났을 때 망원경처럼 순식간에 흔들렸다. 입은 크게 벌어지고, 마치 사람 치아를 가진 것처럼 딱딱 맞부딪치는 소리를 냈다." 하나의 경고문: "솔트강 위쪽에 이리들이 있다. 이리들을 죽이기 위해 강가를 따라 놓아둔 청산칼리 덩어리들을 주의하시오. 당신이 이리가 아니라면 덩어리들을 집어먹지 마시오. 덩어리들은 당신을 치사시킬 것이오." 또 하나의 경고문: "눈을 먹지 마시오. 눈은 당신에게 유해해서, 위통을 발작시킬 것이오."[185] 이렇게 모든 생명체의 천혜의 보고인 자연은 오염되었다.

이처럼 아름답고 깨끗했던 자연이 신비로운 천혜의 보고로부터 볼꼴사납게 오염된 땅으로 돌변한 근원은 지배계층인사들의 잘못된 자연관과 실존목적에 있다. 그들은 자기들이 자연의 일부, 다시 말하면 자연이 주이고 인간이 종임을 깨닫지 못한다. 그래서 그들은 자연을 경이, 신비, 찬탄, 그리고 외경의 대상으로 겸허하게 수용하려하지 않고, 자신들의 이기적인 생활목적과 편의를 위해 무한정하게 정복했다. 그들의 이런 정복 야욕이 자연을 풍요로부터 불모의 황무지로 돌변시켰을 뿐 아니라 원상회복이 불가능할 정도로 오염시키고 황폐화시켰다. 또 그들은 왜곡된 자연관 때문에 실존목적을 자연과의 조화와 합일, 자아탐구와 실현, 그리고 공동체의식의 확장에 두려하지 않는다. 그들의 지대한 관심은 오로지 권력, 금전, 그리고 이념에 있을 뿐이다. 그들은 허황한 야망과 꿈을 이루기 위해 사람들을 무자비하게 통제하고 탄압한다. 그들이 이런 통제와 탄압능력에 도취되어 기고만장하면 기고만장할수록 사람들은 횡포와 억압에 극도로 시달린다. 지금 세계 도처에서 독재자나 민주정부 가릴 것 없이 사람들의 사생활 침해에서부터 인권유린까지 무차별적으로 자행하고 있다. 또 정치권력은 어느 개인이나 회사의 단기간 최대축재에 결정적인 역할을 하면서, 그 유지에 필요한 막대한 자금을 거기로부터 지원받는다. 권력의 비호를 받는 재벌은 과학과 기술발전 덕택에 짧은 기간에 엄청난 부를 무분별한 자연자원개발 그리고 자연파괴와 황폐화로 축적한다. 재벌이 아니더라도 많은 사람들이 자연을 황무지로 돌변시켰으면서도, 죄의식을 느껴 자성하려하기보다는 거기서도 이익을 챙기려고 안간힘을 쏟는다. 정치권력과 자본은 이념에 따라 그 형태와 소유주체가 달라진다. 미국의 정치권력은 분산을 원칙으로, 그리고 경제제도는 사유재산인정, 그리고 이윤창출을 주축으로 한다. 미국정부는 이 원칙과 주축을 부정하는 한편 기독교를 배척하는 공산주의에 적대적이다. 한때 미국정부는 반공정책을 강력하게 추진하면서 공산주의에 동조한다고 의심되는 수많은 정치인, 지식인, 그리고 예술가들의 인권을 사정없이 유린했다.

이처럼 지도층인사들이 오로지 권력장악과 유지, 축재, 그리고 이념에 탐닉한다. 그들은 사람들의 본능적 욕구인 자유와 사랑열망, 자아탐구와 실현의지, 그리고 자율과 독립의 꿈을 결코 용납하려하지 않는다. 따라서 사람들은 그들의 허위의식, 강요, 그리고 탄압으로 말미암아 자아, 이성, 그리고 판단력을 상실하고, 비정상적, 비양심적, 자기중심적, 일방적인 사고와 행동을 서슴없이 자행한다. 예를 들면, 화자는 야외 온천탕에서 찰나적 쾌락을 만끽하기 위해 부인의 인격과 의사를 전적으로 무시하고 혼자 이상야릇한 성행위를 즐긴다. 부인이 그에게 피임기구를 가지고 있지 않으니 자제해 달라는 부탁을 묵살하고, 그는 순식간에 그녀와 관계를 갖는다. 그런 다음 그는 정액을 물속으로 쏟아 탕을 오염시킨다. 그의 상대방을 배려하지 않는 일방적 성행위는 어떤 공감도 결실도 거두지 못한다. 또 어느 교회가 굶주린 사람들을 속인다. 그들은 교회 건너편 길에서 배식신호를 기다리고 있다가, 신호가 나타나면 교회로 달려가 신문지에 싼 빵을 받는다. 공원으로 가서 신문지를 풀고 어떤 빵이 들어 있는가를 확인한다. 화자의 친구가 “어느 날 오후 그가 받은 신문지를 풀어보니 시금치 한 잎만 있었다. 그것이 전부였다”(3). 이렇게 기관이 개인을 농락하면, 개인도 기관을 농락한다. 화자가 만난 두 몰락한 화가는 정신병자로 가장하여 추운 겨울을 따뜻한 정신병원에서 보낸다. 이렇게 허위의식이 팽배한 사회에서는 개인과 개인 그리고 개인과 기관 사이에 서로 속고 속이는 행위만 난무한다. 게다가 이런 사회에서는 기만과 위선이 권력을 지탱하는데, 권력을 이용하여 축재한 재물을 비장하는데, 그리고 일방적으로 탐닉한 이념을 확산시키는데 대단한 역할을 수행한다. 이런 불법과 독선행위를 후안무치하게 자행하는 사람들은 사악한 이기적 목적을 은밀하게 달성하기 때문에, 그들의 비행은 쉽게 폭로되지 않는다. 실례로 “살인자는 밤에 사람을 살해했으면서도 낮에는 자신의 범죄행위를 은폐하기 위해 미국에서 송어낚기의 복장으로 갈아입었다”(75). 이 사람이 지금 “20세기 시장(市長)이다.

그가 좋아하는 도구들은 면도칼, 칼, 그리고 4현 악기이다"(76). 이런 기만과 위선의 명수가 사람들을 농락하면서 그들의 양심을 마비시키고 있지만, 그들은 거기에 속수무책이다. 그렇지만 이런 명수도 화자의 어린 딸만은 자기 마음대로 좌지우지하지 못한다. 그녀는 자기를 유혹하는 그의 사악한 마음을 거부한다. 그녀의 거부는 그의 정신장애의 극복을 암시한다.

이 암시는 소설전개에서 하나의 큰 전환점 — 화자가 상상적으로 각성과 의식개혁으로 허위의식이 팽배한 실존상황을 극복하고 새로운 자아와 세계를 창조한다 —의 계기를 마련한다. 화자는 좋은 직업도 포기한 채 오염되지 않는 낚시터와 사냥터를 찾아 헤매는 외과의사를 만난다. 이 의사는 오염되고 황폐화된 자연 속에서도 상상력에 의존하여 자연의 장관이나 신비함 그리고 천혜를 만끽하려한다. 그가 상상력으로 미국을 새롭게 발견하고 창조하려는 의지와 실천이 그의 삶에서 가장 큰 보람 있는 의의이고 목적이다. 화자도 그의 감화를 받아 꿈속에서 리어나도우 더빈취(Leonardo da Vinch)가 인간의 탐욕 때문에 개울에서 많이 사라진 송어를 잡을 수 있는 도구를 개발한 특이한 재주에 감탄한다: "나는 그가 미국에서 송어낚기를 위한 새로운 뱅뱅 도는 가짜미끼를 발명하는 과정을 보았다. 나는 그가 무엇보다도 먼저 상상력으로 구상하고, 다음에 금속, 색채, 그리고 낚시 바늘로 작업하는 과정을 보았다 … 그는 그 미끼를 '최후의 만찬'이라고 명명했다"(175-76). 드디어 그는 송어가 살고 있는 깨끗한 개울을 직접 확인한다: "나는 개울의 여러 곳에서 몇 마리의 송어를 볼 수 있었다. […] 나는 손을 물속으로 넣었다. 물은 차고 기분 좋게 느껴졌다"(173). 그는 오염되지 않은 깨끗한 자연도 있음을 알고 기뻐한다. 이처럼 그는 상상 속에서 오염과 황폐화를 초월한 깨끗하고 비옥한 자연을 갈망한다. 더욱이 그는 실존을 왜곡시키는 정신장애의 근원이 되는 허위의식을 극복하려한다.

그러기 위해 화자는 인간의 본능과 욕구에 가장 솔직하고 충실한 소설을 창작하려고 결심한다: "인간욕구를 표현하기 위해 나는 언제나 마요네즈(정확한 발음 표기는 메이어네이즈) 단어로 끝나는 소설을 집필하고 싶었다"(181). 실제로 *미국에서 송어낚기*가 끝나는 "메이어네이즈 장"은 소설구성과 기능의 핵심역할을 한다. 구성 면에서 메이어네이즈가 달걀 노란자, 기름, 식초, 그리고 양념의 조합품인 것처럼 이 소설도 47개 이야기의 혼합체이다. 기능면에서 메이어네이즈가 샐러드를 비롯한 여러 음식물과 융합하여 입맛을 돋우면서 미각을 만족시키는 것처럼, 이 소설도 독자의 이런 욕구 – 자연과의 조화와 합일, 자아탐구와 실현, 그리고 공동체의식의 확장 –를 충족시키려한다. 나아가 이 소설은 이런 욕구충족의 어려움이 잉태된 배경과 원인을 규명한다. 이 규명에 따르면, 지배계층인사들이 자연을 정복의 대상으로 간주하여 자연계의 조화와 균형 그리고 공존원칙을 부정하고, 권력장악과 유지, 배금주의, 그리고 이념을 중요시한다. 그래서 그들은 실존을 다차원적으로 이해하고 수용하려하지 않으므로 일차원적 의식의 포로로 전락한다. 그러므로 *미국에서 송어낚기*는 그들의 허위의식의 각성과 개혁을 촉구하면서, 이상적인 실존에 필수적인 다차원적 의식과 다양한 역할, 즉 메이어네이즈와 같은 구성과 기능을 강조한다. 요컨대 화자는 이런 강조가 구현된 소설의 주인공 겸 창작자가 되고 싶어한다.

그러면 화자가 동경하는 인물, 실존에서 다차원적 의식을 확장하면서 다양한 역할을 적극적, 능동적으로 수행하는 인물은 누구일까? *미국에서 송어낚기*의 1장은 벤저먼 프랭클린(Benjamin Franklin)으로 시작되어, 다음 장들에서도 그가 11번이나 언급된다. 프랭클린은 삶의 역경 가운데서도 끊임없이 자아를 성숙시키면서 인류애, 교육, 그리고 사회개혁에 지대한 관심을 쏟았고, 미국사회를 위해 정치가, 과학자, 그리고 외교관으로서 탁월한 역량을 발휘했다. 그러므로 프란츠 카프카(Franz Kafka)는 벤저먼 프랭클린의 자서전을 읽고, "나는 미국인들이 건강하고 낙관적이기 때문에 그들을 좋아한다"(2)고 언급했다. 이처럼 프랭클린은 미국인들이 상상력과 언어로 허위의식을 극복하고, 다차원적, 다각적인 시각과 입장에서 자유자재로 다양한 역할을 할 수 있는 새로운 자아창조의 이정표이다. 이 새로운 자아가 개인의 주체성과 창의력, 상호이해와 존중, 공동체의식, 그리고 자연보존을 가장 중요시하는 새로운 사회를 창조할 수 있다. 요컨대 벤저먼 프랭클린이 이런 새로운 자아창조의 귀감이 될 수 있다고 *미국에서 송어낚기*는 시사한다. 결론적으로 말하면, 브로티건이 포우스트모던소설 창작기법으로 집필한 *미국에서 송어낚기*는 미국인들이 허위의식을 각성하고 개혁하는데 크게 기여한 "60년대에 출판된 가장 독창적이고 재미있는 소설들 중의 한 권"[186]이라는 높은 찬사를 받고 있다.

이쉬미얼 리드(1937-)는 "20세기미국문학의 영역을 확장한 윌리엄 개스, 클래런스 메이져(Clerence Major), 토마스 핀천, 아미리 버라커(Amiri Baraka), 그리고 다른 포우스트모던소설가들과 대등한 명성과 위치"[187]를 차지하고 있는 탁월한 흑인작가라고 절찬을 받는다. 또 그는 독자적으로 소설의 종전정의를 재검토하면서 새로운 가능성을 탐구하기 위해 그 형식을 기발하고 파격적으로 변형시키는 대담한 모험을 감행했다. 이런 절찬과 감행의 원동력은 그의 독창적이고 특이한 소설철학과 창작기법에 있다. 그의 소설철학은 그가 신봉하는 다문화주의의 근간이 되는 부두교(Voodoo)[188]에, 그리고 창작기법은 부두교미학에 그 바탕을 두고 있다. 그는 이 철학과 기법에 전적으로 의존하여 세 번째 소설, *멈보우 점보우*[189](*Mumbo Jumbo*, 1972)를 창작했다. 그가 자신의 소설철학과 창작에서 다문화주의를 절대시하는 까닭은 그 바탕을 자기정의와 자아탐구에 두기 때문이다. 그는 자기가 미국사회에서 가장 많이 착취당하고 공포에 떨었던 흑인노동자계급출신이지만, 다른 사람의 앵무새가 되지 않고 본래면목의 탐구자가 되기로 결심한다. 또 그는 자아탐구만이 촉발하여 증폭시킬 수 있는 개체성을 강조한다: "개체성이 내 본질이다. 동물세계에도 개체성이 있다. […] 역사의 원동력은 개체성을 최대한 발휘하는 남녀들에게 있지 [함성과] '대중운동'에 있지 않다."[190] 이렇게 리드가 자신의 실존과 소설창작에서 절대시하는 본래면목탐구와 개체성은 인간 중심주의, 기독교 절대주의, 이성과 과학 제일주의, 그리고 이윤추구의 극대화를 신조로 삼는 단일문화사회에서는 부정당할 뿐 아니라 말살당한다. 이런 부정과 말살의 대표적 악마가 애돌프 히틀러와 나치정권이다. 미국도 건국초기부터 기독교를 절대시했던 단일문화사회로 이원론을 금과옥조로 했기 때문에 일방적, 독선적 이념과 교육 그리고 제도를 신성시했다. 또 미국사회에는 강한 인종적 편견이 팽배하여 영국계개신교백인들만 인권과 자유를 향유할 수 있었고, 흑인들의 인권, 자유, 그리고 권익은 완전히 무시되고 부정되었다. 리드는 이런 무시와 부정이 용인되는 미국사회에서 자신의 실존과 소설창작 활동에 엄청난 제약과 한계가 있음을 알고 현명하게 대응한다: "나는 소설창작에서 유대-기독교 교리들에 집착하지 않는다. 그러나 나는 이 교리들을 잘 이해하고 있으며, 이 교리들이 문명의 유일한 기준이라고 생각하지 않는다. 나는 이 교리들이 매우 편협한 견해라고 믿는다."[191] 그러므로 그는 독선적이고 단일한 견해로부터 해방되어, 인간과 사회를 많은 문화들과 상이한 전통들을 긍정적, 적극적으로 용납하는 다문화적 견지에서 이해하고 수용하려한다. 따라서 그는 자기를 "다문화적 작가"[192]로 정의한다. 그가 자신을 다문화주의를 신봉하는 소설가로 정의하는 이유는 다문화주의가 미국사회의 허위의식을 정화할 수 있는 활력소라고 확신하기 때문이다. 그는 "다문화주의를 하나의 유행이나 객관적 실체가 아니라 우리 자신을 내면으로부터 변화시키는 그리고 다른 풍습들과 견해들을 우리 삶 속으로 유입하여 융합하는 과정으로 간주한다."[193]

리드의 소설철학, 즉 다문화주의의 근간이 되는 부두교는 "다문화의 완벽한 은유이다. 부두교의 연원은 이 상이한 종족들과 문화들 전부가 외부의 힘에 의해 강제로 애프리커(Africa)로부터 헤이티(Haiti)로 이동되었다는 사실에 있다. 그들의 신화들, 지식들, 약초요법들, 그리고 민속들이 혼합되었다. 부두교는 미국처럼 하나의 융합체이다. 또 부두교는 과거는 현재라고 가르친다."[194] 이처럼 하나의 융합체인 부두교는 독선적, 선택적, 배타적이지 않고 전부를 상관적 견지에서 포용한다. 그러므로 부두교는 신분, 계급, 우열, 차별, 차이, 절대주의, 그리고 제일주의를 강조하려하지 않고, 동등, 평등, 변화, 상관성, 융통성, 개방성, 절충, 그리고 공존을 가장 중요시한다. 더욱이 리드는 부두교가 자신의 소설철학의 근원이기 때문에, 그의 창작기법의 바탕은 부두교의 이런 요구와 수용에 있다: "부두교는 심장과 영혼의 율동 뿐 아니라 정신의 직선적 결정들, 그리고 우리 역사서적들이 무시하는 과거의 교훈들 뿐 아니라 미래의 가능성들에 주목하라고 우리에게 간청한다. 또 부두교는 우리에게 이성 뿐 아니라 감성도 포용하라고 요구한다."[195] 따라서 그의 창작기법은 주인공의 창조와 주제의 전개에서 인과관계, 일관성, 그리고 연관성을 가장 중요시하여 질서정연하게 기술하는 종전소설의 플롯을 거부하고, 부두교처럼 아주 이질적이고 상이한 요소들 뿐 아니라 여러 종류의 문학형식들을 융합하려는, 그리고 이 융합체를 다양한 문체로 표현하려는 시도이다. 그의 실토에 의하면, "수피 머즈림(Sufi Muslim)교도들은 '흩뜨리다'는 글쓰기방법을 구사한다. 사람들은 '흩뜨리다'는 방법으로 한 주제에서 다른 주제로 옮겨간다. 이처럼 주제를 멋대로 바꾸는 방법이 나의 창작기법이다. 내 의도는 이 기법을 자유자재로 활용하려한다. 나는 한 주제를 언급하다가, 그 주제를 세분화하여 설명한다. 이따금 나는 내가 이야기를 어디서 시작했는가를 잊어버린다."[196] 이처럼 그는 무계획적, 무목적적 창작욕구에 따라 아무 주제에나 멋대로 단어들을 배열하여, 문장들을 만들고, 문단들을 구성하여 소설을 창작한다.

리드가 이런 방법으로 소설을 창작하는 목적은 기존소설정의와 기능을 부정하고, 사람들의 의식개혁으로 단일문화사회에 팽배해 있는 허위의식을 정화하려는데 있다. 그가 정화하려는 허위의식은 미국사회에서 소수민족의 인권과 자유를 부정했고, 더욱이 백인과 흑인, 영혼과 육체, 선과 악, 그리고 부자와 빈곤자를 구별하고 첨예하게 대립시켜, 전자는 언제나 우위에 있는 절대자이고 후자는 무시, 부정, 그리고 착취의 대상이 되는 이원론적 의식이다. 이런 의식은 인간 사이에 그리고 인간과 사회 사이에 필연적으로 야기되는 갈등, 대립, 그리고 적대관계를 전제로 소설을 정의하고 창작하는 바탕이 된다. 그는 이런 정의와 창작으로는 인간의 본래면목, 사랑, 그리고 자유를 실현할 수 없다고 확신하기 때문에, "문학형식으로서 소설의 가능성을 … 다시 정의하려고"[197] 전력한다. 그는 소설을 가능성을 전제로 정의하고 창작하려는 의도만이 진실한 자아탐구, 주체성과 개체성확립, 잠재력계발, 그리고 공동체의식 확장에 일조할 수 있다고 공언한다.

지금부터 리드가 자신의 이런 소설창작철학과 기법을 탁월하게 활용하여 집필한 *멈보우 점보우*를 "다문화주의의 신봉과 전파"의 논지로 고찰해본다. 이 소설은 흑인작가의 염원과 백인사회의 허위의식, 다신교와 일신교, 그리고 다문화주의와 단일문화주의의 충돌과 대립을 크게 부각시킨다. 그런데 이 소설에서 야기되는 충돌은 모든 독자의 예상과는 달리 백인들이 "흑인의 변화무쌍한 활력의 화신(제스 그루, Jes Grew)"[198]과 소설주인공, 파퍼 라배스(Papa La Bas)목사 겸 탐정에 반기를 드는 도전이다. 리드는 백인들의 방어적 도전을 가장 완벽하게 표현하기 위해 특이한 소설구성을 시도했다. 이 소설은 시작하는글이 먼저 있고, 그 다음에 소설제목과 출판사가 표기된 안표지가 나온다. 그리고 끝맺는글로 소설이 끝나지 않고 지그문트 프로이트(Sigmund Freud)의 저서와 그에 관한 연구서적들이 포함되어 있는 104권의 참고문헌목록으로 소설이 끝난다. 더욱이 이 소설에는 백인들의 횡포, 흑인들의 항의표시, 그리고 무용동작을 부각시키는 인용문, 신문기사, 각주, 그림, 사진, 그리고 광고전단들이 삽입되어 있다. 게다가 이 소설의 두 대립 주체는 부두교와 기독교 그리고 기독교를 기축으로 수용하는 서구문명과 백인미국 사회이다. 1920년대 미국사회에서 공세를 취하는 부두교 편에는 "흑인의 변화무쌍한 활력의 화신," 파퍼 라배스, 그의 추종자들, 그리고 풍요의 신으로 자연계에서 조화와 재생을 도모하는 오우사이어리스(Osiris)가 있다. 방어하는 상류계층백인들 편에는 힝클 본 뱀프턴(Hinckle Von Vampton)이 대변하는 일신교교리(Atonist Path), 이 교리를 추종하는 왈플라우어교단(Wallflower Arden), 그리고 오우사이어리스를 살해하고 태양을 숭배하는 세트(Set)가 있다. 이 백인들은 영혼, 선, 그리고 광명을 지나치게 강조함으로써 인간실존에 반드시 있기 마련인 육체, 악, 그리고 암흑을 철저히 부정했다. 그래서 그들은 독선적이고 편협하고 오만하며, 성적 불구자로 어둡고 무기력하고 무미건조한 삶을 살았다. 그들의 이런 메마른 실존이 "흑인의 변화무쌍한 활력의 화신"의 공격과 영향을 직접 받게 되었을 때, 그들은 자기들의 허위의식을 아무리 고수하려해도 그렇게 고수하기가 어려웠다. 이런 충돌과정에서 그들의 삶 변화에 결정적인 역할을 하는 제스 그루는 "흑인의 변화무쌍한 활력의 화신" 말고도 전염병, 사람, 책, 변화, 춤, 자발성, 마력, 생명력, 실존철학, 민속신앙, 종교, 예술, 예술혼, 그리고 태극(太極) 등등과 같은 다양한 의미를 함축하여 전달한다. 그러므로 리드는 백인들의 허위의식을 정화할 수 있는 제스 그루(예술) 창조와 파급에 전념한다. 그는 예술이 미국사회에서 다신교를 선호하는 흑인들과 일신교를 금과옥조로 맹신하는 백인들을 화해시킬 수 있고, 화해시켜야 한다고 믿기 때문이다. 요컨대 그는 예술은 "정반대의 조화"[199]를 이룰 수 있고, 더욱이 이루어야한다고 확신한다.

이처럼 리드는 영혼과 육체, 선과 악, 그리고 일신교와 다신교는 조화를 이루면서 사이좋게 공존해야한다는 철학의 실천가이다. 그러나 백인들의 허위의식 때문에 *멈보우 졈보우*에는 그런 조화와 공존이 없다. 이런 조화와 공존이 있을 수 없는 부정적, 비극적 상황을 기술하면서, 그 극복의 작은 희망과 길을 제시하려는 시도가 그의 소설창작목적이다. 이 소설에서 핵심역할을 하는 제스 그루 그리고 이것을 절대시하는 파퍼 라배스는 허위의식의 포로로 전락한 백인들의 집요하고 완강한 저항과 공격대상이다. 제스 그루는 어떤 저항과 공격을 받아도 요지부동이다. 제스 그루는 우주의 생성근원, 인간의 생명력, 실존의 활력소, 그리고 예술창조의 원동력이기 때문이다. 그러므로 제스 그루는 인간이 마음대로 조종하고 통제하면서 좌지우지할 수 있는 실체가 아니고, 초월적이고 불가사의한 마력이고 생명력이다. 이런 마력과 생명력을 지닌 전염병(제스 그루)이 1920년대에 뉴 올리언즈(New Orleans)에 창궐하여 맹위를 떨치고 있다. 백인의사들은 이 전염병이 1890년대에도 창궐했던 흑인들의 제스 그루임을 간파한다. 그들은 이 전염병이 전국적으로 확산되면 미국문명은 종말을 맞게 될 것이라고 믿는다. 이 전염병에 걸린 환자들은 제정신을 잃고 통제 불능의 광란상태에 빠져 미치광이처럼 날뛴다. 목사가 이 병에 감염되더니 "갑자기 춤을 출 수 있을 것 같다"(5)고 고함지른다. 병원을 시찰하러 온 뉴 올리언즈시장도 환자들과 비슷한 증상을 보이기 시작하자, 그를 보살피려고 달려온 의사도 문밖으로 슬그머니 나가 거리로 뛰어간다. 이처럼 이 전염병에 걸린 사람은 사회적 지위, 인종, 그리고 자기를 의식하지 않는다. 더욱이 이 전염병은 스스로 번식하고 빠른 속도로 확산하면서 사람들을 감염시켜 그들의 인위적 벽을 허물고 의식을 개혁하는 마력을 지니고 있다. 그래서 허위의식에 빠져 있는 백인들, 특히 일신교교리를 절대시하는 왈플라우어교단의 백인들은 이 전염병의 위력에 어찌할 줄을 모른다. 그들은 자신들의 왜곡된 삶을 바로잡는 제스 그루를 마귀와 전염병으로 착각하고 없애려한다. 그들은 자신들의 착각, 무지, 독선, 그리고 아집으로 삶의 활력과 황홀경을 체험하고 만끽할 수 없기 때문이다. 따라서 그들은 자신들의 왜곡된 삶의 개선과 의식개혁에 절대적으로 필요한 제스 그루의 진가를 터득하지 못한다: "정말로 제스 그루 전염병은 치료제였다. 어떤 전염병들은 신체를 쇠약하게 했다. 그러나 제스 그루 전염병은 병자를 더욱 활력이 넘치게 했다. [···] 어떤 전염병들은 부패하고 있는 동물로부터 발원하지만, 제스 그루 전염병은 생명체처럼 강인하며, 그 특징은 열광과 황홀이다"(6). 요컨대 제스 그루는 생명력, 황홀경, 창조정신, 실존철학, 그리고 예술이다.

이런 활력, 황홀경, 그리고 생명력은 소설화되었을 때 비로소 그 진가를 발휘할 수 있다. 탁월한 언어구사로 구현된 생명력과 황홀경이 우리가 자신을 바르게 보고 느끼고 알 수 있을 뿐 아니라 삶을 창조적으로 변화시킬 수 있다. 이런 자기앎과 삶의 창조적 변화의 화신인 제스 그루도 자체를 예술적으로 구현하는 "언어들을 찾고 있으며,"(6) 더욱이 이 언어들로 이루어지는 책을 완성하려한다. 그런데 미국사회에는 이 책을 긍정하여 수용하려는 파와 부정하여 파괴하려는 파의 대립과 반목이 있다. 제스 그루(책)를 적극적으로 전파하려는 파의 대표자가 파퍼 라배스 목사 겸 탐정이고, 그 수용과 전파를 차단시키려는 파의 대표자는 본 뱀프턴이다. 전자는 이 책을 찾으려고, 반면에 후자는 발견하여 분서(焚書)하려고 서로 암투를 벌인다. 라배스와 본 뱀프턴이 벌이는 암투는 이짚트(Egypt)의 오우사이어리스와 세트 사이의 불화와 반목에 상응한다. 라배스가 찾고 있는 제스 그루(책)는 소우스(Thoth)신이 저술한 "*소우스의 저서(The Book of Thoth), 즉 첫 안무가가 집필한 첫 안무집*" 이다. 이렇게 일찍이 안무집이 저술된 까닭은 춤이 인간실존에서 차지하는 중요성 때문이다: "무용은 만인의 예술로 모두가 느끼는 표현의 환희이다. 춤을 출 수 없는 사람들은 자아에 유폐되어 있으므로 다른 사람들 그리고 사회와 사이좋게 공존할 수 없다. 그들은 삶의 조화를 상실해버렸기 때문에 흥과 열정이 조금도 없는 어둡고 시들한 삶을 살 수밖에 없다"(164). 오우사이어리스는 춤의 예찬자이고 명수로 삶에서 춤과 노래를 가장 중요시한다. 그는 농사를 주관하는 신으로 파종과 수확, 수태와 다산, 그리고 증식과 풍요를 상징한다. 그는 누이동생, 아이시스(Isis, 농사와 수태를 관장하는 여신)와 결혼하여 행복한 삶을 즐긴다. 모든 농사의 시작과 끝에는 으레 의식이 있기 마련이므로 그의 주변에는 언제나 춤, 노래, 그리고 술이 있다. 따라서 그를 좋아하고 추종하는 사람들의 삶에는 언제나 솔직하고 쾌활한 감정, 친근감, 즐거움, 생기, 그리고 활력이 넘친다. 게다가 그는 "자연에 대한 애정과 사랑이 너무 깊고 열렬했기 때문에 사람들은 그와 자연을 식별할 수 없다"(166). 이렇게 그는 사람들과 자연과 일심동체가 된다. 그는 이런 출중한 능력과 기질의 소유자이기 때문에, 동생 세트의 시기와 질투의 대상이 되더니 결국 동생에게 살해당한다. 그의 충복, 소우스는 망명길에 오르면서 *소우스의 저서*를 아이시스에게 넘겨준다. 세트는 형과는 대조적으로 농사와 자연을 증오하면서, 자연과의 절연이 자기수양이고 교육이라고 황당하게 주장한다. 또 그는 춤과 노래를 싫어하고 사람들의 놀이욕구와 흥을 이해하지 못하기 때문에 엉뚱한 조치를 내린다: "그는 춤을 금지시켰다. [⋯] 다음에 노래를 부르지 못하게 했다. 그러더니 심기가 불편해지자 성행위를 금지시켰다"(172-73). 이처럼 그는 인간실존에서 가장 큰 희열과 활력을 불어넣어주는 본능적 행위를 자신의 일방적 명령으로 금지시키지만, 그 명령은 어떤 성과도 거두지 못하면서 오로지 엄청난 반발심과 저항심을 촉발할 뿐이다. 그는 아집, 독선, 그리고 허위의식 때문에 사람들과 자발적이고 폭발적인 감정교류와 합리적인 대화를 할 수 없는 독재자이다. 요컨대 그는 오우사이어리스의 놀이정신과 그 파급효과를 부정하고, 실존을 왜곡시키면서 악행을 수치심과 죄책감 없이 저지르는 사악한 범죄자이다. 더욱이 그는 독재권력을 강화하기 위해 백성들은 다신교 대신에 일신교만을 믿어야한다고 강요한다. 그는 오우사이어리스의 다신교를 무력화하기 위해 신하들에게 "옛날 책들을 뒤져, 세트는 선량하게 그리고 오우사이어리스는 사악하게 보이게 하도록 내용들을 고쳐 쓰기 시작하는"(174) 사업을 추진하라고 명령한다. 이렇게 그는 모든 수단을 동원하지만 "생명력과 풍요를 찬미하는 오랜 옛날의 농사의식에 뿌리를 둔 종교(졔스 그루)를 근절할 수 없다. 오히려 그의 이런 비상식적, 비정상적, 비이성적 행위는 마법이 제 세상을 만났으니 악이 성행하는"[200] 나쁜 결과만을 초래한다.

세트의 이런 왜곡된 의식을 개혁하고, 악이 성행하는 사회를 정화하는 첩경은 춤과 노래 그리고 풍요와 자연을 찬미하는 *소우스의 저서*를 찾고, 그 바탕이 되는 종교(졔스 그루)를 부활시키는데 있다. 그렇지만 모우지즈(Moses)는 아이시스로부터 훔친 이 책이 인간의 본능을 부정하는 일신교에 엄청난 파괴력을 발휘할 수 있음을 알고 *소우스의 저서*를 숨긴다. 이렇게 숨겨진 *소우스의 저서*가 다시 세상의 빛을 본다. 본 뱀프턴은 "신비한 식이요법으로 죽지 않는 방법을 터득하고 1천년을 살고 있는 십자군전사"[201]로 "일신교전통의 본질을 대변하는"[202] 템플러기사단(Knights Templar)소속도서관 사서였다. 그는 도서관 지하실에서 책들을 정리하다가, 폐방으로 내려가는 비밀통로를 따라 들어간 방에서 *소우스의 저서*를 발견한다. 그는 즉시 단장에게 이 사실을 보고하고, 함께 상형문자로 집필된 저서를 번역하기 시작한다. 그런데 *저서*는 그들에게 재앙을 초래한다: "그들이 저서에서 얻어낸 성과는 … 학자들이 상실해버렸다고 주장하는 규칙으로 간주되는 이상한 의식이었다. 그들은 비밀리에 전쟁의식을 거행했다. 이 거행이 그들의 운명을 전복하는 순간이다"(188). 갑자기 7만 명의 군인들이 들이닥쳐 그들을 성지로부터 추방하자, 본 뱀프턴은 *저서*를 갖고 도망쳐 100년 동안 유럽에서 피신하다가 1890년대에 미국으로 망명한다. 그는 미국에도 졔스 그루의 징후들이 나타나고 있음을 간파하고, 이것의 전파를 막기 위해 *저서*를 숨기려고 14등분으로 절단하여 익명으로 14명의 흑인에게 우송한다. 그의 조종에 따라 서로 모르는 열네 사람은 일정기간이 지나면 각자 가지고 있던 책의 일부를 다른 사람에게 의무적으로 우송한다. 그는 이런 책략으로 *저서*를 완전하게 보관하려다가 본의 아니게 잃어버리는 불상사를 당한다. 비록 그는 *저서*를 상실했지만 제스 그루의 전파를 저지하려고 전력한다. 제스 그루는 그가 자신의 왜곡된 의식 때문에 무비판적, 맹목적으로 누리고 있는 삶의 질서와 안정에 엄청난 혼란을 야기하는 큰 파괴력이 되기 때문이다. 그러므로 그는 제스 그루의 확산을 저지하기 위한 모든 방안과 대책을 강구한다.

그 방안과 대책 하나는 그가 *소우스의 저서*를 다시 찾아서 분서하는 작업이고, 또 하나는 흑인들 사이에서 종교(제스 그루)를 무력화시키는 데 앞장설 수 있는 유능한 흑인지식인과 작가들을 매수하여 자신의 앞잡이로 활용하는 과업이다. 그는 이 과업을 성공적으로 완수하기 위해 잡지 *상냥한 괴물*(*Benign Monster*)을 창간하여, 전위예술형식으로 편집함으로써 정부의 제재를 받아 대중적 인기를 크게 끌게 하려한다. 먼저 공산주의에 관심이 많은 흑인지식인을 사회문제에 대한 흑인의 견해를 표명하는 기고자로 고용한다. 또 그는 이 지식인으로부터 이슬람교신봉자이고 흑인민족주의자, 압둘 수피 해미드(Abdul Sufi Hamid)가 "종교(제스 그루)는 사람들을 춤에 지나치게 열중하게 자극하기 때문에 필요하다면 무력으로 진압되어야한다고 주장한다"(81)는 말을 듣고, 다음 호에 그의 글을 게재하려한다. 그러나 그는 압둘 해미드가 자기가 잃어버린 *소우스의 저서*를 번역하여 편집하고 있다는 사실을 알고 아연실색한다. 게다가 그는 흑인시인을 만나, 흑인시인들 중의 시인이라고 극찬하면서 잡지사의 간부가 되어달라고 애걸한다. 그는 이렇게 최선을 다하고 있지만, 성과가 없어 안절부절못한다. 결국 그는 압둘 해미드를 사무실로 찾아갔다가, 금고 안에 *소우스의 저서*가 없음을 알고 그를 살해한다. 본 햄프턴이 개인 차원에서 제스 그루의 전파를 차단하려는데 반해, 왈플라우어교단은 정치적, 조직적으로 그렇게 하려한다. 교단은 제스 그루 결사반대를 주창하는 대통령 와런 하딩(Warren Harding, 29대 대통령, 1921-23)의 적극적인 지원을 받아 심리적 질병(제즈 그루)을 퇴치시키려한다. 그는 "춤과 술을 추방하자"(17)는 정강선언으로 대통령에 당선되고, 취임하자 바로 질병 감염의사환자들을 경고하면서, 감염자들을 격리하여 치료하고, 더욱이 면역제 치료법을 실시한다. 교단은 대통령이 질병을 예방하고 차단하는데 가장 훌륭한 적임자라고 평가한다.

아무리 개인적, 정치적, 조직적으로 질병을 예방하고 치료하려해도, 질병은 "그 세균이 미국 광야를 가로질러서 스스로 효모균처럼 부풀어 커지고 있다"(20). 질병(제스 그루)은 많은 사람들을 즉흥적, 자발적으로 감동시키는 위대한 예술혼이기 때문이다. 이 예술혼은 그들의 자발적인 동조와 적극적인 지지를 받고 있다. 그 지지자들 중에서 가장 대표적인 인물이 파퍼 라배스목사 겸 탐정이다. 그는 오래 전에 "자연과 조화와 합일을 이루었던 오랜 가문의 후손이다"(45). 그래서 그의 기대와 희망에 따르면, "사람들은 한 번 더 불가사의와 경이에 깊은 관심을 가질 것이다. 그들은 이 분야에서 더 많은 그리고 저 분야에서 더욱더 많은 '진보'를 평가하여 비교하는 대신에 매우 광활한 내면세계를 탐구할 것이다"(26). 그는 이런 기대와 희망 때문에 이 예술혼이 미국 전역을 강타하면서 사람들과 그들의 언행에 큰 영향을 주고 있다고 약간 과신한다. 그러나 현실은 그렇지 않다. 압둘 해미드는 흑인들의 영혼이고 삶의 정수인 춤을 무시하여 부정하고 있기 때문이다. 또 라배스의 견해에 의하면, "지그문트 프로이트는 예술혼(제스 그루)을 분리될 수 없는 유대, 다시 말하면 외부세계와 전체로서 하나가 되는 감정으로 이해할 수도 있었을 것이다. 그러나 불쌍한 프로이트는 일신교신봉자이기 때문에 그 감정을 결코 체험하지 못했다"(45). 따라서 라배스는 자신의 희망과 현실 사이의 괴리극복, 다시 말하면 실존에서 예술혼(제스 그루)의 진가를 이해하지 못하는 일신교신봉자들의 허위의식을 개혁해야한다.

그러기 위해 그는 탐정이므로 자신의 실존철학과 예술혼(제스 그루)의 원천이 되는 *소우스의 저서*를 찾아야한다. 그는 이 *저서*가 자신의 실존철학과 예술혼의 인식과 확산에 결정적인 역할을 할 것임을 잘 알기 때문이다. 그런데 그가 이 *저서*를 찾는 과정과 목적이 종전추리소설과는 정반대이다. 종전추리소설은 간난신고 끝에 범인과 보물을 성공적으로 찾는데 반해, *멈보우 점보우*는 라배스가 *소우스의 저서*를 찾지 못한다. 또 이 소설은 "비밀을 해결하려하기보다는 오히려 비밀 범위를 확대하고 그 모호함의 영역을 확장하려한다."[203] 이 소설은 비밀을 해결하려하지 않고, 모호함과 애매함을 증폭시킨 포우스트모던추리소설이다. 요컨대 이 소설은 비밀해결과정, 결말, 그리고 확실에 주력하지 않고 오히려 미해결, 미결정, 미결론, 그리고 불확실성만 부각시킨다. 이 부각이 라배스가 확산시키려는 실존철학과 예술혼의 요체이다. 또 이 부각이 일신교신봉자들의 허위의식을 개혁하려는 시도이고 수단이다.

이처럼 이 소설에서 라배스가 *소우스의 저서*를 적극적으로 찾아 가지려 하지 않는 까닭은 작가의 의도 때문이다. 압둘 해미드는 본 뱀프턴이 *소우스의 저서*를 비밀리에 간직하려고 14등분으로 절단하여 익명으로 우송한 14명의 흑인 중의 한 사람이다. 압둘 해미드는 13명의 우편물을 전부 회수하여, *소우스의 저서*를 다시 온전한 책으로 만들어 상형문자 책을 영어로 번역한다. 그는 독학했으므로 번역을 체계적 방식으로 하지 못하고, 누비이불 만드는 사람처럼 이 지식 조각과 저 지식 조각을 합성하는 방식으로 한다. 그는 자신의 이런 번역방법이 "내가 나 자신을 가르쳤던 방식이 나의 문체, 나의 예술, 나의 방법이 되었다"(38)고 공언한다. 그는 번역을 다 끝낸 다음에야 "책의 진리는 최종결과에 있지 않고 번역과정에 있음을 깨닫는다."[204] 그는 자기번역물이 큰 반응과 동요를 일으킬 것이라고 기대했는데, 독자가 없을 거라는 이유로 출판을 거절당한다. 게다가 그는 *저서*가 "외설적이고 음란하며 퇴폐적인 책"(202)임을 알고 소각해버린다. 그는 본 뱀프턴에 의해 살해당하기 전에 써서 라배스에게 우송한 편지에 소각사실을 밝혔다. 압둘 해미드는 비록 춤을 무시하고 부정하지만, *소우스의 저서*를 소각해야할 정도로 제스 그루(지배계층백인들에게는 전염병이고 라배스와 그의 추종자들에게는 가장 위대한 실존철학이고 예술혼이다)에 적대적이지 않았다. 그는 한때 *저서*를 퇴폐적 외설물로 규정했지만, "정말로 사람들을 놀라게 하여 깨우칠 수 있는 선집"(39)으로 높이 평가했다. 이러면서도 그는 갑작스럽게 *저서*를 소각해버렸다.

그의 소각행위는 리드가 자신의 소설창작철학을 구현하기 위한, 그리고 흑인민족주의자와 일신교신봉자를 지능적으로 은밀하게 공격하기 위한 서술전략이다. 따라서 이 소각행위는 리드의 소설론에 대한 두 가지 견지에서 논의되어야한다. 하나의 견지는 소설의 정수는 이론적으로 설명될 수 있는 진리의 표현에 있지 않고 개인의 직접 체험에 바탕을 둔 깨달음과 의식개혁에 있으며, 또 하나의 견지는 소설은 무(無)에서 창작되어야한다는 주장이다. 리드는 자신의 소설론에 반기를 드는 흑인민족주의자와 일신교신봉자를 독선과 아집으로부터 해방시키는 가장 이상적인 방법을 압둘 해미드의 *저서* 소각 행위, 다시 말하면 고정관념의 와해로 실현하려한다. 리드의 지론에 따르면, "예술(제스 그루)은 그 의미나 진리 혹은 본질을 탐구하지 않고, 그 표현과 체험을 극대화한다." 이렇게 리드는 사람들을 즉흥적, 자발적으로 감동시켜 깨달음과 의식개혁으로 이끌어가는 예술적 체험을 가장 중요시한다. 또 리드는 소설은, 다시 말하면 "예술(제스 그루)은 무에서의 창조이다"**205**고 주장한다. 그의 주장은 소설창작은 절대자와 절대진리에 의존해서는 안 되고 오로지 본래면목탐구, 주체성확립, 가능성과 잠재력계발과 발휘, 그리고 공동체의식 확장에 그 바탕을 두어야함의 역설이다. 그러므로 *소우스의 저서*가 소각되었음은 우리가 실존에서 으레 쉽게 빠지는 타율성과 의존성으로부터 탈피하여 자율성과 독자성 확장에 전념해야함을 상징한다. 또 소각되었음은 이 *저서*의 철학과 주장에서 벗어나 새로운 창조적 사상과 견해를 필요로 함을 강조한다. 우리가 이런 전념과 강조에 잘 부응하려고 최선을 다한다면 *저서*는 소각으로 재가 되어 사라지지 않고, 우리 영혼을 정화하고 의식을 개혁하는 예술혼으로 우리에게 다가온다. 이 예술혼이 우리의 존재목적인 자아탐구와 실현, 개체성고수, 그리고 공동체의식 확장의 원동력으로 우리 삶에 언제나 큰 희망, 충만감, 성취감, 그리고 황홀경을 불러일으키고 있다. 더욱이 이 예술혼이 리드가 신봉하는 다문화주의의 근간일 뿐 아니라 그의 소설철학의 바탕이다.

마지막으로 파퍼 라배스가 *소우스의 저서*를 찾는데 실패함은 스스로 실존에서 왜곡된 성취, 완성, 그리고 목적달성보다는 본래면목탐구와 개체성고수가 더욱더 중요하고 필요하다는 철학을 깨달아 실천해야한다는 리드의 또 하나의 서술전략이다. 그 탐구와 고수는 *저서*에 의존하는 타율성, 객관성, 확실성, 결정론, 그리고 명확성보다는 자유를 전제하는 자율성, 주관성, 불확실성, 비결정론, 그리고 회의가 바탕이 되어야한다고 리드는 주장한다. 따라서 라배스는 가능한 한 독선과 아집에 얽매이려하지 않고, 끊임없는 자아성찰과 성숙으로 다른 사람들과 사물을 전체적으로 이해하려고 최선을 다한다. 그는 1960년대에 대학에서 강연을 마치고, 어떻게 100살까지 살고 있느냐의 질문에 대답한다: "건강한 육체도 정신의 특이한 철학과 신앙의 지원을 받지 못하면 아무 소용없다. [⋯] 우리 정신은 인사(人事)점성학이 움직이는 방식, 다시 말하면 천체에서 일어나고 있는 현상이 지상의 우리 삶에 영향을 미치고 있다는 사상과 비슷한 방식으로 활동한다"(212). 그는 자기답변을 수긍할 수 없다는 반박을 듣고, 차로 불빛이 찬란하게 비치는 맨해튼(Manhattan)으로 가고 있다. 그는 "시간은 흐르는 강물이 아니라 흔들리는 추"라고 생각하고 있는데, "마천루들은 마술 나무들처럼 빛난다." 그는 잠시 "화면을 정지한다(freeze france)"(213). 이렇게 그가 판단을 중지하고 침묵하는 장면이 소설의 끝이다. 요컨대 리드는 미국 상류계층백인들이 일신교와 이원론의 허위의식 때문에 놀이욕구와 본능을 억압하는 어둡고 무기력한 삶에 활력을 불어넣기 위해, 실존에서 춤, 활력, 생명력, 그리고 예술을 바탕으로 본래면목탐구와 개체성고수에 전력을 다할 뿐 아니라 다문화주의를 신봉하고 전파하는 주인공, 파퍼라배스를 창조했다. 이 창조가 미국소설사에 남긴 리드의 위대한 업적이다.

스탠리 엘킨(1930-1995)은 소설형식을 대담하고 광적으로 변형시킨 탁월한 포우스트모던소설가로 동료작가와 비평가들의 아낌없는 찬사와 격찬을 받았지만, 일반 독자들에게는 인기가 없었다. 애석하게도 그는 오로지 "작가의 작가로 알려졌기" 때문에 그의 소설들은 팔리지 않아 절판되었다. 그래도 그는 독자들에게 영합하려하지 않고 자신의 독창적이고 특이한 소설철학과 창작기법으로 계속 소설을 집필했다. 그의 소설철학은 이런 신념 – "자아가 제일이고 절대이다" –을 전제한다. 이 철학에 의하면, 자아는 생명력으로 자기를 보존하고, 존재의의를 탐구하며, 보람 있는 실존목적을 달성하고, 허위의식에 왜곡되지 않고, 외부 힘에 압도당하지 않으려는 강한 의지를 가져야 한다. 그래서 그는 "자아의 의지보다 더욱 강력한 외부 힘에 대항하는 자기중심의지"를 찬양한다. 이런 의지의 구현이 그의 소설의 요체이다. 그는 소설창작에서 이런 의지를 고수하려고 최선을 다한다. 그러기 위해 그는 종전소설가들의 교조적 철학과 이념의 직설적 표현을 배격하고 언어의 중요성을 역설한다: "내가 참으로 … 관심을 쏟는 대상은 철학적 사상이나 추상적 개념 또는 원형이 아니라 언어가 구사되는 절호의 기회이다."[206] 또 그는 소설을 언어와 의지에 입각해서 정의한다. 언어를 가장 중요시하는 입장에서 소설을 특이하고 독창적으로 정의하면, "소설은 언어가 구사될 수 있는 무대를 마련한다."[207] 그래서 그의 소설은 사상, 이념, 그리고 신념을 골간으로 하지 않고 문장들과 은유 그리고 구문으로 창작된다. 또 그는 "언어와 언어의 가능성"에

홀린 소설가이다. 그는 자신의 지대한 관심은 플롵이나 주인공창조 또는 주제와 같은 문제보다도 오히려 자기가 구사하는 언어에 있다고 시종여일하게 주장한다.[208] 또 의지를 절대시하는 입장에서 소설을 정의하면, "소설은 집념에 관한 이야기라고 나는 믿는다. 물론 집념이 일종의 고정관념이 되면 불합리하고 어처구니없다고 쉽게 단정된다."[209] 그가 집념을 바탕으로 소설을 창작할 때 "소설에 생기를 불어넣는 활력은 의지이다." 이렇게 그는 소설창작을 전적으로 언어와 의지에 의존하면서도 구성과 형식을 세심하게 고려한다. 그래서 그는 자신의 소설에는 탁월한 구성이 있다고 자랑한다: "내가 집필한 소설들에는 엄격하게 정의된 구성이 없는 소설은 하나도 없다."[210]

엘킨이 가장 중요시하는 소설구성은 매우 독창적이어서 전체성, 일관성, 연속성, 그리고 인과관계를 전제하지 않고, 자신의 독자적인 플롵개념 — 주인공의 소망과 주위환경이 그에게 강요하는 요구 사이에 드러나는 차이[211] — 을 바탕으로 구체화된다. 그는 플롵을 "자신의 소설창작에 으레 있는 엄격성과 탁마사상에 가장 적합한 표현으로 정의한다: 플롵은 주인공이 스스로 자기를 깨닫고 아는 상황에 세심하고 절대적으로 주의하려는 자발적 의식과 행위이다."[212] 따라서 그의 소설창작은 기존플롵에 의존하지 않고 어떤 실존상황에 처해 있는 주인공에 관한 이야기로 시작된다.[213] 그 주인공에 관한 하나의 이야기의 문장과 문단들이 직접적인 관계가 없는 다른 이야기의 문장과 문단들로 이어지면서 소설은 전개된다. 엘킨이 자신의 소설철학과 창작기법으로 집필한 *죠지 밀즈*(*George Mills*, 1982)는 그의 소설창작의 "기법과 철학에서 하나의 분수령을 그은 가장 야심적인 소설이다."[214] 이 소설은 십자군전쟁이 처음 발발했던 11세기에 엄격한 신분과 계급사회에서 마부였던 주인공, 죠지 밀즈가 받은 저주 — 후손들도 대대로 아무리 뛰어난 재능과 능력을 갖고 태어나도 하층계급신분에서 벗어날 수 없다 —로 시작된다. 이 소설은 1,000년 동안에 60대까지 이르면서도 하층계급에서 탈피할 수 없었던 죠지 밀즈 가문의 남자들에 관한 이야기이다. 그들은 많은 소설가들이 주인공으로 선택하고 싶지 않은 무시와 경멸의 대상이 되는 인물들이지만, 실은 서민으로 고달픈 삶을 사는 우리 모두를 대변한다. 그래서 엘킨은 상상력과 언어구사로 천대받는 주인공들을 창조하면서 그들의 끈질긴 인내력과 생명력을 표출시킨다. 이렇게 창조된 60대손 죠지 밀즈는 신분상승에는 성공하지 못하지만 삶의 목적은 존재의의를 탐구하고 바르게 행동하는데 있다고 깨닫는다. 그러므로 엘킨은 하층계급사람들의 삶에도 변화와 향상이 있을 수 있다고 확신한다. 이 확신이 그의 소설창작의 원동력이다.

지금부터 *죠지 밀즈*를 "생명력 예찬과 실존목적 탐구"의 논지로 고찰해 본다. 이 소설은 엘킨이 소설구성과 형식에 쏟는 지대한 관심과 세심한 배려를 특출하게 구체화했을 뿐 아니라 그의 두 개의 독창적인 플롯개념 − "주인공이 스스로 자기를 깨닫고 아는 상황에 세심하고 절대적으로 주의하려는 자발적 의식과 행위이다" 그리고 "주인공의 소망과 주위환경이 그에게 강요하는 요구 사이에 드러나는 차이" −을 탁월하게 구현한 소설이다. 소설은 5부로 구성되어 있는데, 3부의 9장을 정점으로 하여 1부와 5부는 2장 그리고 2부와 4부는 4장으로 세분하여 균형을 부각시키는 형식을 갖추고 있다. 1부는 죠지 밀즈가 말에 대한 지식은 전혀 없으면서도 마부로 시중하는 영주의 막내아들, 길러룸(Guillalume)과 함께 1097년에 발발한 첫 십자군 전쟁에 참전했던 이야기이다. 2, 3, 그리고 5부는 60대손 밀즈가 1980년에 미국에서 노동자로 살고 있는 삶에 복잡하게 엉클어진 사연과 사건들 그리고 실존목적과 의의를 깨닫는 과정의 이야기이다. 4부는 43대손 밀즈가 신분상승을 시도하려다가 영국왕의 반란음모자라는 오해를 받아 터키(Turkey)로 추방당했다가, 악전고투 끝에 영국대사관으로 피신하여 대사의 주선으로 미국행 선박에 승선하는 이야기이다. 이런 이야기들은 주인공들의 행위들과 여기에 관련된 사건들의 연대기적 순서, 인과관계, 그리고 관련성을 전혀 고려하지 않고, 화제의 갑작스런 주제변경에 따라 시간과 공간의 사실적 연관성을 전적으로 무시하고 만화경적으로 서술된다. 이 서술은 죠지 밀즈와 그의 후손들이 자신들의 의사와 의지와는 아무런 관계가 없는 출신성분 때문에 저주를 가슴에 품고 살아야하는 삶에 그 초점을 맞추고 있다.

죠지 밀즈는 자신의 소망과 주위환경이 그에게 강요하는 요구 사이에 드러나는 차이를 실감하고 극도로 절망한다. 십자군전쟁에 참전하여 밀즈의 시중을 받고 있는 길러룸은 지금 함께 헤매고 있는 유럽 광야에서는 관습도, 법도, 돈과 신분의 차이도 없다고 강조한다. 그러나 밀즈가 그의 말에 복종하지 않을 때면, 그는 그들 사이에 엄연한 주종관계가 있음을 밀즈에게 주지시키고 거기에 따르라고 강요한다: "나는 너의 상전이다 … 밀즈, 이 사실을 명심하라. [⋯] 우리가 지금 있는 여기서도 ⋯ 길러룸이 영주의 막내아들로 태어났음은 우연이 아니며, 네가 마부로 태어났음도 더욱더 우연이 아니다. 이런 출생은 추첨의 행운이 아니라 우리를 그렇게 구별하는 어떤 신비스러운 최상구조의 매우 두꺼운 벽이다." 더욱이 그는 밀즈에게 인간의 실존에서 천부능력과 재능은 아무런 소용과 의미가 없으며 오로지 출신에서 비롯되는 사회계급과 차별이 가장 결정적인 역할을 하고 있다는 사실과, 그리고 이 계급차별은 자손 대대로 계승되므로 어느 누구도 이 차별의 두꺼운 벽을 무너뜨릴 수도 벗어날 수도 없다는 사실을 명심해야한다고 강요한다. 이 강요로 그는 자신의 저주스런 운명을 한탄한다: "밀즈는 마음속으로 앞으로 갖게 될 아들들에게 – 그들이 이 운명에서 벗어난다할지라도 – 자기가 그들에게 남겨줄 나쁜 유산에 대해 사과했다." 길러룸은 지리에 관한 지식이 전혀 없으므로 무지한 밀즈에 의존하다가 길을 잃는다. 그는 포울런드(Poland)의 숲속에서 만난 상인과 함께 광산으로 끌려가 포로광부로 핍박한 노동자생활을 해야 한다. 그는 이런 여건에서도 밀즈에게 자기가 그의 상전임을 계속 주지시킨다. 이 주지로 밀즈는 지금까지 신분상의 제약과 한계 그리고 불이익을 감수함이 삶의 전부로 알고 있었는데, 이제는 자신이 "사법권의 규약, 즉 국가 ⋯ 에 의해 인권이 유린되고 행동에 제약을 받는다는 사실을 알았다." 그의 실존과 운명은 전적으로 길러룸의 결정에 좌우됨을 예시한다. 길러룸은 밀즈와 상인과 함께 광산을 탈출하여 고국, 노섬브리어(Northumbria, 중세기 영국 북부에 있었던 왕국)로 돌아가려고 결심한다. 그는 자기가 지금 어느 나라에 있는지 알지 못한다. 그러므로 그는 상인에게 앞장서서 자기와 밀즈를 노섬브리어로 가는 길로 안내하라고 단호하게 명령한다. 그들이 도중에 무장한 이교도들과 조우하여 위기에 봉착하자, 밀즈는 유창한 언변으로 그들을 설득시킨다: "구타는 야만행위이다. [⋯] 살인은 더욱더 끔찍스러운 야만행위이다. [⋯] 창들을 버려라, 창들을 버려라." 밀즈의 설득 때문에 길러룸은 위기를 모면하고 무사히 노섬브리어로 귀환한다. 그는 형들이 모두 십자군전쟁에서 전사했으므로 언젠가는 자기가 영주가 될 것임을 안다. 밀즈는 극한상황에서 그를 위해 전심전력을 다했지만, 그는 밀즈의 미래 실존과 신분에 조금도 관심을 갖지 않는다. 밀즈는 "이렇게 높은 지위에 오른 사람(길러룸)이 말에 대해 무지한 사람(자기)을 신하로 발탁하면 실익이 없기 때문에 다시 마구간으로 돌아갔다."[215] 결국 밀즈의 신분상승욕구는 좌절되고, 후손들의 더 나은 삶에 대한 기대와 꿈은 무산되었다.

43대손 밀즈는 선조와는 달리 유식하고 정치적, 경제적 전환기였던 19세기 초에 생존하면서, 신분상승을 도모했지만 실패한다. 그는 정치적 활동으로 선거법개정안이 의회에서 통과되도록 압력을 가하는 집회에 참가했으며, 신흥 상업중산층으로 도약하려는 노력과 수고도 아끼지 않았지만 여러 사건과 여건들로 인해 뜻을 이루지 못한다. 그의 실패원인은 욕구와 의욕만 너무 앞서고, 그의 의지를 가로막는 주위 사정과 여건을 세심하게 고려하지 않는데 있다. 그는 자신의 의지실현에 결사적으로 반대하는 세력이 있음을 간과하고, 일방적으로 자기목적달성에만 지나치게 집착하기 때문에 실패한다. 그는 신분상승시도에서 성공하려면 이런 요체를 가장 명심해야한다: "길러룸이 밀즈가의 영원한 사회적 한계를 고정하고, 우리에게 – 혁명, 선거법 개정법안, 현대, 혹은 서서히 싹트는 희망에 주의를 기울이지마라 – 우리의 운명을 알려주었을 때, 포울런드의 숲속에서 있었던 주요한 사건을 기억하는 일이다"(339-40). 이 주요한 사건은 길러룸이 밀즈에게 어느 사회에나 계급이 있으며, 이 계급에 따른 상하관계가 있는데 자기가 그의 상전임을 주지시켰던 훈계이다. 밀즈는 이 훈계를 무시한데다 기득권층이 기층민의 신분상승욕구와 시도를 억압하고 방해할 뿐 아니라 국가권력도 기득권층을 적극적으로 옹호한다는 사실을 간과한다. 그는 이 간과로 기득권층과 국가권력에 현명하게 대처하지 못하기 때문에 결정적인 시기에 신분상승을 시도했다가 실패한다. 밀즈는 지주의 소개장을 갖고 런던으로 가서 죠지 4세를 왕궁이 아니라 안전가옥에서 배알한다. 그는 이 배알로 자신의 신분상승을 시도했지만, 뜻밖에 왕이 그를 첩자로 오해하기 때문에 뜻을 이루지 못한다. 그는 왕의 이런 오해를 받아 외교사절로 친서를 지닌 고위사자와 함께 터키에 파견된다. 왕의 친서 저의는 터키황제가 그를 살해하도록 하려는 데 있다. 왕의 의도는 왕권, 즉 국가권력에 도전하고 반항하는 사람들을 결코 용납하지 않겠다는 강한 의지를 암시한다. 이 암시는 기득권층을 대변하는 왕이 기층민의 신분상승욕구와 의지를 가능한 한 억압하려는 의식과 대책을 노골적으로 표출한다. 그는 죠지 4세의 자기 제거음모와 터키왕의 미숙한 대응을 간파하고도, 자신의 신분에 변화를 가져오기 위해 터키왕의 근위보병(Janissary)부대원이 된다. 그는 부대원생활에 큰 환멸을 느끼고 친구와 함께 부대를 이탈해서 왕궁의 후궁거처로 피신하여, 세탁물을 관리하는 환관으로 위장한다. 그는 우두머리환관으로부터 의미심장한 말을 듣는다: "어느 조직이 되었든 그 본질은 사리추구원리에 바탕을 두고 있다. 후궁에서 모든 여자의 본래 적은 여자이다. […] 모든 나이든 여자는 처녀들을 질투한다"(440). 이제 그는 자신의 실존이 다른 사람들의 사리추구에 의해 조종당하고 결정되어 왔음을 깨닫는다. 그는 거세당해 환관이 되고 싶지 않으므로 우여곡절을 겪고 왕궁에서 나와 영국대사관으로 피신한다. 그는 대사로부터 죠지 4세는 자기와 같은 신하를 더 이상 필요로 하지 않는다는 공개발언을 듣는다. 그는 대사의 주선으로 미국행 선박에 승선한다. 결국 그도 신분상승에는 실패하지만, "가족의 신분을 일시적으로 상승시키려는 시도가 얼마나 지난한가를 몸소 배운다."[216]

60대손 밀즈는 미국사회에서 빈곤에서 비롯되는 처절함과 쓰라림을 평생 동안 뼈저리게 느끼면서 생존하고 있다: "당신은 미국에서 가난이 무엇이고 어떠한가를 이해합니까? 나는 개인적으로 알고 있다. […] 나는 언제나 빈곤했고, 내 선조들도 그랬다. […] 나는 밀즈가문이 왜 가난했는가를 이해하지 못한다. 우리는 항시 존경받았지만 언제나 가난했다. […] 가난한 사람들에게는 거의 모든 장소가 외국이고, 나라 전체가 이웃이 아니고 치외법권이고 괴상하다"(48, 235). 그는 지금 세인트 루이스(St. Louis)에서 강제퇴거를 당하는 흑인가정의 가구를 집밖으로 꺼내 운반하는 노동자로 살고 있다. 그는 법을 집행하면서 자기보다 못사는 사람들에게 마음의 큰 상처와 고통을 주는 직업에 종사하면서도, 미안하고 서글픈 마음을 느끼지 않을 뿐 아니라 선조 43대손과는 달리 신분상승과 가난극복을 시도하려하지 않는다. 더욱이 그는 하나님을 믿지도 않으면서 갑자기 자기는 "구원받았다"는 황당한 주장을 한다. 그의 "구원받았다"는 의미는 선조가 길러룸으로부터 받았던 저주 – 아무리 재능과 능력이 탁월한 후손도 하층계급신분에서 벗어날 수 없다 –로부터 스스로 해방되었음을 상징한다. 그가 구원받았음은 대대로 내려온 저주의 강박관념으로부터 자기만은 해방되었다는 자랑이다. 밀즈가문의 후손들은 1000년 동안 이 저주의 포로로 전락하여 아무런 불평불만 없이 하층계급신분으로 오로지 생명력과 인내력에 의존하여 생존했다. 다만 43대손 밀즈는 종교, 정치, 경제, 그리고 외부여건과 그 변화에 편승하여 기득권층에 도전하는 신분상승을 시도했다가 실패했다. 60대손 밀즈는 이 실패를 반면교사로 삼아 실존목적을 기득권층에 도전하여 외부여건을 변화시키려는 시도보다는 오히려 강박관념으로부터 해방 그리고 삶의 의미탐구에 둔다. 그런 후에 목적을 이루려고 최선을 다한다. 엘킨은 60대손 밀즈를 창조하려고 지금까지 밀즈가문 후손들이 외부세계와 빚었던 갈등의 플롯개념 – "주인공의 소망과 주위환경이 그에게 강요하는 요구 사이에 드러나는 차이" –을 60대손 밀즈가 강조하는 자아탐구의 플롯개념 – "주인공이 스스로 자기를 깨닫고 아는 상황에 세심하고 절대적으로 주의하려는 자발적 의식과 행위이다" –으로 바꾼다. 이 주인공의 해방과 의미탐구는 이런 플롯 변경을 바탕으로 2부의 열두 살 때의 삶, 3부의 그가 간병했던 암 환자, 쥬디스 글레이저(Judith Glazer)의 죽음, 그리고 5부의 삶의 목적과 의의를 깨닫는 과정의 이야기로 구체화된다.

60대손 밀즈는 열한 살이 된 1930년에 아버지가 매서운 겨울 추위도 피하고 막노동일자리라도 구하려고 북부에서 플로리더(Florida)주의 학교와 도서관이 없는 캐서도거(Cassadaga)읍으로 이사한 사실을 알고 있다. 또 그는 아버지가 일시적 정신착란으로 아들이 이틀 동안 굶었고 아내는 임신했다고 거짓말을 하면서, 광장을 청소하는 발이 쇠사슬로 묶인 죄수들에게 과일이나 과자를 가지고 있으면 달라는 구걸행위와 잠잘 곳을 찾으려고 허겁지겁했던 모습을 기억한다. 게다가 그는 아버지가 항시 한탄했던 밀즈가문의 저주 – "결코 출세하지도 … 하층계급에서 벗어나지도 못하고, 케인(Cain)으로 낙인찍힌 [숙명]"(137) –를 명심한다. 그러면서도 그는 선조들과는 달리 저주에 완전히 압도당하지 않는다. 다행스럽게도 그는 심령술사들의 집단거주지인 캐서도거에는 어른들만 있고, 자기가 유일한 소년이기 때문에 그들의 심부름꾼으로 일해 어린 나이에 적은 금액이지만 저축도 한다. 더욱이 그는 열두 살 때 잘 알고 친해진 목사 겸 심령술사, 윅런드(Wickland)의 심령술을 통해 부모의 과거 삶 이야기를 듣는다. 심령술사의 말에 의하면, 아버지의 비참한 실존은 저주 때문이 아니라 그의 무능과 의지결핍으로 극복될 수 없었다. 아버지와 선조들은 저주로부터 해방될 수 있는 능력의 소유자들이었지만 해방되지 못했다. 특히 아버지가 이렇게 된 연유는 "그가 결코 해방을 원하지 않았다"(180)는데 있다. 그가 저주로부터 해방되려면 에더퍼스(Oedipus)왕처럼 도전해야한다: "코린스(Corinth)를 탈출하라. 한 남자를 죽이고 사랑에 빠져 결혼하라. 당신 자신에게 당신 양손이 묶여 있다고 말하라"(179). 이렇게 그는 워런드의 심령술 덕분에 아버지는 저주의 강박관념에 너무나 깊이 매몰되어 있었기 때문에 빠져나올 수 없었다는 사실을 비로소 인지한다. 아버지가 저주로부터 해방되고 싶은 욕구는 고착될 대로 고착된 저주 구술역사에 압도당해 물거품으로 사라져버렸다. 그의 저주굴레의 실존에서 가장 큰 문제는 그가 비참한 현실에 도전하려는 의지결핍보다는 오히려 강박관념의 응고와 고착에서 비롯되는 자아위축과 현실도피에 있었다. 따라서 그는 아버지를 반면교사로 삼아 저주의 굴레로부터 해방되는 첩경은 현실과 삶에 대한 고정관념에서 벗어나 모든 사상과 사물을 다각적으로 볼 수 있는 의식의 유연성, 변화무쌍, 그리고 상상력을 바탕으로 실존하려는데 있다는 생활철학을 터득한다.

60대손 밀즈는 열두 살 때 터득한 생활철학을 바탕으로 성숙하여, 50대에는 비록 노동자이지만 자기는 "구원받았다"고 자랑한다. 그는 강제퇴거당하는 흑인가정의 가구를 집밖으로 꺼내 창고로 운반하는 노동자로 일하다가 일시 해고당한다. 이렇게 실직 중일 때 그는 췌장암으로 6개월 시한부 삶을 사는 매우 부유한 가정의 딸이고, 곧 대학학장이 될 교수부인, 쥬디스 글라이저의 간병인으로 고용된다. 그는 레이이트릴(Laetrile)치료(공인받지 못한 민간항암치료)를 받기 위해 멕시코로 가는 그녀를 동행한다. 그는 이 동행으로 인해 새로운 세계를 체험함으로써 자아유폐에서 해방되고, 맹목적으로 강요받는 하층계급의 신분 벽을 뛰어넘게 되며, 자기와 삶을 다시 정의하는 계기를 마련한다. 그는 외국환경에 쉽게 익숙하지 못해, 자기거주지를 분명하게 밝혀 말할 수 없는 일시적 혼란에 빠진다: "익숙하지 못함을 규명하기가 더욱 어려웠다. 그러지 못함은 그의 지평선 시계, 다시 말하면 평행선 안에서만 살았던 그의 생활감각과 관계가 있었다. 지금 그가 머물고 있는 스유다드 화레스(Ciudad Juarez)는 삼면이 계곡, 다시 말하면 주위의 언덕과 산들의 짧게 잘리고 망그러진 굽이들 안에 들어 있는 건조지역의 비(V)자형 계곡의 열린 쪽에 위치하고 있었다. 언덕과 산들은 경계표이고 이정표들이었다. 그 이상이었다. 또 언덕과 산들은 장관이고 거리가 멀다는 증거이고 … 이국적이고 기이했다. [⋯] 그는 구름 한 점 없는 하늘 밑의 평지에서 살았는데 지금은 산속에 있었다. 그는 산속에 있고 평지에는 없었다. 그래서 그는 환경이 크게 다른 두 곳에서 동시에 생존하고 있다고 생각했다"(247-48). 이처럼 그는 자기가 지금 어떤 지역에 있는가를 확실하게 알 수 없어, 자기를 단정적으로 정의할 수 없는 경우가 있다는 사실을 깨달았다. 이 깨달음은 그가 언제나 자기를 하층계급출신자로 한정할 필요가 없는 경우와 때가 있음을 예시한다. 다시 말하면 그도 때와 경우에 따라서는 하층계급에서 뛰쳐나와 상류계급에 합류할 수 있는 가능성을 예시한다. 그는 지금까지 다른 사람들과 환경의 영향을 받아 자기도 모르게 벽을 쌓아 그 안에 자아를 유폐시켜 제약했다. 따라서 그가 할 수 없다는 무능력과 하고 싶지 않다는 회피의식은 외부의 영향을 받아 축적된 고정관념의 산물, 즉 아집이다. 이 아집은 일격을 받는 계기가 있으면 와해된다. 그는 어머니를 문병하러 온 딸, 메어리와 함께 시간을 보내기 위해 수영장에 간다. 그는 수영장에 들어가려면 수영복을 사야한다. 그런데 그녀는 그가 도저히 상상할 수도 용납할 수도 없는 노란 비키니수영복을 고른다. 처음에 그는 "나는 이 수영복을 입을 수 없다"(290)고 그녀와 말다툼을 벌인다. 그러나 그녀는 자기가 고른 수영복을 그가 입지 않는다면 병원으로 돌아가겠다고 으름장을 놓자, 그는 바로 그녀 뜻에 따른다. 결국 그는 착복할 수 있으리라고 상상도 못했던 수영복을 입는다. 이렇게 그는 메어리의 일격을 받아 자아유폐로부터 해방되어 아집을 버린다. 더욱이 쥬디스는 영면하면서 간병인 밀즈를 자신의 관 운구자들 중의 한 사람으로 지명한다. 그녀의 가족들은 신분상 이 지명을 받아들이고 싶지 않지만 고인의 유언을 묵살할 수 없다. 그녀는 그가 시간이 없어 상류층의 운구에 걸맞는 복장을 준비할 수 없다는 사실을 잘 알면서도, 일부러 그를 운구자 명단에 넣는다. 그는 격식에 맞지 않는 복장을 하고, 관을 운구하면서 신분의 벽을 허문다. 또 그는 그녀에 대한 찬사를 듣는다: "환자(쥬디스)는 모든 사물은 의미를 가져야한다고 요구했다. 그녀는 의미가 없는 사물에 관대하지 못했다"(314). 드디어 그는 이 찬사를 자신의 실존에서 가문의 저주에 얽매이지 말고 의미를 끊임없이 탐구하라는 계시로 수용한다. 이제 그는 삶에서 가장 중요한 책임과 의무는 그 목적과 의미의 탐구에 있다는 철학을 터득하고, 가문의 저주로부터 해방된다. 이 해방이 그가 선조들과는 달리 독자적으로 거둔 큰 성과이고 "구원받았다"이다.

그는 자기가 "구원받았다"는 자랑에 대한 설교를 교회에서 한다. 그가 신도들과 예배를 보고 있을 때 목사가 그를 알아보고, 설교단으로 인도해서 설교를 할 형제로 소개한다. 먼저 그는 자기를 자손대대가 노동자계급으로 살아야한다는 저주를 받은 죠지 밀즈가문의 60대손이라고 소개한 다음에 "당신이 삶을 어떻게 사느냐는 당신 책임이다"(501)는 말로 설교를 시작한다. 그의 선조들은 1000년 동안 이 저주를 숙명으로 받아들여 삶을 체념하고 살면서도 끈질긴 생명력으로 지탱했다. 한 선조는 정치적, 경제적, 사회적 변화에 편승하여 신분상승을 시도했다가 실패했다. 지금 그는 노동자이지만, 사회적 계급을 의식하지 않는다고 천명한다. 그는 오직 "인생목적은 매우 오래 살면서 중요한 의미를 발견하거나 대단한 일을 훌륭하게 하는데 있다"는 믿음으로 살고 있다. 그는 선조들과는 달리 노동자신분과 궁핍한 삶에 개의치 않고 실존목적과 의미를 궁리함으로써 가문의 저주로부터 해방된다. 이 해방은 선조들이 끈질긴 생명력으로 지탱했던 저주스러운 삶, 다시 말하면 그들의 실존을 옭아매었던 고정관념과 허위의식의 극복이다. 그는 저주의 굴레로부터 해방되어 환호한다: "그것은 저주가 아니었다. 그것은 마법, 마술, 1000년 동안 잠자는 숲속의 미녀, 1000년 동안 살았던 운명이다"(518). 요컨대 그는 자신의 해방을 바탕으로 신도들에게 실존에서 실체 없는 그림자에 얽매이지 말고, 진정한 목적과 의미를 탐구하면서 극한상황에서도 삶을 체념하지 말고 생명력으로 지탱하라는 당부로 설교를 마친다. 그는 일부 신도들이 "아멘, 아멘" 하는 소리를 들으면서 그들을 경이의 눈으로 바라본다. 이렇게 엘킨은 생명력을 예찬하고 실존목적을 부단히 탐구하는 이상적인 소설주인공, 60대손 밀즈를 창조했다. 이 창조가 엘킨의 위대한 업적이다.

월터 애비쉬(1931-)는 가장 탁월한 포우스트모던소설가들 중의 한 사람이고, 그의 작품은 로버트 쿠버, 윌리엄 개더스, 죤 혹스, 토머스 핀천, 윌리엄 개스, 그리고 죠우저프 맥얼로이(Joseph McEloy)의 소설들과 비교될 때, 그 질 그리고 독자들에게 촉발하는 경이감과 흥분에서 대등한 위치에 있다.[217] 이런 위상은 그가 유대인으로서 자신의 독창적인 소설철학과 창작기법 때문에 확보될 수 있었다. 그는 자신의 소설철학과 창작기법으로 독자의 기대와 예상을 뒤엎는 플롵과 주인공을 오로지 상상력과 언어구사로 창조한다: "애비쉬는 자신의 소설을 주인공이나 플롵에 대한 독자의 기대에 어긋나게 구성한다. 특이하게 플롵과 주인공 이야기전개가 갑자기 중단되면서, 명쾌한 설명이나 '의미'를 찾으려하는 독자에게 고조되는 애매모호한 감정과 부수적 실망감과 불쾌감을 불러일으킨다." 또 그의 철학과 기법은 사회에서 일반적으로 수용되고 있는 질서개념 전복과 의사소통 이해에 대한 불신을 전제한다. 그는 이 철학과 기법으로 한 번도 방문한 적이 없는 독일을 소재로 두 번째 소설, *독일의 정체*(*How German Is It*, 1980)를 창작하여 펜/포크너상(Pen/Faulkner Award)을 수상했다. 더 자세히 설명하면 그의 소설철학은 "만물은 항시 변화하고 있음에도 불구하고 매우 이상하게 변화가 일어나고 있는 것처럼 보이지 않는다"[218]를 전제한다. 그는 우리 삶과 사회가 언제나 바람직한 변화의 소용돌이 속에 있어야함에도 불구하고, 그렇지 않아 큰 비극이 일어나고 있는 현실을 개탄한다. 그러므로 그는 소설이 우리 실존과 사회에 촉발하는 창조적 변화를 고대한다. 그러면서 그는 이 변화의 바탕은 소설이 일으키는 깨달음과 의식개혁에 있어야지, 절대로 사회와 국가가 강요하는 객관적 진리에 있어서는 안 된다고 역설한다. 그는 "소설의 진의는 … 오로지 반응과 감응으로 현실화된다"[219]고 확신하기 때문이다. 따라서 그가 독자의 깨달음과 의식개혁을 증폭하는 반응과 감응을 가장 중요시하는 소설론에 의하면, "나는 소설은 그 자체를 탐구한다는 철학에 과거에도 매료되었고 지금도 그러고 있다 … 소설은 내부로 지향하면서 실존양상의 경상(鏡像)으로 스스로를 기호화하는 전개과정을 조정한다."[220] 그는 이 전개과정, 즉 주인공과 화자의 창조과정에서 그의 두 사람에 대한 불신이 이야기를 갑자기 단절시키는 요인일 뿐 아니라 역할을 한다. 그는 주인공과 화자에 대한 불신 때문에 그들을 묘사할 때 명확성보다는 애매모호함, 분명함보다는 불분명함, 한결같음보다는 변덕, 그리고 연속성보다는 단절을 선호한다. 그는 이런 언어구사를 창작기법으로 활용한다.

그의 주인공과 화자에 대한 불신과 애매모호한 언어구사는 애돌프 히틀러의 만행이 용인되었던 독일사회와 그 구성원들에 대한 반발과 경종에 기인한다. 그 사회와 구성원들은 히틀러의 이런 황당한 주장을 그대로 수용했다: "히틀러의 이상화된 공상적인 미래관은 그가 국제주의, 민주주의, 그리고 평화주의와 동일시하는 유대인들이 없는 세계를 전제했다. 히틀러의 일관성은 매우 현저하다. 최후의 순간까지 히틀러는 자신의 성스러운 사명감을 확신하고, 두 개의 과업에 열중했다. 하나의 과업은 자신의 건축학적 환상, 다시 말하면 자기찬미의 형상화이고, 또 하나의 과업은 자기가 정복하려는 국가와 국민들을 궤멸시키려고 위협하는 세균인 유대인들을 몰살함으로써 세계에 행복을 가져온다는 그의 서약이었다."[221] 애비쉬는 그 사회와 구성원들이 매우 성실하고 유별나게 법을, 더욱이 히틀러정부의 악법까지도 준수하기 때문에 그들의 관습과 일상사에서 히틀러의 주장과 만행이 무비판적으로 용납되었을 뿐 아니라 그 악법을 준수하려고 양심을 저버리면서 유대인들을 적대시하고 잔혹하게 처형하는 행위로 귀결되었다고 굳게 믿는다. 더욱이 그는 독일사회와 그 구성원들은 준법정신이 매우 투철하기 때문에 법이 규정한 질서를 잘 지켰다고 확신한다. 그는 이런 확신 때문에 그들이 지키는 도저히 용납될 수 없는 질서, 더욱이 미증유의 비극을 야기한 질서는 전복되어야한다고 크게 고함친다. 그러면서 그는 그들의 질서의 새로운 개념이 정립되어야할 뿐 아니라 양심, 이성, 그리고 판단력을 마비시키는 관습과 일상사도 재검토되어야한다고 설파한다. 게다가 그는 그들이 이런 질서를 전제로 일상생활에서 자연스럽게 했던 의사소통의 이해를 불신한다. 이처럼 애비쉬는 기존질서의 전복과 의사소통 이해의 불신을 전제로 왜 야만적 행위가 언제나 세계 도처에서 반복되고 있을 뿐 아니라 묵과되고 있는가를 규명하려고 최선을 다한다. 그러면서 그는 야만적 행위를 근절할 수 있는 대책과 방안을 모색하려고 심혈을 기울인다. 그는 이런 규명과 모색이 작가들의 가장 중요한 사명이라고 확신한다. 따라서 그의 소설창작 목적도 이 규명과 모색에 있다.

애비쉬는 소설창작목적을 관습의 답습과 독재권력으로 인한 자아상실과 야만적 행위를 고발하는데 두지만, 소설집필에서는 무엇을 표현하려하기보다는 오히려 어떻게 구성하느냐와 어떻게 언어를 구사하느냐를 더욱더 중요시한다. 그는 자신의 독자들에게 무엇을 탐구하려하기보다는 오히려 어떻게 반응하느냐에 더욱더 지대한 관심을 쏟으라고 권유한다. 실제로 그는 *독일의 정체* 창작목적을 천명한다: "나는 *독일의 정체*를 집필할 때 독자가 자신의 정서적 독일관을 투사할 애매모호하지만 중립적인 작품을 선보이려고 의도했다." 그는 이 소설에서 히틀러가 인류 역사상 미증유의 만행을 저지를 수 있었던 독일의 정치적, 경제적, 사회적, 문화적, 종교적 여건 그리고 국민들의 동조와 방관의식을 설명하려하지 않았다. 그는 소설에서 시도하는 의미탐구와 설명은 아무런 의의가 없다고 믿는다. 그러므로 그는 소설창작과 읽기에서 독자반응의 다양화와 활성화를 강조한다: "나는 *독일의 정체*가 불확실할지라도 다양한 반응을 유발하도록 시도한다. 나는 독자에게 자신의 독일에 대한 축적된 지식과 독특한 독일관을 소설에 접목시키라고 권유한다. 왜냐하면 독일 나라 밖에도 확고한 독일관을 갖고 있지 않은 사람이 있느냐?"[222] 그는 *독일의 정체*를 창작할 때 독일을 설명하려하지 않고, 독일에 대한 개개인의 반응을 유발하기 위한 방안을 스스로 강구한다: "*독일의 정체*를 집필할 때, 나는 결코 독일에 가본 적이 없었을 뿐 아니라 독일이 어떤 나라인지도 알지 못했다. 독일에 관한 많은 책들을 읽었으며, 독일의 현실을 알아볼 목적으로 라이너 베르너 파스빈더(Rainer Werner Fassbinder)와 빔 벤더스(Wim Wenders)의 영화를 전부 보았다."[223] 또 그는 현재 독일에 있는 도시들과 똑같은 가상도시, 브럼호울드스타인(Brumholdstein)과 다른 도시들을 창조하여 제시하기 위해 베이디커(Baedeker)와 미셸린(Michelin)의 독일관광 안내서에 있는 마을들과 작은 도시들을 면밀히 관찰했다. 그는 이 관찰을 바탕으로 언어와 상상력에 의존하여 도시들과 거주자들을 창조했다. 이 창조에 힘입어 독자들은 "기호의 세계, 미국인에 의해 인식된 독일사회, 다시 말하면 '독일에 대한' 반응 유발을 의도하여 기호화된 이야기의 세계로 들어간다. 이 세계가 실제 독일사회는 아닐지라도 독일사람들과 다른 나라 사람들에 의해 수용되는 독일에 대한 보편타당한 견해이다."[224] 지금까지의 논의를 바탕으로 *독일의 정체*를 "답습과 이념보다는 도전과 탐구정신"의 논지로 고찰해본다. 이 고찰은 비록 애비쉬가 "중심인물이 소설 전개에 필수적이지" 않기 때문에 "*독일의 정체*에는 중심인물이 없다"고 단언했지만, 헬므스 하게나우(Helmuth Hargenau)와 얼리크(Ulrich) 하게나우가 소설에서 중심인물 역할을 하고 있다는 주장[225]을 전제한다.

*독일의 정체*의 등장인물, 학교선생 앤어 헬러(Anna Heller)의 주장에 따르면, 우리의 실존자체가 변화이기 때문에 우리는 자신과 다른 사람들의 삶에, 그리고 사회에 끊임없이 창조적 변화를 일으키려고 최선을 다해야한다. 그럼에도 불구하고 우리는 실존에 절대적으로 있어야하는 변화에 의식적으로 관심이 없다. 이 선생은 우리의 변화에 대한 무관심을 실례를 들어 설명한다: "지금 우리 교실 창문 아래 있는 거리는 내가 이미 지적했던 것처럼 눈에 아주 익어 언제나 똑같다. 그러나 저 거리는 우리가 어제 보았던 거리와 다르며, 내일 바라볼 거리와도 같지 않다. 거리는 언제나 변화하고 있다. 다만 우

리가 항시 변화를 예의 주시하지 않는다." 그러나 우리는 무의식적, 본능적으로 변화를 갈망한다고 선생은 역설한다: "우리는 실존에서 새롭고 상이한 사상을 도입하여, 새로운 사회를 창조하고 싶다."[226] 다만 우리는 변화욕구를 실현할 수 없는 여건 가운데서 실존했으며, 지금도 그러고 있을 뿐이다. 독일사회의 기득권세력은 변화를 부도덕, 불안정, 그리고 무질서로 간주하기 때문에, 우리의 변화욕구를 용납하지 않았으며, 지금도 그러하기 때문이다. 애비쉬는 한 대담에서 독일사회의 변화에 대한 무지와 공포증을 피력했다: "내 확신에 따르면, 괴테(Goethe)는 클라이스트 하인리크 번(Kleist Heinrich von, 1777-1811, 독일시인, 극작가, 소설가)의 작품을 불안정하다고 비난했다. 또 그는 클라이스트의 성공을 방해하는 일익을 맡았다. 아니나 다를까 클라이스트는 괴테가 옳았음을 입증하는 것처럼 그 후 바로 자살했다. 괴테가 100년 동안 독일사람들의 문화영웅이 되었음은 조금도 놀랄 일이 아니다. 그런데 이 문화영웅은 무엇보다도 무질서(변화)를 두려워했으며, 질서(정체)를 도덕적, 합리적 발전과 동일시했다."[227]

이처럼 변화가 부도덕, 불안정, 그리고 무질서로 매도되고, 독일사람들의 변화욕구가 억압되기 때문에 그들이 변화에 깊은 관심을 가질 수 없는 사회에는 언제나 지배계층의 독재와 횡포 그리고 여기에 맹목적으로 반항하는 개인과 집단이 일어나기 마련이다. 특히 활발한 변화가 없는 사회에서는 집권자들과 그 반대자들의 주장과 이념에 무조건 맹종하라는 강요와 강제가 무서운 공포이고 위협이다. 또 이런 사회의 지도자들은 불법과 치욕으로 점철된 과거를 성찰하여 반성하려하지 않고 무조건 은폐하려한다. 그러므로 이런 사회에는 도전과 탐구정신으로 실현하려는 자아성찰과 성숙, 자유, 그리고 공동체의식은 있을 수 없다. 실례를 들면 창조적 변화가 없었고, 지금도 없는 독일사회를 언어로 기호화한 *독일의 정체*에는 지배계층의 일방적 이념과 그 폐해, 구성원들의 의식마비, 그리고 거기에 따른 무관심이 잘 드러나 있다. 히틀러는 자신의 황당한 이상을 실현하기 위해 제정한 악법을 국민들에게 강제적으로 시행하고 준수시키려고, 그들의 투철한 준법정신을 악용했다. 그는 이 악용으로 그들의 양심, 이성, 그리고 판단력을 마비시켜, 그들의 인권과 자유를 유린하고, 더욱이 유대인 집단학살의 만행을 저질렀다. 그러나 그들은 그의 철권정치와 야만적 행위에 속수무책이었다. 또 지금 지배계층도 국민들의 인권, 자유, 그리고 공동체의식에는 전혀 관심이 없다. 게다가 이 계층은 모든 사회구성원 사이에 반드시 있어야하는 상호이해와 존중, 평등사상, 그리고 협동정신을 구현하려는 어떤 방안도 제시하지 않는다. 그러므로 간난신고 끝에 수립된 민주정부를 전복하려는 극좌파 폭력단체, 아인치 집단(Einzieh Group)이 암약하고 있다. 그런데도 지배계층은 왜 극좌파폭력단체가 존립할 수 있는가의 여건을 규명하고, 그 대책을 강구하여 현실을 개선하려하지 않는다. 오로지 지배계층의 대변자, 에이고운(Egon)은 자기편의와 이익의 극대화를 위해 일방적으로 피지배계층에 단결을 강요하는 의미로 해석되는 조화의 위력 그리고 그 절대적 중요성과 필요성을 역설한다: "나는 본질적 조화의 열렬한 신봉자이다. […] 조화는 내가 새로운 시각으로 내 자신과 내 삶의 목적을 평가할 수 있는 능력의 원천이다. […] 신생 독일을 대변하는 상징이 기술될 수 있다면, 그 상징은 전체적 조화를 이루고 싶은 소원, 욕구, 더욱이 갈망이다"(130-31). 이렇게 창조적 변화가 용납되지 않는 사회의 질서는 지배계층의 위장된 질서이며, 실존의 활력과 생동감이 조금도 없는 무감각, 무관심, 무기력, 그리고 정체로 얼룩진 사회분위기를 생성한다. 또 이런 사회질서를 유지하려고 쏟아내는 지배계층의 감언이설은 진실성과 사랑이 없기 때문에 매우 공허하고 위험하다. 그래서 애비쉬는 소설창작에서 일반적으로 수용되고 있는 질서개념의 전복과 의사소통 이해에 대한 불신을 전제한다.

애비쉬가 이 전복과 불신을 전제로 창작한 *독일의 정체*는 독일이라는 특정 국가에 대한 악의나 비난이 아니라, 지금도 여전히 독재자들의 강압통치가 무자비하게 자행되고 있을 뿐 아니라 이념을 맹신하는 폭력집단들의 무차별 살상과 파괴활동이 펼쳐지고 있는 현실에 대한 통탄과 경고이고, 더욱이 이런 비극적 현실에 침묵하는 예술가와 지식인들에게 두드리는 경종이다. 어떤 예술가와 지식인들은 독재자와 이념맹신자들처럼 끊임없이 자아를 성숙시키려하지 않고, 자아를 세계에 친숙하도록 하여 안주하면서, 그 조직화의도와 요구에 순응하려는 피동적 현실안주형 인간들이다.[228] 그들은 실존에서 도전하여 탐구하려하기보다는 오히려 답습과 이념의 포로로 전락하려한다. 이렇게 황폐한 실존에서 오로지 얼리크 하게나우만이 자기를 알고 성숙시키려고 고군분투한다. 그의 "자신 안에서 그리고 조국의 과거와 현재 안에서 시도하는 자아탐구"[229]는 사건들보다는 오히려 애매모호한 언행으로 일관성도 없고 예측할 수도 없는 등장인물들과 빚는 불협화음의 관계에서 시작되지만, 사람들의 의식개혁과 거기에 따른 사회변화가 일어난다면 어떻든 결실을 맺을 수 있을 것이다.

얼리크는 언론에 대서특필되었던 민주정부전복음모를 꾸민 아이치집단과 연루된 재판에서 가문의 후광에다 자기와 이혼한 부인, 이 단체의 핵심이론가이고 전략가인 폴러(Paula)에게 유리한 증언을 해서, 자기와 폴러는 방면되고 다른 조직원들에게는 중형이 선고되도록 했다. 그는 이 때문에 생명의 위협을 느껴 파리(Paris)로 도피했다가, 6개월 후에 고향 뷔르텐버그(Würtenburg)로 돌아온다. 그가 귀국해서 받은 첫 인상은 관습의 답습은 여전하고 변화의 조짐은 없어 크게 실망한다: "정성을 다한 깨끗함. 더욱이 투철한 질서의식. 마음 든든한 확실성. 시간엄수. […] 새로운 인상적인 건물. 파격적으로 참신한가? 거의 그렇지 않다. 상상적인가? 정말로 그렇지 않다. 그러나 이전의 어둡고 권위적인 중압감에서는 벗어났다"(2-3). 그는 생활철학이 전혀 달라 좋아하지 않는 형 헬므스에게 귀향했다는 인사전화를 한다. 형은 독일 여러 도시에 새 공장, 공항, 도서관, 그리고 사무실과 주택들을 설계한 뷔르텐버그가 배출한 매우 탁월한 건축가로 "새로운 독일, 과거가 결코 존재하지 않았던 것처럼 과거를 청산하는 새로운 사회의 건설책임자를 상징한다. […] 그는 도덕이나 윤리의식에 관심을 가지려하지 않고, 오로지 성취욕구만을 가장 중요시한다. 그는 기억 없이 잘 살 수 있다." 반면에 얼리크는 과거를 잘 기억하려는 데도 망각하게 되는 건망증의 위험 경지로부터 벗어나려고 몸부림친다. 그는 소설가로 언어구사를 목적으로 실존하고 있는데, "그에게 언어는 사물들을 지시한다. 단어들은 사물들을 매우 뚜렷하게 부각시킨다."[230] 헬므스와 얼리크는 뷔르텐버그에서는 누구나 아는 귀족가문 출신이다. 그들의 선친, "독일을 사랑했던 사람"(23), 얼리크 편 하게나우는 처음에는 히틀러지지자였지만 뒤에 정부를 전복하려는 음모에 가담했다가 처형당했다. 얼리크의 선친은 최후 순간까지 동지들을 보호하기 위해 입을 굳게 다물었기 때문에 오늘날 국민들로부터 영웅으로 추앙받고 있다. 반면에 얼리크는 동지들을 배신했기 때문에 비겁자라는 비난을 받고 있다. 게다가 그는 살해당할 위기에 직면했었을 뿐 아니라 지금도 자기를 살해하겠다는 익명의 편지를 계속 받고 있으므로 매우 불안하다. 그는 자신과 선친의 행동과 평가가 너무나 대조적이어서 깊은 고민과 번뇌에 빠져 시달리고 있다.

이런 와중에서 얼리크는 소설창작에 전념한다. 그는 아인치집단과 관련되었던 모든 사건과 정보를 뇌리에서 전부 지워버리기 위해 소설을 집필한다. 따라서 소설의 핵심주제는 6개월 동안의 파리 도피생활에서 큰 위안이 되었던 머리-진 필레나(Marie-Jean Filegna)와의 정사이다. 그는 집필이 순조롭지 않을 때는 이런 정사를 바탕으로 소설이 완성될 수 있을까하고 계속 자문하면서도, 소설을 끝낼 수 있다고 자신한다. 그는 소설을 "반항과 폭동의 진행이" 아니고 "인간행동방식의 타당성을 인정하고 수용하는 것처럼, 사회제도의 정당성을 인정해서 수용한다"(20)로 정의하기 때문이다. 그는 이런 정의에 걸맞는 창작기법은 언어구사에 의존한다고 믿는다. 그는 머리-진과의 정사를 소재로 소설을 집필하면서, "그의 뇌는 소망과 기대를 기술하기 위해 그의 수첩에 적혀 있는 단어들에 의존했다"(51). 그의 창작기법은 소설의 소재와 관련된 단어들이 스스로 다른 단어들을 끌어들이는 언어구사에 집중하면서, 소재에 대한 주관적 의도, 해석, 그리고 설명을 최대한 배제하려는데 그 바탕을 둔다. 따라서 그는 소설을 창작할 때, "성명 발표를 믿지 않는다. 특히 그 성명들 중에서도 정치적 성명발표를 믿지 않는다"(53). 이처럼 그는 자신의 정치적 이념과 주장을 배제하고, 머리-진과의 정사를 소재로 하는 소설집필에 전념하기 위해 거처를 호텔에서 아파트로 옮긴다. 그는 이혼하고 혼자 사는 자기를 보살펴주려는 형과 형수의 따뜻한 마음을 느끼면서도 그들의 호의를 흔쾌히 받아들이려하지 않는다. 그는 "실존은 신체에만 의존하지 않는다"(18)고 믿기 때문이다. 어느 날 진지한 젊은 미국여자, 대프니(Daphne)가 그의 위층 빈 방으로 이사 올 때, 그는 그녀의 무거운 짐을 건물 안으로 옮겨준다. 그런데 3개월 후에 그녀는 그에게 미국으로 돌아간다는 편지와 방 열쇠를 남기고 갑자기 사라진다. 이 정체불명의 미국여자는 지금도 아이치집단의 파괴활동에 깊이 관여하고 있는 폴러와 내통하면서, 그의 삶을 계속 주시하고 있었다. 그러면서도 그녀는 자기를 언스트 브럼호울드(Ernnst Brumhold)철학교수의 지도를 받는 학생이라고 소개했다. 브럼호울드교수는 "헤겔(Hegel) 이후 독일의 가장 위대한 관념론 철학자이다"(48). 그는 철학연구의 전제를 자아탐구와 실현 그리고 인간의 기본권과 자유의 확장에 두지 않았다. 오히려 그는 "독일의 과거를 간접적으로 정당화하는 '명상철학'을 연구한다는 미명으로 도덕적, 윤리적 탐구와 문제들을 기피했다."[231] 그 결과 그는 나치정권을 지지하고 옹호하기 위해 1930년대와 1940년대 초에 국민들의 새로운 질서에 대한 책임을 강조하는 강연을 부지기수로 했다. 그의 강연기조는 "인간정신은 습관적으로 매사에 완벽한 기준들을 제정하도록 창조되어 있다"(19)는 신념에 있다. 이 신념이 독일사회의 객관적, 획일적인 완벽한 질서, 완벽한 준법, 완벽한 법집행, 더욱이 완벽한 제거, 완벽한 소탕, 그리고 완벽한 청산의 지주이고 근원이다. 또 이 신념이 나치정권이 저지른 미증유의 학정과 유대인 집단학살을 옹호하는 학문적 기반이다. 이렇게 그는 학자와 지식인으로서 학문을 악용했고, 도덕적으로 비난받을 악행을 저질렀다. 그랬음에도 불구하고 그는 지금 뷔르턴버그대학교에서 교수로 강의하고 있으며, 그의 강의실은 언제나 학생들로 만원이다.

얼리크는 못마땅하지만, 신생 독일은 브럼호울드교수를 추앙하는 의도로 유대인 집단수용소이고 학살현장이었던 더스트(Dust)에 새로운 도시, 브럼호울드스타인(Brumholdstein)시를 건설한다. 이 건설목적은 "오점이 있는 과거 부분을 현재의 새로운 독일 건설의 수면 밑으로 매장하고 싶은 충동"에 있다. 헬므스가 이 새로운 도시의 설계와 건설에 핵심역할을 한다. 이 설계와 건설의 요체는 처음부터 보는 사람에게 경이감, 이질감, 그리고 신비감을 촉발하려는데 있지 않고, 그저 일반화하려는데 있을 뿐이다. 일반화는 "변화를 무력화시키고 시간상의 차이를 없이하여 역사감각을 마비시키기"[232] 때문이다. 그의 설계와 건설이 신생 독일의 정체성을 상징한다. 그는 독일 전역에 무수한 건물들을 설계하고 건축하여 크게 성공한 건축가 겸 건축 강연자로 많은 사람들의 칭찬과 존경을 받고 있다. 그래서 그의 설계로 건설된 브럼호울드스타인시는 독일사람들의 큰 자랑과 자부심으로 각광받는 기념비적 존재이다: "처음에 브럼호울드스타인시는 얼마쯤 확실성이 없고 성과가 의심스러운 건축 사업으로 과소평가되었다. 그러나 지금은 책에서 점점 자주 언급될 때마다 이 도시는 대단한 성공, 다시 말하면 독일역사와 독일사람들의 의식에 새로운 기원을 점차로 긋고 있다고 말할 수 있는 획기적 사업으로 각광받고 있다. … 브럼호울드스타인시는 신생 독일을 계속 실현해 가는 일련의 유일한 청사진에서 확고한 위치를 차지할 것이다"(78). 그러나 유감스럽게도 독일역사상에서 유대인 집단학살이라는 오점을 은폐하기 위해 건설된 브럼호울드스타인시가 오점을 그대로 드러내자, 책임 있는 사람들은 벙어리 되기에 급급하다. 학교 근처의 포장도로 일부가 갑작스런 폭우로 매몰되면서 파손된 하수구관을 보수하려고 땅을 파던 인부들이 공동묘지를 발견한다. 이 공동묘지가 주민들에게 큰 경악과 이상한 반응을 일으킨다. 시장은 이 사실이 신문에 대서특필되지 않고 빨리 조용해지기를 고대한다. 학교선생 앤어는 수업시간에 변화의 중요성을 그렇게 강조했으면서도 이 사실에 대해서는 소극적으로 반응한다: "그녀는 공동묘지에 대해 말하고 싶지 않다고 실토했다"(138). 고위관리들과 유지들은 여기에 공동묘지가 어떻게 있었는가와 매장된 사람들의 신원이 누구인가를 전혀 밝히려하지 않는다. 그들은 은폐하기에만 급급하고, 진상을 밝힐 의도와 의지는 추호도 없다.

그들의 이런 의도와 의지 없음은 그들 스스로 히틀러와 같은 독재자 못지않게 이기주의, 우월의식, 자아도취, 타인무시와 부정, 그리고 공동체의식의 부재에서 연유한다. 그들은 절대로 자기들이 독재자와 같은 인간은 아니라고 믿고 실존한다. 그러나 그들은 자신에게 정직하려고, 역사로부터 배우려고, 자아를 탐구하려고 최선을 다하지 않을 뿐 아니라 다른 사람들의 인권과 꿈을 존중하려하지 않는다. 더욱이 브럼호울드스타인시 거주자들은 주로 중류층으로 명문대학을 졸업하고 관리직과 전문직에 종사하고 있다. 그들의 최대관심은 개인적인 삶과 그 문제들, 예를 들면 깨끗한 환경, 낮은 인구밀도와 범죄율, 더 좋은 의료시설과 혜택, 그리고 자녀들의 양질교육에만 있다. 또 그들은 도시가 큰 산들로 둘러싸여 있어서 겨울에는 스키를, 그리고 다른 계절에는 낚시, 뱃놀이, 그리고 수영을 즐길 수 있다. 게다가 그들은 문예회관에서 수준 높은 공연과 영화를 감상하면서 문화생활을 만끽한다. 그들의 이런 관심사와 여가활동 그리고 문화생활은 "대부분의 독일사람들이 달성하려는 삶의 목표이다"(79). 그들은 오로지 이런 세속적 목표달성에만 열중하면서 이웃도시, 다므링(Daemling)에 사는 노동자와 외국인들을 무시하고 싫어한다. 그들의 더 큰 문제는 자신들의 우월의식과 편견 때문에 자기아이들을 독선적이고 비정한 인간으로 성숙시키는데 있다. 이 아이들은 학교에서 다므링 아이들을 따돌려 소외시킨다: "그들(다므링 어린이들)은 브럼호울드스타인 어린이들이 운동장에서 하고 있는 놀이에 들어오라는 초대를 받지 못했다. 그러나 그들은 이 불공평을 일상체험의 일부로 받아들여야했다. 그들은 더 이상

브럼호울드스타인 어린이들의 호감을 사려하지 않았다. 그들은 결코 실현되지 않는 초대받기를 포기했다”(121). 이처럼 중류층이상의 사람들은 스스로 이기주의, 우월의식, 그리고 자아도취에 빠져 가난한 사람들을 무시하는 행위가 큰 반발과 반항을 촉발한다는 사실을 직시하지 못한다. 그래서 그들은 자기들도 모르는 반항세력을 키우고 있다. 그들의 이기주의와 타인무시가 개인과 사회를 언제나 갈등과 폭력의 소용돌이 속으로 몰아넣는다.

기득권층의 이런 왜곡된 의식에 도전하는 두 주체가 있다. 하나의 주체는 개개인이고, 또 하나의 주체는 이념을 맹신하는 개인과 집단이다. 얼리크는 형의 권유를 받아 브럼호울드스타인시에 갔다가 과거에 자기 집 하인이었던 프랜즈 머츠(Franz Metz)를 만난다. 그는 지금도 얼리크와 헬므스를 대할 때는 귀족가명 앞에 쓰는 펀(von)을 생략하지 않는 매우 보수적인 인물로 형제를 여전히 상전처럼 모신다. 그는 다므링에 거주하면서 매일 브럼호울드스타인시로 통근하여 가장 비싼 식당에서 웨이터로 일한다. 그는 부인이 삶을 변화시키기 위해 직업을 바꾸거나 타지로 이사 가자고 간청할 때마다 거절하는 이유를 말한다: “내가 나의 자존심과 존엄성을 유지할 수 있는 유일한 길은 내가 매일 만나는 사람들(상류층인사들)과 동등한 사람인가의 여부에 있다. 나는 그들과 대등한 사람이다. […] 나는 가장 비싼 식당에서 일하는 웨이터이다. 그들은 나를 존경하고 신뢰한다. 더구나 나는 내가 이해하는 세계에서 직무를 수행하고 있다”(117). 이처럼 그는 매우 보수적이고, 모험을 기피하고 안정과 안주를 선호한다. 그러면서도 그는 기득권층의 허위의식과 역사은폐시도에 도전한다. 그는 “자기를 권위의 도전자 그리고 답습의 적대자로 알고 있다.”[233] 그는 독일역사의 가장 큰 오점과 치욕인 유대인 집단학살을 기억함으로써 역사적 교훈을 얻기 위해, 성냥개비를 아교로 붙이면서 더스트 유대인집단수용소 건물모형을 만들려한다. 이 모형을 정확하게 설계하기 위해 도서관에 가서 직원에게 집단수용소에 관한 자료를 구해볼 수 있는가를 문의한다. 그러나 직원은 그를 도와줄 수 있는 방법이 없다고 말하면서 나가버린다. 그는 직원이 돌아오기를 기다리고 있지만 직원은 나타나지 않는다. 그가 찾은 목록에는 오직 브럼호울드스타인, 철로, 그리고 집단수용소/독일만 적혀있다. 그는 별수 없이 자료가 아닌 상상력에 의존하여 모형을 완성한다. 그의 모형 완성은 “그의 지인들에게 불확실성, 불신감, 당황감, 그리고 혐오감을 유발했다. 이 유발이 궁극적인 성취였다. 이 성취는 그가 마치 모든 혁명은 나쁜 취미의 요소를 공유하고 있음을 인정하는 것 같았다. 그의 경우에 나쁜 취미를 가지려함은 혁명을 일으키려함이었다"(158). 이처럼 이상하게도 그는 개인적 실존에서는 도전과 탐구정신이 약하지만 그의 역사사건에 대한 탐구열은 매우 강하고 집요하다. 그의 탐구열이 바로 역사은폐와 사실왜곡에 대한 억누를 수 없는 반발심이고 반항정신이다.

얼리크는 신생 독일의 풍요와 번영을 상징하는 에이고운의 뜻밖의 초대를 받아 휴양지인 동부 프리전 섬들(East Frisian Islands) 중의 한 섬에서 2주 동안 휴식하러 갔다가, 이념을 맹신하는 아인치집단의 파괴 활동을 직접 목격한다. 폴러와 대프니는 프리전 섬들과 육지를 연결하는 도개교(跳開橋)관제실에 근무하는 직원에게 노동자로서 당하는 수탈과 거기에서 파생되는 빈곤과 고난의 삶을 역설하면서 그의 분노를 자아낸다. 그는 두 여자의 사주를 받아 다리를 폭파시킨다. 마침 그때 얼리크는 다리를 건너려고 근처에 왔다가 폭파현장을 목격한다. 두 여자가 노동자를 위해서라는 명분으로 폭파한 다리 때문에 어민들만 큰 불편을 겪는다. 그들이 맹신하는 이념위주의 도전과 반항은 사회에는 큰 혼란과 불편만을, 그리고 노동자들에게는 엄청난 손실만을 초래한다. 그들의 무모하고 저돌적인 도전과 반항은 역사를 바로 세우고 진실을 밝히는 데는 어떤 도움도 되지 않는다. 이런 맹목적인 도전과 반항은 개인과 사회에 백해무익할 뿐이다. 따라서 도전과 반항행위는 모든 사람이 마음속으로 탐구하고 싶고 긍정할 수 있는 실존철학과 목적에 부응할 때만 소기의 성과를 거둘 수 있다.

이렇게 기득권층과 이념위주의 무모한 반대세력간의 첨예한 대립과 충돌의 와중에서 얼리크는 망설임 없이 자신의 실존철학과 목적을 내세우기가 매우 어렵다. 그는 지금 프랜즈의 가장 정의롭고 타당한 도전과 탐구정신은 전반적으로 무시되고, 폴러가 맹신하는 이념은 부분적으로 용인되고 지지받는 사회에서 살고 있기 때문이다. 게다가 그는 과거에 자아를 독자적으로 탐구할 수 없었던 여건, 다시 말하면 자신의 의지와 자유가 짓밟히는 가정과 학교 그리고 어두운 현실에 직면할 수 있는 용기 없이 실존했기 때문이다. 그는 이런 억압적인 분위기 가운데서 유년기와 소년기를 보냈다: "우리 가족은 시계에 쥐여 살았다. 아침, 점심, 그리고 저녁 식사시간이 몇 시로 정해져 있었다. 드디어 나는 초등학교에 갈 수 있는 나이가 되었다. 내 선생님들의 대부분이 남자였고, 전쟁 중에도 선생이었다. 그들은 자신들의 정치신념을 바꾸지 않았다. 정말로 그들은 바꾸지 않았다. 내 추측에, 상당히 많은 선생님들이 마치 전쟁 결과로 하게나우 가문을 비난하는 것처럼 하게나우라는 이름을 싫어했다"(250). 이처럼 그는 그들의 증오의 대상이 되었다. 더욱이 그는 일곱 살인가 여덟 살에 자기가 하게나우가문의 자손이 아니라 사생아임을 알았지만, 자기를 속이고 하게나우가문의 일원으로 계속 살았다. 그는 자기 친아버지가 누구인가를 아는 것이 두려웠고, 더욱이 친아버지가 전쟁 중에 어떤 역할을 했는가를 인지하는 것이 더욱 두려웠기 때문이다. 그는 이런 거짓자아를 버리고 진실한 자아를 발견하기 위해 정신과의사, 마건배취(Magenbach)를 찾아간다. 그는 의사의 최면술로 자신의 과거를 잊고 싶다. 그러나 그는 최면에 걸려 자신을 망각할 수 없다. 그는 주체성이 강하기 때문이다: "기분 좋게 긴장이 풀려 편안함을 느낀 얼리크는 아마 그저 최면을 방해하고 싶지 않는 욕심, 아니면 의사를 즐겁게 해주고 싶은 욕망으로 그의 팔을 올렸다. […] 그는 오른손을 경직되게 올려 인사하면서 눈을 떴다." 그러더니 그는 의사에게 물어보았다: "오늘날 독일에서 누구라도 이유야 어떻든 오른손을 드는 것(히틀러식 경례)이, 그리고 모든 꿈을 무산시키고 말살한다는 꿈(독재자의 허황된 야망)의 기억에 쇄도당하지 않는 것이 가능한가?"(252). 이 물음이 소설의 끝이다. 이처럼 얼리크는 개개인이 자유를 향유하고 주체적 자아를 고수하려는 강한 의지와 실천 그리고 이 의지와 실현이 자유스럽게 구현되는 사회를 갈망한다. 그는 이 갈망을 충족시키는 길은 실존에서 맹목적으로 답습과 이념 추종을 하지 않고, 도전과 탐구정신으로 끊임없이 자아를 성찰하고 성숙시키려고 최선을 다하는데 있다고 깨닫는다. 이 깨달음이 바로 그의 실존철학이다. 그는 이 철학으로 기득권층과 반대세력간의 첨예한 대립과 충돌로 마음을 닫게 하는 이론에서 벗어나 자유스럽게 의식개혁과 사회변화를 촉발하려 한다. 요컨대 얼리크가 애비쉬가 한 번도 가본 적이 없었던 미지의 세계, 즉 독일을 소재로 언어와 상상력에 의존하여 창작한 *독일의 정체*의 이상적인 주인공이고, 우리 실존의 귀감이다.

윌리엄 케니디(1928-)의 네 번째 소설, *섬꼬리풀*(*Ironweed*, 1983)은 열세

개 출판사가 하나같이 주인공이 부랑자인데다 그의 소설이 잘 팔리지 않았다는 이유로 출판을 거절하는 수모를 당했다. 그러나 출판사들의 예상과는 달리, *섬꼬리풀*은 저자에게 미국서평가협회상, 풀리처(Pulitzer Prize)상, 그리고 머카서 연구비(McCarthur Fellowship)를 안겨주었을 뿐 아니라 "그를 최근미국소설의 일류작가의 반열에 오르게 했다."[234] 이렇게 케니디가 받은 수상의 영예와 격찬은 자신의 독창적인 소설철학과 기법으로 창작한 *섬꼬리풀*의 주인공, 프랜시스 펠론(Francis Phelan)의 창조에서 비롯된다. *섬꼬리풀*이 미국소설사에서 차지하는 가장 큰 의의와 가치는 주인공이 극한상황 가운데서도 생존을 넘어 전인적 인간으로 실존하려고 전력한데 있다. 최근미국소설주인공들은 어떤 혹독한 시련과 처절한 역경 가운데서 먼저 생존에, 그런 연후에 자아탐구와 실현에 지대한 관심을 쏟는다. 그러나 프랜시스는 이런 주인공들과는 달리, "육체적, 정신적, 심리적, 성적, 야구선수로서 직업적, 그리고 가족의 일원으로서 정서적 [측면을 모두 감안하면서] 실존하려고 항시 노심초사한다. 그는 … [온전한 인간으로 일변도적이 아닌 다각적이고 충만한] 삶을 살려고 최선을 다한다."[235] 게다가 그는 다른 소설주인공들보다도 더욱더 가혹하고 비참하며 비인간적 실존상황에서 살고 있을 뿐 아니라 개개인이 자유의지로 생존하려는 염원과 욕구가 철저히 억압당하는 생활환경에서 헤매야 한다. 그의 이런 실존상황이 1930년대의 올버니(Albany, 뉴욕주의 주도)를 무대로 이야기가 전개되는 *섬꼬리풀*의 배경이다. 그 당시 올버니는 한 사람의 정치권력이 개개인의 사생활까지도 좌지우지했다. 이 정치권력이 개인에게 퍼붓는 횡포는 극심하고 무자비했다: "정치권력이 당신을 옥죄지 않았다할지라도, 당신은 옥죔을 당할 수 있음을 피부로 느끼고 있었다. […] [정치권력이 어떤 사람에게 악평과 비난을 퍼부으면] 빌리 펠론(Billy Phelan)과 같은 사람은 갑자기 '나쁜 사람으로 낙인찍혀' 항시 다녔던 술집에서 술 한 잔도 마실 수 없었다. 이 사실이 정치권력이 발휘한 맹위의 결과이다. 이렇게 통제된 올버니에서 개개인은 완전히 종속적 존재이므로 그의 자유는 전혀 고려되지 않았다. 댄 오우코늘(Dan O'Connell), 혹은 *빌리 펠론이 가장 멋지게 이긴 경기(Billy Phelan's Greatest Game, 1978)의* 등장인물, 팻시 매칼(Patsy McCall)이 도시를 완전히 장악하고 있었기 때문에, 모든 사람은 소처럼 끌려 다니면서 공포에 떨었다."[236] 이렇게 폐쇄적, 억압적, 비인간적 생활환경이 프랜시스 삶의 터전이었다. 이처럼 탄압적인 실존여건에서 과연 어떤 사람이 프랜시스처럼 전인적인 인간으로 실존하려고 감히 시도할 수 있을까? 우리의 인습적 사고와 의식과는 정반대로 케니디는 이런 부정적 실존상황을 초월하는 소설주인공, 프랜시스 펠론을 창조했다. 그의 프랜시스 창조는 소설창작과 주인공창조에 대한 새로운 개념 때문에 가능했다: "당신은 소설창작에서 마음대로 불가사의한 세계를 창조한다. 주인공을 창조할 때 삶의 복잡성으로부터 해방되어야한다."[237]

또 케니디는 소설창작과 주인공창조의 밑바탕은 작가의 무의식에 있다고 갈파한다: "나는 소설의 태생은 … 하나의 근원, 다시 말하면 무의식의 깊은 원천에 있다고 믿는다. […] 작가의 무의식의 근저가 그로 하여금 일찍이 들은 적도 본 적도 없었던 인간과 사회를 창조할 수 있게 해주는 힘의 원천이고 직관력이다."[238] 케니디의 소설철학에 의하면, 모든 인간의 무의식의 원천은 자신의 실존에서 욕구와 본능으로 생존하려는 그리고 성숙하려는 염원과 의지에 있다. 이 염원과 의지가 모든 인간의 삶의 핵심이다. 그러므로 케니디는 이 염원과 의지를 구현하기 위해, 우리가 전인적인 실존은 거의 불가능하다고 생각하는 생활환경 가운데서 생존하면서 전인적으로 성숙한 소설주인공 프랜시스를 창조했다. 그의 프랜시스 창조는 그가 소설창작에서 소재로서 실존한계와 제약이 있는 현실보다도 갑작스런 변화와 깨달음이 일어날 수 있는 영혼을 선호했기 때문에 가능했다. 그는 프랜시스를 창조한 동기와 목적을 술회한다: "내가 *섬꼬리풀*에서 시도하고 싶었던 의도는 어떤 인간의 현실을 도외시하고 그의 영혼을 탐구해보려 함이었다. 당신은 프랜시스 펠론을 그가 언제나 자기는 지금 어디 있는가를 알고, 그러면서도 자신의 과거이력도 알고 있는 사람으로 간주할 수 있다. 그는 자신의 깊은 내면에서 실존에 으레 따르는 의무와 그 회피 그리고 양심이 불러일으키는 갈등을 알고 있다. 그런데 더욱 깊은 내면에는 그의 핵심이 있는데, 그는 거기에 자리 잡고 있는 핵심을 분명하게 말할 수 있는 방법이 없다. 그도 이 사실을 알고 있다. 그의 영혼의 핵심, 다시 말하면 그의 실존의 언어로 표현할 수 없는 요소가 있다. 이것이 내가 암시해보려 했던 대상이고, 우리는 자신에 대한 모든 사고와 사실을 결코 알 수 없는 굉장히 복잡한 존재라는 지각이다. 나는 이것이 나의 경우에도 마찬가지임을 안다. 프랜시스의 핵심은 내가 언제나 탐구해보고 싶은 대상이다. 이 핵심이 참으로 소설을 창작할만한 가치가 있는 소재이고 어떤 사람의 절대중심이다. 물론 그 핵심에 접근하기가 매우 어렵고, 또한 접근할만한 가치가 있는 핵심을 가진 사람을 찾기도 쉽지 않다."[239] 이렇게 케니디는 영혼은 우리 예상과는 전혀 다르게 실존에서 불가능을 가능으로, 또 있을 수 없음을 있음으로 돌변시킬 수 있다고 믿는다. 이 돌변은 현실세계에서가 아니라 상상세계에서 일어날 뿐 아니라 언어구사에 의한 현실의 모방과 재현에서가 아니라 상상세계의 창조에서 야기된다. 그래서 케니디는 위대한 소설은 "상상력과 언어의 융합체"[240]라고 주장한다. 그는 소설창작은 무에서 유의 창조라는 확신을 전제로 소설철학을 천명한다: "나는 소설집필을 시작할 때 내가 일전에 결코 직면한 적이 없었던 사실들과 마주치기 시작한다. 나는 사실들을 상상적으로 창조하면서, 의도적으로 미지의 세계로 들어간다. 내가 매일 아침 백지 앞에 앉아 백지의 도전을 받음이 나의 삶의 목적이다. 내가 반드시 해야 할 사명은 나를 깜짝 놀라게 할 소재, 다시 말하면 내가 일전에 결코 해본 적도, 써본 적도, 바라본 적도, 들은 적도 없었던 일들을 발견하려는 시도와 노력이다."[241] 이런 시도와 노력은 오로지 언어로만 가능하다고 케니디는 강조한다. 그의 언어관에 의하면, "언어는 필요불가결이다. [⋯] 표현으로서의 언어, 정확성으로서의 언어, 그리고 삶 자체로서의 언어, 언어의 이런 기능이 나의 최대관심사이다. 언어가 이런 기능을 발휘하지 못한다면 언어를 무시하라."[242] 지금까지의 논의를 바탕으로 *섬꼬리풀*을 "전인적 실존 의지의 구현"의 논지로 고찰해본다. 이 고찰의 초점은 케니디가 어떻게 상상력과 언어를 융합하여 극한상황에서도 생존을 뛰어넘는 전인적 인간, 프랜시스 펠론을 창조했는가를 규명하는데 있다.

프랜시스는 약육강식의 사회에서 적자생존에 실패한 낙오자로 22년 동안 처자식을 내팽개치고 떠돌아다니다가 쉰여덟 살에 고향으로 돌아온 무책임한 가장이다. 그는 이렇게 무능하고 비참한 삶을 살면서도 생존에 급급하지 않고, 신체적, 정신적 건강, 직업적 성취감, 성적 황홀감, 그리고 심리적, 정서적 안정감을 절대시하는 전인적 인간으로 실존하려고 최선을 다한다. 케니디는 프랜시스가 극한상황에서도 전인적 인간으로 실존하려는 강한 의지와 실천을 *섬꼬리풀*의 특이한 구성으로 탁월하게 구현했다. 이 소설의 구성 특징은 주인공이 고향으로 돌아와서 날짜로는 3일이지만 시간으로는 대략 46

시간 동안 노숙자생활을 하면서 직면하는 상황, 그때 떠오르는 회상, 그리고 자성의 투영에 있다. 주인공의 이틀 동안에 일어나는 사건들과 의식의 투영에서 그가 사회의 낙오자로 전락했던 사연과 전인적 인간으로 실존이 가능할 수 있게 했던 따뜻한 인간관계가 매우 간결하고 집약적으로 박진감이 넘치게 드러난다. 이 소설은 7장으로 구성되어 있는데, 1장부터 3장까지가 첫째 날인 1938년 10월 31일(Halloween, 모든 성인의 날 전야)이고, 4장부터 7장의 중간까지가 둘째 날(All Saints' Day, 모든 성인의 날)이고, 그 나머지 부분이 셋째 날(All Souls' Day, 위령의 날)의 새벽에 끝난다. 이 새벽에 주인공은 속죄하는 마음으로 자신의 일변도적이었던 삶을 깊이 자성하고 다각적으로 궁리하면서 노숙자생활을 청산하고 집으로 돌아가려한다. 그의 속죄가 이 소설의 요체이고 골격이다.

그의 속죄는 공동묘지에서 타계한 사람들과 나누는 대화로 시작된다. 그는 22년 전에 생후 13일 된 아들, 제럴드(Gerald)의 기저귀를 갈아주려다가 본의 아닌 실수로 아들을 방바닥에 떨어뜨려 숨을 거두게 했다. 그는 너무나 큰 경악, 비애, 그리고 죄의식에서 벗어나려고 무작정 집을 뛰쳐나갔다. 그러나 그는 지금 22년 동안 떠돌아다니다가 처음 찾아온 아들 무덤 앞에 서서 가족 유기에 대한 속죄를 하라는 아들의 목소리를 듣는다. 그는 이 목소리를 듣고 속죄할 수밖에 없다. 그런데 그의 속죄는 포우스트모던소설 창작기법으로 서술된다. 케니디의 천명에 따르면, "나는 *섬꼬리풀*을 속죄소설로 창작하기로 계획했다. 그러나 이 소설은 속죄로 시작되지 않았다. 나는 소설을 집필하기 시작했을 때 소설이 어떻게 대단원의 막을 내려야하는가를 알지 못했다. 그렇지만 나는 공동묘지를 배경으로 설정한 1장을 완성했을 때, 소설을 어떻게 끝내야하는가를 깨달았다. 이 공동묘지가 프랜시스가 죽은 사람들과 이야기하고, 태어난 지 13일 만에 숨을 거둔 아들 제럴드와 말하는 장소이다. 공동묘지에서 나누고 있는 이 기적적인 대화가 프랜시스에게 불가사의하게 자행한 가족 유기에 대한 속죄행위를 감행하라는 책임감과 의무감을 강요한다."[243] 그는 생존권을 쟁취하기 위한 일차원적 의식의 인간으로, 과격행위로 저지른 배신자 살인으로 인한 법망의 도피자로 그리고 과실치사로 인한 방랑자로 실존하는 극한상황에서도 언제나 자신의 삶과 다른 사람들과의 관계에서 존중, 배려, 신뢰, 희생, 그리고 애정을 생활철학으로 실천하려고, 그리고 전인적 인간으로 실존하려고 전력했다. 이러므로 그는 자성하고 속죄할 수 있으므로 가정으로 돌아가려한다. 그의 이런 삶의 이야기가 *섬꼬리풀*이다.

이 소설은 프랜시스가 동료노숙자, 루디(Rudy)와 함께 이른 아침에 공동묘지에서 무덤을 조성하는 작업을 하러 낡고 덜거덕거리는 화물차를 타고 꼬불꼬불한 도로를 올라가는 장면으로 시작된다. 그는 허위로 선거인명부에 등록하고 투표할 때마다 5달러를 받는다는 사실을 알고서 부정투표를 하려고 올버니로 돌아왔다. 스물한 번 투표하고 체포되어 구금당했다가 아버지 없이 홀로 장성한 아들, 빌리(Billy)가 내준 보석금으로 석방되어, 변호사에게 빚진 변호비용을 갚기 위해 작업하러 간다. 그는 "기지와 판단력이 있는 사람"[244] 이므로 "죽은 사람들이 산 사람들보다도 이웃과 훨씬 더 평화스럽게 살고 있음을 알고"[245] 그들을 부러워한다. 또 부귀영화를 누린 권력가와 재력가들의 크고 호화스런 묘에 비해 서민들의 초라한 무덤을 보면서, 그들 모두 타계한 후에는 아무 말 없이 똑같이 잠들고 있음을 알고 자신의 아귀다툼으로 얼룩진 과거 삶에 대한 회한과 삶의 무상을 느낀다. 또 갑자기 그의 뇌리에 함께 고향을 떠났다가 객사하면서 혼자 무덤으로 가고 싶지 않으니까 꼭 장지까지는 와 달라고 간청했던 한때 동료야구선수, 스트로베리 빌(Strawberry Bill)의 외지에 있는 묘가 떠오른다. 그는 삶의 무상을 실감하고 자신의 과격행위, 비극적 실수, 무책임, 그리고 고독으로 점철된 과거 삶의 소란과 허무로부터 벗어나 평온, 안정, 그리고 함께 사는 실존을 도모하려한다. 그는 아들 묘비에 1916년 4월 13일에 태어나 13일 동안 살아 있으면서 많은 사랑을 받다가 불의의 사고로 숨을 거둔 불행한 아이라는 요지로 새겨진 글을 읽는다. 그는 눈물을 흘리면서 비극적 사건이 일어났던 순간을 생생하게 기억한다: "눈물 한 방울이 신발 앞부분에 떨어졌을 때, 그는 무덤 앞으로 넘어지면서 풀을 움켜잡고 자기가 손에 잡았던 기저귀를 생각했다. […] 22년이 지났지만 프랜시스는 지금 되살아나는 기억으로 그 날의 모든 사건을 보고 느낄 수 있었다. 그가 일을 마치고 전차차고를 떠난 순간부터 킹 브레이디(King Brady)술집에서 번트 던(Bunt Dunn)과 야구이야기를 한 찰나까지 … 그의 기억이 아서 티. 그로우건(Arthur T. Grogan, 전력재벌)과 스트로베리 빌을 동일시했을 때, 망각했던 심상들이 되살아나기 시작했다. 이제 기억은 눈으로 보는 것처럼 분명하고 선명했다"(18). 그는 이 기억으로 자기가 저지른 실수를 뼈저리게 뉘우치면서 자아를 성찰하고 다른 사람들과 세계를 다각적으로 이해할 수 있는 인간으로 변신했으므로 제럴드의 목소리를 경청할 수 있다: "속죄하려는 헌신적인 노력이 큰 결실을 거둘 때, 아버지는 저 때문에 죽고 싶은 마음을 버리게 되실 것입니다"(19). 아들의 목소리가 그를 비극과 저주의 악몽으로부터 해방시켜, 그를 중심으로 다시 가족공동체를 공고히 다지는데 결정적인 역할을 한다. 프랜시스는 아들의 목소리를 듣고 자신의 실존을 엄청나게 제약했던 일변도적 애통, 양심의 가책, 가족유기, 정처 없는 방랑, 그리고 노숙자생활의 굴레에서 벗어나는 지름길은 속죄하는 데 있음을 깨닫는다. 속죄하려면 집으로 돌아가야 한다는 사실도 잘 안다. 더욱이 집으로 돌아갈 수 있는 여건도 좋아졌음을 느낀다. 그는 빌리의 저녁식사 초대도 받았고, 아내 애니(Annie)의 책망의 두려움에서도 벗어난다. 빌리의 말에 의하면, 애니는 그를 한 번도 비난하지 않았을 뿐 아니라 22년 동안 누구에게도 그가 범한 과실치사를 발설하지 않았다. 그는 애니의 깊은 마음과 애정 그리고 고결한 인품에 감탄하고, 집으로 돌아갈 마음을 다진다.

프랜시스는 공동묘지 일을 끝내고 루디와 함께 버스로 도시중심가로 오는 도중에 자기가 몇 년 동안 근무했던 시내 전차차고지를 지나면서 9년 동안 피신생활을 해야 했던 배신자 살인을 회상한다. 1901년 근로자들이 생존권을 쟁취하기 위해 파업투쟁을 할 때, 그는 스물한 살의 과격하고 열성적인 노동조합원이었다. 동료들을 배신하고 직장에 복귀한 해럴드 앨런(Harold Allen)이 전차를 운전하려할 때, 그는 야구공 크기의 돌을 배신자의 머리에 명중시켜 그 자리에서 그를 즉사시킨다. 그는 자기를 추격하는 경찰을 따돌리려고 필사적으로 도망쳐 달리는 유개화물열차에 뛰어오른다. 잠시 후 그는 이민자인 말 도적, 앨도 캠피오니(Aldo Campione)의 손을 붙잡아 화물열차에 태우려고 온 힘을 다했으나, 그는 경찰이 쏜 총탄을 등에 맞고서 그의 꿈을 이루지 못하고 젊은 나이에 타계하고 말았다. 프랜시스는 그를 구원하려는 자신의 필사적 노력이 너무나 허무하게 실패로 끝났음을 평생 동안 잊지 않고 마음의 깊은 상처로 명심한다. 그래서 그런지 앨도의 유령이 수시로 그의 눈앞에 어른거린다. 그는 자기 의지와는 정반대로 피살당한 앨도를 보고 하나의 진리를 깨닫는다: "삶은 변덕과 어긋난 관계들로 가득 차 있다 … 필요한 순간에 도움을 주려는 손길은 아름답고 소중하다"(28). 그의 회상이 끝나는 순간에 루디와 그는 모든 성인의 날 전야 깜깜한 6시에 버스에서 내린다. 이 전야는 "은총은 적고, 오래 전에 그리고 갓 죽은 사람들이 무덤 밖으로 나와 활보하는 무법천지의 밤"(29)이다. 이 밤은 프랜시스와 그의 주위 사람들의 삶이 비참, 무질서, 혼란, 무기력, 허무, 그리고 죽음으로 얼룩져 있음을 암시한다. 두 사람은 무료 저녁식사를 하려고 체스터(Chester)목사가 운영하는 급식소로 가다가 술 취한 여자노숙자, 샌드러(Sandra)가 쓰러져 있는 것을 본다. 프랜시스는 그녀의 왼쪽 신발이 없는 것을 보고 찾아다가 신겨주면서, 오늘 밤은 영하의 기온에다 눈도 올 것 같으니 추위를 막아줄 건물 안으로 들어가야 한다고 타이른다. 프랜시스는 체스터목사가 술 마신 노숙자는 절대로 수용하지 않는 철칙을 알기 때문에 그녀를 숙박소로 데려갈 수 없다. 그는 이 목사가 생명, 사랑, 용서, 그리고 아량보다도 금주를 우선시하는 아집과 편견을 도저히 이해할 수 없다. 상류층인사들은 이런 아집과 편견으로 말미암아 모든 사람의 이상과 가치는 개개인의 안정된 생존보장 그리고 잠재력계발과 발휘에 있다는 철학을 인정하려하지 않는다. 프랜시스도 이 아집과 편견의 피해자이면서도 샌드러가 동사하지 않도록 보살펴준다. 그의 따뜻한 마음씨에도 불구하고 그녀는 동사한다.

프랜시스는 식사 후에 그의 과거 술친구였지만 지금은 금주하면서 체스터목사를 보좌하는 피 위(Pee Wee)로부터 한때 명성을 떨쳤던 가수 겸 작사자, 오스커 리오우(Oscar Reo)가 술집 지배인으로 영락하여 노래를 부르고 있다는 기사를 읽었다는 말을 듣는다. 프랜시스가 뉴욕에서 일주일 동안 함께 술을 마셨던 오스커를 말하느냐고 묻자, 그는 그렇다고 대답한다. 그러자 프랜시스와 9년 동안 동거하는 헬런(Helen)이 방송에 출연했던 오스커이냐고 물으면서, 자기도 그의 노래를 즐겨 불렀다고 실토한다. 프랜시스가 오스커를 만나러 가야한다고 우기자, 피 위가 2년 동안 술집에 간 적이 없다고 난색을 표하다가 결국 함께 간다. 오스커는 두 과거 친구를 알아보고 반기면서, 그들의 요구에 응해 "꽃다운 나이(Sixteen)"를 부른다. 그가 술로 허송세월을 했다 해도 그의 노래실력은 대단하므로, 헬런은 감탄을 금치 못해 눈물을 흘리면서 "꽃다운 나이"는 자기도 즐겨 불렀던 매우 아름다운 노래라고 자기소감을 피력한다. 프랜시스에게도 경외심을 유발하는 재능을 가진 오스커의 "삶은 큰 성공에도 불구하고 이루어지지 않는 희망이었고, 지금도 앞으로도 이루어질 수 없는 희망이다"(50). 그래서 그는 오스커의 실패한 삶에서 자신을 보고 있다. 그도 야구에서 어느 선수보다도 더욱더 뛰어난 기동력과 순발력을 가졌음에도 불구하고 성공하지 못하고 사회의 낙오자가 되었기 때문이다. 오스커는 헬런이 한때 연주회와 방송에서 활약했던 쟁쟁한 성악가였음을 알고 노래를 불러달라고 간청한다. 그녀가 응하지 않자, 프랜시스는 초라한 모습과 남루한 옷 때문일 거라고 생각하고 "당신은 여기 있는 사람들과 똑같이 보인다"(51)고 말하면서, 꽃 한 송이를 사서 그녀의 옷깃에 핀으로 꽂아준다. 드디어 그녀는 "음악세계, 다시 말하면 그녀가 결코 떠나지 않았어야할 세계로 다시 들어가는데 걸맞는 태연자약하고 우아한 자세로 무대로 올라가더니"(54), "그는 나의 친구야(He's Me Pal)"를 열창하여 손님들의 심금을 울린다. 프랜시스와 피 위도 감격해서 눈물을 흘린다. 우레와 같은 박수갈채를 받으면서, "헬런은 눈을 감았다. 눈물이 쏟아져 나오고 있음을 느꼈다. 기쁨에 찬 행복인지 아니면 숙명적인 슬픔인지 알 수 없었다. 어느 순간에는 행복과 슬픔이 한꺼번에 밀어닥쳐서 슬픔이냐 행복이냐, 행복이냐 슬픔이냐의 차이가 없었다. 헬런의 삶에 변화는 일어나지 않았다"(57). 헬런의 어머니는 아들을 법대 졸업시키려고, 딸을 속이고 대학을 중퇴시켜 딸의 탁월한 음악적 재능을 사장시켜버린다. 또 그녀는 자기를 사랑과 음악으로 열광시켰던 남자의 배신으로 자신의 생명력인 음악을 마음껏 만끽할 수 있을 거라는 꿈이 발아하지도 못한 씨앗으로 시들어버린 실의와 절망에 빠진다.

헬런은 이렇게 자포자기에 빠져 있을 때 뉴욕 술집에서 프랜시스를 만난다. 두 사람은 서로 올버니출신임을 알고 바로 사랑에 빠져 성적 황홀감을 만끽한다. 이때부터 그녀는 9년 동안 그의 아내가 되어 궁핍한 생활을 하면서도 전적으로 그에게 의존한다. 그녀는 그가 실직하여 술타령할 때면 화가 나서 그를 버리고 떠나지만 결국 다시 돌아온다. 그녀는 이런 일이 얼마나 자주 있었는가를 안다. 그러나 그녀는 이번에 그를 떠나면 결코 돌아오지 않을 작정이다. 그녀는 그가 가족에게 돌아가고 싶어하는 눈치를 알아채고 그를 자기로부터 해방시켜주려 한다. 더욱이 그녀는 그가 자기를 위한 구걸행위를 결코 하지 않지만, 그녀를 위해서 구걸했다는 사실을 잊을 수 없다. 그녀는 자기를 이렇게 극진하게 사랑해준 프랜시스를 위해 스스로 희생하려한다: "프랜시스가 사랑하기 때문에 거지가 될 수 있었다면, 왜 헬런은 사랑하기 때문에 자기를 버릴 수 없느냐?"(138). 그녀는 "그는 내 친구야"를 열창했던 술집에서 나와 프랜시스와 함께 잠잘 곳을 찾는다. 그는 그녀를 골목에 버려진 승용차 안에서 자게하고, 자기는 바람막이가 되는 잡초 안으로 들어간다. 그녀는 다음날 아침에 성당에 가서 모든 성인의 날 미사에서 그를 위한 촛불을 켜고 그를 위해 기도하고, 그와 함께 투숙했던 값싼 호텔로 간다. 그녀는 몸을 깨끗이 씻고 프랜시스 앞에서만 입었던 커모우너(kimona)를 입고, 타고난 음악재능을 마음껏 발휘하지 못한, 또 음악을 만끽하지 못한 아쉬움을 가슴에 품은 채 영면한다.

프랜시스는 일당을 받으려고 아침 일찍부터 체스터목사 소개로 마차를 타고 집집을 방문하여 고물을 사는 장수를 돕는 일을 한다. 그는 가족이 살고 있는 집 근처에 오자 몸이 떨려, 더 이상 마차를 타고 돌아다닐 수 없어 지금까지 일한 대가를 받고 마차에서 내린다. 그러고 그는 일전에 아들의 저녁식사 초대에 응했던 대로 칠면조를 사들고 22년 만에 집으로 간다. 애니는 불의에 찾아온 그를 보고 매우 놀라면서도 아주 반갑게 맞는다. 그녀는 삶에서 가장 중요시해야할 가치, 즉 존중, 배려, 신뢰, 희생, 그리고 애정의 화신이다. 그녀는 오로지 한 남편만을 섬긴다는 일념으로 22년 동안 가장역할을 하면서 딸을 출가시켰고, 가족 묘지를 장만하여 프랜시스를 가족의 일원으로 안장할 묘지도 정해 놓았다. 게다가 그녀는 딸이 아버지의 용서받지 못할 가족유기와 뻔뻔한 귀가를 신랄하게 비난하자, 그를 적극적으로 옹호한다: "그는 우리를 찾아왔다. 방문이 그의 목적이다. 나는 이미 그에게 머무르고 싶은가하고 물어보았다. 그는 그러고 싶지 않다고 대답했다. 그가 머무르고 싶다면 물론 그럴 수 있다"(179). 그는 애니의 거실로 가자는 요구를 고물장수마차를 종일 타고 다녔기 때문에 옷이 더럽고 악취를 풍긴다고 완곡하게 거절하고, 부엌 의자에 앉아 창문 밖을 내다본다. 잔디가 깨끗하게 손질되어 있는 화단에는 꽃이 두 개 피어 있는 져레이니엄과 사과나무가 있다. 아주 잘 가꾸어진 화단이다. 그는 지금까지 삶에서 무시하고 간과했던 이 화단의 깨끗함, 잘 가꿈, 그리고 정돈과 질서에 상응하기 위해, 자신의 모든 잘못과 죄악을 고백해야 한다는 강한 충동을 느낀다. 그는 외부적 요인과 사정 때문에 집에 온 것이 아니고 자발적으로 귀가한 이유를 분명히 밝히고 싶다. 그는 헬런과 동거하고 있다는 말을 아들로부터 들은 애니에게 자신의 유일한 아내는 당신이라고 당당하게 말한다. 그는 지금까지 애니 만을 사랑했고, 앞으로도 사랑할 거라는 심정을 토로한다: "애니, 들으시오, 나는 당신과 애들, 특히 당신을 사랑하지 않은 적이 한 번도 없었소. 나는 이 말로 어떤 생색도 내려하지 않고, 어떤 대가를 받으려하지도 않소. 그러나 나는 여기 가구들이 지금까지 어디서나 보았던 가재도구들보다도 더 좋다고 생각하면서 돌아다녔소 … 식탁 위 내 건너편에 있는 당신 팔꿈치와 얼룩으로 더러워진 앞치마보다도 더 아름답고 소중한 자산은 없소"(163). 더욱이 그는 애니에게 사죄하고 용서를 빌기 위해 그녀의 어떤 요구에도 응하겠다고 부언한다: "애니, 나는 당신에게 해서는 안 될 너무나 많은 잘못과 죄악들을 범했소. 사죄하는 마음으로 당신이 화단에 있는 흙, 잡초 … 를 먹으라고 요구하면 흔쾌히 먹고 싶소." 그렇지만 그녀는 그를 따뜻한 위로와 격려의 언어로 포용한다: "나는 당신이 이미 그것들을 다 먹었다고 생각합니다"(177).

그녀는 용서에다 잘 챙겨 두었던 프랜시스의 물건들로 그의 의식을 파멸강박관념으로부터 생존의욕으로 전환시킨다. 대니(Danny)는 외할아버지가 큰 구단(메이져리그)의 매우 유명한 삼루수 선수였다는 이야기를 많이 들었다. 그는 외할아버지로부터 공을 인커브로 던지는 법을 배우고 싶어한다. 그가 설명을 듣고 직접 공을 던지는 연습을 하려면 상대의 글러브가 있어야한다. 프랜시스가 애니에게 자기가 썼던 글러브가 혹시 있냐고 묻자, 그녀는 다락방에 있는 트렁크 안에 당신 물건들이 있다고 대답한다. 그가 트렁크 뚜껑을 열자 오랫동안 밀폐된 곳에서 나는 퀴퀴한 냄새가 방안에 퍼진다. 트렁크 안에는 구단모자, 최고 선수였던 그에 관한 많은 오려낸 기사들과 사진들, 특히 1911년 4할 2푼의 타율을 축하하기 위해 동료선수가 서명해서 선물로 준 공, 그리고 22년 전에 입었던 양복과 다른 옷들이 있다. 그는 이 물건들을 보면서 자신의 과거를 재구성하여 천착하자, 만감이 교차한다. 더욱이 그는 이 재구성과 천착으로 자기가 실패자로 몰락했다는 강박관념에서 벗어날 수 있으므로 아직은 파멸하지 않았다고 공언한다: "프랜시스는 외관상으로만 그렇게 보일 뿐이지, 아직 파멸하지 않았다. […] 프랜시스는 여전히 살아 있으므로 내일도 경기를 한다(삶에 도전한다)"(169). 그는 과거의 파멸강박관념으로부터 벗어나 새롭게 삶을 시작하기 위해, 자신의 의식과 관심을 외부지향으로부터 내면세계로 전환시킨다: "그는 자기가 이번에는 바깥쪽이 아니라 위쪽으로 올라가는 진통을 겪고 있음을 알았다. 그는 깃털이 등에서 커져가고 있음을 느끼면서 곧 상상할 수 없는 지역으로 날아오르고 있다고 직감했다"(163-64). 이제 그는 자신의 실존을 외부사정에 의존하여 결정하려하지 않고, 생존과 성숙염원 그리고 공동체의식에 그 바탕을 두려한다. 그러기 위해 그는 가족을 유기했던 무책임한 방랑자와 노숙자 삶에 종지부를 찍어야한다. 그는 이 종지부를 찍는 의식으로 목욕을 하고 옷을 갈아입으려한다. 그는 상징적으로 다시 세례를 받으려고 욕조에 물을 받아 몸을 담근다. 그는 자신의 과거와 죄악들을 씻으면서, "만사는 그 존재의 어느 순간에 은총을 입었다"(172)고 깨닫는다. 그는 자기도 이 순간에 은총을 입었다고 확신하고, 나비넥타이를 맨 1916년대 멋쟁이로 거듭난다. 대니가 "외할아버지는 달리 보인다"(173)고 감탄한다. 그의 이런 거듭남은 전적으로 애니의 존중, 배려, 신뢰, 희생, 그리고 애정이 있었기 때문에 가능하다.

이렇게 거듭난 프랜시스는 딸도 아버지에 향한 노여움을 풀고 애정과 사랑을 쏟는 화기애애한 분위기 가운데서 가족과 함께 저녁식사를 한다. 그러나 집에 계속 머무시라는 가족들의 간청을 뿌리치고 멋쟁이로 변신하여 집을 나온다. 그의 의식과 관심이 일변도적 외부지향으로부터 자성과 유연한 사고로 전환되었기 때문에, 그는 과거의 완고한 이념에서 비롯된 과격하고 맹목적인 투쟁의 무모성과 비실리성을 깨닫는다. 그래서 그는 자신의 실존이 외부에서 파생된 구호, 반항, 그리고 투쟁에 의해 좌우되어서는 안 되며, 오로지 자신과의 치열한 싸움을 바탕으로 계획되어야한다고 주장한다: "이제 프랜시스는 자신의 사고와 행위가 수시로 상충함으로 자기와 싸우고 있음을 깨달았다. 그가 어쨌든 생존했다면 그 생존은 어떤 사회주의(철학) 덕택이 아니라 삶의 진리에 대한 명석한 두뇌와 확고한 판단력 때문에 가능했다 … 비결은 일단 인간이 생존에 전념한다면, 실존하면서 허위의식을 타파하고 군중심리와 극도의 무질서를 극복하여, 만사를 정상으로 처리하기 위해 사람들에게 인간이 할 수 있는 최선책을 제시하는데 있다"(207). 요컨대 프랜시스는 자신의 실존을 외부충동과 지향에 의존하려하기보다는 오히려 본능과 염원을 전제하는 진리를 바탕으로 탐구하려한다. 그의 이런 탐구는 그가 삶의 실패자, 아니면 성공자로 단정하는 이분법적 사고를 탈피하기 때문에 가능하다. 지금까지의 삶에서 다른 사람들의 판단과 단정에 따르면 실패자이고 낙오자이지만, 그는 지금 자기를 그렇게 생각하지 않는다. 따라서 그는 자신의 삶을 회의적 사고를 바탕으로 평가한다: “프랜시스는 이제 이성에 그 근원을 둔 자신에 대한 어떤 결론도 결코 내릴 수 없다고 확신했다. 그러나 그는 자신이 사고할 수 없는 인간이라고는 믿지 않았다. […] 과거의 그는 바로 누구도 자기 자신을 분명하게 정의할 수 없다는 신념을 옹호하는 전사였다. 그러나 여하튼 전사는 죄인들로부터 성자들을, 죽은 사람들로부터 산 사람들을 보호한다는 의미를 함축했다. 그리고 그는 확실히 전사였지 피해자는 아니었다. 결코 피해자는 아니었다”(216). 결국 그는 자신의 판단에 의하면 결코 피해자가 아니라 이념을 너무 믿고 사회에 맹목적으로 반항했던 투사였다.

프랜시스는 집에서 나와 아들이 준 돈으로 술을 사서 루디와 함께 노숙자들이 모여 사는 숲속으로 간다. 그가 추위를 이기려는 노숙자들과 술을 나누어 마시고 있을 때, 노숙자들은 불시에 재향군인회회원들의 습격을 받는다. 루디가 야구 방망이로 머리를 얻어맞자, 프랜시스는 혼자 설 수 없는 루디를 어깨로 부축하여 먼 도심지에 있는 병원응급실로 데려간다. 당직 의사가 그의 맥을 짚어보고 청진기를 가슴에 대어보더니, 이 사람은 죽었다고 말한다. 프랜시스는 병원에서 나와 헬런이 투숙한 호텔로 가서, 그녀도 이미 숨을 거두었음을 확인한다. 이 날이 망자를 위해 기도하는 유령의 날이다. 그래서 그는 그녀의 타고난 음악재능을 마음껏 발휘하지 못해 상처로 얼룩진 영혼의 평온을 기원한다. 또 그는 어느 날 그녀의 무덤에다 비문 ─ “헬렌 머리 아처, 출중한 여인”(223) ─을 새긴 비를 세울 것을 맹세한다. 그는 새벽에 호텔에서 나와 남쪽으로 가는 화물열차에 올라탄다. 그때 자기와 함께 도망갔다가 객사한 동료야구선수, 스트로베리 빌의 유령이 열차 안으로 들어와 그에게 도망가지 말고, 애니가 기다리고 있는 집으로 돌아가라고 타이른다. 그가 유령의 충고에 따름이 소설의 끝이다: “대니의 방은 침대를 들여놓을 공간이 있다. 그 방에는 아침 햇볕도 잘 든다. 그 방은 아주 안성맞춤이다”(227). 그의 귀가는 그가 자아를 성찰하고 속죄하여 가장의 책임과 의무를 다하려는 굳은 각오 뿐 아니라 애니의 헌신적 사랑이 그 각오를 뒷받침하기 때문에 가능하다. 다시 말하면 그의 귀가는 그가 새로운 삶을 살려는 의지와 애니의 위대한 영혼의 결합체이다. 요컨대 그는 애니의 존중, 배려, 신뢰, 희생, 그리고 애정에 힘입은 데다, 스스로 극한상황 가운데서도 생존을 넘어 언제나 황소 같은 체력, 자기와 싸우는 정신적 건강, 야구선수로서 잠재력발휘, 성적 황홀감 만끽, 그리고 심리적 안정을 도모하는 전인적 인간으로 실존하려고 최선을 다했던 주인공이다. 프랜시스는 미국소설사에 길이 남을 이상적인 주인공이다. 케니디의 이런 이상적인 주인공, 프랜시스 창조는 그가 소설창작 바탕을 개개인의 공존의식 그리고 가능성과 잠재력의 발휘염원과 의지에 두기 때문에 가능했다. 그의 소설창작은 이 염원과 의지의 구현이고, 이 구현은 주인공의 무의식의 돈오돈수(頓悟頓修)에서 극치를 이룬다. 그러므로 독자는 믿고 수용하기 어려운 프랜시스의 사고와 행위를 현실세계에 대한 의식을 전제하지 않고, 상상세계에 대한 돈오돈수의 견지에서 이해하려고 고심해야한다. 상상세계에 대한 돈오돈수는 케니디의 문학정의 – "문학은 당신의 상상력의 확장이다"[246] –에 상응한다. 그는 실존에서 상상력의 확장을 가장 중요시한다. 그는 상상력의 확장만이 우리가 실존에서 무한한 가능성이 있음에도 불구하고, 이 가능성을 전혀 모르며 심지어 부정하고 있다는 사실을 일깨워줄 수 있다고, 또 전혀 가능성이 없다할지라도 거기에도 가능성이 있을 수 있다는 신념을 촉발할 수 있다고 믿기 때문이다. 그는 문학의 위대한 힘은 우리의 불가능 패배의식을 가능 자신감으로 전환시키는데 있다고 주장한다. 따라서 그의 프랜시스 창조는 이런 위대한 힘을 발휘한 하나의 실례로 각광받아야한다.

토머스 핀천(1937-)은 "가장 독창적이면서도 독자를 극도로 당황시키는 미국소설가들 중의 한 사람"[247]이라는 평가를 받는 작가이다. 또 그는 선배작가들 – 랠프 엘러선, 노먼 메일러, 잭 케러왝, 제임즈 죠운즈(James Jones), 제이. 디. 샐린져, 그리고 솔 벨로우 –의 소설창작철학(자아탐구와 실현, 개인의 주체성과 본능적 욕구충족, 그리고 공동체의식의 절대시)을 적극적으로 수용하면서, 자신만의 특이하고도 파격적인 창작기법을 구현함으로써 후배작가들 – 돈 디릴로우(Don DeLillo), 데이비드 포스터 왈리스(David Foster Wallace), 닐 스티번선(Neal Stephenson), 그리고 리쳐드 파우워즈(Richard Powers) –의 창작에 상당한 영향을 주었기 때문에 그의 문학사적 위상이 높다.[248] 그의 이런 평가, 위상, 그리고 영향력은 그가 사실주의와 모던이즘소설철학과 기법을 부정할 뿐 아니라 문학, 과학, 심리학, 역사, 종교, 그리고 영화에서 습득한 다양하고 해박한 정보들을 상호연관시켜 독창적으로 활용하는 소설창작에서 비롯된다. 그런데 이 같은 큰 명성과 영향력에도 불구하고, 그는 자신의 소설창작철학과 기법을 천명하는 대담을 하지 않을 뿐 아니라 글도 쓰지 않기 때문에, 그의 소설연구는 오로지 독자반응비평에 의존할 수밖에 없다. 따라서 그의 처녀작, *비.* (*V.*, 1963)를 "실존목적 왜곡과 상실의 극복" 논지로 고찰해본다. 이 고찰에서 실존목적은 이런 인간의 정의를 전제한다: "인간은 끊임없이 자아를 탐구하는 존재 — 삶의 매순간마다 자기존재의 조건을 검토하고 천착하지 않으면 안 되는 존재라고 일컬어지고 있다. 인간생활의 진정한 가치는 이런 천착, 즉 인간생활에 대한 이런 비판적인 태도에 있다."[249] 이 인간의 정의에 입각해서 *비.* 의 두 주인공, 허버트 스텐설(Hervert Stencil)과 베니 프러페인(Benny Profane, "속세에 얽매인 상황"[250]을 상징함)을 실존목적 왜곡자와 상실자로 규정하고, 작품을 고찰한다.

스텐설은 잠을 삶의 축복들 중의 하나로 여길 만큼 매우 나태한 생활을 하다가 1945년에 선친이 1899년에 쓴 일기장에서 이 구절을 읽는다: "비. 의 배후와 내면에는 우리 중 그 누가 간파했던 것보다 더 많은 비밀이 있다. 누구냐가 아니고 무엇이냐. 다시 말하면 그녀가 무엇이냐의 문제이다. 하나님이시여 제가 일기장에서도 어느 공식보고서에서도 그 답을 쓰라는 강요를 받지 않도록 해주시옵소서." 이 구절을 읽은 후에 그는 실존에서 자아탐구가 아니고 개인관심사인 비. 의 정체규명을 절대시함으로써 자신의 실존목적을 왜곡시킨다. 이 소설에서 그처럼 실존목적을 왜곡시킨 사악한 지배계층인사들과 그 하수인들은 "인간성은 타도의 대상"이라는 궤변의 포로로 전락하여, 정치에서는 침략자와 독재자로 그리고 인성에서는 이기주의자와 관능적 쾌락주의자로 돌변한다. 이들은 프로페인과 같은 선량하고 순박한 사람들을 실존목적 상실자로 타락시킬 뿐 아니라 그들의 순수하고 간절한 소망을 무산시켜버린다: "평화, 베니, 우리 모두의 소망은 평화가 아니냐? 바로 작은 소망."[251] 그러나 이 순박한 사람들은 침략자와 독재자의 횡포로 실존목적과 소망을 상실했지만 자포자기하지 않고 오히려 자아를 고수하려고 안간힘을 쓴다. 그들이 자아고수를 위해 쏟는 안간힘을 *비.* 의 핵심주제로 전제하고, 스텐설과 프러페인 그리고 파우스토와 파올라 마이스트랄(Fausto and Paola Maijstral)에 얽힌 사건들과 거기에 관련된 사람들에 관한 이야기들을 고찰한다. 이 이야기들의 구성에는 인과관계, 일관성, 그리고 연관성은 거의 없고, 예상과 순서를 뒤엎는 파격적이고 무질서한 뒤섞임과 의외의 탈선이 상당히 많다. 소설은 스물세 살의 해군제대자 프러페인이 1955년 성탄절 전야에 해군기지, 노퍽(Norfolk)을 지나다가 옛날 단골술집에 들르는 장면으로 시작되어, 1956년 9월 어느 어두운 밤에 영국식민지, 몰터(Malta)섬의 벌레터(Valletta)항구에서 우연히 만난 여대생 겸 시인, 브렌더 위걸즈워스(Brenda Wigglesworth)의 손을 잡고 바다를 향해 계속 달려가는 장면으로 끝난다. 그러나 이 장면이 끝이 아니고, 스텐설의 선친 시드니(Sidney)가 1919년 대영제국 외무부의 첩보원으로 몰터 사람들의 반항과 소요를 무마시키기 위한 임무를 수행하러 왔다가 포기하는 돌발적 행동으로 자아를 발견하고 돌아가는 길에 해상사고로 고인이 되는 결어가 소설의 끝이다. 이 결어는 실존목적 왜곡자와 상실자들도 어떤 억압과 탄압 가운데서도 본래면목을 회복할 수 있다는 희망과 신념을 시사한다.

시드니의 이런 갑작스러운 하수인에서 주체적 인간으로의 변신은 자기반성, 성찰, 그리고 앎 그리고 통찰력과 사랑으로 촉발되어 마무리된다. 그는 "많은 노래들, 깃발들, 행진들, 문란했던 성관계들, 그리고 거칠게 내뱉었던 불만들"(468)로 얼룩진 삶을 살아왔지만, 이제 예순 살의 나이에 제국주의정부의 하수인이 되어 벌레터에 입항하면서, 인간과 사회의 변화에 따라 자신의 삶도 능력도 한계에 다다르고 있음을 깨닫는다. 이로 인해 첩보원으로서의 자신감과 사명감에 회의를 느끼면서 자아를 성찰함으로써 "어떤 상황도 인간보다 더욱 낮은 차원의 사건들로 형성된다"는 진리를 터득한다. 따라서 이제 그는 "상황이란 하나님처럼 그 자체의 논리와 정당성을 갖기 때문에 인간보다 우위에 선다"(489)는 동료의 주장을 수용할 수 없다. 또 그는 서로 적대하는 우파와 좌파의 큰 문제점을 지적한다: "우파는 오로지 과거 온실의 밀폐된 공간에서 생존하면서 활동할 수 있을 뿐이다. 반면에 좌파는 거리에서 민중폭력을 선동하여 자기들의 목적을 달성하려한다. 그리고 미래의 몽상세계에서 삶을 설계하고 있을 뿐이다"(458). 그는 이들의 사고와 생활방식에 실존에 절대적으로 중요하고 필요한 중용이 없음을 개탄한다. 그가 20년 전에 플로런스(Florance)영국영사관에 근무할 때, 비. 가 그를 유혹하여 임신해서 아들 허버트를 출산하고 두 사람은 헤어졌다. 그렇지만 그는 그녀를 모처럼 해후하게 되자 자신의 임무인 첩보와 보고를 제쳐두고 그녀와 함께 즐거운 시간을 보낸다. 더욱이 이제 그는 "앞으로 정치는 점진적으로 더욱 민주화되어 비전문가인 민중의 수중으로 넘어갈 것이다"(483) 그리고 "유럽의 지배계층 인사들이 더 이상 세계정세를 좌지우지하지 못할 것이다"[252]는 확신을 갖는다. 따라서 그는 자신의 정보원이면서 이중첩자인 파우스토 마이스트랄의 만삭이 된 부인, 칼러(Carla)가 과부가 되고 싶지 않다고 하소연하자, 소요가 일어나기 전에 정보원에게 말한다: "[임무를 그만두고] 가라. 당신과 부인 그리고 태어날 마이스트랄은 피의 목욕탕에서 나가라. 집에 있어라"(491). 그는 제국주의를 옹호하는 비인간적인 역할수행자로부터 진정한 자아를 회복한 인간으로 변신하자마자 해상사고로 영면한다. 그의 갑작스런 횡사가 소설의 끝이다. 소설이 이렇게 끝남은 우리가 지배계층인사들의 횡포와 만행을 극복하고, 자아를 고수하고 탐구할 수 있다는 소망과 확신을 암시한다.

지배계층의 실존목적 왜곡자들은 권력욕, 소유욕, 그리고 "성욕을 변태적으로 남용"[253]하여 관능적 쾌락을 극대화하기 위해 강구하는 대책이 식민주의, 과소비충동자극, 그리고 기술의 악용이다.[254] 이들은 다른 계층과 나라 사람들을 탄압하여 자기들 목적을 달성하려고 안달하지만, 이 탄압은 격렬한 반발과 저항에 부닥쳐 결국 무위로 끝난다. 허버트 스텐설은 실존목적을 왜곡하면서 전심전력을 다해 비. 의 정체를 탐구하면서도 그 탐구가 미완으로 결말나기를 원하기 때문에, 정체가 밝혀지려하면 일부러 모른 체한다. 그의 탐구는 자가당착적이다: "탐구는 적어도 어떤 형태의 활동이다. [···] 그가 비. 의 정체를 밝혀낼 수 있다는 가능성이 가장 두렵다. 정체가 밝혀지면 탐구활동은 끝나고, 그는 틀림없이 무력감에 빠지게 될 것이다. 그러므로 탐구는 그가 자신을 지탱하는 전부이므로 그 결실은 그에게 더욱 큰 낭패를 의미한다. 따라서 그는 탐구가 계속 미완으로 남아있기를 바란다."[255] 이런 비. 의 정체 탐구는 그의 삶에 전적으로 무익하고 무의미할 뿐 아니라 다른 사람들을 피곤하게 하고 절망시킨다. 그러나 그의 의도와는 관계없이 비. 의 정체는 적나라하게 밝혀진다. 우선 그녀는 "우리 모두의 마음속에 자주 떠오르는 '전멸의 환상'이라는 경향을 항시 나타내는 20세기의 가장 뚜렷한 특징"[256]의 대변자이다. 이런 특징은 그녀가 처음에는 식민지를 개척하거나 확보하려는 제국주의국가의 하수인들과, 나중에는 독재자와 그 지지자들과 접촉하면서 자신의 정체를 끊임없이 탈바꿈하다가 결국에는 신부로 남장한 사악한 성도착자로 횡사하는 데서 여실히 드러난다. 등장인물들에 의해 정체가 밝혀지는 비. 의 등장은 제국주의자들이 그들의 목표를 달성하기 위해 계획하여 실행하는 온갖 음모, 조종, 횡포, 그리고 만행을 예시한다. 그녀는 영국의회에서 영향력이 막강한 의원, 앨러스터 렌 경(Sir Alastair Wren)의 딸, 빅토리어 렌(Victoria Wren)으로 열여덟 살에 무정부주의의 동조자가 된다. 그녀는 영국과 프랑스의 식민지 확장의 전초기지인 퍼쇼우더(Fashoda)와 전쟁 위기가 고조되던 1898년에 카이로우(Cairo)에서 여행자인 자기아버지를 암살하려는 무정부주의자를 유혹하여 스스로 순결을 상실한다. 그녀는 아버지에게 부정한 관계가 들통이 나서, 그와 격렬한 언쟁을 벌이고 작별인사도 하지 않고 가족과 헤어진다. 이후에 그녀는 "*보티첼리의 비너스의 탄생(Botticelli's Birth of Venus)에 구현된 여신처럼 생기* 있고 사랑스러운" 영리한 영국처녀, "빅토리어 렌에서 비. 로 일변"[257]한다. 이제 그녀는 자칭 영국인의 굴레를 벗어버린 세계시민이라고 선언하고, 1899년에 플로런스에 나타나 시드니 스텐설을 유혹하여 성관계를 갖는 요부가 된다. 또 그녀는 사업가적인 기질과 능력이 있어서 열아홉 살에 여러 남자들에게서 거머쥔 돈으로 자립하기 위해 작은 양장점을 차리려 한다. 한편 그녀는 나름대로 확고한 정치적 신념을 가지고 있어서, 한때 자신이 동조했던 무정부주의자 뿐 아니라 사회주의자와 진보주의자를 타도의 대상으로 증오하기 시작한다. 이처럼 그녀는 인간성, 인권, 그리고 개인주의를 부정하는 제국주의 지지자로 돌변한다.

그녀는 인간성을 포기하면서 제국주의 하수인역할을 열성적으로 수행한다. 그녀는 제국주의가 강조하는 동질화, 획일화, 그리고 집단화에 적극 반발하는 투철한 개인주의자, 영국해군장교, 휴 고우돌핀(Hugh Godolphin)을 제거하기 위해 음모를 꾸며 그를 배신한다. 해군장교는 거침없이 자신의 개인주의적 견해를 천명한다: "환각에 불과했다할지라도 결국 중요한 사실은 내가 보았던 대상이나 보았다고 믿는 대상이 아니었다. 핵심은 내가 생각했던 문제이다. 다시 말하면 내가 어떤 진리를 터득했느냐의 문제이다"(206). 부득불 그는 해군을 이탈하여 여러 나라를 전전하며 도피생활을 한다. 그는 위급한 순간에 렌에게 도움을 청한다. 그녀는 그에게 도와주겠다고 약속하고, 바로 영국영사관에 가서 고우돌핀을 자기 집에 유인해놓았다고 보고한다. 그를 배신한 후에 그녀는 "그 수법이 도덕적 동기와 더욱 크게 분리되면 분리될수록 더욱더 효과적이다"[258]고 확신한다. 요컨대 그녀는 "동과 서, 남과 북, 그리고 자연과 문명을 연결하는 신비스러운 지하 고리”[259]를 망가뜨리는 장본인이다. 또 그녀는 1913년에 서른세 살의 비. 여사로 둔갑하여 파리에 나타나서는 자기가 후원하는 전위무용단의 창작무용, *성폭행당한 중국처녀들*(*Rape of Chinese Girls*)의 주연여자무용수, 열다섯 살의 멜러니(Mélanie)와 동성연애에 빠진다. 멜러니는 반유대주의자, 이타그(Itague)가 감독하고 연출하는 이 창작무용에서 몽고침략군에 고문당해 죽으면서도 처녀성을 지킨 수 펑(Su Feng)역을 한다. 그런데 이타그는 황당한 예술론을 주장한다: “퇴폐주의(특히 성적 도착)는 인간성으로부터 이탈하는 행위이다. 우리가 더욱 크게 이탈하면 이탈할수록 비인간화된다. 우리는 비인간화되기 때문에 상실해버린 인간성을 무생물과 추상적 이론으로 교묘하게 대치한다.” 비. 도 그의 영향을 받아 자기 동성연애대상자, 멜러니를 인간으로서가 아니라 오로지 성적 감정을 촉발하는 사물로 간주하고 상대한다. 따라서 두 사람은 “사랑의 대상으로 사람 대신에 사물을 활용하려”[260]고 하기 때문에, 그들이 사랑에는 상호관심, 존중, 배려, 그리고 희생이 없다. 그러므로 멜러니가 공연 중에 관객들이 작품에 구현된 동양주의에 격렬하게 항의하는 소란의 와중에 춤을 추다가 막대기의 날카로운 끝에 찔려 사망하자, 비. 는 인간으로서 느끼는 깊은 애정이 없기 때문에 애도의 뜻을 표하는 한마디 말도 없이 파리에서 사라진다. 그 후 1919년에 그녀는 서른아홉 살의 버로니커 맹거니스(Veronica Manganese)로 변장하여 몰터에 거주하면서 엔리코우 미지(Enrico Mizzie)와 함께 이틀리(Italy)의 국익을 도모하기 위해 “가장 무자비한 국제외교 계략에 열중할” 뿐 아니라 자기신체의 특정 부위를 무생물로 대치시키고 장식하여 “스스로 무생물이 되려한다.”[261] 예를 들면, 한쪽 눈을 시계 모양의 홍채(虹彩)가 들어있는 의안으로 바꾸고, 배꼽에 별 모양의 새파이어(sapphire)를 박는다. 그리고 1922년에는 뮤니크(Munich)에 거처를 정하고 히틀러의 초기 지지자들과 의기투합하여 굳게 결속된 동지가 된다.

게다가 그녀가 극한상황에서 분출하는 광적 행동이 목격된다. 거트 몬다우겐(Kurt Mondaugen)은 뮤니크공대를 갓 졸업하고 독일군부로부터 공전(空電)신호를 뜻이 통하는 암호로 해독하라는 특명을 받고 1922년에 서남 애프리커의 독일보호령으로 간다. 그는 반란을 일으킨 원주민들에게 포위당한 포플(Foppl)의 요새화된 농장에서 두 달 반 동안 갇혀 지내면서 자신의 임무를 수행한다. 그는 히틀러 지지자인 독일군중위 바이스만(Weissmann)과 함께 뮤니크에서 이곳에 온 비. 의 이상행위를 목격한다. 그녀는 마흔두 살에 이름을 비러 메러빙(Vera Meroving)으로 개명하고, 자기를 더욱더 정교하게 무생물화하면서 변태적 성행위에 탐닉한다. 그녀는 의안을 자유자재로 빼고 넣을 수 있는 눈알로 만들었는데, 그 안에는 목에 걸고 있는 가는 쇠줄에 달린 황금열쇠로 태엽을 감을 수 있는 매우 정교하게 제작된 시계가 들어 있다. 그녀의 이런 기계적 신체변형은 병적 쾌락추구와 정신적 타락을 예시한다. 그녀는 가학성 겸 피학대 변태성욕자로 돌변하여, 바이스만중위의 가슴을 승마용 채찍으로 힘차게 계속 때리는 쾌감을 즐기면서 동시에 중위가 장갑 낀 손으로 자기 머리칼을 비틀면서 퍼붓는 음탕한 욕설을 만끽한다.

그녀는 1939년에 벌레터에 다시 나타나 사악한 신부로 변장하여 거주하다가 1943년에 독일공군의 폭격으로 예순세 살에 사망한다. 그녀의 사망은 파우스토의 원고에 기록되어 있다. 이 원고는 파우스토가 자신의 실존에서 어떤 변화를 겪었는가를 고해(告解)하기 위해 1937년부터 1943년까지의 일기를 편집하여 1956년에 완성한 회고록초안이다. 그는 아버지로서 자신의 심정을 토로한 회고록원고를 미국해군병사와 결혼하여 미국에서 살고 있는 딸 파올라에게 보냈는데, 스텐설은 그녀로부터 이 원고를 입수하여 읽는다. 원고에 따르면 이 사악한 신부는 바닷가에 있는 별장에 거주하는데, 아무도 그의 이름과 교구를 모른다. 이 신부는 혼전에 파올라를 임신한 엘러너 젬지(Elena Xemxi)에게 낙태를 권유한다. 또 여자아이들에게는 수녀가 되어 "관능의 양극단, 다시 말하면 성교의 쾌락과 분만의 고통을 멀리 하라고 충고한다." 남자아이들에게는 "몰터의 바위에서 정신력을 찾고 바위처럼 되라고 말한다. … 남자의 존재목적은 수정(水晶)처럼 아름답지만 영혼이 없는데 있다고 설교한다"(340). 이렇게 이 신부는 자신의 궤변으로 인간성을 부정하고 파괴하는데 열중한다. 파우스토는 엘러너가 공습으로 폭사했다는 비보를 접하고 정신없이 거리를 지나다가 아이들의 적의에 찬 외침을 듣는다. 그가 큰 소리가 나는 파괴된 건물 지하실로 내려갔더니, 넘어진 기둥에 깔려 있는 이 사악한 신부 옆에 아이들이 모여 있다. 이 신부는 아이들에게 기둥을 들어 올려주거나, 들어 올릴 수 없으면 사람들을 불러달라고 부탁한다. 그러나 아이들은 그 부탁은 아랑곳하지 않고, 돈이 될 만한 그녀의 물건들을 빼앗는다. 남자아이가 머리에서 상아 빗을 빼서 파올라에게 준다. 또 다른 남자아이는 배꼽에 박혀 있는 별 모양의 새파이어를 주머니칼로 빼는데 실패하고 총검으로 파내자, 그 자리에 피가 고이기 시작한다. 여자아이는 의치 한 짝을 드러내고, 또 시계 모양의 홍채가 들어있는 의안을 빼낸다. 아이들의 약탈행위가 끝나자, 파우스토는 신부를 대신하여 배꼽에서 흘러나온 피로 몸을 씻어주고, 사악한 신부를 위해 기도한 다음에 자신의 죄를 속죄하기 위해 기도한다. 요컨대 사악한 신부로 변장한 비. 의 죽음은 "쇠퇴하는 유럽 지배계층의 통치력 종언의 상징"[262]이다.

스텐설은 원고를 읽고 사실을 직접 확인하기 위해 파올라와 함께 벌레터로 가기로 작정한다. 그는 1945년부터 영국에서 시작한 비. 의 정체탐구를 미국까지 와서 계속했지만 아직 성과를 거두지 못했다. 그는 그녀와 둘이서만 벌레터에 갈 수 없어, 그녀와 가까이 지내는 프러페인에게 통사정하여 간신히 동행허락을 받는다. 힘든 여정 끝에 스텐설은 파우스토를 만나지만 고무적인 말을 듣지 못한다. 파우스토는 그에게 그 건물 지하실을 찾을 수 없으며, 만약 찾을 수 있어도 거기에는 틀림없이 새 건물이 들어서 있을 것이라고 말한다. 또 그녀에게서 나온 물건들의 행방을 알 수 없으니 그에게 전당포나 골동품상점을 뒤져보라고 조언한다. 그러면서도 파우스토는 그가 "훌륭한 교육을 받았고 특권계급에 속하면서도"[263] 다른 사람, 사회현실, 그리고 세계변화를 전혀 의식하지 않으면서 오로지 비. 의 종적추구에 몰두하는 인간임을 간파한다. 그의 간파에 의하면, 스텐설은 자신의 독선과 편견의 포로로 전락하여 오로지 왜곡된 실존목적달성에 전념하는 극단적 이기주의자로 다른 사람과 사회를 무시하고 부정한다. 그러므로 스텐설은 해몽술사이고 최면술사인 바이얼러(Viola)부인이 1944년에 그 의안을 가지고 갔다는 소문을 듣고, 그녀를 만나러 스톡호울름(Stockholm)으로 떠난다. 그는 쪽지를 남기고 간다: "스톡호울름도 또 하나의 실마리에 대한 성과 없는 끝맺음이 되기가 십상일 거요. 무일푼인 프러페인을 보살펴주시오. 스텐설은 이제 당신들 중 누구도 필요로 하지 않아요"(451-52). 요컨대 그는 왜곡된 실존목적 때문에 자기 이외에는 아무도 그리고 아무것도 볼 수도, 느낄 수도, 이해할 수도, 인정하고 수용할 수도, 존중할 수도 없는 극도의 폐쇄적 인간이다.

지금까지의 논의에 의하면, 제국주의 지지자이고 퇴폐주의 추종자, 비. 의 정체탐구에 전념하는 극단적 이기주의자 스텐설은 실존목적을 왜곡한 대표적 지배계층인사들 중의 한 사람이다. 그들은 사람들의 인권을 유린하고 자아탐구와 실현의지를 억압한다. 이제 그들이 사람들을 무생물로 변태시켜 실존목적 상실자로 타락시키는 사례를 프러페인을 중심으로 고찰한다. 그는 스스로 순진한 바보(schlemiel)라고 믿는 무능력자일 뿐 아니라 자기를 무생물화하려는 세계의 피해자이다. 따라서 그는 타인의 순수성과 진실성을 믿고 수용할 수 없으며, 더욱이 실존목적을 상실한 채 자신감, 주체성, 자제력, 타인과의 공감대, 그리고 도전정신이 없는 "기계적 인간이다."**264** 이처럼 그는 목적의식과 성취의욕이 없기 때문에 해군에서 제대하고 1년 반 동안 동부해안을 오르내리다가, 1955년 성탄절 전야에 노퍽항구를 지나다가 과거 단골술집에 들른다. 그는 술집에서 전함에서 자기 상관이었던 갑판장, 패피 호드(Pappy Hod)의 부인, 파올라와 해후한다. 호드는 벌레터의 술집종업원이었던 파올라를 만나 결혼하고, 그녀를 큰돈을 들여 미국으로 이민시켰다. 제2차 세계대전 직후 폐허가 된 벌레터 태생 여자들은 엄청난 생활고에 시달렸으므로 그녀의 미국이민은 대단한 행운이었다. 이런 행운아 파올라가 자신의 주관적, 일방적 견지에서 느낀 호드의 작은 무심과 냉담 때문에 집을 뛰쳐나와 술집에서 일하다가, 프러페인을 만나자 그에게 의존하려한다. 그녀는 그에게 "저를 보살펴주세요"(18)라고 하소연한다. 이렇게 그녀는 프러페인에게 의존하려하면서도 자의식이 강해 술집에서 모든 종업원이 주인이름, 비어트리스(Beatrice)로 호명되는 상황에서도 자신의 고유명인 파올라를 고수한다. 더욱이 그녀는 인간이 무생물화되는 경향에 적극 반대하면서 인간성을 중요시하여, 재물보다는 오히려 주체성, 독립성, 그리고 정체성에 지대한 관심을 쏟는다. 프러페인은 그녀를 도와줄 수 없으므로 뉴욕에 가서 레이첼 아울글래스(Rachel Owlglass)를 찾아가라고 타이른다. 그는 그녀와 헤어지면서, "그녀는 너에게 직장을 구해주고 거처도 마련해 줄 것이다"(36)고 말한다. 결국 그녀는 자신이 선택한 실존에 도전하기 위해 그와 작별한다.

프러페인은 해군에서 제대한 1954년 여름에 길을 건너는데, 아울글래스의 승용차가 그를 들이받는 사고로 서로 알게 되었다. 그가 생명 없는 물체가 자기를 죽이려한다고 생각하고 있을 때, 그녀가 그를 차에 태워 채석장으로 간다. 그녀는 그와 함께 맥주 한 상자를 마시고 술이 취하자, 자신의 부유한 가정과 동부의 명문대학들에 다니는 남자친구들은 모두 가짜라고 푸념하면서, 이 채석장의 돌만이 진짜라고 우긴다. 그러면서 그녀는 순진한 바보인 그에게 친구가 되어 자기가 알지 못하는 길과 지역들을 가르쳐 달라고 부탁한다. 그가 그녀를 자주 만나면서 친해짐을 느끼고 마침내 그녀를 사랑하고 있다는 생각에 빠졌을 때, 그녀가 자기 승용차에게 지껄이는 말을 듣는다: "난 널 만지기를 좋아해. […] 난 너의 그 이상한 버릇도 다 알고 있어"(128). 더욱이 그는 그녀가 왼손으로 힘이 다 빠질 때까지 기어전환장치를 애무하는 행위를 목격한다. 그는 그녀가 그것을 어루만지는 모양새를 보고, 어떤 어루만짐인가를 바로 직감한다. 이제야 비로소 그는 많은 사람들이 인간보다도 특정사물을 더욱더 사랑하고 있는 현실을 자기만 모르고 있었다는 걸 깨닫는다. 이렇게 깨닫는 순간부터 그는 "자신을 모든 사람 그리고 모든 사물과 절연시키려한다."[265] 그러나 그는 자신의 의도와는 달리 현실적으로 아울글래스와 그녀의 동숙인 파올라가 어울리는 "현대의 퇴폐주의와 순전한 용장(冗長)의 상징"[266]인 정신이상자들과 교유한다. 이 정신이상자들도 그처럼 실존목적을 상실하고, "활기 없는 모임에서 또 다른 무기력한 모임으로 돌아다니고, 스스로 무생물로 탈바꿈하면서"[267] 관능적 쾌락에 탐닉하는 자기중심적 인간들이다. 특히 이들 중 몇 자칭 예술가들은 자아탐구와 실현, 개인의 주체성, 그리고 공동체의식을 확장하는 예술혼을 구현하려하지 않고, 오로지 자아도취적, 독선적, 퇴폐적인 작품제작에 열중한다. 예를 들면 퍼거스(Fergus)는 뻔뻔스럽게도 펜 정거장(Penn Station)의 남자화장실에 있는 칸막이를 다다이스트들(Old Dadaists)이 명명한 기성품(ready-made)으로 미술전람회에 출품한다. 또 다른 화가 슬랩(Slab)은 이따금 폭발하는 충동으로 그림을 그리는데, 자기를 긴장병적 표현주의자로 그리고 자기작품을 전달불능의 결정판으로 정의한다. 그는 자신의 작품, *취즈 데이니쉬 35호*(*Cheese Danish #35*)를 스스로 평가한다: "이 작품은 긴장병적 표현주의에 대한 나의 반항이다: 내가 해결한 우주적 상징이 서구문명에 뿌리 깊이 구현되어 있는 십자가를 대신할 것이다"(56). 이렇게 그는 자아도취에 빠져 예술의 전달과 공감기능을 부정하는 화가이다. 또 마피어 윈섬(Mafia Winsome)은 소설가로 특이한 창작철학 – "세상은 오로지 초인적 사랑에 의해서만 어떤 쇠퇴를 방지할 수 있다"(282) –을 주장한다. 그런데 그녀의 초인적 사랑은 "하룻밤에, 아니 매일 밤 아주 많은 횟수의 격렬하지만 가학적이 아닌 포옹을 하면서 다섯 번 내지 여섯 번 하는 성교를 의미한다"(125). 결국 그녀는 자신의 성욕과 성적 쾌감을 마음껏 충족시키기 위한 황당무계한 독선적 창작철학에 빠진 나머지 매우 불행하고 비참한 삶을 자초한다.

그러나 아울글래스는 정신이상자들과 어울리지만, 가능한 한 그들과 멀리 하면서 자신의 인간성과 주체성을 고수하려할 뿐 아니라 궁지에 몰린 친지들을 정신적, 경제적으로 도와준다. 또 파올라도 자립인간이 되기 위해 아무도 눈치 채지 못하게 흑인으로 변장하여 며칠씩 할렘(Harlem)에 가서 루비(Ruby)라는 가명으로 창녀노릇을 한다. 그녀는 이런 자립정신 때문에 흑인재즈음악가, 머클린틱 스피어(McLintic Sphere)의 지대한 관심과 매력의 대상이 된다. 스피어는 그의 색서포운연주로 "애프리커 민족주의의 정신과 반지성 그리고 상승세"를 구현하여, 음악의 "새로운 개념"(60)을 정립했다는 정신이상자들의 절찬을 받는다. 그들은 그에게서 챨리 파커(Charlie Parker)의 화신을 보았고, 파커가 다시 살아났다고 열광한다. 그러나 그는 백인지배사회에서 소외감과 절망감을 뼈저리게 느껴 의기소침해질 때면 파올라를 찾고, 그녀와 성관계를 갖고 나면 다시 활달하고 적극적인 남자로 돌변한다.[268] 따라서 그녀가 "창녀는 인간이 아니다"(291)고 자신을 경멸하자, 그는 그녀를 위로하고 격려하는 말을 아끼지 않는다: "너는 인간이다. 루비, 너는 나하고 있을 때 인간이다." 더욱이 그는 그녀가 흑인으로 변장한 파올라임을 알고, 그녀에게 인간적인 여자가 되는 첩경이 이런 실천 – "상대방을 입을 다물고 사랑하며, 지극정성을 다해 모르게 도와주고, 냉정하면서도 성심성의껏 보살핀다"(365-66) –에 있다고 조언한다. 이처럼 그는 청중에게 깊은 공감과 감동을 불러일으키는 연주자이고, 상대방의 인품과 영혼을 있는 그대로 인정하여 존중하는 인격자이다.

프러페인이 파올라를 아울글래스 아파트로 보내고 할 일이 없어 지하철에서 시간을 낭비하고 있을 때, 피나(Fina)처녀가 그의 딱한 처지를 간파하고 자기 집으로 가자고 울면서 청한다. 그녀의 아버지는 극빈자 수당을 수령하는 궁핍한 가장이면서도 그를 기꺼이 동숙인으로 받아들이고, 빈 방이 없으므로 욕실을 거처로 내준다. 프러페인은 돈벌이를 하려고 악어사냥의 명수, 그녀의 오빠 에인절(Angel)과 함께 하수구로 내려가서 악어를 사살하는 일을 시작한다. 뉴욕시의 수많은 아이들이 재미로 애완용 악어새끼를 사서 가지고 놀다가 싫증이 나자 변기에 버렸는데, 이 악어새끼들이 하수구에서 크게 자라더니 번식력이 강해 하수구 전역을 휩쓸고 다니는 무법자들로 돌변하자, 시당국은 악어들을 제거할 대원들을 모집한다. 그는 신입대원이 되어 평생 처음 엽총을 발사하여 생명체를 죽이는 일을 한다. 그가 악어사냥이 끝나 실직자가 되자 피나는 그에게 새 직장을 구해주려 한다. 그러나 그가 그녀의 호의를 거절함으로 그녀는 크게 실망한다. 또 그는 그녀가 욕실에 발가벗고 누워서 "베니, 나는 처녀야. 난 베니가 내 첫 남자가 되어주기를 원해"(145)라고 하소연하지만, 그녀의 간절한 소원을 들어주지 않는다. 이는 그가 언제나 자기를 과소평가함으로 그녀의 순수성과 진실성을 이해하여 수용하지 못하는데 있다. 나아가 그는 그녀를 부양할 책임을 지게 될까 두렵기 때문이다. 그가 그녀의 간청을 거절한 뒤에 그녀가 불량배들에게 성폭행당하는 현장을 목격했으므로 이제 그녀 집에 갈 수 없다. 따라서 그는 아울글래스의 소개로 인간연구협회(Anthroresearch Assosiates)의 야간수위로 취직한다. 그는 현대인에게 가장 필요하고 유용하면서도 가장 큰 비극을 유발하는 방사능과 교통사고를 상징하는 두 인조인간과 상면한다. 하나는 쉬라우드(shroud, synthetic human, radiation output determined의 두문자)이고, 다른 하나는 쇼크(shock, synthetic human object, casualty kinematics의 두문자)이다. 두 인조인간은 현대인들이 자신들을 정신적으로 승화시키려고 최선을 다하지 않으면서, 기계적으로 확장한 부정적이고 비극적인 결과를 보고 인류발전과 진보라고 착각하는 대표적 실례들이다.[269] 쉬라우드는 방사성 낙진결과와 영향을 측정할 목적으로 제작되었으므로 그 역할은 매우 중요하다. 쇼크는 자동차사고의 결과와 후유증을 알아보려고 제작한 인체해부모형이지만, 정말로 살아있는 사람 같다. 프러페인이 밤에 순찰을 돌고 오다가 쉬라우드 앞에 멈추니까, 쉬라우드는 그가 이해할 수 없는 이상한 말을 지껄인다: "당신과 모든 사람은 언젠가 나와 쇼크 같은 인간이 될 것이다"(284). 그러자 프러페인은 바로 반박한다: "너는 영혼이 없다. 그런데도 너는 어떻게 말할 수 있구나"(286). 또 쉬라우드는 영혼을 가지고 있다고 자랑하는 그에게 히틀러와 아이크만(Eichmann)은 유대인을 대량 학살한 만행을 자행했음을 상기시킨다. 이 상기는 프러페인의 실존의지, 인간성, 그리고 판단력이 약함을 암시한다.

프러페인은 근무태만으로 인간연구협회에서 해고당한 뒤에 아울글래스의 적극적인 권유에도 새 직장을 구하려하지 않는다. 또 그는 강한 성적 욕망을 충족하고 싶어 안달하면서도, 여자가 자발적으로 성관계를 갖자고 간청하면 거절한다. 그는 자신의 오해, 오판, 그리고 이기심 때문에 피나의 순수한 마음을 받아들이지 않아 그녀의 삶에 큰 상처를 남겼다. 그가 파올라를 성폭행의 위기에서 구해주자, 그녀가 감사하는 마음으로 자진해서 성관계를 갖고 싶다고 말한다. 그러나 그는 거절한다. 이렇게 매정한 그도 아울글래스가 울먹이면서 사정하자 그녀의 요구에 응한다. 그녀가 침대에 누워서 그에게 하소연한다: "이리 와. 이건 무료야. 해주기만 하면 돼. 올라와. 내 것은 아주 좋아"(384). 그는 마지못해 올라간다. 그가 적극적으로 여자의 순수하고 진정한 마음을 받아들이지 못하는 까닭은 언제나 바보라고 믿는 자기부정에 있다. 아울글래스가 그에게 호소한다: "사람들은 변신하여 성숙할 수 있다. 너는 그렇게 하려고 노력할 수 없었느냐?" 그는 즉각 반박한다: "나는 변하지 않는다. 순진한 바보들은 언제나 똑같다"(383). 이처럼 그는 자아를 성숙시키려는, 또 자기와 다른 사람을 사랑하려는 의지가 없기 때문에 자신의 가능성과 잠재력을 계발하여 발휘할 수 없다. 그러므로 그는 언제나 매사에 자신감을 가질 수 없어 소극적, 부정적 사고와 행동을 되풀이한다. 그는 실존목적 왜곡자들의 이기심, 농간, 횡포, 그리고 인권유린의 피해자이면서, 스스로 실존목적을 상실한 게으른 이기적 인간이기 때문이다.

그러나 프러페인은 자신의 이런 제약과 한계를 극복한다. 그는 스텐설과 파올라에게 속아 벌레터에 왔다가, 스텐설이 아무런 예고 없이 떠나버리자 사고무친의 처지에 봉착한다. 이때 그는 친구들과 관광하러 왔다가 무일푼의 상태에서 혼자 남은 대학생 겸 시인, 브렌더 위걸즈워스를 만난다. 두 사람은 어떻게 여기까지 왔으며, 이제 어디로 갈 것인가에 대해 서로 의견을 나눈다. 그러다가 그녀가 그에게 경험으로 많은 것을 배웠느냐고 묻자, 그는 오래 생각하지도 않고 "나는 아무것도 배우지 않았다"(454)고 대답한다. 이제야 그는 스스로 바보라고 맹신한 자아에 유폐되어 자기발전과 변신을 시도하지 않았음을 깨닫는다. 그는 자신의 실존이 전적으로 편견, 독선, 나태, 충동, 이기심, 그리고 다른 사람의 순수성과 진실성의 거부에 의존했다는 부끄러운 자화상을 발견한다. 그는 자아성찰로 인간성을 회복한다.[270] 그리하여 그는 브렌더의 손을 꽉 잡고 갑자기 모든 불이 꺼진 벌레터의 밤거리를 함께 달린다. 프러페인과 브렌더는 "갑자기 완전한 밤으로 변한 거리를 계속 달렸다. 활력이 그들을 몰터의 경계를 넘고, 지중해까지도 뛰어넘게 할 것이다"(455). 그에게 밤은 새벽이 다가온다는 광명을, 그리고 지중해를 뛰어넘음은 사고와 행동의 제약과 한계를 초월하는 자아성숙을 상징한다. 그는 미미하지만 실존목적 왜곡과 상실을 극복한다.

실존목적 왜곡과 상실을 극복하는 최선책, 즉 자아성숙은 파우스토의 회고록에서 더욱 구체적으로 기술된다. 그는 자아를 네 단계의 개인적, 사회적 상황변화를 바탕으로 검토한다. 그는 첫 단계에서 큰 포부와 야망을 가진 탁월한 대학생으로서 장차 신부를 꿈꾸고 있다고 자기를 소개한다. 두 번째 단계에서 자기가 혼전에 본의 아니게 엘러너 졤지와 가졌던 성관계에서 전혀 예기하지 못했던 딸 파올라의 탄생, 제2차 세계대전의 발발, 그리고 독일과 이틀리공군의 대대적인 공습을 기술한다. 세 번째 단계에서 엘러너가 공습으로 사망했다는 비보를 듣고, 사악한 신부가 비극적으로 영면하는 현장을 목격하고, 그리고 무자비한 폭격으로 폐허가 된 도시를 보고 느낀 울분과 비통을 실토한다. 네 번째 단계에서 스스로를 자기세대의 유일한 잔존 시인으로 인간성회복을 강조한다. 이렇게 그는 네 단계의 자아를 분석적으로 검토하지만, 자아는 분리되지 않고 서로 밀접하게 관련되어 있다. 그는 이 검토로 자기 자신, 그리고 자기를 압도하려는 사악한 인간, 사회조직, 그리고 퇴폐주의를 심오하게 인식하려한다. 나아가 그는 이 인식을 바탕으로 실존목적을 왜곡시키는 인간, 사회조직, 그리고 이념을 극복할 인간성회복의 방안을 강구하려고 전력한다. 그의 처음 세 단계의 자아는 인간을 타도대상으로 간주하는 제국주의와 그 추종자들이 일으킨 전쟁에 의해 그 존립이 철두철미하게 부정된다. 전쟁 중에는 진리와 종교보다는 오히려 사건과 상황들이 인간실존에 더욱 결정적인 영향력을 발휘한다. 공습 중에는 인간은 나무, 건물, 교회, 그리고 동상들과 다를 바가 없다. 이 모두가 폭격에 의해 순식간에 파괴되어버리기 때문이다. 파우스토는 이런 파괴력을 퇴폐주의로 정의한다: "퇴폐주의, 퇴폐주의, 퇴폐주의가 무엇이냐? 오직 죽음을 향한, 차라리 인간성 부정을 향한 힘찬 전진이다"(321). 파우스토는 이렇게 가공할 퇴폐주의의 극복방안은 인간성회복에 있다고 주장한다. 또 인간성회복의 첩경은 인도주의신봉과 수호에 있다. 따라서 그는 시인으로서 자신의 처음 세 단계의 부정적 자아를 극복할 수 있는 인도주의수호의 최선책을 시와 시인의 정의에서 찾는다. 그는 시를 극한상황에서도 인간실존에 전혀 무의미하지 않고 오히려 인간 생명의 지탱력으로 정의한다: "시는 천사들, 혹은 '잠재의식'과의 소통이 아니다. 시는 지구력, 생식기, 그리고 오감의 관문과의 소통이다. 시는 이 이상이 아니다"(318). 또 시인은 "꿈에 매달려 생존한다"(325). 그는 자신의 시와 시인의 정의를 확신하기 때문에 퇴폐주의가 만연한 상황에서도 파올라가 "단 하나의 주어진 심장과 편안하고 온전한 마음"(314)을 갖고 실존하기를 갈망한다.

파올라는 자신의 의지와 아버지의 뜻에 따라 "편안하고 온전한 마음"을 가지고 살아가려고 결심한다. 그녀는 스텐셜과 프러페인과 함께 벌레터에 왔을 때, 자기가 경솔하게 버렸던 남편, 패피의 전함이 기관고장을 수리하려고 항구에 정박하고 있다는 소문을 듣는다. 패피는 자기가 자나 깨나 지극정성을 다해 사랑했던 파올라의 버림을 받고 거의 폐인이 되기 일보 직전에 있다. 그때 그녀가 전함 옆에서 그를 기다리고 있다가 만나, 그보다 먼저 미국에 돌아가서 기다리겠다고 약속한다: "나는 노퍽의 집에 앉아 정숙하게 물레질을 하고 있을 것이오. 당신의 귀가 선물로 뜨개실을 뽑고 있을 것이오." 이 뜻밖의 선언을 듣고 그가 생각해낼 수 있는 전부는 "나는 당신을 사랑한다"는 말뿐이다. 이에 반응하여 그녀는 그에게 말로 하는 약속보다도 더욱 강한 불가사의한 힘을 지닌[271] 상아 빗을 주면서 당부한다: "포우커 놀음에서 이걸 잃지 말아요. 내가 오랫동안 가지고 있었으니까"(443). 이제 그녀는 패피를 "입을 다물고 사랑하며, 지극정성을 다해 모르게 도와주고, 냉정하면서도 성심성의껏 보살피려"한다. 그녀는 퇴폐주의가 창궐하는 비인간화된 사회에서 "구세주가 있다면 그녀가 바로 구세주이다." 더욱이 그녀는 "황무지에 새 활력을 불어넣을 여신의 강력한 후보자"[272]로 각광받을 여걸이다. 요컨대 파올라는 실존목적 왜곡과 상실을 아무런 구호와 마찰 없이 조용하고 평화스럽게 극복한 이상적인 소설주인공이다.

토머스 핀천의 두 번째 소설, *제 49호 품목의 경매(The Crying of Lot 49*, 1966)는 "미국을 고발하면서도 미국에 잠재한 가능성을 탐구할 뿐 아니라 언어를 경멸하면서도 언어에 잠재한 가능성을 탐구한"[273] 걸작이다. 180쪽인 이 작품은 그 규모 그리고 내용과 기법에서 480쪽의 처녀작, *V.* 그리고 760쪽의 세 번째 소설, *중력의 무지개(Gravity's Rainbow*, 1973)와 매우 대조적이다. *V.* 와 *중력의 무지개*는 두서없는 매우 복잡다단한 이야기들로 19세기 말부터 20세기 중반까지를 시대적 배경으로 양차 세계대전과 같은 역사적 사건을 기술한다. 두 소설은 이런 기술로 식민지 확보와 세계제패라는 야욕의 편집증에 꼼짝 못하는 서구열강의 지배자들이 자행한 음모와 만행들 그리고 그들이 악용한 과학과 기술이 촉발한 인류의 실존위기와 그 극복가능성을 제시한다. 이에 반해 *제49호 품목의 경매*에서는 1960년대 자유분방한 미국사회에서 풍족함과 안이함의 일변도적인 삶을 살고 있는 스물여덟 살의 중산층 공화당원 여자주인공, 이디파 마스(Oedipa Maas)가 어느 순간 의외의 현실에 직면한 뒤에 이룩한 변신 그리고 여기에 관련된 남자들의 세계가 매우 간결하고 짜임새 있는 짧은 이야기로 구현되어 있다. 이 변신은 민주주의와 공산주의, 선과 악, 부자와 빈자, 그리고 백인과 흑인을 엄격하게 구별했던 1950년대에 대학교육을 받은 이디파가 자신의 일변도적인 삶에 기적처럼 다가온 "다른 세계의 침입"[274](전혀 예상하지 않았던 의식 변화)을 수용함으로써 일어난다. 자유스러움과 평온함으로 실존하고 싶은 그녀(우리)의 기대와 욕구는 권력을 장악하여 사리사욕을 도모하고 관능적 쾌락을 추구하려는 지배계층인사들의 편집증 때문에 여지없이 무산되어버린다. 이런데도 그녀는 부정적 현실에 적극적, 창의적으로 대처하려는 강한 의지나 계획도 없이 안이하고 메마른 일상적인 삶을 살고 있다. 그녀는 이런 현실을 극복하기 위해 독립심과 주체의식을 확장하려하기보다는 오히려 다른 사람에 의존하여 도움을 받으려한다. 또 현실을 유아론적 입장에서 성급하게 단정하려는 성향이 강한 편이다. 그렇지만 그녀는 의외의 순간에 실존에서 독자적인 탐구정신, 회의, 그리고 사랑의 중요성을 깨달으면서 의존심과 편집증을 극복한다. 드디어 그녀는 사고와 행동에서 융통성, 유연성, 그리고 주체성을 가장 중요시하는 여인으로 성숙하여 현실을 있는 그대로 수용하려한다. 그러므로 *제49호 품목의 경매*를 "편집증에서 판단중지로"의 논지로 고찰해본다.

이디파는 자신의 자유스러운 실존에 대한 기대와 욕구가 지배계층인사들의 허위의식 뿐 아니라 자기부정과 소외로 무산되었기 때문에 자포자기적인 자아에 유폐되어 무의미한 삶을 살 수밖에 없다. 그녀는 삶에서 경이감과 열정을 느끼지 못함으로 자기가 앞을 볼 수 없는 짙은 안개와 소나무숲 속에 갇혀 있다는 망상에 빠져 있으면서, 지배계층 남자에 의해 구원되기를 고대한다. 그리하여 그는 자기를 해방시켜줄 거라고 믿는 연인, 캘러포니어주의 부동산거부, 피어스 인버래리티(Pierce Inverarity)의 구원을 받지 못한 채 계속 구금되어 있다고 상상하면서 절규한다: "피어스는 나를 구원하지 못했다. 탈출구가 없었다. 자기는 무엇으로부터 그렇게 도피하고 싶었던가?"(21). 이렇게 그녀는 자립심은 없고 의존심만 강해 피어스의 도움을 받아 자유인이 되는데 실패하지만, 그의 유산의 유언집행인으로 임명된다. 그녀는 이 사실을 그가 타계하고 1년 후에 통보받는다. 역설적으로 그녀는 연인이 생전에 자기를 구원하지 못했지만, 사후에 자신의 변신에 결정적인 역할을 하고 있음을 점차 인지한다.

그녀는 자포자기하여 피어스와 결별하고 무작정 웬들 무쵸 마스(Wendell Mucho Maas)와 결혼한다. 그러나 그녀는 그와의 결혼생활에서 원만한 의사소통과 황홀한 육체적 결합을 만끽할 수 없다. 따라서 그녀의 실존에는 놀라움, 생기, 그리고 활력은 없고 메마름, 지루함, 무기력, 그리고 무의미만 있을 뿐이다. 더욱이 그녀가 감수해야하는 더욱 큰 괴로움과 고통은 남편의 일방적인 주장을 경청하면서 느끼는 무시감과 공포감이다. 그녀는 자기가 피어스 인버래리티의 유언집행인으로 지명되었지만, 그것을 어떻게 집행해야하는가를 전혀 모르기 때문에 무쵸와 상의하고 싶어 안달한다. 그러나 그는 그녀의 심정과 의사를 전적으로 무시하고 자기주장과 감정만 표출한다. 그는 지방방송국의 디스크 쟈키로 근무하면서 자주 상사와 마찰을 빚으므로 항시 자신의 직업에 양심의 불신과 위기를 느낀다: "오늘도 또 하나의 패배였어. [···] 에드, 나는 내 양심을 조금도 믿지 않아. 난 노력은 하지만 정말로 양심을 믿을 수 없어." 그녀는 이처럼 의기소침한 남편을 격려하기 위해 "당신은 감수성이 너무 예민하다"(12)고 말하면서도, 그가 지나치게 이상주의적이어서 현실에 적응하지 못하고 있다는 공포감에 사로잡힌다. 게다가 그녀는 그가 과거의 악몽에 계속 시달리고 있기 때문에 매우 안타깝다. 그는 디스크 쟈키가 되기 전에 2년 동안 중고차판매원을 하면서 만났던 자기보다 더 가난한 흑인과 백인들의 비참한 삶에 연민의 정을 느끼면서 분노한다. 그가 보기에 그들은 실존에서 기본권을 박탈당해 아무것도 소망하지도 성취하지고 못함으로 사회적으로 무이고, 수학적으로는 영이다. 이디파는 그가 2년 전에 판매장을 떠났으면서도 그들의 비참한 삶에 내뿜는 분노를 도저히 이해할 수 없다. 이 뿐만 아니라 그녀는 한밤중에 전화를 걸어 잠을 깨워 중산층주부들을 상대로 엘에스디-25(LSD-25)와 같은 마약효과실험에 동참하라고 강권하는 정신과의사, 힐레어리어스(Hilarius)에게 시달린다. 그녀는 의사로서 양심, 책임, 그리고 의무를 포기한 채 경제적 이익만을 도모하는 그의 파렴치한 권유를 단호히 거절한다.

그녀가 의존심에서 벗어나 비극적 현실을 극복하는 변신과 성숙은 피어스의 유언을 집행하는 과정에서 점차적으로 이루어진다. 그녀는 유언을 집행하기 위해 피어스의 경리장부들을 검토하고, 동료유언집행인, 메츠커(Metzger) 변호사와 상의하려고 피어스가 광야에 인위적으로 건설한 기업도시, 샌 나시소(San Narciso)를 방문한다. 그녀의 샌 나시소 입성은 지금까지 편집증적, 의존적, 자기중심적으로 생존했던 생활방식과 의식에 "다른 세계의 침입"을 상징한다. 이제 그녀는 실존에서 놀라움과 경이감을 느끼며, 일차원적 의식에서 벗어나 현실을 다각적, 객관적으로 직시하고, 사물의 이면에 있는 깊은 의미를 파악하며, 육체적 접촉과 결합으로 타인을 인정하고 후원하는 여인으로 변신하려한다. 피어스가 거대 자본을 투자하여 주민들을 마음대로 지배하고 통제하기 위해 건설한 샌 나시소는 인위성과 획일성의 상징적 표본이다. 그녀가 언덕 아래를 내려다보니 황량한 갈색의 대지 위에 잘 재배된 농작물처럼 꼭 같은 모습의 집들이 끝없이 들쭉날쭉 들어서 있다. 그녀는 집들을 보면서 통제의 공포와 계시의 무한성을 동시에 실감한다: "그녀는 건전지를 갈기 위해 트랜지스터 레이디오를 열고 처음 회로망을 보았을 때를 상기했다. 집들과 거리들의 질서정연한 소용돌이가 … 회로망을 보았을 때의 의외와 경악으로 그녀를 엄습했다. [⋯] 회로망이 그녀에게 알려줄 수 있었을 정보는 무한한 것 같았다. 그녀가 샌 나시소에 들어서는 첫 순간에 어떤 계시의 섬광이 그녀의 이해의 한계를 넘어 번쩍였다"(24). 또 그녀는 수마일 뻗친 담 위에 철조망이 쳐져 있고 일정 거리마다 감시초소들이 있는 요요다인(Yoyodyne)공장을 보고서, 피어스가 창업했다고 자랑한 공장들 중의 하나임을 직감한다. 게다가 그녀가 메츠커변호사로부터 들은 피어스의 기상천외한 사업 이야기에 의하면, 새로운 주택사업, 팬고소 라군즈(Fangoso Lagoons)는 호수의 한가운데에 떠 있는 사교장, 즉 동력선들의 선착장들을 차례로 연결시키는 공사이고, 사교장 주위의 호수 밑바닥에는 스쿠버 매니아들의 눈을 즐겁게 해주려고 여러 나라에서 진귀품들을 가져다 깔아 놓았는데, 그 중에는 사람의 해골도 있다. 또 애연가들에게 큰 인기가 있는 담배, 비컨스필드(Beaconsfield)의 필터에 사람 뼛가루가 들어있다. 더욱이 그녀는 술에 취해 옷 벗기 놀이를 하다가 점점 성적 쾌감에 빠져들더니 바로 쾌감의 절정을 만끽한다. 드디어 그녀는 일시적이지만 남자와 공감하고 융합할 수 있는 여인으로 변신한다. 이렇게 그녀는 의외, 경악, 그리고 성적 황홀감에 힘입어 자아유폐에서 점차 해방된다.

한편 이디파는 피어스 인버래리티의 상상불허의 막대한 재산을 정리하는 과정에서 신비한 지하사설우편조직체, 트리스테로(Tristero)의 존재를 인지하고 탐색하려한다. 그녀는 이 탐색으로 스스로 탑 속에 감금당해있다고 망상하는 편집증에서 벗어난다. 그녀는 탐색과정에서 지배계층인사들의 비행들을 듣고 목격하면서 사회를 더욱 깊고 넓게 이해하고, 자신의 일변도적인 의식을 다차원적으로 확장할 수 있다. 트리스테로는 "의식의 다른 차원일 뿐 아니라 의식소통에서 더욱 순수하고 정확한 수단"[275]이기 때문이다. 그녀가 편집증에서 벗어나는 과정에서 "메츠거와의 정사(성적 황홀감)가 논리적으로 탐색의 시발점이다. 그래서 이 정사는 아마 그녀의 뇌리에서 사라지지 않을 것이다"(44). 게다가 그녀는 탐색의 "큰 계시를 피어스가 수집하여 유산으로 남긴 우표들에서 얻을"(44-45) 것이다. 왜냐하면 우표들은 "공간과 시간의 파묻힌 궤적들을 보는 통로가 되는 수천 개의 작은 채색된 창들이고 … 존재하지 않았던 우화적인 얼굴들"(45)이기 때문이다. 이처럼 우표들은 그녀가 트리스테로 탐색과정에서 창출할 수 있는 의식의 다양성, 융통성, 의외성, 돌변성, 불연속성, 그리고 미결정성을 상징한다. 이 상징이 그녀가 이 탐색 과정에서 큰 계시를 받아 변신하여 성숙할 수 있음을 예시한다. 먼저 그녀의 탐색은 단어의 지시를 그대로 읽는 고정관념에서 해방되는 시각, 다시 말하면 그 지시에 "다른 세계의 침입"을 전제한다. 그녀는 무쵸로부터 받은 편지봉투에 소인(消印)이 찍힌 우표 왼편에 있는 정부의 광고문을 읽는다: "모든 음란 우편물을 당신의 접시닦이 우두머리에게 보고하시오(Report all obscene mail to your potsmaster)"(46). 처음에 그녀는 potsmaster를 이해하지 못해 당황하다가 postmaster가 잘못 인쇄되었을 거라는 메츠거의 말을 듣고 안도한다. 이제 그녀는 단어의 지시에만 집착하는 의식에서 벗어나 큰 맥락에서 의미를 전체적으로 파악하려한다. 또 그녀는 메츠거와 함께 간 술집에서 피터 핑그위드협회(Peter Pinguid Society)회원, 마익 펄로우피언(Mike Fallopian)을 만난다. 이 협회회원들은 창시자, 핑그위드의 주장에 맹목적으로 동조하여 미국과 소련의 대립을 역사적으로 당연시하여 국민들을 우파와 좌파로 구분할 뿐 아니라 산업주의는 필연적으로 막스주의(Marxism)로 귀결된다고 믿기 때문에 산업주의에 반대한다. 이때 그녀는 어깨에 가죽 우편 낭을 멘 젊은이가 등장하여, 봉급날을 맞아 술집에 앉아있는 많은 근로자들에게 우편물을 배포하는 것을 목격한다. 또한 그녀는 화장실에서 낙서를 읽는다: "반드시 웨이스트(Waste) 사서함 739, 엘. 에이. 를 통해서 커비(Kirby)와 연락하시오"(52). 또 낙서 밑에는 소리가 나지 않게 만든 우편나팔 그림이 있다. 그녀는 웨이스트에 큰 의문과 호기심을 갖는다. 그녀는 펄로우피언으로부터 요요다인에는 사내 우편배달이 있으며, 자기는 미국의 사설우편배달사에 관찬 책을 저술 중이라는 말을 듣는다.

이디파와 메츠거가 팬고소 라군즈에 가서 재산을 점검하기 위해 계류장에서 보우트를 타려할 때, 메츠커는 변호사에서 배우로 전향한 친구, 매니 디 프레소(Manny Di Presso)의 동승시켜 달라는 다급한 목소리를 듣는다. 프레소는 자기에게 인버래리티를 상대로 뼈 대금청구소송을 의뢰한 범죄조직의 거물, 토우니 재그와(Tony Jaguar)의 무리한 요구를 거절하려고 그의 추적을 따돌리고 있다. 이 뼈들은 제2차 세계대전 중에 이틀리의 호숫가 전투에서 전사한 미국병사들의 유골인데, 토우니는 전사자들을 모독하는 파렴치한 행위로 큰돈을 벌려고 호수 밑바닥에서 뼈들을 수거해서 무역회사에 팔았다. 이 해골들은 팬고소 라군주가 있는 호수의 밑바닥에 깔려 있었고, 그 중 최상급의 뼛가루는 담배필터를 만드는데 사용되었다. 이 이야기를 엿들은 동승객 소녀가 탄성을 지른다: "이 모든 행위는 우리가 지난주에 보았던 그 사악한 재커비언(Jacobean)복수극과 기상천외하게도 비슷하다"(63). 리쳐드 화핀져(Richard Wharfinger)의 *사자의 비극(The Courier's Tragedy)*에도 호수 속으로 던져진 죽은 병사들의 뼈들이 인양되어 잉크원료가 되는 이야기가 있다. 이디파는 도저히 믿을 수 없는 파렴치한 불법행위가 실제로 자행되었음을 알고 경악한다. 그녀가 메츠거와 함께 관람한 연극에서 사악한 공작, 앤졀로우

(Angelo)는 권력장악, 영토확장, 그리고 관능적 쾌락을 극대화하려고 온갖 음모와 권모술수를 꾸미면서 반인륜적 악행들을 자행한다. 그는 인접한 나라, 파죠(Paggio)를 합병하려고 공작을 살해하고, 이복형 서자 퍼스콸리(Pasquale)의 괴뢰정부를 수립하여 적자 니콜로(Niccolò)를 암살하려한다. 그러나 파죠에서는 반란이 일어나 퍼스콸리가 살해당하고, 무명의 저나로우(Gennaro)가 니콜로가 복위할 때까지 자기가 임시 국가수반이라고 선언한다. 마침내 앤절로우는 죽은 줄 알았던 니콜라가 살아있으며, 자신이 저나로우의 공격을 받을 것을 알고는 광란상태에 빠진다. 이제 그는 자기부하도 믿을 수 없으므로 그동안 그렇게 면담을 거부했던 신성로마제국의 우편사업을 독점하고 있는 선과 택시스(Thurn and Taxis)가문의 사자를 데려오라고 명령한다. 그러자 그에게 복수하기 위해 사자로 위장하고 궁궐주변을 배회하고 있던 니콜로가 들어온다. 그는 저나로우에게 보내는 편지를 사자에게 준다. 니콜로는 편지를 지참하고 가면서 자기가 곧 복위하게 될 것을 예감한다. 그러나 그는 도중에 온몸을 검정 옷, 장갑, 그리고 양말로 감싼 세 명의 괴한의 피습을 받아, 말 한마디도 제대로 하지 못하고 "트-트-트-트-트 …"라는 소리만 내며 살해당한다. 그의 시신과 함께 발견된 피로 얼룩진 편지 안에 앤젤로우의 고백이 있다. 앤젤로우는 파죠의 행방불명된 정예무사들을 살해하여 그 시신들을 호수 속으로 던졌고, 후에 그들의 뼈들을 수거하여 숯을 만들고, 이 숯으로 만든 잉크로 편지들을 썼다. 한편 저나로우는 앤젤로우가 명기(名記)하지 않았지만 니콜로가 명기하려했던 트리스테로라는 이름을 밝힌다: "어떤 신성한 별무리라도 보호할 수 있을까/한 번 트리스테로와 밀약을 맺었던 사람을." 이디파는 국가기관에 도전하는 트리스테로가 여전히 허공에 떠돌아다니고 있다고 생각한다. 이때 모든 전구에서 불이 꺼지자, 트리스테로가 "어둠 속에 매달려 있으면서 이디파 마스를 당혹하게 하지만, 지금은 그녀에게 행사할 만한 힘을 발휘하지 못하고 있다"(75).

그녀는 연극을 연출하고 직접 저나로우 역을 수행한 랜돌프 드리블레테(Randolph Driblette)를 찾아가서, 연극은 정말 대단했다고 감탄하면서 대본을 보여 달라고 간청한다. 그러자 그는 그녀에게 대본은 누군가가 가져가버렸고 헌 책방에서 *재커비언 복수극들*(*Jacobean Revenge Plays*)을 찾을 수 있을 거라고 말하면서, 연극의 진수는 대본에 있지 않고 영혼 속에 있다고 주장한다.

그는 그녀가 연극의 진수를 감상하려하지 않고 대수롭지 않은 문제에 스스로 얽매는 태도를 신랄하게 비난한다: "당신은 성경에 사로잡힌 청교도들과 꼭 같아요. 단어들, 단어들에 꼼짝 못하고 있어요. 이 연극의 존재는 … 대본에 있지 않고 내 머릿속에 있어요. 나는 그 존재를 탐구하고 있습니다. […] 화핀져가 단어들과 이야기를 제공했어요. 나는 그것들에다 생명력을 불어넣었을 뿐이오"(79-80). 그녀는 그의 비판을 수용하면서 자신의 일변도적, 피상적 사고를 반성한다.

그녀는 앞으로 자기에게 "의식의 다른 차원일 뿐 아니라 의사소통의 더욱 순수하고 정확한 수단"이 될 트리스테로에 대한 자료와 정보를 수집하면 수집할수록 더욱더 많은 자료와 정보가 쏟아진다. 그러므로 그녀는 피어스 인버래리티의 유언을 집행하는 자신의 가장 중요한 책임과 의무는 유산의 창조적 의미를 파악하는데 있다고 믿는다. 그녀는 웨이스트 주소를 적고 소리 나지 않게 만든 우편나팔을 그려 놓았던 수첩에 이런 심정 – 독자적으로 "나는 어떤 세계를 창조할 것인가?"(82) –을 쓴다. 마침 그때 그녀는 소리 나지 않게 만든 우편나팔을 그리고 있는 스탠리 코우텍스(Stanley Koteks)와 마주친다. 그녀는 그로부터 waste는 쓰레기가 아니고 W. A. S. T. E.(We Await Silent Tristero's Empire)의 두문자라는 말을 듣는다. 게다가 그녀는 팬고소 라쿤즈의 호숫가에 있는 묘비명을 읽는다: "1853년에 열두 명의 웰즈, 파고우(Wells, Fargo) 회사원들(우편배달부들)이 이상한 검은 제복을 입고 얼굴을 가린 한 무리의 무법자들과 용감하게 싸웠다. 우리는 이 사실을 현장의 유일한 목격자로서 상황을 알리고 바로 숨을 거둔 기마우편배달부로부터 들었다. […] 오늘날까지 살인자들의 정체는 신비에 싸여 있다"(89). 그녀는 묘비명이 너무 이상해서 미국의 사설우편배달사를 집필 중인 마익 펄로우피언에게 그것에 대해 문의했을 때, 아는 바가 없다고 하는 그의 대답을 도저히 납득할 수 없다. 이런 와중에 그녀는 아흔한 살의 소우스(Thoth)영감으로부터 너무나 놀라운 이야기를 듣는다. 이 영감의 할아버지는 포우니 익스프래스(Pony Express) 회사의 기마우편배달부였는데, 어느 날 밤중에 자기를 공격하는 인디언들로 가장한 무법자들과 싸워 그들을 살해하고, 그들 중 한 명의 손가락에서 금반지를 빼서 보관했다. 영감이 그녀에게 보여준 금반지에는 웨이스트라는 기호가 있다. 또다시 그녀는 의문에 사로잡힌다.

다행히 그녀의 의문은 우표수집가, 젱기스 코헨(Jenghis Cohen)에 의해 다소 풀린다. 그는 인버래리티가 수집한 우표들 중에서 1940년에 발행된 미국의 3센트 포우니 익스프레스 기념우표 한 장을 그녀에게 보여준다. 그녀가 확대경으로 우표를 자세히 보니 중앙에서 약간 오른쪽에 검은 빛을 띤 웨이스트 기호가 있다. 또 다른 오래된 독일우표의 오른쪽 여백에는 선과 택시스가 새겨져 있고, 네 모서리에는 웨이스트 기호와 거의 같은 고리가 하나 달린 나팔그림이 있다. 그의 주장에 따르면 선과 택시스는 1300년부터 1867년에 비즈마크(Bismarch)에게 팔릴 때까지 유럽의 유일한 우편사업소였으며, 모서리에 있는 나팔은 소리가 나지 않게 만든 우편나팔인 것 같다. 이 유표들은 전부 경매에서 고가로 팔리는 위조우표들이다. 이제 그녀는 "검은 복장, 침묵, 비밀, 그들이 누구였든 그들의 목적은 선과 택시스의 우편나팔 소리가 못 나게 하는 반항행위였다"(97)는 사실을 깨닫는다. 그녀가 그에게 자기가 지금까지 목격했던 그림과 글자에 관해 언급하자, 그는 지금도 국가기관에 도전하는 저항과 반항이 계속되고 있다고 단언한다.

더욱이 이디파는 트리스테로에 대한 몇 개의 사실을 인지한다. 트리스테로는 유럽의 우편사업을 독점했던 선과 택시스에 저항했고, 그 상징은 소리 나지 않게 만든 우편나팔이었다. 트리스테로는 1853년 이전 언젠가 미국에 등장해서 검은 옷을 입은 무법자들이나 인디언들로 가장하여 포우니 익스프레스와 웰즈, 파고우 우편배달부들과 혈투를 벌였으며, 오늘날도 캘러포니어주에서 빈민층과 소외계층사람들의 통신수단으로 명맥을 유지하고 있다. 이런 인지에도 불구하고, 그녀는 트리스테로가 실제로 존재했는지, 아니면 인버래리티의 유산정리에 너무 깊이 매달리다가 얽혀버린 자신의 환상이었는지를 단정하지 못한다. 이러면서도 그녀는 트리스테로를 "'계시,' 즉 미국의 지배이념들을 대신할 다른 의미, 세계의 약속"[276]으로 이상화한다. 그러므로 그녀는 트리스테로의 존재를 확인하기 위해 샌 프런시스코의 밤거리를 헤맨다. 그녀는 트리스테로를 탐색하려면 더 큰 시련도 극복해야한다고 자위하면서, 자기가 남자라고 생각하고 남자동성연애자들의 주점에 앉아있다. 그녀는 소리 나지 않게 만든 우편나팔 모양의 핀을 옷깃에 달고 있는 남자를 보고, 바로 그를 트리스트로회원으로 단정한다. 그러나 실망스럽게도 그녀는 핀은 "사랑은 최악의 중독"(112)이라고 믿는 아이에이(IA)회원의 상징이라는 말을 듣는다. 그의 설명에 의하면, 1960년대 초기에 요요다인공장의 간부사원이 컴퓨터 도입에 따른 사무자동화로 실직당하고, 더욱이 부인마저 가출하자 자살을 결심한다. 그런 다음 자살에 대한 다른 사람들의 의견을 묻는 광고를 냈는데, 일주일 후에 늙은 거지로부터 한 뭉치의 편지를 건네받는다. 이 편지들이 그에게 그가 살아야하는 이유를 제시하지 못하므로 망설이고 있다가 신문에서 월남스님의 분신자살사진을 보고, 편지들을 양복주머니에 넣고 자동차에서 빼낸 휘발유에 불을 질러 부엌에서 분신자살하려한다. 마침 그때 그는 아내가 자기를 해고시킨 상사와 거실에서 성관계를 하면서 절정에 올라 신음하는 소리를 듣고 낄낄 웃기 시작한다. 두 사람이 경찰에 그의 자살기도를 신고하러 가자, 그는 목욕을 하고 양복을 빨래 줄에 널다가 편지들에 찍힌 잉크가 휘발유에 녹아 하얗게 된 우표들에서 소리 나지 않게 만든 우편나팔을 보고, "신비의 기호"(115)라고 중얼거린다. 그러고 나서 그는 선언한다: "나의 큰 실수는 사랑이었다. 오늘부터 나는 어떤 사랑도 하지 않을 것을 맹세한다 … 나는 이 목적추구에 헌신할 격리된 단체를 창립할 것이고, 내가 분신자살하기 위해 사용하려한 휘발유에 의해 드러난 기호가 그 상징이 될 것이다." 이디파가 설명을 듣고 나서 "그는 지금 어디 있느냐?"고 묻자, 그의 대답은 오로지 "웨이스트를 통해서 그에게 편지를 해보지 않겠소? 아이에이 창립자 앞으로"(116)일 뿐이다. 이제 그녀는 개인 뿐 아니라 산업사회의 비인간화 차원에서 외로움과 소외감을 뼈저리게 실감한다.

이렇게 그녀는 극도의 고독감과 소외감에 빠진 채 주점에서 나와 싸구려 식당의 모서리에 앉아 있는 망명 중인 멕시코의 무정부주의자, 헤수스 아라발(Jesús Arrabal)을 본다. 그도 그녀를 알아보고 반가워 손짓하며 들어와 앉으라고 한다. 그는 상상불허의 재력을 과시하는 인버래리티를 증오했으면서도, 그가 고인이 되었다는 말을 듣고 불쌍한 사람이라고 애도한다. 그러더니 그는 무정부주의는 혁명을 선동하지 않고 기적을 일으키려한다고 주장한다: "우리(무정부주의자들)는 대부분의 시간을 평화스럽게 공존한다. 그러나 우리가 호소하면 격변이 일어난다. 우리가 증오하는 교회들처럼 우리도 또한 다른 세계를 갈구한다. [다른 세계란] 혁명이 선동자 없이 자발적으로 일어나며, 지도자의 통합재능이 대중을 힘들이지 않고 신체처럼 자동적으로 공동작업에 참여하도록 독려하는 사회입니다"(120). 그는 이런 사회건설이 무정부주의자들의 염원이며, 그 실현이 바로 기적의 일으킴이라고 역설한다. 또 그는 사람이 다른 사람들과 "뭉쳐 하나되는 행위"[277]인 사랑으로 서로 공고한 유대관계를 맺고 유지해야함을 역설한다. 그녀는 그의 이런 참신한 주장을 듣고 크게 놀란다.

그녀는 식당에서 나와 아침거리를 걷다가 계단 위에 웅크리고 앉아 비탄의 소리를 지르는 노인의 손등에서 소리 나지 않게 만든 우편나팔의 희미한 문신을 본다. 그녀는 순간적으로 그 문신에 매혹되어 노인 쪽으로 가다가 그의 찌든 얼굴과 핏발이 선 눈에 겁이 나 걸음을 멈춘다. 그녀는 지금까지 자발적으로 다른 사람과 정신적 소통과 신체적 접촉을 시도한 적이 없지만, 이 순간 갑자기 노인을 보살피려는 마음이 내킨다. 그래서 그에게 자기가 도와드릴 일이 있느냐고 여쭈어본다. 그러자 그는 오래 보지 못하여 그리고 섬망증으로 인하여 그 모습조차 가물가물한 아내에게 몇 해 전에 썼던 편지를 고속도로 아래에 있는 W. A. S. T. E. 우체통에 넣어 달라고 그녀에게 간청한다. 그때 이 노인보다 나이가 더 많아 보이는 노인이 그녀에게 아내를 찾으러 간다고 어젯밤에 방을 나간 그를 계단 위로 데려와 달라고 부탁한다. 그녀는 그의 손을 잡고 계단을 올라가서 그들의 초라한 방을 본다. 그녀는 그에게 새 양복, 구두, 그리고 아내에게 갈 차표를 사주어야한다는 충동에 사로잡힌다. 그녀는 충동에서 벗어나 어린이가 페인트로 W. A. S. T. E. 라고 쓰인 깡통에 편지들을 넣는 것을 보고, 노인 편지를 그 깡통에 떨어뜨린다. 그녀가 거기서 기다리고 있으니까, 깡마른 젊은이가 정오쯤에 와서 편지들을 수거해간다. 이처럼 그녀는 자기중심에서 벗어나 노인을 사랑과 정성을 다해 보살피려는 마음을 갖는다. 또 노인들의 상호관심과 배려장면 그리고 트리스테로의 활동상을 직접 목격한다. 이 목격은 그녀가 이기주의에서 벗어나 다른 사람에 대한 관심, 배려, 그리고 사랑의 필요성과 중요성을 깨닫고, 이타주의를 실현하는 방법을 찾을 수 있다는 가능성을 시사한다.

이렇게 이디파는 "의식의 다른 차원일 뿐 아니라 의사소통의 더욱 순수하고 정확한 수단"인 트리스테로의 존재를 직접 확인했으면서도, 이 사실을 인정하려하지 않는다. 그녀는 트리스테로가 자신의 실존에 위협적이라고 생각하면서도, 왜 위협적인가를 알지 못하기 때문이다. 그녀는 자신의 확인이 하나의 환상에 불과하다는 말을 정신과의사 힐레어리어스로부터 듣고 싶어 그의 병원으로 간다. 그녀가 갑자기 총소리를 듣고 급히 출입구로 달려가자, 간호사가 재빨리 문을 열고 그녀를 들어오게 하더니, 의사가 정신이상이 되어 총을 쏘고 있다고 말한다. 이디파가 진료실 문 앞에서 그와 이야기를 하고 있을 때, 경찰들이 들이닥치자, 그는 그녀를 문 안으로 끌어들여 인질로 삼는다. 그러자 그녀는 그를 설득한다: "당신의 사회적 책임을 똑바로 아시오. 현실원칙을 수용하시오. 당신은 수적으로 열세이고, 그들(경찰들)은 우세한 화력을 가지고 있소"(136). 그는 그녀의 말을 듣고 체념하여, 제2차 세계대전 중에 부컨왈드(Buchenwald)수용소에서 유대인들에게 이루 말할 수 없는 잔혹행위들을 자행했다고 실토한다. 이 때문에 그는 전쟁이 끝난 뒤부터 이즈리얼(Israel)첩보원이 자기를 뒤쫓고 있다는 공포심에 극도로 시달리다가 결국 정신이상이 된다. 그는 정신이상, 혼란, 그리고 경찰과의 대치의 와중에서도 그는 정신과의사로서, 자기를 변화시키고 싶지 않아 트리스테로의 존재를 수용하려하지 않는 이디파에게 자아유폐에서 뛰쳐나와 자아를 직시하고 성숙시키라고 충고한다.

한편 그녀가 *포드, 웹스터, 터너 그리고 화핀져 희곡집(Plays of Ford, Webster, Tourneur and Wharfinger)*의 편집자, 에머리 보츠(Emory Bortz)에게 역사적 화핀져에 관한 논의를 하고 싶다는 의사를 표명하자, 그의 대학원학생이 역사적 셰익스피어와 역사적 막스가 무슨 의미가 있느냐고 비웃는다. 보츠교수도 그의 의견에 동조하면서 인물보다는 그가 남긴 언어가 더 중요하니, 화핀져의 대사 한 구절을 선택해서 논의하자고 말한다. 그녀가 "어떤 신성한 별무리라도 보호할 수 있을까/한 번 트리스테로와 밀약을 맺었던 사람을" 선택하고, 이 대사가 들어 있는 *재키비언 복수극들*을 보츠교수에게 보여준다. 그는 자신의 *희곡집*을 변조한 *복수극들*의 편집자가 배티컨도서관(Vatican Library)에 소장된 *사자의 비극* 외설본을 어떻게 볼 수 있었을까하고 의아스럽게 생각한다. 자기도 외설본이 있다는 사실을 1961년에야 알았기 때문이다. 그녀가 연극을 보면서 이 대사를 들었을 때 외설적이라는 느낌이 조금도 없었다고 실토한다. 이에 대해 그는 이틀 전에 태평양에 투신자살한 드리블레테가 연출한 연극은 대사중심이 아니고 특이한 도덕성, 연극의 영성, 그리고 저자의 역사의식을 바탕으로 하기 때문에 외설적인 단어도 그런 느낌을 드러내지 않는다고 논평한다. 또 그는 드리블레터가 *사자의 비극*의 판에 따라 대사가 다른 데도 굳이 트리스테로가 있는 대사를 선택한 것은 개인 심정의 토로인지 아닌지를 단정할 수 없다고 부언한다. 그녀는 보츠교수의 이런 언급을 듣고 50년대에 대학에서 작품들을 배웠던 방식, 즉 정치적, 사회적 배경을 등한시하면서 단어에만 매달리는 전통적 작품이해방식에서 탈피하여 단어와 작품을 역사적 맥락에서 더욱 깊게 이해할 수 있는 방법을 모색하려한다.[278]

더욱이 그녀는 보츠교수의 도움을 받아 트리스테로의 행적을 탐색한다. 트리스테로는 1577년에 자기가 오헤인(Ohain)의 직계 영주이므로 선과 택시스가 독점했던 유럽의 우편사업을 계승해야한다고 주장했다. 그러나 그가 우편사업독점권을 획득하는데 실패하자, 자신의 특이한 생존전략으로 비밀우편제도를 활용했다. 그는 스스로 상속권박탈자로 자처하고 추종자들에게 반항을 상징하는 검은 마차를 타고, 소리 나지 않게 만든 우편나팔을 마차에 부착하여 선과 택시스의 우편마차들을 은밀하게 공격하라고 명령했다. 그런데 그의 후계자들은 17세기에 쇠퇴하기 시작한 선과 택시스와 연합하자는 파와, 별도로 독립하자는 파로 분열되었고, 더욱이 종말을 맞는 선과 택시스를 계속 지원하자는 보수파와 그 반대파로 양분되었다. 결국 보수파가 설 자리를 잃자 그 중 많은 사람들이 미국으로 이주하여 사회의 비주류가 되어 포우니 익스프레스와 웰즈, 파고우를 밤중에 공격하는 무법행위를 자행했다. 마침내 이디파는 아무리 노력해도 트리스테로에 관한 확실하고 정확한 정보를 얻을 수 없다는 사실을 인지한다. 그녀가 트리스테로를 탐색하면 탐색할수록 오히려 회의에 빠진다. 그녀가 파악한 틀림없는 사실은 트리스테로가 언제나 사회의 지하조직과 비주류로 존재했다는 사실 뿐이다. 이 이상의 정보수집에서 "그녀를 도와줄 수 있는 사람은 아무도 없기 때문이다. 이 세상에 아무도 없다"(171).

이상하게도 그녀는 보츠교수, 메츠거, 코헨, 드리블레테, 샌 프런시스코의 문신이 새겨진 노인, 그리고 W. A. S. T. E. 우편배달부 모두는 인버래리티가 자기를 위협하거나 혹은 도덕적으로 향상시키기 위해 매수하거나 아니면 그의 충성스런 부하들일 것이라는 생각을 떨쳐버릴 수 없다. 그녀는 "트리스테로에 접근하는 모든 길은 인버래리티의 유산으로 거슬러 올라갈 수 있다"(170)고 확신하기 때문이다. 먼저 그녀가 밝히려는 유산의 의미는 무엇이고, 유산은 트리스테로와 어떤 관계가 있는가를 규명할 필요가 있다. 그녀의 과거 애인은 사랑과 애정보다는 "광대한 토지를 소유하고 변화시켜 새로운 지평선을 만들어 … 괄목할만한 성장을 과시하려는 욕구"의 노예이다. 그는 이 욕구실현의 비결은 좌고우면 없이 오로지 "계속 도약하는데"에 있다고 확신한다. 또 그는 이 욕구충족을 위해 독선, 아집, 고독, 그리고 소외에 완전히 빠져 무자비하게 반대자와 방해물들을 제거하면서, 모든 사람에게 일차원적 의식 – 일방성, 단일성, 동일성, 획일성, 그리고 절대성 –을 강요한다. 그가 이런 방법으로 축적한 "유산이 미국이다"(178)고 이디파는 정의한다. 그런데 인버래리티는 역설적으로 유언에서 그녀를 유산상속자로 지정했으면서도, 그 유산의 굴레에서 해방시키려한다. 그는 자신의 탐욕을 최대로 채우기 위해 사람들의 인권을 무자비하게 유린하여 그들을 빈민계층으로 전락시켰다. 빈민계층사람들은 인버래리티 같은 무자비한 인간과는 달리 트리스테로를 애용하면서 상호간에 관심, 배려, 애정, 그리고 사랑의 감정전이를 바탕으로 돈독한 관계를 유지하고 강화하려한다. 이들을 위해 "트리스테로가 … 창조적으로 무의미한 생활방식의 폐기와 놀라움의 촉발을 시도한다."[279] 따라서 인버래리티는 이디파의 영혼에 트리스테로를 침입시켜, 그녀의 의식을 개혁하려한다. 그녀의 이런 의식개혁이 바로 유산의 굴레로부터 해방됨이다.

그녀는 유산의 굴레로부터 해방되면서 미국사회에는 중용의 도가 없어졌음을 실감한다. 그녀는 미국사회의 중용부정은 지배계층인사들과 자신과 같은 사람들의 이원론에서 비롯되었다고 깨닫는다: "상형문자가 표기된 거리 뒤에는 초월적 의미가 있거나 아니면 그저 땅일 뿐이다. […] 명백한 사실 이면에 또 다른 의미가 있거나 아니면 아무 의미도 없다. […] 이디파가 심각한 편집증의 고양된 희열에 빠졌거나 아니면 트리스테로가 실제로 존재한다. 유산으로 물려받은 미국의 외형 너머에 어떤 트리스테로가 있거나 아니면 바로 미국이 있다"(181-82). 그녀는 이원론이 미국인들을 대립과 반목으로 분열시켰을 뿐 아니라 주류와 비주류로 양분하여, 미국사회가 상호소통, 관심, 배려, 그리고 이해가 불가능한 불모지로 황폐화되었음을 실감한다. 따라서 그녀는 미국사회에서 이원론은 반드시 극복되어야하며, 그 길은 일차원적 의식의 근간을 이루는 단일성, 동일성, 획일성, 확실성, 그리고 절대성에 대한 맹신을 버리고 다양성, 차이, 융통성, 유연성, 불확실성, 상대성, 그리고 회의를 수용하는 실존철학을 실천하는데 있다고 깨닫는다. 이때 그녀는 코헨으로부터 인버래리티의 위조우표들이 제49호 품목으로 경매된다는 사실을 통보받는다. 또 그녀는 "트리스테로가 존재한다는 증거인 우표를 외부인의 수중에서 회수하기를 원하는"(176) 정체불명의 경매신청자가 직접 경매에 참여한다니, 이번 기회에 그가 누구인지 알 수 있을 거라는 말도 듣는다. 그러나 그녀는 정체불명의 경매신청자가 누구인지 알고 싶지 않다. 그녀는 의존과 이원론에 입각해서 조급하게 알고 단정하려는 편집증에서 벗어나 일시적으로 판단을 중지하고 사태를 있는 그대로 관조하고 싶을 뿐이다. 그녀의 이런 순수의식이 소설의 끝이다: "경매인은 목소리를 가다듬었다. 이디파는 뒷자리에 앉아서 제49호 품목의 경매를 기다렸다"(183). 드디어 그녀는 의존과 망상의 자아유폐에서 해방되어 독자적으로 "자기가 누구인가를 탐구함으로써 의사소통할 수 있는"[280] 여인으로 성숙했다. 요컨대 핀천은 이렇게 괄목할 만하게 변신하는 이디파를 창조하여 "미국에 잠재한 가능성을 탐구하는" 큰 성과를 거두었다.

"인정, 수용, 그리고 공존"의 논지로 고찰해보려는 토머스 핀천의 다섯 번째 소설, *메이선과 딕선*(*Mason & Dixon*, 1997)은 식민지 확보와 세계제패를 노린 편집병자들이 자행한 만행들과 양차 세계대전의 참상들을 고발한 *비.* 와 *중력의 무지개* 그리고 1960년대와 1980년대의 개인의 인권과 사회의 다양성을 존중하지 않는 미국사회를 개탄한 *제49호 품목의 경매*와 *바인런드*(*Vineland*, 1990)와는 매우 대조적이다. 이 소설은 미국의 역사적 비극인 남북전쟁을 발발시키는 결정적 요인이 된 남북을 구별하는 메이선-딕선 경계선을 그은 두 영국인, 챨즈 메이선(1728-1786)과 제러마이어 딕선(1733-1779)을 소재로 사실과 상상력을 융합하여 창작된 "포우스트모던 18세기 [역사]소설"[281]이다. 핀천은 이 소설에서 경계선 긋기를 사실성, 객관성, 그리고 정확성을 바탕으로 기술하지 않고, 상상력, 주관성, 부정확성, 애매모호성, 그리고 다의성을 기조로 메이선과 딕선의 출신과 성장배경, 기질, 종교, 그리고 직업이 아주 상이함에도 불구하고 서로 인정하고 수용하여 공존한 우리에게 귀감이 되는 이상적인 실존을 소설의 화자, 영국목사 윅스 체리코욱(Wicks Cherrycoke)의 이야기로 부각시킨다. 그의 이야기철학은 역사정의를 전제한다. 그의 역사정의에 의하면, "사실들은 변호사의 장난감에 불과하다. [⋯] 역사는 연대기도 아니며 ⋯ 기억도 아니다. 왜냐하면 기억은 사람들의 몫이기 때문이다. 역사는 한 사람의 진실성을 찬양할 수 없는 것만큼 다른 사람의 능력을 미화할 수 없다. […] 역사는 획일적인 연결의 연속도 아니다. 하나의 파손된 연결이 우리 모두를 파멸시킬 수 있기 때문이다. 역사는 오히려 오직 목적지가 같은 기억의 심연으로 자취를 감추는 길고 짧고 약하고 강한 선들(이념, 종교, 그리고 제도 등등)의 굉장히 무질서한 엉킴이다." 그의 역사는 엉킴이라는 정의는 중국과 인도사람들이 "몰아의 경지에서 실현하는 만물과의 완벽한 융합"[282]을 상징한다. 또 엉킴은 "역사는 현재를 생존할 가치가 있도록 조성하는 미래에 대한 욕구를 창출한다"[283]를 암시한다. 그는 이 엉킴으로 역사(시간)와 인간의 삶을 과거, 현재, 그리고 미래로 구분하지 않고 하나로 통합한다.[284] 더욱이 엉킴에는 다른 인종, 계급, 체제, 그리고 종교의 사람들을 차별하는 격리, 수단, 그리고 제도가 없음으로 모든 사람이 자연처럼 하나로 융합되어 있다. 이 엉킴의 궁극적인 목적은 모든 사람이 실존에 으레 있기 마련인 분열, 대립, 그리고 갈등을 부추기는 경계를 최대한으로 초월하여 자연과 조화를 이루면서 공존하려는, 그리고 꿈과 보람으로 가득한 미래를 지향하는 현재를 창조하려는 의식 확장에 있다.

체리코욱목사는 이런 의식을 확장하려고 매우 대조적인 두 사람, 메이선과 딕선이 일단 경계선을 긋는 목표를 달성하기 위해 서로 협력했던 그들의 삶과 의식 그리고 여기에 관련된 사건들을 메이선에 더 큰 비중을 두고 이야기한다. 이 이야기의 본질과 형태는 화자의 주관적인 이념, 선택, 호감, 그리고 기호에 의해 결정된다. 체리코욱목사는 합리주의자로 가장한 지배계층의 탐욕, 횡포, 그리고 만행을 고발하려다가 패배한 이상주의자이다. 따라서 그의 이야기는 그가 비록 이상주의자로서 좌절, 실의, 그리고 절망의 늪에 빠져 있지만 자신의 불굴의 삶과 정신에 바탕을 두고 전개된다: "화자는 계몽운동(Enlightenment)의 산물이고 폐기물이다. 그는 하층계급을 옹호하려는 의지와 신념 때문에 조국에서 추방당해 정신적 방랑자로 떠돌면서도 '영국문화가 식민지 확장을 도모하면서 방기해버린 평화와 신성의 중요성'을 탐구하고 있다."[285] 또 이야기의 소재가 되는 메이선과 딕선은 자아를 탐구하려하지 않으면서 임무수행에만 급급하여, 맹목적으로 계약에 매달려 최선을 다했다가 결국 회의에 빠져 자괴할 뿐 아니라 다른 사람들의 비난과 괄시를 받는다. 체리코욱목사는 1786년에 메이선의 장례식에 참석하지 못했으므로 늦게 그의 묘소에 참배하려고 필러델피어에 온다. 그는 미국이 독립전쟁에서 승전가를 울린 뒤에 사람들의 사소한 말다툼이 큰 갈등과 대립으로 표출되고 있으며, 물심양면의 크고 작은 상처가 계속 고통과 혼란을 야기하고 있음을 목격한다. 그래서 그는 이런 고통과 혼란에 대응할 요량으로 메이선과 딕선에 관한 이야기를 시작한다. 그가 이야기하는 메이선과 딕선은 매우 대조적이다. 메이선은 도시출신으로 내성적인 성격에 상처까지 해서 우울증에 빠진 비관적인 천문학자이고 "신비적인 가능성을 믿는 경향이 있는"[286] 영국국교도(Anglican)이며 포도주애호가이다. 반면에 딕선은 농촌출신으로 여유 있는 외향적, 낙관적인 측량기사이고 이성적인 퀘이커교도(Quaker)로 맥주를 즐겨 마신다. 이런데도 두 사람은 지배계층인사들이 경제적 이익을 극대화하기 위해 자행하는 횡포와 만행에 분노하면서, 이들의 무시, 학대, 그리고 억압의 대상인 노예들을 동정하고 부조하려한다. 그들은 이런 부조정신을 전제로 경계선 긋기에서 상대의 인격, 능력, 그리고 재능 뿐 아니라 다른 사람들의 의견과 능력을 서로 인정하고 수용하여 협력할 수 있었던 18세기미국사회에 관한 이야기가 *메이선과 딕선*의 요체이다. 3부로 구성되어 있는 소설은 체리코욱목사가 역사의 정의는 엉킴이고 "불확실성이 예수의 본질이다"(511)는 개인철학을 바탕으로 1부의 영국에서 들은 이야기, 2부의 미국에서 목격한 현장, 그리고 3부의 이루고 싶은 소망과 상상력을 융합한 산물이다. 그는 내용, 현장, 그리고 소망을 두서없이 매우 복잡하고 지리멸렬하게 이야기한다. 그가 이렇게 이야기하는 목적은 과거를 충실하게 재현하려하지 않고 "현재를 생존할 가치가 있도록 조성하는 미래에 대한 욕구를 창출하려"하기 때문이다. 그의 이야기에서 "과거는 현재의 필요에 따라 재창조되고 있어 마치 과거사에 대한 통찰력으로 창작된 대본과 같으며, 또 하나의 예언이 실현된 뒤의 보고서와 같다."[287] 그러므로 그의 이야기는 우리에게 지대한 영향력을 발휘한다: "우리는 20세기의 18세기근원과 20세기가 18세기를 재창조하는 방법을 동시에 이해할 수 있다."[288]

체리코욱목사가 들은 바에 의하면, 메이선은 제빵업자의 아들로 태어나 아버지의 가업승계 기대와 소망을 버리고 천문학에 열정을 쏟는다. 딕선도 은사, 윌리엄 에머선(William Emerson, 1701-1782)이 종강하고 학생들과 한담하면서 네 인생목표는 무엇이냐는 질문을 받고, 그의 전망에 크게 어긋나 바보라는 질책을 받으면서도 독자적 판단을 근거로 측량기사가 되겠다고 고집한다. 이처럼 두 사람은 자아고수와 실현을 실존목적으로 삼고, 목적달성에 매진하려한다. 그러나 메이선은 지배계층인사들이 정치적 권력과 경제적 이익을 극대화하려고 극악무도하게 비리, 횡포, 그리고 만행을 자행하기 때문에 고수와 실현에 많은 제약과 한계가 있음을 실감한다. 메이선의 이런 실감 그리고 그 극복방안모색, 다시 말하면 주체성, 불확실성, 애매모호성, 회의 그리고 변화무쌍을 바탕으로 개개인의 자아고수와 실현 그리고 자유 신장이 이 소설의 핵심주제일 뿐 아니라 우리의 당면과제이다. 실례를 들면, 메이선이 천문학에 쏟는 열정은 큰 결실을 맺는다. 그는 영국천문대장이고 수석천문학자, 제임즈 브래들리(James Bradley, 1693-1762)의 지도를 받으면서 학문을 연마하여 그를 보조하는 경지에 이른다. 영국학술원은 그의 실력을 높이 평가하여, 그를 금성의 태양면 통과를 관측하는 책임자로 동남아에 소재한 수마트러(Sumatra)섬의 벤쿨런(Bencoolen)에 파견한다. 또 딕선은 측량기사이지만 밤에 은사 소유의 망원경으로 금성을 비롯한 행성과 달의 분화구들을 관측한 적이 있다. 또 동향인 죤 버드(John Bird, 1709-1776)가 고안한 천문기구를 차용하여 별들을 관측하고 측정하는 기술을 연마한 적도 있다. 그는 에머선과 버드의 추천을 받아 메이선의 조수로 임명된다. 딕선은 메이선에게 보낸 서신에서 겸손하게 천문학의 지식은 빈약하지만 최선을 다해서 지도편달을 받겠다는 의지를 표명한다. 그러나 메이선은 그가 농촌출신이라고 무시하지만, 곧 후회하고 자괴하면서 지금까지 누구도 가르쳐본 경험이 없지만 어느 때고 질문하면 성심껏 설명하겠다는 답장을 보낸다. 더욱이 그는 딕선을 처음 대면하고 자신의 선입견과는 달리 그가 촌스럽지 않음을 금방 알아차린다. 그의 깊은 배려와 딕선의 겸손과 학구열이 두 사람을 굳게 결합시킨다: "결정적인 순간에 메이선도 딕선도 상대를 실망시키지 않았다. 두 사람은 순간적으로 서로 눈빛이 마주치면 지체 없이 상조했다"(42). 두 사람의 이런 상호존중과 배려 그리고 협력은 지배계층인사들의 무자비한 타인억압과 부정과는 매우 대조적이다. 또 두 사람의 꿈, 열린 마음, 아량, 그리고 이상선호는 그들의 지나친 권력, 이익, 현실 집착, 그리고 폐쇄된 의식과는 대척적이다.

메이선과 딕선은 1761년 1월에 전함에 승선하여 수마트러로 가려했지만, 불가피한 사정으로 희망봉에 있는 케잎 타운(Cape Town)항에서 하선한다. 그들은 평생 처음 백인들이 동물처럼 부리는 흑인노예들을 보고 경악하면서도, 인격과 인권을 박탈당한 노예가 존재하는 현실을 받아들인다. 메이선은 희망봉에서는 어느 누구도 금성의 태양면 통과를 관측할 수 없다고 혼자 중얼거렸지만, 딕선과 함께 다른 지역들에서 이루어진 부분적 관측에 비해 탁월한 전체적 관측에 성공한다. 이 관측목적은 금성이 태양의 가장자리에 들어서서 가로질러 나갈 때까지의 시간을 계산한 뒤 삼각측량법의 원리를 이용하여 태양시차(Solar Parallax)와 태양과 지구간의 거리를 정확하게 측정하는데 있다. 이 측정이 달력 제작과 항해술에 결정적인 역할을 한다. 메이선과 딕선은 구름 한 점 없는 하늘에 검은 점(금성)이 황금원반(태양) 위를 가로지르려고 태양-금성-지구가 일렬로 늘어서는 광경을 본다. 또 그들은 금성과 태양 사이에 일어나는 완전접합의 네 순간을 목격한다. 처음 두 순간은 금성이 태양 안으로 들어설 때 일어난다. 금성이 태양의 가장자리에 들어서는 외부접합이 있고, 작은 검은 점이 큰 황금원반 안에 있는 내부접합이 일어난다. 다음 두 순간은 나갈 때 일어나는데, 이번에는 내부접합이 있고 나서 외부접합으로 이어진다. 그들은 이 네 접합이 일어나는 동안의 시간을 대략 다섯 시간 반으로 계산하여 기록한다. 더욱이 그들은 일주호(日週弧)의 짧은 순간에 태양의 표면에 비친 지구의 크기를 관측한다. 그들은 이 성과를 가장 권위 있는 천문학 학술지, *철학회보*(*Philosophical Transactions*)에 보고하려한다. 이처럼 그들은 천문학연구에 획기적인 업적을 남긴다. 메이선의 이런 공헌과 업적의 저력은 항시 자기를 억압하는 현실에서 도피하여 자기를 필요로 하는 장소에서 자아실현에 매진하려는 강한 의지와 실천에 있다. 그가 태어난 시골에는 주민들의 상호배려와 협조는 없고 시기, 악의, 그리고 반목만 난무한다. 집안에는 아버지의 제분과 제빵에 종사하라는 가부정적 명령만 있다. 그는 이렇게 자기를 질식시키는 분위기에서 탈출하여 자유세계로 도망간다. 그는 런던(London)에서 천문학연마에 몰두하였으므로 자신의 재능과 능력을 필요로 하는 적기에 희망봉에서 유감없이 발휘한다. 그러나 그는 딕선과 함께 성공적인 관측을 완수하고 귀국하지만, 학계의 뜨거운 반응도 받지 못할 뿐 아니라 직장도 구하지 못한다. 그의 후견인이었던 제임즈 브래들리 영국천문대장이 타계했기 때문이다. 더욱 안타깝게도 영국사회는 메이선과 딕선의 뛰어난 재능과 능력을 있는 그대로 인정하여 활용하려하지 않는다. 따라서 그들의 실존에는 이제 어떤 가능성도, 더욱이 잠재력을 발휘할 기회도 없다. 그런데 이때 미국은 두 영국식민지, 펜설베이니어와 메럴런드 식민지 통치자 펜(Penn)가문과 캘버트(Calvert)가문 사이의 서로 양보 없는 강한 소유욕과 부정확한 지적도로 인한 오랜 토지소유권분쟁을 해결하는 "논리적이고 틀림없는 명백한"[289] 경계선을 그을 인재를 구한다. 이 인재는 별들의 관측을 토대로 위도와 경도를 측정하면서 경계선을 확정하는 임무를 수행해야한다. 영국학술원(Royal Society)은 메이선과 딕선을 이 임무수행의 적임자로 추천한다. 두 사람은 별도리가 없어 경계선 긋는 계약서에 서명한다.

쳬리코욱목사가 목격한 바에 의하면, 메이선과 딕선은 1763년 11월에 필러델피어에 도착하여, 지배계층가문의 권력과 횡포에 저항하는 민중의 지도자를 열망하는 벤져먼 프랭클린을 약국에서 조우한다. 핀쳔은 쳬리코욱목사의 벤져먼 프랭클린과 죠지 와싱턴 이야기로 미국 건국의 핵심정치가들을 미화하는 초인적 능력과 인격, 계몽주의가 창도하는 이성과 인간해방, 그리고 서부개척이 촉발하는 기독교교리전파신화를 고착시키는 관념을 무산시키려고 프랭클린과 와싱턴을 풍자한다. 쳬리코욱목사의 프랭클린이야기는 근검절약, 자력갱생, 그리고 입신출세를 상징하지 않고 죽음, 자본주의, 과학, 그리고 산업화를 교차시키면서, 미국의 과거회고와 미래전망을 동시에 시도한다. 프랭클린은 미국인이면서 영국학술원회원이고 졔주이트(Jesuit)천주교수도회를 불신한다. 그는 캘버트가문이 천주교를 믿어 자녀들을 천주교고장인 유럽학교에서 교육시키는데, 거기 교사들 중 한 명이 딕선의 동향인이면서 은사, 윌리엄 에머선의 친구임을 알고 있다. 그래서 그는 딕선이 캘버트가문과 연계되어 있을 거라고 의심하면서도 그와 메이선을 찻집으로 초대하여 자기가 직접 고안한 악기, 아모니커(Armonica)를 연주한다. 이렇게 우리의 예상을 완전히 뒤엎는 인간으로 변신한 프랭클린은 메이선과 딕선에게 죠지 와싱턴을 한번 만나보라고 권유한다. 그러고 그는 "중국과 졔주이트의 연합은 기독교계에 몽골족이나 무어족의 [침략보다도] 훨씬 더 큰 위협이 될 것이다"(288)고 주장한다. 그는 두 사람이 경계선 긋기에서 풍수지리설의 큰 도전을 받을 것을 예시한다. 메이선과 딕선이 만난 죠지 와싱턴은 정직, 인권, 그리고 자유를 상징하는 미국정치가가 아니고 "미국 제국주의의 실용적 측면을 구체화하는"[290] 대담하고 저돌적인 서부개척자이다. 그는 서부개척을 억제하는 영국정부에 반기를 들고, 미국인들은 기회와 사정이 허락하면 어떤 대가를 치르더라도 원주민들과 싸우면서 서부를 개척해야한다고 주장한다. 이렇게 그는 원주민들에게 적대적이지만 흑인문화에 매료된다. 그러면서도 그는 위선적으로 흑인문화를 인정하여 수용하려하지 않는다. 그는 "흑인노예들이 가르쳐준 춤을 흥겹게 추면서도 다른 백인들 앞에서는 그런 춤이 있다는 소문을 들었던 것처럼 딴전을 부린다"(275). 그러나 그는 스스로 흑인문화의 영향을 받고 있음을 자인한다: "펜설베이니어사람들은 나에게 내가 흑인처럼 말한다고 알려준다. 그들은 우리(버쥐니어사람들)가 흑인노예들에게 둘러싸여 있어서 부지불식간에 그들의 언어 그리고 더 함축적으로 그들의 생활방식 속으로 빠져들고 있다고 생각한다. 자 와서 내 흑인하인이 만든 매우 탁월한 작품인 물주전자를 보시오"(276). 이 뿐만 아니라 그는 하인이 가져온 대마초를 흡연하면서 메이선과 딕선에게 대마초를 권한다.

메이선과 딕선은 이처럼 이전의 고착된 관념과는 전혀 다른 인상을 지닌 프랭클린과 와싱턴을 만난 뒤에 경계선 긋기에 착수한다. 그들은 펜설베이니어와 메럴런드식민지가 파견한 감독관들이 지켜보는 가운데서 필러델피어의 최남단지점에 천체관측소를 설치한다. 그들은 별들을 관측하고 다른 위도 별들의 천정(天頂)거리의 평균치를 산출하여, 최남단지점의 정확한 위도를 산정한다. 그리고 같은 위도에서 더 먼 서쪽에다 다음 관측소를 설치한다. 그들이 이렇게 관측에 열중하고 있는 12월 하순에 갑자기 기이하게 조용한 도시의 분위기에 놀라 알아보니 이틀 전에 랭커스터(Lancaster)마을에서 야만적인 백인들이 원주민남녀 그리고 어린이 26명을 전원 몰살했다는 비보를 듣는다. 순간 그들은 희망봉에서 목격했던 사악한 백인들의 야만행위를 회상하면서 그때나 지금이나 백인들이 왜 이런 잔혹행위를 자행하는가를 도저히 이해할 수 없다. 반면에 체리코욱목사는 이런 백인들의 만행은 그들의 자유라는 견해를 피력한다: "오늘날 우리에게 그처럼 무분별하게 신성시되는 단어 *자유*가 그 당시에는 인간의 가장 사악한 권리, 다시 말하면 우리가 원하면 누구라도 살인할 수 있는 권리를 함축하는 의미로 수용되었다"(307). 특히 딕선은 사악한 백인들의 야만적 행위에 엄청난 충격을 받아 시간, 즉 역사인식에 획기적인 변화를 자초한다. 그는 은사, 윌리엄 에머선의 글에서 "시간은 보이지 않는 공간이다"(326)는 문장을 읽은 적이 있다. 그는 청춘, 자신감, 순수성, 그리고 활력이 넘치던 그때 시간은 무한한 가능성과 잠재력의 보고라고 확신했다. 이처럼 자신만만하던 그도 연륜이 깊어져서 프랭클린의 경고 – "나는 우리의 가장 큰 문제를 시간(역사)으로 이해한다"(287) –를 경청한다. 그는 이 경청으로 자신의 경계선 긋기와 미국사회가 앞으로 이루 말할 수 없는 시련, 간난신고, 반목, 갈등, 대립, 적대, 그리고 분열에 직면할 거라고 예감한다. 더욱이 그는 메이선이 비보를 듣고 토로하는 심정 – "내가 우려한 것처럼 미국에서 시간은 지옥을 둘러싸고 흐르는 도도한 강이다"(346) –을 듣는다. 딕선은 백인들의 만행으로 인해 자신의 기대, 순수성, 활력, 그리고 인간애를 상실하고 무기력, 좌절, 그리고 암흑 속으로 침몰한다. 이처럼 한 인간의 아집, 독선, 탐욕, 그리고 사악은 선량한 사람들의 성실하고 보람 있는 삶을 살려는 의지를 무력화시키고 박탈하는 주범이다.

이처럼 메이선과 딕선은 비인간적인 백인들의 잔인성에 크게 실망하고 분노한다. 그들은 이 분노와 실망으로 지금까지 절대적 존재의의와 가치로 의존했던 상호인정과 존중 그리고 생명의 존엄성에 큰 의구심과 회의를 느낀다. 그러면서도 그들은 경계선 긋기를 계속한다. 그들은 필러델피어의 천체관측소를 중심으로 서쪽과 남쪽에 관측소를 설치한다. 그들은 네 관측소에서 위도와 경도를 측정하며 자신들의 위도를 발견하고 체서픽(Chesapeake)만과 대서양 사이에 있는 델러웨어(Delaware)반도의 중간 지점에 접선(tangent line)[291]을 긋는다. 이제 그들은 펜가문과 캘버트가문의 토지소유권분쟁을 해결하는 경계선의 위도 시발점을 델러웨어반도의 중간지점으로 확정한다. 그들은 두 식민지의 감독관들이 이 시발점에 동의하자, 메이선-딕선 경계선을 그으려고 원시림을 잘라 시야를 8야드로 트이게 하면서 서부로 나아간다. 드디어 그들이 착수했던 천체관측과 토지측량이 좋은 결실을 맺자, 메이선이 딕선에게 "당신이 나를 전적으로 신뢰하는 것처럼 당신의 가장 심오한 사상과 지식을 나와 함께 활용하려할 때마다 나는 항시 당신에게 진심으로 감사하는 마음을 가졌소"(339). 두 사람은 서부에 매혹당한다. 왜냐하면 그들에게 "가상공간으로서의 미국서부는 소망과 욕망, 가설과 허구, 그리고 추측과 가능성의 공간"[292]이기 때문이다. 그들은 자신들이 갈망하는 이런 공간에서 영국사회가 강요하는 실존제약과 한계에서 탈출하여 자유스럽게 가능성과 잠재력을 십분 발휘하면서 생존할 수 있을 거라고 믿는다. 거기에는 아직 사회조직이나 지배문화가 없기 때문에 "토지가 측량되어 구획되지 않아 값이 산정되어 있지 않고 많은 사람들에게 알려지지 않아, 그곳은 가정적인 소망들, 다시 말하면 실현될지도 모르는 여러 소망들 – 지상의 낙원, 젊음의 원천, 프레스터 죤(Prester John)의 왕국, 그리고 구세주의 천국 –의 작은 씨앗의 터전으로 안성맞춤이다." 그래서 메이선과 딕선은 이 새로운 공간을 보면서 "영국은 잠을 자면서 꿈을 꾸느냐? 미국이 영국의 꿈이냐"고 생각한다. 그러나 이 공간에 사람들이 정착하면, "가정(법)은 선언(문)으로 바뀌고, 가능성들은 통치수단에 알맞은 단일성으로 축소되고, 성스러운 영역은 그 경계지에서 차례로 이탈하여 우리의 삶터이고 우리의 절망인 인간세상으로 돌변한다"(345). 그러면서 메이선과 딕선이 열망하는 새로운 공간의 꿈과 자유는 무산되어버린다.

그들은 자신들의 서부의 꿈은 무산되지만, 이미 서명한 계약서대로 펜가문과 캘버트가문의 감독관들이 동의한 위도상의 시발점으로부터 두 가문의 토지소유권분쟁을 해결하는 폭 8야드의 경계선을 그으면서 서부로 나아간다. 그들은 이 나아감에서 때로는 악천후 가운데서 관측하고 측량해야하는 촉박감, 긴장감, 그리고 불안감을 극복해야할 뿐 아니라 정착민들의 반발을 무마시키고 수습해야한다. 그들은 직선으로 서부로 향하는 경계선을 그으면서 본의 아니게 정착민들의 토지와 주택을 둘로 쪼개 그들의 삶의 터전을 송두리째 망가뜨린다. 그래서 정착민들에게 막대한 경제적 손실 뿐 아니라 가정을 파탄시키는 정신적 혼란과 심적 갈등을 야기한다. 예를 들면 한 정착민의 주택이 하루아침에 느닷없이 경계선으로 양분되자, [너무 경악해서 정신을 잃은] 부인이 외출하고 돌아온 남편에게 울먹이면서 갑자기 묻는다: "여보 우리는 어느 지역에서 결혼했지요? 하! 그가 멍청하게 입을 크게 벌리는 꼬락서니를 보아라. 그는 [집이 둘로 쪼개져 있음을 보고 혼비백산하여] 금방 결혼식 장소를 기억할 수 없기 때문이다. [한참 후에 남편이 대답하기를 우리는] 절대로 메럴런드가 아니고 펜설베이니어에서 결혼했소. [그러자 부인이 말하기를] 어! 지금부터 제가 집의 이쪽에 있으면, 메럴런드에 있으므로 법적으로 당신의 아내가 아니오. [그러면] 당신의 권위에 더 이상 순종할 의무가 없소. 그렇지 않은가요?"(446-47). 경계선 때문에 신성한 가정을 파탄시키는 이런 황당한 비극이 일어난다. 메이선과 딕선은 전혀 예상하지 않았던 비극적인 돌발사들을 살벌한 분위기 가운데서 무난하고 조용하게 처리하면서, 경계선을 긋고 나가 정착민지역을 넘어, 용기와 모험심 그리고 두려움과 공포심을 동시에 불러일으키는 미개지에 다다른다. 메이선이 미개지를 넘어 계속 경계선을 그으려하자, 딕선이 반발한다: "우리는 경계선을 그어서는 안 된다. [⋯] 우리는 또다시 이용당하고 있다"(478). 그는 이처럼 강한 반발심을 표출하면서도 "암흑 속에 낙원을 건설한다"**293**고 확신하는 메이선을 배신하지 않는다. 그는 언짢아하면서도 메이선의 주장을 받아들인다: "우리는 계약서에 서명했다. 우리의 의무를 성실하게 이행합시다"(479). 그는 메이선의 사리판단을 수용하고, 그에게 일시적으로 반항했던 개인감정을 자제하면서 협력한다.

메이선과 딕선이 합심하여 미개지에서 경계선을 긋고 있는데, 갑자기 풍수의 대가, 중국인 쟁(Zhang)선생이 나타난다. 그는 그들의 경계선 긋기가 풍수에 크게 어긋남을 알아차리고 그들을 비난한다: "경계선은 ⋯ 사기(邪氣)의 도관으로 작용했다. 실패, 가난, 치욕, 그리고 배신을 불러오는 참으로 나쁜 바람을 상상해보시오." 그러자 메이선이 반박한다: "누구도 폭 8야드의 경계선 안에서 살려하지 않소. 사람들은 자기 집을 경계선 이쪽이나 저쪽에 신축할 것이오. 경계선은 어디까지나 경계선에 지나지 않소." 이 반박에 대응하여, 그는 자연을 파괴하는 메이선에게 이런 힐난을 퍼붓는다: "경계선이라고! 이 경계선 말고 자연에 원래 있는 경계선들, 예를 들면 해안선, 산 능선과 정상, 그리고 강둑들은 땅 안에 있는 용을 존중합니다. 그리고 이 용에서 나온 경치는 그 형태를 유지합니다. 땅에 경계선을 긋는 행위는 용의 살에 칼로 상처를 입혀 긴 뚜렷한 흉터를 남기는 ⋯ 악행이오. 어떻게 큰 화를 피할 수 있겠소?"(542). 그는 미국에서 풍수를 부정하는 두 사람의 어리석은 행위를 목격하고 개탄한다. 그러면서도 그는 경계선을 긋는데 큰 장애가 되는 숲에 불만을 토로하는 메이선을 실례를 들어 깨우치려한다: "애덤과 이브는 나무에서 열매를 따 먹고 인간이 되었다. 부처는 나무 밑에 앉아 있다가 득도했다. 뉴튼도 나무 밑에 앉아 있다가 떨어지는 사과를 맞고 만유인력을 발견했다. [⋯] 그러나 아마 당신의 경계선은 큰 문제가 될 것이오. [⋯] 왜냐하면 경계선을 긋는 일, 특히 ⋯ 사람들을 차별하는 직선을 긋는 행위는 가장 직접적으로 잔인하게 나쁜 역사를 만들기 [때문이오]"(615). 이렇게 그는 최선을 다해 두 사람을 깨우치려하지만 헛수고로 끝난다. 메이선과 딕선은 고집스럽게 서쪽으로 서스퀴해너(Susquehanna)강을 건너고 앨리게이니(Allegheny)산을 넘어 233마일의 경계선을 그으면서 나아가 거의 4년의 악전고투 끝에 오우하이오의 여섯 부족 원주민들의 전사의 길(Warrior Path)에 다다른다. 그들은 자기들을 따라온 원주민들, 특히 모우혹(Mohawk)족의 완강한 저지 때문에 이 길을 넘어 서부로 더 이상 전진할 수 없다. 이 길은 "과학이 인정하지 않는 위력을 가지고 있다고 알려진 남북을 연결하는 신비의 대로"[294]이다. 그러므로 원주민들은 대로를 마치 자기들이 보는 흐르는 강물로 간주하여, 대로가 방해받지 않는 흐름을 계속하기를 원한다. 원주민들은 메이선과 딕선이 경계선을 그어 대로를 절단함은 강을 가로지르는 댐을 건설하는 것과 같다고 생각하기 때문에 그들의 월경을 결사반대한다. 게다가 원주민과 메이선의 실존철학의 차이가 그들 사이에 큰 충돌을 불러일으키려한다. 예를 들면 메이선은 시간과 거리를 오로지 숫자로 계산하지만, 원주민들은 그렇지 않고 삶의 체험으로 직감한다. 또 메이선은 천문학을 자연을 파괴하는 실용목적과 도구로 활용하는데 반해, 원주민들은 자연에 순응하는 삶을 산다: "별들이 당신(메이선)에게 당신이 길을 내려면 어디에 내야하는가를 알려주는 것처럼 땅과 강은 우리(원주민들)에게 우리의 길들은 어디로 가야하는가를 알려준다"(675). 메이선은 원주민들의 실존철학과 저항의지를 일방적으로 부정하고, 무조건 전사의 길을 넘어 경계선 긋기를 강행하려한다. 그러자 다른 인종과 문화를 인정하여 수용하려는 딕선이 그의 강행을 제지한다. 결국 그도 딕선의 의사를 존중하여 자신의 무모한 의도를 포기한다. 요컨대 두 사람의 상호인정과 존중이 큰 비극을 방지한다.

메이선과 딕선은 경계선을 서부로 더 이상 그을 수 없으므로 동부로 돌아온다. 이제 그들은 자기들을 희망봉과 헐레너(Helena)섬을 거쳐 미국으로 파견한 영국 지배계층인사들의 하수인이었음을 스스로 깨닫는다. 이 인사들은 권력과 경제적 이익을 극대화하기 위해 다른 사람들의 인격, 존엄성, 그리고 인권을 무자비하게 유린하면서 양심의 가책을 조금도 느끼지 않는다. 특히 미국남부 지배계층인사들은 흑인들을 인간이 아닌 재산으로, 즉 노예로 간주한다. 메이선과 딕선은 그들의 탄압욕구에 응해 본의 아니게 미국에서 흑인노예소유를 가능하게 하는 지역을 조성하는 경계선 긋기에 협조했다. 지금 두 사람의 깊은 자성에 따르면, "노예들. 우리는 희망봉에서 매일 양심의 가책도 없이 노예들과 함께 살았고, 더욱이 헬레너섬에서는 무자비한 마음으로 살았으며, 지금 또 다른 식민지, 미국에서 노예 소유자와 해방자들을 구별하는 경계선을 긋고 있다. [⋯] 우리는 노예들의 시중을 받았고, 경계선의 남쪽 가정에서 시중을 받으면서 반대하지도 않았다. 경계선은 어디서 끝나는가? 경계선 안에서 어디를 가나 우리는 도처에서 탄압자와 노예들을 보아야 하는가? 미국은 우리가 탄압자와 노예들을 보지 않았어야 할 유일한 장소였다." 그들은 자성하면서 자기들이 그은 경계선이 결국 "사악으로 이끄는 도관"(692-93)으로 둔갑되었음을 비탄한다. 그러면서도 그들은 미국에서 희망의 씨앗을 본다. 희망봉과 헐레너섬과는 달리 미국에서 노예들은 자유인이 될 기회를 포착할 수 있기 때문이다. 메이선은 이런 징후로 자신을 위안하면서, "미국에서 나의 쉴 새도 없이 밀고 나갔던 경계선 긋기는 이렇게 끝난다"(705)고 정리하고, 1768년 9월 딕선과 함께 영국행 배에 승선한다.

3인칭 전지시점의 이야기에 의하면, 메이선과 딕선은 각자의 실력, 재능, 그리고 의견을 서로 존중하고 협력하여 경계선 긋기 임무를 성공적으로 수행하고 귀국한다. 그러나 그들의 귀국은 영국학술원의 큰 반응도 따뜻한 환영도 받지 못한다. 영국학술원은 그들의 탁월한 실력과 업적을 활용하려하지 않고, 학술원의 이기적 고위회원은 그들을 오로지 사적 목적으로 이용하려하기 때문이다. 그들은 1768년 12월에 출석통보를 받고 참석한 학술원회의에서 자신들이 미국에서 직접 천문학과 측량술을 활용하여 위도와 경도를 측정하면서 그은 경계선, 거기에 따른 어려움과 시행착오의 개선과 보완방법 그리고 앞으로 활용방안에 대한 보고를 하고, 이에 대한 활발한 논의와 토론이 있을 거라고 기대했다. 그런데 그들은 의외로 각자 다른 지역에 가서 금성의 태양면 통과를 관측하라는 명만 받는다. 그들은 또 별들을 관측하기 위해 연옥이나 다름없는 오지로 떠나야한다. 게다가 메이선은 스코트런드(Scotland)의 산들을 조사하라는 과제도 떠맡는다. 영국학술원은 그들에게 계속 하수인역할을 하게하면서도, 그들이 그렇게 소망하는 정식회원으로 받아들이지 않는다. 그들이 회원이 못되는 이유는 실력과 업적이 회원자격에 미달되어서가 아니라 출신성분이 비천하기 때문이다. 더욱이 메이선은 하수인역할의 수고비가 없을 때는 고향에 가서 생계를 꾸리기 위해 막노동까지 해야 한다. 그래서 그는 이따금 자신의 실력을 유감없이 발휘할 수 있었던 미국을 회상한다:

“이상하게 나는 아침에 잠이 깨면, 내가 미국에 있다고 생각한다”(721). 메이선과 딕선은 자신들의 학문실력을 인정하지 않는 영국의 학문풍토 그리고 잠재력과 가능성을 발휘할 수 없게 고사시키는 사회구조에 좌절한다. 딕선은 노스 케잎(North Cape)에 가서 금성의 태양면 통과를 관측하고, 낙향해서 낚시하면서 소일한다. 그러면서도 그는 이런 진리를 파지한다: “땅 요면(凹面)에서 모든 사람은 다른 사람을 향하게 되어 있다. 모든 사람의 도끼들은 한곳에 모아진다. 적어도 이렇게 서로를 인정하도록 되어있다”(741). 그러나 매우 유감스럽게도 그의 상류계층인사들은 이 진리를 부정하려고 안달한다. 그는 이런 안달에 속수무책이라고 체념하고 은둔한다. 이런 좌절과 절망의 삶에서도 그가 버틸 수 있는 힘은 메이선과 나누는 정담과 비록 실현되지는 않지만 작은 꿈이다. 그는 결혼하여 부부가 미국에 가서 “와싱턴, 프랭클린, 셸비(Shelby)측량기사, 그리고 다른 친구들을 방문하고, 서부에 이상적인 거처를 찾고”(753) 싶다고 메이선에게 말한다. 그는 소망을 이루지 못하고 1779년에 타계한다.

메이선은 그를 만날 작정을 하고 있다가 갑자기 그의 사망소식을 듣고 온종일 이루 말할 수 없이 슬프고 마음이 아프다. 그는 허심탄회하게 이야기할 수 있었던 동료마저 잃은 슬픔과 고독을 이겨낼 수 없다. 그는 학문연구도 할 수 없는 처지에 삶의 유일한 낙의 대들보를 잃었기 때문이다. 그는 아무리 정상적인 삶과 활동을 하려해도 할 수 없으므로 깊은 상념에 잠겨 새로운 세계를 모색한다. 그는 자신의 실력과 잠재력을 사장시키는 영국사회와 학문풍토를 뒤로 하고, 미국에 다시 가서 삶의 새로운 전기를 도모하려한다. 그는 1786년에 영국을 떠나기 전에 자기가 그렇게 갈망했던 영국학술원회원은 못 되었지만, 프랭클린이 주선하여 미국학술원회원(Fellow of the American Society)이 된 것이 자랑스러워 전처 “리베카(Rebekah)의 묘비에다 자기 이름을 쓰고 F. A. S.(미국학술원회원의 두문자)를 적었다. 이 두문자가 그에게 최상을 의미한다. 나는 당신을 놀라게 해주고 싶다”(761). 그는 묘비에다 이런 글을 남기고 영국을 떠나 필러델피어에 도착하여 여독으로 쓰러진다. 병상에서 프랭클린을 재회하고, “우리의 성경은 우주이다”(772)고 설파하고 영면한다. 드디어 체리코욱목사의 이야기는 메이선의 아들, 윌리엄의 이런 선언으로 끝난다: “우리는 거기(미국)로 갈 것이다. 우리는 거기서 살 것이다. 우리는 거기서 낚시할 것이다. 그리고 당신(아버지)도"(773). 핀천은 *메이선과 딕선*에서 "20세기의 18세기근원과 20세기가 18세기를 재창조하는 방법을" 활용하여, 18세기 미국사회의 기풍이었던 변화무쌍, 불확실성, 불확정성, 유연성, 역동성, 잠재력발휘, 신분상승가능성, 그리고 상호협력 중요성과 필요성을 부각시켰다. 우리 모두는 이 기풍을 바탕으로 인종, 종교, 이념, 그리고 체제가 아무리 상이해도 서로를 인정하고 수용하여 평화스럽게 공존하려는 의식을 확장할 수 있기 때문이다.

돈 디릴로우(1936)는 그의 여덟 번째 소설, *요란한 잡음*(*White Noise*, 1985)으로 최우수미국소설상을 수상했으며, 이런 극찬도 받았다: "돈 디릴로우는 요즈음 토머스 핀천과 윌리엄 개더스와 함께 미국소설의 기상천외한 영역을 탐구하여 의심할 여지없이 가장 대담하고 독창적인 소설을 창작하는 정예작가군의 일원이다. 사실상 디릴로우는 이 소설로 핀천과 개더스와 동등한 대열에 합류하게 되었으며, 더욱이 상상력의 발랄함, 변화무쌍, 그리고 활달함에서는 그들을 능가했다는 평가를 받게 되었다."[295] 이렇게 극찬을 받는 까닭은 디릴로우가 개인의 인권유린과 의식왜곡의 주범인 보도매체, 전자영상, 그리고 소비욕구의 피해자로 전락했다가 탈출에 성공하는 소설의 화자 겸 주인공 잭 글래드니(Jack Gladney)를 창조한데 있다. 디릴로우는 이 소설에서 개인의 자유를 가장 교묘하게 유린하는 주범 – 오늘날의 보도매체, 전자영상, 그리고 소비욕구 –을 "요란한 잡음"으로 은유화하고 있다. 글래드니(우리를 대변하는 인물)는 "도처에 편재해 있는 요란한 잡음"[296]의 피해자로 전락한다. 그가 전락하는 까닭을 밝히기 위해서는 먼저 시각과 청각을 결합시키고 있는 두 단어 – white noise –가 분석되어야한다. 나쁜 의미로는 죽음을 상징하는 흰색은 단색으로 시각을 단조롭게 하면서 획일화시킨다. 소음은 귀를 매우 불쾌하고 혼란스럽게 하면서 정신을 흐리고 어지럽게 한다.[297] 이렇게 요란한 잡음은 글래드니의 의식을 획일화시키면서 사고력과 판단력을 마비시킨다. 따라서 글래드니는 요란한 잡음 때문에 아집, 자아도취, 그리고 공포에 빠져 극도로 시달리지만 결코 패배자는 되지 않는다. 그는 자신의 삶을 허위의식, 수동성, 그리고 자기중심으로부터 해방시켜 각성, 대담성, 그리고 사랑으로 충만시킨다. 그의 깨달음과 의식개혁이 그를 획기적으로 변신시킨다.

글래드니의 의식을 왜곡시켜 그의 자아, 자유, 그리고 주체성을 박탈하여 아집, 편견, 자아도취, 위선, 불안, 그리고 공포의 소용돌이 속으로 몰아넣은 주범은 독재적인 지도자, 소비심리, 그리고 전자영상이다. 독재자는 자신의 권력장악과 통치철학의 실천방법으로 전체주의를 옹호하며, 그 목적달성을 위해 무자비한 탄압을 자행하면서 그럴듯한 구호와 선동으로 대중을 기만한다. 또 미국의 후기자본주의는 자본가의 최대이윤추구와 그 달성방법으로 우리의 소비심리를 극도로 자극하면서 필요이상의 소비욕구를 극대화하는 영상매체를 교묘하게 이용한다. 더욱이 미국의 소비문화는 우리를 자의적으로 조종하고 농락하는 정교한 수법으로 영상과 가상(假像, simulacrum)의 위력을 활용한다. 특히 매우 교묘하고 기발한 기법과 기술로 형상화된 영상과 가상을 탁월하게 표현하여 전달하는 티 비는 경우에 따라 우리에게 부정적이고 악의적인 역할을 맡기도 한다: "티 비가 우리를 감시하면서, 우리를 소외시키고, 우리를 조종한다."[298] 우리가 일단 이런 영상과 가상의 포로가 되면, 사물을 있는 그대로 볼 수 없을 뿐 아니라 보려고 하지 않으면서 기호만을 읽는다. 또 원본, 진품, 그리고 현장을 보려하지 않고 복사품, 모조품, 그리고 영상물을 소유하려한다. 그 대표적 실례가 *요란한 잡음*에 있는 "미국에서 사진이 가장 많이 찍히는 헛간으로 알려진 관광명소"(12)이다. 관광객들은 현장에 도착하기 전에 여러 번 관광안내판을 보고 읽는다. 따라서 그들이 현장에 오면 그 유명한 헛간을 자세히 관찰하려하지 않고 오직 사진촬영 그리고 엽서와 슬라이드 사기에 열중한다. 그들은 광고와 그 최면에 빠져 제정신이 아니다. 글래드니는 그들이 이런 행위에 대한 미국 환경학과 객원강사 머리 제이 시스킨드(Marray Jay Siskind)의 매우 소상한 이론과 주장을 듣는다: "아무도 헛간을 보지 않는다. [···] 일단 당신이 헛간에 대한 광고안내판을 읽고 나면, 헛간구경은 불가능해진다. [···] 이 헛간은 어떤 모습이었고, 다른 헛간들과는 어떻게 다르고, 어디가 비슷했는가? 우리는 이미 관광안내판을 읽었고, 다른 사람들의 촬영과 그 장면을 보았기 때문에 이런 문제들에 대해 대답할 수 없다. 우리는 매료된 분위기에서 벗어날 수 없다. 우리는 그 분위기의 일부이다"(12-13). 이렇게 과도한 소비욕구충동 그리고 그런 충동과 왜곡된 의식을 조장하는 전자영상의 노예로 전락하여 개체성, 독자성, 존엄성, 그리고 마음의 안정과 평화를 상실해버린 글래드니는 군중 속의 우리, 다시 말하면 일상적인 우리를 상징한다. 이러므로 디릴로우는 요란한 잡음의 의도와 목적이 우리를 주체적, 다차원적 의식의 확장자가 아니라 맹목적, 일차원적, 폐쇄적 의식의 복종자와 추종자로 만드는데 있음을 간파하고 반기를 든다. 그는 *요란한 잡음*에서 우리의 자유와 주체성을 박탈하고 있는 미국소비문화의 교묘한 수법을 폭로하여 고발하면서, 이 수법으로부터의 독립 그리고 인간성회복을 촉구한다. 그러려고 그는 우리를 상징하는 글래드니의 비극적 실존을 극복하는 이야기 – "요란한 잡음은 언제나 있기 마련이지만 그 잡음에 주의하면 주의할수록, 그 잡음은 점점 없어진다"[299] –를 창조했다. 지금까지의 논의를 바탕으로 *요란한 잡음*을 "깨달음과 의식개혁"의 논지로 고찰해본다. 이 고찰은 글래드니가 소비사회의 피해자, 다시 말하면 자신의 주체성과 다른 사람의 인권을 부정하는 독선적, 자아도취적, 폐쇄적, 소극적 인간으로 전락했다가 깨달음과 의식개혁을 바탕으로 자기정체성을 회복하고 다른 사람을 존중하는 개방적, 적극적, 긍정적 인간으로 재생하는 과정의 서술이다.

*요란한 잡음*은 화자 겸 주인공, 미국중서부에 소재한 등록금이 비싼 사립대학의 히틀러학과(Department of Hitler Studies)학과장, 글래드니가 가을학기 개강에 맞춰 학생들이 기숙사에 입주하려고 차에 고가의 소지품들을 가득 싣고 교정에 도착하는 광경을 목격하는 장면으로 시작된다. 그는 학생들의 소지품들에서 개개인의 개성과 차이를 불용하는 동질성과 획일성을 느낀다. 더욱이 그는 자녀들이 이런 사립대학에서 공부할 수 있는 재력을 가졌음을 뽐내는 부모들의 표정에서 그들만의 자아도취, 자만심, 의기투합, 그리고 단결심을 재빨리 간파한다: "부모들은 햇빛에 눈이 부신데도 그늘을 찾지 않고 … 자신들의 자랑스러운 자태를 보면서 자동차 옆에 서 있다. […] 아버지들은 시간을 계산해보면 갈 길이 너무 멀지만 서둘지 않으면서 어버이로서 이루어낸 큰 성과, 즉 보험액수와 기간을 크게 늘렸음을 암시해주는 업적에 아주 만족해한다. 여기 길게 늘어서 있는 스테이션 왜건(Station Wagon)들은 … 부모들에게 그들은 정신적으로 굳게 결합한 동지들의 집합체, 다시 말하면 하나의 국민, 하나의 국가임을 가르치고 있다"(3-4). 글래드니가 자신의 이런 느낌과 간파를 피력하는 의도는 자기도 그들과 한패임을 공언하려는데 있다. 그의 이런 공언은 그도 경제적으로 풍요한 중산층의 일원이며, 히틀러의 독재철학에 깊은 관심을 쏟는 일차원적 학자임을 암시한다. 그가 경제적으로

풍족하여 자신의 소비욕구를 최대한으로 충족시키면서, 과학과 기술의 눈부신 발전이 안겨준 혜택들을 마음껏 누리고, 사회적 신분과 명성에 따른 존경과 안락으로 충만한 삶을 즐기면 즐길수록 더욱 오래 살고 싶은 욕망은 더욱 더 커지고 강해진다. 그래서 그는 죽음은 인간의 숙명이라는 엄연한 사실을 인정하려하지 않는다. 더욱이 그는 "자신의 죽음에 대한 예리한 지각이 … '만물에 대한 무한한 경이감'을 느낄 수 있도록 해주는 필수적인 준비단계를 만들어준다"[300]는 진리를 터득하지 못한다. 그러므로 그는 죽음의 공포에 시달린다: "나는 죽음에 대한 공포로 식은 땀에 흠뻑 젖어 깨어났다. 나 자신의 엄청난 공포에 속수무책이었다. […] 내 정신을 가다듬고, 몸을 다시 활발하게 움직이면서 사회생활을 과거처럼 다시 할 의지도 힘도 없었다"(47). 그래서 그는 이 죽음의 공포로부터 해방되고 싶어한다.

그 해방의 한 방법은 그가 주체성을 고수하는 개인으로 실존하려하지 않고, 대중 속에서 떼거리로 살려는 삶의 선택이다: "내가 군중 속에 있음은 나로 하여금 죽음을 의식하지 않게 한다. 군중으로부터 떨어짐은 홀로 죽음에 직면하여, 혼자 죽는다. 이런 이유 때문에 군중이 가장 중요하다"(73). 또 하나의 방법은 그가 히틀러를 맹신하여 숭배하는데 있다. 그의 이런 맹신과 숭배는 히틀러의 상상을 초월하는 미증유의 만행과 그 참혹함에서 연유한다: "히틀러가 저질렀던 만행은 너무나 극악무도해서 글래드니는 스스로 그 만행 속으로 사라질 수 있으므로 자신의 작은 공포는 그 극악무도와 히틀러의 기행에 의해 압도당해버릴 것이라고 자위한다. 그는 히틀러가 … 죽음보다도 더욱 강하다고 생각한다."[301] 따라서 그는 자신을 히틀러의 독재정치와 선동의 소용돌이 속으로 침잠시키면 침잠시킬수록 죽음의 공포로부터 더욱더 멀어진다고 확신한다. 또 그는 히틀러에 의존해서 삶의 의지를 굳게 하고, 존재의미를 확장하며, 사회적 명성과 학문적 업적을 이루려한다. 더욱이 그는 히틀러의 보호를 받아 죽음의 공포로부터 벗어나기 위해, 그가 "절대 악의 화신"[302]임에도 불구하고 1968년에 학장의 승인을 얻어 대학에 히틀러학과를 신설한다. 이처럼 그는 자신의 개인적인 목적달성과 이익추구를 위해 학문의 보편적, 합리적 가치와 목적을 묵살해버린다. 따라서 그의 연구와 관심은 히틀러의 독재와 만행의 정치적, 경제적, 사회적 원인규명, 그 후유증치유와 극복, 그리고 재발방지책에 있지 않고, 전체주의의 정치적 선동 그리고 그 매력과 효과에 집중된다. 또 히틀러의 성장배경, 악마적 성격, 미증유의 잔학행위가 가능했던 풍토, 그리고 동조자와 방관자들의 의식구조에 있지 않고, 후기자본주의사회가 대중 그리고 그들의 소비심리와 욕구를 교묘하게 조종하려는 독재적 수단과 방법을 강구하려는데 있다. 이러므로 다른 교수들의 눈에는 그가 히틀러학의 대단한 대가로 보이지만, 자신은 그렇게 생각하지 않으므로 매우 소심하고 의기소침하여 자기 대학에서 주최한 히틀러학 국제학술회의에 9개 국가와 17개 주에서 참석한 교수들과의 대면을 피하려한다. 그는 자기가 너무나 무지하고 초라하다고 스스로 단정하고 행동한다: "그는 자신의 거구, 명성, 교수정복, 그리고 검은색 안경에도 불구하고 절망적인 열등감에 사로잡힌다 … 그래서 그는 수치심을 감추기 위해 학술회의 개최기간 동안 연구실에 칩거한다."[303]

이처럼 글래드니는 의존적, 위선적인 삶을 살고 있으므로 언제나 소외감, 고독감, 그리고 공허감에 시달린다. 그는 이런 소외감과 고독감에서 일시적으로 해방되려고 충동적 구매욕구를 충족시킨다: "나는 닥치는 대로 물건을 샀다. […] 나는 사는 재미로 상품을 구입했다. […] 내가 돈을 많이 쓰면 쓸수록 돈의 중요성은 작아지는 것처럼 보였다. 내가 지금 지출한 총액은 아무것도 아니었다. 이 총액이 장대비처럼 내 피부로 흘러내렸다. 사실 이 총액이 실존활력의 형태로 돌아왔다"(84). 이렇게 그의 삶의 가치와 의의는 오직 신분, 재력, 그리고 과도한 소비에만 있다. 그는 일차원적, 폐쇄적 성격으로 말미암아 자아를 성찰하려하지 않을 뿐 아니라 다른 사람들을 깊이 이해하고 포용하려하지 않는다. 그래서 그는 세 번 이혼하고 네 번째 부인, 배베트(Babette)와 결혼하면서 그녀를 "당신은 나의 정신력이고 창조적 생명력이다"(199)고 찬양한다. 또 그는 그녀에게 자신의 과거를 전부 고백하면서, 고백이 그녀에 대한 사랑을 더욱더 열렬하게 할 뿐 아니라 자아를 성숙시킨다고 확신한다: "배베트와 나는 서로 전부를 말한다. […] 숨김없이 털어놓는 고백은 자기 일신의 형식이고 보호자책임의 의사표시이다. 사랑은 우리가 상대방의 배려와 보호에서 신뢰받을 수 있을 만큼 강한 주체성의 계발을 가속화한다"(29). 그러나 그녀는 사랑의 올바른 철학을 실천하려하지 않을 뿐 아니라 죽음을 수용하려하지 않는다. 따라서 그녀가 죽음의 공포에 사로잡혀 속수무책일 때, 우연히 태블로이드(tabloid)판 신문에 있는 광고, "죽음의 공포"를 본다. 그녀는 이 광고에 매료되어 남편과 상의하지도 않고, 자진해서 다국적 거대기업에서 죽음의 공포를 완화시키기 위해 극비로 개발하고 있는 향정신성의약품, 다일러(Dylar)의 임상실험대상자가 된다. 효능이 입증되지도 않은 약을 복용하면서, 그 임상실험에 관여하고 있는 남자와 불륜관계를 갖는다. 글래드니는 그렇게 믿고 사랑했던 아내의 배신 때문에 너무나 큰 충격을 받고 자신의 비애와 통분의 처절한 심정을 토로한다: "나는 육체가 없다. 나는 하나의 관념이나 자아에 불과하다. 나는 광대한 공간에 홀로 있다"(198). 이처럼 그는 자기가 공중에서 실체 없이 떠돌아다니는 유령이라고 생각한다.

더욱이 그는 부유층주택가의 큰 저택에서 전처소생의 아들과 딸 그리고 배베트 소생의 딸과 아들과 함께 풍족한 생활을 하면서도 외롭고 답답함을 뼈저리게 느낀다. 그와 애들 사이에는 사랑을 전제하는 상호이해와 신뢰, 공동체의식, 그리고 의사소통이 없기 때문이다. 애들은 "인간 의식을 혼란시키고 마비시키는"(51) 티 비를 보면서 삶과 세상을 배우고 있다. 그들은 방송매체의 발표만 믿고 현실을 있는 그대로 수용하려하지 않는다. 예를 들면, 그가 아들에게 자동차 안에서 앞 유리에 빗방울이 떨어지고 있으니 지금 비가 내리고 있다고 말해도, 아들은 오늘밤부터 비가 온다는 예보를 고집스럽게 믿고 현실을 인정하려하지 않는다. 또 애들은 티 비에 중독되어 눈, 귀, 뇌, 그리고 신경계통이 무디게 되었으므로 다른 사람들의 불행과 비극과 관련이 있는 더욱더 자극적인 재난장면들을 선호한다. 따라서 그의 가족은 잘못 인지한 사실, 정보, 그리고 지식에서 비롯된 선입견, 편견, 아집, 그리고 독선 때문에 서로 이해하고 존경할 수 없으므로 원만한 의사소통을 할 수 없다. 더욱이 그의 가족은 왜곡된 자아의식에 유폐되어 상호간에 끈끈한 유대감을 더욱더 공고하게 하는 일체감을 느낄 수 없으므로 엄청난 고독감과 소외감에 휩싸인다. 이런 고독감과 소외감에 압도당한 채 생존할 수 없으므로 글래드니가 "내 가족은 상품구매에 열중했다"(83)고 자랑하는 것처럼, 그의 가족은 과도한 소비욕구를 충족시키면서 실존위기로부터 일시적으로 구원될 수 있다. 그러나 이런 소극적 구원수단은 이 가족을 더욱더 쓰라린 고독과 자아유폐로 몰아넣는다: "우리는 차 안에서 아무 말도 하지 않으면서 집으로 돌아왔다. 우리는 각자 자기 방으로 가서 혼자 있고 싶었다"(84). 이 가족의 이런 부정적 실존의 근원은 글래드니와 배베트가 스스로 죽음의 공포를 극복할 수 없을 뿐 아니라 함께 지향하는 공동목표가 없기 때문에 자녀들을 한마음으로 뭉치게 할 수 없는데 있다.

더욱더 불행하게도 글래드니와 배베트는 죽음을 겸허히 수용하려하지 않고, 과학과 기술에 의존하여 그 공포를 극복하려한다: "기술이 그들이 죽음과 자기들을 나약하게 하는 공포로부터 도피할 수 있는 유일한 방법이다."[304] 그러므로 배베트는 "나는 매우 독창적인 사람은 아니지만 사물들을 분석하고 구별하여 분류하는 방법을 알고 있다"(192)고 역설한다. 게다가 글래드니는 시스킨드의 기술에 대한 확신을 경청한다: "기술은 생명을 연장하며, 병든 장기를 새 기구와 장치로 대체한다. […] 잭, 기술에 당신을 맡기시오. 기술을 믿으시오"(285). 따라서 글래드니와 배베트는 죽음의 공포완화촉구를 과학과 기술의 경이로운 발전의 성과라고 과신하는 다일러로 충족시키려한다. 특히 글래드니는 히틀러의 권위와 군중에 의존하여 죽음의 공포를 극복할 수 있다고 확신하고 있다가, 유독개스에 잠깐 노출되었기 때문에 죽음의 강박관념에 사로잡히자 그 구원책으로 다일러에 매달리려고 안달한다. 글래드니와 배베트의 인위적 수명연장과 불사약 갈망은 오늘날 모든 사회의 공통적 특징이다: "우리의 현대사회 전체가 삶과 죽음을 분리시키려는 그리고 죽음을 부정하고 제지하려는 시도에서 과거 시대보다도 훨씬 더 극성스럽다."[305]

그러나 글래드니가 아무리 과학과 기술의 경이적인 발전에 의존하여 죽음을 수용하지 않으려고 안달하여도, 그의 인명재천철학을 부정하는 허황된 욕망과 의지는 좌절될 수밖에 없다. 멀리 떨어진 역에서 탈선한 화물열차에 적재한 탱크(tank)에서 분출된 유독개스가 도시지역으로 이동하면서 확산되고 있으므로 피난가야 한다는 아들의 말을 듣고, 그는 냉소적으로 반응한다: "내 신분이 대학교수만은 아니다. 나는 학과장이다. 나는 공중에서 확산되고 있는 유독개스를 대피해야한다는 경고를 받아들이지 않는다. 그런 피난은 도시의 물고기부화장들이 밀집해 있는 빈민지역의 이동식주택에서 살고 있는 사람들이나 해야 할 자구책이다"(117). 그는 자기가 가난한 사람들처럼 재난의 피해자가 된다고 상상할 수 없다. 그렇지만 그는 "치명적인 화공약품의 구름"(119)이 몰려오기 때문에 별수 없이 피난 가다가 2분 30초 동안 차 밖으로 나왔다가 "심계항진(心悸亢進)과 기시감(旣視感)"(116)을 유발한다는 "신세대 유독산업폐기물"(138), 나이어딘 디(Nyadene D.)에 노출된다. 이 개스의 10억분의 1의 미량도 쥐를 바로 치사할 수 있을 정도로 독성이 매우 강하며, 인체에서 지속할 수 있는 연한은 30년이다. 그러므로 글래드니는 이 개스가 자신의 생명과 수명에 어떤 나쁜 결과를 초래할 것이며, 어떤 효과적인 치료를 받아야할 것인가를 알고 싶어 미칠 지경이다. 그런데도 대피소 주재 의료기술자는 컴퓨터에 그의 신체사항과 이력, 병력, 유전적 특질, 그리고 심리상태를 입력하더니, 모니터에 별로 반갑지 않은 큰 숫자가 나타난다고 그에게 알려주면서도, 지금은 아무것도 확실하게 알 수 없으니 정상적인 생활을 계속하라고 조언한다. 그러나 그의 두 번째 검사에서는 놀랄 만한 숫자가 나타나지 않지만, 그의 주치의는 큰 병원에 가서 정밀검사를 받으라고 권유한다. 큰 병원의사는 그를 인간으로 진료하려하지 않으면서, 컴퓨터에서 출력된 자료에만 관심을 쏟는다. 그러므로 그는 의사가 자기를 실험대상, 혹은 흥미대상으로만 간주하는 것 같다는 생각이 들어 의사에게 반항하면서 불안감에 떤다: "[의사는] 나에게 말을 걸고 싶어하지만, 나는 멀리하려고 버르고 있다. 그는 나의 죽음이 어떻게 진행되고 있는가를 알려고 열심이다. 아마 흥미 있는 사례이다. 그는 나를 한 번 더 화상진료블록에 끼우고 싶어한다. 그러나 나는 화상진료블록이 두렵다. […] 나는 그 블록이 나에 대해 인지하고 있다는 느낌을 두려워한다"(325). 이처럼 그는 과학과 기술에 의존하여 죽음의 공포를 벗어날 수 있다는 자신감을 상실한다. 지금 그는 스스로 죽음에 직면해 있다고 인정한다: "나이어딘을 조금 들이마신 결과가 내 신체에 죽음을 안주시켰다. […] 나는 몸 안에 죽음을 잉태시켰다"(150). 따라서 그는 죽음을 겸허하게 수용해야한다. 그러려면 죽음에 대한 인식을 획기적으로 바꿔야한다. 그는 죽음이 공포와 회피의 대상이 아니고 자아탐구와 실현의 근원이라는 철학을 깨달아야한다. 드디어 그는 이 깨달음으로 자신의 의식을 허황된 욕망과 욕심, 위선과 아집, 신분과 금전제일주의, 불안감, 그리고 공포심으로부터 해방시킬 수 있다.

글래드니는 두 사람의 도움을 받아 죽음의 공포에서 해방되어 죽음을 겸허하게 수용하는 깨달음과 의식개혁을 이룰 수 있다. 두 사람은 그의 고정관념과 확신을 서서히 와해시켜, 그를 깨달음과 의식개혁으로 이끈다. 한 사람은 그가 다일러의 성분분석을 의뢰했던 화학과의 젊은 여자연구원, 위니 리쳐즈(Winnie Richards)이다. 그녀는 신경화학을 전공함으로 다일러의 성분 전부를 정확하게 밝히지 못한다. 그는 그녀가 성분을 밝혀줄 거라고 믿었다가 크게 실망한다. 그러나 그녀는 다일러가 "흥미 있는 기술적 제품," 또 "작은 경이적인 체계"(187)라고 감탄한다. 그러면서 그녀는 그에게 우리 삶에서 가장 큰 비중을 차지하는 죽음의 중요성을 강조한다: "나는 죽음에 대한 의식, 심지어 죽음에 대한 공포심까지도 놓치는 것은 대단한 잘못이라고 생각한다. 죽음은 우리가 필요로 하는 경계선이 아닌가요? 죽음은 삶의 소중한 본질, 즉 유한성을 일깨우지 않는가요? 당신은 스스로 최후의 운명, 경계, 혹은 한계를 의식하지 않고 있다면, 당신이 지금 하고 있는 어떤 일이라도 아름다움과 의미를 함축할 수 있느냐 없느냐를 자문해야한다"(188). 더욱이 그녀는 죽음에 경외감을 느낄 때 새로운 자아를 발견할 수 있다고 주장한다: "당신은 당신 자신을 새롭고 진지한 방식으로 인식한다. 당신은 당신 자신을 재발견한다"(229). 요컨대 그녀는 그가 죽음을 공포와 부정의 대상으로 인식하지 말고, 경이와 외경의 대상으로 접근하면 자아성찰, 자기앎, 그리고 자아탐구와 실현의 원동력으로 이해하여 수용할 수 있다고 설파한다. 또 한 사람은 일상적, 규범적, 폐쇄적 사고의 굴레에서 벗어나 이방세계에 깊은 관심을 쏟는 시스킨드이다. 그는 글래드니에게 티베트사람들의 사생관을 소개한다: "티베트사람들은 죽음과 재생 사이에 과도적 상태가 있다고 믿는다. 죽음은 기본적으로 대기기간이다. 곧 새 자궁은 영혼을 받아들일 것이다. 그 동안에 영혼은 출생하면서 잃어버린 신성의 일부를 되찾는다"(37). 또 그는 글래드니에게 노자의 이런 철학을 설파한다: "살아있는 사람과 죽은 사람 사이에는 아무런 차이가 없다. 그들은 모두 생명력의 동일한 도관이다"(150). 이처럼 리처즈와 시스킨드는 글래드니가 죽음의 공포와 부정 때문에 얼마나 의존적, 위선적인 인간으로 실존했는가를 깨닫도록 하려고 최선을 다한다. 그들은 그의 깨달음과 의식개혁만이 그를 주체적, 사회적, 창조적 인간으로 변신시킬 수 있다고 확신하기 때문이다. 더욱이 시스킨드는 지금까지 의존적, 소극적, 수동적 삶을 살았던 글래드니를 독자적, 적극적, 능동적 인간으로 변신시키려고 안간힘을 쏟는다. 그는 세상에는 두 종류의 인간, 죽는 사람과 살인하는 인간이 있는데 지금까지 죽는 사람이었던 글래드니를 살인하는 사람으로 탈바꿈시키려고 전력한다. 그래서 그는 글래드니에게 "변화를 위해 살인하는 사람이 되라"(291)고 호소한다.

드디어 글래드니는 시스킨드의 주장 – “이론적으로 폭력은 재생의 한 형식이다”(290) –을 듣고 살인자가 되려고 결심한다. 그의 결심은 그가 깨달음과 의식개혁을 바탕으로 지금까지의 의존적 의식과 수동적 실존에 종지부를 찍고, 주체적 자아를 탐구하면서 능동적 삶을 살겠다는 강한 의지의 표출이다. 또 이 결심은 그의 재생을 상징한다. 그는 리쳐즈로부터 들어서 다일러 임상실험 관리자, 윌리 밍크(Willie Mink)의 거처를 알았다. 그는 자기부인을 정신적, 육체적으로 농락한 밍크를 완전범죄로 살해하려는 찰나에, 그가 다일러를 과잉 복용하여 정신을 잃었음을 간파한다. 그가 밍크에게 “빗발치듯 쏟아지는 총알”(311)이라고 고함지르자, 밍크는 어떤 판단력도 대책도 없이 무작정 화장실 쪽으로 기어가는 비루한 행동을 목격한다. 그는 밍크가 이런 와중에서도 호주머니에 있는 다일러를 몽땅 꺼내 한꺼번에 입안에 넣으면서 느닷없이 중얼거리는 말을 듣는다: “나는 곧 해답을 가지고 돌아올 것이다.” 그는 자신이 그렇게 의존하려했던 다일러가 인간의식을 이처럼 마비시키는 무서운 파괴력을 실감하면서 밍크의 복부에 권총을 발사하자, 거기서 쏟아지는 붉은 피가 마루에 번진다. 그는 “밍크의 통증이 견디기 어려울 만큼 아주 심했다”(312)고 쾌재를 부른다. 그는 손수건으로 권총을 깨끗이 닦은 다음에 자살로 위장하려고 밍크의 손에 쥐어주자, 밍크가 바로 방아쇠를 당긴다. 이 탄환이 그의 왼쪽 손목에 맞는다. 이 상처가 “반어적으로 그에게 삶을 새롭게 인식하는 계기를 마련해주었다.”[306] 그는 자기 손가락 끝에서 떨어지는 피와 밍크 무릎의 피범벅을 거의 동시에 보는 순간, 자기와 밍크는 하나의 공동운명체임을 깨닫는다. 그는 밍크가 아직도 생존해 있음을 알고 그를 한 인간으로 인정한다: “나는 처음으로 그를 사람으로 보고 있다고 생각했다”(313). 따라서 그는 양심의 가책을 느끼면서 자연스럽게 솟아나온 동정심과 자비심으로 한 손에 총상을 입었음에도 불구하고 밍크를 살리겠다는 일념으로 온 힘을 다해 그를 병원으로 데리고 간다.

글래드니가 치료를 받으려고 들어간 방 벽에 잭 케니디(Jack Kennedy)대통령이 천국에서 교황 죤(John) 23세의 손을 맞잡고 있는 그림이 걸려있다. 그는 자기를 치료해주는 수녀에게 묻는다: “오늘날 교회는 천국에 대해 어떻게 말합니까? 천국은 여전히 하늘에 있는 그림과 같은 옛날의 천국입니까?” 그는 당연히 그렇다는 대답을 들을 거라고 기대했는데, 의외로 수녀는 “당신은 우리가 바보라고 생각합니까?"라는 핀잔을 듣는다. 더욱이 그는 수녀의 이런 말을 듣고 더 놀란다: "당신이 천국에 대해 이야기하고 싶으면 다른 곳을 찾아야한다"(317). 그는 수녀에게 그러면 왜 벽에 저 그림을 걸어 놓았느냐고 따진다. 그러자 수녀는 저 그림은 우리를 위해서가 아니라 다른 사람들을 위해서 걸어 놓았다고 설명한다: "다른 사람들. 우리는 여전히 독실한 신앙생활을 할 거라는 희망과 신념을 갖고 살고 있는 다른 사람들. 어느 누구도 진지하게 받아들이지 않는 사실들을 믿는 것이 우리 임무이다. 우리가 그런 믿음을 완전히 포기해버리면 인류는 멸망할 것이다. 이 임무 때문에 우리는 여기 있다. 몇 명 안 된다. 옛날의 의식들과 옛날의 신앙심을 구체화하기 위해서. 악마, 천사, 천국, 지옥. 우리가 이런 종교적 사실들과 신념을 믿는 체하지 않는다면 세계는 파멸할 것이다"(318). 그는 지금까지 확신했던 성직자들의 언행에 대한 고정관념에서 해방되기가 쉽지 않지만, 수녀의 주장을 듣고 그 고정관념이 와해되고 있음을 의식하고 경악한다. 그는 자신의 독선적, 폐쇄적 의식을 획기적으로 개혁할 계기를 가졌으므로 그렇게 하려고 결심한다.

글래드니는 이런 깨달음과 의식개혁을 바탕으로 일차원적, 의존적 의식으로부터 해방되어 주체성과 공동체의식을 가장 중요시하는 인간으로 변신하여 재생한다. 그는 사물의 본질을 터득한다: "나는 비가 정말로 무엇인가를 처음으로 알았다"(310). 더욱이 그는 자신의 의식을 나로부터 우리로 확장한다. 그는 부인과 세 살 아들과 함께 석양의 아름다움을 만끽하면서, 세 사람이 하나가 되어 이런 외경과 불가사의에 빠진다: "이 따뜻한 저녁의 정기를 기술하기가 쉽지 않다. [⋯] 확실히 외경이 있다. 외경 그 자체이다. [⋯] 우리는 경이감으로, 아니면 두려움으로 바라보고 있는지 알지 못한다. 우리는 무엇을 보고 있는지, 아니면 그것이 무엇을 의미하는지 개득하지 못한다"(324). 이처럼 그는 두 사람과 함께 무아의 경지에 있다. 이 경지가 그의 변신과 재생이다. 그는 이렇게 변신하고 재생하여 자아탐구와 공동체의식 확장에 전념하려한다. 요컨대 디릴로우는 요란한 잡음 ―보도매체, 전자영상, 그리고 소비욕구 ―이 아무리 우리를 압도하려할지라도, 우리가 깨달음과 의식개혁에 전력한다면 주체적 자아와 자유스런 삶을 창조할 수 있다고 시사한다.

저자는 10여년 전에 행복을 추구한 세대의 대표적 소설이론가 겸 작가,

윌리엄 에스. 버로우즈가 미국소설사에 새 지평을 연 *뚜껑이 열려있는 도시락*을 고찰하는 논문에서, 그가 포우스트모던미국소설의 초석을 쌓았다고 주장했다. 그와 그의 가르침을 받은 후배작가들은 소설창작에서 인간의 주체성, 개체성, 솔직성, 그리고 본능과 욕구를 절대시했다. 또 그들은 실존에서 미국인들의 의식을 지배했던 입신양명, 축재, 그리고 명예를 무시하고 자아탐구와 실현의지, 본능적 욕구충족, 그리고 공동체의식을 가장 중요시했다. 그들은 이런 절대시와 중요시를 구체화하는 유례없는 새로운 소설주인공을 창조하기 위해 현학적인 상아탑문학과 역동적인 길거리문학을 융합했다. 그들이 이 융합을 바탕으로 창조한 삶의 열정, 활력, 그리고 생동감이 넘치는 소설과 주인공은 대중의 큰 호응과 갈채를 받아, 미국인들의 의식개혁을 선도했다. 이렇게 그들은 미국문학사에 새로운 이정표를 세웠다. 그러나 그때 저자는 그들이 미국소설사에서 차지하는 이처럼 중요한 위상을 인지하지 못했다. 그러다가 최근에 가장 탁월한 포우스트모던미국소설가라고 정평이 있는 토머스 핀천이 그들의 소설철학과 버로우즈의 창작기법을 계승하여 집필한 세 소설 − *비.*, *제49호 품목의 경매*, 그리고 *메이선과 딕선* −에 관한 논문을 쓰면서 그의 단편집, *더디 배우는 사람*(*Slow Learner*)의 서문을 읽고, 그가 행복을 추구한 세대소설가들의 지대한 영향을 받았음을 인지했다. 이 인지로 행복을 추구한 세대의 소설철학과 버로우즈의 창작기법의 깊은 이해가 오늘의 미국소설을 더욱 쉽게 파악할 수 있는 첩경이라고 저자는 확신하게 되었다. 따라서 오늘날 미국소설의 양대산맥 − 전통소설과 포우스트모던소설 − 중의 하나인 포우스트모던미국소설 음미에 필수적인 행복을 추구한 세대소설가들의 소설철학과 작품들에 관한 몇 편의 논문으로는 미국소설연구자와 학습자들의 큰 관심을 유발해서 장기간 끌게 하기는 어렵다고 판단하고 저서를 출판하기로 마음먹었다. 그러나 짧은 기간에 한권의 저서를 출판할 분량의 논문들을 쓰기는 불가능하다. 그러므로 저서를 출판하는 하나의 방편으로 저자는 네 편의 논문 − 행복을 추구한 세대의 소설철학을 규명한 "윌리엄 에스. 버로우즈의 소설론과 그 영향력," 이 세대를 대변하는 첫 소설, *열광하자*(*Go*, 1952)를 논의한 "죤 클렐른 호움즈: 자기긍정과 보존," 힙스터를 소설주인공으로 처음 등장시킨 소설, *쾌락주의자들의 휴양지*(*The Deer Park*, 1955)를 고찰한 "노먼 메일러: 자아고수와 성숙," 그리고 이 세대의 미국서부를 대표하는 소설, *기러기가 뻐꾸기 둥지 위로 날아갔다*(*One Flew Over the Cuckoo's Nest*, 1962)를 분석한 "켄 키지: 통제 그러나 자유의 승리" —을 썼다. 이 네 편의 논문에다 이미 저서에 수록되었던 네 편의 논문 — "잭 케러왝: 삶의 활력은 깨달음과 자유," "죤 엎다익: 영혼과 육체는 하나," "윌리엄 에스. 버로우즈: 의식개혁과 확장," 그리고 "토머스 핀천: 실존목적 왜곡과 상실의 극복" —을 더하여 *행복을 추구한 세대: 철학 업적 유산*을 2015년에 출간했다. 이 책의 철학은 윌리엄 에스. 버로우즈의 소설론이고, 업적은 죤 클렐른 호움즈, 노먼 메일러, 잭 케러왝, 윌리엄 에스. 버로우즈, 그리고 켄 키지의 소설이며, 그리고 유산은 죤 엎다익과 토머스 핀천의 작품이다. 이 작가들이 창조한 소설주인공은 실존에서 홀로 살기보다는 더불어 사는 삶을, 집단과 조직보다는 자기와 개인을, 비관과 부정보다는 낙관과 긍정을, 과거보다는 현재를, 유폐보다는 개방을, 고정불변보다는 변화를, 확실성보다는 불확실성을, 명료함보다는 애매모호함을, 객관성보다는 주관성을, 현학적 사고보다는 행동을, 현실도피보다는 수용을, 타율과 의존보다는 자율과 자립을, 억압적인 도덕과 인습에 순응하기보다는 반항하기를, 답습보다는 도전을, 영혼과 육체의 분리보다는 합일을, 그리고 이원론보다는 통합을 더욱더 중요시한다. 이런 소설주인공창조는 그들의 위대한 업적일 뿐 아니라 다음세대소설가들이 계승해야 할 큰 유산이다.

죤 클랠른 호움즈(John Clellon Holmes, 1926-1988)의 처녀작, *열광하자*는 행콕을 추구한 세대를 대변하여 대중화시킨 첫 소설로 매우 중요한 작품이다. *열광하자*는 윌리엄 에스. 버로우즈의 소설철학과 기법으로 집필되었기 때문에 종전소설에 으레 있기 마련인 등장인물들의 대립과 적대관계로 시작되어, 그 관계가 최고조에 달했다가 해소로 끝나는 플롵이 없다. 이 소설은 전통소설론에 의존하지 않고, 전위적인 소설과 삶의 정의를 전제로 창작되었기 때문이다. 소설은 "넘치는 활력을 내포하며 감정, 활력, 그리고 흥분을 전도하면서 새로운 체험들을 촉발하기 시작한다." 가장 이상적이고 바람직한 삶은 "놀라움의 연속이다. 삶에서 언제나 놀라움을 유발할 수 있는 유일한 원천은 자발적이고 즉흥적인 행위를 하는데 있다." 이처럼 *열광하자*에서 "삶과 소설은 하나"[307]가 되어 상호작용하고 있다. 요컨대 *열광하자*는 삶과 소설을 구별하여 무질서한 삶을 질서정연하게 가변시킬 수 있다는 소설을 삶보다도 우위에 두어야한다는 주장을 뒤집는다. 호움즈가 이런 삶과 소설의 정의를 전제로 *열광하자*를 창작한 의도와 목적은 제2차 세계대전 후에 미국인들의 실존에 다시 발아하기 시작한 나의 찬가와 자립 그리고 삶의 긍정과 예찬을 절대시하려할 뿐 아니라 이념, 종교, 그리고 조직보다도 인간의 주체성을 더욱더 중요시하려는데 있다. 그러므로 *열광하자*는 제1차 세계대전 후에 등장한 길을 잃어버린 세대(Lost Generation)작가들의 작품과는 매우 대조적이다. 그들은 전후에 스스로 의존했던 실존철학과 제도의 무의미함과 무력함을 절감하고 극도의 절망감과 허무감에 압도당해 자포자기하고 퇴폐주의에 안주하여 실존을 왜곡했다. 이들을 뒤따르는 사회주의와 공산주의에 동조한 작가들은 이념과 조직을 우선시하여 개인의 독립성과 주체성을 부정했다. 이런 실존왜곡과 주체성부정에 반기를 든 윌리엄 에스. 버로우즈, 잭 케러왝, 그리고 앨런 긴즈버그가 행복을 추구한 세대의 창시자들이다. 호움즈는 이들의 후배로서 행복을 추구한 세대는 삶을 긍정하면서 어떻게 사느냐의 문제에 지대한 관심을 쏟는다[308]고 주장한다. 또 그는 행복을 추구한 세대의 근원은 미국문학전통에서 랠프 왈도우 에머선에서 시작하여 허먼 멜빌과 헨리 데이비드 소로우를 거쳐 왈트 휘트먼으로 이어졌다[309]고 단언한다. 그 근원은 오늘까지 계승되어 "케러왝이 불꽃을 일으킨 비트철학을 토머스 핀천이 실천했다."[310] 이렇게 미국문학의 전통인 인간의 주체성과 자발성 그리고 여기서 분출되는 삶의 활력과 역동성을 부정했던 문학과 풍토에서 자기를 다시 긍정하고 보존하려는 행복을 추구한 세대의 첫 작품이 *열광하자*이다. 이런 의미에서 이 소설의 진가는 미국문학사에서 자기긍정과 예찬의, 그리고 삶의 변화무쌍과 역동성의 절대적 중요성을 다시 한 번 조명하고 부각시킨데 있다.

먼저 이 조명과 부각에 큰 도움이 되는 *열광하자*의 성격을 규명하면, 이 작품은 호움즈가 스물세 살에 집필하기 시작하여 스물다섯 살에 탈고한 미숙한 습작소설이다. 호움즈의 천명에 의하면, "*열광하자*는 엄밀히 말하면 글자 그대로 실화소설(roman a clef)이다. 왜냐하면 *열광하자*에는 소설화된 부분이 거의 없음으로 이 작품은 통상적인 의미의 실화소설이라고 주장할 수 없기 때문이다. 그러나 나는 지금 이 소설이 얼마나 사실적으로 실제사건들과 인물들을 기술했는가를 보고 깜짝 놀란다. 모든 대화들까지도 실제로 나누었던 그대로 기록되어 있다." 따라서 이 소설에는 "문학에서 가장 중요시하는 유일한 진리"[311]인 시적 진리가 없다. 이렇게 된 연유는 상상력을 가미하지 않고 사실위주로 집필되었기 때문이다. 호움즈는 소설주인공, 폴 홉즈(Paul Hobbes)를 자기 분신으로 하여 실존 인물들을 소설화한다. 실례를 들면, 그는 소설에서 잭 케러왝을 진 패스터낵(Gene Pasternak)으로, 앨런 긴즈버그를 데이비드 스타프스키(David Stofsky)로, 닐 캐서디(Neal Cassady)를 하트 케니디(Hart Kennedy)로, 허버트 헝크(Herbert Huncke)를 앨버트 앤키(Albert Ancke)로, 윌리엄 에스. 버로우즈를 윌 데니선(Will Dennison)으로, 그리고 빌 캐너스트러(Bill Cannastra)를 빌 애겉슨(Bill Agatson)으로 등장시킨다. 그가 뉴욕에서 소설을 집필하는 동안 이들과 교제하면서 자주 다녔던 술집들, 일어났던 사건들, 함께 나누었던 대화들, 그리고 이들의 자유분방하고 무절제한 삶이 작품의 근간을 이룬다. 따라서 *열광하자*의 주인공들은 "영혼의 문제들이 실존의 본질"(9)이라고 확신하기 때문에 인간의 본능, 주체성, 독립성, 그리고 자아탐구를 가장 중요시한다. 이렇게 호움즈가 *열광하자*에서 창조한 주인공들은 미국문학의 전통을 또다시 계승한 인물들이다. 그는 이 소설로 길을 잃어버린 세대의 문학풍토를 청산하고, 행복을 추구한 세대의 선구자역할을 하면서 미국인들의 의식개혁에 일조한다. 지금까지의 논의를 바탕으로 *열광하자*를 "자기긍정과 보존"의 논리로 고찰해본다.

*열광하자*는 주인공 폴 홉즈가 소설을 창작하려고 문장들을 타자기로 치는 장면으로 시작되는데, 그 중에는 "나는 정말로 삶이 편안하고 매력적이고 사랑으로 가득하기를 갈망한다"(3)는 문장이 있다. *열광하자*는 그가 비록 실현시키지 못하지만 이런 삶을 염두에 두고 작품을 탈고할 때까지 자신을 성숙시킨 성장소설이다. 그의 성숙은 경제적, 정서적으로 불안정한 결혼생활을 감내하고 거두는 자기긍정과 보존과정이다. 이 과정은 그와 지인들의 처신과 의식의 결정체이다. 특히 이 의식은 지금까지 모든 사람의 생활방식과 작가들의 창작철학을 지배했던 양자택일을 강요하는 이념과 체제를 거부하고, 개인적 차원에서 갈등하고 고민하면서 구체화시키려는 자기와 삶의 긍정과 예찬, 본능과 욕구충족, 성적 황홀경 만끽, 자아성찰, 깨달음, 그리고 타인존중과 배려를 가장 중요시한다. *열광하자*는 이 의식을 전제로 홉즈의 염원인 "편안하고 매력적이고 사랑으로 가득"한 삶을 살려고 안달하는 주인공들의

단편적인 이야기들의 결합체이다. 주인공들은 자기들에게 강요하는 사회의 억압적인 이념과 제도에 순응하지 않고, 자기본능과 욕망을 충족시키기 위해 자유분방하게 사고하고 행동하는 이방인들이다. 그러나 이들 중에는 모든 인습과 굴레로부터 해방되어 자기욕구충족에만 급급하여 다른 사람들에게 혐오감, 허탈감, 그리고 배신감을 유발하는 마땅히 비난받아야할 기인들도 있다. 이 이방인과 기인들에 대한 이야기들이 홉즈와 그의 부인 캐스런(Kathryn)의 삶을 중심으로 전개된다.

홉즈는 "보통은 내성적이고 의심이 많으면서도 쉽사리 믿고 흥분하는"(6) 성격이다. 그가 6년 전인 열아홉 살에 어머니의 반대에도 불구하고 결행한 캐스런과의 결혼은 그의 실존에 부정적인 역할을 하는 독소이다. 그의 결혼생활은 정서적으로 불안정하여 창의력 발휘에 부정적이다. 홉즈와 캐스런의 결혼생활에는 생동감과 활력이 없다. 두 사람은 합심하여 실현시키려는 공동목표가 없으므로 함께 만끽할 성취감, 즉 공감을 서로에게 전이할 수 없다. 그들의 공감 전이불능은 주로 캐스런이 홉즈의 소설창작욕구와 의욕을 존중하지 않으려는 마음에서 기인한다. 그녀는 남편의 존재 그리고 그가 전념하는 소설창작에서 우러나는 흐뭇함을 느끼지 못함으로 그에게 어떤 감정도 이입할 수 없다. 홉즈의 이런 메마른 실존은 현실도피를 위해 아무런 계획도 이상도 없이 감행했던 결혼에서 비롯된다. 그가 열여섯 살 때 부모는 별거하여 부득불 어머니와 함께 살면서 그녀의 위선에 격분한다. 그가 지하철에서 만난 두 살 연상의 캐스런도 이민자가정의 딸로 수치와 불만의 소용돌이에 휘말린 채 가정과 사회에 반항하면서 성장했다. 이렇게 가정과 사회에서 소외된 홉즈와 캐스런은 실의에 빠진 공모자로 만나 고독감에 대처하기 위해 동맹을 맺고 연인이 된다. 두 사람은 그가 해군에 입대하기 전에 서둘러 결혼한다. 그러나 예상과 기대와는 달리 캐스런이 그의 아내가 되어 억압적인 가정에서 해방된다고 믿고 시작한 신혼생활은 자기가 아닌 "다른 사람의 악몽 속으로 갑자기 던져진 것 같았다"(32). 전쟁이 그들에게서 빼앗아버렸다고 생각한 결혼생활의 즐거움과 안정감은 홉즈가 제대한 후에도 없다. 그들에게 편안하고 매력적이고 사랑으로 가득한 삶은 없다. 그녀는 제대하고 복학한 대학생 남편 뒷바라지하는 직장생활이 너무 힘들어 퇴근하기도 전에 이미 녹초가 된다. 그는 열심히 공부하고 독서하지만 만족스러운 성과를 거두지 못해 목적을 상실하고 방황할 때, 스물네 살의 신경과민하고 불행한 결혼생활을 하고 있는 막스주의자, 라이저 애들러(Liza Adler)를 강의실에서 만난다. 그녀는 사회문제들을 예리하게 비판하면서 통합적인 세계관을 제시하여 그를 매료시킨다. 그는 대화할 수 있는 라이저를 사랑한다고 상상한다. 그녀가 신경쇠약을 치료하려고 타지로 떠나자, 그는 답장을 받지 못하면서도 그녀에게 일주일에 두세 번 편지를 써서 자기가 읽은 책들의 서평, 독서계획, 그리고 정치적, 예술적 문제에 대한 생각을 전한다. 그는 자신의 지식과 세계관을 캐스런에게 신나게 토로하고 싶지만, 그녀는 너무 피곤하여 그의 말을 경청하려하지 않기 때문이다. 더욱이 그는 그렇게 몰두하는 소설창작에서도 그녀의 적극적인 이해와 협력을 받지 못한다. 그는 궁지와 실의에 빠져 집필을 계속하면서 그녀의 이질적인 의식과 성격을 인정하고 감내하려고 최선을 다한다. 그러므로 그는 희망과 희열 그리고 절망과 비애를 넘나들면서 실존하고 있다. 그는 자기와 그녀의 생활방식, 의식, 그리고 대인관계가 너무나 대조적임으로 서로 존중하고 배려하여 공감대를 형성하기가 어렵다고 생각하기 때문이다. 그녀는 몹시 피곤하다고 말하면서도 집에 오자마자 집안의 청소와 정돈 상태를 점검하는 부지런함은 본의 아니게 그의 마음을 무겁게 한다. 또 그녀는 집에서 조용히 쉬고 싶은데, 그는 혼자 소설을 집필하면서 낮을 보냈으므로 밤에는 밖에 나가고 싶어 안달한다. 게다가 그녀는 일정한 수입도 없으면서 새벽까지 술 마시고 자기 집 거실의자에서 자다가 자기가 출근하면 침대에서 오후까지 잠만 자는 패스터낵을 무위도식하는 게으름뱅이라고 비난한다. 그러면 그는 패스터낵은 “대단한 소설을 탈고했고 타고난 재능을 가지고”(40) 있어, 자기에게 소설창작법을 지도해줄 수 있는 선배라고 호언한다.

그렇지만 그도 자기와 너무나 대조적으로 사고하고 행동하는 패스터낵과 스타프스키를 처음 만났을 때, 교육을 잘못 받은 사람들이라고 혹평했다. 그들은 자기를 신뢰하면서도 매사를 이념과 체제를 근거로 단정하지 않았으며, 홉즈가 가장 중요하다고 생각하는 도덕적, 정치적 판단을 강요하지 않았다. 오로지 그들은 감정과 반항심에 따라 행동하면서 재즈음악에 열광했다. 그들은 실존과 진리탐구에서 주관성, 변화무쌍, 그리고 불확실성을 가장 중요시했다. 특히 패스터낵은 홉즈가 아직은 고정관념의 포로로 완전히 전락하지 않았다고 믿기 때문에 그에게 강조한다: “당신이 알다시피 내가 아는 모든 사람은 약간 은밀하게 행복에 취해 있다. 그들은 숨어 다니지만 죄인은 아닌 것처럼 거리를 돌아다닌다. 나는 그들을 바로 알아볼 수 있다. 이런 현상이 전국적으로 모든 사람에게 일어나고 있다. 당신이 이 현상을 하나의 정신혁명으로 명명할 거라고 나는 생각한다." 홉즈도 그의 말에 스스로 공감을 느낀다: "홉즈는 패스터낵과 스타프스키를 만나고 그들의 친구들에 대한 이야기를 들으면 들을수록 자기가 한때 비난했던 무질서에 본의가 아니지만 더욱더 반응하고 있는 자신을 발견할 뿐 아니라 패스터낵은 옳으며 그런 현상은 모든 사람에게 일어났다는 결론을 내리지 않을 수 없었다"(36). 그의 이런 자발적인 공감은 앞으로 캐스런을 이해하고 상대하는데 중요한 역할을 한다.

홉즈는 마지못해 동행하는 캐스런과 함께 스타프스키가 초대한 파티에 참석한다. 스타프스키는 컬럼비어대학교 재학 중에는 시도 발표했지만 요즘은 무위도식하면서 모든 사람을 이기적인 자아와 시간에 구속된 영혼이 없는 괴물로 간주한다. 그는 스스로 괴물이 되지 않으려고 돈오의 순간이 영원이라고 믿고, 실존에서 일상적인 고정관념과 속박에서 해방될 수 있는 섬광적인 계시의 순간 그리고 거기에서 실현되는 의식변화, 삶의 활력, 그리고 주관적 진리를 가장 중요시한다. 그는 이런 순간을 포착하기 위해 낯선 사람들을 만나 그들의 새롭고 기발한 삶의 이야기를 들을 수 있는 격식 없는 파티를 좋아한다. 그의 요구에 응해 술병을 들고 온 사람들은 아무렇게나 모여 술을 마시면서 자유스럽게 이야기를 나눈다. 그들은 담소와 웃음으로 허식과 긴장에서 해방되어 자기와 다른 사람들에게 정직하고 친절할 뿐 아니라 자기욕망을 충족시킬 기회도 포착한다. 이런 파티에 친구 따라 처음 온 크리스틴(Christine)은 비사교적이고 무감각한 남편 때문에 질식할 것 같은 칩거생활을 하다가 의외로 많은 낯선 사람들을 보고 당황한 기색을 드러낸다. 캐스런은 사람들과 어울리지 못해 어색해하는 그녀에게 다가가서 대화를 나누다가 부모들이 이틀리의 같은 마을에서 살았음을 알고 더욱 친밀감을 느낀다. 크리스틴은 곧 평온을 되찾아 사람들과 활발하게 이야기하면서 패스터낵을 주시한다. 그도 이방인 같은 그녀에게 매료되어 그녀를 춤추고 있는 사람들 사이로 이끌고 가서 춤을 추기 시작한다. 그녀는 패스터낵이 그녀의 손을 잡자 얼굴이 황홀경으로 달아올랐고, 그와 불륜관계를 갖고서라도 성적 욕망을 마음껏 충족시키고 싶어한다고 캐스런은 직감한다. 캐스런과 홉즈가 두 사람의 관계에 깊은 관심을 쏟자, 그녀는 자신의 타고난 음악재능을 발휘하고 대화와 소통이 있는 생활을 영위하기 위해 도저히 함께 살 수 없는 남편을 버리고 그와 멀리 떠나고 싶다고 말한다. 패스터낵도 탈고한 소설이 팔리면 그녀와 결혼하고 싶기 때문에 그녀의 남편과 담판을 지을 것이라고 공언한다. 그러나 유감스럽게도 그의 소설은 너무 앞서서 "자기긍정과 삶의 예찬"(3)을 주제로 집필되었으므로 팔리지 않는다. 그는 소설창작에서 아직은 이색적인 인간의 정의 – "인간은 결코 사회적 동물, 피해자, 피조물만은 아닌 근본적으로 정신적 존재이다"[312] –를 전제했다. 그는 주인공들의 실존목적으로 자아탐구, 무한한 가능성과 잠재력발휘, 그리고 공동체의식을 가장 중요시했다. 그가 주장하는 실존목적이 너무 전위적이고 급진적이어서 출판사들의 편집인의 공감과 동조를 얻지 못한다. 더욱 유감스럽게도 크리스틴의 사랑과 자유염원은 자금이 없어서가 아니라 패스터낵의 배신으로 무산되어버린다. 그녀가 그에게 임신했다고 실토하자, 그는 태아가 자기아이가 아니라고 일축한다. 그녀는 그의 파렴치한 언행에 극도로 절망하여 살인하고 싶은 충동에 사로잡히지만, 자제하고 이 절망과 실의의 모든 책임은 전적으로 자기에게 있다고 자인한다. 그녀는 지금 자기가 극복해야하는 고통, 시련, 그리고 불행의 근원은 독자적으로 자아를 변신시키려하지 않고 외부에 의존하려한데 있었다고 깊이 자성한다. 그녀의 간절한 소망이 무위로 끝났음에 대해, 캐스런은 "그녀가 바보이다"(129)고 말하지만 홉즈는 아무런 반응도 보이지 않는다.

스타프스키의 집에서 파티를 즐긴 몇 주 후에 홉즈는 집필에 열중하여, 캐스런이 과로로 피곤하여 일찍 귀가한지도 모른다. 집안은 난장판이다. 그는 그녀의 귀가를 알고 그제야 부지런히 집안을 정돈한다. 그러면서 그는 고달프고 힘든 직장생활을 오래 해야 할 것이라는 그녀의 불만을 달랜다: "오래하지 않는다. 왜 당신은 언제나 그렇게 말하느냐? […] 집필이 마지막 단계에 있다. 나는 오늘 아주 중요한 부분을 끝냈다." 그녀는 이 말을 비웃으면서 반박한다: "폴, 당신이 소설을 판다고 무엇이 달라지느냐? […] 당신 소설이 걸작이라도 돈벌이는 되지 않는다. 나는 계속 직장생활을 해야 할 것이다. […] 나는 얼마나 더 오래 직장생활을 감내할 수 있을지 모른다"(38). 그는 이 반박에는 어찌할 도리가 없다. 이때 그는 스타프스키의 만나자는 전화를 받지만 어떤 대꾸도 하지 못한다. 그녀는 남편의 마음을 알면서도, "당신은 나보다도 비상식적인 이상한 친구들을 더 좋아한다"(40)고 비아냥거린다. 잠시 후에 그녀는 여전히 긴장된 표정으로 그를 바라보면서 하소연한다: "당신의 사고방식이 때로는 나를 두렵게 한다. […] 당신은 내가 [당신이 탐구하는 이상한] 이념들을 심각하게 받아들이고 있음을 전혀 고려하지 않는다. 이 이념들이 가끔 나를 위협한다. […] 때로는 모든 것이 나를 무섭게 한다. 도시, 우리의 삶, 미래"(41). 그는 하소연을 듣고 경악하여 그녀를 안심시키려고 "나는 당신을 두렵게 하고 싶지 않다"고 단호히 말하면서, 그녀를 애무하기 시작한다. 그녀는 그의 오래 계속되는 정열적인 애무를 받고 조금씩 긴장감, 불안감, 그리고 반발심을 누그러뜨린다. 그들은 그녀의 이런 변화에 의해 조금 전의 말다툼과 신경전으로 인한 살벌함과 기진맥진에서 점차 벗어나 성관계를 갖고 싶어 안달한다. 그들은 극도로 흥분하여 만끽하는 황홀한 성행위로 "서로를 인정하고 이해함으로써"(42) 불안감과 공포감을 해소한다. 드디어 그녀는 성적 황홀경으로 외부사건과 압력으로부터 해방될 뿐 아니라 과거의 악몽들을 잊고 행복했던 시간을 회상할 수 있다. 더욱이 그녀는 자기 "정체성을 재확인하고 고수하는 역할을 하는"[313] 성적 황홀경으로 삶의 의미와 활력을 되찾고 미소를 짓는다. 그러면서 그녀는 그에게 편안하게 휴식을 즐기려하니, 괴짜 친구들을 만나러 나가도 좋다고 말한다.

그가 집에서 나와 만난 패스터낵이 자기실존에 하나의 신화적 존재이고 친구, 하트 케니디가 며칠 후에 뉴욕에 온다는 연락을 받았다고 말한다. 홉즈는 어떤 여건에서도 독서에 집중하여 쌓은 깊은 지식으로, 소설을 창작하려는 의지로, 그리고 산악지대에서도 최고속도로 질주하는 자동차운전으로 패스터낵을 완전히 매료시켰던 케니디를 보는 첫 순간에, 그가 오직 흥과 낙에 취해 자기만의 황홀경 속에서 실존하려는 인간임을 직감한다. 그의 직감에 따르면 "삶 전부가 그(케니디)에게는 황홀이다"(122). 홉즈가 그와 함께 온 사람들의 마음을 편안하게 하려고 봅 음반을 틀자, 케니디는 바로 눈빛이 환희로 이글거리고 싱글벙글하면서 반응한다: "그는 전축 옆에 서서 몸을 앞으로 굽히고 그 자리에서 앞뒤로 흔든다. 아크방전이 더 커짐에 따라 음악소리가 더 높아지자, 그는 손뼉을 치고 머리를 위 아래로 천천히 움직이다가 더 빠르고 힘차게 한다. 그는 입을 괴상야릇하게 벌리고 '열광하자! 열광하자'"(115)고 중얼거린다. 패스터낵의 언급에 의하면, "여러 봅 클럽에서 케니디가 …

음악가들에게 '열광하라, 열광하라'고 고함지르면, 바로 거기 있는 모든 사람이 그에게 '열광하라'고 맞받아친다"(115-16). 소설의 제목이고 작가가 주장하려는 주제가 이 장면에 함축되어 있다. 홉즈는 케니디의 즉흥적인 행위를 목격한 데다 패스터낵의 그에 대한 일화를 듣고, 그에 대한 관심과 흥미가 고조된다. 그는 자기를 무시하고 억압하는 사회를 부정하여 반항하려하지 않고, 오로지 자신의 실존에 활력과 황홀감을 불어넣으려한다. 그러기 위해 그는 어떤 여건과 상황에서도 "매사에 '열광하자'고 고함지른다. [...] 그는 이런 긍정적인 삶의 태도 때문에 주위 사람들에게 큰 영향력을 발휘한다"(135). 패스터낵은 자발적으로 "그를 지지하고 모방하려한다"(149). 또 그는 삶의 활력과 황홀감을 여자와의 관계에서 만끽하려한다. 따라서 홉즈는 삶을 인위적, 타율적으로 억압했던 과거 세대와는 달리 즉흥적, 자발적으로 긍정하고 예찬하는 케니디의 실존방식이 "행복을 추구한 세대, 즉 지하생활의 정수"(126)라고 공언한다. 그는 "행복을 추구한 세대가 [미국사회에] 태동하고 있음을 모르고 있다가 이제야 팽배되고 있음을 알았기"(211) 때문이다.

게다가 홉즈는 행복을 추구한 세대의 또 다른 정수를 케니디의 전처, 다이너(Dinah), 스타프스키, 그리고 패스터낵의 생활방식에서 인지한다. 처음에 그녀는 그가 자기를 꼼짝 못하게 하는 성적 황홀경의 노예였지만 지금은 그렇지 않다. 그녀는 그가 왕성한 정력으로 많은 여자들과 부정을 저지르자 분노가 극도에 달해 헤어지려했다가도 그의 감언이설과 감미로운 애무에 속아 결단을 내리지 못했다. 그러면서도 그녀는 거듭 그에게 자신의 믿음을 저버리지 말라고 신신당부하면서 그에게 하소연했다: "당신 자신에게 진실하시오"(174). 그랬지만 그녀는 그가 멋진 대학졸업생과 열애에 빠져 그녀와 결혼하고 싶어 안달함으로 그와 이혼했다. 그녀는 여전히 그를 사랑하기 때문에 이혼은 그녀에게 큰 상처를 남겼고, 그래서 엄청난 양의 술을 마시지 않으면 하루도 보낼 수 없었다. 더구나 그녀는 열광하자고 고함지르는 그와 만끽했던 성적 황홀경을 어떤 남자하고도 체험하지 못했다. 그녀는 지금도 그를 사랑하기 때문에 그가 뉴욕으로 가는 도중에 충동적으로 찾아와서 동행하자는 갑작스런 요구에 응했다. 그러나 그녀는 뉴욕에서 그가 여전히 자신에게 진실하지 않음을 알고 극도의 환멸과 절망에 빠진다. 그녀는 그의 부정직을 묵인함은 자신의 실존에서 정직과 상호존중의 부정으로 귀결된다고 믿는다. 그러므로 그녀는 그로부터 완전히 독립하여 주체적 인간으로 존립하려한다. 그녀는 성적 황홀경을 만끽하려고 그의 노예가 되기보다는 오히려 주체적 자아를 고수하려고 결심한다. 홉즈는 그녀가 자기만족의 굴레로부터 해방되는 하나의 본보기임을 직감한다. 또 스타프스키는 미국인들이 실존에서 돈오를 도외시하고 단편적인 지식에만 의존하려하기 때문에 스스로 괴물로 둔갑한다고 주창한다. 그들이 스스로 괴물이 되어 긍정하고 예찬해야할 성을 억압하기 때문에 사랑의 위력을 제대로 이해할 수 없다. 그들이 마땅히 이해하고 활용해야할 "성은 우리에게 종교처럼 절대적으로 필요하다. 성은 예술처럼 풍부한 의미를 나타내면서도 예술보다 더욱더 창조적이다. 성은 우리가 그 일부분인 우주의 활력에 그대로 합류되는 인간의 창조력이다."[314] 게다가 그들이 보편적으로 수용해야할 사랑의 개념은 "삶을 긍정하고 향상시킬 수 있도록 해주는 마력이다."[315] 더욱이 스타프스키는 인간의 "성적 욕망과 신앙심은 바로 실존활력의 표출 양식이다"[316]고 믿기 때문에 하나님과 사랑을 동일시한다. 그러므로 그는 꿈속에서 "어떤 도움이 없더라도 사랑하라"(246)는 하나님의 목소리를 듣는다. 그래서 그는 사회에서 버림받은 마약상습자 겸 절도범, 앤키를 인간으로 존중하고 보살펴준다. 그는 사회적 약자를 인격적으로 존중하고, 사회적으로 보호하고, 경제적으로 지원하려한다. 홉즈는 그가 돈오를 바탕으로 얻은 지식과 상호존중과 배려, 그리고 공감을 확장하는 사랑의 위력을 가장 중요시하고 있음을 인지한다. 이 뿐만 아니라 홉즈는 패스터낵이 언제나 주체적 자아를 고수하고 삶을 예찬하려는 의지, 인간과 예술에 대한 통찰력, 그리고 그 통찰력으로 창작한 소설에 대한 큰 애정과 자신감을 지니고 있음을 감지한다.

홉즈는 케니디, 다이너, 스타프스키, 그리고 패스터낵과의 만남과 대화로 자신의 실존에서 일찍이 체험하지 못했던 즐겁게 살려는 욕구, 성적 황홀감 만끽, 고정관념으로부터 해방, 돈오, 상호공감을 자아내는 사랑, 자기긍정, 삶의 예찬, 인간과 예술에 대한 새로운 정의와 통찰력, 그리고 창작품에 대한 애정과 자신감을 가장 중요시하는 인간으로 변신하려한다. 따라서 그는 캐스런에게 이들이 행복을 추구한 세대의 철학을 몸소 실천한 선도자들이라고 의기양양하게 말한다. 또 이들이 미국사회에 실존의 새로운 규범과 기풍을 조성하고 있다고 그는 감탄한다. 그러나 캐스런은 그의 감탄을 듣고, 그들은 어디까지나 "당신을 위한 행복을 추구한 세대"의 선도자일 뿐이라고 반박하면서, 그를 아니꼽게 바라본다. 그녀는 그들은 오로지 자기본위로 생존하면서 다른 사람, 특히 여자를 고통스럽게 하는 건달들이라고 비아냥거린다. 이러므로 스타프스키는 홉즈와 캐스런의 부부생활에는 상호이해, 배려, 그리고 공감이 없음을 감지한다. 그들의 이런 비극의 일차적 책임은 홉즈에게 있다. 그는 캐스런을 여자로 인정하려하지 않기 때문에 그녀의 작고 소박한 염원과 꿈을 실현시켜줄 수 없다. 이런 환경에서 그녀는 삶에서 의욕과 활력을 느낄 수 없으므로 항시 권태와 피로에 지쳐 짜증을 부린다. 스타프스키는 홉즈의 부인에 대한 무감각과 냉담을 비난한다: "당신은 그녀가 있는 그대로 … 그녀를 사랑할 수 없는 것 같다. 당신은 그녀를 수용하지 않는다. 당신은 그녀를 보호한다는 미명으로 언제나 억압한다"(151). 홉즈는 성격이 내성적이어서 자기 의견과 견해를 다른 사람들에게 당당하고 소상하게 피력하려하지 않는다. 그는 혼자 좋아서 탐구하는 대상과 세계에 홀로 빠져 있다. 그런데도 캐스런은 그의 소외감과 불안감 그리고 정신세계를 조금도 이해하려하지 않는다. 심지어 그녀는 관심도 가지려하지 않는다. 스타프스키는 그녀의 무관심하고 냉소적인 태도를 보고 그녀에게 충고한다: "당신 남편과 대화하시오! 홉즈는 자기 고민을 결코 털어놓지 않는 사람이오 … 그는 아마 밤에 누구도 눈치 채지 못하게 하면서 많은 분량의 고백적인 일기를 쓰고 있을 것이오. […] 나는 두 사람이 … 마음의 화해를 할 거라고 믿습니다"(219). 그녀는 그의 충고를 듣고 앞으로 남편과 대화하고 소통할 수 있을 거라고 화답한다.

그런데 반어적으로 그녀는 일기장을 찾지 못하고 모아둔 많은 편지들을 본다. 남편이 3년 동안 라이저에게 써서 우송하지 않은 연애편지들이다. 편지에는 "우리는 불운의 연인들이다. […] 우리 결혼은 실패했다 … 나는 덫에 걸려 있다고 느낀다"(221). 그녀는 파티에서 재미있는 시간을 즐기고 있는 남편에게 전화로 당신이 라이저에게 쓴 편지들을 읽고 있다고 절망과 울분에 휩싸인 채 말한다. 그는 편지들이 그녀에게 발각되었으므로 이루 말할 수 없는 위기감을 느낀다. 그는 그녀를 속일 수 있다고 믿었던 자신의 어리석음이 위기의 화근임을 깨닫고 후회한다. 그녀는 이글거리는 고통과 분노의 눈빛으로 급히 달려와 안절부절못하는 남편을 노려보면서, 그에게 거칠게 항의한다: "나는 내가 당신을 덫으로 잡았다고 생각한 적이 한 번도 없었다. 나는 내가 당신에게 그렇게 저주스러운 존재였음을 알지 못했다. […] 홉즈, 당신은 사기꾼이다. […] 내가 완전히 바보인 것처럼 나를 대하지 마시오! 당신은 3년 동안 나를 기만했다. […] 당신은 내 일생을 파멸시켰음을 알지 못하느냐? 당신은 이기적이고 부정직하고 위선자이기 때문에. 당신은 이 사실을 이해하지 못하느냐?"(226-27). 그러면서 그녀는 내일 아침 집을 나가겠다고 선언한다. 그러자 그는 울먹이면서 간절히 애원한다: "캐스런, 제발 내 말을 들으시오 … 나는 당신을 사랑합니다. 당신은 이 사실을 알고 믿어야합니다"(231). 그녀는 그의 눈물을 보고 간절한 애원을 듣고 마음의 충격을 누그러뜨린다. 그래서 그가 그녀를 포옹하려하자 그녀는 거부하지 않는다. 그녀는 그의 격렬하고 오랜 포옹을 받고, "절망과 사랑의 무서운 절규로 신음한다"(233). 드디어 두 사람은 함께 깊은 잠에 빠진다.

그러나 두 사람의 관계는 여전히 냉전 상태로 서먹서먹하고 껄끄럽다. 홉즈는 스스로 자초한 캐스런과의 불화는 자신의 부덕과 이기주의에서 비롯되었다고 자성한다. 그는 자신에게 정직하지 않았기 때문에 자기와 그녀를 계속 기만했음을 인정한다. 지금 그는 자기신뢰의 중요성을 깨닫는다: "탁월한 사상과 업적을 남긴 위대한 인물들, 즉 다른 사람들의 존경을 받는 위인들은 영웅들이다. 애겉슨도 우리에게 영웅이었다. 적어도 그는 자기를 신뢰했고, 그 자기신뢰가 언제나 우리에게 영향력을 발휘했다"(194). 또 그는 아내를 인간, 즉 여자로 인정하고 소통하면서 서로의 벽을 허물고 함께 성숙하는 동반자로 존중하려고도, 그녀의 꿈과 소망을 실현시켜주려고도 하지 않으면서, 오히려 이해심이 없다고 원망했다. 더욱이 그는 이제야 자기가 주체적, 독자적 자아를 고수하지 못한 인간임을 깨닫고 스타프스키의 비난을 수용한다: "당신은 실제는 전혀 동의하지 않으면서도, 언제나 당신 머리를 끄덕이면서 모든 사람의 언행에 동의하는 것 같다"(152). 이처럼 그는 깊이 자성함으로써 가정불화의 원인이 자신의 이기적인 의식과 행동에 있었음을 자각하고, 앞으로 캐스런을 더욱 깊이 이해하고 배려하여 그녀와 소통하고 공감하면서 그녀에 대한 자기책임을 완수하려고 결심한다. 그는 이 결심이 흔들리지 않게 다지기 위해 자기신뢰, 긍정, 그리고 보존에 헌신하려한다.

마침 이때 패스터낵이 애겉슨이 지하철사고로 사망했다는 비보를 홉즈에게 급히 알리면서 만날 술집을 말하고 전화를 끊는다. 그가 캐스런에게 비보를 말하자, 그녀는 눈물을 글썽이면서도 처음에 스타프스키인 줄 알았다가 아니어서 안도한다. 애걷슨은 "명성이 어디서나 매우 높았던 유례없는 인물들 중의 한 명이었다. 그의 기행들과 거기에 따른 일화들은 뉴욕의 많은 젊은이들에게 거의 전설이었다"(18). 그를 애도하는 지인들은 뉴저지(New Jersey) 주 해안가에 있는 술집 겸 식당에서 고인의 비명횡사에 인생허무를 애통하면서 통음한다. 홉즈와 캐스린도 만취될 때까지 계속 술을 마신다. 그녀가 그에게 쓰러질 것 같으니 부축해 달라고 부탁하면서, "자신의 만취에 즐거움과 슬픔이 교차하는 웃음을 웃으면서 그에게 매달린다." 그는 그녀의 어린애 같은 중얼거림을 들으면서 그녀를 붙잡자, 갑자기 그녀에 대한 애정이 솟구친다. 두 사람은 서로 의지하고 어두운 거리를 비틀거리면서 달려가 마지막 나룻배를 탄다. 그녀는 배에서 머리카락을 가만히 그의 얼굴에 대고 묻는다: "당신은 나를 배 밖으로 떨어뜨리지는 않을 거지요?" 그는 어두운 강물 너머로 뉴욕 고층 건물들의 불빛을 보면서, 자신과 캐스린이 공유해야할 "우리 집은 어디 있지?(311)하고 자문한다. 비록 집은 안보이지만 그는 지금부터 그녀에 대한 자기책임을 다하겠다고 혼자 맹세한다. 이 맹세가 소설의 끝이다. 요컨대 호움즈는 이렇게 행복을 추구한 세대의 첫 소설주인공을 창조했다.

끝으로 *열광하자*의 미국소설사적 위상을 자리매김한다면, 이 소설은 첫째 우리가 답습하는 서구전통소설론을 부정하고 오늘날 큰 각광을 받으면서 깊이 연구되는 포우스트모던미국소설을 태동시킨 작품이다. 둘째 미국소설사에서 주인공들이 이념과 체제에 조종당하고 통제당하는 피조물이라는 멍에를 극복하고 주체적 자아를 긍정한, 부연하면 그들의 의식을 지배했던 염세적, 비관적 인생관을 극복하고 긍정적, 낙관적인 실존 가능성을 제시한 소설이다. 그들은 실존에서 집단과 조직보다는 자기와 개인을, 비관과 부정보다는 낙관과 긍정을, 타율과 의존보다는 자율과 자립을, 억압적인 도덕과 인습에 순응하기보다는 반항하기를, 그리고 답습보다는 도전을 더욱더 중요시한다. 셋째 영혼과 육체를 하나로 통합하여 미국인들을 속박했던 양심의 가책으로부터 해방시킨 소설이다. 넷째 성에 대한 인식을 획기적으로 전환시켜 억압되고 금기시된 성의 가치와 역할을 중요시한다: "성은 즐거움의 원천이고 열망의 대상이기 때문에 모든 인간사 중에서 최고이다. 성이 그처럼 강력한 힘을 발휘할 수 있는 까닭은 흥분이 다양한 감정들로 그렇게 쉽게 전이될 수 있기 때문이다."[317] 다섯째 돈오와 사랑을 역설한 소설이다.

노먼 메일러는 자신이 창안한 새로운 인간형, 하얀 흑인(White Negro), 즉 힢스터(Hipster)를 소설주인공으로 구현하려고 혼신을 다하면서, 행복을 추구한 세대작가들의 예술론과 실존철학에 동조했다. 힢스터는 기존서구예술론의 핵심 – 절대진리, 이원론, 그리고 동일성원리 –을 부정하면서 개개인의 자아, 자결권, 잠재력계발과 발휘욕구, 그리고 성 본능을 적극 긍정하고 예찬한다. 따라서 그는 자아를 매우 예민하고 강하게 의식하고 고수하여 성숙시키려고 최선을 다한다. 그의 자아의식, 고수, 그리고 성숙은 천부적 욕구와 본능을 마비시키려는 지배계층인사들의 이기적, 독선적 의식에, 그리고 억압적인 사회제도와 인습에 반항하려는 의지와 용기를 가질 때 비로소 실현될 수 있다. 그는 이 의지와 용기에 힘입어 자신의 무감각하고 무기력한 의식을 개혁하여 실존에서 활력과 경이감을 직감하고, 다른 사람을 존중하고 배려하여, 열린사회 창조에 일익을 담당할 수 있다. 그가 이렇게 할 수 있는 능력은 "행동한다, 실존한다, 사랑한다, 그리고 궁극적으로 존재의 신비를 통찰하기 위해 본래면목을 찾음에서 비롯된다. 만약 그가 자아탐구 … 의 일부로서 어떤 방식으로든지 본래면목을 찾지 않는다면, 그는 사회의 하수인으로 전락하여 자신을 기만하고 있을 뿐이다." 그는 자아탐구를 위해 "자아의 반항적 명령에 따라 미지의 세계를 탐험하기 시작한다. […] 그는 과거나 미래, 다시 말하면 기억이나 계획된 의도가 없는 절대적으로 중요한 현순간에 본래면목을 찾으면서 실존하려고" 최선을 다한다. 그는 본래면목을 돈오로 찾으려하면서, "여자의 육체에서 돈오를 체험하려고"[318] 전력한다. 메일러가 이런 힢스터를 소설주인공으로 처음 창조하여 등장시킨 작품이 그의 세 번째 소설, *쾌락주의자들의 휴양지*(*The Deer Park*, 1955)이다. 이 소설은 걸작은 아니지만 그의 첫 힢스터소설로서 높은 위상을 갖기 때문에 "그의 가장 중요한 작품들 중의 하나이다."[319] 메일러가 "성이 19세기와 20세기초기소설가들에 의해 자세하고 깊이 있게 규명되지 않았던 소설의 마지막 남은 미개척영역"이라고 믿고 창작한 *쾌락주의자들의 휴양지*는 "전적으로 성에 관한 이야기"[320]이다. 이처럼 힢스터소설주인공은 실존에서 성을 가장 중요시한다. 그는 "최고로 만끽한 성적 황홀경은 그(자기)의 가능성을 계발하여 확장하지만, 만족스럽지 못한 성관계는 그(자기)를 무기력자로 전락시킨다"[321]고 믿기 때문이다. *쾌락주의자들의 휴양지*의 화자 겸 주인공, 서쥐어스 오샤니씨(Sergius O'Shaugnessy)는 영화감독, 챨즈 프랜시스 아이텔(Charles Francis Eitell)의 "실존이 [자기에게] 활용되어야할 교육"[322]이라는 믿음과 성적 황홀경을 바탕으로 자아를 고수하고 성숙시킨 이야기를 서술한다. 그는 자기가 아는 한 아이텔이 진귀한 선각자라고 믿고, 그를 자신이 본받아야할 전형으로 존경하려한다. 그랬는데 아이텔은 부득불 자신의 재능을 파는 상업적인 영화감독이 되어 사회의 요구와 강요에 순응하는 인간으로 전락한다. 오샤니씨는 자신의 기대와 믿음을 저버린 아이텔의 타락 그리고 그와 우여곡절 끝에 결혼한 "재능은 없지만 매우 관능적인" 엘러너 에스퍼지토우(Elena Esposito)에 관한 이야기를 먼저 기술한다. 그런 다음 자기와 한때 관계를 가졌던 "성의 여왕,"[323] 배우 룰루 마이어즈(Lulu Meyers), 뚜쟁이 매리언 페이(Marion Faye), 아이텔과 자기에게 막강한 영향력을 행사하는 영화제작자, 콜리 먼쉰(Collie Munshin), 그리고 자기에 대한 이야기들을 말한다. 그는 이 이야기들로 타락, 방탕, 그리고 욕심 때문에 자아를 상실한 사람들의 "정신적, 성적 황무지"[324]를 극복하면서 자아를 고수하고 성숙시키는 과정을 부각시킨다. 지금까지의 논의를 바탕으로 *쾌락주의자들의 휴양지*를 "자아고수와 성숙"의 논지로 고찰해본다.

스물세 살의 고아출신 공군중위 오샤니씨는 도교(Tokyo)에서 의병제대하고, 다른 비행사들과 미국행비행기를 기다리는 동안 지루한 시간을 때우기 위해 평소에 즐겨하지 않았던 도박을 하여 운 좋게 거금 14,000달러를 딴다. 그는 방문할 가족도 찾아갈 친구도 없으므로 거금을 갖고 편안한 휴식을 취하려고 휴양지, 데저트 도(Desert D'or)로 간다. 이 휴양지는 미국영화산업의 중심지, 할리우드(Hollywood)에서 200마일 떨어져 있으며 온갖 타락, 퇴폐, 방탕, 그리고 비행의 온상이며 "정신적, 성적 황무지"이다. 이곳 거주자들은 모두 이상한 성격과 생활방식 그리고 특이한 경력의 소유자들로 이기심, 과대망상, 그리고 관능적 쾌락추구에 집착하면서 다른 사람들의 욕구와 의사를 존중하려하지 않고, 오직 자기 목적을 위해 그들을 이용하고 억압하려고 안달한다. 그들은 자아를 상실하고, 자기본위로 사고하고 행동하는 비정한 사람들이다. 그들의 비인간성은 그들이 성장하면서 따뜻한 보살핌과 사랑을 받지 못해 형성된 자아 상실과 포기 그리고 이상성격으로 말미암아 다른 사람들을 존중하려는 의지와 실천력 부재에서 비롯된다. 오샤니씨도 어머니를 일찍 여의고 다섯 살 때부터 고아원에서 자랐으며, 아버지는 직업상 여기저기를 돌아다녔으므로 몇 년만에 한 번씩 고아원에 찾아왔고, 그와 함께 살고 싶어하는 아들의 꿈을 무산시켜버렸다. 더욱이 그는 수녀들의 따뜻한 보살핌과 사랑을 받지 못했을 뿐 아니라 고아라는 이유로 급우들의 따돌림을 당했다. 따라서 그는 혼자 도서관에서 모험담들을 읽고, 깊은 감명을 받아 자기도 언젠가 훌륭한 소설가가 되겠다는 야망을 품는다. 또 그는 체력과 재능이 다른 아이들보다도 월등 뛰어났지만, 언제나 자기능력을 신뢰하지 못할 뿐 아니라 자기도 다른 사람들과 똑같다는 확신을 갖지 못했다. 그는 이처럼 자의식이 없는 이상성격을 가진 채 비행학교를 졸업하고 공군장교가 되었다. 그러나 그는 비행사가 된 후에는 전우들 덕에 소속감이 생겼고, 교전 중에는 위험을 무릅쓰고 위기에 빠진 동료비행사들을 구조하려고 전력했지만, 점차 비인간적인 비행사로 전락했다. 그는 마을에 폭탄을 투하하고 하늘에서 화염에 휩싸인 마을과 사람들을 내려다보았을 때 흐뭇함을 느꼈다. 이렇게 비정한 오샤니씨가 자기에게 식사를 가져온 어깨에서 팔꿈치까지 화상을 입은 열다섯 살 배기 일본인 사동을 보고 마음이 몹시 무거웠다. 그는 동료비행사들을 바라보면서 자기는 저들과 다르다고 생각하자, 갑자기 고아원에서 자기에게 친절했던 로우즈(Rose)수녀가 떠올랐다. 그러자 그는 자기가 감행했던 비인간적인 폭격의 후유증으로 졸도하여 몇 주 동안 병원에 입원했다가 퇴원하면서 제대통보까지 받았다. 그 순간 그에게 두 개의 세계가 있다는 생각이 떠올랐다: "내가 말하는 현실세계, 다시 말하면 전쟁, 권투시합, 그리고 뒷골목에 있는 어린이집들의 세계가 있었다. 이 현실세계에서는 고아들이 고아들을 태워 죽였다. 이런 세계를 생각하지 않는 편이 좋았다. 나는 모든 사람이 공존하는 다른 세계를 좋아했다. 상상세계"(47). 그는 모든 사람이 평화스럽게 공존할 수 있는 사회를 염원한다.

오샤니씨는 직접 체험했던 현실세계의 악몽에서 벗어나려고 휴양지로 간다. 그러나 휴양지는 모든 사람이 공존하는 세계가 아니다. 휴양지 주민들은 자기망상, 지배욕, 이기심, 쾌락추구, 그리고 아집의 포로들이므로 그들의 실존에는 퇴폐적인 현재만 있고, 건설적인 미래의 설계와 계획은 없다. 그러므로 그들의 실존에는 백해무익한 이념, 답습, 순종, 그리고 권태가 난무할 뿐이고 행복을 추구한 세대가 절대시하는 경이감, 활력, 탐구심, 그리고 주체성은 없다. 요컨대 그들은 오샤니씨가 염원했던 상상세계의 창조자가 아니고 "정신적, 성적 황무지"의 피조물이다. 이제 그도 이런 자아를 상실한 거주자들과 함께 생활할 수밖에 없다. 그들은 비수기에는 주로 술집에서 소일하는데, 오후부터 술을 마시기 시작하여 자정을 지나 아침까지 계속 술을 마신 후 아침 해를 벗 삼아 귀가한다. 그도 몇 주 동안 술집에서 그들과 어울리다가, 우연히 술을 무료로 마실 수 있는 집에 들른다. 취객들은 공짜로 술을 마시는 대가로 주인, 도로시어 오우페이(Dorothea O'Faye)를 왕처럼 모셔야 한다. 취객들은 주인의 말에 절대복종해야한다. 그녀는 밑바닥인생의 여러 직업에 종사하면서 흥망을 거듭하다가 결국은 명성 높은 나이트클럽가수로 큰돈을 벌어 휴양지에 투자하여 거부가 되었는데, 누구도 그녀의 재력을 알지 못한다. 그녀는 비천한 가정출신인 자기가 유럽 왕자와 관계를 갖고 출산한 사생아아들이 있으며, 그 애가 왕가의 혈통이라고 항상 자랑했지만 아들 매리언 페이는 어머니를 실망시키는 큰 문제아였다. 지금도 그는 자유란 음주, 마약 상용, 사막에서 즐기는 과속질주, 그리고 불법무기 소지와 같은 방탕생활의 만끽이라고 주장한다. 더욱이 그는 왜곡된 의식에 유폐되어 있다: "전 세계는 거짓말의 진원지이다. 이 때문에 사람들은 무기력하고 답답한 삶을 살고 싶어한다"(17). 그는 이런 의식의 노예가 되어 뚜쟁이로 혼자 살면서 어머니 집 취객들을 미워하면서도, 자기 말을 열심히 들어주는 오샤니씨를 좋아한다. 오샤니씨가 들은 바에 의하면, 그의 어머니와 한때 관계를 가졌던 아이텔은 "신과 악마가 다 들어있는 인간이다"(23). 오샤니씨는 이 말을 듣고 영감을 얻어 아이텔, 그와 관련된 사람들, 그리고 자기에 관한 이야기를 쓰면서 자아를 고수하고 성숙시킨다. 그의 자아고수와 성숙은 그가 그렇게 증오했던 현실세계, 즉 "정신적, 성적 황무지"에 "끊임없이 재적응하는 과정"[325]에서 이룬 자아탐구와 실현이다.

페이의 말에 의하면, 아이텔은 하원(공산주의 혐의자)조사위원회에서 증언을 거부했기 때문에 더 이상 영화를 감독할 수 없다. 더욱이 페이는 오샤니씨에게 "애국심은 권력자들을 위한 미사여구이다"(26)는 증언복사본을 보여준다. 오샤니씨는 그의 증언이 모든 사람을 정부정책에 순응시키려는 미국행정부의 횡포에 대한 반항이라고 단정한다. 게다가 그는 이 증언이 지금까지 그의 실존에 잠재되어 왔으나 미처 깨닫지 못했던 순수한 용기와 반항의 목표가 될 뿐 아니라 성숙과 창조의 원천이 될 것[326]이라고 예감한다. 이렇게 고무된 오샤니씨는 페이의 소개로 만난 중년의 아이텔이 보기 드물게 정직하고 창의적, 도전적인 사람이라고 믿고, 그를 자신의 사표로 삼으려한다. 그러면서 그는 아이텔의 실존에서 예지를 배워서 쓴 그의 삶 이야기가 바로 *쾌락주의자들의 이야기*이다. 이 소설은 "서쥐어스의 상상력의 산물이다. 소설은 그가 자신과 세계와 타협하면서 표현한다. [···] 아이텔의 이야기는 서쥐어스의 단어들로 구성된다. 아이텔이 이야기할 때 그 이야기는 오샤니씨의 비판적 견지의 문맥으로 구현된다."[327] 그의 이야기쓰기가 바로 그가 자기를 짓눌렀던 현실세계의 악몽에서 점진적으로 벗어나는 자기표현일 뿐 아니라 자아창조이다.

오샤니씨가 창작한 이야기에 의하면, 아이텔의 아버지는 이민가정의 아들로 태어나 고물상으로 시작하여 큰 도시의 자동차판매상이 되었다. 아버지는 이민가정의 첫 대학생인 아들이 변호사가 되기를 염원했지만, 아이텔은 아버지의 기대를 저버리고 대학에서 연극에 열중했다. 그가 대학을 졸업할 때 아버지가 대공황(Great Depression)으로 큰 손실을 입었기 때문에 자기 진로문제로 아버지와 싸울 필요가 없었다. 그는 뉴욕에서 직장을 구하려했지만 어려운 경제적 여건에다 소심한 성격까지 겹쳐 실패했다. 다행히 그는 부모로부터 해방되고 싶을 때, 자기를 원하는 여자를 만나 결혼했다. 그는 그녀의 영향을 받아 문학과 정치의 급진주의자가 되어 희곡을 썼다. 그는 작은 극장에서 자신의 작품을 직접 감독할 기회를 가졌는데, 필요한 장면에서는 연기도 했다. 공연은 큰 성공이었다. 그는 일약 성공한 극작가, 감독, 그리고 배우가 되었으므로 바로 영화계의 부름을 받았다. 그는 할리우드로 가서 적은 비용으로 실험적인 영화를 제작한다는 계약서에 서명했다. 그는 처음에 한 작품, 다음에 두 작품, 그리고 그 다음에 세 작품의 대본을 쓰고 감독했다. 마지막 세 작품은 지금도 높은 평가를 받고 있다. 그는 1년 반 동안에 이처럼 탁월한 영화 세 편을 감독하여 천재라는 평을 듣는 청년으로 급부상했다. 이후 그는 더 큰 영화사와 더욱 좋은 조건으로 계약을 맺어 막대한 제작비와 명성 있는 배우들을 출연시킨 영화들을 만들어 엄청난 수익을 올렸다. 그러나 그는 이 영화들이 솔직한 자기표현이 아니고 다른 사람들의 생각과 언행을 피상적으로 대변해야했으므로 불만스러웠다. 그러므로 그는 자본과 명성에서 정상급인 서프림영화사(Supreme Pictures)가 자기에게 파격적인 대우를 하겠다는 제안을 받아들여, 자기가 원하는 영화를 독자적으로 감독하여 영화계의 거물이 되고 싶었다. 그러나 명성과 돈보다는 정치와 복지에 관심이 많은 부인이 그에게 그 제안을 거절하라고 요구했다. 그가 그녀의 요구를 묵살하자, 그녀는 그와 이혼했다. 그는 한때 지적, 정서적으로 절실히 필요했던 스승이고 동지였던 그녀가 떠나자, 이미 마음속으로 갈망하고 있었던 더욱 매력적인 여배우와 재혼하여 초호화주택에서 호사스러운 생활을 마음껏 즐기다가 이혼하고 군에 입대했다. 그가 전쟁에서 돌아와 감독한 영화들에는 자아를 고수하기 위해 허위의식과 사회체제에 도전하는 예술적 표현은 없고 이상한 인물들의 복잡하게 얽힌 행동만 있다. 그는 서프림영화사가 영화의 이야기, 구성, 그리고 배우들을 제공하면 "아이텔기법"으로 감독했다. 이 기법은 "관객들을 공동묘지가 자아내는 이상야릇함으로 유인함"(33)이었다. 다시 말하면 이 기법은 예술성을 도외시하고 오로지 공포심, 기괴함, 애욕, 그리고 비애를 고조시켜 관객들을 쉽게 흥분시켰다. 이 시기가 그의 전성기였고, 이때 그는 연민의 정으로 "성의 여왕" 룰루 마이어즈와 결혼하는데, 처음부터 그녀와의 "결혼은 영과 영의 만남"(36)이므로 곧 파국을 맞을 거라고 예감했다.

아이텔이 자신의 예술세계를 표현하려하지 않고 영화사의 요구에 무조건 응해 "아이텔기법"으로 감독한 영화들은 이제는 진부해서 계속 흥행에 실패했다. 그런데 그는 영화를 감독할 때와는 전혀 달리 자신의 양심을 고수하고 과거 동지들을 보호한다는 명분으로 증언을 거부했다. 그는 이 증언거부로 서프림영화사에서 해고당했을 뿐 아니라 요시찰인명부에 올랐으므로 어느 영화사에도 고용될 수 없었다. 어떤 의미에서 그가 직면한 역경은 스스로 주체성을 포기하고 상업성에 굴복한 결과였다. 그래서 그는 부득불 할리우드 생활을 청산하고, 직접 대본을 써서 언젠가는 외국에서 영화를 감독하려는 포부를 갖고 휴양지에 왔다. 이것이 아이텔이 자가당착적인 의식과 행동에 관한 이야기의 끝이다. 요샤니씨의 이야기에 대한 반응은 "나는 나 자신을 조금도 알지 못했기 때문에 자기앎이 필수적이라고 언제나 생각했다"(44)는 깨달음이다. 그는 깨달음으로 독선적인 상류계층인사들의 탐욕과 횡포로 고통, 폭력, 그리고 잔인성이 난무하는 현실세계를 창의적으로 극복하려한다. 휴양지에 성수기가 되자 영화계의 거물들과 배우들이 모여든다. 오샤니씨는 콜리 먼쉰의 초대를 받은 아이텔과 동행하여 그를 만난다. 먼쉰은 서프림영화사의 말단직원에서 허먼 테피스(Herman Teppis)사장의 사위가 되어, 가장 영향력 있는 영화제작자들 중의 한 사람으로 도약했다. 그는 아이텔을 만나자마자 자기에게 큰 골칫거리인 정부, 엘러너 에스퍼지토우를 버려야하니 대신 보살펴달라고 부탁한다. 그가 그녀를 방기하려는 까닭은 그녀의 사회적 신분과 재능이 자기수준에 맞지 않아 지인들과 어울리지 못하기 때문이다. 그러면서도 그는 그녀가 정신적 고통과 상처가 많아 "현재의 자기보다 더 큰 인물이 되겠다는 허황된 생각에 사로잡혀 있어서"(57) 정서적 문제는 있지만 결코 사악한 여자는 아니라고 적극 변호한다. 결국 아이텔은 먼쉰에게 그녀를 만나겠다고 약속한다.

그때 방에 들어온 허먼 테피스가 아이텔과 비우호적인 대화를 하다가, 오샤니씨가 과거 공군조종사였음을 알고 자기가 주최하는 파티에 그를 초대한다. 테피스는 미국정부의 억압적인 반공정책을 적극 지지하기 때문에 아이텔이 하원조사위원회에 협력하지 않으면 "그를 재고용하지 않겠다는 방침을 극명하게 표명"[328]한다. 그는 반공정책이 미국인들을 분열시키고 혼란에 빠뜨릴 것임을 재빨리 간파한다. 따라서 그는 미국인들을 혼란에서 구원할 영화를 제작하려한다: "사람들은 오늘날 혼란에 빠져있다. [⋯] 그들이 극도의 혼란에 빠질 때까지 기다려라. 그러면 그들은 자기들을 혼란에서 구원해줄 영화를 갈망할 것이다"(72). 그는 그들을 구원할 영화는 낭만적인 연인들이 등장하는 감상적인 작품이라고 확신한다. 그는 남배우 테디 포우프(Teddy Pope)와 "성의 여왕" 룰루 마이어즈가 결혼하여 "미국의 가장 멋진 부부"(274)가 되는 영화를 제작하려했지만 뜻을 이루지 못한다.

오샤니씨는 파티에 참석하여 테피스가 "그(아이텔)는 그의 기회를 놓쳐버렸다"(93)고 공개적으로 비난하는 아이텔이 엘러너와 함께 앉아있는 탁자에 동석한다. 오샤니씨의 인상에 의하면, 엘러너는 "도전적이고 용기가 넘친다. [⋯] 그녀의 용기는 ⋯ 동정심, 자존심, 그리고 '그녀의 육체에 대한 자신감'의 총체에서 솟아나는 것 같다. 그녀는 '비상하려는 동물'처럼 보인다."[329] 오샤니씨는 그녀가 아이텔의 실존에 상당한 영향력을 발휘할 거라고 예감한다. 아이텔은 뜻밖에 만난 엘러너와 관계를 가짐으로써 현실세계에 현명하게 적응하지 못한 데서 비롯된 무기력하고 메마른 실존을 극복한다. 그는 그녀와의 성관계에서 지금까지 느껴보지 못했던 성적황홀경을 만끽하면서 젊음과 성적 기교를 회복하고 싶어한다. 그가 과거에 성관계를 가졌던 여자들은 그의 신체와 접촉할 뿐 영육을 열정적으로 받아들이려하지 않았지만 엘러너는 그들과 완전히 다르다. 그가 엘러너와의 관계에서 깨달은 바는 "그녀는 [성행위를 하면서] 매우 뛰어난 미모의 여인으로 변신한다. 그는 [성행위에서] 여자의 이런 변모를 본 적이 없었다"는 사실이다. 그녀도 감탄한다: "당신은 왕이다. 이런 황홀경은 처음이다." 이럼에도 불구하고 그는 "누구나 [성적 황홀경을] 만끽하는 여인이 되려면 사랑에 빠져서는 안 된다"(103)는 왜곡된 의식을 고수한다. 이처럼 그는 엘러너를 사랑하고 배려하는 영혼을 경시한다. 이러면서도 그는 그녀와의 관계에서 성의 창조적 역할을 기대한다: "성은 자비를 갈망하는 그의 꿈이었다. 성은 그에게 엘러너와의 관계로 그의 활력을 회복시킬 수 있고, 그의 용기를 용솟음치게 할 수 있고, 그가 한때 진정한 자기라고 믿었던 그런 인간이 될 수 있다는 희망을 일깨워줄 만큼 그를 성숙시켰다. 그는 자기 옆에 있는 엘러너와 함께 몇 년만에 처음으로 자신의 당면과업은 위대한 영화제작이라고 생각했다"(110). 그러나 그의 기대는 실현될 수 없다. 그의 "성은 '남녀가 하나가 되는 융합',"**330** 즉 사랑을 전제하지 않기 때문이다. 사랑은 두 사람의 실존목적 공유와 그 달성의지이다. 그럼에도 아이텔은 엘러너가 그로부터 평생 처음 인간적인 대우를 받았다는 감격으로 바치는 사랑을 받아들이지 않는다. 그는 "자신의 이상을 실현하려하기보다는 오히려 현실세계와 타협"**331**하려하기 때문이다.

결국 그는 주체적 자아와 사랑을 포기하고 자신의 대본, "오늘의 성자"를 발판으로 삼아 현실세계로 복귀하려고 작정한다. 대본의 주인공, 성자가 어떤 티 비 프로그램에서 고통받는 사람들에게 그럴듯한 조언을 해주면서 큰 명성과 부를 얻었으나 이를 회개한 후에, 진실로 그들에게 충언을 하자 곧 인기를 잃어 자멸을 초래한다. 먼쉰은 이 대본에 깊은 관심과 흥미를 표시한다. 그는 티 비에서 일주일에 수천달러의 수익을 올리다가 갑자기 포기하는 주인공의 비상식적인 결행이 관객에게 폭발적인 인기를 끌 수 있으므로 흥행에 크게 성공할 것이라는 의견을 아이텔에게 개진한다. 이어서 그는 아이텔에게 대본을 매력과 지성이 넘치는 성직자 주인공이 신학교를 졸업하고 방송계로 진출하여 수익을 올리려고 온갖 불법을 저질러 인기가 최고에 올랐을 때, 갑자기 십자가를 보고 양심의 가책을 느껴 회개하고 천사의 목소리를 들으면서 신학교에 재입학하는 감동적인 장면으로 끝내자고 제안한다. 그러면서 먼쉰은 대본을 4,000달러에 매입하는데 먼저 착수금으로 2,000달러를 바로 지급하고, 대본이 완성되면 완불한다는 계약서에 서명한다. 또 먼쉰은 아이텔이 지금은 자존심 때문에 하원조사위원회에 출석하여 증언하기를 거부하고 있지만, 만약 마음이 바뀌어 증언한다면 영화감독을 다시 맡을 수 있을 거라고 약속한다. 그런데 페이는 아이텔이 상업적인 영화대본을 써서 판다는 말을 듣고 그에게 "당신은 예술가였기 때문에 예술에다 침을 뱉고 있다"(184)고 비난한다. 더욱이 엘러너도 아이텔이 돈 때문에 대본을 팔았음을 알고 크게 실망한다. 반면에 아이텔은 대본집필이 원만하게 완성되어 가자 엘러너를 버리려한다: "왜 2류의 남자가 5류의 여자에게 그처럼 많은 시간을 할애해야하는가? 이것은 비논리적이었다. 2류의 남자들은 2류의 여자들과 교제하기를 원했다"(204). 이처럼 그는 자신의 능력을 다시 발휘할 계기가 마련되자 신분문제에 매우 민감해진다. 그의 판단에 의하면, 엘러너는 빈민출신으로 좋은 가정교육을 받지 못해 야비함으로 오로지 많은 남자들과 즐기는 관계가 실존의 전부이다. 따라서 그는 자기를 사랑하기 위해 어떤 희생도 감수하려는 엘러너를 버린다. 이렇게 아이텔은 사회적 명예를 위해 사랑을 포기한 것처럼 경제적 안정을 얻으려고 자기신념을 버린다. 그는 하원조사위원회에 출석하여 증언을 마친 뒤에 오샤니씨에게 자기심정을 토로한다: "나는 평생 처음으로 완전한 매춘부라고 생각하고, 모든 공격과 항의를 … 받아들였다"(306). 한편 그는 먼쉰과 영화를 감독하고 흥행에서 나온 이익금을 양분하기로 합의한다. 따라서 서프림영화사는 아이텔과 먼쉰이 공동집필한 원본, *성직자와 연인들* (*Saints and Lovers*)을 매입해서, 아이텔이 감독하고 먼쉰이 제작할 것이라고 발표한다. 이 발표 후에 엘러너는 이미 집을 나가 동거하는 페이가 화물차와 추돌하는 교통사고로 부상을 당해 병원에 입원한다. 오샤니씨의 연락을 받고 모든 일정을 취소하고 병원으로 달려온 아이텔에게 그녀는 하소연한다: "오 챨리(아이텔) 나와 결혼해줘요. 이제 나는 모든 것을 다 배울 겁니다. 나는 다 배운다고 약속할 게요"(346). 그는 이 하소연을 듣는 순간 그녀를 포기할 수 없다는 생각이 들어 결혼하기로 작심한다. 그는 그녀가 퇴원한 1주일 후에 그녀와 결혼식을 거행한다. 요컨대 그는 상황에 좌우되는 피동적 인간이다.

반면에 오샤니씨는 아이텔의 전 부인, "성의 여왕" 룰루와 관계를 갖고 자신의 인간성과 선천적 활력을 회복할 뿐 아니라 자아를 고수한다. 처음에 그는 그녀를 포옹하고 있으면서도 그녀가 멀리 있는 것 같고, 더욱이 그녀의 육체에 두려움을 느낌으로 발기가 되지 않자 울기 시작한다. 그녀가 깜짝 놀라 그를 애무하면서 진정시키자, 그는 이렇게 된 경위를 그녀에게 소상하게 설명한다. 그가 공군에 있을 때 작전명령을 받고 출격하여 비행기에서 마을에 휘발유를 뿌리고 폭탄을 투하하면, 화염이 치솟고 바로 참혹한 장면이 나타났다. 떨어진 휘발유 방울에 옷이 젖은 사람은 곧 불길에 휩싸였다. 그가 다음날 비행기에서 내려다보면 마을은 폐허가 되었고, 죽은 사람들의 눈은 허공을 응시하고 있었다. 그는 작전을 수행하고 귀대하면 술집에 가서 즐기면서 다른 조종사들과 서로 전공을 자랑했다. 그러나 그는 심한 화상을 입은 일본인 사동을 보고 더 이상 술집에 갈 수 없었다. 그는 술집여자들의 육체가 자기가 불태웠던 사람들의 살이라고 생각하게 되었기 때문이었다. 그는 이후로 여자와 사랑을 포기하고 살았다. 그러나 그는 룰루의 깊은 이해, 애정, 그리고 사랑이 넘치는 언행으로 자신의 정신적, 육체적 활력을 회복하고 그녀와 성적 황홀경을 만끽한다. 그는 그녀가 지르는 탄성 – "나는 처음으로 여자임을 느낀다"(231) –을 듣고, 이제 정상적인 남자가 되었음 실감한다.

그는 룰루와의 관계로 인간성과 생명력을 회복하고, 자아를 고수하면서 어떤 극한상황도 극복할 수 있다는 자신감이 있으므로 먼쉰의 유혹을 뿌리쳤기 때문에 결국 그녀와 결별한다. 그는 대담하게 유혹을 뿌리친 후에 자기심정을 토로한다: "나는 언제나 도박사일 것이다. 내가 이런 기회를 무시했다면, 돈이나 빠른 출세보다도 더욱 가치 있는 문제에 전념해야한다는 깊은 생각 때문이었다"(228). 먼쉰은 그가 고아출신으로 공군조종사가 되어 하루에 네 대의 적기를 격추했다는 사실에 지대한 관심을 갖는다. 먼쉰은 그에게 그의 삶을 영화화하는 조건으로 20,000달러를 제시한다. 그가 이 조건을 수락하지 않자, 먼쉰은 그가 영화에서 남자주연배우를 할 수 있다고 제안한다. 그러면서 먼쉰은 그에게 영화는 입신할 수 있는 절호의 기회라고 강조한다: "당신은 영화로 큰돈을 벌고 체면을 차리며 위세를 부릴 기회를 잡는다. […] 당신은 영화계로 진출해서 … 제작, 감독, 그리고 대본쓰기를 할 수 있다. […] 준

비만 잘하면, 당신은 세상을 그리고 당신 자신을 이롭게 하는 매우 뚜렷하게 형상화된 인간이 될 수 있다. 스스로 기회를 포착한다면 이러한 인간이 당신의 전형이다"(221-22). 먼쉰은 그가 이런 설득에도 아랑곳하지 않자, 그의 가장 절친한 친구 아이텔을 요시찰인명단에서 빼게 하여, 그가 이 영화를 감독할 수 있는 방도를 강구하겠다는 조건을 추가한다. 잠시 그는 먼쉰의 조건에 매료되어 계약서에 서명하고 싶은 유혹에 빠진다. 그러나 그는 이 유혹을 뿌리칠 수 있는 큰 힘을 어깨에서 팔꿈치까지 심한 화상을 입은 열다섯 살 배기 일본인 사동의 말에서 얻는다: "저는 영화에 출연할 수 있을까요? 그들은 피부 상처들과 거기서 나와 생긴 고름 집들을 노출시킬까요?"(224). 그는 자기 삶을 다룬 영화에는 "고아들이 고아들을 태워 죽이는" 비극적인 장면이 틀림없이 촬영될 거라고 믿기 때문에 서명을 망설인다. 그는 먼쉰의 설득을 들으면 들을수록 어떻게 해야 할지 더욱더 알 수 없다. 그래서 그는 아이텔의 조언을 들으려한다. 아이텔은 자기는 어떤 의견도 개진하고 싶지 않다고 단호히 말하면서도, 그의 강경한 조언요구를 묵살할 수 없다. 아이텔은 자기가 젊었을 때는 이런 경우에 받아들이느냐, 아니면 거부하느냐 중에 하나를 택일할 수 있었겠지만 지금은 그럴 수 없다고 말한다. 그러면서 아이텔은 그에게 질문한다: "당신은 출세를 … 돈을 … 그리고 기타의 문제들을 원하지 않는다고 확신하느냐? 당신은 정말로 배우가 되고 싶지 않다고 확신하느냐?"(225). 이러고 나서 아이텔은 그에게 조언한다: "당신이 [이런 세속적인 욕망을] 초월하여 하고 싶은 일이 있다면 [먼쉰의] 제의를 거부해야한다. […] 당신의 본능을 믿어라. […] 당신이 갈망하는 일을 하라"(226-28). 아이텔은 그에게 이런 실존철학을 강조하면서도 자기는 실천하지 못한다고 실토한다.

이렇게 오샤니씨가 먼쉰이 제시한 좋은 조건을 거부하자, 룰루는 그가 안정되고 안락한 삶을 모르는 바보라고 비난한다. 그러자 그는 자기 삶을 소재로 제작된 속물영화를 원하지 않는다고 대응한다. 그녀는 그에게 거칠게 항변한다: "당신이 정말로 나를 사랑했다면 … 나와 결혼하고 싶었을 것이다. 당신은 20,000달러로 경제적으로 안정될 것이다. 당신은 나를 사랑하지 않는다. 당신이 나를 사랑했다면 내 말을 경청했을 것이다"(218). 그는 항변을 무시하고 그녀를 사랑한다고 진지하게 말하면서 청혼한다. 그녀가 그의 결정에 절망한 나머지 어떻게 살 것이냐고 따지자, 그는 "우리 이곳을 떠나 멀리 가자"(219)고 대답한다. 더욱이 그는 단호하게 말한다: "당신은 영화를 포기하고 연극을 할 수 있다. 나는 어떤 일이라도 할 수 있다"(229). 그녀는 울면서 그럴 수 없다고 거세게 반발한다. 결국 두 사람은 결별한다. 그녀는 결코 영화를 포기할 수 없기 때문이다. 그녀에게 "연기는 현실이고, 실생활은 연기하는 중간에 일어나는 환상이다. 그녀는 자신의 행복은 작은 배역에라도 출연하는데 있으므로 삶을 다양한 영화체험으로 변질시키려고 계속 시도한다."[332] 요컨대 이렇게 자아고수에 집착하는 오샤니씨가 세속적인 욕망에 압도당한 먼쉰과 룰루에게는 정신병자에 불과하다. 아직은 휴양지에서 힙스터, 즉 오샤니씨가 환영받지도 수용되지도 않는다.

아이텔과 엘러너의 결혼식에 참석하지 못했던 오샤니씨는 멕시코시티(Mexico City)로 회송되어 온 청첩장을 받고, 아이텔에게 축하선물을 보내면서 고아에 대한 소설을 구상하고 있다고 전언한다. 또 그에게 회송되어 온 페이의 엽서에는 그가 수감되어 있는 교도소의 깨끗한 방 그림이 있다. 게다가 그는 큰 호평을 받았던 *성직자와 연인들*을 개봉된 지 1년 6개월 후에 관람하고, 영화가 장엄하지는 않지만 어색한 장면들 없이 탁월하게 구성되었다고 평가한다. 이렇게 그는 편안한 휴식을 취하려고 찾아간 데저트 도에서 아이텔을 사표로 삼아 새로운 실존에 도전했던 삶을 큰 성과 없이 마무리했다. 이제 그는 멕시코시티에서 혼자 투우를 구경하면서, 스페인어 구사가 향상되자 투우사들과 사귄다. 그는 살해당할 위험성이 있다는 경고를 무시하고 젊은 투우사의 연인과 관계를 갖는 모험을 감행한다. 다행히 그는 이 투우사의 다정한 친구가 되어 그로부터 투우를 배우면서, 가장 강한 공포심에 사로잡혀 있을 때 오히려 신체를 다양하게 움직이는 새로운 전술을 사용하는 방법을 터득할 수 있음을 직감한다. 다시 말하면 비겁과 공포가 어떻게 활용되느냐에 따라 오히려 새로운 실존전략이 될 수 있다. 따라서 그는 투우를 소재로 소설을 창작하려고 뉴욕에 정착하여 투우교실을 열어 강의하면서 집필 준비를 서두른다. 그는 스스로 자기를 무정부주의자로 정의하고 명작소설들을 비롯한 다양한 분야의 서적들을 탐독하면서 끊임없이 자아성숙을 도모하지만, 저자들 중 어느 누구도 자신의 귀감으로 삼지 않는다. 그는 그들의 체험과 자신의 체험 사이에 적합성이 없음을 알기 때문에 기존지식과 사상보다는 오히려 자신의 독자적 상상력에 의존하여 자아탐구와 소설집필을 시도하려한다.

이렇게 주체적 자아탐구와 소설집필에 정진하려는 오샤니씨에게 "성숙과 도전의 창조적 정신을 구현할 수 없었던"[333] 아이텔은 "당신은 예술가의 자존심으로 무장하여 현존하는 모든 권력의 장벽에 용감무쌍하게 도전하는 당신의 작은 나팔을 불어야한다"(374)고 조언한다.

오샤니씨는 그의 요구에 부응하여 나팔을 부는 전제를 자아고수와 성숙 그리고 창의력발휘에 둔다. 그는 자아고수와 성숙 그리고 창의력발휘를 저지하는 두 개의 장벽이 있다고 주장한다. 하나의 장벽은 사회가 우리에게 일방적으로 수용하라고 강요하는 종교, 도덕, 이념, 그리고 체제 뿐 아니라 억압당하는 성 본능과 욕구이다. 우리는 이런 강요와 억압으로부터 해방되기 위해 신의 말씀을 경청해야한다: "신자여 실존하라. 나는 당신을 도울 수 있다고 확신하지 않는다. 그러나 나는 우리가 이 사람들(지배계층인사들)이 당신에게 무엇을 하라고 명령하는 것을 원하지 않는다는 사실을 잘 알고 있다"(374). 이처럼 지배계층인사들이 자행하는 우리의 자아고수와 성숙의지 그리고 성 본능과 욕구의 부정과 억압은 근절되어야한다. 이 억압은 우리의 자발적인 저항과 타도의 대상이기 때문이다. 또 하나의 장벽은 우리가 이성을 사랑하면서, 더욱이 이성과 관계를 가지면서 자신에게 솔직할 수 없는 왜곡된 의식, 다시 말하면 정치적 권력, 경제적 안정, 그리고 사회적 명예를 생각하고 향유하려는 탐욕집착이다. 경제적 안정과 사회적 명예를 중요시하다가 예술과 사랑에 실패한 대표적 인물이 아이텔이다. 우리는 이런 왜곡된 의식 때문에 실존의 핵심요소, 즉 성 본능의 절대적 가치를 파악할 수 없을 뿐 아니라 부정한다. 그래서 오샤니씨는 실존에서 성의 절대적 중요성을 강조하기 위해 신에게 "당신은 철학이 성으로부터 시작한다는 학설에 동의합니까?"하고 질문한다. 그러자 신은 "오히려 성을 시간으로 생각하고, 시간을 새로운 순회들의 연결(사상들의 교차)로 간주하라"(375)고 대답한다. 이 대답이 오샤니씨의 실존과 소설창작에 결정적인 역할을 한다. 신의 대답을 듣고 그가 새롭게 이해한 성은 "사랑 뿐 아니라 실존에 필수적이다. [···] 성은 가장 본질적인 의미에서 성숙이다. 성은 구상이고 가능성이며 시간의 핵심이다."[334] 그는 성의 이런 이해와 정의로 시간은 성숙의 연속이고 창의력발휘의 기회일 뿐 아니라 성 본능이 폭발하는 활화산의 순간임을 깨닫는다. 이렇게 그는 성과 시간을 통합하면서 자신의 비극적 과거를 극복하고 새로운 삶을 개척하려한다. 그는 이 통합을 바탕으로 실존에서 자아고수와 성숙을 절대시하고, 이 절대시를 구현하려는 소설창작에 도전하는 용감한 새로운 소설주인공, 즉 힢스터이다. 요컨대 오샤니씨는 노먼 메일러가 창조한 첫 힢스터소설주인공으로 미국소설에 계승되어야할 이상적인 소설주인공의 귀감이 될 것이다.

켄 키지(Ken Kesey, 1935-2001)가 잭 케러왝, 죤 클렐른 호움즈, 그리고 윌리엄 버로우즈의 소설철학과 기법의 지대한 영향을 받고 창작한 처녀작, *기러기가 뻐꾸기 둥지 위로 날아갔다*(*One Flew Over the Cuckoo's Nest*, 1962)는 행복을 추구한 세대의 서부 대표작이다.[335] 그는 이 소설이 대학생들의 큰 갈채를 받았을 뿐 아니라 교사들의 폭발적인 인기를 끌면서 기백만 권이 팔리자, 일약 서부에서 가장 중요한 작가들 중의 한 사람으로 급부상했다. 이 작품은 소설철학으로 주인공이 어떤 극한상황에서도 삶의 활력과 성 본능을 약화시키지 않고, 자기를 긍정하면서 다른 사람을 존중하며, 주체적 자아를 고수하여 자유를 구가함을 가장 중요시한다. 또한 이 소설의 창작기법은 전통소설론이 절대시하는 주인공들의 대립과 적대관계의 시작, 상승, 그리고 어느 한 쪽이 승리하는 해소로 귀결함을 무시한다. 이 철학과 기법에 입각해서 작품을 고찰하면, 지배계급인사들이 정치적 권력장악의 장기화, 경제적 이익 추구의 극대화, 그리고 사회적 신분유지의 지속화를 도모하기 위한 지배체제이고 수단인 콤바인(Combine, "독점적 목적 달성을 위해 뭉친 [지배계급] 인사들"[336]을 상징함, 또는 수확과 탈곡을 동시에 처리할 수 있는 기계를 의미함)이 사람들을 아무리 탄압하고 통제하려해도 무위로 끝남을 시사한다. 콤바인은 어떤 실존여건에서도 사람들이 자유를 염원하는 의지를 꺾을 수 없기 때문에, 그들은 언제든지 그 의지를 실현할 수 있다. 이런 논지로 작품을 해석하면 기존논문들의 시각과 주장과는 상당한 이견이 드러난다. 이 이견은 기존논문들과는 달리 어떤 지배체제와 수단도 인간을 통제할 수 없으므로 인간은 자유의 만끽자가 될 수 있다는 신념을 전제하기 때문이다. 이견은 두 개의 쟁점에서 비롯된다. 쟁점 하나는 정신병원, 즉 콤바인에 구금되어 있는 두 남자주인공, 랜들 패트릭 먹머피(Randle Patrick McMurphy)와 추장 브롬든(Chief Bromden)에게 어떤 자리매김을 하느냐의 문제이다. 먹머피는 독재간호사 래쳐드(Big Nurse[337] Ratched)의 통제와 탄압에 철두철미 순응하는 브롬든과 다른 환자들의 무기력한 삶에 활력을 불어넣고, 그들에게 도전과 반항 정신을 고취시키려고 시도한다. 하지만 그의 독재간호사에 대한 도전과 반항은 그들이 자유를 향유하기 위한 필요조건이지 충분조건은 아니다. 기존논문들은 먹머피를 브롬든보다 우위에 두고, 그가 브롬든과 다른 환자들을 해방시키기 위해 자기를 희생한 순교자로 미화한다. 그러나 두 주인공을 2인1역하는 한 인물로 통합한다면, 먹머피는 브롬든의 분신으로 자유를 향유하기 위해 반드시 해야 하는 도전과 반항의 선구자역할을 수행했다. 브롬든은 먹머피의 도전과 반항에 힘입어 자기를 보전하여 자유를 향유한다. 또 하나의 쟁점은 먹머피와 독재간호사 래쳐드와의 갈등과 대립을 래쳐드 쪽이 승리하는 적대적 측면으로, 아니면 상호보완하면서 왜곡된 일차원적 의식에서 벗어나 함께 성숙하는 건설적 측면으로 귀결시키느냐의 시각이다. 기존논문들의 적대적 시각보다는 건설적 측면이 작품이해에 더욱 창조적인 역할을 할 수 있다. 독재간호사의 "이름 래쳐드는 '래쳐트(ratchet, 톱니모양의 바퀴로 구성된 기계, 바퀴의 톱니가 역회전을 막는 톱니 멈춤 쇠와 맞물려 바퀴가 오로지 한 방향으로만 움직이게 한다')를 암시한다. 이 이름만으로도 그녀가 비인간적인 하나의 목적에만 골몰함을 암시하기에 충분하다."[338] 이처럼 래쳐드는 콤바인의 하수인역할을 충실히 수행하여, 자신의 병동을 가장 능률적으로 통제할 수 있으므로 자신감과 만족감에 도취되어 감각, 감정, 심지어 여성성도 상실해버린다. 그러나 그녀는 자신의 권위에 도전하는 먹머피와의 대결로 완전통제에 차질과 위협을, 그리고 실존에 경악을 실감하면서 타력에 의해서지만 자기가 여자임을 순간적이지만 깨닫는 계기를 갖는다. 반면에 먹머피는 래쳐드의 병동에서 반항하면서 지금까지 실존수단으로 활용했던 도박, 여성편력, 그리고 반항이 삶의 전부가 아님을 깨닫는다. 이처럼 래쳐드와 먹머피는 서로 대결하면서 미미하지만 자아를 성찰할 계기를 갖고 성숙한다. 지금까지의 논의를 바탕으로 *기러기가 뻐꾸기 둥지 위로 날아갔다*를 "통제 그러나 자유의 승리"의 논지로 고찰해본다.

소설의 화자 겸 주인공, 브롬든은 정신분열증환자로 정신병원에 감금되어 있으면서, 독재간호사 래쳐드와 먹머피에 관한 매우 무섭고 끔찍한 이야기를 사실보다도 상상력에 의존하여 실토한다: "내가 지금도 명석한 정신으로 이야기를 서술하기가 매우 어렵다. 그러나 이야기가 실제로 일어나지 않았다할지라도 엄연한 사실이다."[339] 그가 이야기하는 저의와 목적은 인간은 아무리 엄격한 통제와 가혹한 탄압의 생존여건에서도 패배하지 않고, 자유의 승리를 구가할 수 있음을 시사하려는데 있다. 그는 단지 인디언으로 태어난 이유 때문에 미국사회의 극심한 피해자로 전락했다. 백인들은 피부색, 언어, 그리고 종교가 다른 인디언을 인간으로 인정하지 않고, 자신들의 탐욕에 눈이 어두워 인권을 유린했을 뿐 아니라 삶의 터전을 빼앗았다. 그는 미국정부가 컬럼비어 협곡(Columbia Gorge, 오리건주에 있음)에 댐을 건설하기 위해 추장이었던 아버지를 파멸시킨 간악한 수법을 지금도 생생히 기억한다. 아버지는 그의 이름, 티 아 밀라투나(Tee Ah Millatoona, "산 위에 우뚝 솟은 가장 큰 소나무"를 의미함)처럼 체구가 매우 컸다. 그는 자기보다 두 배나 키 큰 백인여자, 브롬든과 결혼하여 자기 성을 버리면 사회보장증서를 쉽게 받을 거라고 믿고 여자 성을 택했다. 그가 백인여자와 결혼하자, 바로 콤바인은 토지수용을 수월하게 진행하기 위해 그를 몇 년 동안 설득했다. 그는 "한동안 콤바인에 대적할 만큼 세력이 강했다. [⋯] 그러나 콤바인은 막강하고 거대하다. 아버지는 오랫동안 콤바인에게 대적하다가, 어머니가 더 이상 싸우지 못하게 그를 왜소하게 만들어버리자 드디어 포기했다"(188). 그가 스스로 선택하여 결혼한 백인여자는 정부를 위해 그를 배신하고 거세하여 몰락시켰다. 결국 그는 정부에 부족, 마을, 그리고 폭포를 양도한다는 서류에 서명한 후에 좌절과 실의에 빠져 숲속에서 폭음했다. 그는 폭음으로 실명하고 유명을 달리했다. 콤바인은 추장과 같은 걸출한 인물이 소망하는 주체적, 양심적 삶을 결코 용납하지 않았다.

브롬든도 인디언운명의 저주를 받는 신세로 전락하여 체구가 아버지처럼 거대함에도 불구하고 스스로 왜소하다고 착각하고 무기력한 삶을 살고 있으면서도 주위환경과 상황에 현명하게 대처하는 능력을 가지고 있다. 그는 미국사회가 인디언에게 강요하는 국방의무와 책임을 완수하기 위해 제2차 세계대전에 참전했다가, 종전 후부터 독재간호사가 통제하는 병동에 감금되어 있다. 그는 고등학교 재학 중에는 건장한 체구의 풋볼 학교대표선수로 선망의 대상이었지만, 지금은 200번도 넘는 전기충격치료를 받았기 때문에 모습이 흉물스럽다: "저 거구의 청소부를 봐요. 소멸해 가는 미국인 겸 2미터나 되는 청소기계는 자신의 그림자에도 놀랍니다"(62). 더욱이 그는 세 명의 흑인보조원의 무시와 경멸의 대상이 되어 "빗자루 추장"으로 놀림을 당한다. 그러나 그는 가능한 한 감시와 처벌의 대상이 되지 않으려고 귀머거리와 벙어리 행세를 한다. 게다가 그는 노골적이고 공개적인 반항행위가 백해무익할 뿐 아니라 자멸을 초래한다는 예지를 터득했으므로 지배권력에 드러나지 않게 지속적으로 반항한다. 따라서 그는 청소하다가 독재간호사와 마주치면 "웃으면서 그녀가 자기 눈을 보지 못하게 하면서 그녀의 장비를 되도록 많이 엉클어뜨리려고 시도한다"(4). 더욱이 그는 독재간호사가 환자들을 능수능란하게 통제하는 막강한 힘의 원천을 알아낸다. 그는 대학에서 배운 전기공학 지식으로 그 원천이 전선과 먹는 캡슐에 있음을 간파한다. 그의 간파에 의하면, 독재간호사는 "너무 가늘어서 나 말고는 누구 눈에도 보이지 않는 사방으로 뻗어있는 머리카락 같은 전선에 의존하여 엄청난 힘을 발휘한다. 내가 보니까 그녀는 감시용 로우버트처럼 전선 망 한가운데에 앉아, 절묘한 기술로 그녀의 전선 망을 점검하면서 매초마다 어느 전선이 어디로 연결되고 있는가와 그녀가 원하는 결과를 얻으려면 어떤 전류를 보내야하는가를 파악한다"(25-26). 또 그는 환자에게 주는 캡슐을 입 안에서 깨물어 쪼갠 다음 뱉었는데, 그것이 군의 레이다부대에서 보았던 것과 같은 소형 전지임을 알고 놀란다. 그 안에는 극미한 전선들, 전선 망들, 그리고 트랜지스터들이 들어있다. 그는 독재간호사가 전류로 인체를 통제하고 있음을 인지한다. 요컨대 그는 자신이 터득한 예지로 그녀의 통제와 탄압에 현명하게 대처하여 자유를 향유하는 승리를 거둔다.

한편 먹머피는 서른다섯 살에 미혼으로 체력이 강하고 성적 활력이 넘치고 주체적 자아를 고수하려고 도전하는 인간이다. 그는 "용기, 정신력, 과단성, 자존심, 연민의 정, 그리고 자기희생"[340]의 귀감이다. 그는 자신의 행동이 모든 사람의 실존에 즐거움, 활력, 역경극복의지, 용기, 성적 황홀경, 그리고 상호배려와 존중의식을 촉발하여 확장할 수 있기를 기대한다. 그래서 그는 자유를 만끽하고 자아를 탐구하기 위해 통제와 탄압에 집요하게 반항한다. 그는 이런 성격으로 한국전쟁에서 공산군 포로수용소에 수감된 미국병사들의 탈주를 지휘한 공로로 청동무공훈장을 받았지만, 상관에 불복종으로 불명예 제대했다. 그 후 거리와 술집들에서 음주, 폭행, 치안방해, 그리고 상습도박으로 여러 번 체포당했다. 결국 그는 수감되어 교도소농장에서 자주 싸움질을 벌이기 때문에, 반사회적 정신병자라는 법원의 판결에 따라 독재간호사 병동으로 이송된다. 그런데 그는 병동에서 "자신보다는 오히려 다른 사람들(환자들)을 위해 행동하고"[341] 반항한다. 그의 반항은 그가 스스로 살신성인하는 숭고한 정신의 발로이다.

반면에 먹머피를 통제하는 독재간호사 래쳐드는 차가운 인상을 풍기는 중년의 미혼녀로 육군병원 간호사출신으로 콤바인이 원하는 역할을 충실히 수행하는 고위직하수인이다. 그녀의 왜곡된 실존목적은 오로지 일사불란한 환자들의 통제, 즉 그들의 자아의식과 주체성을 박탈하여 그들을 획일적으로 순응시키는데 있다. 그녀는 통제에 어떤 차질도 생기지 않도록 전념하기 위해 언제나 가식적인 표정을 짓는 이중성격에, 심지어 자신이 여자인데도 여자임을 의식하지 않을 뿐 아니라 여자로 실존하려하지 않는다. 따라서 그녀의 실존에는 즐거움, 활력, 해학, 성적 매력, 화장, 그리고 다른 사람을 인간으로 존중하려는 마음은 없고, 오로지 병동통제의 효율성과 만족감이 최우선이다. 그녀의 효율적이고 만족스러운 통제수단과 방법은 증오심이 증폭시키는 학대와 가혹행위 그리고 기계에 전적으로 의존한다. 그녀는 백인들로부터 극심한 고통, 마음의 상처, 그리고 피해를 당해 원한이 골수에 사무친 흑인을 보조원으로 세 명 고용해, 그들이 복수심으로 백인 환자들에게 가혹행위를 하도록 부추긴다. 또 그녀는 서슴없이 환자들에게 전기충격치료와 뇌 전두엽절제술을 시술한다. 이처럼 그녀는 환자의 통제에 걸림돌이 되는 사람들이나 행위를 결코 용납하지 않는다. 그럼에도 불구하고 그녀는 통제에 실패한다. 그 원인은 그녀가 콤바인의 전폭적인 지원을 받아도, 더욱이 어떤 수단과 방법을 동원해도 환자들의 자유본능을 억압할 수 없다는 사실을 모르기 때문이다.

지금부터 브롬든이 목격한 먹머피와 독재간호사와의 대결, 그리고 거기에 따른 그의 자아성찰과 성숙을 고찰한다. 그 대결은 "소박한 개인주의, 솟구치는 정력, 자본가적인 약삭빠름, 웃음을 자아내는 음담패설, 그리고 강인한 정신력의 화신"[342]인 먹머피가 자아상실, 맹목적인 역할수행, 권위주의, 집단주의, 그리고 금욕주의의 상징인 래쳐드의 병동환자들을 해방시키려는 시도에서 드러난다. 그 해방은 환자들이 래쳐드의 통제와 탄압으로 상실해버린 삶의 즐거움과 활력, 성의식, 그리고 주체적 자아의 회복이고, 특히 브롬든이 드디어 향유하는 자유 그리고 자기부족에 대한 관심과 애착이다. 표면적으로 브롬든의 자유와 애착은 그가 먹머피의 지도와 도움을 받아 현실화되었다. 그렇기 때문에 그의 자유는 먹머피의 선물이라는 견해가 대체로 압도적이다. 그러나 먹머피를 브롬든의 잠재의식 속의 분신으로 간주한다면, 두 사람이 2인1역을 하여 자유와 애착을 실현시켰다는 주장이 가능하다. 다시 말하면, 브롬든이 자유를 염원하는 잠재의식이 어떤 계기(먹머피와의 만남으로 갑자기 깨달은 자아의식과 활력)와 더불어 자연발생적으로 현실화되었다. 이 현실화에는 그의 자유를 향유하려는 강한 의지와 실천이 필수적이다. 자유는 결코 다른 사람의 선물이 아니고, 스스로 혼신의 힘을 다해서 향유해야하는 값진 보배이기 때문이다.

먹머피가 래쳐드 병동의 새 환자로 등록하고 기존환자들과 달리 매우 당당하고 활기차게 입실한다. 이 병동에는 회복이 가능한 젊은 급성환자 20명과 치유불능의 만성환자 20명이 있다. 만성환자들은 세 부류 – 브롬든처럼 혼자 걸어다니는 환자, 휠체어 환자, 그리고 식물인간들 –로 나누어진다. 먹머피는 건장한 체구에다 얼굴에는 누군가와 싸우다가 호되게 당했다는 징표로 추정되는 코와 광대뼈를 가로질러 바늘로 꿰맸던 자국이 있다. 그가 입실하자마자 세 명의 흑인보조원이 성기와 항문에 성적 장난을 하면서 강제목욕을 시키지만 그들에게 제압당하지 않는다. 그는 먼저 급성환자들에게 인사하고, 갑자기 큰 소리로 웃기 시작한다. 그가 왜 웃는지 누구도 알 수 없지만, 그 웃음은 원을 이루어 점점 커지면서 벽에 부딪쳐 병동 전체로 울려 퍼짐으로 환자와 직원들을 깜짝 놀라게 한다. 그 웃음은 일단 그들의 실존에 경악과 경이감을 일으킨다. 특히 그 웃음이 브롬든에게 그의 메마르고 무기력한 실존과 의식을 경악과 경이감으로 뒤흔들어 변화시키는 계기를 그에게 마련해준다. 더욱이 먹머피는 자기에게 접근하는 흑인보조원을 따돌리려고 급성환자와 만성환자들과 일일이 악수하고, 마지막으로 아침에 면도 때문에 소란을 피워 구석 의자에 묶여있는 브롬든에게 간다. 그가 브롬든을 보고 큰 소리로 웃기 시작하자, 브롬든은 그가 자신의 귀머거리와 벙어리연기에 결코 속지 않는다는 표시로 웃고 있음을 간파한다. 이처럼 두 사람은 보자마자 이심전심으로 소통하는 일심동체이다. 그래서 먹머피는 의기소침한 브롬든을 격려한다: "귀머거리든 아니든 추장 당신은 반드시 성숙할거요. 그러나 나와 악수합시다. 당신이 거절하면 나는 모욕을 당했다고 분노할 거요"(23). 이러는 먹머피에게 래쳐드가 아직까지 입실목욕을 하지 않았다는 흑인보조원의 보고가 사실이냐고 묻고, 모든 환자는 규칙을 준수해야한다고 타이른다. 그는 싱긋 웃으면서 자기도 규칙준수에 대해 귀가 아프게 들었다고 응대한다. 두 사람은 "서로 미소를 주고받으면서 서로를 탐색한다"(24). 래쳐드는 곧바로 먹머피를 교묘한 조정자로 간파한다.

두 사람의 첫 가벼운 대결은 먹머피가 래쳐드의 왜곡된 실존과 성의식에 일격을 가하면서 시작된다. 그녀는 실존에 가장 중요한 역할을 하는 상호인정과 존중의식의 밑바탕이 되는 성에 무관심할 뿐 아니라 수치심과 혐오감을 느낀다. 그녀는 이런 성의식 때문에 남자(비록 환자들이지만)를 상호관심, 감응, 그리고 부조의 대상으로 존중하려하지 않고 무조건 무시하고 통제하려한다. 먹머피는 이런 비정상적인 독재간호사에게 성적 관심을 일깨워보려고, 처음 참석한 그녀, 의사, 젊은 간호사들, 수련의들, 그리고 환자들의 모임에서 엉뚱한 말을 한다. 래쳐드가 하딩(Harding)환자와 그의 부인과의 문제 - 그는 부인의 가슴이 풍만하고 매력적이어서 그녀가 모든 남자의 지나친 관심의 대상이 되어 마음이 불안정하다 -를 안건으로 논의하자(touch on)고 발언하자, 그는 "touch on"을 부인의 신체를 손으로 만지자는 의미로 받아들인다고 엉뚱하게 말한다. 이렇게 그는 그녀를 당황시켜 곤혹스럽게 한다. 또 그는 교도소 의사가 자기를 정신착란증환자로 진단하고, 정신착란은 지나치게 열정적인 성관계를 의미한다고 말했음을 공개한다. 그러면서 그는 의사에게 그런 관계를 갖는 것이 중병이냐고 물어본다. 그러자 의사, 급성환자들, 그리고 몇 명의 만성환자가 미소를 짓는다.

그가 독재간호사와 대결하려면 먼저 패배의식과 공포심의 자아에 유폐되어 있는 급성환자들의 의기소침한 의식을 개혁해야한다. 그들은 스스로 토끼라고 자조하는 패배의식에 빠져 꼼짝 못하고 있다. 그들의 토끼론에 의하면, "우리의 실존관습은 강자가 약자를 포식함으로써 더욱더 강해진다는 잘못된 생각에 근거한다. [⋯] 토끼는 ⋯ 늑대를 강자로 인정한다. [⋯] 토끼는 절대로 늑대에 달려들어 싸우지 않는다. [⋯] 우리 모두는 토끼로 생존해야하는 관습에 적응하지 못하기 때문에 여기에 있다. 그래서 우리는 우리에게 적응방법을 가르쳐주는 독재간호사와 같은 막강한 통제력을 발휘하는 늑대가 필요하다"(57-58). 먹머피는 이 토끼론을 듣고 그들이 자기들의 늑대인 독재간호사의 완벽한 주구로 전락했음을 간파한다. 또 그들은 주구이면서도 항시 공포심에 벌벌 떤다. 그들 중에 누구라도 공격적인 징후를 나타내면, 독재간호사는 바로 그에게 전기충격치료를 시술하여 극심한 고통 뿐 아니라 회복불능의 상처를 가하기 때문이다. 이러므로 그들은 공포심에 극도로 위축되어 있다. 이 뿐만 아니라 그들은 독재간호사의 농간에 농락당한다. 그녀는 마음대로 시간을 조정하여, 빠르게 하면 그들은 한 시간에 20일을 살아야하기 때문에 정신을 차릴 수 없고, 반대로 시간을 늦춰 시계 바늘을 고정된 시간에 고정시키면 3일 동안 카드를 들고 있기도 하고, 화장실에 가지 못해 방광이 터질 것 같은 고통에 시달린다. 또 그녀는 분무기에서 안개를 분출시켜 그들이 사물을 분간할 수 없게 한다. 이렇게 그들은 오랜 기간 동안 실존해 왔으므로 "그녀는 난공불락의 여자"(66)라고 믿는다. 따라서 그들은 그녀는 승리자이고, 자기들은 패배자라는 고정관념에 꼼짝 못한다. 먹머피는 독재간호사와 대결하려면 그들의 고정관념을 와해시킴이 급선무라는 사실을 깨닫는다.

그러려면 그는 그들에게 그녀와 대적할 수 있다는 자신감과 도전정신을 고취시켜야한다. 그러기 위해 그는 무엇보다도 먼저 자기가 그녀를 이길 수 있다는 확신과 신뢰를 그들에게 심어주어야 한다. 그래서 그는 그들에게 자기는 1주일 안에 그녀의 권위와 통제에 일격을 가할 수 있다고 호언장담하면서, 돈 내기를 하자고 제안한다. 그는 자신의 일격 여부는 그들이 판정하며, 자기는 판정에 승복할 거라고 공언한다. 이렇게 하여 그는 그들을 동참시킬 뿐 아니라 내기로 단결시킨다. 이 동참과 단결은 그가 그들과 브롬든을 독재간호사의 통제와 탄압으로부터 해방시키는 출발점이다. 그는 그들에게 자신감을 고취시키기 위해 휴게실에서 그들과 담배 내기 카드게임을 한다. 그는 계속 이겨서 주위에 담배 갑들이 수북하게 쌓여 있다. 그는 이렇게 이기다가 갑자기 9시 30분의 취침시간까지 계속 잃기 시작하여 빈털터리가 된다. 그는 마지막 남은 두 갑을 내놓고 중얼거린다: "나는 알지 못한다. 나는 언제나 21점을 만드는 빈틈없는 대가였다. 그러나 당신들은 나에게 너무 벅찬 상대인 것 같다. 당신들은 엄청난 재주를 가지고 있어서, 내일 정말 돈을 걸고 고수들과 도박하기가 크게 부담된다." 그들은 본전을 했는데도 "전 미서서피(Mississippi)주에서 가장 뛰어난 도박꾼"(73)이 된 것처럼 의기양양하다. 더욱이 먹머피는 브롬든을 깨우친다: "추장, 내가 흑인이 온다고 말하니까 당신은 깜짝 놀랐다. 나는 누군가가 당신은 귀머거리라고 말했다고 생각하고 있었는데"(75). 그는 추장이 정상인임을 인지했다는 사실을 밝힌다.

다음날 아침에 먹머피는 제일 먼저 일어나 화장실에서 노래를 쩡쩡하게 부르고 있다. 모든 환자가 몇 년만에 병동에서 노래를 듣고 깜짝 놀란다. 더욱이 그들은 바로 달려가 노래를 중단시켜야할 흑인보조원들이 그를 제지하려하지 않아 경악을 금치 못한다. 그들은 먹머피가 자신들과 상이한 이유는 그가 구름처럼 자유스럽게 떠돌아다니는 삶을 살아서 콤바인의 통제를 받고 있지 않기 때문이라고 추측한다. 또 흑인보조원들이 방관하는 까닭도 그가 아직까지 몸 안에 콤바인이 인간을 마음대로 통제하는 전기장치를 부착하지 않았음을 알고, 그 거구와의 싸움을 두려워하기 때문일 거라고 가정한다. 그때 독재간호사가 문을 열고 들어오자, 흑인보조원이 그녀에게 달려가서 먹머피가 규칙을 어기고 있다고 보고한다. 그녀는 화장실에서 쩌렁쩌렁하게 울리는 소리를 듣고, 한참 후에야 그 소리가 먹머피가 부르는 노래임을 알고 씩씩거리면서 험악해진다. 추장은 환자들이 그녀의 전매특허인 미소 대신에 이런 분노와 실망으로 얼룩진 모습을 보았으면, 먹머피가 그녀의 권위와 이중성격에 일격을 가했음을 피부로 느꼈을 거라고 믿는다. 그러므로 그는 침실을 청소하면서 병원에 감금당하고 나서 처음으로 코를 자극하는 여러 냄새들, 특히 그 중에서도 들판의 흙냄새를 맡고 있음을 깨닫는다. 그의 깨달음은 그가 망각하고 있던 자아를 다시 찾아 자기존재를 실감하는 징조이다.

먹머피가 병동에 입실한 뒤로 급성환자들은 규칙을 어기는 돈 내기 카드게임에 열중하여 시간이 재미있고 활기차게 지나가는 나날을 보내게 된다. 표면적으로는 그들의 생활에 변화가 일어난 것 같지만, 그들의 의식은 여전히 의기소침하고 위축되어 있다. 먹머피가 밤에 청소를 하고 오후에 월드 시어리즈(World Series, 야구경기)를 보자는 안건을 정식으로 상정하여 투표하고 개표하자 찬성은 한 사람뿐이다. 그는 어이없는 결과를 보고 지금까지의 자기 실존방식으로는 도저히 납득할 수 없기 때문에 화가 머리끝까지 치밀어 씩씩거린다. 그는 그들이 야구경기 시청 여부를 결정하는 투표보다는 그 행위에 따르는 가혹한 처벌과 비극을 더 두려워함을 알지 못하기 때문이다. 그러므로 그는 보복으로 카드게임을 하여 그들을 빈털터리로 전락시켜버린다. 그는 그들이 돈이 없어 카드게임도 못하고 무료한 시간을 보내고 있으면서도 티 비 시청안건을 다시 상정해도 투표에 참여하여 찬성할 기미가 보이지 않자 절망감을 느낀다. 그는 절망감에서 벗어나려고 시멘트바닥에 고정되어 있는 많은 손잡이와 크랭크들이 달린 커다란 제어반을 들어 올리겠다는 장담으로 그들과 돈 내기를 한다. 그는 내기에 이기는 것이 불가능함을 알면서도 시도했다가 실패하자, 그들로부터 딴 돈 전부를 되돌려준다. 그러면서 그는 불가능을 가능으로 현실화시키려고 언제나 최선을 다한다고 그들에게 일침을 가한다. 그는 그들이 일침에 어떻게 반응했는가를 알아보기 위해, 다음 회의에서 독재간호사가 마지못해 하는 동의를 얻어 티 비 시청시간을 오후로 변경하는 안건을 다시 상정하여 투표로 가부를 묻는다. 투표결과로 두 사람의 명암은 엇갈린다. 급성환자 20명 전원이 안건에 "티 비 시청에 찬성해서가 아니라 독재간호사에 반항해서 … 그녀의 언행과 자기들에게 자행한 탄압에 반발해서"(121) 찬성한다. 먹머피가 전혀 기대하지 않았던 성과에 승리의 쾌재를 부르려하자, 그녀는 조금도 예상하지 못했던 결과에 무척 놀랐으면서도 내색을 하지 않고 40명 중 겨우 20명만 투표했으므로 안건은 부결되었다고 선포한다. 그러자 그는 "투표는 끝났다"는 그녀의 선언은 아랑곳하지 않고, 만성환자들에게 달려가 한 표를 호소하자 추장이 손을 든다.[343] 먹머피가 "21명! 추장이 투표하여 21명이 찬성했다"(122)고 환호하자, 그녀는 "회의는 이미 끝났다"(124)고 선언하고 퇴장할 때 목덜미가 벌겋게 부풀어 있다. 그녀는 결단코 그들의 경기시청을 용납하지 않는다. 그들이 경기를 시청하려고 티 비 앞에 앉자, 그녀는 티 비 전원을 꺼버린다. 그래도 그들은 화면이 나오지 않는 티 비 앞에 계속 앉아 있다.

그녀는 병동통제에 실패하자 큰 상처를 입고 먹머피의 문제 − 그를 계속 병동에 둘 것인가, 아니면 내보낼 것인가 −를 논의하기 위해 직원회의를 소집한다. 의사와 수련의들은 먹머피가 다른 환자들을 선동하는 위험인물이니 중환자실로 보내는 것이 우리에게 안전할 거라는 의견을 개진한다. 그러나 그녀는 예상 외로 그 의견에 반대한다는 입장을 단호하게 표명한다: "나는 그가 중환자실로 보내져야한다는 의견에 동의하지 않는다. 그 대책은 우리 문제를 다른 병동에 떠넘기는 안이한 방법이다. […] 그는 비범하지 않고 단순히 한 인간일 뿐 그 이상은 아니다. 그도 다른 사람처럼 공포에 떨고 비겁하고 소심하다"(136-37). 그녀가 내린 이런 자신만만한 판단은 그가 위탁환자이므로 그의 퇴원은 자기결정에 달려 있다는 확신에서 비롯된다. 그러나 그녀의 자신감과 확신은 나중에 착각과 망상임이 밝혀진다.

반면에 먹머피는 자신이 그녀의 승인이 있어야 퇴원할 수 있는 위탁환자임을 모르고 그녀에게 저돌적으로 도전하여, 급성환자들과 추장의 억눌린 왜곡된 의식에 지각변동을 일으킨다. 그는 거리낌 없이 복도에서 큰 소리로 떠들고, 흑인보조원들을 조롱하면서 혼자 좋아 웃으며, 심지어 그녀에게 젖가슴의 크기가 얼마나 되느냐고 묻는다. 화장실청소를 건성건성 하면서 변기가장자리에 음란한 단어들을 적은 종이쪽지를 껌으로 붙여 놓는다. 그녀는 단어들을 읽고 깜짝 놀라지만 미소를 머금고, 그를 노려보면서 그의 책임과 의무는 낙서가 아니고 깨끗한 청소라고 힐난한다. 급성환자들은 그의 이런 돌출행동과 도전에 고무되어, 지금까지 축적된 불평불만을 그녀에게 노골적으로 토로하면서 병동규칙을 변경해달라고 요구한다. 그러나 추장은 이런 불만과 요구보다는 왜 그가 자신을 고수할 만큼 강인한가에 관심이 더 많다. 추장은 그가 주체적 자아를 고수하기 때문에 그녀와 콤바인에 통제당하지 않는 자유인이라고 생각한다. 추장의 판단에 의하면, "그는 정말로 비범한 인물이다. 그는 타고난 그대로의 자아고수자이다. 이 고수가 그의 진수이다. 아마 이 고수가 그를 아주 강인한 인물로 현신시켜 지금 [그들 앞에] 있는 먹머피이다"(139-40). 추장은 지금까지 피동적 인간으로 전락하여 주체적으로 실존하지 않았음을 깨닫는다. 이 깨달음으로 추장도 이제부터 주체적 자아를 고수하려함으로 현재를 강하게 의식할 수 있다. 그는 오랫동안 걸레질을 하면서도 느끼지 못했던 타일바닥의 차가움을 느낄 수 있고, 창가에서 산들바람의 냄새를 맡고 가을이 오고 있음을 직감할 수 있다. 그의 이런 강한 현재의식이 그를 과거의 기억 속으로 이끌어간다: "그들(기러기떼)이 선두기러기를 따라 비(V)자형의 목걸이 형태로 까만 줄을 이루어 달을 가로질러 날아갔다. 어느 순간 선두기러기는 무리 한가운데로 들어서는데 다른 기러기들보다 월등 컸고, 날개를 펴고 오므리면서 검은 십자가를 만들더니, 무리를 이끌고 하늘로 사라졌다. 나는 기러기들이 사라지는 소리를 들었다. 그 소리가 내 기억 속에 남아있다"(142-43). 또 그는 병원이 교외에 있음을 인지한다. 그는 오랜 세월 망각했던 시간과 공간을 새롭게 의식함으로써 자신을 미래의 계획자로 변신시키는 계기를 마련한다.

독재간호사는 다음 회의에서 먹머피의 도전으로 흔들린 병동장악력과 통제력을 원상 복구시키려고 청소태만의 반항행위를 처벌하고, 그 처벌로 카드게임방을 폐쇄한다고 일방적으로 공표한다. 그녀는 이 공표로 자신의 권위적 위상을 회복했다고 확신하는 것 같다. 이 확신은 그녀가 환자들에게 자행하는 가혹한 통제와 억압은 콤바인의 전폭적인 지원을 받고 있을 뿐이고 하위직직원들의 협조도 얻지 못하고 환자들의 집요한 반항에 직면한다는 사실의 간과에서 비롯된다. 그녀는 이 간과로 완벽한 통제와 탄압이 가능하다는 아집의 노예로 전락하여, 자신의 정체와 다른 사람들의 본능과 욕구를 있는 그대로 직시하지 못함으로써 불행을 자초한다. 그녀의 일방적인 공표가 끝난 뒤에 먹머피가 그녀 쪽으로 다가가자, 그녀는 겁에 질려 흑인보조원을 찾는다. 또 그가 그녀 사무실에 맡겨둔 담배 한 갑을 가지러 가면서 손을 유리창에 부딪치자 유리가 깨져 조각들이 물이 튀듯 사방으로 날아가자, 그녀는 두 손으로 귀를 막는다. 이렇게 그녀는 자신의 아성이 어이없이 무너짐을 목격하면서도 아집을 버리지 못한다.

먹머피는 카드게임을 할 수 없는 환자들을 모아 농구팀을 만들고, 의사의 허가를 받아 체육관에서 농구공을 하나 가져온다. 의사는 독재 간호사의 완강한 반대에도 불구하고, 그가 복도에서 농구연습을 지도하도록 허가한다. 그는 그들에게 공을 빠르게 던지는 방법을 가르치면서 복도를 뛰어다닌다. 그는 그들에게 "공을 던져라!"(176)라고 고함지른다. 그들은 공이 간호사실 유리창에 부딪쳐 펑크가 나서 더 이상 농구연습을 할 수 없다. 그래서 그는 이제 낚시할 차례가 되었다고 생각하고 환자들, 의사, 그리고 독재간호사에게 자기생각을 드러낸다. 그러자 그녀는 반대한다는 뜻으로 신문기사 – "오리건주 해안의 바다낚시는 연중 절정을 이루고 있지만, 연어 제철은 이미 끝나고 있으며 바다는 거칠고 험하다" –를 읽는다. 이에 맞서 그는 대응한다: "사납게 파도치는 바다 냄새, 뱃머리가 파도에 부딪치는 힘찬 소리, 거친 파도에 용감하게 맞설 때 인간은 인간다워지고, 배는 배다워진다"(178). 그는 인간이 직면한 위기와 극한상황을 피하지 않고 극복하려할 때만 자신의 고귀한 인격과 진가를 드러낼 수 있다고 확신하기 때문이다. 따라서 그는 그녀의 끈질긴 방해공작에 자기 나름대로 대응하여, 어선 빌리는 비용으로 10달러를 내고 낚시에 동행할 환자들을 모집했는데 아직 두 명이 충원되지 않아 난관에 봉착한다. 이때 그는 옆 침대의 추장에게 바다낚시에 참가할 의사가 없느냐고 물어본다. 그러자 추장은 바다낚시에 가고 싶지만 자기는 무일푼이라고 대답한다. 또 추장은 그의 질문 – 당신은 미식축구선수로 몸이 컸을 때 자기가 들지 못했던 제어반을 들어 올릴 수 있었을까? –을 받고, 그럴 수 있었을 거라고 대답한다. 바로 그는 추장에게 이런 제안 – 자기가 그의 왜소하게 위축된 몸을 옛날처럼 크게 만들면 그가 제어반을 들어 올릴 수 있다고 약속한다 –을 하고, 참가비를 대납하겠으니 함께 가자고 말하고 명단에 그의 이름을 올린다. 추장은 그의 제안이 자기에게 큰 도움이 된다고 적극 환영한다. 더욱이 추장은 이제 낚시하러 갈 수 있는 데다 두 창녀가 함께 간다는 말을 들어서 그런지 참으로 오랜만에 발기를 느낀다. 먹머피는 사정사정하여 과거 어선선장이었던 만성환자, 죠지 소렌슨(George Sorensen)을 지도자로 모셔 마지막 한 명을 보충하자, 처음 계획했던 인원 명단이 확정된다.

낚시하러 갈 환자들이 약속 시간이 되어도 오지 않는 두 창녀를 초조하게 기다리고 있을 때, 그들의 생각보다 더 젊고 아름다운 여자가 혼자 온다. 더욱이 먹머피는 차가 한 대 부족하여 전원이 함께 갈 수 없는 난관에 봉착했는데, 의사가 젊은 여자를 보고 혹해 낚시여행에 동참하겠다고 자원하여 차 문제가 해결되자 그들은 바다로 간다. 그들의 낚시여행은 "구속과 고정을 벗어나는 자유와 이동의 혁혁한 승리들 중의 하나이다."[344] 그들은 망망대해에 유일하게 떠도는 배에서 낚시하면서 물고기와 사투를 벌인다. 그들은 이 사투가 너무 힘겨워 먹머피에게 도움을 청하지만, 그는 전혀 도와주려하지 않는다. 그래서 그들은 자발적으로 서로 도움을 주고 받으려한다. 추장은 울타리 말뚝만큼이나 큰 연어를 낚아 올리려고 온 힘을 다 쏟고 있을 때, 그들의 큰 도움을 받았다. 이처럼 추장과 동료들은 바다낚시 덕택에 자신감, 잠재력, 삶의 활력, 그리고 공동체의식을 체감함으로써 승리하고 개선하는 병사들로 변신하여 병원으로 돌아온다. 특히 추장은 바다낚시여행 전후에 촉발된 의식변화로 여건과 상황에 능동적으로 대처하는 인간으로 성숙한다. 그리하여 그는 먹머피를 위기에서 구해준다. 낚시를 다녀온 사람들에게 특별목욕을 시켜야한다는 독재간호사의 명령을 받은 흑인보조원들이 욕실에서 그들의 머리와 항문에 악취를 풍기는 끈적끈적한 연고를 바른다. 키 큰 보조원이 평소에 눈감아주던 관례를 깨고 목욕할 때 비누도 쓰지 않는 결벽증이 강한 죠지의 머리와 항문에 기어코 연고를 바르려하자, 죠지가 거세게 반발한다. 흑인보조원이 이런 반발에 아랑곳하지 않고 자기의지를 관철하려하자, 먹머피가 개입하여 그 의지를 꺾어버린다. 결국 두 사람 사이에 격투가 벌어져 먹머피가 상대를 저돌적으로 공격하여 비틀거리게 하자, 뒤에서 자기 팔을 잡은 다른 흑인보조원을 뿌리친다. 그가 다시 먹머피의 팔을 잡자, 몸매조형훈련을 받아 팔은 더 커지고 가슴과 어깨가 더 넓어진 추장이 그를 잡아떼서 욕실 안으로 내던진다. 추장은 또 다른 흑인보조원이 등 뒤에서 겨드랑이 밑으로 팔을 집어넣고 두 손으로 목을 조이자, 욕실로 물러서서 그를 바닥에 눕혀 짓밟는다. 두 사람이 "훌륭한 큰 승리"(238)를 거두었다는 환자들의 환호를 듣고 있을 때, 독재간호사가 중환자실에서 데려온 네 명의 보조원이 그들의 손목에 가죽수갑을 채운다.

두 사람은 강제로 전기충격치료를 받는데, 거기에 대한 반응은 각각 상이하다. 먹머피는 독재간호사의 위협과 회유에 굴복하지 않고 집요하게 반항하면서도, 전기충격치료를 받으러오라는 안내방송을 들을 때는 "턱 근육은 굳어지고, 얼굴은 혈색이 없어지면서 생기가 없고 겁먹은 것처럼 보인다"(249). 이렇게 그의 무력하고 공포에 사로잡힌 얼굴표정은 그의 가장 중요한 역할 – 환자들의 무기력하고 무감각한 삶에 활력과 성적 욕구를 불러일으킴 –이 끝났음을 시사한다. 반면에 추장은 전기충격치료를 받고 광명과 암흑, 잠과 깨어남, 그리고 생과 사의 경계선에서 과거를 기억하고, 현재를 실감하며, 미래를 계획한다. 그는 할머니가 불렀던 동요의 "나는 뻐꾸기 둥지 위로 날아간 기러기를 좋아한다"는 가사와 학교선생으로부터 들었던 말 – "너는 머리가 좋아서 상당한 인물이 될 거야"(250) –을 기억한다. 더욱이 그는 독재간호사에게 "나의 길을 막지 마라"(247)고 일갈한다. 서로 다른 반응과 함께 먹머피는 반항아로 삶을 메마르게 하는데 반해, 추장은 실존을 의식하고 검토하는 인간으로 재생한다.

먹머피는 독재간호사의 전략으로 다시 병동으로 돌아온다. 그녀는 전기충격치료로는 그의 반항심을 꺾을 수 없어 더 과격한 치료법의 활용 여부를 검토한다. 그녀는 이런 의중을 환자들에게 밝히자, 하딩이 먹머피가 아주 당당하고 의젓하다는 소문이 있다고 말한다. 그녀는 모든 환자의 비웃음의 대상이 되었음을 알고 몹시 당황한다. 그녀는 환자들 사이에서 먹머피가 자기를 골탕 먹이는 전설적 존재로 부상하고 있음을 직감한다. 그래서 그녀는 먹머피에게 전기충격치료를 거듭하여 그의 의식은 흐리고 모습은 나약하게 만들어 환자들이 환상에서 깨어나 크게 실망하기를 기대한다. 그러나 그녀의 기대는 먹머피가 먼저 그녀의 악의에 일격을 가하기 때문에 어긋난다. 그는 그녀가 그렇게 감추려고 하는 여성임을 공개하여 그녀를 응징한다: "그가 유리문을 깨고 안으로 들어가자 그녀는 얼굴을 그 쪽으로 돌리는데, 얼굴에는 그녀가 앞으로 도저히 나타낼 수 없는 강한 공포심이 드러난다. 그가 그녀를 움켜잡고 간호사복을 위에서 아래로 찢자 그녀가 비명을 지른다. 그녀의 가슴에서 젖꼭지가 달린 두 개의 동그란 유방이 튀어나와 점점 팽창하여 어느 누가 상상했던 유방보다 훨씬 더 크고 빛을 받아 따스한 분홍빛으로 선명하게 노출되자 그녀는 또 더 크게 비명을 지른다"(275). 그녀는 비명으로 의식과 실존에 어떤 변화도 촉발하지 못하는 냉혈 여인이므로 그의 일격은 무위로 끝난다. 세 명의 흑인보조원은 그의 폭력행위를 방관만 하고 있으므로 의사, 직원, 그리고 간호사들이 합심하여 그의 손을 헉헉거리는 그녀의 목에서 조심스럽게 떼어 놓는다. 그런 다음에 그들이 먹머피를 바닥에 넘어뜨려 숨막히게 하자, 이번에는 그가 비명을 지른다. 이 비명은 그와 독재 간호사와의 대결은 끝났음을 그리고 그의 죽음을 예고한다.

독재간호사는 1주일 동안 병원에 입원했다가 얼굴이 완전히 망가진 채로 다시 병동으로 돌아온다. 그러나 그녀는 환자들의 반항으로 병동 장악력과 통제력을 상실했으므로 더 이상 그들의 자유염원과 본능을 탄압할 수 없다. 따라서 그녀는 콤바인의 하수인역할을 수행할 수 없는 무능력자로 전락할 수밖에 없다. 또 먹머피는 그녀에게 폭력을 행사한 3주 후에 이동침대에 누워 병동으로 돌아온다. 침대 밑에 붙어 있는 명찰에 큰 검정 글씨로 먹머피 랜들 피. 수술완료 그리고 그 밑에 잉크로 뇌 전두엽절제술이라고 적혀있다. 추장은 독재간호사가 무능력자로 추락했으면서도 이렇게 침대에 누워 꼼짝 못하는 먹머피를 조직에 도전한 대가의 경고용으로 이용하려는 저의를 간파한다. 그래서 추장은 한밤중에 그의 얼굴에 베개를 놓고 눌러앉아 그를 질식시킨다. 추장은 그가 독재에 저항하여 자유를 향유하는데 필수적인 도전과 반항의 필요조건을 충족시켰으므로 그의 역할은 끝났다고 믿기 때문이다. 또 추장은 그의 삶과 성의 활력은 무기력한 환자들의 생명력회복에 결정적인 역할을 하지만, 그들이 일단 회복하면 그 역할은 더 이상 필요로 하지 않는다고 확신하기 때문이다. 이제 그의 도전, 반항, 그리고 활력은 추장의 실존에 필수품이 아니다. 추장은 이제 병동에 더 있을 필요가 없기 때문에 먹머피가 들지 못했던 제어반을 들어올려, 그것으로 유리창을 깨고 병동 밖으로 나와 고속도로 쪽으로 달린다. 그는 달리면서 하늘 위로 날아가고 있다는 느낌, 즉 자유를 만끽한다. 우선 그는 댈즈에 가서 자기가 "알았던 마을사람들 중에서 술 때문에 얼빠지지 않고 제정신을 가진 사람이 몇 명이나 있는지 확인하고 싶다"(280). 이처럼 그는 자기종족에 깊은 관심과 애정을 쏟는다. 드디어 그가 말하기 시작한 이야기는 이런 소망으로 끝난다: "나는 협곡 주변의 땅을 다시 한 번 찾아가서 보고 싶다. 그 땅의 일부를 내 마음속에 뚜렷하게 새겨두고 싶다. 나는 너무 오랫동안 그곳을 떠나 있었기 때문에"(281). 요컨대 그가 주체적 자아를 회복하고 자유를 만끽할 수 있게 되자, 과거의 비극적 실존을 성찰하고 다른 사람들에게 깊은 관심과 애정을 쏟으려는 미래를 설계하고 싶어서 말하기 시작한 이야기의 끝이 바로 *기러기가 뻐꾸기 둥지 위로 날아갔다*의 마지막 장면이다. 이 마지막 장면이 추장 브롬든과 먹머피는 2인 1역 —추장이 독자적으로 통제와 탄압에 도전하고 반항하여(먹머피의 역) 자유를 향유한다(추장의 역) —으로, 다시 말하면 도전과 반항 그리고 향유를 하나로 통합한다로 해석함이 행복을 추구한 세대의 소설철학에 부응할 뿐 아니라 작품이해에 필수적이다.

7

2020년대

포우스트-포우스트모던미국소설 연구

1940년대에 출생한 다섯 소설가, 폴 오스터(Paul Auster), 팀 오우브라이언(Tim O'Brien), 챨즈 리쳐드 죤선(Charles Richard Johnson), 매럴린 로빈선(Marilynne Robinson), 그리고 레슬리 마먼 실코우(Leslie Marmon Silko)를 고찰하려고, 그들에 관한 연구서적과 논문들을 읽으면서 마주친 낯선 용어, 포우스트-포우스트모던이즘(Post-postmodernism)에 어리벙벙했다. 그러므로 무엇보다도 먼저 포우스트-포우스트모던이즘에 대한 이해와 설명의 필요성을 느꼈다. 소설가는 어떤 예술가, 인문학자, 그리고 신학자보다도 더욱 상상적, 구체적, 전체적으로 실존목적과 방식을 모든 사람의 자발적 공감, 동의, 그리고 수용을 전제로 탐구하려고 전력한다. 그러기 위해 그는 어떤 극한상황에서도 실존의 긍정적, 낙관적 의식 그리고 가능성과 잠재력을 확장하려는 주인공과 이야기를 시대철학과 사조에 의존하여 창조한다. 이렇게 창조된 주인공과 이야기는 독자들 스스로 자기를 더욱 진실하고 심오하게 알려는, 자신의 가능성과 잠재력을 최대한으로 계발하려는, 다른 사람들을 더욱더 깊이 배려하고 사랑하려는, 그리고 사회정의를 실현하려는 욕구를 촉발시킴과 동시에 충족시키는 위력을 발휘할 수 있어야한다. 그런데 1980년대에 이런 위력을 발휘했던 포우스트모던이즘은 사회와 사조변화에 따른 의식전환으로 예술철학과 비평에서 생명력, 다시 말하면 과거의 지배적, 우월적 위상을 상실한다. 이렇게 위상을 상실한 포우스트모던이즘은 종말을 맞는다.

이 종말의 사례를 들면, "1990년대 초에 비평가들은 포우스트모던이즘이 '절정기'에서 쇠퇴하기 시작했고, 새로운 형태의 사실주의가 그 자리를 차지하기 시작했다는 사실을 주장하는 포문을 열었다." 1991년에 포우스트모던이즘의 대부, 이합 핫산 그리고 포우스트모던소설가들, 즉 죤 바스, 레이먼더 페더만, 그리고 윌리엄 개스가 참석한 학술대회, "포우스트모던이즘의 종말: 새로운 방향"에서 "비평가들은 미학과 문학이론의 핵심에서 분명한 변화를 확인하기 시작했다고 공언했다. 그 후로 우리는 … 포우스트모던이즘의 유아론과 무책임성 그리고 윤리적, 사회적 공허성과 결별하려고 계속 노력해왔다. 독자들이 "포우스트모던이즘의 이런 부정적, 불합리한 주장을 거부하자, 거기에 동조하면서도 그것의 긍정적, 합리적 철학을 수용하는 "'새로운' 형태의 사실주의가 출현했다." 이렇게 독자들의 의식 그리고 소설창작기법의 변화로 "1989년에 포우스트모던이즘의 종언은 … 불가항력으로 간주되었다. 1990년대 중반에는 '포우스트모던이즘 후에(혹은 넘어서)'라는 구절이 많은 비평서들의 표지를 장식했다."[1] 이 "포우스트모던이즘 후에 혹은 포우스트모던이즘을 넘어서"의 철학이 바로 포우스트-포우스트모던이즘이다. 게다가 포우스트-포우스트모던이즘의 출현으로 비평가들의 연구대상에도 큰 변화가 일어났다. 그 실례를 들면, "1970년대와 1980년대의 서평가와 비평가들에게 중요한 소설가들은 죤 바스, 죤 혹스, 윌리엄 개스, 커트 반어거트, 토머스 핀쳔, 도늘드 바털미, 이쉬미얼 리드, 그리고 로버트 쿠버였고, 이들보다 관심이 더 적은 작가들은 레이먼드 패더만, 로늘드 수케닉, 그리고 스티브 캐츠(Steve Katz)였다. 최근비평가들은 이것과는 약간 다른 목록을 만들었는데, 토머스 핀쳔은 다시 포함되지만 돈 디릴로우, 캐시 애커(Kathy Acker), 그리고 폴 오스터에다 윌리엄 깁선(William Gibson)을 필두로 사이버펑크(cyberpunk)계열의 작가들, 처음에 경멸적으로 저평가받았지만 나중에 상당한 비평적 주목을 끌었던 소설가들, 윌리엄 개더스, 죠우저프 맥얼로이(Joseph McEloy), 그리고 길버트 소렌티노우(Gilbert Sorrentino)를 추가했다."[2] 요컨대 포우스트-포우스트모던이즘은 포우스트모던이즘을 넘어서는 철학이며 소설창작기법으로 새로운 형태의 사실주의를 선호하며, 비평가들의 연구대상을 포우스트모던소설가들보다도 오히려 1940년대와 그 후에 출생한 작가들에게 집중시켰다.

이런 포우스트-포우스트모던이즘에 대한 이해와 설명은 학술적이므로 매우 난해하다. 이 이해와 설명이 지나치게 관념적이고 추상적이기 때문이다. 그러므로 저자는 천박한 지식으로 타당하고 합리적이라는 말을 들을 거라는 자신감은 없지만, 두 개의 실례를 들어 구체적으로 포우스트-포우스트모던이즘을 설명해보고자 한다. 먼저 소설주인공을 실례로 들어 설명하면, 그는 모던이즘소설에서는 자기를 억압하고 질식시키는 사회에서 극도로 소외되고 고립되어 자기보존이 불가능함으로 결국 현실을 도피하는 삶을 선택한다. 포우스트모던소설주인공은 자신의 생사가 좌우되는 극한상황을 극복하고 사회 속에서 생존하기 위해 오로지 홀로 존재한다. 반면에 포우스트-포우스트모던소설주인공은 인권을 유린하는 억압적인 사회에서 어떤 역경과 시련에 직면하면서도 혼자만 생존하려고 사회와 다른 사람을 부정하지 않고 긍정하면서, 함께 사는 실존을 추구하는 여유와 행복을 즐기려한다. 다음에는 1950년대에 미국사회에 소개되어 열광적으로 수용된 불교를 실례로 들어 포우스트-포우스트모던이즘을 설명해보려 한다. 버너드 맬러머드는 *두빈의 생애*에 22세의 대학중퇴자이고 불교수도원에서 도망쳐 나온 패니 빅을 성과 의복해방의 선구자로 등장시켰다. 그녀는 기독교가 여자에게 가혹했던 성 억압 그리고 여체를 잔인하게 옭아맸던 의복으로부터 해방의 길을 불교에서 발견했다. 이처럼 그녀에게 불교는 자기를 모든 억압과 질곡에서 정신적, 육체적으로 해방시켜준 구세주였다. 그녀는 자신의 젊은 아름다운 신체를 유감없이 노출시키는 헐렁한 옷차림으로 성적 욕망을 마음껏 발산하는 분위기를 조성하여 성해방을 구가했다. 또 잭 케러왝도 불교로 자기를 극도로 혼란시켰던 천주교의 정신과 육체를 분리시키는, 더욱이 삶과 예술을 구별하는 이원론을 극복할 수 있었다. 게다가 그는 불교로 자아탐구와 자발적인 삶 의지를 억압하는 출세제일주의와 물질만능주의에서 해방되어, "나는 누구인가"를 탐구하려는 인간으로 변신할 수 있었다. 더욱이 그는 선불교의 영향을 받은 일본 하이쿠에 함축되어 있는 소재의 다양성과 이질적인 소재의 결합과 조화에 매료되었다. 그는 이원론의 극복과 "만물은 하나이다"는 진리를 바탕으로 만물은 변화무쌍하기 때문에 이 세상과 삶에 영원불변은 있을 수 없다는 깨달음으로 세속적인 물욕으로부터 해방되어 자유스러운 삶을 살려고 고심하는 *진리의 탐구자들*의 주인공, 레이먼드 스미스를 창조했다. 요컨대 맬러머드와 캐러왝의 소설주인공은 마음을 비워, 다시 말하면 불교의 공에 의존하여 개인적 차원에서 인간을 질식시키고 억압하는 획일적 사고와 욕구 그리고 종교와 제도로부터 해방되어 자유를 구가하는 전형적인 개인주의자이다. 반면에 흑인소설가, 챨즈 리쳐드 죤선은 그의 소설에서 공과 함께 연기론을 강조한다. 그는 자유를 신체적, 법적 측면보다는 오히려 심리적, 성적, 정신적 관점에서 고찰한다. 그래서 그는 흑인이 염원하는 자유를 항의와 반항으로 쟁취하려하지 않고 돈오로 향유하려고 전력하기 때문에 불교에 의존하여 자아와 본래면목 탐구를 절대시한다. 그는 이 탐구를 모든 사람과 자연은 서로 의존하여 공존한다는 연기설에 집중시킨다. 그는 흑인들이 빼앗긴 자유와 인권을 회복하는 첩경은 지배계층인사들을 적대시하는 반항에 있지 않고, 돈오에 정진하면서 연기설을 바탕으로 그들과 서로 의존하는 공존의식을 확장하는데 있다고 강조한다. 그는 모든 인간은 자연의 일부이고 평등하므로 서로 의존하여 상생하면서 돈오에 정진해야한다는 진리를 깨달은 *소치는 사람 이야기*(*Oxherding Tale*, 1982)의 주인공, 앤드로 호킨즈(Andrew Hawkins)를 창조했다. 요컨대 이 주인공은 대립과 적대관계에서도 상호이해, 배려, 존중, 그리고 협력을 증진하는 관용과 화해정신 그리고 공동체의식을 확장하는 원동력이 될 수 있는 돈오와 연기설의 절대적 중요성을 강조한다. 결론적으로 포우스트-포우스트 모던소설주인공은 극한상황에서 오로지 혼자만 생존하려고 고군분투하는 이기적 개인주의자가 아니고, 돈오와 연기설을 바탕으로 사이좋게 공존하려는 이타적 상생주의자이다. 오늘날 우리사회는 이런 주인공을 필요로 할 뿐 아니라 요구한다.

오스터, 오우브라이언, 로빈선, 그리고 실코우도 죤선처럼 어떤 극한상황에서도 혼자만 생존하려하지 않고, 다른 사람을 이해하고 배려하여 존중하면서 함께 공존하려는 소설주인공을 창조했다. 그들의 소설주인공은 자신의 생존을 위협하고 인권을 유린하는 사회와 억압자들마저 긍정적으로 수용하면서 적대시하지 않는다. 그는 이런 수용으로 자신의 실존위기와 한계상황을 힘겹게 감내하면서 낙관적으로 극복하려한다. 그는 오로지 이런 여건에서도 자아와 본래면목을 탐구하고, 자신의 가능성과 잠재력계발에 전념하여 창조적이고 평온한 삶을 즐기려한다. 게다가 이 소설가들은 이런 주인공을 현실을 외면한 상상세계에서 허구적으로 창조하지 않고, 사실적으로 이야기한다. 이처럼 그들의 긍정적, 낙관적 의식을 전제로 창조한 소설주인공 그리고 그의 실존목적과 방법을 상상력에 의존하여 허구적으로 묘사하기보다는 오히려 사실적으로 기술한 수법은 1920년대와 1930년대에 출생한 포우스트모던 소설가들의 소설철학과 기법과는 아주 상이하다. 이 상이가 포우스트-포우스트모던소설을 태동시킨 요인이고 배경이다.

이 상이는 1940년대 이전에 출생한 포우스트모던소설가들과 그 이후 태생의 포우스트-포우스트모던작가들의 실존체험과 의식의 현격한 차이에서 비롯되었다. 포우스트모던소설가들은 궁핍, 억압, 그리고 위기감이 팽배했던 시대에 태어났다. 그들은 세계대공황과 제2차 세계대전의 궁핍과 참화 뿐 아니라 본능을 억압하는 사회관습과 규범을 체험하면서 성장했다. 게다가 그들은 예상 밖의 사회격변의 와중에서 부지불식간에 삶의 전부를 상실하는 위기상황에 직면했다. 그들은 이런 체험으로 자기와 세계를 비관적, 부정적 시각과 의식으로 볼 수밖에 없었다. 따라서 그들은 이런 시각과 의식을 전제로 독자적으로 궁핍, 억압, 그리고 극한상황을 극복하는 소설을 창작했다. 그들은 소설창작철학과 기법을 개개인의 생명과 안전을 보장하려하지 않을 뿐 아니라 자아, 본능, 그리고 소망을 용납하지 않는 기존진리, 예술, 이념, 종교, 그리고 체제를 부정하는 소설주인공을 상상력에 의존하여 언어로 창조했다. 그들은 상상력과 언어에 의존하면서도 사회를 이탈하지 않고 홀로 억압과 극한상황을 극복하고, 자아를 탐구하고 실현하려고 최선을 다하는 소설주인공창조에 전력했다. 한때 이 소설주인공은 독자들에게 대단한 위로, 용기, 희망, 그리고 활력을 불어넣어주었기 때문에 그들의 열렬한 환영과 지지를 받았다. 그러나 이 소설주인공은 오로지 자기생존에만 급급하여 다른 사람들과 공존하려는 의지와 실천이 없는 개인주의자일 뿐 아니라 기존진리를 인정하여 수용하려하지 않는 부정주의자 겸 의사소통 불가능자라는 비난을 받는다. 이런 소설주인공이 포우스트모던소설가들의 체험과 의식의 한계성을 드러낸 진면목이다. 이런 한계성을 초월하는 포우스트-포우스트모던소설가들은 1940년대에 태어나서 제2차 세계대전 후의 풍요와 안정을 구가하는 분위기에서 성장했다. 따라서 그들은 자기와 세계를 긍정적, 낙관적, 희극적 시각과 의식을 전제로 어떤 극한상황에서도 다른 사람들과 공존하려는, 더욱이 자기 삶을 억압하고 파멸시키려는 지배세력과 체제에 맹목적으로 반항하지 않고 긍정적, 평화적으로 대응하려는 소설주인공을 사실적으로 창조한다. 오늘날 우리는 우리 실존에 귀감이 되는 이런 소설주인공을 필요로 한다. 우리의 필요에 부응하여 등장한 이 소설주인공이 바로 포우스트모던소설의 한계를 초월한 새로운 인간상일 뿐 아니라 포우스트-포우스트모던소설이 구현하려는 목표이다.

저자가 임의로 선정한 오스터, 오우브라이언, 죤선, 로빈선, 그리고 실코우가 1940년대에 출생한 대표적 소설가들은 아니다. 저자는 이 선정 기준을 작가의 우열보다는 오히려 미국소설의 골격을 이루는 여러 인종의 남녀소설가들 중에서 골고루 뽑는데 더 큰 비중을 두었다. 이렇게 선정된 소설가가 유대남자 오스터, 백인남자 오우브라이언, 흑인남자 죤선, 백인여자 로빈선, 그리고 인디언여자 실코우이다. 그들은 미국인들의 소망과 욕구 그리고 시대정신과 사조에 부응하여 그들의 의식개혁과 사회변화를 선도하려는 포우스트-포우스트모던소설철학을 공유하면서도, 그들 각자의 성장배경 그리고 고유한 문화적 전통과 유산을 이야기소재와 말하기수법으로 특이하게 활용한다. 그들의 이야기소재의 다양성과 이질성, 말하기수법의 복잡성과 의외의 방향으로 전개, 그리고 평온감과 안정감을 자아내는 끝맺음은 매우 매력적이다. 이들과 비견할 만한 1940년대에 출생한 소설가들은 맥스 애플(Max Apple), 캐시 애커, 로리 앤더슨(Laurie Anderson), 옥테이비어 버틀러(Octavia Butler), 제이 캔터(Jay Cantor), 캐스린 데이비스(Kathryn Davis), 새뮤얼 알. 덜레이니(Samuel R. Delany), 윌리엄 깁선, 배리 기퍼드(Barry Gifford), 맥신 홍 킹스턴(Maxine Hong Kingston), 보비 앤 메이선(Bobbie Ann Mason), 응토자케 샹게이(Ntozake Shange), 아트 스피겔먼(Art Spiegelman), 그리고 린 틸먼(Linne Tillman) 등등이다.

폴 오스터(1947-)는 미국의 가장 출중한 소설가들 중 한 사람일 뿐 아니라 새로운 소설창작기법을 활용하는 중요한 작가들 중 선구자로 1990년대 초반까지 미국 밖에서 더욱 큰 평가와 절찬을 받았다.[3] 그는 상상력에 크게 의존하는 포우스트모던이즘과 현실을 중요시하는 사실주의를 통합하는 소설, 즉 포우스트-포우스트모던소설을 창작한다. 그의 소설은 "포우스트모던이즘과 현실세계에 대한 매우 깊은 관심 그리고 사회참여의지의 융합체이다. [···] 특히 [장편처녀작] *뉴욕 3부작*(*The New York Trilogy*, 1987)과 그 후 작품들은 사실주의와 포우스트모던소설 사이에, 다시 말하면 현실문제의 규명과 ··· 자아의 본성탐구 사이에 절묘한 균형을 유지"한다. 그는 이런 균형을 이루기 위해 고독 속에서 자신의 소망실현에 대한 확신(self-invention)을 전제로 본래면목, 언어의 본질, 그리고 소설창작의 위력을 탐구한다. 그가 그렇게 하는 까닭은 "고독은 우리가 연대의식 그리고 사회와의 복잡하고 무한정한 관계를 더욱 잘 이해할 수 있는 동력"[4]이라고 믿기 때문이다. *뉴욕 3부작*을 출판할 당시에 그의 소설창작철학이나 그 주제로서 고독예찬은 동료작가들과 미국인들의 관심과 흥미를 끌지 못했다. 그러나 오늘날 그의 작품들은 미국 내외에서 독자들의 절찬을 받을 뿐 아니라 학자들의 깊은 관심과 연구대상이다. 새로운 형태의 추리소설(postmodern detective story 혹은 meta-anti-detective story)형식으로 창작한 *뉴욕 3부작*은 사건해결의 열쇠를 찾으려하지 않으면서도 훌륭한 질문들을 제기하는 소설이다.[5] 즉 이 장편처녀작은 자아와 실존에 결정적인 역할을 하는 본래면목과 언어의 본질탐구를 극대화하기 위해 해답과 결말을 구하려하지 않는 대신 미완의 자아탐구과정을 중요시한다.

오스터는 자아를 탐구하기 위해 소설을 창작한다. 그는 소설을 창작함으로써 자기 자신, 다른 사람, 그리고 사회를 더욱 심오하게 이해하면서 자신을 성숙시킨다. 그가 소설창작에 대한 소신을 피력한 바에 의하면, "소설창작은 내가 생존하기 위해 필요한 활동이다. […] 소설창작이 언제나 나의 즐거움은 아니지만 나는 소설을 집필하고 있지 않으면 공포를 느낀다. […] 소설창작은 내가 마음의 상처로부터 야기되는 고통을 완화시키는데 큰 도움이 되는 활동이다." 또 그는 이 활동으로 다른 사람들과의 충돌과 대립 그리고 사회에 대한 반항과 부정심리를 스스로 명확하게 파악함으로써, 그들과 세계에 대한 강한 인내력, 넓은 아량, 그리고 예지를 가지고 대처하는 다양한 성격을 지닌 인물이자 낙관론자로 자아를 성숙시킨다. 실례를 들면 그는 자기기분에 좌우되어 어떤 일로 웃다가 울기도 했고, 어떤 사람에게 분노를 표출하다가 연민의 정을 쏟았고, 무관심하고 냉정하게 대하다가 깊은 관심을 보이기도 했다. 그러나 소설을 창작하면서 이런 모든 감정과 반응들을 포용할 수 있으므로 굳이 어느 한쪽을 선호할 필요가 없었다. 그는 이런 성숙 덕택에 "소설창작의 결과에는 관심이 없고 오로지 그 과정에만, 다시 말하면 단어들을 종이에 나열하는 행위에만 전념"한다. 게다가 그는 소설창작에서 소설과 소설가의 삶은 하나라는 자신의 독특한 예술론을 피력하려고 "예술은 그것을 창조하는 예술가의 삶과 구별될 수 없다"고 주장한다. 이 주장은 "과도한 자서전적 전기가 예술이라는 개념을 무시하고 오히려 최고의 예술성을 구현하려는 의지의 솔직한 표현이 예술이라는 정의를 옹호"한다. 또 그는 "확신은 회의만 못하고, 형식은 과정에 속수무책이다"고 부언한다. 이 예술론에 근거하여 그의 모든 소설주인공은 "말할 것도 없이 나 자신의 일부"라고 실토한다. 더욱이 그는 "모든 소설이 한 권으로 합본된다면 지금까지의 내 삶의 압축물, 다시 말하면 내가 누구인가를 다각적으로 드러내는 그림"일 거라고 언급하면서 "앞으로 더욱 큰 그림이 그려지기를 희망한다"고 공언한다. 이처럼 그는 스스로 끊임없이 성숙하려고 최선을 다한다. 이러한 자세가 바로 그가 살고 싶은 삶의 과정이다. 그는 이 과정에서 "과학자가 실험실에서 연구용동물을 관찰하는 것과 똑같은 방식으로 자아를 탐구"한다. 그러면서 우리 모두의 실존문제를 규명하려고 자신을 활용한다. 그는 스스로 홀로 존재하지만 자기실존은 다른 사람들과의 접촉과 관계 가운데서 창조되고 있다는 사실을 깨닫는다. 그는 인간관계에는 절대적으로 친근감이 있어야하는데, 소설이 이런 감정을 유발하여 극대화하는데 결정적인 역할을 한다고 강조한다. 그가 독자적으로 정의하는 "소설은 두 이방인이 아주 친밀하고 다정한 관계로 만날 수 있는 유일한 장소이다. 독자와 작가가 함께 소설을 창작한다"[6]고 갈파한다. 요컨대 그는 자기를 알고 성숙함으로써 다른 사람들과 친밀한 관계를 유지하면서 삶을 놀라움과 생동감으로 용솟음치게 하려고 소설창작에 몰두한다.

오스터는 자신의 어두운 삶을 극복하고 다른 사람들에게 실존의 환희와 활력을 고취시키는 역할을 수행하려고 소설을 창작한다고 술회한다. 그의 술회에 의하면, "나의 소설은 개인적인 극도의 좌절감, 그리고 세상에 대한 극심한 허무감과 절망감, 우리자신의 무상함과 죽음을 피할 수 없는 운명, 언어의 불완전성, 그리고 인간의 소외를 전제로 창작되었다. 그러나 이런 전제로 소설을 창작하면서도 당신이 살아서 호흡하고 있다는 아름다움과 대단한 행복감, 더욱이 당신이 살아있음을 피부로 느끼는 환희를 표현하고 싶다." 이런 표현욕구를 바탕 삼은 "이야기는 영혼의 기본양식이다"[7]고 주장한다. 더욱이 그는 다른 사람과 세상에 대한 이해의 첩경은 이야기를 읽는데 있다고 확신하고, 계속 이야기를 창작함으로써 그 욕구를 충족시키고자한다. 그런데 그의 이야기창작은 방에 틀어박혀 종이에 단어들을 나열하는 작업이다. 이런 자발적인 자기구속과 고독은 다른 사람들과 사회로부터 절연하려는 의도가 아니라 오히려 해방되어 본래 자아를 탐구하면서 고수하려는 강한 의지와 실천이다. 한편 이 실천은 자기를 알고, 자기앎을 바탕으로 자신의 비극적인 삶의 굴레와 불모를 극복하고 소설창작에 전념하는 자유인으로 성숙하는 과정이다. 이 과정에서 그는 자기 뿐 아니라 다른 사람들의 의식을 개혁하여 상호이해와 배려로 삶의 기쁨, 생동감, 그리고 활력이 넘치는 소설주인공을 창조하려고 전력한다. 그는 이런 소설주인공을 언어구사로 창조한다. 오스터는 주인공의 철학과 그와 관련된 사건들을 정확하게 표현하려하지 않고, 주관적 이해와 해석을 바탕으로 그를 소설화하려고 단어들을 나열하고자한다. 나열된 단어들로 하나의 사물이나 의미를 지시하려하지 않고, 그 단어들이 함의하는 다양하고 변화무쌍한 의미와 상징들을 표출하려고 고심한다. 요컨대 단어가 사물을 지시하거나 개념을 표현한다는 전통적 언어관을 무시할 뿐 아니라 사회가 일반화하여 강요하는 단어의 추상적이고 객관적인 고정관념을 부정한다. 그는 언어는 "주관적이고 끝없이 미묘한 의미의 차이를 노출하며 다양한 해석의 여지가 있으면서도 … '매개적이고 과도적'이다"는 견해를 피력한다. 나아가 그의 주장에 따르면, 언어의 "의미는 객관적이 아니다. 의미는 개개인과의 무언의 계약에서 파생하여, 그들의 주관적인 해석의 공간에서 창출되어야한다."[8] 더욱이 그의 독창적인 언어철학에 의하면, "언어는 진리가 아니다. 언어는 우리가 사회에 존재하는 방식이다. 언어를 구사함은 정신이 대응하는 방식, 다시 말하면 영혼이 사회속의 미립자를 인식한 대로 표현하는 방식을 검토하는 것에 불과하다."[9] 이처럼 그는 언어와 의미의 본질로서 주관성, 다양성, 변화무쌍함, 애매모호성, 그리고 불완전성을 강조한다.

오스터는 이러한 본질을 바탕으로 창작하는 소설에서 객관적 진리의 표현이나 사회의 객관적 기술은 불가능하다고 믿는다. 그러므로 소설창작은 오로지 "더욱 심리적이고 정신적이며 가장 순수한 본능의 진리를 전달하는 최고수단"[10]이라고 갈파한다. 그는 이 가장 순수한 본능의 진리를 전달하는 최고수단이야말로 독자에게 깊은 감동과 깨달음을 촉발하여 자아를 탐구하고 실현하겠다는 의지, 생명의 소중함을 알고 실존위기와 절망을 극복하겠다는 신념과 용기, 그리고 나와 타인은 결국 하나임을 절감하고 그와 친밀한 유대관계를 유지하겠다는 의식의 원천이라고 확신한다. 그러나 그가 이렇게 역설하는 소설창작론은 유감스럽게 동료작가들과 대중으로부터 공감도 환영도 받지 못했다. 중편소설, *유리도시*(*City of Glass*)는 1982년부터 1984년까지 여러 출판사들로부터 17번이나 출판을 거절당하고 1985년에 비로소 출판되었다. 이 소설과 그 이듬해에 발표한 두 중편소설, *유령들*(*Ghosts*)과 *문이 잠긴 방*(*The Locked Room*)을 합본하여 1987년에 장편처녀작, *뉴욕 3부작*을 발간했다. 그는 세 소설의 주인공이 모두 우리(작가와 독자)는 누구인가를 탐구하는 과정에 공통점이 있음[11]을 천명한다. 이 천명에 따르면, "이 세 이야기는 결국은 같은 이야기이다. 그러나 각 이야기는 이야기의 주제에 대한 나의 인식의 다른 차원을 대변한다."[12] 세 소설의 주인공은 현재의 일상적인 삶이나 혹은 상상을 넘어서서 의식을 뒤흔드는 상황에 직면하여 그것들에 대응하면서 자아를 새롭게 발견한다. 지금까지의 논의를 바탕으로 *뉴욕 3부작*을 "실존은 미완의 자아탐구과정"의 논지로 고찰해본다.

오스터는 급서한 선친의 유산 덕으로 파멸 직전까지 치달았던 경제적 극한상황에서 벗어나고, 두 번째 부인이 된 소설가 시리 허스트베트(Siri Hustvedt)와 사랑에 흠뻑 빠진 채 새로운 형태의 추리소설 *유리도시*를 집필하기 시작했다. 이 소설창작으로 이혼의 깊은 상처와 악몽을 치유하면서 획기적으로 성숙한다. 그는 이 소설을 연애편지 삼아 그녀에게 헌정하면서 그 성격을 규정한다: "그것(소설)은 자기를 드러내지 않는 일종의 허구적인 자서전이다. 만약 그녀를 만나지 않았다면 나의 삶은 어떻게 되었을까를 상상해본 산물이다. 그러므로 나는 작품에서 실명으로 등장하지 않을 수 없었다. 동시에 오스터가 대널 퀸(Daniel Quinn, 소설주인공)이다. 물론 다른 세계에서이지만." 오스터는 부연하여, 퀸은 "진리탐구자, 문제해답자, 그리고 사건들을 해결하려고 최선을 다하는 사람이다. 그러나 사건해결과정에서 당신이 더욱 많은 비밀들을 밝혀낸다면 어떻게 될까? … 이런 일이 소설에서 일어난다."[13] 오스터가 과거시제로 쓴 *유리도시*는 소설주인공 퀸의 잘못된 삶, 미국인들의 잘못된 의식, 그리고 언어에 대한 잘못된 이해를 중심으로 전개된다. 퀸은 실존에는 우연성, 불확실성, 연대의식, 그리고 가능성이 있다는 믿음을 전제로 자아를 탐구하여 이런 잘못을 바로잡는다. 서른다섯 살의 퀸은 5년 전에 부인과 아들이 유명을 달리하자 자아를 상실하여 문학적 창의력을 상실했을 뿐 아니라 다른 사람들과 사회와 절연한 채 대중추리소설을 5-6개월 만에 창작하여 출판한다. 그는 오로지 반년 동안 어떤 부담도 구애됨도 없이 윤택한 생활을 즐기려고 쉽게 쓰는 추리소설에서 사건을 해결하려하지 않고 그저 이야기하기 위한 이야기를 서술할 뿐이다. 그래서 스스로 "자신을 자기가 집필한 작품의 저자로 생각하지 않기 때문에, 작품에 대한 책임을 느끼지 않을 뿐 아니라 마음속으로 작품을 변호하고 싶지도 않았다"(4-5)고 고백한다. 또 그는 현재 삶의 유일한 즐거움과 의미를 혼자 정처 없이 걸으면서 자아를 망각하는데 두고 있다. 그는 이렇게 부정적인 실존의 와중에 우연히 걸려온 전화로 말미암아 자기와 다른 사람을 긍정하는 사회적 인간으로 변신한다.

이처럼 홀로 외롭고 무기력한 삶을 살고 있는 퀸은 어느 날 한밤중에 사설탐정 폴 오스터를 찾는 전화를 받고 잘못 걸었다고 말하고 끊는다. 그는 범죄도 탐정도 수사기관도 전혀 알지 못한다. 그저 독서로 범죄세계를 상상적으로 이해하고 있을 뿐이다. 그러면서도 탐정은 작가처럼 사건해결을 위해 거기에 관련된 사람, 정황, 그리고 물증들을 종합하기 때문에 "작가와 탐정은 대체자일 수 있다"(8)고 생각한다. 그래서 그는 또다시 같은 전화를 받고, 자기가 오스터라고 거짓말을 하여 상대방에게 요구사항이 무엇이냐고 묻는다. 상대방은 그에게 자기가 살해당할 처지에 있으니 도와달라고 부탁한다. 퀸이 다음 날 만난 피터 스틸먼(Peter Stillman)은 "아버지가 인류가 타락하기 전의 하나님의 언어를 발견하기 위해 시도한 편집광적인 실험의 피해자"이다. 그가 받은 피해는 "'하나님의 언어'의 초월적인 명료성과 확실한 의도성을 회복함으로써 세계를 구원"[14]할 수 있다는 아버지의 맹신에서 비롯되었다. 아버지는 아들이 사람들의 일상 언어를 듣지도 말하지도 않게 되면 하나님의 언어를 습득할 거라고 오판하고, 아들을 세 살부터 열두 살까지 9년 동안 어두운 방에 감금하여 지진아로 전락시켰다. 아버지는 아들을 대상으로 했던 언어연구가 실패했음을 인지했고, 결국 자신의 비행으로 회부된 재판에서 정신이상자로 판정받아 13년 동안 정신병원에 수감되었다. 스틸먼은 아버지가 석방되어 뉴욕으로 오기 때문에 자기가 살해당할 거라는 공포심에 사로잡혀 있으므로 퀸에게 도움을 간청한다. 게다가 스틸먼의 부인 버쥐니어의 말에 의하면, 시아버지는 이름도 남편 이름과 같으며 명문가출신으로 하버드대학교에서 신학박사학위를 취득하고 컬럼비어대학교 종교학과 교수를 지냈다. 그녀는 자기와 남편이 공포와 위협을 느끼고 있으므로 퀸에게 시아버지를 미행하고 감시하여 그의 동태를 전화로 보고해달라고 부탁한다. 그러면서 그녀는 착수금으로 폴 오스터 명의로 발행된 500달러 수표와 함께 시아버지의 오래된 사진을 퀸에게 건넨다. 이렇게 퀸은 자신을 폴 오스터라는 가명을 사용하는 사설탐정으로 변신시켜 다른 사람들과의 관계를 복원한 새로운 인간으로 재생한다.

퀸은 컬럼비어대학교도서관에서 피터 스틸먼교수의 저서, *정원과 탑: 신세계의 초기 설계도*(*The Garden and the Tower: Early Visions of the New World*)를 정독한다. 저서는 2부, 즉 "낙원의 신화(The Myth of Paradise)"와 "베이벌탑의 신화(The Myth of Babel)"로 구성되어 있다. 그는 "낙원의 신화"에서 미대륙 초기탐험가들이 우연히 제2의 이든 동산(second Garden of Eden)을 발견했다고 주장한다. 그들이 발견한 낙원에는 두 개의 상충된 세계가 있다. 하나의 세계는 원주민들이 자연에 순응하는 삶의 터전으로 "신권이 통치하는 이상적인 국가, 즉 하나님의 은총이 가득한 도시"였다. 이 세계는 그들에게 "인간생활의 완전론이라는 기대감을 유발하는 섬광"이었다. 또 하나의 세계는 스페인 사람들이 "자신들의 경제적 목적을 위해 무자비하게 원주민들을 착취하는"(42) 약탈장이었다. 또 그는 "베이벌탑의 신화"에서 인류의 타락을 새로운 시각에서 논의했다. 타락 후에 언어에도 큰 변화가 일어나 "사물과 이름이 분리"되었다. 단어들은 "임의적인 기호들의 집합체로 변질되면서 언어는 하나님으로부터 분리"(43)되었다. 그러면서 어떤 단어는 두 가지 의미를 갖게 되어 언어가 혼란스러워졌다. 예를 들면, "쪼개다(cleave)"는 경우에 따라 "결합하다(join together)"와 "뿔뿔이 흩어지다(break apart)"라는 정반대되는 의미를 표현한다. 그럼에도 불구하고 광적인 청교도교인인 스틸먼교수는 *실낙원*(*Paradise Lost*)의 열렬한 지지자, 헨리 닥(Henry Dark, 가공인물임)이 강조했던 말, 즉 "인간이 최초의 순수한 언어를 말하고 자기내면의 진리를 되찾는 과업이 가능할 것이다"(47)라는 주장을 맹목적으로 수용하는 잘못을 저질렀다. 더욱이 그는 하나님의 언어가 "언어의 본질 때문에 존재할 수 없음"[15]을 인식하지 못했다. 더욱 불행하게도 그는 "언어는 사물과 분리되어 오로지 그 자체를 지시하는 것 같다"[16]는 사실을 터득하지 못했다.

이제 퀸은 자기정체성을 버리고 착수하려는 사설탐정 폴 오스터 역이 다른 사람을 위한 선행이라고 믿고, 기차에서 내린 스틸먼을 확인하고 조심스럽게 미행한다. 그가 13일 동안 스틸먼을 미행했던 구역 별로 지도를 그리니, 어렴풋이 영문자들이 드러난다. 이 문자들에다 상상력으로 고안한 문자를 합치니 "The Tower of Babel"이 만들어진다. 가끔 스틸먼은 허리를 굽혀 보도에서 쓰레기들을 주워 자세히 살펴보고 버리거나 가방에 넣으면서 외투주머니에서 꺼낸 공책에 뭔가를 열심히 적는다. 그의 쓰레기에 대한 탐구열은 대단하여 그칠 줄을 모른다. 퀸은 그가 아들을 해칠 것 같은 기미가 보이지 않으므로 버쥐니어에게 그를 미행할 필요가 없다고 건의한다. 그는 그녀의 재고요청에 스틸먼과 대면한다는 조건으로 응한다. 그는 스틸먼과의 첫 대면에서, 쓰레기들을 살피는 노인이 이 세계를 구제할 방안모색에 고심하고 있다는 인상을 받는다. 그는 그 방안을 새로운 언어창조에서 찾으려한다. 그는 언어도 변하는데 사람들은 언어변화를 전혀 의식하지 못한다고 개탄한다: "우리가 사용하는 단어들이 세상과 부합하지 않는다. 사물들이 온전했을 때 우리는 단어들이 사물들을 제대로 표현할 수 있다고 자신했다. 그러나 사물들이 조금씩 쪼개지고 부서지고 무너져 혼란스러워졌다. 그런데도 단어들은 처음 그대로여서 새로운 현실에 적응하지 못했다. 그래서 우리가 목격한 사물을 말하려할 때마다 표현하려는 본의를 왜곡함으로써 잘못 진술한다. 그래서 모든 것이 엉망이 되었다"(76). 그는 언어는 변할 수 있다는 신념을 전제로 이 엉망을 바로잡기 위해 망가진 사물에 걸맞는 명칭을 부여하려고 쓰레기들을 수집하고 있다. 그는 수집한 쓰레기들 하나하나에 부합한 명칭을 부여하고 정리해서 책을 출판하려한다. 그는 저서출판으로 언어혼란을 방지할 수 있을 거라는 망상에 빠져 있다. 또 그는 자기를 알아보지 못하는 스틸먼에게 헨리 닥이라고 소개하면서 다시 대면한다. 스틸먼은 그에게 헨리 닥은 한때 자신의 가장 위험하고 논쟁적인 사상을 대변했던 가공인물이며, 머리글자 H. D. 는 험프티 덤프티(Humpty Dumpty, 동요에 나오는 커다란 계란모양의 인물로 한번 넘어지면 일어서지 못하는 사람)를 지시한다고 말한다. 험프티 덤프티는 스틸먼에게 "인간의 미래희망을 설계하고 우리 구제의 실마리, 즉 우리가 구사하는 단어들의 주인이 되어 언어가 우리의 필요에 부응하도록 하는 방법을 제시"(80)해주었다. 한편 그의 비우호적인 언급에 의하면, "험프티 덤프티도 또한 타락한 피조물이다. 그가 담에서 떨어지는데 누구도 그를 다시 일으켜 세울 수 없다. 왕도, 왕의 말과 신하들도 그렇게 할 수 없다. 그러나 그를 일으켜 세우는 일이 우리 모두가 합심해서 실행해야할 지상과제이다. 계란을 다시 일으켜 세우는 것이 인간으로서 우리가 완수해야할 의무이다. 왜냐하면 우리 각자가 험프티 덤프티이기 때문이다. 따라서 그를 돕는 것은 바로 우리 자신을 돕는 일이다"(80-81). 이처럼 그는 불가능의 여건에서 가능성을 실현하려는 우리 의지가 기적을 일으킬 수 있다며, 천지창조 이래 최대사건인 1969년에 사람들이 "달 위를 걸었다"(81)를 실례로 들어 강조한다. 그가 자신을 피터 스틸먼이라고 소개한 세 번째 만남에서, 스틸먼은 그를 아들로 착각하고 "내 영혼은 절대 멈추지 않는다"(84)는 말을 남기고 2주 만에 잠적해버린다.

퀸은 불안감과 공포감에 벌벌 떠는 버쥐니어를 안심시키기 위해, 폴 오스터라는 탐정을 찾아가서 이실직고하고 그의 도움을 간청해보려고 작심한다. 그는 오스터가 유능한 탐정이라면 그와 협조해서 피터 스틸먼을 보호할 수 있을 거라고 확신한다. 그런데 그가 만난 30대 중반의 폴 오스터는 탐정이 아니고 작가임을 알고 크게 놀란다. 그는 자기가 사설탐정 폴 오스터로 가장하여 개입한 스틸먼 사건의 자초지종을 그에게 털어놓는다. 그는 자기 말이 사실임을 입증하려고 그의 명의로 발행된 500달러수표를 그에게 건넨다. 그러자 오스터는 이 수표는 그의 노력의 대가이니 은행에서 현금으로 교환하여 돌려주겠다고 약속한다. 오스터는 그가 자신의 명의도용에 개의치 않으면서 오히려 그가 한때 자신이 예찬했던 시인이었음을 알고 그를 반긴다. 퀸이 최근창작활동에 대해 물어보자, 그는 *돈 키호우티*(*Don Quixote*)의 저자가 누구이고, 그 소설이 어떻게 창작되었는가에 관한 논쟁적이고 이색적인 논문을 쓰고 있다고 대답한다. 오스터는 서밴티즈(Cervantes)는 소설의 저자가 아니고 번역원고의 편집자에 불과하다는 주장이 있다고 언급한다. 또 그는 돈 키호우티의 광기를 치료하기 위해 그의 친구들이 이야기들을 꾸몄다는 학설에 대한 부정이 있다고 부언한다. 돈 키호우티는 미친 사람이 아니고, 친구들을 속이기 위해 미친 척하면서 황당한 이야기를 늘어놓고 있다는 견해가 있다. 친구들은 이야기가 재미있으니까 열심히 경청했다. 퀸이 오스터의 저자 부재론과 소설의 재미에 관한 이론에 논평하려할 때, 그의 부인과 아들이 들어온다. 오스터는 자기아들을 대녈이라고 소개하면서, 아들에게 이 분도 대녈이라고 말한다. 이 말을 듣고 퀸은 "나는 너이고 너는 나이다"(100)는 희미한 공동체의식을 느낀다.

그는 오스터 집에서 막연한 공동체의식을 느끼고 나왔지만, 버쥐니어를 안심시킬 방법을 찾을 수 없다. 그러므로 그는 그녀에게 전화하겠다고 약속한 시간이 이미 오래전에 지났는데도, 지금 전화해야하느냐, 아니면 하지 않아야하느냐의 진퇴양난으로 고민하고 있다. 그는 충격적이고 놀라운 일들을 겪으면서, 과거의 폐쇄적이고 안일한 삶에서 벗어나 다른 사람을 배려하는 인간으로 성숙하고 싶다. 그러면서도 그는 그녀와 공동체의식을 무시하고 다시 일상으로 돌아가 추리소설을 집필하거나 혼자 외국여행을 하고 싶은 마음이 생긴다. 갑자기 그가 그녀에게 연락하지 않는 것은 이기적이고 비인간적 행위라는 생각이 들어, 그녀에게 전화를 걸어보지만 계속 통화중이라는 신호만 듣는다. 그래서 그는 자기 심중을 피력한다: "나는 내가 부재하는(나를 부정하는) 경우에 언제나 행복할 것이다. […] 나는 내가 부재하는 경우에 가장 진실한 나 자신을 보지한다"(102-8). 그는 버쥐니어와 연락은 되지 않지만, 자기를 부정함으로써 가장 진실한 자기가 되고자 하는 소신에 따라 피터 스틸먼을 보호할 책임감을 느끼고, 그 역할을 수행하기로 결심한다. 그는 스틸먼 아파트 앞길 건너편 좁은 골목에 자리를 잡고 밤낮으로 스틸먼교수의 출현에 대비한다. 스틸먼의 생명을 보호하기 위해 안락욕구를 마다하고 고행의 삶을 시작한다. 생명유지에 필수적인 최소한의 음식과 수면을 취하고, 지독한 악취가 풍기는 거대한 쓰레기통에서 비를 피하는 최악생활을 감내한다. 지금 오로지 자기 자신에만 의존하는 실존, 즉 "고독의 본질을 이해하고"(115) 자연을 관찰하면서 즐거움을 느낀다. 그는 구름이 하늘을 여러 색으로 변화시키는 광경을 바라본다: "어떤 색도 오래 가지는 않았다. 색채들은 곧 흩어져서 다른 색채와 섞이면서 움직이고, 밤이 되면 흐려졌다"(115-16). 이렇게 그는 다른 사람을 위해 금욕생활을 하면서도 자연현상을 관찰하고 즐기는 인간으로 변신한다.

그는 생활비를 찾으러 은행에 가는 길에 폴 오스터에게 전화해서 저번에 맡겼던 500달러수표를 현금으로 돌려달라고 요구한다. 오스터는 그에게 도대체 어디에 있었기에 천 번이나 전화했는데도 받지 않았느냐고 짜증을 내면서 그 수표는 부도처리되었다고 말한다. 또 스틸먼교수는 두 달 반전에 브루클린 다리(Brooklyn Bridge)에서 투신자살했다고 알려주면서, 그동안 신문도 읽지 않았느냐고 퀸을 힐난한다. 퀸은 이 청천벽력 같은 소식을 듣고, 버쥐니어와 통화를 시도했으나 전화가 단선되었다는 안내소리만 듣는다. 그는 기분전환을 위해 오랜만에 뜨거운 물로 목욕하고 옷을 갈아입으려고 자기아파트에 갔더니 웬 젊은 여자가 살고 있다. 그녀의 말에 의하면, 건물주는 그가 몇 개월 동안 임차료를 내지 않자 그의 소유물을 전부 치우고 그녀와 임대차계약을 맺었다. 이처럼 그의 실존에서 만사가 무로 귀결되었다. 요컨대 그는 다른 사람들의 일에 몰입함으로써 자신의 폐쇄적 실존을 극복하려했지만, 결과는 살 곳도 할 일도 없는 인간으로 전락했다. 그렇지만 그는 스틸먼부부가 살았던 아파트 문이 잠겨있지 않아 뒤편에 있는 작은 방으로 들어간다. 그는 신발과 옷들을 전부 벗고 알몸으로 깊은 잠에 빠져든다. 깨어나서도 며칠 동안 밤낮없이 누운 채로 과거의 왜곡된 의식을 개혁하려고 몸부림친다. 그는 자아성찰로 모든 사람을 사랑할 수 있는 자아를 탐구하겠다는 글을 빨간 공책에다 쓴다. 지금 그에게 "부정적인 '갈 곳이 없음'이 지적 활동을 위한 무한한 공간을 제공하는 적극적인 미지로 변환"된다. 왜냐하면 "글 쓰는 행위는 무한한 가능성을 실현시키는 최상의 방법이기"[17] 때문이다. 이렇게 퀸은 성숙한 후에 "빨간 공책에 더 이상 쓸 자리가 없으면 어떤 일이 일어날까?"(129)라고 마지막 문장을 쓴 후에 공책을 아파트에 두고 잠적한다. 이 소설의 화자는 외국여행에서 방금 돌아와 매우 피곤하지만, 폴 오스터로부터 퀸이 잠적했으니 빨리 오라는 연락을 받고 달려간다. 그는 그 공책을 정독하고 퀸의 행운(자아탐구와 실현)을 빌고 싶은 마음이 생긴다. 요컨대 그의 이런 소망은 우리 모두의 소망이다.

*유령들*과 *유리도시*의 화자는 삼인칭시점으로 이야기하면서, 시제는 전자가 현재이고 후자는 과거이다. *유령들*의 주인공, 블루(Blue)는 다른 사람의 명의를 도용하여 사설탐정을 했던 대녈 퀸과는 달리 정통탐정교육을 받은 전문가이다. 퀸은 과거의 비극에 매몰된 채 개인주의자로 살다가 스틸먼교수를 미행하고 감시하면서 다른 사람의 배려와 공동체의식을 중요시하는 이타주의자로 변신했다. 반면에 블루는 의뢰받은 인물을 미행하고 감시하면서 자신의 직업과 실존을 제약하는 유령들을 극복한다. 그 극복과정은 블루가 화이트(White)로부터 일정기간 동안 블랙(Black)을 감시하고 미행하여 매주 보고해달라는 일감을 맡으면서 시작된다. 곧 그는 성공적인 감시와 미행을 하려면 자신이 배웠던 정통적인 요령과 수법으로 흡족한 성과를 거둘 수 없음을 직감하고, 그 유령들로부터 벗어나려한다. 그는 그 벗어나는 길이 일차원적, 폐쇄적, 고정불변의 자아를 버리고 현실과 상황에 창의적으로 대처할 수 있는 가변적, 진취적, 임기응변의 자아를 탐구하고 실현하려는 의지와 실천에 있다고 깨닫는다. 이제 블루가 이 의지와 실천으로 감시와 미행에서 직면하

는 시련들에 적극적으로 도전하면서 자아를 성숙시키는 과정을 고찰한다.

블루는 블랙을 감시하고 미행하는 임무를 수행하려고, 그의 거처에서 길 건너편에 있는 아파트3층에 입주한다. 그가 창문으로 그쪽을 바라보니, 자기를 마주보고 있는 블랙이 책상에 앉아서 공책에다 글을 쓰다가 저녁때가 되자 식사를 하고 책을 읽다가 소등한다. 블루가 쌍안경으로 보니 그 책은 자기가 들어본 적이 없는 헨리 데이비드 소로우의 *왈던*(*Walden*)이다. 블루는 보고서를 쓸 자료를 확보하기 위해 그의 칩거생활을 공책에다 기록한다. 그가 이렇게 방안에 갇혀서 관찰한 모습을 기록하면서 지내는 현재의 생활은 과거에 동분서주하면서 사건을 해결했던 동적인 생활과는 너무나 대조적이다. 그가 갑자기 매우 느린 속도의 생활을 하게 되자, 지금까지 실존에서 무시했던 핵심문제에 관심을 쏟을 기회를 포착한다. 그가 블랙을 감시하면서 자기내면을 주시함으로써 그동안 한 번도 느껴보지 못했던 자신의 심장박동과 숨소리를 들을 수 있다: "아무리 심장박동과 숨소리를 무시하려고 기를 써도, 그것들은 다시 몇 번이고 반복되는 무의미한 구절처럼 그의 마음속에 살아남아 있다. 그는 그럴 수가 없다고 생각하지만, 그 구절은 서서히 의미를 갖는"(142) 것 같다. 이렇게 그는 자신의 의식을 외향성에서 내향성으로 전환시키고 있다. 또 그는 주말보고서를 작성하면서 자신의 한계를 절감하고 자아성숙의 기회를 갖는다. 그의 과거보고서는 행동위주의 서술이어서 기록된 단어들 하나하나가 사실에 부합되고 명확했지만, 블랙의 경우에는 행동이 없으므로 그가 기록한 내용이 너무나 빈약하고 추상적이다. 그는 책상에 앉아 밖을 내다보고 있는 블랙의 모습을 옛날 방식으로 쓸 수 없음을 절감하지만 그 대안을 찾을 방법이 없다. 별수 없이 보고서를 옛날 방식대로 꼼꼼하고 자세하게 썼지만 매우 불만스럽다. 그는 이 불만이 지금까지 생각하지 않았던 단어들의 애매모호성에서 기인함을 인지한다. 이제야 비로소 "단어들이 반드시 의미를 정확하게 표현하지도 않으며, 그 단어들이 전달하려는 내용을 모호하게 할 수도 있다는 사실을 개득한다"(145). 그가 실존한계를 극복하는 변신은 사실위주로 서술하는 것의 불가능성과 언어 자체의 애매모호성의 인정과 수용에서 시작된다.

블루는 자기변신을 느끼는 순간에 블랙을 미행한다. 그는 이때 브루클린 다리의 인도에 들어선 블랙이 투신하여 자살하지 않을까하는 두려움에 압도된다. 이 순간에 그는 어렸을 때 선친의 손을 잡고 당시 미국에서 가장 높은 건축물이었던 다리를 건너면서 들었던 다리의 설계자와 건설자에 대한 이야기를 생생하게 기억한다. 이 다리의 설계자, 죤 로우블링(John Roebling)은 설계를 끝낸 며칠 후에 사고를 당해, 발에 상처가 난 지 3주도 못되어 괴저로 말미암아 타계했다. 그러자 남북전쟁 때 목조다리를 시공했던 경험이 전부인 서른 한 살의 그의 아들, 와싱턴 로우블링이 상상불허의 악조건들을 극복하면서 1867년에 착공하여 마침내 1884년에 완공했다. 그는 착공하고 얼마 뒤에 발생한 화재를 피하기 위해 몇 시간 동안 잠함(潛函)에 있다가 구조되었는데, 그 후로 심한 잠수병환자가 되어 브루클린언덕에 있는 그의 집 꼭대기 방을 떠날 수 없게 되었다. 그는 그 방에서 다리가 완공될 때까지 매일 망원경으로 공사 진행을 점검하면서 매일 아침 지시사항들을 하달했다. 그는 현장에는 없었지만 그의 머리와 몸 안에서 그 다리가 건설되고 있었다. 블루는 그가 초인간적인 능력을 발휘하여 불가능을 극복하고 건설한 다리를 건너 맨해튼까지 블랙을 뒤따라간다. 그는 블랙이 들어간 서점에서 *왈던*을 사서 가지고 아파트로 돌아온다.

그는 블랙이 책상에 앉아서 계속 글을 쓰고 책을 읽는 생활의 감시에서 비롯되는 고독감과 무료로 극심한 고통에 시달린다. 그는 너무 외로워 위안을 얻고자 은사에게 편지를 썼으나, 그에게서 아주 실망스러운 답장을 받고 새로운 진리를 깨닫는다. 그는 혼자 중얼거린다: "누구에게 의존하는 삶보다는 독자적으로 존재하는 실존이 더욱더 바람직하다. [⋯] 나는 나 자신이 주인이다. 나는 오로지 나 자신에게만 책임이 있는 자립인간이다"(155). 이처럼 그는 주체적 인간으로 성숙한다. 그러더니 블루는 블랙을 혼자 두고 따스한 봄날에 거리를 걸으면서 느끼는 생동감으로 하늘을 날 것 같다. 그는 교회정원에서 가장 먼저 노예제도를 저주했던 헨리 와드 비쳐(Henry Ward Beecher) 목사의 동상을 바라본다. 교회 벽돌담에는 에이브러험 링컨대통령의 도자기 부조가 새겨져 있다. 그는 "이 동상과 부조로 영감을 받지 않을 수 없다. 이 정원에 올 때마다 그의 영혼은 인간의 존엄성에 대한 고귀한 사상으로 충만해진다"(156). 또 그는 야구장에서 다져즈(Dodgers)소속의 최초 흑인선수, 재키 로빈선이 타석에 들어서면서 백인들이 내뿜는 인종차별, 질투심, 그리고 증오심을 의식하고 느끼는 고독감과 소외감을 극복해내는 용기에 감탄한다.

백인들의 기대와는 달리 로빈선이 도루에 성공하고 2루타를 치자 너무 흥분해서 옆 백인의 등을 두드린다. 그는 그 백인이 로빈선을 저주하고 있을지도 모르는 상황에서 혼자 환호성을 지른다. 이처럼 그는 인간의 존엄성을 절대시하고 자신의 감정에 솔직한 인간으로 변신한다. 그는 자신의 성숙을 실감하고 *왈던*을 읽기 시작한다. 그러나 "소로우의 글이 지루해서 정신을 집중해서 읽을 수 없다. 한 장을 읽었지만 아무것 하나도 기억할 수 없는" 지경이다. 그래서 그 책은 "허튼말, 다시 말하면 쓸데없는 것에 대한 끝없는 장광설에 불과하다"고 단정한다. 그러면서도 그는 책 읽기를 포기하지 않고 다시 시도하여, "책들은 깊은 사색과 침묵 속에서 집필되었던 그대로 탐독되어야한다"는 문장에서 큰 암시를 받는다. 그래서 올바른 독서의 "비결은 천천히 지금까지 했던 독서보다도 더 천천히 읽는데 있다"(160)는 진리를 터득한다. 이제 그는 문단들을 더욱 분명하게 이해하기 시작한다. 그는 이렇게 고통과 인내심으로 자신의 삶을 변화시키면서 실존상황을 더욱 완벽하게 파악하고, 거기에 현명하게 대처하는 방안을 모색하려한다.

그는 화이트의 반응을 알아보려고, 보고서에 블랙이 심하게 아픈 것 같은데 사망하지 않을까 걱정된다고 쓴다. 브루클린우체국에 가서 편지 수신인의 사서함 안에 자기편지가 있는 것을 확인하고 근처를 배회하면서 화이트나 다른 누군가가 거기서 편지를 가져가기를 기다린다. 정오가 지나 우체국이 많은 사람들로 붐빌 때, 블루는 사서함에서 편지를 꺼내는 가면을 쓴 남자를 붙잡고 가면을 벗기려하자, 그도 용의주도하게 편지를 호주머니에 넣고 도망친다. 그 후에 블루가 받은 편지에는 "더 이상 장난치지 마시오"(165)라는 화이트의 말과 함께 수표가 들어있다. 그는 드디어 화이트의 침묵을 깼으니, 블랙 감시의 수수께끼를 풀어낼 수 있을 거라고 믿는다. 이 믿음은 그가 *왈던*을 읽고 기억하는 한 구절에서 연유한다: "우리는 우리가 당연히 있어야할(탐구해야할) 곳에 있지 않고 … 허위 속에 있다. 우리는 왜곡된 의식으로 어떤 상황을 가정하고 우리 자신을 그 속에 유폐시킨다. 따라서 우리는 동시에 두 상황(진실과 허위) 가운데 있으므로 거기에서 벗어나기가 배로 어렵다"(165-66). 그는 지금까지 스스로 자유인이라고 믿고 있었지만, 이제 블랙 사건으로 말미암아 자기도 삶의 제약을 감수해야하거나 누군가에게 감시당하고 있는 존재일 수 있다고 생각한다. 블랙 사건을 맡으면서 스스로 자아를 포기하고 피감시원으로 전락했을 수도 있다고 생각한다. 그래서 자기가 피감시원인지를 알아보기 위해 블랙의 정체를 밝혀야한다고 다짐한다. 그러기 위해 거지로 가장해서 블랙에게 구걸한다. 그러자 블랙은 그에게 소로우의 절친한 친구이고 미국소설의 첫 대가, 너새니얼 호손은 작품을 집필하려고 12년 동안이나 두문불출했다고 말한다. 더욱이 그는 전혀 예상 밖의 언급을 계속한다: "소설창작은 고독한 작업이다. 창작은 당신 삶을 앗아간다. 어떤 의미에서 작가는 자기 삶을 갖지 못한다. 설령 그가 실존하고 있다고 해도 실제로 없다"(172). 블루는 이 말뜻을 정확하게 이해하지 못하면서도, 그 이야기를 들으면서 그가 자신의 정체를 알고 있다는 낌새를 챈다.

이제 그는 블랙과 대면할 수밖에 없다고 여기고, 보험회사 외무사원으로 가장해서 술집에서 그와 자리를 함께한다. 그런데 블랙이 갑자기 자기는 사설탐정인데 지금 어떤 별 볼일 없는 사람을 감시해서 매주 보고서를 보내고 있는데 너무 지루하고 신이 나지 않아 그만둘까한다고 실토한다. 이 말을 듣고 경악한 블루는 그 사람도 자기가 감시당하고 있다는 사실을 아는지, 아니면 모르는지를 따진다. 블랙은 "그는 자기를 바라보고 있는 내 눈을 필요로 하기"(178) 때문에 그도 물론 알고 있다고 대답하고 자리를 뜬다. 그래서 블루는 화이트와 블랙은 동일인물이라고 단정하고 플러(Fuller)솔 외판원으로 가장하여 블랙아파트를 방문하여 꼼꼼히 살펴본다. 며칠 후에 그는 밤중에 아파트에 침입해서 책상 위에 있는 원고뭉치를 들고 나온다. 그는 이 원고가 자기가 화이트에게 우송했던 보고서임을 알고 깜짝 놀란다. 그는 경악으로 실성하여 며칠 동안 옷도 갈아입지 않고 있다. 마침내 그는 자기가 블랙과 함께 허위의식의 노예로 전락하여 "당연히 있어야할 곳에 있지 않고 허위 속에 있음"을 깨닫는다. 나아가 그는 "블랙이 어쨌든 자신의 자유와 자주성을 절취했다"[18]는 사실을 간파한다. 블루는 이렇게 깨닫고 선언한다: "드디어 고독하지만 자유스러운 내 자신이 주인인 인간. 그는 처음부터 다시 신세계에서 망명자, 개척자, 순례자로 새로운 삶을 설계할 것이다"(183). 그러기 위해 그는 먼저 깨끗하게 자기단장을 하고 자신의 자유를 유린했던 블랙을 아파트로 찾아간다. 블랙은 그가 우체국에서 보았던 그 가면을 쓰고 오른손에 권총을 들고 침대에 앉아있다. 그는 블랙이 살의를 품고 있음에도 불구하고 이 사건의 경위를 설명하라고 다그친다. 블랙은 자기생존을 위해 그가 필요했을 뿐이라고 대답한다. 그러자 그는 블랙에게 총을 쏘라고 발악하면서 접근하여 권총을 빼앗고 멱살을 움켜잡고 그가 의식을 완전히 잃을 때까지 타격을 가한다. 그는 블랙의 생사는 개의치 않고 책상에서 자기가 쓴 보고서를 챙기고 전등을 끄고 밖으로 나온다. 그는 자기 방에서 원고를 새벽까지 전부 읽는다. 그런데 소설은 블루가 유령의 삶에서 해방되어 자아를 탐구하는 장면으로 끝나지 않는다. 갑자기 소설 끝에 등장한 나라는 인물이 말하기를, "블루가 그날 아침 기차를 타고 저 멀리 서부로 가서 새로운 삶을 시작했을 것이며," 또 "신비한 꿈속에서 블루가 선편을 예약하고 중국으로 갔을 거라고 생각하고 싶다"(183). 그리고 소설은 "이 순간부터 우리는 아무것도 알지 못한다"(192)는 문장으로 끝난다. 그런데 우리가 아무것도 알지 못하는 이유는, 블루가 실현하려는 허위의식으로부터의 해방과 자아탐구는 지식이 아니라 강한 의지와 실천 그리고 혜안에서 구현되는 실존이기 때문이다. 블루가 절대시하는 해방과 자아탐구의 실존은 우리 모두가 본받아야 할 실존이다.

*뉴욕 3부작*의 마지막 작품, *문이 잠긴 방*은 일인칭시점의 이름 없는 화자가 뜻밖에 일면식도 없는 가장 절친했던 친구, 팬쇼(Fanshawe)의 부인 소우피(Sophie)의 편지를 받은 연후에 자신의 의식과 실존을 획기적으로 변화시킨 이야기이다. 화자의 언급에 의하면, *뉴욕 3부작*을 이루는 세 편 소설은 "결국 같은 이야기인데, 다만 내가 [자아를 탐구하는] 이야기를 각각 달리 이해한 단계를 표현한다. 나는 어떤 문제를 해결했다고 주장하지 않는다. 그저 그동안 일어났던 일들을 돌아보아도 더 이상 두려워하지 않는 경지에 이르렀다고 시사할 뿐이다. [⋯] 지금까지 꽤 오랫동안 어떤 사실과 관념을 무시하고 부정하려고 분투노력했다. 이 분투노력이 정말로 중요하다. 이야기란 언어에 있지 않고, 그 성패는 오로지 이 분투노력에 달려 있다"(288). 화자가 이야기하는 단계에서 퀸은 잠적했고, 블루는 신세계를 찾아 떠난다. 반면에 화자는 팬쇼의 영향력에서 벗어나려고 분투노력한다. 그는 이 분투노력으로 자아를 유폐시키고 파괴적인 도피와 칩거생활을 고집하는 팬쇼와는 달리 자기와 다른 사람에게 책임과 의무를 다하려는 사회적 인간으로 성숙한다. *문이 잠긴 방*은 그가 이렇게 성숙하는 과정에 대한 이야기이다.

화자는 7년 전 11월에 긴히 상의해야할 중요한 문제가 있으니 만나고 싶다는 소우피의 편지를 받고, 생면부지의 그녀를 아파트로 찾아간다. 그녀에게

서 10년 넘게 잊고 있던 팬쇼에 대한 이야기를 듣는다. 그녀의 말에 의하면, 팬쇼는 6개월 전에 갑자기 사라졌는데, 경찰과 사설탐정 퀸이 아직도 그의 종적을 찾지 못하고 있는 걸 보면 아마도 그가 죽은 것 같다. 그녀와 팬쇼는 3년 전에 우연히 만나 바로 동거생활을 하다가 결혼했으며, 그들의 결혼생활은 매우 행복했고, 그녀는 석 달 보름 전에 그가 손꼽아 기다렸던 아들 벤(Ben)을 혼자 출산했다. 그는 결혼 후에 그녀의 수입에 의존한 생활을 하면서 문예창작에 전념하여, 상당한 작품을 탈고했지만 출판에는 전혀 관심이 없었다. 그는 그녀에게 만약 자기에게 무슨 일이 생기면 작품출판 여부는 화자의 결정에 따르라고 말했다. 그러면서 그녀에게 화자를 대단한 문학비평가로 높이 평가하면서 자랑스러운 친구라고 항시 칭찬했다. 그러나 화자는 뜻밖에 친구의 찬사를 들으면서 스스로 자기를 비하했다고 고백한다: "내가 꽤 많은 논문을 발표했음은 사실이지만, 이 발표로 찬사를 받을 거라고 생각하지 않았으며, 발표를 자랑스러워하지도 않았다. […] 나는 독자들의 심금을 울려 그들의 삶을 변화시킬 소설을 창작할 수 있을 거라는 … 대단한 포부를 갖고 글을 쓰기 시작했다. 그러나 세월이 흐르면서 나는 서서히 이런 기적이 일어날 수 없음을 깨달았다. 나는 그런 재능이 없으니 나 자신에게 그 꿈을 포기하라고 타일렀다." 또 전문가들이 생활비를 마련하려고 평론을 쓰는 그를 "명석한 청년, 더욱이 혜성처럼 나타난 신비평가로 치켜세우지만"(203), 그는 스스로 이미 노쇠한 별 볼일 없는 사람으로 생각한다. 그러면서도 친구의 유저(遺著)관리자로서 책임과 의무를 다하려한다. 방안 여기저기에 흩어져 있는 친구의 원고들을 챙겨 큰 여행가방 두 개에 넣으면서, 이것들을 정리하는데 며칠이 걸릴 거라고 말하고 그녀와 작별한다.

화자는 자신의 결정에 따라 팬쇼의 작품들이 빛을 보거나, 아니면 사장되기 때문에 너무 겁이 나서 선뜻 가방을 열지 못하다가, 며칠 후에 가방을 열어 우선 성공할 것이라고 확신하는 장편소설, *비현실적인 공상세계*(*Neverland*)의 출판을 시도한다. 그는 안면이 있는 큰 출판사의 편집책임자에게 직접 소설원고를 건넨다. 화자는 3주 후에 그로부터 작품이 전형적인 소설이 아니어서 출판에 위험부담이 따른다는 말과 함께 매우 호의적, 고무적인 논평을 듣는다: "이 친구의 소설 창작능력은 대단해. 나는 소설을 2주 전에 읽었는데, 소설이 계속 내 머릿속에 남아있어. 나는 이야기를 지울 수가 없어. 이야기가 계속 떠오르는데, 그것도 이상한 순간에 … 내가 의식적으로 아무것도 생각하지 않으려고 할 때마다. […] 소설에는 강한 호소력이 있는데, 정말로 이상한 것은 이 호소력이 무엇인지 종잡을 수 없다는 거야." 화자도 그에게 동조한다: "저도 그런 느낌을 갖습니다. 이야기가 내 머릿속 어딘가에 꼭 달라붙어 있어서, 그 누구도 뗄 수 없습니다"(226). 우여곡절 끝에 이 소설은 출간되어 비평가들의 호평을 받았을 뿐 아니라 상업적으로도 큰 성공을 거두었다.

화자는 출판관계로 소우피를 자주 만나다가 사랑에 빠진다. 그는 자신의 사랑이 어떤 장벽도 녹여 무너뜨리는 용광로임을 인지한다. 그는 이 인지로 자신에게 집착하는 혼자의 삶보다는 두 사람이 함께 사는 삶이 실존에 더욱 더 안정적, 낙관적, 창조적 역할을 할 수 있다고 확신한다. 그는 이 확신으로 새로운 자아와 철학을 인식한다: "나는 소우피와 일체감을 가짐으로써 마치 모든 사람과 공감대를 형성한 것처럼 느끼기 시작했다. 내가 이 세상에서 존재해야할 곳은 나를 넘어선 그 어디로 판명되었다. 만약 그 곳이 내 안에 있다 해도 그 장소를 알아낼 수 없었다. 그 곳은 자아와 비자아 사이에 있는 작은 공간이었다. 나는 평생 처음으로 이미지의 공간을 세계의 정확한 중심으로 이해했다"(228). 요컨대 그는 실존에서 자아가 전부는 아니고, 다른 사람의 인정과 도움이 반드시 있어야한다는 진리를 터득한다. 이제 그는 자아와 비자아의 상호협조와 융합이 사랑의 본질[19]이라고 깨닫는다. 따라서 그는 스스로 소우피와 하나가 되고 싶은 욕망을 느끼고 심정을 토로한다: "나와 소우피는 공존하려고 태어났고, 나는 점차 강해지고 있으며, 더욱이 그녀가 나를 과거의 나보다도 더욱 탁월한 존재로 변신시키고 있음을 느꼈다"(230). 또 그는 자기와 그녀의 성적 욕구는 무한정하여, "욕구가 충족되면 충족될수록 더욱 더 커지면서 강렬해졌다"(239)고 술회한다. 화자가 이렇게 지극히 행복한 나날을 보내고 있을 때, 뜻밖에 팬쇼로부터 한 통의 편지를 받는다. 팬쇼는 편지에서 화자에게 자기가 살아있음을 소우피에게 말하지 말고 그녀와 결혼하여 벤을 보살펴달라고, 그리고 자기는 잠적한 날부터 7년 후에 죽을 것이니 자기를 찾으려하지 말라고 부탁한다. 따라서 화자는 소우피에게 청혼하면서 그녀와 벤과 함께 평화스럽게 공존하는 삶이 자기소망의 전부라고 말한다.

그러나 불행하게도 그의 소망을 좌절시키는 비극적인 사건이 일어난다. 화자는 좋은 평가를 받아 판매실적이 높아지는 *비현실적 공상세계*의 저자가 팬쇼가 아니고 자기라는 소문을 불식시키려고 출판사와 그의 전기집필을 계약한다. 화자는 소우피가 전기집필에 찬성하자 바로 작업을 시작하고 보니, 사실위주의 이야기쓰기가 불가능하다는 사실에 봉착한다. 그는 팬쇼에 대한 사실과 일화들을 아무리 많이 수집해도 전기에서 그의 영혼을 밝힐 수 없겠다는 사실을 깨닫는다. 그러므로 그는 전기집필을 마음속으로는 포기하면서도 밖으로는 쓰기를 고집한다. 그의 고집의 저의는 팬쇼와 대결하려는데 있다. 그렇지만 그의 저의가 소우피의 욕망과 갈등을 일으키면서 그들의 공존을 위협하는 경지로 치닫는다. 그는 소우피가 실존과 의식에서 배제하려는 팬쇼에 집착하기 때문이다. 그가 자신은 가정을 위해 최선을 다하고 있다고 그녀에게 말하자, 그녀는 사리 있게 반박한다: "나는 당신을 이해할 수 없어요. 당신은 내 말을 들으려하지 않소. […] 우리 두 사람이 계속 [행복하게] 살려면 그 사람(팬쇼)은 죽어야합니다. 당신은 이 사실을 모르고 있소. 설령 그가 살아있을지라도 죽은 사람이 되어야합니다." 화자가 "그는 죽었다"고 대응하자, 그녀는 거칠게 항의한다: "당신이 전기를 쓰고 있는 한 그는 죽지 않았다. […] 우리는 끝장에 이르고 있소. 당신은 그걸 모르고 있어요. 당신은 사라질 거고, 나는 당신을 다시 보지 못할 거요"(279-80). 결국 두 사람은 상호이해력 부족으로 말미암은 가정파탄으로 1년 가까이 별거한다. 그가 별거를 하면서까지 팬쇼를 찾으려하면 그가 없고, 찾기를 그만두면 팬쇼는 "예전보다 자기에게 더 가까이" 있다. 마침내 그가 쓰려는 전기는 "그(팬쇼)를 몰아내려는 시도, 즉 가능한 한 그를 자기에게서 멀리 떼어놓으려는 책략에 불과했음"을 알아차린다. 이제 그는 팬쇼를 문이 잠긴 방의 문이라고 상상한다. 더욱이 그는 "팬쇼는 아마 그 방에서 홀로 가짜고독의 운명을 떠안고 살며 숨 쉬며 불가지(不可知)를 꿈꾸고 있다"고 상상해본다. 그는 "이제야 나는 그 방이 내 머릿속에도 자리 잡았음을 알았다"(286)고 실토한다. 지금 화자는 문이 잠긴 방에서 어떻게든 나오려한다. 그러기 위해 그는 전기집필을 포기하겠다고 출판사에 통보한다. 드디어 그는 팬쇼의 굴레에서 해방되어 자유인으로 재생한다. 그는 소우피를 절망에 빠뜨렸던 팬쇼에 대한 집착에서 벗어난 연후에 그녀와 재결합하여 득남한다. 이렇게 그는 개체성, 독립성, 연대의식, 그리고 책임감이 강한 가장으로, 또 사회적 인간으로 성숙한다.

그는 사회적 인간으로 성숙한 후에 팬쇼로부터 보스턴에서 만나자는 편지를 받고 거기로 간다. 그는 문을 결코 열어주지 않는 팬쇼와 잠긴 문을 사이에 두고 서로 이야기한다. 팬쇼는 그에게 오늘이 삶의 마지막 날이라고 선언한다. 그는 자기가 잠적한 저의는 소우피에게 이상적인 새 남편을 찾아주려는데 있었다고 강변한다. 그러면서 그는 2년 전에 보스턴에 와서 이 집을 사서 두문불출하면서 누구와도 말한 적도 없이 살고 있으므로, 이제 너무 피곤하여 더 이상 생존의욕이 없어졌기 때문에 생각했던 것보다 1년 먼저 생을 마감하려한다고 실토한다. 그는 지난 6개월 동안 자기 삶을 기록한 빨간 공책을 화자에게 남겨주고 싶고, 공책은 층계 밑 옷장 바닥에 있다고 말한다. 요컨대 팬쇼는 주체적 자아를 고수하려고 기존제도에 맹목적으로 반항하면서, 또 한편에서 독선적, 자기중심적, 배타적 행동으로 자멸을 자초하는 인간이다.

화자는 그와의 언쟁으로 너무 피곤하여 곧 쓰러질 것 같은 몸을 이끌고 밖으로 나왔지만, 무슨 일이 있었는지 전혀 기억할 수 없다. 그는 뉴욕행 열차를 기다리면서 그 공책을 읽는다. 내용을 이해하기가 어려워 논평할 말이 없다. 그렇지만 그가 느낀 바에 의하면, "모든 단어들은 나에게 익숙하지만, 그 최종목표가 서로를 상쇄하려는 것처럼 이상하게 배열된 것 같았다. 나는 그것을 달리 표현할 방법을 생각할 수 없다. 각 문장은 그 앞의 문장을 지워버렸고, 각 문단은 다음 문단을 망가뜨렸다. 그런데도 그 공책에서 받은 인상이 굉장히 선명한 것이 이상하다. 팬쇼는 자신의 마지막 작품으로 내가 거기에 걸었던 모든 기대를 뒤엎어야함을 알고 있었던 것 같다. […] 그는 다른 질문을 함으로써 질문에 응답했다. 그러므로 모든 것이 미완으로 남아있어 다시 시작되어야했다"(307). 화자는 지금까지 읽은 단어들의 지시를 믿으려하지 않는다. 그래서 그는 공책을 한 장씩 뜯어 쓰레기통에 넣는다. 마지막 장을 찢을 때 열차는 출발한다. 이제 그는 어떤 굴레, 다시 말하면 다른 사람이나 이념의 권위와 영향력 그리고 고착된 자기 확신에서 해방된 인간으로 변신한다. 그는 실존에서 미완의 자아탐구를 계속하려는 의지를 절대시하는 인간으로 성숙하여, 사회 속에서 다른 사람들과 함께 존재하려고 최선을 다하는 인간, 즉 우리 모두가 본받아야 할 이상적 인간으로 변신한다.

지금까지 고찰한 바에 의하면, *뉴욕 3부작*은 "저자, 화자, 그리고 독자를 존재론적으로 구별하는 분류를 부정하는"[20] 새로운 형태의 추리소설로, 범인을 찾아내어 사건을 해결하려하지 않고 미결로 끝나는 작품이다. 세 중편소설의 주인공은 사건을 해결하려는 과정에서 자아를 새롭게 발견하고 실현하려는 시련과 고난을 감수한다. 이 시련과 고난을 극복하기 위해 *유리도시*의 퀸은 잠적하고, *유령들*의 블루는 새로운 삶을 찾아 떠나고, *문이 잠긴 방*의 화자는 뉴욕행 열차에 승차한다. 세 주인공은 위임받은 사건의 해결이나 결론의 도출에 이르지는 못하지만, 그 과정에서 이전의 삶에서는 시도하지 못했던 자유스럽고 주체적인 자아성숙을 위해 최선을 다한다. 오스터는 *뉴욕 3부작*에서 사건의 해결과정의 제시보다는 오히려 자아탐구는 끊임없이 계속되어야할 미완의 과정이라는 철학을 강조한다. 오스터가 세 주인공을 자아탐구자로 창조한 까닭은 "실존은 목표나 계획대로 되지 않기 때문에 강제적 인과율에 집착하지 않는다는 신념"[21]에 따르기 때문이다. 따라서 그의 세 주인공은 인위적 완성을 목표로 하지 않고, 오로지 미완의 자아탐구에 열중할 뿐이다. 오스터의 이런 주인공 창조기법은 "이야기전개에서 유발되는 불신감, 인식론적 불확실성, 그리고 존재론적 우연성"[22]에 그 바탕을 두고 있다. 오스터는 이런 소설창작철학과 기법으로 독자들의 예상과 기대를 뒤엎으면서 그들의 "자유, 무한한 가능성, 그리고 다원성"[23]을 극대화하려한다. 그들이 삶에서 실현하려는 "자유, 무한한 가능성, 그리고 다원성"이 바로 우리 실존의 목표이고 이상이다.

폴 오스터의 다섯 번째 소설, *월궁*(*Moon Palace*, 1989)의 화자 겸 주인공, 마르코우 스탠리 포그(Marco Stanley Fogg)는 "자기앎을 탐구할 뿐 아니라 미국풍경 감상력과 미국역사 이해력의 신장"[24]을 끊임없이 도모한다. 그는 사생아로 태어난 데다 어린 나이에 고아가 되어 겪을 수밖에 없었던 비극적인 삶을 극복하고 자아를 보존하면서 성숙시킨 과정, 다시 말하면 유아독존적이었던 과거 삶을 반성하면서 더불어 사는 실존에 필수적인 상호이해와 배려 그리고 우연을 매우 중요시하는 과정을 일인칭시점으로 이야기한다. 그가 이야기하는 자신의 성숙과정의 전제는 "모든 인간은 자기실존의 창조자"라는데 있다. 또 그가 이야기하는 목적은 "아름다움의 창조"가 아니고 "세상을 이해하는 방법, 다시 말하면 사회를 통찰하고 거기서 자기위상을 찾는 탐색전"이다. 그는 이야기를 쓰면서 차츰 자신의 소극적인 생활방식, 소외감, 고립감, 자기합리화, 그리고 아집에서 벗어나, 다른 사람들을 인정하고 수용하여 그들과 더불어 살아가는 공동체의식에 눈뜬다. 또 그는 우연히 만났던 중국인 여대생, 키티 우(Kitty Wu)의 도움으로 살아남았음으로 “우연을 생존 대비책으로, 즉 자신이 다른 사람들의 배려로 구원되는 방식으로 인식”[25]하게 된다. 따라서 그의 이야기전개에서 우연은 매우 중요한 변수로 작용한다. 키티 우는 그의 생명 구조에 뿐 아니라 의식전환에 결정적인 역할을 한다. 또 그의 조부 토머스 에핑(Thomas Effing)도 유타(Utah)주의 사막에서 우연히 발견한 동굴 덕택에 생명을 보존한다. 게다가 주인공은 에핑을 보살피는 일자리를 얻었다가 뜻밖에 친부를 만난다. 이렇게 여러 기적을 일으키는 우연은 폴 오스터의 소설창작에서 “현실의 일부”이다. 오스터는 주장한다: “우리는 동시에 일어나는 뚜렷한 인과관계가 없는 사건들의 영향을 받으면서 계속 형성된다. 돌발사건이 우리 모두의 실존에서 정기적으로 일어나 정신을 마비시킨다.”[26] *월궁*의 주인공들이 시시각각으로 마주치는 돌발 사건들이 그들의 실존에 행운을 가져다주기도 하고 비극을 초래하기도 한다. 이 비극은 그들의 이기적인 판단과 결정 때문에 일어난다. 그들은 우연한 사건들을 자아탐구와 타인과의 공고한 유대관계에 큰 도움이 되는 계기로 활용해야하는데, 안타깝게도 그렇게 활용하지 못할 때도 있다. 그렇지만 그들은 궁극적으로 불행과 비극을 극복하고 독자적인 삶을 개척한다. 이렇게 우연은 *월궁*의 이야기전개에서 핵심 역할을 한다. “모든 인간은 자기실존의 창조자”라는 소설철학과 우연이 핵심 역할을 하는 창작기법에 입각해서 *월궁*을 “극한상황극복 그리고 자아보존과 성숙”의 논지로 고찰해본다.

포그는 컬럼비어대학교를 졸업한 1969년 8월에 관리비를 내지 못해 아파트에서 쫓겨나 센트럴공원(Central Park)에서 노숙자생활을 하면서 파멸 일보직전까지 간다. 그는 굶주림과 질병으로 인해 생사의 갈림길에서 허덕이다가 다행히 친구 지머(Zimmer)와 키티 우에 의해 구조된다. 먼저 그는 자기가 이런 지경에 이른 원인은 사생아로 태어나 고아로 성장한 환경에, 더욱이 자신의 잘못된 의식에 있다고 기술한다. 그 다음에 자기가 다른 사람들의 도움으로 극한상황을 극복한 연후에 복잡다단한 사건들과 마주치면서 스스로 어떻게 변신하였는가를 고찰한다. 이 기술과 고찰이 그가 괄목할만하게 성숙한 후에 자신의 어리석었던 과거 삶을 반성하면서 집필한 자아탐구소설의 줄거리를 이룬다.

그는 미혼모의 아들로 태어나 어머니 에멀리(Emily) 포그의 성을 쓰고, 아버지가 누구인가를 전혀 모른 채 성장한다. 그는 어머니에게 아버지에 대해 끈질기게 물어보아도 그녀가 결코 말하지 않기 때문에, 사진 한 장 없는 아버지를 "4차원 세계로 들어갔다가 나오는 길을 찾을 수 없었던 우주여행인"(4)으로 상상한다. 어머니가 교통사고로 타계할 때까지 11년 동안 보스턴의 작은 아파트에서 슬프고 우울한 그녀와 단 둘이서 단조롭고 여유 없는 삶을 산다. 그는 스물아홉 살에 작고한 어머니를 젊고 아름다운 여인으로 기억한 채 쉬카고로 와서 외숙부 빅터(Victor)와 동거한다. 그런데 외숙부는 "목적의식이 없고 몽상적이며 어떤 현장에서 갑작스럽게 사라져버리거나 오랫동안 무감각한 상태가 되어버리는 기질"(5)을 가진 인물이다. 그는 클리브런드 관현악단(Cleveland Orchestra)의 전도유망한 단원으로 사회에 진출했지만, 이 기질 때문에 해고당한다. 그는 별수 없이 생계를 유지하려고 쉬카고에서 클래러네트(clarinet)개인교습을 하면서, 작은 악단의 단원이 되어 결혼식장이나 졸업식장에서 연주도 한다. 그러나 그는 이 악단도 여의찮아 새 악단을 창단하여 서부로 연주하러 떠날 채비를 한다. 외숙부는 포그와 작별하면서 줄 돈이 없다면서 30년 동안 수집한 책 1,492권이 들어있는 상자들과 최고급 양털 양복 한 벌을 선물로 받으라고 강요한다. 그러면서 책들이 포그의 대학공부에 큰 도움이 될 것이며, 그에게 맞게 고친 양복은 그를 아주 멋지게 보이게 할 것이라고 말한다. 포그와 작별 전에 마지막으로 언급한다: "내가 어디에 있든 너는 항시 나와 함께 있을 것이다. 당분간 우리는 정반대 방향으로 떠난다. 그러나 우리는 조만간 다시 만날 것이라고 확신한다"(14). 이처럼 포그는 어머니와 외숙부로부터 다른 사람들과 함께 현실에 현명하게 대처하면서 사는 삶의 지혜를 배우지 못한 채, 어머니 교통사고보상금을 대학등록금과 생활비로 요긴하게 사용한다.

포그는 유행이 지난 구식양복을 입고 대학생활을 시작한다. 양복을 입고 있어야 외숙부와 영적 교감이 되는 것 같아 대학생에게는 어울리지 않는 옷차림으로 매일 등교한다. 그 양복이 자기에게 안정과 위안을 가져다주는 수호신이라고 믿기 때문이다. 이처럼 그가 학교분위기와 걸맞지 않는 특이한 옷차림으로 시작한 대학생활에서 다른 학생들과의 불협화음에 시달린다. 그러나 친구들이 그를 괴짜라고 비난하면, 그는 수줍어하면서도 고고한 지식인 체하면서 태연하게 대응한다. 그는 스스로 자신의 양극적인 성격에 대해 "나는 소심함과 오만함의 이상한 혼합체로 어색한 오랜 침묵과 거침없는 장광설의 발작에 번갈아 빠진다"(15)고 실토한다. 마음이 내키면 친구들과 술집에서 철야하면서 기진맥진할 때까지 술을 마시면서 그들에게 자신의 해박한 지식을 과시하려고 안달한다. 그는 봄학기가 끝나 의무적인 기숙사생활에서 해방되었을 때, 혼자 있고 싶어 가구가 없는 아파트를 구해 1,492권의 책들이 들어있는 상자들로 침대, 식탁, 그리고 의자를 만든다. 평생 처음 혼자만의 삶을 시작하자 두려운 기분에 억눌린 데다 대낮에도 환하지 않고 쾌쾌한 냄새를 풍기는 방이 마음을 무겁게 한다. 이런데 이삼일이 지나 밤에 두 창문 사이에 서서 브로드웨이(Broadway)거리를 내려다보다가 월궁이라는 중국식당의 네온간판에 매혹된다. 그에게 "월궁은 마법의 글자들이었다. 그 글자들은 하늘에서 내린 계시처럼 어둠 속에 매달려 있는" 것 같다. 따라서 "오래 되어 낡고 누추한 방이 영성이 넘치는 장소, 즉 이상한 예감과 예측불허의 신비한 사건들의 교차점으로 변형되었다. 나는 계속 월궁간판을 응시했다"(17). 여기서 월궁은 앞으로 달이 그의 자아의식과 실존에 중요한 역할을 할 것임을 암시한다.

포그가 대학교 3학년일 때 아파트도 점점 마음에 들고, 지머와 다른 친구들과 함께 밤늦게까지 술을 마시면서도 열심히 공부하고 있던 어느 날 외숙부로부터 마음 아픈 편지를 받는다. 외숙부는 편지에서 그의 악단은 해체되었고, 가가호호 방문하는 백과사전 판매원노릇을 하고 있으며, 클래러네트는 전당포에 잡혀 있다고 실토한다. 그의 송금을 받은 외숙부가 도착예정 일자에 뉴욕에 오지 않자, 그는 외숙부의 행방조회를 경찰에 신청한다. 그리고 경찰로부터 외숙부가 여행 가방을 챙기다가 심장마비로 급사했다는 비보를 듣는다. 그는 비통한 심정을 토로한다: "외숙부 빅터는 내가 이 세상에서 가장 사랑하는 사람이었을 뿐 아니라 나의 유일한 혈육이고, 나를 더 광대한 세계에 연결시켜주는 고리였다. 그가 타계하자 나는 모든 것을 잃고 파멸 지경에 이르렀다. […] 나의 삶은 최악의 소용돌이에 휩싸였으므로 나는 다른 세계로 사라지기 시작했다"(3). 그는 너무 큰 충격과 비통함으로 극도의 상실감, 절망감, 그리고 무력감에 빠진다. 더욱이 그는 외숙부를 쉬카고에 있는 어머니무덤 옆에 안장한 후에 차츰 슬픔보다도 금전문제로 고통당한다. 장례비로 수천달러를 지불했기 때문에 졸업할 때까지 필요한 등록금과 생활비가 부족하다. 그래서 대학을 중퇴하고 싶지만, 그러면 바로 월남의 전쟁터로 가야할 뿐 아니라 외숙부와 대학을 졸업하기로 했던 약속을 어기는 결과가 된다. 학업을 계속하려면 학업우수장학금을 받거나, 아니면 학자금융자나 근로장학금을 신청해야하지만 마음이 내키지 않아 신청하지 않는다. 자포자기하여 어떤 대책도 강구하지 않고 오로지 독서와 사색에만 몰입하여 사회를 조롱하고 현실을 무시하는 젊은이의 오기만 부린다. 이러다간 자신의 삶이 비극으로 끝날 수 있음을 알면서도 오기로 그 순간을 기다릴 뿐이다. 이렇게 그는 기다리면서 책 상자에 있는 책들을 정독한 후에 헌책방에 팔아치운다. 책 상자들은 서서히 없어진다. 책 상자의 없어짐은 그가 소멸하고 있음을 상징한다. 이처럼 그는 자신이 조각조각 사라지고 있음을 실감하면서도 적극적으로 생존방안을 모색하려하지 않는다.

이제 그가 요금을 아끼려고 집 전화를 끊었을 때 친구들이 불편하다고 항의하자, 기계소리가 싫기 때문이라고 응대한다. 마침내 전기도 요금미납으로 단전된다. 그는 이런 경제적 궁핍을 호도하기 위해 변명이나 애매한 이야기 그리고 괴팍한 논리를 활용한다. 그러면서 실생활에서 지출을 줄이려고 안간힘을 다하지만 1969년 여름에 최대고비를 맞는다. 식비를 줄이려고 최소량의 식사를 하면서 자신과 육체를 분리하려하지만, 정신은 굶주린 육체를 극복할 수 없어 착란을 일으킨다. 그는 있지도 않은 음식을 씹고 있으며 있지도 않은 담배를 피우고 있다. 그는 일단 일어난 정신착란을 멈추게 할 수 없으므로 큰 고통과 시련을 겪는다. 이런 여건에서도 그에게 신탁의 신비와 매혹으로 자리 잡고 있는 월궁이라는 두 글자가 마음에 떠오른다.

결국에 그는 더 이상 자력으로 궁핍의 위기를 돌파할 수 없음을 깨닫고, 위선과 오만을 버리고 친구들에게 도움을 청하려한다. 지머가 이사한 것도 모르고 쪽지를 몇 번 남겨두었던 아파트에 갔다가 뜻밖에 새 주인의 환대를 받는다. 주인은 그가 쪽지들의 주인공임을 알아챘으며, 메츠(Metz, 뉴욕야구팀) 셔츠를 입고 있는 포그를 보고 이 셔츠를 각별히 좋아하는 키티 우를 생각하게 된다. 마침내 그는 포그를 아침식사를 하고 있는 쥴리아드학교(Juilliard School) 친구들에게 그녀의 쌍둥이오빠라고 소개한다. 포그는 여분의 의자가 없어 키티와 옆 사람 사이에 끼어 앉아 몇 개월 동안 보지 못했던 진수성찬을 보고 며칠을 굶은 게걸든 사람처럼 모든 그릇을 비운다. 그는 미인이면서도 방자하지 않고 소탈한 중국여대생에게 마음이 끌리고, 그녀가 비정상적인 자기에게 관심을 갖는다는 느낌이 들어 고무된다. 그가 떠나려고 하자 키티가 문까지 따라와서 겸손하면서도 도전적으로 말한다: "나는 당신 누이동생이요. 작별키스 없이 당신을 보내지 않을 거요"(40). 그러면서 그녀는 목을 껴안고 키스한다. 그녀가 처음 만난 그에게 키스하는 이유는 그가 너무나 비참하고 위독한 것 같아서 그를 본능적으로 보호하고 싶기 때문이다.

그가 8월 중순에 두 번째 퇴거통보를 받았을 때 수중에 37달러 밖에 없다. 아무리 기를 써도 어떤 대책도 강구할 수 없을 뿐 아니라 탈출구도 찾을 수 없어서 절망적인 심정을 토로한다: "나는 미래를 상상할 수 없었다. 어떤 계획도 세울 수 없었다. 유일한 미래는 지금 처해 있는 현재였다. 현재 상태로 존재하려는 고투가 서서히 실존의식을 마비시켰다. 더 이상 사고할 수도 없었다. 나에게 시간은 연속되고 있지만, 미래는 내 앞에 공백, 즉 불확실성의 백지로 나타났다"(41). 그는 이런 여건에서 아파트에서 나와 목적지도 없이 발길이 닿는 대로 걷지만, 아직은 자존심이 있으므로 아는 사람들을 피해 남쪽으로 내려간다. 밤이 되자 싸구려 여인숙이나 지하철역에서는 잘 수 없어 센트럴공원 안에다 잠자리를 정하고, 다른 사람들의 언행을 의식할 필요가 없는 자유로운 노숙자생활을 시작한다. 이런 생활을 하면서 비로소 자기실존이 현학적이었음을 깨닫고 앞으로 실천적 삶을 살겠다고 포부를 밝힌다: "나는 언어에 의존한 삶을 살면서 내 인생의 대부분을 이미 허송했음을 이해했다. 이 순간이 나에게 어떤 의미가 있다면, 가능한 한 전적으로 이 순간에 충실한 삶을 살아야할 것이다. 그러기 위해 지금 여기, 현실, 그리고 내 피부에 느낌을 주는 광대한 감각중추 이외의 모든 것을 무시해야한다"(63). 이 포부를 실현하고자 그는 인과관계가 우주를 지배하는 조물주라는 기존진리를 부정하고, 위가 아래이고, 시작이 끝이라는 새로운 진리를 수용한다. 비록 그가 삶의 지혜를 터득했지만 10여일 동안 하루 1달러로 생명을 지탱하다 보니 체중이 50kg까지 줄어 생명이 위험한 수위에 이른다. 설상가상으로 한밤중에 쏟아지는 폭우를 맞아 독감에 걸려, 먹기만 하면 토하는 지경이라 더 이상 혼자 힘만으로는 공원에서 버틸 수 없어 사경을 헤맨다. 다행히 이런 극한상황에서 지머와 키티에 의해 구조된다. 포그는 절벽에서 떨어진 자기를 구조한 그들의 배려와 성의를 사랑이라고 정의하여, 사랑은 "사람이 추락하는 것을 방지할 수 있는,

다시 말하면 중력의 법칙을 부정하는 강한 동력이다"(50)고 언급한다. 이 사랑의 정의는 인간은 혼자 존립할 수 없으므로 다른 사람들을 인정하고 배려하여 그들과 더불어 실존해야한다는 삶의 철학으로 포그에게 다가온다.

그는 지머의 선심으로 그의 아파트에서 1개월여 동안 편안하게 정양하면서 점차 건강을 회복한다. 이제 깊이 자성하면서 새로운 삶을 시작하기 위해 세상을 자기 마음대로 과소평가하거나 무시하지 않고, 세상사와 다른 사람들의 행위를 사심 없이 직시하여 있는 그대로 수용하려고 결심한다. 그는 이 결심을 자신에게 약속한다: "나의 잘못을 속죄하고, 여전히 나를 보살펴주는 사람들에게 보상하고 싶었다. […] 무엇보다도 먼저 나 자신을 정화하고 나의 무절제한 자기열중을 회개해야한다고 생각했다. […] 나 자신보다도 먼저 다른 사람들을 배려하면서 … 어떤 성과를 가시화할 것이다. 성과를 거두기가 불가능하다할지라도, 거의 종교적 광신으로 그 성과 거두기에 집착할 것이다"(73). 이렇게 그는 이기적인 자기몰입에서 벗어나 이타적인 타인배려자로 변신하려한다. 한편 그는 지머로부터 키티가 그를 몹시 연모하여 지난 3주 동안 미친 사람처럼 찾으러 돌아다녔다는 말을 듣는다. 지머는 그녀를 긍정적으로 평가한다: "그녀는 … 가장 개방적이고 자발적인 여인이다. […] 그녀는 다른 사람들을 매우 존중하기 때문에 그들이 자신들의 의사에 반하는 행위를 하도록 허용하지 않는다"(83-84). 그러면서 지머는 그에게 그녀가 굉장히 자제하면서 기다리고 있으니 적극적인 행동을 취하라고 조언한다. 이 조언을 듣고 그는 키티에게 사랑을 고백하고 나서 그녀와 성관계를 갖는다. 그는 성관계로 인해 자기에게 일어난 돌연한 변화를 설명한다: "나는 성관계를 하고 본질적으로 일변되었다고 믿는다. 나는 … 정신적 성벽의 극적 붕괴, 즉 나의 고독을 무너뜨린 지진에 대해 언급하고 있다. 홀로 있음에 너무 익숙해 있어서 이런 지진이 일어날 수 있을 거라고 믿지 않았다"(94). 이제 그는 극단적인 자기중심에서 벗어나 비로소 다른 사람들과 소통할 수 있는 인간으로 재생한다.

포그는 이렇게 변신한 후에 장애노인, 토머스 에핑을 보살피는 일자리를 얻는다. 그가 에핑에 대한 첫 인상을 회고하면, "그가 나에게는 가장 허약한 사람으로 보였다. 뼈만 남은 몸을 격자무늬 담요로 덮고도 떨면서 휠체어에 앉아 있었는데, 몸이 날개가 부러진 아주 작은 새처럼 한쪽으로 기울어져 있었다"(99). 에핑은 여든여섯 살이지만 나이보다 더 늙게 보이는 외모와는 달리 실존목적의식과 실현의지가 놀라울 만큼 강하다는 인상을 풍긴다. 포그는 노인을 보살피면서, 그가 구술하는 파란만장하고 비극적이었던 삶을 받아써서 간결한 자서전원고를 완성한다. 노인이 타계한 후에야 자서전을 만든 저의를 이해하게 된다. 노인은 출생사실을 전혀 몰라서 보살피지 못했던 아들이 있다. 그는 몇 년 전에 자기 아들, 솔러먼 바버(Solomon Barber)가 중서부에 소재한 대학들에서 미국사를 강의하는 교수로서 탁월한 학문적 업적을 거두었음에도 불구하고 정년보장교수지위를 갖지 못했음을 알고 항시 마음이 무겁다. 아들을 보고 싶은 마음은 간절하지만 결코 상봉하려하지 않고 자서전과 큰 유산만 남겨준다. 포그는 노인의 유언에 따라 자서전을 바버교수에게 우송하고, 상봉한 바버교수가 친부임을 알고 너무 경악하여 처음에는 거부하지만 결국 수용한다. 노인과 바버교수의 비극적인 삶의 이야기가 *월궁*의 큰 축을 이룬다. 요컨대 포그는 우연히 조부와 친부를 만나고, 그들의 비극적인 삶을 인지함으로써 사회와 인간관계를 창의적으로 이해하고 수용할 수 있는 새로운 주체적 인간으로 성숙한다.

지금부터 포그의 성숙과정을 구체적으로 고찰해본다. 그는 에핑을 그의 요구에 맞게 보살피면서 자기 삶과 의식을 획기적으로 변화시킨다. 그의 삶과 의식 변화는 새로운 사물인식과 그 표현, 즉 언어구사에서 일어난다. 맹인인 에핑이 산책을 나가면 멋대로 사물을 가리키면서 무엇이냐고 물으면, 포그는 일상습관에 따라 무의식적으로 가로등, 쓰레기통, 그리고 출입구라고 대답한다. 그러면 에핑은 벼락같이 화를 내면서 그를 바보라고 매도하고 눈을 활용하라고 일갈한다. 그제야 그는 사물을 세밀하게 관찰하지 않기 때문에 에핑에게 흡족한 대답과 설명을 드리지 못했음을 깨닫고, 우선 사물을 정확하게 인식하여 간결하게 표현하려고 최선을 다한다. 그럼으로써 그는 마치 미지의 세계를 처음 발견한 사람처럼 세계를 경이와 신비의 시각으로 볼 수 있는 안목을 높일 수 있다. 드디어 그는 에핑을 만족시킬 수 있는 설명방법을 터득했다고 천명한다: "내 임무는 긴 목록들로 그를 맥 빠지게 하지 않고 스스로 독자적으로 사물을 인식할 수 있도록 돕는 일이었다. 결국 말들은 중요하지 않았다. 말들의 기능은 사물들을 가능한 한 빨리 이해할 수 있도록 돕는 역할이었다. 말들이 이런 역할을 수행할 수 있도록 하려고, 말을 꺼내자 말자 말이 사라지게 했다. […] 사물 주위에 더욱 많은 여백을 남겨두면 남겨둘수록 그 효과는 더욱더 좋다는 사실을 알았다. 왜냐하면 여백은 에핑이 스스로 하는 결정적인 작업, 즉 몇 가지 암시를 바탕으로 심상을 창조하여 자기 마음을 내가 서술하고 있는 사물에 더 가깝게 접근시키기 때문이다”(123). 이처럼 그는 에핑의 호통과 비난을 긍정적으로 수용하여 사물 인식에서 외부를 무시하고 본질만을 간결하게 표현하는 언어구사방식에 심혈을 쏟음으로써 삶과 의식을 획기적으로 변화시킨다.

그는 에핑의 권유에 따라 브루클린미술관에 가서 랠프 앨버트 블레익록(Ralph Albert Blakelock, 미국낭만주의화가, 1847-1919)의 풍경화, *월광*(*Moonlight*)을 본다. 그는 에핑으로부터 미술관에 가면 벙어리와 귀머거리 행세를 하면서 누구와도 대화하지 마라는 조언과 함께 풍경화 감상법을 듣는다: “네 눈과 네가 가지고 있는 세상을 보는 특출한 힘을 생각하라. 네가 세상을 볼 수 없다면 너에게 일어날 불상사들을 상상해보라. […] 사물이 다른 불빛들 아래 위치할 때 그 모습이 어떻게 변하는가를 숙고하라. […] *월광*만 보라. *월광*을 1시간 동안 보면서 다른 그림들을 무시하라. 집중하라. 그림을 가까이서, 좀 떨어져서, 멀리서 봐라. 그림의 전체적인 구도 뿐 아니라 세부적 요소들도 살펴보지만 어떤 기록도 하지 마라. […] 네 앞에 있는 풍경화를 그린 화가의 마음속으로 들어갈 수 있는지 생각해보라. 네 자신이 풍경화를 그리고 있는 블레익록이라고 상상해보라. 1시간 후에 잠시 쉬면서 다른 그림들을 보다가, 다시 15분 동안 *월광*을 보면서, 이 세상에는 *월광* 밖에 없다고 가정하고 집으로 돌아오라. […] 네 마음속에서 그림을 보려고 최선을 다하라”(134-36). 그는 막상 처음 보는 *월광*에 크게 실망한다. 그러나 잠시 후에 정신을 집중해서 다시 보니, 그 그림의 중앙에 있는 둥근 보름달이 하늘, 호수, 큰 나무, 그리고 지평선에 낮게 깔려 있는 산들을 비추고 있다. 더 자세히 보니 같은 색의 하늘과 땅, 낮처럼 환하게 보이는 밤, 그리고 거대한 풍경으로 인해 왜소해진 인간들이 그려진 *월광*은 풍경화가 아니고 상징적인 작품이라는 판단이 선다. 그림 속의 “원주민들은 배경에 비해 왜소함에도 불구하고 어떤 공포감이나 불안감도 드러내지 않는다. 그들은 거대한 환경 가운데서도 그들 자신과 자연이 하나가 되어 편안하게 앉아있다.” 그는 *월광*이 “풍경화가 아니라 추도사, 즉 사라져버린 세계에 대한 장송곡”(139)이라고 단정하고 귀가한다. 그러나 에핑은 서부를 그린 풍경화들 중에서 *월광*을 가장 높게 평가하고 중요시한다. 그 까닭은 작품 안에 원주민들이 스스로를 자연의 일부로 인정하고 자연과 합일하려고 전심하는 정신이 구현되어 있기 때문이다. 그러므르 *월광*은 이 소설의 핵심주제를 예시하고 있다. 다시 말하면, *월광*은 "소설의 가장 중요한 금언들 중의 하나인 '당신은 주관과 객관(당신과 사회) 간의 균형을 이루지 않고는 생존할 수 없다'는 말을 시각형식으로 구현하고 있으므로 작품의 핵심주제로 간주될 수 있다."**[27]** 게다가 *월광*과 에핑이 말하려는 삶의 이야기에는 상관성이 있다. *월광*에 그려진 보름달이 "그림의 중앙에 있는 것처럼 에핑의 이야기는 소설의 핵심을 이룬다. 그 핵심에는 '소설과 역사에서 과거를 다시 기술함은 두 분야 모두에서 과거를 현재에 투사하여, 과거가 결정론적이고 목적론적으로 귀결되지 않도록 고심한다'는 암시가 함축"**[28]**되어 있다. 이처럼 *월광*과 에핑의 이야기에는 확실성, 일관성, 그리고 고정불변은 없고, 오로지 자연과 자아의 천착에 필수적인 주객일치철학의 역설이 있을 뿐이다.

포그는 *월광*을 감상한 연후에 에핑이 자기과거를 말하는 황당무계한 이야기를 듣는다. 그는 열일곱 살 때 우연히 거리에서 위대한 발명가, 니코울러 테슬러(Nikola Tesla, 1856-1943)와 눈이 마주쳤는데, 그 순간 그의 안광에 압도당해 자기는 재능에서 그에게 뒤처짐을 알아차린다. 그래서 그는 과학자보다는 자기소질에 맞는 화가가 되기로 결심한다. 그러나 재계의 거물인 선친은 화가가 되겠다는 아들을 방탕아로 간주하고 그의 뜻을 결코 용납하지 않는다. 그럼에도 불구하고 그는 부친의 격렬한 반대로 봉착한 난관과 위기를 극복하고 화가의 길로 나아간다. 그는 부친이 급서하자 일약 백만장자화가가 된다. 그는 당시 화가들의 유행이었던 "기계적 추상이나 그림이 곧 세계라는 독선(the canvas as the world) 그리고 지적 회화" 등을 막다름에 이른 미술이라고 믿고 수용하지 않는다. 그는 채색파화가이고, 그의 그림 주제는 우주 혹은 순수한 우주와 빛이다. 동료화가들은 그가 자연을 그린 작품을 높이 평가하면서, 그를 새로운 대가들 중의 한 사람이라고 칭찬한다. 그는 미국서부를 제일 먼저 작품소재로 소개했던 화가, 토머스 모런(Thomas Moran, 1837-1926)으로부터 조언을 듣는다: "당신이 서부에 가보지 않으면 공간이 무엇인가를 결코 이해하지 못할 것이다. 당신이 서부여행을 하지 않는다면 작품은 완숙해지지 않을 것이다. 당신이 서부하늘을 감상한다면 그 하늘이 당신 삶을 변화시킬 것이다"(150). 에핑은 그의 조언을 거듭 듣고 서부여행을 결심한다. 에핑은 당시의 많은 화가들의 주장 – "회화수업은 유럽에 가서 해야지 … 미국에서는 배울 것이 없다"(151) –을 무시하고 "자신의 예술적 기량을 연마하려고"[29] 서부로 간다. 또 그는 청교도교리의 노예로 전락해버린 아내, 일리저버스 휠러(Elizabeth Wheeler)로부터 도피하려고 서부로 간다. 그는 그녀와 결혼한 지 4년이 지났지만 그녀가 그를 여체만 탐내는 악마로 간주하기 때문에 아직 초야를 치르지 못했다. 그가 가까이 다가가기만 하면 울부짖으면서 거세게 반항하는 그녀를 도저히 이해할 수 없을 뿐 아니라 사랑과 공존의 대상으로 수용할 수 없다. 그래서 그는 그녀와의 결혼이 자기가 저지른 가장 큰 실수라고 자인한다. 이러한 그녀가 그의 서부여행을 단념시키려고 순교자처럼 성관계를 허락한다. 그런데 그는 이 성관계로 태어난 아들의 불행한 삶 때문에 31년이 지난 후에 전혀 상상하지 못했던 고통에 시달린다.

에핑은 가지마라고 애원하는 부인을 뿌리치고 지형학자의 꿈을 실현하려는 청년, 에드워드 번(Edward Byrne)과 함께 1916년 4월에 서부로 떠난다. 그들은 유타주로 가서 길잡이를 앞세워 미답지 탐험을 시도해보려 한다. 떠나기 전날 밤에 에핑은 번으로부터 평생 잊지 못할 교훈을 듣는다: "누구도 달이나 별에 의존하지 않는다면 지상의 자기위치를 알 수 없다. 천문학이 먼저 있고, 천문학에 따라 지도가 만들어진다. [⋯] 여기는 저기와 관련되어 존재하고, 그 반대는 성립되지 않는다. 오로지 저기가 있기 때문에 여기도 있다. [⋯] 우리는 오로지 우리가 아님을 찾음으로써 우리 자신을 발견한다"(153-54). 에핑이 이 교훈을 명심하면서 가파른 절벽을 올라간 다음 정상의 능선을 따라 말을 몰고 있는데, 갑자기 번의 말이 발을 헛디뎌 절벽 밑으로 떨어진다. 에핑은 바로 말에서 내려 의료상자를 들고 급경사지를 내려가 얼굴은 피투성이가 되었고 두 다리는 부러져 있는 번을 보살핀다. 길잡이가 에핑에게 살아날 가망이 없는 번을 버리고 떠나자고 말하자, 그는 책임감 때문에 그 제안을 단호히 거절한다. 에핑은 번이 숨을 쉬고 있으므로 그를 간호하려고 고군분투한다. 그는 죄의식을 느낄 겨를도 없이 번의 치료에 최선을 다했으나 무위로 끝난다. 그는 번을 매장하고 나서 비명을 지르기 시작하더니 거의 미칠 지경이 된다. 절벽, 골짜기, 그리고 도저히 오를 수 없는 언덕과 산들로 이루어진 주변의 장애물들로부터 빠져나갈 엄두가 나지 않기 때문이다. 가망성이 엿보이지 않아 마음이 별로 내키지도 않는 탈출을 시도해보면서도, 마음 한 편으로는 이제 자기 삶은 끝났다고 믿으며, 설령 살게 되더라도 혼자서만 집으로 돌아갈 수 없다고 생각한다. 이제 그는 자기실존은 지상에서 사라졌다고 치부하고, 본명 쥴연(Julian)을 버린다. 넷째 날이 되자 식량은 다 떨어지고 물도 한 잔도 남지 않아 죽음을 맞이하려한다. 절벽의 정상 바로 아래에 그가 생을 마감하기에 아주 좋은 장소로 보이는 동굴이 있다. 그가 두 시간 동안 사력을 다해 올라가니 동굴에는 웬 가구들과 생필품들이 있고, 더욱 놀랍게도 침대에는 몇 시간 전에 살해된 듯한 수행자의 시신이 있다. 그는 동굴에서 아사 직전의 극한상황을 극복하고, 수행자로 가장하여 제2의 인생을 시작할 수 있는 행운을 생각하니 전율감이 든다.

그러나 그는 몇 개월 동안 주변만 살피면서 편안한 무위도식 생활을 하던 중에 갑자기 도저히 자제할 수 없는 고독감의 엄습으로 자살충동을 억제하기가 어렵다. 또 그는 이미 죽었다고 알려져 있는 존재인 자기가 지금 악마적인 후생을 살고 있다는 망상과 공포감에 사로잡혀 발광할 지경이다. 그는 마음의 안정을 찾기 위해 어떤 일에 몰두할 심산으로 그림을 그려본다. 연필로 종이쪽지에 그림을 그리면서 이전에 작품창작에서는 체험하지 못했던 강한 힘과 열정을 느끼고 스스로 놀란다. 두 달 반 동안 아침에 동굴에서 나와 하루 종일 야외에서 그림을 그려 40여점의 작품을 완성했는데, 돌이켜보면 이때가 그의 생애에서 가장 행복했던 시절이었다고 술회한다. 그는 두 가지 상황 가운데서 그림을 그리고 있는데, 하나의 상황은 작품비평가가 없으므로 성공작이냐 실패작이냐의 경지를 떠나 자족적인 관점에서 작품창작에 몰입할 수 있다. 그리하여 창작에서 심미성의 부각보다는 오히려 자신의 가장 이상적인 실존탐구를 중요시한다. 그는 이런 탐구로 "자신이 거대한 자연의 무언의 힘의 일부인 것처럼 자연의 무심을 자신의 본심으로 느낄 수 있다"(170). 50년이 지난 지금도 그때의 그림들 하나하나를 다 기억할 수 있다고 자랑한다. 또 하나의 상황은 그림을 그릴 재료가 바닥나고 있다는 현실이다. 재료가 바닥나고 있다는 느낌 때문에 더욱 혼신의 힘을 다해 그림을 그리면서 걸작을 창작하고 있다는 환상에 빠져 더욱더 열중한다.

3월 하순에 찾아온 살해당한 수행자의 원주민친구로부터 무법자, 그레셤

(Gresham)삼형제가 봄이 가기 전에 동굴로 올 거라는 말을 듣는다. 에핑은 5월 중순의 어느 날 해질 무렵에 동굴에 나타난 그들을 밤에 사살하고 매장한 뒤에 그의 삶은 비극으로 치닫는다. 그는 그들이 가져온 여섯 개의 가방에 있는 2만 달러와 1만 달러 상당의 무기명채권 그리고 많은 귀금속들을 가지고 샌 프런시스코에서 토머스 에핑으로 개명하여 새로운 인생을 시작한다. 그는 동굴에서 불로 습득한 자산을 잘 투자하여 거부가 되어 상류층인사들의 사교계에 등장했다가 자신의 과거신원을 간파한 선친의 한 동업자와 맞닥뜨린다. 그 후로 더 이상 사교계에 나가지 않고 낮에는 잠을 자고, 밤에는 자신의 의지와는 반대로 중국인거리에 가서 창녀를 찾고 도박과 마약을 즐긴다. 비오는 날 새벽에 마약에 취한 채 귀가하다가 자기를 뒤쫓는 괴한을 피하려다가 가파른 언덕길에서 굴러 떨어져서 전신주에 척추가 부딪쳐 더 이상 걸을 수 없는 불구자가 된다. 불구 신세는 자신이 받아야할 천벌이라고 자위한다. 위조여권을 만들어 1920년에 프랑스로 가서 평생 친구이고 조수노릇을 마다하지 않는 파빌 셤(Pavel Shum)을 만난다. 1939년 제2차 세계대전이 발발하기 전에 친구와 함께 귀국한다. 친구가 들고 온 솔러먼 바버교수의 저서, *버클리 주교와 인디언들*(*Bishop Berkeley and the Indians*, 1947)을 보고, 바버교수는 그가 서부로 떠나기 전에 부인과 가졌던 성관계에서 태어난 아들임을 인지한다. 아들이 탁월한 학문적 업적을 쌓았지만 아직 정년이 보장된 교수직을 얻지 못한데다 체구가 기형이어서 마음이 아프다. 더욱이 아들이 아버지가 1916년에 유타주에서 사망한 걸로 믿고, 의지할 어른도 없이 외로운 삶을 살았다고 생각하니 억장이 무너지는 느낌이다. 그래서 포그에게 과거 삶을 받아쓰게 하여 만든 자서전과 상당한 유산을 아들에게 남겨주려고 한다고 고백한다. 이런 연후에 포그에게 자신은 어떤 생존상황과 조건에서도 "끊임없이 자신의 운명을 다스리고 있다"(217)고 믿는다는 말을 남기고 5월 12일에 영면한다.

포그는 에핑이 타계하자 반년 만에 자유인이 되고, 감사의 표시로 그에게 남겨준 7천 달러로 돈 문제에서 해방된다. 그러나 포그가 에핑의 지도와 편달 그리고 과거 삶의 이야기로 인생을 많이 배웠다할지라도, 여전히 편견과 아집의 자아에 유폐되어 있으므로 다른 사람의 간절한 마음을 허심탄회하게 수용하지 못한다. 에핑이 그를 평하고 예언한다: "너는 몽상가여서 네 마음은 언제나 달에 가 있다. […] 너무 철학적이어서 예술을 느끼지 못한다. 너는 너를 보살펴줄 누군가를 필요로 한다. 내가 눈을 감으면 너는 네 과거로 다시 돌아갈 것이다"(216). 에핑의 예언대로 그는 편견과 아집 때문에 자기를 보살펴줄 사람을 버리는 가장 큰 과오를 저지르고, 뼈에 사무치는 좌절과 절망의 고통과 시련을 겪는다. 그러고 나서 그는 자아를 성찰하면서 성숙한다. 그는 7천 달러로 아파트를 얻어 극한상황에 처해 있는 자기를 구해준 키티와 동거한다. 9개월 동안 그녀와 함께 평생 처음 낙원생활을 즐겼다고 술회한다. 그러나 자신의 아집 때문에 자기존재에 절대적으로 필요한 키티와 결별한다. 그녀가 임신하자 출산문제로 두 사람의 의견은 대립된다. 그녀는 현실을 고려하여 인공유산 쪽을 염두에 두고 있는데 반해 그는 분만을 주장한다. 그녀는 그의 뜻을 거스르는 행위를 하고 나서, 그에게 예전처럼 함께 지내자고 애원한다. 그러나 그는 그녀의 간절한 염원을 뿌리치고 뛰쳐나와 극심한 고통과 절망감에 시달린다. 그가 스스로 자초한 쓰라린 체험은 타인과 더불어 살지 못하는 그의 일방적 실존의식에 아주 큰 경종을 울린다.

포그는 에핑의 자서전을 받은 바버교수를 10월 초에 만났을 때, 대머리에다 기형적으로 거구인 교수를 보고 놀란다. 반면에 바버는 그를 보는 순간 평생 마음속에서 사랑했던 에멀리 포그가 떠올라 상념에 잠기면서, 포그에게 1940년대에 자기가 강의한 미국사를 수강했던 에멀리 포그를 기억한다고 말한다. 그녀가 쉬카고에서 왔고 교통사고로 타계했다는 소식을 들었으며, "그녀가 지성미가 넘치는 미인이었다"(237)고 부언한다. 이렇게 그는 자기와 포그 사이에 어떤 관련이 있음을 암시하지만, 포그는 이를 묵살해버린다. 그는 아버지의 부재를 당연시하며 살아왔으므로 그 수수께끼를 알아내고 싶지 않기 때문이다.[30] 그러나 바버는 포그가 자신의 아들임을 직감하지만, 이 사실에 그가 경악하고 충격을 받아 엉뚱하게도 다른 좋지 않은 결과를 초래할 수 있으므로 겉으로 표명하지 않는다. 바버가 포그에게 이야기한 바에 의하면, 그가 여학생기숙사의 에멀리 포그의 침대에 함께 누워있을 때 여자청소부가 아무 기척도 없이 갑자기 문을 열고 들어왔다. 그는 그날로 면직되었고, 에멀리는 그의 청혼을 뿌리치고 다시는 만나지 않겠다고 욕설을 퍼부으면서 떠났는데, 13년 후에 교통사고로 타계했다. 그는 이 불상사로 너무나 부끄럽고 창피한 데다 에멀리를 잃은 극심한 고통과 절망감으로 몇 번이나 자살을 시도했지만 뜻대로 되지 않았다. 그래서 그는 사회로부터 철저히 소외되어 "마음의 상처 — 아버지의 부재, 교수로서의 불명예, 그리고 사랑한 여대생의 상실 —를 묻어두기"[31] 위해 자기신체를 아주 뚱뚱한 거구로 만들었다. 바버는 "그의 신체가 커지면 커질수록 자신을 그 안에 더욱더 깊이 묻었다. 바버의 목적은 자신을 사회로부터 격리시키고자 했을 뿐 아니라 거대한 체구로 자신을 숨기려했다"(242). 그가 이렇게 외부세계와 단절하고 연구에 몰입하여 주목받을 만한 저서와 논문들을 발표하자, 중서부의 작은 대학들이 그를 다시 고용했다. 바버는 이야기하면서 포그에게 자기가 아버지임을 계속 암시하지만, 포그는 이에 전혀 관심이 없다. 포그는 그와 작별할 때, "그가 아들과 석별의 정을 나누고 있음에 반해, 나는 그저 새로 사귄 친구, 즉 이틀 전에 만났던 사람을 배웅했다"(272)고 생각한다. 이처럼 두 사람은 포그의 아집 때문에 아직은 남과 남인 상태로 헤어진다.

바버는 이듬해 1월에 뉴욕에 다시 와서 아파트를 구한 뒤에, 포그에게 자기는 근무하던 대학에서 휴직을 했고, 9월까지는 저서집필에 열중한 다음에 선친이 머물렀던 동굴을 찾아가보려고 계획하고 있다고 말한다. 마침내 포그는 키티와 결별하고 나와 그의 아파트에 기거하면서 화물차로 가구를 운반하는 일을 한다. 그는 낮에 신체를 혹사시킬 대로 혹사시키면 피곤함으로 밤에 숙면할 것 같았지만, 키티와 헤어진 고통 때문에 술 없이는 잠을 잘 수 없다. 그는 자신의 비통한 심정을 토로한다: "키티의 신체는 내 몸의 일부였다. 내 옆에 그녀가 없으므로 나는 더 이상 내가 나 자신이라고 느끼지 못했다. 내가 조각조각으로 절단되었다는 생각이 들었다"(284). 매일 밤 키티에게 전화해야한다고 자신에게 말하면서도 전화하지 못한다. 그는 자아를 성찰하고 타인을 배려하려는 의지와 용기가 약하기 때문에 상실의 고통을 극복할 대책을 강구하지 못한다. 바버가 그의 이런 딱한 처지를 보고 그와 키티를 화해시키려고 무척 애를 써 보지만 무위로 끝난다. 키티는 화해를 거부하면서 자기입장을 밝힌다: "나는 인공유산을 하여 그를 비탄에 빠뜨렸다. 그가 나를 결코 만나지 않겠다고 해도 그를 비난하지 않을 것이다. 그도 내가 인공유산을 고의로 하지 않았음을 안다. 그러나 이 앎이 그가 나를 용서해야함을 의미하지는 않는다"(285). 두 사람의 불화로 인해 포그의 건강이 극도로 악화되자, 바버는 그에게 이런 상황에서 벗어나는 방안으로 동굴탐방을 제안한다. 마침내 그는 바버의 깊은 배려와 호의를 수용한다. 두 사람은 동굴을 찾으러 가는 길에 쉬카고에 잠깐 들르기로 결정한다. 이때 포그는 어머니와 외숙부묘소에 참배하고 싶다고 말한다. 그는 어머니와 외숙부의 무덤을 보자 예상외로 북받치는 슬픈 감정에 압도당해 순간적으로 정신을 잃는다. 이윽고 정신을 차린 후에 어머니무덤 앞에서 흐느껴 울고 있는 바버를 본다. 바버는 무덤을 계속 바라보면서 한탄한다: "나의 사랑하는 가엾은 에멀리 … 이제야 당신을 보다니 … 당신이 도망가지만 않았더라면 … 당신이 내 사랑을 받아주었다면 … 사랑하는 가엾은 에멀리 … 이제는 다 끝났어 … 너무나 허무하게 끝나버렸어"(292). 포그는 마치 살아있는 사람인 양 무덤 속의 어머니에게 말을 건네는 그를 보고, 갑자기 그가 누구인가를 알아차린다. 그는 이 청천병력 같은 앎에서 분출되는 분노, 메스꺼움, 그리고 역겨움 때문에 미친 사람처럼 바버를 두 손으로 밀친다. 바버는 뒤로 물러서다가 얼마 전에 파놓은 무덤 가장자리에서 중심을 잃고 구덩이 속으로 떨어진다. 너무나 순간적으로 일어났으므로 바버를 도저히 붙잡을 수 없다.

포그는 2개월 동안 바버를 간병하면서 그에 대한 모든 사실을 알았으면서도 아직도 그를 아버지로 받아들이고 싶지 않다. 너무나 큰 충격을 받았기 때문에 바버가 마음속에 품어왔던 이상적인 아버지상임에도 불구하고 그를 아버지로 수용하지 못한다. 그러다가 그의 눈썹과 눈 사이의 간격을 중심으로 눈꺼풀 부분을 살펴보다가 순간적으로 인지한 사실을 말한다: "바버의 눈은 내 눈과 똑같았다. 그의 얼굴에서 살이 빠지자 그 유사성을 확인했다. 우리는 서르 닮았고, 닮아도 너무 닮았다. 일단 이 닮음을 알아차리자, 이 사실이 나를 너무나 세차게 강타했기에 이 엄연한 현실을 수용할 수밖에 없었다. 나는 바버의 아들이었고, 추호의 의심도 없이 이 사실을 수용했다"(296). 드디어 포그는 그를 아버지로 수용하며, 바버는 포그의 아버지로 인정받고 1개월 뒤에 눈을 감는다. 포그는 다시 혼자라는 고독감과 절망감에서 벗어나기 위해 키티를 다시 사랑하고 싶어 그녀에게 전화한다. 하지만 기다리는데 지쳐 희망을 포기하고 새 남자친구를 사귀고 있기 때문에 과거로 돌아갈 수 없다는 그녀의 결연한 결심을 들을 뿐이다. 결국 그는 자기를 극한상황에서 구해주었을 뿐 아니라 성숙의 길로 인도하면서 실존의 이상적인 동반자가 될 수 있었던 여인을 아집 때문에 상실한다.

그는 유대인이 아닌 아버지를 유대인공동묘지에 있는 어머니묘소 옆에 안장하고, 동굴을 찾으러 유타주로 간다. 그는 비록 동굴을 찾지 못한다할지라도 이렇게 목적의식을 갖고 움직이는 행위가 슬프고 심란한 마음을 극복하는 최선책이라고 판단했기 때문이다. 그가 유타주에 들어서면서 느낀 바를 표현한다: "땅의 거대함과 공허함이 나의 시간개념을 무너뜨리기 시작했다. 현재가 더 이상 같은 결과들 중 어느 하나를 의미하지 않았다. 왜냐하면 몇 분과 몇 시간은 이곳에서는 너무 짧아서 계산될 수 없었고, 일단 당신이 눈을 주위에 있는 사물들에 돌리면 몇 세기로 생각해야하는데, 천 년도 한 순간에 지나지 않는다고 이해해야하기 때문이었다. 평생 처음으로 지구가 하늘을 선회하는 행성이라고 느꼈다. 지구가 아주 작아 현미경으로 관찰해야할 대상임을 알았다. 우주에 있는 모든 물체들 중에서 지구가 가장 작았다"(303). 조부의 탐험 출발지였던 블러프(Bluff)에 숙소를 정하고 몇 주 동안 근처를 답사하다가, 그곳의 향토사에 조예가 깊다는 스미스(Smith)부부로부터 무법자 그레셤 삼형제에 대한 이야기와 함께 그 동굴지역은 2년 전에 수몰되었다는 말을 듣는다. 동굴을 삼킨 호수를 수상보우트로 질주하고 돌아와서 선친으로부터 상속받았던 자동차와 트렁크에 넣어둔 1만 달러가 도난당했음을 인지한다. 그는 이 도난이 어떤 인간의 범행이 아니고 "신들의 장난, 즉 나를 더욱 고된 시련에 빠뜨리려는 신들의 악의적인 행위"(305)라고 믿고 경찰에 신고하지 않는다. 그는 다시 무의 존재로 전락하여 걸아가면서 아무 차에나 편승하려고 손을 흔들어 보지만 계속 거절당한다.

포그는 별수 없이 야생 쑥 군락 속으로 들어가 하룻밤을 보내고 다음날 아침에 깨어나니 추위에 몸이 떨린다. 다른 사람에게 의존하지 않고 독자적인 이런 방식으로 3개월 동안 계속 걸어간다. 드디어 캘리포니어주의 어느 해안가에 도착하여 신발을 벗고 발바닥에 달라붙는 모래 감촉을 느끼면서 자신에게 말한다: "나는 더 이상 과거의 내가 아니었다. […] 나는 세상 끝까지 왔고, 이 너머로는 바람과 파도 그리고 중국 해안까지 확 트인 공간만 있었다. 이곳이 내 출발점이고, 내 새로운 삶의 시발점이라고 나 자신에게 타이른다"(306). 그는 이렇게 자아를 성찰하면서 언덕 뒤에서 달이 떠오르기를 기다리고 있는데, 마침내 노란 원형의 보름달이 모습을 드러낸다. 밤하늘로 솟아오르는 보름달이 어둠 속에서 온전히 자리를 잡을 때까지 계속 바라보면서 한 번도 거기에서 눈을 떼지 않는다. 그가 이제 "달은 미래이다"(97)고 믿기 때문이다. 이처럼 포그가 미래에 대한 확신을 표명하면서 소설은 끝난다. 요컨대 포그는 우리가 항시 스스로 현학적인 편견과 아집에서 벗어나 다른 사람을 이해하고 존중하는 사회적 자아로 성숙하려고 최선을 다해야한다는 실존귀감이다.

팀 오우브라이언(1946-)은 "미국의 가장 탁월한 포우스트모던작가들 중의 한 사람"이라는 격찬에 걸맞게, 그의 두 번째 소설, *캐치아토를 뒤쫓는*(*Going After Cacciato*, 1978)은 그해의 최우수미국소설상을 수상했다. 그는 직접 참전했던 비에트남(Vietnam)전 소설가로 명성이 높지만, *캐치아토를 뒤쫓는*은 반전소설이 아니고 "전쟁소설 차원을 넘어선다. 이 작품은 전쟁터를 초월하는 지성적이고 복잡하며 우스꽝스럽고 신비스러운 이야기로 예술창조, 용기, 공포, 무질서, 그리고 자기이해 등등의 보편적 문제들을 논의한다."[32] 그는 이 소설로 자신이 직접 목격하고 체험했던 전쟁의 참혹함과 군인들의 야만행위를 폭로하여 고발하려하지 않고, "자기가 목격한 실체에 대한 지적 관심"과 자신의 "전쟁체험의 정신적, 신학적, 정치적 내포"[33]를 개진한다. 더욱이 그는 이 작품의 "핵심주제는 우리가 직면한 위기상황을 심리적 측면에서가 아니라 더욱 중요하다고 할 수 있는 철학적, 도덕적 시각에서 파악하기 위해 상상력을 어떻게 활용할 것인가의 문제규명이다"[34]고 천명한다. 다시 말하면, *캐치아토를 뒤쫓는*은 "기억, 상상력, 그리고 전쟁에 관한 이야기하기 간의 상호작용"[35]을 규명한 소설이다. 그렇지만 소설주인공창조에서 오우브라이언의 상상력은 절대적이지도 무한정하지도 않다. 그는 상상력에도 제약과 한계가 있어야함을 지적한다: "우리는 상상력에서도 우리의 책임과 의무를 망각해서는 안 된다. 상상력에서도 책임과 의무가 도외시될 수 없기 때문이다. 상상력도 현실처럼 한계성을 갖는다."[36] 그가 이 소설을 집필할 때 깊이 사색하고 고뇌한 문제들을 열거하면, "내가 징집을 거부했다면 어떻게 되었을까? 나는 망명생활을 하면서 행복했을까? 내가 탈영하면 행복할까? 나는 나 자신과 화해하면서 살 수 있을까? 탈영은 정당한가? 시민으로서 나의 의무는 무엇인가?" 그는 자신의 이런 생각이 상상력을 제약함을 인지하면서도, 상상력으로 문제의 판단과 해결의 돌파구를 찾으려고 최선을 다한다. 그러면서도 그는 판단과 해결책을 제시하려하지 않고, 오히려 거기에 있기 마련인 불확실성, 복잡성, 그리고 신비성을 부각시킨다. 그는 판단과 해결책은 오로지 독자의 몫이라고 생각하기 때문이다. 다만 그는 주인공이 상상 속에서 전쟁과 죽음을 피해 이상적인 평화도시로 도망치려고 시도하는데, "탈주가 최선책은 아니다"[37]고 주장한다. 그는 주인공이 동경하는 이상향에도 인간의 탐욕, 비행, 폭력, 그리고 살육이 자행되고 있음을 알기 때문이다. 오우브라이언은 실존목적과 가치는 비극적인 현실도피에 있지 않고, 그 수용, 긍정, 그리고 극복의지의 상상력에 있다고 강조한다. 그의 상상력의 위력 그리고 거기에도 있어야하는 책임과 의무론에 입각해서 *캐치아토를 뒤쫓는*을 "상상력은 극한 상황극복의 원동력"의 논지로 고찰해본다.

*캐치아토를 뒤쫓는*은 주인공 "폴 벌린(Paul Berlin)이 [전쟁터에서 살아남기 위해] 어떻게 자신의 상상력의 위력을 발휘하는가의 이야기이다."[38] 소설은 46장으로 구성되어 있는데, 이들 중 16개장은 벌린이 보병으로 비에트남에 도착한 1968년 6월 3일부터 그해 10월 하순까지 체험했던 전쟁참화의 기록이고, 10개장은 남중국해(South China Sea) 연안의 쾅 응아이(Quang Ngai) 해변 감시초소에서 밤 12시부터 아침 6시까지 경계근무를 하면서 과거를 회고하고 자아를 성찰하는 독백이고, 20개장은 탈영병 캐치아토를 체포하기 위해 10월 말부터 1969년 4월까지 분대원들과 함께 파리(Paris)까지 가서 추적하는 상상력의 발휘이다. 모든 이야기는 "감시초소, 즉 폴 벌린의 의식 속에서 일어난다."[39] 이처럼 이 소설은 과거의 사실들, 현재의 명상, 그리고 상상의 미래가 뒤엉켜 있어 매우 무질서하고 혼란스럽다. 이야기의 단초가 되는 벌린의 의식은 무지, 단편, 혼돈, 그리고 피동의 소용돌이에 갇혀있다. 그러나 그는 이 소용돌이에서 벗어나려고 군대, 전쟁터, 그리고 전쟁의 생리를 이해하고, 자아를 전쟁터의 위기와 한계상황에 적응시키면서, 전쟁비극들을 선별하여 기억한다. 또 그는 살아남기 위해 상상적으로 탈영을 시도하다가 포기하고, 꿈에서 깨어난다. 요컨대 그가 경계근무 중에 파도소리를 들으면서 상상력에 의존하여 되살린 기억과 환상의 요체가 *캐치아토를 뒤쫓는*이다.

먼저 1장과 2장을 요약하고 벌린의 참혹했던 전쟁기억을 기술한다. 1장은 병사들이 며칠 동안 계속 내리는 비와 밤의 안개를 감내해야하는 극심한 고통과 시련의 묘사로 시작된다. 그들이 이렇게 고통과 시련을 겪고 있는데, 의무병 독 퍼레(Doc Peret)가 10월 말에 갑자기 전사한 시드니 마튼(Sidney

Martin)소대장 후임으로 부임한 코어슨(Corson)에게 벌린으로부터 들었는데, 캐치아토가 탈영했다고 보고한다. 코어슨은 사고로 대위에서 중위로 강등당한 장교로 나이가 많고 강직하지도 않다. 그러나 그는 "작전규정을 지적 명령이나 절대적 기준으로 믿지 않았다." 그는 "작전규정은 추상개념이어서 구체적 상황에 따라 활용되어야한다는 의견을 가지기 때문에 다른 장교들로부터 소외당했다"(144). 그는 부하들에게 땅굴 속으로 들어가라고 명령하기 전에 땅굴을 폭파했으므로 그들의 사랑을 받는다. 코어슨은 흠뻑 젖은 옷을 말리는데 정신이 팔려 처음에는 보고를 못 들은 척하다가, 퍼레가 거듭 보고하자 마지못해 반응한다. 이때 벌린이 아주 우둔한 캐치아토가 평화를 찾아 파리까지 8,600마일을 걸어가겠다고 내비친 말을 들었다고 실토한다. 코어슨은 그의 탈영을 은폐할 수 있지만, 그의 분대원들을 대동하고 그를 체포하려고 출동한다. 그들은 비와 싸우면서 캐치아토를 추적하여 산 정상으로 올라가지만, 그는 그들의 추적을 비웃듯이 두 번째 산의 정상에서 손을 흔든다. 비가 그친 밤의 안개가 그들을 추위에 떨게 하면서 더욱 괴롭힌다. 추위 때문에 잠을 못 자는 벌린은 퍼레에게 속삭인다: "나는 계속 그가 도망가기를 원한다. […] 그가 멀리 도망치므로 우리는 결코 그를 붙잡지 못할 것이다. […] 이것이 나의 소망이다"(13). 설상가상으로 요란한 천둥소리가 나고 번개가 치더니 비가 다시 쏟아지기 시작한다. 이렇게 그들이 악전고투했지만 캐치아토 체포에 실패하자, 벌린은 그에게 "도망가라"고 중얼거리더니 결국에는 고함을 지른다.

2장은 벌린이 캐치아토가 탈영한 20여일 후에 감시초소에서 경계근무를 하면서 캐치아토의 둥근 얼굴이 달이 되었다고 생각하다가 바로 달은 달이다로 마음을 바꾸는 장면으로 시작된다. 그는 캐치아토가 자기와 분대원들을 파리로 유인했다고 가정한다. 그는 이 유인이 캐치아토의 훌륭한 발상이라고 생각한다. 그는 지금 자신의 유일한 실존목적도 더 오래 생존하여 먼 미래의 목적을 설정하는데 있다고 확신하고, 자신의 상상력의 위력을 알고 싶기 때문이다. 그는 이 발상이 "예술가가 자신의 상상력을 구현하는 것처럼 구체화되기를"(27) 소망하기 때문에 하나의 가능성이라고 믿는다. 그는 이 믿음의 실현성을 탐구하기 위해 숙고한다: "사실과 가능성은 어떻게 구별되었는가? 실제로 일어났던 사건과 단순히 일어날 수 있었을 것이라는 개연성의 [차이는] 무엇인가? […] 물론 [차이를 아는] 비결은 심사숙고하는데 있었다. […]

사실이 끝나고 상상력으로 이어지는 경계를 찾아라. […] 왜 캐치아토는 전쟁터를 이탈했느냐? 이탈은 용기인가, 아니면 무지인가, 아니면 용기와 무지 다였는가? 용기와 무지의 결합은 가능했는가?(27-28). 이러면서도 그는 캐치아토가 공포심 때문에 탈영하지 않았을까하고 의심한다. 그는 의무병으로부터 공포심이 "실제로 있는 현실과 오로지 일어나기를 바라는 마음을 구별할 지적 능력을 마비시킨다"(28)는 말을 들었기 때문이다. 또 그는 의무병으로부터 모든 병사가 전쟁터의 공포심을 극복하는 최선책은 오로지 각자의 정신집중에 있다는 조언도 듣는다. 2장은 벌린의 지대한 관심 – 캐치아토에게 "무엇이 일어났는가 그리고 무엇이 일어날 수 있었을까"(29) –으로 끝난다.

지금부터 경계근무 중에 벌린에게 되살아난 마음 아픈 전쟁참화기억을 고찰한다. 먼저 그가 비에트남에 도착해서 마튼소대에 배치된 과정을 살펴본다. 그는 1968년 6월 3일 일등병으로 추 라이(Chu Lai)에 주둔한 작전사령부에 도착하여 정신을 차리지 못한다. 그는 지금까지 사단, 추 라이, 그리고 작전사령부에 대해 들어본 적이 없었기 때문이다. 그는 50명의 신병과 함께 무기관리, 독도법, 수류탄투척, 그리고 모의마을수색과 파괴를 배우면서 공포심을 억제하려고 전력한다. 그러지만 그는 더욱 무서워 정신을 차리기가 어려워 다른 병사들과 어울리려고 노력하지 않는다. 이런 불안정한 여건에서 아버지에게 지금 자기는 약간 평정심을 잃었다고 편지를 쓰면서 공포심, 혼란, 소외감, 그리고 자아상실의 극복을 도모한다. 그는 추 라이에 도착해서 7일째가 되는 날에 비로소 사단편제를 이해한다. 그는 1968년 6월 11일 전투부대, 198여단 5연대의 앨퍼(Alpha)대대로 배치받아 전방으로 이송되어, 1소대 체구가 큰 흑인상사 오스커 죤선(Oscar Johnson)이 인솔하는 분대에 배속된다. 소대장 마튼중위는 육군사관학교출신으로 해박한 전략과 전술지식을 가지고 있지만, 부하들의 희생에는, 더욱이 그들의 존경과 사랑의 대상이 되는 데는 관심이 없고, 오로지 일변도적으로 작전규정준수에 집착했다. 작전규정에는 공식과 비공식이 있는데, 마튼소대장은 공식만 고집하여 땅굴을 먼저 수색하고 난 다음에 폭파하는 원칙을 고수한다. 그의 원칙은 병사들의 반발을 일으킬 소지가 많은데도, 소대장은 유연성과 융통성 없이 자기소신에 집착한다. 벌린은 그의 휘하에서 전투병생활을 하면서 자신의 사고와 행동도 경직되고 있다고 느낀다.

이런 여건에서 벌린은 헬리콥터로 전투지역으로 이송되어 가면서 전사할 수 있다는 공포심 때문에 자기 손을 보면서도 자기 손이라고 믿지 못한다. 그의 무서움과 두려움은 그가 신병으로 감수해야하는 소외감과 아직 체험하지 못한 전투와 전쟁터의 무지로 더욱 증폭된다. 그러나 그는 공포심에 비례하여 용기도 솟아나온다고 믿는다. 그래서 그는 생존하여 무공훈장을 받고 싶은 심정을 토로한다: "각자의 내면에는 용기를 발휘할 생물학적 원천, 즉 자극을 받으면 고무되어 반응하는 신경조직, 다시 말하면 일단 불이 당기면 공포심이 끌 수 없는 용기의 불길을 일으키는 화학적 염색체가 있다고 그는 확신했다. 한 번 발화되면 있을 수 있는 용기를 완전히 분출시킬 도화선이 있다. 그의 마음속에 은성훈장(Silver Star)이 반짝였다"(81). 이제 그는 어떤 극한 상황도 극복하고 생존할 수 있을 거라는 자신감을 상상한다. 이 상상이 그의 생존활력이다. 이 활력은 그가 무지에서 벗어나면서 자기회의와 성찰로 더욱 확장된다. 그와 전우들은 비에트남사람들의 언어, 종교, 문화, 그리고 관습을 전혀 알지 못한다. 이렇게 아무것도 모르는 여건에서 인명손실을 최소화하면서 승리하는 전투는 거의 불가능하다. 따라서 벌린은 계속 자문한다: "이 바싹 야윈 멍청한 눈을 가진 사람들은 누구였는가? 그들은 무엇을 원했는가? [···] 그들은 은밀한 희망을 가졌는가?"(262). 이러면서 그는 비에트남어를 안다면 마을사람들에게 자기는 살인자도 아니고, 전우들의 만행을 증오하고, 마을이 소각되는 것을 보고 마음이 아프다고 말하고 싶다. 또 전쟁이 끝나면 통역을 대동하고 돌아와서 사람들에게 자기는 신념이 아닌 무지, 즉 누가 옳고, 무엇이 진실이고, 침략전쟁인지 아니면 민족해방전쟁인지 모르고 참전했다고 고백하고 싶다. 더욱이 그는 이론적으로 누가 언제 왜 어떤 동기로 전쟁을 시작했는지 모른다고 공언한다. 그는 전쟁찬반논쟁에서 자기는 어느 편에 있는지 모른다고 부언한다. 이 뿐만 아니라 그는 비에트남에 오게 된 사연은 자기의지에 반하면서 징병에 응해 양심과 자유를 포기하고 시대의 요구에 따랐기 때문이다. 그의 참전은 "병역기피로 인해 가해지는 혹평 그리고 아버지와 주민들에게 촉발하는 당혹감 때문에"(264) 불가피했다. 이렇게 그는 자의가 아닌 타의에 의해 비에트남에 올 수밖에 없었으므로 자기와 전우들은 신념을 가질 수 없어 조국편도 적편도 들지 못하기 때문에 서로 논쟁하지 않았다. 이러므로 그와 그들은 "어느 지역을 점령하여 안전하게 방어하고 치안을 유지하면서 성조기를 게양하고도 승리감을 느끼지 못했다. […] 그들은 공격목표와 목적도 공유하지 않았다. […] 심지어 어떤 날에는 그들이 쾅 능아이에 주둔하고 있다는 사실을 의식하지 못했다"(270). 그러나 이런 상황에서도 벌린은 전우들과는 달리 자유의지로 무지의 무력감과 무의식에서 깨어나려한다. 이 깨어남이 그의 생존활력의 원천이다.

벌린이 깨어나기 전의 무기력한 전쟁체험은 행군으로 시작된다. 마튼소대장의 인솔 하에 32명의 소대원이 한밤중에 일렬횡대로 행군하다가 그의 손짓으로 정지를 명령하면, 소대원들은 각자의 성향에 따라 행동한다. 벌린은 눈을 감고 공포심을 잊으려고 자기는 전쟁터에 있지 않다고 가정한다. 그는 캐치아토의 자고 있었느냐의 질문을 받고, 쉬면서 상상하고 있었다고 대답한다. 그는 상상에서 벗어나 현실에 적응하려고, 일보 전진이 1달러라고 생각하고 전진할 때마다 돈이 모아져 자기가 거부가 되고 있다고 자위하면서 공포심을 잊으려고 안간힘을 다한다. 또 그는 평정심을 찾으려고 소리를 내지 않고 노래를 부른다. 캐치아토가 이런 벌린에게 용기를 불어넣어주려고 "너는 잘 이겨낼 것이다"(218)고 격려한다. 이처럼 벌린은 무서움과 두려움에 벌벌 떠는 신병이다.

그러나 벌린은 2개월 후에 능동적인 군인으로 변신한다. 죤선상사는 헬리콥터가 소대원들을 산기슭으로 이송하기 전에 마튼소대장이 또 문제를 일으킨다고 불만을 토로한다. 소대장은 상사의 불만을 무시하고 소대원들을 저돌적으로 산 정상으로 진격시킨다. 벌린은 8월 하순의 더위와 싸우면서도 이제는 산, 다가올 전투, 그리고 앞으로 일어날 불상사들을 생각하지 않고, 완전무장의 무게에 신체균형을 유지하면서 목적의식을 갖고 중단 없이 가볍게 산을 올라간다. 소대장은 벌린의 끈질긴 오름을 보고 감탄한다. 또 소대장은 벌린이 "불굴의 정신, 훈련, 충성, 자제, 용기, 그리고 강인함을"(166) 상징한다고 믿는다. 더욱이 소대장은 벌린의 산 오름을 찬탄하면서 "하나님의 최고선물은 … 자유의지임"(168)을 깨닫는다. 그러나 벌린은 소대장의 찬탄과는 달리 자기가 아직은 내면적으로 성숙한 군인이 되지 못했음을 인지한다. 그가 스스로 자기를 평가하면 마음은 활기가 없으며, 정신은 명석하지 못하고, 역사의식은 마비되어 있다. 그는 이제 이 인지와 평가로 인해 자아와 사회를 점차 의식하는 군인으로 성숙한다.

벌린은 자아와 사회를 의식한 후에 미군의 야만행위에 가담하고, 이로 인한 참혹한 현실을 목격한다. 소대원들은 전사한 페더슨(Pederson)의 시신을 헬리콥터에 실어 후송한 다음, 소대장의 지시에 따라 근처 언덕으로 올라간다. 소대장은 공군에 백린으로 새도 가축도 없는 마을을 폭격하라고 요청한다. 벌린은 공군기가 30초 간격으로 마을을 폭격하자, 마을이 전소하여 하얗게 되는 광경을 보고 있다. 소대원들도 하얀 연기 속에서 검은 연기가 치솟고, 부서진 짚과 나뭇조각들이 뿌려지고, 섬광전구가 연속적으로 폭발하는 것처럼 불빛이 마을에 강렬하게 뻔쩍이는 참상을 본다. 마을의 나무, 오두막, 그리고 울타리들은 전부 사라지고 하얀 재가 계속 떨어진다. 이런 참상 속에서도 소대원들은 일렬로 서서 기진맥진할 때까지 불타는 마을에 총을 난사한다. 그들은 이런 야만행위를 자행하고 야영하면서 전사자에 대해 이야기하기에 몰두한다.

마튼소대장은 부하가 전사했음에도 불구하고 생명존중보다도 규정준수를 더욱 중요시하는 아집으로 비극을 자초한다. 소대장은 땅굴을 파괴하기 전에 먼저 수색하라는 공식작전규정을 고수한다. 프랜치 터커(Frenchie Tucker)는 땅굴을 수색하라는 소대장의 명령을 받고, 안으로 들어가다가 입구에서 적탄을 맞고 즉사한다. 분대원들은 그의 다리를 잡아 그를 끌어올린다. 버니 린(Bernie Lynn)이 땅굴 속으로 들어가다가 적탄을 맞아 부상당한다.. 전사자와 부상자가 속출하자 죤선상사가 소대장에게 땅굴을 파괴하지 않고 수색하는 작전이 이런 불상사를 초래한다고 항의한다. 그러면서 그는 소대장에게 터커와 린을 잊었느냐고 힐문한다. 그러자 소대장은 공식작전규정을 포기할 수 없다고 단언한다. 그렇다면 죤선상사는 소대장에게 반항할 의도는 조금도 없지만 자기 뿐 아니라 어느 병사도 땅굴 안으로 들어가려하지 않는다고 진언한다. 소대장은 별수 없이 자기가 직접 땅굴 안으로 들어간다. 죤선상사는 소대장이 작전 규정만 고수하지 병사들의 심리와 상황을 전혀 이해하지 못한다고 투덜거린다. 죤선상사는 소대장이 모든 분대원의 생명에 위협적인 존재로 간주하고 그를 제거하려고 시도한다. 죤선상사는 분대원들과 공모하여 수류탄을 땅굴 안으로 던진다. 결국 소대장은 자기임무를 맹목적으로 수행하려다가 생을 비극적으로 마감한다. 지금까지의 기술이 벌린이 6개월 동안 전쟁터에서 감내했던 엄청난 공포와 시련 그리고 비극의 기억의 요약이다.

이제부터 벌린이 감시초소에서 경계근무 중에 탈영병 캐치아트에게 "도망가라"고 고함지르면서, 다른 한편으로는 그를 체포하기 위해 6개월 동안 뒤쫓는 상상세계를 고찰한다. 그의 고함과 의도는 하나의 큰 역설이다. 그도 탈영하고 싶은 마음은 간절하면서도 자신을 옭아매는 전쟁터를 도피하려하지 않고, 있는 그대로 수용하려한다. 그러면서도 벌린, 코어슨소대장, 그리고 분대원들은 캐치아토를 체포한다는 미명 하에 부대를 이탈하여 비에트남국경을 넘어 파리까지 간다. 그들은 6일 동안 새벽부터 해질 녘 때까지 캐치아토를 뒤쫓았던 밀림을 벗어나서 야생화들이 활짝 핀 넓은 초원에서 풀을 뜯는 양들을 보고 평화스러움과 성스러움을 느낀다. 그들이 개천 옆의 좁은 길을 벗어나 넓은 도로에 왔을 때, 해리스(Harris)가 갑자기 멋대로 총을 난사한다. 전우들이 바보짓이라고 비난하는 경거망동이 피난민가족에게 커다란 슬픔과 탄식을 일으킨다. 그의 총알이 수레를 끄는 두 마리의 물소 중 한 마리를 즉사시키자, 두 할머니가 비통하게 통곡하기 시작하자 소녀도 동참한다. 코어슨소대장이 세 여인에게 불상사를 진심으로 사과하고 어디로 가느냐고 묻는다. 소녀는 큰 식당주인이었던 아버지는 공산주의자들에게 처형당했고, 어머니가 슬픔으로 작고하자 두 숙모와 함께 먼 서쪽으로 피난가고 있다고 대답한다. 그래서 분대원들은 여인들과 함께 서쪽으로 간다. 벌린이 지대한 관심을 갖는 젊음을 풍기는 어여쁜 소녀, 사킨 아웅 완(Sarkin Aung Wan)은 앞으로 그를 보호할 뿐 아니라 그의 성숙에 큰 역할을 한다. 그녀는 자기를 이렇게 멀리 내쫓는 전쟁이 싫다고 말하다가, 그가 캐치아토를 뒤쫓아 파리로 가고 있다는 말을 듣고, 자기도 그처럼 아름답고 평화스러운 도시에 가고 싶다고 실토한다. 그도 그녀가 파리까지 동행하기를 간절히 바라지만, 코어슨소대장은 전쟁 중이라 두 사람의 염원을 받아들이려하지 않는다. 그러자 그녀는 벌린에게 동행할 수 있는 어떤 방안을 강구할 수 없느냐고 울부짖는다. 그러면서 그녀는 그에게 눈을 감고 자기와 함께 파리에 있는 광경을 볼 수 있느냐고 묻는다. 그가 그럴 수 있다고 대답하자, 그녀는 그가 함께 갈 수 있는 방안을 찾을 수 있을 거라고 확신하고 고무된다. 그녀가 이렇게 그를 믿고 분대원들과 작별하려는 찰나에, 물소가 갑자기 뒷걸음치다가 도로가 파인 곳에 넘어지더니 바로 깊은 구멍 속으로 빠진다. 마치 요술쟁이의 장난인 것처럼 도로는 없어지고 그들 모두가 "파리로 가는 길에 생긴 구멍 속으로 굴러 떨어진다"(76).

그들이 떨어진 구멍은 횃불이 설치된 정교한 땅굴이다. 분대원들은 해리스가 선두에 서서 인도하는 대로 따라가다가 비에트콩(Vietcong)소령, 리 반 학(Li Van Hgoc)을 생포한다. 벌린은 살아있는 적군과 마주친 것도 처음이고, 땅굴 안에 들어온 것도 처음이지만 공포심을 조금도 느끼지 않는다. 오히려 그는 무지와 일변도적 의식에서 벗어나 새로운 세계와 직면하는 계기를 갖는다. 소령은 "군인(비에트콩)은 땅을 대변할 뿐이고, 땅은 당신(미군)의 틀림없는 적이다"고 일갈한다. 그러면서 그는 태고의 표의문자, 재(Xã)가 있다고 말하면서, 사킨 아웅 완에게 간단히 설명하라고 부탁한다. 그녀의 설명에 의하면, "재는 공동체, 농토, 그리고 가정을 의미한다." 소령은 더 부연한다: "재는 다른 의미들 – 지구, 하늘, 그리고 성스러움 –을 가지고 있다. [⋯] 재는 본질적으로 인간의 영혼은 땅에 있으며, 땅에는 선조들이 영면하고 있으며, 벼가 자라고 있음을 의미한다"(86). 소령은 벌린에게 땅의 영혼을 부정하면서 승리하려는 미군에게 비에트남땅은 난공불락의 성이라고 경고한다. 또 소령은 벌린을 전망경(展望鏡)으로 데리고 가서, 전망경을 그의 눈에 맞게 조절하면서 말한다: "사물들이 여러 각도에서 보인다. 아래에서 더 아래로, 또는 안에서 밖으로 [보이기 때문에] 당신은 아주 전적으로 새롭게 이해하는 방법들을 터득한다"(91). 게다가 소령은 벌린과의 이야기가 끝나자, 코어슨소대장의 군사작전에 관한 질문에 대답하고 나서 땅굴 안에 있는 장비들과 그 기능을 설명한다. 소대장은 그의 설명을 다 듣고 땅굴 밖으로 나가고 싶다는 뜻을 내비치자, 소령은 당신들은 나의 전쟁포로들이라고 공언하면서 포로에 대한 규정이 있다고 난색을 표한다. 벌린은 이제야 자기가 포로임을 알고 구속감을 느낀다. 부득불 분대원들은 다수의 힘으로 소령을 구박하여 출구를 가리키라고 협박한다. 온갖 위협과 협박에 시달린 소령은 자기도 명문가와 고위당원 출신으로 장래가 유망한 전기공학의 귀재였지만 탈영했기 때문에 10년형을 선고받고 땅굴 안에서 복역 중이므로 출구를 알 수 없다고 실토한다.

분대원들이 이런 궁지에 빠져 있을 때, 사킨 아웅 완이 갑자기 "입구가 있으면 출구가 있다"(97)고 자신 있게 말하면서 그들을 출구 쪽으로 인도한다. 그들이 그녀의 뒤를 따라 서쪽 땅굴을 지나 하수구의 악취가 풍기는 방을 통과하여 돌에 고정되어 있는 강철사다리로 올라가자 쇠뚜껑이 있다. 그들이 뚜껑을 열자 밤하늘이 보인다. 드디어 그들은 삶의 생동감과 환희가 넘치는 도시, 맨들레이(Mandalay)의 거리로 나온다. 특히 벌린은 사킨 아웅 완과 관계를 가진 다음 가능성의 세계를 설계한다. 그는 그녀의 감성적이고 환상정인 감정과 세계에 동조하면서도 무조건 빠져들지는 않는다. 그는 파리에 가면 그녀의 요구 – 모든 관광명소구경, 모든 고가상품구입, 그리고 자유스러운 산책과 학습 –를 들어준다고 약속한다. 그러면서도 그는 그녀와는 달리 자기만족과 안일보다는 본분과 임무를 더욱 중요시한다. 그래서 그는 그녀의 불확실한 가정 – 캐치아토를 체포하면 어떻게 할 것이냐의 문제 –에 대해서, 체포한 연후에 판단할 문제라고 생각한다. 그렇지만 그는 파리를 가능성의 세계로 정의하여 수용한다: "파리는 여전히 가능성이다. 가능성이다. 파리는 실현가능성이다"(115). 그는 그녀의 인격과 의견을 존중하려하면서도 결코 자기본분과 책임을 망각하려하지 않는다. 반면에 부대원들은 전쟁터에서 멀리 떨어진 큰 도시에서 좋은 잠자리에다 호의호식하는 시간을 즐기면서, 꼭 캐치아토를 찾아야하는지, 만약 찾으면 어떻게 할 것인지에 대한 확신 없이 맹목적으로 그를 쫓고 있다. 그러나 벌린은 하나의 수수께끼 – "무엇이 그를 탈영시켰고, 계속 탈영시키고 있으며, 어느 길로 [가서] 얼마나 오래 [버틸 것이며] 왜 [그러는가]"(119) –를 품고, 사킨 아웅 완과 함께 도시 곳곳을 돌아다니면서 그를 찾고 있다. 어느 날 그는 승복을 입은 캐치아토가 공원중앙에 모여 기도하는 승려들에게 합류하더니 보이지 않는다고 그녀에게 말한다. 그가 그녀의 만류에도 불구하고 염불하는 승려들 사이로 캐치아토를 찾으러 들어가자, 두 승려가 그의 허리와 무릎을 붙잡아 넘어뜨린다. 또 다른 두 승려가 그의 가슴을 쳐서, 그는 숨을 쉴 수 없고 가슴은 답답하고 왼쪽 어깨를 펼 수도 없다. 그가 정신을 차려보니 그녀가 그의 상처를 어루만지고 있다. 이처럼 그의 수수께끼를 푸는 과정은 어렵고 험난하다.

벌린은 분대원들과 함께 특급열차로 델리(Delhi)로 가서 며칠 동안 캐치아토를 찾다가 실패하자, 테랜(Teheran)으로 이동하여 성탄절을 맞아 평온하고 즐거운 시간을 보내면서 새해를 맞는다. 그러나 호사다마로 그들은 여권을 소지하지 않은 군인들의 신분으로 경찰서로 연행된다. 다행히 비밀경찰 새벅(Savak)요원, 파히 랄론(Fahy: Rhallon)대위가 그들을 여행 중인 군인들로 인정하는 선에서 조사를 마치고 주점으로 초대한다. 주점에서 벌린은 랄론대위로부터 개인의 한계성과 사회의 다양성 및 이질성을 배운다. 그는 전쟁에 관한 기술에 대하여 말한다: “전쟁터, 즉 전쟁에서 군인은 자기가 볼 수 있는 범위의 작은 부분만을 본다. 군인은 사진을 찍는 기계가 아니다. 그는 사진기가 아니다. 말하자면 군인은 그가 기록할 수 있게 되어있는 몇 가지만을 적는다. 즉 여러 장면을 기록하지 못한다. […] 나는 당신들에게 전쟁 후에 모든 군인은 각자 아주 다른 이야기들, 굉장히 다른 이야기들을 말하기 때문에, 전쟁이 끝나면 일백만 개의 전쟁, 즉 참전군인들 숫자만큼의 전쟁이 있었던 것 같다고 말하고 싶다”(196). 벌린은 이 전쟁기술론을 듣고 개인의 한계성을 초월하여 많은 사람들의 다양한 의견과 주장을 경청할 필요성과 당위성을 절감한다. 그는 스스로 자신의 무지와 의식의 한계에 받은 정신적 충격에다 과음까지 하여 비틀거리면서 밖으로 나온다. 이때 사킨 아웅 완이 제대로 걷지 못하는 그를 신체적으로 부축하면서 보살핀다. 설상가상으로 그들은 2월에 다시 구속당해 독방에 감금된다. 며칠 후에 벌린이 눈이 가린 채 불빛이 있는 방으로 끌려가보니, 분대원들이 천장까지 치솟은 콩크리트 기둥에 결박당해 있고 자기도 그렇게 꽁꽁 묶인다. 이때 랄론대위가 급히 방으로 들어와 그들에게 정중하게 사과한다. 그는 오늘 아침에야 그들의 구속을 알았으며, 상부에다 그들은 여행 중인 무고한 군인들이라고 보고했지만 아무런 지시도 받지 못하고 있다고 걱정스럽게 말한다. 그러면서 그는 그들이 가장 중죄인 간첩죄의 혐의를 받고 있다고 암시한다. 그러나 그는 그들의 합리적인 주장과 항의에는 아랑곳하지 않는다. 따라서 그들은 정상적으로 방면되기를 기대할 수 없어 절망적이다. 이렇게 부조리한 상황에서 벌린은 기적을 상상한다. 달이 한밤중에 떠오르자, 캐치아토의 둥근 얼굴이 창가에 나타나더니, 캐치아토가 그에게 “도망가라”고 속삭인다. 잠시 후에 폭발음이 나고 철문이 부서지자, 벌린은 사킨 아웅 완의 손을 잡고 사력을 다해 도망친다. 그가 기적이 일어났다고 안도하고 잠시 눈을 감고 있을 때, 죤선상사가 분대원들을 태운 자동차에 그와 사키 아웅 완을 동승시켜 테랜을 탈출한다.

우여곡절 끝에 드디어 그들은 해상과 육로를 통과하여 4월에 파리에 도착한다. 벌린은 캐치아토를 6개월 동안 뒤쫓아 봄에 파리에 와서, 도시의 생동감, 활력, 그리고 자유분방한 분위기를 느끼고 너무 행복하여 마음껏 환호하고 싶다. 다른 분대원들도 그와 같은 심정에 취해 전쟁터에서 억압되었던 욕구를 충족시키면서 평온하고 안일한 시간을 최대한 즐기려한다. 그래서 그들은 죤선상사의 경고 －그들은 전투부대 무단이탈자이므로 캐치아토를 체포하여 이탈사유를 설명하지 않으면 탈영병의 불명예를 감수해야한다 －를 무시하려한다. 죤선상사의 주장에 따르면, “그 괴짜를 붙잡아 미국대사관으로 끌고 가서 협상장에 앉혀야한다. 그래야 우리는 우리 자신을 정당화할 수 있다. 이해하겠느냐?”(293). 그러나 어느 분대원도 그의 주장을 경청하려하지 않는다. 특히 벌린은 자기본분과 임무를 망각하고 세속적인 피난민처녀, 사킨 아웅 완의 욕망실현에 헌신적이다. 그는 따스한 봄날에 그녀의 손을 잡고 연인들처럼 관광명소를 찾아 돌아다니면서 즐거운 시간을 보낸다. 그녀는 파리가 굉장히 사랑스러운 도시라고 감탄하면서, 그가 파리는 가능성이라고 말로만 하는 걸로 받아들였다고 실토한다. 그러자 그는 단호하게 파리에서 가능한 현실을 의미했다고 대응한다. 그러면서 그가 그녀의 모든 요구를 수용할 의지를 내비치자, 그녀는 감격하여 자기감정을 토로한다: “나는 당신 때문에 정말로 행복하다. 파리에 있고, 당신을 사랑하고 있음이 행복의 극치이다. 얼마나 지극한 행운인가”(295). 그녀는 욕심을 더 부려 벌린이 굉장한 난색을 표명하는 데도 아파트를 구해 둘이만 있자고 우긴다. 그녀는 둘이만 있을 수 있는 가능성은 또 다른 가능성들을 유발할 수 있다고 억지를 부린다. 결국 그는 그녀의 억지에 굴복당해 아파트를 구해 중고품가구들을 사서 공간을 장식한다. 두 사람은 장식이 끝나자 포도주를 마시면서 새 거처 입주를 자축한다. 그는 욕구충족에 황홀해하는 그녀의 입술에 키스하면서 지금 매우 행복하다고 그녀에게 실토한다. 그러나 호사다마라고 그가 그녀와 함께 자정에 분대원들이 투숙하고 있는 호텔에 가니 그들이 일대소동을 벌이고 있다.

그는 죤선상사가 호텔직원이 자기들의 신원을 수상히 여겨 경찰에 신고할 것 같다고 분대원들에게 하는 말을 듣는다. 죤선상사는 그들이 일박할 야영지를 찾으러 공원으로 간다. 이제 그들은 여권을 소지하지 않은 무단이탈자로 안심하고 잘 곳도 없어 매우 난처한 처지에 있다. 그들은 미국대사관을 찾아가서 자초지종을 설명하느냐, 아니면 다른 나라로 망명하느냐의 진퇴양난에 빠져있다. 그들은 별수 없이 죤선상사의 지휘 하에 “그(캐치아토)를 체포하지 않으면 우리가 파멸한다”(311)는 위기감에 쫓겨 체포작전을 전개한다. 벌린은 혼자 할당받은 상업지역을 수색하면서, 파리를 상징하는 “평화, 조화, 그리고 행복”(312)이 사라졌음을 느낀다. 이런데도 사킨 아웅 완은 그의 긴박한 위기감과 책임감을 이해하지 못하고, 한가롭게 화분에 물을 주는 재미와 여유를 즐기면서 그의 캐치아토의 체포시도는 비현실적이라고 비웃는다. 그녀는 그의 체포시도 포기가 더욱 밝고 행복한 미래를 보장한다고 역설한다. 그는 그녀의 역설에 반응한다: "그는 장래를 다르게 상상하려고 최선을 다했다 … 욕망을 충족시키려는 욕심은 더 이상 본능을 실현시키는 동력이 아니었다. 그런 욕심은 상상력의 실패였다"(313).

드디어 벌린은 시장터에서 캐치아토를 발견하고 따라가니, 그는 빈민가 동네를 지나 막다른 골목에 있는 허름한 여인숙으로 콧노래를 부르면서 들어간다. 벌린이 분대원들에게 캐치아토를 찾았지만, 그가 탈영한 이유에 대해서는 아무 설명도 듣지 못했다고 보고한다. 이렇게 그가 캐치아토를 집요하고 열성적으로 추적한 까닭은 "자신의 파리까지의 상상적 여정이 실은 진실하고 필수적인 자아탐구과정이기" 때문이다. 그는 자신의 자아탐구과정은 개인적인 의무와 책임을 완수하려는 최선의 노력이라고 주장한다. 따라서 그는 군인으로서 의무와 책임을 다하기 위해 사킨 아웅 완이 말하는 안일하고 무책임한 행동, 즉 탈영을 시도하지 않고 전쟁터의 죽음의 공포와 극한상황에 직면했다고 실토한다. 그가 보기에, 그녀는 누구나 비극적인 불행한 현실로부터 도피하여 행복과 존엄성을 추구하고 실현시켜야한다고 무조건 역설한다. 그래서 그녀는 그에게 권고한다: "캐치아토를 추적하는 무익한 업무를 포기하라. 그를 망각하라. 이제 당신이 꿈꿨던 이상적인 삶을 살아라. […] 행복을 추구하라. 그 추구는 가능하다. 행복추구는 독자적인 결정에 달려있다"(318). 그렇지만 그는 그녀의 어떤 설득에도 이 권고를 수용할 수 없다. 왜냐하면 그의 "의무는 원칙, 정치, 혹은 정의에 [대한 문제가 아니라] 인간에게 한 [약속이기]"(320) 때문이다. 그래서 그는 자기가족, 친구, 마을, 국가, 그리고 동료군인들에게 한 묵시적인 약속을 지키려고 최선을 다한다. 그는 분대원들과 캐치아토를 체포하기로 의견일치를 보았으므로 추적을 포기할 수 없다. 비록 죽음의 공포와 극한상황을 극복할 수 있는 상상세계에서도 의무와 책임은 반드시 완수되어야한다고 그는 확신한다. 그러므로 그는 임무와 본분이 도외시되는 상상세계를 결코 수용하려하지 않는다. 요컨대 그가 상상력에 의존하여 전쟁터의 죽음의 공포와 극한상황을 극복하는 자아성숙의 원동력은 현실도피에 있지 않고, 자신의 무지, 세속적 욕망, 그리고 한계성을 벗어나려고 자아탐구에 최선을 다하면서 현실을 수용하려는데 있다. 따라서 이런 이상적인 소설주인공을 구현시킨 *캐치아토를 뒤쫓는*은 "모든 사람이 실존에서 질서와 지향목표를 찾으려면 어떻게 기억과 상상력을 활용해야 하는가의 문제를 천착한 소설의 경계를 뛰어넘는 걸작이다."[40]

팀 오우브라이언의 네 번째 소설, *그들이 짊어졌던 사물들*(*The Things They Carried*, 1990)은 비평가들의 절찬을 받았을 뿐 아니라 1991년에 비록 수상에는 탈락했지만 미국서평가협회상과 풀리처상의 결선작이었다. 이 절찬과 높은 평가는 오우브라이언이 실험적으로 창안하여 구체화시킨 새로운 소설 형식에서 연유한다. 그는 이전 작품들에서 시도하지 않았던 기법으로 *그들이 짊어졌던 사물들*을 구성하는 22개의 "단편소설, 자서전, 회고록, 고백, 일화, 성격묘사, 그리고 서정시"를 합성하는 매우 기발한 형태의 "소설을 창안하여"[41] 집필했다. 그는 이처럼 파격적인 형태의 소설을 "실험의 재미가 아니라 의미, 주제, 그리고 극적 발견을 탐구하려고" 창작한다. 또 그는 "소설을 읽을 때 단순히 기교만을 [배우고 즐기려 하지 않고] … 사물들을 직관하고 도덕적 문제들을 규명하려고"[42] 전력한다. 게다가 그는 소설창작은 "본질적으로 마음에서 우러나온 행위, 즉 '경험적인 수단과 방법으로는 파악할 수 없는 대상'을 탐구하는 행위일 뿐 아니라 '직관적인 진리파악, 이해, 혹은 깨달음'의 경지에 이르려고 시도하는 전심전력이라고 주장한다."[43] 그가 파격적인 형태의 소설을 창작한 소감을 피력한 바에 의하면, "*그들이 짊어졌던 사물들*이 내 최고작이다. 틀림없이 최고작이다. […] 새로운 형식의 소설이기 때문이다. 우리는 소설에서 사실을 변질시킬 뿐 아니라 어느 정도까지는 우리 자신의 삶, 우리 역사, 우리 자서전을 창조한다."[44]

오우브라이언은 *그들이 짊어졌던 사물들*이 단순히 단편들을 모은 단편집이 아니고 합성소설이라고 역설한다. 그의 역설에 따르면, "이야기들 전부가 서로 관련되어 있고, 등장인물들도 거듭 재등장하며, 주제들도 반복적으로 암시되고, 어떤 이야기들은 뒤에 나오는 이야기들과 관련되어 있기도 하고, 어떤 경우에는 앞에 있는 이야기들을 다시 말하기도 한다. […] 이 단편들 안에 가능한 한 최대한으로 인간성의 전체를 담아 표현하는 작업이 매우 재미있고 아름다우며 교훈적이고 예술적이다."[45] 그는 이 작품에서 자신이 비에트남전쟁에 참전하기 전에 직접 체험했던 고뇌와 사랑 그리고 자기소대원들이 전쟁터에서 직면했던 여러 사건과 위기를 기술하면서 도덕적 견지에서 실존 문제들을 광범위하게 논의한다. 그러기 위해 그는 "몇 개의 공통적으로 반복적인 핵심을 이용하여 표면적으로 다르게 보이는 이야기들을 결합시킬 수 있는 합성소설의 장점들을 활용한다. 그는 소설에 내재한 상호관련성의 다양한 잠재적 가능성들을 최대로 구현시킨다. 다시 말하면, 비에트남 뿐 아니라 미국중부까지 포함하는 장소를 배경으로 이용하고, 두 장소를 심리적으로 통합된 지역으로 연결시키며 … 이야기하기, 즉 소설창작과정을 반복되는 초점으로 삼고, 자신의 마지막 전략으로 자기작품을 더욱 광범위한 문학적, 인간적 노력의 일부로 승화시키는 암시의 가능성을 극대화하는 합성소설을 활용한다."[46] 그는 이런 합성소설을 창작하기 위해, 여러 주인공들 그리고 화자 겸 주인공으로 등장하는 팀 오우브라이언을 창조한다. 이 오우브라이언은 작가가 아니고, 비에트남전쟁에 참전했던 군인이었고 지금은 마흔세 살의 소설가로 변신하여 자신의 "삶, 비에트남전쟁체험, 전우들이 그에게 말한 전쟁이야기들, 그리고 이야기하기의 기법을 논의한다."[47] 이처럼 그는 "소설의 핵심인물로 저자와 주인공의 다양한 역할"[48]을 수행한다. 그는 "이야기진리가 때로는 실제로 일어났던 사건보다도 더욱 진실하다"[49]고 믿기 때문이다.

오우브라이언은 소설창작에서 이야기진리창조를 실제사건과 인물묘사보다도 더욱더 중요시한다. 그는 우리가 얼마 동안 실제사건을 목격하고 있으면 집중력이 떨어지기 마련이어서 정확하게 기억할 수 없다고 강조한다. 우리 실존에 아무리 중요하고 결정적인 사건이나 철학이라 할지라도 집중력이 떨어져 관심에서 멀어지면 시시한 일로 기억에서 사라진다. 우리가 결코 망각해서는 안 될 사건과 철학을 기억하고 보존하는 최선책은 상상력을 바탕으로 창작되는 이야기이다. 오우브라이언의 이야기정의에 의하면, "이야기는 실제로 일어났던 사건들이나 현장에서 아무것도 담을 수 없다할지라도 우리가 살고 있는 세상, 느끼는 공포, 그리고 체험하는 희열에 가장 정확할 수 있다."[50] 더욱이 그는 사건이나 철학기술보다는 소설창작에서 자기가 터득하는 이야기진리의 위력을 천명한다: "나는 절대주의자가 결코 아니었다. 나는 매사에서 애매모호성, 즉 도덕적, 심리적, 심지어 기억의 애매모호성을 느끼는 사람이다. 이것이 내가 학술논문이나 사건보도 대신에 소설을 창작하는 이유이다. 논문이나 보도에는 세계의 확실성에 대한 신념이 있어야한다. 나에게 세계는 고정불변으로 보이지 않고, 매우 유동적이고 변화무쌍하다. 당신은 소설에서 어디에서도 발견할 수 없는 진리들을 터득할 수 있다."[51] 이처럼 오우브라이언은 이야기진리의 철저한 신봉자이다.

그는 이런 신봉자이므로 앨퍼대대의 전우들, 지미 크로스(Jimmy Cross), 노먼 보우커(Norman Bowker), 래트 카일리(Rat Kiley), 미첼 샌더즈(Mitchell Sanders), 헨리 도빈즈(Henry Dobbins), 그리고 카이어워(Kiowa)에게 이 소설을 헌정한다고 공언하고, 이들을 작품에 등장시키면서도, 소설은 사실이 아닌 허구라고 강조한다. 그의 강조에 따르면, 소설에 수록된 "이야기들의 사건, 등장인물, 그리고 장소들은 거의 전부 창조되었다. 비에트남 소재까지도 내가 비에트남 소재를 알지 못한다할지라도 그 소재를 창안한다. 내가 아는 세계를 왜곡시키려하지 않으면서 작품에 있는 소재의 90% 이상이 창조되었다. 또 나는 새로운 인물, 팀 오우브라이언의 90% 이상을 창안했다."[52] 이처럼 그는 소설창작에서 사실, 사건과 그 현장, 그리고 인물의 정확한 기술과 묘사보다는 허구, 즉 상상적 창조에 더욱더 큰 비중을 둔다. 그래서 그는 자신의 소설철학과 실존에 고정불변, 정확성, 그리고 확실성보다는 변화무쌍, 애매모호성, 그리고 불확실성이 더욱 결정적인 역할을 한다고 천명한다. 그의 실존철학에 의하면, 우리 모두는 항시 직면하는 어렵고 힘든 실존문제의 가장 바람직하고 틀림없는 해결책을 어디서도 찾을 수 없다. 우리는 그 해결책으로 이야기진리의 도움을 받을 수 있을 뿐이다. 이러므로 오우브라이언의 소설창작 목적은 "사람들이 실존에서 옳고 그름의 맥락에서 선택과 결정들을 해야 할"[53] 때 그들에게 어떤 암시와 조언을 하려는데 있다.

지금까지의 논의를 바탕으로 *그들이 짊어졌던 사물들*을 "사심, 깨달음, 그리고 행동"의 논지로 고찰해본다. 오우브라이언의 전우들이 전쟁터에서 짊어졌던 사물들에는 생존에 필수적인 군장비와 일용품들 뿐 아니라 그들의 기분, 의식, 그리고 영혼도 포함되어 있다. 더 부연하면, 그들의 공포심, 비겁, 슬픔, 비통, 분노, 좌절, 생존본능, 사심, 의무, 책임감, 타인존중, 이타주의, 연민, 참회, 삶의 무의미와 허무, 그리고 사랑 등등이다. 오우브라이언은 유형물보다는 그들의 행동을 좌우하는 기분, 의식, 그리고 영혼을 더욱더 중요시한다. 그들이 자제하지 못하는 사심으로 행동하면 불상사를 초래하고, 반면에 깨달음에 의존한 행동은 고귀하고 감동적이다. 그들의, 특히 화자 겸 주인공인 팀 오우브라이언의 사고와 의식이 고찰의 대상이다. 그들의 사고와 의식이 사심에서 점차 깨달음으로 확장되는 과정이 고찰된다. 그들은 깨달음으로 자신들의 가장 소중한 가치와 자산은 사랑임을 절감하고, 이 절감을 기반으로 행동한다. 그러므로 "그들의 궁극적 실존문제는 우리 모두의 지상목표인 사랑이다."[54] 요컨대 사랑이 화자 겸 주인공의 실존목표이고 탐구대상이다.

*그들이 짊어졌던 사물들*을 "사심, 깨달음, 그리고 행동"의 논지로 고찰하기 위해 작품의 순서를 무시하고, 먼저 사심으로 저지른 어리석고 충동적인 행동을 기술한다. 이 기술은 작품에서 핵심적인 역할을 하는 네 번째 이야기, "레이니강을 회상하며(On the Rainy River)"의 화자 겸 주인공, 팀 오우브라이언이 1인칭시점으로 20여년 동안 비밀로 마음속에 간직했던 부끄럽고 창피한 사연의 고백으로 시작된다. 이 고백은 그가 도덕적, 지적으로 성숙하여 과거에 비겁하다고 잘못 생각했던 행동을 정당화할 수 있을 뿐 아니라 앞으로 긍정적으로 평가할 수 있다는 용기와 자신감이 충만하기 때문에 가능하다. 그는 정치적으로 순진한 스물한 살의 대학생으로 철학적, 역사적, 법적 견지에서 비에트남전쟁을 적극 반대한다. 그도 그리고 많은 대학생과 지식인들도 누가 언제 왜 비에트남전쟁을 발발시켰는지 모른다. 또 그들은 이 살육전이 비에트남사람들의 민족해방전쟁인지, 아니면 미국정부의 침략전쟁인지 판단할 수 없다. 게다가 그들은 강요로 참전하는 전쟁목적과 그 정당성을 알 수 없으므로 정부를 불신한다. 그들의 불신으로 국론은 분열되고 대립된다. 이 분열과 대립으로 그들은 이성과 판단력을 상실하여 참전의, 아니면 병역기피의 옳고 그름을 판별할 수 없는 도덕적 혼란에 빠져 정부에 반항한다. 이렇게 혼란스럽고 무질서한 여건에서도 오우브라이언은 개인적으로 실존위험이나 위기를 느끼지 않는다. 더욱이 그는 전쟁은 자기권외에 있다고 생각한다. 이러다가 그는 대학을 졸업하고 한 달 후인 1968년 6월에 비에트남전쟁에 참전하라는 징집영장을 받자 눈에 핏발이 선다. 그는 명분과 목적이 없는 비에트남전쟁에서 전사하고 싶지 않고, 자기를 엄습하는 죽음의 공포를 절감하며, 더욱이 자신의 전사 뿐 아니라 적의 사살을 상상할 수 없다. 그러나 그는 합법적으로 징집을 연기시킬 수도 없고, 군복무를 대체할 주 방위군(National Guard)에서 바로 근무할 수도 없다. 그는 이렇게 봉착한 실존위기를 망명으

로 극복하려하지만, 그렇게 쉽게 모험을 감행할 수 없다. 그는 이러지도 저러지도 못하는 곤경에 빠져 있다: "나는 전쟁을 무서워하면서도 망명을 두려워했다. 나는 나 자신의 삶, 친구들, 가족, 지금까지의 실존체험, 그리고 나에게 중요했던 모든 일로부터 이탈하기가 불안했다"(42). 요컨대 그는 자기감정이 "격분해서 공포, 당황, 죄의식, 비애로 바뀌었다가 다시 격분으로 되돌아옴을"(43) 느낄 뿐이다.

이런 궁지에서 그는 어떤 계획도 대책도 없이 무조건 망명길에 오른다. 왜냐하면 즉흥적이고 무모한 도피가 지금 그가 생각하고 실행할 수 있는 전부이기 때문이다. 그는 미국과 캐너더의 국경을 이루는 레이니강을 따라 서쪽으로 차를 몰면서, 지금까지의 안정된 삶을 불확실성과 불안감의 소용돌이 속으로 내팽개치려한다. 그러나 그는 잠시 쉴 곳을 찾다가 강의 북쪽 돌출부에 위치한 휴양지로 들어간다. 뜻밖에 그는 본관사무실에서 자기를 구원해줄 여든한 살의 노인을 만난다. 그의 회고에 의하면, "이 영감이 나를 구해주었다. 그는 내가 필요로 했던 현답을 한마디의 말없이 정확하고 확실하게 나에게 제시했다. 그는 … 위기의 순간에 침묵 속에 경각심을 불러일으키는 존재였다. […] 그가 나를 응시했을 때 마치 그의 응시가 나를 난도질하여 드러내는 것처럼 나는 신비스러운 예리함, 거의 고통스러운 날카로움, 잘려나가는 감각을 느꼈다. 의심 없이 이 감각의 일부분은 나의 죄의식이었다. 나는 영감이 한눈에 문제의 정곡 – 곤경에 빠진 젊은이 –을 찔렀다고 절대적으로 확신했다"(43). 그가 느끼기에 영감은 자기가 징집영장 때문에 큰 갈등을 빚고 있음을 알고 있다. 영감은 언어의 소통한계성을 알기 때문에 그에게 어떤 질문도 조언도 하지 않으면서, 그가 독자적으로 양심과 명분 중에서 택일하여 실존위기를 극복할 수 있도록 영향력을 행사한다. 영감은 한마디 말없이 오로지 자연 속에서 생존한 삶의 지혜와 자제력에 의존한 행동으로 그가 망명의지를 접고, 자발적으로 비에트남전쟁에 참전하게 유도한다. 영감은 그를 낚시 배에 태워 레이니강의 국경선을 넘어 캐너더 강가로 데리고 가서, 그에게 배에서 뛰어내려 그 강가로 건너갈 기회를 제공한다. 그는 지금 캐너더로 망명이 백일몽이 아니고 현실임을 직감한다. 영감은 배를 정지시키고 그를 쳐다보지도 않고 아무 말 없이 콧노래를 부르면서 낚시에 열중한다. 그는 영감의 의도를 간파하고 반응한다: "그때 나는 영감이 일부러 계획을 세웠음을 알고 놀랐다. 나는 물론 확신할 수 없지만, 영감이 내가 독자적으로 생존방식을 선택한다면 나를 현실을 거부하는 사람으로 변화시켜, 강을 건너 저쪽 강가에 이르러 하루 밤을 새우게 하려고 의도했다고 생각했다"(53). 결국 그는 뛰어내리지 못한다. 그는 심장을 마비시키는 도덕적 판단중지로 어떤 결정도 행동도 할 수 없다. 그가 할 수 있는 전부는 울부짖음이다. 이제 그는 캐너더가 "더 이상 가능성이 아님"(55)을 깨닫는다.

드디어 그는 이제 고뇌와 번민 없이 양심과 명분 중에서 명분을 택일하여 비에트남전쟁터로 간다. 그는 스스로 전사할지도 모르고, 적을 사살하는 경우도 있을 거라고 생각한다. 다행히 그는 비에트남에서 군복무를 마치고 생존하여 귀국한다. 그는 생존귀환이 행복한 결말이 아니라고 믿는다. 그는 참전을 비겁행위로 간주하여 자기가 소심한 인간이라고 자괴하기 때문이다. 그러나 그가 도덕적, 지적으로 성숙한 후에 하고 있는 자괴는 역설적이다. 그는 자괴로 지금은 자기가 원만하게 성숙한 당당한 인간임을 암시한다. 그는 이 암시로 자기가 사건기술보다는 이야기진리를 더욱 중요시하는 마흔세 살의 소설가임을 자랑한다. 이제 그는 현실을 부정하려하기보다는 오히려 있는 그대로 수용하여 변화시키면서 창조하려고 최선을 다한다. 그는 기억과 상상력의 상호작용에 의존하여 전쟁체험의 악몽과 현재와 미래의 이상을 소재로 이야기진리를 창조하는 단편과 글들을 창작한다. 그가 이렇게 창작한 글들을 합성한 소설이 *그들이 짊어졌던 사물들*이다.

사심이 비극을 일으킨 이야기, "송 트라 봉강의 연인(Sweetheart of the Song Tra Bong)"은 과장과 허풍이 많은 의무병, 래트 카일리의 황당한 말을 다른 전우들은 불신하지만, 화자 겸 주인공인 팀 오우브라이언이 믿음을 주기 위해 1인칭 시점으로 개작한 단편이다. 단편의 주인공, 마크 포시(Mark Fossie)는 사심으로 연인의 마음을 깊이 이해할 수 없어 자신의 실존의의와 활력 뿐 아니라 연인을 상실하는 비극을 자초한다. 래트의 말에 의하면, 앨퍼대대로 전출되기 전에 복무했던 의무부대에 열여덟 살의 의무병, 마크의 편지와 비행기표를 받은 열일곱 살의 여자친구, 매어리 앤 벨(Mary Ann Bell)이 고등학교를 졸업하자 바로 클리브런드(Cleveland)를 출발하여 로스 앤절러스와 뱅콕(Bangkok)을 경유하고 사이곤(Saigon)에 도착하여, 거기서 헬리콥터로 추 라이에 와서 일박하고 보급품수송 헬리콥터로 오지에 주둔한 의무부대에 온다. 그녀는 가방과 핸드백만 들고 매우 피곤해 보이지만 활발한 표정으로 나타난다. 마크와 메어리는 초등학교에 입학하면서 연인이 되어, 육학년 때부터 서로 언젠가 결혼할 것이라고 믿었다. 그들은 서로 깊게 사랑하여, 꿈으로 이리호수(Lake Erie) 곁의 값싼 아담한 집에서 세 명의 아이를 낳고 살다가 함께 팔을 붙잡고 눈을 감아 하나의 관 속에 묻히는 장면을 그렸다. 그들은 이 꿈이 이뤄질 거라고 믿었다. 그러나 불행하게도 그들의 꿈은 마크의 이기심으로 메어리의 마음을 수용할 수 없으므로 무산되어버린다.

마크와 메어리는 부대의 지하막사에 신방을 꾸며, 부대원들의 질시를 받으면서 2주 동안 행복한 시간을 보낸다. 그녀는 호기심이 매우 강해 군인들에게 많은 질문을 할 뿐 아니라 비에트남병사들로부터 언어를 배운다. 그녀는 전쟁, 비에트남땅, 그리고 땅의 신비에 매혹 당한다. 드디어 그녀는 마크에게 자기를 언덕 밑의 마을로 데려가라고 조르기 시작한다. 그가 극진히 사랑하는 메어리에게 그것은 매우 위험하다고 아무리 설득해도, 그녀는 비에트남사람들이 어떻게 살고 있는지 알아보려고 안달한다. 그녀는 마크가 비에트콩들이 그 지역을 장악하고 있다고 경고해도, 그들도 인간이 아니냐고 막무가내로 우겨댄다. 그러자 마크도 처음에는 "그녀의 능력에 깜짝 놀라 자랑스럽지만, 이 순간은 불쾌하고 화가 난다." 이제 그녀는 엠-16 소총을 분해하고 조립하여 사용하는 법을 배우더니 화장도 하지 않고, 머리도 군인처럼 짧게 깎는다. 마크가 그녀에게 본국으로 돌아갈 때가 되었다고 말하자, 그녀는 웃으면서 "내가 원하는 전부가 여기 있다"(94)고 대꾸하고, 그의 팔을 쓰다듬으며 키스한다. 그러면서 그녀는 결혼은 하지만 꼭 집과 애들을 가질 필요는 없다고 주장한다. 마크는 이 주장을 듣고 불안할 뿐 아니라 그녀의 신체에서 이전에 느꼈던 감미로움과 부드러움을 느낄 수 없다. 그는 그녀의 언행의 갑작스런 변화에 당혹감을 금치 못하는데, 그녀는 그의 기분을 아랑곳하지 않고 말한다: "진실을 말하면 나는 내 생애에서 이렇게 행복한 적은 결코 없었다. 결코 없었다"(95). 이 말을 듣고, 사심에 집착하여 자기앎과 성숙에 관심이 없는 마크는 거세당한 것 같은 무력감을 느낀다. 그의 무력감은 "그녀의 획기적인 변화가 자기로부터 자신의 전통적인 18세 성인 입문식을 박탈하고"[55] 있다는 의식에서 연유한다.

어느 날 새벽에 마크가 손전등을 들고 래트를 깨우면서 메어리를 찾을 수 없다고 글썽이며 하소연한다: "메어리가 사라졌다 … 그녀가 다른 남자와 자고 있다. 어제 밤에 그녀는 … 하지 않았다. 나는 무엇을 해야 할지 모른다"(95). 별수 없이 래트가 손전등을 들고 막사를 두 번이나 뒤졌으나 메어리를 찾을 수 없고, 부대원들은 깊은 잠에 빠져 있다. 래트는 다른 부대원으로부터 메어리가 특수부대숙소에서 자고 있다는 말을 듣고, 그녀가 특수부대원들과 함께 매복근무를 하고 와서 자고 있다고 생각한다. 그러나 그의 생각과는 달리, 그녀는 해가 뜨자 6명의 특수부대원들과 함께 철조망 안으로 들어와서 마크를 보고 두 팔로 껴안으면서, 제발 지금 아무 말도 하지 말라고 사정한다. 그녀는 얼굴이 시커먼 자기를 알아보지 못하는 마크에게 엠-16 자동소총을 건네면서 애원한다: "나는 지금 몹시 피곤하다. 우리 나중에 이야기하자." 그러나 마크는 성급하게 결말을 지으려고 "나중이 아니라 지금 하자"(98)고 고함지른다. 이런 불화 뒤에 두 사람은 화해하여 지상에서 가장 행복한 부부로 병사들의 눈에 보인다. 어느 날 마크가 그녀에게 귀국을 권고하자, 그녀는 그의 뜻을 받아들이더니 갑자기 생기와 넋을 잃는다. 그러더니 그녀는 갑자기 사라졌다가 3주 후에 특수부대원들과 함께 부대숙소로 돌아온다. 그녀는 상심할 대로 상심하여 생존 기력과 의지를 잃고 비틀거리면서 숙소로 자기를 찾아온 마크에게 말한다: "너는 철조망과 모래주머니들 안에 있는 이 작은 요새지에 숨어 있다. […] 너는 아느냐? 나는 내 자신을 안다. 내가 밤에 산속에 있을 때 내 육체를 의식하여 피의 흐름, 피부, 그리고 손톱들, 즉 내 신체 전부를 느낄 수 있어, 마치 내 몸에 강한 전류가 흐르는 것 같다. 나는 어둠 속에서 몸이 달아올라 – 거의 불 속에 있어 – 전부 타서 아무것도 남지 않는다 – 그래도 나는 똑바로 내가 누구인가를 알기 때문에 아무 문제가 없다"(196). 그녀는 자기마음을 이해하지 못하는 마크의 귀국요구를 수용하려하지 않는다. 그녀가 보기에 마크는 자기를 알려하지 않는 자기중심적, 이기적, 독선적인 인간이기 때문이다. 또 마크는 그녀와 함께 실존에서 상호이해와 배려를 바탕으로 서로 성숙과 사랑을 실현하려는 의지가 없는 인간이기 때문이다. 게다가 그는 자연을 사랑하려하지 않는다.

이런 마크에게 비에트남은 온갖 비극을 일으키는 전쟁터에 불과하지만, 메어리에게는 "강력한 마약효과, 즉 명칭 없는 공포와 명칭 없는 희열의 혼성효과를 발휘했다. […] 비에트남은 어둠 속에서 그녀를 달아오르게 했다. 그녀는 더 많은 것을 원했고, 자신의 신비를 더욱더 심오하게 통찰하고 싶었다. 원함은 필요가 되었고, 필요는 갈망으로 변형되었다"(109). 따라서 그녀는 비에트남의 "산들, 초라한 작은 마을들, 오솔길들, 나무들, 강들, 그리고 안개가 자욱한 골짜기들"(106)에 매료되어, 이들과 일심동체가 된다. 이러므로 그녀와 "비에트남을 따로따로 구별함은 불가능하다."[56] 그녀는 자기를 알고 초월하기 위해 비에트남 산속으로 들어갔다가 영원히 잠든다. 반면에 마크는 이기심에서 발병한 정신질환으로 본토병원으로 후송되어 의병제대한다. 그는 사심으로 행동해서 극진히 사랑했던 애인의 사랑을 상실하는 비극을 자초한 대표적 인물이다.

사심과 이기심처럼 실존과 사회에 부정적, 파괴적인 역할을 하는 개인적인 비통, 분노, 그리고 좌절이 있다. 극심한 정신적인 충격을 받아 본성과 자제력을 완전히 상실한 병사들이 애통과 격분으로 인한 충동적 행동으로 저지른 잔혹한 행위와 만행의 실례를 들어본다. 래트는 가장 절친했던 전우가 전사하자, 어린 물소에 과격하고 잔인한 분풀이를 한다. 그가 오른쪽 앞무릎에 총을 쏘자, 물소는 비명을 지르지 않고 주저앉는다. 그는 귀, 뒷다리, 그리고 옆구리에 총을 쏘아도 물소가 죽지 않자, 입에 난사하여 입이 떨어져 나가게 한다. 소대원들은 그의 이런 광적 행동을 보고도 그를 제지시키려고 누구도 나서지 않는다. 래트는 갑자기 울부짖으면서, 무슨 말을 하려다가 그만두고 총을 두 손으로 잡고 혼자 뛰쳐나간다. 한동안 모두 할 말을 잃고 있는데, 한 병사가 "내 평생 동안 이런 장면을 본 적이 한 번도 없었다"(76)고 혼자 중얼거린다. 소대원들은 무어라고 명명할 수 없는 가장 잔혹한 장면을 목격하고 마음이 매우 아프다. 그러나 이런 소대원들도 다른 전우가 전사하자, 크로스 소대장의 지휘 하에 광기로 마을에 방화하고, 심지어 닭과 개들까지도 사살한다. 그들은 이런 만행으로도 직성이 풀리지 않자, 포병부대에 폐허가 된 마을을 포격하라고 요구한다.

반면에 국가지도자들은 권력을 장악하려는 사심과 이기심으로 많은 사람들, 특히 선량하고 큰 꿈을 갖은 장래가 촉망되는 젊은이들을 비명횡사시킨다. 인디언병사, 카이어워는 용감한 군인이고, 훌륭하고 과묵한 청년이며, 독실하고 구원을 확신하는 기독교신자이다. 그는 교회에 가서 지적이고 추상적인 설교를 듣는 대신에 병든 사람들을 찾아가서 보살피기를 좋아한다. 또 그는 실존에서 항시 자신에게 진실하려는 마음가짐, 그리고 이런 마음으로 다른 사람들을 보살피려는 박애정신을 가장 중요시한다. 이러므로 화자 겸 주인공은 성자나 다름없는 이 인디언병사를 자신의 가장 좋은 친구 그리고 가장 큰 자랑으로 존경한다. 그러나 그는 애석하게도 군사작전 중에 송 트라 봉강에서 익사한다. 그의 따뜻한 마음과 박애정신은 전쟁으로 빛을 보지 못하고 무위무책으로 끝나버린다. 화자 겸 주인공은 20년 후에 그가 익사한 장소를 찾아가서 그의 넋을 달래려고 술회한다: "나는 카이어워에게 그는 위대한 친구, 가장 좋은 친구였다고 말하고 싶었다. 그러나 내가 할 수 있었던 전부는 손으로 강물에 찰싹 소리를 내는 행위 뿐이었다"(178). 그런 다음 그는 20년 동안 보관했던 인디언의 뒤축 없는 신을 강물에 던져 떠내려가게 하면서 "가짜인디언 작별의식을 거행한다."[57] 그는 이 의식으로 20년 동안 카이어워에게 졌던 마음의 빚을 갚고, 앞으로 그의 진실한 자아와 박애정신을 마음속 깊이 간직하려고 결심한다. 또 그는 20년 전에 비에트콩청년이 사살당한 현장을 보았기 때문에 매우 애통하다. 그는 청년을 직접 사살하지 않았지만 그 현장에 있었으므로 죄의식, 책임감, 그리고 슬픔을 느끼면서 자책한다. 그는 전쟁으로 청년의 꿈이 무산되어버렸음을 알기 때문이다. 그는 빈곤가정출신이지만 그의 재능을 인정한 마을사람들의 후원으로 1964년에 사이곤에 소재한 대학교에서 수학을 공부했다. 그는 정치에는 관심이 없고, 오로지 미분방정식의 아름다움에 매료되어 그 공부에 열중했다. 그는 동급생여자와 사랑에 빠졌고, 그녀는 그의 손목이 어린이손목 같다고 말했다. 이처럼 그는 군인이 되기에는 작은 체구였지만, 전쟁으로 강제징집당해 젊은 나이에 생을 마감하면서 자신의 가능성과 잠재력을 발휘할 기회를 놓쳤다. 화자 겸 주인공은 자기가 청년을 사살하여 그의 꿈을 무산시켜버렸다고 자책하면서 그의 죽음을 매우 안타까워한다. 그는 모든 사람, 특히 지배계층인사들이 자신의 이런 애석한 마음을 이해하고 공감하기를 기대한다.

더욱이 화자 겸 주인공은 전우, 노먼 보우커가 전쟁후유증으로 자살했다는 그의 어머니의 편지를 1978년 8월에 받고 엄청난 충격에 휩싸인다. 어머니는 "노먼은 얌전한 아이였다"(154)고 썼다. 노먼은 10월 장마로 범람한 송 트라 봉강에서 비명을 지르면서 익사하는 카이어워를 구조하지 못한다. 그는 둑을 넘은 강물이 논에 쌓였던 인분과 섞이면서 내뿜는 지독한 악취와 뻿속까지 스며든 냉기 때문에 카이어워에게 재빨리 다가갈 수 없다. 그가 비명소리를 듣고 전력을 다해 게걸음치며 가까이 가자, 강물이 이미 카이어워를 삼켜버린다. 그는 카이어워를 구조하지 못했다는 죄책감, 그리고 구조실패로 아버지가 그처럼 갈망했던 은성무공훈장을 받지 못했다는 죄의식의 수렁에 깊이 빠진다. 그는 죄책감과 죄의식의 자아에 유폐되어 삶의 의미, 활력, 그리고 생동감을 느낄 수 없으므로 다른 사람들과 친밀하고 돈독한 관계를 유지할 수 없다. 그는 스스로 낙오자라는 낙인을 찍고 세상을 비관적, 부정적 시각으로 인지하고 수용한다. 그가 자기신상문제를 상의하고 싶은 고등학교친구들은 직장을 구해 고향을 떠났으므로 그렇게 말하고 싶은 전쟁이야기를 들어줄 사람들이 없다. 결국 그는 소외감과 고독감에 빠져, 이를 극복할 수 없다는 절망감으로 자살한다. 이러므로 화자 겸 주인공은 전쟁후유증이 당사자와 그 가족 그리고 사회구성원들에게 얼마나 큰 고통과 상처를 주고 있는가를 직시하고, 이에 대한 모든 사람의 주의를 환기시킨다.

우리의 예상과는 달리 작가 팀 오우브라이언은 전쟁을 증오하면서도 긍정적으로 정의한다: "전쟁은 신비, 공포, 모험, 용기, 발견, 성스러움, 연민, 절망, 갈망, 그리고 사랑이다. 전쟁은 역겨우면서도 재미있다. 전쟁은 전율적이면서도 단조롭다. 전쟁은 당신을 인간다운 사람으로 변화시키기도 하고, 죽음으로 몰고 가기도한다"(76). 이 정의에 따르면 전쟁에도 실존처럼 양면, 즉 선과 악, 생과 사, 용기와 비겁, 그리고 이기심과 이타심이 있다. 오우브라이언은 *그들이 짊어졌던 사물들*에서 우리가 전쟁과 실존에 반드시 있기 마련인 극한상황에 직면하면, 두려움, 공포심, 무기력, 그리고 절망감으로 압도당하지 말고, 자기를 알고 깨닫는 계기로 적극 활용해야한다고 강조한다. 그의 강조에 의하면, "죽음과 위험의 현존이 당신을 완전히 각성시키는 위력을 발휘한다. 이 현존이 사물들을 선명하고 생생하게 보이게 한다. 당신은 피부로 두려움과 공포심을 느낄 때, 사물들을 아주 새로운 시각으로 바라보면서 세계를 이전과는 다르게 인식한다"(183). 요컨대 오우브라이언은 우리가 극한상황의 실존위기를 생존호기로 전환시켜야하며, 이 전환의 원동력은 우리의 깨달음과 거기에 따른 행동에 있다고 역설한다.

지미 크로스소대장은 테드 래번더(Ted Lavender)가 전사하자, 소대를 안전하게 효율적으로 지휘하려면 사적 감정과 관심으로부터 벗어나야함을 깨닫고, 소대원보호에 전력투구한다. 그는 대학 2학년 때 아무 생각 없이 친구들을 따라 지원했던 학생군사교육단(ROTC)출신 소대장이다. 그는 스물네 살의 소대장으로 전쟁터에서 관심을 소대통제와 지휘보다는 사적인 연애감정에 두고 있었다. 그는 영문학과 3학년 여학생, 마서(Martha)의 편지들을 가장 중요한 개인소지품으로 배낭 속에 가지고 다닌다. 그는 하루의 행군이 끝나면 자기가 취침할 1인용 참호를 판 다음에 사랑, 마서라고 서명되어있는 편지들을 읽는 것이 유일한 희열이고 안도감이다. 그는 사랑의 서명이 요식에 불과함을 알면서도 편지를 읽고 있으면 자기를 비명횡사시킬 전쟁 그리고 이것에서 유발되는 죽음의 공포를 망각하고 낭만적인 꿈을 꾼다. 그는 꿈속에서 "자기가 그녀를 사랑하는 것만큼 마서가 자기를 사랑하기를 갈망하"면서, 환상세계에 빠져든다. 그러다가 그는 "뉴 햄프셔(New Hampshire)주에 있는 화이트 산맥(White Mountains)에서 야영했던 낭만적 여행을 상상한다." 또 그는 "그녀가 혀를 봉투의 접어붙이는 부분에 대었음을 알기 때문에 때때로 거기를 혀로 핥는다"(1). 이처럼 그는 그녀를 사랑하는 포로로 전락하여 그녀의 의중을 헤아리지 않고, 자기 마음대로 그녀의 사랑을 상상하고 원한다. 그는 어두워지면 편지들을 조심스럽게 배낭 속에 넣고, 참호에서 나와 소대원들의 안전을 확인하고 주변을 점검한 후에 자기참호로 돌아와 밤하늘을 보면서 마서를 그리워한다. 그는 가까이 있는 부하들보다도 멀리 있는 그녀를 더 많이 사랑하고 생각한다. 더욱이 그는 그녀가 그리울 때는 지갑 안에 있는 마서의 사진 두 장을 꺼내 본다. 이렇게 그가 사적인 연애감정에 집착하여 소대장임무를 소홀히 하고 있을 때, 래번더가 저격병의 총탄을 맞아 전사한다.

크로스소대장은 부하의 전사에 울음을 무척 참으려하면서도 너무 창피해서 자기를 증오한다. 그래서 그는 비가 오는데도 1인용 참호에 쭈그려 앉아 온갖 수단으로 불을 피워 마서의 편지들과 사진을 불태워버린다. 그는 자기 머릿속에 편지와 사진이 각인되어 있음을 알지만, 태워 없앨 수 없는 창피 대신에 그녀의 유형물을 소각시켜 제거한다. 이후로 그는 환상세계에서 벗어나 자기임무를 충실히 수행하려고 결심한다. 그는 행군규칙을 엄격하게 준수하여 일정간격과 보폭을 유지하고, 척후병을 보내 정탐하여 행군의 안전과 효율성을 높이려고 진력한다. 또 그는 작전규정에 따른 철저한 소대통제와 지휘에 소대원들이 반발하려하지만 이를 무시한다. 그는 자기임무는 "사랑을 받는데 있지 않고 통제하고 지휘함에 있다"(25)고 믿기 때문이다. 그는 지휘방침을 군사적 야망을 성취하기 위해 소대원들을 집단으로 간주하지 않고, 개개인으로 존중하는데 두려한다. 그는 이런 정신으로 소대원들을 독려하여 악조건을 극복하고 강물에서 카이어워의 시신을 수습한다.

이렇게 크로스소대장은 상대방과 현실을 사심에서 바라보던 시각을 버리고, 있는 그대로 인정하고 수용하려는 인간으로 성숙했다. 비에트남전쟁이 끝난 여러 해 뒤에 그는 화자 겸 주인공을 집으로 찾아간다. 두 사람은 먼저 자기들이 짊어져 감내한 고통스럽고 참혹했던 전쟁상처들, 극복한 갈등과 사심, 그리고 깨달음과 사랑에 대한 대화를 나눈다. 그런 다음 전우들의 일화 − 헨리 도빈즈는 부적으로 여자친구의 팬티스타킹을 목에 감았고, 카이어워는 사냥용 손도끼와 성경을 휴대했고, 래트 카일리는 만화책을 챙겼다 −를 이야기한다. 크로스는 이야기 도중에 눈을 문지르면서 래번더의 전사에 항시 양심의 가책을 느껴 자기를 용서할 수 없다고 그에게 실토한다. 그러자 그가 분위기를 바꾸려고 마서에 대해 묻자, 크로스는 그에게 그녀의 사진을 보여주면서 이 사진을 다시 갖게 된 사연을 설명한다. 두 사람은 1979년 대학동창회모임에서 우연히 만났다. 크로스는 그녀에게 지금도 사랑하고 있다고 고백했지만, 그녀는 아무런 반응도 보이지 않았다. 그녀는 그에게 기독교선교사와 정규간호사로 중남미의 빈민국들에서 봉사했으며, 결혼은 하지 않았고, 앞으로 결혼할 생각도 전혀 없으며, 왜 결혼하지 않는지 자기도 모르겠다고 변명했다. 다음날 아침 함께 식사하는 자리에서 그녀는 그에게 대단히 미안하다고 말하면서, 사랑에 관한 어떤 언질도 줄 수 없다는 자기의사표시를 분명히 했다. 그가 그녀의 마음을 이해한다고 말하자, 그녀는 웃으면서 그에게 사진을 주고, 절대로 불태우지 말라고 당부했다. 그는 그녀의 뜻을 받아들여 사진만 받고 헤어졌다. 그는 그녀를 사랑하면서도, 일방적으로 사랑을 강요하지 않고 그녀의 마음과 자기소망이 이뤄지지 않는 현실을 인정하고 수용한다. 이 인정과 수용이 앞으로 그가 짊어져야할 필수품이다.

이제 화자 겸 주인공은 상대방과 현실의 인정과 수용이 사랑의 전제이며, 사랑은 불멸과 부활의 원동력이라고 깨닫는다. 그는 이 깨달음으로 사랑을 소재로 창작된 이야기는 "우리를 구원할 수 있다"(213)고 확신한다. 그는 전쟁터에서 자기 눈으로 직접 보았던 전사자들 − 테드 래번더, 카이어워, 그리고 비에트콩청년 —이 이야기로 되살아남을 실감한다. 그들은 "모두 비명횡사한다. 그러나 일종의 꿈꾸기인 이야기에서 망자들은 때때로 웃으면서 일어나 앉아 이 세상으로 돌아온다"(216). 더욱이 그는 이야기에서 아홉 살 때 처음 사랑했던 린더(Linda)가 뇌종양으로 세상을 떠났지만, 살아있다는 꿈을 계속 꾼다. 그는 어린 나이에 처음 느낀 사랑이 자기 몸과 마음을 굉장히 벅차고 강렬하게 요동치고 있음을 느낀다. 그는 말로는 표현할 수 없지만 분명히 가장 아름답고 영원히 잊을 수 없는 감정을 그녀와 공유하고 있다고 믿는다. 그래서 그는 "그녀의 몸 안에서 살고 싶을 뿐 아니라 그녀의 뼈 안으로 녹아들기를 갈망한다." 이런 갈망이 그의 사랑이다. 그는 사랑 때문에 그녀가 뇌종양으로 곧 죽을 거라는 사실을 받아들이려하지 않다가, 결국 그녀의 죽음을 수용한다. 그는 그녀가 비록 이 세상에 없지만, 그녀의 영혼과 나누는 대화로 그녀가 자기 앞에 있음을 확인할 수 있다고 실토한다. 그의 실토에 의하면, "이야기에서 나는 그녀의 영혼과 조용히 대화할 수 있다. 나는 어떻든 순간적으로 절대적이고 영원한 정신(사랑)을 되살아나게 할 수 있다. 이야기에서 기적이 일어날 수 있다. 린더가 미소를 머금고 단정히 앉아 손을 뻗어 나의 손목을 잡고, '티미, 울음을 멈춰라'고 말할 수 있다"(224). 이처럼 화자 겸 주인공은 사랑의 기적이 일어나는 이야기를 쓰고 읽기를 좋아한다.

화자 겸 주인공은 지금 마흔세 살의 소설가로 다시 아홉 살로 되돌아갈 수 없다. 그는 어린 아이에서 스물세 살의 보병상사를 거쳐 죄의식과 슬픔을 느끼는 소설가로 변신했다. 그는 소설가로서 "절대적이고 영원불변한 실재"(223)가 있다고 공언한다. 이 공언은 그가 린더를 사랑하는 마음은 30년 동안 조금도 변하지 않았음을 의미한다. 작가 오우브라이언은 자신의 소설철학과 창작의 밑바탕이 되는 진리파악과 실존에서 불확실성, 애매모호성, 그리고 변화무쌍을 가장 중요시하면서도, 이 주인공의 입을 통해 "절대적이고 영원불변한 실재"를 거론한다. 이 "절대적이고 영원불변한 실재"는 모든 사람의 의식과 실존에서 이론의 여지가 없는 "사랑"으로 오우브라이언의 소설철학과 배치되지 않는다. 오우브라이언은 주인공이 사랑으로 이 세상에 없는 린더와 대화하면서 그녀를 되살아나게 하여 잊지 않으려고 몸부림치는 이야기를 쓰고 있기 때문이다. 작가는 이야기를 쓰면서 기억하고 깨달으며, 언제나 깨달음을 바탕으로 행동하려한다. 오우브라이언은 이야기를 쓰면서 자신의 사심에서 비롯되었던 과거의 비극과 악몽 뿐 아니라 전쟁터와 실존에서 직면했던 실존위기와 극한상황을 극복하는 최상의 치유책을 깨닫고, 이 깨달음으로 의식을 개혁하고 삶을 변화시키려고 최선을 다한다. 그의 이야기하기는 사랑의 "탐구와 발견"[58] 과정으로 전개되는데, "궁극적으로 개인적이면서 공유의식이며, 실존에서 전체성, 응집력, 그리고 목적에 대한 열망이다."[59] 이러므로 우리는 팀 오우브라이언의 사랑을 이야기하기와 그 위력의 강조에 각별히 주목할 필요가 있다.

찰즈 리쳐드 죤선(1948-)는 불교를 자신의 실존과 소설창작철학으로 활용하는 흑인소설가로 가장 예측할 수 없는 기발한 상상력을 발휘하는 미국작가들 중의 한 사람이다.[60] 그는 한때 흑인소설의 주류를 이루었던 항의소설과 입신소설의 예술적 한계성을 지양하는 소설을 창작한다. 그래서 그는 "속박과 자유를 신체적, 법적 견지에서 뿐 아니라 심리적, 현상학적, 성적, 정신적 측면에서 탐구하는 소설"[61]을 집필하려고 전력한다. 그는 다수의 흑인작가들과는 달리 흑인이 갈망하는 자유를 항의와 반항으로 쟁취하려하지 않고 돈오로 향유하려고 전념한다. 그는 "미국흑인의 자유탐구와 향유는 불교를 바탕으로 … 실현"될 수 있다고 확신하고, 불교에 의존한 자아와 본래면목탐구를 자신의 소설창작철학의 기반으로 가장 중요시한다. 그는 *尋牛圖*(*심우도*)에서 영감을 얻어 두 번째 소설, *소치는 사람 이야기(Oxherding Tale, 1982)*를 "동양철학을 천착하는 방법과 수단으로서 매우 유익한 노예이야기"[62]로 창작했다고 술회한다. 또 그는 "앤드루 호킨즈(Andrew Hawkins)가 고전적 정의의 돈오를 얻은 미국흑인소설의 첫 주인공"이라고 천명하고, "이 작품에서는 한 흑인남자의 극적인 사건, 즉 여러 형태의 굴레(신체적, 심리적, 성적, 형이상학적)로부터 단세포 생명체인 도마뱀에 대한 심미적 편애에서도 해방되고자하는 필사적 노력[을 서술하는] 모험담의 상상'세계'가 구현되어 있다"[63]고 작품의 특징을 정의한다. 이 정의에 따라 흑인노예 앤드루 호킨즈가 남북전쟁 이전의 극심한 차별과 억압을 받는 남부에서 어떻게 반항하지 않으면서도 자유를 찾았는가, 다시 말하면 어떻게 그런 여건에서 마음의 안정과 명상에 열중하여 돈오의 경지에 이르렀는가를 고찰한다. 이 고찰은 자아는 변화와 발전의 과정이고, 자유는 정신적 해방이며 돈오라는 죤선의 정의를 전제한다. 그의 정의에 의하면 자아는 "명사가 아니고 동사이고, 완성품이 아니고 과정"[64]이다. 따라서 그는 "우리의 실존과 문학 그리고 불교의 궁극적 목적은 자유의 향유에 있다"[65]고 설파한다. 그의 설파에 의하면, 우리가 자유를 찾는 이상적인 방법과 수단은 정신적 해방과 돈오를 얻겠다는 굳은 의지와 실천에 있다. 먼저 우리는 항의와 반항을 넘어 이념, 종교, 그리고 체제에서 연유한 독선과 아집의 굴레에서 벗어나, 고정관념과 영원성을 부정하고 변화무쌍과 유동성을 가장 중요시해야한다. 게다가 이 의지와 실천에 가장 큰 장애물은 지배계층인사들이 이원론을 진리로 신봉하여 스스로 가중시키는 정서적, 심리적, 성적, 지적 속박감이다. 그들은 이 속박감에서 해방되려고 자아를 포기하고 실존목적을 왜곡하여 비이성적, 비정상적 방법과 수단인 권력장악, 경제적 이익추구, 그리고 관능적 쾌락추구에 탐닉한다. 그들은 이런 왜곡된 목적을 달성하려고 피지배계층인사들을 무시하고 부정하며, 그들의 자유와 인권을 무자비하게 탄압하고 유린한다. 그러나 피지배계층사람들이 자신들의 빼앗긴 자유와 인권을 회복하는 첩경은 지배계층인사들에게 무조건 반항하고 도전하는 행위가 최선책이라고 맹신하지 않고, 오히려 억울함과 분노 그리고 좌절과 피해의식을 극복하려는 의지와 그 실천, 여기서 분출되는 정신적 해방감 그리고 이 감정을 초월하는 돈오에 있음을 지실해야한다. 더욱이 그들은 돈오에 정진하면서 연기설을 바탕으로 지배계층인사들과 서로 의존하고 공존하는 의식을 확장하려고 최선을 다해야한다. 요컨대 죤선은 자유는 여러 형태의 속박으로부터 해방되어 느끼는 희열의 만끽, 더욱이 본래면목을 탐구함으로써 얻는 돈오에 있음을 모든 인간이 인정하고 수용해야한다고 역설한다.

죤선이 자신이 정의한 자아와 자유를 실현하고자 창작한 *소치는 사람 이야기*는 "자아란 무엇인가"를 탐구하는 "형이상학적 노예소설"이다. 소설주인공, 앤드루 호킨즈는 "현상학적 순례자와 같은 인물이다. 그의 탐구는 노예해방이 아니고 가장 심오한 정신단계의 해방, 즉 돈오"[66]이다. 그래서 그는 자기를 신체적으로 구속하는 백인농장주에게 반항하려하지 않고, 오히려 심리적, 정신적으로 그를 제약하는 주위사람들의 특이한 이상심리와 의식을 초월하려고 전심전력한다. 다시 말하면, 그는 노예제도가 조성한 억압적, 비인간적인 외브환경보다는 자기도 모르게 내면화된 노예적 사고와 행동 그리고 의식의 극복에 전력한다. 이 바탕에는 그가 동양철학과 랠프 왈도우 에머선의 초절주의를 배워 습득함으로써 깨달은 인생의 예지가 있다. 더욱이 그는 모든 인간은 자연의 일부이고 평등하므로 서로 의존하고 상생하면서 서로의 본능, 염원, 주체성, 그리고 독립성을 존중해야한다는 철학과 함께 인간실존의 궁극적 목적은 돈오라는 진리를 깨닫는다. 지금까지의 논의를 바탕으로 *소치는 사람 이야기*를 돈오를 얻는 과정이 바로 "자유를 찾은 이야기"라는 논지로 고찰해본다.

존선이 *소치는 사람 이야기*를 집필한 의도는 독자들의 "의식의 획기적인 전환"[67]을 촉발하려는데 있다. 이 소설은 혼혈아로 태어난 화자 겸 주인공, 앤드루의 기구한 출생에 대한 서술로 시작된다. 이 서술은 으레 흑인들의 비참한 실존을 폭로하여 고발하고 반항하는 종전의 흑인소설들과는 달리, 청교도들이 죄에서 구원받은 영적 체험을 고백하는 것처럼 앤드루가 무식쟁이에서 지식인을 거쳐 돈오를 얻는 과정의 기술이다. 그는 남북전쟁 이전에 목화농장에서 흑인아버지와 백인어머니 사이에서 아들로 태어난다. 목화농장 백인주인, 죠너선 폴킹혼(Jonathan Polkinghorne)은 어느 가을날 재산관리인 흑인노예, 죠지 호킨즈와 밤 늦게까지 술을 마셔 만취가 되자, 노예에게 잠자리를 바꾸기를 강요한다. 노예는 강요를 이기지 못해 큰 저택의 이층침실로 올라가서 주인여자 애너와 성관계를 갖는다. 그녀는 이때 평생 처음으로 성적 황홀감을 만끽했지만 상대자가 노예임을 알고, 극도의 수치심과 공포감 그리고 스스로 파멸되었다는 강박관념으로 꼼짝 못한다. 그녀는 아들을 출산하지만 아들에게 모성애를 느낄 수 없어 그를 노예로 내쫓는다. 앤드루는 이렇게 태어나는 순간부터 어머니의 사랑과 보살핌을 받지 못할뿐더러, 종교에 미쳐있는 계모, 매티(Mattie)로부터도 관심과 애정을 받지 못한다. 더욱이 그의 아버지는 이 사건으로 백인주인의 총애를 잃고 농장으로 쫓겨나, 다른 흑인노예들의 조소와 멸시를 받는 가운데 분노감과 좌절감의 소용돌이 속에서 외롭게 탄식하는 삶을 살 수밖에 없다. 이처럼 앤드루는 태어나는 순간부터 사랑, 애정, 평화, 그리고 안정이 없는 여건 가운데서 외모는 백인같이 보이지만 흑인노예로 성장한다.

그렇지만 앤드루는 백인주인의 각별한 대우를 받고 자란다. 그는 자식이 없어 앤드루를 자기아들로 받아들이고 싶어하지만 부인의 격렬한 반발로 뜻을 이루지 못한다. 앤드루가 다섯 살이 된 어느 날 백인주인은 노예의 재산가치를 높이려고 앤드루를 가르칠 가정교사를 구한다는 광고를 낸다. 이 광고를 보고 찾아온 윌리엄 메어리대학(College of William and Mary)졸업생, 이지키얼 윌리엄 사익스-위더즈(Ezekiel William Sykes-Withers)는 무정부주의자이면서도 초절주의신봉자로 서양철학과 동양종교를 깊이 연구한 해박한 지식인이다. 이지키얼은 신앙심이 돈독하고 자비로웠던 아버지가 갑자기 "불안한 사회상황과 빈곤에 압도당해"[68] 발작적으로 어머니와 누이동생을 사살하고 나서 자살한 비극적 사건으로 정신적 외상을 입은 사람이다. 게다가 그는 이성을 가까이 하지 않는 기이한 성격의 소유자로 자신의 거처도 큰 저택을 사양하고 노예숙소로 정한다. 그는 앤드루에게 희랍어, 서양철학, 불교, 도교, 웅변술, 발성법, 그리고 악기연주법 등등을 가르친다. 앤드루는 노예에게는 실용적이지 않을지라도 자유인에게는 필요한 방대한 지식을 습득했지만, 암울한 현실 때문에 무기력하다. 그는 스무 살 때 평생 처음으로 민티(Minty)의 미모에 매료되어 연정을 품지만, 자신이 노예 신분이라서 결혼할 수 없다는 참담한 현실을 실감한다. 그래서 그는 현재의 자기를 정의한다: "나는 내 것으로 소유한 것이 하나도 없다. 나의 지식, 의복, 그리고 언어까지도 창피스럽게 다른 사람들에 의해, 아마 그들을 위해 제조된 중고품이다. 나는 틀림없는 사기꾼(a living lie)[69]이다. 이 사기행위가 내 실존의 핵심이다"(17). 이처럼 그는 자신의 노예 신분을 의식하고 실의와 절망감에 빠진다.

그러나 그는 노예로서 직면하게 된 이런 무력감과 궁지를 "자기 [마음에] 자유를 고취시키는" 민티의 사랑으로 극복하려한다. 그는 이 사랑이 "자기를 구원하여 비범한 인물로 변신시킬 것"[70]이라고 확신하기 때문이다. 그는 비록 노예로 태어났지만 이 사랑의 위력으로 자유인이 되어 미래를 개척하고 싶어 한다. 그래서 그는 백인주인에게 자기는 해방되어 민티와 결혼하고 싶다는 의사를 표명한다. 그는 백인주인이 자기유언장에 그와 부인 사후에 노예들을 해방시킨다는 조항이 있다는 말을 듣고도 그에게 저돌적으로 대응한다: "나는 자유인이 되기 위해 최선을 다할 것이고, 1년 안에 당신에게서 민티, 아버지, 그리고 계모를 사려고 돌아올 것이다"(18). 드디어 그는 돈을 벌기 위해 백인주인의 추천서를 갖고 자유농장의 과부여주인, 플로우 해트필드(Flo Hatfield)를 찾아간다. 이 출발은 그가 자유의지, 그리고 가능성과 잠재력계발과 발휘가 존재하는 세계로 나아감을 시사한다. 또 그것은 그가 자신의 깨달음을 가로막는 일차원적, 폐쇄적인 사람들과 환경으로부터 탈출하여, 혼자만의 실존으로부터 더불어 사는 삶의 세계로 입문함을 암시한다.

죠지는 아들을 플로우의 자유농장까지 마차로 태워다주면서, 그동안 정성을 다해 보살펴주지 못했음을 사과한다. 아들이 보기에 아버지와 계모는 상호존중과 배려를 바탕으로 화목한 가정을 이루지 못하고 아집과 편견 그리고 종교적 광신에 압도당한 삶을 살고 있다. 아버지가 "결혼은 법적으로 무효화되어야한다"고 주장하면, 계모는 "남자는 필요악이다"(144)고 대응한다. 그래서 그들의 실존은 사랑이 넘치는 공존이 아니라 서로에 대한 신경전이다. 죠지는 이런 메마르고 편협한 마음으로 인해 자신의 이불리에 따라 맹목적으로 백인에게 순종하거나 반항한다. 죠지는 농장노예로 전락하자 갑자기 흑인과 백인세계를 구별하는 이원론자 겸 흑인인권주창자로 변신하여 백인들을 악마라고 증오하고 저주한다. 아들은 이렇게 일방적이고 왜곡된 의식에 압도당한 아버지를 평가한다: "그는 인종간의 증오심을 재점화하고 과거의 쓰라린 아픔을 상기하여 상처를 어루만지는 병든 사람처럼 실망스러웠던 일들을 회고하고 싶어한다. 그는 … 불행을 선택했다. 슬픔이 … 정서의 속박이었고, 이 속박을 바탕으로 죠지 호킨즈는 사건들을 정사하고 분류하여, 너무나 많은 의미들이 넘치고 자신을 능가하는 세계를 단순화하려했다"(142). 이처럼 죠지는 자신과 세계를 전체적이 아닌 자아유폐의 입장에서 보고 판단했다. 결국 그는 농장에서 다른 흑인들과 함께 반란을 일으켰다가 살해당하는 비극으로 생을 마감했다. 또 앤드루의 가정교사, 이지키얼이 그의 전인적인 성숙과 실존에 장애물이다. 이지키얼은 해박하지만 지성과 감성을 분리하기 때문에 습득하여 축적한 지식을 실생활에 활용할 수 있는 창의성, 유연성, 그리고 융통성이 없다. 게다가 그는 일변도적인 지식을 얻는 데만 도취되어 일상사의 정보와 상식을 무시한다. 이 뿐만 아니라 그는 현실에서 타인과의 공존의식과 사랑, 특히 여자와의 공감과 감정전이를 할 수 없으므로 여자를 두려워한다. 그의 이런 두려움은 남자는 여자보다 더 약하다는 오판과 아집에서 연유한다. 그는 오판한다: "우리의 모든 업적, 남자들의 업적은 역사에서 사라질 것이다. 역사, 즉 남자의 시간개념은 소멸할 것이다. 그러나 여자의 문화, 다시 말하면 탄생과 사멸의 주기적 반복은 계속될 것이다"(31). 그는 이 오판으로 인해 여자들과 공유의식을 가질 수 없으므로 "그의 사랑시도는 실패로 귀결"[71]될 수밖에 없어 생을 비극적으로 마감했다.

앤드루는 죠지와 이지키얼의 실존한계를 극복하기 위해 *심우도*의 첫 단계인 잃어버린 소(자아)를 찾으려고 자유농장으로 간다. 그는 농장에서 번 돈으로 백인주인에게 자기아버지, 계모, 그리고 민티의 몸값을 치른 뒤에 자유인이 되어 그녀와 결혼하려고 결심한다. 이제 그는 자유란 속박을 받지 않는 자유스런 신체를 의미하지 않고, 자기가 모든 굴레에서 해방되기 위해 스스로 본래면목을 탐구하여 이른 경지, 즉 돈오임을 깨닫는다. 그의 깨달음에 결정적인 역할을 한 사람이 자유농장의 관 제작자, 렙(Reb)이다. 그는 아버지와 헤어져 농장주인의 저택으로 가다가 렙을 만난다. 렙은 그에게 "너는 흑인이냐 … 아니면 백인이냐"고 묻더니, "너는 흑인도 아니고 백인도 아니다"고 코를 씩씩거리면서, "너는 풋내기이다"(36)고 단언한다. 그는 이 풋내기라는 말로 앤드루가 "다른 사람들의 가치와 욕망에 따라 행동하는 객체임"[72]을 표현한다. 그래서 그는 앤드루가 모든 굴레에서 해방되어 자유를 만끽할 수 있도록 지원한다. 앤드루는 정교하게 제작된 관들을 보고 제작기술이 있느냐고 묻는다. 그러자 그는 자신과 관 제작이 별개가 아니라 하나가 된 경지에서 작업하고 있으므로 앤드루가 도저히 납득할 수 없는 대답을 늘어놓는다: "기술이라고? […] 풋내기야, 적어도 나는 네가 이해할 수 있는 일은 아무것도 하지 않는다. 나는 내 연장 상자를 열기 전에 1주일 동안 저 숲속으로 들어간다. 나는 그동안 내가 만들었던 모든 관을 잊어버리려고 전력한다. 하루가 지나면 나는 그 전부를 기억할 수 없다. […] 5일 후에는 나는 관을 만들었다는 사실도 알지 못한다. 1주일이 지나면 나는 나 자신에 대해서도 의식하지 못하는데, 그때부터 나는 관을 만들 나무를 찾아 돌아다니기 시작한다"(47). 정말 앤드루는 렙의 처신을 도저히 이해할 수 없다: "렙의 거처에는 사람이 살고 있다는 흔적이 없다. 그는 항시 할 일이 많아 자유농장에서 가장 부지런한 사람처럼 보인다. 그러나 그의 거처나 많은 조각물들 그리고 아주 정교하게 만든 관에서 시작하여 플로우 해트필드의 내실에 있는 발판에 이르기까지의 목공 예술품들에는 이집트(Egypt)의 문화유물처럼 그의 존재가 드러나지 않는다"(75). 이 뿐만 아니라 그는 렙이 자기처럼 자유를 갈망하고 있는 존재라고 전혀 믿을 수 없다. 그러나 앤드루는 렙으로부터 그의 비극적 사건과 이로 인한 삶의 획기적 변화에 관한 이야기를 듣고 그의 불가사의한 실존을 비로소 이해하고 수용한다. 그는 병든 부인이 치료비가 없어 사망하자, 아픈 딸이라도 살리기 위해 자존심과 체면을 버리고 구걸하여 돈을 마련하여 돌아왔으나 딸이 이미 숨을 거둔 뒤였다. 이때부터 그는 "고난과 불행을 감내하면서 현순간에 실존하며 '희망을 버리고' 해방을 성취하고자하는 생존대책을 세웠다."[73] 그래서 그는 아무것도 소유하려하지 않았다. 그는 철저한 금욕생활을 하면서 다른 사람들을 돕는 일에 열중했다. 그는 선행을 베푸는데 몰입함으로써 절망적인 현실에 빠진 자아를 극복했다. 그리하여 그는 자아를 초월하는 경지(*십우도*의 아홉 번째 단계인 반본환원)에 이르렀다. 요컨대 그는 자아를 초월한 "도교의 살아있는 실천가이다. […] 렙은 인식론적 이원론을 초월하여 자아의식 없이 행동할 수 있으며, 그의 예술로 다른 사람들에게 봉사한다."[74]

앤드루는 렙과 작별하고 자유인이 되기 위해 지불해야할 돈을 벌려고 찾아간 자유농장에서 노동 대신에 과부여주인, 플로우의 성욕을 충족시키는 성노예역할을 수행해야한다. 그녀는 오로지 자신의 성적 쾌락을 극대화하기 위해 그에게 혼자 성적 쾌감을 만끽하려고 서둘지 말고 고통스럽더라도 자제하면서 성행위를 하라고 강요한다. 이처럼 그녀는 자기 욕심만 채우기에 급급한 여인이다. 그러므로 그가 그녀에게 "당신은 나를 애무할 때 무엇을 느끼느냐"고 묻자, 그녀는 서슴없이 대답한다: "나를, 내 자신의 맥박을 느낀다. 또 내 자신의 흥분을"(53). 이런 여건에서 앤드루는 성욕의 노예로 전락한 플로우의 유별난 색욕을 충족시키려고 최선을 다할 수밖에 없다. 그의 혼신의 노력 때문에 그녀는 매우 만족하여 그를 극구 칭찬한다: "앤드루, 너는 내가 일찍이 가져본 적이 없었던 최고의 하인이다. […] 너는 내 가르침을 매우 열성적으로 배우려고 노력하는 가장 유망한 노예이다"(64-65). 이제 그와 플로우는 아편을 상용하면서 서로 성적 황홀경으로 빠져든다. 그러면서 앤드루는 그녀로부터 "이런 성행위가 불가사의한 힘이고, 정확하게 이해한다면 돈오에 이르는 과정임"(64)을 배운다. 그녀는 그가 미처 인지하지 못했던 신체부위에서 쾌감을 느낄 수 있도록 하여 그의 사고와 의식을 변화시킨다. 그러면서 그녀는 그에게 상대방의 쾌감을 극대화하려면 무엇보다도 자기 절제와 수련이 필수적이라고 강조한다. 더욱이 그녀는 성행위에서 영혼과 육체의 합일의 중요성을 역설한다. 드디어 앤드루는 그녀를 위한 성행위에서 자기를 망각해야 함을 깨닫는다.

이렇게 두 사람이 서로 성적 황홀경을 만끽하고 있을 때, 앤드루는 어머니 애너로부터 편지를 받는다. 어머니는 편지에서 농장노예의 절반을 팔았다고 언급하면서도 민티와 그의 부모에 대해서는 일언반구도 하지 않았다. 그래서 그는 애인과 부모의 생사가 궁금하여 매우 초조하고 불안하다. 그는 플로우에게 지금 자기가 무엇을 어떻게 해야 할지 모르겠으나 우선 자기가 받을 임금을 지불해주면 좋겠다고 말한다. 그러나 그녀는 자신의 성적 노리개를 잃을까 두려워, "나는 너를 사랑한다"(71)고 허사를 늘어놓으며 그의 임금 지불을 거절한다. 그러고 그녀는 아편과 술로 그를 흥분시켜 성관계를 갖자고 강압적으로 명령한다. 그는 그녀의 명령에 따라야하지만 걱정과 불안감으로 인해 그녀를 만족시킬 수 없을 뿐 아니라 본의 아니게 부지불식간에 주먹으로 그녀의 얼굴을 때린다. 이 불상사로 그는 렙과 함께 지금까지 살아서 돌아온 사람이 없다는 광산으로 내쫓긴다. 그는 비록 자유농장에서 원래 목적을 달성하지 못했다할지라도, 자기주장을 일방적으로 다른 사람들에게 강요하지 않으면서 그들과 공존하는 생활방식을 터득했다. 그는 이 터득으로 아버지와 가정교사가 자아유폐로 자초했던 실존한계를 극복할 수 있다. 따라서 플로우가 그를 사지로 내몰았지만, 그는 새롭게 터득한 실존방식을 활용하여 그곳에서 탈출하여 자유를 쟁취한다. 그와 렙은 다른 일행보다 먼저 광산에 도착하여 주임기사, 노우어 왈터즈(Noah Walters)를 만난다. 이때 그는 기지를 발휘하여 왈터즈에게 자기를 윌리엄 해리스(William Harris)라고 소개하고 이 사람들을 자유농장에서 데려왔으며, 해트필드 여주인이 자기와 렙에게 내일 아침까지 돌아오라고 했으니 지금 귀환하는 것이 좋겠다고 말한다. 드디어 두 사람은 왈터즈가 빌려준 말을 타고 자유를 찾아 노예세계를 탈출한다. 앤드루는 자신의 "자유갈망은 민티가 자유를 향유하는 것을 보고 싶은 소망에서 비롯되었다"(101)고 확신하고 자유를 찾아간다. 그러나 그는 승마에 익숙하지 않아 말에서 떨어지고 거리와 방향감각마저 상실한다. 그래서 그는 렙에게 자기를 버리고 빨리 도망가라고 말하면서 그를 깊이 배려한다. 렙이 그의 말에 따르지 않자, 두 사람은 발각될까 두려워 낮에는 자고 밤에 숲속의 가시밭길을 헤치며, 미지의 도시, 스파튼버그(Spartanburg)를 향해 함께 걸어간다. 그들이 길을 잘못 택해 통행료징수소에 들어서자, 징수원이 렙에게 흑인은 통행증이나 자유인확인서가 있어야 통과할 수 있다고 말한다. 이 위기의 순간에 앤드루는 백인 행세를 하면서, 오는 도중에 두 명의 흑인에게 돈과 말을 강탈당했다고 투덜거린다. 그러자 징수원은 흑인들을 비방하면서 앤드루에게 스파튼버그로 가느냐고 물어보고, 렙을 그의 하인으로 인정하고 두 사람을 통과시켜준다. 그러면서 그들에게 얼마 전에 주인이 혼자 탄 4륜짐마차가 지나가면서, 근처에서 야영하겠다고 말했으니 조금만 가면 그를 만날 수 있을 거라고 알려준다.

두 사람은 불을 피우고 야영하고 있는 주인이 호러스 배넌(Horace Bannon)임을 알아차리고 질겁한다. 앤드루는 플로우에게 임금지불을 요구하기 전에 마음이 심란하여, 전에 심장치료를 받았던 수의사 겸 흑인의사를 찾아간다. 그는 수의사로부터 "모든 생물은 자체 안에 그들 자신의 천국, 혹은 우주의 조화와 일치하는 조화를 가지고 있다"(70)는 말을 듣는다. 이 말이 "앤드루가 돈오의 경지에 다다르는"[75] 데 일조한다. 또 그는 거기서 도망친 흑인노예를 붙잡는 사냥꾼, 배넌을 만났다. 배넌은 그에게서 흑인의 피가 한 방울이라도 섞인 사람은 흑인이라고 주장하면서, 자유농장에서 이탈하지 말라는 적대적인 경고를 들었기 때문이다. 그런데 배넌은 두 사람이 도주하고 있음을 간파하고도 웬일인지 체포하려하지 않고, 일행으로 받아들여 그들에게 술과 음식을 대접하면서 스파튼버그까지 마차로 태워다주겠다고 제안한다. 두 흑인은 납득하고 수긍하기 어려운 그의 이런 언행에 깜짝 놀란다. 특히 앤드루는 그의 제안이 함정을 만들기 위한 작업인지 아닌지를 도저히 알 수 없지만, 우선 그의 호의에 고맙다고 인사한다. 그들이 이해하지 못하지만, 그의 호의는 사실 그가 개과천선할 수 있음을 예시한다. 그의 고백에 의하면, 그는 목사의 아들로 태어나 10계명에 있는 살생금지를 잘 알고 있으면서도 실천할 수 없는 인간으로 타락했다. 그는 어머니가 안 계신데다 아버지의 가혹한 학대를 받을 때마다 그 분노와 억울함으로 인하여 닭장에 가서 닭의 목을 비틀었다. 차츰 닭에 만족할 수 없을 정도로 더 대담해져서 개와 말 그리고 사람까지 살상했다. 그렇지만 밤에는 자기가 살해한 사람들의 목소리의 환청으로 깊은 잠을 잘 수 없었다. 그런데 이상하게도 그는 흑인들을 살해할 때는 그들의 마음을 알고 그들과 감정전이가 되고 의사소통을 했다. 다시 말하면, 그는 "흑인이 본 것을 보았고, 흑인이 느낀 것을 느꼈고, 흑인이 원한 것을 원했다"(115). 그는 고백을 함으로써 앤드루와 렙과 소통했다고 생각하고 그들에게 자유를 주고 싶어한다. 다음날 오전에 스파튼버그에서 그들은 헤어진다. 드디어 앤드루와 렙은 아직 자유인이 아니어서 불안감에 떨면서도, 농장에서 탈출하여 도시에서 자유스러운 삶과 행동을 만끽할 수 있다는 생각에 고무된다.

이제 렙은 자유를 찾아 더 북쪽으로 가고 싶은데 반해, 앤드루는 독자적으로 생존하기 위해 아버지 뜻을 거역하고 백인으로 행세하면서 이곳에 정착하려고 작정한다. 그는 앤드루 호킨즈를 영원히 사장하고 윌리엄 해리스로 새로운 삶을 개척하려고 결심한다. 그는 새로운 삶을 시작하기에 앞서 백인 의사, 제럴드 언더클맆(Gerald Undercliff)으로부터 진료를 받았더니, 그로부터 절대적 안정과 휴식을 취해야한다는 충고와 함께 진료비를 1주일 안에 납부해야한다는 말을 듣는다. 의사는 자기가 혐오하는 배넌과 그가 친한 것으로 오해하고, 그의 진료비청구 금액 결정권을 딸 페기(Peggy)에게 일임한다. 그는 그녀로부터 진료비가 4달러 50센트라는 말을 듣고, 자기가 가진 재산은 남자 하인 렙 밖에 없는데, 하인의 몸값은 얼마 되지 않을 거라고 어물거린다. 그녀가 그에게 무직이냐고 묻자, 그는 허먼 멜빌의 명언처럼 "돈이 나를 파멸시킨다"(124)고 대답한다. 그녀는 소설을 논의할 수 있는 지기를 만난 반가움에다 그의 해박한 지식에 감탄하여 선생자리를 알선하겠다고 나선다. 그가 선생자리만 있으면 바로 진료비를 청산할 수 있다고 호언하자, 그녀는 그를 소설가 겸 학교선생, 이블린 포머로이(Evelyn Pomeroy)에게 극구 칭찬하여 소개한다. 포머로이는 그의 해박한 지식과 뛰어난 능력을 인정하고 그에게 학교를 맡기고 자신의 두 번째 소설집필을 끝내려고 뉴욕으로 떠난다. 앤드루는 렙과 함께 학교 건물에 기거하면서 학생들을 가르치는데, 야간반에 배넌도 상인들과 함께 출석한다.

반면에 렙은 장의사에 일자리를 구해, 노예의 기준으로는 상당히 많은 임금을 받지만 앤드루만큼 자유를 만끽하지 못한다. 그는 앤드루에게 이곳을 떠나자고 하소연하지만, 앤드루는 페기에게 매혹되어 떠나고 싶은 마음이 조금도 없다. 결국 렙은 도중에 붙잡히더라도 혼자 떠나기로 결심하고 앤드루에게 이런 말을 남긴다: "네가 쉬카고에 오면 유일한 흑인의 관 판매점을 찾아라. 앤드루, 그 주인이 나일 것이다"(134). 앤드루는 그가 떠난 지 12시간도 되지 않아 배넌이 북쪽으로 갔다는 말을 듣고 안절부절못한다. 배넌이 2주일이 지나도 돌아오지 않자, 그는 렙이 붙잡히면 윌리엄 해리스로서의 자기 삶도 끝장이 난다고 생각하니 몹시 불안할 뿐 아니라 그가 없어서 뼈저리게 외로움을 느낀다. 그는 이 불안감과 외로움을 극복하는 길을 페기와의 결혼에서 찾는다. 비록 그는 그녀의 요구에 응해 결혼하지만 그녀를 매우 높게 평가한다. 그가 보기에 그녀는 온화하고 솔직하며 개방적, 지적이며 정이 많아 상대방을 마음 편하게 해준다. 그가 결혼하면서 자아를 성찰하니 지금까지의 삶은 거짓말들로 가득한 미봉책의 삶이었고, 자아는 여러 기질과 성향의 혼성체였다. 하지만 그는 페기 아버지의 말대로 미래의 삶은 현재가 요구하는 책임과 의무를 다하려는 최선의 노력이라고 생각하고 스스로 자위한다. 그러면서도 그는 깊은 상념에 빠진다: "그(아버지)는 내 결혼을 어떻게 생각하실까? 내 아내를? […] 왜 너는 흑인여자와 결혼해서 그녀를 안아 올리려하지 않느냐? […] 그는 내가 자기를 배반했다고 주장하면서 나를 포기할 것이다. […] 나는 아버지를 사랑했다. 그는 나를 용서하지 않을까?"(142). 이때 페기는 "선과 미는 다른 사람을 위해 있다"(143)고 주장하면서 그를 상념에서 깨우친다. 그는 이 주장을 듣고 아버지, 가정교사 이지키얼, 쾌락주의자 플로우 해트필드, 살인마 배넌, 그리고 결코 돌아오지 않을 렙의 실존한계와 왜곡된 의식을 극복하고 충실한 가장이 되는 것이 자기책임과 의무임을 깨닫는다. 그는 자기가 충실한 가장이 되려는 헌신이 실존에서 "평온과 돈오를 목적으로 하는"[76] 이상이라고 명심한다.

어느 날 저녁에 그가 학교에서 귀가했더니, 아내가 불안감과 공포에 휩싸여 생기가 전혀 없다. 그녀는 겁에 질린 채 부엌으로 가서 그 무서운 인간, 배넌이 보낸 결혼선물상자를 그에게 내민다. 그가 상자를 여니 그 안에 렙의 코 반지가 들어있다. 아내는 "왜 그가 이것을 당신에게 보냈을까요?"라고 물으면서, 여기에는 어떤 저의가 있다고 단언한다. 그러면서 그녀는 그에게 따진다: "당신은 너무 야비하다! 당신이 뼈를 삼킨 것처럼 보이는데 내가 어떻게 당신에게 무슨 말을 할 수 있어요?"(149). 그는 아무 말도 하지 않고 렙의 코 반지를 들고 말을 몰아 스파튼버그로 가면서, 배넌이 렙의 마음을 사로잡아 그를 체포했다고 단정한다. 그는 이제 배넌이 자기를 추적하고 있다고 단정하고 절망감에 빠진다. 그러나 앤드루의 예상과는 반대로 렙의 코 반지는 파멸을 의미하지 않고, "자유의 상징, 즉 렙의 심리적, 지적 독립의 제유법이다. […] 반지는 연골과 금속, 유기와 무기물질, 주관과 객관, 내부와 외부, 그리고 개인과 사회의 연금술적 변화과정을 상징한다. [···] 그(앤드루)는 역사 의식이 없기 때문에 반지의 비유적 복잡성을 알지 못한다."[77] 이런 여건에서 앤드루가 할 수 있는 유일한 선택은 배넌에게 도전하여 자기와 주위사람들에게 편안하고 안정된 삶을 보장하려는 의무와 책임이다. 그가 이런 마음가짐을 다지고 있을 때 흑인노예경매가 있다는 말을 듣고, 경매장에 갔다가 렙 대신에 민티를 만난다.

앤드루가 아직 자유인이 아니고 결혼한 신분으로 부인과 과거의 연인을 상대하면서, 어느 쪽에도 마음의 상처를 주지 않으려면 자신에게 정직하고 매사에 공평무사해야한다. 그가 스스로 정직하고 공평무사하려면 자아의 본질을 파악해야한다. 그런데 그가 인지한 바에 의하면 노예로 실존하면서 형성된 자아는 "체험의 산물로 체험보다 먼저 존재할 수 없다. ··· 나의 자아는 모든 용도로 모든 사물과 뒤섞인 가운데서 사색되거나 느껴질 수 있는 해독하기 어려운 형상이다." 그래서 노예이야기의 "주인공은 ··· 언제나 자기는 없고 다른 사람과 대상들 안에 있다"(152). 그러나 그는 지금 이런 피동적, 종속적 자아에서 해방되어 독자적, 주체적으로 존립하려고 혼신의 힘을 쏟는다. 그래서 그는 자신의 현재 자아는 "포함되기를 거부하면서 모든 것을 함축하는 살아있는 용기"(153)라고 역설한다. 이렇게 그는 노예적 자아를 초월한 진실성, 솔직성, 그리고 순수성으로 진퇴양난에 처한 두 여인 문제를 해결하려고 작심한다. 그는 이 위기를 극복하고 난제를 해결하려면 자기체면과 감정을 버리고 페기와 민티의 간절한 소망실현을 최우선으로 생각한다. 먼저 그는 노예경매장에서 민티의 몸값 200달러의 계약금으로 20달러를 지불하고, 한 달 안에 잔액을 완불하기로 약속하고 그녀를 산다. 그는 그녀를 말에 태우고 가다가 함께 내려 걸어가면서, 자기가 앤드루라고 실토하고 아버지와 계모는 어떻게 되었느냐고 묻는다. 그리고 그는 그녀에게 몇 년 전에 약속했던 대로 자유를 찾아주기 위해 그녀를 샀지만 아직 돈 문제가 해결되지 않았다고 솔직하게 말한다. 그는 자유농장을 탈출하여 이곳에서 백인행세를 하면서 결혼했는데, 부인이나 의사 장인이 돈 문제를 해결해주기를 기대한다고 부언한다. 민티는 의사라는 말이 나오자, 자기가 과도한 노동, 혹독한 구타, 그리고 성적 학대로 니코틴산 결핍증후군(pellagra)이 발병하여 굉장히 고통에 시달리고 있으므로 치료를 받고 싶다고 불쑥 하소연한다. 그는 집에 도착하자 민티에게 현관에서 기다리라고 말하고, 온 힘을 다해 침착하게 집안으로 들어간다.

"당신은 결혼선물 반지에 대해 배넌과 이야기를 해보았느냐?"(160)는 페기의 질문을 받고, 엉뚱하게도 그는 노예경매장에서 몇 년 전에 알았던 흑인 여자를 사서 집으로 데리고 왔으며, 한 달 안에 지불해야 할 돈이 걱정이고, 그녀는 병으로 시달리고 있으며, 문 밖에 있다고 대답한다. 그러자 그녀는 반문한다: "당신은 그녀가 아프다고 말했느냐? 그리고 당신이 그녀를 샀다고?" 결국 그는 그녀에게 자기가 흑인임을 밝히면서 애원한다: "나는 당신, 당신 아버지, 렙, 그리고 다시는 만나지 못할 내 아버지에게 은혜를 입은 것처럼 … 그녀에게도 은혜를 입었다. […] 우리는 비록 노예로 태어났지만 고귀한 존재이다. 내가 어떻게 해서라도 선조들 그리고 문 밖에 있는 여자에게 은혜를 갚을 수 없다면 나는 어떤 행복도 누릴 자격이 없다. 여기서 당신과도 혹은 어떤 곳에서라도." 그녀가 애원을 듣고, "윌리엄 … 그녀가 당신 애인이었느냐?"(161)고 단도직입적으로 묻자, 그는 그렇다고 대답한다. 마침내 페기는 "과거에 앤드루와 민티가 연애했던 사실과 그가 흑인이라는 사실을 수용하면서 '지금까지와는 전혀 상이한 자비로운 인간의 화신'"[78]으로 변신한다. 그녀는 아버지에게 말해서 돈 문제를 해결하겠다고 약속한다. 그러고 그녀는 임신했다고 실토하고 그의 생각을 묻는다. 그러자 그는 그녀와 자기는 축복받을 것이라고 고함지른다. 그녀는 미소를 머금고 그에게 다가가서 입을 맞추더니, "우리는 항시 함께 있을 것이다"(162)며 행복감에 들뜬다. 이처럼 페기와 앤드루는 "인종적 차별보다도 그들의 결합으로 귀결되는 인식변화를 실감한다."[79]

이제 페기는 앤드루를 신뢰해서 상호의존할 수 있으므로 민티의 건강과 장래에 깊은 관심을 갖는다. 그들은 민티가 지병이 악화되어 호흡하기조차도 힘들어하자 교대로 그녀를 헌신적으로 간병한다. 또 그들은 민티가 흑인에게도 자유를 보장하고 있는 지역에 가서 살 수 있을 거라고 믿는다. 언더클립이 지방왕진에서 돌아와 앤드루에게 묻는다: "윌리엄, 페기가 이미 흑인여자에 대해 말했다. 너는 내가 그녀의 자유를 위해 몸값을 지불해주기를 원한다고?" 이에 앤드루가 "장인연감, 저는 언제나 신세만 집니다"(165)고 대답하자, 그는 약간 못마땅해한다. 의사가 민티 방으로 들어가서 조금 있으니 그녀가 비명을 지른다. 두 사람이 너무 놀라 가슴 조이고 있는 와중에, 페기는 앤드루에게 보스턴에 계신 오울리비어(Olivia)아주머니에게 민티가 직장을 구하고 자유스런 여인이 되어 살 수 있도록 도와달라고 부탁하는 편지를 쓰겠다고 약속한다. 그는 그녀의 이런 고귀한 마음에 감동되어 그녀를 안아 올린다. 잠시 후에 의사가 밖으로 나오더니 민티의 병이 너무 오랫동안 방치되어 악화되었기 때문에 최선을 다했으나 희망이 없다고 한탄한다. 앤드루가 방안으로 들어가니 그녀는 그의 얼굴을 응시하면서 그에게 "너는 나를 사랑한다고 말해 달라"고 요구한다. 그가 사랑한다고 대답하자, 그녀는 "매우 많이"라고 묻는다. 그의 "무척 많이"(167)라는 대답을 들으면서 그녀는 눈을 감는다. 그녀가 자유인이 되어 머리를 감고 있다는 환상에 그가 빠져있을 때, 그의 어깨 위로 웬 손가락들이 넘어와서 민티의 눈을 감긴다. 그는 손가락들의 주인공이 언더클릎이라고 생각하면서도, 아버지나 렙의 손으로 느낀다. 그는 그 손의 도움으로 일어섰다. 장인도 페기도 출입구에서 움직이지 않는다. 그때 배넌이 불쑥 나타나서 "앤드루, 우리는 할 일이 있다"(168)고 말하면서 그를 데려간다.

배넌은 페기의 항의도 앤드루의 반항도 아랑곳하지 않고 그를 마차에 태운다. 앤드루는 갑자기 자기어깨 위에 놓인 그의 손의 혈관에서 그가 지금까지 살해한 무수한 흑인노예들의 심장박동을 느낀다. 이때 배넌이 "앤드루, 목화농장에서 시작하여 오랫동안 너를 추적해왔다"(170)고 푸념하는 말을 내뱉는다. 잠시 후에 그의 마차는 길을 벗어나서 자갈밭을 덜거덕거리며 지나 들판으로 간다. 앤드루는 "예고된 죽음이 해방을 찬가하는 시보다도 더 감미롭다"(173)고 생각하니, 밤의 들판이 지금까지 본 적이 없었던 풍경으로 끝이 없어 보인다. 그는 본의 아니게 눈물을 흘리는데, 이 눈물은 그가 다시 노예로 되돌아가기 때문에 나오는 것이 아니고, 노예근성을 탈피하지 못해 여전히 아버지의 유산인 "구별하기"를 극복하지 못한 데서 솟아나온다. 그는 편견과 인습에서 해방되려고 최선을 다했지만 그 성과가 미흡함이 굉장히 아쉽다. 이때 갑자기 배넌이 "나는 모든 것을 부정하지도 않지만 아무것도 인정하지도 않는다"고 공언한다. 그러더니 그는 렙이 자기를 획기적으로 변신시켰다고 실토한다: "당신 친구(렙)는 아무것도 원하지 않았다. 그런 흑인을 어떻게 잡느냐? 그는 체포될 수 없고 이미 자유인이다. […] 그는 거주지도 영원한 거처도 가지지 않았다. 그는 선도 악도 개의치 않았다. […] 내 말의 요지는 노예 잡는 사람이 의존해야할 것이 없으니 … 나는 더 이상 흑인이 될 수 없다"(173-744). 이렇게 그는 자아를 노출하지 않는 렙을 붙잡을 수 없으므로 자기는 더 이상 흑인노예를 체포하는 사람이 아니라고 선언한다. 앤드루는 드디어 자유인이 된다. 그는 "배넌과의 끈질긴 투쟁 끝에 그리고 렙의 배넌에게 행사한 영향력 때문에 결국 자유를 향유한다."[80] 무엇보다도 배넌의 이런 예상 밖의 변신으로 인한 앤드루의 해방은 하나의 극적 전환이며, 이로 인해 앤드루의 의식과 인생관도 획기적으로 바뀐다.

이렇게 앤드루가 자유인이 되어 배넌에게 아버지에 대해 묻자, 그는 목화농장에서 죠지 호킨즈가 선동한 흑인폭동이 일어났을 때 그를 사살했다고 대답한다. 앤드루는 자기를 괴롭히고 구속했던 아버지에 대한 불신에서 또 한편으로는 배신의 죄책감과 양심의 가책에서 일어나는 번뇌를 끊으려고 그에게 묻는다: "그는 나에 대해 언급했느냐? 내가 반드시 알아야할 핵심은 그는 내가 자기를 경멸한다고 생각하면서 눈을 감았느냐, 아니면 나를 증오하면서 눈을 감았느냐?"(175). 그는 대답 대신에 죠지는 여기에 있다고 말하면서 자기가슴에 새겨진 문신을 내보인다. 그의 피부 표면에는 그가 살해했던 흑인들의 형상이 소인국(Lilliput) 사람들처럼 움직이고 있다. 앤드루는 문신을 응시하면서 배넌에 의해 살해당한 흑인노예들의 특징을 알아보기 위해 아버지와 렙을 비교해본다. 그는 이 비교로 강한 자기주장과 욕망의 유무에 따라 그들의 생사가 좌우되었음을 인지한다. 그는 생과 사의 갈림길에서 이렇게 각각의 자아의 성격이 결정적인 역할을 함을 깨닫고 자아를 초월하려고 결심한다. 그가 자아를 초월하려고 최선을 다하는 순간에 깨달은 바에 의하면, "하나와 다수의 불가사의한 신비는 나에게 몇 번이고 내 아버지와 그의 사랑을 돌려주었고, [그 사랑은] 구더기부터 거대한 나무에 이르는 만물에 넘쳤다. 왜냐하면 만물이 또한 내 아버지였기 때문이다. 나는 배넌[의 문신]에서 보았던 마지막 얼굴로 인해 눈물을 흘렸는데 [그것은 바로] 나 자신의 얼굴이었다. 아버지가 사냥 초기에는 내 신체의 일부와 꼭 닮았기 때문이다. 나는 내 아버지의 아버지이고, 아버지는 내 아이였다"(176). 앤드루는 이렇게 얻은 돈오로 자기중심의 심리적, 정신적 굴레로부터 해방되어[81] 진정한 자유를 구가한다. 더욱이 그의 자유열망은 자신만의 노예로부터의 해방이 아니라 "자기가족을 자유인으로 만들고 싶은 소망 그리고 더 널리 공동체자유의 상상력에 정비례하여 용솟음친다."[82] 그러므로 앤드루는 *심우도*의 실현에 정진하고 있는 우리의 실존귀감이다. 죤선은 “미국흑인소설의 논쟁적이고 관념적인 관심사나 정치적 실리의 요구에 민감하게 반응하기보다는 예술적 다양성과 모험적인 실험정신에 기초한 심미적 이상을 추구”[83]함으로써, 앤드루를 창조하여 미국 흑인소설의 새로운 지평을 열었다는 큰 찬사를 받아야한다.

찰즈 리쳐드 죤선은 세 번째 소설, *중앙항로*(*Middle Passage*, 1990)로 1990년에 최우수미국소설상을 수상하는 쾌거를 이루었다. 그는 1953년에 랠프 엘러선이 *보이지 않는 인간*으로 이 상을 받은 지 38년 만에 수상대에 오름으로써 흑인남자소설가로서 탁월한 역량을 과시했다. 이 과시는 그가 흑인노예에서 신체적, 법적으로 자유인이 되었지만, 무지와 이기심으로 자유를 모르고 자기 마음대로 방종한 생활을 즐기려고 날뛰다가, 드디어 자유는 자기를 알고 다른 사람을 존중하고 사랑해야한다는 깨달음을 얻는 소설의 화자 겸 주인공, 러더퍼드 캘훈(Rutherford Calhoun)의 창조에서 드러났다. 그가 흑인노예로부터 해방되었을 때, 가장 중요한 사실 – “자기를 자유롭게 하는 것 그리고 이렇게 자유로워진 자아의 소유권을 주장하는 것은 전혀 별개의 문제였다”[84] –을 이해하지 못했다. 그는 타의에 의해 자유인이 되었으므로 자유인의 생활철학을 몰랐다. 게다가 그는 자신과 다른 사람들의 실존에 변화의 활력과 생동감을 불러일으킬 수 있는 자유의 정의 – “자유는 가능성이다”[85] –와 가능성은 의식개혁과 확장으로 실현될 수 있음을 인지하지 못했다. 더욱이 그는 “자유의 목적은 다른 사람들을 위해 자유를 신장하려는 의지와 실천이다”[86]는 진리를 깨닫지 못했다. 따라서 이 소설은 러더퍼드가 심리적, 성적, 정신적 자유를 찾는 과정, 즉 자기무지와 허위의식을 극복하고 자아를 초월하여 돈오의 경지에 이르는 과정의 이야기이다. 이 이야기는 그가 1830년 6월 14일부터 8월 20일까지 쓴 9편의 일기로 구성되어 있다.

그의 주인이었던 펠렉 챈들러(Peleg Chandler)목사가 영면하면서 그를 노예로부터 해방시키면서, 그가 흑인성직자로 사회에 봉사하기를 바란다. 그러나 그는 성직에는 전혀 관심이 없고, 목사의 재산분배문제로 여덟 살 연상의 형, 잭선(Jackson)과 언쟁을 벌인 뒤에 어른들의 따뜻한 보살핌과 사랑을 받지 못해 극심한 소외감과 욕구불만의 실존터전이었던 일리노이(Illinois)주의 마칸다(Makanda)를 떠나 뉴 올리언즈로 이주한다. 그는 스물두 살에 목화를 따던 궁핍한 농장을 탈출하여 향락의 도시에 와서 좀도둑질로 연명하면서도 마음껏 도박, 음주, 그리고 여색에 탐닉하는 방종생활을 자유로 착각하고 즐긴다. 또 그는 부두에서 배를 타고 미지의 세계로 돌아다니는 선원들을 부러워한다. 이때 그는 보스턴출신의 여교사, 이조더러 베일리(Isadora Bailey)를 좋아하면서도 그녀의 청혼을 끈질기게 거절한다. 그는 그녀의 재기발랄, 지성, 그리고 순수한 영혼에 감탄하면서도 사랑은 구속이라는 허위의식 때문에 자기를 헌신적으로 사랑하는 그녀를 삶의 동반자로 수용하려하지 않는다. 특히 그는 사랑은 현명한 남자의 기피대상이라고 착각한다. 그렇지만 그녀는 그가 도박 빚 때문에 채권자들로부터 협박당하고 있음을 인지하고, 그의 채권자이고 암흑가의 흑인두목, 파퍼 제링(Papa Zeringue)을 찾아간다. 그녀는 두목이 빚 문제로 러더퍼드를 강요하여 그와 자기와의 결혼을 성사시켜주면, 자기가 그의 부채를 청산하겠다고 약속한다. 따라서 두 사람은 결혼식 날짜를 잡는다. 러더퍼드는 임박한 결혼식의 압박감을 잊으려고 술집에 가서 우연히 *공화국호*(*Republic*)의 주방장, 죠우시어 스큅(Josiah Squibb) 앞에 자리를 잡는다. 주방장이 그가 만취하려고 술을 많이 마시는 것을 보고 무슨 문제가 있느냐고 그에게 묻는다. 그가 내일 오전에 마음이 내키지 않는 결혼식을 치러야한다고 대답하자, 주방장은 그에게 술을 한 잔 사면서 자기는 상면하고 싶지 않는 부인을 피하려고 배를 타고 바다로 나간다고 자랑한다. 그러면서 주방장은 내일 출항하는 *공화국호*는 기니(Guinea)해안에 있는 방갈랑(Bangalang)항구에 가서 노예들과 화물을 싣고 3개월 후에 돌아온다고 부언한다. 주방장은 술집 창문을 통해 부두에 정박해 있는 *공화국호*를 그에게 가리킨다. 그는 내일 있을 결혼식이 갑자기 떠오르자 새벽에 부두로 와서 *공화국호* 갑판으로 올라간다. 그는 *공화국호*가 "배가 아니고 일종의 환상적이고 떠돌아다니는 영구차, 즉 구세계에서 신세계로 흑인들을 기십 번 운반했다는 기억으로 목재들이 신음하는 나무 무덤에 승선했다"[87]는 이상한 감정에 휩싸인다. 그는 배가 큰 파도에 부딪쳐 좌우로 심하게 흔들리자 물고기처럼, 아니면 무거운 돌처럼 바다 속으로 깊숙하게 빠지더니 깊은 잠에 빠진다. 이렇게 그가 자기를 망각하는 깊은 잠이 첫 일기의 끝이다.

러더퍼드는 자기도 모르게 빠진 깊은 잠, 즉 자기무지와 이기심의 늪에서 깨어나서 구사일생과 깨달음으로 귀결되는 새로운 세계와 직면한다. 이 직면이 그가 "자유와 자아를 탐구하는 단초"[88]가 된다. 그는 방수포가 제자리로 올라가면서, 일등항해사 피터 크링걸(Peter Cringle)과 다섯 명의 선원들에게 발각된다. 선원들이 크링걸에게 몰래 승선한 흑인을 바다 속으로 던져 수장시키자고 건의하지만, 매우 준수하고 용모가 단정한 신사 크링걸이 그의 위기를 모면해준다. 크링걸이 승선한 이유를 묻자, 그는 여자, 채권자들, 그리고 감옥을 피하려고 승선했다고 고백한다. 일등항해사는 고백을 듣고 웃으면서 반응한다: "선원들 중 절반은 도피자들이고, 나머지 절반은 삶의 실패자들이다. 그러나 나는 너에게 확실하게 말한다: 감옥이 더 좋은 곳이다. 승선은 익사할 위험에 처해 있는 감옥이다." 이 반응을 듣고 러더퍼드가 "자기는 육지로 돌아갈 수 없다"고 하소연하자, 크링걸도 "우리 중 누구도 귀환할 수 없다"(25)고 대꾸하면서 그를 승선시키기 위해 선장실로 데리고 간다. 크링걸은 별로 좋아하지도 신뢰하지도 않는 난쟁이 선장, 에버니저 폴컨(Ebenezer Falcon)에게 몰래 승선한 러더퍼드를 갑판에서 발견했으며, 스큅의 친구라고 소개한다. 선장은 흑인을 증오하여 흑인종교를 부정할 뿐 아니라 전 세계를 미국화해야 한다고 주장하는 미국우월주의자이다. 러더퍼드는 이런 선장에게 인종차별이 심해 흑인이라 직장을 구할 수 없으므로 배에서 일하고 싶다고 하소연하면서, 자기를 만신창이었던 삶에서 해방시켜달라고 애원한다. 선장은 그의 감정을 전혀 고려하지 않고, 이번 항해로 방갈랑에서 40명의 알무제리(Allmuseri)족 흑인, 동물가죽들, 최고급 상아, 금, 그리고 거세한 수소들을 싣고 와서, 고위 선원들과 이익금을 나눈 다음 은퇴한다고 자랑한다. 그러더니 선장은 그를 일단 무보수조건으로 고용하여 스큅의 주방으로 보내면서, 열심히 일하면 뉴 올리언즈에 돌아가서 노동대가를 지불하겠다고 약속한다.

그는 선장실에서 나와 크링걸을 따라 물에 잠긴 배 밑바닥까지 내려간다. 그는 부식되어가는 목재들이 내뿜는 악취에다 오랫동안 공기 중에 떠돈 소변냄새에 질겁한다. 크링걸은 그에게 악취를 풍기는 젖은 부분이 최하갑판이고, 25cm두께의 판자가 우리 신발과 바다 속을 갈라놓고 있다고 말한다. 그는 계속해서 부언한다: "한 달 후면 배의 이 부분이 썩기 때문에 우리가 입항할 수 있기 전에 방갈랑의 기술자들이 우리가 썩은 부분을 수리하게 도와준다"(35). 그는 자기무지에서 벗어나 *공화국호*가 실제로 불안정하며, 항해 중에 파손되고 있으므로 항시 수리해야한다는 사실을 깨닫는다. 그의 이런 깨달음에도 불구하고 크링걸은 실존에 으레 있는 변화의 불가피성과 중요성을 강조할 목적으로 그에게 경고한다: "*공화국호*는 뉴 올리언즈를 출항했을 때와 똑같은 배가 아니다. *공화국호*는 대서양이라는 거대한 바다를 항해하면 배의 특성 때문에 원형을 유지하지 못한다. […] 선원의 첫 임무는 어떤 희생을 치르더라도 배가 침몰하지 않도록 혼신의 노력을 다함이다"(36). 그는 경고를 듣고 크링걸의 언행에 더욱 지대한 관심을 갖는다. 그러므로 그가 갑판에서 바람과 싸우면서 어렵게 들은 크링걸의 말에 의하면, 알무제리부족은 "마술사들이다. 그들은 남자, 여자, 그리고 어린이가 하나로 합쳐진 종족으로 악마를 숭배하고 마법을 거는 명수들이다"(43). 이 말이 두 번째 일기의 끝이며, *공화국호*의 선원들이 직면할 비극을 예시한다.

러더퍼드는 41일 만에 방갈랑에 입항하여 땅을 밟는다. 그는 정박 중인 선상에서 회색의 어둠 속에 하늘과 바다가 완전히 하나로 융합되었음을 목격한다. 또 그는 짙은 안개로 수평선을 볼 수 없을 때, 좌우와 상하의 방향감각을 상실하여 자기가 함정에 빠져 있다는 현기증을 느낀다. 그는 이렇게 실감한 자연의 변화 뿐 아니라 마음의 변화에 놀란다. 그는 어려운 여건에 처할 때는 전형적인 흑인의 검정피부를 가졌다고 청혼을 거부했던 이저도러를 생각하고 그리워한다. 게다가 그는 크링걸이 노예무역을 혐오하여 무역상의 호의를 거절함을 보고 놀란다. 더욱이 그는 크링걸이 선장과는 달리 선원들과 동고동락하려는 마음가짐에 감탄한다. 그가 보기에 크링걸은 자기욕심, 과시, 명예, 이익추구, 그리고 안위에는 별로 관심이 없는 것 같다.

그는 어느 날 밤에 선장실에 몰래 들어가서 폴컨의 일기와 서류들을 읽는다. 그가 확인한 바에 의하면, 선장은 목사와 교양 있는 여자의 외아들이다. 그의 어머니는 목사와 수준 높은 대화를 나눌 수 없으므로 아들에게 온갖 애정을 쏟으면서 그를 가르쳤다. 불행하게도 그가 열다섯 살 때 어머니가 작고하자, 가출하여 선실종업원으로 일했다. 그 후 그는 여러 가명을 쓰면서 많은 범죄행위를 감행했다. 그러다가 그는 노예무역이 불법으로 금지되자, 암거래 시장에 뛰어들어 노예무역을 잠행하면서 경제적 이익을 극대화하기 위해 온갖 수단과 방법을 총동원했다. 그는 위험세계에서 살아남는 귀재였으므로 단신인 자기를 보호하기 위해 신발 앞에 누구도 간파할 수 없는 날카로운 쇠붙이를 장착했다. 요컨대 그는 "강한 사랑, 열정, 그리고 증오심이 과격한 괴물,

즉 변덕스럽고 상식에 벗어난 모순된 행위의 화신이었다"(49). 아울러 그는 위험세계에서 살아남는 귀재로서 완벽주의자이므로 언제나 외롭고 자학하면서 자신의 초인적인 기준에 미달하는 사람들을 경멸했다. 그래서 그는 선원들을 불신했을 뿐 아니라 박대했다. 러더퍼드는 이런 자료를 읽는데 열중하여 선장이 들어오는 것을 몰랐다. 그는 선장이 갑자기 무엇을 훔치려고 하느냐, 아니면 자기를 암살하려고 하느냐고 호통치자, 엉겁결에 호롱 등을 찾고 있다고 둘러댄다. 선장이 촛불을 켜고 차 주전자와 찻잔을 가져오라고 명령하자, 그가 이에 복종한 후에 물러가겠다고 말하자, 선장은 그에게 갑자기 권총을 가지고 있느냐고 묻는다. 그가 없다고 실토하자, 선장은 소지하고 있는 권총들 중에서 하나를 그에게 주면서 선원들의 동향을 매주 보고해달라고 부탁한다. 그는 선장이 자기에게 밀고자가 되어달라는 말을 듣고 질겁한다. 그는 선장의 의도를 알 수 없어 불쾌하고 불안하여 잠을 잘 수 없다.

그가 크링걸에게 선장의 밀고요청을 받았다고 고백하자, 일등항해사는 즉각 반응한다: "러더퍼드, 그를 멀리하라. 그는 미친 사람이다 … 네가 살아서 뉴 올리언즈로 돌아가고 싶으면, 네 최선책은 그에게 접근하지 않는데 있다. […] 너는 나와 선장에게 반발하는 몇 명의 선원 편에 들겠느냐? […] 빨리 결단을 내려라. 폴컨에게도 지지자들이 있다. 우리는 출항하면 바로 반란을 일으킬 것이다"(62-63). 크링걸은 선장을 상대하여 싸우려고 자기지지자들을 규합하지만, 본질적으로 분열을 혐오한다. 그래서 그는 만물의 조화를 신봉하는 철학을 주창한다: "어디서나 존재의 전체성을 체험하지 못함은 알무제리부족이 상상하는 지옥이다"(65). 그는 스스로 우리가 지옥에서 살고 있다고 개탄하면서 이를 극복하려는 이상주의자이다. 요컨대 그는 생과 사를 구별하지 않으므로 배에서 사고사를 당한 하급선원의 시신을 자기침대로 옮겨, 항해가 끝날 때까지 거기에 모시려한다. 그의 이런 숭고한 행위가 세 번째 일기의 끝이다.

*공화국호*가 방갈랑을 출항하여 대서양에 진입하자, 선장은 알무제리부족을 뉴 올리언즈로 무사히 데려갈 대책을 세운다. 알무제리부족은 매우 부지런하고, 고기를 먹지 않으며, 소유욕이 강하지 않고, 서로 싸우지도 훔치지도 않고, 병이 들면 다른 사람들에게 해를 끼쳤기 때문이라고 생각하고 스스로 치료한다. 따라서 그들은 주인에게 큰 부담을 주지 않으므로 몸값이 다른 흑

인들보다 배나 비싸다. 선장의 대책은 흑인 10명 당 한 명의 통솔자를 선정하여, 그에게 10명 흑인의 감독과 통제권한을 부여하려는 계획이다. 게다가 선장은 그에게 제한적이지만 배에서 자유스럽게 돌아다니는 기회와 좋은 음식을 제공한다. 선장은 "반항하는 흑인을 통제하는 최선의 방법은 그에게 책임을 일임하는데 있다"(74)고 확신하기 때문이다. 엥고냐마(Ngonyama)는 통솔자로 선정되자 선원들 중 유일한 흑인, 러더퍼드와 친해진다. 러더퍼드가 침착하고 재치 있고 신비스러우며 호기심이 강한 그에게 영어와 조타술을 가르쳐주자, 그는 답례로 자기부족의 언어를 설명한다. 그의 설명에 의하면, "'침대'는 '쉬는 곳'으로, '의복'은 '따뜻함'으로 통용되었다. […] 엥고냐마가 자기부족들과 이야기할 때 그가 지시하는 대상들과 다른 사물들은 마치 물처럼 흐르면서 다른 모습을 드러내는데, 바다가 어느 때는 유동적이다가 어느 순간 단단한 얼음으로 변하더니 바로 뒤 돛대에서 소용돌이치는 수증기로 바뀌었다. […] 그들의 문어는 상형문자였다. 상형문자는 분석작업을 하는 데는 유용한 언어가 아니었다 … 알무제리부족은 경험과학에는 관심이 없었다"(77-78). 선장은 그들을 야만인이라고 매도하면서 오로지 상품으로 간주하지만, 러더퍼드는 그들의 언어를 수용하려고 전념한다. 그는 이 언어에서 실존에 필수적인 유동성, 임기응변, 그리고 유연성을 발견했기 때문이다. 더욱이 그는 "알무제리부족의 전체성을 찬양하여 부족의 일원이 되고 싶어한다." 이처럼 그는 "이 부족으로부터 [사물을] 보는 새로운 방법을 배워"[89] 의식변화를 시도한다.

이때 그는 한 흑인여자와 그녀의 여덟 살 딸, 벌리커(Baleka)를 본다. 그가 벌리커에게 던져준 과자를 어머니가 먼저 맛을 보고 딸이 먹어도 되는가를 결정한다. 또 그녀는 딸을 살리려면 선원에게 매달려야함을 알고 흑인선원인 러더퍼드에게 의지하려고 안달한다. 그는 지금까지 한 번도 상상하지 못했던 어머니의 모성애에 깊은 감명을 받는다. 또 그는 벌리커가 자기를 믿고 계속 따라다니면서 붙잡고, 자기에게 의존하려는 행위에 놀란다. 그가 이렇게 조용하고 평온한 분위기에 취해 있는데, 갑자기 기절초풍할 천둥과 번개를 동반한 폭풍이 불기 시작하여 높은 파도가 배를 덮친다. 선장은 졸지에 무시무시하게 강력한 폭풍과 배를 삼킬 파도에 완전히 압도당해 선장실에서 버둥거리면서, 선원들에게 모든 장치를 점검하라고 고함지른다. 그러자 크링걸은 조타장치가 작동하지 않는다고, 또 다른 선원은 밧줄들이 엉클어져 있다고 응답한다. 위력적인 파도가 갑판에서 벌리커 어머니를 포함해서 알무제리부족의 여자와 어린이 절반, 선장의 다섯 마리 양과 많은 돼지들을 바다로 휩쓴 뒤에 폭풍이 멈춘다. 구사일생으로 살아남은 선원들은 상처투성이의 배를 정리하고 수선하는데 여념이 없다. 벌리커는 이런 와중에도 러더퍼드의 흠뻑 젖은 셔츠자락을 필사적으로 움켜잡고 있다. 그녀의 이런 행위는 그를 자기중심에서 벗어나 다른 사람에게 관심과 애정을 갖는 인간으로 변신시키는 계기가 된다.

벌리커는 잠들었고, 러더퍼드와 스컵이 무릎을 꿇고 바닥의 물기를 닦고 있을 때, 크링걸과 다른 선원들이 칼과 몽둥이로 무장하고 주방으로 들어온다. 선상반란을 모의하려고 모인 그들 중 한 선원이 러더퍼드에게 밖으로 나가라고 말하자, 크링걸이 "우리에게는 여기 있는 모든 사람이 필요하다"(86)고 주장하면서 그를 제지한다. 그러나 선원들은 러더퍼드가 가족도 사랑하는 여자도 없다는 그의 거짓말대답을 듣고, 그가 가정과 미래를 걱정하는 자기들만큼 반란의 절박함과 절실함을 느끼고 있을까를 회의하는 눈초리로 그를 주시한다. 이윽고 그들은 그를 첩자로 의심하는 기색이 역력하다. 그는 그들의 이런 회의와 의심을 해소시킬 언어와 방법을 찾을 수 없어, 침묵이 더욱 큰 죄임을 알면서도 부동의 자세로 서 있을 수밖에 없다. 이때 크링걸이 러더퍼드도 우리 편이라고 선원들을 설득하자, 드디어 그는 "내가 도울 수 있느냐?"(87)고 말문을 연다. 결국 러더퍼드와 선원들은 반란에 동참하기로 서로 굳게 맹세한다. 그러나 그들은 그를 믿을 수 없는 인간이라는 암시로 정의한다: "캘훈은 그가 언제나 그렇게 했던 것처럼 자기 길을 가면서 아무것도 믿지 않고, 누구에게도 소속되지 않고 여기저기를 떠돌아다니다가 이 세상에 아무 흔적도 남기지 않고 객사할 것이다"(88). 그들의 암시는 그가 그들을 배반하여 자기를 구속하는 무지와 이기심의 굴레에서 해방될 것임을 예시한다.

러더퍼드가 선장실로 저녁식사를 가지고 가자, 선장이 그에게 보고할 것이 없느냐고 묻는다. 그러자 그는 자기 간(肝)이 있음을 의식할 뿐 아니라 선원들이 자기를 미치광이로 간주할 거라고 알면서도 갑자기 돌변하여 반란모의를 소상하게 설명하고, 선원들의 각자의 역할, 심지어 자기가 맡은 임무까지 보고한다. 선장은 이 첩보를 듣고 자기는 쉽게 파멸되지 않는다고 그에게 호언한다. 선장은 인간은 자신의 신념에 따라 행동하는데, 자기는 이런 철학

— “사회적 분쟁과 전쟁은 인간의 정신구조이다”(50) —을 확신한다고 공언한다. 그는 더 부언한다: “주관과 객관, 이해하는 사람과 이해되는 대상, 자아와 타자 — 이 유구한 쌍둥이는 상선의 회전축처럼 영혼 속에 박혀 있다. 우리는 이 쌍둥이가 없으면 사고할 수 없다”(98). 요컨대 선장은 “대립, 이원론, 억압, 그리고 분쟁의 화신”[90]으로 항시 자기우위와 승리를 과신한다. 선장은 그가 반란 파를 떠나 자기지지로 돌아선 것을 확인하고 특급비밀을 누설하려고 그에게 앉으라고 권한다. 선장의 누설의도가 네 번째 일기의 끝이다. 러더퍼드는 이 누설을 듣고 마음의 동요가 일어나 획기적으로 변신한다.

선장은 그에게 아무도 모르게 알무제리부족의 신을 선적했다고 실토한다. 선장이 들은 바에 의하면, “신은 만물의 생명력이고, 결코 쉬지 않으면서 은하계를 움직이게 하고, 눈동자보다 작은 입자들이 중단 없이 회전하도록 유도하기 위해 … 우주에 활력을 불어넣는다. […] 신이 우주를 창조하고 파괴하는 작업을 계속하고 있다.” 또 선장은 자신의 신에 대한 견해를 밝힌다: “알무제리부족의 신은 전지전능하다. 우리가 의존하는 인지입장, 즉 인지자와 인지대상의 구별이 신에게는 없다. 너는 경험지식이 신에게는 없고 오직 인간에게만 있다고 주장할 수 있다. 경험지식은 우리의 영광이면서 비극, 즉 내가 얼마 전에 언급했던 정신의 이중구조의 기능이다”(100-02). 러더퍼드는 선장의 말과 견해를 듣고 주방으로 돌아와 스컵에게 자신의 불만스러웠던 과거 삶을 실토한다. 그가 세 살이었을 때 어머니가 영면하자, 아버지는 자신만의 개인적인 자유를 향유하기 위해 여덟 살 위인 형, 잭선에게 동생을 보살피라고 맡기고 도망갔다. 잭선은 이렇게 불행하고 어려운 여건에서도 동생을 보살폈을 뿐 아니라 모든 사람의 권익을 도모하려했다. 잭선은 농장주인, 챈들러목사가 사망하자 동생의 완강한 반대에도 불구하고 목사의 재산을 그 형성에 기여한 모든 사람에게 균등하게 분배했다. 러더퍼드는 형을 증오하면서 자기 몫 40달러를 챙겨 뉴 올리언즈로 거처를 옮겨 지내다가 사정이 여의치 않아 *공화국호*에 몰래 승선했다. 그는 형을 도저히 이해하지 못했을 뿐 아니라 증오했다. 그러나 지금 그는 형이 사심이 없는 사람이라고 존경한다. 그의 이런 변신은 알무제리부족의 신과 사람들의 이해 그리고 그들과의 상면에서 촉발된다. 따라서 그는 이제 자기가 과거에 이해하지 못했던 형의 언행을 수용할 수 있다. 형은 노예이면서도 “백인들이 사악하지 않다면, 그들이 그를 필요로 하면 자기가 거기 있다는 이유로 그들에게 봉사할 수 있다고 생각했으며, 어떤 경우에도 자기마음을 닫지 않았다"(113). 또 형은 노쇠하여 거동이 불편한 챈들러목사를 지극정성으로 간병하고 보살폈다. 그래서 목사는 러더퍼드에게 "네 형은 나에게 언제나 큰 영감이었다"(111)고 말했다. 그가 오해해서 미워했던 형의 현실긍정과 투철한 봉사정신을 수용하려하자, 스스로 무시하고 망각했던 목사의 교훈이 느닷없이 마음에 떠오른다. 그 교훈에 의하면, "사랑은 절대적이며 잘못을 저지르지 않는다. 모든 비행은 사랑의 결핍에서 야기된다. […] 부는 사람이 소유한 것이 아니고 인격이다"(118). 이처럼 러더퍼드는 알무제리부족의 신과 사람들의 생명력, 전체성, 그리고 유동성의 영향을 받아, 형의 긍정철학, 개혁의지, 그리고 봉사정신을 이해하고 수용하여 자기무지와 이기심으로 경색되었던 자아유폐에서 해방된다.

이렇게 그는 자아유폐에서 해방된 뒤에 갑판에서 아침의 안개 속에서도 방갈랑 쪽을 응시하고 있는 엥고냐마를 만난다. 그는 갑자기 엥고냐마에게 "만약 당신이 이 배의 선장이 된다면 무엇을 하고 싶냐?"고 묻는다. 그는 상대방이 어리둥절하여 뜻을 간파하지 못하자, 더 구체적으로 "만약 당신 종족이 배를 조타하여 항해한다면" 선원들을 어떻게 할 것이냐고 질문한다. 엥고냐마는 서슴없이 고향으로 돌아갈 것이고, 거기서 배를 선원들에게 돌려줄 것이라고 대답한다. 그러면서도 앵고냐마는 "분노는 칼의 날과 같아서 상처 없이 오랫동안 폭발하지 않기는 매우 어렵다"(119)고 부언한다. 그는 부언을 듣고 자기가 선장실에서 훔친 열쇠뭉치를 엥고냐마에게 건넨다. 알무제리부족의 족쇄를 풀 열쇠양도가 다섯 번째 일기의 끝이다. 러더퍼드는 부족의 해방과 무사귀환을 기원한다.

그러나 그가 엥고냐마에게 건네준 열쇠는 맞지 않아 무용지물이 되었다. 그는 얼마 후에 엥고냐마의 언제나 한결같은 안정된 표정이 사라졌음을 간파한다. 그는 알무제리부족의 실존과 문화는 언제나 "과정이고 헤러클리티언(Heraclitean) 변화이며 … 고정적이지 않고 유동적이"라고 믿었다. 그런데 지금 그의 직감에 의하면, "엥고냐마를 포함한 모든 흑인은 더 이상 제정신이 아니다"(124). 그들은 선장의 정신적, 육체적 탄압에 반항하여 자유를 쟁취하고 싶어한다. 그러므로 엥고냐마는 러더퍼드에게 쓸모없는 열쇠를 반환하면서, 다른 열쇠가 필요하다고 암시한다. 이 암시는 그에게 명령한다: "빨리 가라! 네가 20분 안에 열쇠를 가져와야 우리는 그걸 갖고 배 밑 선실로 내려간다. 신속히 행동하라"(125). 그는 명령에 따라 선장실로 들어갔더니, 방안이 매우 어지럽다. 그는 갑자기 자기가 감금당해 있다는 착각으로 숨도 쉴 수 없는데다, 자기 홀로 딴 나라에 있어 어디에도 소속될 수 없다는 극도의 절망감에 빠진다. 그는 이런 절망상태에서 생명력으로 싹트는 마음의 평정을 느낀다. 그는 평정 상태에서 자신의 과거실수, 비행, 그리고 허욕을 회개하면서 하염없이 눈물을 흘린다. 그는 참회로 자기가 지금 살아있는지, 아니면 죽었는지도 의식하지 못하면서 무지와 이기심의 화염에서 벗어나고 있음을 느낀다. 이때 그는 공포와 겁에 질린 선장으로부터 듣는다: "캘훈, 그들(흑인들)이 대포를 발포했다. 그들이 우리에게 총을 난사했다. 너는 내 말을 들을 수 있느냐?"(128). 드디어 알무제리부족이 백인들을 무찌르고 선박을 장악했다는 사실을 인지한다.

그는 이런 와중에서도 벌리커와 스큅을 찾아야한다고 생각하고 주방으로 가다가 엥고냐마를 만난다. 그는 "네가 살아있는 선원들의 생명을 보호해 달라고 간청하고 싶으면 지금이 적기"이니 갑판 밑 선실로 오라는 말을 듣는다. 그는 엥고냐마에게 "너는 오늘 아침 그들을 자유인으로 석방한다"고 약속하지 않았느냐고 따지자, 엥고냐마는 "러더퍼드, 그 결정은 나의 소관이 아니다"(131)고 강조한다. 그는 엥고냐마가 약속을 지킬 수 없을 정도로 사태가 급변했음을 직감하고 선실로 들어간다. 그는 혹독한 억압과 시련에서 갑자기 해방되어 난동을 부리는 흑인들이 뿜어내는 살기를 느낀다. 그들이 얼굴에서는 피가 흐르고 손이 밧줄로 묶인 크링걸을 처형하자는 결정을 내리려하자, 그는 강하게 호소한다: "당신들은 그를 필요로 한다. 당신들이 원하면 선장을 처형하라. 만약 당신들이 일등항해사를 살해하면 결코 육지에 상륙하지 못할 것이다. 당신들 중 누구도 영어지도를 읽을 수 없다"(134). 그의 호소에도 불구하고 한 흑인이 그에게 자귀를 쥐어주면서 크링걸의 머리를 치라고 명령한다. 그는 명령에 따라 크링걸에게 다가가서 자귀를 머리 위에 올렸다가 바닥으로 떨어뜨린다. 그는 다시 자귀를 들라는 명령을 받고 항변한다: "나는 못한다. 당신들은 그를 죽이고 나를 죽일 수 있다. 그러나 그와 나의 도움 없이는 당신들은 대서양 가운데서 떠돌아다닐 것이다"(136). 결국 그들은 크링걸이 자기들의 무사귀환에 도움을 줄 거라고 믿고 그의 결박을 풀어준다.

러더퍼드는 위기상황에서 크링걸에게 자기심정을 토로한다: "나는 우리 모두의 생명을 보존하려고 최선을 다할 뿐이다. […] 나의 소원은 오로지 귀향이다"(137). 이렇게 그는 생명의 안전을 가장 중요시한다. 크링걸은 그에게 자기생명의 은인이라고 감사의 뜻을 전한다. 두 사람은 서로 위기의 순간에 상대방의 생명의 은인이었음을 인정하고, 배 밑으로 내려가 작은 선실에서 벌리커와 스큅을 발견한다. 벌리커는 러더퍼드의 허리를 꼭 껴안으면서 반가움과 안도감을 표시한다. 크링걸은 스큅에게 여기 네 사람만 생존자이고, "우리를 흑인들로부터 보호해줄 사람은 … 캘훈이다"(138)고 말한다. 러더퍼드는 지금 자기 뿐 아니라 세 사람의 생명을 지켜야한다. 드디어 그는 자기책임을 완수하려는 인간으로 성숙한다.

크링걸도 배의 키를 잡고 자기 뿐 아니라 세 사람의 운명을 좌우할 항해사로서 그들에게 위로와 용기를 주려고 말한다: "나는 우리를 미국에 상륙시키려고 노력하고 있으니 나를 도와 달라, 우리는 낮에는 흑인들이 원하는 대로 애프리커 쪽으로 가다가, 그들이 잠자는 밤에는 미국 쪽으로 움직이고 있다. 우리는 흑인들이 낌새를 알기 전에 롱 아일런드(Long Island)에 정박할 것이다"(139). 그의 말에 반응하여 스큅은 가능하냐고 묻지만, 러더퍼드는 침묵한다. 반면에 흑인들은 살인행위를 참회하고 고향으로 돌아가기로 결정한다. 이 결정이 난 뒤에 엥고냐마가 세 사람에게 와서 강요한다: "당신들은 선장을 설득시켜 우리가 돌아갈 항로를 확정해야한다. […] 선장이 항로를 잡지 않는다면 당신들 모두 죽을 거라고 단언할 수 있소"(141). 그래서 러더퍼드가 선장실에 감금되어있는 폴컨을 면담하러 가는 것이 여섯 번째 일기의 끝이다.

러더퍼드가 포로가 된 채 두 발이 결박당한 초라한 모습의 선장을 연민의 정으로 바라보는 것은 하나의 큰 반어이다. 선장은 흑인들을 마음대로 통제할 수 있다는 자신감과 패기를 상실하고, "그들은 내가 예상한 것보다 훨씬 더 영리하다"고 그에게 실토한다. 또 선장은 자기가 꼼짝 못하는 포로임을 알고, 그에게 간곡히 부탁한다: "한 가지 변하지 않는 것은 내가 아직도 내 눈과 귀로 너를 필요로 한다는 사실이다. 내가 기록할 수 없으니 네가 항해일지를 써야한다. 내가 어떻게 되더라도 나는 다른 사람들이 이 항해에서 일어난 사건의 진실을 알기를 원한다. 너는 항해일지를 써줄 거지?"(146). 그는 글재주가 없다고 사양하지만 선장의 요구를 완강하게 거절할 수 없다. 결국 그는 승선한 후에 목격한 모든 사실을 자기위주로 기록하려고 결심한다. 그러고 나서 그는 선장에게 말한다: “흑인들이 배를 장악하고 있다. […] 그들은 우리가 방갈랑으로 가는 항로를 고정해주기를 원한다”(146). 선장은 그의 말을 경청한 후에 그들은 이 배를 자기들 마음대로 운항할 수 없다고 말한다. 이 배는 세 명의 뉴 올리언즈 지하경제의 폭력배 겸 범죄자의 재산이므로 선장과 선원들이 임의로 항로를 변경해서는 안 되기 때문이다. 이 배에 선적된 흑인들과 화물은 모두 그들의 소유이다. 선장은 그들의 임금을 받는 하수인으로 자기도 흑인들처럼 자유가 없다고 그에게 실토한다. 뜻밖에 선장은 이 자본가들의 신상이 잘 노출되지 않는데, 그들 중 한 명은 혼혈흑인이고 투기꾼, 파퍼 제링이라고 발설한다. 더구나 선장은 반란을 일으킨 알무제리부족은 제링의 소유라고 은밀히 암시한다. 러더퍼드는 이 암시를 듣고 굉장히 경악하여 반응한다: “갑자기 배가 실체가 없는 것처럼 느껴졌다. […] 내가 *공화국호*에서 일했던 몇 개월은 흔적도 없이 사라지는 것 같더니, 파퍼 제링의 … 연기 자욱한 식당으로 압송되었다. 내 앞에서 폴컨이 아닌 제링이 세계가 어떻게 돌아가는지 전혀 모르는 일리노이 촌뜨기를 비웃으면서, 나에게 자기가 뉴 올리언즈에 엮어 놓은 그물망에서 바다를 건너 애프리커의 오지로 도망갈 수 없다고 말한다. 그러나 나는 어떻게 그가 이런 비도덕적 행위를 할 수 있는가를 의아해한다. 노예들을 … 사고 판다. 이것은 가장 큰 배신이 아닌가?”(150). 그가 정신이 너무 어지러워 선장실에서 나가자, 선장은 자기머리에 권총을 쏘아 생을 마감한다.

러더퍼드는 조타실로 돌아와서 크링걸로부터 배를 해도에 따라 운항했지만, 우리는 지금 어디에 있는지 모르고 표류하고 있다는 말을 듣는다. 그가 별에 의존한 항해를 권유하자, 크링걸은 별의 위치도 알 수 없다고 절망적으로 울부짖는다. 설상가상으로 이런 위기상황에서 크링걸을 포함해서 탑승자들 대부분이 환자로 돌변한다. 러더퍼드는 환자들을 돌보려고 지금까지 자기만을 위해 존재하려했던 아집과 편견을 버리고 다른 사람을 배려하고 사랑하는 공존의식을 가장 중요시한다. 그래서 그는 “‘체험’은 ‘한 개인’의 전유물이 아니고 모든 사람이 생존하면서 성숙하는 계기를 마련해 주는 서로 연대하는 과정이다”[91]고 깨닫는다. 그는 이렇게 깨달은 후에 자아를 성찰한다: “나는 내 자신 안에서 러더퍼드 캘훈이라고 일컬을 수 있는 것은 아무것도 없고, 나와 접촉했던 사람들, 내가 보았던 모든 장소, 그리고 내가 머물렀던 모든 집의 무수한 조각들과 파편들만 발견했다. 나였다는 '나'는 많은 나라들의 쪽매붙임일 뿐 아니라 태고로부터 존재한 사람들과 사물들의 잡동사니였다. [···] 나는 그저 내 '체험'의 약탈품과 전리품이 통과한 도관이거나 창문이었다"(162-63). 이처럼 그는 지금까지 자아, 타인, 그리고 세계를 오로지 일방적, 편향적으로 인지했음을 깊이 반성하면서, 앞으로는 만물의 상호연대에 의존해 전체적으로 인식하려고 진력한다. 따라서 그는 무지와 이기심의 자아를 초월하여 다른 사람을 포용하고 그와 하나가 되는 인간으로 변신한다.

이렇게 변신한 후에 그는 어렸을 때부터 불신하고 증오했던 아버지를 포용하는 결정적인 계기를 갖는다. 그는 촛불을 들고 배 밑 화물칸으로 내려간다. 그는 통풍이 전혀 되지 않는 화물칸의 공기가 매우 탁해 가슴이 굉장히 답답하여 앉을 수 없어 눕는다. 그가 누워있는 근처의 상자에 눈 망막에 순간적으로 비치는 사람이 있다. 그의 용모는 정교하게 조각되어 있다. 그는 이 조각품이 "알무제리부족의 자기모습을 바꾸는 신"임을 직감한다. 그의 직감에 따르면, "사람들에게서 그들의 악몽을 제거하기를 좋아하는 신은 내가 지금까지 풀지 못한 분노와 저주의 한을 품고 있는 사람 – 나의 아버지, 도주한 하일리 캘훈의 모습으로 나에게 자기를 드러냈다"(167). 이 문장이 일곱 번째 일기의 끝이다. 이처럼 그는 "신이 아버지이고 자기가 신이 되어 하나로 재통합이 이뤄지는 순간"[92]에 저주했던 아버지를 포용하고 용서할 수 있다. 그는 이 순간에 느낀다: "신이 아버지 옷을 입고 있었다. [···] 나는 아무리 해도 파도와 바다를 구분할 수 없는 것처럼 도주한 아버지와 신을 따로따로 분리할 수 없다"(168-69). 그가 이런 분리가 불가능함을 인지하자, 아버지는 "더 이상 가정을 버린 악한이 아니다. 그의 삶의 이야기는 세상이야기의 바탕, 즉 '인간 삶을 말하는 무수한 세련되지 않는 목소리들' 중의 일부이다. 그가 아버지에 대한 생각을 이렇게 바꾸자, 아버지를 볼 수 없음에도 불구하고 아버지는 도처에 자기존재를 드러낸다. 그의 존재는 나 뿐 아니라 무수한 사람들의 영혼에 나타난다." 더욱이 아버지는 "잠시 신으로 사라진 다음에 바로 '우리'의 상호연대의 열린 통찰력으로 빛을 발한다. 러더퍼드는 개인 라일리 대신에 '파도들이 바로 물로 바뀌는 것처럼' 아버지 그리고 모든 사람과 신비적 통합을 상상하고"[93] 실현하려고 최선을 다한다. 그는 이런 결심을 하고 졸도한다.

그는 졸도하여 3일 동안 혼수상태에 빠졌다가 깨어나지만, 기력이 없어 몸을 마음대로 움직일 수 없으므로 선실에 누워만 있다. 그는 다리에서 시작된 마비가 점점 위로 올라와서 샅까지 왔음을 느낀다. 더욱이 그는 온 몸에 전율이 일어나고 있음을 알아차릴 때, 높은 파도가 선실 문을 벽 쪽으로 날려버린다. 그는 폭풍으로 숨을 쉬기가 힘들다. 이때 스큅이 그에게 일어날 수 있느냐고 묻고, 폭풍을 피해 대형 보우트로 옮겨가자고 그를 부축한다. 그들이 갑판에 나오자마자 지도자급 흑인이 대포를 잘못 만져 터진 폭발로 배가 풍비박산된다. 그는 배가 침몰하는 아비규환의 와중에서 스큅이 자기를 세 어린이를 태운 보우트 쪽으로 밀어 승선하도록 도와주어서 생명을 보전한다. 그런 다음에 그는 술회한다: "누가 살았는지 나는 말할 수 없었다. 내가 누워 있는 해먹(hammock)은 무거워졌고, 드디어 바닷물로 가득 채워지자 그 무게와 내 체중을 대서양의 흔들리는 담황색의 빛깔 속으로 빠뜨렸다"(184). 이 문장이 여덟 번째 일기의 끝이다. 그의 졸도와 바다에 빠짐은 망각으로 인한 과거 청산과 재생을 상징한다. 그는 무지와 이기심을 버리고 새로운 인간으로 다시 태어나서 "세례를 받는다."[94]

그와 스큅 그리고 세 어린이는 서인도제도에서 뉴 올리언즈로 돌아가는 유람선, *쥬노우호*(*Juno*)의 선원들에 의해 구조된다. 이 구조는 러더퍼드가 자유를 찾는 이야기에서 가장 중요한 역할을 한다. 그는 구조된 후에 자유는 타인과 세계와의 상호연대임을 배우고, 학행일치하는 삶을 살려고 결심하기 때문이다. 그가 자유를 찾는 이야기는 *공화국호*에 몰래 승선하면서 시작되어 *쥬노우호* 선원들에 의해 구조되어 항해일지를 다 쓰면서 끝난다. 그가 노예에서 해방되어 인식한 자유는 자기책임과 의무의 부정, 자신의 관능적 본능과 세속적 욕구충족, 그리고 이 충족을 위해 저지른 범죄와 사회로부터 도피였다. 그러나 그는 *공화국호*에서 체험했던 온갖 시련, 선상반란과 생사의 갈림길, 선원들의 죽음, 배의 침몰과 아비규환, 그리고 구사일생에서 받을 수밖에 없었던 엄청난 마음의 충격과 상처를 잊으려고, 그동안 터득한 지식, 철학, 그리고 깨달음을 바탕으로 항해일지를 쓴다. 그는 일지에서 "전부를 말로 표현함으로써 과거와 화해하는 방법"(190)을 찾는다. 더욱이 그는 자기심정을 밝힌다: "항해는 내 인생관과 세계관을 도저히 역전할 수 없게 변화시켰고, 나를 문화적 혼혈아로 탈바꿈시켰으며, 세계를 내가 소유하거나 지배하고 싶은 필요성을 느끼지 않는 무상한 그림자놀이로 변형시켰으므로, 나는 오로지 무진장한 현재를 있는 그대로 수용하려한다"(187). 이처럼 그는 항해하면서 만사를 상호연대의 시각에서 공평무사하게 수용하는 인간으로 성숙했다. 따라서 그는 이런 변신으로 말미암아 이저도러가 싫어 뉴 올리언즈를 떠났지만 이제는 그녀와 굳게 결합하여 하나가 되려고 결심한다. 이 하나됨이 그가 자유의 개념을 자기만족과 방종에서 자기와 상대방에 대한 배려와 책임으로 급변시킨 과정이다. 요컨대 이 과정이 그가 자유를 찾는 이야기의 요체이다.

그가 일지를 쓰려고 선실에만 있으니까 벌리커가 잘 걷지 못하는 그를 위해 지팡이를 가지고 와서 밖으로 나가자고 조르면서, 자기에게 좋은 옷과 신발을 준 사람이 제링이라고 말한다. 그는 제링이라는 이름을 듣는 순간 벌리커와 두 어린이가 노예로 그의 재산이 된다는 생각을 도저히 용납할 수 없다. 즉시 그는 그녀에게 자기를 제링이 있는 방으로 안내하라고 부탁한다. 그가 그녀를 따라 큰 돛대 뒤에 있는 넓은 식당으로 가자, 결혼행진곡이 들리고 성경이 놓인 임시연단에 선장이 주례로 서 있다. 그 아래에 신랑, 제링이 신부 입장을 기다리는 결혼예행연습을 하고 있다. 그는 입장하는 신부가 이저도러임을 확인하고 경악한다. 그는 그녀가 신랑 가까이 다가가자 도저히 참을 수 없어 방 안으로 돌진하여 두 사람을 갈라놓는다. 경호원이 그를 붙잡더니 바로 그가 뉴 올리언즈의 좀도둑이었음을 알아차린다. 제링이 이 사람이 누구냐고 묻자, 경호원은 이저도러가 찾고 기다렸던 일리노이 촌놈이라고 대답한다. 그러자 그녀가 러더퍼드냐고 확인한다. 그는 이저도러를 조용한 곳으로 데리고 간다. 그녀는 그에게 "러더퍼드, 당신은 지금까지 어디 있었느냐?"(194)고 울부짖는다. 그는 그녀가 뿌리치지 않기를 바라면서 그녀의 왼쪽 팔을 잡고 먼저 사과하고 자기심정을 밝힌다: "그녀(벌리커)는 항해 중에 고아가 된 어린이들 중 한 명이다. […] 벌리커가 내 눈에 보이지 않으면 나는 걱정한다. 그녀가 상처를 입으면 내가 다친 것처럼 마음이 아프다. 밤낮 나는 내가 눈을 감은 다음에도 모든 사람이 그녀를 도와주기를 기도한다." 이저도러는 그가 벌리커(다른 사람)를 극진히 사랑하는 마음을 알고 "러더퍼드, 당신은 정말 많이 변했다"고 칭찬하자, 그는 "그녀의 도움이 필요하다"고 고백한다. 그녀가 그에게 "청혼하는 거냐"고 묻자, 그는 "그렇다"(195)고 대답한다.

그러나 그녀는 그의 청혼을 받아들일 수 없다고 말한다. 그녀는 그에게 자기가 제링에게 대항할 수 없는 무능한 여자이기 때문이라고 자백한다. 그녀는 제링이 폭력배라 무서운데 자기를 위협하면 식사도 할 수 없었다고 실토한다. 그는 그녀가 자기청혼을 거부하지 못하게 하려고 그녀를 유람선에 강제로 승선시켰다. 이런 상황에서 그녀는 러더퍼드에게 자기가 제링으로부터 도망칠 도리가 없다고 탄식한다. 러더퍼드는 이렇게 절망에 빠진 그녀에게 방에 가서 기다리라고 말하고, 폴컨선장의 항해일지를 들고 제링을 찾아간다. 러더퍼드는 일지를 증거로 그가 불법노예무역의 주모자라고 질책하면서, 사실을 세상에 알리겠다고 그를 협박한다. 러더퍼드는 이 협박으로써 제링이 이저도러와 자기를 내버려두게 한다. 그는 승리의 쾌재를 부르면서 식당에 있는 장미꽃다발을 들고 이저도러 방으로 간다. 그녀는 그가 무사히 돌아와서 앞으로 제링의 청혼은 없을 거라는 말을 듣고 무척 기뻐한다. 그녀는 극도로 흥분하여 "나는 당신과 결혼하여 당신이 벌리커와 가정을 이루는 것을 도울 것이다"(206)고 선언한다. 이 선언을 듣고 그는 자기미래는 무절제했던 과거와 이저도러와 함께 새로운 삶을 시작하려는 현재와의 불확실한 조화에 달려 있다고 굳게 믿는다. 따라서 그는 "그녀와 내가 그 많은 사건과 시련들을 극복한 후에 실현하려는 염원은 대서양의 뼈를 떨게 하는 추위를 오래오래 견디게 해주는 포옹의 정결한 고온 발광이다"고 천명한다. 그의 염원에 따라 아홉 번째 일기는 "우리는 자아를 의식하지 않고 함께 대서양과 무수한 시련들의 바다를 건넜다"(209)로 끝난다. 드디어 러더퍼드는 자기중심의 자아를 버리고, 타인과 사회와의 상호연대의 절대적 중요성을 깨닫고 이저도러와 벌리커와 함께 어렸을 때 살았던 일리노이로 돌아간다. 그가 이렇게 돌아가기까지의 과정이 자유를 찾는 이야기의 요체, 즉 돈오이다. 또 그가 깨달은 자유는 자기 멋대로 날뜀에 있지 않고, 어떤 시련과 고난을 감수하더라도 자아를 탐구하고 실현하려고 최선을 다하면서, 다른 사람들을 상호연대의식을 바탕으로 배려하고 사랑하려는 의지와 실천이다. 죤선은 자신의 소설창작의 궁극적 목적은 의식개혁이라고 주장하는데, 이 목적을 러더퍼드를 창조하여 달성했다.[95]

매럴린 로빈선(1943-)은 우리 시대의 가장 탁월한 미국작가들 중의 한 사람이라는 절찬을 받는[96] 여자소설가이다. 이 절찬에 걸맞게 그녀의 처녀작, *집 가꾸기*(*Housekeeping*, 1980)는 "문체[주인공들, 소재와 내용, 그리고 구성과 전개]가 당시에 출판되었던 최소한의 언어구사자(minimalist)와 포우스트모던 소설과는 아주 상이하여" 출판사가 작품을 좋아하면서도 판매를 걱정했다. 그러나 "애너토울 브로우야드(Anatole Broyard)가 … 이 소설은 '온갖 불만들로 가득 찬 일상적인 인간조건을 극복하고 하나의 커다란 변신을 이루었다고 극찬했다.' *집 가꾸기*는 퓰리처상 후보작으로 추천되었고, 최상의 처녀작에 수여하는 펜/헤밍웨이상을 수상했다."[97] 그녀가 앤 이. 보스(Anne E. Voss)와의 대담에서 *집 가꾸기*의 창작동기와 배경을 천명한 바에 의하면, 자기는 많은 미국동부사람들이 경멸하는 지성과 문화의 혜택이 없는 서북부에 위치한 아이더호(Idaho)주의 벽지에서 성장하여 브라운대학교(Brown University)에 진학했다. 그녀는 동료학생들이 자신의 형이상학에 대한 관심을 의아해함을 보고 놀란다. 또 그녀는 그들이 자기가 말과 등자(鐙子)를 소재로 소설을 쓸 거라고 생각함에 경악하고 실소한다. 그녀는 이런 어이없고 부조리한 현실을 체험한 후에 *집 가꾸기*를 집필하면서 출판보다는 자아를 성찰하고 고수하려는 마음을 더욱 중요시한다. 따라서 그녀는 *집 가꾸기*의 집필목적을 피력한다: "내가 *집 가꾸기*를 창작하면서 의도했던 목적들 중의 하나는 나의 출신과 성장배경에서 터득했던 실존철학의 현실화와 객관화였다. […] *집 가꾸기*에서 일어나는 많은 사건들은 나의 가족사에서 튀어나온 이상한 잡동사니들이다. 개인적인 불만도 언급도 없다. *집 가꾸기*는 누비이불을 만드는 것과 같았다. 당신은 당신 과거의 모든 사건들 중에서 중요한 것들을 발췌하여 이상적인 형태로 배열한다. […] 나는 내 아들과 오빠가 내가 무엇을 생각하고 있었는가를 인지하도록 유도하기 위해, 또 내 부모님을 기쁘게 해드리기 위해, 게다가 내 조부모님을 기억하기 위해 소설을 창작했다. 정말로 나의 이런 의도가 창작목적이었다."[98] 이렇게 로빈선이 자신의 실존한계를 극복하면서 성숙한 과정을 기술한 *집 가꾸기*는 화자 겸 여자주인공, 루스 스토운(Ruth Stone)이 도전과 모험정신으로 고독하고 자유스러운 떠돌이 삶을 선택한 의지를 과거의 회상수법으로 서술한 1인칭 성장소설이다. *집 가꾸기*의 핵심주제는 이 문장 ‒ "내(루스)가 그날 밤 과수원에서 터득한 중요한 진리는 만약 당신이 추위에 저항하지 않고 견딜만하다고 그대로 받아들인다면 당신은 추위를 더 이상 불쾌감으로 느끼지 않는다는 사실이다"[99] ‒에 있다. 이 문장을 다양하게 해석하면, 우리가 자아를 탐구하고 실현하려하지 않는다면, 주체적 자아를 고수하려하지 않는다면, 다른 사람들을 배려하고 사랑하려하지 않는다면, 인간의 책임과 의무를 포기한 허수아비로 전락한다. 우리가 이런 무자비하고 비양심적인 허수아비가 되지 않으려면 자아성찰과 고수 그리고 다른 사람들의 존중과 사랑에 심혈을 기울이면서, 혹시 등한하고 있지 않나 항시 경계해야한다. 이런 심혈과 경계가 이 문장의 진수이다. 지금까지의 논의를 바탕으로 *집 가꾸기*를 "감내, 성숙, 그리고 선택"의 논지로 고찰해본다.

*집 가꾸기*는 화자 겸 주인공이 "나의 이름은 루스이다"(3)는 선언으로 시작된다. 이 선언은 루스가 비록 어렸을 때 고아가 되어 온갖 고난과 시련을 감내하고, 자발적으로 떠돌이 삶을 선택한 자립인간으로 성숙했음을 상징한다. 그녀는 아버지 없이 어머니와 동생 루실(Lucille)과 함께 시애틀(Seattle)의 빈민층 거주지역의 허름한 고층건물의 최상층에서 살았다. 어머니가 가게로 출근하면 아래층에 사는 할머니가 루스와 루실을 사랑스럽게 돌봐주었다. 할머니가 어머니에게 친정집 방문을 적극 권유하면서 승용차를 빌려주자, 어머니는 두 딸을 데리고 7년 반 만에 핑거보운(Fingerbone)으로 돌아갔다. 어머니는 일요일 아침이라 홀로 사시는 외할머니가 집에 안 계신 줄 알고, 두 딸을 현관 앞의 의자에서 오래 기다리게 남겨둔 채 차를 몰고 호수로 뛰어들어 자살했다. 루스와 루실은 5년 동안 외할머니의 보살핌을 받았다.

루스는 자신의 성숙에 중요한 역할을 하는 첫 놀라움과 의아심을 자기가 태어나기 전에 타계한 외할아버지가 그렸다는 그림을 보고 느낀다. 이 느낌이 그녀가 다른 사람들과는 달리 주체적으로 세상을 이해하고 수용하는 시각을 갖는데 결정적인 영향력을 발휘한다. 외할아버지의 그림에는 바로 전면에 종 모양의 산이 있고, 산은 온통 세밀하게 그린 나무들로 덮여 있다. 모든 나무에는 화려한 색상의 열매가 매달려 있고, 가지들에는 현란한 새들의 보금자리가 있다. 그런데 모든 열매와 새는 땅과 수직을 이루고 있다. 여기에다 큰 짐승들이 아무런 어려움도 없이 오른쪽으로 올라가고, 급하지 않게 왼쪽으로 내려온다. 이 그림은 "전통화법에 얽매이지 않는 새로운 자연관, 즉 이 세상을 그린 부분과 존재하지 않았던 장소를 상상한 부분의 융합체를 제시한다. 외할아버지의 자연은 '거대한 짐승들'과 '나무 하나하나가 지상과 직각으로 서 있도록 세밀하게 그려진 나무들'로 뒤덮인 산들이 현실과 환상세계의 경계를 확장한다."[100] 루스는 전통화법을 무시한 외할아버지의 "그림의 진수가 무엇인지, 아니면 환상인지 판단할 수 없다”(4). 그렇지만 그녀는 무척 놀라면서도 자신의 기대와 예상을 뒤엎는 사실을 인정하고 수용하려고 결심한다. 외할아버지는 현실을 초월하려는 상상력의 발휘자, 이러면서도 몽상가가 아니고 실제로 실존한계를 극복하려는 도전주의자, 그리고 책임의식이 강한 실용주의자였다고 그녀는 믿기 때문이다. 그는 산이 그리워 자기가 성장했던 중서부의 평원을 떠나 산들로 둘러싸인 호숫가의 마을 핑거보운에 정착한다. 그는 정거장에서 야간신호원으로 출발해서 10여년 후에 역장보조원으로 승진하여 업무출장을 마치고 돌아오다가 열차가 철교에서 탈선하여 호수로 추락하여 비명에 가셨다. 그는 여기서 결혼하여 슬하에 세 딸을 가졌고, 부인을 위해 침수를 예방하려고 마을변두리의 작은 언덕에 주택을 신축한다. 그는 집 주위에 과수나무들을 식목하고, 집 안에 작은 연못을 만든다. 맑은 연못물에는 하늘, 구름조각들, 나무들, 그리고 우리 얼굴이 반사된다. 이런 사실들을 바탕으로 외할아버지를 평가하면, 그는 이상주의자와 현실주의자의 통합체, 즉 전인주의자였다고 그녀는 단정한다. 그의 비명은 우리의 실존이상이고 목표인 전인주의가 부정되고, 우리 의식이 이기적으로 파편화되고 있음을 상징한다고 그녀는 생각한다.

그가 타계한 후에 외할머니는 함께 참사를 당한 두 남자의 미망인들이 호숫가마을이 싫다고 재빨리 떠났지만, 이주할 생각을 전혀 하지 않는다. 그녀는 평생 동안 여기서 살았다는 이유도 있지만, 외할아버지가 저승에서 돌아와 다시 만나 새로운 삶을 시작할 수 있을 거라는 믿음을 갖기 때문이다. 그녀는 그의 죽음을 견딜 수 없는 절망으로 받아들이려하지 않고 오히려 그가 가족으로부터 일시적 이탈을 했다고 생각한다. 더욱이 그녀에게는 집, 연금, 그리고 성장한 세 딸이 있다. 그러므로 그녀는 남편이 현존하지 않음을 확인하면서도 그가 옆에서 조용히 노래를 부르고 있다고 상상한다. 이렇게 그녀는 훌륭한 아내였던 것처럼 강인한 미망인으로 살려고 결심한다. 그녀의 이런 의지가 루스의 떠돌이 삶 선택에 큰 영향력을 발휘한다. 이 뿐만 아니라 외할머니는 결혼하고 얼마 지나지 않아 “사랑은 소유도 누그러뜨리지 못하는 일종의 갈망이라는 결론을 내렸다”(12)고 회고한다. 그녀와 남편이 사랑하는 대상을 소유하려해도 무위로 끝난다. 그들이 온 몸이 땀에 흠뻑 젖을 때까지 힘들게 산 위로 올라가 희귀한 꽃나무를 발견하고 깊은 감탄과 희열을 만끽한다. 그들은 양동이와 모종삽을 들고 가서 꽃나무와 주변을 정성스럽게 파서 담고 와 집에 심는다. 그러나 꽃나무는 시들어버린다. 이런데도 그는 온갖 수단과 방법을 다 써서 야생화를 옮기려고 고심한다. 그는 꽃을 보면 황홀경에 도취하여 자기도 아내도 의식하지 못한다. 그녀는 꽃을 소유하지 못할지라도 이렇게 도취한 남편을 가장 사랑한다. 그녀는 남편의 순수하고 고고한 영혼이 바로 자신의 영혼이라고 믿었기 때문이다.

이런 고귀한 의식의 소유자이고 확장자, 외할머니의 "세 딸에 대한 사랑은 지극하고 공평했으며, 또 그녀의 딸들 가정교육은 인자하고 절대적이었다. 그녀는 … 딸들의 표정에 드러난 고요한 내면세계를 주시했다"(12). 그녀는 대지, 하늘, 그리고 정원이 언제나 똑같지 않다는 사실을 알고, 딸들의 얼굴도 항시 한결같지 않고 언젠가는 변해 낯선 모습이 될 거라고 깨닫는다. 그녀는 이런 변화에 놀라지 않고 용의주도하게 대응하려고 노력한다. 그래서 그녀는 자기에게 세심한 주의를 기울이라고 딸들을 결코 가르치지 않는다. 그런데 이렇게 순수하고 자상한 영혼을 갈구하는 부모 밑에서 자랐음에도 불구하고, 딸들은 자기를 알고 고수하려고 그리고 홀로 된 어머니를 걱정하고 생각하려고하기보다는 각자의 이기적 사고와 행동을 우선시한다. 그래서 큰 이모는 기독교광신도가 되어 선교활동을 하려고 중국으로 갔고, 작은 이모도 피셔(Fisher)와 결혼하여 집을 나간다. 어머니도 레저널드(Reginald) 스토운과 함께 시애틀에서 신접살이를 시작했지만, 남편의 버림을 받고 빈곤과 외로움과 고투하면서 루스와 루실을 키운다. 그러나 그녀는 7년 반 동안의 고투 끝에 극도의 절망과 실의에 빠져 고향으로 돌아와 호수에 투신하여 자살한다.

이렇게 루스와 루실은 졸지에 고아가 되어 5년 동안 외할머니의 극진한 보살핌을 받는다. 그녀와 루실은 다른 어린이와 성인들 그리고 외부세계와 절연된 채 노령으로 기력이 쇠퇴한 외할머니와 말동무를 하면서 시간을 보낸다. 그녀는 몸이 작아지기 시작하면서 구부정하여 계속 앉아만 계시고, 옷들은 너무 커서 몸에서 헐렁거린다. 그래서 그녀가 정성스레 가꿨던 사과, 살구, 그리고 자두나무들이 있는 과수원에는 잡초만 무성하다. 그녀는 이런 쇠퇴를 의식하면서도 자기에게 약간의 수입과 두 손녀에게 유산으로 남겨줄 과수원과 집이 있어 매우 만족스러워한다. 그녀는 비바람과 한파를 막아줄 집의 중요성과 필요성을 강조하면서 손녀들에게 당부한다: "과수원을 팔아라. 그러나 집은 가지고 있어라. 너희들이 건강을 챙기고 머리 위에 지붕을 가지고 있으면, 다른 사람들처럼 안전할 수 있다. 하나님이 돌봐줄 거다”(27). 게다가 그녀는 눈을 감으면서 손녀들을 경제적으로 어려움을 겪고 있는 두 시누이에게 맡기려고 작정한다. 그녀는 그들이 손녀들을 돌봐주는 대가로 경제적 혜택을 누릴 수 있다고 믿기 때문이다. 이처럼 외할머니는 두 손녀가 가족의 따뜻하고 헌신적인 보살핌과 보호를 받으면서 성장하도록 깊이 배려한다. 그러나 애석하게도 그녀의 배려는 어떤 실효도 거두지 못한다. 루스와 루실의 두 고모할머니는 노처녀로 그들을 잘 보살필 수 없을 뿐 아니라 그들의 마음을 헤아릴 수 없다. 그들은 애들을 기계적으로 상대하여 정해진 시간에 식사를 차려주고, 잠자리로 데려가면서 그들의 의사나 욕구는 전혀 고려하지 않는다. 그러나 그들은 매우 불만스러우면서도 반항하지 않고 자기들 세계에 침잠한다. 그들은 두 고모할머니가 잠자리에 들면, 침대에서 일어나 누비이불을 덮어쓰고 창가에 앉아 빠르게 지나가는 구름을 볼 뿐 아니라 밝은 달빛 덕택에 카드놀이를 하면서 밤을 새운다. 루스는 무서운 꿈을 꾼다는 동생을 공포심에서 벗어나게 해주려고 잠을 자지 않는다. 또 그들은 수업이 끝나면 바로 호수로 가서 해가 질 때까지 스케이트를 탄다. 그들은 스케이트타기와 적막감 그리고 감각을 마비시키는 찬 공기에 완전히 넋을 잃어 어두워짐을 모른다. 게다가 그들은 집에 오는 길에 온 가족이 환한 불빛과 졸림을 가져오는 따뜻함에 도취해 있는 집을 보고 부럽고 화가 난다. 그들은 돌아오는 시간이 너무 늦었다는 고모할머니의 야단을 듣고, 앞으로 이런 일이 없도록 하겠다는 루스의 약속으로 사태를 무마시킨다. 이렇게 메마르고 각박한 실존여건에서도 루스는 소생하는 꿈을 꾸면서 희망을 갖는다. 그녀의 꿈에 의하면, “나는 호수의 얼음판을 가로지르고 있었다. 그런데 얼음은 봄에 녹아 움직이면서 스스로 조각나는 것처럼 깨지고 있었다. 그러나 꿈속에서 내가 밟고 있는 얼음 표면은 발걸음을 뗄 때마다 내 무게 때문에 잠간 아래 가라앉았다가 다시 떠오르는 손, 팔, 그리고 위로 젖힌 얼굴들의 합성체였다. 꿈은 … 내 마음속에 외할머니가 다른 세계로 가셨는데, 그 세계에서 우리 생명은 물에 비친 그림자처럼 무중력, 무형, 혼합불능, 그리고 분리불능의 존재로 떠돌아다닌다는 확신을 심어주었다”(41). 이 꿈은 루스가 불굴의 존재임을 암시한다.

이 불굴의 존재는 실비(Sylvie)이모와의 만남에서 구체적으로 가시화된다.

두 고모할머니는 애들을 보살핌이 힘겹고, 평생 처음 당하는 폭설에 질겁한다. 그래서 그들은 애들을 보살피는 수고로 얻는 경제적 혜택을 포기하고, 떠돌이 삶을 즐기고 있는 실비를 찾아 그녀에게 애들을 맡기기로 작정한다. 루스와 루실은 이모가 오기를 기다리면서, 루실이 이모의 머리 색깔은 엄마처럼 갈색일 거라고 말하자 루스는 엄마의 머리 색깔은 붉은 색이다고 반박한다. 이처럼 그들이 엄마의 머리 색깔을 달리 말하면서 벌이는 입씨름은 앞으로 인생행로의 선택이 상이할 것임을 예시한다. 봄이 오기 전에 서른다섯 살의 큰 키에 호리호리한 실비이모가 비록 머리는 젖고 손은 추위로 빨갛게 곱고, 뒤축이 없는 손쉽게 벗을 수 있는 신발에다 구겨지고 너무 커서 헐렁한 외투를 걸치고 나타난다. 그러나 그녀는 우아함과 신비스러움 그리고 겸손함에서 우러나는 평온한 자태로 주방으로 들어온다. 그러자 두 고모할머니는 애들을 이모에게 맡기고 떠날 수 있을 것 같다는 희망으로 마음이 들뜬다. 루스와 루실은 이모의 외모를 보고 자기들끼리 놀라고 못마땅해서 서로 눈짓을 한다. 이모는 머뭇거리면서 찬 손으로 루스의 머리를 만지면서 "네가 루스이고, 너는 루실이며 굉장히 예쁜 머리카락을 가졌다"(45)고 말하면서 정적을 깨고 어색한 분위기를 바꾼다. 그러면서 이모는 애들에게 말한다: "내가 당분간 여기 있어야할 것 같다. 고모님들은 너무 연로하시다. 어쨌든 지금은 내가 있는 것이 최선이라고 생각한다"(57). 이제 루스와 루실은 이모가 어머니 자리를 대신할 것 같다고 어렴풋이 느낀다.

따라서 루스와 루실은 이모와 함께 생활하면서 자기를 주장하는 능동적인 사춘기소녀로 변신하기 시작한다. 이 변신을 예고하는 전조로 이모가 도착한 다음 주에 사흘 동안은 햇빛이 따뜻하게 비치다가 나흘 동안은 비가 부드럽게 내린다. 햇빛과 비가 꽁꽁 얼어붙은 지상의 눈과 호수의 얼음을 녹이듯이 루스와 루실의 심리적 경색과 긴장을 완화시키는 역할을 한다. 그들은 단단하게 굳어졌던 눈이 녹아 말랑하게 펴지자 눈을 굴려서 커다란 덩어리를 만든 다음에 다른 덩어리를 그 위에 올려놓고 긴 치마를 입고 팔짱을 낀 여자를 조각한다. 루스가 무릎을 꿇고 치맛자락에 주름을 잡고 있을 때, 루실은 의자 위에 서서 턱과 코와 머리카락을 세운다. 이렇게 그들은 합심하여 자기들이 동경하는 하나의 여인상을 만든다. 그들은 꿈에서 그리워했던 여인을 등장시켰다고 생각하고, 자기들 외투와 모자를 벗어 눈사람을 감싸준다. 그들은 눈사람이 꽁꽁 얼어 오래 서 있기를 바라지만, 녹아 앞으로 기울더니 바닥으로 떨어져 박살난다. 비록 소원은 오래 가지 않았지만 그들은 합심하여 노력하는 재미와 중요성을 깨닫는다.

그러나 얼마 후 루스는 동생의 돌변을 보고 놀란다. 루실은 다른 사람들을 일정한 목적의식이 드러난 침착하고 수평적인 시선으로 바라보기 시작한다. 그녀는 이 목적의식을 갖고 서서히 침몰하고 있는 배에서 멀리 떨어지지 않는 연안을 찾고 있다. 따라서 그녀는 이모가 사주는 싸구려를 싫어해서 일부러 망가뜨린다. 그렇지만 이모는 "영원한 현재"를 살고 있기 때문에 물건들이 망가짐을 언제나 새로운 놀라움으로 받아들인다. 반면에 루실은 "시간의 참해(慘害)로부터 보호받기를 원한다. 그녀는 견고성과 확실성을 중요시하기 때문에 자기 주위를 오래 지속될 물건들로 둘러싸기를 원한다. 이에 반해 실비는 영속성에 전혀 관심이 없다."[101] 이러므로 루스는 동생이 언젠가는 이모에게, 또 자기에게 반발할 거라고 예감한다. 루스는 이 반발의 전조로 동생이 봄부터 자기와는 달리 안정과 규범에 지대한 관심을 쏟기 시작하더니 가을에는 거기에 적응하려고 안간힘을 쓰고 있음을 눈치 챈다. 또 루실은 자기가 학교에서 만나는 단정하고 세련된 여학생들의 예의바른 행동과 생활방식에 어긋나게 사는 이모를 싫어한다. 이모는 옷장과 화장실을 활용하지 않고 옷, 머리빗과 치약을 상자에 보관하여 침대 밑에 둔다. 더욱이 이모는 공원의자에 누워 발목과 팔을 엇걸고 신문지로 얼굴을 덮고 있다가 루스와 루실에게 발각된다. 루실이 "우리는 어떻게 해야 하지?"(105)라고 말하면서 분노로 얼굴이 하얗게 질린다. 루실은 언니에게 이모를 빨리 깨우라고 소리 지르면서, 그 자리를 떠나 집 쪽으로 달려간다. 이처럼 루실은 이모를 도저히 용서할 수 없는 분노와 수치의 대상으로 간주한다.

루스가 의자로 다가가서 신문지를 들어 올리니, 이모는 미소를 지으면서 "얼마나 기분 좋은 놀라움이냐"고 말한다. 또 이모는 루실이 없음을 알고 "너는 너무 말이 없어서 도대체 무슨 생각을 하는지 종잡을 수 없다"고 부언한다. 루스도 이모의 말을 듣고, "저도 제가 무슨 생각을 하는지 잘 모른다"(105)고 고백한다. 비로소 루스는 자신의 사고력에 문제가 있음과 그 심각성을 인지한다. 그래서 그녀는 사고하는 자아를 느끼려고 마음에 새긴다. 그녀는 이렇게 사고하는 독자적 자아를 고수하려하면서도 동생과 언제 어디서

나 함께 있고 싶어한다. 그녀는 동생이 자기와 이모를 기피하려하면서도 아직은 함께 있음을 당연시하고 있다고 생각한다. 그러나 그녀는 자기염원과는 달리 동생과의 대립적인 사고와 행동으로 서로 다른 세계로 가고 있음을 서서히 의식하기 시작한다. 먼저 그들은 엄마에 대한 의견이 엇갈리기 시작하여 서로 언쟁을 벌인다. 동생은 엄마를 우아하고 세련된 삶을 살려는 여자로서, "예의바르고 활기차며 분별력 있으며, 자동차사고로 사망한 과부"로 미화한다. 이에 반해 루스는 엄마는 매우 단순하고 한정된 혼자만의 삶을 즐긴 무심하고 무책임한 보호자라고 생각한다. 게다가 그녀는 엄마를 "버림받은 여인이 아니고 딸들을 버린 여자"(109)로 간주한다. 이러므로 그녀는 동생으로부터 엄마의 혹평자이고 이모의 옹호자 겸 예찬자라는 비난을 받는다. 그녀는 이런 비난을 받으면서도 동생과 함께 당일치기로 호수에 낚시하러 갔다가 잡은 농어를 굽고 월귤을 따서 먹는데 정신이 팔려 시간을 잊어버린다. 그래서 그들은 한밤중의 숲이 무서워 그곳에 임시거처를 만들어 머물기로 결정한다. 그녀는 거처에서 자다가 잠이 깨어 밖으로 나와 완전한 암흑 속에서 숲속의 풀잎 스치는 소리와 호수의 물결소리만 들을 수 있다. 이때 동생이 그녀 옆에 앉아 노래를 부르면서도 언니의 바람 – "우리 사이의 모든 인간적인 경계가 완전히 허물어졌다"(115) –을 수용하지 않는다. 반면에 그녀는 "암흑이 완벽하고 영원할 수 있다면 유물, 잔해, 판매수익, 잔여재산, 기념품, 유품, 기억, 생각, 자취, 그리고 흔적 등등은 전혀 필요할 것 같지 않다"(116)고 믿는다. 이렇게 그녀는 실존에서 사람들에게 그처럼 중요시되었던 사회적 구별과 차별을 무시하려한다.

루스의 이런 구별을 없애려는 의식과 의지는 동생의 지지를 받지 못한다. 따라서 두 사람 사이의 사고차이와 간격은 더 크게 벌어진다. 그들은 음료수를 사려고 들어간 가게에서 두 나이 많은 여학생이 자기들 옷을 만들 옷본과 옷감을 고르고 있음을 목격한다. 루실이 그것들을 진지하게 살펴보더니, 자기와 언니도 좀 더 세련되어야하니 옷본과 옷감을 사야겠다고 말한다. 그녀는 언니의 세련되고 싶지 않은 마음과 의사를 전적으로 무시하고 자기생각과 주장만 고집하여 기어코 언니 옷을 만들 옷본과 옷감을 산다. 그들이 옷만드는 문제로 언쟁을 벌인 뒤에 동생이 갑자기 말한다: "우리는 함께 너무 많은 시간을 보냈어. 우리는 다른 친구들이 필요해." 이 말을 듣고 루스는 지금까지 친구들이나 전통적인 오락의 필요성을 전혀 느끼지 않고 살아왔음을 실감한다. 그녀가 자신과 동생의 삶을 반추해보면서, "우리는 어둠 속에서 길을 잃은 어린이들의 한결같은 예리한 주의력으로 무장해서 세상을 보고 들으면서 살아왔다. 우리는 작은 불빛만 있으면 완전히 알 수 있는 상황 속에서도 너무 당황하여 방향감각을 상실해버린 것 같았다. 다시 말하면 주변의 소리와 형태에 어떻게 대응하면서 우리 발을 어디에 디뎌야할지를 몰랐다. 우리의 감각기능은 너무나 미미했고, 그나마 그 감각마저 의심스러웠다"(130). 루스는 자신의 자신감이 없었던 비정상적인 삶을 반성하면서 자기에게는 동생이 절실히 필요하다고 생각한다. 그러나 그 순간 동생은 언니의 마음을 전혀 고려하지 않고서 느닷없이 결별을 선언한다. 그녀는 동생이 보스턴으로 갈 작정이라는 말을 듣고 그녀의 결별의지를 확인한다. 루실도 결별을 작심한 듯 예전과는 달리 자주 머리도 빗고, 손톱도 손질하며, 자기를 성숙시키려고 책도 열심히 읽는다. 이제 루실은 학교도 혼자 가고, 언니를 피해 가사실에서 점심을 먹는 학생들과 어울린다. 그녀가 이렇게 변하더니 어느 날 밤에 데이트 상대와 함께 춤을 추러간다. 그녀가 밤늦게 돌아와 이모가 자기침대에 누워 있으므로 아래층에서 자겠다고 말하고 내려와 로이스(Royce) 가사선생 집으로 간다. 미혼인 로이스선생은 루실을 양녀로 삼고 방을 주었고, 다음날 아침에 로이스선생이 집에 와서 동생의 교과서와 일기장만 챙겨 가지고 간다. 따라서 루스는 이제 동생이 없으므로 집은 자기와 이모만의 생활공간으로 두 사람을 더욱 굳게 결합시킨다.

이 굳은 결합 덕택에 루스는 이모의 배려와 지도로 존재와 무에는 구별이 없으므로 없음(눈에 보이지 않음)에도 있음(감각으로 느낌)이 있다는 철학을 실천하면서, 자연과 실존의 변화무쌍과 시련을 극복하는 지혜를 깨달아 자아를 성숙시킨다. 이모는 11월 몹시 추운 날 새벽에 루스를 깨워 호숫가로 데려가, 보우트를 타고 사람들이 살고 있다고 생각하는 호수 안에 있는 섬으로 간다. 이모는 오래 전에 땅 속으로 내려앉은 집의 현관계단에서 어린아이가 나오기를 2주 동안 숨어서 기다렸지만 허사였다고 실토하고, 지금 그곳으로 간다고 말한다. 루스가 그 장소에 도착하여 전경은 매우 아름답지만 너무 추워 있을 수 없다고 말하자, 두 사람은 기슭으로 내려가 바람을 막아주고 햇빛이 잘 비치는 바위를 찾아 앉는다. 루스가 한참 지난 후에 다시 올라가니 햇볕으로 서리가 녹아 풀은 꽃잎 같은 색깔로 반짝반짝 빛나고, 물방울들이 모든 나무에서 무수한 꽃잎들처럼 떨어지고 있다. 그녀는 이 변화를 보고 얼마든지 필요와 사정에 따라 자기사고를 바꿀 수 있고, 거기에 따라 욕구를 충족시킬 수 있다고 느낀다. 그녀는 실감한다: "소금만 있는 곳에서는 갈증을 풀어야할 욕구가 더욱 클 것이다. 왜냐하면 결핍은 그 자체가 필요로 하는 보상을 자초할 수 있기 때문이다. 갈망과 소유는 마치 사물과 그 그림자 같다. [⋯] 우리가 무엇을 잃을지라도 간절히 바라면 그것을 다시 찾을 수 있다. 설령 우리가 꿈꾸면서 알지 못한다고 할지라도 갈망은 천사처럼 우리에게 용기와 희망을 진작시키면서 우리 마음을 평온하게 해준다"(152-53). 이러므로 루스는 동생이 떠난 뒤에 자기를 괴롭히는 상실감을 극복할 수 있을 거라고 자신한다.

이모는 그녀의 자신감을 키워주려고 할 뿐 아니라 "홀로 고독의 시련과 자아회복의 의식을 회복시켜 ⋯ 정신적 위기를 모면시켜주려고"[102] 그녀를 혼자 두고 자리를 뜬다. 루스는 홀로 있으면서 깊이 사색하는 시간을 갖는다. 그녀가 어둠 속에서 밝은 쪽을 보면 모든 사물을 쉽게 분간할 수 있는 것처럼, 혼자 조용히 있으면 자아를 성찰할 기회를 가질 수 있다고 믿는다. 그녀는 이 믿음으로 "아무것도 소유하지 않음이 최선이다"(159)고 깨닫는다. 그녀는 이 깨달음으로 있음과 없음을 구별하지 않고, 없음에서도 있음을 느낄 수 있는 의식의 소유자로 변신한다. 그녀는 이런 변신으로 터득한다: "내가 엄마를 볼 수 있다면 꼭 그녀의 눈과 머리를 보아야할 필요는 없다. 나는 엄마의 옷소매를 못 만져도 좋다. 엄마의 구부정한 높이 솟은 어깨도 없다. 나는 호수가 엄마를 삼켜버렸음을 이미 안다. 엄마의 머리카락이 어둠 속에서 떠돌아다닌 지 오래 되었으므로 이제 더 이상 꿈꿀 것도 없다. 그러나 엄마는 내가 곁눈질로 본 문으로 미끄러져 들어오는데 하나도 변하지 않았고 살아 계신다. 엄마는 내가 더 이상 듣지 못하는 음악이지만, 음악은 그 자체로 내 마음속에 울리고 있다. 엄마는 내가 오감으로 지각할 수 없을 뿐이지 생존해 계신다"(159-60). 요컨대 루스는 동생이 비록 떠났지만 자기의식 속에는 여전히 존재하고 있다고 생각한다.

루스는 생각에 깊이 빠져 이모가 풀밭에 무릎을 꿇고 앉아 있어도 전혀 알아차리지 못한다. 그녀는 이모가 자기를 가슴에 끌어안고 몸을 흔들자, 생각에서 깨어나 이모에게 아이를 보지 못했다고 말하고 몸을 기댄다. 그녀는 이모가 입혀준 외투를 입고 기슭으로 내려가 해질녘에 보우트를 탄다. 그녀는 돌아오면서 "물속의 어둠과 그 어둠의 생각"(162)으로부터 해방되고 싶어 한다. 그러면서도 그녀는 물속의 어둠과의 직면을 두려워하지 않는다. 그녀는 어머니가 그 어둠에서 솟아나옴을 상상하기 때문이다. 그녀의 상상에 의하면, "내 생각에 이 반짝이는 수면을 가르고 헤엄쳐 어둠속으로 들어가는 것이 엄마의 계획임에 틀림없다. 그런데 엄마는 내 눈길이 닿는 곳이든 벗어난 곳이든 어디서나 신체 전부가 또는 일부가 한 몸짓의 영상으로 절대로 사라지지 않고 물에 빠진 여자처럼 언제나 반드시 솟아오른다"(163). 이처럼 루스는 어머니로부터 도전과 불굴의 정신을 배우고 전수받는다. 또 그녀는 이 정신의 원천은 사고에 있다고 믿기 때문에, "어떤 현재 순간도 사고하기이고, 생각은 그 크기와 무게에서 그 근원인 어둠과 어울린다"(166)고 주장한다. 드디어 그녀는 자신의 긍정적, 적극적인 사고가 어떤 시련과 난관도 극복하고, 있음과 없음도 구별하지 않고, 주체적 자아를 고수하는 실존을 선택한다고 확신한다. 그녀는 이 확신으로 실존의 본질은 인습, 추종, 강요, 그리고 외부세계에 있지 않고, 변화, 갈망, 도전, 자유, 그리고 내면세계의 총체라는 예지를 깨닫는다.

루스는 이 예지를 깨닫고 이모와 함께 아침 출발지로 밤늦게 돌아왔지만, 이모가 철교를 지나가는 기차를 본다고 해서 내리지 않는다. 기차가 지나간 다음에는 보우트가 강한 물결 때문에 연안에 접근하지 못함으로, 두 사람은 배에서 밤을 새우고 마을 건너편 철교 호숫가에서 아침에야 내린다. 그들은 별수 없이 철교에서 아주 서행하는 화물열차에 뛰어올라 타서 핑거보운으로 돌아온다. 그들의 흩뜨러진 머리와 복장이 주민들의 눈길을 잡는다. 그들은 무사히 집에 돌아왔지만, 주민들의 염려와 요주의 대상이 된다. 주민들은 실비와 루스를 자기들의 일상생활과 사회를 위협하는 존재로 간주하기 때문이다. 그들은 루스를 자기들과는 전혀 다른 방식의 집 가꾸기, 납득하기 어려운 일탈행위, 그리고 떠돌이 삶을 선호하는 실비의 보호와 영향으로부터 벗어나게 하려고 안달한다. 그들은 루스를 실비와 같은 정신이상자로 방치하려 하지 않는다. 더욱이 그들은 자기들의 생각 그리고 생활방식에 반하는 사람들을 인정하고 수용하려하지 않는다. 그래서 그들은 루스를 구조해야하며, 그 구조는 가능하다고 믿는다. 그들은 루스와 실비에게 음식, 양말, 그리고 털목

도리를 가져다준다. 또 그들은 이모가 주워 다가 거실에 아무렇게나 쌓아놓은 신문, 잡지, 그리고 깡통들을 장식물로 간주하려는 눈치를 보인다. 빈번하게 방문하는 주민들과 두 번이나 집으로 찾아온 카운티(County)의 선출직 경찰책임자와 이모가 나누는 대화를 듣고, 루스는 자신의 실존에 불길한 변화가 있을 것 같다는 예감을 갖는다. 주민들은 루스를 신앙심이 깊은 가정에 맡기려고 이모를 자주 방문한다. 그들은 그녀가 안정된 생활과 사회로부터 이탈하여 유령이 되지 않을까 염려하기 때문이다. 그들은 실비의 주장 – "가족은 함께 있어야합니다"(186) –을 수긍하려하지 않는다. 게다가 루스가 매우 단정한 머리와 옷차림으로 등교했다가 돌아오니, 이모가 경찰책임자와 낮은 목소리로 대화하고 있다. 이모가 그에게 말한다: "가족을 해체한다는 만행은 가공할 사건이다. 당신이 이것을 이해한다면, 그 후에 일어날 불상사도 짐작할 것입니다." 이에 "그도 누구보다도 그런 비극을 잘 알기 때문에 그의 얼굴이 유감스런 마음으로 어둡다"(190). 그는 그저 이모에게 법원에서 루스의 후견인문제로 심리가 있을 거라고 말할 뿐이다. 따라서 루스는 자신의 운명이 결정되는 대로 거기에 따를 수밖에 없는 처지에 있다.

그렇지만 루스는 타의가 아닌 자기의지로, 이모와 함께 있어야한다는 간절한 소망과 떠돌이 삶의 선택으로 자신의 운명을 결정한다. 이모는 주민들의 어떤 강요나 계략에도 루스와 헤어지지 않으려고 대책을 강구한다. 먼저 그녀는 거실에 쌓여있는 신문, 잡지, 그리고 깡통들을 치우고, 집안을 깨끗하게 청소한 뒤에 주방에다 꽃병을 갖다 놓는다. 이렇게 이모는 주민들의 반발을 일으키는 자기방식의 집 가꾸기를 버리고 그들의 인습에 따른다. 이모와 루스가 인습추종에 최선을 다하려는 찰나에 법원으로부터 1주일 후에 루스의 후견인문제로 심리가 있을 거라는 통보를 받는다. 통보를 받고 이모가 루스에게 말한다: "우리 옷을 몇 벌 사자. 우리는 너에게 멋지게 어울리는 옷을 사자. 정장 같은 거. 아무튼 너는 교회에 가려면 정장이 필요하다"(201). 그녀는 이모의 정장 권유는 다른 사람들을 속이려는 목적이 아니고, 가정을 지키려는 열망이라고 이해한다. 이처럼 두 사람은 어떤 일이 있어도 함께 있으려고 마음을 굳게 다진다. 이런 두 사람을 밤늦게 경찰책임자가 찾아와서, 매우 집요하게 루스를 자기 집으로 데려가려고 시도한다. 그는 실패하자 크게 실망하고 할 이야기가 있으니 루스를 내일 보자고 큰 소리로 말하고 사라진다.

두 사람은 루스의 거절이 강제별거를 초래할 거라고 믿고, 서로 떨어지지 않기 위해 밤중에 집에 방화하고 도주한다. 실비와 루스는 추격당해 체포당할까 두려워 호수를 가로지르는 철교를 건너기로 작정한다. 그들은 지금까지 누구도 시도하지 않았던 모험을 감행하여 아침에 건너편에 다다른다. 주민들은 그들을 철교까지 추격하다가 체포하는데 실패하자, 그들이 호수에 추락하여 사망했을 거라고 믿고, 시신을 수습하기 시작한다. 신문에는 그들의 사망기사 – "두 사람이 호수에 익사했다"(213) –가 실린다. 이렇게 루스는 떠돌이 삶을 시작하여 조용히 사색하는 삶을 즐긴다. 그녀는 자신의 이런 삶에 대해 천명한다: "나는 언제부터 이렇게 다른 사람들과 전혀 상이한 인간이 되었을까? 내가 이모를 따라 다리를 건넜을 때와 호수가 우리를 익사시켰을 때일 것이다. 아니면 엄마가 자기를 기다리라고 나를 남겨두고 떠나, 나에게 기다림과 기대의 습관을 심어주었을 때일 것이다. 이 습관으로 나는 현재의 모든 순간을 … 가장 중요시한다"(214). 이처럼 루스는 이모로부터 불가능을 극복하여 가능성으로 전환시키는 도전정신과 자신감을, 그리고 엄마로부터 현재의 창조적 활력과 그 중요성을 배운다. 이 도전정신, 자신감, 그리고 창조적 활력과 그 중요성이 그녀를 다른 사람들과는 차원이 현격하게 상이한 인간으로 성숙시킨다.

루스는 이 성숙으로 현실인식과 상상, 즉 사실과 꿈을 구별하지 않으려 한다. 그녀는 "사실은 아무것도 설명하지 못하면서 … 설명을 필요로 한다"(217)고 믿기 때문이다. 그녀는 기차로 핑거보운을 지나면서도 결코 정거장에서 내려 외할머니 집을 찾아가지 않는다. 만약 그 집에서 다른 사람이 살고 있으면, 이 사실이 루실의 삶에 대한 어떤 설명도 하지 못하면서 루스가 뇌리에 간직한 루실을 없애버리기 때문이다. 루스는 동생과 헤어져 살고 있지만 항시 그녀를 마음속에 담고 있다. 그래서 그녀는 동생의 삶에 기대하는 현실과 꿈을 구별하지 않는다. 하나의 현실과 꿈은 루실이 핑거보운의 외할머니 집에서 애들을 가진 주부로 집을 원형으로 복원하여 살면서, 이모와 언니를 기다리고 있음이다. 또 하나의 현실과 꿈은 루실이 선망했던 도시, 보스턴으로 가서 성공한 여자가 되어 고급식당에서 결코 실비와 루스와 같은 사람을 만나려하지 않고 매우 우아하고 세련된 친구를 기다리고 있는 장면이다. 다시 말하면 루실은 외면세계를 중요시하는 세속적인 인간이 되어 루스와 실비를

"보지도, 듣지도, 기다리지도, 또 만남을 기대하지도 않는다"(219). 이 장면이 소설의 끝이다. 역설적으로 이 끝은 루스가 억압적이고 인습적인 사회에 도전하여 주체적 자아를 고수하면서 감내하고 성숙하여 선택한 자유스런 실존의 주인공이 되어 안정, 인습, 추종, 그리고 허영의 장본인, 동생을 포용하는 삶과 사랑의 상징이다. 요컨대 루스는 항시 주체적 자아를 실현하고 개인적인 자유를 향유하려고 심혈을 기울이면서도, 여기에 장애가 되는 요인들을 적대시하지 않고 긍정적으로 수용하면서 극복하려는 이상적인 소설주인공이다.

로빈선은 처녀작, *집 가꾸기*를 발표하고, 거의 4반세기 만에 두 번째 소설, *전원마을 길리어드*(*Gilead*, 2004)를 출판하여 풀리처상과 미국서평가협회상을 수상한다. *집 가꾸기*와는 전혀 상이한 소설, *전원마을 길리어드*의 화자 겸 주인공, 죤 에임즈(John Ames)목사는 일흔여섯 살에 죽음에 임박하여 자기 삶을 회고하고 반성하면서 자아를 성찰한다. 그는 협심증으로 어느 순간에 임종할지 모르는 여건에서도 회고와 반성 그리고 성찰을 바탕으로 쓰고 있는 편지들을 여섯 살 아들이 성장한 후에 읽기를 바란다. 목사는 아들이 분노를 자제하고, 말을 아끼면서 소중한 과거를 계승하여 아량과 용기를 갖고 모든 사람과 평화스럽게 공존하는 삶을 사는데, 편지들이 그에게 큰 도움이 되게 하려고 분투한다. 이런 목적으로 목사가 1956년에 두서없이 쓴 편지들의 집합체가 서한체소설, *전원마을 길리어드*의 골격이다. 목사는 편지들을 쓰면서 죽음과 싸우려하지 않고 직선적인 시간과 망각의 불가피한 과정과 대결하려고 기억들을 선별하여 분석하고 분류하는 이야기를 늘어놓는다.[103] 그는 죽음에 직면하여 오로지 현순간과 존재에 집중하여 쓴 편지들에서 목사였던 부친과 조부의 종교관, 절친한 친구이고 목사 로버트 보우턴(Robert Boughton)의 삶과 신앙관, 그리고 탕아 잭(Jack)과 관련된 자신의 개인적, 종교적인 체험과 사고를 표현하면서도, 19세기 말기와 20세기 초기의 미국의 역사적 사건들과 사회변화를 표면적으로는 도외시한다. 편지들을 쓸 때 종교와 신앙의 본질은 "교리에 있지 않고 바로 삶 자체"[104]에 있다는 나름대로의 예지를 전제한다. 또 편지들에서 인간이 다른 사람들을 모욕하고 시기하거나 부정하고 증오하면서 편견, 아집, 그리고 독선의 노예로 전락하는 것은 천성이 아닌 후천적 성격 탓이라고 주장한다. 그래서 아들에게 후천적 성격 탓으로 타락한 자기,

조부, 그리고 증조부의 실존을 초월하라고 당부한다. 그러기 위해서는 아들의 삶에는 자제, 아량, 용기, 그리고 공존의식이 깃들어야한다고 역설한다. 앞으로 *길리어드*를 "자제, 용기, 그리고 공존의식"의 논지로 고찰해본다.

이 고찰은 에임즈목사가 죽음에 직면하여 어떻게 현재에 가장 충실한 삶을 살 것인가를 깊이 사색하기 위해 두 명제를 전제한다. 하나의 명제는 "실존은 본질적이고 성스러운 의식이다"(189)이고, 또 하나의 명제는 "현실은 궁극적인 진리와 어떤 관계가 있는가"(103)이다. 두 명제를 탐구하기 위해 그의 삶과 의식을 약술하고, 현재상황과 사고 그리고 과거회상과 기억이 교차하는 경계에서 그의 인생관과 종교관을 상술한다. 에임즈목사는 1880년에 캔저스(Kansas)주에서 목사의 손자이고 아들로 태어나 두 살 때 조부모 그리고 부모와 함께 아이어워주의 길리어드로 이주한다. 길리어드는 흑인들을 자유인으로 대우하면서 그들을 도피시키고 수용하는데 크게 기여한 마을이다. 그는 신학교에 다녔던 2년을 제외하고는 계속 이곳에 거주하였고, 아버지가 어머니의 요양 때문에 목사직을 사임한 후 그 직에 취임하여 45년 동안 고집스럽고 우직하게 봉직한다. 그는 독일유학을 마치고 돌아와 교수가 된 형 에드워드(Edward)가 이 마을을 떠나라는 충고를 받아들이지 않는다. 형은 그에게 조언한다: "죤, 너는 이제 앞으로 무엇을 배워야할 것인가를 알아야한다. 너는 이미 알았어야했는데 여기는 낙후지역이다. 여기를 떠남은 마치 혼수상태에서 깨어남과 같다"(26). 그러나 그는 여기 대초원을 너무 사랑하기 때문에 떠날 수 없다. 대초원에서는 망상과 이기심을 촉발하는 요인들이 없어서 영혼을 순화할 수 있고, 거기서 지평선을 바라보면서 의식을 무한대로 확장시킬 수 있다고 믿기 때문이다. 더욱이 불행했던 과거전쟁의 유적지로 남아있는 마을을 떠나 더 큰 세계로 가서 폭 넓은 체험을 몸소 하고, 그것을 활용하라고 권유하는 아버지의 조언조차도 뿌리친다. 아버지는 아들에게 충고한다: "이 고장을 잘 살펴보아라. 나무가 어느 정도 크게 자랄 때마다 강한 바람이 몰아쳐서 나무를 꺾어버린다. […] 나는 우리가 매우 구태의연하고 한정적인 사고의 한계에 갇혀 생존했음을 깨달았다. 네가 계속 그런 사고에 매달릴 필요가 없다고 이해하기를 바란다"(235). 그러나 그는 아버지가 말하는 넓은 세계의 체험을 해보고 싶지 않고, 마을에 대한 비판적인 견해도 수용하려하지 않는다. 그는 길리어드를 마음속으로 사랑하기 때문에 떠나고 싶지 않다.

길리어드가 아버지와 형에게는 저주의 대상이었지만, 에임즈목사에게는 긍정, 경이, 희열, 활력, 그리고 축복의 원천이다. 그는 어렸을 때 여자친구와 일찍이 결혼했지만 부인은 딸을 조산하다가 눈을 감았고, 얼마 뒤에 딸도 숨을 거두었다. 그는 스물다섯 살에 홀아비가 되어 42년 동안 매일 똑같은 하루가 반복되는 단조로운 삶을 살고 있다. 그는 이런 외로운 삶에서 변화를 느끼지 못하므로 계절이 바뀌어 다시 돌아와도 전년과 조금도 다르지 않는 봄, 여름, 가을, 그리고 겨울을 맞이한다. 그러나 이런 단조로운 실존에도 의식변화는 일어나기 마련이다. 그는 신도들이 자기에게 털어놓는 개인적인 고백이나 고해를 지대한 관심을 갖고 경청한다. 또 그는 신도들이 자기를 필요로 하는 실존문제해결에서 교리보다는 현실의 삶을 우선시해야한다고 생각한다. 마침내 그는 신도들에게 위안과 희망을 주는 설교는 열정적인 대화이고, 그 대화는 세 가지 요소로 구성되어 있는데, 그것들은 설교자의 깊은 감정과 지성을 표출하는 자아, 이 자아를 인정하고 수용하는 신도들의 자아, 그리고 하나님이라는 세 요소의 총체임을 깨닫는다. 이렇게 목사는 스스로 고독하고 소외된 존재로 실존해서는 안 되고 다른 사람들과 유대관계를 맺어야한다고 통감한다.

이 통감은 그가 재혼녀, 라일러(Lila)를 만나면서 더욱 증폭된다. 그녀는 1947년 오순절에 비가 내리는데도 교회에 와서 목사에게 진솔하게 고백한다: "나는 당신의 설교를 들어야한다는 일념으로 얼마나 먼 곳인지 말할 수도 없을 만큼 먼 곳에서 그리고 도저히 상상할 수 없는 전혀 다른 세계에서 여기에 왔다. 설교로 특별한 의미를 말해주세요"(21). 목사는 라일러를 본 순간 숭고한 기분과 감정에 휩싸여 예순일곱 살인데도 자기가 아직은 젊다고 생각한다. 그는 평생 처음으로 체험하는 느낌에 황홀해하면서 비록 60대 후반이지만 아내와 아이를 갖고 싶은 아주 강한 충동과 욕망에 사로잡힌다. 그러나 그녀는 너무 젊고 자기는 나이가 너무 많다는 사실이 그의 마음에 걸린다. 그렇지만 그는 그녀가 자기에게 세례를 받고 싶다고 청하자 응한다. 그는 그녀의 얼굴에 드러나는 슬픈 표정에 마음이 아팠지만, 세례를 베푼 뒤에 그녀의 만족감과 행복감을 보고 자기도 행복하다. 며칠 뒤에 그가 정원을 정성껏 가꾼 그녀에게 "내가 이 노고에 어떻게 보답할 수 있느냐"고 묻자, 그녀는 즉시 "당신은 나와 결혼해야합니다"(209)라고 대답한다. 마침내 그는 서른다섯 살 연하인 그녀와 대담하게 결혼한다. 그는 외로운 삶 가운데서도 영적교감이 이루어진 라일러를 숙명적으로 만날 기적이 잉태되고 있었다고 믿으며, 그저 실존은 "언제나 상상할 수 있는 가장 기적적인 현실"(53)이라고 생각할 수 있을 뿐이다. 그녀의 "당신은 나와 결혼해야합니다"라는 말을 듣고, 목사가 평생 처음으로 다른 사람을 진심에서 우러난 사랑의 대상으로 받아들일 때의 느낌은, 마치 "세상에 눈을 뜬 어린 아이가 이름도 모르는 경이적인 사물들을 바라보는"(57) 그 놀라운 느낌과 같다.

이 놀라운 느낌은 그가 일흔 살에 얻은 아들로 아버지가 되자 더욱 증폭된다. 늙은 나이에 아버지가 되어 맛보는 지극한 경이감과 행복감에 대해, "나는 아내가 아들을 지극정성으로 사랑하는 모습을 볼 거라고는 결코 믿지 못했다"고 실토한다. 전혀 기대하지 않았던 득남으로 인해 자신의 실존감각과 의식이 완전히 뒤바뀌면서, 세상을 외경, 희열, 그리고 축복의 시각에서 바라보는 그에게 아들이라는 존재는 "하나님의 은총, 기적, 기적 이상"(52)이다. 이제 아들을 축으로 아들친구 그리고 아내는 그에게 생동감, 활력, 그리고 희열의 상징이고 원천이다. 아들과 아내가 안마당에서 고양이에게 비눗방울을 불면서 노는 장면을 바라보니, 고양이는 미친 듯이 공중으로 뛰어오르면서 즐거운 기분을 마음껏 드러낸다. 몇 개의 방울이 나뭇가지들 사이로 떠돌더니 나무 위로 높이 올라간다. 아들과 아내는 방울들의 광채를 보고 환호한다. 목사에게 그들의 환호야말로 실존의 이상으로 여겨진다. 또 아들과 그의 친구가 스프링클러 주위에서 껑충껑충 뛰어다니는 광경을 보고 있으면 활력이 솟아남을 느낀다. 이렇듯 그는 혼자가 아니라 아내, 아들, 그리고 다른 사람들과 공존하면서 생동감과 자신감이 충만하여 희열을 만끽하는 삶의 축복을 누린다. 그러나 그는 이 축복을 크게 누리고 있다고 생각하면 생각할수록 불안감에 압도당한다. 지금 앓고 있는 협심증으로 곧 언젠가 사망하면 축복을 더 이상 받을 수 없을 것이라는 두려움 때문이다. 그러나 그는 삶이 있으면 죽음이 있고 반대로 죽음이 있으면 삶이 있다, 다시 말하면 삶과 죽음은 공존한다고 확신하고 죽음의 공포를 극복한다. 그래서 이제 자신의 임종을 편안하게 맞이할 수 있는 태연자약과 용기를 갖는다. 이런 태연자약과 용기는 그가 파지한 철학에서 솟아나온다: "나는 평온과 위안을 기억하지 못하고서는 슬픔과 고독을 기억하지 못한다. 슬픔이 있으면 위안이 있고, 고독이 있으면 평온이 있다. 한쪽만 결코 있지 않다"(71). 이렇게 목사는 일단 모든 실존과 철학에 으레 있기 마련인 양면성을 인정하고 수용한다.

목사는 조부, 부친, 형, 그리고 친구의 삶과 행동에서 한쪽으로 지나치게 치우친 성향으로 인해 일어났던 비극을 보고, 실존과 철학에 반드시 있어야하는 양면성을 인정하고 수용하려고 진력했다. 그래서 그는 스스로 자신의 양면성 인정과 수용능력을 상당한 수준으로 향상시켰다고 믿었다. 그러나 친구의 탕아이고 자신의 대자(代子) 잭으로부터 해결방안도 없는 그의 딱한 사정과 고민을 듣고, 목사는 머릿속에서만 그리고 설교로만 양면성을 인정하고 수용하고 있었다는 사실을 비로소 인지한다. 그는 백인들의 편견과 독선으로 인해 흑인들의 소망과 인권이 부정되는 현실을 직시하지 못했고, 더욱이 길리어드의 이런 현실을 개선하려는 어떤 시도도 노력도 기울이지 않았었다. 그는 백인들이 듣기 좋아하는 설교만 앞세우고, 흑인들이 비정하게 억압받고 있는 현실을 외면해버린 비겁하고 일변도적인 목사로 봉직했음을 깨닫는다. 이 깨달음으로 말미암아 아들이 자기처럼 현실을 도외시하고 한쪽만 옹호하는 독선주의자로 살지 않도록 지원하기 위해 편지를 쓴다. 요컨대 목사는 이 깨달음으로 모든 사람에게 백인과 흑인이 공존하는 사회를 건설해야한다는 당위성을 강조하고, 그 건설 방안을 모색하기 위해 아들에게 편지를 써서 남긴다.

목사는 조부와 부친이 서로 타협할 수 없는 일변도적인 언행으로 빚은 갈등의 몹시 마음 아픈 이야기를 들었다. 먼저 부친이 말하는 조부에 관한 이야기에 의하면, 조부는 메인(Maine)주에서 태어나 열여섯 살도 되지 않는 나이에 배우 고된 노동으로 녹초가 되어 곤히 잠을 자다가 신의 계시를 받는다. 그는 누군가가 자기 어깨를 짓누르고 있다는 느낌이 들어 눈을 뜨니, 쇠사슬에 묶인 자기에게 양팔을 내밀고 있는 하나님의 모습이 보인다. 그가 하나님에게 심한 통증을 호소하자, 하나님은 그에게 바로 캔저스주로 가서 노예폐지운동에 헌신하라고 타이른다. 그는 신의 계시를 받고 "스스로 '새로운 영광스러운 시대를 건설할 – 죄악과 억압으로부터 해방될 새로운 미국을 건설할' 선각자로 자처하면서"[105] 노예폐지를 실현하기 위해, 목사이면서도 폭력을 이용하고 심지어 전쟁도 불사한다. 에임즈목사는 이렇게 생각하고 행동하는 조부를 혼자 괴로움에 시달리는 "가장 불안한 말썽꾸러기"(49)로 간주한다. 조부는 계시에 응해 캔저스주로 가서 노예제도를 반대하는 "자유지역민들(Free Soilers)의 투표권 확보를 지원하려고"(75) 헌신한다. 그때 캔저스주는 미합중국에서 노예제도를 반대하는 주로 편입될 것인가, 아니면 찬성하는 주로 편입될 것인가를 결정할 주 헌법을 투표로 제정하려하였다. 따라서 반대파와 찬성파는 목적달성을 위해 모든 수단과 방법을 총동원함으로써 도저히 통제할 수 없는 유혈충돌로 치닫는다. 조부도 유혈충돌에 적극 가담했지만, 그 충돌이 언어로 표현할 수 없을 정도로 격렬하고 비참했기 때문인지 아들에게도 그 당시 상황을 일체 언급하지 않는다. 조부의 이런 태도가 두 사람 사이에 감정의 골을 깊게 한다. 나중에 부친은 조부가 저질렀던 극단적인 행동을 알면서도 숨기려고 고심한다. 그러나 에임즈목사는 "조부가 남북전쟁 전에 캔저스주어서 일어났던 유혈충돌에 깊이 관여했음"(85)을 인지한다.

더욱이 조부는 젊은 신도들에게 남북전쟁에 북부군으로 참전하라고 적극 권유한다. 그는 흑인노예가 있는 한 평화란 있을 수 없다고 믿기 때문에 흑인노예를 해방시키려고 혼신의 힘을 다한다. 그래서 그는 설교한다: "이 전쟁이 끝나면 평화가 올 것이다. 그래서 평화의 하나님이 우리에게 전쟁을 끝내라고 요구한다"(101). 그도 군목으로 종군하여 북부군이 참패한 미주리(Missouri)주의 윌선스 크릭 전투(Battle of Wilson's Creek)에서 부상당해 오른쪽 눈을 실명한다. 전쟁이 끝나자 부친은 조부를 찾아 들과 산을 헤매다가 부상당해 인상이 험한 조부를 발견하고 너무나 큰 충격을 받아 아무 말도 하지 못한다. 그런 와중에 조부는 아들에게 "나는 이 부상으로 큰 축복을 받을 거라고 확신한다"(36)고 호언한다. 그 후에 부친은 교회에서 조부가 "우리의 하나님은 정화하는 불이다"(194)라고 열변하는 설교를 듣는다. 부친은 여신도들이 아들과 남편들을 잃었지만 세상은 어떻게든 정화되었다(흑인이 해방되었다)고 믿을 수 있다는 취지의 설교에 아연실색한다. 나아가 흑인들을 해방시키기 위한 전쟁을 생명과 평화보다도 우선시하여 미화하는 설교에 경악한다. 부친은 조부의 설교를 도저히 수긍할 수 없으므로 자제력을 상실하고, 교회에서 나와 자신의 신념인 평화를 가장 중요시하는 퀘이커교도들(Quakers)의 예배에 참석한다. 부친은 이때 자제력을 상실하여 저지른 경거망동이 평생 참회하고 회개해야하는 씨앗이 되었음을 나중에 깨닫는다.

전쟁 후에 조부의 교회는 신도 숫자가 전쟁 전의 절반에도 미치지 못한다. 더욱이 대부분의 신도가 과부, 고아, 그리고 아들을 잃은 어머니들이다. 그는 젊은이들에게 북부군으로 참전할 것을 적극 권유한 설교가 결과적으로 이렇게 교회를 파국으로 치닫게 한 원인이 되었음을 인지한다. 그는 교회에 다시 활력을 불어넣을 새 신도들을 끌어 모을 수 없다는 현실을 알고, 목사직을 포기하고 잡역을 마다하지 않는 막노동꾼으로 변신한다. 그렇지만 그는 도저히 생계를 유지할 수 없음을 알고 가족과 함께 한때 흑인들의 낙원이었던 길리어드로 이주한다. 그러나 그는 길리어드가 과거처럼 개방, 개혁, 아량, 배려, 존중, 그리고 부조정신으로 충만한 마을이 아님을 알아차린다. 따라서 그는 앞 세대가 흑인노예해방을 위해 남북전쟁도 불사하고 악전고투하며 발휘한 위대한 정신을 현세대 주민들이 계승하려는 의지와 노력을 기울이지 않고 무사안일과 개인주의에 빠져 있음을 개탄한다. 그는 과거역사의 계승과 보전의 중요성을 강조하기 위해 "보존은 창조이다"(111)고 주장한다. 더욱이 조부는 대외적으로 흑인노예해방과 인권향상을 절대시하여 역설할 뿐 아니라 사적으로도 흑인, 예를 들면 흑인야구선수 버드 파울러(Bud Fowler)의 탁월한 능력을 흠모하고 높이 평가한다. 또 조부는 개인적으로 흑인들의 교회 건립을 적극 후원한다. 그가 서거한 20년 후에 흑인교회에 방화로 작은 불이 일어나 곧 꺼졌지만, 몇 가구의 흑인들은 안전하고 평화스럽게 살 수 없다고 판단하고 쉬카고로 이사한다. 젊은 흑인목사가 에임즈목사에게 작별인사를 하면서, 자신의 선친으로부터 그의 조부에 대한 많은 이야기를 들었다며 조부를 사랑하고 깊이 존경한다. 젊은 목사는 "이 고장이 한때 흑인들에게 하나의 큰 상징물이었기 때문에 흑인들이 떠날 수밖에 없는 형편이 되니 매우 서운하고 아쉽다"(37)고 실토한다. 에임즈목사는 조부의 흑인 사랑에 깊은 감동을 받는다. 그래서 그는 이제 조부를 달리 평가한다: "나의 조부는 용기를 쏟아 부을 대상을 찾지 못했고, 더욱이 자신의 의식에서 용기를 절감할 방도를 강구하지 못했다. 이것은 큰 비극이었다"(47).

부친의 또 다른 이야기에 의하면, 조부는 그의 설교, "백합꽃들을 보아라, 꽃들이 어떻게 피는가"를 듣다가 중간에 나가버린다. 저녁에 조부는 흑인교회에 가서 "네 원수를 사랑하라"는 설교를 들었다고 실토한다. 부친은 누군가가 흑인교회를 방화한 뒤라 아주 시의적절한 설교라고 논평한다. 조부는 부친의 평화주의를 부정하고 전쟁과 투쟁을 선호하는 과격분자이므로 이 태평하고 온건한 논평을 반박한다: "어떤 원한의 말들도 있을 수 없었다. 아무리 긴 날도 있을 수 없었다. 그러나 실망에는 끝이 없다. 나는 실망을 먹고 마신다. 나는 실망으로 자고 깬다." 부친은 이런 부정적인 태도로 현실을 수용하는 조부의 염세론을 듣고 안색이 하얗게 변한다. 그는 평화주의를 옹호하는 의견을 조심스럽게 개진한다: "저는 아버님이 전쟁에 큰 희망을 두었음을 잘 압니다. 제 희망은 평화에 있으므로 저는 실망하지 않습니다. 평화는 그 자체가 보답이고 정당성이기 때문입니다." 그러자 조부는 그의 의견을 거칠게 반박한다: "네 말이 내 심장을 멈추게 한다. 하나님이 너에게 오지 않았다." 부친은 이 면박에 자제력을 상실하여 아버지가 젊은이들에게 참전을 권유하는 설교는 하나님이나 계시와는 아무런 관계가 없다고 언성을 높인다. 조부는 언쟁이 끝나자 쪽지 하나를 남기고 집을 나간다. 그가 쪽지에 남긴 글은 "평등사회는 아직 도래하지 않았고 차별은 계속되고 있다. 이 현실이 네가 주장하는 평화이다. 계시(통찰력)가 없으면 사람은 멸망한다"(84-85). 조부가 귀가하지 않자 부친은 죄의식과 회한의 시련을 겪는다. 에임즈목사는 아버지를 높이 평가한다: "나의 아버지는 스스로 다짐했던 원칙에 따라 행동하는 인간이었다. 신앙을 토대로 행동하면서 자기가 깨달은 진리를 실천했다"(7).

부친은 조부를 찾기 위해 무수한 편지를 캔저스주에 소재한 교회와 신문사에 보낸 끝에 1892년에 조부의 유품인 시계, 낡은 성경, 그리고 편지들이 들어 있는 소포를 받는다. 그는 거친 말로 언쟁을 벌인 끝에 서로 화해하지 않고 집을 나간 아버지이지만 한편으로 존경하는 그의 묘소를 방치할 수 없다. 그는 어떤 대가를 치르더라도 죄의식과 회한의 가책에서 벗어나기 위해 참회하는 계기를 마련하려고 결심한다. 마침내 그는 캔저스주 주민들의 일부가 극심한 가뭄으로 식량난을 견딜 수 없어 마을을 버리고 떠난 사실을 알기 때문에 온갖 위험을 무릅쓸 각오를 하고 묘소를 찾겠다는 용단을 내린다. 그는 이제 열두 살이 된 아들을 데리고 아버지 묘소를 찾으러 캔저스주로 간다. 두 사람은 어느 지점까지 기차로 가서, 그곳에서 마차를 빌렸으나 심한 가뭄에 말에게 먹일 물을 구할 수 없어 말을 포기하고 걸어간다. 그들은 방향을 잘못 잡아 길을 잃고 오랜 시간 헤맨다. 게다가 음식을 살 수 없는데 다행히 농가 여주인의 배려로 두 개의 삶은 계란과 고구마를 얻어 소금 없이도 맛있게 먹는다. 아버지가 그녀에게 조부에 대해 묻자, 그녀는 그가 이웃마을에 거주했으며, 사망했다는 말은 듣지 못했지만 만약 고인이 되었다면 묘소는 여기서 멀지 않은 공동묘지에 있을 거라고 일러준다. 그들이 두 번이나 지나쳤던 공동묘지의 잡초 속에서 목사 에임즈의 묘비를 찾는다. 두 사람은 다음날 하루 종일 묘소와 그 주변을 깨끗이 정리한 다음에 기도를 올린다. 이때 에임즈목사는 자연에는 해와 달이 각각 하나만 있지 않고, 하나가 없으면 그것을 보완하는 다른 하나가 있어서 두 개가 동시에 있을 수 있음을 깨닫게 해주는 놀라운 광경을 목격한다. 그가 목격한 바에 의하면, "처음에 나는 동쪽에서 지고 있는 해를 보았다고 생각했다. 우리가 아침에 여기 왔을 때 해가 지평선 위에 있었기 때문에 나는 동쪽이 어디인가를 분간할 수 있었다. 그때서야 내가 본 것은 해가 지고 있을 때 떠오르는 만월임을 알았다. 해와 달은 서로 사이를 두고 놀라운 빛을 비추면서 각자의 가장자리에 있었다"(14). 그 순간 그는 지평선이 두 개의 대립적인 사물을 동시에 수용할 수 있는 위대한 능력을 소유하고 있다는 사실을 터득한다. 부친의 기도가 끝나자 두 사람은 함께 지는 해와 뜨는 달을 바라본다.

에임즈목사가 목격한 지평선에 지는 해와 뜨는 달이 동시에 있는 광경은 그의 실존의식과 종교관에 결정적인 역할을 한다. 그는 실존과 종교에서 두 개의 대립적인 견해가 서로 적대시하고 배격한다할지라도 한편으로는 보완할 수 있다는 원리를 깨닫는다. 그는 어떤 견해와 사상도 완벽할 수 없으므로 그 반대를 수용하여 상호보완 해야 한다고 생각한다. 따라서 그는 조부의 전쟁선호와 부친의 평화옹호에도 각각 한계가 있음을 인지한다. 그는 이런 인지에 도달했음에도 불구하고 실존에서 두 개의 대립적인 견해를 수용하여 보완할 어떤 노력도 하지 않으면서 무조건 안이하게 평화옹호에 더 큰 비중을 둔다. 나중에야 이 옹호가 당면한 현실문제해결에 어떤 역할도 할 수 없음을 깨닫는다. 이 옹호가 좋은 성과를 거두려면, 전쟁불사는 아니더라도 긍정적인 역할을 할 수 있는 어떤 장치 그리고 이 장치를 고수하려는 투철한 정신과 용기가 있어야함을 비로소 지실한다. 이렇게 지실하고 있지만, 목사로서 궁지에 몰린 잭(그의 대자)에게 현실적으로 아무런 도움과 희망을 줄 수 없는 처지에 있다. 결국 깊은 통찰 없이 평화라는 미명 아래 흑인을 차별하는 현실과 사회를 용인한 채, 흑인인권을 보장하고 향상시키는 어떤 노력도 투쟁도 하지 않는 비겁한 목사임을 깨닫는다. 이제야 평화옹호와 전쟁불사를 대립과 상반의 개념으로만 인식해서는 안 되고, 상호필요와 보완의 개념으로 수용해야함을 터득한다. 그는 이런 깨달음과 터득을 바탕으로 자아를 성찰하면서, 아들에게는 정의와 평등사회를 구현하려는 투철한 정신과 용기를 가지라고 당부한다.

에임즈목사는 자신의 종교관과 잭의 실존에서 두 개의 대립적인 견해가 서로 보완할 수 있다는 깨달음과 함께 또 하나의 진리 – "다른 사물과 관계를 맺지 않고 존재하는 사물은 존재한다고 말할 수 없다"(47) –가 매우 중요한 역할을 한다. 이 진리의 실례를 들어보면, 어렸을 때부터 매우 영특하여 교회가 후원하여 독일 유학을 보낸 형 에드워드는 탁월한 설교자와 신학자로 대성할 거라는 부모의 기대와 소망을 저버리고 무신론자가 되어 귀국한다. 에드워드는 귀국한 날 저녁식사 때 부친이 요구하는 기도를 무신론자의 양심이라는 미명으로 거절한다. 그러자 부친은 훈계한다: "너는 이 지붕 밑에서 자랐다. 너는 가풍을 안다. 너는 가풍을 존중하는 언행을 해야 한다." 그러나 에드워드는 훈계를 거역한다: "제가 어린이었을 때는 어린이로서 사고했습니다. 지금은 저도 어른이므로 유치한 사고에서 벗어났습니다"(26). 부친은 아들의 반발을 보고, 과거에 자기가 선친의 전쟁미화설교를 듣기 싫어서 퀘이커교도들의 예배에 참석한 행위가 얼마나 큰 잘못이었는가를 절감한다. 부친은 아들의 일탈로 입은 상처쯤은, 선친의 설교로 인하여 논쟁할 때 자제력을 상실하여 화를 내서 그를 실망시키고 마음을 아프게 한 자신의 불효에 비하면 대단치 않다고 생각한다. 따라서 부친은 아들의 반발을 비난하려는 충동을 억제하고 오히려 자기가 회개하고 참회하는 계기로 선용하려고 전심한다. 이제 부친은 분노하며 함부로 하는 말이 상대방에게 엄청난 마음의 상처를 준다는 진리를 깨닫는다: "아주 작은 불이 얼마나 넓은 숲을 태우는가를 보아라. 말이 불이다. 이것이 진리이다"(6).

에임즈목사는 기독교도와 무신론자는 서로를 배척해서는 안 된다고 믿기 때문에 어머니가 읽지 말라는 무신론에 관한 책들을 탐독한다. 어머니는 맹목적으로 무신론에 반대하면서 아들에게 "네가 아버지에게 무신론에 관한 이야기를 한다면 그를 살해하는 행위와 다르지 않을 것이다"(27)고 경고한다. 그러나 어머니의 예상과는 달리 아버지는 무신론을 적대시하지 않고 무신론에 관한 책들에 오히려 관심을 갖는다. 에임즈목사는 무신론자, 러드윅 포이어바크(Ludwig Feuerbach)의 저서를 형에게서 받아 어머니 모르게 탐독한다. 포이어바크는 기독교를 부정하면서도 세례를 예찬한다: "물은 액체 중에서 가장 맑고 깨끗하다. 이런 천연적인 특성 때문에 물은 신성한 정신의 완벽한 본래 모습이다. 요컨대 물은 물로서 그 자체의 의미를 갖는다. 물은 이런 본래적인 속성 때문에 성령의 전달수단으로 선택되어 봉헌된다. 지금까지 세례의 본바탕에는 아름답고 심오하며 본질적인 의미가 있다"(23-24). 그러면서도 그는 "종교와 종교적 체험은 어떤 특성의 환상이다"(145)고 비난한다. 에임즈목사의 친구, 보우턴목사는 포이어바크의 주장이 많은 신도들의 믿음에 회의를 일으킨다고 믿기 때문에 그를 무시한다. 반면에 에임즈목사는 포이어바크의 주장에 심한 자극을 받아 자신의 맹목적인 신앙심에서 해방될 수 있었으므로 그를 존경한다. 에임즈목사는 자기생각으로 일부 신자들이 그들의 믿음에 의문을 갖는데 반해, 기독교를 무신론적 견지에서 공부하고 수용하기 때문에 오히려 하나님과 믿음을 긍정하고 확신할 수 있다.

에임즈목사의 믿음은 그가 절대적으로 존중하는 칼 바스(Karl Barth)신학의 도움을 받아 더욱더 확고해진다. 바스의 신학은 많은 신자들이 당연시하여 수용하는 교리에 순종하는 삶을 살아야한다는 신앙관에서 벗어나 삶을 하나의 가능성으로 믿고, 이 가능성을 더욱 확장하고 실현하기 위해 살아야한다는 신앙관이다. 그는 실존에서 바스의 신학을 절대적으로 신뢰하여 주장한다: "이 오래된 교회가 정적과 기도로 가득할 때 칼 바스가 집필한 모든 책은 심오한 경지에서 보면 책을 재는 저울에서 깃털은 결코 아닐 것이다. 나는 그가 이 사실을 알고 인정하여 존중하고 있다고 믿지 않았다면 바스의 진정성을 확신하지 않았을 것이다"(173). 또 그는 신도들이 바스의 신앙에 절대적으로 의존해야한다고 주장하면서, 의존했을 때의 확실한 효과를 에이브러햄을 실례로 들어 설교한다. 에이브러햄은 늙어서 더 이상 아이를 가질 수 없기 때문에 그의 아들은 그에게 귀중한 보배이다. 그는 아들을 광야로 데리고 가서 제물로 바치라는 하나님의 말씀을 듣고, 이 말씀에 응해 아들을 제물로 바치려는 위기의 순간에 천사들이 나타나서 아들을 구한다. 에이브러햄은 하나님의 섭리를 믿기 때문에 그 말씀에 따랐지만 아들을 잃지 않는다. 에임즈목사는 설교한다: "아들을 제물로 바칠 때 확고한 신앙심이 필요하다. 광야에는 천사들이 있을 거라고 확신하고, 부모의 자식사랑을 존중하는 하나님을 믿어야한다"(129). 요컨대 그는 기독교를 정통교리와 그 순종의 시각에서가 아니라 바스 신학의 가능성과 그 믿음의 입장에서 이해하여 수용한다.

그러나 그는 뜻밖에 자신의 신앙생활에 하나의 획을 긋는 상황에 직면한다. 그의 대자이고 친구의 탕아, 잭이 무책임한 행동을 저지르고 마을을 떠났다가 20년 만에 돌아왔는데, 그와의 재회가 현실을 직시하지 않는 에임즈목사의 실존과 신앙생활에 일대 경종을 울린다. 그는 이런 진리 – "다른 사물과 관계를 맺지 않고 존재하는 사물은 존재한다고 말할 수 없다" –를 부정하는 사회와 의식을 개혁하려하지 않았기 때문에, 실존위기에 처한 대자를 위로하고 지원할 수단과 방법을 강구할 수 없는 무능한 목사이다. 에임즈목사는 한때 부인도 아이도 없이 혼자 살고 있어서 친구 보우턴목사의 연민의 대상이었다. 그는 친구가 또 득남하자, 친구의 호의와 배려로 아이의 세례식을 직접 거행하여 세례명을 죤 에임즈 보우턴으로 명명하고 대부가 된다. 이제 그는 아내는 없지만 이 아이의 명목상 아버지이다. 그는 친구, 그의 부인과 아이들이 지켜보는 세례식에서 뜻하지 않게 아버지가 된 기쁨을 표출한다. 그러나 그가 겉으로 기쁨을 표출하지만 마음은 냉랭하여 부자간의 정을 느끼지 못한다. 그가 솔직한 감정을 표현한다: "때때로 아이는 내가 얼마나 냉랭하게 자기에게 세례를 주고 있는가를 느꼈고, 또 내 생각이 자기를 축복하는 의식에서 얼마나 멀리 벗어나 있는가를 느꼈다고 생각했다. […] 나는 아이에게 죄의식을 느낀다. 나는 결코 아이에게 다정할 수 없었다"(188). 결국 그와 대자와의 관계는 불화의 연속으로 이어진다.

그의 대자, 잭은 보우턴의 아들들 중에서 가족의 사랑을 가장 많이 받으면서도 망나니짓만 골라서 한다. 그러나 그의 부모는 아들을 맹목적으로 사랑하기만 하지 꾸짖고 교육시켜 착한 아이로 성장시키려하지 않는다. 그의 형제와 누이들도 잭이 어떤 말썽과 사고를 내도 무조건 그를 옹호하려한다. 잭은 열 살 때 대부 집의 우체통을 나무 조각으로 가득 채우고 불을 지르며, 서재 유리창을 깨뜨려 박살낸다. 그는 언제나 혼자 웃으면서 못된 장난을 치거나 사악한 행동을 벌일 장소를 찾아 돌아다닌다. 다른 사람들의 물건을 도둑질하기 시작하더니, 대부 집에 들어가서 독서용 안경, 조부의 유품인 그리스어 성경책, 그리고 타계한 부인의 사진을 후무려 도망친다. 그의 절도행각이 신문에 대서특필되지만 아버지의 후광 덕택에 그는 교도소에 수감되지 않는다. 에임즈목사는 그의 이상성격과 탈선행위를 평가한다: "나는 그가 언제나 불가사의하다고 생각한다. 이 불가사의가 내가 그를 염려하는 이유이고, 또한 다른 사람을 판단하는 방식으로 그를 판단할 수 없다고 인지한 이유이다. 말하자면 나는 그의 행위를 도덕적으로 평가할 수 없다. 그는 너무나 야비하다”(184). 이 평가에 걸맞게도 그는 20년 전에 대학생이었을 때 빈곤가정의 처녀를 농락하여 임신시켜서 혼인도 하지 않고 애 아버지가 되어 부모 얼굴에 똥칠한 적이 있다. 그때 그는 태어난 애가 자신의 핏줄이 아니라고 우기면서 무책임하게도 애기와 애 엄마를 버리고 고장을 떠났다.

보우턴목사는 잭이 집을 나간 뒤 아무 소식이 없자 아들 걱정으로 안절부절못한다. 그는 “불꽃들이 높이 날아오르는 것처럼 사람은 걱정하려고 태어난다”(72)고 한탄하면서 나날을 보낸다. 그러나 다행히도 보우턴목사는 잭이 세인트 루이스에서 그에게 보낸 편지를 받고 마음이 놓였고, 더욱이 귀가하겠다는 전화를 받고 극도로 흥분한다. 그는 돌아온 탕아를 기쁜 마음으로 받아들이면서 삶의 활력을 되찾은 듯 했으나, 아들이 제정신이 아님을 알고 다시 무력감에 빠진다. 그는 에임즈목사를 찾아가 아들이 정상이 아니라고 고민을 털어놓는다: “아들은 나에게 돌아온 이유를 말하지 않았다. […] 아들은 세인트 루이스에서 어떤 직업을 가졌던 것 같다. 나는 아들이 어떤 일을 했는지 모른다. […] 나는 그가 한동안 결혼했다고 믿는다. 나는 그의 결혼이 어떻게 되었는지 모른다”(211). 그런데 에임즈목사도 잭이 무엇 때문에 돌아왔는지 전혀 알 수 없다. 그가 마흔세 살에 귀향한 잭을 관찰한 바에 의하면, “그는 다른 사람들과는 달리 단어들의 의미를 경청하려하지 않는다. […] 그는 단어들이 자기를 협박하느냐, 나아가 위해를 가하느냐를 알아본다”(130-31). 이렇게 피해의식과 망상에 사로잡힌 잭이 테네시(Tennessee)주에서 만났던 사람으로부터 들었다고 말하면서 느닷없이 에임즈목사에게 남북전쟁 중에 아이어워주에 주둔했다는 흑인연대가 있었느냐고 물어본다. 목사로부터 흑인연대가 있었다는 대답을 듣고 잭은 이 사실에 깊은 관심을 보인다. 또 목사가 누군가가 흑인교회를 방화해서 흑인들이 불안감을 느껴 모두 떠나버려 아쉽다는 감정을 토로하자, 잭도 동감을 표시한다. 더욱이 잭은 목사에게 어떤 사람이 악을 갖고 태어나 악행을 저질렀다 할지라도 지옥으로 가지 않는 길, 즉 자기예정을 바꾸는 방법을 찾을 수 있느냐고 묻는다. 목사가 재빨리 대답을 못하자, 목사부인이 말한다: “사람은 변할 수 있다. 만물은 변화할 수 있다”(150-51). 잭은 이에 감격하여 “이 말이 내가 알고 싶었던 전부이다”(153)고 환호한다.

이때 갑자기 에임즈목사는 뇌리에 깊이 박혔던 죤 캘빈(John Calvin)의 명언을 생각한다. 이 명언에 의하면, "우리는 각자 무대에 선 배우이고 하나님은 관객이다. 이 은유는 언제나 나의 지대한 관심사였다. 은유가 우리를 행동의 예술가로 만들고, 하나님의 우리에 대한 반응은 일반적인 의미에서 도덕적이라고 주장하기보다는 오히려 심미적인 판단으로 간주되기 때문이다"(124). 이 생각은 또 선악을 따지려고 하는 에임즈목사에게 보우턴목사가 했던 말 – "아들이 나쁜 짓을 하고 있을 때도 '자기 마음은 가지고 있다'" –을 회상케 한다. 에임즈목사는 이런 생각과 회상으로 인하여 지금까지 나쁘게만 여겼던 잭이 아무튼 자기아들임을 분명하게 인지한다. 그는 심경을 피력한다: "죤 에임즈 보우턴(잭의 세례명)은 내 아들이다. 내 믿음이 사실이라면 내 아들도 틀림없는 사실이다. '내 아들'은 나에게 또 하나의 자아, 더욱 소중한 자아를 의미한다. 언어는 충분하지 않지만 그 순간 아들이라는 단어는 내가 말할 수 있는 최선이다"(125). 이제 목사는 아들에게 그의 "실존은 본질적이고 성스러운 의식"이라고 말할 수 있기에, 아들의 의식이 신앙심, 사랑, 그리고 강인성으로 더욱 확고해지기를 기도한다. 목사는 다행히도 아들이 칼바스를 알고 있음에 깊은 감명을 받은 터에 불굴의 정신의 소유자라는 생각이 들자 그라는 존재에 감탄한다.

잭 또한 지금까지 소원했던 대부에게 친근감과 신뢰감을 느끼자, 사진 한 장을 30초 동안만 보여드리더니 에임즈목사가 난처해하거나 당혹스러워할까봐 얼른 지갑에 도로 넣는다. 그 사진에는 잭이 양가의 동의와 축복도 없이 결혼한 흑인여자 델러(Della)와 다섯 살 혼혈아들 로버트 보우턴 마일즈가 있다. 잠시 후에 그는 안정을 되찾은 목사에게 사진을 다시 한 번 보여드린다. 목사가 사진을 다시 보고 매우 행복한 가정이라고 말하자, 그는 재빨리 "그녀는 훌륭하고 아들도 착하고 저도 아주 행복합니다"(219)고 반응한다. 목사가 "너는 아버지가 이 사진을 보면 충격을 받아 돌아가실 거라고 걱정하느냐?"고 묻자, 그는 엉뚱하게 대답한다: "저는 그녀(델러)의 부모를 거의 살인할 뻔했습니다. 그들은 제가 태어났던 날을 저주했습니다. [···] 우리는 ··· 하나님이 보시면 결혼한 부부입니다. 누구도 우리에게 흑·백인 결혼금지법을 준수하라고 강요하지 않습니다. [···] 우리는 8년 전에 결혼했지만 이 8년 동안 실제 부부로는 17개월 2주에다 하루를 살 수 있었을 뿐입니다"(219-20). 그는 그녀의 부모가 무조건 자기를 성실하게 살아갈 인간으로 인정하지 않으면서, 델러와의 결혼에 결사반대했을 뿐 아니라 아들까지 빼앗으려했다고 분통을 터뜨린다. 그러면서 자신과 델러의 실존은 흑인과 백인 모두에게 "본질적이고 성스러운 의식"으로 정당하게 받아들여지지 않고 있다고 목사에게 하소연한다.

잭의 말에 의하면, 교사인 델러가 한 아름의 책과 서류들을 안고 폭풍우 속에서 귀가하던 중 갑자기 서류들이 길바닥에 떨어져 바람에 흩어진다. 그는 그녀가 그것들을 주워 모으도록 도와주고, 마침 우산을 가지고 있어서 그녀를 집까지 바래다준다. 그녀는 그를 목사로 오인했음을 인정하면서도 집으로 초대하여 차를 대접한다. 더욱이 그녀는 스스로 보잘 것 없는 비참한 인간이라고 생각하고 있는 잭을 깊이 배려하고 격려해준다. 마침내 그는 그녀의 배려와 격려를 받아 자신을 일신하고 개과천선하면서 그녀와 가까워진다. 그녀의 가족이 두 사람의 관계를 알고, 그를 그녀로부터 떼어놓으려고 온갖 수단과 방법을 다 쓴다. 학기가 끝나자 그녀는 부모님의 뜻에 따라 테네시주의 멤피스(Memphis)로 돌아간다. 그도 그녀를 따라가서 그녀 아버지가 목사로 봉직하는 흑인교회의 예배에 유일한 백인으로 참석한 뒤에 목사에게 자기와 델러와의 관계는 정말 순수하고 진실하다고 강조한다. 그러나 목사는 무조건 백인들은 무신론자라고 맹신하기 때문에, 그의 말을 믿고 수용할 수 없으므로 그에게 딸과 헤어지라고 강요한다. 그렇지만 델러가 개학하여 세인트 루이스로 돌아온 날 그들은 부부가 된다. 그녀는 임신하자 학교에서 면직당한다. 그의 고정수입이 없는 데다 흑·백인의 결혼을 금지하는 완고한 고장에서 실존해야하는 두 사람은 신상 면에서 위험하고, 생활은 궁핍하며, 주거환경은 비참하다. 다른 뾰족한 길이 없어서 델러는 분만하기 위해 멤피스로 갈 수밖에 없다. 이윽고 그녀가 아들을 순산했다는 반가운 소식을 듣고 달려갔더니, 흑인목사는 그의 기쁨과 인격을 전적으로 무시하고 바로 떠나라고 강요한다. 목사는 딸을 흑인명문가의 남자와 결혼시키고, 애를 그의 아들로 입양시키려는 계획을 갖고 있기 때문이다. 그러나 델러는 아버지에게 반항하여 어떤 일이 있어도 아이를 데리고 세인트 루이스로 가겠다고 잭에게 약속하면서 그를 위로하고 격려한다. 그는 그녀의 약속에 고무되어 직장도 새로 구하고, 흑·백인 혼합거주지역에다 집도 장만한다. 이 집에서 델러와 아들과 함께 8개월 동안 행복하게 거주한다. 그러던 중 하루는 방심한 채로 가족을 데리고 공원으로 놀러갔다가 우연히 직장상사를 만난다. 다음날 상사는 그를 사무실로 불러 자기는 지켜야할 명예가 있다고 말한다. 그는 이 말 끝에 화가 치밀어 자제력을 잃고 상사를 심하게 폭행한다. 그날 저녁 경찰이 그를 집으로 찾아와서 흑·백인 결혼금지법에 대해 언급한다. 그는 결국 교도소에 수감되지 않는 아버지와 남편이 되려고 가족을 멤피스로 보내고, 자기는 흑·백인 결혼금지법이 없어서 "급진주의의 빛나는 별"(175)이라 불리는 아이어워주의 길리어드로 돌아온다.

그는 길리어드로 돌아오는 도중에 델러와 정식으로 결혼식을 올리고, 가족이 함께 사는 방도를 강구할 수 있을 거라고 생각한다. 더욱이 그는 아들이 할아버지께 인사드리면, 아버지도 자기가 자랑스러운 아들을 가졌음을 알고 기뻐하실 거라고 믿는다. 그는 아들이 착하고 영리하여 장래에 목사가 될 인물이라고 자랑할 수 있기 때문이다. 그러나 막상 너무 허약한 아버지를 보고 나자, 도저히 흑인여자와 결혼해서 혼혈아 아들을 가지고 있다고 말할 수 없다. 병마에 시달리는 아버지에게 큰 충격과 당혹감을 일으키고 싶지 않기 때문이다. 게다가 길리어드가 과거와 달리 지금은 흑인의 낙원이 아니어서 그가 델러와 함께 쉽게 정착할 수 있는 마을이 아님을 인지한다. 주민들은 무사안일과 개인주의에 빠져서, 마을을 흑인들을 자유인으로 도피시키기 위한 거점으로 활용했던 때의 박애정신과 그들을 동료주민으로 수용했던 공존의식을 망각해버린 것 같다. 따라서 그들은 과거에 흑인과 백인들 사이에 충만했던 아량, 배려, 존중, 그리고 부조정신에 관심이 없다. 더군다나 그들은 "다른 사물과 관계를 맺지 않고 존재하는 사물은 존재한다고 말할 수 없다"는 진리를 무시한다. 다시 말하면 그들은 자기들과 흑인들은 불가분의 관계에 있다는 엄연한 사실을 외면하려고 안달한다. 그렇지만 그는 에임즈목사에게 물어본다: "이 마을의 아량과 관용은요? 우리가 여기 와서 결혼하면 살 수 있을까요? 주민들은 우리를 내버려둘까요?"(231). 그는 은근히 에임즈목사의 영향력을 기대해보지만, 목사도 협심증 때문에 오래 산다는 보장을 할 수 없다는 사실을 수용할 수밖에 없다. 더욱이 에임즈목사도 주민들의 폐쇄적 의식을 개혁하려고 노심초사하는 것 같지도 않다. 결국 그는 돌아올 때의 기대와 희망을 접고 떠나기로 마음을 정리하지만, 결코 절망하지 않고 새로운 삶과 신천지를 개척하기 위해 길리어드를 등진다.

에임즈목사는 짐이 별로 없어 가볍게 보이는 가방을 들고 버스정류장으로 걸어가는 잭을 동행한다. 잭이 교회 앞을 지나가면서 서글픈 목소리로 다시는 여기 오지 못할 것 같다고 말하자, 목사는 마을사람들이 언젠가 너를 필요로 하는 날이 올 수도 있으니 몸조심하라고 격려한다. 그러자 잭이 "대부님이 아시다시피 저는 또다시 가장 못된 짓을 하고 있습니다"(204)고 괴로운 심정을 토로한다. 그는 임종을 앞둔 아버지를 두고 떠나는 불효에 양심의 가책을 느껴 마음이 몹시 무겁다. 목사가 그를 극진히 위로하자, 그는 자기를 대신해서 아버지께 작별인사를 드려달라고 목사에게 부탁한다. 목사는 당연히 그렇게 하겠다고 약속하면서 그를 축복해주고 싶다는 뜻을 비친다. 그가 흔쾌히 동의하자 목사는 축복은 자기 손을 상대의 이마에 대고 하나님의 가호를 비는 의식인데, 거리에 사람들이 있어 의식을 거행하기가 곤란하다고 난색을 표한다. 그는 아무 문제가 없다고 우기면서, 모자를 벗어 눈을 감고 머리를 숙여 목사의 손에 가만히 기댄다. 그러자 에임즈목사는 기도한다: "하나님께서 너의 얼굴을 밝게 하시고 너에게 자비를 베푸신다. 하나님께서 안색을 환하게 하시고 너에게 평화를 선물하신다"(241). 기도가 끝나자 잭은 꿈에서 깨어난 것처럼 목사를 바라보면서 "목사님 감사합니다"고 인사한다. 그때 버스가 오자 목사가 "네가 알다시피 우리 모두 너를 사랑한다"고 작별인사를 하자, 잭은 "당신들은 모두 성인들입니다"(242)고 응답하고 떠난다. 에임즈목사는 한때 흑인들의 낙원이었던 길리어드에 큰 희망을 품고 왔다가 꿈을 버리고 떠나는 잭의 슬픈 모습을 직접 목격하고서, 자신의 구원을 절실히 필요로 하는 대자에게 어떤 도움도 주지 못하는 삶을 살고 있는 무능하고 비겁한 대부이고 목사임을 깨닫는다. 목사는 스스로 잭의 실존, 즉 "본질적이고 성스러운 의식"을 보장하려하지 않았고, 백인들이 흑·백인의 공존을 부정하는 아집과 편견에 빠져 있는 현실을 개혁하려고 노력하지 않는 무기력과 비겁의 대명사가 되었음을 자성한다. 에임즈목사는 이런 깨달음과 자성을 바탕으로 아들에게 쓴 편지에서 독선, 아집, 무사안일, 그리고 극단적인 개인주의가 난무하는 사회에서 구성원들의 의식을 개혁하려고 최선을 다하면서, 자유, 평등, 그리고 사랑을 실현하려는 용감한 사람이 되라고 당부한다. 이 당부가 그의 편지쓰기인 이 소설의 끝맺음이다.

레슬리 마먼 실코우(1948-)는 백인남자가 인디언여자와 결혼하여 인디언마을에 정착한 부부의 혼혈후손으로 매우 재능 있는 인디언여자소설가일 뿐 아니라 아주 중요한 미국소설가이므로 특정한 분류나 한정된 영역에 귀속시키지 말아야한다.[106] 그녀는 미국소설에 탁월한 업적을 남겼을 뿐 아니라 인디언소설의 위상을 획기적으로 격상시켰기 때문이다. 그녀의 처녀작, *의식*(*Ceremony*, 1977)은 미국문학교수들이 가장 중요한 최근미국소설로 선정한 네 소설 중의 한 권이다. 나머지 세 권은 토우니 모러선의 *빌러비드*, 랠프 엘러선의 *보이지 않는 인간*, 그리고 토머스 핀천의 *중력의 무지개*이다. 또 *의식*은 1960년대 후반에 시작된 미국원주민문예부흥(Native American Renaissance) 운동의 이정표를 세운 작품이다. 더욱이 *의식*은 "획기적인 명작으로 두각을 드러내어, 일반적으로 가장 유익하면서도 교재로 제일 많이 채택되는 20세기 미국원주민소설 두세 권 중의 하나로 평가받았으며, 더욱이 학부와 대학원의 미국문학과 여성학강의 필수교재가 되었다."[107] *의식*의 이런 탁월하고 보편적인 위력의 원천은 실코우의 특이한 소설창작방법과 원주민신화를 긍정하면서 미국(백인)문화를 수용하는 철학에 있다. 그녀는 소설주인공, 타요(Tayo)의 소외감과 전쟁후유증 극복이야기를 원주민신화, 신토불이에다가 미국문화를 혼합하여 서구소설창작기법으로 서술한다. 그녀의 서술목적은 자신 뿐 아니라 독자들로 하여금 "당신 자신을 성찰하는 전인적인 방법, 즉 당신 주위의 사람들, 당신 삶, 그리고 자연과 거주지의 관점에서가 아니라 일전에 살았던 삶과 다른 사람들에게 일어났던 사건들의 시각에서 더 광범위한 실존상황과 여건"[108]을 천착하도록 하는데 있다. 또 그녀는 미국문화를 아주 비판적으로 기술하면서도 "기적과 치유의 가능성을 배제하지 않는다." 더욱이 그녀는 원주민들의 인권을 유린하는 억압과 인종주의의 정치적, 사회적 이념들을 비난하면서도, "창조를 사랑하고 존경하는 사람들이 역경을 이겨내고 행복할 수 있는 미래를 상상한다."[109] 그녀는 이 목적과 상상을 전제로 타요가 혼혈아로 태어나 사람들의 경멸과 멸시의 대상에다 고아로 성장하면서 느꼈던 소외감과 무력감 그리고 제2차 세계대전 참전으로 인해 발병한 전쟁후유증을 원주민의식으로 치유하고, 신체와 정신건강을 회복하여 자기와 땅이 하나가 되는 인간으로 변신하여 삶의 터전과 사회로 복귀하는 과정을 서술한다.

타요의 비극적인 출생, 비참한 삶, 그리고 전쟁후유증은 미국정부가 원주민들이 자기 자신과 동일시하는 땅을 강제로 빼앗아 생존권을 박탈하고,

그들의 생명과 문화를 무시하고 부정하는데서 기인한다. 그러나 원주민문화는 그 철학을 오늘날 우리가 실존에서 실현하려는 공존, 평화, 번영, 건강, 그리고 안정에다 두고 있으며, 더욱이 사고와 감정, 주관과 객관, 화자와 청자, 그리고 소리와 의미는 하나라는 진리에 두고 있다. 그러므로 원주민문화는 정신과 육체를 구별하는 이원론을 절대시했던 서구문화와는 아주 대조적이다. 또 원주민문화는 공간을 원형으로, 시간을 순환으로, 우주를 동적, 창조적으로 반응하고 변화하는 실체로 수용하고, 생존수단으로 철학적, 신비적 원리들을 가장 중요시한다. 이에 반해 서구문화는 공간을 직선으로, 시간을 연속으로, 우주를 정적, 고정적으로 간주하고, 생존수단으로 기술적, 과학적 방법들을 선호한다. 요컨대 원주민문화는 인간과 만물이 서로 의존하여 이루는 조화와 통일의 극치이다. 이런 원주민문화의 시각에서 보면 타요의 전쟁후유증은 "전체적 조화가 깨져 조각난 징조이다. […] 건강은 전체성이다." 그래서 그가 서구문화와 사악한 지배세력의 피해자로 겪어야하는 전쟁후유증으로 인한 소외감, 고립감, 죄책감, 의욕상실, 그리고 비사교성은 현대의술이 아니라 원주민문화의 한 축을 이루는 의식에 의해 치유된다. 의식은 "전체성의 복원을" 실현시킬 뿐 아니라 그 목적이 통합에 있으므로 "개인을 그의 동료와, 지역사회를 다른 지역사회와, 민족을 다른 민족과 결합시키기"[110] 때문이다. 그러므로 *의식*에 등장하는 우주창조자인 거미는 "내가 아는 유일한 치유법은 훌륭한 의식이다"[111]고 역설한다. 이렇게 타요가 의식으로 전쟁후유증을 치유한 이야기는 그의 이원론적 서구문화 부정, 원주민문화의 진가 재발견, 그리고 자아정체성 정립과정의 서술이다. 드디어 그는 의식으로 혼혈아라는 출생으로 인하여 그리고 사악한 지배세력의 피해자가 됨으로 인하여, 겪었던 갈등과 혼란, 소외감, 고립감, 그리고 정신분열증을 극복하고 전체성을 회복하여, 모든 사람 그리고 사물과 하나가 되려는 인간으로 재생한다. 이제 *의식*을 "소외감과 전쟁후유증 극복 그리고 재생"의 논지로 고찰해본다.

*의식*은 타요가 제2차 세계대전이 끝난 직후에 로스앤젤러스 보훈병원 침대에서 불면증으로 극심한 고통에 시달리는 장면으로 시작된다. 그는 "칠흑 같은 밤의 악몽과 홍수에 떠내려 온 잡동사니들처럼 자기를 엄습하는 시끄러운 목소리들"(5) 때문에 잠을 잘 수 없다. 그는 친근한 연가, 일본군들의 성난 큰 목소리, 러구너(Laguna)부족의 말, 특히 외삼촌 죠우시어(Josiah)와 어

머니의 말을 듣지만, 어머니 말뜻을 이해할 수 없어 미칠 것 같다. 그는 이렇게 복잡하게 뒤엉킨 과거의 실타래를 풀어보려 하면 더욱 꼬여 잠을 설친다. 게다가 그는 위경련으로 인한 심한 구토 때문에 잠을 잘 수 없다. 이렇게 그는 불면증, 정신착란, 그리고 구토에 속수무책이다. 그는 신체적, 정신적으로 온전하지 못해 자기존재를 인지할 수도 긍정할 수도 없다. 그는 스스로 자기는 하얀 연기이고, 연기는 실체가 없으므로 자기를 보이지 않는 인간으로 부정한다. 더욱이 그는 "주기적으로 식별력을 상실하여 현재의 사실과 어렸을 때와 전쟁 중의 기억들을 구별할 수 없을 뿐 아니라 … 깊은 애정을 갖고 다른 사람들과 소통할 수 없다."[112] 지금 그는 절망감, 소외감, 그리고 무력감에 깊이 빠져 있다.

먼저 타요가 어떻게 판단력, 자신감, 그리고 자의식을 상실하고 절망감과 무력감에 빠진 인간이 되었는가를 알아보기 위해 그의 과거 삶을 고찰한다. 그의 어머니는 원주민의 땅과 생존권을 강탈한 백인들의 삶을 동경하여 그들이 건설한 도시, 갤럽(Gallup)에 정착하지만, 생각했던 꿈과 기대와는 달리 술과 매춘에 의존하여 퇴폐적, 자멸적인 삶을 살 수밖에 없다. 그녀는 뜨내기 백인손님과 가졌던 관계로 본의 아니게 혼혈아 타요를 출산한다. 이렇게 태어난 타요의 삶은 비참, 비극, 혼란, 그리고 자신감 결여의 연속이다. 그는 다리 밑의 강가에 있는 판잣집에서 살면서, 어머니가 밤늦게 남자와 함께 돌아와 음식을 주면 가지고 나가 잠잘 곳을 찾으며, 어머니 혼자 돌아온 밤에는 다음 날까지 굶는다. 어느 날 경찰이 갑자기 들이닥쳐 집안의 남자들을 끌어내어 수갑을 채우고, 도망치는 여자와 아이들을 붙잡은 다음에 판자촌에 불을 지른다. 그는 혼자 버드나무 꼭대기 가지들 사이로 별들을 보면서 어머니가 꼭 돌아올 거라고 믿고 기다린다. 그런데 그가 네 살 때 어머니는 그를 가슴에 안고 남자들과 함께 러구너에 와서 자기에게 악착같이 매달리는 아들을 오빠에게 맡기고 가버린다. 외삼촌의 품에서 벗어나려고 발버둥이 치면서 우는 아들을 버린 어머니는 고인이 되어 돌아와 매장된다. 그는 어머니의 버림을 받았고, 지금은 고아로 외할머니, 외삼촌, 이모와 이모부, 그리고 사촌형과 함께 생활하면서, 판잣집과 굶주림에서 벗어난다. 그러나 그는 혼혈아인 자기를 집안망신으로 생각하는 이모의 따돌림을 당한다. 이모는 술과 매춘에 빠진 동생과는 달리 자기는 독실한 천주교신자임을 과시하면서도, 타요를 태어나서도 있어서도 안 될 존재로 간주하기 때문에 그를 따돌리고 소외시킨다. 그녀는 아들 로키(Rocky)에게 장난감들을 가지고 타요와 함께 놀지 말고, 더욱이 그를 동생이라고 말하지 말라고 주의시킨다. 이처럼 그녀는 타요가 스스로 가족의 구성원이 아니고 국외자임을 깨닫게 하려고 은밀하게 모든 수단과 방법을 동원한다. 더욱이 그녀는 그에게 수치심, 모욕감, 그리고 충격을 주려고 도저히 발설해서는 안 될 이야기를 서슴없이 털어놓는다: "그녀(동생)는 커다란 사시나무 아래로 걸어오고 있었다. 나는 동생을 똑똑히 볼 수 있었다. 그녀는 옷을 입고 있지 않았다. 아무것도 걸치고 있지 않았다. […] 그녀는 나무 밑에 지갑을 떨어뜨렸다. 아이들이 나중에 거기서 지갑을 찾아서 가져왔다. 지갑은 텅 비었고 오직 립스틱 하나가 있었다"(65). 타요는 이야기를 듣고 침을 꿀꺽 삼키면서 한숨을 내뿜는다. 요컨대 이모는 오로지 천주교교우들이 인정하는 체면과 명예만 중요시하고 조카의 보살핌에는 관심이 없는 "냉혹하고 질투심이 많은 여자이다."[113] 이 뿐만 아니라 그가 버림받은 아이로 집에 왔을 때 로키는 큰 소리로 외친다: "꺼져. 너는 네 동생이 아니야. 나는 동생을 원치 않아"(61). 더구나 두 사람이 성장해서 함께 생활하면서도 서로 대화하고 소통하기 어려워 거리감과 소외감을 느낀다. 로키는 백인사회에 완전히 동화하는 삶을 우선시하는데 반해, 타요는 혼혈아이면서도 인디언전통문화와 의식을 고수하려고 전력하기 때문이다. 로키는 학교에서 공부도 일등이고 미식축구와 육상의 주 대표선수이다. 그는 언제나 우승에 대한 집념이 강하고 승리할 수 있다는 자신감을 표출한다. 그는 무조건 백인사회에서 출세하여 정상에 오르려는 일념으로 백인선생들의 조언과 충고를 이론의 여지없이 성심성의를 다해 받아들인다. 그는 백인사회에서 입신양명하기 위해 선생들의 조언에 맹종하여, 외할머니와 외삼촌이 못마땅해 함을 아랑곳하지 않고 가족을 등질 뿐 아니라 러구너문화와 전통을 미신이라고 부정한다. 이모도 백인사회에서 아들의 성공은 바로 자신의 승리라고 믿는다. 더욱이 타요는 혼혈아로 초등학교에서 유독 어떤 한 학생의 멸시와 증오의 대상이 되어 소외감과 수치심으로 크게 위축당한다. 또 그는 인디언언어로 익힌 사물을 영어로 표현해야함으로 큰 혼란을 겪는다. 게다가 그가 삶의 기반으로 믿었던 인디언이야기와 문화가 학교에서 무시되고 부정되기 때문에 자신감을 상실한다. 그는 백인선생을 만나기 전에는 암석대지(mesa)의 높은 절벽 위에 서면 둥근

달에 갈 수 있다고 믿었다: "사람이 달에 가기를 원하면 길은 있었다. 그 길은 당신이 방법을 알고 있느냐, 즉 정확하게 어느 길로 가고 도달하려면 무엇을 해야 하느냐에 달려 있었다. […] 그는 백인선생이 그에게 그런 '터무니없는 말'을 믿지 말라고 가르칠 때까지 오랫동안 이런 이야기를 확신했다"(17-18). 이 뿐만 아니라 그는 외할머니의 말 – "동물들이 사람에게 말할 수 있었고, 많은 마법적인 사건들이 일어났다"(87) –을 그대로 수용했다. 또 그는 파리가 병균을 옮기는 나쁜 벌레라는 선생의 말을 듣고 파리를 잡았다. 그러나 그는 "우리는 파리가 우리를 위해 하는 일에 감사해야한다"는 외삼촌의 훈계를 듣는다. 그의 훈계에 의하면, "돈보다 더 가치 있는 사물들이 있다. […] 이 모래, 돌, 나무들, 덩굴들, 그리고 야생화들. 이것들이 우리를 살아가게 하고 있다. 몇 년 동안 극심한 가뭄으로 먼지, 바람, 그리고 건조함에 대한 사람들의 불평을 너는 듣고 있다. 하지만 바람과 먼지도 해와 하늘처럼 생명의 일부이다. 너는 이것들을 저주해서는 안 된다. 이것들도 사람이고 우리의 가족이다. 노인들은 사람들이 이 사실을 잊고 잘못 행동할 때 가뭄이 든다고 늘 말해왔다"(42). 이렇게 타요는 백인교육과 인디언문화 사이에서 심한 갈등을 겪으면서 혼란과 소외감 그리고 자신감 상실의 소용돌이에 빠진다.

그러나 그는 이런 소용돌이에서 벗어나는 계기를 갖는다. 외삼촌 죠우시어는 백인이 쓴 과학적인 소 사육법에 관한 책들을 읽고 많은 문제점이 있음을 발견한다. 책들에는 인디언 땅에 사는 소들이 직면할 가뭄이나 겨울의 심한 눈보라 혹은 마른 엉겅퀴에 대처하는 방법이 없다. 따라서 그는 책들에 의존하지 않고 자신의 독자적인 소 사육법을 강구하려는 일념으로 주장한다: "우리는 우리의 고유한 방식으로 소들을 사육해야할 것이다. 또 우리는 우리 자신의 책, 인디언 땅에서 소 사육법, 즉 초식하지 않거나 물을 마시지 않는 소의 사육법을 집필할 것이다"(69). 외삼촌은 백인들이 집필한 소 사육법에 관한 책들을 신뢰할 수 없으므로 그들이 사육을 권장하는 소, 헤러퍼드(Hereford)를 사면 실패할 거라고 예견하고, 가족의 반대와 우려에도 불구하고 잡종 소, 멕시컨 얼룩소들을 구입하여 방목한다. 그가 "무한과 연속의 상징이고"[114] 생존력이 강하다고 믿는 잡종 소 선호는 지금 소외당하고 있는 혼혈아, 타요의 미래가 밝아질 것임을 예시한다. 또 타요는 "신비하고 강한 [혼혈 멕시코] 여인,"[115] 밤의 백조(Night Swan)의 위로와 격려를 받아 소외감을 극복하고 자신감을 회복하는 계기를 갖는다. 그녀는 무희로 춤을 출 때는 강한 생동감과 활력을 분출하면서 스스로 몰아의 경지에 이르러 관객들을 황홀경으로 이끈다. 이런 그녀가 어느 날 갑자기 거리에서 홀로임을 알고, 다른 사람과의 공존에서 자신에게 반드시 있어야하는 변화와 그 감정이 없음을 느끼고, 바로 그곳을 떠나 여행하던 중에 테일러산(Mount Taylor)에 매료되어 쿠버로(Cubero)에 정착한다. 외삼촌은 밤의 백조를 보고 심장이 강렬하게 뜀을 도저히 멈출 수 없어 매일 밤 그녀와의 만남을 일과에서 가장 중요시하며 즐긴다. 그러다가 외삼촌은 가뭄 끝에 갑자기 비가 내려 밭 일이 바빠질 것 같아 밤의 백조에게 만남약속을 취소하는 쪽지를 보내는 심부름을 타요에게 시킨다. 그가 우중에 차를 몰아 밤의 백조 집에 도착하자 빗방울은 양철지붕을 세차게 때리고, 홈통에서는 빗물이 쏟아져 나온다. 그가 문을 두드리는 소리를 듣고 나온 젊지도 늙지도 않은 여자의 몸에 착 달라붙은 옷 위로 드러난 그녀의 복부와 엉덩이를 보고 얼굴이 화끈거림을 느끼면서 그녀에게 쪽지를 전한다. 그녀의 들어오라는 말을 듣고 그가 문 안에 들어서는 순간 요란한 천둥소리가 마치 거대한 바위들이 높은 절벽에서 좁은 협곡으로 떨어져 부딪히는 굉음처럼 나는 통에 창문 유리들이 덜거덕거린다. 그녀는 양철지붕을 세차게 두드리는 비 소리를 들으면서 그를 침대로 데리고 간다. 그녀는 스페인 말로 속삭이며 그의 등과 목을 애무한 다음 입술로 귀와 목을 가볍게 스친다. 그녀가 자기 몸을 그의 가슴과 배에 밀착시키자, 그는 그녀의 부드러운 다리와 배를 느낄 때까지 몸을 단단하게 유지한다. 그는 떨고 있는 그녀를 꼭 포옹하면서 자기도 떨고 있음을 느낀다. 그녀는 숨을 더 가쁘게 몰아쉬면서 거칠게 호흡하는 그의 밑으로 기어 들어간다. 그녀는 "그의 밑에서 움직이는데, 그녀의 율동은 서까래를 뒤흔드는 바람소리 그리고 나무에 떨어지는 빗소리와 하나가 되었다. 그러자 그는 이 순간 이전에 살았던 삶으로부터 멀리 벗어나 막연하지만 자신의 몸과 의식의 깊은 내면에 열중했다"(91). 타요가 신비하고 강한 밤의 백조와 가진 관계는 그를 육체적, 정신적으로 성숙시켰으므로 지금까지 자기 마음을 짓눌렀던 소외감과 자신감 상실을 극복하는 계기가 된다. 그는 자기 몸을 그녀의 육체에 밀착시켜 몰아의 경지에서 그녀와 하나가 될 뿐 아니라 정신과 육체의 일원론으로 혼혈아로 인한 소외감과 수치심에서 잠시나마 벗어나기 때문이다. 인디언들은 땅을 여신으로 숭배하여 성과 신성을 동일시한다. 세속적인 성행위도 여신의 몸에 다가가는 길이다. 따라서 그의 "밤의 백조와의 만남이 여자의 힘의 다른 화신을 … 다시 상봉할 것임을 예고한다."[116]

그가 옷을 입는 동안 그녀는 그를 오랫동안 지켜보면서 눈의 색도 보았다고 말한다. 이 말을 듣고 그는 처음으로 혼혈아로 겪었던 수치심과 모멸감으로 인한 마음고생을 솔직하게 털어놓는다: "멕시코사람 눈입니다. 다른 아이들이 나를 놀렸습니다. 나는 언제나 나도 다른 사람들처럼 검정 눈을 가졌으면 하고 바랐습니다." 그녀는 그의 고민을 수긍할 수 없어 고개를 저으면서 그를 위로하고 격려하려고 말한다: "타요, 그들은 두려워하고 있다. […] 인디언들이나 멕시코사람들이나 백인들도 거의 전부가 변화를 두려워한다. 그들은 자식들이 자기와 같은 색의 피부와 눈을 가지고 태어나면 아무런 변화도 없다고 안도한다. 그들은 바보들이다. 그들은 자기들과 다르게 보이는 우리를 비난한다. 이런 식으로 그들은 자기들 내부에서 일어나는 일을 묵살한다." 그녀는 계속 부언하면서 암시한다: "너는 지금 일어나고 있는 일을 반드시 다 이해할 필요는 없다. 그러나 오늘을 기억하라, 너는 나중에 오늘을 깨달을 것이다. 너는 이제 오늘의 일부가 되었다"(92). 타요는 자기실존에 절대적으로 필요한 육체적, 정신적 변화 뿐 아니라 밤의 백조가 자기에게 쏟은 깊은 관심과 배려를 실감한 새로운 의식에 고무된 채 그녀와 작별한다.

타요는 그녀와 헤어진 후에 평생 처음으로 자기를 동생이라고 부르는 로키의 권유에 응해 육군에 지원한다. 로키는 육군모병관에게 자기는 조종사가 되어 전 세계 방방곳곳에 날아가고 싶은데 그게 가능하냐고, 또 동생과 함께 지원하면 같은 부대에 배속되느냐고 묻는다. 모병관은 지금 지원하면 모두 다 가능하다고 대답한다. 로키는 평소의 자신만만한 태도를 버리고 동생의 동의를 구하는 표정을 짓는다. 로키가 먼저 지원서에 서명하자 타요도 따라 한다. 타요는 형과 함께 육군에 입대하여 같은 부대에서 생활할 수 있다는 생각에 다음이 가벼워진다. 로키는 이런 동생의 등을 가볍게 두들기면서 말한다: "타요, 우리는 정말 잘 할 수 있을 거다. 전 세계를 돌아다니면서 다른 국가들과 다른 사람들을 볼 수 있을 거다"(66-67). 타요는 들뜬 기분으로 귀가해서 외삼촌의 소형화물차를 보고, 고등학교를 졸업하면 얼룩소들을 돌보겠다고 외삼촌에게 했던 약속을 어길 수 없으므로 육군지원을 취소한다는 자기 뜻을 로키와 가족에게 밝힌다. 로키는 동생에게 아버지와 외삼촌이 얼룩소들을 사육할 수 있으므로 걱정할 필요가 없다고 강조하지만, 이모는 타요가 집에 있어야한다고 고집을 부린다. 그러자 외삼촌과 외할머니가 주장한다: "그를 육군에 입대시켜라. 형제가 서로 보살피면 모두 무사히 돌아올 수 있다." 이렇게 하여 이모의 뜻이 꺾이자 타요는 그녀에게 "제가 형을 안전하게 데려오겠습니다"(67)고 약속하고 출전한다.

그러나 타요는 공군조종사가 못되고 육군보병으로 필러핀즈(Philippinnes)의 전쟁터에서, 자기가 생활신조로 고수하려했던 만물은 하나라는 인디언들의 실존철학이 무용지물임을 직감한다. 또 그는 전쟁터의 실존에서는 조화와 균형이 이루는 전체성은 있을 수 없고, 오로지 우리와 적의 이분법을 철칙으로 하는 전쟁이 증폭시키는 참상과 참혹만을 목격한다. 그는 이 직감과 목격이 유발한 정신적 외상(trauma)으로 부지불식간에 정신분열증환자가 되고, 이 분열증에서 기인한 착란으로 사람과 장소를 분별하는 능력을 상실한다. 그는 일본군포로들을 사살하라는 중사의 명령을 받고도 방아쇠를 당기지 못한다. 그는 그 순간에 거기에 서 있는 사랑과 존경의 대상인 외삼촌 죠우시어를 보았기 때문이다. 그는 전우들이 포로들을 사살하자 외삼촌이 쓰러졌다고 슬픔을 억제할 수 없어 울음을 터뜨린다. 그러자 로키가 사망자는 일본군이라고 말하지만, 타요는 외삼촌이라고 비명을 지르기 시작한다. 다시 로키는 동생을 달래려고 외삼촌은 필러핀 밀림과 일본군들로부터 수천 마일 떨어진 러구너에 계시므로 사살당할 수 없다고 논리적으로 설명한다: "그는 아마 지금 암석대지 정상에서 나무를 베고 있을 거야. 이 봐, 내가 알기로 너는 향수에 젖어 있다. 그러나 타요, 우리는 여기 있어야한다. 이것이 지금 우리의 임무이다"(7). 타요는 머리로는 형의 논리를 수긍하지만 마음은 그러하지 못한다.

더욱 비참하게도 타요와 전우들은 일본군의 포로가 되어 수용소까지 버탠에서 시작된 죽음의 행진(Bataan Death March)을 감내해야한다. 그는 고난의 행진에서 부상당한 로키를 들것에 아니라 담요에 눕혀 폭우를 무릅쓰고 하사와 함께 수용소까지 이송해야한다. 그가 담요 뒤쪽 끝을 잡고 앞쪽 끝을 쥔 하사 뒤를 따라갈 때, 밀림 속에서 격렬하게 퍼붓는 폭우는 마치 하늘에서 지상으로 가지들을 뻗어 아치를 이루는 잎사귀들처럼 보인다. 그와 전우들은 이런 비를 흠뻑 머금은 잎사귀들이 물방울을 뚝뚝 떨어뜨리듯이, 땀을 잔뜩 흘리며 행군하면 숨이 턱턱 막혀 헐떡거린다. 이런 악조건에 밀려 하사는 담요 끝을 잡은 채 미끄러져 넘어진다. 타요는 일본군이 넘어진 하사와 진흙 범벅이 된 로키를 보고 소총 개머리판으로 그들의 머리를 내리치러 오지 않을까 노심초사한다. 하사는 일어나 가다가, 산에서 거세게 불어오는 바람에 날리는 빗방울이 얼굴에 쏟아져 앞이 보이지 않으므로 넘어져 담요 끝이 손에서 빠진다. 타요는 일본군이 눈치 채기 전에 진흙탕 속을 기어 다니면서 하사를 찾아 일으켜 세워 담요를 다시 함께 잡는다. 이때 일본군이 거의 눈에 띄지 않을 정도로 재빨리 하사를 자기 쪽으로 끌어당긴 후에 타요를 흙탕물이 가득 흐르는 도랑으로 밀어낸다. 그러고 일본군은 진흙투성이 담요로 로키 머리를 덮어씌운 후 개머리판으로 쿡 찌른다. 타요가 비명을 지르기 시작하면서 로키로부터 떨어지지 않으려고 이미 진흙더미 속에 파묻힌 담요 옆에 누우려고 안간힘을 쓴다. 하사는 팔로 그를 감싸 일으켜 세우면서 말한다: "자, 진정해. 울지마라. 네 형은 이미 죽었다. [⋯] 아무도 할 수 있는 묘책이 없다"(40). 타요는 철조망으로 겹겹이 둘러싸인 포로수용소에서 정신분열증과 형의 죽음에 대한 죄책감에 시달리면서 땀과 비를 저주하는 악몽의 시간을 보내야한다. 그러나 그는 이런 극한상황을 외삼촌의 명언 — "인간만이 외부조건에 저항하기 때문에 어떤 고난도 감내해야한다"(24) —에 의존하여 극복하고 생존한다.

타요는 만물은 하나라는 인디언철학을 부정하는 전쟁터와 포로수용소에서 자기만 생존하여 보훈병원에서 전쟁후유증치료를 받는다. 그는 백인의사들이 그의 불면증, 정신착란, 그리고 구토를 전투피로증(battle fatigue)으로 진단하고 치료하지만 효과를 보지 못한다. 또 그들은 그가 건강을 회복하려면 자신만 생각하고 다른 사람을 배려하지 말아야하고 "우리"와 같은 단어를 사용하면 안 된다고 그에게 강요한다. 더욱이 그들은 그에게 이런 강요만 하고 합리적인 치료법을 제시하지 않고, 그를 퇴원시키는 무책임한 의사들이다. 별 수 없이 그는 러쿠너로 돌아와 가족들이 자기병의 심각성을 모르기를 바라면서 혼자 불면증, 정신착란, 그리고 구토로 인한 고통스러운 병상생활을 감내하려고 결심한다. 그러나 이모가 자기는 독실한 천주교신자로서 조카를 위해 자기희생과 시련을 감수할 수 있음을 가족과 주민들에게 과시하기 위해 그를 간병한다고 나선다. 그녀는 그를 과거에 혼혈아로 무시했을 때처럼 쳐다보면서, 그가 너무 허약하여 걸을 수 없어 몇 개월 동안 침대에 누워 있을지라도 그를 보살필 거다. 그렇지만 그는 그녀의 마음에 없는 간병을 받는 갈등과 고통, 로키와 함께 귀국하지 못한 죄책감, 그리고 가족에게 부담이 되는 처량한 신세에 더해 외삼촌이 타계했고 얼룩소들을 잃었다는 말을 듣고 오열한다. 이처럼 그의 현존재는 불면증, 정신착란, 구토, 갈등, 죄책감, 불가피한 의존, 그리고 오열의 잡동사니이다.

그의 병세가 날로 악화되자 외할머니는 손자를 살리려는 일념으로 주술의(medicine man), 쿠'우쉬(Ku'oosh)영감을 불러온다. 영감은 타요가 망각한 원주민문화와 땅의 기억을 갑작스럽게 강하게 되살려, 그를 경악시켜 무력감에서 벗어나게 하려고 시도한다. 그래서 영감은 원주민 방언과 영어로 말해 그가 얼른 이해하지 못하는 의미를 파악하도록 극도로 긴장시킨다. 그는 이 긴장으로 잠시나마 무력감을 탈피한다. 또 그는 영감이 깊은 용암동굴을 자세히 묘사하는 말을 듣고, 침대에서 일어나 등을 침대 틀에 기대고 그 동굴에서 느꼈던 생명력과 자연의 신비를 회상한다: "방울뱀들은 이른 봄에 아직도 날이 쌀쌀할 때 햇볕이 먼저 검은 용암바위를 따뜻하게 하면 거기에 기분 좋게 누웠다. 뱀들은 생명력을 회복하려고 거기로 갔다. […] 그 구멍은 너무 깊어서 그가 로키 옆에 배를 깔고 엎드려도 밑을 볼 수 없었다. 그의 기억에 자기와 로키는 작은 돌들을 구멍 속으로 떨어뜨려, 그 돌들이 밑에 부딪칠 때 어떤 소리가 나는지 알아보려고 귀를 기울였다. 그러나 동굴은 소리를 못들을 정도로 깊었다"(32). 이처럼 영감의 "동굴이야기가 그의 주술로 … 타요의 생명력을 회복시켜 그를 침대에서 일으킨다."[117] 그러므로 타요의 전쟁후유증은 이야기의 도움을 받아 치유된다. 이야기는 "모든 사람이 언제나 사회의 구성원임을 의식하도록 하여 어떤 시간과 장소에서도 소외감과 고립감을 느끼지 않도록 도와주는"[118] 큰 힘이 되기 때문이다.

게다가 영감은 타요의 병을 단지 한 개인의 문제로 접근하지 않는다. 영감은 그가 빨리 쾌유하지 않으면 우리 모두에게 어떤 나쁜 일이 일어날까 두렵기 때문이다. 영감은 백인문화의 수용을 거부하는 전통주의자로 백인들의 정착 이후부터 재래식으로 치유할 수 없는 질병이 생겼다고 믿는다. 그러면서도 영감은 타요에게 치료약으로 파란 옥수수자루와 인디언 차 봉지를 두고 간다. 타요가 이 차를 마시고 옥수수 죽을 섭취하자, 지금까지 그를 극심한 고통으로 절망감에 빠뜨렸던 위경련과 구토가 일어나지 않는다. 그는 이런 일시적 호전상태에서 목재헛간 옆에 있는 사과나무에서 하나의 과일 사과가 될 때까지 여름 내내 익어갈 작은 파란 열매를 보면서, "더 이상 생존에 관심을 갖지 않겠다고 작정한 다음부터 살아있음이 매우 편안하다고 생각했다. 작은 사과들도 그렇게 매달려 있었다. 사과들은 강한 바람에도 떨어지지 않을 것 같았다"(36). 그는 이렇게 생각한 다음부터 불면증과 구토에서 해방되어 편안하게 생활할 수 있다. 그러나 그는 전통주의자 쿠'우쉬영감의 치료로 병을 완쾌할 수 없으므로, 영감이 소개한 절충주의자 베토니(Betonie)영감을 만나러 이모부와 함께 갤럽으로 간다. 그는 영감을 상봉하기 전에 다리 위에서 어머니와 함께 비참한 삶을 살았던 판잣집을 바라보면서, 거기 살고 있는 인디언여자와 아이들을 위해 로키가 출전하기 전에 기원했던 무사귀환을 간절히 소망한다. 그러나 그가 큰 기대를 갖고 찾아간 베토니영감은 처음에 주술의처럼 보이지 않아 그를 크게 당황시키고 실망시킨다. 그래서 타요는 이모부가 간다고 떠나자 그를 따라가고 싶어 안달한다. 영감은 그의 마음을 알고 그에게 말한다: "너는 지금 떠날 수 있다. 대부분의 나버호우(Navajo)족 사람들도 나에 대한 같은 생각을 한다. 네가 도망친 첫 번째 사람이 결코 아니다"(108). 결국 타요는 망설이면서도 다시 보훈병원에 입원할 수도 없고, 러구너에서 지금처럼 살고 싶지 않아 주저앉는다. 다행히 그가 영감의 눈이 자기와 같은 담갈색임을 알고 다소 안도하자, 영감은 "할머니는 푸른 눈을 가진 훌륭한 멕시코여자였다"(109)고 말하면서 그를 진정시키고 위로한다.

영감은 그의 병이 인간과 자연이 조화와 균형을 이루는 전체성을 부정하는 백인문화에서 기인하고 있음을 간파한다. 영감은 그가 왜곡된 의식 때문에 다른 사람과 정신적, 육체적으로 돈독한 유대관계를 유지할 수 없고, 자기가 성장한 사회 속에 존재할 수 없으며, 자연과 하나가 될 수 없음을 인지한다. 따라서 영감은 그가 상실한 전체성을 의식을 통해 회복할 수 있도록 도와주려고 전력한다. 의식은 "개인이 다시 한 번 물질과 정신세계의 전체성 그리고 균형과 하나가 되게 함으로써 그의 건강을 회복하는 수단이 되기"[119] 때문이다. 그런데 영감은 의식거행에서 과거전통을 그대로 고수하지 않는다. 그는 세상이 바뀌었으니 의식거행에서도 변화를 수용해야한다고 타요를 납득시킨다. 그의 의식관에 의하면, "한때는 의식이 거행되었던 그대로 답습하는 방법이 옛날 세상에서는 통용되었다. 그러나 백인들이 정착한 후로 세상이 달라지기 시작했으므로 새로운 의식창안이 필요했다. 나는 의식거행에서 변화를 시도했다. 사람들은 이 변화를 크게 불신하지만, 이런 성장만이 의식을 더 강하게 지탱시킨다"(116). 이렇게 영감은 변화의 중요성과 필요성을 강조하려고, 변화가 없으면 인간은 멸망한다고 역설한다: "변화하고 성장하지 않는 사물들은 사체들이다 … 사체들은 마법사들이 원하는 사물들이다. 마법은 사람들을 위협하여 그들 스스로 성장을 두려워하게 조종한다. 그러나 변화와 성장은 항시 필요했고, 어느 때보다 지금 절대적으로 필요하다. 우리가 변화하지 않으면 생존하지 못한다"(116-17). 영감은 이 역설로, 자기를 하얀 연기로 간주하려는 타요의 실체 없는 자아를 변화시켜 실체가 있는 자아로 성장시키려고 시도한다. 그러려고 영감은 타요에게 이제 인디언들도 백인들의 피지배자, 피해자, 그리고 복종자라는 열등의식에서 벗어나 그들과 그들의 문화를 무조건 배척하려하지 말고 수용해야한다고 강조한다. 더욱이 영감은 그에게 그의 생존은 원주민문화와 백인문화의 절충 그리고 이 절충의 변화와 성장에 의존하여 그의 실존과 자연은 조화와 균형을 이뤄야한다고 강조한다.

영감은 먼저 이렇게 타요의 왜곡된 의식을 개혁하려고 전력한 후에, 그의 병을 치유하기 위한 의식을 거행하려고 조수, 슈우쉬(Shush)와 함께 해뜨기 전에 그를 데리고 츄스카(Chuska)산 기슭의 소나무 숲으로 간다. 영감은 이 의식으로 그의 마음과 실존을 자연과 조화와 균형을 이루는 인간으로 재생시키려한다. 영감은 마음속에 "모든 종류의 악"(134)을 품고 있는 타요를 모래 위에 그려져 있는 흰 옥수수 그림의 중앙에 앉힌다. 조수는 일정한 간격으로 모래를 파서 다섯 개의 고리를 묻고, 모래에다 곰 발자국들을 만든다. 영감은 무릎을 꿇은 채 타요 쪽으로 움직이면서 고리에 산을 그린다. 그들의 작업이 끝나자 영감이 부싯돌로 타요의 윗머리를 순식간에 날카롭게 벤다. 그런 다음 두 사람은 그의 어깨를 잡아 일으켜 세우고 곰 발자국에 그의 발이 들어가도록 이끈다. 영감은 그를 이끌면서 노래를 부른다: "나는 집으로 걸어간다 / 나는 내가 속한 곳으로 돌아간다 / 나는 행복을 찾아 집으로 돌아간다 / 나는 장래가 밝은 삶으로 돌아간다"(133). 영감은 그에게 다섯 개의 고리를 지나가라고 말한다. 그가 마지막 고리를 지나자, 의식은 하늘이 별들로 환한 밤에 끝난다. 그들은 피어놓은 불 옆에 그를 앉히고, 그에게 인디언차를 마시라고 권한다. 영감은 조수가 그에게 담요를 챙겨주자, 잠을 자라고 이른다.

타요는 자면서 얼룩소 꿈을 꾼다. 얼룩소들은 샘물 근처의 암석대지 밑의 노간주나무들 사이로 흩어지고 있는데, 몇 마리 뒤로는 송아지들이 뒤쫓고 있다. 그는 바로 소를 찾으러 가고 싶은데, 주위를 둘러보니 말들은 소나무에 묶여 있지만 영감과 조수는 보이지 않는다. 이때 그는 갑자기 자기와 다른 사람들, 사회, 그리고 자연을 분리시켰던 경계들이 사라지고 이것들과 하나가 됨을 느낀다. 타요는 이런 느낌을 받는다: "그는 벼랑 가장자리의 바위 위에 서서 아래를 내려다보았다. 협곡과 계곡들은 짙은 검정색 가루투성이이었지만, 그 높이와 깊이의 차이에 따라 검은색의 명암이 달랐다. […] 그는 차가운 산 공기를 깊이 들어 마셨다. 경계는 없었다. […] 그날 밤 그곳에 모든 방향으로부터 산들이 모여들었다"(134-35). 이 찰나에 영감이 나타나서 그에게 의식은 아직도 거행 중이고, 그가 여자, 얼룩소, 산, 그리고 특이한 모형을 이룬 별들을 찾아야 끝나며, 그러면 그의 삶이 자연과 조화와 균형을 이룬다고 부언한다. 요컨대 영감은 그에게 그가 자연과 하나가 되면 병은 자연히 치유된다고 공언한다.

타요는 얼룩소들을 찾으러 가는 도중에 테일러산 기슭에서 황혼에 "창조력과 생명회복력"**120**의 화신인 자기보다 늙어 보이지 않는 여자, 쎄'에(Ts'eh)를 만난다. 그는 그녀에게 얼룩소들을 찾으러 다닌다고 말한다. 그녀는 그가 건강, 즉 삶의 조화와 균형을 회복하여 얼룩소들을 찾는데 결정적인 역할을 한다. 그는 베토니영감이 의식을 끝내려면 무엇보다도 먼저 찾아야한다는 여자와 특이한 모형을 이룬 별들을 한꺼번에 본다. 그가 바람이 맹위를 떨치는 저녁에 그녀의 따뜻한 방에서 저녁식사를 끝내고 밖으로 나와 영감이 땅에 그렸던 한 무리의 별들을 본다. 그런 다음 그가 방으로 들어가자 그녀는 발가벗은 채 그를 애무하면서 그의 옷을 차례로 벗긴다. 그는 흥분과 열기로 달아올라 자기 몸을 그녀에게 밀착시키자, 지금까지 느낄 수 없었던 격렬한 힘이 전신에서 솟아나옴을 민감하게 의식한다. 그는 절정의 순간에 폭우로 가파른 강둑이 한꺼번에 무너지면서 터지는 것 같은 폭발적인 힘을 실감한다. 그는 그녀와 관계를 가진 이후로 자주 그녀와 함께 있는 꿈을 꾸면서 깊고 편안한 잠을 잘 수 있다. 게다가 그는 이런 꿈으로 그녀에 대한 사랑이 더욱 그립고 깊어진다. 더욱이 나중에 두 사람이 다시 만나 함께 보낸 시간의 괴력을 비유적으로 표현하면, "[함께 보낸] 날들은 암석대지와 협곡에서 뿜어져 나오는 중력을 발휘했다. 이 중력이 오래전에 멈춰버린 율동을 복원시켰다. [⋯] 소외감과 압박감은 사라졌다. 그의 가슴에는 사랑이 용솟음쳤다"(211). 그녀의 사랑이 그를 다시 사랑할 수 있고 사랑을 받을 수 있는 인간으로 변신시킨다. 따라서 그는 일시적으로 망각했던 가족 간의 사랑을 새롭게 느낀다: "그는 언제나 그들(외삼촌과 로키형)을 사랑했다 ⋯ 사랑의 감정이 한결같이 그의 가슴을 벅차게 했다. 그들도 그를 그렇게 사랑했고, 그도 그 사랑을 언제나 느낄 수 있었다. 그가 받았던 마음의 상처도 사랑의 감정을 마르게 하지 못했다. 이 감정이 그들의 생명력이고 그들의 피 속에 간직된 활력이었다. 사랑이 있는 한 그들은 아무것도 상실하지 않았다"(204). 이렇게 그는 사랑의 재발견으로 구원된다. 또 그는 이 재발견으로 다른 사람들과 돈독한 관계를 다시 유지하기 시작한다.

그는 베토니영감이 찾으라는 여자와 별들을 보았으니 산과 소와 마주칠 거라는 믿음을 갖고 말에 의존하여 바위투성이의 가파른 협곡을 따라 산으로 올라간다. 그가 이 악전고투를 인내하고 극복하는 유일한 방법은 빨리 오르려고 서두르지 않고 오로지 현재 순간에 집중하는데 있다고 깨닫는다. 그의 깨달음에 의하면, "산에 오름은 시간의 초월이었다. 그는 왜 옛날 사람들이 어제와 내일을 현재 순간, 즉 유일하게 확실한 순간으로 말할 수밖에 없었는가를 이제야 개득했다. 현존재는 '나는 어제 산에 올랐다, 혹은 나는 산에 오를 거다'고 말함으로써 어제나 내일과 같은 최소한의 표현으로 한정되었다. [⋯] 오늘 밤이 유일한 밤이다. 다른 밤은 없다"(179). 이처럼 그는 오로지 현재 순간에만 몰입하면서 난관을 극복하려고 최선을 다한다. 더욱이 그는 영감이 말한 산, 즉 테일러산을 찾는다. 이로써 그는 인디언들이 백인들에게 땅을 빼앗겼다는 망상에서 해방되는 계기를 갖는다. 그는 산 속에서 땅이 여전히 인디언들의 소유임을 실감한다: "눈 덮인 산은 소유권문서나 산을 소유했다고 생각하는 백인목장주인들과는 상관없이 솟아있다. 백인들이 나무를 베고 ⋯ 울타리를 높이 쌓았다. 그러나 산은 이런 파괴력과 만행에도 꿈쩍하지 않는 위대한 존재였다. 사랑이 죽음을 초월하는 것처럼 산은 그들의 파괴력을 능가했다. 산은 그들(인디언들)의 뼛속 깊숙이 뿌리박고 있기 때문에 백인들에게 결코 빼앗길 수 없다"(204). 이처럼 그는 개인적인 상실감의 절망과 분노에서 해방되어 자기, 다른 사람들, 그리고 사물을 객관적으로 판단할 수 있는 능력자로 성숙한다.

그는 마지막으로 "자신과 인디언들의 지탱력과 생존력을 상징하는"[121] 얼룩소들을 찾으러 간다. 그는 백인목장의 철조망 너머의 용암 바위 경사면에서 울타리를 따라 이동하는 얼룩소들을 발견하고 마음속으로 환호한다. 그는 밤에 얼룩소들을 몰고 나오기 위해 어둠 속에서도 쉽게 식별이 가능한 장소를 물색한 다음 철조망을 절단한다. 그러고 그는 숲속 개간지에서 밤에 얼룩소들이 나오기를 기다리지만, 기대는 이뤄지지 않는다. 그는 다음날 오전에 풀을 뜯고 있는 얼룩소들을 보고 절단한 장소 근처에서 기다린다. 그러다가 오후 늦게 그는 두 명의 무장경비원을 보고 도망가려다 덤불 위로 미끄러져 그들에게 붙잡힌다. 경비원이 그를 관리사무소로 데려갈 소형화물차를 가지고 올 동안 그는 일어설 수 없어 등뼈를 찌르는 자갈밭에 누워서 땅의 힘을 느낄 뿐 아니라 땅과 가까워진다. 이 가까워짐으로 "그는 자기 밑에서 중심을 의식했다. 중심은 검은 가루먼지가 뒤덮인 손의 찢어진 피부를 통해 땅으로부터 그의 몸 안으로 스며들었다. 중심의 자력이 마치 목과 어깨를 타고 내리는 빗방울처럼 부드럽게 그의 온몸에 퍼졌다 … 자력은 그를 땅에 가깝게 끌어당겼는데, 땅의 중심은 산의 돌처럼 시원하고 조용했다. 그의 머리에 가득한 소음과 고통에도 불구하고, 그는 어떻게 될까를 알았다: 헤어짐보다는 오히려 돌아감이 될 거라고"(187). 그가 이런 생각을 하고 있을 때 소형화물차를 가지고 온 경비원이 오는 도중에 퓨마발자국을 보았으니 이 친구를 여기 두고 어두워지기 전에 퓨마를 잡으러 가자고 다른 경비원을 재촉한다. 그는 위기일발의 순간에서 벗어나 얕게 페인 웅덩이에서 마른 낙엽을 덮고 하루 밤을 보낸다. 그는 날이 밝아 하염없이 내리는 눈과 싸우면서 내려가는 길을 찾다가 노랫소리를 듣고, 사냥꾼이 자기를 발견할 때까지 기다린다. 그가 사냥꾼에게 얼룩소들을 찾고 있다고 말하자, 사냥꾼은 우선 집안으로 들어가서 뭐라도 좀 먹고 얼룩소들을 찾아도 늦지 않다고 그를 타이른다. 그는 사냥꾼을 따라 집안으로 들어가 함께 식사한 후에 쎄'에로부터 어제 말과 얼룩소들이 우리에 들어와 있다는 말을 듣는다. 그녀는 얼룩소들이 좁은 골짜기를 따라 내려와 자기가 계곡 한가운데에 만들어 놓은 덫 우리 속으로 들어왔다고 설명한다. 그는 드디어 찾은 얼룩소들을 이모부와 함께 가축수송용 대형화물차에 싣고 와서 집 근처 목장에 방목한다. 그는 외삼촌의 유지를 받들어 얼룩소들을 성심성의를 다해 사육하려고 결심한다.

타요는 얼룩소들을 찾고 돌아와서 밤에 쎄'에가 양팔로 자기를 힘차게 껴안는 꿈을 꾼다. 그는 그녀를 사랑하는 열병에 걸려 정신을 차릴 수 없으면서도, 그녀가 그의 삶에 충고와 조언을 할 거라고 기대한다. 그는 그녀를 다시 만날 거라고 믿고, 이모부에게 목장에 가서 얼룩소들을 돌보고 싶다고 말한다. 그는 5월의 온통 푸른 대지에서 새로운 성장의 힘을 실감한다. 그는 절벽 위로 올라갔다가 샘 근처에서 야영하고 있는 쎄'에를 만난다. 그는 그녀를 마주보고 물웅덩이 가장자리에 있는 모래 위에 누워서 눈을 감는다. 그는 그녀와 사랑을 나누는 꿈에서 "발가락과 무릎에서 따뜻한 모래, 더욱이 그녀의 육체를 느꼈다. 그녀의 육체는 모래처럼 따뜻했다. 그는 그녀의 육체가 어디서 끝나고 모래는 어디서 시작하는지 알 수 없다"(206). 그가 잠에서 깨니 그녀는 자리에 없다. 잠시 후에 그는 "여기 있다"는 그녀의 목소리를 듣고 바위 위로 올라간다. 그녀는 자기 대신에 때가 되면 아직 두꺼운 껍질에 싸여있는 씨 주머니를 따 달라고 부탁하면서, 그에게 파괴자들을 주의하라고 경고한다. 그녀의 경고에 의하면, 파괴자들은 "사람들이 서로 공유하려는 감정을 억압한다. 그들의 궁극적인 목적은 아직도 숨을 쉬고 있는 사람을 잔혹하게 살인하고, 심장이 뛰고 있는 사람을 무감각한 피해자로 전락시키는데 있다. 그들이 목적을 달성하면 당신은 당신 자신을 멀리서 쳐다볼 수 있을 뿐이고 울 수도 없고, 심지어 당신 자신을 위해서도 울 수 없다"(213). 그는 경고를 듣고 비로소 자기가 보훈병원에서 자아를 빼앗긴 하얀 연기의 허수아비였음을 인지한다. 또 그녀는 이모(Emo)가 자연과 조화와 균형을 이루려는 그를 미치광이로 모함하고, 백인과 인디언유지들을 동원하여 그를 체포하려한다고 그에게 경각심을 일으킨다. 게다가 그녀는 이모가 그에게 위해를 가하려고 하수인들을 조종하고 있다고 일러준다. 그녀는 이런 경고를 남기고 떠난다. 이때 이모부가 그를 찾아와서 이모가 온갖 악담을 하면서 날뛰고 있으니, 마을노인들에게 그렇지 않다는 사실을 밝혀주면 좋겠다는 뜻을 그에게 전한다.

타요는 자기를 방어하기 위해 절벽 길로 내려가려고 작정한다. 그가 절벽에서 일출을 보는 순간 "사방팔방에서 공평하고 완벽하게 낮과 밤 그리고 여름과 겨울로 균형을 이루는 만물은 기가 막히게 아름다웠다. 골짜기는 한 순간에 모든 생각을 내포하는 마음처럼 전체성을 함축하고 있었다. 활력은 이 골짜기, 이런 감정으로부터 솟아나왔다. 활력은 항상 거기에 있었다. 그는 얼굴에 햇빛을 받고 서서, 아마도 위기를 극복할 수 있을 거라고 자신했다"(220-21). 그가 높이 떠오른 해를 벗 삼아 걷다가 차 소리를 듣고 숲속으로 뛰어가 숨어 있는데, 전우 할리(Harley)가 운전하는 러로이(Leroy) 소형화물차가 다가온다. 그는 이 절박한 순간에 전우들을 보고 이제 살았다는 생각에 눈물이 솟구친다. 그는 두 전우가 만취상태로 횡설수설함으로 그들의 말을 이해할 수 없지만, 일단 동승하여 그들이 권하는 맥주를 마신다. 그가 술에 취해 자다가 깨자, 그들은 없고 차는 바위투성이의 작은 언덕 아래에 주차되어 있고, 햇빛을 강하게 받는 창문은 모두 닫혀 있다. 그는 차 안의 열기로 기력이 빠져 간신히 밖으로 나와 전우들을 찾지만, 그들은 자취를 감추었고 차가 인적이 없는 용암바위 옆에 주차되어 있는 것으로 미루어보면, 자기를 살해하려고 유인한 것 같다고 생각할 수밖에 없다. 이제 그는 "그들이 친구들이 아니고 자기공격자들임을 알았다. 이 앎이 그의 마음을 매미 껍질처럼 공허하고 메마르게 했다"(225). 그는 차 의자 밑에서 찾은 녹슨 드라이버를 호신용으로 뒷주머니에 넣고 뛴다. 그는 온 힘을 다해 협곡을 건너고, 암석대지와 언덕을 넘어 최초로 유레이니엄(uranium)을 채광했던 광산 옆의 바위 밑 모래밭에 누워 호흡을 가다듬는다. 그는 할머니가 밤중에 자기 흐린 눈에 갑자기 섬광이 반짝이면서 너무 밝아 해가 다시 떠오르는가 착각했다는 말을 들은 적이 있다. 지금 그는 사상 최대의 폭발을 일으킨 원자탄제조에 필수적인 광석을 채굴했던 광갱을 바라본다. 그는 무고한 사람들을 대량 살상한 광석과 원자탄, 더욱이 모든 인간의 생명이 파괴자들의 손아귀에 달려 있다는 생각으로 북받치는 감정을 억제하면서 광갱으로 걸어가다가 갑자기 실존진리를 깨닫는다: "그는 드디어 하나의 완벽한 형태를 보았다고 느낀 안도감으로 흐느꼈다. 그 형태는 모든 이야기 — 옛날이야기, 전쟁이야기, 그리고 그들의 이야기 —가 함께 조화를 이루면서 여전히 이야기되는 설화로 변경되면서 계승되는 방식이다. 그는 미치지 않았고, 미친 적도 없었다. 그는 오로지 세상을 있는 그대로 보고 들었을 뿐이었다. 세상에는 경계가 없었으며, 시간과 공간에서 변화만 있었다." 더욱이 그는 별들을 보면서 터득한다: "그는 북쪽 하늘에서 별무리를 보았는데, 네 번째 별이 바로 그의 머리 위에 있었다. 의식의 형태가 별들 안에 담겨 있는데, 별무리가 그의 의식을 위해 길을 떠났던 방향이 있는 산들의 지도를 그렸다. 각각의 별에는 밤과 장소가 있는데, 지금 밤의 어둠과 낮의 밝음이 균형을 이루는 마지막 밤이고, 여기가 마지막 장소였다. 그의 안전은 하늘, 태양의 위치, 그리고 별들의 모형에 있었다. 그는 이제 몇 시간 동안 파괴자들의 손아귀에서 벗어나 이야기를 지키면서 이 밤을 무사히 넘겨야했다. 그러면 그들의 마법은 그 자체에 그리고 그들에게 돌진할 것이다"(229). 이처럼 그는 앞으로 실존에서 경계를 허물어뜨리고, 자기와 땅이 조화와 균형을 이루기 위해 변화를 수용하려고 전심전력한다.

그가 이런 결심을 하고 있을 때, 이모의 승용차가 그가 숨어있는 바위 가까이 오고 있음을 달빛으로 확인한다. 이모는 할리를 결박하여 차 트렁크에 싣고 와서 러로이와 핑키(Pinkie)와 함께 모닥불을 피우고 포도주를 마시면서 그에게 무자비한 잔혹행위를 자행한다. 이모는 그가 감시 소홀로 타요를 놓친 실수를 그의 신체 일부를 절단하는 야만행위로 보복한다. 이모는 자기분풀이를 그가 지르는 비명으로 상쇄한다. 타요는 이 비명을 듣고 분노를 억제할 수 없어 드라이버로 이모를 공격하려고 몸을 일으킨다. 그러나 그는 공격충동을 자제한다. 그는 그들과 같은 파괴자가 되고 싶지 않고, 더욱이 스스로 마법의 노예로 전락하는 무절제한 인간도 되고 싶지 않기 때문이다. 그래서 그는 자기, 사회, 그리고 자연과 조화와 균형을 이루는 사람이 되려는 마음으로 자신의 자제력을 최대로 발휘하여 위기일발의 순간을 넘긴다. 그가 이 순간을 놓쳤다면, "마법이 계획한 대로 이야기가 끝날 뻔했다. 타요는 마법이 원하는 대로 이모의 머리에 드라이버를 찔러 박아 쇠끝이 머리를 파멸시킬 때 망가지는 뼈와 막피(膜皮)를 느낄 뻔했다. 가을의 한복판에서 그들이 벌인 죽음의 의식이 그에 의해 막을 내릴 뻔했다"(235). 그러나 그는 자중자애하여 슬기롭게 위기를 모면한다.

이제 타요는 "우리는 땅에서 왔으므로 땅의 소유물이다"(236)는 진리를 깨달았으니 이제 돌아가 쎄'에가 부탁한 대로 씨들을 모아 모래 언덕 주변에 정성을 다해 심을 것이다. 또 그는 인디언들의 지하예배당에서 쿠'우쉬영감과 마을노인들에게 자기가 병을 치유한 과정을 이야기할 것이다. 그들은 그가 지난겨울에는 북쪽에서 사냥꾼 푸마와 함께 쎄'에를 보았고, 또 여름에는 남쪽에서 그녀를 만났다는 말을 듣고 기뻐한다. 그들은 그가 그녀를 보았으니 축복받을 거라고 환호한다. 그는 그들의 환호를 들으면서 자기가 땅과 조화와 균형을 이루고 있으면 마법은 본색을 드러낼 수 없으므로 죽은 거나 마찬가지라고 확신한다. 그는 이 확신을 전제로 소외감과 전쟁후유증을 극복하고 전체성을 회복한 인간으로 재생한 과정을 이야기한다. 요컨대 *의식*은 우리 모두가 항시 느끼고 가장 두려워하는 소외감, 무력감, 허무감, 그리고 의욕상실을 극복하는 이상적인 방법을 제시한 불후의 명작이다.

실코우의 두 번째 소설, *망자들의 비망록*(*Almanac of the Dead*, 1991)은 "소설가가 창작한 법적 기록문이다: '이 소설은 5백년 동안 [백인들이 자행한] 절도, 살인, 약탈, 그리고 강간에 대한 나(실코우)의 763쪽 고발장이다.' […] *비망록*은 … 생존권을 빼앗긴 사람들에게 정의를 되찾는 서사시적 이야기와 강력한 성명서이다."[122] 실코우는 *망자들의 비망록*에서 역사가 아닌 소설로 "세계사에서 가장 추악한 500년을 서술한다."[123] 그녀는 이 서술로 인디언들이 물리적으로 땅과 자유를 강탈당했을 뿐 아니라 정신적으로 만물은 하나라는 실존철학이 부정당했던 비극과 치욕의 과거사를 기술하면서, 동시에 땅, 자유, 그리고 철학을 되찾는 상상적이고 이상적인 최선책을 제시한다. 이 기술과 제시의 시발점은 스페인사람들의 인디언국가의 침략과 정복으로 인한 인디언들의 토지경계와 소유개념이 없는 자유스러움과 평화스러운 사회의 붕괴에서 비롯된다. 인디언들은 스페인사람들에게 정복당하기 전에는 경계선을 모르고 동서남북으로 자유스럽게 이동하면서 살았다. 그들의 관습에 따르면, "우리(인디언들)는 경계선을 믿지 않는다. 국경선들. […] 우리는 우리가 땅 어디에 있는가를 알고 있다. 우리는 항시 자유스럽게 이동했다. 동서남북으로. 우리는 … 경계선에 신경을 쓰지 않는다. […] 성문법에도. 우리는 경계선도 성문법도 인정하지 않는다." 이렇게 경계선과 성문법을 모르는 인디언들에게 어느 날 갑자기 "땅이 자기들의 어머니임을 인정하지 않는"[124] 스페인사람들이 정복자로 나타났다. 그들은 땅이 성스러운 생명의 근원임을 모르기 때문에 신토불이와 만물은 하나라는 철학을 이해하고 수용할 수 없는 무식쟁이들이었다. 그러므로 그들은 땅을 모든 사람이 생존을 위해 보존해야하는 공유물에서 자기들의 사사로운 이익과 탐욕을 위해 마음대로 황폐화시킬 수 있는 사유물로, 더욱이 인디언들을 억압과 학살의 대상으로 간주했다. 그래서 그들의 군인들은 인디언들의 반항의지를 꺾으려고 여자들과 어린이들까지도 사살했다. 그렇지만 실코우는 인디언들의 비극적인 과거를 기술하면서, 그들이 신토불이와 만물은 하나라는 철학에 의존하여 빼앗긴 땅, 생존권, 그리고 자유를 평화적으로 되찾을 수 있는 이상적인 방법을 제시한다.

이럼에도 불구하고 *망자들의 비망록*은 처음에 혹평을 받았다. 혹평은 백인들의 야만행위의 폭로와 고발에서 비롯되기보다는 오히려 실코우의 기존 소설구성을 전적으로 부정하는 파격적인 기법구사에서 기인한다: "이 소설은 개인적인 도전양식이다 … 나는 현대언어학회(Modern Language Association)가 요구하는 방식으로 소설을 집필하고 싶지 않다. 나는 이 학회방식에 익숙한 독자들을 경악시킬 소설을 창작한다."[125] 따라서 그녀는 소설을 미리 세운 계획과 개요에 따르지 않고 직관과 본능에 의존하여 창작한다. 이 소설은 주요 주인공들의 모임과 떠남의 총본산인 투손(Tucson) — "1880년대와 어패취 인디언과의 전쟁(Apache Wars)이래 여러 부류의 인간들, 즉 투기꾼, 사기꾼, 횡령자, 변호사, 판사, 경찰관과 범죄자에다 마약중독자와 밀매자의 집결지"(17) —을 중심으로 70여명의 주인공이 등장한다. 이들을 중심으로 다섯이나 여섯 개의 큰 이야기들이 얽혀있지만, 이야기들을 하나로 통합하는 주인공은 없다. 반면에 *망자들의 비망록*은 "20세기의 가장 중요한 소설들 중의 한 권이다"는 절찬을 받을 뿐 아니라 *실낙원*(*Paradise Lost*), *일리어드*(*The Iliad*), 그리고 *오더시*(*The Odyssey*)의 반열에 올라 서로 비교된다.[126] 이 소설의 이런 위대성과 탁월성은 우리의 의식을 개혁하고 확장시킬 수 있는 위력에 있다. 실코우는 언급한다: "신화들이 우리의 시간과 진리체험을 변화시킨다 … *망자들의 비망록*은 신화들, 다시 말하면 현대 신화들을 포함하여 어메리카대륙의 모든 신화를 소재로 창작되었다."[127] 그녀의 변화의 궁극적 목적은 "지구는 공유물이고 유한적이며, 우리는 태어나는 순간부터 지구와 결합되어 있으며 상호의존적이어야 한다는 의식"[128]의 확장과 파급에 있다. 이렇게 확장된 의식은 "우리는 땅에서 왔으므로 땅의 소유물이다"[129]는 진리로 귀결되어야 한다. 그러므로 우리는 이 진리를 전제로 우리 의식을 언제나 만물이 상호의존하면서 조화와 균형을 이루고 있는 땅으로 돌아가, 본디 사람으로 다시 태어나려는 의지와 실천에 집중시키려고 최선을 다해야한다. 요컨대 *망자들의 비망록*의 위대성, 탁월성, 그리고 절찬 요인은 우리가 언제나 근원으로 회귀하려는, 더욱이 회귀해야하는 의식의 고취와 확장의 당위성과 중요성을 역설한데 있다. 따라서 *망자들의 비망록*을 "근원으로 회귀 강조"의 논지로 고찰해 본다. 이 고찰은 주인공들이 땅과 자유를 강탈당했거나 스스로 자아를 상실하고 제각각 집착하는 독선, 탐욕, 이념, 자아도취, 그리고 반항과 폭력을 극복하고, 빼앗긴 땅과 자유를 평화적으로 되찾으려는 이상적인 방법을 전제한다.

*망자들의 비망록*은 멕시코태생의 혼혈인디언 쌍둥이 자매의 언니, 제타(Zeta)가 경계가 엄중한 투손 외각의 농장부엌에 서서 옷을 검정색으로 염색하려고 난로의 약한 불에 부글부글 끓는 염료를 집중력을 다해 젓는 장면으로 시작된다. 이 농장은 아버지로부터 물려받은 유산으로 불모지이지만 혁명군의 많은 지휘소들 중의 하나일 뿐 아니라 군비자금조달을 위한 마약과 무기밀매 본거지이다. 따라서 이 부엌 "어디에도 음식물은 없고, 조리대에는 권총, 엽총, 그리고 탄약통들이 어지럽게 흩어져 있고, 식탁 위에는 주사바늘과 알약들이 쌓여있다. 악마의 부엌도 이런 난장판은 아닐 거다"(20). 이 부엌은 60세의 제타, 그녀의 동생 레차(Lecha), 레차의 30세 아들 페로(Ferro) 그리고 백인간호사 겸 비서 씨쎄(Seesse), 페로의 백인친구 폴리(Paulie), 그리고 인디언농장정원사 스털링(Sterling)의 정신적 황무지를 상징한다. 이곳은 쌍둥이자매, 페로, 씨쎄, 그리고 스털링은 모두 부모의 따뜻한 보살핌과 사랑을 받지 못하고 자란 애정결핍생활로 인해 다른 사람을 사랑할 수 없는 인간의 집합소이기 때문이다. 이렇게 메마르고 비정한 삶을 살면서도 제타와 레차는 "세월이 흘러 늙는다고 믿지 않았다. 그들은 때의 경과를 전혀 믿지 않았다. 사람이 늙음은 햇수가 아니고 이 세상에서 여행한 멀고 먼 거리였다"(19-20). 그들의 여행거리에서 제타는 빼앗긴 땅과 자유를 쟁취하기 위한 수단과 방법으로 폭력을 선호하여 혁명군을 무장시키려고 무기를 밀매하고, 그 자금을 마련하려고 마약을 암거래한다. 레차는 심령술사로 자유분방한 삶을 즐기려고 아들을 출산하고 1주일 후에 버린 냉혈인간이다. 페로는 어머니의 보살핌과 사랑을 받지 못하고 자랐으므로 그녀를 극도로 증오하면서 사람보다도 온갖 종류의 총기에 지대한 관심을 갖는다. 폴리는 그의 친구와 교감할 수 없으므로 경비견들에게 애정을 쏟는다. 씨쎄는 레차의 심령술에 의존하여 유괴당한 아들을 찾으려고 자진하여 그녀에게 마약을 투약하는 간호사 겸 비서로 일한다. 스털링은 자기 잘못이 아니라 모함과 비난 때문에 부족평의회의 결정으로 은퇴생활을 즐기려던 출생지에서 추방당해 농장정원사로 근무한다.

이처럼 이들은 오로지 자기목적, 만족, 그리고 도취에만 열중하기 때문에 상대방을 사랑과 존경의 대상으로 인정하려하지 않는다, 요컨대 이들은 서로 감정교류와 의사소통을 할 수 없는 자아에 유폐된 괴물들이다.

스털링이 씨쎄에게 자신의 비극적인 삶을 실토한다. 그는 일찍 부모를 여의였기 때문에 "교육은 미래의 동력이다"(88)고 믿는 머리(Marie)숙모의 결정에 따라 학령에 바로 기숙학교로 진학한다. 그래서 그는 인디언관습과 전통을 익힐 기회를 갖지 못한다. 그는 이 상실로 나중에 치명타를 맞는다. 그는 고아이지만 머리숙모의 인디언 특유의 헌신적인 가족애에서 연유한 따뜻한 보살핌과 사랑을 받고 성장하지만 다른 사람들과 잘 어울리지 못하고, 숙모와 같은 속이 깊은 여자를 만나지 못해 독신으로 지낸다. 또 그는 사회생활에 독자적으로 슬기롭게 대처하는 자립의지와 능력도 부족하며, 실존목적과 전통의식도 없고, 더욱이 개척정신도 없이 현실에 안주하다가 59세에 철도회사에서 정년퇴직한다. 그는 기회상실에다 이런 부정적인 삶과 의식 때문에 자기가 계획했던 은퇴생활에 큰 차질을 빚는다. 그는 은퇴생활을 즐기려고 돌아온 출생지, 인디언보호구역인 러구너에서 추방당한다.

그는 고등학교를 졸업하고 철도회사원으로 캘러포니어주의 남부도시 바스토우(Barstow)에서 사회생활을 시작한다. 그가 1949년 마을축제 기간에 고향에 들르자 유레이니엄 광산개발을 하느냐, 않느냐의 논쟁이 뜨겁다. 촌로들은 광석을 채굴하려고 대지를 파서 갱도를 만드는 작업을 신성모독으로 간주하고 격렬하게 반대한다. 또 그들은 대지 훼손이 큰 재앙을 초래할 거라고 크게 염려한다. 반면에 제2차 세계대전에 참전했던 제대군인들은 무기력한 실직자에서 벗어날 수 있는 직장을 갖게 될 거라는 기대감으로 광산개발에 적극 찬성한다. 더욱이 미국정부도 냉전에 가장 효과적으로 대응할 수 있는 원자탄제조에 필수적인 광석확보가 급선무이므로 염려와 반대를 일축한다. 제대군인들의 기대와 미국정부의 필요에 부응하여 광석채취가 본격화된다. 광석채취에 필요한 여러 행정조치와 작업이 땅을 훼손하지만 인디언들을 축재자로 변신시킬 뿐 아니라 그들의 삶을 풍요롭게 한다. 그의 친구들도 근무 중인 철도회사에 사표를 내고 고향으로 돌아와 수입이 더 많은 새 직장을 갖는다. 그는 처음부터 과격한 대립적인 논쟁에 가담하고 싶지 않고, 가까운 친척과 친구들도 없는 러구너로 돌아와 직장생활을 다시 힘들게 시작할 마음도 없음으로 광산개발에 오불관언한다. 반어적으로 그는 이러다가 광산 때문에 궁지에 빠진다: "스털링은 광산 때문에 어느 날 자신의 삶이 궁지에 빠질 거라고 꿈에도 생각지 못했다. […] 스털링은 땅을 파서 구멍을 뚫은 갱 입구 근처에 얼씬도 하지 않았는데, 광산이 그의 삶을 파멸시켰다. 광산이 없었다면 뱀 석상도 출현하지 않았을 것이다. 할리우드영화제작진도 이 뱀 석상을 결코 보지 않았을 거고, 따라서 그걸 촬영하지 않았을 거다"(35). 그는 뱀 석상 때문에 태어난 터전, 즉 근원에서 추방당하는 비운을 극복해야하지만, 슬기롭게 대응할 능력도 자질도 없다. 그의 비운은 그가 은퇴생활을 하려고 고향으로 돌아와서 부족평의회의 요구로 할리우드영화제작진의 감독관직을 맡는데서 비롯된다. 부족평의회는 그가 감독관직을 사양하지만 부족평의회위원 중 누구도 맡으려하지 않으므로 수년 동안 백인들과 함께 생활했던 스털링에게 감독관직을 위촉한다. 그는 영화제작진에게 인디언의 성소는 출입금지시키면서도, 자기가 돌아오기 몇 개월 전에 출현했다는 뱀 석상에는 크게 신경쓰지 않고 그 촬영을 허용한다. 그는 촬영허용으로 전혀 예기치 않았던 엄청난 곤욕을 겪는다. 마을주민들은 수호신으로 숭배하는 뱀 석상이 백인들에게 노출된 사실에 경악하고 분노한다. 그들은 뱀 석상을 내밀하게 성령으로 모시고 싶어하기 때문이다. 그들은 부족평의회가 신뢰했던 스털링의 오판으로 기대가 어긋나자 큰 배신감을 느낀다. 따라서 그들은 그의 뱀 석상 촬영허용을 신성모독으로 극렬하게 비난한다. 더욱이 그들은 그가 영화제작진과 공모하여 뱀 석상을 반출하여 매각한 돈으로 마약을 구매하려했다고 터무니없이 그를 모함한다. 부족평의회는 무조건 이런 비난과 모함을 수용하여 그를 마을에서 추방하는 결정을 내린다. 그는 이 부당한 결정에 슬기롭게 대응도 항의도 하지 못하고, 편협하고 비이성적인 집단의 피해자로 전락하여 자기에게 가장 소중한 태어난 터전, 즉 근원에서 추방당한다. 그러자 그는 자아성찰과 비판 없이 방랑생활을 즐기면서 대중잡지, 술, 그리고 여체에 탐닉한다. 그러다 그는 지금은 농장정원사로 소박한 삶을 살면서 심기일전하여 자아를 성찰하려고 전력한다. 더욱이 그는 제타와 레차의 영향을 받아 지금까지 무관심했던 인디언문화와 철학의 진가를 새롭게 인식하고 자아를 성숙시킨다. 그는 "항시 관습과 철학은 소멸하고 있는 중이라고 믿었기 때문에 과거전통과 유산을 중요시하지 않았다. 그러나 투손이 스털링을 변화시켰다"(762).

그는 농장에서 동병상련의 씨쎄를 만나 사이좋게 지내면서 주인 심부름으로 함께 투손 도심지를 출입한다. 그는 한때 비행과 범법행위를 저질렀던 "정부자금 횡령자, 밀매업자, 뚜쟁이, 그리고 살인자들이 투손의 '유지'로 행세하고"(80) 있는 현실을 개탄한다. 그는 이런 유지들보다는 투손에 잠시 체류했던 무법자들에게 관심이 더 많아 씨쎄와 함께 도심지에 오면 그들의 행적지를 찾아보고, 그녀에게 그들에 관한 야담을 이야기하기를 좋아한다. 그가 죤 딜린져(John Dillinger), 빌리 더 키드(Billy the Kid), 그리고 프리티 보이 플로이드(Pretty Boy Floyd)와 같은 백인무법자들에게 매료되는 이유는 "백인의 법과 질서가 어떻게 집행되고 유지되는가를 이해하려고 골몰하기 때문이다. 그러나 스털링은 '무법자들'이 '정의'를 팔고 있는 경찰과 법원의 수중에서 부당한 대우를 받는 고초를 겪고 있다는 사실을 인지한다. 또 그는 미국에서 통용되는 '법과 질서'는 불법과 인종주의임을 지실한다. 스털링은 스스로 예의바르고 법을 준수하기 때문에 불법을 자행하는 조직과 투쟁하는 대담하고 열정적인 반항자들에게 매료된다."[130] 이처럼 스털링은 비행과 부정을 용납하지 않고, 모든 사람에게 공정하고 평등하게 집행되는 법, 유지되는 질서, 그리고 구현되는 정의가 지배하는 사회를 희구하는 이상적인 주인공이다. 더욱이 그는 이 소설의 주인공들 중에서 유일하게 근원으로 회귀하여 본래면목, 자연, 그리고 인디언문화를 가장 중요시하는 인물로 변신한다.

씨쎄도 스털링처럼 부모의 보살핌과 사랑을 받지 못했고 이기적이고 비열한 남자의 애통한 피해자가 되어 "행방불명이 된 사람들을 찾는"(46)데 신통력을 가졌다는 레차의 간호사 겸 비서로 농장에 체재하면서 유괴당한 아들을 찾으려고 안달한다. 그녀는 부모가 이혼하고 아버지가 타계한 후에 계모와 갈등을 빚고 가출하여 바(술집)무희로 사회생활을 시작한다. 그녀는 청혼을 거절한 남자의 동성연애자, 데이비드(David)와 관계를 갖고 임신하여 행복한 마음으로 출산하려한다. 그러나 불행하게도 그녀는 데이비드의 동성연애자, 보우프리(Beaufrey)의 강요로 태아를 유산시킨다. 그녀는 유산으로 마음의 큰 상처를 입었지만 데이비드가 아이를 갖고 싶어하는 마음을 알고 다시 임신한다. 보우프리는 자기권위에 도전하는 그녀의 행위가 매우 못마땅하고 불쾌하지만, 이번에는 태아 유산을 강요할 수 없다. 그녀가 아이를 가지려는 집념이 상상 외로 강하기 때문이다. 드디어 그녀가 아들을 출산하자, 보우프리는 데이비드가 아들을 극진히 사랑해서 아이가 자기와 데이비드와의 연애에 큰 방해물이 될까 굉장히 염려한다. 결국 그는 불안감과 절망감을 없애려고 6개월 된 아이를 유괴하는 파렴치한 범죄를 저지른다. 씨쎄는 아들이 있던 유아침대가 비어있다고 확인한 순간을 영원히 잊지 못할 것이다. 그녀는 아들 이름을 목메어 부르면서 양팔과 두 발로 기어 모든 방을 뒤진다. 그녀는 아들을 찾지 못하자 온몸에 땀이 흐름을 느낀다. 이후로 그녀는 악몽에 시달리면서 "아들이 아직 살아있다고 확신한다. 그러다 그녀는 데이비드가 탐정들을 고용하는데 수천 달러를 썼을 뿐 아니라 정보제공자들에게 사례비를 지불했음에도 [아무 성과가 없음을 감안하면] 아들은 죽은 것 같다고 추리한다"(42). 그녀는 이런 불확실성과 절망감에 휩싸인 상황에서 레차의 협조를 받으면 아들을 찾을 수 있을 거라고 믿는다. 따라서 그녀는 백방으로 수소문하여 레차를 찾는데 성공하자 외친다: "나는 당신을 찾을 수 있을 거라고 결코 생각하지 않았다. 나는 당신 도움이 필요하다"(166). 이렇게 그녀는 레차를 만나 함께 택시를 타고 경계가 엄중한 농장으로 간다. 레차가 농장정문을 통과하려고 아들에게 "페로, 나는 재결합하고 싶다"고 말하지만, 아들은 비웃는 어투로 "저도 성인입니다"(99)고 대꾸하면서 거부반응을 보인다. 결국 레차와 씨쎄는 제타의 도움으로 개들이 지키고 보안시설이 갖춰진 정문을 통과하여 농장건물 안으로 들어간다. 얼마 지나지 않아 씨쎄는 감정교류와 의사소통이 가능한 스털링이 곁에 있으므로 조금이나마 악몽과 아픔에서 벗어날 수 있다.

이렇게 씨쎄의 소박한 삶의 행복과 모성애를 짓밟은 악마적인 파괴자, 보우프리는 그의 어머니를 증오한다. 그는 어머니가 본의 아니게 자기를 임신하여 유산시키려 했으나 실패했다는 그녀의 말을 듣고, 자기는 태어나기 전부터 버림받은 인간이라고 생각하기 때문이다. 그래서 그는 오로지 자기위주의 사고와 행동으로 일관하면서 다른 사람들에게 아주 무관심할 뿐 아니라 그들과 호혜적 관계를 가지려하지 않는다. 그의 특이한 이상성격을 요약하면, "그는 언제나 자기 자신을, 오로지 자기 자신만을 사랑했다. […] 그는 그의 어머니와 아버지, 심지어 가장 친절한 유모들에게도 무관심했다. […] 그는 자신의 이기심으로 흡족했다"(533). 그는 이런 사연으로 여자를 무시하고 경멸하여 여자와 황홀한 성관계를 즐기려하지 않고, 독선적이고 자기중심적인 동성연애자로 돌변한다. 게다가 그는 부모를 미워하여 서로 애정과 사랑을 느끼지 못하고 자랐으므로 부자간의 따뜻한 정을 실존의 절대가치로 인정할 수 없는 괴물이다. 더욱이 그는 자신의 동성연애상대자, 데이비드가 영육을 합치한 전부를 자기에게만 쏟아주기를 갈망한다. 따라서 그는 자신의 갈망 극대화에 장애가 되는 데이비드의 아들을 유괴하여 살해한다. 그는 유괴를 합리화하려고 씨쎄를 어머니가 될 자격이 없는 마약중독자이고 창녀라고 비난한다. 그는 이런 범죄를 양심의 가책 없이 즐겁게 저지를 뿐 아니라 다른 사람들이 고통당하는 참혹한 장면을 좋아한다. 그는 아들을 지극히 사랑하는 데이비드가 그의 실종으로 겪고 있는 이루 말할 수 없는 고통을 보면서 혼자 즐거워한다. 이뿐만 아니라 그는 서민들에게 무자비한 자본주의를 옹호하고, 그들을 무시하고 비하하는 소견을 피력한다: "미국과 영국의 서민들은 우둔하여 지배자들에게 반항하지 못했고, 모든 노예는 그들의 주인들보다도 더욱 잔인한 주인이 되려고 몽상했다"(565). 요컨대 그는 오직 자신의 이기심의 욕망을 극대화하려고 다른 사람들을 악의적으로 조종하는 냉혹한 인간의 본보기이다.

보우프리보다 더욱 간악한 파괴자, 트리그(Trigg)는 자기가 운영하는 혈액매입소에 피를 팔려고 온 가난한 사람들의 피를 과다 채취하여 그들을 살해한 다음 그 시신에서 적출한 장기들을 암거래하는 악한이다. 그는 불행하게도 대학교 신입생일 때 교통사고로 척수부상을 당해 하반신불구자가 되자, 금전으로 무엇이든 보상받을 수 있다고 믿고 돈벌이에 비인간적, 반인륜적 수단과 방법을 총동원한다. 그는 병원입원과 재활치료에 소요된 18개월 동안 병원도서관과 대학병원교수도서관에 소장된 모든 장서를 읽는다. 이제 그는 의술과 첨단기술이 척수부상과 신경조직이식에 일으킬 미증유의 기적을 꿈꾼다. 그는 이 꿈 실현에 필요한 자금을 조달하려고 혈액매수소를 운영하면서, 혈장과 혈액판매 이상의 새로운 시장을 개척하려고 시도한다. 그러기 위해 그는 대학병원의 인간장기이식의사들과 교제하고, 그들이 필요로 하는 새로운 생체적합재료들(biomaterials)의 공급자가 되고 싶어한다. 그는 그들이 그의 다리와 뇌에 설치한 전자추진 접속장치의 도움으로 언젠가 다시 걸을 수 있기를 기대하기 때문이다. 더욱이 인간장기와 시체 피부를 냉동시키면 장기간 전혀 손상되지 않으므로 국제 암거래를 염두에 둔다. 그는 양심의 가책 없이 과다채혈로 살해한 사람들의 시신에서 적출한 장기를 외국의 생의학협회에 불법으로 판매한다. 그는 자신의 살인행위를 합리화하려고 "가난한 사람들은 인간쓰레기이다"(444)고 비난한다. 요컨대 그는 자신의 장애보상과 사익을 극대화하기 위해 지식과 기술을 악용한 대표적 악질분자이다.

백인의 대표적인 악마와 악한, 보우프리와 트리그 못지않은 멕시코원주민, 메나도(Menardo)는 자기기만, 과시욕, 그리고 무자비의 대명사이다. 그는 혼혈인디언이면서도 권투하다가 강하게 얻어맞은 상처로 코가 납작하다고 변명하면서 백인 행세를 한다. 그는 할아버지로부터 전수받은 인디언 삶과 문화를 저주하면서 백인사회에 동화하려고 안달한다. 그는 보안 산업과 보험업의 귀재로 벼락부자가 되어 백인고위관료와 유지들과 어울린다. 그는 재력으로 몰락한 백인가문의 규수와 결혼하여 취아파스(Chiapas)주도, 투스틀라(Tuxtla) 근처의 밀림에다 마얀 피러미드(Mayan pyramid)를 모방한 대저택을 짓는다. 유감스럽게도 메나도와 건물설계사, 알레그리아(Alegria)는 재력을 과시하는 거대한 저택을 짓는데 여념이 없어 "거룩한 신전을 뻔뻔스럽게 경시하는 불경을 저지르고 있다는 사실을 인지하지 못한다."[131] 불행하게도 그의 부인이 신축건물의 대리석계단에서 넘어져 타계한다. 그는 회사의 금지사항을 어기고 고객인 자기와의 성관계로 면직당한 알레그리아와 재혼한다. 그는 그토록 선망한 전문직 백인여자와의 재혼을 가장 큰 영광으로 자랑한다. 그는 배우자선택과 상류계층백인들과의 교제에 결정적인 역할을 하는 재력을 보험업으로 탄탄하게 키운다. 그의 보험업 성공비결은 가입자들의 재산을 화재나 자연재해의 범위를 넘어 폭동, 반란, 그리고 전쟁으로 인한 피해도 보상한다는데 있다. 그는 이런 피해보상금을 최소한으로 지불하려고 개인적으로 정예 육해공군을 거느린다. 그는 폭동과 반란이 자주 과격하게 발발하면 자기보험회사가 파산할 것 같아 폭력단과 반란군을 무자비하게 사살한다. 따라서 그는 항시 암살당할 위험을 느끼기 때문에 자기승용차 앞뒤로 경호차를 두고 방탄조끼를 입는다. 그는 방탄조끼를 잘 때도, 심지어 부인과 성관계를 가질 대도 여자의 마음은 아랑곳하지 않고 입는다. 그는 방탄조끼를 물신(物神)으르 숭배하기 때문에 그 성능을 과시하기 위해 백인고위관료들이 보는 앞에서 자기에게 발사하라는 명령을 받은 운전사로 위장 취업한 혁명군첩보원, 타쵸(Tacho)의 총을 맞고 즉사한다. 요컨대 그는 자기선조의 저주자, 자기종족의 살인자, 그리고 물신의 과신자로 비극적 종말을 자초한 자기기만과 과시의 피해자이고, 인디언들의 인권을 유린한 폭군이다.

인디언들은 이런 악마, 악한, 그리고 폭군의 제거, 또 이들을 적극 비호하는 정부의 전복, 그리고 강탈당한 땅과 생존권의 회복을 염원한다. 그들 중 다수는 이 염원실현의 한 방편으로 막스주의와 폭력에 의존하려한다. 실코우는 폭력의존과 막스주의를 무용지물로 폐기하는 주인공으로 막스주의 교육을 받아 한때 거기에 매료되었던 강단 있고 매력적인 여성지도자 겸 혁명군 고위장교, 안젤리타(Angelita)를 창조한다. 안젤리타는 많은 인디언들의 큰 기대와 희망 — 막스와 막스주의자들의 격려와 지원을 받아 강탈당한 땅을 되찾을 수 있을 거다 —을 일축한다. 그녀는 자기민족의 소망과는 반대로 그들을 격렬하게 비난한다: "백인 막스는 안 된다! 백인종교도 안 된다. 우리가 이 땅을 되찾을 때까지 어떤 것도. […] 막스주의자들은 인디언들의 땅을 되돌리고 싶어하지 않는다."[132] 그러면서도 그녀는 막스가 역사와 이야기를 중요시한다는 사실을 알고 경탄을 금치 못한다. 지배계층백인들은 인디언들에게 과거를 망각하라고 강요한데 반해, "백인 막스가 오더니 인디언들에게 과거를 기억하라고 역설했다. 이 역설은 인디언선조들의 믿음이었다. 선조들은 현재와 미래의 뿌리는 과거에 있기 때문에 과거를 중요시했다"(518-19). 그러므로 안젤리타는 막스가 언급했던 역사와 변화에 지대한 관심을 갖는다. 그녀는 그의 "역사는 성스러운 이야기들"이고, 그의 역사관 — "가장 완벽한 역사는 가장 강력한 힘이다"(311) —을 수용하려고 전심하기 때문이다. 따라서 그녀는 "막스가 이야기들을 다시 말함으로써 세상의 고난과 사악을 없애기 위해 요술적인 이야기전집을 편찬하려고 혼신의 힘을 다했던 이야기꾼으로"(316) 상상한다. 이처럼 실코우는 많은 인디언들의 막스에 대한 통념을 깨고, 그를 이야기꾼으로 전제하여 그들이 강탈당한 땅과 생존권을 평화적으로 되찾는 이상적인 방안을 제시하려고, 정략적으로 백인남자와 결혼했던 요에메(Yoeme)와 그녀의 두 손녀 제타와 레차, 정치와 이념을 초월하여 땅을 되찾으려고 헌신하는 쌍둥이형제 엘 페요(El Feo)와 타쵸, 그리고 스털링에 관한 이야기들을 계속 말한다. 실코우는 오로지 이야기로써 인디언들이 빼앗긴 땅과 생존권을 회복하는 이상적인 방법은 스털링이 신토불이와 만물은 하나라는 철학을 전제로 자기가 태어난 터전으로 돌아가 본디 사람으로 재생하는, 즉 근원으로 회귀하는 삶에 있다고 역설한다.

요에메는 멕시코의 야키(Yaqui)족 출신으로 인디언들의 생명을 보호하고 땅을 지키기 위해 백인 구스만(Guzman)과 정략적으로 결혼한 여걸이다. 그녀가 이 백인과 결혼하기 전에 "그들(백인들)은 도처에서 인디언들을 사살했다. 전쟁이었다. 더 많은 은광을 발견하려고, 또 더 많은 인디언 땅을 강탈하려고 백인들이 몰려왔다"(116). 그녀가 더 이상 인디언들의 사살과 땅 강탈을 않기로 맺은 협정을 지키지 못하는 남편에게 반항하자, 구스만은 7명의 아들과 딸에게 어머니는 죽은 사람이나 다름없다고 선언한다. 그러자 그녀는 자식들을 버리고 집을 뛰쳐나가 혁명군에 가담했다가 체포당해 치안방해죄와 대역죄로 처형되는 전시물로서 교수형이 집행되기를 기다리고 있었다. 그녀의 처형을 고위관리들과 함께 직접 보려는 총독의 바쁜 일정으로 집행이 연기되다가, 1918년 독감이 마을을 휩쓸자 그녀는 구사일생으로 살아난다. 그녀는 이렇게 살아서 집으로 돌아오지만, 그녀가 객사하기를 바란 아들과 딸들은 겨울철인데도 어머니를 집안으로 모시지 않는다. 그래서 그녀는 큰 저택 뒤에 있는 조리실에 기거하면서, 백인광산기사와 결혼하고 허약한 체질로 요절한 딸의 어린 쌍둥이 딸, 제타와 레차와 함께 사이좋게 지낸다. 그들은 어머니가 작고하기 전에도 미국에서 광산기사로 일하는 아버지와 별거하다가, 14살에야 겨우 투손에서 상봉한 아버지가 타계한 후에 미국에서 고등교육을 받고 전문 지식인으로 활동한다.

요에메는 그들에게 상형문자, 스페인어, 그리고 래틴어로 기록된 *비망록*을 영어로 번역하고, 또 어떤 부분을 해독하라고 당부한다. 여러 해 전에 어느 여인이 그녀에게 *비망록*을 넘겨주면서, 그 일부가 소실되었고 그 부분이 암호로 표기되어 있었기 때문에 의미가 명확하지 않지만, 언젠가 그 부분을 보완하라고 요구했다. 요에메는 많은 세월이 지났는데도 이 요구에 응하지 못했으므로 초조한 마음으로 쌍둥이자매에게 부탁한다: "나는 평생 동안 보완을 생각했다. 문제는 소실된 부분의 의미 그리고 그 의미를 보완하는 방법을 찾는 과제였다. […] 그 여인은 그 의미가 언어로 표현되어서는 안 된다고 경고했다. 내가 너희에게 이런 사정을 말하는 까닭은 옛날 *필사본*과 *비망록*이 얼마나 주의 깊게 보존되지 않으면 안 되는가를 이해시켜야한다고 작심했기 때문이다. 기존에 없었던 어떤 사항도 절대로 첨가되어서는 안 된다"(129). 이 *비망록*은 인디언들에게 "그들은 누구였으며, 어디서 왔는가"(246)를 깨우쳐주는 가장 중요한 보물이다. 이 보물을 보존하려고, 남부인디언들이 백인들의 침략을 받아 전멸의 위기에 봉착하자, *비망록*을 간수하려고 네 등분으로 나누어 안전한 북부로 가지고 갈 세 명의 소녀와 작은 소년을 선발한다. 그들은 어린이들에게 그들의 임무가 막중함을 강조한다: "*비망록*은 그들 부족이 생존한 모든 날을 기록한 책이다. 이 지나간 날들과 해들은 살아 있으므로 다시 돌아올 것이다. 이 책은 어떤 희생을 치르더라도 보존되어야한다"(247). 12살이 맨 위인 어린이들은 몇 개월 동안 낮에는 자고 밤에는 걷는 고행 길에 도저히 참고 견딜 수 없는 굶주림에 시달린다. 그들은 아사 직전에 책의 종이를 몇 장 찢어 죽을 끓여 먹고 생존한다. 큰 언니는 종이에 기록되어있는 내용을 너무 많이 들어서 다 기억하고 있다고 장담한다. 이렇게 그들은 *비망록*의 신비한 힘 덕택에 살아 임무를 완수한다. 요에메는 이런 불가사의한 위력을 지닌 *비망록*을 보완하지 못한 채 레차에게 주면서 번역하고 해독하라고 당부하고, 제타에게는 극히 일부만 맡기면서 "네 제주는 다른 데 있다"(131-32)고 말하고 영면한다.

제타는 래틴어와 스페인어로 주석이 붙은 *비망록* 일부를 검토하기 시작한다. 그녀는 *비망록*에서 이런 구절 – "성스러운 시간은 항시 현재에 있다"(136) –을 읽는다. 그녀는 이 구절로 깨달음을 얻어, "성스러운 시간은 과거, 현재, 그리고 미래를 명확하게 구분하지 않는다. 성스러운 시간은 시간과 공간의 절대불변 속에서 반복, 평행, 그리고 모형에 의해 구성되는 가능성의 영역이다. 이 견해에 의하면 시간은 무한정하게 이용할 수 있는 실물이며, 공간과 상관관계가 있다. 시간은 인간이 신처럼 앞뒤로 이동할 수 있는 공간이다."[133] 부연하면 그녀는 "성스러운 시간은 항시 현재에 있다"는 깨달음에 의존하여 강탈당한 땅과 생존권으로 인한 고난과 시련을 감내해야했던 비극적인 과거와 땅과 자유를 되찾는다는 기대와 희망이 넘치는 낙관적인 미래가 통합되는 건설적인 현재의 창조를 가장 중요시한다. 따라서 그녀는 많은 인디언들이 무시하고 부정하는 고유문화와 철학을 적극적, 긍정적으로 수용하려고 최선을 다한다. 그녀는 이런 의식을 전제로 주장한다: "어메리커대륙 어디에도 유럽사람들에 의해 수립된 합법정부는 없었다. 어떤 정의(定義)로도, 더욱이 유럽사람들의 정의와 법에 의한 합법정부는 없었다. 어떤 합법정부도 강탈당한 땅에는 수립될 수 없었기 때문이다. 강탈당한 땅은 분명한 국호와 정부를 가질 수 없었기 때문이다"(133). 이러므로 제타는 인디언들의 땅과 생존권을 강탈하여 불법으로 수립된 정부를 인정할 수 없으므로 전복하려고 노심초사한다. 그녀는 전복수단으로 폭력을 선호하기 때문에 아버지 유산으로 물려받은 투손 외각의 불모지농장을 혁명군지휘소 겸 군비자금 조달을 위한 마약과 무기밀매 본거지로 이용한다. 마침 그녀가 *비망록*의 자기책임 부분의 번역을 끝마쳤을 때, 출산하고 1주일 후에 아들을 버리고 집을 나가 자유분방한 삶을 즐긴 레차의 귀환은 결코 우연도 예사로운 일이 아니라고 단정한다. *비망록*에 포함된 책력이 언제 파종하거나 수확하느냐를 기술하지 않고, 앞으로 닥칠 재앙들, 즉 가뭄이나 홍수, 전염병, 내전이나 침략을 예언하고 있기 때문이다. 그녀는 조만간 큰 변화가 일어날 거라는 예감을 떨쳐 버릴 수 없다. 그녀는 이 예감으로 빼앗긴 땅과 자유를 되찾을 수 있다는 기대와 희망으로 고무된다. 그녀는 폭력에 의존하여 이 꿈을 실현하고 싶어한다. 그녀의 폭력선호는 선천적 기질이라고 단정하기보다는 오히려 부모애정의 결핍에다 정신적 외상으로 인한 후천적 이상성격의 산물일 수도 있다. 그녀는 어렸을 때 외숙부로부터 성희롱을 당했을 뿐 아니라 성인이 된 후에 직장에서 승진대가로 성관계를 요구하는 상사의 강요에 경악했기 때문에 이성을 멀리하고 평생을 독신으로 지낸다. 요컨대 제타는 자신이 다른 사람을 사랑하고 싶은 마음도, 사랑할 능력도 없으므로 실존에서 사랑, 애정, 그리고 평화보다는 오히려 의무, 책임, 목적달성, 그리고 성과를 더욱 중요시하는 무정한 실용주의자이다.

레차는 아들을 버린 비정한 어머니이고 마약중독자이지만 심령술사로 명성을 얻어 전국을 누비고 다니면서 많은 남자들과 관계를 갖는 자유분방한 삶을 즐긴다. 그녀는 티 비 토크쇼우에 나와 사회자의 요구에 응해 실종자들을 찾아주는 심령술을 유감없이 발휘한다. 그래서 그녀는 사람들의 "과거를 통찰하고 미래를 예언할 수"(46) 있는 탁월한 능력의 소유자로 각광받는다. 하지만 그녀는 폭발적인 인기를 누리고 돈벌이도 좋지만, 생존하고 있는 인물이 아니라 이미 사망한 사람들에 관한 이야기를 해야 하는데 큰 회의와 싫증을 느낀다. 게다가 그녀는 여기에다 갑자기 *비망록*을 번역하고 해독해서 외할머니와의 약속을 지켜야한다는 책임감을 강하게 의식한다. 따라서 그녀는 자기심령술에 의존하여 유괴당한 아들을 찾으려고 안달하는 씨쎄를 간호사 겸 비서로 대동하고 제타와 아들이 거주하는 농장으로 가서, 본격적으로 *비망록* 번역과 해독작업에 착수한다. 그녀는 마약 기운이 떨어져서 심하게 일어나는 통증도 잊은 채 *비망록*을 탐독한다. 그녀는 바로 *비망록*이 "위대한 유산"임을 실감한다. 요에메와 인디언들이 "*비망록*에는 생명력, 즉 땅을 되찾기 위해 어메리커대륙의 모든 부족인디언을 일치단결시킬 위력이 있다고 믿었음"(569)을 인지했기 때문이다. *비망록*은 백인들이 인디언들의 땅과 생존권을 강탈하려고 쳐들어오기 몇 백년 전에 그들에게 침략에 대비하라고 경고했다. 그들은 *비망록*이 없었다면 땅을 되찾을 시기를 알 수 없으므로 절망하여 자포자기했을 것이다. 그러나 그녀가 보기에 그렇게 소중한 *비망록*의 모양새는 엉망이다. 몇 백년 동안 *비망록*을 간수했던 사람들은 찢어진 부분들을 종이로 붙여 최선을 다해 보존하려고 무척 애쓴 흔적이 역역하다. 그녀가 이런 상태의 *비망록*을 영어로 번역하고 암호를 해독하여 파악한 내용에 의하면, "이야기는 실제체험과 닮은꼴이다. 그러나 실제체험은 이미 존재하지 않고, 기억과 상상력의 융합체이다. 과거라고 명칭되는 체험은 영향력이 이전과 동일한 균형이나 조화를 유지한다면 현실적으로 반복될 수 있다. 세부는 다를 수 있어도 본질은 변하지 않는다. […] 기억의 영상은 현재순간에 있다"(574-75). 또 그녀는 외할머니가 *비망록*의 여백에 가필한 이야기 – 마을을 휩쓴 독감 때문에 교수형집행 직전에 구사일생으로 살아남았다 –를 읽는다. 그녀가 외할머니의 가필의도를 간파한 바에 의하면, "요에메는 어떤 이야기들에는 위력이 내재되어 있다고 믿었다. 이 위력이 우리가 이야기를 계속 반복하게 한다. 이야기를 재삼재사 되풀이할 때마다 사소할지라도 부단한 변화가 일어났다. 요에메의 구사일생 이야기가 모든 포로는 처형당한다는 상식을 뒤엎었다. 그런 기적적인 탈출이야기가 높이 평가되고 빠르게 퍼진다면, 사형집행장으로부터 불가사의한 탈출 건수가 점점 증가할 것이다"(581). 레차는 이 번역과 해독과정에서 빼앗긴 땅과 생존권을 회복할 수 있다는 자신감으로 고무된다. 게다가 그녀는 멕시코에서 엘 페요와 타쵸가 땅을 되찾기 위해 부락 단위의 비무장군인들을 인솔하고 투손을 향해 북진할 계획을 세우고 있다는 소문을 듣는다.

쌍둥이형제 엘 페요와 타쵸도 제타와 레차처럼 빼앗긴 땅과 생존권 회복을 자기들 실존의 궁극적 목적으로 삼지만, 그 달성방법을 쌍둥이 자매와 달리한다. 그들은 그 방법으로 폭력, 공산주의, 그리고 기독교보다도 오히려 모든 부족민의 땅을 되찾겠다는 투쟁의식 확장과 자유염원의 실현의지를 더 선호한다. 타쵸는 메나도가 휘하의 군인들에게 백인농장을 무단 점거한 인디언들의 오두막을 철거시키라고 내리는 명령을 듣는다. 군인들이 오두막을 철거하면 그들은 다른 지역에다 다시 오두막을 짓고 텃밭을 가꾼다. 군인들이 텃밭을 짓밟고 오두막을 방화하면, 그들은 장소를 옮겨 새 터전을 만든다. 그들은 땅이 원래 자기들 소유였음을 알기 때문에 집요하게 백인농장을 무단 점거하여 농사를 짓는다. 그러므로 타쵸는 메나도가 친구사업가에게 이렇게 땅에 매달리는 인디언들이 곤충들보다도 더 악질이어서 그들을 추방시키는데 막대한 병력과 비용이 낭비된다고 푸념하는 볼멘소리를 듣는다. 그래서 타쵸는 "전쟁은 비행기나 무기가 아니라 꿈의 세계에서 승리하거나 패배하거나가 결판난다"(475)는 영리한 앵무새들의 말을 경청한다. 더욱이 인디언들은 정치가들의 지도와 조언이 없어도 이런 집요한 투쟁을 자발적으로 지속한다. 그들은 "영혼에서 우러나오는 이상한 소리를 경청하고 있었다. 그들이 경청한 소리는 … 과거에서, 기억에서, 악몽에서, 감미로운 꿈에서, 그리고 선조들에서 배워야하는 삶과 행동의 지침이었기"(513) 때문이다.

이런 인디언들을 조직적으로 이끌려는 엘 페요의 관심은 "첫째가 땅이고, 말과 이념은 그 다음이다"(524). 그는 땅을 되찾으려면 자기휘하에 군대가 있어야함을 알기 때문에, 위장전술로 백인들의 지원을 받아 마을마다 야구부를 만들고, 야구선수들을 군인으로 둔갑시킨다. 그는 군 조직에 필요한 인원과 자금마련에 막스주의 교육을 받은 부인, 안젤리타의 도움을 크게 받는다. 그녀는 대학과 마을을 돌아다니면서 "거대한 '변화의 물결'이 다가오고 있다"(468)고 대학생과 주민들을 선동하여 엘 페요의 부대로 데려온다. 또 그녀는 티 비에 출연하여 막대한 기부금을 받아 군비에 충당한다. 더욱이 그녀는 메나도의 운전기사로 위장 취업한 타쵸로부터 입수한 군과 경찰동향을 오지에 있는 부군에게 보고한다. 엘 페요는 군 지휘관으로 급부상하여 군을 가장 효율적으로 통솔하기 위해 스스로 변신하여, "자기가 넓은 강들이 모든 사람과 사물, 심지어 엥걸즈(Engles)와 막스까지도 포용하는 거대한 바다로 흘러가는 영원 속에 자신을 완전히 망각할 때까지 지구의 중심핵으로 자기를 더욱 더 깊이 묻고 있는 중이다고 상상했다"(522). 그는 이런 포용정신으로 무장하고 타쵸와 함께 공존과 평등의식을 생활과 행동신조로 삼아 도처에서 진영으로 찾아온 사람들을 환영하면서 끼니 걱정은 없으니 서로 사이좋게 지내자고 당부한다. 쌍둥이형제는 인디언생활철학의 핵심을 이루는 상호이해, 배려, 그리고 존중을 바탕으로 외지인, 땅 없는 농민, 그리고 빈민들을 부대원으로 편입시켜 일치단결시키려고 고심한다. 그러기 위해 쌍둥이형제는 그들에게 마음에 품은 탐욕과 이기심을 버리라고 조언한다. 특히 쌍둥이형제는 그들에게 백인들처럼 자기이익, 목적, 그리고 편의를 도모하는 사고와 행동을 타파하라고 강조한다. 그러면 그들은 모든 사람, 생물, 그리고 사물과 조화, 균형, 그리고 평화를 유지할 수 있다고 조언한다. 게다가 쌍둥이형제는 그들에게 가장 시급한 과업은 땅으로 돌아가, 더 이상 땅을 폭파하고 굴착해서는 안 된다고 역설한다. 쌍둥이형제는 그들이 이 조언과 역설로 정신무장하여 그 영향력을 확장한다면, 비행과 만행들로 얼룩진 백인사회는 저절로 붕괴되어 백인의 억압과 탄압 통치는 종말을 고할 거라고 자신 있게 예언한다. 그들은 이 예언뿐 아니라 멕시코경찰이 쌍둥이형제가 진두지휘하는 북진을 저지하지 못함을 직접 목격하고 정신적으로 고무된다. 쌍둥이형제는 이 예언이 현실화되는 데 100년이 걸릴지라도, 그때까지 인내심을 갖고 평온하게 기다릴 것이다. 그들의 기다림은 이런 확신을 전제하기 때문에 가능하다: “부족민들이 어메리커대륙을 되찾을 것이다. 부족민들이 전 세계에 있는 선조들의 땅을 되찾을 것이다. 이 되찾음이 땅의 혼령이 원하는 바이고, 땅을 사랑해서 해치지 않는 토착 어린이들의 소원이다”(712). 그들의 이런 확신과 기다림이 실코우 소설의 핵심이다.

그러나 안젤리타는 엘 페요와 타쵸와는 다른 시각으로 백인사회를 통찰한다. 타쵸가 투손에서 개최되는 국제전체적의술가대회(International Holistic Healers Convention)에 연사로 초청을 받았으나, 비무장군인들과 함께 도보로 북진해야함으로 참석할 수 없어 대리로 안젤리타를 참석시킨다. 그는 그녀가 대독한 연설에서 인디언들이 평화적으로 땅을 되찾을 때까지 기다릴 거라고 천명한다. 그는 청중들이 이 취지에 동감하면, 비무장군인들은 인디언선조 혼령의 보호를 받고 있으므로 무기는 필요 없고, 군량미구입에 사용할 현금을 보내달라고 호소한다. 쌍둥이형제는 순진하게 혼령의 가호로 비무장군인들이 미국국경에 도달할 때까지 미군의 발포가 없을 거라고 믿지만, 안젤리타는 그 전에 사살당할 거라고 염려한다. 따라서 그녀는 미군의 공격으로부터 그들을 보호하기 위해 무기를 준비하려한다. 그녀는 무기를 장만하려고 대회에 참석한 제타와 접촉하여 무기구매를 시도한다. 요컨대 그녀는 백인들의 무자비한 폭력에는 오로지 무력으로 대응하려는 전략가이고 현실주의자로 꿈과 이상에 큰 관심을 갖지 않는다.

레차도 제타와 함께 대회에 참석하여 일전 티 비 토크쇼우에서 만났던 시인 겸 변호사, 윌선 위절 테일(Wilson Weasel Tail)의 연설을 듣는다. 그는 변호사가 가난한 사람들에게 치료제가 아니고 질병이라고 믿고, 법학전문대학원을 중퇴하고 반항적 기질이 다분한 시인이 된다. 그는 주장한다: "법은 어떤 피부색이든 가난한 사람들을 짓밟고 부자들만 옹호한다. 대중은 시를 필요로 한다. 시는 꿈과 영혼을 노래하여 사람들을 해방시킨다"(714). 그는 청중들을 무한한 생명력의 근원인 땅을 강탈당한 데서 연유한 뼈에 사무친 분노와 박탈감에서 해방시키려고 미국정부를 극렬하게 비난하는 자작시를 낭송한다: "불법정부만이 강탈한 땅을 점유한다. [···] 당신은 강탈한 땅을 되돌려라. 그렇지 않으면 자멸을 재촉할 거다"(725). 레차는 그의 시낭송에 공감하여 반항과 투쟁의 대열에 들어서는 기분에 휩쓸린다. 그러나 그녀는 바로 다음 연사로 등단한 맨발의 호피(Barefoot Hopi)의 열변에 매료된다. 그는 고함지른다: "이제 우리는 우리 어머니인 땅과 하나이다. 우리는 강과도 하나이다. 이제 우리는 우리의 근원, 즉 우주의 신비력으로 돌아왔다. 환호하자"(733). 그러면서 그는 엘 페요와 타쵸의 빼앗긴 땅을 되찾으려는 꿈, 되찾을 수 있다는 자신감과 확신, 그리고 꿈이 실현될 때까지 어떤 난관도 감내하면서 포기하지 않고 기다리려는 결연한 마음을 찬탄한다. 게다가 그는 그들이 평화적으로 빼앗긴 땅을 찾으려는 수단을 적극 지지한다. 그래서 그는 쌍둥이형제를 따라 북진하는 비무장군인과 동조자들을 쌍수를 들어 환영한다. 더욱이 그는 안젤리타가 대독한 쌍둥이형제의 연설문 중에서 일부를 격찬한다. 그 일부는 "땅은 자기를 사랑하는 사람들을 환호 속에 맞이한다. 어떤 울타리, 담벼락, 총, 그리고 폭탄도 그들의 땅 사랑을 막지 못할 것이다. 그들은 죽음도 두려워하지 않는다"(736). 이 순간 레차는 요에메가 예찬했던 땅의 생명력과 복원력을 믿는 신비주의자가 된다. 그러나 레차와 제타는 반항적 기질을 가진 현실주의자이다.

레차는 농장이 갑작스레 무장괴한들의 습격을 받아 극심한 혼란에 빠진 와중에 씨쎄와 스털링을 차에 태우고 필사적으로 탈출한다. 그녀는 윌선 위절 테일과 그의 일당이 사우스 더코우터(South Dakota)주에 구축한 비밀진영으로 가려한다. 그들은 인디언들로 구성된 전투부대를 창설하려는 계획을 세우고 있다. 레차는 스털링도 그 부대원이 되기를 원함으로 함께 가자고 말한다. 그러나 스털링은 투손에서 많이 알게 되고 성숙했으므로 이전처럼 살 수 없다고 깨달았다. 따라서 그는 레차에게 호의는 고맙지만, 조카들의 목장 오두막에서 지내고 싶다는 의사표시로 거절한다. 그는 차에서 내려 두 여자와 아쉬운 작별을 하고, 작은 모래언덕을 올라가 사암절벽 위에 있는 오두막에 다다른다. 그는 풍차가 퍼내는 물로 얼굴과 손을 씻자 비로소 고향, 자기가 태어난 터전으로 돌아와 본디 사람으로 재생했음을, 다시 말하면 근원으로 회귀했음을 실감한다.

그는 이 실감으로 비극적인 과거를 잊고 오로지 땅에서 보고, 듣고, 만지고, 맡는 즐거움에 심취한다. 이제 그는 부족평의회가 자신의 뱀 석상 촬영허가에 책임을 물어 결의한 추방결정에 격분했던 마음이 없어지고, 평의회와 화해하고 싶다. 그가 스스로 자신의 삶을 회고하고 반성하면, 일찍이 고아가 되어 학령에 바로 기숙학교로 진학하여, 백인교육을 받은 덕택에 철도회사에 취직하여 자기중심의 안이하고 편리한 생활을 즐겼고, 은퇴하여 고향에서도 이런 삶을 계속하려고 계획했다. 그는 "언제나 과거관습과 전통은 소멸한다고 생각하고 과거생활방식과 철학에 전혀 관심이 없었다"(762). 결국 자신의 무지와 방심으로 은퇴계획에 큰 차질을 빚고 고향에서 추방당했다. 이 치욕의 절망감에서 벗어나려고 술, 여체, 그리고 통속잡지에 탐닉했다. 그러다 그는 투손에서 인디언들의 강탈당한 땅과 생존권을 회복하자는 목적은 같으면서도 그 달성방법을 달리하는 사람들의 대립과 갈등을 목격하고 환멸을 느낀다. 특히 그는 그 방법으로 땅을 신성시하지 않고 폭력과 무력에 의존하려는 독선적, 편파적 현실주의자들을 혐오한다. 그는 땅과 생존권을 회복하는 최선책은 인디언들의 신토불이와 만물은 하나라는 철학의 수용과 실천에 있을 뿐이라고 확신한다. 그는 이 확신으로 재생하여, 다른 사람들도 이 철학의 수용과 실천에 동참하기를 기대하는 마음으로 "쌍둥이형제와 그들의 동조자들이 [북진하여] 오고 있는 방향, 즉 남쪽을 바라본다"(763). 이 구절이 실코우가 그의 확신과 기대로 소설을 마무리하는 끝이다. 그의 확신과 기대가 바로 실코우의 소설철학이고, 그 실천의 이상적인 방안모색이다.

맺는말

지금까지 60여명의 최근미국소설주인공을 하나같이 개개인의 자아탐구와 실현, 독립성과 주체성, 그리고 타인존중과 배려의 관점에서 고찰했다. 이렇게 고찰한 하나의 이유는 최근미국소설가들 중에서 한 작가를 깊이 있게 연구할 수 있는 넓은 지식을 쌓지 못했기 때문에 집중적으로 논의할 수 없는 형편이었다. 또 혼자 본격적으로 최근미국소설 연구를 시작한 1970년대에 이 논의에 필요한 문학이론을 공부할 능력과 여유도 갖지 못했다. 게다가 주위에 이 분야의 전문가가 없어 귀동냥으로 배울 수도 없었다. 이처럼 저자가 한 작가 연구서를 집필할 수 없음은 척박한 학문풍토를 극복하려는 학구열과 능력부족으로 자초한 연구의 한계였다. 그런데다 만일 저자가 이 한계를 극복하려는 각고의 노력 끝에 한 작가의 연구서를 집필하는 결실을 맺었다하더라도, 그 결실이 최근미국소설의 대중화에의 기여라는 관점에서 보았을 때, 소설주인공의 자아탐구와 실현 그리고 타인존중과 배려를 고찰한 저서보다 크지 않을 거라고 판단했다. 또 하나의 이유는 이런 불모지에서 나 자신의 빈곤, 부정, 그리고 무지의 동토에서 미력하나마 자아긍정, 성찰, 성숙을 도모하는 글을 쓸 수 있다는 자신감을 표출하기 위해서였다. 저자는 우리나라가 일본 식민지였던 1930년대 후반에 출생하여 역사의 격동기 – 해방, 정부수립, 6·25전쟁, 4·19혁명, 그리고 5·16군사정변 –에 청소년기를 매우 어둡고 암울하게 보낼 수밖에 없었다. 이 청소년기에 오로지 빈곤, 억압, 욕구불만, 소외감, 그리고 부정심리의 피해자였지만, 능력부족으로 피해의식을 극복할 수 없어 나, 꿈, 활력, 생동감, 자신감, 그리고 도전과 개척정신을 발휘할 수 없었으므로 소극적, 피동적인 삶을 살았다. 더욱이 20대 후반에 학문과 연구가 무엇인지도 모르고 시작한 교수생활에서 대화와 토론이 없는 풍토에서 존재의의와 성취의욕을 상실한 채 공허감과 절망감에 빠져 염불보다 잿밥에 더 열중하면서 허송세월했다.

이렇게 주체적 자아를 의식하지 못하는 비관적, 부정적 실존에다 교수로서 책임과 의무를 등한하고 있을 때, 천우신조로 최근미국소설 읽기와 연구로 자아를 성찰하고 성숙시킬 동기를 유발할 수 있었다. 먼저 최근미국소설 주인공이 어떤 실존여건에서도 자아고수와 실현 그리고 타인존중과 배려의지, 더욱이 어떤 극한상황도 극복하려는 도전정신에 매료되었다. 따라서 최근 미국소설을 일변도적이기는 하지만 주인공의 극복의지와 성숙과정을 중심으로 연구하면서 나 자신을 성찰하고 변신시킬 수 있었다. 특히 이와 같은 연구로 내 실존에서 홀로 살기보다는 더불어 사는 삶을, 집단과 조직보다는 자기와 개인을, 비관과 부정보다는 낙관과 긍정을, 과거보다는 현재를, 유폐보다는 개방을, 고정불변보다는 변화를, 확실성보다는 불확실성을, 객관성보다는 주관성을, 현학적 사고보다는 행동을, 현실도피보다는 수용을, 타율과 의존보다는 자율과 자립을, 답습보다는 도전을, 영혼과 육체의 분리보다는 합일을, 그리고 이원론보다는 통합을 더욱더 중요시하는 의식을 확장할 수 있었다. 그러므로 앞으로도 계속 주체적 자아, 자유스런 삶, 그리고 열린사회를 창조하려는 의지를 다지기 위해 이와 같은 연구방법으로 1950년대와 그 이후에 출생한 소설가들 – 죠너선 프랜즌(Jonathan Franzen), 리쳐드 파우워즈(Richard Powers), 윌리엄 보울먼(William Vollman), 제인 앤 필립스(Jayne Anne Philips), 캐럴 맛쏘(Carole Maso), 셔먼 어렉시(Sherman Alexie), 데이비드 포스터 왈리스(David Foster Wallace), 주노 디아스(Junot Diaz), 마이클 쉬번(Michael Chabon), 줌파 라히리(Jhumpa Lahili), 죠우애너 스코트(Joanna Scott), 죠너선 새프런 포우어(Jonathan Safran Foer), 그리고 데이브 에거즈(Dave Eggers) –을 연구하고 싶다. 이 꿈이 후학들에 의해 실현되기를 비는 마음으로 글을 마무리한다.

■ 주석

1. 최근미국소설 연구목적과 방법

1 Alice Walker, *In Search of Our Mothers' Gardens: Womanist Prose*(New York: Harcourt, Brace, 1983), 121-22.

2 Ernst Cassirer, *An Essay on Man: An Introduction to a Philosophy of Human Culture*(New Haven: Yale University Press, 1974), 5-6.

3 Joyce Carol Oates, "Unique/Universal in Fiction," *Writer* 86(January 1973): 11.

4 Leo Buscaglia, *Love*(New York: Fawcett, 1972), 176.

5 John Updike, *Odd Jobs*(New York: Knopf, 1991), 87.

6 Milan Kundera, *The Art of Novel*, Tr. Linda Asher(New York: Harper & Row, 1988), 42-43.

7 John Updike, *The Poorhouse Fair*(New York: Knopf, 1959), 107.

8 John Updike, *Rabbit, Run*(New York: Knopf, 1960), 223.

9 Arnold S. Kaufman, The Radical Liberal: New Man in *American Politics*(New York: Atherton, 1968), 4.

10 고지문, *최근미국소설의 핵심주제: 사랑 자유 정의*(서울: 신아사, 2001), 334-35.

11 고지문, *최근미국소설연구방법: 주체적 자아, 자유스런 삶 그리고 열린사회의 창조를 바탕으로*(광주: 전남대학교출판부, 2011), 29.

12 Paul Levine, *E. L. Doctorow*(London: Methuen, 1985), 38.

13 저자는 포우스트모던 소설을 국문학에서 신소설 용어를 이미 사용했으므로 부득불 새로운 형태의 소설로 번역했지만 호응을 얻지 못했음을 밝혀둔다.

14 Northrop Frye, *Anatomy of Criticism*(Princeton: Princeton University Press, 1957), 33-34.

15 이경순, "페미니즘과 영문학 연구," *영어영문학: 광복 50주년 기념특집호*(1996년 5월): 139.

3. 1970년대: 최근미국소설 연구 초기

1 James Baldwin, *Notes of a Native Son*(New York: Bantam, 1968), 17.

2 Edward Margolies, *Native Sons*(Philadelphia: Lippincott, 1968), 86.

3 Robert A. Bone, *The Negro Novel in America*(New Haven: Yale University Press, 1966), 200.

4 앞책, 212.

5 고지문, "黑人小說의 變貌," *영어영문학* 37(1971): 79.

6 Carson McCullers, *Seven*(New York: Bantam, 1954), 24-25.

7 Richard M. Cook, *Carson McCullers*(New York: Frederick Ungar, 1978), 17.

8 Virginia Spencer Carr, *The Lonely Hunter*(Garden City: Doubleday, 1975), xix.

9 Carson McCullers, *The Mortgaged Heart*(Harmondsworth: Penguin, 1975), 138.

10 C. Michael Smith, "'A Voice in a Fugue': Characters and Musical Structure in Carson McCullers' *The Heart Is a Lonely Hunter*," *Modern Fiction Studies* 25.2(1979): 261.

11 Carson McCullers, *The Heart Is a Lonely Hunter*(Cambridge: Riverside, 1940), 120.

12 McCullers, *The Mortgaged Heart*, 145, 140, 148.

13 Panthea Reid Broughton, "Rejection of the Feminine in Carson McCullers' *The Ballad of the Sad Cafe*," *Twentieth Century Literature* 20.1(1974): 38.

14 McCullers, *Seven*, 66.

15 Perry Miller, Ed., *The Transcendentalists*(New York: M J F Books, 1978), 313.

16 D. H. Lawrence, *Studies in Classic American Literature*(New York: Viking, 1966), 7, 6.

17 Bernard Sternsher, *Consensus, Conflict, and American Historians*(Bloomington: Indiana University Press, 1975), 1-2.

18 Bernard Malamud, *Idiots First*(New York: Farrar, Straus, 1964), 177.

19 Prabas Jiban Chaudhurry, *Tagore on Literature and Aesthetics*(Calcutta: Rabinda Bharatic, 1965), 166.

20 Wordsworth & Coleridge, *Lyrical Ballads: 1798*, Ed. W. J. B. Owen(London: Oxford University Press, 1967), 165.

21 Lord Houghton, *The Life & Letters of John Keats*(London: J. M. Dent & Sons, 1954), 70.

22 Hippolyte A. Taine, *History of English Literature, Vol I*(New York: Frederick Ungar, 1965), 1.

23 Peter Steiner, *Russian Formalism*(Ithaca: Cornell University Press, 1984), 145에서 재인용.

24 Benedetto Croce, *Aesthetics as Science of Expression and General Linguistics*, Tr. Douglas Ainslie(London: MacMillan, 1909), 26-27.

25 T. S. Eliot, *Selected Essays*(New York: Harcourt, Brace, 1960), 10.

26 Cleanth Brooks, *Well-Wrought Urn*(New York: Harcourt, Brace, 1947), 195.

27 Ernst Cassirer, *An Essay on Man*(New Haven: Yale University Press, 1974), 145.

28 Robert Magliola, "The Phenomenological Approach to Literature," *Language and Style* 5.2(1972): 80.

29 Jean-Paul Sartre, *What Is Literature?*, Tr. Bernard Frechtman(New York: Harper & Row, 1965), 43, 58.

30 Tzu-ssu, "The Doctrine of the Mean," in *A Source Book in Chinese Philosophy*, Tr. & Comp. Wing-Tsit Chan(Princeton: Princeton University Press, 1972), 108.

31 Christian Bay, *The Structure of Freedom*(Stanford: Stanford University Press, 1970), 371.

32 Cassirer, 5-6.

33 Saul Bellow, *Dangling Man*(New York: Vanguard, 1944), 167.

34 Bertrand Russell, *The Problems of Philosophy*(London: Oxford University Press, 1973), 94.

35 Rollo May, *Love and Will*(New York: Dell, 1974), 313.

36 Ihab Hassan, *Radical Innocence: Studies in the Contemporary American Novel*(Princeton:

Princeton University Press, 1961), 291.

37 Bellow, *Dangling Man*, 154.

38 Saul Bellow, *The Adventures of Augie March*(New York: Viking, 1953), 43.

39 Chester E. Eisinger, *Fictions of the Forties*(Chicago: University of Chicago Press, 1965), 355.

40 Helen Weinberg, *The New Novel in America: The Kafkan Mode in Contemporary Fiction* (Ithaca: Cornell University Press, 1970), 75.

41 Joseph F. McCadden, *The Flight Women in the Fiction of Saul Bellow*(Lanham: University Press of America, 1980), 111.

42 Saul Bellow, *Henderson the Rain King*(New York: Viking, 1959), 268, 271.

43 Saul Bellow, *Herzog*(New York: Viking, 1967), 199, 165.

44 Saul Bellow, *Mr. Sammler's Planet*(New York: Viking, 1970), 57.

45 Saul Bellow, *Humboldt's Gift*(New York: Viking, 1975), 262, 356-57.

46 Sartre, 58.

47 John Gardner, *On Moral Fiction*(New York: Basic,1978), 126.

48 John Gardner, *The Resurrection*(New York: Ballantine, 1970), 202. 앞으로 이 작품에서의 인용문은 괄호 안에 쪽수만 표시함.

49 John Stuart Mill, *Utilitarianism, Liberty, Representative Government*(New York: Dutton, 1954), 1.

50 Lewis Mumford, *Interpretations and Forecasts: 1922-1972*(New York: Harcourt, Brace, 1973), 491.

51 F. S. C. Northrop, *The Meeting of East and West*(New York: Collier, 1972), 6.

52 Rollo May, *Man's Search for Himself*(New York: New American Library, 1967), viii.

53 Henri Bergson, *Creative Evolutions*, Tr. Arthur Mitchell(New York: Henry Holt, 1911), 7.

54 John Gardner, *Nickel Mountain*(New York: Ballantine, 1982), 297.

55 William Wordsworth & Samuel Taylor Coleridge, *Lyrical Ballads: 1789*, Ed. W. J. B. Owen(London: Oxford University Press, 1967), 173.

56 R. G. Collingwood, *The Principles of Art*(New York: Oxford University Press, 1974), 289.

57 Hermann Hesse, *Demian*, Tr. Michael Roloff and Michael Lebeck(New York: Bantam, 1970), 90.

58 Ralph Ellison, *Shadow and Act*(New York: Vintage, 1972), xix.

59 Ralph Ellison, "The Art of Fiction: An Interview," in *The Black Novelist*, Ed. Robert Hemenway(Columbus: Merrill, 1970), 213.

60 Bone, 205.

61 Ralph Ellison, *Invisible Man*(New York: New American Library, 1952), 137, 168. 앞으로 이 작품에서의 인용문은 괄호 안에 쪽수만 표시함.

62 Russell G. Fischer, "'Invisible Man' as History," *College Language Association Journal* 17(1974): 360.

63 Tony Tanner, *City of Words: American Fiction 1950-1970*(New York: Harper & Row,

1971), 438.

64 Edward Margolies, *Native Sons*(New York: Lippincott, 1968), 130.

65 Tanner, 430.

66 Peter L. Berger and Thomas Luckmann, *The Social Construction of Reality*(Garden City: Doubleday, 1967), 89.

67 Susan Strehle Klemtner, "'A Permanent Game of Excuses': Determinism in Heller's *Something Happened*," *Modern Fiction Studies* 24.4(1978-79): 552.

68 Joseph Heller, *Catch-22*(New York: Simon and Schuster, 1961), 398, 58. 앞으로 이 작품에서의 인용문은 괄호 안에 쪽수만 표시함.

69 Tanner, 81.

70 Joseph Heller, *Something Happened*(New York, Knopf, 1974), 8, 3, 367.

71 Klemtner, 550.

72 Martha Banta, *Failure and Success in America: A Literary Debate*(Princeton: Princeton University Press, 1978), 517.

73 Hassan, 31.

74 Paul Levine, "J. D. Salinger: The Development of the Misfit Hero," in *J. D. Salinger and the Critics*, Eds. William F. Belcher and James W. Lee(Belmont: Wadsworth, 1962), 110.

75 J. D. Salinger, *Nine Stories*(New York: Bantam, 1971), 106, 114.

76 Howard M. Harper, Jr., *Desperate Faith*(Chapel Hill: University of North Carolina Press, 1974), 75.

77 J. D. Salinger, *The Catcher in the Rye*(New York: Bantam, 1968), 8.

78 David D. Galloway, *The Absurd Hero in American Fiction*(Austin: University of Texas Press, 1974), 141.

79 Jerry H. Bryant, *The Open Decision: The Contemporary American Novel and its Intellectual Background*(New York: Free Press, 1970), 238.

80 Harper, 89.

81 J. D. Salinger, *Franny and Zooey*(Boston: Little, Brown, 1961), 29.

82 James Lundquist, *J. D. Salinger*(New York: Frederick Ungar, 1979), 39.

83 Harper, 197.

4. 1980년대: 최근미국소설 연구 결실

1 Daniel Stern, "The Art of Fiction: Bernard Malamud[Interview]," *Paris Review* 61(1975): 51.

2 Bernard Malamud, *The Fixer*(New York: Dell,1971), 259.

3 고지문, *최근미국소설의 핵심주제*(서울: 신아사, 2001), 376, 382.

4 Jerry H. Bryant, *The Open Decision*(New York: Free Press, 1970), 5.

5 고지문, 326.

6 Reynolds Price, *The Surface of Earth*(New York: Avon, 1976), 13.

7 David Daiches, *The Novel and the Modern World*(Chicago: University of Chicago Press, 1965), 8.

8 Leo Buscaglia, *Love*(New York: Fawcett, 1972), 96, 161.

9 Carson McCullers, *The Member of the Wedding*(New York: Bantam, 1958), 113.

10 Norman Mailer, *The Deer Park*(New York: Putnam's, 1976), 303.

11 Erich Fromm, *The Art of Loving*(New York: Bantam, 1967), 17, 86-87.

12 Rollo May, *Man's Search for Himself*(New York: New American Library, 1967), 206.

13 Paul Tillich, *The Protestant Era*, Tr. James Luther Adams(Chicago: University of Chicago Press, 1948), xxv.

14 Reynolds Price, *A Generous Man*(New York: Avon, 1973), 19. 앞으로 이 작품에서의 인용문은 괄호 안에 쪽수만 표시함.

15 Pitirim A. Sorokin, *The Ways and Power of Love*(Chicago: Henry Regnery, 1967), 11.

16 Fromm, 111-12.

17 Paul Tillich, *Love, Power, and Justice*(New York: Oxford University Press, 1977), 55.

18 J. R. Lucas, *On Justice*(Oxford: Clarendon Press, 1980), 1, 263.

19 John Rawls, *A Theory of Justice*(Cambridge: Belknap Press of Harvard University, 1971), 4.

20 E. L. Doctorow, *Ragtime*(New York: Bantam, 1976), 183. 앞으로 이 작품에서의 인용문은 괄호 안에 쪽수만 표시함.

21 Lucas, 3.

22 Philip Pettit, *Judging Justice: An Introduction to Contemporary Political Philosophy*(London: Routledge & Kegan Paul, 1980), 193.

23 Joseph Wershba, "Not Horror but 'Sadness'[Interview]," *New York Post*, 14 September 1958, M2.

24 Bernard Malamud, *The Assistant*(New York: Farrar, Straus, 1977), 125. 앞으로 이 작품에서의 인용문은 괄호 안에 쪽수만 표시함.

25 Sandy Cohen, *Bernard Malamud and the Trial by Love*(Amsterdam: Rodopi N. V., 1974), 9.

26 Bernard Malamud, *Pictures of Fidelman*(New York: Pocket Books, 1975), 107.

27 Malamud, *The Fixer*, 259.

28 Sheldon J. Hershinow, *Bernard Malamud*(New York: Frederick Ungar, 1980), 138, 34.

29 Martin Buber, *I and Thou*(New York: Scribner, 1958), 15.

30 Bryant, 332.

31 Giles B. Gunn, "Bernard Malamud and the High Cost of Living," in *Adversity and Grace: Studies in Recent American Literature*, Ed. Nathan A. Scott, Jr.(Chicago: University of Chicago Press, 1968), 62-63.

32 Hershinow, 53.

33 Bernard Malamud, *A New Life*(New York: Farrar, Straus, 1961), 230, 360.

34 Helen Weinberg, *The New Novel in America*(Ithaca: Cornell University Press, 1974), 178.

35 Tony Tanner, *City of Words*(New York: Harper & Row, 1971), 322.

36 Hershinow, 102-3.

37 Bernard Malamud, *Dubin's Lives*(New York: Avon, 1980), 104, 9, 109. 앞으로 이 작품에서의 인용문은 괄호 안에 쪽수만 표시함.

38 Steven J. Rubin, "Malamud and the Theme of Love and Sex," *Studies in American Jewish Literature* 4.1(1978): 19.

39 Buscaglia, 176.

40 Ernst Cassirer, *An Essay on Man*(New Haven: Yale University Press, 1974), 5-6.

41 Howard M. Harper, Jr., *Desperate Faith*(Chapel Hill: University of North Carolina Press, 1968), 197.

42 Thomas Hutchinson, Ed., *The Poetical Works of Wordsworth*(London: Oxford University Press, 1959), 62.

43 Erich Fromm, *Man for Himself*(London: Routledge & Kegan, 1971), 10-11.

44 Toni Morrison, *The Bluest Eye*(New York: Holt, Rinehart, 1970), 5-6.

45 John Barth, *Lost in the Funhouse*(Garden City: Doubleday, 1968), 90.

46 Fromm, 7.

47 Maurice Friedman, *To Deny Our Nothingness*(Chicago: University of Chicago Press, 1978), 17-18.

48 Clark Moustakas, *Individuality and Encounter*(Cambridge: Howard A. Doyle, 1974), 10-11.

49 Fromm, 14.

50 Patricia Waugh, *Metafiction: The Theory and Practice of Self-Conscious Fiction*(London: Methuen, 1984), 10.

51 Larry McCaffery, *The Metafictional Muse: The Works of Robert Coover, Donald Barthelme, and William H. Gass*(Pittsburgh: University of Pittsburgh Press, 1982), 5.

52 Alain Robbe-Grillet, *For a New Novel*, Tr. Richard Howard(New York: Grove Press, 1965), 162.

53 Ronald Sukenick, *The Death of the Novel and Other Stories*(New York: Dial, 1969), 41.

54 Anais Nin, *The Novel of the Future*(New York: Collier Books, 1970), 29.

55 Frank Kermode, "Objects, jokes, and art," in *20th Century Literary Criticism*, Ed. David Lodge(London: Longman, 1972), 662.

56 Raymond Federman, "Surfiction – Four Propositions in Form of an Introduction," in *Surfiction: Fiction Now and Tomorrow*, Ed. Raymond Federman(Chicago: Swallow Press, 1975), 10, 8.

57 앞글, 12-13.

58 Malamud, *Pictures of Fidelman*, 122.

59 Stern, 51.

60 Wylie Sypher, *Loss of the Self: In Modern Literatu re and Art*(Westport: Greenwood Press, 1979), 59.

61 Malamud, *The Fixer*, 223. 앞으로 이 작품에서의 인용문은 괄호 안에 쪽수만 표시함.

62 Hershinow, 69.

63 Leonard Butts, "The Process of Moral Fiction: Protagonist as Artist," in *John Gardner: True Art, Moral Art*, Ed., Beatrice Mendez-Egle(Edinburg: Pan American University

Press, 1983), 18.

64 Marshall L. Harvey, "Where Philosophy and Fiction Meet: An Interview with John Gardner," *Chicago Review* 29.4(1978): 81, 81-82.

65 John Gardner, *On Moral Fiction*(New York: Basic, 1978), 9.

66 Joe David Bellamy, *The New Fiction: Interviews with Innovative American Writers*(Urbana: University of Illinois Press, 1974), 177.

67 John Gardner, *Freddy's Book*(New York: Knopf, 1980), 220.

68 Samuel Coale, "'Into the Farther Darkness': The Manichaean Pastoralism of John Gardner," in *John Gardner: Critical Perspectives*, Eds. Robert A. Morace and Kathryn VanSpanckeren(Carbondale: Southern Illinois University Press, 1982), 23.

69 Gregory L. Morris, *A World of Order and Light: The Fiction of John Gardner*(Athens: University of Georgia Press, 1984), 77.

70 Alison R. Payne, "Clown, Monster, Magician: The Purpose of Lunacy in John Gardner's Fiction," in *Thor's Hammer: Essays on John Gardner*, Ed. Jeff Henderson(Conway: University of Central Arkansas Press, 1985), 164.

71 Morris, 81.

72 Susan Strehle, "John Gardner's Novels: Affirmation and the Alien," *Critique* 18.2(1976): 104, 90.

73 D. H. Lawrence, "Morality and the Novel," in *20th Century Literary Criticism*, 128.

74 Payne, 163.

75 John Gardner, *The Sunlight Dialogues*(New York: Knopf, 1973), 320, 420, 532. 앞으로 이 작품에서의 인용문은 괄호 안에 쪽수만 표시함.

76 Gregory L. Morris, "A Babylonian in Batavia: Mesopotamian Literature and Lore in *The Sunlight Dialogues*," in *John Gardner: Critical Perspectives*, 41.

77 Judy Smith Murr, "John Gardner's Order and Disorder: *Grendel* and *The Sunlight Dialogues*," *Critique* 18.2(1976): 106.

78 Daniel Laskin, "Challenging the Literary Naysayers," *Horizon* 21(July 1978): 36.

79 Ed Christian, "An Interview with John Gardner," *Prairie Schooner* 54.4(1980-81): 80.

80 Paul Bruss, *Victims: Textual Strategies in Recent American Fiction*(Lewisburg: Bucknell University Press, 1981), 238.

81 Gail Sheehy, "The Psychological Novelist as Portable Man," *Psychology Today*, December 1977, 55.

82 Jerzy Kosinski, *Notes of the Author*(New York: Scientia-Factum, 1965), 16.

83 Sheehy, 52.

84 Jerzy Kosinski, *The Painted Bird*(New York: Bantam, 1981), 3, 196-97, 217-18, 241, 249.

85 Samuel Coale, "The Quest for the Elusive Self: The Fiction of Jerzy Kosinski," *Critique* 15(1973): 33.

86 Jack Hicks, *In the Singer's Temple*(Chapel Hill: University of North Carolina Press, 1981), 228.

87 Norman Lavers, *Jerzy Kosinski*(Boston: Twayne, 1982), 72.

88 Jerzy Kosinski, *The Art of the Self*(New York: Scientia-Factum, 1968), 17.

89 Hicks, 228-29.

90 Jerzy Kosinski, *Steps*(New York: Vintage, 1988), 37, 107. 앞으로 이 작품에서의 인용문은 괄호 안에 쪽수만 표시함.

5. 1990년대: 최근미국소설연구 전성기

1 George Plimpton, "The Act of Fiction: E. L. Doctorow," *Paris Review* 101(1986): 33.

2 Hilary Mills, "E. L. Doctorow: Creators on Creating," *Saturday Review*, October 1980, 44.

3 E. L. Doctorow, *The Book of Daniel*(New York: Random, 1971), 42. 앞으로 이 작품에서의 인용문은 괄호 안에 쪽수만 표시함.

4 Bruce Weber, "The Myth Maker," *The New York Times Magazine*, 20 October 1985, 78.

5 Daniel L. Zins, "E. L. Doctorow: The Novelist as Historian," *Hollins Critic* 16.5(1979): 6.

6 Paul Levine, *E. L. Doctorow*(London: Methuen, 1985), 38.

7 Arnold S. Kaufman, *The Radical Liberal: New Man in American Politics*(New York: Atherton, 1968), 4.

8 Leslie Fiedler, *A Fiedler Reader*(New York: Stein & Day, 1977), 193.

9 Levine, 44.

10 Sam Girgus, *The New Covenant: Jewish Writers and American Idea*(Chapel Hill: University of North Carolina Press, 1984), 171.

11 Norman Mailer, *The Deer Park*(New York: Putnam's, 1976), 303.

12 Helen Weinberg, *The New Novel in America: The Kafkan Mode in Contemporary Fiction*(Ithaca: Cornell University Press, 1970), 128.

13 Norman Mailer, *Advertisement for Myself*(New York: Putnam's, 1959), 314.

14 Lyle Stuart, "An Intimate Interview with Norman Mailer," in *Conversations with Norman Mailer*, Ed. J. Michael Lennon(Jackson: University Press of Mississippi, 1988), 20.

15 Jean Radford, *Norman Mailer: A Critical Study*(New York: MacMillan, 1975), 4.

16 Norman Mailer, *The Executioner's Song*(Boston: Little, Brown, 1979), 59, 88, 129, 159, 327, 160. 앞으로 이 작품에서의 인용문은 괄호 안에 쪽수만 표시함.

17 John Updike, *Odd Jobs: Essays and Criticism*(New York: Knopf, 1991), 87.

18 Donald J. Greiner, *Adultery in the American Novel: Updike, James, and Hawthorne* (Columbia: University of South Carolina Press, 1985), 59.

19 Paul Tillich, *Dynamics of Faith*(New York: Harper & Row: 1957), 106.

20 John Updike, *S.*(New York: Knopf, 1988), 60.

21 Margaret Atwood, *Second Words*(Boston: Beacon, 1984), 15.

22 John Updike, *Picked-Up Pieces*(New York: Knopf, 1975), 17.

23 Samuel Chase Coale, *In Hawthorne's Shadow: American Romance from Melville to Mailer* (Lexington: University Press of Kentucky, 1985), 123.

24 Greiner, 110.

25 Rachael C. Burchard, *John Updike: Yea Sayings*(Carbondale: Southern Illinois University Press, 1971), 124.

26 Ralph C. Wood, *The Comedy of Redemption: Christian Faith and Comic Vision in Four American Novelists*(Notre Dame: University of Notre Dame Press, 1988), 211.

27 John Updike, *A Month of Sundays*(Greenwich: Fawcett, 1976), 44, 182, 237, 183. 앞으로 이 작품에서의 인용문은 괄호 안에 쪽수만 표시함.

28 Updike, *Odd Jobs*, 86.

29 George W. Hunt, *John Updike and the Three Great Secret Things: Sex, Religion, and Art*(Grand Rapids: Eerdmans, 1980), 187.

30 Judie Newman, *John Updike*(New York: St. Martin's Press, 1988), 112.

31 Suzanne Henning Uphaus, *John Updike*(New York: Frederick Ungar, 1980), 96.

32 Jeff H. Campbell, *Updike's Novels: Thorns Spell a Word*(Wichita Falls: Midwestern State University Press, 1987), 231.

33 Richard Burgin, "A Conversation with John Updike," *The John Updike Newsletter* 10 & 11(1979): 7.

34 Campbell, 297.

35 John Clellon Holmes, *Nothing More to Declare*(New York: Sutton, 1967), 121.

36 John Tytell, *Naked Angels: The Lives and Literature of the Beat Generation*(New York: McGraw, 1976), 78.

37 Gerald Nicosia, *Memory Babe: A Critical Biography of Jack Kerouac*(New York: Grove, 1983), 344.

38 Jack Kerouac, *On the Road*(New York: Penguin, 1976), 4. 앞으로 이 작품에서의 인용문은 괄호 안에 쪽수만 표시함.

39 Tim Hunt, *Kerouac's Crooked Road*(Hamden: Archon, 1981), 23.

40 Bernard Duffey, "Jack Kerouac," in *Recent American Fiction*, Ed. Joseph J. Waldmeir(Boston: Houghton, 1963), 176.

41 Hunt, 74.

42 Jack Kerouac, *The Dharma Bums*(New York: Penguin, 1976), 32, 67, 64, 83-84. 앞으로 이 작품에서의 인용문은 괄호 안에 쪽수만 표시함.

43 Robert A. Hipkiss, *Jack Kerouac: Prophet of the New Romanticism*(Lawrence: Regents Press of Kansas, 1976), 65.

44 Alain Finkielkraut, "The Ghosts of Roth," *Esquire*, September 1981, 94.

45 Weinberg, 27-28.

46 Philip Roth, "The Most Original Book of the Season: Interview with Milan Kundera," *New York Times Book Review*, 30 November 1980, 80.

47 Philip Roth, *Zuckerman Bound: A Trilogy & Epilogue*(New York: Farrar, Straus, 1985), 92, 103. 앞으로 이 작품에서의 인용문은 괄호 안에 쪽수만 표시함.

48 Murray Baumgarten and Barbara Gottfried, *Understanding Philip Roth*(Columbia: University of South Carolina Press, 1990), 191.

49 앞책, 193.

50 Ralph Ellison, *Going to the Territory*(New York, Vintage, 1987), 46, 100.

51 Ralph Ellison, *Shadow and Act*(New York: Random, 1964), 116.

52 Robert Bone, "Ralph Ellison and the Uses of the Imagination," in *Ralph Ellison: A Collection of Critical Essays*, Ed. John Hersey(Englewood Cliffs: Prentice Hall, 1974), 104.

53 Ellison, *Shadow and Act*, xix.

54 앞책, 166, xxii.

55 Robert B. Stepto and Michael S. Harper, "Study and Experience," *Massachusetts Review* 18(1977): 424.

56 Ellison, *Shadow and Act*, 163, 173.

57 Ralph Ellison, *Invisible Man*(New York: Random, 1952), 78, 113. 앞으로 이 작품에서의 인용문은 괄호 안에 쪽수만 표시함.

58 Keith E. Byerman, *Fingering the Jagged Grain: Tradition and Form in Recent Black Fiction*(Athens: University of Georgia Press, 1985), 29.

59 Addison Gayle, *The Way of the New World: The Black Novel in America*(Garden City: Doubleday, 1975), 212.

60 Tony Morrison, *Beloved*(New York: Knopf, 1987), 95.

61 D. H. Lawrence, *Studies in Classic American Literature*(New York: Viking, 1966). 7, 6.

62 Leo Buscaglia, *Love*(New York: Fawcett, 1972), 176.

63 Rollo May, *Freedom and Destiny*(New York: Norton, 1981), 10.

64 Nicholas Berdyaev, *The Realm of Spirit and the Realm of Caesar*, Trans., Donald A. Lowrie(New York: Harper & Row, 1952), 105.

65 Joseph F. McCadden, *The Flight from Women in the Fiction of Saul Bellow*(Lanham: University Press of America, 1989), 109.

66 Saul Bellow, *Henderson the Rain King*(New York: Fawcett, 1965), 10, 241, 60, 74. 앞으로 이 작품에서의 인용문은 괄호 안에 쪽수만 표시함.

67 Howard M. Harper, Jr., *Desperate Faith*(Chapel Hill: University of North Carolina Press, 1974), 45.

68 Ihab Hassan, *Radical Innocence*(Princeton: Princeton University Press, 1961), 291.

69 Saul Bellow, *Herzog*(New York: Viking, 1964), 1, 64, 184, 313.

70 Saul Bellow, "Distractions of a Fiction Writer," in *The Living Novel*, Ed., Granville Hicks(New York: Collier, 1962), 30-31.

71 Saul Bellow, *Humboldt's Gift*(New York: Viking, 1975), 347, 281, 341, 220-21. 앞으로 이 작품에서의 인용문은 괄호 안에 쪽수만 표시함.

72 G. S. Fraser, *The Modern Writer and His World*(Hammondsworth: Penguin, 1964), 97.

73 Joyce Carol Oates, "Unique/Universal in Fiction," *Writer* 86(January 1973): 11.

74 Jerry Bryant, *The Open Decision*(New York: Free Press, 1970), 5.

75 Frank Kermode, "Objects, jokes, and art," in *20th Century Literary Criticism*, Ed., David Lodge(London: Longman, 1972), 662.

76 William Faulkner, "An Interview," in *Writers at Work 1st Series*, Ed., Malcolm Cowley (New York: Penguin, 1979), 133.

77 Ernest Hemingway, "An Interview," in *Writers at Work 2nd Series*, Ed., George Plimpton (New York: Penguin, 1979), 239.

78 E. L. Doctorow, "False Documents," in *E. L. Doctorow: Essays and Conversations*, Ed., Richard Trenner(Princeton: Ontario Review Press, 1983), 25.

79 Jay Parini, "A Taste of Oates," in *Conversations with Joyce Carol Oates*, Ed., Lee Milazzo (Jackson: University Press of Mississippi, 1989), 119.

80 Joyce Carol Oates, *(Women) Writer: Occasions and Opportunities*(New York: Dutton, 1988), 23.

81 Joyce Carol Oates, *Contraries*(New York: Oxford University Press, 1981), 53.

82 *Ohio Review*, "Transformation of Self: An Interview with Joyce Carol Oates," in *Conversations with Joyce Carol Oates*, 49.

83 Joyce Carol Oates, *The Assassins*(Greenwich: Fawcett, 1975), 452.

84 Paul D. Zimmerman, "Hunger for Dreams," in *Conversations with Joyce Carol Oates*, 16.

85 Robert Phillips, "Joyce Carol Oates: The Art of Fiction LXXII," 앞책, 81.

86 Joyce Carol Oates, *Them*(Greenwich: Fawcett, 1970), 56, 470. 앞으로 이 작품에서의 인용문은 괄호 안에 쪽수만 표시함.

87 Joyce Carol Oates, "New Heaven and New Earth," *Saturday Review*, 4 November 1972, 52.

88 Greg Johnson, *Understanding Joyce Carol Oates*(Columbia: University of South Carolina Press, 1987), 90.

89 R. W. B. Lewis, *The American Adam*(Chicago: University of Chicago Press, 1955), 5.

90 Joyce Carol Oates, *Do With Me What You Will*(New York: Vanguard, 1973), 96, 70.

91 G. F. Waller, *Dreaming America: Obsession and Transcendence in the Fiction of Joyce Carol Oates*(Baton Rouge: Louisiana State University Press, 1979), 163.

92 Eileen Teper Bender, *Joyce Carol Oates: Artist in Residence*(Bloomington: Indiana University Press, 1987), 74.

93 Waller, 164.

94 Joanne V. Creighton, *Joyce Carol Oates*(Boston: Twayne, 1979), 90.

95 Bender, 106.

96 Joyce Carol Oates, *Unholy Loves*(New York: Vanguard, 1979), 10. 앞으로 이 작품에서의 인용문은 괄호 안에 쪽수만 표시함.

97 Creighton, 19.

98 앞책, 22.

99 Joyce Carol Oates, *Maya: A Life*(New York: Dutton, 1986), 5, 15. 앞으로 이 작품에서의 인용문은 괄호 안에 쪽수만 표시함.

100 Bender, 164.

101 Danille Taylor-Guthrie, "Introduction," in *Conversations with Toni Morrison*, Ed., Danille Taylor-Guthrie(Jackson: University Press of Mississippi, 1994), vii.

102 Jane Bakerman, "The Seams Can't Show: An interview with Toni Morrison," 앞책, 30.

103 Thomas LeClair, "The Language Must Not Sweat: A Conversation with Toni Morrison," 앞책, 119-20.

104 Claudia Tate, "Toni Morrison," 앞책, 166.

105 Bill Moyers, "A Conversation with Toni Morrison," 앞책, 264-65.

106 LeClair, 123.

107 Bakerman, 35.

108 Black Creation Annual, "Conversation with Alice Childress and Toni Morrison," in *Conversations with Toni Morrison*, 3-4.

109 Toni Morrison, "Unspeakble Things Unspoken: The Afro-American Presence in American Literature," *Michigan Quarterly Review* 28(1989): 20.

110 William Wells Brown, *Clotel: or, The President's Daughter* in *Three Classic African-American Novels*, Ed. Henry Louis Gates, Jr.(New York: Vintage, 1990), 194.

111 Toni Morrison, *Beloved*(New York: Knopf, 1987), 68, 126, 72, 139, 141. 앞으로 이 작품에서의 인용문은 괄호 안에 쪽수만 표시함.

112 Karen Carmean, *Toni Morrison's World of Fiction*(New York: Whitston, 1993), 91-92.

113 Erich Fromm, *The Art of Loving*(New York: Bantam, 1967), 50.

114 Ashraf H. A. Rushdy, "Daughters Signifyin(g) History: The Example of Toni Morrison's Beloved," *American Literature* 64.3(1992): 578.

115 Wendy Harding and John Martin, *A World of Difference: An Inter-Cultural Study of Toni Morrison's Novels*(Westpoint: Greenwood, 1994), 40.

116 Fromm, 70.

117 Eva Lennox Birch, *Black American Women's Writing: A Quilt of Many Colours*(New York: Harvester Wheatsheaf, 1994), 187.

118 Barbara Christian, "The Black Woman Artist as Wayward," in *Alice Walker*, Ed., Harold Bloom(New York: Chelsea House, 1989), 39.

119 Alice Walker, *In Search of Our Mothers' Gardens: Womanist Prose*(New York: Harcourt Brace, 1983), 6. 앞으로 이 작품에서의 인용문은 괄호 안에 쪽수만 표시함.

120 Claudia Tate, *Black Women Writers at Work*(New York: Continuum, 1984), 185.

121 Walker, 121-22, 125-26, 131.

122 앞책, 49, 5, 312.

123 Tate, 185.

124 John O'Brien, Ed., *Interviews with Black Writers*(New York: Liveright, 1973), 205.

125 Deborah E. McDowell, "The Self in Bloom: Walker's *Meridian*," in *Alice Walker: Critical Perspectives Past and Present*, Eds., Henry Louis Gates, Jr. and K. A. Appiah(New York: Amistad, 1993), 118.

126 O'Brien, 192.

127 Mary Helen Washington, "An Essay on Alice Walker," in *Alice Walker: Critical Perspectives Past and Present*, 40.

128 Alice Walker, *The Third Life of Grange Copeland*(New York: Pocket Books, 1988), 247.

앞으로 이 작품에서의 인용문은 괄호 안에 쪽수만 표시함.

129 Donna Haisty Winchell, *Alice Walker*(New York: Twayne, 1992), 49.

130 앞책, 52.

131 앞책, 56.

132 Tate, 176.

133 Karen F. Stein, "*Meridian*: Alice Walker's Critique of Revolution," *Black American Literature Forums* 20(1986): 130.

134 Alice Walker, *Meridian*(New York: Pocket Books, 1986), 30. 앞으로 이 작품에서의 인용문은 괄호 안에 쪽수만 표시함.

135 John F. Callahan, "The Hoop of Language: Politics and the Restoration of Voice in *Meridian*," in *Alice Walker*, 176.

136 Katherine Usher Henderson, *Joan Didion*(New York: Ungar, 1981), 40.

137 Joan Didion, "Why I Write," in *Joan Didion: Essays & Conversations*, Ed., Ellen G. Friedman(Princeton: Ontario Review, 1984), 6, 7.

138 Mark Royden Winchell, *Joan Didion Revisited*(New York: Twayne, 1989), 1, 2.

139 Joan Didion, *The White Album*(New York: Noonday, 1979), 112.

140 Winchell, 23.

141 Henderson, 147.

142 Joan Didion, *Play It As It Lays*(New York: Bantam, 1972), 199, 32, 91. 앞으로 이 작품에서의 인용문은 괄호 안에 쪽수만 표시함.

143 C. Barry Chabot, "Joan Didion's *Play It As It Lays* and the Vacuity of the 'Here and Now,'" in *Joan Didion: Essays & Conversations*, 121.

144 Winchell, 93.

145 Henderson, 39.

146 앞책, 20.

147 Susan Stamberg, "Cautionary Tales," in *Joan Didion: Essays & Conversations*, 23.

148 Vince Passaro, "Tales from a Literary Marriage," in *Conversations with Louise Erdrich and Michael Dorris*, Eds., Allan Chavkin and Nancy Feyl Chavkin(Jackson: University Press of Mississippi, 1994), 162.

149 앞글, 161.

150 Joseph Bruchac, "Whatever Is Really Yours: An Interview with Louise Erdrich," in *Conversations with Louise Erdrich and Michael Dorris*, 101.

151 Nancy Feyl Chavkin and Allan Chavkin, "An Interview with Louise Erdrich," 앞책, 238.

152 Bill Moyers, "Louise Erdrich and Michael Dorris," 앞책, 150.

153 Laura Coltelli, "Louise Erdrich and Michael Dorris," 앞책, 25.

154 Malcolm Jones, "Life, Art Are One For Prize Novelist," 앞책, 4.

155 Louise Erdrich, *Love Medicine: New and Expanded Version*(New York: Harper Collins, 1993), 1, 10, 37. 앞으로 이 작품에서의 인용문은 괄호 안에 쪽수만 표시함.

156 Louise Flavin, "Louise Erdrich's *Love Medicine*: Loving Over Time and Distance," *Critique* 31.1(1989): 62.

157 Clair Crabtree, "Salvific Oneness and the Fragmented Self in Louise Erdrich's *Love Medicine*," in *Contemporary Native American Cultural Issues*, Ed., Thomas E. Schirer (Marie, ON: Lake Superior University Press, 1988), 55.

158 Nora Barry and Mary Prescott, "The Triumph of the Brave: *Love Medicine*'s Holistic Vision," *Critique* 30.2(1989): 132.

159 Martin Buber, *I and Thou*(New York: Scribner Library, 1958), 15.

160 Louise Erdrich, "Where I Ought Be? A Writer's Sense of Place," *New York Time Book Review*, 28 July 1985, 1, 23.

161 Louis Owens, *Other Destinies: Understanding American Indian Novel*(Norman: University of Oklahama Press, 1992), 205.

162 James Ruppert, "Mediation and Multiple Narrative in *Love Medicine*," *North Dakota Quarterly* 59.4(1991): 229.

163 S. Lillian Kremer, "The Splendor Spreads Wide: *Trust* and Cynthia Ozick's Aggadic Voice," *Studies in American Jewish Literature* 6(1987): 24.

164 Elaine M. Kauvar, "An Interview with Cynthia Ozick," *Contemporary Literature* 26.4 (1985): 378.

165 Tom Teicholz, "The Art of Fiction XCV: Cynthia Ozick," *Paris Review* 102(1987): 166, 167.

166 Cynthia Ozick, *Art and Ardor*(New York: Knopf, 1983), 285, 245, xi.

167 Cynthia Ozick, *Metaphor and Memory*(New York: Knopf, 1989), 266, 280, 283.

168 Elaine M. Kauvar, "Courier for the Past: Ozick and Photography," in *The World of Cynthia Ozick*, 133.

169 Ozick, *Metaphor and Memory*, 279.

170 Kim Heron, "I Required a Dawning," *New York Times Book Review*, 10 September 1989, 39.

171 Lawrence S. Friedman, *Understanding Cynthia Ozick*(Columbia: University of South Carolina Press, 1991), 18.

172 Elaine M. Kauvar, *Cynthia Ozick's Fiction: Tradition and Invention*(Bloomington: Indiana University Press, 1993), 180.

173 Andrew Gordon, "Cynthia Ozick's 'The Shawl' and the Transitional Object," *Literature and Psychology* 40.1 & 2(1994): 1.

174 Barbara Scrafford, "Nature's Silent Scream: A Commentary on Cynthia Ozick's 'The Shawl,'" *Critique* 31.1(1969): 11.

175 Cynthia Ozick, *The Shawl*(New York: Knopf, 1989), 4, 3, 4, 9, 8, 5, 6, 10, 5. 앞으로 이 작품에서의 인용문은 괄호 안에 쪽수만 표시함.

176 Kauvar, *Cynthia Ozick's Fiction*, 183.

177 Friedman, 120.

178 Bruce Allen, "First Novels," *Sewanee Review* 86.4(1979): 616.

179 Margaret Drabble, "The Limits of Mother Love," *New York Times Book Review*, 31 March 1985, 1.

180 Mary Gordon, *Good Boys and Dead Girls*(New York: Viking, 1991), 22, 6.

181 Alma Bennett, "Conversations with Mary Gordon," *South Carolina Review* 28(1995): 33.

182 Le Anne Schreiber, "A Talk with Mary Gordon," *New York Times Book Review*, 15 February 1981, 27.

183 Mary Gordon, "Work in Progress," *New York Times Book Review, 15 July 1979, 14.*

184 Gordon, *Good Boys and Dead Girls*, 56.

185 Aranzazu Usandizaga, "Women's Quest Plot in Mary Gordon's Work," in *Neo-Realism in Contemporary American Fiction*, Ed., Kristiaan Versluys(Amsterdam: Rodopi, 1992), 193.

186 앞글, 203.

187 Mary Gordon, *Men and Angels*(New York: Random, 1985), 11, 8. 앞으로 이 작품에서의 인용문은 괄호 안에 쪽수만 표시함.

188 왈슨은 고든이 여류화가 Cecilia Beaux, Mary Cassatt, 그리고 Suzanne Valadon의 생애, 작품활동, 편지, 그리고 일기를 바탕으로 창조한 가공인물이다.

189 Judie Newman, "Telling a Woman's Story: Fiction as Biography and Biography as Fiction in Mary Gordon's *Men and Angels* and Alison Lurie's *The Truth About Lorin Jones*," in *Neo-Realism in Contemporary American Fiction*, 180.

190 Rosemary Booth, "A Concentration of Purpose: The Artistic Journey of Mary Gordon," *Commonweal*, 12 August 1988, 430.

191 Katherine B. Payant, *Becoming and Bonding*(Westpoint: Greenwood, 1993), 30.

192 Mary Ann Wimsatt, "Gail Godwin, the South, and the Canons," *Southern Literary Journal* 27.2(1995): 86.

193 Jane Hill, *Gail Godwin*(New York: Twayne, 1992), 14.

194 Lihong Xie, "A Dialogue with Gail Godwin," *Mississippi Quarterly* 46.2(1993): 174.

195 Gail Godwin, "Becoming a Writer," in *The Writer and Her Work*, Ed., Janet Sternburg (New York: Norton, 1980), 236.

196 Gail Godwin, "The Uses of Autobiography," *The Writer*(March 1987), 9.

197 Gail Godwin, *The Odd Woman*(New York: Knopf, 1974), 21, 66, 3, 51. 앞으로 이 작품에서의 인용문은 괄호 안에 쪽수만 표시함.

198 Anne Firor Scott, *The Southern Lady: From Pedestal to Politics, 1830-1930*(Chicago: University of Chicago Press, 1970), 4.

199 Susan S. Kissel, *Moving On: The Heroines of Shirley Ann Grau, Anne Tyler, and Gail Godwin*(Bowling Green: Bowling Green State University Popular Press, 1996), 107.

200 Hill, 48.

201 앞책, 50.

202 Kissel, 110.

6. 2000년대: 포우스트모던미국소설 연구

1 William Gass, *Fiction and Figures of Life*(New York: Knopf, 1970), 27, 7, 284, 282, 33, 54.

2 앞책, 269, 8.

3 Thomas LeClair, "William Gass," in *Writers at Work: The Paris Review Interviews, Fifth Series*, Ed., George Plimpton(New York: Vintage, 1981), 273.

4 이 소설이 이야기하려했던 사람은 결국 퍼버로 판명된다. 수사학의 매개를 통해 살아남은 사람이 바로 퍼버이기 때문이다. 제스로우 퍼버 목사가 개스의 문학의 본질과 기능에 대한 주요한 이론들을 가장 일관되게 실천하고 구체화시키고 있으므로 이 소설을 지배한다. Arthur M. Saltzman, *The Fiction of William Gass: The Consolation of Language* (Carbondale: Southern Illinois University Press, 1986), 25.

5 Richard J. Schneider, "The Fortunate Fall in William Gass's *Omensetter's Luck*," *Critique* 18(1976): 6.

6 Watson L. Holloway, *William Gass*(Boston: Twayne, 1990), 19.

7 William Gass, *Omensetter's Luck*(New York: Penguin, 1997), 28. 앞으로 이 작품에서의 인용문은 괄호 안에 쪽수만 표시함.

8 Saltzman, 26.

9 Larry McCaffery, T*he Metafictional Muse: The Works of Robert Coover, Donald Barthelme, and William H. Gass*(Pittsburgh: University of Pittsburgh Press, 1982), 246.

10 Schneider, 16.

11 McCaffery, 244.

12 Schneider, 17.

13 Schneider, 20.

14 Saltzman, 55.

15 Schneider, 19.

16 Raymond Federman, "A Version of My Life - The Early Years," in *Contemporary Authors: Autobiographical Series, Vol. 8*, Ed., Mark Zadrozny(Detroit: Gale, 1989), 64.

17 Alan Wilde, *Middle Grounds: Studies in Contemporary American Fiction*(Philadelphia: University of Pennsylvania Press, 1987), 19.

18 Larry McCaffery, "An Interview with Raymond Federman," *Contemporary Literature* 24.3(1983): 301.

19 Raymond Federman, *Double or Nothing*(Normal: Fiction Collection Two, 1988), 0. 앞으로 이 작품에서의 인용문은 괄호 안에 쪽수만 표시함.

20 Larry McCaffery, "An Interview with Raymond Federman," in *Anything Can Happen: Interviews With Contemporary American Novelists*, Eds., Tom LeClair and Larry McCaffery (Urbana: University of Illinois Press, 1983), 131.

21 McCaffery, 286, 281, 303.

22 Raymond Federman, "Surfiction — Four Propositions in Form of an Introduction," in *Surfiction: Fiction Now and Tomorrow*, Ed., Raymond Federman(Chicago: Swallow, 1975), 7.

23 앞글, 8.

24 McCaffery, "An Interview with Raymond Federman," *Contemporary Literature* 24.3(1983): 300.

25 McCaffery, "An Interview with Raymond Federman," in *Anything Can Happen*, 143.

26 앞책, 137.

27 Federman, "Surfiction," 9.

28 McCaffery, "An Interview with Raymond Federman," in *Anything Can Happen*, 142, 134.

29 Brian McHale, *Postmodernist Fiction*(New York: Methuen, 1987), 115.

30 Raymond Federman, *The Supreme Indecision of the Writer*(Buffalo: Poetry/Rare Books Collection, 1995), 23.

31 Jerome Klinkowitz, "Sukenick, Ronald," in *Contemporary Novelists, Sixth Edition*, Ed., Susan Windisch Brown(New York: St. James, 1995), 963.

32 Ronald Sukenick, *Down and In*(New York: Beech Tree, 1987), 149, 197.

33 Irving Howe, "First Novels: Sweet and Sour," *Harper's Magazine*, May 1968, 85.

34 Thomas Lask, "Making Their Way," *New York Times*, 22 June 1968, 31.

35 Ronald Sukenick, *The Death of the Novel and Other Stories*(New York: Dial, 1969), 41.

36 Ronald Sukenick, *Narralogues: Truth in Fiction*(Albany: State University of New York Press, 2000), 39.

37 Sukenick, *Down and In*, 149.

38 Ronald Sukenick, *In Form: Digressions on the Art of Fiction*(Carbondale: Southern Illinois University Press, 1985), 112.

39 Sukenick, *Narralogues*, 8.

40 Sukenick, *In Form*, 12.

41 Sukenick, *Narralogues*, 12.

42 Ronald Sukenick, *Wallace Stevens: Musing the Obscure*(New York: New York University Press, 1967), 3.

43 Joyce Carol Oates, *Contraries*(New York: Oxford University Press, 1981), 53.

44 Ronald Sukenick, *Up*(Normal: Fiction Collection Two, 1988), 25. 앞으로 이 작품에서의 인용문은 괄호 안에 쪽수만 표시함.

45 1996년도 판 *Webster's Encyclopedic Unabridged Dictionary of the English Language*에서 번역했음.

46 Perry Miller, Ed., *The Transcendentalists*(New York: MJF Books, 1978), 335, 55-59.

47 Leon Chai, *The Romantic Foundations of the American Renaissance*(Ithaca: Cornell University Press, 1987), 209.

48 Miller, 313.

49 D. H. Lawrence, *Studies in Classic American Literature*(New York: Viking, 1966), 7, 6.

50 Miller, 313.

51 John Clellon Holmes, *Nothing More to Declare*(New York: Dutton, 1967), 121.

52 Jerry H. Bryant, *The Open Decision*(New York: Free Press, 1970), 4.

53 John Updike, *The Poorhouse Fair*(New York: Knopf, 1977), 107.

54 John Updike, *Odd Jobs: Essays and Criticism*(New York: Knopf, 1991), 87.

55 Howard M. Harper, Jr., *Desperate Faith*(Chapel Hill: University of North Carolina Press,

1974), 197.

56 Saul Bellow, *Humboldt's Gift*(New York: Viking, 1975), 281, 356-57.

57 Rollo May, *Freedom and Destiny*(New York: Norton, 1981), 10.

58 Nicolas Berdyaev, *The Fate of Man in the Modern World*(Ann Arbor: University of Michigan Press, 1969), 46.

59 Erich Fromm, *The Art of Loving*(New York: Bantam, 1967), 17.

60 Rollo May, *Man's Search for Himself*(New York: New American Library, 1967), 206.

61 Norman Mailer, T*he Executioner's Song*(Boston: Little, Brown, 1979), 88, 586, 699, 511, 473.

62 Milan Kundera, *The Art of the Novel*, Tr., Linda Asher(New York: Harper & Row, 1988), 43.

63 Don Tapscott, *Growing up Digital: The Rise of the Net Generation*(New York: McGraw-Hill, 1988), 13.

64 Seymour Papert, *The Connected Family: Bridging the Digital Generation Gap*(Marietta: Longstreet Press, 1996), 68.

65 Larry McCaffery and Jim McMenamin, "An Interview with William S. Burroughs," in *Conversations with William S. Burroughs*, Ed., Allen Hibbard(Jackson: University Press of Mississippi, 1999), 172.

66 Michael Barry Goodman, *Contemporary Literary Censorship: The Case History of Burroughs' Naked Lunch*(Metuchen: Scarecrow, 1981), 170.

67 "William S. Burroughs: *Naked Lunch*," in *Contemporary Literary Criticism, Vol. 75*, Ed., Thomas Votteler(Detroit: Gale, 1993), 83.

68 James Grauerholz and Ira Silverberg, *Word Virus: The William S. Burroughs Reader*(New York: Grove, 1998), 227.

69 Jennie Skerl, "William S. Burroughs," in *Dictionary of Literary Biography, Vol. 16*, Ed., Ann Charters(Detroit: Gale, 1983), 45-46.

70 Barry Miles, *William Burroughs*(New York: Hyperion, 1992), 32.

71 Daniel Odier, *The Job: Interviews with William S. Burroughs*(New York: Grove, 1974), 48, 97, 223-24, 89.

72 Grauerholz and Silverberg, 272.

73 Eric Mottram, "Rencontre avec William Burroughs," in *Conversations with William S. Burroughs*, 14-15.

74 Ihab Hassan, *The Postmodern Turn: Essays in Postmodern Theory and Culture*(Columbus: Ohio State University Press, 1987), 91.

75 William S. Burroughs, *The Adding Machine*(New York: Arcade, 1993), 19.

76 Miles, 106.

77 Victor Bockris, *With William Burroughs: A Report from the Bunker*(New York: St. Martin's Griffin, 1996), 26.

78 Tony Tanner, *City of Words*(New York: Harper, 1971), 114.

79 Anthony Channell Hilfer, "Mariner and Wedding Guest in William Burroughs' 'Naked

Lunch',” *Criticism* 22(1980): 253.

80 Koos Van Der Wilt, “The Author's Recreation of Himself as Narrator and Protagonist in Fragmented Prose: A New Look at Some Beat Novels,” *Dutch Quarterly Review of Anglo-American Letters* 27.2(1982): 123.

81 David Ayers, “The Long Last Goodbye: Control and Resistance in the Work of William Burroughs,” *Journal of American Studies* 27.2(1993): 223-24.

82 Jerry H. Bryant, *The Open Decision*(New York: Free Press, 1970), 205.

83 William S. Burroughs, *Naked Lunch*(New York: Grove, 1966), xxxix, 239, xxxix. 앞으로 이 작품에서의 인용문은 괄호 안에 쪽수만 표시함.

84 Ted Morgan, *Literary Outlaw: The Life and Times of William S. Burroughs*(New York: Henry Holt, 1988), 378.

85 Odier, 33.

86 Grauerholz and Silverberg, 208.

87 Jennie Skerl, *William S. Burroughs*(Boston: Twayne, 1985), 41.

88 Donald J. Greiner, *Understanding John Hawkes*(Columbia: University of South Carolina Press, 1985), 1.

89 Donald J. Greiner, “Elegant Barbarity: An Interview with John Hawkes About *The Frog*,” *Critique* 38.1(1996): 3.

90 Robert Scholes, “A Conversation on *The Blood Oranges* Between John Hawkes and Robert Scholes,” Novel 5.3(1972): 202-3.

91 Paul Emmett and Richard Vine, “A Conversation with John Hawkes,” *Chicago Review* 28(1976): 171.

92 Patrick O'Donnell, “Life and Art: An Interview with John Hawkes,” *Review of Contemporary Fiction* 3.3(1983): 125.

93 John Enck, “John Hawkes: An Interview,” *Wisconsin Studies in Contemporary Literature* 6.2(1965): 149, 147.

94 John Kuehl, *John Hawkes and the Craft of Conflict*(New Brunswick: Rutgers University Press, 1975), 157.

95 O'Donnell, 122.

96 Kuehl, 176.

97 Nancy Levine, “An Interview with John Hawkes,” in *A John Hawkes Symposium: Design and Debris*, Eds., Anthony C. Santore and Michael Pocalyko(New York: New Directions, 1977), 91.

98 John Graham, “John Hawkes on His Novels,” *Massachusetts Review* 7(1966): 459.

99 Arnold Weinstein, *Nobody's Home*(New York: Oxford University Press, 1993), 216.

100 Greiner, *Understanding John Hawkes*, 88.

101 Donald J. Greiner, *Comic Terror: The Novels of John Hawkes*(Memphis: Memphis State University Press, 1978), 7.

102 John Hawkes, *Second Skin*(New York: New Directions, 1964), 1, 2. 앞으로 이 작품에서의 인용문은 괄호 안에 쪽수만 표시함.

103 Greiner, *Understanding John Hawkes*, 102.

104 Eliot Berry, *A Poetry of Force and Darkness: The Fictions of John Hawkes*(San Bernadino, CA: Borgo Press, 1979), 26.

105 Patrick O'Donnell, *John Hawkes*(Boston: Twayne, 1982), 95.

106 Greiner, *Comic Terror: The Novels of John Hawkes*, 183.

107 Jerome Klinkowitz, *Vonnegut in Fact*(Columbia: University of South Carolina Press, 1998), 9.

108 James Lundquist, *Kurt Vonnegut*(New York: Frederick Ungar, 1977), 71.

109 Mary Sue Schriber, "Bringing Chaos to Order: The Novel Tradition and Kurt Vonnegut, Jr.," in *The Critical Response to Kurt Vonnegut*, Ed., Leonard Mustazza(Westport: Greenwood Press, 1994), 183.

110 Kurt Vonnegut, *Welcome to the Monkey House*(New York: Dell, 1970), x.

111 David Standish, "Playboy Interview," in *Conversations with Kurt Vonnegut*, Ed., William Rodney Allen(Jackson: University Press of Mississippi, 1988), 76, 76-77.

112 Robert Taylor, "Kurt Vonnegut," in *Conversations with Kurt Vonnegut*, 162.

113 Joe David Bellamy and John Casey, "Kurt Vonnegut, Jr.," in *Conversations with Kurt Vonnegut*, 162.

114 Standish, 94.

115 Harry Reasoner, "Kurt Vonnegut," in *Conversations with Kurt Vonnegut*, 15.

116 Kurt Vonnegut, *Slaughterhouse-Five*(New York: Dell, 1988), 2, 19, 22. 앞으로 이 작품에서의 인용문은 괄호 안에 쪽수만 표시함.

117 Bo Pettersson, *The World According to Kurt Vonnegut*(Abo: Abo Akademi University Press, 1994), 280.

118 Ihab Hassan, *Contemporary American Literature 1945-1972: An Introduction*(New York: Frederick Ungar, 1973), 87.

119 Wayne D. McGinnis, "The Arbitrary Cycle of *Slaughterhouse-Five*: A Relation of Form to Theme," in *The Critical Response to Kurt Vonnegut*, 116.

120 Lawrence Broer, "Hartke's Hearing: Vonnegut's Heroes on Trial," in *The Vonnegut Chronicles: Interviews and Essays*, Eds., Peter J. Reed and Marc Leeds(Westport: Greenwood Press, 1996), 195.

121 Kim Herzinger, "Preface," in *Not-Knowing: The Essays and Interviews of Donald Barthelme*, Ed., Kim Herzinger(New York: Random, 1997), vii.

122 Teresa L. Ebert, "Postmodern Politics, Patriarchy, and Donald Barthelme," *Review of Contemporary Fiction* 11(1991): 75.

123 Donald Barthelme, "Not-Knowing," in *Not-Knowing*, 23, 24.

124 Donald Barthelme, "After Joyce," in *Not-Knowing*, 5-6, 11, 12.

125 Donald Barthelme, "Interview with Jerome Klinkowitz, 1971-72," in *Not-Knowing*, 204.

126 Donald Barthelme, "Interview with Charles Ruas and Judith Sherman, 1975," in *Not-Knowing*, 243.

127 Barthelme, *Not-Knowing*, 24.

128 Jerome Klinkowitz, *Donald Barthelme*(Durham: Duke University Press, 1991), 10.

129 Donald Barthelme, *Snow White*(New York: Simon & Schuster, 1996), 9. 앞으로 이 작품에서의 인용문은 괄호 안에 쪽수만 표시함.

130 Frederick R. Karl, *American Fictions: 1940-1980*(New York: Harper & Row, 1983), 388.

131 Jerome Klinkowitz, *The American 1960s*(Ames: Iowa State University Press, 1980), 61.

132 Amanda Smith, "Robert Coover," *Publishers Weekly*, 26 December 1986, 44.

133 Thomas E. Kennedy, *Robert Coover: A Study of the Short Fiction*(New York: Twayne, 1992), 3.

134 Helen Weinberg, *The New Novel in America: The Kafkan Mode in Contemporary Fiction*(Ithaca: Cornell University Press, 1970), 128.

135 Thomas LeClair, "The Public Burning," *New Republic*, 17 September 1977, 38.

136 Lois Gordon, *Robert Coover: The Universal Fictionmaking Process*(Carbondale: Southern Illinois University Press, 1983), 51, 52.

137 Robert Coover, *The Public Burning*(New York: Viking, 1977), 36-37. 앞으로 이 작품에서의 인용문은 괄호 안에 쪽수만 표시함.

138 Gordon, 77.

139 Larry McCaffery, *The Metafictional Muse: The Works of Robert Coover, Donald Barthelme, and William Gass*(Pittsburgh: University of Pittsburgh Press, 1982), 95.

140 John W. Aldridge, *The American Novel and the Way We Live Now*(New York: Oxford University Press, 1983), 121.

141 Arthur D. Casciato, "John Barth," *Dictionary of Literary Biography, Vol. 2*, Eds., Jeffrey Helterman and Richard Layman(Detroit: Gale, 1978), 23.

142 John Barth, *Further Fridays*(Boston: Little, Brown, 1995), 113.

143 John Barth, *The Friday Book*(New York: Putnam's, 1984), 29, 17.

144 Jac Tharpe, *John Barth: The Comic Sublimity of Paradox*(Carbondale: Southern Illinois University Press, 1974), 13.

145 Barth, *The Friday Book*, 205.

146 John J. Enck, "John Barth: An Interview," *Wisconsin Studies in Contemporary Literature* 6.1(1965): 7.

147 Barth, *The Friday Book*, 79.

148 Barth, *Further Fridays*, 142.

149 Barth, *The Friday Book*, 167-68.

150 Barth, *Further Fridays*, 264.

151 John Barth, *The Floating Opera and The End of the Road*(New York: Anchor, 1988), 43. 앞으로 이 작품에서의 인용문은 괄호 안에 쪽수만 표시함.

152 Alan Prince, "An Interview with John Barth," *Prism* Spring(1968): 54.

153 John Z. Guzlowski, "No More Sea Changes: Hawkes, Pynchon, Gaddis, and Barth," *Critique* 23.2(1981-82): 57.

154 Campbell Tatham, "John Barth and the Aesthetics of Artifice," in *Critical Essays on John Barth*, Ed., Joseph J. Waldmeir(Boston: Hall, 1980), 47.

155 Frank Gado, "A Conversation with John Barth," in *First Person: Conversations on Writers and Writing*, Ed., Frank Gado(Shenectady: Union College Press, 1973), 132.

156 William Nelles, "John Barth," in *Dictionary of Literary Biography, Vol. 227*, Eds. James R. Giles and Wanda H. Giles(Detroit: Gale, 2000), 40.

157 Berndt Clavier, *John Barth and Postmodernism*(New York: Peter Lang, 2007), 157.

158 Barth, *The Friday Book*, 190, 191.

159 John Barth, *The Sot-Weed Factor*(New York: Anchor, 1987), 743. 앞으로 이 작품에서의 인용문은 괄호 안에 쪽수만 표시함.

160 Tharpe, 36, 35.

161 Gerhard Joseph, *John Barth*(Minneapolis: University of Minnesota Press, 1970), 25.

162 앞책, 27.

163 Tharpe, 44.

164 Robert Nadeau, *Readings from the New Book on Nature*(Amherst: University of Massachusetts Press, 1981), 83.

165 John C. Stubbs, "John Barth as a Novelist of Ideas: The Themes of Value and Identity," *Critique* 8.2(1965-1966): 108.

166 Dabney Stuart, "A Service to the University," in *Critical Essays on John Barth*, 153.

167 Heide Ziegler, "John Barth," in *The Radical Imagination and the Liberal Tradition: Interviews with English and American Novelists*, Eds., Heide Ziegler and Christopher Bigsby(London: Junction, 1982), 19.

168 Barth, 22, 23, 72.

169 Enck, "John Barth: An Interview," 8.

170 John Barth, *Giles Goat-Boy*(Garden City: Doubleday, 1987), xxix. 앞으로 이 작품에서의 인용문은 괄호 안에 쪽수만 표시함.

171 완전급제와 완전낙제는 실존에서 흔히 이원론적으로 말하는 성공과 실패를 의미하지 않고, 끈임 없이 추구하여 실현해야하는 성숙에서 밀물과 썰물 같은 역할을 하는 두 요소이다.

172 Richard Boyd Hauck, *A Cheerful Nihilism*(Bloomington: Indiana University Press, 1971), 233.

173 Robert Scholes, *The Fabulators*(New York: Oxford University Press, 1967), 142-43.

174 그녀와 주인공이 동복 남매임을 예시한다.

175 Stan Fogel and Gordon Slethaug, *Understanding John Barth*(Columbia: University of South Carolina Press, 1990), 96.

176 Nadeau, 90.

177 Tanner, 250.

178 Charles B. Harris, *Passionate Virtuosity: The Fiction of John Barth*(Urbana: University of Illinois Press, 1983), 97.

179 앞책, 98.

180 Jeffrey Helterman, *John Barth's Giles Goat-Boy*(New York: Monash Press, 1973), 27.

181 John W. Tilton, *Cosmic Satire in the Contemporary Novel*(Lewisburg: Bucknell University

Press, 1977), 47-52.

182 Tanner, 251.

183 Terence Malley, *Richard Brautigan*(New York: Warner Paperback, 1972), 21.

184 Edward Cutler, "Richard Brautigan," in *Dictionary of Literary Biography, Vol. 206*, Ed., Richard H. Cracroft(Detroit: Gale, 1999), 39.

185 Richard Brautigan, *Trout Fishing in America*(New York: Seymour Lawrence, 1976), 48, 83, 93. 앞으로 이 작품에서의 인용문은 괄호 안에 쪽수만 표시함.

186 Tanner, 408.

187 Amritjit Singh and Bruce Dick, "Preface," in *Conversations with Ishmael Reed*, Eds., Bruce Dick and Amritjit Singh(Jackson: University Press of Mississippi, 1995), xi.

188 미국 남부 및 서인도 제도(West Indies)에서 거주하는 흑인들이 믿는 다신교.

189 소설 제목, "멈보우 점보우"를 우리말로 번역하기가 어렵고, 영한사전의 사전적 의미로는 소설이해에 한계가 있을 것 같아 원명 그대로 사용한다. 필자가 논문을 쓰기위해 이해한 "멈보우 점보우"의 의미는 "허위의식을 정화하는 위력 혹은 종교이다." 리드는 "멈보우 점보우"를 소설에서 "마귀를 내쫓는 마법사"로 정의했다. Ishmael Reed, *Mumbo Jumbo*(New York: Simon & Schuster, 1996), 7. 앞으로 이 작품에서의 인용문은 괄호 안에 쪽수만 표시함.

190 John Domini, "Ishmael Reed: A Conversation with John Domini," in *Conversations with Ishmael Reed*, 142.

191 Jon Ewing, "The Great Tenure Battle of 1977," 앞책, 113.

192 Stanley Crouch, "Interview with Ishmael Reed," 앞책, 106.

193 Singh and Dick, xii-xiii.

194 Ewing, 124.

195 Jay Boyer, *Ishmael Reed*(Boise: Boise State University, 1993), 8-9.

196 John O'Brien, "Ishmael Reed," in *Conversations with Ishmael Reed*, 23.

197 Henry Louis Gates, Jr., "Flight to Canada," in *The Critical Response to Ishmael Reed*, Ed., Bruce Allen Dick(Westport: Greenwood, 1999), 120.

198 Robert Elliot Fox, "Blacking the Zero: Toward a Semiotics of Neo-Hoodoo," *Black American Literature Forum* 18.3(1984): 98.

199 앞책, 95.

200 Lisa Slappey, "Nature as Sacred Text: An Ecocritical Reading of *Mumbo Jumbo*," in *The Critical Response to Ishmael Reed*, 43.

201 Alan Friedman, "Part Vision, Part Satire, Part Farce, Part Funeral," in *The Critical Response to Ishmael Reed*, 36.

202 Henry Louis Gates, Jr., *Figures in Black*(New York: Oxford University Press, 1987), 254.

203 Patrick McGee, *Ishmael Reed and the Ends of Race*(New York: St. Martin's, 1997), 84.

204 앞책, 115.

205 앞책, 109, 81.

206 David Dougherty, "Stanley Elkin," in *Dictionary of Literary Biography, Vol. 218*, Eds., Patrick Meanor and Gwen Crane(Detroit: Gale, 1999), 138.

207 Tom LeClair, "An Interview of Stanley Elkin," in *Anything Can Happen*, 106, 109, 108, 111.

208 Scott Sanders, "An Interview with Stanley Elkin," *Contemporary Literature* 16.2(1975): 132-33.

209 David Dougherty, *Stanley Elkin*(Boston: Twayne, 1991), 2.

210 Phyllis Bernt and Joseph Bernt, "Stanley Elkin on Fiction: An Interview," *Prairie Schooner* 50(1975): 14.

211 LeClair, 117, 113.

212 Jay Clayton, "An Interview with Stanley Elkin," *Contemporary Literature* 24(1983): 6.

213 John Ditsky, "Death Grotesque as Life: The Fiction of Stanley Elkin," *Hollins Critic* 19.3(1982): 2.

214 Sanders, 142.

215 Dougherty, *Stanley Elkin*, 26.

216 Stanley Elkin, *George Mills*(New York: Avon, 1996), 12, 36, 42, 44. 앞으로 이 작품에서의 인용문은 괄호 안에 쪽수만 표시함.

217 Patrick Bailey, *Reading Stanley Elkin*(Urbana: University of Illinois Press, 1985), 200.

218 Julian Cowley, "Walter Abish," in *Dictionary of Literary Biography, Vol 227*, Eds., James Giles and Wanda H. Giles(Detroit: Gale, 2000), 4.

219 Larry McCaffery and Sinda Gregory, "An Interview with Walter Abish," in *Alive and Writing*, Eds., Larry McCaffery and Sinda Gregory(Urbana: University of Illinois Press 1987), 8, 25.

220 Wolfgang Iser, *The Implied Reader*(Baltimore: Johns Hopkins University Press, 1974), 32.

221 Jerome Klinkowitz, "Walter Abish: An Interview," *Fiction International* 4-5(1975): 95.

222 Walter Abish, *Double Vision*(New York: Knopf, 2004), 193.

223 앞책, 34, 30.

224 Maarten van Delden, "An Interview with Walter Abish on *Eclipse Fever*," *Annals of Scholarship* 10(1993): 384-85.

225 McCaffery and Gregory, 8.

226 Delden, 386, 387.

227 Walter Abish, *How German Is It*(New York: New Directions, 1980), 119. 앞으로 이 작품에서의 인용문은 괄호 안에 쪽수만 표시함.

228 Jerome Klinkowitz, *The Life of Fiction*(Urbana: University of Illinois Press, 1977), 63.

229 Christopher Butler, "Walter Abish and the Questioning of the Reader," in *Facing Texts*, Ed., Heide Ziegler(Durham: Duke University Press, 1988), 171.

230 Richard Martin, "Walter Abish's Fictions: Perfect Unfamiliarity, Familiar Imperfections," *Journal of American Studies* 17(1983): 238.

231 Karl, 553.

232 앞책, 552.

233 Paul Wotipka, "Walter Abish's *How German Is It*: Representing the Postmodern," *Contemporary Literature* 30.4(1989): 505, 508.

234 Maarten van Delden, "Walter Abish's *How German Is It*: Postmodernism and the Past," *Salmagundi* 85-86(1990), 180.

235 J. K. Van Dover, *Understanding William Kennedy*(Columbia: University of South Carolina Press, 1991), 80.

236 Tom Smith, "Very Bountiful Bones: An Interview with William Kennedy," in *Conversations with William Kennedy*, Ed., Neila C. Seshachari(Jackson: University Press of Mississippi, 1997), 205.

237 Larry McCaffery and Sinda Gregory, "An Interview with William Kennedy," in *Conversations with William Kennedy*, 36.

238 Susan Agrest, "Tough Guy with a Golden Touch," 앞책, 114.

239 William Kennedy, *Riding the Yellow Trolley Car*(New York: Penguin, 1993), 5, 35.

240 McCaffery and Gregory, 51-52.

241 Douglas R. Allen and Mona Simpson, "The Art of Fiction CXI — William Kennedy," in *Conversations with William Kennedy*, 185.

242 Peter. J. Quinn, "William Kennedy: An Interview," 앞책, 90-91.

243 Kay Bonetti, "William Kennedy: An Interview," 앞책, 65-66.

244 Rudy Nelson, "A Conversation with William Kennedy," 앞책, 224.

245 McCaffery and Gregory, 52.

246 William Kennedy, *Ironweed*(New York: Penguin, 1987), 1. 앞으로 이 작품에서의 인용문은 괄호 안에 쪽수만 표시함.

247 Quinn, 91.

248 Frank D. McConnell, *Four Postwar American Novelists: Bellow, Mailer, Barth, and Pynchon*(Chicago: University of Chicago Press, 1977), 160.

249 Thomas H. Schaub, "Preface to the Volume," in *Approaches to Teaching Pynchon's The Crying of Lot 49 and Other Works*, Ed., Thomas H. Schaub(New York: Modern Language Association of American, 2008), ix.

250 Ernst Cassirer, *An Essay on Man: An Introduction to a Philosophy of Human Culture*(New Haven: Yale University Press, 1974), 5-6.

251 Paul Maltby, *Dissident Postmodernists: Barthelme, Coover, Pynchon*(Philadelphia: University of Pennsylvania Press, 1991), 133.

252 Thomas Pynchon, *V.*(New York: Harper & Row, 1990), 53, 81, 16. 앞으로 이 작품에서의 인용문은 괄호 안에 쪽수만 표시함.

253 Alan W. Brownlie, *Thomas Pynchon's Narratives: Subjectivity and Problems of Knowing* (New York: Peter Lang, 2000), 34.

254 Raymond M. Olderman, *Beyond the Wasteland: A Study of the American Novel in the Nineteen-Sixties*(New Haven: Yale University Press, 1972), 129.

255 Maltby, 131.

256 Don Hausdorff, "Thomas Pynchon's Multiple Absurdities," *Wisconsin Studies in Contemporary Literature* 7.3(1966): 263.

257 Olderman, 128.

258 David Cowart, *Thomas Pynchon: The Art of Allusion*(Carbondale: Southern Illinois University Press, 1980), 14.

259 앞책, 18.

260 Marcel Connis-Pope, *Narrative Innovation and Cultural Rewriting in the Cold War and After*(New York: Palgrave, 2001), 116.

261 Catherine R. Stimpson, "Pre-Apocalyptic Atavism: Thomas Pynchon's Early Fiction," in *Mindful Pleasures: Essays on Thomas Pynchon*, Eds., George Levine and David Leverenz (Boston: Little, Brown, 1976), 37.

262 Charles B. Harris, *Contemporary American Novelists of the Absurd*(New Haven, CT: College & University Press, 1971), 83, 84.

263 Brownlie, 35.

264 앞책, 18.

265 Richard Lehan, *A Dangerous Crossing: French Literary Existentialism and the Modern American Novel*(Carbondale: Southern Illinois University Press, 1973), 159.

266 Michael H. Begnal, "Thomas Pynchon's *V.*: In Defense of Benny Profane," *Journal of Narrative Technique* 9.2(1979): 64.

267 William H. Plater, *The Grim Phoenix: Reconstructing Thomas Pynchon*(Bloomington: Indiana University Press, 1978), 226.

268 Olderman, 135.

269 David Seed, *The Fictional Labyrinths of Thomas Pynchon*(Iowa City: University of Iowa Press, 1988), 81.

270 Joseph W. Slade, *Thomas Pynchon*(New York: Peter Lang, 1990), 99.

271 앞책, 105.

272 Plater, 180.

273 Slade, 91, 80.

274 Annette Kolodny and Daniel James Peters, "Pynchon's *The Crying of Lot 49*: The Novel as Subversive Experience," *Modern Fiction Studies* 19.1(1973): 81.

275 Thomas Pynchon, *The Crying of Lot 49*(Philadelphia: Lippincott, 1966), 120. 앞으로 이 작품에서의 인용문은 괄호 안에 쪽수만 표시함.

276 Kolodny and Peters, 86.

277 Maltby, 137.

278 Plater, 139.

279 C. E. Nicholson and R. W. Stevenson, "Words You Never Wanted to Hear: Fiction, History and Narratology in *The Crying of Lot 49*," *Pynchon Notes* 16(1985): 92.

280 Robert D. Newman, *Understanding Thomas Pynchon*(Columbia: University of South Carolina Press, 1986), 80-81.

281 앞책, 83.

282 Gary Thompson, "Pynchonian Pastiche," in *Thomas Pynchon: Reading from the Margins*, Ed., Niran Abbas(Madison, NJ: Associated University Press, 2003), 162.

283 Thomas Pynchon, *Mason & Dixon*(New York: Henry Holt, 1997), 349, 10. 앞으로 이

작품에서의 인용문은 괄호 안에 쪽수만 표시함.

284 Justin M. Scott Coe, "Haunting and Hunting: Bodily Resurrection and the Occupation of History in Thomas Pynchon's *Mason & Dixon*," in *The Multiple Worlds of Pynchon's Mason & Dixon*, Ed., Elizabeth Jane Wall Hinds(New York: Camden House, 2005), 148.

285 Theophilus Savvas, "Pynchon Plays Dice: *Mason & Dixon* and Quantum History," *Literature & History* 20.2(2011): 54.

286 Marcel Connis-Pope, 138.

287 Samuel Cohen, "*Mason & Dixon* & the Ampersand," *Twentieth Century Literature* 48.3(2002): 278.

288 Michael Wood, "Pynchon's *Mason & Dixon*," *Raritan* 17.4(1998), 123.

289 Savvas, 54.

290 Samuel Thomas, *Pynchon and the Political*(New York: Routledge, 2007), 19.

291 Shawn Smith, *Pynchon and History*(New York: Routledge, 2005), 155.

292 이 접선이 토지소유권 분쟁을 해결하는 결정적 요소이다. 식민지에는 이 접선을 찾을 수 있는 인물이 없어, 메이선과 딕선이 초청받고 와서 문제를 해결한다.

293 Brian McHale, "*Mason & Dixon* in the Zone, or A Brief Poetics of Pynchon-Space," in *Pynchon* and *Mason & Dixon*, Eds., Brooke Horvath and Irving Malin(Newark: University of Delaware Press, 2000), 44.

294 Savvas, 56.

295 Cohen, 275.

296 John W. Aldridge, "*White Noise*: Dark Soundings of Modern Life," rev, of *White Noise*, by Don DeLillo, Chicago Tribune, 13 January 1985, 31.

297 Don DeLillo, *White Noise*(New York: Penguin, 1986), 310. 앞으로 이 작품에서의 인용문은 괄호 안에 쪽수만 표시함.

298 Timothy Aubry, "*White Noise* Generation," *Critical Matrix* 12.1-2(2000-2001): 149.

299 Jean Baudrillard, *Simulacra and Simulation*, Trans., Sheila Faria Glaser(Ann Arbor: University of Michigan Press, 1994), 30.

300 Aubry, 165.

301 Michael Valdez Moses, "Lust Removed from Nature," in *New Essays on White Noise*, Ed., Frank Lentricchia(Cambridge: Cambridge University Press, 1991), 80.

302 Anthony DeCurtis, "'An Outsider in This Society': An Interview with Don DeLillo," in *Conversations with Don DeLillo*, Ed., Thomas DePietro(Jackson: University Press of Mississippi, 2005), 71.

303 Paul. A Cantor, "Adolf, We Hardly Knew You," in *New Essays on White Noise*, 39.

304 Ted Billy, "The Externalization of the Self in American Life: Don DeLillo's *White Noise*," *Journal of Evolutionary Psychology* 19.3-4(1998): 281.

305 Leonard Orr, *Don DeLillo's White Noise: A Reader's Guide*(New York: Continuum, 2003), 64.

306 Douglas Kellner, *Jean Baudrillard: From Marxism to Postmodernism and Beyond*(Stanford: Stanford University Press, 1989), 105.

307 Douglas Keesey, *Don DeLillo*(New York: Twayne, 1993), 149.

308 Jane Hill, *Gail Godwin*(New York: Twayne, 1992), 14.

309 John Clellon Holmes, *Nothing More to Declare*(New York: Dutton, 1967), 112.

310 Ann Charters and Samuel Charters, *Brother-Souls: John Clellon Holmes, Jack Kerouac, and the Beat Generation*(Jackson: University Press of Mississippi, 2010), 401.

311 Jonathan Franzen, *Farther Away*(New York: Farrar, 2012), 307.

312 John Clellon Holmes, "Introduction," in *Go*(New York: Thunder's, 1997), xviii, xvii, 앞으로 이 작품에서의 인용문은 괄호 안에 쪽수만 표시함.

313 Holmes, *Nothing More to Declare*, 121.

314 Ted Morgan, *Literary Outlaw: The Life and Times of William S. Burroughs*(New York: Henry Holt, 1988), 378.

315 Rachael C. Burchard, *John Updike: Yea Sayings*(Carbondale: Southern Illinois University Press, 1971), 124.

316 Gregory L. Morris, *A World of Order and Light: The Fiction of John Gardner*(Athens: University of Georgia Press, 1984), 226.

317 John Updike, *S.*(New York: Knopf, 1988), 60.

318 Norman Mailer, *Advertisements for Myself*(Cambridge: Harvard University Press, 1992), 325, 339, 373.

319 Robert Merrill, *Norman Mailer Revisited*(New York: Twayne, 1992), 31.

320 Lyle Stuart, "An Intimate Interview with Norman Mailer," in *Conversations with Norman Mailer*, Ed. J. Michael Lennon(Jackson: University Press of Mississippi, 1988), 21.

321 Mailer, 347.

322 Norman Mailer, *The Deer Park*(New York: Vintage, 1983), 353. 앞으로 이 작품에서의 인용문은 괄호 안에 쪽수만 표시함.

323 Stanley T. Gutman, *Mankind in Barbary: The Individual and Society in the Novels of Norman Mailer*(Handver: University Press of New England, 1975), 45, 46.

324 Jean Radford, *Norman Mailer: A Critical Study*(New York: Harper, 1975), 20.

325 Gutman, 46.

326 Robert J. Begiebing, *Acts of Regeneration: Allegory and Archetype in the Works of Norman Mailer*(Columbia: University of Missouri Press, 1980), 37.

327 Carl Rollyson, *The Lives Of Norman Mailer: A Biography*(New York: Paragram, 1991), 93-94.

328 Radford, 56.

329 Begiebing, 38.

330 Steven Watson, *The Birth of the Beat Generation: Visionaries, Rebels, and Hipsters, 1944-1960*(New York: Pantheon, 1995), 84.

331 Begiebing, 37.

332 Gutman, 54.

333 Begiebing, 41.

334 Gutman, 55-56.

335 Ann Charters and Samuel Charters, 378.

336 Robert Forrey, "Ken Kesey's Psychopathic Savior: A Rejoinder," *Modern Fiction Studies* 21.2(1975): 223.

337 국내 논문이 Big Nurse를 수간호사로 번역함은 래쳐드의 직위만 표시할 뿐 역할과 만행을 드러내지 못한다. Big Brother와 연관해서 독재간호사로 번역함이 더 타당하다.

338 Stephen L. Tanner, "Salvation through Laughter: Ken Kesey & the Cuckoo's Nest," *Southwest Review* 58(1973): 126.

339 Ken Kesey, *One Flew Over the Cuckoo's Nest*(New York: Penguin, 2003), 8. 앞으로 이 작품에서의 인용문은 괄호 안에 쪽수만 표시함.

340 Richard Blessing, "The Moviny Target: Ken Kesey's Evolving Hero," *Journel of Popular Culture* 4.3(1970): 627.

341 Terence Martin, "*One Flew Over the Cuckoo's Nest* and the High Cost of Living," *Modern Fiction Studies* 19.1(1973): 51.

342 Blessing, 619.

343 그의 거수는 그가 지금까지 실존에서 안개 속에 숨어 살았던 위축된 의식에서 자발적으로 벗어날 뿐 아니라 피동적인 행동에서 탈피하는 변신을 상징한다.

344 Blessing, 617.

7. 2010년대: 포우스트-포우스트모던미국소설 연구

1 Josh Toth & Neil Brooks, "Introduction: A Wake and Renewed?," in *The Mourning After: Attending the Wake of Postmodernism*, Eds. Neil Brooks and Josh Toth(Amsterdem: Rodopi, 2007), 3-4, 4, 5.

2 Jeremy Green, *Late Postmodernism: American Fiction at the Millennium*(New York: Palgrave, 2005), 32.

3 Dennis Barone, "Paul Auster," in *Dictionary of Literary Biography, Vol. 227: American Novelists since World War II, Sixth Series*, Eds. James R. Giles and Wanda H. Giles (Detroit: Gale, 2000), 18.

4 Aliki Varvogli, *The World that is the Book: Paul Auster's Fiction*(Liverpool: Liverpool University Press, 2001), 2, 3.

5 Paul Auster, *Collected Prose*(New York: Henry Holt, 20210), 557.

6 앞책, 539, 544, 571, 323, 547, 554, 587.

7 Mark Irwin, "Memory's Escape: Inventing The Music of Chance - A Conversation with Paul Auster," *Denver Quarterly* 28(1994): 118.

8 James Peacock, *Understanding Paul Auster*(Columbia: University of South Carolina Press, 2010), 8, 8-9.

9 Auster, 137-38.

10 Peacock, 9.

11 Paul Auster, *The Art of Hunger*(New York: Penguin,1993), 262.

12 Paul Auster, *The New York Trilogy*(New York: Penguin, 2006), 288. 앞으로 이 작품에

서의 인용문은 괄호 안에 쪽수만 표시함.

13 Auster, *Collected Prose*, 260, 262.

14 William G. Little, "Nothing to Go On: Paul Auster's City of Glass," *Contemporary Literature* 38.1(1997): 152, 137.

15 Alison Russell, "Deconstructing *The New York Trilogy*: Paul Auster's Anti-Detective Fiction," *Critique* 31.2(1990): 75.

16 Ramon Espejo, "Coping with Postmodernism: Paul Auster's *The New York Trilogy*," *Journal of American Studies* 48(2014): 158.

17 Markku Salmela, "The Bliss of Being Lost: Revisiting Paul Auster's Nowhere," *Critique* 49.2(2008): 137.

18 Steven E. Alford, "Mirrors of Madness: Paul Auster's *The New York Trilogy*," *Critique* 37.1(1995): 24.

19 Peacock, 78.

20 Alford, 17.

21 Brendan Martin, *Paul Auster's Postmodernity*(New York: Routledge, 2008), 143.

22 Stephen Bernstein, "Auster's Sublime Closure: The Locked Room," in *Beyond the red Notebook*: *Essays on Paul Auster*, Ed. Dennis Barone(Philadelphia: University of Pennsylvania Press, 1995), 88.

23 Alex Segal, "Secrecy and the Gift: Paul Auster's *The Locked Room*," *Critique* 39.3(1998): 240.

24 Varvogli, 131.

25 Paul Auster, *Moon Palace*(New York: Penguin,1990), 7, 170, 1. 앞으로 이 작품에서의 인용문은 괄호 안에 쪽수만 표시함.

26 Auster, *Collected Prose*, 539.

27 Peacock, 127.

28 Varvogli, 121.

29 Martin, 88.

30 Kanae Uchiyama, "The Death of the Other: A Levinasian reading of Paul Auster's *Moon Palace*," *Modern Fiction Studies* 54.1(2008): 127.

31 Debra Shostak, "Under the Sign of *Moon Palace*: Paul Auster and the Body in the Text," *Critique* 49.2(2008):161-62.

32 Tobey C. Herzog, *Tim O'Brien*(New york: Twayne,1997), 78, 4.

33 Larry McCaffery, "Interview with Tim O'Brien," in *Anything Can Happen: Interviews with Contemporary American Novelists*, Eds. Tom LeClair and Larry McCaffery(Urbana: University of Illinois Press, 1983), 269, 268.

34 Eric James Schroeder, "Tim O'Brien: 'Maybe So'," in *Conversations with Tim O'Brien*, Ed. Patrick A. Smith(Jackson: University Press of Mississippi, 2012), 26.

35 Stephen Kaplan, *Understanding Tim O'Brien*(Columbia: University of South Carolina Press, 1995), 82.

36 Tim O'Brien, *Going After Cacciato*(New York: Broadway Books, 2014), 320-21. 앞으로

이 작품에서의 인용문은 괄호 안에 쪽수만 표시함.

37 McCaffery, 265, 276.

38 Kaplan, 83.

39 Dennis Vanatta, "Theme and Structure in Tim O'Brien's *Going After Cacciato,*" *Modern Fiction Studies* 28.2(1982):243.

40 Kaplan, 85, 118.

41 Herzog, 105.

42 McCaffery, 269, 270.

43 Farrell O'Gorman, "*The Things They Carried* as Composite Novel," *War, Literature & The Arts* 10.2(1998): 308.

44 Martin Naparsteck, "An Interview with Tim O'Brien," in *Conversations with Tim O'Brien*, 48.

45 Steven Kaplan, "An Interview with Tim O'Brien," 앞책, 59, 60.

46 O'Gorman, 294-95.

47 Herzog, 104.

48 Mark A. Heberle, *A Trauma Artist: Tim O'Brien and the Fiction of Vietnam*(Iowa City: University of Iowa Press, 2001), 184-85

49 Tim O'Brien, *The Things They Carried*(Boston: Mariner, 20090, 171. 앞으로 이 작품에서의 인용문은 괄호 안에 쪽수만 표시함.

50 Jonathan D'Amore, "'Every question leads to text': An Interview with Tim O'Brien," in *Conversations with Tim O'Brien*, 177.

51 Anthony Tambakis, "Tim O'Brien: An Interview," 앞책, 147.

52 Kaplan, "An Interview with Tim O'Brien," 앞책, 58.

53 Robert Birnbaum, "Tim O'Brien: Author *July, July* Talks with Robert Birnbaum," 앞책, 164.

54 앞글, 164.

55 Lorrie N. Smith, "'The Things Men Do': The Gendered Subtext inTim O'Brien's *Esquire* Stories," *Critique* 36.1(1991): 33-34, 34.

56 Tina Chen, "'Unraveling the Deeper Meaning: Exile and the Embodied Poetics of Displacement in Tim O'Brien's *The Things They Carried*," *Contemporary Literature* 39.1(1998): 91.

57 Smith, 21.

58 Kaplan, *Understanding Tim O'Brien*, 9.

59 Smith, 18.

60 Gary Storhoff, *Understanding Charles Johnson*(Columbia: University of South Carolina Press, 2004), 5.

61 Charles Johnson, "I Call Myself an Artist," in *I Call Myself an Artist: Writings by and about Charles Johnson*, Ed. Rudolph P. Byrd(Bloomington: Indiana University Press, 1999), 24.

62 Charles Johnson, *Turning the Wheel: Essays on Buddhism and Writing*(New York: Scribner,

2003), 57, 54-55.

63 Charles Johnson, "Introduction," in Oxherding Tale(New York: Scribner, 1995), xvi. 앞으로 이 작품에서의 인용문은 괄호 안에 쪽수만 표시함.

64 Michael Boccia, "An Interview with Charles Johnson," African American Review 30.3(1996): 617.

65 Geffrey Davis, "The Threads that Connects Us An Interview with Charles Johnson," *Callaloo* 33.3(2010): 818.

66 Charles H. Rowell, "An Interview with Charles Johnson," *Callaloo* 20.3(1997): 543.

67 William Gleason, "The Liberation of Perception: Charles Johnson's *Oxherding Tale*," *Black American Literature Forum* 25.4(1991): 705.

68 Storhoff, 70.

69 그가 자기를 사기꾼이라고 일컬음은 경우에 따라 흑인으로 또는 백인으로 행세할 수 있음을 시사한다.

70 Storhoff, 68, 67.

71 William R. Nash, *Charles Johnson's Fiction*(Urbana: University of Illinois Press, 2003), 112.

72 앞책, 113-14.

73 Jonathan Little, *Charles Johnson's Spiritual Imagination*(Columbia: University of Missouri Press, 1997), 92.

74 William R. Nash, "A Conversation with Charles Johnson," *New England Review* 19.2(1998): 56.

75 Philip Page, *Reclaiming Community in Contemporary African American Fiction*(Jackson: University Press of Mississippi, 1999), 153.

76 Nash, *Charles Johnson's Fiction*, 115.

77 Vera Kutzinski, "Johnson Revises Johnson: *Oxherding Tale* and *The Autobiography of an Ex-Coloured Man*," in *I Call Myself an Artist*, 282.

78 Storhoff, 83.

79 Jonathan Little, "Charles Johnson's Revolutionary *Oxherding Tale*," *Studies in American Fiction* 19.2(1991): 146.

80 James W. Coleman, "Charles Johnson's Quest for Black Freedom in *Oxherding Tale*," *African American Review* 29.4(1995): 632.

81 Little, *Charles Johnson's Spiritual Imagination, 103.*

82 Aida Ahmed Hussen, "'Manumission and Marriage?': Freedom, Family, and Identity in Charles Johnson's *Oxherding Tale*," *African American Review* 42.2(2008): 24.

83 Little, "Charles Johnson's Revolutionary *Oxherding Tale*," 147.

84 Tony Morrison, *Beloved*(NEW York: Knopf, 1987), 95.

85 Rollo May, *Freedom and Destiny*(New York: Norton, 1981), 10.

86 Bernard Malamud, *The Fixer*(New York: Dell,1971), 259.

87 Charles Johnson, *Middle Passage*(New York: Scribner, 1990), 21. 앞으로 이 작품에서의 인용문은 괄호 안에 쪽수만 표시함.

88 Lorraine Quimet, "Freedom through Contamination" Collapsed Boundaries in Charles Johnson's *Oxherding Tale* and *Middle Passage*, *Canadian Review of American Studies* 30.1(2000): 41.

89 Nash, *Charles Johnson's Fiction*, 137, 136.

90 Daniel M. Scott III, "Interrogating Identity: Appropriation and Transformation in *Middle Passage*," *African American Review* 29.4(1995): 649.

91 Ashraff H. A. Rushdy, "The Phenomenology of the Allmuseri: Charles Johnson and the Subject of the Narrative of Slavery," *African American Review* 26.3(1992): 377.

92 Nash, *Charles Johnson's Fiction, 144.*

93 Storhoff, 178-79.

94 앞책, 180.

95 Scott III, 655.

96 Sarah Fay, "An Interview with Marilynne Robinson," *Paris Review* 186(2008), 37.

97 Sara Constantakis, *Novels for Students, Volume 39*(Detroit: Gale, 2012), 133.

98 Anne E. Voss, "Portrait of Marilynne Robinson," *Iowa Review* 22.1(1992), 27-28.

99 Marilynne Robinson, *Housekeeping*(New York: Picador, 1980), 204. 앞으로 이 작품에서의 인용문은 괄호 안에 쪽수만 표시함.

100 William M. Burke, "Border Crossings in Marilynne Robinson's *Housekeeping*," *Modern Fiction Studies* 37.4(1991): 718.

101 Maggie Galehouse, "Their Own Private Idaho: Transience in Marilynne Robinson's *Housekeeping*," *Contemporary Literature* 41.1(2000) 133.

102 Martha Kavits, "Extending the American Range: Marilynne Robinson's *Housekeeping*, *American Literature* 61.4(1989): 658, 659.

103 June Hadden Hobbs, "Burial, Baptism, and Baseball: Typology and Memorialization in Marilynne Robinson's *Gilead*," *Christianity and Literature* 59.2(2010): 241.

104 Marilynne Robinson, *Gilead*(New York: Picador, 2004), 179. 앞으로 이 작품에서의 인용문은 괄호 안에 쪽수만 표시함.

105 Beth Widmaier Capo, "Midwestern History and Memory in Robinson's *Gilead*," *Mid America* 34(2007): 83.

106 Louise K. Barnett and James L. Thorson, "Introduction," *Leslie Marmon Silko: A Collection of Critical Essays*, Eds. Louise K. Barnett and James L. Thorson(Albuquerque: University of New Mexico Press, 1999), 1.

107 Robert M. Nelson, *Leslie Marmon Silko's Ceremony: The Recovery of Tradition*(New York: Peter Lang, 2008), 1.

108 Kim Barnes, "A Leslie Marmon Silko Interview," in *Conversations with Leslie Marmon Silko*, Ed. Ellen L. Arnold(Jackson: University Press of Mississippi, 2000), 71.

109 Gregory Salyer, Leslie Marmon Silko(New York: Twayne, 1997), 1, ix.

110 Paula Gunn Allen, "The Sacred Hoop: A Contemporary Perspective," in *Studies in American Indian Literature*, Ed. Paula Gunn Allen(New York: Modern Language Association of America, 1983), 8, 10.

111 Leslie Marmon Silko, *Ceremony*(New York: Penguin, 2006), 3. 앞으로 이 작품에서의 인용문은 괄호 안에 쪽수만 표시함.

112 Jude Todd, "Knotted Bellies and Fragile Webs: Untangling and Re-Spinning in Tayo's Healing Journey," *American Indian Quarterly* 19.2(1995): 155.

113 Salyer, 37.

114 Louis Owens, "The Very Essence of Our Lives: Leslie Silko's Webs of Identity," in *Leslie Marmon Silko's Ceremony: A Casebook*, Ed. Allan Chavkin(New York: Oxford University Press, 2002), 106.

115 Paula Gunn Allen, "The Feminine Landscape of Leslie Marmon Silko's *Ceremony*," in *Critical Perspectives on Native American Fiction*, Ed. Richard F. Fleck(Washington D. C.: Three Continents Press, 1993), 235.

116 Robert M. Nelson, "The Function of the Landscape of *Ceremony*," in *Leslie Marmon Silko's Ceremony: A Casebook*, 145.

117 Todd, *158-59.*

118 Per Seyersted, *"Interview with Leslie Marmon Silko," in Conversations with Leslie Marmon Silko, 31.*

119 Valerie Harvey, "Navajo Sandpainting in *Ceremony*," in *Critical Perspectives on Native American Fiction*, 256.

120 Allen, "The Feminine Landscape of Leslie Marmon Silko's *Ceremony*," 233.

121 David A. Rice, "Witchery, Indigenous Resistance, and Urban Space in Leslie Marmon Silko's *Ceremony*," *Studies in American Indian Literatures* 17.4(2005): 131-32.

122 Salyer, 98.

123 Linda Niemann, "Narratives of Survival," In *Conversations with Leslie Marmon Silko*, 109.

124 Leslie Marmon Silko, *Almanac of the Dead*(New York: Simon & Schuster, 1991), 216. 앞으로 이 작품에서의 인용문은 괄호 안에 쪽수만 표시함.

125 Barnes, 69.

126 Ellen L. Arnold, "Introduction," in *Conversations with Leslie Marmon Silko*, vii, xi.

127 Leslie Marmon Silko, *Yellow Woman and a Beauty of the Spirit*(New York: Simon & Schuster, 1996), 140.

128 Thomas Irmen and Matthias Schmidt, "An Interview with Leslie Marmon Silko," in *Conversations with Leslie Marmon Silko*, 156.

129 Silko, *Ceremony*, 236.

130 Laura Coltelli, "*Almanac of the Dead*: An Interview with Leslie Marmon Silko," in *Conversations with Leslie Marmon Silko*, 120.

131 Deborah Horvitz, "Freud, Marx and Chiapas in Leslie Marmon Silko's *Almanac of the Dead*," *Studies in American Literature* 10.3(1998): 59.

132 Tamara M. Teale, "The Silko Road from Chiapas or Why Native Americans Cannot Be Marxists," *MELUS* 23.4(1998): 158.

133 Caren Irr, "The Timeliness of *Almanac of the Dead*, or a Postmodern Rewriting of Radical Fiction," in *Leslie Marmon Silko: A Collection of Critical Essays*, 227.

찾아보기

C

N

O

P

T

U

V

W

Y

저자소개

고지문

전남대학교 영문학과 학사(1955-1962)
서울대학교 영문학과 석사(1962-1964)
University of Hawaii 미국학과 석사(1971-1972)
제주대학교 영문학과 전임강사(1964-1969)
전남대학교 영문학과 교수(1969-2002)
University of Wisconsin, Milwaukee ACLS-Fulbright 교환교수(1981-1982)
University of South Carolina 방문교수(1990-1992)
University of Texas at Austin 방문교수(1996-1997)

현재: 전남대학교 영문학과 명예교수

저서:

Major Themes in the Contemporary American Novel
(서울: 진명문화사, 1984; 신아사, 1999)

최근미국여성소설론과 작품세계: 굴레에서 자유로
(서울: 신아사, 1999)

최근미국소설론과 작품세계: 삶 예술 자아실현
(서울: 동인, 1994; 신아사, 2000)

최근미국소설의 핵심주제: 사랑 자유 정의
(서울: 신아사, 2001)

포우스트모던 미국소설론과 작품세계: 언어 상상력 자아창조
(서울: 신아사, 2005)

최근미국소설 연구방법: 주체적 자아, 자유스런 삶, 그리고 열린사회의 창조를 바탕으로 [증보판]
(광주: 전남대학교출판부, 2011)

포우스트모던 미국소설론과 작품세계 2: 언어 상상력 자아창조
(광주: 전남대학교출판부, 2013)

행복을 추구한 세대: 철학 업적 유산
(광주: 전남대학교출판부, 2015)

포우스트-포우스트모던미국소설론과 작품세계: 언어 상상력 자아탐구 공존의식
(광주: 전남대학교출판문화원, 2018)

반세기 최근미국소설연구 회고록

우연 자성 결실

2020년 9월 15일 인쇄
2020년 9월 21일 발행

저자 | 고지문
발행인 | 정병석
발행처 | 전남대학교출판문화원

등록 | 1981. 5. 21. 제53호
주소 | 61186 광주광역시 북구 용봉로 77
전화 | (062) 530-0571~3 팩스 | (062) 530-0579
홈페이지 | http://www.cnup.co.kr
이메일 | cnup0571@hanmail.net

값 38,000원

ISBN 978-89-6849-736-0 (93840)

이 도서의 국립중앙도서관 출판예정도서목록(CIP)은
서지정보유통지원시스템 홈페이지(http://seoji.nl.go.kr)와
국가자료종합목록 구축시스템(http://kolis-net.nl.go.kr)에서 이용하실 수 있습니다.
(CIP제어번호 : CIP2020038733)